Musielak/Voit
Grundkurs ZPO

# Grundkurs ZPO

Eine Darstellung zur Vermittlung von Grundlagenwissen im Zivilprozessrecht (Erkenntnisverfahren und Zwangsvollstreckung) mit Fällen und Fragen zur Lern- und Verständniskontrolle sowie mit Übungsklausuren

von
**Dr. iur. Hans-Joachim Musielak**
em. Professor an der Universität Passau

und
**Dr. iur. Wolfgang Voit**
Professor an der Philipps-Universität Marburg

14., neu bearbeitete Auflage

VERLAG C. H. BECK MÜNCHEN 2018

Zitiervorschlag: *Musielak/Voit* GK ZPO Rn.

www.beck.de

ISBN 978 3 406 72407 7

© 2018 Verlag C.H. Beck oHG
Wilhelmstraße 9, 80801 München
Druck und Bindung: Druckhaus Nomos
In den Lissen 12, 76547 Sinzheim
Satz: Uhl + Massopust, Aalen
Umschlaggestaltung: Druckerei C.H. Beck Nördlingen

Gedruckt auf säurefreiem, alterungsbeständigem Papier
(hergestellt aus chlorfrei gebleichtem Zellstoff)

# Vorwort

Der Abgasskandal hat den Blick der Öffentlichkeit plötzlich auch auf die Rechtsdurchsetzung gelenkt. Wie kann man Verbrauchern die Durchsetzung möglicher Ansprüche erleichtern? Wie steht man zu Sammelklagen? Wie sollen Fälle behandelt werden, in denen einer großen Zahl von Verbrauchern Schäden entstehen, für die für sich genommen eine Klage nicht lohnen würde und deshalb ein „rationales Desinteresse" an der Rechtsdurchsetzung besteht?

Diese Fragen werfen nur ein sehr kleines Schlaglicht auf das Zivilverfahrensrecht, das auch außerhalb der spektakulären Konstellationen einen fairen, aber auch zeitlich vertretbaren Ablauf des Prozesses der Rechtfindung gewährleisten muss. Im Vollstreckungsrecht, das zuweilen als sehr technisches Recht missverstanden wird, setzt sich diese Aufgabe fort. In Wirklichkeit geht es hier um ein vertracktes Zusammenspiel zwischen dem Schutz der im Urteil getroffenen Entscheidung, dem Interesse des Gläubigers an einer Umsetzung seiner Rechtsposition und nicht zuletzt der Allgemeinheit, die weder durch ein Versagen der Zwangsvollstreckung der Selbstjustiz Vorschub leisten noch den Schuldner in wirtschaftlich existenzvernichtende Krisen bringen will, aus denen er sich letztlich nur mit Hilfe sozialer Leistungen der Gemeinschaft befreien kann.

Dies alles ist Teil des Zivilverfahrensrechts, das aber noch wesentlich mehr Bausteine für ein faires und rechtsstaatliches Verfahrens verbinden muss. Für dieses im Interesse des Rechtsfriedens und der Akzeptanz wichtige Rechtsgebiet will der Grundkurs Zivilverfahrensrecht eine erste Anleitung geben.

Wir wünschen eine interessante Lektüre. Hinweise, Anregungen und Fragen zu dem Werk sind uns stets sehr willkommen. Sie richten diese bitte an: musielak@uni-passau.de und voit@jura.uni-marburg.de.

Passau und Marburg, im Juli 2018
*Hans-Joachim Musielak*
*Wolfgang Voit*

# Aus dem Vorwort zur 1. Auflage (1991)

Unter dem Begriff des Zivilprozessrechts werden die Rechtsregeln zusammengefasst, die von den Zivilgerichten und den anderen Organen der Zivilrechtspflege bei Erfüllung der ihnen übertragenen Aufgaben (mit Ausnahme der freiwilligen Gerichtsbarkeit) zu beachten und anzuwenden sind. Diese Aufgaben bestehen in der Feststellung und Durchsetzung der Rechte des Einzelnen. Die Feststellung, ob das mit der Klage verfolgte Recht besteht, geschieht im Erkenntnisverfahren. Im Vollstreckungsverfahren wird das festgestellte Recht im Wege der Zwangsvollstreckung gegenüber dem nicht freiwillig leistenden Schuldner verwirklicht. Beide Verfahren werden im vorliegenden Buch erörtert; es umfasst also den Stoff, der üblicherweise in den Vorlesungen Zivilprozessrecht (Erkenntnisverfahren) und Zwangsvollstreckungsrecht behandelt wird.

Der Titel „Grundkurs ZPO" wurde von mir gewählt, um deutlich zu machen, dass in dieser Schrift nach Inhalt und didaktischem Konzept der gleiche Weg eingeschlagen wird wie in meinem „Grundkurs BGB". Es soll das unverzichtbare Grundlagenwissen vermittelt werden, das im Referendarexamen und zu Beginn der Referendarzeit beherrscht werden muss. Bei der Darstellung einzelner Rechtsfragen wird immer wieder der Bezug zur Fallbearbeitung hergestellt, deren Technik besondere Beachtung findet. Die ständig eingefügten Beispielsfälle sollen dem mit dem Buch Arbeitenden das Verstehen erleichtern und gleichzeitig die praktische Bedeutung der einzelnen Rechtsprobleme aufzeigen. Fälle und Fragen sowie Übungsklausuren sind zu bearbeiten, um die Methode der Lösung zivilprozessrechtlicher Fälle zu üben und mit Hilfe der gegebenen Lösungshinweise eine Lern- und Verständniskontrolle durchführen zu können.

# Inhaltsverzeichnis

Abkürzungsverzeichnis .................................................... XV
Literaturverzeichnis ...................................................... XXI
Einige Hinweise für die Arbeit mit diesem Buch ............................ XXIII

### § 1. Zur Methode der Lösung zivilprozessrechtlicher Fälle

|  | Rn. | Seite |
|---|---|---|
| I. Die Unterschiede gegenüber der Lösung materiell-rechtlicher Fälle des Zivilrechts .. | 1 | 1 |
| II. Die verschiedenen Klausurarten ............................................ | 10 | 3 |
| III. Weitere Hinweise .......................................................... | 19 | 6 |

### § 2. Der Beginn eines Zivilprozesses

| | Rn. | Seite |
|---|---|---|
| I. Einleitende Erwägungen ..................................................... | 20 | 7 |
| II. Die Sicht der Parteien ..................................................... | 24 | 8 |
|   1. Allgemeines ............................................................. | 24 | 8 |
|     Einschub: Beratungs- und Prozesskostenhilfe ............................ | 27 | 9 |
|   2. Obligatorisches Güteverfahren .......................................... | 39 | 12 |
|   3. Beispielsfall ........................................................... | 41 | 13 |
| III. Die Sicht des Rechtsanwalts ............................................... | 43 | 14 |
|   1. Stellung und Aufgaben eines Rechtsanwalts .............................. | 43 | 14 |
|   2. Beispiel anwaltlicher Tätigkeit im Einzelfall .......................... | 58 | 18 |
|     Einschub: Zuständigkeit der Gerichte ................................... | 60 | 19 |
|     a) Die Rechtswegzuständigkeit ........................................... | 60 | 19 |
|     b) Die sachliche Zuständigkeit .......................................... | 80 | 26 |
|     c) Die örtliche Zuständigkeit ........................................... | 82 | 26 |
|     d) Die internationale Zuständigkeit ..................................... | 111 | 36 |
|     e) Die funktionelle Zuständigkeit ....................................... | 112 | 36 |
|   3. Die Abfassung einer Klageschrift ....................................... | 116 | 37 |
| IV. Die Sicht des Richters .................................................... | 151 | 52 |
|   1. Der Geschäftsbetrieb der Zivilgerichte ................................. | 151 | 52 |
|   2. Die Vorbereitung des Haupttermins ...................................... | 157 | 53 |
|   3. Beispiel richterlicher Tätigkeit im Einzelfall ......................... | 173 | 60 |
| Fälle und Fragen .............................................................. |  | 61 |

### § 3. Das weitere Verfahren

| | Rn. | Seite |
|---|---|---|
| I. Gestaltung und Ablauf des Termins zur mündlichen Verhandlung ............... | 178 | 63 |
|   1. Güteverhandlung ......................................................... | 178 | 63 |
|   2. Eröffnung ............................................................... | 182 | 64 |
|     Einschub: Das Protokoll ................................................ | 184 | 65 |
|   3. Einführung in den Sach- und Streitstand ................................ | 188 | 66 |
|   4. Streitige Verhandlung und Beweisaufnahme ............................... | 189 | 66 |
|   5. Entscheidung ............................................................ | 193 | 67 |
| II. Verfahrensgrundsätze ....................................................... | 198 | 68 |

|  | Rn. | Seite |
|---|---|---|
| 1. Der Anspruch auf rechtliches Gehör | 199 | 69 |
| 2. Der Anspruch auf ein faires Verfahren | 201 | 70 |
| 3. Der Dispositionsgrundsatz | 205 | 71 |
| 4. Verhandlungsgrundsatz und Untersuchungsgrundsatz | 208 | 72 |
| 5. Grundsatz der Mündlichkeit und Schriftlichkeit | 216 | 76 |
| 6. Grundsatz der Unmittelbarkeit | 221 | 77 |
| 7. Grundsatz der Öffentlichkeit | 224 | 78 |
| 8. Folgen einer Verletzung von Verfahrensgrundsätzen | 229 | 79 |
| III. Die Zulässigkeit der Klage | 231 | 80 |
|    1. Die Prozessvoraussetzungen, die das Gericht betreffen | 234 | 80 |
|       a) Deutsche Gerichtsbarkeit | 234 | 80 |
|       b) Zulässigkeit des Rechtswegs und Zuständigkeiten | 236 | 81 |
|          Einschub: Europäische Zivilprozessrecht | 237 | 81 |
|    2. Die Prozessvoraussetzungen, die die Partei betreffen | 238 | 84 |
|       a) Parteifähigkeit | 238 | 84 |
|       b) Prozessfähigkeit | 240 | 85 |
|       c) Prozessführungsbefugnis | 244 | 86 |
|    3. Die Prozessvoraussetzungen, die den Streitgegenstand betreffen | 253 | 89 |
|       a) Klagbarkeit des geltend gemachten Rechts | 253 | 89 |
|       b) Ordnungsgemäße Klageerhebung | 255 | 89 |
|       c) Fehlende Rechtshängigkeit | 256 | 89 |
|       d) Fehlende rechtskräftige Entscheidung | 266 | 92 |
|       e) Rechtsschutzbedürfnis | 267 | 92 |
|    4. Die Prüfung der Zulässigkeit durch das Gericht | 269 | 93 |
|       a) Prozessvoraussetzungen | 269 | 93 |
|       b) Prozesshindernisse | 273 | 94 |
|       c) Abgesonderte Verhandlung | 275 | 94 |
|       d) Reihenfolge der Prüfung | 276 | 95 |
| Anhang: Der Streitgegenstand | 283 | 98 |
|    1. Die Auffassung des historischen Gesetzgebers | 283 | 98 |
|    2. Neuere Lehren | 285 | 99 |
|       a) Materiell-rechtliche Theorien | 285 | 99 |
|       b) Theorie vom eingliedrigen Streitgegenstandsbegriff | 288 | 100 |
|       c) Theorie vom zweigliedrigen Streitgegenstandsbegriff | 289 | 100 |
|       d) Theorie vom relativen Streitgegenstandsbegriff | 293 | 102 |
|    3. Folgerungen | 297 | 103 |
| Fälle und Fragen | | 104 |

## § 4. Das Parteiverhalten im Prozess

|  | Rn. | Seite |
|---|---|---|
| I. Vorbemerkung | 299 | 107 |
|    1. Der Einfluss der Parteien auf den Gang des Verfahrens | 299 | 107 |
|    2. Die Prozesshandlungen der Parteien | 301 | 108 |
|       a) Arten der Prozesshandlungen | 306 | 110 |
|       b) Die Prozesshandlungsvoraussetzungen | 309 | 110 |
|       c) Sonstige Anforderungen | 312 | 112 |
|       d) Rücknahme und Widerruf | 317 | 114 |
| II. Nichterscheinen und Nichtverhandeln: Das Versäumnisverfahren | 321 | 115 |
|    1. Versäumnisurteil gegen den Beklagten – Voraussetzungen | 325 | 116 |
|       a) Zulässigkeit der Klage | 326 | 117 |
|       b) Antrag | 327 | 117 |
|       c) Termin zur mündlichen Verhandlung | 328 | 118 |
|       d) Säumnis | 329 | 118 |
|       e) Unzulässigkeitsgründe | 332 | 119 |

|  | Rn. | Seite |
|---|---|---|
| f) Vertagungsgründe | 333 | 120 |
| g) Schlüssigkeit des klägerischen Vorbringens | 335 | 120 |
| 2. Versäumnisurteil nach § 331 III | 338 | 121 |
| 3. Versäumnisurteil gegen den Kläger | 341 | 122 |
| 4. Form, Inhalt und Rechtskraft eines Versäumnisurteils | 345 | 123 |
| 5. Einspruch gegen das Versäumnisurteil | 349 | 125 |
| 6. Säumnis beider Parteien | 374 | 131 |
| III. Änderung der Klage | 375 | 132 |
| 1. Zum Begriff der Klageänderung | 375 | 132 |
| 2. Die Fälle des § 264 | 383 | 135 |
| 3. Die Regelung der Klageänderung | 389 | 137 |
| 4. Hinweise für die schriftliche Bearbeitung | 396 | 139 |
| IV. Parteiwechsel und Parteibeitritt | 397 | 139 |
| 1. Überblick | 397 | 139 |
| 2. Die verschiedenen Fälle eines Parteiwechsels | 398 | 140 |
| a) Gesetzlich geregelter Parteiwechsel | 398 | 140 |
| b) Gewillkürter Parteiwechsel | 405 | 142 |
| c) Abgrenzung gegenüber einer Berichtigung der Parteibezeichnung | 416 | 148 |
| 3. Der Parteibeitritt | 419 | 150 |
| Einschub: Streitgenossenschaft | 424 | 152 |
| a) Allgemeines | 424 | 152 |
| b) Einfache Streitgenossenschaft | 429 | 153 |
| c) Notwendige Streitgenossenschaft | 432 | 155 |
| aa) Die verschiedenen Fälle | 432 | 155 |
| bb) Wirkungen | 439 | 158 |
| d) Hinweise für die schriftliche Bearbeitung | 443 | 159 |
| V. Anerkenntnis | 447 | 160 |
| 1. Rechtsnatur und Anwendungsbereich | 447 | 160 |
| 2. Voraussetzungen | 451 | 161 |
| 3. Gerichtliche Entscheidung | 452 | 162 |
| 4. Widerruf und Anfechtung | 456 | 163 |
| VI. Verzicht | 459 | 164 |
| 1. Allgemeines | 459 | 164 |
| 2. Gerichtliche Entscheidung | 461 | 165 |
| Fälle und Fragen |  | 166 |

## § 5. Weitere Möglichkeiten für die Prozessführung der Partei

|  | Rn. | Seite |
|---|---|---|
| I. Klagerücknahme | 463 | 169 |
| 1. Begriff und Voraussetzungen | 463 | 169 |
| 2. Wirkungen | 476 | 172 |
| 3. Klagerücknahmeversprechen | 478 | 173 |
| II. Erledigungserklärung | 480 | 174 |
| 1. Allgemeines | 480 | 174 |
| 2. Beiderseitige Erledigungserklärung | 482 | 175 |
| a) Eintritt des Erledigungsereignisses | 482 | 175 |
| b) Rechtsnatur der Erledigungserklärung | 487 | 177 |
| c) Wirkungen | 489 | 178 |
| d) Kostenentscheidung | 491 | 178 |
| e) Erneute Klage | 497 | 180 |
| f) Hinweise für die schriftliche Bearbeitung | 498 | 181 |
| 3. Einseitige Erledigungserklärung | 499 | 182 |
| a) Rechtsnatur | 500 | 182 |

|  | Rn. | Seite |
|---|---|---|
| b) Die vom Gericht durchzuführende Prüfung | 505 | 185 |
| c) Hinweise für die schriftliche Bearbeitung | 517 | 189 |
| III. Prozessvergleich | 518 | 190 |
| 1. Allgemeines | 518 | 190 |
| 2. Voraussetzungen und Wirkungen | 522 | 191 |
| 3. Unwirksamkeit | 533 | 195 |
| 4. Außergerichtlicher Vergleich | 540 | 198 |
| Einschub: Stillstand des Verfahrens | 544 | 199 |
| a) Arten | 544 | 199 |
| b) Wirkungen | 553 | 202 |
| IV. Aufrechnung während des Prozesses | 558 | 206 |
| 1. Problembeschreibung | 558 | 206 |
| 2. Eventualaufrechnung | 561 | 207 |
| 3. Zurückweisung des Aufrechnungseinwandes | 563 | 209 |
| 4. Rechtshängigkeit und Rechtskraft | 566 | 210 |
| 5. Verfahren | 578 | 215 |
| 6. Hinweise für die schriftliche Bearbeitung | 589 | 218 |
| V. Widerklage | 592 | 219 |
| 1. Begriff und Voraussetzungen | 592 | 219 |
| 2. Zuständigkeit | 596 | 220 |
| 3. Besondere Widerklagen | 610 | 224 |
| a) Die parteierweiternde Widerklage (Drittwiderklage) | 610 | 224 |
| b) Die hilfsweise erhobene Widerklage | 617 | 227 |
| c) Der Inzidentantrag | 619 | 227 |
| d) Die Wider-Widerklage | 621 | 228 |
| 4. Hinweise für die schriftliche Bearbeitung | 623 | 228 |
| Anhang: Beteiligung Dritter am Rechtsstreit | 626 | 229 |
| 1. Vorbemerkung | 626 | 229 |
| 2. Nebenintervention | 630 | 230 |
| 3. Streitverkündung | 652 | 237 |
| 4. Hauptintervention, Prätendentenstreit, Urheberbenennung | 664 | 240 |
| Fälle und Fragen |  | 243 |

## § 6. Tatsachenvortrag und Beweis

|  | Rn. | Seite |
|---|---|---|
| I. Vorbemerkung | 678 | 245 |
| II. Die Zurückweisung eines verspäteten Vorbringens | 679 | 245 |
| 1. Prozessförderungspflicht | 679 | 245 |
| 2. Sanktionen bei Verspätungen | 686 | 247 |
| a) Die Nichtbeachtung der in § 296 I genannten Fristen | 687 | 247 |
| b) Die Fälle des § 296 II | 704 | 253 |
| c) Verspätete Rügen iSd § 296 III | 707 | 254 |
| 3. Strategien der Praxis | 711 | 255 |
| III. Die Bewertung des Tatsachenvortrages der Parteien durch den Richter | 718 | 258 |
| 1. Schlüssigkeit und Erheblichkeit | 718 | 258 |
| 2. Beweisbedürftigkeit | 737 | 265 |
| a) Grundsatz | 737 | 265 |
| Einschub: Das Geständnis | 738 | 266 |
| b) Ausnahmen | 744 | 268 |
| c) Gegenstand des Beweises | 748 | 269 |
| IV. Beweisverfahren | 757 | 273 |
| 1. Beweisantritt | 757 | 273 |

# Inhaltsverzeichnis

|  | Rn. | Seite |
|---|---|---|
| 2. Anordnung der Beweisaufnahme | 761 | 273 |
| 3. Durchführung der Beweisaufnahme | 766 | 275 |
| V. Die einzelnen Beweismittel | 774 | 277 |
|    1. Beweis durch Augenschein | 774 | 277 |
|    2. Zeugenbeweis | 780 | 279 |
|    3. Beweis durch Sachverständige | 788 | 281 |
|    4. Beweis durch Urkunden | 802 | 287 |
|    5. Beweis durch Parteivernehmung | 811 | 291 |
| VI. Beweiswürdigung | 822 | 295 |
|    1. Stellung und Aufgabe des Richters | 822 | 295 |
|    2. Anscheinsbeweis | 832 | 298 |
|    3. Beweisvereitelung | 843 | 302 |
| VII. Beweislast | 849 | 304 |
|    1. Die Beweislosigkeit und ihre Folgen | 849 | 304 |
|    2. Grund- und Sonderregeln der Beweislast | 861 | 307 |
| Anhang: Selbstständiges Beweisverfahren | 868 | 309 |
| **1. Übungsklausur** |  | 311 |
| Fälle und Fragen |  | 312 |

## § 7. Die gerichtliche Entscheidung

|  | Rn. | Seite |
|---|---|---|
| I. Die einzelnen Arten | 873 | 315 |
| II. Das Urteil | 877 | 316 |
|    1. Arten | 877 | 316 |
|    2. Form und Inhalt | 878 | 319 |
|    3. Erlass und Zustellung | 885 | 321 |
|    4. Wirkungen | 893 | 323 |
| III. Rechtsmittel | 896 | 324 |
|    1. Allgemeines | 896 | 324 |
|    2. Berufung | 920 | 331 |
|    3. Revision | 962 | 347 |
|       Einschub: Regelungen zur Sicherung einer einheitlichen Rechtsprechung | 1000 | 362 |
|    4. Beschwerde | 1001 | 363 |
|       a) Allgemeines | 1001 | 363 |
|       b) Sofortige Beschwerde | 1008 | 366 |
|       d) Rechtsbeschwerde | 1019 | 368 |
| IV. Anhörungsrüge | 1029 | 371 |
| V. Rechtskraft | 1035 | 373 |
|    1. Arten | 1035 | 373 |
|    2. Umfang und Grenzen der Rechtskraft | 1043 | 375 |
|    3. Durchbrechung der Rechtskraft | 1063 | 382 |
|       a) Abänderungsklage nach § 323 | 1063 | 382 |
|       b) Wiederaufnahme des Verfahrens | 1069 | 384 |
|       c) Gehörsrüge nach § 321a | 1074 | 386 |
|       d) Klage nach § 826 BGB | 1075 | 386 |
| Anhang: Besondere Verfahrensarten, insbesondere das Mahnverfahren | 1082 | 388 |
|    1. Überblick | 1082 | 388 |
|    2. Schiedsgerichtliches Verfahren | 1086 | 390 |
|    3. Mahnverfahren | 1091 | 391 |

|  | Rn. | Seite |
|---|---|---|
| 2. Übungsklausur | | 395 |
| Fälle und Fragen | | 395 |

## § 8. Die Zwangsvollstreckung

|  | Rn. | Seite |
|---|---|---|
| I. Einleitender Überblick | 1102 | 397 |
|    1. Funktion und Abgrenzung des Zwangsvollstreckungsrechts | 1102 | 397 |
|    2. Verfahrensgrundsätze | 1106 | 398 |
|    3. Die gesetzliche Regelung | 1107 | 398 |
|    4. Die Organe | 1112 | 400 |
|    5. Kosten | 1113 | 401 |
| II. Die Voraussetzungen der Zwangsvollstreckung | 1115 | 401 |
|    1. Vollstreckungstitel | 1119 | 403 |
|    2. Vollstreckungsklausel | 1135 | 407 |
|    3. Zustellung | 1147 | 412 |
| III. Die Zwangsvollstreckung wegen Geldforderungen | 1149 | 413 |
|    1. Sachaufklärung | 1149 | 413 |
|    2. Vollstreckung in das bewegliche Vermögen | 1152 | 414 |
|       a) Die Pfändung | 1155 | 415 |
|          aa) Verfahren | 1155 | 415 |
|          bb) Wirkungen | 1168 | 419 |
|       b) Die Verwertung | 1173 | 421 |
|          Einschub: Parteivereinbarungen in der Zwangsvollstreckung | 1186 | 425 |
|    3. Vollstreckung in Forderungen und andere Vermögensrechte | 1189 | 427 |
|       a) Geldforderungen | 1190 | 427 |
|       b) Ansprüche auf Herausgabe | 1218 | 434 |
|       c) Andere Vermögensrechte | 1226 | 436 |
|    4. Mehrfache Pfändung | 1234 | 439 |
|       a) Rechtsfolgen | 1234 | 439 |
|       b) Verteilungsverfahren | 1240 | 440 |
|          Einschub: Die Zwangsvollstreckung in Anteilsrechte | 1242 | 441 |
|    5. Vollstreckung in das unbewegliche Vermögen | 1243 | 444 |
|       a) Allgemeines | 1243 | 444 |
|       b) Zwangsversteigerung | 1244 | 444 |
|       c) Zwangsverwaltung | 1256 | 448 |
|       d) Zwangshypothek | 1259 | 448 |
| IV. Die Zwangsvollstreckung wegen anderer Ansprüche | 1263 | 449 |
|    1. Vollstreckung zur Erwirkung der Herausgabe von Sachen | 1263 | 449 |
|    2. Vollstreckung zur Erwirkung von Handlungen oder Unterlassungen | 1273 | 452 |
|    3. Die Verurteilung zur Abgabe einer Willenserklärung | 1283 | 455 |
| V. Die Rechtsbehelfe in der Zwangsvollstreckung | 1287 | 456 |
|    1. Überblick | 1287 | 456 |
|    2. Vollstreckungserinnerung | 1290 | 457 |
|    3. Sofortige Beschwerde | 1294 | 458 |
|    4. Vollstreckungsabwehrklage | 1301 | 460 |
|    5. Drittwiderspruchsklage | 1326 | 468 |
|    6. Klage auf vorzugsweise Befriedigung | 1346 | 476 |
|    7. Antrag auf Vollstreckungsschutz nach § 765a | 1349 | 476 |
|    8. Einstweilige Anordnungen | 1354 | 478 |
| VI. Arrest und einstweilige Verfügung | 1359 | 480 |
|    1. Arrest | 1360 | 480 |
|    2. Einstweilige Verfügung | 1371 | 484 |
| 3. Übungsklausur | | 486 |

# Inhaltsverzeichnis

|  | Rn. Seite |
|---|---:|
| Fälle und Fragen | 487 |
| Lösungshinweise für die Fälle und Fragen | 489 |
| Lösungsskizze zur 1. Übungsklausur | 518 |
| Lösungsskizze zur 2. Übungsklausur | 520 |
| Lösungsskizze zur 3. Übungsklausur | 523 |
| Paragrafenregister | 527 |
| Stichwortverzeichnis | 537 |

# Abkürzungsverzeichnis

| | |
|---|---|
| aA (AA) | andere(r) Ansicht |
| abl. | ablehnend |
| ABl. | Amtsblatt |
| aE | am Ende |
| AEUV | Vertrag über die Arbeitsweise der Europäischen Union |
| aF | alte Fassung |
| AG | Amtsgericht, Aktiengesellschaft |
| AGB | Allgemeine Geschäftsbedingungen |
| AGG | Allgemeines Gleichbehandlungsgesetz |
| AktG | Aktiengesetz |
| allgM | allgemeine Meinung |
| Alt. | Alternative |
| amtl. Begr. | Amtliche Begründung |
| AnfG | Gesetz, betreffend die Anfechtung von Rechtshandlungen eines Schuldners außerhalb des Insolvenzverfahrens (Anfechtungsgesetz) |
| Anh. | Anhang |
| Anl. | Anlage |
| Anm. | Anmerkung |
| AOK | Allgemeine Ortskrankenkasse |
| AP | Nachschlagewerk des Bundesarbeitsgerichts, bis 1954: Arbeitsrechtliche Praxis (Entscheidungssammlung) |
| ArbG | Arbeitsgericht |
| ArbGG | Arbeitsgerichtsgesetz |
| arg. | Argument |
| Art. | Artikel |
| Aufl. | Auflage |
| BAG | Bundesarbeitsgericht |
| BayObLG | Bayerisches Oberstes Landesgericht |
| BayVerfGH | Bayerischer Verfassungsgerichtshof |
| BauR | Baurecht (Zeitschrift) |
| BB | Betriebs-Berater (Zeitschrift) |
| Bd. | Band |
| beA | elektronisches Anwaltspostfach |
| BeckRS | Elektronische Rechtsprechungsdatenbank in beck-online |
| Begr. | Begründung |
| BerHG | Gesetz über Rechtsberatung und Vertretung für Bürger mit geringem Einkommen (Beratungshilfegesetz) |
| BeurkG | Beurkundungsgesetz |
| BFH | Bundesfinanzhof |
| BGB | Bürgerliches Gesetzbuch |
| BGH | Bundesgerichtshof |
| BGHZ | Amtliche Sammlung der Entscheidungen des Bundesgerichtshofes in Zivilsachen |
| BORA | Berufsordnung für Rechtsanwälte |
| BRAO | Bundesrechtsanwaltsordnung |
| Brüssel Ia-VO | Verordnung (EU) Nr. 1215/2012 des Rates über die gerichtliche Zuständigkeit und die Anerkennung und Vollstreckung von Entscheidungen in Zivil- und Handelssachen v. 12.12.2012, ABl. 2012 L 351, 1 |
| Brüssel IIa-VO | Verordnung (EG) Nr. 2201/2003 des Rates über die Zuständigkeit und die Anerkennung und Vollstreckung von Entscheidungen in |

| | |
|---|---|
| | Ehesachen und in Verfahren betreffend die elterliche Verantwortung und zur Aufhebung der Verordnung (EG) Nr. 1247/2000 v. 27.11.2003, ABl. 2003 L 338, 1 |
| BSG | Bundessozialgericht |
| BT-Drs. | Bundestags-Drucksache |
| BVerfG | Bundesverfassungsgericht |
| BVerfGE | Amtliche Sammlung der Entscheidungen des Bundesverfassungsgerichts |
| BVerfGG | Gesetz über das Bundesverfassungsgericht |
| BVerwG | Bundesverwaltungsgericht |
| c.i.c. | culpa in contrahendo |
| DB | Der Betrieb (Zeitschrift) |
| dh | das heißt |
| DRiG | Deutsches Richtergesetz |
| DRiZ | Deutsche Richterzeitung |
| EFTA | European Free Trade Association |
| EG | Einführungsgesetz, Europäische Gemeinschaften, Europäische Verträge |
| EGBGB | Einführungsgesetz zum Bürgerlichen Gesetzbuche |
| EGGVG | Einführungsgesetz zum Gerichtsverfassungsgesetz |
| EGMR | Europäischer Gerichtshof für Menschenrechte |
| EGStGB | Einführungsgesetz zum Strafgesetzbuch |
| EGZPO | Gesetz, betreffend die Einführung der Zivilprozeßordnung |
| Einl. | Einleitung |
| einschr. | einschränkend |
| EK | Examenskurs |
| EMRK | Konvention v. 4.11.1950 zum Schutze der Menschenrechte und Grundfreiheiten |
| EU | Europäische Uniom |
| EuBagatellVO | s. EuGFVO |
| EuBVO | Verordnung (EG) Nr. 1206/2001 über die Zusammenarbeit zwischen den Gerichten der Mitgliedstaaten auf dem Gebiet der Beweisaufnahme in Zivil- oder Handelssachen v. 28.5.2001, ABl. 2001 L 174, 1 |
| EuGFVO | Verordnung (EG) Nr. 861/2007 des Europäischen Parlaments und des Rates zur Einführung eines Europäischen Verfahrens für geringfügige Forderungen v. 11.7.2007, ABl. 2007 L 199, 1 |
| EuGH | Europäischer Gerichtshof |
| EuMahnVO | s. EuMVVO |
| EuMVVO | Verordnung (EG) Nr. 1896/2006 des Europäischen Parlaments und des Rates zur Einführung eines Europäischen Mahnverfahrens v. 12.12.2006, ABl. 2006 L 399, 1 |
| EUR | Euro |
| EuVTVO | Verordnung (EG) Nr. 805/2004 des Europäischen Parlaments und des Rates zur Einführung eines Europäischen Vollstreckungstitels über unbestrittene Forderungen v. 21.4.2004, ABl. 2004 L 143, 15 |
| f. (ff.) | für, folgende(r) |
| FamFG | Gesetz über das Verfahren in Familiensachen und in den Angelegenheiten der freiwilligen Gerichtsbarkeit vom 17.12.2008 |
| FamRZ | Zeitschrift für das gesamte Familienrecht |
| FG | Festgabe |
| FG BGH | 50 Jahre Bundesgerichtshof, Festgabe aus der Wissenschaft, Bd. III: Zivilprozess, Insolvenz, Öffentliches Recht, hrsg. von Karsten Schmidt, 2000 |
| FGG | Gesetz über die Angelegenheiten der freiwilligen Gerichtsbarkeit, aufgehoben durch das Gesetz zur Reform des Verfahrens in Familiensachen und in Angelegenheiten der freiwilligen Gerichtsbarkeit |
| Fn. | Fußnote |

# Abkürzungsverzeichnis

| | |
|---|---|
| FS | Festschrift |
| GBO | Grundbuchordnung |
| gem. | gemäß |
| GemS-OGB | Gemeinsamer Senat der obersten Gerichtshöfe des Bundes |
| GG | Grundgesetz für die Bundesrepublik Deutschland |
| GK | Grundkurs |
| GKG | Gerichtskostengesetz |
| GmbH | Gesellschaft mit beschränkter Haftung |
| GmbHG | Gesetz betreffend die Gesellschaften mit beschränkter Haftung |
| GRUR | Gewerblicher Rechtsschutz und Urheberrecht (Zeitschrift) |
| GRUR-RR | GRUR-Rechtsprechungs-Report (Zeitschrift) |
| GSZ | Großer Senat (des BGH) in Zivilsachen |
| GVG | Gerichtsverfassungsgesetz |
| GVGA | Geschäftsanweisung für Gerichtsvollzieher |
| HGB | Handelsgesetzbuch |
| hL (HL) | herrschende Lehre |
| hM (HM) | herrschende Meinung |
| Hs. | Halbsatz |
| iHv | in Höhe von |
| InsO | Insolvenzordnung |
| iSd | im Sinne des |
| iSv | im Sinne von |
| iVm | in Verbindung mit |
| JA | Juristische Arbeitsblätter (Zeitschrift) |
| jew. | jeweils |
| JR | Juristische Rundschau (Zeitschrift) |
| 1. (2.) JuMoG | Erstes (Zweites) Justizmodernisierungsgesetz |
| JURA | Juristische Ausbildung (Zeitschrift) |
| JuS | Juristische Schulung (Zeitschrift) |
| JZ | Juristenzeitung (Zeitschrift) |
| Kfz | Kraftfahrzeug |
| KG | Kammergericht, Kommanditgesellschaft |
| krit. | kritisch |
| KV | Kostenverzeichnis (Anlage zum GKG) |
| LAG | Landesarbeitsgericht |
| LG | Landgericht |
| LugÜ | Übereinkommen über die gerichtliche Zuständigkeit und die Vollstreckung gerichtlicher Entscheidungen in Zivil- und Handelssachen v. 30.10.2007, ABl. 2009 L 147, 5 |
| LM | Nachschlagewerk des BGH, begründet von Lindenmaier und Möhring (Paragraphen ohne Gesetzesangaben sind solche der ZPO) |
| LMK | Kommentierte BGH-Rechtsprechung |
| LPartG | Lebenspartnerschaftsgesetz |
| Ls. | Leitsatz |
| mAnm | mit Anmerkung |
| m(abl, krit, zust)Anm | mit (ablehnender, kritischer, zustimmender) Anmerkung von |
| MDR | Monatsschrift für Deutsches Recht (Zeitschrift) |
| MediationsG | Mediationsgesetz |
| mwN | mit weiteren Nachweisen |
| mzN | mit zahlreichen Nachweisen |
| Nachw. | Nachweise |
| NATO | North Atlantic Treaty Organization |
| nF | neue Fassung |
| NJOZ | Neue Juristische Online Zeitschrift (Beck-Datenbank) |
| NJW | Neue Juristische Wochenschrift (Zeitschrift) |
| NJW-RR | NJW-Rechtsprechungs-Report (Zeitschrift) |
| N. N. | Nomen nominandum (lat.: der Name ist noch zu nennen) |
| Nr. | Nummer |

| | |
|---|---|
| NVwZ | Neue Zeitschrift für Verwaltungsrecht |
| NZA | Neue Zeitschrift für Arbeits- und Sozialrecht |
| NZA-RR | NZA-Rechtsprechungs-Report (Zeitschrift) |
| NZFam | Neue Zeitschrift für Familienrecht |
| NZG | Neue Zeitschrift für Gesellschaftsrecht |
| NZM | Neue Zeitschrift für Miet- und Wohnungsrecht |
| NZI | Neue Zeitschrift für Insolvenzrecht und Sanierung |
| NZV | Neue Verkehrs-Zeitschrift |
| OHG | offene Handelsgesellschaft |
| OLG | Oberlandesgericht |
| OLGZ | Entscheidungen der Oberlandesgerichte in Zivilsachen |
| OVG | Oberverwaltungsgericht |
| PartGG | Gesetz über Partnerschaftsgesellschaften Angehöriger Freier Berufe (Partnerschaftsgesellschaftsgesetz) |
| P-Konto | Pfändungsschutzkonto |
| Pkw | Personenkraftwagen |
| PC | Personalcomputer |
| RdA | Zeitschrift für die Wissenschaft und Praxis des gesamten Arbeitsrechts |
| RDG | Gesetz über außergerichtliche Rechtsdienstleistungen (Rechtsdienstleistungsgesetz) |
| RG | Reichsgericht |
| RGSt | Amtliche Sammlung der Entscheidungen des Reichsgerichts in Strafsachen |
| RGZ | Amtliche Sammlung der Entscheidungen des Reichsgerichts in Zivilsachen |
| Rn. | Randnummer |
| Rpfleger | Der Deutsche Rechtspfleger (Zeitschrift) |
| RPflG | Rechtspflegergesetz |
| Rspr. | Rechtsprechung |
| RVG | Gesetz über die Vergütung der Rechtsanwältinnen und Rechtsanwälte (Rechtsanwaltsvergütungsgesetz) |
| s. | siehe |
| S. | Seite, Satz |
| SchuldRModG | Schuldrechtsmodernisierungsgesetz |
| SGB | Sozialgesetzbuch (die römischen Ziffern bezeichnen die einzelnen Bücher des Gesetzes) |
| sog. | sogenannte(r) |
| StGB | Strafgesetzbuch |
| StPO | Strafprozessordnung |
| str. | streitig |
| stRspr | ständige Rechtsprechung |
| StVG | Straßenverkehrsgesetz |
| StVO | Straßenverkehrs-Ordnung |
| UKlaG | Gesetz über Unterlassungsklagen bei Verbraucherrechts- und anderen Verstößen (Unterlassungsklagengesetz) |
| UN | United Nations (Vereinte Nationen) |
| UWG | Gesetz gegen den unlauteren Wettbewerb |
| v. | von |
| VerfGH | Verfassungsgerichtshof |
| VersR | Zeitschrift für Versicherungsrecht |
| VG | Verwaltungsgericht |
| vgl. | vergleiche |
| VIZ | Zeitschrift für Vermögens- und Immobilienrecht |
| VO(en) | Verordnung(en) |
| VwGO | Verwaltungsgerichtsordnung |
| VwVfG | Verwaltungsverfahrensgesetz |

# Abkürzungsverzeichnis

| | |
|---|---|
| Warn. | Warneyer, O., Jahrbuch der Entscheidungen auf dem Gebiet des Zivil-, Handels- und Prozessrechts |
| WEG | Gesetz über das Wohnungseigentum und das Dauerwohnrecht (Wohnungseigentumsgesetz) |
| WM | Zeitschrift für Wirtschafts- und Bankrecht, Wertpapier-Mitteilungen |
| WRP | Wettbewerb in Recht und Praxis (Zeitschrift) |
| ZAP | Zeitschrift für die Anwaltspraxis |
| zB | zum Beispiel |
| ZEV | Zeitschrift für Erbrecht und Vermögensnachfolge |
| ZGS | Zeitschrift für das gesamte Schuldrecht |
| ZIP | Zeitschrift für Wirtschaftsrecht |
| ZivilProz | Zivilprozess |
| ZivilProzR | Zivilprozessrecht |
| ZJS | Zeitschrift für das Juristische Studium (www.zjs-online.com) |
| ZMR | Zeitschrift für Miet- und Raumrecht |
| ZPO | Zivilprozessordnung |
| ZPO-RG | Gesetz zur Reform des Zivilprozesses (Zivilprozessreformgesetz) |
| ZRP | Zeitschrift für Rechtspolitik |
| zT | zum Teil |
| zust. | zustimmend |
| ZVG | Gesetz über die Zwangsversteigerung und die Zwangsverwaltung |
| ZVR | Zwangsvollstreckungsrecht |
| ZZP | Zeitschrift für Zivilprozess |

# Literaturverzeichnis

*Ankermann, E./Menne, H.*, Kommentar zur Zivilprozessordnung (Reihe Alternativ-Kommentare), 1987 (zit.: AK-ZPO/*Bearbeiter*)
*Bamberger, H. G./Roth, H.*, Kommentar zum BGB, 4. Aufl. 2018 f. = Beck'scher Online-Kommentar BGB (zit.: Bamberger/Roth/*Bearbeiter* )
*Baumbach, A./Lauterbach, W./Albers, J./Hartmann, P.*, Zivilprozessordnung, begründet von A. Baumbach, fortgeführt von W. Lauterbach, nunmehr verfasst von P. Hartmann, 76. Aufl. 2018 (zit.: BLAH/*Bearbeiter*)
*Baur, F./Stürner, R./Bruns, A.*, Zwangsvollstreckungsrecht, 13. Aufl. 2006 (zit.: *Baur/Stürner/Bruns* ZVR)
*Brox, H./Walker, W.-D.*, Zwangsvollstreckungsrecht, 11. Aufl. 2018 (zit.: *Brox/Walker* ZVR)
*Gaul, H. F./Schilken, E./Becker-Eberhard, E.*, Zwangsvollstreckungsrecht, begr. v. Rosenberg, L. E., 12. Aufl. 2010 (zit.: *Gaul/Schilken/Becker-Eberhard* ZVR)
*Jauernig, O./Berger, C.*, Zwangsvollstreckungs- und Insolvenzrecht, 23. Aufl. 2010 (zit.: *Jauernig/Berger* ZVR)
*Jauernig, O./Hess, B.*, Zivilprozessrecht, 30. Aufl. 2011 (zit.: *Jauernig/Hess* ZivilProzR)
*Krüger, W./Rauscher, T.*, Münchener Kommentar zur Zivilprozessordnung mit Gerichtsverfassungsgesetz und Nebengesetzen, 5. Aufl. 2016 f. (zit.: MüKoZPO/*Bearbeiter*)
*Lackmann, R.*, Zwangsvollstreckungsrecht, 11. Aufl. 2018 (zit.: Lackmann ZVR)
*Lüke, W.*, Zivilprozessrecht, 10. Aufl. 2011 (zit.: *Lüke* ZivilProzR)
*Musielak, H.-J./Hau W.*, Grundkurs BGB, 15. Aufl. 2017 (zit.: GK BGB)
*Musielak, H.-J./Hau, W.*, Examenskurs BGB, 3. Aufl. 2014 (zit.: EK BGB)
*Musielak, H.-J./Voit, W.*, Kommentar zur ZPO, 15. Aufl. 2018 (zit.: Musielak/Voit/*Bearbeiter*)
*Musielak, H.-J. /Borth, H.*, Familiengerichtliches Verfahren: FamFG, 6. Aufl. 2018 (zit.: Musielak/Borth/*Bearbeiter*)
*Musielak, H.-J./Stadler, M.*, Grundfragen des Beweisrechts, 1984 (zit.: *Musielak/Stadler* BeweisR)
*Prütting, H./Gehrlein, M.*, ZPO, Kommentar, 9. Aufl. 2017 (zit.: Prütting/Gehrlein/*Bearbeiter* )
*Pukall, F./Kießling, E.*, Der Zivilprozess in der Praxis, 7. Aufl. 2013 (zit.: *Pukall/Kießling* ZivilProz)
*Säcker, F. J./Rixecker, R./Oetker, H.*, Münchener Kommentar zum Bürgerlichen Gesetzbuch, 7. Aufl. 2015 f. (zit.: MüKoBGB/*Bearbeiter*)
*Rosenberg, L./Schwab, K. H./Gottwald, P.*, Zivilprozessrecht, 17. Aufl. 2010 (zit.: *Rosenberg/Schwab/Gottwald* ZivilProzR )
*Saenger, I.*, Zivilprozessordnung, Handkommentar, 7. Aufl. 2017 (zit.: HK-ZPO/*Bearbeiter*)
*Schilken, E.*, Zivilprozessrecht, 7. Aufl. 2014 (zit.: *Schilken* ZivilProzR)
*Schlosser, P.*, Zivilprozessrecht I, Erkenntnisverfahren, 2. Aufl. 1991 (zit.: *Schlosser* ZivilProzR I)
*Schlosser, P.*, Zivilprozessrecht II, Zwangsvollstreckungs- und Insolvenzrecht, 1984 (zit.: *Schlosser* ZivilProzR II)
*Schumann, E.*, Die ZPO-Klausur, 3. Aufl. 2006 (zit.: *Schumann* ZPO-Klausur)
*Schuschke, W./Walker, W.-D.*, Vollstreckung und Vorläufiger Rechtsschutz, 6. Aufl. 2016 (zit.: *Schuschke/Walker*)
*Stein, F./Jonas, M.*, Kommentar zur Zivilprozessordnung, 22. Aufl. 2002 ff. (zit.: Stein/Jonas/*Bearbeiter*)
*Thomas, H./Putzo, H.*, Zivilprozessordnung, 39. Aufl. 2018 (zit.: Thomas/Putzo/*Bearbeiter*)
*Zeiss, W./Schreiber, K.*, Zivilprozessrecht, 12. Aufl. 2014 (zit.: *Zeiss/Schreiber* ZivilProzR)
*Zimmermann, W.*, Zivilprozessordnung, 10. Aufl. 2015 (zit.: *Zimmermann* ZPO)
*Zöller, R.*, Zivilprozessordnung, 32. Aufl. 2018 (zit.: Zöller/*Bearbeiter*)

# Einige Hinweise für die Arbeit mit diesem Buch

1. Dieser Grundkurs richtet sich an Studierende und Rechtsreferendare, die sich einen Überblick über die Probleme des Zivilverfahrensrechts verschaffen möchten. Das Werk setzt Vorkenntnisse nicht voraus, sondern vermittelt auch die Grundlagen des Zivilverfahrensrechts. Sollten dennoch einmal Fragen offenbleiben, so sollten Sie diese notieren und in der Lektüre fortfahren. In aller Regel werden Sie diese Fragen nach dem Durcharbeiten des Werkes ohne Weiteres beantworten können.

2. Die Auswahl der behandelten Fragen orientiert sich in erster Linie an den Bedürfnissen der Studierenden. Zu diesem Zweck wurden auch die Examensklausuren der ersten juristischen Staatsprüfung aus den letzten Jahren für die Länder Hessen und Bayern ausgewertet und darauf geachtet, dass der dort erwartete Stoff behandelt wird. Dieser für die Studierenden relevante Stoff wird im Text mit **schwarzen Randnummern** gekennzeichnet. Fragen, die in erster Linie für Referendare bedeutsam sind, erkennen Sie an den **grau hinterlegten Randnummern**. Daneben werden Passagen im Kleindruck gesetzt, wenn sie für eine Vertiefung wichtig sind. Bei einer ersten Lektüre können Sie diese Passagen zunächst zurückstellen.

3. Ab dem § 2 finden Sie am Ende jedes Paragraphen eine **Zusammenstellung von Fällen und Fragen**, die Ihnen eine Selbstkontrolle des Gelernten ermöglicht. Nehmen Sie sich bitte die Zeit und versuchen Sie, die Fragen kurz schriftlich in Stichworten zu beantworten, bevor Sie die Lösungen lesen. Nur so können Sie feststellen, an welchen Punkten Sie die Ausführungen verstanden haben und wo noch eine Wiederholung erforderlich ist. Die Fälle und Fragen ermöglichen auch eine kurze Auffrischung des Stoffes vor dem Examen oder der mündlichen Prüfung.

4. Die **Übungsklausuren** sollten nur mit Hilfe des Gesetzestextes in der jeweils angegebenen Zeit schriftlich bearbeitet werden. Erst danach sollten Sie Ihre eigene Lösung mit dem Lösungsvorschlag vergleichen. Lassen Sie sich nicht entmutigen, wenn Sie dabei Abweichungen Ihrer Lösung von dem Lösungsvorschlag feststellen. Es kommt nicht auf eine möglichst weitgehende Übereinstimmung, sondern darauf an, die Kernfragen des Falles richtig zu erkennen.

5. Der **Gesetzestext** ist das unverzichtbare Handwerkszeug des Juristen. Es ist dringend zu empfehlen, bei der Lektüre des Buches stets die im Text angegebenen Rechtsvorschriften genau zu lesen. Verlassen Sie sich nicht darauf, eine zitierte Vorschrift bereits zu kennen. Oft versteht man Normen erst richtig, wenn man sie auch im Zusammenhang mit bestimmten Problemkreisen liest, und oft entdeckt man dabei Einzelheiten, die man nicht aus dem Kopf weiß.

6. Nach dem **Durcharbeiten** einzelner Problembereiche sollten Sie versuchen, die wichtigsten Punkte mit eigenen Worten schriftlich darzustellen und dann diese Ausarbeitung mit den Ausführungen im Buch zu vergleichen. Dabei sollten Sie sich immer die Frage stellen, wie die Problematik in einer Klausur zu bearbeiten wäre.

**7.** Die Diskussion einzelner Fragen in **Arbeitsgruppen** mit anderen Studierenden ist ein wichtiges und bewährtes Mittel, um sich mit juristischen Problemen auseinanderzusetzen. Zugleich fördert sie die mündliche Ausdrucksfähigkeit im Rechtsgespräch und gibt der eigenen (selbstständigen) Arbeit neue Impulse.

**8.** Nehmen Sie sich die **erforderliche Zeit** für die Arbeit mit diesem Buch. Denken Sie gründlich über die Ausführungen im Buch nach, insbesondere auch über mitgeteilte Lösungsvorschläge, und versuchen Sie, Querverbindungen zu parallelen Fragen und angrenzenden Problemen herzustellen. Vieles prägt sich auch erst dann ein, wenn Sie den Stoff wiederholen.

**9.** Aus didaktischen Gründen weicht der Grundkurs in einigen Punkten von dem üblichen Aufbau entsprechender Lehrbücher und auch von der Systematik des Gesetzes ab. Um das **Auffinden bestimmter Punkte** zu erleichtern, finden Sie am Schluss des Werks ein ausführliches Stichwortverzeichnis und ein Paragraphenregister. Werden im Text bestimmte Fragen nur angesprochen, jedoch nicht behandelt, sondern ihre Erörterung mit dem Hinweis „dazu später" oder „Einzelheiten später" hinausgeschoben, dann können Sie sich darauf verlassen, dass Sie diese Fragen an dieser Stelle noch nicht vertiefen müssen. Die Verweise verstehen sich also nicht als Aufforderung zum Nachlesen an anderen Stellen des Buches, sondern sollen Ihnen zeigen, dass die Ihnen vielleicht noch unbekannten Probleme später noch aufgegriffen werden.

# § 1. Zur Methode der Lösung zivilprozessrechtlicher Fälle

## I. Die Unterschiede gegenüber der Lösung materiell-rechtlicher Fälle des Zivilrechts

Die Unterschiede in der Methode zur Lösung von Fällen des Zivilprozessrechts und solchen des materiellen Zivilrechts fallen wesentlich geringer aus als man zunächst erwartet; die Gemeinsamkeiten sind erheblich größer. In beiden Bereichen geht es darum, Rechtsfragen zu klären, die sich aufgrund eines Lebenssachverhalts stellen, der als „Fall" zu bearbeiten ist. Viele Regeln, die bei der Lösung materiell-rechtlicher Fälle anzuwenden sind, müssen auch bei Bearbeitung zivilprozessrechtlicher Sachverhalte beachtet werden. Dies gilt einmal für das zwingende Gebot, den rechtlich zu beurteilenden **Sachverhalt** genau zu erfassen (→ GK BGB Rn. 14 f.). 1

Eine Besonderheit kann sich bei zivilprozessrechtlichen Sachverhalten dadurch ergeben, dass wesentliche Punkte des Sachverhalts nicht feststehen, sondern zwischen den Parteien streitig sind. Es kann deshalb zur Aufgabe des Bearbeiters gehören, entweder aufgrund einer von ihm vorzunehmenden Würdigung von Beweisen den einer Entscheidung zugrunde zu legenden Sachverhalt zunächst festzustellen oder aber wegen nicht klärbarer Zweifel eine Beweislastentscheidung zu treffen. 2

> **Beispiel:** Der Kläger verlangt Herausgabe eines Gemäldes. Der Beklagte beruft sich darauf, dass ihm die Herausgabe unmöglich sei, weil er das Gemälde veräußert habe. Zum Beweis dieser Behauptung legt er eine Kauf- und Übereignungsurkunde vor. Der Kläger äußert Zweifel, ob es sich um ein ernst gemeintes Veräußerungsgeschäft gehandelt habe, da der Beklagte mit dem Erwerber befreundet sei. Trotz Erschöpfung aller Aufklärungsmöglichkeiten bleibt der Sachverhalt in diesem Punkt ungewiss.

Bei dieser in einer bayerischen Examensklausur enthaltenen Fragestellung muss der Bearbeiter zunächst dazu Stellung nehmen, ob die Tatsache, dass der Beklagte mit dem Erwerber des Gemäldes befreundet ist, den Schluss rechtfertigt, dass die von beiden getroffenen Vereinbarungen nicht ernstlich gewollt und deshalb nach § 117 I BGB nichtig seien. Es geht hierbei also um die Bewertung von Tatsachen, wie sie im Rahmen des § 286 I[1] vorgenommen werden muss. Da offensichtlich die Feststellung einer Freundschaft zwischen zwei Vertragsschließenden nicht ausreicht, um ein Scheingeschäft annehmen zu können, kommt es darauf an, wie der Richter zu entscheiden hat, wenn nicht zu klärende Zweifel an den Voraussetzungen des § 117 I BGB bestehen bleiben. Es muss also eine Beweislastentscheidung getroffen werden und der Bearbeiter hat darzulegen, wie die Beweislast zwischen den Parteien in diesem Fall verteilt ist (Auf Fragen der Beweislast wird später eingegangen werden). 3

---

[1] Wenn hier und im Folgenden Vorschriften ohne nähere Bezeichnung zitiert werden, handelt es sich stets um solche der ZPO.

**4** Der genauen Erfassung des Sachverhalts als erstem Arbeitsschritt schließt sich auch bei einem zivilprozessrechtlichen Fall notwendigerweise die Überlegung an, welche Fragen interessieren und einer rechtlichen Bewertung bedürfen. Man kann dies durchaus auch als **Konkretisierung der Fallfrage** bezeichnen, wenn man nur berücksichtigt, dass es beim Zivilprozessrechtsfall um die Beurteilung der Prozesslage geht und nicht – wie bei einer Anspruchsklausur des materiellen Rechts – um die Feststellung, was die Beteiligten voneinander zu fordern haben. Die Ordnung in Anspruchsverhältnisse und die darauf bezogene Frage, wer von wem aufgrund welcher Rechtsvorschrift was verlangen kann (→ GK BGB Rn. 19), ist also dem Bearbeiter nicht aufgegeben. Welche Fragen bei einer zivilprozessrechtlichen Klausur zu erörtern sind, hängt davon ab, in welchem Stadium sich das Verfahren befindet und von welchem Standpunkt aus die Beurteilung vorzunehmen ist. So kann dem Bearbeiter die einem Rechtsanwalt vor Beginn eines Zivilprozesses zufallende Prüfung übertragen sein. Er muss also darlegen, wie das Verfahren am besten, dh am erfolgversprechendsten, zu beginnen ist und was in dieser Phase berücksichtigt werden muss. Es kann aber auch seine Aufgabe sein, eine Entscheidung des Richters über prozessuale Fragen zu treffen, die sich im Laufe eines Rechtsstreits stellen.

**5** Was im Einzelnen zu erörtern ist, muss dem **Bearbeitungsvermerk** entnommen werden. Die in ihm enthaltenen Fallfragen begrenzen die durchzuführende Prüfung. Es stellt einen groben Fehler dar, wenn der Bearbeiter auch Punkte behandelt, auf die es zur Beantwortung der Fallfragen nicht ankommt. Nicht selten wird der Bearbeitungsvermerk bei Zivilprozessrechtsfällen präzise gefasst und dadurch eine weitere Konkretisierung von Fallfragen überflüssig gemacht. Dies geschieht nicht nur deshalb, weil der Aufgabensteller nur die Behandlung bestimmter Punkte wünscht, sondern auch deshalb, weil nicht selten zivilprozessrechtliche Sachverhalte im Interesse besserer Anschaulichkeit Tatsachen mitteilen, auf die es für die Entscheidung nicht ankommt.[2] Bei allgemein gehaltenen Aufgabenstellungen muss der Bearbeiter in gleicher Weise wie bei materiell-rechtlichen Fällen des Zivilrechts die Fallfrage konkretisieren und feststellen, zu welchen Einzelpunkten eine rechtliche Stellungnahme erforderlich ist.

**6** Kein Unterschied besteht in der Methode der Lösung von BGB-Fällen und Zivilprozessrechtsfällen hinsichtlich der folgenden Arbeitsschritte (→ GK BGB Rn. 13 ff.). Auch bei einem Zivilprozessrechtsfall beginnt die Arbeit an der gutachtlichen Stellungnahme mit der Sammlung erster Gedanken zur Lösung und mit dem Aufsuchen der dafür erheblichen Rechtsvorschriften. In gleicher Weise wie bei der BGB-Klausur (→ GK BGB Rn. 21 f.) empfiehlt sich die Verwendung eines Merkzettels, in dem der Bearbeiter alle die Gedanken festhält, die ihm bei der ersten Lektüre spontan einfallen oder die ihm bei weiteren Überlegungen kommen. Bei der rechtlichen Bewertung des Falles müssen die Vorschriften des Verfahrensrechts herangezogen werden, die für die Entscheidung bedeutsam sind. Auch sie wird der Bearbeiter zunächst auf seinem Merkzettel notieren.

**7** Das Auffinden der entscheidungserheblichen Rechtsvorschriften setzt Rechtskenntnisse voraus. Dies gilt für alle Rechtsgebiete. Die für das Zivilprozessrecht notwendigen Kenntnisse sollen durch diesen Grundkurs vermittelt werden. Schon an dieser Stelle soll jedoch die drin-

---

[2] Hierauf verweist *Schumann* ZPO-Klausur Rn. 5, der deshalb empfiehlt, vor einer Lektüre des Aufgabentextes zunächst den Bearbeitungsvermerk zu lesen.

gende Empfehlung ausgesprochen werden, sich mit dem Aufbau der ZPO vertraut zu machen, um im Zweifelsfall zumindest zu wissen, in welchem Buch und in welchem Abschnitt des Gesetzes in Betracht zu ziehende Vorschriften zu finden sind. Auch muss bekannt sein, welche für die Lösung bedeutsamen Regelungen in anderen Gesetzen enthalten sind, beispielsweise im FamFG, im GVG, im RPflG und im ZVG.

Die Anfertigung einer Lösungsskizze und schließlich die Ausformulierung der Falllösung sind weitere Arbeitsschritte, die bei der Bearbeitung eines jeden Rechtsfalles zu gehen sind. Deshalb ergeben sich insoweit keine Besonderheiten für eine Zivilprozessrechtsklausur.

Regelmäßig wird der Bearbeiter eines Zivilprozessrechtsfalls im Ersten Juristischen Staatsexamen ein Gutachten anzufertigen haben, also den ihm aus der BGB-Klausur geläufigen Gutachtenstil anwenden, der von der Frage zur Antwort führt. Jedoch gilt in gleicher Weise auch für den Zivilprozessrechtsfall die Regel, dass der Gutachtenstil nicht zu übertreiben ist. Einfach zu Beurteilendes und Unproblematisches ist (wenn es überhaupt mitgeteilt werden muss) im Urteilsstil zu erledigen, also in Form einer allenfalls kurz begründeten Feststellung.[3]

## II. Die verschiedenen Klausurarten

Es wurde schon oben (→ Rn. 4) darauf hingewiesen, dass die vom Bearbeiter eines Zivilprozessrechtsfalles vorzunehmende Untersuchung davon abhängt, aus welcher Sicht die sich stellenden Rechtsfragen zu entscheiden sind. Wird dem Bearbeiter aufgegeben, die Untersuchung vom Standpunkt eines mit dem Fall befassten Rechtsanwalts durchzuführen – man kann diesen Klausurtyp als **„Anwaltsklausur"** bezeichnen –, dann muss anders vorgegangen werden, als wenn eine richterliche Arbeitsweise im Rahmen einer sog. **„Richterklausur"** verlangt wird. In der Mehrzahl der Fälle werden im Ersten Juristischen Staatsexamen keine auf Fragen des Zivilprozessrechts beschränkten Aufgaben gestellt, sondern die prozessualen Probleme mit solchen des materiellen Rechts vermengt. Der **Aufbau** solcher **gemischten Klausuren** fällt bei einer Anwaltsklausur anders aus als bei einer Richterklausur. Wird in einem Bearbeitungsvermerk als Aufgabe bezeichnet, in einem Gutachten die Auskunft eines **Rechtsanwalts** zu materiell-rechtlichen und prozessrechtlichen Fragen vorzubereiten, dann werden regelmäßig **zunächst die Probleme des materiellen Rechts** zu behandeln sein, ehe auf die prozessualen einzugehen ist. Denn auch in der Praxis wird der Rechtsanwalt als erstes die Erfolgsaussichten einer Klage aufgrund des materiellen Rechts beurteilen, bevor er sich der Frage zuwendet, wie die Klage nach dem Verfahrensrecht erhoben werden muss. Wenn in einem solchen Fall der Bearbeiter zunächst die Zulässigkeit einer (zu erhebenden) Klage prüft, dann stellt er damit gleichsam die Dinge auf den Kopf, weil über die Erhebung einer Klage erst zu entscheiden ist, wenn ihre Erfolgsaussicht feststeht. Dennoch wird immer wieder in Examensklausuren auf diese (verfehlte) Weise verfahren, weil der Bearbeiter nicht zwischen der Anwalts- und der Richterklausur unterscheidet und der irrigen

---

[3] Vgl. *Diederichsen/Wagner,* Die BGB-Klausur, 9. Aufl. 1998, 208.

Annahme ist, dass auch bei Anwaltsklausuren zunächst die Zulässigkeit einer Klage vor ihrer Begründetheit geprüft werden müsse.

> **Beispiel:** Volz verkauft Kunz ein mit einem Mietshaus bebautes Grundstück. Im notariellen Kaufvertrag unterwirft sich der Käufer wegen des Kaufpreises der sofortigen Zwangsvollstreckung in sein gesamtes Vermögen. Als in der Folgezeit Kunz feststellt, dass die Mieteinnahmen nicht 14.000 EUR jährlich betragen, wie dies von Volz beziffert wurde, sondern nur 10.000 EUR, verweigert er die Zahlung des Kaufpreises. Daraufhin droht ihm Volz, einen Gerichtsvollzieher mit der Vollstreckung zu beauftragen. Kunz sucht den Rechtsanwalt Dr. Klug auf und fragt, wie er sich am besten zu verhalten habe. Auch möchte er gerne wissen, ob ihn Volz erfolgreich verklagen könne. In einem Gutachten soll die Auskunft des Rechtsanwalts vorbereitet werden.

11 Es wäre hier aufbaumäßig verfehlt, wenn mit den prozessualen Fragen begonnen und untersucht würde, ob Volz aus der notariellen Urkunde vollstrecken könne, welche Verteidigungsmöglichkeiten dagegen Kunz zustehen und ob Volz trotz der Unterwerfungserklärung in der notariellen Urkunde gegen Kunz Klage auf Zahlung des Kaufpreises erheben dürfe. Zwar sind dies alles prozessuale Fragen, die einer Klärung bedürfen, doch zunächst ist zu erörtern, ob Kunz gegen Volz Gegenansprüche wegen der geringeren Mieteinnahmen geltend machen kann. Erst wenn dies geklärt ist, erscheint es sinnvoll, in einem zweiten Schritt zu überlegen, wie die materiellen Rechte der Beteiligten prozessual durchgesetzt werden können.

12 Allerdings muss berücksichtigt werden, dass die Aufbauregeln keineswegs schematisch und ausnahmslos anzuwenden sind, sondern dass es im Einzelfall durchaus gute Gründe geben kann, von ihnen abzuweichen und einen anderen Aufbau zu wählen. Wird zB ein Rechtsanwalt um Rat gefragt, ob gegen eine gerichtliche Entscheidung ein Rechtsmittel mit Erfolg eingelegt werden kann, dürfte es sinnvoll sein, zunächst die im Regelfall einfach zu beantwortende prozessuale Frage nach der Zulässigkeit eines Rechtsmittels zu beantworten, bevor zur Begründetheit und damit zu materiell-rechtlichen Fragen Stellung genommen wird (→ Rn. 15). Das Gleiche gilt in Fällen, in denen die Erfolgsaussichten von Rechtsbehelfen im Zwangsvollstreckungsverfahren beurteilt werden sollen. Da durch den Rechtsbehelf die Grenzen für die Prüfung der sich dann stellenden Fragen gezogen werden, ist eine Klärung, welcher Rechtsbehelf gegen eine Maßnahme der Zwangsvollstreckung in Betracht kommt, vorrangig durchzuführen.

13 Muss in einer Klausur zu der Frage Stellung genommen werden, wie das **Gericht** einen Rechtsstreit entscheidet, dann muss stets berücksichtigt werden, dass es zu einer Entscheidung in der Sache nur kommen kann, wenn die Zulässigkeit einer Sachentscheidung feststeht. Aus diesem Grunde haben Probleme der **Zulässigkeit Vorrang** vor solchen des materiellen Rechts.[4]

14 Ist in dem oben (→ Rn. 10) mitgeteilten Beispielsfall von Rechtsanwalt Schnell im Namen und Auftrag des Volz Klage auf Zahlung des Kaufpreises erhoben worden und wird dem Bearbeiter aufgegeben, gutachtlich dazu Stellung zu nehmen, welche Entscheidung das Gericht treffen wird, dann müssen zunächst die sich hier ergebenden prozessualen Fragen abgehandelt werden, weil der Richter überhaupt nicht mehr über die materiell-rechtlichen Probleme zu befinden hat, wenn er feststellen muss, dass die Klage des Volz etwa deshalb unzulässig ist, weil ihm ein Rechtsschutzinteresse wegen der Unterwerfungserklärung in der notariellen Urkunde abgesprochen werden muss. Wie diese Frage zu entscheiden ist, soll hier zunächst offen bleiben.

---

[4] Vgl. dazu *Hau* ZJS 2008, 33.

## II. Die verschiedenen Klausurarten

Einen weiteren Klausurentyp bildet der sog. **Rechtsmittelfall,** bei dem die Erfolgsaussichten eines Rechtsbehelfs gegen eine gerichtliche Entscheidung beurteilt werden müssen. Auch diese Beurteilung kann aus der Sicht eines Rechtsanwalts oder eines Richters vorgenommen werden. Hierbei wird es sich auch bei einer Anwaltsklausur, wie bereits bemerkt, regelmäßig empfehlen, zunächst die Zulässigkeit eines Rechtsbehelfs, also prozessrechtliche Fragen, zu behandeln, weil nur bei einer positiven Antwort die Erfolgsaussicht des Rechtsbehelfs Bedeutung erhält. Bei der Anwaltsklausur und bei der Richterklausur sind die zu bewertenden Sachverhalte jeweils nur aus der Sicht eines der am Verfahren Beteiligten zu erörtern; es kann jedoch durchaus auch zur Aufgabe des Bearbeiters gemacht werden, die Betrachtungsweisen beider miteinander zu verbinden. Wird von dem Bearbeiter verlangt, eine **Stellungnahme zur Rechtslage** abzugeben, dann ist nicht nur die zu erlassende Entscheidung des Gerichts darzustellen, sondern auch dazu Stellung zu nehmen, welche verfahrensrechtlichen Möglichkeiten den Parteien (und damit den sie vertretenden Rechtsanwälten) zur Verfügung stehen.[5]

15

Das Gericht hat bei einer Klage von Amts wegen zu prüfen, ob es für die Entscheidung örtlich und sachlich zuständig ist. Gelangt das Gericht zu einem negativen Ergebnis, dann ist der Kläger (der ihn vertretende Anwalt) auf die fehlende Zuständigkeit hinzuweisen (§ 139 III). Aus der Sicht des Klägers muss entschieden werden, wie er sich am besten verhält (vgl. § 281). Schließlich ist noch kurz darauf einzugehen, wie das Gericht zu entscheiden hat, wenn ein Verweisungsantrag des Klägers gestellt wird oder wenn ein solcher Antrag unterbleibt (→ Rn. 108).

16

Aus diesen Hinweisen ergibt sich auch, dass der Bearbeiter die mögliche **Entwicklung einer Prozessrechtslage** berücksichtigen muss, wie sie sich aufgrund möglicher Handlungen der Beteiligten vollziehen kann. Denn der Prozess schreitet – wie bereits der Begriff verdeutlicht (→ Rn. 301) – fort, und die nach dem Prozessrecht möglichen Veränderungen müssen in die Betrachtung mit einbezogen werden. Der Antrag einer Partei kann – wie im oben angeführten Beispiel – eine neue Prozessrechtslage schaffen, die eine Reaktion des Gerichts zur Folge hat, wie umgekehrt die Entscheidung des Gerichts die Parteien zu neuen Anträgen veranlassen kann.

17

Ebenso ist zu beachten, dass sich auch Rechtsfolgen aufgrund eines Untätigbleibens einer Partei ergeben können, so beispielsweise die Begründung der Zuständigkeit eines zunächst unzuständigen Gerichts durch eine rügelose Verhandlung zur Hauptsache (§ 39) oder die Heilung von Verfahrensmängeln durch Unterlassung rechtzeitiger Rüge (vgl. § 295). Gibt der Bearbeitungsvermerk (wie bei der Frage nach der Rechtslage) auf, umfassend zu allen Rechtsproblemen Stellung zu nehmen, dann muss der Bearbeiter auch die aufgrund eines möglichen Parteiverhaltens oder einer in Betracht zu ziehenden Gerichtstätigkeit eintretende Prozesssituation berücksichtigen, also die weitere Prozessentwicklung vorausschauend beschreiben.[6] Insoweit ergibt sich durchaus ein wichtiger Unterschied zu der Erörterung von Fällen des materiellen Zivilrechts, bei denen regelmäßig ein feststehender und sich nicht verändernder Sachverhalt zu bewerten ist.[7]

18

---

[5] Vgl. *Schumann* ZPO-Klausur Rn. 24.
[6] Vgl. *Schumann* ZPO-Klausur Rn. 35 ff.
[7] Vgl. *Schumann* ZPO-Klausur Rn. 24.

## III. Weitere Hinweise

**19** Durch die vorstehenden Ausführungen ist nur bezweckt, allgemeine Hinweise zur Methode der Lösung zivilprozessrechtlicher Fälle zu geben. Auf Fragen der Klausurtechnik, die sich bei speziellen Problemen des Zivilprozessrechts stellen können, wird bei Erörterung dieser Probleme eingegangen werden. Darüber hinaus sei empfehlend auf die Schrift von Ekkehard Schumann, Die ZPO-Klausur, verwiesen, in der sich wertvolle Hinweise für die Bearbeitung der Hauptprobleme des Zivilprozessrechts finden.[8]

---

[8] *Schumann,* ZPO-Klausur; lesenswert auch *Baumgärtel/Laumen/Prütting,* Der Zivilprozessrechtsfall, 8. Aufl. 1995.

# § 2. Der Beginn eines Zivilprozesses

## I. Einleitende Erwägungen

Es gehört zu den wichtigsten Aufgaben der Zivilrechtspflege festzustellen, ob das einzelne durch Klage geltend gemachte (private) Recht besteht. Die Entstehung des Rechts vollzieht sich außerhalb des Prozesses dadurch, dass der Tatbestand einer Norm des materiellen Zivilrechts verwirklicht wird, die dieses Recht begründet. Dementsprechend hat der Richter bei Entscheidung eines Rechtsstreites aufgrund der Vorschriften des materiellen Zivilrechts zu klären, ob das vom Kläger geltend gemachte Recht durch Verwirklichung des Tatbestandes einer rechtsbegründenden Norm entstanden ist und nicht danach durch Verwirklichung des Tatbestandes einer rechtsvernichtenden Norm wieder aufgehoben wurde. 20

> **Beispiel:** A und B schließen einen Kaufvertrag über einen Fernsehapparat. Aufgrund des Vertrages entsteht das Recht des B, Übergabe und Übereignung des Apparates von A zu fordern (§ 433 I 1 BGB), und das Recht des A, Zahlung des vereinbarten Kaufpreises von B zu verlangen (§ 433 II BGB). Durch die Übergabe und Übereignung des Apparates und die Zahlung des Kaufpreises erlöschen diese Rechte wieder (§ 362 I BGB, bei dem es sich also um eine rechtsvernichtende Norm handelt). Im Streitfall hat der Richter aufgrund der genannten Vorschriften festzustellen, ob und welche Rechte zwischen den Beteiligten noch bestehen.

Ob der Einzelne ein bestimmtes Recht innehat, entscheidet sich also nach dem materiellen Zivilrecht. Wird aber das dem Einzelnen zustehende Recht von anderen verletzt, dann darf regelmäßig der Berechtigte nicht sein Recht in die eigene Hand – oder genauer: in die eigene Faust – nehmen und zwangsweise seinen Anspruch verwirklichen. Denn Selbsthilfe ist nur in den engen Grenzen zulässig, die § 229 BGB setzt, also dann, wenn obrigkeitliche Hilfe nicht rechtzeitig zu erlangen ist und ohne sofortiges Eingreifen die Gefahr besteht, dass die Verwirklichung des Anspruchs vereitelt oder wesentlich erschwert wird. In allen anderen Fällen ist der Berechtigte auf staatliche Hilfe für die Durchsetzung seines Rechts angewiesen. Als Ausgleich für das Verbot der Selbsthilfe besteht die Verpflichtung des Staates, dem einzelnen bei der Durchsetzung seines Rechts zu helfen. **Der Staatsbürger hat einen grundgesetzlich verbürgten Anspruch gegen den Staat, dass die zuständigen staatlichen Organe, insbesondere die Gerichte, ihm Rechtsschutz gewähren. Dieser Anspruch wird Justizanspruch oder Justizgewährungsanspruch genannt.** 21

Dass bei Nichterfüllung des Justizgewährungsanspruches der Einzelne in seinen Grundrechten verletzt wird und diese Verletzung mit der Verfassungsbeschwerde beim BVerfG geltend machen kann, ist unstreitig. Gestritten wird dagegen über die Frage, aus welcher Norm des 22

Verfassungsrechts der Justizgewährungsanspruch abzuleiten ist.[9] In Betracht kommen der Anspruch auf den gesetzlichen Richter (Art. 101 I 2 GG), der Anspruch auf rechtliches Gehör (Art. 103 I GG) oder das dem Grundgesetz immanente Rechtsstaatsprinzip. Da es sich lediglich um eine theoretische Meinungsverschiedenheit handelt, kann eine Stellungnahme dazu unterbleiben. Zu beachten ist aber, dass sich dieser Anspruch nicht etwa auf Art. 19 IV GG stützen kann, denn dieser garantiert nur den Rechtsweg gegenüber Akten der öffentlichen Gewalt.

23 Der Kläger wird von seinem Justizanspruch Gebrauch machen und das Gericht um Rechtsschutz ersuchen, wenn er zur Durchsetzung eines ihm (vermeintlich) zustehenden Rechts staatliche Hilfe benötigt, regelmäßig also dann, wenn ein anderer seinem Rechtsanspruch freiwillig nicht genügt. Ob das vom Kläger behauptete Recht in Wirklichkeit existiert, muss – wie bereits erwähnt – vom Richter festgestellt werden; dies geschieht in einem förmlichen Verfahren, dem Zivilprozess. Die an einem solchen Prozess Beteiligten stehen sich in unterschiedlichen Positionen gegenüber, die sie den einzelnen Prozess und die einzelne Prozesssituation auch unterschiedlich sehen lassen. Deshalb soll der Beginn eines Zivilprozesses im Folgenden auch von den unterschiedlichen Standpunkten der Beteiligten aus betrachtet werden.

## II. Die Sicht der Parteien

### 1. Allgemeines

24 Der Kläger nimmt gegenüber dem Beklagten ein Recht für sich in Anspruch, zu dessen Durchsetzung er richterlicher Hilfe bedarf. **Die Notwendigkeit einer richterlichen Mitwirkung bei der Rechtsdurchsetzung kann sich entweder dadurch ergeben, dass der Beklagte dem vom Kläger geltend gemachten Recht die Anerkennung verweigert, oder aber dadurch, dass der Kläger eine Rechtsgestaltung begehrt, die durch Richterspruch vorgenommen werden muss.**

25 Im Regelfall kann der Inhaber eines Gestaltungsrechts dieses Recht selbst ausüben und dadurch die materielle Rechtslage entsprechend dem Gestaltungsrecht verändern, beispielsweise durch Anfechtung wegen Irrtums (§ 119 BGB) eine Willenserklärung rückwirkend nichtig werden lassen (§ 142 I BGB). Es gibt jedoch auch Fälle, in denen bei Gestaltungsrechten die Rechtsgestaltung dem Richter vorbehalten wird und deshalb der Berechtigte vom Gericht die Umgestaltung der Rechtslage zu verlangen hat. So kann beispielsweise eine Ehe nur durch gerichtliches Urteil auf Antrag eines oder beider Ehegatten geschieden werden (§ 1564 I 1 BGB). Der Vorbehalt richterlicher Gestaltung wird durch das öffentliche Interesse an dem Familienstand und seinem sicheren Nachweis begründet. Auf das richterliche Gestaltungsurteil wird später noch eingegangen werden.

---

[9] Das BVerfG (NJW 2003, 1924 [1926]) sieht die Grundlage des Justizgewährungsanspruchs im Rechtsstaatsprinzip in Verbindung mit den Verfahrensgrundrechten der Art. 101 und 103 GG; vgl. dazu auch *Bethge* NJW 1991, 2391 (2393 f.); *Rosenberg/Schwab/Gottwald* ZivilProzR § 3 Rn. 4.

## II. Die Sicht der Parteien

Bevor jemand das Gericht um Rechtsschutz bittet und Klage erhebt, wird er regelmäßig die **Erfolgsaussichten** seiner Klage und das **Kostenrisiko**, das er damit eingeht, festzustellen versuchen. Beide Fragen sind eng miteinander verknüpft, weil grundsätzlich der in einem Rechtsstreit Unterlegene die dadurch entstandenen Kosten zu tragen hat (§ 91). Diese Kosten können erheblich sein; ein Prozess, der alle Instanzen durchläuft, kann durchaus Kosten verursachen, die bis zu 80 Prozent des Streitwerts betragen. Um die Erfolgsaussicht einer Klage beurteilen zu können, muss die Rechtslage geprüft werden. In den meisten Fällen wird deshalb die Beauftragung eines Rechtsanwalts mit der Vorbereitung des Rechtsstreits geboten sein. Soll die Klage vor einem Gericht erhoben werden, bei dem **Anwaltszwang** besteht (vgl. § 78 → Rn. 45), dann muss in jedem Fall ein Rechtsanwalt eingeschaltet werden. Ein Rechtsanwalt kann für seine Tätigkeit ein Entgelt beanspruchen (Einzelheiten → Rn. 49 ff.). Verfügt jemand nicht über die erforderlichen Mittel für eine außergerichtliche Rechtsberatung oder für die Führung eines Zivilprozesses, dann kann er unter bestimmten Voraussetzungen eine Beratungshilfe und eine Prozesskostenhilfe erhalten. Zu beiden Möglichkeiten sollen im Folgenden einige Erläuterungen gegeben werden.

26

### Einschub: Beratungs- und Prozesskostenhilfe

Voraussetzungen und Umfang der Beratungshilfe sind im Beratungshilfegesetz (BerHG) (Schönfelder Ergänzungsband Nr. 98b) geregelt. Danach kann jeder **Hilfe für die Wahrnehmung von Rechten außerhalb eines gerichtlichen Verfahrens** erhalten, wenn er

27

- die erforderlichen Mittel nach seinen persönlichen und wirtschaftlichen Verhältnissen nicht aufbringen kann,
- nicht andere Möglichkeiten für eine Hilfe zur Verfügung stehen, deren Inanspruchnahme dem Rechtsuchenden zuzumuten ist,
- und die Wahrnehmung der Rechte nicht mutwillig ist (§ 1 I BerHG).

§ 1 II BerHG bestimmt, dass vom Fehlen der erforderlichen Mittel auszugehen ist, wenn dem Rechtsuchenden Prozesskostenhilfe ohne einen eigenen Beitrag zu den Kosten zu gewähren wäre (→ Rn. 29). Die Beratungshilfe besteht in der Beratung und, soweit erforderlich, in der Vertretung des Rechtsuchenden (§ 2 I BerHG). Der Rechtsuchende hat einen Antrag auf Beratungshilfe beim Amtsgericht zu stellen. Der Antrag kann mündlich oder schriftlich gestellt werden (§ 4 II 1 BerHG). Zuständig für die Entscheidung über den Antrag ist das Amtsgericht, in dessen Bereich der Rechtsuchende seinen allgemeinen Gerichtsstand (→ Rn. 83) hat (§ 4 I 1 BerHG). Soweit nicht das Amtsgericht selbst beispielsweise durch eine sofortige Auskunft Beratungshilfe leisten kann, stellt es dem Rechtsuchenden einen Berechtigungsschein für Beratungshilfe aus, wenn die Voraussetzungen für die Gewährung von Beratungshilfe gegeben sind (§ 3 II, § 6 I BerHG). Der Rechtsuchende kann sich dann mit dem Berechtigungsschein zu einem Rechtsanwalt seiner Wahl begeben, der das Entgelt für die Beratung aus der Staatskasse erhält. Hat sich der Rechtsuchende unmittelbar an einen Rechtsanwalt gewandt, dann kann ihm noch nachträglich auf seinen Antrag Beratungshilfe gewährt werden (§ 4 II 4, § 7 BerHG). Weiterhin bieten die auf der Grundlage des Gesetzes über die alternative Streitbeilegung in Verbrauchersachen vom 19.2.2016 (VSBG) anerkannten Stellen zur Beilegung von Verbraucherstreitigkeiten die Möglichkeit, mittels Mediation oder Schlichtung einen Rechtsstreit zu vermeiden.

28

**29** Die **Prozesskostenhilfe**[10] ist in der ZPO geregelt, und zwar in den §§ 114–127. Ergänzende Vorschriften finden sich auch in anderen Gesetzen.[11] Die Gewährung der Prozesskostenhilfe ist nach § 114 davon abhängig, dass

- die Kosten der Prozessführung nach den persönlichen und wirtschaftlichen Verhältnissen nicht oder nur zT oder nur in Raten aufgebracht werden können
- und die beabsichtigte Rechtsverfolgung oder Rechtsverteidigung hinreichende Aussicht auf Erfolg bietet und nicht mutwillig erscheint.

**30** Die Frage, ob eine Partei die Prozesskosten ganz oder zT selbst aufzubringen vermag, beurteilt sich nach ihren Vermögens- und Einkommensverhältnissen. Das Gesetz bestimmt, dass die Partei zur Abdeckung der Prozesskosten ihr Einkommen einzusetzen hat (§ 115 I 1). Zum Einkommen gehören alle Einkünfte in Geld oder in Geldeswert (§ 115 I 2). Jedoch sind davon eine Reihe von Beträgen abzuziehen und nur nach dem verbleibenden monatlichen Einkommen zu berechnen, ob und in welcher Höhe eine Partei die Prozesskosten selbst tragen muss (vgl. § 115 I 3). Das Gesetz verweist in § 115 I 3 Nr. 1a auf die in § 82 II SGB XII bezeichneten Beträge. Danach sind abzusetzen: auf das Einkommen entrichtete Steuern, die Pflichtbeiträge zur Sozialversicherung einschließlich der Arbeitslosenversicherung, die für eine freiwillige Mitgliedschaft in der gesetzlichen Kranken- und Rentenversicherung zu entrichtenden Beiträge, Beiträge zur privaten Kranken- und Unfallversicherung und die mit der Erzielung des Einkommens verbundenen notwendigen Ausgaben wie Fahrtkosten zur Arbeitsstätte, Aufwendungen für Arbeitsmaterial und Arbeitskleidung. Hinzukommen Freibeträge für Erwerbstätige (§ 115 I 3 Nr. 1b) und Unterhaltsfreibeträge (§ 115 I 3 Nr. 2). Schließlich sind Kosten der Unterkunft und Heizung, soweit sie nicht in einem auffälligen Missverhältnis zu den Lebensverhältnissen der Partei stehen, vom Bruttoeinkommen abzurechnen. Auch können Beträge abgesetzt werden, soweit dies mit Rücksicht auf besondere Belastung des Antragstellers angemessen ist.

**31** Der sich nach diesen Abzügen ergebende Teil des monatlichen Einkommens bildet dann die Grundlage für die Entscheidung des Gerichts, in welcher Höhe der Antragsteller Monatsraten zur Deckung der Prozesskosten zu leisten hat. Prozesskostenhilfe wird nicht bewilligt, wenn die Kosten der Prozessführung der Partei vier Monatsraten und die aus dem Vermögen aufzubringenden Teilbeträge voraussichtlich nicht übersteigen (§ 115 IV). Dass auch die Partei ihr Vermögen einsetzen muss, soweit dies zumutbar ist, wird ausdrücklich in § 115 III angeordnet. Dabei verweist diese Vorschrift auf § 90 SGB XII. Daraus ergibt sich, dass ein angemessenes Hausgrundstück, das von dem Antragsteller bewohnt wird,[12] ein angemessener Hausrat sowie Gegenstände, die zur Aufnahme oder Fortsetzung der Berufsausbildung oder Erwerbstätigkeit unentbehrlich sind, nicht als verwertbares Vermögen gelten.

**32** Neben fehlenden oder nicht ausreichenden finanziellen Mitteln tritt als weitere Voraussetzung für die Gewährung von Prozesskostenhilfe hinzu, dass die Rechtsverfolgung oder Rechtsverteidigung **Erfolgsaussicht** bietet und sie nicht mutwillig erscheint (vgl. § 114).

**33** Die **Erfolgsaussicht** ist aufgrund einer Untersuchung der Rechtslage und der tatsächlichen Voraussetzungen zu beurteilen, die aufgrund der glaubhaft zu machenden Angaben des Antragstellers (§ 118 II 1) und der Stellungnahme des Gegners (§ 118 I) von dem Vorsitzenden

---

[10] Vgl. *Stackmann* JuS 2006, 233.
[11] Vgl. Musielak/Voit/*Fischer* vor § 114 Rn. 3.
[12] Vgl. Musielak/Voit/*Fischer* § 115 Rn. 46.

## II. Die Sicht der Parteien

oder einem von ihm beauftragten Mitglied des Gerichts vorzunehmen ist (§ 118 III).[13] Die Anforderungen an die Erfolgsprognose dürfen dabei nicht überspannt werden.[14] Das BVerfG hat darauf hingewiesen, dass schwierige, bislang ungeklärte Rechts- und Tatfragen nicht im Prozesskostenhilfeverfahren entschieden werden dürfen, sondern auch von Unbemittelten einer prozessualen Klärung zugeführt werden können.[15] Ergibt die Erfolgsprüfung, dass der Kläger nur mit einem Teil des von ihm geltend gemachten Anspruchs Erfolg haben wird, dann ist die Prozesskostenhilfe entsprechend zu beschränken. Dagegen ist Prozesskostenhilfe nicht zu bewilligen, wenn zwar die angefochtene Entscheidung formell keinen Bestand hat, das materielle Ergebnis sich jedoch aller Voraussicht nach nicht ändern wird.[16]

Als **mutwillig** ist eine Prozessführung anzusehen, wenn sie nicht von sachlichen Erwägungen getragen wird; dies ist dann anzunehmen, wenn eine verständige und ausreichend bemittelte Partei, die also keine Prozesskostenhilfe erhält, in einem gleichliegenden Fall von dem Prozess absehen würde.[17]

**34**

Der **Antrag auf Bewilligung** von Prozesskostenhilfe ist bei dem Prozessgericht zu stellen, dh bei demjenigen Gericht, bei dem der Rechtsstreit schwebt oder anhängig gemacht werden soll (§ 117 I). Für die Erklärung der Partei über ihre persönlichen und wirtschaftlichen Verhältnisse (§ 117 II 1) ist ein Vordruck zu benutzen (vgl. § 120 IV iVm § 117 III, IV). Die Erklärung und die Belege dürfen dem Gegner nur mit Zustimmung der Partei zugänglich gemacht werden (§ 117 II 2). Durch diese Vorschrift soll das Persönlichkeitsrecht des Antragstellers geschützt werden. Das Gericht kann Erhebungen anstellen und insbesondere die Vorlage von Urkunden anordnen und Auskünfte einholen. Zeugen und Sachverständige sollen grundsätzlich nicht vernommen werden, es sei denn, dass auf andere Weise nicht zu klären ist, ob die Rechtsverfolgung oder Rechtsverteidigung hinreichende Aussicht auf Erfolg bietet und nicht mutwillig erscheint (§ 118 II 3).

**35**

Die **Entscheidung** über den Antrag auf Gewährung von Prozesskostenhilfe wird ohne mündliche Verhandlung durch Beschluss vorgenommen (§ 127 I 1). Wird Prozesskostenhilfe bewilligt, dann hat das Gericht die zu zahlenden Monatsraten und die aus dem Vermögen des Antragstellers zu zahlenden Beträge festzusetzen (§ 120 I 1). Ist eine Vertretung durch Anwälte gesetzlich vorgeschrieben, dann wird der Partei ein zur Vertretung bereiter Rechtsanwalt ihrer Wahl beigeordnet (§ 121 I). In anderen Fällen hat das Gericht der Partei einen Anwalt ihrer Wahl beizuordnen, wenn die Vertretung durch einen Rechtsanwalt etwa wegen der Schwierigkeiten des Sachverhalts oder wegen der Hilflosigkeit der Partei erforderlich erscheint oder der Gegner durch einen Rechtsanwalt vertreten ist (§ 121 II). Die Partei, der Prozesskostenhilfe bewilligt wird, ist von der Zahlung der Gerichtskosten und der Anwaltsvergütung befreit (vgl. § 122 I). Dagegen schließt die Bewilligung der Prozesskostenhilfe nicht die Verpflichtung aus, die dem Gegner entstandenen Kosten nach §§ 91, 103 zu erstatten, wenn der Prozess verloren geht (§ 123; zu dieser Kostenerstattungspflicht der unterliegenden Partei Einzelheiten später). Durch § 31 III 1 GKG ist jedoch sichergestellt, dass die unterlegene Partei für Gerichtskosten nur im Rahmen der bewilligten Prozesskostenhilfe zu haften hat.[18] Denn aus dieser Regelung ergibt sich, dass der Kläger, der den Prozess gegen die Prozesskostenhilfe erhaltende Partei gewonnen hat, die von ihm im Voraus gezahlten Gerichtskosten (§ 6 I 1 Nr. 1 GKG) nicht von seinem Gegner fordern darf, sondern sie von der Gerichtskasse zurückerhält.

**36**

---

[13] BGH NJW 1988, 266; *Stackmann* JuS 2006, 233 (235).
[14] Vgl. BVerfGE 81, 347 (357) = NJW 1991, 413; BVerfG NJW 1992, 889; 2000, 1936 (1937).
[15] BVerfG NJW 2008, 1060 Rn. 23.
[16] BGH NJW 2012, 682 Rn. 5.
[17] Stein/Jonas/*Bork* § 114 Rn. 27; Thomas/Putzo/*Seiler* § 114 Rn. 7, jew. mwN.
[18] Zu Einzelheiten vgl. Musielak/Voit/*Fischer* § 123 Rn. 2 ff.

37 Wie die vorstehenden Ausführungen ergeben, muss also niemand wegen fehlender finanzieller Mittel auf den Rechtsrat eines Rechtsanwalts und auf dessen Unterstützung bei Führung eines Rechtsstreits verzichten. Hinzu kommt, dass heute in nicht unerheblichem Umfang Rechtsschutzversicherungen das finanzielle Risiko von Prozessen wesentlich mindern oder sogar beseitigen. Dass dadurch die Neigung zur Austragung von Rechtsstreitigkeiten auch in Fällen gefördert wird, in denen ein Rechtsstreit besser unterbliebe, sei nur am Rande bemerkt. Entschließt sich eine **Partei** dennoch, den Rechtsstreit selbst zu führen, was nur **in einem erstinstanzlichen Verfahren vor dem Amtsgericht** möglich ist (zu den auch insoweit geltenden Ausnahmen Einzelheiten später), dann **kann** sie **nach § 496 die Klage, die Klageerwiderung sowie sonstige Anträge und Erklärungen mündlich zu Protokoll der Geschäftsstelle eines jeden Amtsgerichts (§ 129a I) anbringen.**

38 In **Verfahren vor den Amtsgerichten** sind aufgrund der §§ 495a–510b einige Besonderheiten zu beachten. Grundsätzlich gilt auch für dieses Verfahren das sonst anzuwendende Recht (§ 495). Da jedoch die Parteien ohne anwaltlichen Beistand ihren Prozess vor dem Amtsgericht führen können, hat der Gesetzgeber durch verschiedene Regelungen diesem Umstand Rechnung getragen und insbesondere die Pflichten des Richters erweitert, die Parteien über bestimmte Rechtsfolgen zu belehren, die sich im Laufe des Verfahrens ergeben können. Auf diese Weise wird in gewissem Maße erreicht, dass der rechtskundige Rat eines Rechtsanwalts durch die Beratung und Fürsorge des Gerichts ersetzt wird. Auf Einzelheiten wird später eingegangen werden.

## 2. Obligatorisches Güteverfahren

39 Durch **§ 15a EGZPO** sind die Bundesländer ermächtigt worden, gesetzlich vorzuschreiben, dass die Erhebung der Klage erst zulässig ist, nachdem von einer durch die Landesjustizverwaltung eingerichteten oder anerkannten Gütestelle versucht worden ist, die Streitigkeit einvernehmlich beizulegen.[19] Diese Regelung ist auf bestimmte in § 15a EGZPO enumerativ genannte Bereiche beschränkt. Dabei handelt es sich insbesondere um vermögensrechtliche Streitigkeiten (zum Begriff → Rn. 100) vor den Amtsgerichten mit einem Wert bis zu 750 EUR, um nachbarrechtliche Streitigkeiten und um die Abwehr von Emissionen, die nicht von einem gewerblichen Betrieb ausgehen sowie um Ansprüche wegen Verletzung der persönlichen Ehre, die nicht in Presse oder Rundfunk begangen worden sind. In diesen Fällen hat der Kläger eine von der Gütestelle ausgestellte Bescheinigung über einen erfolglos gebliebenen Einigungsversuch mit der Klage einzureichen; geschieht dies nicht, ist die Klage als unzulässig abzuweisen. Von der Ermächtigung des § 15a EGZPO haben nicht alle Bundesländer Gebrauch gemacht.[20]

40 Die Durchführung eines landesrechtlich zwingend vorgeschriebenen **Schlichtungsverfahrens** bildet eine Prozessvoraussetzung und deshalb muss eine Klage, die entgegen dem Gebot erhoben wird, zunächst eine Schlichtung zu versuchen, als unzulässig abgewiesen wer-

---

[19] Vgl. dazu *Lauer* NJW 2004, 1280, der sich aufgrund praktischer Erfahrungen krit. zum Nutzen dieses Verfahrens äußert; ähnlich auch *Knödel/Winkler* ZRP 2008, 183; *Deckenbrock/Jordans* MDR 2013, 945.

[20] Die entsprechenden landesrechtlichen Regelungen sind im Schönfelder-Ergänzungsband Nr. 104–104h abgedruckt; vgl. dazu *Greger* NJW 2011, 1478; *Deckenbrock/Jordans* MDR 2009, 1202.

## II. Die Sicht der Parteien

den.[21] Soll der mit der Regelung des § 15a EGZPO verfolgte Zweck erreicht werden, den Parteien die Möglichkeit der außergerichtlichen Konfliktbeilegung zu gewähren und dadurch auch zur Entlastung der Gerichte beizutragen,[22] muss ein strenger Standpunkt eingenommen und die Zulässigkeit einer Nachholung der Schlichtung während eines bereits begonnenen Rechtsstreits ausgeschlossen werden.[23] Deshalb muss nach der Auffassung der Rechtsprechung ein erstinstanzliches Urteil, das ohne das vorgeschriebene Schlichtungsverfahren erlassen wurde, in der Berufungsinstanz aufgehoben und die Klage als unzulässig abgewiesen werden.[24] Da dies zu einer weiteren Belastung der Gerichte führt und angesichts der Durchführung des Rechtsstreits die Chancen für eine außergerichtliche Streitbeilegung ohnehin gering sind, erscheint diese Auffassung jedoch zweifelhaft. Hat der Kläger zunächst einen Anspruch geltend gemacht, für den ein Schlichtungsverfahren nicht vorgeschrieben ist, dann ist eine Klageänderung vom Gericht nicht als sachdienlich zuzulassen (§ 263), wenn der geänderte Anspruch des Klägers unter die Schlichtungsregelung fallen würde.[25] Wird ein schlichtungsbedürftiger Antrag mit einem nicht schlichtungsbedürftigen Antrag verbunden, dann muss ein Schlichtungsverfahren durchgeführt werden.[26] Eine nachträglich vollzogene subjektive Klagehäufung (→ Rn. 424) lässt auch für den neu hinzugekommenen Streitgenossen ein eigenes Schlichtungsverfahren erforderlich sein.[27] Findet nach Durchführung eines Schlichtungsverfahrens ein Parteiwechsel auf der Klägerseite statt, dann ist dagegen nicht erneut eine Schlichtung vorzunehmen.[28] Die Notwendigkeit einer Schlichtung kann nachträglich entfallen, wenn der Kläger seine Klageforderung über die Wertgrenze von 750 EUR hinaus erhöht (§ 264 Nr. 2). Dadurch wird die zunächst unzulässige Klage zulässig.[29]

## 3. Beispielsfall

Nachdem zunächst recht allgemein Punkte behandelt worden sind, die für jede Partei beachtenswert erscheinen, wenn sie in einen Rechtsstreit verwickelt wird, soll im Folgenden anhand eines konkreten Beispielfalles die Vorbereitung und der Beginn eines Rechtsstreits dargestellt werden.

41

> Der in Passau wohnende Eich beauftragt den Bauunternehmer Fleißig aus Deggendorf, auf seinem (des Eichs) Grundstück eine Garage zu errichten. Während der Bauarbeiten beschädigt eine Planierraupe den Zaun des Grundstücks. Eich verlangt von Fleißig für die Beschädigung 800 EUR. Dieser weigert sich zu zahlen, weil Eich selbst an der Beschädigung schuld sei, denn er habe den Fahrer der Planierraupe eingewiesen und

---

[21] Verfassungsrechtliche Bedenken gegen eine solche Regelung bestehen nicht; vgl. BVerfG NJW-RR 2007, 1073.
[22] MüKoZPO/*Gruber* EGZPO § 15a Rn. 1.
[23] BGH NJW-RR 2005, 501; NJW 2005, 437 mzN auch zur Gegenauffassung; vgl. dazu *Gitter* NJW 2005, 1235.
[24] BGH NJW 2005, 437; OLG Saarbrücken NJW 2007, 1292; *Rimmelspacher/Arnold* NJW 2006, 17; aA LG Marburg NJW 2005, 2866 (2867).
[25] AG Brakel NJW-RR 2002, 935; zust. *Kimmelmann* JuS 2003, 951.
[26] BGH NJW-RR 2009, 1239 Rn. 9 ff. mwN auch zur Gegenauffassung.
[27] BGH NJW-RR 2010, 1143 f. Rn. 11 f.
[28] BGH NJW-RR 2010, 1726.
[29] LG Kassel NJW 2002, 2256; LG Baden-Baden NJW-RR 2002, 935 (für den Fall, dass Klage und Klageerweiterung im selben Zeitpunkt dem Beklagten zugestellt werden); ebenso LG München MDR 2003, 1313 mAnm *Friedrich*; aA *Jordans* MDR 2005, 286 (287).

durch falsche Hinweise bewirkt, dass die Planierraupe gegen den Zaun gefahren sei. Außerdem sei der Zaun alt und erneuerungsbedürftig gewesen; deshalb sei durch die Beschädigung Eich überhaupt kein Schaden entstanden.

42   Wie so oft bildet auch hier ein recht alltäglicher Vorgang den Grund für eine Streitigkeit, die zum Gegenstand eines Zivilprozesses werden kann. Nachdem sich die Beteiligten schriftlich oder mündlich ausgetauscht haben und ihre gegensätzlichen Standpunkte kennen, wird jeder von ihnen zu überlegen haben, ob er es auf einen Rechtsstreit ankommen lassen will. Wenn Eich die Argumente des Fleißig nicht für zutreffend hält, wird er voraussichtlich von dessen Werklohnforderung einen Betrag als Schadensersatz für seinen Zaun abziehen, also gegen die Werklohnforderung mit einem Schadensersatzanspruch aufrechnen. Wenn Fleißig dies für unberechtigt hält, wird er den vollen Werklohn fordern und möglicherweise Klage erheben, wenn Eich freiwillig nicht zahlt. Auch ein juristischer Laie wird diese mögliche Entwicklung voraussehen können und sich darauf einstellen, also insbesondere vorher die Beratung durch einen Rechtsanwalt suchen.

### III. Die Sicht des Rechtsanwalts

#### 1. Stellung und Aufgaben eines Rechtsanwalts

43   Der Rechtsanwalt erfüllt eine wichtige Aufgabe im Rahmen der Rechtspflege durch Beratung seiner Mandanten und ihrer Vertretung insbesondere vor den Gerichten. Die **Rechtsstellung** des Rechtsanwalts ist **in der Bundesrechtsanwaltsordnung geregelt.** Nach § 1 BRAO ist der Rechtsanwalt als ein unabhängiges Organ der Rechtspflege anzusehen, der einen freien Beruf, kein Gewerbe, ausübt (§ 2 BRAO). Der Rechtsanwalt ist der berufene unabhängige Berater und Vertreter in allen Rechtsangelegenheiten (§ 3 I BRAO), und sein Recht, in Rechtsangelegenheiten aller Art vor Gerichten, Schiedsgerichten oder Behörden aufzutreten, kann nur durch ein Bundesgesetz beschränkt werden (§ 3 II BRAO).

44   Die Zulassung zur Rechtsanwaltschaft wird auf Antrag erteilt und ist davon abhängig, dass der Bewerber die Befähigung zum Richteramt besitzt (§ 4 BRAO), also ein rechtswissenschaftliches Studium an einer Universität mit der Ersten Staatsprüfung und einen anschließenden Vorbereitungsdienst mit der Zweiten Staatsprüfung abgeschlossen hat (§ 5 I DRiG).[30] Die Gründe, aus denen die Zulassung zur Rechtsanwaltschaft versagt werden kann, sind abschließend in § 7 BRAO aufgeführt (vgl. § 6 III BRAO). Die Zulassung zur Rechtsanwaltschaft wird wirksam mit der Aushändigung einer von der Rechtsanwaltskammer ausgestellten Urkunde (§ 12 I BRAO). Mit der Zulassung wird der Bewerber Mitglied der zulassenden Rechtsanwaltskammer (§ 12 III BRAO), in deren Bezirk er eine Kanzlei einrichten und unterhalten

---

[30] Der Befähigung zum Richteramt wird die Erfüllung der Eingliederungsvoraussetzungen nach dem Gesetz über die Tätigkeit europäischer Rechtsanwälte in Deutschland (Schönfelder Nr. 98/II) oder das Bestehen der Eignungsprüfung nach diesem Gesetz gleichgestellt (§ 4 BRAO).

## III. Die Sicht des Rechtsanwalts

muss (§ 27 I BRAO). Will der Rechtsanwalt seine Kanzlei in den Bezirk einer anderen Rechtsanwaltskammer verlegen, hat er die Aufnahme in diese Rechtsanwaltskammer zu beantragen (vgl. § 27 III BRAO).

Für die Vertretung einer Partei im Anwaltsprozess, dh in einem Rechtsstreit, für den Anwaltszwang gilt, trifft § 78 folgende Regelung: Die Parteien müssen sich vor den Landgerichten und Oberlandesgerichten durch einen Rechtsanwalt vertreten lassen. Vor dem Bundesgerichtshof muss die Vertretung durch einen bei diesem Gericht zugelassenen Rechtsanwalt übernommen werden. Anwaltszwang besteht auch in Familiensachen (vgl. § 111 FamFG), die vor den Familiengerichten, Abteilungen der Amtsgerichte (§ 23b iVm § 23a I Nr. 1 GVG), vor den OLG oder vor dem BGH verhandelt werden (vgl. § 114 FamFG auch zu Ausnahmen). Üben Rechtsanwälte gemeinsam ihren Beruf aus, dann kann dies in verschiedenen Organisationsformen geschehen.[31] Schließen sich die Rechtsanwälte in einer (einfachen) Sozietät zusammen, dann handelt es sich um eine BGB-Gesellschaft (§§ 705 ff. BGB). Die Rechtsanwaltssozietät kann aber auch die Rechtsform einer Partnerschaftsgesellschaft erhalten und muss dann in das Partnerschaftsregister eingetragen werden (§ 7 PartGG). Bei der Partnerschaftsgesellschaft handelt es sich um eine rechtsfähige Personengesellschaft. Die zuvor streitige Frage, ob der Zusammenschluss von Rechtsanwälten zur gemeinsamen Berufsausübung auch in einer GmbH zulässig ist, wird nunmehr durch die §§ 59c ff. BRAO positiv beantwortet. Ebenso ist die Zulässigkeit einer Rechtsanwalts-Aktiengesellschaft zu bejahen.[32] Auch eine Gemeinschaft von Anwälten und anderen Freiberuflern ist gem. § 59a BRAO in den dort beschriebenen Grenzen zulässig. Das BVerfG hat diese Einschränkung der Berufsfreiheit für Gemeinschaften aus Rechtsanwälten und Ärzten für verfassungswidrig erklärt.[33]

**45**

Die besondere Stellung des Rechtsanwalts innerhalb der Rechtspflege[34] legt ihm auch **spezifische Pflichten** auf, die ihre Rechtsgrundlage in **§§ 43 ff. BRAO** sowie in der **Berufsordnung für Rechtsanwälte (BORA)** finden.[35] Die Verletzung der Berufspflichten kann den Rechtsanwalt nicht nur nach dem Zivilrecht schadensersatzpflichtig machen, sondern auch anwaltsgerichtliche Maßnahmen auslösen (vgl. §§ 113 ff. BRAO).

**46**

Allgemein hat der Rechtsanwalt die Pflicht, seinen Beruf gewissenhaft auszuüben und sich innerhalb und außerhalb des Berufs der Achtung und des Vertrauens würdig zu erweisen, die die Stellung des Rechtsanwalts erfordert (§ 43 BRAO). Der Rechtsanwalt darf keine Bindungen eingehen, die seine berufliche Unabhängigkeit gefährden (§ 43a I BRAO). Er ist zur Verschwiegenheit über alles verpflichtet, was ihm in Ausübung seines Berufes bekannt geworden ist (§ 43a II BRAO, § 2 BORA). Werbung ist einem Rechtsanwalt nur erlaubt, soweit sie über die berufliche Tätigkeit in Form und Inhalt sachlich unterrichtet und nicht auf die Erteilung eines Auftrages im Einzelfall gerichtet ist (§ 43b BRAO, § 6 BORA). Der Rechtsanwalt kann verpflichtet sein, unter bestimmten Voraussetzungen die Vertretung in gerichtlichen Verfahren zu übernehmen (vgl. § 48 BRAO) oder seine Berufstätigkeit zu versagen, beispielsweise wenn er eine andere Partei in derselben Rechtssache bereits im entgegengesetzten Interesse

**47**

---

[31] Besonderheiten ergeben sich, wenn ausländische Rechtsberatungsgesellschaften in Deutschland tätig werden; vgl. dazu *Grunewald/Müller* NJW 2005, 462; *Henssler/Mansel* NJW 2007, 1393.
[32] BGH NJW 2005, 1568 (1569 ff.); 2006, 1132; BayObLG NZG 2000, 649; vgl. auch *Passarge* NJW 2005, 1835; *Henssler* NZG 2000, 875.
[33] BVerfG NJW 2016, 700 ff.
[34] Vgl. *Römermann* JA 2004, 254 (257); *Jaeger* NJW 2004, 1; *Krämer* NJW 1995, 2313.
[35] http://www.brak.de/w/files/02_fuer_anwaelte/berufsrecht/bora-stand-01.07.15.pdf.

beraten oder vertreten hat (§ 43a IV, § 3 BORA; zu weiteren Versagungsgründen vgl. § 45 BRAO). Der Rechtsanwalt hat Handakten zu führen und sie für eine gewisse Dauer aufzubewahren (vgl. § 50 BRAO) und muss für eine Vertretung sorgen, wenn er länger als eine Woche seinen Beruf nicht ausüben kann oder von seiner Kanzlei abwesend ist (vgl. § 53 BRAO). Neben diesen in der Bundesrechtsanwaltsordnung geregelten Pflichten treffen den Rechtsanwalt noch Vertragspflichten, die sich aufgrund der zwischen ihm und seinem Mandanten bestehenden Rechtsbeziehungen ergeben.

48 Der **zwischen** dem **Rechtsanwalt und** seinem **Mandanten geschlossene Vertrag,** der eine Rechtsberatung, Besorgung einer Rechtsangelegenheit oder die Prozessführung zum Gegenstand hat, ist regelmäßig ein Dienstvertrag, der auf eine Geschäftsbesorgung gerichtet ist (§§ 611, 675 I BGB). Übernimmt der Anwalt die Aufgabe, ein Rechtsgutachten zu erstatten oder einen Vertrag zu entwerfen, dann kann es sich auch um einen auf eine Geschäftsbesorgung gerichteten Werkvertrag (§§ 631, 675 I BGB) handeln. Für den Rechtsanwalt ergeben sich aus solchen Verträgen mannigfaltige Pflichten.[36] Insbesondere hat er seinen Mandanten erschöpfend zu beraten, ihm die Aussichten und Gefahren eines Prozesses sorgfältig und realistisch darzustellen und ihn vor allen vermeidbaren Nachteilen zu bewahren. Der Rechtsanwalt ist verpflichtet, sich dafür einzusetzen, dass die zu Gunsten des Mandanten sprechenden tatsächlichen und rechtlichen Gesichtspunkte so umfassend wie möglich ermittelt und bei der Entscheidung des Gerichts berücksichtigt werden. Wenn auch das Gericht den Streitfall rechtlich zu beurteilen hat, so entspricht es nach Auffassung des BGH der Stellung eines Prozessbevollmächtigten, nach den ihm zur Verfügung stehenden Möglichkeiten auf die rechtliche Beurteilung des Gerichts Einfluss zu nehmen. Im Verhältnis zu seinem Mandanten obliegt ihm folglich die Pflicht, diese Möglichkeiten zu nutzen.[37] Aufgrund dieser Pflicht besteht für den mit der Prozessführung betrauten Rechtsanwalt die zwingende Notwendigkeit, sich über die neuesten Entwicklungen des Rechts und vor allem auch über die einschlägige Rechtsprechung insbesondere des BGH zu informieren. Nach ständiger Rechtsprechung umfasst die Belehrungspflicht des Anwalts auch Ansprüche, die gegen ihn selbst bestehen; auf sie und auf eine eventuell drohende Verjährung muss er seinen Mandanten hinweisen. Für die Verjährung von Schadensersatzansprüchen gegen den Rechtsanwalt gelten die allgemeinen Regeln der §§ 195 und 199 BGB.

49 Der Rechtsanwalt erhält eine **Vergütung,** die sich nach dem Gesetz über die Vergütung der Rechtsanwältinnen und Rechtsanwälte (Rechtsanwaltsvergütungsgesetz – RVG) v. 5.5.2004 bemisst (vgl. § 1 RVG).

50 In einem Gebührenverzeichnis, das als Anlage dem Gesetz beigefügt ist (§ 2 II RVG) werden sämtliche Gebührentatbestände aufgeführt, die im Rahmen der anwaltlichen Tätigkeit entstehen können. In bürgerlichen Rechtsstreitigkeiten fallen zwei Gebühren an:

- Die **Verfahrensgebühr,** die der Rechtsanwalt für das Betreiben des Geschäfts einschließlich der Information seines Mandanten beanspruchen kann (Nr. 3100 des Gebührenverzeichnisses), sowie
- die **Terminsgebühr,** durch die eine Vertretung durch den Anwalt in einem Verhandlungs-, Erörterungs- oder Beweisaufnahmetermin und seine Teilnahme an Besprechungen ohne Beteiligung des Gerichts, die auf die Vermeidung oder Erledigung des Verfahrens gerichtet sind, abgegolten werden (Nr. 3104 des Gebührenverzeichnisses).

---

[36] Vgl. Bamberger/Roth/*Fischer* BGB § 675 Rn. 6 ff. mwN.
[37] BGH NJW 2009, 987; 2010, 73 Rn. 7; vgl. dazu auch BVerfG NJW 2009, 2945.

## III. Die Sicht des Rechtsanwalts

Die (neu eingeführte[38]) **Gebühr für besonders umfangreiche Beweisaufnahmen** (Nr. 1010 des Gebührenverzeichnisses) soll den Mehraufwand abgelten, der durch entsprechende arbeitsaufwendige Tätigkeiten verursacht wird.[39] Eine **Einigungsgebühr** entsteht für die Mitwirkung beim Abschluss eines Vertrags, durch den der Streit oder die Ungewissheit der Parteien über ein Rechtsverhältnis beseitigt wird, es sei denn, der Vertrag beschränkt sich ausschließlich auf ein Anerkenntnis oder einen Verzicht (Nr. 1000 Gebührenverzeichnisses).

51

Eine **Aussöhnungsgebühr** entsteht für die Mitwirkung bei der Aussöhnung, wenn der ernstliche Wille eines Ehegatten, eine Scheidungssache oder ein Verfahren auf Aufhebung der Ehe anhängig zu machen, hervorgetreten ist und die Ehegatten die eheliche Lebensgemeinschaft fortsetzen oder die eheliche Lebensgemeinschaft wieder aufnehmen. Dies gilt entsprechend bei Lebenspartnerschaften (Nr. 1001 des Gebührenverzeichnisses).

52

Die Gebühren werden regelmäßig nach dem Wert berechnet, den der Gegenstand der anwaltlichen Tätigkeit aufweist; sog. Gegenstandswert (§ 2 I RVG). Die §§ 22–33 RVG enthalten Bestimmungen über die Berechnung des Gegenstandswertes. Die am Gegenstandswert orientierten Gebührensätze berücksichtigen indes nicht den im Einzelfall vom Rechtsanwalt geleisteten Arbeitsaufwand. Deshalb werden insbesondere von Rechtsanwälten, die im Bereich des Aktien- und Gesellschaftsrechts über Spezialkenntnisse verfügen, Vereinbarungen mit ihren Mandanten getroffen, die ein Honorar vorsehen, das über die gesetzlichen Gebührensätzen hinausgeht und sich nach dem jeweiligen Arbeitsaufwand bemisst. Dies ist rechtlich zulässig (§§ 3a I, 4 RVG). Unangemessen hohe Vergütungen können gerichtlich gesenkt werden (§ 3a II RVG).[40]

53

Auch das früher bestehende strikte Verbot der Vereinbarung einer erfolgsabhängigen Vergütung ist inzwischen aufgehoben worden.[41] In Fällen, in denen der Mandant aufgrund seiner wirtschaftlichen Verhältnisse ohne die **Vereinbarung eines Erfolgshonorars** von der Rechtsverfolgung abgehalten würde, kann die Vergütung von dem Prozesserfolg abhängig gemacht werden (vgl. § 4a I RVG). Für eine solche Vereinbarung ist – wie für andere Vergütungsvereinbarungen auch – die Textform (§ 126b BGB) vorgeschrieben (§ 3a I 1 RVG). Ihr Mindestinhalt ist in § 4a II RVG angegeben.

54

Innerhalb der Berufsaufgaben des Rechtsanwalts kommt der **Mediation** eine immer größer werdende Bedeutung zu. Unter Mediation wird die Tätigkeit eines neutralen und unparteiischen Dritten verstanden, die dem Ziel dient, die Parteien bei ihrer Suche nach einer Lösung ihres Konfliktes zu unterstützen, ohne jedoch über eine Entscheidungskompetenz zu verfügen (vgl. § 1 MediationsG[42]).[43] Insbesondere bei Auseinandersetzungen aus Anlass von Ehescheidungen, bei Streitigkeiten zwischen Arbeitgebern und Arbeitnehmern und bei mietrechtlichen Konflikten bietet die Mediation ein empfehlenswertes Mittel zur außergerichtlichen Streitbeilegung.

55

---

[38] Diese Gebühr ist mWv 1.8.2013 durch das Zweite Kostenrechtsmodernisierungsgesetz eingeführt worden.
[39] Vgl. *Fischer* MDR 2013, 881.
[40] *Hau* JZ 2011, 1047 (1048).
[41] Damit wird eine Entscheidung des BVerfG (NJW 2007, 979) berücksichtigt, durch die das zuvor bestehende Recht für verfassungswidrig erklärt worden war. Vgl. *Kleine-Cosack* NJW 2007, 1405; *Fölsch* MDR 2008, 728.
[42] Zum Mediationsgesetz vgl. *Ahrens* NJW 2012, 2465.
[43] Vgl. *Nistler* JuS 2010, 685; *Fritz/Krabbe* NJW 2011, 3204; *Francken* NZA 2011, 1001; *Trossen* ZPR 2012, 23; *Grobosch/Heymann* NJW 2012, 3626; *Jordans* MDR 2013, 65; *Eckstein* JuS 2014, 698.

Verhandlungsgeschick und psychologisches Einfühlungsvermögen bilden wichtige Voraussetzungen für eine erfolgreiche Ausübung der Funktion eines Mediators. Diese Fähigkeiten neben fundierten Rechtskenntnissen zeichnen aber auch den guten Anwalt aus. Deshalb handelt es sich bei der Mediation um eine Aufgabe, zu deren Erfüllung Rechtsanwälte berufen sind.[44] Ein Rechtsanwalt, der die Bezeichnung „Mediator" führen will, muss nach der Berufsordnung durch eine geeignete Ausbildung nachweisen, dass er die Grundsätze des Mediationsverfahrens beherrscht.[45] Darüber hinaus gibt § 5 I MediationsG jedem Mediator auf, in eigener Verantwortung durch eine geeignete Ausbildung und eine regelmäßige Fortbildung sicherzustellen, dass er über theoretische Kenntnisse sowie praktische Erfahrungen verfügt, um die Partei in sachkundiger Weise durch die Mediation führen zu können.

56 Die Tätigkeit des Mediators ist jedoch nicht nur Rechtsanwälten vorbehalten.[46] Dies folgt bereits aus § 2 III Nr. 4 RDG, der die Mediation aus dem Anwendungsbereich dieses Gesetzes herausnimmt. Damit wird zum Ausdruck gebracht, dass es sich bei der Mediation um eine erlaubnisfreie Tätigkeit handelt. Allerdings gilt dies nur insoweit, als nicht vom Mediator durch rechtsgestaltende Vorschläge eine Rechtsberatung vorgenommen wird, sondern es den Konfliktparteien eigenverantwortlich überlassen bleibt, welche rechtlichen Lösungen sie wählen wollen.

57 Durch eine EU-Richtlinie[47] wird die Mediation in grenzüberschreitenden Streitigkeiten geregelt. Die Umsetzung dieser Richtlinie wurde durch das MediationsG vollzogen. Ebenfalls auf der Grundlage einer EU-Richtlinie wurde das Gesetz über die alternative Streitbeilegung in Verbrauchersachen – Verbraucherstreitbeilegungsgesetz – erlassen, das am 1.4.2016 in Kraft getreten ist. Es sieht unter anderem die Gründung privater Verbraucherstreitschlichtungsstellen vor, die bei Kosten von höchstens 30 EUR für den Verbraucher eine gütliche Einigung bei Streitigkeiten aus Verbraucherverträgen herbeiführen sollen.

## 2. Beispiel anwaltlicher Tätigkeit im Einzelfall

58 Nehmen wir an, dass Eich in dem Beispielsfall (→ Rn. 41) den Rechtsanwalt Kundig in Passau aufsucht und ihm von dem Streit mit Fleißig berichtet. Kundig wird sich dann eingehend von Eich darüber informieren lassen, wie es zu der Beschädigung des Zaunes kam und in welchem Zustand sich der Zaun im Zeitpunkt der Beschädigung befunden hat. Ergibt die Darstellung des Eich, dass dessen Forderung gerechtfertigt erscheint, dann wird er ihm wohl zu einer Aufrechnung raten. Dabei muss er allerdings auch die Auswirkungen berücksichtigen, die sich aus einer solchen Aufrechnungserklärung für den zu erwartenden Rechtsstreit mit Fleißig ergeben. Hierbei wird er insbesondere daran denken, welches Gericht für die Entscheidung des

---

[44] Die Mediation gehört deshalb zu Recht zu den Schlüsselqualifikationen, die im Studium gem. § 5a III DRiG zu berücksichtigen sind. Regelmäßig wird dieser Auftrag im Rahmen des Universitätsstudiums durch ein Angebot entsprechender Lehrveranstaltungen erfüllt. Zur Bedeutung der Schlüsselqualifikationen für die juristische Ausbildung vgl. *Fritzemeyer* NJW 2006, 2825.
[45] § 7a BORA; vgl. auch BGH NJW 2002, 2948. Zur Gebührenregelung vgl. § 34 RVG.
[46] *Hartung/Wendenburg* NJW 2009, 1551.
[47] RL 2008/52/EG des Europäischen Parlaments und des Rates über bestimmte Aspekte der Mediation in Zivil- und Handelssachen v. 21.5.2008, ABl. 2008 L 136, 3.

III. Die Sicht des Rechtsanwalts

Rechtsstreits zuständig ist und ob sich Unterschiede ergeben, wenn Eich von einer Aufrechnung gegen die Werklohnforderung des Fleißig absieht und Ersatz seines Schadens von Fleißig verlangt. In Betracht kommt entweder das Amtsgericht Passau, wo Eich wohnt und wo der Schaden eingetreten ist, oder das Amtsgericht Deggendorf, weil Fleißig in Deggendorf seinen Betrieb und seinen Wohnsitz hat.

**Zuständigkeit** bedeutet die Berechtigung und Verpflichtung, eine bestimmte Aufgabe wahrzunehmen. Das für einen Rechtsstreit zuständige Gericht ist also berufen, diesen Rechtsstreit durchzuführen und zu entscheiden. Nicht nur der Richter hat bei jedem Prozess zu prüfen, ob er für ihn zuständig ist, sondern auch derjenige, der Rechtsschutz erbittet, kann Nachteile erleiden, wenn er sich an ein unzuständiges Gericht wendet. Muss eine Klage wegen Unzuständigkeit des angegangenen Gerichts abgewiesen werden, dann hat der Kläger die Kosten des Rechtsstreits als unterlegene Partei zu tragen (§ 91). Klagt ein Rechtsanwalt vor einem unzuständigen Gericht und entsteht dadurch der von ihm vertretenen Partei Schaden, dann macht sich der Anwalt wegen Verletzung der ihm nach dem Anwaltsvertrag obliegenden Pflichten schadensersatzpflichtig (→ Rn. 46, 48). Der Rechtsanwalt muss also sorgfältig und zutreffend die Frage entscheiden, vor welches Gericht die Klage seines Mandanten gehört. 59

## Einschub: Zuständigkeit der Gerichte

### a) Die Rechtswegzuständigkeit

Zu beachten ist zunächst, dass es **verschiedene Gerichtszweige** gibt, deren Zuständigkeit auf einzelne Gebiete des Rechts bezogen ist (vgl. Art. 95 I GG). Es sind dies die **ordentliche Gerichtsbarkeit** (= Zivil- und Strafgerichtsbarkeit), die **Verwaltungsgerichtsbarkeit**, die **Finanzgerichtsbarkeit**, die **Arbeitsgerichtsbarkeit** und die **Sozialgerichtsbarkeit**. Diese fünf Gerichtszweige sind einander gleichrangig. Dagegen nimmt die **Verfassungsgerichtsbarkeit** eine besondere Position ein, die sich aus ihrer Aufgabe erklärt, für die Beachtung der Verfassung Sorge zu tragen. Dies geschieht im Bund durch das BVerfG (vgl. Art. 93 GG), in den Ländern durch die Landesverfassungsgerichte. 60

Bei der **Rechtswegzuständigkeit,** also der Zuständigkeit zwischen den verschiedenen Gerichtszweigen, handelt es sich um eine ausschließliche Zuständigkeit, dh um eine Zuständigkeitsregelung, die für die Parteien bindend ist und abweichende Vereinbarungen nicht zulässt (→ Rn. 83). 61

**Für die Abgrenzung der Zivilgerichtsbarkeit von den anderen Gerichtsbarkeiten stellt § 13 GVG den Grundsatz auf, dass alle bürgerlichen Rechtsstreitigkeiten vor die Zivilgerichte gehören.** Ergänzt wird diese Vorschrift durch eine Reihe anderer Normen, die ausdrücklich die Zuständigkeit der Zivilgerichte begründen. 62

So haben die Zivilgerichte nach Art. 14 III 4, Art. 15 S. 2 GG über die Höhe der Entschädigung bei Enteignungen und nach Art. 34 S. 3 GG über den Anspruch auf Schadensersatz wegen Amtspflichtverletzung zu entscheiden. § 40 II VwGO bestimmt, dass für vermögensrechtliche Ansprüche aus Aufopferung und aus öffentlich-rechtlicher Verwahrung sowie für Schadensersatzansprüche aus der Verletzung öffentlich-rechtlicher Pflichten, die nicht auf einem öffentlich-rechtlichen Vertrag beruhen, der Zivilrechtsweg gegeben ist. 63

**64** Soweit nicht ausdrückliche gesetzliche Zuweisungen zu beachten sind, kommt es also darauf an, ob es sich bei einer Streitigkeit um eine bürgerlich-rechtliche handelt. Diese Frage ist nach der Natur des Rechtsverhältnisses, aus dem der Klageanspruch hergeleitet wird, zu entscheiden.[48] Im Einzelfall kann die Zuordnung des Rechtsverhältnisses zu einem Rechtsgebiet erhebliche Schwierigkeiten bereiten, wie die folgenden **Beispielsfälle** zeigen:

> (1) Empfindlich bewohnt in der Gemeinde Kleindorf ein Einfamilienhaus. An sein Grundstück grenzt eine der Gemeinde gehörende Grünfläche, auf der nach dem Bebauungsplan ein Spielplatz eingerichtet werden soll. Als die Gemeinde mit entsprechenden Vorbereitungsarbeiten beginnt, erhebt Empfindlich vor dem Landgericht Klage auf Unterlassung mit der Begründung, er werde in der Benutzung seines Grundstücks durch den zu erwartenden Lärm des Kinderspielplatzes erheblich beeinträchtigt.
>
> (2) Vor dem Haus des Empfindlich befindet sich die Endhaltestelle einer von der Stark-AG betriebenen Omnibuslinie. Empfindlich klagt vor dem Landgericht gegen die Stark-AG auf Beseitigung der Haltestelle, weil er durch die Geräusche und Abgase der an- und abfahrenden Busse sowie das Verhalten der Fahrgäste erheblich gestört werde. Die Stark-AG wendet ein, sie dürfe ihre Fahrpläne nur mit behördlicher Genehmigung ändern und deshalb nicht eigenmächtig die Haltestelle entfallen lassen.
>
> (3) Die B-GmbH schuldet der AOK Sozialversicherungsbeiträge iHv 50.000 EUR. Bürg, der Geschäftsführer der GmbH, verbürgt sich selbstschuldnerisch für diesen Betrag. Die AOK erhebt vor dem Landgericht Klage auf Zahlung gegen Bürg. Dieser wendet ein, er sei von der AOK arglistig getäuscht worden und fechte deshalb seine Bürgschaftserklärung an.
>
> (4) Die Staatsanwaltschaft hat einen Leichnam beschlagnahmt, weil im Totenschein eine ungeklärte Todesursache angegeben wurde. Sie verlangt von dem nächsten Angehörigen Ersatz der Kosten für die Erstversorgung des Leichnams.
>
> (5) Die Gemeinde Kleindorf ist Eigentümerin einer Festhalle, die sie regelmäßig für Veranstaltungen politischer Parteien vermietet. Die X-Partei beabsichtigt, in der Festhalle ihren Bundeskongress zu veranstalten. Deshalb wendet sie sich an die Gemeinde mit dem Wunsch, einen entsprechenden Mietvertrag zu schließen. Die Gemeinde lehnt ab, weil sie wegen angekündigter Gegendemonstrationen mit Ausschreitungen rechnet. Die X-Partei klagt vor dem Landgericht mit dem Ziel, die Gemeinde zum Abschluss eines Mietvertrages zu verpflichten.

**65** In allen Fällen stellt sich die Frage, ob es sich um eine bürgerlich-rechtliche Streitigkeit handelt und deshalb der vom Kläger eingeschlagene Zivilrechtsweg gegeben ist. Im Fall der Klage gegen die Errichtung des Kinderspielplatzes macht der Kläger einen Anspruch aus § 1004 I iVm § 906 BGB geltend, also einen zivilrechtlichen Anspruch. Dies ist jedoch nicht entscheidend, weil für die Rechtswegzuständigkeit nicht die vom Kläger vorgenommene rechtliche Qualifizierung seines Anspruchs maßgebend ist, sondern sein Tatsachenvortrag, der vom Gericht rechtlich zu bewerten ist und aus dem das Gericht die in Betracht kommende Rechtsfolge selbst abzuleiten hat.[49]

---

[48] GemS-OGB (= Gemeinsamer Senat der obersten Gerichtshöfe des Bundes – zu diesem Gericht → Rn. 1000) BGHZ 97, 312 (313 f.) = NJW 1986, 2359; BGHZ 106, 134 (135) = NJW 1989, 303, jew. mwN.

[49] Vgl. BGHZ 106, 135 f. = NJW 1989, 303, jew. mwN; GemS-OGB NJW 1990, 1527; BGH JR 1997, 201; MüKoZPO/*Zimmermann* GVG § 13 Rn. 11, jew. mwN.

III. Die Sicht des Rechtsanwalts

Nach hM ist bei sog. doppelrelevanten Tatsachen, dh Tatsachen, die gleichermaßen Tatbestandsmerkmale des geltend gemachten Anspruchs verwirklichen und die für die Begründung der Zuständigkeit maßgebend sind,[50] über die Rechtswegzuständigkeit nur aufgrund des Sachvortrages des Klägers zu entscheiden und die Einwendungen des Beklagten unberücksichtigt zu lassen.[51] Begründet wird diese Auffassung damit, dass die Grundlage der vorzunehmenden Abgrenzung zwischen den einzelnen Rechtswegen der Streitgegenstand (zu diesem Begriff Einzelheiten später) bildet, der allein vom Kläger bestimmt wird. Das Gericht hat den Tatsachenvortrag des Klägers als richtig zu unterstellen und darüber zu befinden, welchem Rechtsgebiet das Rechtsverhältnis zugeordnet werden muss, aus dem der Kläger die von ihm begehrte Rechtsfolge ableitet. Erst wenn über die Begründetheit der Klage zu entscheiden ist, muss das Gericht prüfen, ob der Tatsachenvortrag des Klägers zutrifft. Eine Ausnahme gilt jedoch für die negative Feststellungsklage (→ Rn. 129); bei ihr, die sich darauf richtet, dass der Beklagte eine bestimmte Rechtsposition nicht innehat, muss auch der Vortrag des Beklagten herangezogen werden, um zu klären, welche Natur das von ihm beanspruchte Recht aufweist.[52]

66

Aus dem Sachvortrag des Klägers ergibt sich im **Spielplatzfall,** dass die Gemeinde Kleindorf das ihr gehörende Grundstück für öffentliche Zwecke nutzen will. Der Kinderspielplatz ist im maßgeblichen Bebauungsplan vorgesehen; seine Errichtung geschieht im Vollzug dieser Planung und stellt eine schlicht-hoheitliche Tätigkeit der Gemeinde dar. Da somit der Eingriff in das Eigentum des Empfindlich in seiner Rechtsqualität dem öffentlichen Recht zuzurechnen ist, muss sich der Kläger auch der im öffentlichen Recht zur Verfügung stehenden Abwehr- und Beseitigungsansprüche bedienen und kann nicht auf das Privatrecht ausweichen.[53] Für seine Abwehrklage ist also nicht der Zivilrechtsweg, sondern der Verwaltungsrechtsweg gegeben, weil der vom Kläger erhobene Abwehranspruch dem öffentlichen Recht angehört.[54]

67

Bei der Klage des Empfindlich auf Aufhebung der **Bushaltestelle** muss berücksichtigt werden, dass die Beklagte eine Aufgabe der öffentlichen Daseinsvorsorge erfüllt. Dies geschieht jedoch in privatrechtlicher Form, denn die Beklagte ist eine Aktiengesellschaft, die nicht staatliche Hoheitsgewalt ausüben kann. Daran ändert auch die Notwendigkeit einer behördlichen Genehmigung für eine Fahrplanänderung und Aufhebung einer Haltestelle nichts. Der vom Kläger abzuwehrende Eingriff in sein Eigentum durch die von der Buslinie ausgehenden Emissionen ist somit seinem Charakter nach zivilrechtlicher Natur und deshalb ist auch der Zivilrechtsweg gegeben.[55] Im **Bürgschaftsfall** kommt es darauf an, ob die Rechtsnatur der Ansprüche der AOK gegen die B-GmbH, bei denen es sich zweifelsfrei um sozialrechtliche handelt, auf die Bürgschaft „durchschlägt" und dieser auch eine sozialrechtliche Natur verleiht. Dies hat das KG[56] bejaht, während der BGH[57] den Zivilrechtsweg für gegeben

68

---

[50] Andere allein für die Begründung der Rechtswegzuständigkeit relevante Tatsachen müssen vom Kläger bewiesen werden, wenn sie der Beklagte bestreitet; vgl. BGH NJW 2010, 873 Rn. 18 f.
[51] BGHZ 124, 237 (240 f.) = NJW 1994, 1413; BGH NJW 2010, 873 Rn. 14; Stein/Jonas/*Roth* § 1 Rn. 24.
[52] GemS-OGB BGHZ 102, 280 (284) = NJW 1988, 2995.
[53] BVerwG NJW 1974, 817.
[54] So BGH NJW 1976, 570, in seiner Entscheidung des Spielplatzfalles.
[55] BGH NJW 1984, 1242.
[56] KG NVwZ 1983, 572.
[57] BGH NJW 1984, 1622; vgl. auch GemS-OGB BGHZ 102, 280 (283) = NJW 1988, 2295.

hält, weil eine Bürgschaft auch dann dem Privatrecht zuzurechnen sei, wenn sie eine öffentlich-rechtliche Forderung sichert. Bei der **Erstversorgung des Leichnams** hat die Staatsanwaltschaft zwar öffentliche Aufgaben wahrgenommen, sie hat damit aber ein Geschäft geführt, das für die Angehörigen dem bürgerlichen Recht zuzuordnen ist. Daran ändert nichts, dass der Angehörige aufgrund öffentlich-rechtlicher Verpflichtung für die Bestattung zu sorgen hat, denn seine Rechtsbeziehungen zu einem Bestattungsunternehmen wären bürgerlichrechtlicher Natur. Es ist deshalb der Zivilrechtsweg eröffnet.[58] Im **Festhallen-Fall** begehrt die Klägerin den Abschluss eines privatrechtlichen Vertrages. Dies könnte für eine bürgerlich-rechtliche Streitigkeit sprechen. Jedoch geht es hier um die Überlassung einer öffentlichen Einrichtung, denn die Festhalle wird von der Gemeinde als Versammlungsstätte politischen Parteien zur Verfügung gestellt und dient damit öffentlichen Zwecken. Hinsichtlich der Vergabe öffentlicher Einrichtungen bestehen für die Gemeinde spezifische Pflichten, die sich aus dem öffentlichen Recht ergeben. Die klagende Partei macht also geltend, dass aufgrund dieser öffentlich-rechtlichen Pflichten die Gemeinde ihr die Festhalle zur Verfügung zu stellen hat. Dies weist die Streitigkeit als eine öffentlich-rechtliche aus, für die nach § 40 I VwGO der Verwaltungsrechtsweg gegeben ist.[59] Denn es kommt auf die Beurteilung dieser öffentlich-rechtlichen Pflichten durch das Gericht an. Dagegen ist nicht entscheidend, dass Kläger und Beklagter als politische Partei und als Gemeinde in ihrer Rechtsstellung dem öffentlichen Recht zuzurechnen sind. Denn auch wenn auf einer oder sogar auf beiden Seiten Institutionen des öffentlichen Rechts stehen, können zwischen ihnen privatrechtliche Beziehungen hergestellt werden.[60]

> **Beispiel:** Die Gemeinde A verkauft der Gemeinde B ein Schneeräumfahrzeug. Es kommt dann ein (privatrechtlicher) Kaufvertrag zustande und die sich hieraus ergebenden Streitigkeiten sind bürgerlich-rechtlicher Natur. Dafür ist maßgebend, dass es sich bei einem Kauf dem Gegenstand nach um ein privates Rechtsgeschäft handelt. Ist dagegen der Gegenstand des Vertrages öffentlich-rechtlicher Natur, dann handelt es sich um einen öffentlich-rechtlichen Vertrag (vgl. § 54 VwVfG), sodass sich hieraus ergebende Streitigkeiten vor den Verwaltungsgerichten auszutragen sind. So ist beispielsweise entsprechend seinem Gegenstand ein Vertrag über die Zahlung von Erschließungsbeiträgen als öffentlich-rechtlich anzusehen.

69 Enthält der Vertrag, den ein Träger öffentlicher Verwaltung mit einer Privatperson schließt, sowohl Regelungen des Privatrechts als auch des öffentlichen Rechts, dann stellt die hM,[61] die der sog. Geprägetheorie folgt, darauf ab, welcher Teil des Vertrages ihm den Gesamtcharakter verleiht, während eine Gegenauffassung[62] es für maßgebend hält, ob der geltend gemachte Anspruch aus dem privatrechtlichen oder aus dem öffentlich-rechtlichen Teil des Vertrages abgeleitet wird.

70 **Die Natur eines Rechtsverhältnisses muss also nach dem Gegenstand beurteilt werden, auf den es sich bezieht.** Wie die vorstehenden Beispielsfälle zeigen, ist

---

[58] BGH MDR 2016, 201.
[59] OVG Lüneburg NJW 1985, 2347.
[60] BGH NJW 2012, 3654.
[61] BGH NJW 1987, 773; 1992, 1237 (1238); OLG Schleswig NJW 2004, 1052 (1053); Musielak/Voit/*Wittschier* GVG § 13 Rn. 5.
[62] BGH NJW 1998, 909 (910).

## III. Die Sicht des Rechtsanwalts

jedoch nicht immer einfach festzustellen, welchem Rechtsgebiet der Gegenstand eines Rechtsverhältnisses zuzuordnen ist. Bei der Abgrenzung des öffentlichen vom privaten Recht werden **verschiedene Kriterien** herangezogen, deren Brauchbarkeit und Zuverlässigkeit umstritten sind.[63] Einen maßgebenden Anhaltspunkt liefert die Erwägung, ob der zu beurteilende Sachverhalt Rechtssätzen unterworfen ist, die für jedermann gelten (Indiz für Privatrecht) oder ob sie einem Sonderrecht angehören, durch das im Interesse der Erfüllung öffentlicher Aufgaben das allgemeine Recht verdrängt und abgeändert wird (sog. **Sonderrechtstheorie**).

Selbst zwischen der Zivil- und Strafgerichtsbarkeit können sich Abgrenzungsschwierigkeiten ergeben wie der folgende vom BGH[64] entschiedene Fall zeigt: 71

> Das Amtsgericht ordnet in einem Ermittlungsverfahren zur Sicherung der dem Verletzten aus den Straftaten erwachsenen zivilrechtlichen Ansprüche einen dinglichen Arrest in das Vermögen des Beschuldigten gem. §§ 111b II, 5, 111d, 111e I StPO iVm §§ 73 I 2, 73a, 244 I Nr. 2, 260 I Nr. 2, 25 II, 53 StGB an. In Vollziehung dieses Arrests pfändet die Staatsanwaltschaft einen Pkw. Mit der Behauptung, er sei Eigentümer des gepfändeten Pkw, erhebt X Drittwiderspruchsklage gem. § 771 vor dem Landgericht (zu dieser Klage Einzelheiten später). Das LG erklärt den Rechtsweg zu den Zivilgerichten für unzulässig und verweist den Rechtsstreit an die Strafabteilung des Amtsgerichts. Die hiergegen gerichtete sofortige Beschwerde (zu diesem Rechtsmittel Einzelheiten später) weist das OLG zurück. Erst der BGH bejaht die Zuständigkeit des angerufenen Zivilgerichts. In seiner Begründung weist das Gericht darauf hin, dass gem. § 111d II StPO für die Vollziehung des Arrests die Vorschriften über die Zwangsvollstreckung nach der ZPO anzuwenden sind. Zu diesen Vorschriften gehörten auch die Bestimmungen über die Drittwiderspruchsklage gem. § 771. Für die Zuständigkeit der Zivilgerichte spreche auch der Gesichtspunkt der Sachnähe, weil der Kläger seine Klage auf sein angebliches Eigentum an dem gepfändeten Pkw stütze und deshalb das Gericht über Eigentumsfragen zu entscheiden habe.

**Nur wenn der Rechtsweg zulässig ist, darf das Gericht in der Sache entscheiden.** 72 Es handelt sich deshalb bei der Rechtswegzuständigkeit um eine Prozessvoraussetzung (= Sachurteilsvoraussetzung; zu diesen Begriffen → Rn. 231), die vom Gericht von Amts wegen, also auch ohne einen entsprechenden Hinweis der Parteien, zu prüfen ist (vgl. aber § 17a V GVG). **Jedes Gericht entscheidet über die Zulässigkeit seines eigenen Rechtsweges endgültig und mit Bindungswirkung für die anderen Zweige der Gerichtsbarkeit (§ 17a I GVG, Grundsatz der Kompetenzautonomie).**

Das Gericht kann vorab, dh vor einer Entscheidung über die Hauptsache, durch Beschluss auch ohne mündliche Verhandlung die Zulässigkeit des Rechtswegs feststellen. Es muss dies tun, wenn eine Partei die Zulässigkeit des Rechtswegs rügt, auch wenn diese Rüge letztlich nicht durchgreift (vgl. § 17a III, IV 1 GVG). Gegen diesen Beschluss kann sofortige Beschwerde eingelegt werden (§ 17a IV 3 GVG). Erlässt das Gericht trotz rechtzeitiger Rüge der Partei nicht den Vorabbeschluss über die Zulässigkeit des Rechtswegs, dann tritt nach hM[65] die Bindungswirkung nach § 17a I GVG 73

---

[63] Vgl. *Renck* JuS 1999, 361 (362 f.); MüKoZPO/*Zimmermann* GVG § 13 Rn. 6 ff., jew. mwN.
[64] BGH NJW 2006, 65 = JuS 2006, 271 mAnm K. Schmidt.
[65] BGH NJW 1993, 1799 (1800); Musielak/Voit/*Wittschier* GVG § 17a Rn. 21; einschr. *Brückner* NJW 2006, 13 (keine Bindung bei verspäteter Rechtswegrüge).

nicht ein und das Rechtsmittelgericht hat abweichend von § 17a V GVG über den Rechtsweg zu entscheiden. Dies beruht auf der Überlegung, dass der Partei durch ein solches Vorgehen das Recht genommen wird, die Rechtswegfrage vorab im Beschwerdeverfahren prüfen zu lassen und ihr auf diesem Wege der durch Art. 101 I 2 GG garantierte gesetzliche Richter entzogen wird.

74 Nach § 17 II GVG entscheidet das Gericht des zuständigen Rechtsweges den Rechtsstreit unter allen in Betracht kommenden rechtlichen Gesichtspunkten. Das bedeutet, dass auch die Zuständigkeit des Gerichts begründet ist, wenn der Antrag des Klägers auf verschiedene Anspruchsgrundlagen gestützt werden kann, die unterschiedlichen Rechtswegen zuzuordnen sind. Nur für eine dieser Anspruchsgrundlagen muss das Gericht die Zulässigkeit des beschrittenen Rechtswegs bejahen, wobei es nicht darauf ankommt, dass auch die Verurteilung des Beklagten auf diese Anspruchsgrundlage gestützt wird.[66] Macht allerdings der Kläger mehrere prozessuale Ansprüche im Wege der kumulativen Klagehäufung (§ 260; → Rn. 381) geltend, dann kann das angerufene Gericht die Rechtswegzuständigkeit für einen oder mehrere annehmen, für andere dagegen verneinen und insoweit an das zuständige Gericht verweisen.[67]

75 Gelangt das angerufene Zivilgericht zu dem Ergebnis, dass der eingeschlagene Rechtsweg unzulässig ist, dann hat das Gericht nach Anhörung der Parteien von Amts wegen dies durch Beschluss auszusprechen und den Rechtsstreit an das zuständige Gericht zu verweisen (§ 17a II 1 GVG).[68] Auch dieser Beschluss ist mit der sofortigen Beschwerde anfechtbar (§ 17a IV 3 GVG). Der **Verweisungsbeschluss** ist für das Gericht, an das verwiesen wird, hinsichtlich des Rechtswegs bindend (§ 17a II 3 GVG); dies bedeutet, dass es die Entscheidung über den Rechtsweg hinnehmen muss, auch wenn es dazu eine andere Auffassung vertritt als das verweisende Gericht. Eine Rückverweisung ist folglich unzulässig. Der Grundsatz der Kompetenzautonomie wird folglich durch den **Grundsatz der Priorität** eingeschränkt, denn das Gericht, das zuerst über den Rechtsweg entscheidet, befindet verbindlich, dass der Rechtsweg bei dem Gericht zulässig ist, an das es den Rechtsstreit verweist.[69] Setzt sich das Gericht, an das verwiesen worden ist, über die Bindungswirkung des Verweisungsbeschlusses hinweg und spricht eine Rückverweisung aus, dann kommt dem Zurückverweisungsbeschluss ebenfalls Bindungswirkung zu und er muss folglich beachtet werden, wenn er unanfechtbar geworden ist.[70] Eine Durchbrechung der Bindungswirkung, wie sie für Verweisungsbeschlüsse gem. § 281 I wegen örtlicher und sachlicher Unzuständigkeit des Gerichts insbesondere für objektiv willkürliche Entscheidungen (→ Rn. 110) zugelassen wird, kommt im Rahmen des § 17a GVG dann nicht in Betracht, wenn die Partei die Möglichkeit eines Rechtsmittels ungenutzt lässt.[71] Eine Ausnahme von der bindenden Wirkung des Verweisungsbeschlus-

---

[66] BGH NJW 1991, 1686; MüKoZPO/*Zimmermann* GVG § 17 Rn. 12.
[67] BGH NJW 1991, 1686.
[68] Dies gilt auch, wenn sich die Zivilabteilung eines Amtsgerichts für unzuständig erklärt und das Verfahren an die Familienabteilung (Familiengericht) (→ Rn. 79) verweist; vgl. OLG Hamm NJW 2010, 2740.
[69] MüKoZPO/*Zimmermann* GVG § 17a Rn. 6 f.
[70] BGH MDR 2011, 253 (254).
[71] BGH NJW 2014, 2125 Rn. 11 f.; MDR 2013, 1242.

III. Die Sicht des Rechtsanwalts                                                                  25

ses muss jedoch gelten, wenn durch diesen Beschluss eine krasse Rechtsverletzung begangen wird.[72]

Der Rechtsstreit wird nach Eintritt der Rechtskraft (zu diesem Begriff Einzelheiten später) des Verweisungsbeschlusses mit Eingang der Akten bei dem Adressatgericht, also bei dem Gericht, an das verwiesen wird, so anhängig, als ob er bei ihm von Anfang an geführt worden wäre (§ 17b I GVG). Insbesondere wird der Kläger in Bezug auf Fristen so gestellt, als habe er die Klage nicht bei dem unzuständigen Gericht, sondern bei dem Adressatgericht erhoben.[73]  76

Die durch die Klageerhebung bewirkte Hemmung der Verjährung (§ 204 I Nr. 1 BGB) tritt auch dann ein, wenn der Gläubiger zunächst vor einem unzuständigen Gericht klagt und die Verweisung an das zuständige Gericht erst in einem Zeitpunkt vollzogen wird, in dem ohne Klageerhebung der Anspruch verjährt wäre.  77

Die **Gerichte der ordentlichen Gerichtsbarkeit** sind die **Amtsgerichte, Landgerichte** und die **Oberlandesgerichte** sowie der **Bundesgerichtshof** mit Sitz in Karlsruhe (§ 12 GVG). Der **Instanzenzug** in Zivilsachen beginnt entweder beim Amtsgericht oder beim Landgericht (→ Rn. 81). Die nächste Instanz nach dem Amtsgericht ist das Landgericht mit Ausnahme der in § 119 I Nr. 1 GVG genannten Fälle, in denen das OLG das zweitinstanzliche Gericht bildet. So führt der Rechtsweg in Familiensachen (zum Begriff vgl. § 111 FamFG) stets vom Amtsgericht zum OLG. Ist die Zuständigkeit des Landgerichts in erster Instanz begründet, dann fungiert das Oberlandesgericht als Gericht der zweiten Instanz. Der Bundesgerichtshof ist das drittinstanzliche Gericht (§ 133 GVG). Diese verschiedenen Regelungen werden in dem folgenden Schaubild wiedergegeben.  78

Eine Besonderheit bildet das Bayerische Oberste Landesgericht, das mit Wirkung zum 15.9.2018 wieder eingeführt wurde, nachdem es im Jahr 2006 aus Kostengründen aufgelöst worden war. In den Zivilsachen werden ihm alle zur Zuständigkeit des BGH gehörenden Revisionen und Rechtsbeschwerden zugewiesen, die nach Art. 8 EGGVG übertragen werden können, Art. 11 BayAGGVG. Soweit die Rechtsstreitigkeit – wie meist – Bundesrecht betrifft, gilt dies jedoch nur dann, wenn bayerisches Landesrecht den Schwerpunkt des Streits bildet, Art. 8 II EGGVG. Dies wird bei der Zulassung der Revision durch das Berufungsgericht bindend festgelegt, § 7 EGZPO. Eine Nichtzulassungsbeschwerde ist nach dieser Norm stets beim Bundesgerichtshof einzulegen; dieser prüft mit bindender Wirkung, ob im Wesentlichen Landesrecht betroffen ist. Weiterhin ist es für Entscheidungen über Justizverwaltungsakte nach Art. 23 EGGVG zuständig, Art. 12 Nr. 3 BayAGGVG. Durch Rechtverordnung können ihm noch weitere Aufgaben übertragen werden, soweit das Bundesrecht dies zulässt. Dies gilt unter anderem für Musterfeststellungsklagen in Kapitalanlagesachen (§ 6 VI 1 KapMuG) oder für die Entscheidungen in schiedsgerichtlichen Verfahren, für die sonst das Oberlandesgericht zuständig wäre (§ 1062 V 1 ZPO).  78a

---

[72] BAG MDR 2003, 1010; BGH NJW-RR 2004, 645 (646), hält jedoch eine „offenkundige Fehlbeurteilung" nicht für ausreichend; vgl. auch BGH NJW 2003, 2990 (2991); das Gericht lässt zwar die Frage offen, ob ausnahmsweise eine Bindung entfallen kann, hält dies jedoch bei „extremen Verstößen" für denkbar, ebenso BGH MDR 2013, 1242.
[73] *Kissel* NJW 1991, 945 (950).

**79**

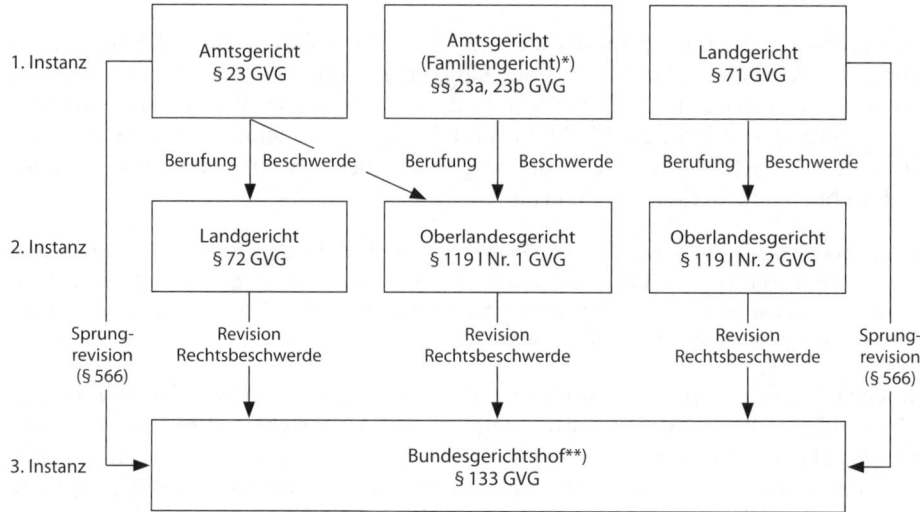

*) Familiengerichte sind besondere Abteilungen der Amtsgerichte (§ 23b I GVG).
**) Zu den Besonderheiten bei Bundesländern mit einem Obersten Landesgericht → Rn. 78a.

### b) Die sachliche Zuständigkeit

**80** In dem Beispielsfall (→ Rn. 41), der die Erörterung gerichtlicher Zuständigkeiten veranlasste, ergeben sich hinsichtlich der Rechtswegzuständigkeit keine Zweifel. Dagegen muss überlegt werden, vor welchem ordentlichen Gericht ein möglicher Rechtsstreit zwischen Eich und Fleißig ausgetragen wird. Diese Frage betrifft die sachliche und die örtliche Zuständigkeit. Bei der sachlichen Zuständigkeit geht es darum, welches Gericht innerhalb derselben Gerichtsbarkeit in erster Instanz einen Rechtsstreit zu entscheiden hat, also ob das Amtsgericht oder das Landgericht (→ Rn. 78f.) zuständig ist; dies ist für Zivilsachen in §§ 23, 23a und 71 GVG bestimmt.

**81** Für die Abgrenzung zwischen der Zuständigkeit des Amtsgerichts und des Landgerichts kommt es einmal darauf an, ob die Streitigkeit ohne Rücksicht auf den Wert des Streitgegenstandes einem dieser Gerichte nach § 23 Nr. 2, § 23a GVG oder § 71 II GVG zugewiesen ist. Ist dies nicht der Fall, muss auf die Höhe des Streitwerts gesehen werden. Nach § 23 Nr. 1 GVG ist bis zu einem Wert von 5.000 EUR einschließlich die Zuständigkeit des Amtsgerichts, bei höheren Streitwerten die Zuständigkeit des Landgerichts begründet (§ 71 I GVG).

### c) Die örtliche Zuständigkeit

**82** Jedes Gericht ist für ein bestimmtes räumliches Gebiet zuständig. Es liegt auf der Hand, dass die Entscheidung der einzelnen bürgerlichen Rechtsstreitigkeit dem sachlich zuständigen Gericht zu übertragen ist, zu dessen Bezirk der Streit in irgendeiner Beziehung steht. Welche Gesichtspunkte dabei maßgeblich sind, ergibt sich in erster Linie aus den §§ 12 ff., die durch spezialgesetzliche Bestimmungen ergänzt werden. **Bei dieser Regelung der örtlichen Zuständigkeit wird zwischen den allgemeinen und den besonderen Gerichtsständen unterschieden.**

## III. Die Sicht des Rechtsanwalts

Eine Beschreibung des Begriffs „**allgemeiner Gerichtsstand**" enthält § 12. Danach bezeichnet dieser Begriff die örtliche Zuständigkeit desjenigen Gerichts, bei dem alle Klagen gegen einen Beklagten anhängig gemacht werden können, sofern nicht ein ausschließlicher Gerichtsstand begründet ist. Eine ausschließliche Zuständigkeit geht anderen (nicht ausschließlichen) Zuständigkeiten vor und schließt eine Vereinbarung der Parteien über die Zuständigkeit aus (Einzelheiten dazu später). **Die gesetzlich festgelegten Gerichtsstände begründen regelmäßig nur dann eine Ausschließlichkeit, wenn dies ausdrücklich bestimmt wird.** 83

> Als **Beispiele** ausschließlicher Gerichtsstände in örtlicher Beziehung seien genannt: § 24 (dinglicher Gerichtsstand), § 29c I 2 für Klagen gegen den Verbraucher aus Verträgen, die außerhalb von Geschäftsräumen gem. § 312b BGB geschlossen wurden (mit der Möglichkeit abweichender Vereinbarung in bestimmten Fällen); eine ausschließliche Zuständigkeit in örtlicher und sachlicher Hinsicht ergibt sich beispielsweise aus § 29a für Streitigkeiten über Ansprüche aus Miet- und Pachtverhältnissen über Räume,[74] aus § 32a für bestimmte Klagen wegen Ersatzes eines durch eine Umwelteinwirkung verursachten Schadens, aus § 689 II für das Mahnverfahren und aus § 802 für die Zwangsvollstreckung. § 23 Nr. 2c GVG begründet eine ausschließliche sachliche Zuständigkeit für die in § 43 Nr. 1–4 und 6 WEG genannten Streitigkeiten.[75]

Der **besondere Gerichtsstand**, der im Gesetz stets ausdrücklich als solcher bezeichnet wird (vgl. zB §§ 20–23), ist auf bestimmte Ansprüche beschränkt. So ist beispielsweise nach § 20 der Gerichtsstand des Aufenthaltsorts für Klagen gegen die von dieser Vorschrift erfassten Personen wegen vermögensrechtlicher Ansprüche gegeben (zur Konkurrenz mehrerer Gerichtsstände → Rn. 90). 84

Der **allgemeine Gerichtsstand** einer Person wird durch den Wohnsitz bestimmt (§ 13). Aus § 12 iVm § 13 ergibt sich also, dass Klagen gegen eine Person grundsätzlich bei dem (sachlich zuständigen) Gericht zu erheben sind, in dessen Gerichtsbezirk der Beklagte seinen Wohnsitz hat. Der Begriff des Wohnsitzes wird durch die §§ 7–11 BGB erläutert. Danach kommt es für die Begründung eines Wohnsitzes darauf an, dass sich eine Person an einem Ort ständig niederlässt (§ 7 I BGB), also dort den räumlichen Mittelpunkt ihrer Lebensverhältnisse wählt. Soweit eine Person keinen Wohnsitz hat, tritt an dessen Stelle der Aufenthaltsort (vgl. § 16). 85

Die in der ZPO getroffene Regelung des allgemeinen Gerichtsstands begünstigt den Beklagten. Denn der Kläger muss seine Klage vor einem Gericht anbringen, das in räumlicher Nähe zum Wohnsitz oder Aufenthaltsort des Beklagten liegt. Diese Begünstigung wird dadurch gerechtfertigt, dass der Beklagte als Angegriffener in einen Rechtsstreit hineingezogen wird und der Kläger dadurch einen Vorteil innehat, dass er Zeitpunkt und Art des Klageangriffs bestimmen kann.[76] 86

Gleiche Erwägungen sprechen auch dafür, den allgemeinen Gerichtsstand einer juristischen Person durch ihren Sitz zu bestimmen (§ 17 I) und für den allgemeinen Gerichtsstand des Fiskus, dh des Staates in seinen Anstalten, Körperschaften und Stiftungen, soweit er am 87

---

[74] Vgl. BGH NJW 2004, 1239.
[75] Musielak/Voit/*Wittschier* GVG § 23 Rn. 11a.
[76] Vgl. Musielak/Voit/*Heinrich* § 12 Rn. 1.

Privatrechtsverkehr teilnimmt,[77] den Sitz der Behörde maßgebend sein zu lassen, die den Fiskus in dem Rechtsstreit zu vertreten hat (§ 18).

**88** Die strikte Durchführung des Grundsatzes, dass stets dort Klage zu erheben ist, wo der Beklagte ansässig ist, kann jedoch unzweckmäßig sein, wenn beispielsweise der Streit der Parteien auf einen Gegenstand gerichtet ist, der sich an einem anderen Ort befindet und davon ausgegangen werden muss, dass das Gericht an diesem den Rechtsstreit einfacher und kostengünstiger zu entscheiden vermag. Viele der in den §§ 20 ff. enthaltenen **besonderen Gerichtsstände** lassen sich durch diese Erwägungen rechtfertigen. Exemplarisch soll auf den besonderen **Gerichtsstand der unerlaubten Handlung** (§ 32) eingegangen werden, der ebenfalls auf dem Gedanken der Sachnähe beruht; dort, wo die Handlung vorgenommen worden ist, die den Kläger zu dem Prozess veranlasste, kann die Sachaufklärung und Beweiserhebung am besten durchgeführt werden.

> **Beispiel:** Wund aus Hannover wird bei einer Radtour in der Nähe von Bückeburg von dem aus München stammenden Rasch mit dem Pkw von der Straße gedrängt. Er kommt dabei zu Fall und wird verletzt, sodass er ärztliche Hilfe in Anspruch nehmen muss. Außerdem wird sein Fahrrad beschädigt. Rasch weigert sich, Wund den entstandenen Schaden zu ersetzen und ein gefordertes Schmerzensgeld zu bezahlen. Er trägt vor, er sei durch einen anderen nicht identifizierten Verkehrsteilnehmer, der mit seinem Fahrzeug infolge eines Überholvorgangs auf seine Straßenseite geraten sei, zur Vermeidung eines Frontalzusammenstoßes gezwungen worden, nach rechts auszuweichen.
>
> Will Wund gegen Rasch Klage erheben, dann wird er dies schon deshalb nicht in München tun, wo Rasch seinen allgemeinen Gerichtsstand hat (§§ 12, 13), weil dieser Ort wesentlich weiter von Hannover entfernt liegt als Bückeburg. Hinzu kommt noch, dass zur Aufklärung des Unfallhergangs eine Ortsbesichtigung durch das Gericht erforderlich werden kann, die zwar auch einem Mitglied des Prozessgerichts oder einem Gericht am Ort übertragen werden kann (§ 372 II), die jedoch, wenn möglich, durch alle Mitglieder des entscheidenden Gerichts wegen der besseren Orientierung durchgeführt werden sollte. Dies alles spricht dafür, die Klage – je nach Streitwert – beim Amtsgericht oder Landgericht in Bückeburg zu erheben. Dies wird durch die Sonderregelung des § 20 StVG ermöglicht, soweit Wund Ansprüche aus dem Straßenverkehrsgesetz geltend macht. Aber auch ohne diese Sonderregelung wird die Zuständigkeit bereits durch § 32 begründet, weil dieser eine umfassende Zuweisung für alle Klagen aus unerlaubten Handlungen enthält.

**89** § 32 knüpft die Zuständigkeit an den Ort, an dem „die Handlung begangen ist". Dies ist in erster Linie der Ort, an dem die tatbestandsmäßige Ausführungshandlung im Wesentlichen vorgenommen wird. Regelmäßig wird dieser sog. **Handlungsort** mit dem **Erfolgsort**, dem **Ort,** an dem der schädigende Erfolg, dh die Verletzung des geschützten Rechtsguts, eingetreten ist, übereinstimmen.[78] Fallen im Einzelfall beide Orte auseinander, so kann jeder von ihnen die Zuständigkeit nach § 32 begründen.[79] Der Ort, an dem ein über den Verletzungserfolg hinausgehender Schaden entstanden ist (**Schadensort**), kann im Rahmen des § 32 nur dann Bedeutung erlangen, wenn der Schadenseintritt selbst zum Tatbestand der Rechtsverletzung gehört.[80]

---

[77] Vgl. Stein/Jonas/*Roth* § 17 Rn. 1 f.
[78] BGH NJW 1990, 1533; OLG Celle MDR 2010, 1485; LG Nürnberg-Fürth MDR 2009, 348.
[79] Musielak/Voit/*Heinrich* § 32 Rn. 16.
[80] Zöller/*Schultzky* § 32 Rn. 19.

## III. Die Sicht des Rechtsanwalts

Tritt – wie in dem Beispielsfall – neben den allgemeinen Gerichtsstand noch ein besonderer, dann kann der Kläger wählen, vor welchem Gericht er seine Klage erheben will (§ 35). Dieses **Wahlrecht** steht ihm immer dann zu, wenn besondere Gerichtsstände mit dem allgemeinen Gerichtsstand und auch untereinander konkurrieren. Nur ein ausschließlicher Gerichtsstand geht – wie ausgeführt (→ Rn. 83) – anderen nicht ausschließlichen vor. Unter verschiedenen ausschließlichen Gerichtsständen kann der Kläger wiederum frei wählen. Grundsätzlich ist der Kläger an die einmal von ihm getroffene Wahl unwiderruflich gebunden. Nur wenn er nachträglich Kenntnis von Tatsachen erhält, die ihm einen weiteren Gerichtsstand eröffnen, kann er die Verweisung an dieses Gericht nach § 281 beantragen.[81]

90

Die Zuständigkeit nach § 32 betrifft nicht Klagen, durch die Ansprüche wegen Verletzung vertraglicher Pflichten geltend gemacht werden. Erhebt jedoch der Kläger aufgrund desselben Sachverhalts sowohl Ansprüche wegen unerlaubter Handlung[82] als auch wegen Verletzung einer vertraglichen oder vertragsähnlichen Pflicht, dann hat das Gericht, dessen Zuständigkeit durch § 32 begründet wird, die vertraglichen und vertragsähnlichen Ansprüche ebenfalls zu prüfen. Die zuvor gegen einen Gerichtsstand des Sachzusammenhangs auch für die vertraglichen und vertragsähnlichen Ansprüche bestehenden Bedenken sind seit Änderung des § 17 GVG nicht mehr aufrechtzuerhalten. Die in § 17 II ausgesprochene Gesamtzuständigkeit (→ Rn. 74) umfasst auch die örtliche Zuständigkeit, weil der Gedanke der Zuständigkeitskonzentration, der § 17 GVG im Interesse einer schnellen Entscheidung zugrunde liegt, hier in gleicher Weise zutrifft.[83]

91

Während für **Klagen aus außerhalb von Geschäftsräumen geschlossenen Verträgen** (§ 312b BGB) gegen einen Verbraucher nach § 29c I 2 sein Wohnsitz den ausschließlichen Gerichtsstand bildet (→ Rn. 83), kann der Verbraucher bei einer Klage, mit der er Ansprüche aus einem solchen Vertrag geltend macht, zwischen dem allgemeinen Gerichtsstand und dem des § 29c wählen. Der Begriff „Klagen aus außerhalb von Geschäftsräumen geschlossenen Verträgen" iSd § 29c ist weit auszulegen und erfasst ohne Rücksicht auf die Anspruchsgrundlage alle Klagen, mit denen Ansprüche verfolgt werden, die sich auf ein derartiges Rechtsgeschäft gründen, also auch alle Folgeansprüche aus solchen Geschäften zB wegen Schlechterfüllung oder wegen Verschuldens bei Vertragsschluss,[84] auch soweit solche Ansprüche gegen den Vertreter einer Vertragspartei persönlich gerichtet werden.[85]

92

---

[81] KG NJW-RR 2001, 62 (nachträgliche Kenntnis von einem weiteren Schuldner); aA Thomas/Putzo/*Hüßtege* § 35 Rn. 3.

[82] BGH NJW 2003, 828 = JZ 2003, 687 mablAnm *Mankowski*. Das Gericht weist ausdrücklich darauf hin, dass die Zuständigkeit nach § 32 davon abhängt, dass der Kläger sein Begehren auf eine unerlaubte Handlung stützt, dh dass er einen materiellen Anspruch aus unerlaubter Handlung darlegt, vgl. auch BGH NJW 2002, 1425 (1426) (in dieser Entscheidung ist die Frage allerdings noch offen gelassen worden).

[83] BGH NJW 2003, 828 (829); BayObLG NJW-RR 1996, 508; OLG Frankfurt a. M. NJW-RR 1996, 1341; OLG Köln NJW-RR 1999, 1081 (1082); OLG Hamm NJW-RR 2000, 727; *Kiethe* NJW 2003, 1294; *Deubner* JuS 2003, 692 (694); aA OLG Hamm MDR 2002, 904; *Peglau* JA 1999, 140; *Jauernig/Hess* ZivilProzR § 12 II.

[84] BGH NJW 2003, 1190; vgl. auch LG Landshut NJW 2003, 1197.

[85] BGH NJW 2003, 1190; OLG Celle NJW 2004, 2602.

**93** **Ein wichtiger besonderer Gerichtsstand ist der des Erfüllungsortes (§ 29).** Dieser Gerichtsstand gilt für jede Art von Klagen, die auf einen schuldrechtlichen Vertrag gestützt werden, also für das klageweise Geltendmachen von Ansprüchen auf die vertraglich vereinbarte Leistung, auf Schadensersatz wegen Nichterfüllung oder Schlechterfüllung[86] und wegen Ansprüchen aufgrund Rücktritts, sowie nach hM auch für Schadensersatzansprüche, die auf culpa in contrahendo gestützt werden[87] oder die sich aus § 122 oder § 179 BGB ergeben;[88] gleiches gilt für eine Klage, die auf Feststellung des Bestehens oder Nichtbestehens eines Vertrages gerichtet ist. **Nach § 29 I kommt es auf den Ort an, an dem die streitige Verpflichtung zu erfüllen ist; dies ist also für jede vertragliche Verpflichtung gesondert zu prüfen.**

**94** Der Erfüllungsort ist vorbehaltlich von Sonderregeln identisch mit dem Leistungsort iSd § 269 BGB. Haben die Vertragsparteien keine Bestimmung über den Erfüllungsort getroffen und ergibt sich aus den Umständen des Einzelfalls insbesondere aus der Natur des Schuldverhältnisses nichts anderes, dann ist die Leistung an dem Ort zu erbringen, an dem der Schuldner zur Zeit der Entstehung des Schuldverhältnisses seinen Wohnsitz hat. Hieraus folgt, dass im Regelfall bei **synallagmatischen Verträgen** für Leistung und Gegenleistung unterschiedliche Erfüllungsorte bestehen.[89] Nicht selten wird jedoch bei synallagmatischen Verträgen unter Berufung auf die Natur des Schuldverhältnisses ein einheitlicher Erfüllungsort angenommen, und zwar der Ort, der den Schwerpunkt des Schuldverhältnisses bildet.[90] Dies darf jedoch nicht dazu führen, dass diese in § 269 I BGB als Ausnahme konzipierte Möglichkeit zur Regel umgestaltet wird. Zu Recht hat es deshalb der BGH[91] abgelehnt, allein aus dem Umstand, dass ein Vertrag sein Gepräge durch die Leistungspflicht eines Vertragspartners erhält, wie dies zB bei einem Anwaltsvertrag zutrifft, bei dem die Leistung des Rechtsanwalts sicherlich den Schwerpunkt des Vertrages bildet, einen gemeinsamen Erfüllungsort für Leistung und Gegenleistung anzunehmen. Nach zutreffender Auffassung des Gerichts ist dafür vielmehr erforderlich, dass noch zusätzliche Umstände hinzukommen, die für einen gemeinsamen Erfüllungsort sprechen. Als Beispiele dafür lassen sich das Ladengeschäft des täglichen Lebens,[92] bei dem üblicherweise die beiderseitigen Leistungspflichten sogleich an Ort und Stelle erledigt werden, und der Bauwerksvertrag anführen, bei dem es schon im Hinblick auf die Mängelrechte, die regelmäßig der Grund für die Verweigerung der Vergütungszahlung sind, interessengerecht erscheint, als Erfüllungsort und damit auch als Gerichtsstand den Ort

---

[86] BGH NJW 1974, 410 (411); Musielak/Voit/*Heinrich* § 29 Rn. 10.

[87] Ganz hM im Schrifttum, Stein/Jonas/*Roth* § 29 Rn. 5, 18 mwN; aA LG Arnsberg NJW 1985, 1172; LG Kiel NJW 1989, 841: keine Anwendung des § 29, weil für c.i.c. kein Vertragsverhältnis existiere. Bei Anwendung der Vorschriften des Europäischen Zivilprozessrechts werden Klagen wegen c.i.c. dem Gerichtsstand der unerlaubten Handlung zugewiesen; vgl. EuGH NJW 2002, 3159.

[88] Zöller/*Schultzky* § 29 Rn. 19.

[89] BGH MDR 2007, 904.

[90] So BGH NJW 1986, 935, für den Bauwerkvertrag; OLG Celle NJW 1990, 777, für den Krankenhausaufnahmevertrag; BLAH/*Hartmann* § 29 Rn. 33 mwN für den Werkvertrag.

[91] BGH NJW 2004, 54 (55); NJW-RR 2007, 777 (778 f.); vgl. dazu auch *Balthasar* JuS 2004, 571.

[92] Dagegen nicht bei anderen Kaufverträgen. *Stöber* NJW 2006, 2661 lehnt deshalb zu Recht die bisher überwiegend vertretene Auffassung ab, dass bei einem Rücktritt des Käufers wegen eines Mangels der Kaufsache auch für den Anspruch des Käufers auf Rückzahlung des Kaufpreises als Erfüllungsort der Ort anzusehen ist, an dem sich im Zeitpunkt des Rücktritts die Kaufsache vertragsgemäß befindet und der für die Klage des Verkäufers auf Rückgabe der Kaufsache maßgebend ist.

III. Die Sicht des Rechtsanwalts

des Bauwerks zu wählen.[93] Relevant wird die Frage nach einem einheitlichen Erfüllungsort in der Regel nur bei einer Vergütungsklage, da die Erfüllungsklage hinsichtlich der Gegenleistung wegen § 29 ohnehin an dem Ort dieser Leistung zulässig ist.

**Ansprüche auf Schadensersatz wegen Nicht- oder Schlechterfüllung** sind an dem Ort zu erfüllen, an dem die geschuldete Leistung erbracht werden muss, weil die Pflicht zum Schadensersatz das Surrogat für die ursprüngliche Verpflichtung bildet.[94] Wird **Geld geschuldet,** dann ist Erfüllungsort ebenfalls regelmäßig der **Wohnsitz des Schuldners.**

95

> **Beispiel:** Volz aus München verkauft Kunz aus Regensburg eine gebrauchte Maschine, die sich bei Volz befindet und von Kunz abtransportiert wird. Wegen von Kunz behaupteter Mängel der Maschine mindert dieser den vereinbarten Kaufpreis um 25.000 EUR. Volz ist damit nicht einverstanden und will Klage auf Zahlung des Restkaufpreises iHv 25.000 EUR erheben. Welches Gericht ist örtlich zuständig?
>
> Da Kunz in Regensburg wohnt, ist sein allgemeiner Gerichtsstand dort (§§ 12, 13). Ob sich ein abweichender Gerichtsstand nach § 29 ergibt, hängt davon ab, wo Kunz den Anspruch des Volz auf Zahlung des Kaufpreises nach § 433 II BGB zu erfüllen hat. Nach § 269 I BGB muss grundsätzlich die Leistung an dem Ort erbracht werden, an dem der Schuldner seinen Wohnsitz hat. Dass nach § 270 I BGB der Schuldner im Zweifel Geld auf seine Gefahr und Kosten dem Gläubiger an dessen Wohnsitz zu übermitteln hat, es sich also bei der Geldschuld regelmäßig um eine sog. qualifizierte Schickschuld handelt (→ GK BGB Rn. 610), ändert nichts an der Regelung des Erfüllungsortes (§ 270 IV BGB). Dies bedeutet also, dass Volz auch nach § 29 seine Klage beim Landgericht Regensburg erheben muss.

Neben den §§ 269, 270 BGB sind gesetzliche Sondervorschriften über den Erfüllungsort zu berücksichtigen, wie beispielsweise § 697 BGB, der den Ort für die Rückgabe einer hinterlegten Sache bestimmt. Nach § 269 BGB ist also zunächst einmal maßgeblich, ob ein Erfüllungsort durch Gesetz oder durch Parteivereinbarung bestimmt ist. **Bei Parteivereinbarungen ist jedoch die Vorschrift des § 29 II zu beachten. Danach kann eine Vereinbarung über den Erfüllungsort die gerichtliche Zuständigkeit nur begründen, wenn die Vertragsparteien Kaufleute sind.** Daraus wird gefolgert, dass einer vertraglichen Vereinbarung von Nichtkaufleuten über den Erfüllungsort zwar volle bürgerlich-rechtliche Wirkungen zuerkannt werden könnte, dass es aber abzulehnen sei, daraus Folgerungen für die gerichtliche Zuständigkeit zu ziehen.[95]

96

> **Beispiel:** Der Angestellte A verkauft dem Lehrer L seinen Pkw. In dem schriftlichen Kaufvertrag wird vereinbart, dass A, der in Passau wohnt, das Fahrzeug zum Wohnort des L in München bringen soll. Wenn A dieser Verpflichtung nicht nachkommt und L aus § 433 I 1 BGB Klage auf Übergabe und Übereignung des Pkw erhebt, dann

---

[93] BGH NJW 2012, 860 ff., zur internationalen Zuständigkeit bei einem Krankenhausaufnahmevertrag; OLG Celle MDR 2009, 625; OLG Schleswig MDR 2010, 282 (283); Musielak/Voit/*Heinrich* § 29 Rn. 17; zu weiteren Beispielen vgl. BGH NJW-RR 2007, 777 (778).
[94] Vgl. Stein/Jonas/*Roth* § 29 Rn. 19 ff. mwN.
[95] OLG München MDR 2009, 1062; *Schilken* FS Musielak, 2004, 435 (449 f.); *Keller* JURA 2008, 523 (526); Musielak/Voit/*Heinrich* § 29 Rn. 42; MüKoZPO/*Patzina* § 29 Rn. 98.

muss nach hM diese Klage in Passau anhängig gemacht werden, weil die Vereinbarung der Parteien, dass A seine Pflichten aus dem Kaufvertrag in München zu erfüllen hat (Bringschuld) wegen § 29 II nicht bewirken kann, dass auch der Gerichtsstand in München begründet wird, denn bei den Parteien handelt es sich nicht um Kaufleute.

**97** Die Entscheidung fällt anders aus, wenn man sich der Ansicht anschließt, die Vorschrift des § 29 II solle nur verhindern, dass materiellrechtlich nicht gewollte Erfüllungsortvereinbarungen zur Zuständigkeit eines Gerichts führen; sonst könnte nämlich mit Hilfe solcher Absprachen das grundsätzliche Verbot einer Gerichtsstandsvereinbarung (vgl. § 38 und → Rn. 98) umgangen werden. Weil nach dieser Auffassung[96] eine materiellrechtlich wirksame Erfüllungsortvereinbarung den Gerichtsstand gem. § 29 I begründet, könnte L auch in München klagen, da dort der vereinbarte und gewollte Erfüllungsort für die Verpflichtungen des A liegt. Gegen diese großzügige Interpretation des § 29 II spricht, dass damit der Vorschrift ein praktisch relevanter Anwendungsbereich weitgehend genommen wird, denn vertragliche Vereinbarungen über den Erfüllungsort, die von den Vertragspartnern nicht ernsthaft gewollt und auch nicht bei Durchführung ihres Vertrages beachtet werden, dürfte es kaum geben. Dem Zweck des § 29 II, geschäftlich unerfahrene Schuldner davor zu schützen, dass ihnen ein ungünstiger Gerichtsstand aufgedrängt werden kann, wird am besten dadurch entsprochen, dass man Vereinbarungen von Nichtkaufleuten über den Erfüllungsort keine prozessualen Wirkungen zuerkennt. Auf diese Weise wird zugleich auch eine Harmonisierung mit den Vorschriften der §§ 38 und 40 erreicht.

**98** Nach diesen Vorschriften wird eine Vereinbarung der Parteien über die örtliche und sachliche Zuständigkeit nur in engen Grenzen gestattet. Die in § 38 und § 40 I getroffene Regelung ergibt ein Verbot der **Gerichtsstandsvereinbarung** mit Ausnahmen. Zugelassen wird eine solche Vereinbarung, wenn die sie schließenden Personen Kaufleute sind oder wenn es sich bei ihnen um juristische Personen des öffentlichen Rechts (Körperschaften, Anstalten und Stiftungen des öffentlichen Rechts) oder öffentlich-rechtliche Sondervermögen handelt. Andere Personen können nur unter den in § 38 II und III genannten Voraussetzungen wirksame Gerichtsstandsvereinbarungen treffen. Daher sind die in AGB vielfach vereinbarten Gerichtsstandvereinbarungen bei Verträgen mit Verbraucherbeteiligung unwirksam, sofern sie sich nicht auf die Fälle des § 38 II oder III beschränken.

**99** In allen Fällen des § 38 muss sich die Vereinbarung – welche im Gegensatz zu Vereinbarungen nach der Brüssel Ia-VO (→ Rn. 237) formlos wirksam ist – auf ein bestimmtes Rechtsverhältnis und die sich daraus ergebenden Rechtsstreitigkeiten beziehen (§ 40 I). Danach ist es also zulässig, dass zwei Vertragspartner vereinbaren, für alle Streitigkeiten, die sich aus dem zwischen ihnen geschlossenen Vertrag ergeben, solle ein bestimmtes Gericht zuständig sein; dagegen fehlt es an der notwendigen Bestimmtheit, wenn sie darüber hinaus auch vereinbaren, dass für alle anderen Streitigkeiten, die zwischen ihnen in Zukunft entstehen (also unabhängig von dem konkreten Vertrag), dieses Gericht zuständig sein soll.[97] Durch § 40 II wird eine Gerichtsstandsvereinbarung ausgeschlossen, wenn sie nichtvermögensrechtliche Ansprüche betrifft, die den Amtsgerichten ohne Rücksicht auf den Wert des Streitgegenstandes zugewiesen sind (zB Mietstreitigkeiten über Wohnraum, § 23 Nr. 2 lit. a), oder wenn für die Klage ein ausschließlicher Gerichtsstand (→ Rn. 83) begründet ist.

---

[96] Stein/Jonas/*Roth* § 29 Rn. 33 ff.; Zöller/*Schultzky* § 29 Rn. 30; Thomas/Putzo/*Hüßtege* § 29 Rn. 10; offen gelassen vom OLG Nürnberg NJW 1985, 1296 (1298).
[97] *Huber* JuS 2012, 974; *Keller* JURA 2008, 523 (524).

## III. Die Sicht des Rechtsanwalts

**Vermögensrechtlich** sind ohne Rücksicht auf ihren Ursprung stets solche Ansprüche, die auf Geld oder Geldwert gerichtet sind. Darüber hinaus ist ein Anspruch dann als vermögensrechtlich zu werten, wenn er auf einer vermögensrechtlichen Beziehung beruht, dh aus einem Rechtsverhältnis hergeleitet wird, das auf Gewinnung von Geld oder geldwerten Gegenständen abzielt. Macht der Kläger beispielsweise einen Anspruch zum Schutz seiner Ehre oder seines Persönlichkeitsrechts geltend, zB einen Widerrufs- oder Unterlassungsanspruch, dann handelt es sich um eine nichtvermögensrechtliche Streitigkeit. Verlangt dagegen der Kläger wegen einer solchen Verletzung Schmerzensgeld (→ GK BGB Rn. 1096), dann geht sein Anspruch auf Geld, ist also vermögensrechtlicher Natur. 100

Danach bezieht sich die **Prüfung einer wirksamen Zuständigkeitsvereinbarung** auf folgende Fragen: 101

(1) Sind die Voraussetzungen des § 38 I oder des § 38 II oder des § 38 III Nr. 1 oder Nr. 2 erfüllt?

(2) Betrifft die Vereinbarung ein bestimmtes Rechtsverhältnis (§ 40 I)?

(3) Handelt es sich um eine vermögensrechtliche Streitigkeit iSd § 40 II 1 Nr. 1, die den Amtsgerichten ohne Rücksicht auf den Wert des Streitgegenstandes zugewiesen ist?

(4) Ist für die Klage keine ausschließliche Zuständigkeit begründet (§ 40 II 1 Nr. 2)?

Die Vereinbarung eines Gerichtsstands (sog. **Prorogation**) ist ein Vertrag über prozessrechtliche Beziehungen, dessen **Zulässigkeit und Wirkung** sich **nach Prozessrecht** beurteilen, während sich das **Zustandekommen nach bürgerlichem Recht** richtet.[98] Dies bedeutet, dass die Regeln des BGB über Geschäftsfähigkeit, Vertretung, Willensmängel und den Vertragsschluss gelten.[99] Dabei ist zu berücksichtigen, dass in § 38 II 2 und III die Zulässigkeit von der Beachtung der Schriftform abhängig gemacht wird. 102

Da in der Frage, welches Recht auf die Prorogation anzuwenden ist, weitgehend Übereinstimmung besteht, handelt es sich in erster Linie um ein theoretisches Problem, ob die Gerichtsstandsvereinbarung als ein materiell-rechtliches Rechtsgeschäft oder ein prozessrechtlicher Vertrag aufzufassen ist. Als prozessrechtliche Verträge – auch **Prozessverträge** genannt – werden solche Vereinbarungen gewertet, deren **unmittelbare Hauptwirkung auf prozessualem Gebiet** liegt.[100] Die Zulässigkeit von Prozessverträgen ist im Grundsatz zu bejahen und findet nur dort eine Grenze, wo zwingende Prozessvorschriften entgegenstehen. Soweit ein bestimmtes Verhalten der Parteien im Rechtsstreit in ihrem Belieben steht, können sie sich auch wirksam durch einen Prozessvertrag zur Vornahme oder Unterlassung verpflichten,[101] beispielsweise zur Rücknahme einer Klage (dazu Einzelheiten später). Der wesentlichste Unterschied zwischen materiell-rechtlichen und prozessrechtlichen Verträgen besteht darin, dass 103

---

[98] BGHZ 59, 23 (26 f.) = NJW 1972, 1622; BGH NJW 1986, 1438 (1439).
[99] Vgl. Stein/Jonas/*Bork* § 38 Rn. 47 ff.; *Rosenberg/Schwab/Gottwald* ZivilProzR § 37 Rn. 2; § 66 Rn. 11 ff.
[100] *Rosenberg/Schwab/Gottwald* ZivilProzR § 66 Rn. 1.
[101] Vgl. *Teubner* MDR 1988, 720 (721 f.).

für Prozessverträge in erster Linie das Prozessrecht gilt. Da jedoch das Prozessrecht die Prozessverträge nur sehr unvollkommen und dann bezogen auf bestimmte Vereinbarungen regelt, muss ergänzend auf das bürgerliche Recht zurückgegriffen werden. Dies bedeutet also, wer in der Gerichtsstandsvereinbarung ein materiell-rechtliches Rechtsgeschäft sieht, wendet das Recht des BGB unmittelbar an, während derjenige, der darin einen Prozessvertrag erblickt, die Vorschriften des BGB nur entsprechend heranzieht. Im praktischen Ergebnis führt dies durchweg nicht zu Unterschieden. Zu beachten ist jedoch, dass die Gültigkeit von Prozessverträgen, die während eines anhängigen Rechtsstreits geschlossen werden, von der Erfüllung der Prozesshandlungsvoraussetzungen (→ Rn. 309) abhängt, dass also insbesondere bei Anwaltszwang (→ Rn. 45) die Parteien dabei durch ihren Prozessbevollmächtigten vertreten werden müssen.

104 Die örtliche und sachliche Zuständigkeit eines Gerichts kann ferner dadurch begründet werden, dass der Beklagte zur Hauptsache mündlich verhandelt, ohne die Unzuständigkeit des Gerichts geltend zu machen (§ 39 S. 1). Zur Hauptsache wird verhandelt, wenn die Parteien ihre Anträge und Erklärungen auf die Streitsache selbst richten, also nicht nur Fragen des Verfahrens erörtern (→ Rn. 466). Neben dem **rügelosen Verhandeln** des Beklagten zur Hauptsache sind jedoch noch weitere Voraussetzungen zu beachten, von denen die Begründung der Zuständigkeit abhängt. In Verfahren vor den **Amtsgerichten** muss der Beklagte vor Verhandlung zur Hauptsache durch das Gericht auf die sachliche oder örtliche Unzuständigkeit und auf die Folgen einer rügelosen Einlassung zur Hauptsache hingewiesen werden (§ 39 S. 2 iVm § 504). Unterbleibt ein solcher Hinweis, dann entfällt die sonst bindende Wirkung des Verweisungsbeschlusses (→ Rn. 110).[102] Außerdem darf kein ausschließlicher Gerichtsstand begründet sein (§ 40 II 2 iVm S. 1). Die weitere in § 40 II 1 Nr. 1 genannte Voraussetzung, dass der Rechtsstreit keinen nichtvermögensrechtlichen Anspruch betreffen darf, der den Amtsgerichten ohne Rücksicht auf den Wert des Streitgegenstandes zugewiesen ist, ist praktisch bedeutungslos geworden, weil solche Ansprüche seit Inkrafttreten des FamFG am 1.9.2009 zu den Familiensachen gehören, für die nach § 23a I S. 2 iVm S. 1 Nr. 1 eine ausschließliche Zuständigkeit besteht.[103]

105 Eine Zuständigkeitsbegründung durch ein rügeloses Einlassen des Beklagten hängt somit von einer positiven Antwort auf folgende Fragen ab:

(1) Handelt es sich um einen Rechtsstreit, für den keine ausschließliche Zuständigkeit bestimmt ist (§ 40 II)?

(2) Hat der Beklagte rügelos zur Hauptsache verhandelt (§ 39 S. 1)?

(3) Ist der Beklagte im amtsgerichtlichen Verfahren nach § 504 belehrt worden (§ 39 S. 2)?

106 Ist ein Gericht (sachlich oder örtlich) unzuständig, dann fehlt eine Sachurteilsvoraussetzung – dies sind die Voraussetzungen, die erfüllt sein müssen, damit das Gericht in der Sache entscheiden darf (dazu Einzelheiten später) – und das Gericht hat, ohne

---

[102] BayObLG NJW 2003, 366.
[103] Zöller/*Schultzky* § 40 Rn. 5.

## III. Die Sicht des Rechtsanwalts

auf die Begründetheit der Klage einzugehen, durch ein sog. **Prozessurteil** die Klage als unzulässig abzuweisen.

Der Begriff „**Prozessurteil**" erklärt sich dadurch, dass in einer derartigen gerichtlichen Entscheidung nur über prozessuale Fragen befunden wird. Im Gegensatz dazu enthält ein sog. **Sachurteil** eine gerichtliche Erkenntnis über den (sachlichen) Streitgegenstand. Mit der Rechtskraft des Prozessurteils steht (lediglich) fest, dass die Klage aus dem angegebenen Grund (hier also wegen fehlender sachlicher oder örtlicher Zuständigkeit) unzulässig ist. Eine Entscheidung über die Begründetheit des vom Kläger geltend gemachten Rechts ist noch nicht ergangen und kann nachgeholt werden, wenn beispielsweise der Kläger erneut Klage vor dem zuständigen Gericht erhebt. Die hM verlangt, dass das Gericht nur dann über die Begründetheit einer Klage befindet, wenn es vorher die Zulässigkeit festgestellt hat. Auf diese Frage wird später noch eingegangen werden. 107

**Will der Kläger ein Prozessurteil wegen der fehlenden Zuständigkeit vermeiden, dann muss er die Verweisung des Rechtsstreits an das zuständige Gericht beantragen (§ 281 I).** Dieser Antrag, den also nur der Kläger, nicht auch der Beklagte stellen darf, kann nach § 281 II 1 vor dem Urkundsbeamten der Geschäftsstelle (→ Rn. 74) abgegeben werden, und die Entscheidung kann ohne mündliche Verhandlung ergehen (§ 281 I iVm § 128 IV). 108

Diese Regelung bewirkt, dass eine sonst notwendige Vertretung durch einen Rechtsanwalt (vgl. § 78) nur erforderlich wird, wenn eine mündliche Verhandlung stattfindet. Das Gericht stellt seine Unzuständigkeit durch (unanfechtbaren) Beschluss fest und verweist den Rechtsstreit an das zuständige Gericht. Mit Eingang der Akten wird der Rechtsstreit bei dem im Beschluss bezeichneten Gericht anhängig (§ 281 II 3). Dies bedeutet, dass keine Unterbrechung des Rechtsstreits entsteht, also alle Fristen gewahrt bleiben und auch die bisher vorgenommenen Prozesshandlungen der Parteien vom zuständigen Gericht zu beachten sind und fortwirken (Grundsatz der Prozesseinheit). 109

Die **Verweisung bindet** grundsätzlich das Gericht, an das verwiesen wurde, auch wenn sie fehlerhaft ist.[104] Ausnahmen: bei willkürlicher, da ohne jede gesetzliche Grundlage getroffener Entscheidung,[105] ebenso bei Verletzung des Anspruchs auf rechtliches Gehör (Art. 103 I GG),[106] bei objektiv willkürlicher Entziehung des gesetzlichen Richters (Art. 101 I 2 GG)[107] oder bei fehlender Begründung.[108] Verweist dennoch das gebundene Gericht weiter oder zurück, dann ist dieser Zuständigkeitsstreit nach § 36 I Nr. 6 durch das im Rechtszug nächst höhere Gericht zu entscheiden,[109] es sei denn, der (unzulässige) (Rück-)Verweisungsbeschluss ist unanfechtbar und damit bindend geworden.[110] Zu berücksichtigen ist allerdings, dass § 281 110

---

[104] BGH NJW-RR 1992, 902; BayObLG NJW-RR 2000, 589; NJW 2003, 366.
[105] BGH NJW 2002, 3634 (3635); 2003, 3201 f.; KG MDR 2007, 173 (174); OLG Braunschweig NJW 2004, 780; OLG Hamm BeckRS 2008, 20762 = FamRZ 2009, 442; MDR 2012, 796 (797); NJW-RR 2012, 1464 (1465); *Tombrink* NJW 2003, 2364; *Fischer* MDR 2009, 486; Musielak/Voit/*Foerste* § 281 Rn. 17.
[106] BGH NJW-RR 1992, 902; BayObLG NJW 2003, 366; OLG Brandenburg NJW 2006, 3444 (3445); OLG Naumburg MDR 2010, 519.
[107] BGH MDR 2011, 253 (254); OLG Brandenburg NJW-RR 2011, 1213 (1214).
[108] KG MDR 1993, 176.
[109] BGHZ 71, 15 (17) = NJW 1978, 888 mwN; vgl. auch *Wagner/Schartel* JuS 1988, 465 (zum Zuständigkeitsstreit zwischen ordentlichen und Arbeitsgerichten).
[110] BGH MDR 2011, 253 (254) zu § 17a GVG (→ Rn. 37).

eine Bindung für die örtliche und sachliche Zuständigkeit, dagegen nicht für die funktionelle schafft (näher zur funktionellen Zuständigkeit → Rn. 112).[111]

#### d) Die internationale Zuständigkeit

111 In Fällen, die einen Auslandsbezug aufweisen, stellt sich nicht nur die **Frage,** welches Gericht **innerhalb** eines Staates zuständig ist, sondern es muss auch geklärt werden, **ob deutsche Gerichte überhaupt befugt sind, eine Entscheidung zu treffen.** Im Ausgangspunkt wird die internationale Zuständigkeit mittelbar durch die §§ 12 ff. geregelt. Ist nach diesen Vorschriften ein deutsches Gericht zuständig, indiziert dies regelmäßig auch die internationale Zuständigkeit.[112] Die Zuständigkeit kann sich dabei auch aus § 23 ergeben, welcher den Gerichtsstand für vermögensrechtliche Ansprüche gegen eine Person regelt, die im Inland keinen Wohnsitz hat. Dabei ist aber zu beachten, dass der BGH für die Zuständigkeit nach § 23 über den Wortlaut hinaus einen „hinreichenden Inlandsbezug des Rechtsstreits" fordert.[113] Außerdem können die Parteien auch in Bezug auf die internationale Zuständigkeit Gerichtsstandsvereinbarungen nach den Vorgaben des § 38 treffen. Neben den Vorschriften der ZPO existieren noch weitere, zT auch vorrangige Zuständigkeitsregelungen für Zivil- und Handelssachen, wie beispielsweise die innerhalb der EU geltende Brüssel Ia-VO[114] (→ Rn. 237) und das LugÜ[115] für den Bereich der EFTA. Daher ist im Einzelfall stets darauf zu achten, ob und zu welchem Staat der Fall einen Bezug aufweist, um dann auf die jeweiligen Regelungen zurückzugreifen.

#### e) Die funktionelle Zuständigkeit

112 Neben der sachlichen, örtlichen und internationalen Zuständigkeit gibt es noch die funktionelle. Wie bereits durch diesen Begriff angedeutet wird, handelt es sich dabei um eine **Abgrenzung nach der zu erfüllenden Aufgabe.** Die Frage nach der funktionellen Zuständigkeit bezieht sich darauf, welches Rechtspflegeorgan berufen ist, eine bestimmte Aufgabe zu verrichten.

113 Bei der funktionellen Zuständigkeit geht es also darum, ob beispielsweise der Vorsitzende oder das gesamte Richterkollegium, ob der Rechtspfleger oder der Urkundsbeamte der Geschäftsstelle, ob der beauftragte oder ersuchte Richter (zu diesen Begriffen → Rn. 166) tätig zu werden hat. Ebenso betrifft auch die Aufgabenverteilung zwischen Prozessgericht und Vollstreckungsgericht sowie zwischen den Gerichten der verschiedenen Instanzen die funktionelle Zuständigkeit. Die funktionelle Zuständigkeit ist stets ausschließlich und muss von Amts wegen beachtet werden. Die Parteien können sie nicht durch Vereinbarungen verändern.

---

[111] OLG Brandenburg NJW-RR 2001, 645.
[112] BGH NJW 1991, 3092 ff.
[113] BGH NJW 1991, 3092 ff.; vgl. *Lüke* ZivilProzR Rn. 84.
[114] VO (EU) Nr. 1215/2012 des Rates über die gerichtliche Zuständigkeit und die Anerkennung und Vollstreckung von Entscheidungen in Zivil- und Handelssachen (Brüssel Ia-VO) v. 12.12.2012, abgedruckt und kommentiert in Musielak/Voit/*Stadler* S. 3125 ff.; vgl. dazu *Kallweit* JURA 2009, 585 (587 f.).
[115] Übereinkommen über die gerichtliche Zuständigkeit und die Vollstreckung gerichtlicher Entscheidungen in Zivil- und Handelssachen geschlossen in Lugano am 16.9.1988; aktuell gültig in der Fassung v. 30.10.2007.

III. Die Sicht des Rechtsanwalts    37

Grund für die Erörterung der Zuständigkeitsregelung war die im Rahmen des oben (→ Rn. 41, 58) gebrachten Beispielsfalls von Rechtsanwalt Kundig zu klärende Frage, welches Gericht für die Entscheidung des Rechtsstreits zwischen Eich und Fleißig berufen ist. Diese Frage ist jetzt aufgrund der bisher gewonnenen Erkenntnisse zu beantworten.    114

Die Feststellung der sachlichen Zuständigkeit bereitet keine Schwierigkeiten. Da die Höhe der Klageforderung weit unter der Wertgrenze des § 23 Nr. 1 GVG bleibt, ist die Zuständigkeit des Amtsgerichts begründet. Für die örtliche Zuständigkeit gilt Folgendes: Erklärt Eich die Aufrechnung mit seiner Schadensersatzforderung gegen einen Teil der Werklohnforderung des Fleißig, dann muss dieser, wenn er die Aufrechnung nicht gelten lassen will, Klage auf den von ihm beanspruchten (restlichen) Werklohn erheben. Der allgemeine Gerichtsstand des Eich ist Passau, da er dort wohnt (§§ 12, 13). Zu erwägen ist, ob sich aus § 29 I ein abweichender Gerichtsstand ergibt. Es muss also die Frage entschieden werden, an welchem Ort die Werklohnforderung zu erfüllen ist. Grundsätzlich ist der Erfüllungsort bei einer Geldforderung der Wohnsitz des Schuldners (→ Rn. 95). Eine Besonderheit gilt jedoch bei Bauwerkverträgen. Nach hM ist der Erfüllungsort für die beiderseitigen Verpflichtungen aus einem Bauwerkvertrag regelmäßig der Ort des Bauwerkes (→ Rn. 94 aE). Jedoch führt hier diese Auffassung nicht zu einem anderen Ergebnis als sonst bei Geldforderungen, weil Eich am Ort des Bauwerks wohnt. Will also Fleißig seine Restwerklohnforderung einklagen, muss er dies in jedem Fall beim Amtsgericht Passau tun. Kann dagegen Eich nicht aufrechnen (etwa weil er schon die Werklohnforderung des Fleißig voll erfüllt hat) und muss er deshalb seine Schadensersatzforderung durch Klage gegen Fleißig durchzusetzen versuchen, dann kann er seine Klage ebenfalls vor dem Amtsgericht Passau erheben, soweit er seine Forderung aus dem Deliktsrecht ableitet (§ 32), da die Beschädigung des Zaunes in Passau geschah. Der besondere Gerichtsstand der unerlaubten Handlung gilt jedoch nicht, wenn (nur) Ansprüche wegen Verletzung einer vertraglichen Pflicht geltend gemacht werden (→ Rn. 91). Insoweit würde dann allerdings wiederum der besondere Gerichtsstand des Erfüllungsortes von Eich gewählt werden können, der für alle Streitigkeiten aus dem Vertragsverhältnis, also auch für Klagen auf Schadensersatz wegen Nichterfüllung oder Schlechterfüllung von Haupt- und Nebenpflichten gilt (→ Rn. 93). Da – wie oben ausgeführt – bei einem Bauvertrag regelmäßig der Ort des Bauwerks als Erfüllungsort anzusehen ist, könnte Eich auch dann in Passau klagen, soweit Schadensersatzansprüche auf vertragliche Grundlagen gestützt würden.    115

## 3. Die Abfassung einer Klageschrift

Bei der Prüfung der Frage, welches Gericht für einen in Betracht zu ziehenden Rechtsstreit sachlich und örtlich zuständig ist, handelt es sich nur um eine der Maßnahmen, die ein Rechtsanwalt im Vorfeld eines Prozesses durchzuführen hat. Vorher wird er zunächst einmal den Streitstoff rechtlich bewerten, um seinen Mandanten sachgerecht beraten zu können. Dabei wird er insbesondere auch zu erwägen haben, welche Partei in einem Prozess welche Tatsachen beweisen muss, um erfolgreich zu sein, und ob es gelingen wird, einen notwendigen Beweis zu führen. Wenn aufgrund dieser Erwägungen nach Beratung mit dem Mandanten die Entscheidung getroffen worden ist, den Rechtsstreit zu beginnen, dann hat der Rechtsanwalt die Klageschrift vorzubereiten, durch deren Zustellung an den Beklagten die Klage förmlich erhoben wird (vgl. § 253 I iVm §§ 270, 271).    116

**117** Wie bereits der Begriff „Klageschrift" verdeutlicht und noch einmal ausdrücklich durch § 253 V bestimmt wird, muss die Klage schriftlich abgefasst werden, wobei eine Ausnahme für Verfahren vor dem Amtsgericht gem. § 496 gilt. Dem **Schriftformerfordernis** genügt ein elektronisches Dokument nur, wenn dieses für die Bearbeitung durch das Gericht geeignet ist (§ 130a I 1). Dafür kommt es entscheidend darauf an, dass die technischen Voraussetzungen für die Übermittlung elektronischer Dokumente geschaffen werden.[116] Ob diese Voraussetzungen erfüllt sind, wird durch Rechtsverordnung nach § 130 a II bestimmt.[117] Ist danach die Einreichung einer Klage auf elektronischem Wege nicht zulässig, ist eine Klageerhebung durch E-Mail ausgeschlossen.[118] Eine Ausnahme wird jedoch vom BGH zugelassen, wenn dem Gericht ein **Ausdruck** der als Anhang einer elektronischen Nachricht übermittelten, den vollständigen Schriftsatz enthaltenen Bilddatei (PDF-Datei) vorliegt.[119] Maßgeblich für die fristgerechte Einhaltung der Schriftform war dabei aber nicht der Zugang der elektronischen Nachricht, sondern das Vorlegen des Ausdrucks selbst. Zulässig ist eine Klageerhebung durch Telegramm, Fernschreiben und Computerfax (→ Rn. 146).

**118** **Welche Förmlichkeiten bei der Abfassung der Klageschrift zu beachten sind, ergibt sich aus § 253 II und III sowie aus §§ 129 ff., auf die in § 253 IV ausdrücklich verwiesen wird.** Dabei muss zwischen den zwingend vorgeschriebenen Anforderungen unterschieden werden, ohne deren Beachtung die Klage nicht ordnungsgemäß erhoben wird, und solchen Erfordernissen, die zwar beachtet werden sollen, deren Fehlen jedoch die Klage nicht unzulässig macht.

**119** Als selbstverständlich ist die in § 253 II Nr. 1 enthaltene Vorschrift anzusehen, dass **die Parteien in der Klageschrift bezeichnet** werden müssen. Denn nur wenn feststeht, wer Kläger und wer Beklagter ist, lässt sich ein Rechtsstreit durchführen. Dabei sind jedoch die Angaben in der Klageschrift auslegungsfähig. Lässt die Klageschrift erkennen, wer als Kläger auftritt und wer verklagt ist, dann schadet eine unrichtige Bezeichnung nicht; vielmehr kann sie mit ex-tunc-Wirkung berichtigt werden (→ Rn. 416).

**120** Die Muss-Vorschrift des § 253 II Nr. 1 wird durch die Soll-Vorschrift des § 130 Nr. 1 ergänzt, wonach die Parteien und ihre gesetzlichen Vertreter nach Namen, Stand oder Gewerbe, Wohnort und Parteistellung bezeichnet werden sollen. Erforderlich sind Angaben, die eine ausreichende Individualisierung ermöglichen. Im Regelfall ist zu verlangen, dass ladungsfähige Anschriften, die eine Zustellung von Schriftstücken ohne Weiteres zulassen, genannt werden.[120] Entspricht die Klageschrift diesen Anforderungen nicht, dann ist sie jedenfalls dann als unzulässig abzuweisen, wenn die Angabe ohne Weiteres möglich ist und keine schutzwürdigen Interessen entgegenstehen. Dies gilt jedoch nicht, wenn eine in der Klageschrift zunächst richtig angegebene Anschrift im Lauf des Prozesses unrichtig wird. In die-

---

[116] Vgl. zu den zurzeit bestehenden technischen Möglichkeiten *Degen* NJW 2008, 1473 (1477).
[117] Vgl. die Hinweise auf die entsprechenden VOen von *Hadidi/Mödl* NJW 2010, 2097 f.; Musielak/Voit/*Stadler* § 130a Rn. 3.
[118] BGH NJW-RR 2009, 357 f.
[119] BGH NJW 2008, 2649. Die Entscheidung betrifft zwar eine Berufungsbegründung, muss aber entsprechend für eine Klageschrift gelten. Wenn auch der konkrete Fall diese Entscheidung rechtfertigt, steht sie jedoch im Widerspruch zu dem in anderen Urteilen vom BGH vertretenen Standpunkt; vgl. dazu *Bacher* NJW 2009, 1548.
[120] BGH NJW 1988, 2114; OLG Hamm MDR 2005, 1247; *Nierwetberg* NJW 1988, 2095; *Kleffmann* NJW 1989, 1142.

## III. Die Sicht des Rechtsanwalts

sem Fall darf die Klage nicht allein deshalb als unzulässig abgewiesen werden, weil eine neue ladungsfähige Anschrift nicht beigebracht wird.[121]

Selbstverständlich muss in der Klageschrift angegeben werden, **welches Gericht Adressat sein soll** (vgl. § 253 II Nr. 1). Hierbei genügt es jedoch, das örtlich und sachlich zuständige Gericht als solches zu nennen; es muss nicht notwendigerweise auch die Abteilung oder Kammer bezeichnet werden, die innerhalb des Gerichts (funktionell) zuständig ist.

**121**

Eine Besonderheit gilt jedoch für die **Kammer für Handelssachen**.[122] Nach § 96 I GVG muss in der Klageschrift vom Kläger beantragt werden, dass der Rechtsstreit vor der Kammer für Handelssachen verhandelt wird. Ein solcher Antrag ist auch in der Adressierung an die Kammer für Handelssachen zu sehen. Wird ein solcher Antrag in der Klageschrift nicht gestellt, dann entscheidet die Zivilkammer. Allerdings kann auch der Beklagte[123] vor Verhandlung des Antragstellers zur Sache (§ 101 I GVG) beantragen, dass der Rechtsstreit an die Kammer für Handelssachen verwiesen wird (§ 98 I GVG). Der Verweisungsbeschluss ist bindend und unanfechtbar (§ 102 GVG)[124] Die Bindungswirkung der Verweisung (§ 102 S. 2 GVG) tritt nicht ein, wenn sie objektiv willkürlich ist. Es gelten insoweit die gleichen Grundsätze wie im Rahmen des § 281 I (→ Rn. 110). Ob ein Verstoß gegen die Antragsfrist des § 101 I GVG die Verweisung willkürlich werden lässt, sodass keine Bindungswirkung entsteht, ist streitig. Wenn bei dem Landgericht eine Kammer für Handelssachen gebildet wurde, so ist diese nur dann (auf Antrag) zur Entscheidung berufen, wenn es um eine Handelssache geht (§ 94 GVG). Was eine Handelssache ist, ergibt sich aus § 95 GVG. Die Kammer für Handelssachen entscheidet in der Besetzung mit einem Berufsrichter als Vorsitzenden und zwei ehrenamtlichen Richtern als Beisitzern (§ 105 GVG); die ehrenamtlichen Richter werden auf Vorschlag der Industrie- und Handelskammer ernannt (§ 108 GVG). Durch die Beteiligung von Laienrichtern soll deren besondere Sachkunde bei der Entscheidung des Rechtsstreits nutzbar gemacht werden.

**122**

Nach § 253 II Nr. 2 bedarf es auch der bestimmten **Angabe des Gegenstandes und des Grundes des erhobenen Anspruchs.** Der Begriff des Anspruchs ist hier nicht iSd § 194 I BGB zu verstehen, sondern als das vom Kläger mit seiner Klage geltend gemachte Recht. Der Grund des erhobenen Anspruchs ist der tatsächliche Vorgang, aus dem der Kläger sein Recht ableitet, also der seinem Antrag zu Grunde liegende Lebenssachverhalt (= Klagegrund).

**123**

Vom Kläger ist nicht zu fordern, dass er bereits in der Klageschrift den Lebenssachverhalt in allen Einzelheiten darlegt, aus dem er seinen mit der Klage geltend gemachten Anspruch ableitet. Vielmehr genügt es, das Klagebegehren so genau zu beschreiben, dass der Beklagte zu erkennen vermag, welche Forderung der Kläger an ihn richtet, damit er sich in seiner Verteidigung gegen die Klage darauf vorbereiten kann. Es ist also nur zu verlangen, dass in der Klageschrift die Tatsachen vorgetragen werden, die in Verbindung mit einem Rechtssatz ge-

**124**

---

[121] BGH NJW-RR 2004, 1503.
[122] Vgl. *Schulz* JuS 2005, 909.
[123] Zur Frist für diesen Antrag LG Bonn MDR 2000, 724 mAnm *Schneider*. Wird Berufung gegen ein Urteil des AG eingelegt, dann kann im zweiten Rechtszug ein bisher unterbliebener Antrag auf Verhandlung vor der Kammer für Handelssachen nur in der Berufungsschrift wirksam gestellt werden; OLG Brandenburg MDR 2005, 231.
[124] Zur Frage, ob es Ausnahmen von der Unanfechtbarkeit gibt, vgl. *Bernau* NJW 2014, 2234.

eignet und erforderlich sind, das geltend gemachte Recht zu begründen.[125] Dabei kann die gebotene Individualisierung grundsätzlich auch durch eine konkrete Bezugnahme auf andere der Klage beigefügte Schriftstücke vorgenommen werden.[126]

**125** Grundsätzlich ist es nicht notwendig, dass der Kläger rechtlich argumentiert und die Rechtsvorschrift nennt, aus der sich die von ihm geltend gemachte Rechtsfolge ableitet. Denn das (innerstaatliche) Recht hat das Gericht zu kennen. Diese „Arbeitsteilung" zwischen Gericht und Parteien wird durch die häufig zitierten Rechtsregeln „iura novit curia" (= das Recht ist dem Gericht bekannt) und „da mihi factum, dabo tibi ius" (= gib mir den Sachverhalt, und ich werde dir das Recht geben) zum Ausdruck gebracht. Dass dennoch in der Praxis sehr häufig die Parteien bzw. die sie vertretenden Rechtsanwälte, rechtliche Ausführungen vortragen, beruht auf der nicht unbegründeten Ansicht, dass sich das Gericht durch überzeugende rechtliche Ausführungen beeindrucken lässt. Überdies kann sich für einen Rechtsanwalt durchaus die Notwendigkeit zur rechtlichen Argumentation ergeben, wenn dies zur Durchsetzung des von seinem Mandanten geltend gemachten Rechts erforderlich ist (→ Rn. 48). Das BVerfG[127] hat zu Recht darauf hingewiesen, dass der Anspruch auf Gewährung rechtlichen Gehörs den Verfahrensbeteiligten das Recht gibt, nicht nur durch tatsächliches Vorbringen, sondern auch durch Rechtsausführungen und durch eine Stellungnahme zur Rechtslage Einfluss auf das Verfahren und sein Ergebnis zu nehmen.

**126** Die Klageschrift muss ferner einen **Antrag** enthalten, der bestimmt gefasst werden muss (§ 253 II Nr. 2). Die Notwendigkeit, einen bestimmten Antrag zu stellen, ergibt sich einmal daraus, dass das Gericht an diesen Antrag gebunden wird und dem Kläger nicht mehr zusprechen darf, als er beantragt (§ 308 I 1). Aber auch der Beklagte muss dem Klageantrag entnehmen können, welches Recht der Kläger ihm gegenüber geltend macht, um zu entscheiden, ob und wie er sich verteidigen soll.[128] Dementsprechend muss eine Leistungsklage so genau angeben, was der Kläger vom Beklagten beansprucht, dass eine dem Antrag entsprechende Verurteilung des Beklagten ohne Weiteres möglich ist und bei einer zwangsweisen Durchsetzung des Richterspruchs keinerlei Zweifel auftreten können, worauf die Vollstreckung gerichtet ist. Der Klageantrag bei einer Leistungsklage muss also einen vollstreckungsfähigen Inhalt haben.[129]

**127** Entsprechend dem vom Kläger verfolgten Rechtsschutzziel wird **zwischen drei Klagearten unterschieden,** der Leistungsklage, der Feststellungsklage und der Gestaltungsklage.

**128** Mit der **Leistungsklage** will der Kläger erreichen, dass der Beklagte zur Erfüllung eines Anspruchs, also zu einem Tun oder Unterlassen verurteilt wird. Auch Kla-

---

[125] BGH NJW 2000, 3286 (3287); NJW-RR 2004, 639 (640); 2005, 216; 2017, 380 Rn. 12; OLG Celle NJW-RR 2004, 1367.
[126] BGH MDR 2004, 824; NJW-RR 2004, 639 (640); 2005, 216.
[127] BVerfG BeckRS 2013, 53736 = MDR 2013, 1113 Rn. 8.
[128] BGH NJW 1983, 1056; 2003, 668 (669).
[129] Der BGH NJW 2003, 668 (669), hat diese Anforderungen wie folgt beschrieben: Ein Klageantrag ist „grundsätzlich hinreichend bestimmt, wenn er den erhobenen Anspruch konkret bezeichnet, dadurch den Rahmen der gerichtlichen Entscheidungsbefugnis (§ 308) absteckt, Inhalt und Umfang der materiellen Rechtskraft der begehrten Entscheidung (§ 322) erkennen lässt, das Risiko eines Unterliegens des Klägers nicht durch vermeidbare Ungenauigkeit auf den Beklagten abwälzt und schließlich eine Zwangsvollstreckung aus dem Urteil ohne eine Fortsetzung des Streits im Vollstreckungsverfahren erwarten lässt".

III. Die Sicht des Rechtsanwalts 

gen auf Duldung der Zwangsvollstreckung in bestimmte Vermögensgegenstände (vgl. §§ 737, 743, 745 II, 748 III) sowie Klagen, die auf Befriedigung des Klägers aus einem Pfandrecht oder einer Hypothek gerichtet sind (vgl. zB § 1147, § 1204 I BGB), sind Leistungsklagen. Grundsätzlich können nur fällig gewordene Ansprüche durchgesetzt werden. Ausnahmsweise kann jedoch aufgrund der besonderen Voraussetzungen, die die §§ 257–259 nennen, Klage auf künftige Leistung erhoben werden.

Die **Feststellungsklage** (vgl. § 256) unterscheidet sich von der Leistungsklage darin, dass der Kläger nicht die Befriedigung aufgrund eines von ihm behaupteten Anspruchs begehrt, sondern die Feststellung, dass zwischen den Parteien ein Rechtsverhältnis besteht (sog. positive Feststellungsklage) oder nicht besteht (sog. negative Feststellungsklage). Gegenstand einer Feststellungsklage kann auch ein Rechtsverhältnis zwischen einer Partei und einem Dritten sein, wenn dieses Rechtsverhältnis zugleich auch für die Rechtsbeziehungen der Parteien untereinander von Bedeutung ist.[130] Es müssen also rechtlich geregelte Beziehungen zwischen Personen oder zu einer Sache den Gegenstand des Rechtsstreits bilden. Auch einzelne sich aus einem Rechtsverhältnis ergebende Rechte und Pflichten einschließlich ihrer Fälligkeit[131] – nicht jedoch lediglich einzelne Elemente oder Vorfragen eines Rechtsverhältnisses, wie zB ein Schuldnerverzug – können zum Gegenstand einer Feststellungsklage gemacht werden.[132] Nur ausnahmsweise kann die Feststellungsklage eine Tatsache zum Inhalt haben, und zwar die Echtheit oder Unechtheit einer Urkunde, wie dies ausdrücklich in § 256 I vorgesehen ist.

129

Der Kläger muss ein **rechtliches Interesse** daran haben, dass das Rechtsverhältnis oder die Echtheit oder Unechtheit der Urkunde durch richterliche Entscheidung alsbald festgestellt wird. Ein solches Interesse ist regelmäßig zu verneinen, wenn der Kläger dasselbe Ziel durch eine Leistungsklage erreichen kann.[133]

130

Denn die Verurteilung des Beklagten zu einer Leistung enthält zugleich auch inzidenter die Feststellung, dass dem Kläger ein entsprechendes Recht zusteht. Allein die Feststellung dieses Rechts ermöglicht jedoch dem Kläger noch nicht, zwangsweise sein Recht durchzusetzen, weil hierfür eine entsprechende durch Urteil ausgesprochene Verpflichtung des Beklagten erforderlich ist. Deshalb müsste der Kläger nach einem Feststellungsurteil erneut auf Leistung klagen, wenn der Beklagte nicht freiwillig dem Feststellungsurteil nachkommt. Dieser aufwändige Weg mehrerer Klagen lässt sich durch eine sofortige Leistungsklage vermeiden; dazu ist deshalb der Kläger verpflichtet, wenn ihm dies möglich ist. Es wäre aber falsch, daraus den Schluss zu ziehen, dass die Feststellungsklage gegenüber der Leistungsklage subsidiär ist. Die Zulässigkeit einer Feststellungsklage ist nämlich trotz der Möglichkeit, eine Leistungsklage zu erheben, dann zu bejahen, wenn die Durchführung des Feststellungsverfahrens unter dem Gesichtspunkt der Prozesswirtschaftlichkeit zu einer sinnvollen und sachgemäßen Erledigung der aufgetretenen Streitpunkte führt.[134] Dies wird insbesondere angenommen, wenn vom Beklagten erwartet werden kann, dass er auch ohne Vollstreckungsdruck der festgestellten Ver-

131

---

[130] BGH NJW 1993, 2539 (2540) mwN.
[131] BGH NJW 2015, 873 Rn. 24.
[132] BGH NJW 2000, 2280 (2281); NZG 2012, 222 Rn. 14 = JuS 2012, 460 mAnm K. Schmidt.
[133] StRspr, vgl. nur BGH NJW 2017, 1823 Rn. 14 mwN.
[134] BGH NJW 1984, 1118 (1119); 1996, 918 f., jew. mwN; vgl. auch *Pawlowski* MDR 1988, 630; *Henke* JA 1987, 465.

pflichtung nachkommen wird;[135] diese Erwartung besteht, wenn es sich bei dem Beklagten um eine Behörde handelt.[136]

132 § 256 I verlangt, dass sich das rechtliche Interesse des Klägers auf eine alsbaldige Feststellung richten muss. Dies bedeutet zum einen, dass die Feststellungsklage ein gegenwärtiges Rechtsverhältnis betreffen muss,[137] und zum anderen, dass dem Recht oder der Rechtslage des Klägers eine gegenwärtige Gefahr der Unsicherheit droht.[138] Zielt die Klage auf die Feststellung des Eintritts künftiger Schäden, dann ist ihre Zulässigkeit bereits zu bejahen, wenn die Möglichkeit eines Schadenseintritts besteht.[139] Dabei wird vom BGH ein Feststellungsinteresse auch dann bejaht, wenn ein Teil des Schadens bereits eingetreten ist. Obwohl insoweit eine Leistungsklage möglich wäre, wird ein Feststellungsinteresse auch für diesen Teil der Schäden bejaht.[140] Ein Feststellungsinteresse ist nur zu verneinen, wenn aus der Sicht des Geschädigten bei verständiger Würdigung kein Grund besteht, mit dem Eintritt eines Schadens wenigstens zu rechnen.[141] Das Feststellungsinteresse muss noch bei Schluss der mündlichen Verhandlung zu bejahen sein.[142] Begehrt der Kläger die (negative) Feststellung, dass eine bestimmte Forderung nicht besteht,[143] und erhebt daraufhin die Gegenpartei eine auf diese Forderung gerichtete Leistungsklage, dann entfällt das Feststellungsinteresse an der negativen Feststellungsklage, soweit die Leistungsklage nicht mehr einseitig zurückgenommen werden kann. Dies gilt nur dann nicht, wenn der Feststellungsstreit entscheidungsreif oder im Wesentlichen zur Entscheidungsreife fortgeschritten und die Leistungsklage noch nicht entscheidungsreif ist.[144]

> **Beispiel:** Kunz hat bei Volz einen Pkw gekauft und einen Betrag von 10.000 EUR an Volz gezahlt. Volz behauptet, vereinbart seien nicht 10.000 EUR, sondern 12.000 EUR und sendet deshalb Kunz wiederholt Mahnungen. Kunz erhebt deshalb Klage auf Feststellung, dass dem Volz aus dem Kauf keine weiteren Ansprüche zustehen. Für diese Klage besteht ein Feststellungsinteresse, weil Volz sich der weitergehenden Forderung berühmt.[145] Erhebt Volz nun eine Leistungsklage auf Zahlung der ausstehenden 2.000 EUR, so ist die Leistungsklage trotz § 261 III Nr. 1 zulässig, weil das mit der Klage verfolgte Rechtsschutzziel durch die Abweisung der Feststellungklage nicht erreicht werden kann. Mit der Entscheidung über die Leistungsklage wird aber zugleich geklärt, ob Volz ein Anspruch gegen K zusteht. Deshalb besteht an der Fortsetzung der Feststellungsklage kein Interesse mehr, wenn die Leistungsklage nicht mehr ohne Zustimmung des Kunz zurückgenommen werden kann. Damit wird die Feststellungklage unzulässig und Kunz sollte diese Klage für erledigt erklären (→ Rn. 480 ff.).

---

[135] BGH NJW-RR 2006, 61 (62).
[136] BGH NJW 2000, 2280 (2281), Musielak/Voit/*Foerste* § 256 Rn. 13 (auch zu weiteren Fällen).
[137] *Wolf* JA 2007, 462 (463).
[138] Musielak/Voit/*Foerste* § 256 Rn. 8 mwN.
[139] Zum fehlenden Feststellungsinteresse bei „sehr geringer" Möglichkeit eines künftigen Schadenseintritts vgl. BGH NJW-RR 2014, 840.
[140] BGH NJW-RR 2016, 759; dazu Fischer JuS 2016, 1083 (1085).
[141] BGH NJW-RR 2007, 601 Rn. 5 = JA 2007, 462 (*Wolf*).
[142] BGH NJW 2006, 2780 (2282).
[143] Zur negativen Feststellungsklage vgl. *Thole* NJW 2013, 1192.
[144] BGH NJW 2006, 515 (516).
[145] BGH NJW 2017, 2340 Rn. 15.

III. Die Sicht des Rechtsanwalts 43

Wird eine **Teilklage** erhoben und begehrt der Beklagte widerklagend die Feststellung, dass dem Kläger ein über die Klageforderung hinaus gehender Anspruch nicht zustehe, dann entfällt das Feststellungsinteresse nicht schon durch die einseitige Erklärung des Klägers, er werde keinen weiteren Anspruch geltend machen, wenn er mit seiner erhobenen Teilklage rechtskräftig unterliege. Denn erhebt der Kläger dennoch eine weitere Klage, muss der Beklagte beweisen, dass der Kläger auf die mit der zweiten Klage verfolgten Ansprüche verzichtet habe. Das Risiko eines Scheiterns dieses Beweises geht zu Lasten des Beklagten und rechtfertigt das rechtliche Interesse an seiner Feststellungswiderklage.[146]   133

Die **Gestaltungsklage**[147] betrifft Fälle, in denen der Vollzug eines Gestaltungsrechts von einem Richterspruch abhängig gemacht wird (→ Rn. 25). Hierzu zählen beispielsweise die Klage auf Herabsetzung einer Vertragsstrafe nach § 343 I BGB, auf die Bestimmung einer Leistung nach § 315 III 2 und § 319 I 2 BGB oder die Klage auf Auflösung einer OHG nach § 133 HGB.   134

Von der Forderung, dass der Kläger in der Klageschrift einen bestimmten Antrag zu stellen hat, müssen Ausnahmen zugelassen werden, weil diese Forderung nicht stets erfüllt werden kann. Eine dieser Ausnahmen betrifft die sog. **Stufenklage** (vgl. § 254).[148] Zur vereinfachten Durchsetzung eines dem Kläger nach Höhe oder Gegenstand unbekannten Anspruchs wird ihm gestattet, die Klage auf Rechnungslegung oder auf Vorlegung eines Vermögensverzeichnisses oder auf Abgabe einer eidesstattlichen Versicherung mit der Klage auf Herausgabe desjenigen zu verbinden, was der Beklagte aus dem zugrundeliegenden Rechtsverhältnis schuldet. Da jedoch der Kläger erst nach Rechnungslegung, nach Vorlage des Vermögensverzeichnisses oder Abgabe der eidesstattlichen Versicherung weiß, in welchem Umfang der Beklagte zur Herausgabe verpflichtet ist, kann er zunächst von der bestimmten Angabe der Leistung, die er beansprucht, absehen und diese Angabe nachholen, wenn der Beklagte die von ihm begehrten Informationen gegeben hat.[149] Nach der Rechtsprechung ist eine solche Auskunftsklage als Stufenklage jedoch unzulässig, wenn sie nicht der Bestimmbarkeit des Leistungsanspruchs dient, sondern die Informationen für die Rechtsdurchsetzung selbst erst beschaffen soll.[150]   135

> **Beispiel:** Bertold übernimmt es, für Karla die von ihr geerbte Briefmarkensammlung zu veräußern. Bertold soll für seine Bemühungen einen bestimmten Teil des Erlöses erhalten. Bei der Abrechnung kommt es zum Streit. Karla ist der Meinung, dass Bertold die von ihm erzielten Kaufpreise zu niedrig angegeben und den Karla gebührenden Erlös nicht in vollem Umfange abgeführt habe. Aufgrund des zwischen beiden bestehenden entgeltlichen Geschäftsbesorgungsvertrages hat Karla einen Anspruch auf Rechenschaftsablegung (§ 666 iVm § 675 I BGB). Besteht Grund zu der Annahme, dass die in der Rechnung enthaltenen Angaben – wie hier über Einnahmen – nicht mit der erforderlichen Sorgfalt gemacht worden sind, dann kann Karla verlangen, dass Bertold an Eides Statt versichert, die Einnahmen nach bestem Wissen so vollständig angegeben zu haben, wie er dazu imstande sei (§ 259 II BGB). Ergibt diese Abrechnung,

---

[146] BGH MDR 2007, 104.
[147] Vgl. dazu *Henke* JA 1987, 590.
[148] Vgl. *Schäuble* JuS 2011, 506.
[149] BGH NJW 2003, 2748.
[150] BGH NJW 2011, 1815 ff.

dass Bertold Gelder nicht abgeführt hat, dann kann Karla nach § 667 iVm § 675 I BGB ihre Herausgabe fordern. Diese verschiedenen Ansprüche kann Karla in einer Klage zusammenfassen.

**136** Durch die Zustellung der Klageschrift wird die Rechtshängigkeit (§ 261 I – Einzelheiten dazu später) der gesamten Stufenklage, also für alle Stufen, bewirkt; dies ist insbesondere für die Hemmung der Verjährung (vgl. § 204 I Nr. 1 BGB) des (noch unbezifferten) Anspruchs auf Leistung von Bedeutung.[151] Das Gericht hat dann stufenweise über die verschiedenen Ansprüche zu entscheiden. Nach Abschluss einer Stufe wird das Verfahren nicht von Amts wegen, sondern nur auf Antrag einer Partei fortgesetzt, wobei auch der Beklagte diesen Antrag stellen kann.[152] In jeder Stufe ist über den jeweils erhobenen Anspruch aufgrund einer gesonderten Antragstellung und Verhandlung durch Teilurteil und abschließend durch Schlussurteil (zu diesen Begriffen → Rn. 877) zu befinden.[153] In der ersten Stufe lautet der Klageantrag auf Rechnungslegung. Sind die Voraussetzungen des § 259 II BGB erfüllt, dann kann in einer zweiten Stufe die Abgabe der eidesstattlichen Versicherung durch den Beklagten beantragt werden. Ergibt die möglicherweise mit einer eidesstattlichen Versicherung verbundene Rechnungslegung, dass der Beklagte noch etwas schuldet, dann kann in der dritten Stufe der Leistungsantrag konkretisiert und ein bestimmter Betrag gefordert werden.

**137** Die Rechtsprechung lässt auch noch in anderen Fällen einen **unbezifferten Zahlungsantrag** zu. Soll die Höhe einer Geldforderung erst durch eine Beweisaufnahme oder durch eine gerichtliche Schätzung nach § 287 ermittelt werden oder steht dem Kläger ein Anspruch auf „billige" Entschädigung in Geld zu, wie beim Schmerzensgeldanspruch nach § 253 II BGB, dann sieht es die Rechtsprechung für ausreichend an, wenn die zahlenmäßige Feststellung der Klageforderung dem Gericht überlassen wird, sofern nur dem Richter zugleich die tatsächlichen Grundlagen mitgeteilt werden, die ihm die Feststellung der Höhe des gerechtfertigten Klageanspruchs ermöglichen.[154]

**138** Der BGH[155] verlangt außerdem vom Kläger, dass er die von ihm begehrte Größenordnung bezeichnen muss, um dem Erfordernis der Bestimmtheit zu genügen. Der vom Kläger zu nennende Betrag wird als eine Mindestgröße aufgefasst, deren Überschreitung dem Gericht gestattet wird, solange der Kläger für sein Begehren keine Obergrenze angibt.[156] Enthält die Klageschrift keine Angaben zur Größenordnung und ergänzt der Kläger auf einen entsprechenden Hinweis des Gerichts nach § 139 sein Vorbringen nicht, dann ist die Klage als unzulässig abzuweisen. Großzügigkeit in diesem Punkte und eine „wohlwollende" Auslegung des Klagevorbringens[157] müssen im Interesse des Beklagten abgelehnt werden, der zumindest

---

[151] Vgl. BGH NJW-RR 1995, 770 = FamRZ 1995, 797 (798); OLG Brandenburg BeckRS 2006, 10029 = FamRZ 2007, 55 (56). Da also auch die weiteren Stufen rechtshängig werden, muss die Klage hinsichtlich aller Stufen, auch hinsichtlich des noch nicht bezifferten Zahlungsanspruchs, abgewiesen werden, wenn das Gericht zu dem Ergebnis gelangt, dass der Auskunftsanspruch nicht besteht; vgl. OLG Koblenz BeckRS 2007, 03449 = FamRZ 2007, 590.
[152] OLG Stuttgart NJW 2012, 2289.
[153] *Bernreuther* JA 2001, 490 (493); Zöller/*Greger* § 254 Rn. 7.
[154] BGH NJW 1967, 1420 (1421) unter Hinweis auf die stRspr des RG.
[155] BGH NJW 1982, 340; 1984, 1807 (1809); vgl. auch *Dunz* NJW 1984, 1734 (1736); *Wurm* JA 1989, 65 (68); *Butzer* MDR 1992, 539; Musielak/Voit/*Musielak* § 308 Rn. 16 f., jew. mwN.
[156] BGH NJW 2002, 3769.
[157] Der BGH empfiehlt dagegen zumindest in einzelnen Entscheidungen (vgl. BGH NJW 1982, 340; 1984, 1807 [1809]) eine großzügige Behandlung und will es genügen lassen, dass die Größenordnung dem vom Kläger selbst angegebenen Streitwert entnommen werden

III. Die Sicht des Rechtsanwalts 45

imstande sein muss, die Größenordnung der gegen ihn gerichteten Forderung zu erkennen, um sich dagegen verteidigen zu können. Der zur Rechtfertigung dieser Großzügigkeit vorgetragene Grund einer Kostenbelastung des Klägers bei einer Zuvielforderung besteht in Wirklichkeit nicht (vgl. § 92 II Nr. 2).[158]

Neben dem in § 253 II Nr. 2 vorgeschriebenen bestimmten Antrag des Klägers und der Angabe des Grundes des erhobenen Anspruchs kommt der weiteren Forderung nach **Angabe des Gegenstandes** des Anspruchs keine Bedeutung zu. Denn der Gegenstand im Sinne von „Streitgegenstand" (zu diesem Begriff Einzelheiten später) wird bereits ausreichend durch den Antrag des Klägers und die Angabe des Anspruchsgrundes beschrieben. **139**

Durch das MediationsG ist als neue Vorschrift **§ 253 III Nr. 1** eingefügt worden; danach soll die Klageschrift die Angabe enthalten, ob der Klageerhebung der Versuch einer Mediation oder eines anderen Verfahrens der außergerichtlichen Konfliktbeilegung vorausgegangen ist, sowie eine Äußerung dazu, ob einem solchen Verfahren Gründe entgegenstehen. Der Zweck dieser Regelung richtet sich darauf, die Partei und ihren Prozessvertreter spätestens beim Abfassen der Klageschrift zu veranlassen, sich mit der Frage auseinanderzusetzen, ob und wie sie den Konflikt, welcher der beabsichtigten Klageerhebung zugrunde liegt, außergerichtlich beilegen können.[159] Hierbei handelt es sich allerdings um eine Sollvorschrift, deren Nichtbeachtung die Zulässigkeit der Klage nicht berührt. **140**

Da häufig die sachliche Zuständigkeit vom **Wert des Streitgegenstandes** abhängt (→ Rn. 81), soll der Kläger nach § 253 III Nr. 2 in der Klageschrift diesen Wert angeben, wenn er nicht die Zahlung einer bestimmten Geldsumme vom Beklagten verlangt oder wenn nicht die Zuständigkeit unabhängig vom Streitwert bestimmt ist. Auch diese Regelung ist als Sollvorschrift gestaltet. Das Gleiche gilt für die durch § 253 III Nr. 3 dem Kläger aufgegebene **Stellungnahme, ob einer Entscheidung der Sache durch den Einzelrichter Gründe entgegenstehen**, und für die nach § 253 IV zu beachtenden allgemeinen Vorschriften über die vorbereitenden Schriftsätze, wie zB die nach § 131 I vorgeschriebene Beifügung von Urkunden, auf die in der Klageschrift Bezug genommen wird. **141**

Gemäß § 253 IV sind die allgemeinen **Vorschriften über** die **vorbereitenden Schriftsätze** auf die Klageschrift anzuwenden. Damit wird auch die Vorschrift des § 131 für anwendbar erklärt, nach der einem Schriftsatz bzw. der Klageschrift die in den Händen der Partei befindlichen Urkunden, auf die Bezug genommen worden ist, in Urschrift oder Abschrift beizufügen sind. Jedoch hängt die Wirksamkeit der Zustellung der Klageschrift nicht von der Beifügung solcher Urkunden ab.[160] Dies ergibt sich bereits aus § 131 III, wonach Urkunden, die dem Gegner bekannt sind oder einen bedeutsamen Umfang aufweisen, nicht beigefügt werden müssen. Vielmehr genügt **142**

---

kann oder dass der Kläger die Streitwertfestsetzung des erstinstanzlichen Gerichts bei der Berufung hinnimmt und damit zu erkennen gibt, dass er sich ihr anschließt; vgl. auch *Wurm* JA 1989, 65 (69).
[158] Musielak/Voit/*Foerste* § 253 Rn. 34.
[159] Amtl. Begr. des MediationsG, BT-Drs. 17/5335, 20 (zu Art. 3 Nr. 3).
[160] BGH NJW 2013, 387 Rn. 30 mzustAnm *Schäfer* = JZ 2013, 525 mkritAnm *Schumann*.

die genaue Bezeichnung mit dem Angebot, Einsicht der Gegenpartei zu gewähren. Bei anderen Urkunden kann nichts anderes gelten.

**143** **Unverzichtbar ist dagegen die eigenhändige Unterschrift des Anwalts in Anwaltsprozessen, in anderen Prozessen die des Klägers oder des Bevollmächtigten, unter die Klageschrift,** obwohl § 130 Nr. 6 nur eine Sollvorschrift enthält. Die ganz hM verlangt aber für bestimmende Schriftsätze, zu denen die Klageschrift zählt, dass sie eigenhändig unterschrieben werden müssen.[161] Eine eingescannte Unterschrift erfüllt dieses Formerfordernis nicht,[162] es sei denn, es handelt sich um ein elektronisches Dokument iSd. § 130a (→ Rn. 117). Eine Unterschrift mit dem Zusatz i. A. reicht nur dann aus, wenn der Unterschreibende selbst beim Gericht zugelassener Rechtsanwalt ist, denn nur dann ist gewährleistet, dass ein postulationsfähiger Anwalt die Verantwortung für das Schriftstück übernommen hat.[163]

**144** Es ist zwischen **vorbereitenden Schriftsätzen,** die lediglich der Ankündigung eines Vortrages in der mündlichen Verhandlung dienen, und **bestimmenden Schriftsätzen** zu unterscheiden, die eine Parteierklärung enthalten, sie nicht nur in Aussicht stellen. Ein nicht unterschriebener bestimmender Schriftsatz ist unvollendet und deshalb nicht wirksam.[164] Dieser Mangel kann jedoch gem. § 295 I geheilt werden (→ Rn. 149).

**145** Als **Unterschrift** gilt ein **individueller Schriftzug**, der sich – ohne lesbar sein zu müssen – als Wiedergabe eines Namens darstellt und die Absicht einer vollen Unterschriftsleistung erkennen lässt.[165] Ein Schriftzug, der lediglich als bewusste und gewollte Namensabkürzung (Handzeichen, Paraphe) erscheint, genügt dagegen nicht (→ Rn. 806).[166] Durch das Erfordernis der eigenhändigen Unterschrift soll in erster Linie sichergestellt werden, dass das unterzeichnete Schriftstück auch von der Person stammt, die es unterschrieben hat. Es liegt deshalb nahe, die Forderung nach einer eigenhändigen Unterschrift als überflüssige Förmlichkeit anzusehen, wenn auf andere Weise die Urheberschaft zweifelsfrei festgestellt werden kann und auch die Absicht der Klageerhebung deutlich zum Ausdruck kommt. Die deshalb gegenüber der hM geltend gemachten Bedenken werden durch die Ausnahmen verstärkt, die aufgrund der technischen Entwicklung in der Nachrichtenübermittlung zugelassen werden müssen (→ Rn. 146).[167] Allerdings ist nicht zu verkennen, dass es ganz wesentlich von den Anforderungen abhängt, die man an die zweifelsfreie Feststellung der Urheberschaft und der Absicht einer Klageerhebung stellt, ob dadurch überhaupt eine praktische Alternative zur eigenhändigen Unterschrift geschaffen werden kann.[168] So wird zB für ausreichend angesehen, dass sich die Absicht der Klageerhebung aus einem der nicht unterzeichneten Klageschrift beigefügten Begleitschreiben ergibt, das unterschrieben worden ist,[169] oder dass eine

---

[161] BGH NJW 2010, 2134 Rn. 13 mwN; BAG NJW 2009, 3596 Rn. 19.
[162] OLG Celle NJW 2012, 2365 (zur gleichen Frage bei einer Beschwerdeschrift).
[163] BGH NJW 2013, 237 (238).
[164] BGHZ 65, 46 (47) = NJW 1975, 1704 (für die Klageschrift); BGH NJW 1980, 291 (für die Berufungsbegründungsschrift); BGHZ 92, 251 (254) = NJW 1985, 328.
[165] BGH NJW 1996, 997; 1997, 3380 (3381); 2005, 3775; 2013, 1966 Rn. 8; NJW-RR 2007, 351.
[166] BGH NJW 1994, 55; 1997, 3380 (3381); 1999, 60 (61); OLG Köln NJW 2008, 3649.
[167] Musielak/Voit/*Stadler* § 129 Rn. 8; Zöller/*Greger* § 130 Rn. 21 f.; *Schilken* ZivilProzR Rn. 214; vgl. auch AG Kerpen MDR 2004, 1079 (Einspruch gegen ein Versäumnisurteil ist auch ohne Unterschrift wirksam) ebenso LG Köln MDR 2005, 234 (maschinenschriftlich geschriebener Name unter einem Fax ist für die Einlegung eines Einspruchs gegen ein Versäumnisurteil ausreichend).
[168] Vgl. dazu als Beispiele die Entscheidung des OLG Braunschweig NJW 2004, 2024 einerseits und die Entscheidungen des BGH MDR 2004, 409 sowie des LG Köln NJW 2005, 79 andererseits.
[169] BGH MDR 2008, 760 (761); MüKoZPO/*Fritsche* § 129 Rn. 17.

III. Die Sicht des Rechtsanwalts       47

gleichzeitig eingereichte beglaubigte Abschrift, die unterzeichnet ist, die fehlende Unterschrift auf der Urschrift ersetzt.[170]

Eine Ausnahme von dem Gebot der eigenhändigen Unterschrift unter die Klageschrift ist im Hinblick auf die moderne Nachrichtentechnik erforderlich. Wird die Klageschrift durch eine Telekopie, dh durch einen Telefaxdienst übermittelt, dann ist gem. der Vorschrift des § 130 Nr. 6 die Vorlage zu unterschreiben und in der Kopie die Unterschrift wiederzugeben.[171] Da es dem Übersender ohne Weiteres möglich ist, den durch Fax übermittelten Schriftsatz zu unterschreiben, hat es der BGH nicht für ausreichend angesehen, dass die Unterschrift eingescannt ist.[172] Ist aus technischen Gründen eine Unterzeichnung des Originals nicht möglich, dann ist die eigenhändige Unterschrift entbehrlich. So ist gewohnheitsrechtlich die Übermittlung von bestimmenden Schriftsätzen durch Telegramm, auch wenn es telefonisch aufgegeben wird, zulässig. Ein Computerfax genügt der zu stellenden Forderung, die Person des Erklärenden eindeutig zu bestimmen, wenn die Unterschrift eingescannt wird.[173] Ob nach der im Jahre 2001 vollzogenen Änderung des § 130 Nr. 6 der Vermerk, dass eine Unterzeichnung wegen der gewählten Übertragungsform nicht möglich sei, noch als ausreichend angesehen werden kann,[174] erscheint allerdings zweifelhaft.[175] Der BGH verlangt bei einem Computerfax ohne eingescannte Unterschrift, dass sich zumindest aus anderen eine Beweisaufnahme nicht erfordernden Umständen eine der Unterschrift vergleichbare Gewähr für die Verantwortlichkeit des Verfassers für den Inhalt ergeben müsse.[176] Für andere elektronische Dokumente ist § 130a zu beachten. Danach kann eine Klage in elektronischer Form erhoben werden und muss als bestimmender Schriftsatz mit einer qualifizierten elektronischen Signatur versehen werden (§ 130a III). Da die Signatur die handschriftliche Unterschrift ersetzt und deshalb wie diese zum Ausdruck bringen soll, dass die Verantwortung für den Inhalt des Schriftstücks übernommen wird, muss sie von dem zur Vertretung berechtigten Prozessbevollmächtigten vorgenommen werden. Deshalb ist das Formerfordernis nicht gewahrt, wenn die Signatur von einem Dritten, etwa einem Anwaltsgehilfen, unter Verwendung der Signaturkarte des Rechtsanwaltes erfolgt.[177] Liegt dem Gericht ein Ausdruck einer als Anhang zu einer E-Mail übermittelten PDF-Datei vor (→ Rn. 117), dann wird dem Unterschriftserfordernis genügt, wenn die Datei durch Einscannen eines vom Prozessbevollmächtigten unterzeichneten Schriftsatzes hergestellt ist.[178]

**146**

---

[170] BGH NJW-RR 2004, 1364.
[171] Vgl. dazu BGH NJW 2015, 3246 Rn. 13; *Toussaint* NJW 2015, 3207.
[172] BGH NJW 2006, 3784. Das BVerfG (NJW 2007, 3117) hat diese Entscheidung bestätigt.
[173] GemS-OGB NJW 2000, 2340; BGH NJW 2001, 831. Für die Frage, wann ein per Telefax übermitteltes Dokument dem Gericht zugeht, ist auf den Zeitpunkt abzustellen, in dem die gesendeten technischen Signale vollständig im Telefaxgerät des Gerichts gespeichert sind (vgl. BGH NJW 2006, 2263 (2265); s. auch § 130 a III).
[174] So GemS-OGB NJW 2000, 2340 (2341); OLG Braunschweig NJW 2004, 2024 (2025 f.).
[175] Verneinend Musielak/Voit/*Stadler* § 129 Rn. 11; ebenfalls krit., die Entscheidung aber letztlich offen lassend BGH NJW 2005, 2086 (2087).
[176] BGH NJW 2005, 2086 (2088).
[177] BGH NJW 2011, 1294 Rn. 8 mzustAnm *Hamm*.
[178] BGH NJW 2008, 2649 Rn. 13 f.; 2015, 1527 Rn. 10; BAG NJW 2009, 3596 Rn. 21; *Köbler* MDR 2009, 357 (368).

**147** Die fortschreitende Entwicklung der EDV in allen Bereichen des gesellschaftlichen Lebens macht selbstverständlich vor dem Rechtsverkehr nicht Halt. Der Gesetzgeber hat darauf mit dem Gesetz zur Förderung des elektronischen Rechtsverkehrs mit den Gerichten vom 10.10.2013 reagiert, dessen Vorschriften zu unterschiedlichen Zeitpunkten in Kraft treten. Den Schlusspunkt setzt ein neuer § 130d, der mit Wirkung vom 1.1.2022 Rechtsanwälte und Behörden verpflichtet, Schriftsätze bei Gericht in Form eines elektronischen Dokuments einzureichen. Die Weichen für einen elektronischen Rechtsverkehr sind damit gestellt. Für Gerichte und Rechtsanwälte bedeutet dies eine nicht unerhebliche Umstellung ihrer Arbeitsweise. Dies betrifft allerdings nicht die Arbeit mit dem Computer und die Herstellung eines elektronischen Dokuments. Denn bereits heute arbeitet fast jeder Richter und Rechtsanwalt mit dem PC und Notebook. Die Schwierigkeiten bereiten die Sicherung der Authentizität des Absenders und die Gewährleistung einer sicheren Übermittlung der Dokumente. Man muss sich also darauf verlassen können, dass der Absender auch tatsächlich die angegebene Person ist, dass der Inhalt des Dokuments nicht verfälscht werden kann und dass es sicher und rechtzeitig sein Ziel erreicht. Die Identität des Ausstellers eines Dokuments wird in erster Linie durch seine Unterschrift bezeugt (→ Rn. 145). Es war bereits darauf hingewiesen worden, dass bei elektronischen Dokumenten an die Stelle der eigenhändigen Unterschrift gem. § 130a III eine qualifizierte elektronische Signatur tritt (→ Rn. 146). Hierfür ist eine von einem zertifizierten Anbieter herausgegeben Chipkarte, ein persönlicher Geheimcode (PIN) und darauf abgestimmte Hard- und Software erforderlich.[179] Manipulationen werden auf diese Weise weitgehend ausgeschlossen. Nach § 130a III kann anstelle einer qualifizierten elektronischen Signatur eine Signatur der das Dokument verantwortenden Person, dh seine Namenswiedergabe am Textende,[180] treten, wenn das Dokument auf einem sicheren Übermittlungsweg eingereicht wird. Was als sicherer Übermittlungsweg gilt, bestimmt § 130a IV. Dazu zählt der Übermittlungsweg zwischen dem besonderen elektronischen Anwaltspostfach nach § 31a BRAO und der elektronischen Poststelle des Gerichts.[181] § 31a BRAO, der seit dem 1.1.2016 gilt, verpflichtet die Bundesrechtsanwaltskammer, für jeden Rechtsanwalt ein elektronisches Anwaltspostfach (beA) einzurichten.[182] Auf das beA kann direkt über das Internet mit einem sog. Web-Client oder mittels einer Kanzleisoftware zugegriffen werden. In jedem Fall müssen für die Anmeldung zwei voneinander unabhängige Sicherungsmittel verwendet werden (sog. 2-Faktor-Authentifizierung). Diese Sicherungsmittel sind Signaturkarten oder Softwarezertifikate und eine dazugehörende PIN-Nummer; sie gewährleisten die sichere Identität des Nutzers. Die Signaturkarte wird jedem Rechtsanwalt von der Bundesrechtsanwaltskammer übermittelt; auf ihr ist ein Chip enthalten, auf dem die Bezeichnung des Postfachs, die sog. Safe-ID, gespeichert ist.[183] Alle über das beA übermittelten Dokumente sind durchgehend vom Web-Browser bzw. von der Kanzleisoftware bis

---

[179] *Bachem* NJW 2015, 2753; *H. Müller* JuS 2015, 609 (611).
[180] *Bachem* NJW 2015, 2753.
[181] *Eine Verfassungsbeschwerde gegen den Zwang zur Einrichtung eines beA hat das BVerfG zurückgewiesen,* BVerfG NJW 2018, 288.
[182] Vgl. auch §§ 19 ff. der Rechtsanwaltsverzeichnis- und -postfachverordnung v. 23.9.2016 (BGBl. 2016 I 2167).
[183] Vgl. *Brosch/Sandkühler* NJW 2015, 2760 (2762).

III. Die Sicht des Rechtsanwalts

zur Entschlüsselung durch den Empfänger verschlüsselt, damit sie nicht von Unbefugten eingesehen werden können.[184]

**148** Es war bereits darauf hingewiesen worden, dass eine Klageschrift, die nicht den zwingend vorgeschriebenen Inhalt aufweist, also nicht Parteien und Gericht bezeichnet, nicht den Grund des erhobenen Anspruchs bestimmt genug angibt, nicht einen bestimmten Antrag enthält oder nicht die Unterschrift des Anwalts im Anwaltsprozess, in anderen Prozessen die Unterschrift der Partei oder ihres Bevollmächtigten aufweist, **keine ordnungsgemäße Klageerhebung** bewirkt. Deshalb schafft eine solche Klageschrift auch keine ausreichende Grundlage für ein weiteres Tätigwerden des Gerichts (→ Rn. 158). Jedoch hat der Richter den Kläger auf die Mängel der Klageschrift hinzuweisen (§ 139). Beseitigt dieser die Mängel und liegt dann dem Gericht eine ordnungsgemäße Klageschrift vor, dann handelt es sich um eine wirksame Klageerhebung – allerdings erst vom Zeitpunkt der Mängelbeseitigung an; dies kann bedeutsam für die Hemmung der Verjährung sein.[185] Kommt es trotz einer nicht ordnungsgemäß erhobenen Klage zu einer mündlichen Verhandlung, dann können Mängel der Klageschrift durch rügelose Einlassung nach § 295 I – ebenfalls nur vom Zeitpunkt der mündlichen Verhandlung an, also ohne Rückwirkungen[186] – geheilt werden.[187] Eine Heilung durch rügelose Einlassung setzt allerdings voraus, dass der Mangel dem Beklagten bekannt war oder zumindest bekannt sein musste.[188]

**149** Ähnliche Fragen stellen sich, wenn die Unterschrift in einem Schriftsatz fehlt, mit dem ein Rechtsmittel eingelegt werden soll. In diesen Fällen kann die Heilung durch Nachholen der Unterschrift nur innerhalb der Rechtsmittelfrist erfolgen. Nach Ablauf dieser Frist kann nur ein Antrag auf Wiedereinsetzung in den vorherigen Stand (→ Rn. 555) helfen.

**150** Im Folgenden soll das **Muster einer ordnungsgemäßen Klageschrift** wiedergegeben werden, wobei als Grundlage der oben (→ Rn. 41) wiedergegebene Beispielsfall dienen soll. Wenn in diesem Fall Eich mit seiner Schadensersatzforderung gegen die Werklohnforderung des Fleißig aufrechnet und Fleißig damit nicht einverstanden ist, weil er meint, er sei zur Zahlung von Schadensersatz nicht verpflichtet, dann wird er den Restbetrag von 800 EUR aus der Werklohnforderung gegen Eich einklagen. Die Erhebung der Klage kann durch folgende Klageschrift geschehen:

---

[184] *Brosch/Sandkühler* NJW 2015, 2760 (2762 f.).
[185] BGH MDR 2004, 879 mwN.
[186] BGH NJW 1996, 1351; Zöller/*Greger* § 253 Rn. 22.
[187] Ob dies auch für die erforderliche Angabe von Gegenstand und Grund des erhobenen Anspruchs und für den bestimmten Antrag gilt, ist allerdings streitig; vgl. dazu MüKoZPO/ *Becker-Eberhard* § 253 Rn. 183 f., mwN. Der BGH (NJW 2003, 1384) beschränkt die Möglichkeit einer Heilung von Verstößen gegen Formvorschriften auf solche, die allein dem Schutz der privaten Interessen der betroffenen Partei dienen.
[188] OLG Köln NJW-RR 1997, 1291.

§ 2. Der Beginn eines Zivilprozesses

Rechtsanwalt  94032 Passau, den 15. März 2018
Dr. Hans-Jürgen Weise  Ludwigstraße 5

An das
Amtsgericht Passau
Schustergasse 4
94032 Passau[189]

In Sachen

des Maurermeisters Friedrich Fleißig, Lusenstraße 95, 94469 Deggendorf,

Klägers,

Prozessbevollmächtigter: Rechtsanwalt Dr. H.-J. Weise, Passau,

gegen

den Oberstudienrat Erich Eich, Abteistraße 47, 94034 Passau,

Beklagten,[190]

erhebe ich Klage mit dem Antrag:[191]

Der Beklagte wird verurteilt, an den Kläger 800 EUR, zuzüglich 6 % Zinsen seit dem 16.2.2016, zu zahlen.

Begründung:[192]
Die Parteien schlossen am 15.6.2015 schriftlich einen Vertrag über die Errichtung einer Garage auf dem Grundstück des Beklagten in der Abteistraße 47, Passau. Der Kläger sollte für seine Arbeiten einen Festpreis von 6.800 EUR erhalten.

Beweis: Beigefügte Kopie des Vertrages vom 15.6.2015.[193]

---

[189] Die Bezeichnung des Gerichts, an das die Klageschrift gerichtet wird, muss angegeben werden (vgl. § 253 II Nr. 1); jedoch ist es nicht erforderlich, auch die zuständige Abteilung zu nennen (→ Rn. 121), denn die Weiterleitung der Klage an den zuständigen Richter ist Sache des Gerichts (→ Rn. 153, 157).
[190] Die Parteien sind mit Namen, Stand oder Gewerbe, Wohnort und Parteistellung zu nennen (§ 253 II Nr. 1, IV iVm § 130 Nr. 1). Die gewählte Anordnung entspricht dem Urteilskopf (Rubrum, → Rn. 879); sie ist zwar nicht vorgeschrieben, wird aber von vielen Rechtsanwälten praktiziert.
[191] Der Antrag muss bestimmt genug gestellt werden (§ 253 II Nr. 2; → Rn. 126). Überflüssig ist dagegen auch zu beantragen, dem Beklagten die Kosten des Rechtsstreits aufzuerlegen, weil diese Entscheidung von Amts wegen ohne Antrag zu treffen ist (§ 308 II; → Rn. 881); das Gleiche gilt für den Antrag auf vorläufige Vollstreckbarkeitserklärung (§ 708 Nr. 11; → Rn. 1121).
[192] Durch die Klagebegründung wird der zwingenden Vorschrift des § 253 II Nr. 2 nach bestimmter Angabe des Gegenstandes und Grundes des erhobenen Anspruchs genügt (→ Rn. 123, 139).
[193] Zwar müssen nur streitige Tatsachen bewiesen werden (→ Rn. 737), jedoch kann der Kläger im Interesse der Prozessbeschleunigung bereits in der Klageschrift Beweis antreten, obwohl in diesem Zeitpunkt noch offen ist, was der Beklagte bestreitet (vgl. auch § 253 IV iVm § 130 Nr. 5). Der Urkundenbeweis wird durch die Vorlegung der Urkunde angetreten (§ 420).

## III. Die Sicht des Rechtsanwalts 51

Die Garage wurde vom Kläger vertragsgemäß errichtet und vom Beklagten in Anwesenheit des beim Kläger beschäftigten Maurergesellen Emil Emsig abgenommen.

    Beweis: Zeugnis des Emil Emsig, Donaustraße 24, 94526 Metten

Der Beklagte hat bisher nur 6.000 EUR gezahlt und weigert sich, den Restbetrag von 800 EUR zu begleichen. Er beruft sich auf eine von ihm erklärte Aufrechnung mit einer Schadensersatzforderung, die er gegen den Kläger aufgrund folgenden Ereignisses erworben haben will:

Nach Fertigstellung des Garagenbaus wurde das umliegende Grundstück vereinbarungsgemäß wieder vom Kläger eingeebnet. Dies geschah durch eine Planierraupe, die von dem beim Kläger beschäftigten Stephan Stetig gefahren wurde. Der Beklagte wandte sich während dieser Arbeiten an Stetig mit dem Hinweis, das Erdreich zwischen Garage und Zaun sei teilweise nicht richtig planiert worden. Stetig wies darauf hin, dass er wegen der am Zaun befindlichen Hecke nicht nahe genug heranfahren könne, ohne die Hecke zu beschädigen. Der Beklagte erwiderte, dies mache nichts, die Hecke wachse wieder nach, er werde Stetig einweisen. Als Stetig dem Wunsch des Beklagten nachkam und an die Hecke heranfuhr, geriet er infolge falscher Handzeichen des Beklagten zu nahe an den Zaun und beschädigte ihn auf einigen Metern.

    Beweis: Zeugnis des Stephan Stetig, Hoferweg 18, 94447 Plattling

Den dadurch entstandenen Schaden, der wesentlich niedriger ausfällt als 800 EUR, weil der Zaun alt und erneuerungsbedürftig ist,

    Beweis: Sachverständigengutachten,[194]

hat der Beklagte aufgrund seines Verhaltens allein zu vertreten.

Der Beklagte hat durch Schreiben vom 16.2.2016 definitiv erklärt, er zahle den Rest der Werklohnforderung wegen der von ihm erklärten Aufrechnung nicht; er ist damit spätestens seit diesem Tag im Verzug. Der Kläger nimmt ständig Bankkredite in Anspruch, für die mindestens ein Zinssatz von 6% zu zahlen ist.[195]

    Beweis: Bescheinigung der Bank (wird nachgereicht).

gez. Dr. Weise[196]

Rechtsanwalt

---

[194] Den Beweis, ob und welcher Schaden entstanden ist, muss der Geschädigte führen, also hier der Beklagte (→ Rn. 849 ff.). Dass hier der Kläger einen entsprechenden Beweis antritt, ist also überflüssig, aber auch unschädlich, zumal ein solcher Beweis auch von Amts wegen erhoben werden kann (→ Rn. 793).
[195] Die Zinsen werden als Verzugsschaden geltend gemacht (vgl. → GK BGB Rn. 503). Dieser Verzugsschaden muss begründet werden. Auf rechtliche Ausführungen kann verzichtet werden, iura novit curia (→ Rn. 125). Sie sind jedoch in der Praxis üblich. Überzeugende rechtliche Ausführungen sind in rechtlich schwierigen Fällen empfehlenswert. Da die rechtlichen Fragen hier einfach sind, erübrigen sich entsprechende Darlegungen.
[196] Die Klageschrift muss unterschrieben sein (→ Rn. 143).

## IV. Die Sicht des Richters

### 1. Der Geschäftsbetrieb der Zivilgerichte

**151** Klageschriften wie auch andere Schriftsätze, die an das Gericht gerichtet sind, gelangen zunächst zur **Briefannahmestelle** und erhalten dort einen Eingangsstempel, durch den der Tag des Eingangs und die Zahl der Anlagen festgehalten werden;[197] das genaue Eingangsdatum kann insbesondere wichtig werden, wenn durch Klageerhebung eine Frist gewahrt oder die Verjährung gehemmt werden soll.

**152** Die Verjährung wird nach § 204 I Nr. 1 BGB durch Erhebung der Klage gehemmt, und die Erhebung der Klage geschieht durch Zustellung der Klageschrift an den Beklagten (§ 253 I). Nach § 167 wird jedoch die Wirkung der Zustellung auf den Zeitpunkt der Einreichung der Klageschrift beim Gericht zurückbezogen,[198] wenn die Zustellung demnächst, dh in angemessener Frist, erfolgt.[199] Die Zustellung ist nach § 271 I unverzüglich von Amts wegen (§ 166 II) durch das Gericht zu besorgen.

**153** Von der Briefannahmestelle gelangen dann die eingegangenen Schriftstücke zur **Geschäftsstelle des Gerichts.** Eine Geschäftsstelle muss bei jedem Gericht eingerichtet und mit der erforderlichen Zahl von Urkundsbeamten besetzt werden (§ 153 I GVG).

**154** Wer Urkundsbeamter der Geschäftsstelle sein kann, ergibt sich aus § 153 II 2 – 5 GVG und den dazu erlassenen Vorschriften. Der Urkundsbeamte der Geschäftsstelle ist Organ der Rechtspflege. Die Vorschriften über die Ausschließung und Ablehnung von Richtern (§§ 41, 42) gelten entsprechend auch für ihn (§ 49). Zu den Aufgaben des Urkundsbeamten der Geschäftsstelle gehören neben der Entgegennahme der für das Gericht bestimmten Schriftstücke insbesondere die Protokollführung (§§ 159, 163), die Erteilung von Ausfertigungen und Abschriften (§ 299 I, § 317 III, § 724 II), die Beurkundung der Urteilsverkündung (§ 315 III), die Erteilung von Rechtskraft- und Notfristzeugnissen (§ 706), die Bewirkung der Zustellungen, die von Amts wegen vorzunehmen sind (§ 168 I),[200] die Beglaubigung der bei der Zustellung zu übergebenden Abschriften (§ 169 II) sowie die Akten- und Registerführung.[201]

---

[197] Zum Geschäftsbetrieb der Zivilgerichte vom Eingang der Sache bis zur Aktenvorlage an den Richter eingehend *Pukall/Kießling* ZivilProz Rn. 1 ff.
[198] Diese Rückbeziehung gilt jedoch nicht für andere materiell-rechtliche Folgen der Klageerhebung, wie etwa § 989 BGB, sondern betrifft nur die Hemmung der Verjährung und die Einhaltung von Fristen, soweit diese nur unter Einbeziehung staatlicher Gerichte gewahrt werden können.
[199] Vgl. BGH NJW 1993, 2811 (2812). Das Gericht weist darauf hin, dass eine längere Frist dann als angemessen zu werten ist, wenn die Partei oder ihr Bevollmächtigter unter Berücksichtigung der Gesamtsituation alles Zumutbare für die alsbaldige Zustellung getan hat; vgl. auch BGH NJW 2001, 885 (887); 2006, 3206; 2015, 3101 Rn. 15; NJW-RR 2006, 789 (790).
[200] Zur Zustellung, die auf Betreiben der Parteien vorgenommen wird vgl. §§ 191 ff.
[201] Zu diesen und weiteren Aufgaben vgl. *Pukall/Kießling* ZivilProz Rn. 14; *Rosenberg/Schwab/Gottwald* ZivilProzR § 25 Rn. 3 f.

IV. Die Sicht des Richters 53

Nach § 12 I 1 GKG soll die Klage erst nach Zahlung der erforderlichen **Gebühr** für 155
das Verfahren im Allgemeinen zugestellt werden. Dies gilt nicht, soweit dem Kläger
Prozesskostenhilfe bewilligt worden ist (§ 122 I; → Rn. 29 ff.) oder es sich um einen
in § 12 II GKG genannten Fall handelt. Den vom Kläger zu zahlenden **Gerichtskostenvorschuss** fordert der Kostenbeamte beim Kläger ein, wenn er nicht bereits – wie
bei einer Vertretung durch Rechtsanwälte üblich – bei Einreichung der Klageschrift
gezahlt wurde.

Für die Höhe des vom Kläger zu entrichtenden Betrages sind die Vorschriften des GKG maß- 156
gebend. Die Gebühren richten sich nach dem Wert des Streitgegenstandes, sog. Streitwert
(§ 3 I GKG). Die Berechnung des Streitwertes wird auf der Grundlage der §§ 39 ff. GKG vorgenommen. Nach Nr. 1210 Kostenverzeichnis (Anl. 1 zum GKG) fällt bei einem Rechtsstreit
im Regelfall eine dreifache Gebühr für das gesamte Verfahren erster Instanz an. Die Höhe der
einzelnen Gebühr wird durch § 34 GKG bestimmt (vgl. auch Anl. 2 zum GKG).

## 2. Die Vorbereitung des Haupttermins

Gelangt die Klageschrift nach ihrem Eingang bei der Briefannahmestelle und ihrer 157
büromäßigen Bearbeitung durch die Geschäftsstelle zum Richter, dann muss dieser noch vor Zustellung der Klageschrift an den Beklagten (vgl. § 271 I) eine Reihe
vorbereitender Maßnahmen treffen. Zunächst wird der Richter feststellen, ob die
Gebühr für das Verfahren entrichtet (→ Rn. 155) oder ob Prozesskostenhilfe beantragt worden ist (→ Rn. 29 ff.). Dann wird er prüfen, ob ein nach Landesrecht vorgeschriebenes Schlichtungsverfahren (→ Rn. 39 f.) durchgeführt wurde und erfolglos geblieben ist und ob die Klageschrift den zwingend vorgeschriebenen Inhalt
aufweist (→ Rn. 118 ff.). Danach hat er zu entscheiden, welches Verfahren zur **Vorbereitung des Haupttermins** gewählt werden soll (vgl. § 272 II und → Rn. 159 ff.),
weil davon abhängt, ob dem Beklagten zusammen mit der Klageschrift eine Ladung
zur mündlichen Verhandlung zugestellt werden muss (vgl. § 274 II) oder ob mit
der Zustellung der Klage der Beklagte aufzufordern ist, innerhalb bestimmter Fristen seine Verteidigungsbereitschaft anzuzeigen und auf die Klage zu erwidern (vgl.
§ 276 I). Von einer Zustellung der Klageschrift an den Beklagten und von einer Vorbereitung des Haupttermins wird der Richter nur dann absehen, wenn die Klageschrift derartige Mängel aufweist, dass eine Terminbestimmung nicht in Betracht
kommen kann.

Dies ist jedoch nicht schon dann der Fall, wenn die Klageschrift nicht allen zwingenden An- 158
forderungen (→ Rn. 118 ff.) genügt. Denn der Kläger kann nachträglich fehlende Angaben
noch ergänzen und dadurch den Mangel beseitigen. Dies gilt beispielsweise, wenn in der
Klageschrift der Antrag nicht bestimmt genug gefasst ist (→ Rn. 126) oder wenn der Grund
des Anspruchs nicht genau genug angegeben wird (→ Rn. 123).[202] Außerdem ist auch eine
Heilung solcher Mängel nach § 295 I möglich.[203] Die vom Kläger vorgenommene Behebung
eines Mangels wirkt jedoch ebenso wie die Heilung nach § 295 I ex nunc, also von dem Zeit-

---

[202] *Baumgärtel/Prütting*, Einführung in das Zivilprozessrecht, 8. Aufl. 1994, 4; einschränkender BGH NJW 1972, 1373 (1374).
[203] BGHZ 22, 254 = NJW 1957, 263; Zöller/*Greger* § 253 Rn. 22 § 295 Rn. 6; HK-ZPO/*Saenger*
§ 295 Rn. 5; aA Thomas/Putzo/*Reichold* § 253 Rn. 20.

punkt an, in dem der Mangel beseitigt wird oder die Voraussetzungen des § 295 I erfüllt werden (→ Rn. 148).[204] Weist die Klageschrift einen beleidigenden Inhalt auf oder ist sie in einer fremden Sprache abgefasst (vgl. § 184 GVG), dann ist von ihrer Zustellung an den Kläger und von einer Vorbereitung des Haupttermins abzusehen; das Gleiche gilt, wenn die Klageschrift nicht unterschrieben wurde (→ Rn. 143).[205] Wird dennoch das Verfahren begonnen, dann kann jedoch eine Heilung des Mangels der Unterschrift nach § 295 I eintreten (→ Rn. 148.).[206] In jedem Fall hat der Richter nach § 139 den Kläger auf behebbare Mängel der Klageschrift hinzuweisen und ihm Gelegenheit zu ihrer Beseitigung zu geben.

**159** Eine zu lange **Dauer eines Prozesses** ist ein Ärgernis; sie muss vermieden werden.[207] Das Rechtsstaatsprinzip fordert im Interesse der Rechtssicherheit, dass Rechtsstreitigkeiten in angemessener Zeit entschieden werden.[208] Andererseits ist aber der Richter verpflichtet, sorgfältig die Entscheidungsgrundlagen zu prüfen, um zu einem richtigen Urteil zu gelangen. Durch die Forderung nach Prozessbeschleunigung und sorgfältiger Arbeit des Richters entsteht ein Spannungsverhältnis, das die Tätigkeit des Richters prägt und das durch die scheinbar gegensätzlichen Rechtsregeln „iustitiae dilatio est quaedam negatio" (Verzögerung der Rechtsgewährung ist wie ihre Verweigerung) und „in iudicando criminosa est celeritas" (Eile beim Richten ist verbrecherisch) anschaulich beschrieben wird. Es kann deshalb der Richter nicht verpflichtet werden, einen Rechtsstreit schnell zu entscheiden, sondern nur so rasch, wie ihm dies aufgrund der Besonderheiten des Einzelfalles möglich ist. Wenn im § 272 I bestimmt wird, dass der Rechtsstreit in der Regel in einem umfassend vorbereiteten Termin zur mündlichen Verhandlung, dem Haupttermin, zu erledigen ist, dann wird damit ein Ziel formuliert, dessen Erreichen nicht allein im Vermögen des Richters liegt, sondern das auch vom Umfang und der Kompliziertheit des Prozessstoffes und von dem Verhalten der Parteien abhängt. Nicht zu übersehen ist auch die erhebliche Arbeitsbelastung fast aller Richter, die einer zügigen Durchführung des einzelnen Prozesses entgegenstehen kann. Auf jeden Fall hat jedoch der Richter **durch sorgfältige und umfassende Vorbereitung das Verfahren zu beschleunigen.** Hierfür werden ihm vom Gesetz (§ 272 II) **alternativ zwei Wege** genannt, die Bestimmung eines frühen ersten **Termins zur mündlichen Verhandlung** (§ 275) oder das **schriftliche Vorverfahren** (§ 276).

**160** Ob der Richter im Einzelfall den frühen ersten Termin oder das schriftliche Vorverfahren wählt, hängt in gewissem Maße auch von seinem persönlichen Arbeitsstil ab, in erster Linie aber von den Besonderheiten des zur Entscheidung gestellten Rechtsstreits.[209] Einfache und eilige Sachen und solche, bei denen ein Güteversuch (vgl. § 278 und → Rn. 178) Erfolg verspricht, eignen sich für einen frühen ersten Termin; dagegen werden solche Rechtsstreitigkeiten, die eine umfassende Vorbereitung wegen des schwierigen und umfangreichen Prozessstoffs notwendig werden lassen, besser dem schriftlichen Vorverfahren überlassen. Die

---

[204] BGHZ 22, 254 = NJW 1957, 263; BLAH/*Hartmann* § 295 Rn. 5.
[205] Vgl. Zöller/*Feskorn* § 216 Rn. 11; Musielak/Voit/*Foerste* § 253 Rn. 15, § 271 Rn. 2. Die Unterschrift kann jedoch mit ex-nunc-Wirkung nachgeholt werden; Musielak/Voit/*Stadler* § 129 Rn. 13.
[206] BGHZ 65, 46 (47) = NJW 1975, 1704 mwN.
[207] Vgl. *Keders/Walter* NJW 2013, 1697.
[208] BVerfG NJW 2005, 739; 2008, 503.
[209] Vgl. *Huber* JuS 2009, 683 f.

## IV. Die Sicht des Richters

Frage, ob eine einmal getroffene Wahl verbindlich ist oder auch ein Wechsel der Verfahrensart zulässig bleibt, ist streitig.[210]

Die Entscheidung über die Art der Vorbereitung des Haupttermins wird nach § 272 II dem **„Vorsitzenden"** überlassen. Hierzu sind einige Ausführungen erforderlich, die den bisher als generelle Bezeichnung verwendeten Begriff **„Richter"** erläutern und konkretisieren: **161**

- In der Zivilgerichtsbarkeit sind mit Ausnahme der Beisitzer in der Kammer für Handelssachen (→ Rn. 122) nur Berufsrichter tätig, deren Ausbildung (vgl. §§ 5 ff. DRiG) und Rechtsstellung (vgl. §§ 8 ff. DRiG) gesetzlich geregelt sind. Besonders hervorzuheben ist die dem Richter grundgesetzlich (vgl. Art. 97 GG) garantierte Unabhängigkeit, die im Deutschen Richtergesetz ausgestaltet wird (vgl. §§ 25 ff. DRiG). Durch die Freistellung von Weisungen bei der Rechtsprechung sowie durch Unabsetzbarkeit und Unversetzbarkeit (vgl. §§ 30 ff. DRiG) wird diese Unabhängigkeit gesichert.
- Der Richter am Amtsgericht ist in Zivilsachen stets ein Einzelrichter (§ 22 I, IV GVG). An einem Amtsgericht können mehrere Spruchabteilungen, jeweils besetzt durch einen Einzelrichter, tätig sein, deren Zuständigkeit durch einen vor Beginn des Geschäftsjahres für dessen Dauer aufzustellenden Geschäftsverteilungsplan festzulegen ist (vgl. § 21e GVG). Bei Landgerichten werden Zivilkammern gebildet (§ 60 GVG), die, soweit nicht nach den Vorschriften der Prozessgesetze an Stelle der Kammer der Einzelrichter zu entscheiden hat (Regelfall, → Rn. 162), mit drei Mitgliedern besetzt sind (§ 75 GVG). Einer von diesen Richtern bekleidet die Stelle des Vorsitzenden Richters (§ 21f GVG). Ist eine Kammer für Handelssachen gebildet worden (§ 93 GVG), dann entscheidet sie in der Besetzung mit einem Berufsrichter als Vorsitzenden und zwei ehrenamtlichen(Laien-) Richtern (→ Rn. 122). Die für Zivilsachen zuständigen Spruchkörper beim Oberlandesgericht führen die Bezeichnung Zivilsenate (§ 116 I GVG); sie entscheiden ebenfalls in der Besetzung von drei Mitgliedern mit Einschluss des Vorsitzenden, soweit nicht nach den Vorschriften der Prozessgesetze an Stelle des Senats der Einzelrichter zu entscheiden hat (§ 122 I GVG). Auch beim Bundesgerichtshof gibt es Zivilsenate, die jedoch stets in der Besetzung mit fünf Mitgliedern entscheiden (§ 130 I, § 139 I GVG).
- Bei einem Richterkollegium, also wenn einem Spruchkörper mehrere Richter angehören, sind die Aufgaben unter den einzelnen Richtern verteilt. Der Vorsitzende, der in seiner Funktion als Richter ein gleichberechtigtes Mitglied innerhalb des Kollegiums ist und regelmäßig ein gleiches Stimmrecht wie die übrigen Richter besitzt (Ausnahme § 320 IV 3: Bei Entscheidung über einen Antrag auf Berichtigung des Tatbestandes eines Urteils gibt bei Stimmengleichheit die Stimme des Vorsitzenden den Ausschlag), hat eine Reihe ihm durch Gesetz übertragener Aufgaben zu erfüllen. Dazu gehören die Aufrechterhaltung der Ordnung in der Sitzung (§ 176 GVG), die Eröffnung, Leitung und Schließung der mündlichen Verhandlung sowie die Verkündung der Urteile und Beschlüsse des Gerichts (§ 136), die Bestimmung von Terminen (§ 216), die Leitung der Beratung innerhalb des Spruchkörpers (§ 194 I GVG); ferner hat er – wie ausgeführt – nach § 272 II über die Art des Vorverfahrens zu entscheiden und vorbereitende Maßnahmen für den Termin zur mündlichen Verhandlung entweder selbst zu treffen oder durch ein von ihm bestimmtes Mitglied des Prozessgerichts treffen zu lassen.
- Üblicherweise wird einem Mitglied des Kollegiums, dem sog. **Berichterstatter,** aufgegeben, die vom Spruchkörper zu erlassenden Entscheidungen gutachtlich vorzubereiten und einen Entscheidungsvorschlag vorzutragen sowie entsprechend dem Ergebnis der Abstimmung im Kollegium (vgl. dazu §§ 193 ff. GVG) den Text der Entscheidung zu entwerfen.

---

[210] MüKoZPO/*Prütting* § 272 Rn. 12 ff.; Musielak/Voit/*Foerste* § 272 Rn. 7, jew. mwN zu den unterschiedlichen Ansichten.

**162** Die Verteilung der funktionellen Zuständigkeit beim Landgericht zwischen dem **Einzelrichter** und dem Kollegium ist wie folgt geregelt: In erster Instanz entscheidet nach § 348 I 1 die Zivilkammer durch eines ihrer Mitglieder als Einzelrichter (sog. **originärer Einzelrichter**).[211] Dies gilt nur in zwei **Ausnahmefällen** nicht, nämlich wenn das Mitglied der Kammer noch nicht über einen Zeitraum von einem Jahr geschäftsverteilungsplanmäßig Rechtsprechungsaufgaben in bürgerlichen Rechtsstreitigkeiten wahrzunehmen hatte (§ 348 I 1 Nr. 1) oder wenn nach dem Geschäftsverteilungsplan die Zuständigkeit der Kammer für eines der in § 348 I 2 Nr. 2 abschließend aufgezählten Sachgebiete begründet ist.

- Die **erste Ausnahme** soll sicherstellen, dass ein ausreichend in der Praxis bürgerlicher Rechtsstreitigkeiten eingeübter Richter mit der Alleinzuständigkeit betraut ist, wobei allerdings die Jahresfrist ausdrücklich auf den Geschäftsverteilungsplan bezogen wird, also Zeiten von Krankheit und Urlaub nicht abzuziehen sind.
- Die **zweite Ausnahme** betrifft die Fälle, in denen der Geschäftsverteilungsplan Spezialkammern vorsieht, die für die in § 348 I 2 Nr. 2 genannten Rechtsgebiete gebildet werden, weil es sich dabei erfahrungsgemäß um schwierige Materie handelt, deren Entscheidung eine besondere Einarbeitung und Erfahrung der Richter verlangt. Trifft diese Einschätzung im Einzelfall nicht zu, dann kann nach § 348a I die an sich nach § 348 zuständige Zivilkammer durch Beschluss die Sache einem ihrer Mitglieder als Einzelrichter zur Entscheidung übertragen. Allerdings macht das Gesetz diese Übertragung auf den Einzelrichter (sog. **obligatorischer Einzelrichter**) davon abhängig, dass die Sache keine besonderen Schwierigkeiten tatsächlicher oder rechtlicher Art aufweist, der Rechtssache keine grundsätzliche Bedeutung zukommt und dass nicht bereits im Haupttermin vor der Zivilkammer zur Hauptsache verhandelt worden ist, es sei denn, dass inzwischen ein Vorbehalts-, Teil- oder ein Zwischenurteil (zu diesen Begriffen Einzelheiten später) ergangen ist.
- Spiegelbildlich zur Möglichkeit der Übertragung von der Kammer auf den **Einzelrichter** hat der (originäre) Einzelrichter in den Fällen des § 348 den **Rechtsstreit der Zivilkammer zu Entscheidung über eine Übernahme vorzulegen**, wenn die Sache nach seiner Auffassung besondere Schwierigkeiten tatsächlicher oder rechtlicher Art aufweist oder ihr grundsätzliche Bedeutung zukommt oder wenn die Parteien dies übereinstimmend beantragen (§ 348 III). Die Kammer übernimmt dann die Sache, wenn sie dem Rechtsstreit besondere Schwierigkeiten oder grundsätzliche Bedeutung (zum Begriff → Rn. 968) beimisst.

**163** Während bei einer Übertragung von der Kammer auf den Einzelrichter eine Rückübertragung vom Einzelrichter auf die Kammer nach § 348a II möglich ist, schließt § 348 III 4 eine Rückübertragung auf den Einzelrichter nach Übernahme durch die Kammer aus. Auf eine erfolgte oder unterlassene Vorlage oder Übernahme kann ein Rechtsmittel nicht gestützt werden (§ 348 IV, § 348a III).

**164** Hat die Kammer den Rechtsstreit dem Einzelrichter zur Entscheidung übertragen, dann ist dieser der gesetzliche Richter iSd Art. 101 I 2 GG. Entscheidet dennoch die Kammer, ohne dass zuvor durch einen förmlichen Beschluss nach § 348a II eine Rückübertragung stattgefunden hat, dann handelt es sich um einen wesentlichen Verfahrensmangel, der die Aufhebung

---

[211] Vgl. dazu *Huber* JuS 2011, 114; *Stackmann* JuS 2008, 129.

## IV. Die Sicht des Richters

der Entscheidung und ihre Zurückverweisung durch die nächste Instanz begründet. Dieser Verfahrensfehler wird weder durch die Vorschrift des § 348 IV erfasst noch durch rügelose Einlassung nach § 295 I geheilt.[212] Das Gleiche gilt, wenn der originäre Einzelrichter in einer Sache, der er grundsätzliche Bedeutung beimisst, den Rechtsstreit nicht der Kammer gem. § 348 III Nr. 2 zur Entscheidung über eine Übernahme vorlegt, sondern selbst entscheidet und dabei die Berufung oder Revision wegen der grundsätzlichen Bedeutung der Sache zulässt.[213]

In der **Berufungsinstanz** ist die (originäre) Zuständigkeit der Zivilkammer beim LG oder des Zivilsenats beim OLG gegeben. Jedoch kann das Kollegium unter den in § 526 genannten Voraussetzungen die Sache durch Beschluss einem seiner Mitglieder zur Entscheidung übertragen. Auch dann ist aber nach § 526 II eine Rückübertragung möglich. Auf weitere Einzelheiten wird bei der Darstellung des Berufungsverfahrens eingegangen werden (→ Rn. 920 ff.). **165**

Mit Wirkung vom 1.1.2018 ist gesetzlich[214] bestimmt worden, dass für ausgewählte Rechtsgebiete, zB für Bank-und Finanzgeschäfte, Bausachen und Arzthaftungssachen, bei den Landgerichten Spezialkammern (§ 72a GVG) und bei den Oberlandesgerichten Spezialsenate (§ 119a GVG) gebildet werden müssen. Dadurch wird eine schon bisher von vielen Gerichten geübte Praxis gesetzlich festgelegt, die eine Spezialisierung in Rechtsgebieten fördert, bei denen es auf ein besonderes Fachwissen ankommt. Der Gesetzgeber reagiert durch diese Regelung auf Tendenzen zu einer Spezialisierung, die in der Anwaltschaft bereits länger zu beobachten sind. **165a**

Mit der Durchführung einer Beweisaufnahme und mit einer Güteverhandlung kann der Richter eines anderen Gerichts im Rahmen der **Rechtshilfe** (vgl. §§ 156 ff. GVG) als **ersuchter Richter** betraut werden; bei einer Zuständigkeit des Kollegiums können diese Aufgaben auch einem seiner Mitglieder, dem sog. **beauftragten Richter,** übertragen werden, wofür dann regelmäßig der Berichterstatter (→ Rn. 161 aE) ausgewählt wird (vgl. § 278 V, § 361, § 362, § 372 II, § 375 I, § 434). **166**

Der **frühe erste Termin,** dem regelmäßig eine **Güteverhandlung** (→ Rn. 178) vorauszugehen hat (§ 278 II), ist, wie jeder andere Termin auch, unverzüglich zu bestimmen (§ 216 II). Er soll möglichst frühzeitig anberaumt werden, jedoch ist die Einlassungsfrist zu beachten, die mindestens zwei Wochen beträgt (§ 274 III). Soll der frühe erste Termin die ihm vom Gesetzgeber zugewiesene Funktion erfüllen, dann muss auch er angemessen vorbereitet werden. Als eine Möglichkeit dieser Vorbereitung nennt § 275 I 1 eine dem Beklagten zu setzende Frist zur schriftlichen Klageerwiderung. Wird von einer solchen Fristsetzung abgesehen, dann ist der Beklagte aufzufordern, etwa vorzubringende Verteidigungsmittel unverzüglich dem Gericht in einem Schriftsatz mitzuteilen. Dieser Schriftsatz ist ebenso wie die Klageerwiderung durch einen Rechtsanwalt zu verfassen (§ 275 I 2, § 277 II), wenn Anwaltszwang besteht (→ Rn. 26, 45). Auch kann der Vorsitzende oder ein von ihm bestimmtes Mitglied des Prozessgerichts zur Vorbereitung des frühen ersten Termins die in § 273 II genannten Maßnahmen vornehmen. In diesem Stadium des Verfahrens kann bereits ein Beweisbeschluss erlassen und ausgeführt werden (vgl. § 358a → Rn. 763). **167**

---

[212] OLG Koblenz MDR 2011, 1257.
[213] KG BeckRS 2013, 01531 = MDR 2013, 114 (zur parallelen Frage bei § 66 VI 2 GKG).
[214] Durch Gesetz v. 28.4.2017 (BGBl. 2017 I 969).

**168** Wird kein früher erster Termin zur mündlichen Verhandlung bestimmt, also das **schriftliche Vorverfahren** gewählt, dann muss der Beklagte mit der Zustellung der Klage aufgefordert werden, binnen einer Notfrist (zu diesem Begriff Einzelheiten später) von zwei Wochen nach Zustellung der Klageschrift dem Gericht schriftlich anzuzeigen, ob er sich gegen die Klage verteidigen will (§ 276 I 1). Die Erklärung, der Klage entgegentreten zu wollen, muss im Anwaltsprozess durch einen Rechtsanwalt abgegeben werden (§ 276 II). Zugleich hat der Vorsitzende[215] (der Einzelrichter) dem Beklagten eine Frist von mindestens zwei weiteren Wochen zur schriftlichen Klageerwiderung zu setzen (§ 276 I 2). Der Beklagte ist darüber zu belehren, welche **Folgen** es hat, **wenn** er die Erklärung seiner **Verteidigungsbereitschaft** und seine **Klageerwiderung nicht fristgemäß** oder im Anwaltsprozess nicht durch einen Rechtsanwalt bei Gericht einreicht (§ 276 II, § 277 II).

**169** Bei nicht rechtzeitiger Anzeige der Verteidigungsbereitschaft wird auf Antrag des Klägers nach § 331 III ein Versäumnisurteil im schriftlichen Verfahren erlassen, wenn die sonstigen Voraussetzungen für ein Versäumnisurteil gegen den Beklagten erfüllt sind (→ Rn. 338 f.). Der Antrag des Klägers kann bereits in der Klageschrift gestellt werden (§ 331 III 2). Ob ein nachträglich gestellter Antrag vor Erlass des schriftlichen Versäumnisurteils dem Beklagten zugestellt werden muss, ist streitig.[216] Durch die Möglichkeit, gegenüber einem nicht verteidigungsbereiten Beklagten ohne mündliche Verhandlung ein Versäumnisurteil zu erlassen, wird ein rascher und einfacher Weg für den Kläger eröffnet, eine vollstreckungsfähige Entscheidung zu erhalten, wenn zwischen den Parteien kein Streit über die Berechtigung der klägerischen Forderung besteht und der Beklagte nur aus anderen Gründen, insbesondere wegen fehlender finanzieller Mittel, seine Verpflichtung nicht erfüllt.

**170** Reicht der Beklagte (im Anwaltsprozess durch einen Rechtsanwalt) nicht innerhalb der ihm dafür gesetzten Frist (§ 275 I 1 für den frühen ersten Termin, § 276 I 2 für das schriftliche Vorverfahren) seine Klageerwiderung bei Gericht ein, dann wird er mit einem späteren Vortrag nur zugelassen, wenn dies nach der freien Überzeugung des Gerichts die Erledigung des Rechtsstreites nicht verzögert oder wenn die Partei die Verspätung genügend entschuldigt (zur Zurückweisung verspäteten Vorbringens Einzelheiten später).

**171** Die Tätigkeit des Gerichts zu Beginn eines Rechtsstreits, insbesondere die Vorbereitung des Haupttermins, lässt sich in der **folgenden Übersicht** abbilden.

---

[215] Ob der Vorsitzende diese Aufgabe einem Mitglied des Kollegiums übertragen darf, ist streitig; offen gelassen von BGH NJW 1991, 2773 (2774) mwN; ebenso BGH NJW 1991, 2774 (2775).
[216] Bejahend OLG München MDR 1980, 235; verneinend Thomas/Putzo/*Reichold* § 331 Rn. 2; Stein/Jonas/*Thole* § 276 Rn. 36; Musielak/Voit/*Stadler* § 331 Rn. 22.

IV. Die Sicht des Richters

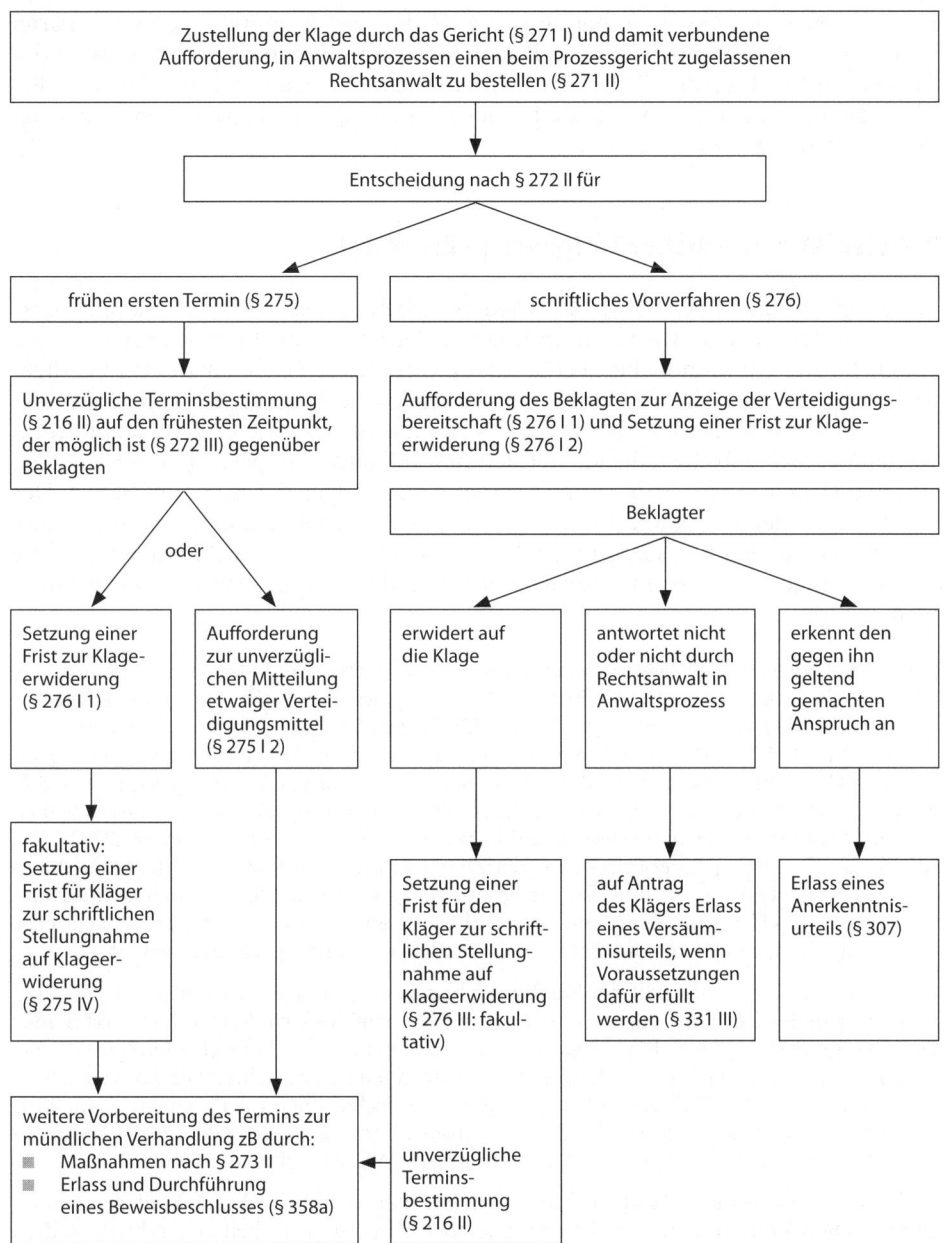

**Übersteigt der Streitwert eines Rechtsstreits 600 EUR nicht, dann kann der Richter im amtsgerichtlichen Verfahren von dem sonst vorgeschriebenen Verfahren abweichen,** soweit es sich dabei nicht um unverzichtbare Prozessregeln (zB Beachtung des Anspruchs auf rechtliches Gehör, Erfüllung der Prozessvoraussetzungen – Einzelheiten zu beiden später) handelt. So kann beispielsweise von der nach § 272 II vorgeschriebenen förmlichen Vorbereitung des Haupttermins Abstand genom-

172

men, auf eine mündliche Verhandlung verzichtet (wenn sie nicht von einer Partei beantragt wird, vgl. § 495a I 2[217]) und auch die Beweisaufnahme nach Ermessen des Richters gestaltet werden.[218] Der Richter kann jedoch auch von den möglichen Erleichterungen, die ihm § 495a gestattet, absehen und das Verfahren streng nach den Vorschriften der ZPO durchführen.

### 3. Beispiel richterlicher Tätigkeit im Einzelfall

**173** Wiederum an dem oben (→ Rn. 41) wiedergegebenen Beispielsfall soll konkret dargelegt werden, was der Richter nach Eingang der Klageschrift unternimmt und wie er den Termin zur mündlichen Verhandlung vorbereitet. Nachdem der (zuständige) Richter am Amtsgericht die bereits oben beschriebenen (→ Rn. 157) vorbereitenden Maßnahmen durchgeführt hat, muss er sich entscheiden, wie er den Haupttermin vorbereiten will. Für die folgende Betrachtung soll davon ausgegangen werden, dass sich der Richter für die Anberaumung eines frühen ersten Termins entscheidet. Der Richter muss den Zeitpunkt für diesen Termin so früh wählen, wie ihm dies bei seiner arbeitsmäßigen Belastung möglich ist. Dabei hat er zu berücksichtigen, welche Vorbereitungen durchgeführt werden müssen und welche Zeit sie in Anspruch nehmen.

**174** Soll der Beklagte auf die Klage erwidern, dann ist ihm hierfür mindestens eine Frist von zwei Wochen seit Zustellung der Klageschrift (§ 277 III) zu gewähren. Auch wenn der Beklagte nur aufgefordert wird, etwa vorzubringende Verteidigungsmittel dem Gericht mitzuteilen (§ 275 I 2), muss nach § 274 III 1 mindestens ein Zeitraum von zwei Wochen zwischen der Zustellung der Klageschrift und dem Termin zur mündlichen Verhandlung liegen (→ Rn. 167). Soll der Kläger zu der Klageerwiderung schriftlich Stellung nehmen (§ 275 IV), dann ist ihm auch für seine Stellungnahme mindestens eine Frist von zwei Wochen einzuräumen (§ 277 IV iVm Abs. 3). Bei Beachtung dieser Fristen und der Zeitdauer für die büromäßige Erledigung durch das Gericht sowie der Zustellung der die Fristsetzungen enthaltenden Verfügungen des Gerichts (vgl. § 329 II 2) kann der Richter den frühen ersten Termin nicht früher als nach sechs bis acht Wochen, gerechnet vom Datum der Terminsbestimmung, anberaumen.[219]

**175** Der gerade verwendete Begriff der **Verfügung** bedarf noch einiger Erläuterungen. **Die Entscheidungen des Gerichts ergehen entweder in der Form des Urteils, des Beschlusses oder der Verfügung** (zur Unterscheidung zwischen Beschluss und Urteil Einzelheiten später). Verfügungen heißen solche Entscheidungen des Vorsitzenden (Einzelrichters) und des ersuchten oder des beauftragten Richters (→ Rn. 166), die einen technischen Inhalt haben, dh die Prozessleitung betreffen, wie beispielsweise Terminsbestimmungen, oder eine rein gerichtsinterne Bedeutung aufweisen, wie die Anordnung einer Wiedervorlage der Akten.

**176** Schließlich ist noch auf Folgendes hinzuweisen: Der hier behandelte Beispielsfall ist im **amtsgerichtlichen Verfahren** zu entscheiden. Die oben zitierten Vorschriften sind jedoch dem ersten Abschnitt des zweiten Buches der ZPO, also der Regelung des Verfahrens vor den Landgerichten im ersten Rechtszug entnommen. Die Anwendung dieser– für das Landge-

---

[217] Die Beachtung eines solchen Antrags ist zwingend, vgl. BVerfG NJW 2012, 2262 Rn. 23.
[218] *Bergerfurth* NJW 1991, 691; Musielak/Voit/*Wittschier* § 495a Rn. 13; einschränkender MüKoZPO/*Deppenkemper* § 495a Rn. 14; nur Vorschriften, die zur Ermittlung des entscheidungserheblichen Sachverhalts dienen, stehen zur Disposition.
[219] BLAH/*Hartmann* § 275 Rn. 5 f.; vgl. auch *Pukall/Kießling* ZivilProz Rn. 56 ff.

IV. Die Sicht des Richters 61

richt geltenden – Vorschriften im amtsgerichtlichen Verfahren ist jedoch geboten, weil die Vorschriften über das Verfahren vor den Landgerichten auch für das Verfahren vor den Amtsgerichten gelten, soweit sich nicht Abweichungen aus den §§ 495a–510b oder aus der Verfassung der Amtsgerichte ergeben (§ 495) (→ Rn. 38). Daher sollte bei Klausuren, die vor dem Amtsgericht spielen, § 495 stets mit zitiert werden, wenn auf Regelungen der §§ 253 ff. Bezug genommen wird.

Enthält die Klageerwiderung des Beklagten keine neuen Gesichtspunkte, dann dreht sich im Beispielsfall (→ Rn. 41) letztlich der Streit der Parteien um die Fragen, ob der Beklagte selbst die Beschädigung des Zaunes zu vertreten hat, sodass ihm keine aufrechenbare Schadensersatzforderung gegen den Kläger zusteht, und – für den Fall, dass die Beschädigung auf ein dem Kläger nach § 278 S. 1 BGB zurechenbares schuldhaftes Verhalten seines Arbeitnehmers zurückzuführen ist – wie hoch der dem Beklagten entstandene Schaden ausfällt. Der Richter wird also den Fahrer der Planierraupe als Zeugen zum frühen ersten Termin laden (§ 273 II Nr. 4). Auch der Beklagte war bei der Beschädigung des Zaunes anwesend und kann etwas über den Hergang bekunden; schon deshalb erscheint es geboten, sein persönliches Erscheinen in der mündlichen Verhandlung anzuordnen (§ 273 II Nr. 3 iVm § 141). Da jedoch bei dem zur Entscheidung stehenden Sachverhalt keine Gründe erkennbar sind, die eine Güteverhandlung aussichtslos erscheinen lassen, wird der Richter auch das persönliche Erscheinen des Klägers, also beider Parteien, anordnen, um mit ihnen über eine gütliche Beilegung des Rechtsstreits zu verhandeln (§ 278 II und III). Vom Richter ist auch in Betracht zu ziehen, den Parteien eine Mediation (→ Rn. 55) oder ein anderes Verfahren der außergerichtlichen Konfliktbeilegung vorzuschlagen (§ 278a I → Rn. 180). Von der Einnahme eines Augenscheins unter möglicher Beteiligung eines Sachverständigen, um den Unfallhergang besser beurteilen und den eingetretenen Schaden ermitteln zu können (vgl. § 287 I), wird der Richter (zunächst) aus Zeit- und Kostengründen absehen, weil der frühe erste Termin durchaus ergeben kann, dass derartige Maßnahmen überflüssig sind.

**177**

### Fälle und Fragen

1. Arm bekommt mit seinem Nachbarn Reich Streit über einen auf der Grenze ihrer Grundstücke stehenden Baum, den Reich fällen und Arm erhalten will. Arm fragt, ob es eine Stelle gibt, die ihm unentgeltlich Auskunft über seine Rechte geben könnte. Was antworten Sie Arm?
2. Arm möchte ferner wissen, ob er damit rechnen muss, erhebliche finanzielle Lasten tragen zu müssen, wenn Reich aufgrund des Streits gegen ihn Klage erhebt.
3. Was bedeutet Anwaltszwang und wo besteht er?
4. Welche Gerichtszweige gibt es und wie sind sie aufgebaut?
5. Beschreiben Sie bitte den Instanzenzug in Zivilsachen!
6. Die beiden Gesellschafter Karl und Bertold streiten über die ihnen nach dem Gesellschaftsvertrag zustehenden Rechte. Da sie eine rasche und verbindliche Entscheidung ihrer Streitfrage wünschen, vereinbaren sie, dass Karl gegen Bertold Klage beim örtlichen Oberlandesgericht erhebt. Dies geschieht dann. Wie wird das Gericht entscheiden?
7. Welche Arten von Zuständigkeiten gibt es?
8. Empfindlich bewohnt ein Eigenheim, das neben der katholischen Pfarrkirche liegt. Jeden Morgen um sechs Uhr werden die Kirchenglocken geläutet. Da sich Empfindlich durch dieses frühmorgendliche Geläut gestört fühlt, will er Klage gegen die Kirchengemeinde mit dem Antrag erheben, sie zu verpflichten, nicht vor acht Uhr morgens die Glocken zu

läuten. Empfindlich fragt, welches Gericht für seine Klage zuständig sei. Geben Sie ihm bitte eine Antwort!
9. Klar erhebt Klage beim Landgericht Passau. Das Gericht ist der Auffassung, dass die betreffende Klage in die Zuständigkeit des Verwaltungsgerichts falle. Was hat das Gericht zu tun?
10. Erläutern Sie bitte das Verhältnis, das zwischen dem allgemeinen, dem besonderen und dem ausschließlichen Gerichtsstand besteht!
11. Der in Augsburg wohnende Häusler bietet sein in München gelegenes Haus Kunz aus Köln zum Kauf an. Zu einem Vertrag kommt es jedoch nicht. Daraufhin erhebt Kunz Klage beim Amtsgericht München und macht einen Ersatzanspruch aufgrund c.i.c. wegen eines Schadens (§ 280 I iVm § 311 II BGB) geltend, den er infolge eines Unfalls bei der Besichtigung des Hauses erlitten hat. Ist das Gericht örtlich zuständig?
12. Die X-GmbH aus München und die Y-AG aus Nürnberg vereinbaren, dass für Streitigkeiten aus einem zwischen ihnen geschlossenen Kooperationsvertrag das Landgericht Nürnberg zuständig sein soll. Außerdem kommen sie überein, dass auch für alle Streitigkeiten, die sich aus künftigen Geschäftsbeziehungen zwischen ihnen ergeben, dieses Gericht entscheiden soll. Sind diese Vereinbarungen zulässig?
13. Welchen Anforderungen muss eine Klageschrift genügen, damit durch sie eine Klage ordnungsgemäß erhoben wird?
14. Wann entscheidet die Kammer für Handelssachen einen Rechtsstreit?
15. Kann eine Klage auf Leistung bereits vor Fälligkeit des zugrundeliegenden Anspruchs erhoben werden?
16. Von welchen besonderen Voraussetzungen ist die Zulässigkeit einer Feststellungsklage abhängig?
17. Die Kaufpreisforderung des K gegen B verjährt am 1.10. K reicht an diesem Tag eine Klageschrift bei dem örtlich und sachlich zuständigen Gericht ein. Die Klageschrift wird B am 6.10. zugestellt. B beruft sich auf Verjährung. Mit Recht?
18. Wie sind die Zivilgerichte gegliedert und besetzt?
19. Beschreiben Sie bitte die Aufgaben des Vorsitzenden Richters!
20. Was ist der beauftragte Richter, was der ersuchte Richter?
21. Wie wird der Haupttermin vorbereitet?

# § 3. Das weitere Verfahren

## I. Gestaltung und Ablauf des Termins zur mündlichen Verhandlung

### 1. Güteverhandlung

Der mündlichen Verhandlung muss nach § 278 II grundsätzlich eine **Güteverhandlung** vorausgehen, die selbst nicht Teil der mündlichen Verhandlung ist.[220] Sie dient dem **Zweck,** nach einer **einvernehmlichen Lösung des Streits der Parteien zu suchen** und eine streitige Verhandlung überflüssig werden zu lassen. Nur in Fällen, in denen bereits ein Einigungsversuch vor einer außergerichtlichen Gütestelle stattgefunden hat oder eine Güteverhandlung erkennbar aussichtslos erscheint,[221] unterbleibt sie (§ 278 II 1). Wird eine gerichtliche Güteverhandlung durchgeführt, dann hat das Gericht den Sach- und Streitstand mit den Parteien unter freier Würdigung aller Umstände zu erörtern und, soweit erforderlich, Fragen zu stellen (§ 278 II 2). Zu diesem Zweck soll das persönliche Erscheinen der Parteien angeordnet werden (§ 278 III 1). Davon ist nur abzusehen, wenn es dafür triftige Gründe gibt, etwa wenn wegen großer Entfernung ein Kommen der Partei nicht zugemutet werden kann (§ 278 III 2 iVm § 141 I 2). Leistet eine Partei der **Anordnung zum persönlichen Erscheinen** nicht Folge und entsendet sie auch keinen Vertreter, der den zur Entscheidung gestellten Sachverhalt aufzuklären vermag und der auch befugt ist, einen Vergleich zu schließen, dann kann gegen sie ein Ordnungsgeld wie gegen einen zum Vernehmungstermin nicht erschienenen Zeugen (→ Rn. 322) festgesetzt werden (§ 278 III 2 iVm § 141 III).[222] Bleiben beide Parteien der Güteverhandlung fern und werden sie auch nicht durch einen Prozessbevollmächtigten vertreten, dann sind sie säumig (→ Rn. 329, 344). In diesem Fall besteht nicht wie bei Säumnis in einem Verhandlungstermin die Möglichkeit einer Vertagung oder Entscheidung nach Lage der Akten (§ 251a → Rn. 374), sondern das Gericht hat dann das Ruhen des Verfahrens anzuordnen (§ 278 IV).[223]

178

Das MediationsG hat durch Änderung des § 278 V die Möglichkeit geschaffen, die Parteien für die Durchführung der Güteverhandlung und für weitere Gütesuche an einen **Güterichter**[224] zu verweisen. Der Güterichter ist kein Mitglied des

179

---

[220] Vgl. *Huber* JuS 2015, 210.; Zöller/*Greger* § 278 Rn. 6.
[221] Vgl. dazu *Huber* JuS 2002, 483 (485 f.), der darauf hinweist, dass sich die Parteien gegebenenfalls aufgrund einer entsprechenden Aufforderung durch den Richter zu der Frage nach den Erfolgsaussichten einer Güteverhandlung zu äußern haben.
[222] Bei einer GmbH gegen diese, nicht gegen den nicht erschienenen Geschäftsführer, OLG Hamm NJW-RR 2013, 575; Musielak/Voit/*Stadler* § 141 Rn. 12 mwN.
[223] Musielak/Voit/*Stadler* § 251a Rn. 1.
[224] Vgl. dazu *Fritz/Schroeder* NJW 2014, 1910.

für den Rechtsstreit zuständigen Spruchkörpers, sondern ist durch den Geschäftsverteilungsplan für diese Aufgabe bestimmt.[225] Er hat keine Entscheidungsbefugnis, sondern soll darum bemüht sein, schlichtend auf die Parteien einzuwirken und sie zu einer einvernehmlichen Streitbeilegung zu führen.[226] Der Güterichter kann alle Methoden der Konfliktbeilegung einschließlich der Mediation einsetzen (§ 278 V 2).

180 Darüber hinaus kann das Gericht nach dem ebenfalls durch das MediationsG eingefügten § 278a den Parteien vorschlagen, eine **außergerichtliche Einigung** insbesondere im Rahmen einer Mediation zu suchen. Gehen die Parteien auf diesen Vorschlag ein, dann ist das Ruhen des Verfahrens anzuordnen (→ Rn. 550). Beide Regelungen dienen dem Ziel, die außergerichtliche Konfliktbeilegung zu fördern. Dabei ist der Gesetzgeber von der zutreffenden Erwägung geleitet worden, dass eine einvernehmliche Lösung eines Rechtsstreits, die eine Gewinner-Verlierer-Konstellation vermeidet, regelmäßig dem Rechtsfrieden zuträglicher ist als eine gerichtliche Entscheidung.[227]

181 Führt die Güteverhandlung zu keinem Ergebnis, das die Fortsetzung des Rechtsstreits entbehrlich sein lässt, dann soll sich unmittelbar die mündliche Verhandlung in Form eines Haupttermins oder eines frühen ersten Termins anschließen (§ 279 I 1). Der Richter kann also auch in einer Güteverhandlung zunächst die Bereitschaft der Parteien zu einer Einigung ausloten, bevor der Haupttermin vorbereitet wurde. Er muss dann aber aufgrund der in § 279 getroffenen Bestimmung den frühen ersten Termin zur Vorbereitung des Haupttermins wählen. Kann die Verhandlung nicht sogleich fortgesetzt werden, ist unverzüglich ein Termin zur mündlichen Verhandlung zu bestimmen (§ 279 I 2). Ausgeschlossen ist es damit, aufgrund des Ergebnisses einer Güteverhandlung ein schriftliches Vorverfahren anzuordnen.

## 2. Eröffnung

182 Der frühe erste Termin und der Haupttermin unterscheiden sich in ihrem äußeren Verlauf nicht wesentlich voneinander. **Jeder Termin beginnt mit dem Aufruf der Sache (§ 220 I).** Dies bedeutet, dass die (erschienenen) Parteien und ihre Prozessvertreter sowie die sonstigen Beteiligten vom Gericht effektiv in die Lage versetzt werden müssen, den Termin auch „wahrzunehmen".[228]

183 Wie dies im Einzelfall zu geschehen hat, hängt von den jeweiligen Umständen ab. Warten die am Verfahren beteiligten Personen vor dem Sitzungsraum, dann müssen sie deutlich vernehmbar zur Verhandlung gerufen werden. Dies kann mittels einer Lautsprecheranlage geschehen oder durch eine vom Vorsitzenden beauftragte Person, beispielsweise durch einen Justizwachtmeister. Wenn daraufhin die Beteiligten den Sitzungsraum betreten, muss noch einmal die Sache vom Vorsitzenden aufgerufen werden; damit ist dann die mündliche Verhandlung eröffnet (vgl. § 136 I).[229] Im Protokoll ist zu vermerken, welche Prozessbeteiligten

---

[225] *Ahrens* NJW 2012, 2465 (2469); HK-ZPO/*Saenger* § 278 Rn. 19.
[226] MüKoZPO/*Prütting* § 278 Rn. 29.
[227] Vgl. Begr. des MediationsG (BT-Drs. 17/5335, 11).
[228] BVerfG NJW 1977, 1443. Vgl. auch *Hansens* ZAP (Sonderheft f. Schneider) 2002, 19 (25 f.) zu verschiedenen Fällen des Nichterscheinens.
[229] Vgl. *Pukall/Kießling* ZivilProz Rn. 308, 363; BLAH/*Hartmann* § 220 Rn. 4 f.

I. Gestaltung und Ablauf des Termins zur mündlichen Verhandlung

in welcher Eigenschaft (zum Beispiel als Parteien, Prozessbevollmächtigte oder Zeugen) erschienen sind (§ 160 I Nr. 4).

## Einschub: Das Protokoll

Über die mündliche Verhandlung und über jede Beweisaufnahme ist ein Protokoll aufzunehmen (§ 159 I 1). Die **Protokollführung** kann einem Urkundsbeamten der Geschäftsstelle (→ Rn. 154) übertragen werden, wenn dies aufgrund des zu erwartenden Umfangs des Protokolls, in Anbetracht der besonderen Schwierigkeit der Sache oder aus einem sonstigen wichtigen Grund erforderlich erscheint (§ 159 I 2). Wird – wie heute üblich – eine vorläufige Aufzeichnung mit Hilfe eines Diktiergerätes oder eines anderen Tonträgers, in einer gebräuchlichen Kurzschrift oder unter Einsatz automatischer Datenverarbeitung gefertigt (§ 160a I), dann muss das Protokoll unverzüglich nach der Sitzung hergestellt werden. Dies gilt nicht für Aussagen von Zeugen, Sachverständigen und Parteien sowie für das Ergebnis einer Augenscheinseinnahme, die auf einem Tonaufnahmegerät vorläufig aufgezeichnet worden sind; hier genügt im Protokoll zunächst ein entsprechender Vermerk über die vorläufige Aufzeichnung (§ 160a II 2). Unter den in § 161 I genannten Voraussetzungen kann sogar von einer Aufzeichnung gänzlich abgesehen werden.

184

Was **in das Protokoll aufzunehmen** ist, wird in § 160 im Einzelnen genannt. Danach hat das Protokoll neben der Bezeichnung des Rechtsstreits Ort und Tag der Verhandlung, die Namen der Beteiligten und die wesentlichen Vorgänge der Verhandlung anzugeben; dies gilt insbesondere für richterliche Hinweise nach § 139 in der mündlichen Verhandlung (§ 139 IV 1). Außerdem haben alle Beteiligten das Recht, erhebliche Vorgänge und Äußerungen in das Protokoll aufnehmen zu lassen (vgl. § 160 IV). Dem Protokoll können auch Anlagen beigefügt werden, die dann im Protokoll als Bestandteile zu bezeichnen und ihm beizuheften sind (vgl. § 160 V).

185

Bestimmte im Protokoll getroffene Feststellungen müssen den Beteiligten zur **Genehmigung** vorgelesen oder bei einer vorläufigen Aufzeichnung durch ein Tonaufnahmegerät vorgespielt werden (vgl. § 162). Das Protokoll ist von dem Vorsitzenden und bei Führung durch den Urkundsbeamten der Geschäftsstelle von diesem zu unterschreiben (§ 163 I 1).

186

**Die besondere Bedeutung des Protokolls ergibt sich aus seiner Beweiskraft.** Nach § 165 kann die Beachtung der für die mündliche Verhandlung vorgeschriebenen **Förmlichkeiten,** dh der Regeln über den äußeren Hergang, wie zB die nach § 162 vorgeschriebene Verlesung und Genehmigung von Protokollangaben, der Aufruf zur Sache, der Ausschluss der Öffentlichkeit (→ Rn. 225), **nur durch das Protokoll bewiesen werden.** Sind entsprechende tatsächliche Feststellungen im Protokoll getroffen worden, dann können sie nur dadurch widerlegt werden, dass ihre Fälschung nachgewiesen wird.[230] Vorbehalten bleibt allerdings die Berichtigung des Protokolls von Amts wegen oder auf Antrag, wenn die Unrichtigkeit des Protokolls festgestellt wird (vgl. § 164, auch zur Anhörung der Beteiligten und zum Verfahren).

187

---

[230] BGH NJW-RR 2008, 804 Rn. 15: Anforderungen an die Darlegungslast dürfen nicht überspannt werden.

## 3. Einführung in den Sach- und Streitstand

188 Nach dem bis Ende 2001 geltenden Recht hatte das Gericht als erstes, nachdem die Sache aufgerufen und festgestellt worden war, wer erschienen ist, in den Sach- und Streitstand einzuführen (§ 278 I aF). Sinn dieser Vorschrift war es, die Parteien und ihre Prozessbevollmächtigten bereits bei Beginn der mündlichen Verhandlung erkennen zu lassen, wie das Gericht aufgrund der bisherigen Vorbereitung des Prozesses die zur Entscheidung stehende Sache in tatsächlicher und rechtlicher Sicht beurteilt. An der Notwendigkeit eines solchen Vorgehens hat sich nichts geändert. Dass im geltenden Recht auf eine entsprechende Bestimmung verzichtet wird, erklärt sich dadurch, dass in der Güteverhandlung mit den Parteien der Sach- und Streitstand zu erörtern ist (§ 278 II 2) und dass nach der Konzeption des Gesetzes die Güteverhandlung der mündlichen Verhandlung unmittelbar vorangeht und deshalb eine erneute Einführung in den Sach- und Streitstand zu Beginn der mündlichen Verhandlung überflüssig erscheint. Wenn jedoch im Einzelfall von dieser Konzeption abgewichen wird, weil beispielsweise eine Güteverhandlung nicht stattgefunden hat (→ Rn. 178), dann erscheint es geboten, dass das Gericht – bei Kollegialgerichten entweder durch den Vorsitzenden oder durch den Berichterstatter (→ Rn. 161 aE) – den Parteien seine Sicht des Rechtsstreits mitteilt. Dies sollte regelmäßig auch im Haupttermin geschehen, der auf einen frühen ersten Termin folgt.[231] Bestehen gegen die Zulässigkeit der Klage Bedenken, dann werden das Gericht oder der Beklagte darauf hinweisen; gegebenenfalls wird es zu einer abgesonderten Verhandlung über die Zulässigkeit der Klage kommen (vgl. § 280 und → Rn. 275). Im amtsgerichtlichen Verfahren ist die Vorschrift des § 504 zu beachten, wonach der Beklagte vor der Verhandlung zur Hauptsache auf eine sachliche oder örtliche Unzuständigkeit des Gerichts und auf die Folgen einer rügelosen Einlassung (vgl. § 39 und → Rn. 104 f.) hinzuweisen ist.

## 4. Streitige Verhandlung und Beweisaufnahme

189 Bestehen keine Zweifel an der Zulässigkeit der Klage oder sind sie ausgeräumt worden, dann werden die **Sachanträge der Parteien** gestellt und damit die eigentliche streitige Verhandlung begonnen (§ 137 I). Der Wortlaut des § 137 I legt die Annahme nahe, dass die Antragstellung stets auch dann die mündliche Verhandlung einleiten muss, wenn das Gericht mit den Parteien in der mündlichen Verhandlung den Sach- und Streitstand zu erörtern hat (→ Rn. 188). Dies erscheint jedoch wenig sinnvoll, weil die Stellung sachdienlicher Anträge, auf die das Gericht hinzuwirken hat (§ 139 I), wesentlich durch eine vorher stattgefundene Erörterung der Sach- und Rechtslage gefördert wird.[232]

190 Die **Sachanträge** (Gegensatz: **Prozessanträge,** die nur das Verfahren betreffen, wie zB der Antrag auf Anberaumung eines Termins oder auf Verweisung des Rechtsstreits an ein anderes Gericht oder der Beweisantrag) sind aus den vorbereitenden Schriftsätzen (zum Begriff → Rn. 144) oder aus einer dem Protokoll als Anlage beizufügenden Schrift zu verlesen; die

---

[231] Musielak/Voit/*Foerste* § 279 Rn. 4.
[232] BLAH/*Hartmann* § 279 Rn. 7; aA Musielak/Voit/*Foerste* § 279 Rn. 5.

# I. Gestaltung und Ablauf des Termins zur mündlichen Verhandlung

Verlesung kann auch dadurch ersetzt werden, dass die Parteien auf die Schriftsätze Bezug nehmen, die die Anträge enthalten (§ 297 II). Schließlich kann der Vorsitzende auch gestatten, dass ein Antrag, der weder verlesen noch durch Bezugnahme auf eine Schrift gestellt wird, mündlich zu Protokoll erklärt wird (§ 297 I 3).

Der Vorsitzende, der die mündliche Verhandlung leitet (§ 136 I) und dabei unter anderem den Parteien das Wort erteilen und entziehen kann (§ 136 II), hat für eine **erschöpfende Erörterung der Sache** zu sorgen (§ 136 III) und dahin zu wirken, dass die Parteien sich über alle erheblichen Tatsachen vollständig erklären (§ 139 I). Dabei bleibt es Sache der Parteien, den Tatsachenstoff vorzutragen (→ Rn. 208); § 136 III berechtigt das Gericht also nicht zur eigenständigen Ermittlung des Sachverhalts. Der Vortrag der Parteien ist nach § 137 II in freier Rede zu halten. In der Praxis, insbesondere der unteren Gerichte, wird jedoch diese Vorschrift recht selten befolgt; vielmehr ist eine Bezugnahme auf Schriftsätze üblich (vgl. § 137 III). **191**

Wird eine **Beweisaufnahme** durchgeführt (→ Rn. 766 ff.), dann **soll sie unmittelbar der streitigen Verhandlung folgen** (§ 279 II). Im Anschluss an die Beweisaufnahme ist der Sach- und Streitstand, wie er sich dann ergibt, und, soweit bereits möglich, das Ergebnis der Beweisaufnahme mit den Parteien zu erörtern (§ 279 III). Insbesondere haben die Parteien dann die Möglichkeit, sich mit der Beweisaufnahme auseinander zu setzen, zu ihren Ergebnissen Stellung zu nehmen sowie Gegenbeweise und Beweiseinreden (zu diesen Begriffen Einzelheiten später) vorzubringen (vgl. auch § 285 I). Erkennt das Gericht im Laufe des Prozesses, dass eine Partei einen Gesichtspunkt, auf den das Gericht seine Entscheidung nicht nur bezüglich einer Nebenforderung stützen will, übersehen oder für unerheblich gehalten hat, dann muss es darauf hinweisen und der Partei Gelegenheit zur Äußerung dazu gegeben werden (§ 139 II 1).[233] **192**

## 5. Entscheidung

Der weitere Fortgang des Verfahrens richtet sich danach, ob der **Rechtsstreit entscheidungsreif** ist. Ist dies der Fall, dann wird die mündliche Verhandlung vom Vorsitzenden geschlossen (§ 136 IV) und das **Urteil** noch in demselben Termin oder in einem sofort anzuberaumenden Verkündungstermin verkündet, der nur dann über drei Wochen hinaus angesetzt werden darf, wenn wichtige Gründe, insbesondere der Umfang oder die Schwierigkeit der Sache, dies erfordern (§ 310 I). Bei Kollegialgerichten ist über den Inhalt der Entscheidung zu beraten und abzustimmen (vgl. §§ 192 ff. GVG). **193**

Obwohl der frühe erste Termin zur Vorbereitung des ihm folgenden Haupttermins gedacht ist, muss bei Entscheidungsreife auch in ihm die mündliche Verhandlung geschlossen und ein Urteil erlassen werden (vgl. § 300 I). Ein Rechtsstreit ist zur Entscheidung reif, sobald das Gericht darüber zu befinden vermag, ob der Klage stattzugeben ist oder ob sie als unzulässig oder als unbegründet abgewiesen werden muss. Dies setzt voraus, dass der entscheidungserhebliche Tatsachenstoff hinreichend geklärt worden ist, um darauf das Urteil zu stützen. **194**

---

[233] Vgl. BGH NJW 1987, 781; *Huber* JuS 2002, 483 (484).

195 Ist der Rechtsstreit noch nicht zur Entscheidung reif, dann muss die mündliche Verhandlung fortgesetzt werden. Hat ein früher erster Termin stattgefunden, dann hat das Gericht sofort den Haupttermin zu bestimmen.[234] Ist eine Vertagung des Haupttermins notwendig (vgl. § 227), dann muss ein neuer Termin möglichst kurzfristig anberaumt werden (§ 136 III Hs. 2).

196 War die mündliche Verhandlung bereits geschlossen und erkennt das Gericht, dass nach dem bisherigen Sachantrag der Parteien bestimmte entscheidungserhebliche Punkte aufklärungsbedürftig geblieben sind oder gebotene richterliche Hinweise (vgl. § 139) unterlassen wurden, dann hat es die Verhandlung wiederzueröffnen (§ 156 II Nr. 1).[235] Trägt eine Partei erst nach dem Schluss der mündlichen Verhandlung neue erhebliche Tatsachen vor, dann ist dies regelmäßig unbeachtlich (vgl. § 296a) und wird das Gericht nicht veranlassen, eine Wiedereröffnung anzuordnen, es sei denn, sie bilden einen Wiederaufnahmegrund (§ 156 II Nr. 2) (zum Wiederaufnahmeverfahren Einzelheiten später).

197 Der **äußere Ablauf der mündlichen Verhandlung** stellt sich danach wie folgt dar:

| Eröffnungsphase*) | Einführungsphase*) | Verhandlungsphase*) | Beweisphase*) | Entscheidungsphase*) |
|---|---|---|---|---|
| Aufruf der Sache (§ 220 I) Eröffnung der mündlichen Verhandlung (§ 136 I) Feststellung der Erschienenen (§ 160 I Nr. 4) | Einführung in den Sachstand soweit nicht bereits in Güteverhandlung geschehen evtl.: Verhandlung über die Zulässigkeit der Klage (§ 280 I) | Stellung der Sachanträge (§ 137 I, § 297) Vorträge der Parteien (§ 137 II, III) | evtl.: Beweisaufnahme und Verhandlung darüber (§ 279 II, III, § 285 I) | Schluss der mündlichen Vehandlung (§ 136 IV) Beratung und Abstimmung über die zu treffende Enstcheidung durch das (Kollegial-) Gericht; Verkündung des Urteils (§ 300 I, § 310) |

*) Es handelt sich um nicht gebräuchliche Begriffe, die nur der besseren Orientierung dienen sollen.

## II. Verfahrensgrundsätze

198 Der äußere Ablauf eines Zivilprozesses und das Verhalten von Gericht und Parteien in ihm werden durch eine Reihe von Rechtsgrundsätzen bestimmt, die als Verfahrensgrundsätze (Prozessmaximen) bezeichnet werden.[236] Auch wenn es sich durchweg dabei um Regelungen von prinzipieller Bedeutung für das zivilprozessuale Verfahrensrecht handelt, sind sie doch von unterschiedlichem Gewicht und reichen von stets zu beachtenden Verfassungsgrundsätzen bis zu solchen Grundsätzen, die nur

---

[234] *Pukall/Kießling* ZivilProz Rn. 684.
[235] BGH NJW-RR 2004, 281 (282).
[236] Der Begriff der Verfahrensgrundsätze wird nicht durchweg im selben Sinn aufgefasst, sondern ihm zT ein weiterer, zT auch engerer Inhalt gegeben; vgl. Stein/Jonas/*Kern* vor § 128 Rn. 3; MüKoZPO/*Rauscher* Einl. Rn. 293 f.

II. Verfahrensgrundsätze

in bestimmten Verfahrensarten gelten. Im Folgenden sollen die Verfahrensgrundsätze näher betrachtet werden.

## 1. Der Anspruch auf rechtliches Gehör

Der Anspruch auf rechtliches Gehör als ein verfahrensrechtliches Grundprinzip hat Verfassungsrang (Art. 103 I GG) und verpflichtet das Gericht, den Parteien zu ermöglichen, den von ihnen eingenommenen Standpunkt in ausreichender und sachgerechter Weise im Prozess darzulegen.[237] Hierzu gehört es, den Parteien das Recht einzuräumen, ihre Anträge zu stellen, Tatsachen zu behaupten und dafür Beweise anzubieten sowie jeweils von dem Vortrag der Gegenpartei so rechtzeitig zu erfahren, dass dazu Stellung genommen werden kann. Werden Tatsachen vom Gericht ermittelt, dann muss es den Parteien davon Mitteilung machen und sie hören.[238] Hat das Gericht in einem Hinweis zB im Rahmen der Einführung in den Sach- und Streitstand (→ Rn. 188) eine Rechtsauffassung geäußert (→ Rn. 211), dann darf es von dieser Auffassung nur abweichen, wenn für die Parteien auf Grund des Verlaufs des Verfahrens oder aufgrund entsprechender weiterer Hinweise des Gerichts erkennbar ist, dass das Gericht an der bisher geäußerten Rechtsauffassung nicht mehr festhalten will.[239] Die vom Gericht getroffenen Entscheidungen müssen auch erkennen lassen, dass der Richter die Ausführungen der Verfahrensbeteiligten zur Kenntnis genommen und sich mit ihnen auseinander gesetzt hat. Der Anspruch auf rechtliches Gehör wird in der ZPO nicht ausdrücklich genannt, sondern als selbstverständliche Grundregel jedes rechtsstaatlichen Verfahrens vorausgesetzt und in einer Reihe von Vorschriften konkretisiert (vgl. zB § 99 III 2, § 118 I 1, § 136 III, § 139, § 225 II). Eine Verletzung des Anspruchs auf rechtliches Gehör stellt einen Verfahrensmangel dar, der durch Rechtsmittel geltend zu machen ist und nicht etwa zur Nichtigkeit der Entscheidung führt. Die in der Versagung rechtlichen Gehörs liegende Grundrechtsverletzung kann nach Erschöpfung des Rechtswegs[240] mit der Verfassungsbeschwerde beim BVerfG (Art. 93 I Nr. 4a GG, § 13 Nr. 8a, §§ 90 ff. BVerfGG) gerügt werden. Zu beachten ist, dass gegebenenfalls zuvor eine Gehörsrüge gem. § 321a (→ Rn 1029 ff.) zu erheben ist.

**199**

Hat die Verfassungsbeschwerde Erfolg, dann wird die angegriffene Entscheidung aufgehoben und die Sache an das zuständige Zivilgericht zurückverwiesen (§ 95 II BVerfGG). Damit wird der gleiche Erfolg erreicht wie mit einer Anfechtung des Urteils im Rechtsmittelverfahren. Es kann deshalb nicht verwundern, dass versucht wird, die Verfassungsbeschwerde wegen Verletzung des rechtlichen Gehörs dazu zu benutzen, Fehler der Zivilgerichte in Entscheidungen zu korrigieren, gegen die ein Rechtsmittel nach der ZPO nicht statthaft ist. Diese als „Pannenhilfe" bezeichnete Judikatur des BVerfG[241] führt dazu, diesem Gericht die Funktion eines Revisionsgerichts in Fällen zu übertragen, die ohne echte verfassungsrechtliche Relevanz sind.

**200**

---

[237] BVerfG NJW 2003, 1924 (1926).
[238] Vgl. BVerfG NJW 1994, 1210; NJW-RR 2002, 68; Musielak/Voit/*Musielak* Einl. Rn. 28 mwN.
[239] BVerfG NJW 1996, 3202; BGH GRUR 2011, 851 (852); NJW 2014, 2796 Rn. 5.
[240] Dazu gehört auch die Wiederaufnahme des Verfahrens (→ Rn. 1069 ff.); so BVerfG NJW 1992, 1030.
[241] *Schumann* NJW 1985, 1134, unter Hinweis auf BVerfGE 42, 243 (248) = NJW 1976, 1837.

Einer solchen Denaturierung der Verfassungsgerichtsbarkeit muss vorgebeugt werden. Dies ist durch die Einführung der Anhörungsrüge gem. § 321a geschehen, durch die den Fachgerichten in Fällen einer Verletzung des Anspruchs auf rechtliches Gehör eine Selbstkorrektur unanfechtbarer Entscheidungen ermöglicht wird (zu Einzelheiten → Rn. 1029ff.).

## 2. Der Anspruch auf ein faires Verfahren

201 Das BVerfG leitet aus Art. 2 I GG iVm dem Rechtsstaatsprinzip den Anspruch auf ein faires Verfahren als ein allgemeines Prozessgrundrecht ab,[242] das den Richter verpflichtet, das Verfahren so zu gestalten, wie die Parteien des Zivilprozesses es von ihm erwarten können. Der Zugang zum Gericht sowie zu den in der ZPO vorgesehenen Instanzen darf nicht in unzumutbarer, aus Sachgründen nicht mehr zu rechtfertigender Weise erschwert werden. Im Einzelnen bedeutet dies, dass bei Entscheidungen über Verlängerungsanträge und über die Wiedereinsetzung in den vorigen Stand ein Verhalten einer Partei oder ihres Prozessbevollmächtigten nicht als schuldhaft angesehen werden darf, das nach der Rechtsprechung eines obersten Bundesgerichts eindeutig nicht zu beanstanden ist.[243] Ein Richter darf sich nicht widersprüchlich verhalten, insbesondere ist ihm verwehrt, aus eigenen oder ihm zurechenbaren Fehlern oder Versäumnissen Verfahrensnachteile für die Parteien abzuleiten, und er ist ganz allgemein verpflichtet, gegenüber den Verfahrensbeteiligten und ihrer konkreten Situation Rücksicht zu üben.[244] So ist es beispielsweise als ein Verstoß gegen das Gebot einer fairen Verfahrensführung angesehen worden, dass entgegen einer jahrelang geübten Praxis das Gericht eine unleserliche Unterschrift nicht mehr als ordnungsgemäß ansah und deshalb eine Berufung als unzulässig verwarf,[245] oder dass ohne vorherigen Hinweis Anforderungen an den Sachvortrag einer Partei gestellt wurden, mit denen auch ein gewissenhafter und kundiger Prozessbeteiligter nach dem bisherigen Prozessverlauf nicht zu rechnen brauchte.[246]

202 Der gegen das Gericht bestehende Anspruch auf ein faires Verfahren kommt auch in dem **Grundsatz von Treu und Glauben** zum Ausdruck, der im Zivilprozess ebenfalls gilt und der nicht nur das Gericht, sondern auch die Parteien zu einer redlichen Prozessführung und zu einem fairen Umgang miteinander verpflichtet.[247] In den folgenden Ausführungen wird sich noch häufiger Gelegenheit bieten, auf dieses Prinzip und seine Wirkungen im Zivilprozess einzugehen.

203 Objektivität und Neutralität des Richters gegenüber den Parteien stellen unabdingbare Voraussetzungen für ein faires Verfahren dar. Schon dem Verdacht einer Parteilichkeit des Richters muss entgegengewirkt werden. Aus diesem Grunde hat der Gesetzgeber einen **Richter von der Ausübung des Richteramtes ausgeschlossen,** wenn zwischen ihm oder bestimmten ihm nahe stehenden Personen Beziehungen

---

[242] BVerfG NJW 2004, 2887; 2008, 2243 Rn. 16; 2014, 205 Rn. 20.
[243] BVerfG NJW 2007, 3342.
[244] BVerfGE 78, 123 (126) = NJW 1988, 2787 mwN.
[245] BVerfG 78, 123 (126) = NJW 1988, 2787 mwN; vgl. auch BGH NJW 1999, 60 (61); 2013, 1966 Rn. 11; NJW-RR 2015, 699 Rn. 15.
[246] BVerfG NJW 2003, 2524.
[247] BGH NJW 2007, 3279 Rn. 12; Zöller/*G. Vollkommer* Einl. Rn. 56.

zum Gegenstand des Rechtsstreits existieren, die seine Neutralität infrage stellen (vgl. § 41). Ergibt sich darüber hinaus ein Grund, der geeignet ist, Misstrauen gegen die Unparteilichkeit eines Richters zu rechtfertigen, dann kann jede Partei ihn wegen Besorgnis der Befangenheit ablehnen (vgl. § 42). **Besorgnis der Befangenheit** besteht, wenn ein am Verfahren Beteiligter bei vernünftiger Würdigung aller Umstände Anlass hat, an der Unvoreingenommenheit des Richters zu zweifeln.[248] Der Richter kann auch selbst dem Gericht, das zur Entscheidung über die Ablehnung berufen ist (vgl. § 45), Tatsachen mitteilen, aus denen sich ein Ausschließungsgrund oder die Besorgnis der Befangenheit ergeben kann (vgl. § 48). Das **Verfahren der Ablehnung** ist in den §§ 44–46 geregelt. Diese Ablehnungsrechte lassen sich als Konkretisierung des verfassungsrechtlich garantierten gesetzlichen Richters, Art. 101 I 2 GG, begreifen, denn sie dienen dazu, die Neutralität und Distanz der zur Entscheidung berufenen Richter auch im Einzelfall zu sichern.[249]

Danach entscheidet über das Ablehnungsgesuch das Gericht, dem der Abgelehnte angehört, ohne dessen Mitwirkung (§ 45 I). In welcher Besetzung das LG oder das OLG zu beschließen hat, wenn ein Einzelrichter, dem der Rechtsstreit nach § 348, § 348a oder § 526 zur Entscheidung übertragen worden ist, als befangen abgelehnt wird, ist streitig. In Betracht kommt entweder der betreffende Spruchkörper in voller Besetzung oder der geschäftsplanmäßig vorgesehene Vertreter des abgelehnten Einzelrichters. Für die zweite Alternative spricht, dass bei Zuständigkeit des Einzelrichters dieser als „Gericht" fungiert und dies nicht nur für die Hauptsache, sondern auch für alle Nebenverfahren gelten könnte.[250] Der BGH und die überwiegende Meinung im Schrifttum lehnen jedoch diese Auffassung ab und sprechen sich dafür aus, dass über das Ablehnungsgesuch der Spruchkörper in voller Besetzung zu befinden habe,[251] wobei der Vertreter des Abgelehnten an dessen Stelle tritt.[252] Sie stützen diese Meinung auf den Wortlaut des § 45 I und auf die Entstehungsgeschichte der Vorschrift. Wird ein Richter am Amtsgericht abgelehnt, so ist zur Entscheidung über das Ablehnungsgesuch der geschäftsplanmäßige Vertreter berufen (§ 45 II). Der Beschluss, der das Ablehnungsgesuch für begründet erklärt, ist gem. § 46 II unanfechtbar. Wird das Ablehnungsgesuch zurückgewiesen, kann gegen die Entscheidung sofortige Beschwerde eingelegt werden. Dies gilt entgegen dem insoweit missglückten Wortlaut des § 46 II nicht nur bei Zurückweisung des Gesuchs als „unbegründet", sondern auch bei Unzulässigkeit.[253]

## 3. Der Dispositionsgrundsatz

Inhalt des Dispositionsgrundsatzes ist das Recht der Parteien, über den Rechtsstreit als ganzen zu verfügen, ihn durch Initiative des Klägers in Gang zu setzen, den Streitgegenstand zu bestimmen (dazu Einzelheiten später), den Rechtsstreit durch Anträge

---

[248] BVerfG NJW 1995, 1277, 2626; OLG Frankfurt a. M. NJOZ 2007, 1715 (1716); *Huber* JuS 2017, 211.
[249] BVerfG NJW 2007, 3771 (3772).
[250] KG NJW 2004, 2104; OLG Oldenburg MDR 2005, 931; OLG Naumburg OLG-Report 2005, 789 (790); *Vossler* MDR 2006, 304.
[251] BGH NJW 2006, 2492 (2493); *Deubner* JuS 2006, 1072; Musielak/Voit/*Heinrich* § 45 Rn. 2; BLAH/*Hartmann* § 45 Rn. 4; Thomas/Putzo/*Hüßtege* § 45 Rn. 1; Zöller/*G. Vollkommer* § 45 Rn. 2; *Zimmermann* ZPO § 45 Rn. 1.
[252] Stein/Jonas/*Bork* § 45 Rn. 1.
[253] *Huber* JuS 2017, 211 (213).

voranzutreiben und ihn auch vorzeitig, dh ohne Urteil, zu beenden. Im Einzelnen bedeutet dies, dass ein Zivilprozess nur auf Antrag beginnt, dass die Anträge der Parteien dafür maßgebend sind, worüber das Gericht zu entscheiden hat (§ 308 I) und dass die Parteien ohne ein Urteil in der Hauptsache den Rechtsstreit durch Klagerücknahme (vgl. § 269), durch beiderseitige Erledigungserklärung oder durch einen Prozessvergleich beenden können. Schließlich können die Parteien durch Verzicht (vgl. § 306) und durch Anerkenntnis (vgl. § 307) eine Sachentscheidung ohne Prüfung des Streitstoffes durch das Gericht (→ Rn. 452, → Rn. 461) herbeiführen. Auch das Recht der Parteien, entsprechend der gesetzlichen Regelung die Überprüfung einer ungünstigen Entscheidung durch das nächsthöhere Gericht vornehmen zu lassen, ist Ausfluss der Dispositionsmaxime.

206 Das dem Dispositionsgrundsatz entgegengesetzte Prinzip ist der **Offizialgrundsatz**[254] (Offizialmaxime), nach dem das Verfahren von Amts wegen eröffnet und beendet wird; die Offizialmaxime gilt im Zivilprozess nicht.

207 Einschränkungen der Dispositionsmaxime ergeben sich in Verfahren, in denen über Ansprüche entschieden wird, die nicht dem Verfügungsrecht der Parteien unterliegen. In Ehesachen (vgl. § 121 FamFG), in denen grundsätzlich die Vorschriften der ZPO Anwendung finden (§ 113 FamFG), gilt eine Ausnahme für die Wirkung des gerichtlichen Geständnisses und des Anerkenntnisses (§ 113 IV Nr. 5 und 6 FamFG). Entscheidungen über die Kosten (§ 308 II), über die Fortsetzung eines Mietverhältnisses (§ 308a), über die vorläufige Vollstreckbarkeit (§§ 708, 709) und über die Frist zur Räumung von Wohnraum (§ 721 I) sind nicht von Anträgen der Parteien abhängig.

## 4. Verhandlungsgrundsatz und Untersuchungsgrundsatz

208 Gilt für die Stoffsammlung, dh die Beschaffung der tatsächlichen Grundlagen der gerichtlichen Entscheidung, der **Verhandlungsgrundsatz** (Verhandlungsmaxime, Beibringungsgrundsatz), dann fällt den **Parteien** die Aufgabe zu, die **Tatsachen, über die das Gericht entscheiden soll, vorzutragen und, soweit erforderlich, zu beweisen.** Bei Geltung des Untersuchungsgrundsatzes (Untersuchungsmaxime, Inquisitionsmaxime, Amtsermittlungsgrundsatz) hat dagegen das Gericht für die Beschaffung und den Beweis der entscheidungserheblichen Tatsachen zu sorgen. Im Zivilprozess findet regelmäßig der Verhandlungsgrundsatz Anwendung, während der Untersuchungsgrundsatz eine Ausnahme darstellt. Denn der Zivilprozess wird durch das Prinzip der Parteifreiheit und der Parteiverantwortung beherrscht, auf das sowohl Dispositionsgrundsatz als auch Verhandlungsgrundsatz zurückzuführen sind und das üblicherweise mit dem Satz umschrieben wird, dass die Parteien die Herren des Verfahrens seien. Nur in Fällen, in denen ein öffentliches Interesse an einer umfassenden und richtigen Aufklärung der tatsächlichen Grundlagen einer gerichtlichen Entscheidung besteht, wie dies mit gewissen Einschränkungen in Ehesachen zutrifft (vgl. § 127 FamFG), gilt der Untersuchungsgrundsatz.

209 Wenn auch der Verhandlungsgrundsatz die Beschaffung des entscheidungserheblichen Tatsachenstoffes allein den Parteien überträgt, so ist doch nicht zu überse-

---

[254] Welcher beispielsweise der Strafprozessordnung zugrunde liegt.

## II. Verfahrensgrundsätze

hen, dass auch das **Gericht** einen nicht unerheblichen **Einfluss auf die Beibringung der Tatsachen** ausübt. Dieser richterliche Einfluss ergibt sich aus folgenden Regelungen:

- Die Parteien müssen sich bei ihrem Tatsachenvortrag an die **Wahrheit** halten und dürfen nicht bewusst Falsches vortragen (vgl. § 138 I).[255] Erkennt das Gericht, dass eine Partei lügt, dann darf es grundsätzlich dieses Vorbringen nicht berücksichtigen (zur Bindung an ein vorsätzlich falsch abgegebenes Geständnis → Rn. 742).
- § 139 schafft die Rechtsgrundlage für die sog. **materielle Prozessleitung.**[256] Danach hat das Gericht in jeder Lage des Verfahrens darauf hinzuwirken, dass sich die Parteien vollständig erklären, insbesondere einen ungenügenden Tatsachenvortrag ergänzen, und sachdienliche Anträge stellen (§ 139 I 2).
- Bei der Erhebung von Beweisen, der Beschaffung und Benutzung von Beweismitteln, um die Richtigkeit streitiger Parteibehauptungen festzustellen, ist das Gericht weitgehend von entsprechenden Anträgen der Parteien freigestellt, kann also **von Amts wegen Beweise** erheben (→ Rn. 759 f.).

Zu diesen Regelungen sind einige Hinweise erforderlich.

**210** § 138 I verbietet die Lüge, also den von der Partei als unwahr erkannten Tatsachenvortrag. Dagegen ist nicht zu fordern, dass die Partei von der Richtigkeit ihrer Behauptungen überzeugt ist. Denn nicht selten wird eine Partei im Zivilprozess Tatsachen behaupten müssen, über die sie keine genauen Kenntnisse hat, die sie jedoch nach Lage der Dinge für wahrscheinlich hält. Unzulässig ist es nur, Behauptungen ohne greifbare Anhaltspunkte für die Richtigkeit der vorgetragenen Tatsachen willkürlich aufs Geratewohl, also gleichsam „ins Blaue hinein" aufzustellen.[257] Bei der Annahme von Willkür in diesem Sinne ist allerdings Zurückhaltung geboten; in der Regel wird sie nur bei Fehlen jeglicher tatsächlicher Anhaltspunkte zu bejahen sein.[258]

**211** Wie ausgeführt, gibt der Verhandlungsgrundsatz den Parteien auf, Tatsachen und Beweismittel in den Prozess einzuführen. Dieser Grundsatz wird durch die **Vorschrift des § 139** dahingehend ergänzt, dass der Richter helfend und fördernd den Tatsachenvortrag der Parteien zu unterstützen hat. So muss zB der Kläger darauf hingewiesen werden, dass die von ihm vorgetragenen Tatsachen nicht ausreichen, um das von ihm geltend gemachte Recht zu begründen,[259] oder dass die Sachverhaltsdarstellung Unklarheiten, Widersprüche oder Lücken enthält.[260] Ebenso ist es erforderlich, auf das Fehlen einer Prozessvoraussetzung aufmerksam zu machen

---

[255] Vgl. dazu *Kiethe* MDR 2007, 625.
[256] Vgl. dazu *Prütting* FS Musielak, 2004, 397; *Reiter* JA 2004, 226; *Fellner* MDR 2004, 728; *Stackmann* NJW 2007, 3521.
[257] BGH NJW 1986, 246 (247); 1995, 2111 (2112); NJW-RR 2000, 1156; 2003, 69 (70).
[258] BGH NJW-RR 2017, 1520 Rn. 33.
[259] BGH NJW 1999, 2123 (2124); NJW-RR 2004, 281 (282); MDR 2004, 169; OLG Celle MDR 1998, 306; OLG Brandenburg NJW-RR 2002, 1215; OLG Frankfurt a. M. NJW-RR 2004, 428 (429); OLG Schleswig MDR 2005, 889.
[260] Zur Frage, ob aufgrund von Ausführungen einer Partei, durch die zum Vortrag des Gegners Stellung genommen und dieser dadurch ausreichend unterrichtet wird, entsprechende Hinweise des Gerichts entbehrlich werden, vgl. *Rensen* MDR 2008, 1075.

(§ 139 III).²⁶¹ Das Gericht muss in Erfüllung seiner prozessualen Fürsorgepflicht gem. § 139 IV Hinweise auf seiner Ansicht nach entscheidungserhebliche Umstände, die die betroffene Partei erkennbar für unerheblich gehalten hat, grundsätzlich so frühzeitig vor der mündlichen Verhandlung erteilen, dass die Partei die Gelegenheit hat, ihre Prozessführung darauf einzurichten und schon für die anstehende mündliche Verhandlung ihren Vortrag zu ergänzen und die danach erforderlichen Beweise anzutreten.²⁶² Erteilt das Gericht den Hinweis erst in der mündlichen Verhandlung, dann muss es der betroffenen Partei genügend Gelegenheit zur Reaktion hierauf geben. Gegebenenfalls muss das Gericht die mündliche Verhandlung vertagen.²⁶³ Bei einem schriftlichen Hinweis muss der Partei keine Frist gesetzt werden, sondern es kann ihr überlassen bleiben, innerhalb eines Zeitraums zu reagieren, der nach den Umständen des Einzelfalls unter Berücksichtigung der gebotenen Prozessförderung als angemessen erscheint.²⁶⁴ In der mündlichen Verhandlung hat der Vorsitzende dafür Sorge zu tragen, dass die Sache erschöpfend erörtert wird (§ 136 III; → Rn. 191); er hat die insoweit erforderlichen Fragen den Parteien selbst zu stellen oder die übrigen Mitglieder des Gerichts solche Fragen stellen zu lassen (§ 136 II 2). Erscheint ein Parteivortrag mehrdeutig, dann hat das Gericht zu versuchen, durch entsprechende Fragen eine Klarstellung herbeizuführen.²⁶⁵ Dem Gericht ist es verwehrt, seine Entscheidung auf einen Gesichtspunkt zu stützen, den eine Partei erkennbar übersehen oder für unerheblich gehalten hat, wenn es nicht zuvor auf diesen Punkt hingewiesen und der Partei Gelegenheit zur Äußerung gegeben hat.²⁶⁶ Dies gilt nur dann nicht, wenn es sich um eine Nebenforderung handelt (§ 139 II 2). Verstößt das Gericht gegen die ihm durch § 139 auferlegten Pflichten, dann verletzt es damit den Anspruch auf rechtliches Gehör (→ Rn. 199).²⁶⁷

**212** Es bleibt Sache der Parteien, aus den **richterlichen Hinweisen** Folgerungen zu ziehen und ihren Vortrag entsprechend zu korrigieren. Ändert eine Partei trotz unmissverständlicher Hinweise des Gerichts ihren Sachvortrag nicht, dann ist das Gericht nicht zur Wiederholung seines Hinweises verpflichtet.²⁶⁸ Die richterliche Frage- und Hinweispflicht besteht unabhängig davon, ob die Parteien anwaltlich vertreten sind.²⁶⁹ Allerdings wird dieser Pflicht gegenüber juristischen Laien größere Bedeutung zukommen, weil sie eher der Hilfe des Richters bedürfen. Der Richter muss aber stets bemüht sein, bei seinen Fragen und Hinweisen die gebotene Unparteilichkeit und Neutralität zu wahren, um sich nicht dem Verdacht der Befangenheit auszusetzen. Dabei ist jedoch nicht zu verkennen, dass aufgrund des kontradiktorischen Verhältnisses der Parteien zueinander die einer Partei gewährte Hilfe notwendigerweise der anderen nachteilig sein muss. Diese Partei wird geneigt sein, die richterliche Neutralität infrage zu stellen und den Richter als befangen abzulehnen.

---

²⁶¹ BGH MDR 2006, 1250; VersR 2007, 225.
²⁶² Vgl. *Nober/Ghassemi-Tabar* NJW 2017, 3265 (3267).
²⁶³ BGH NJW-RR 2007, 412; 2008, 973.
²⁶⁴ BGH NJW 2007, 1887 Rn. 7.
²⁶⁵ BGH NJW-RR 2002, 1071.
²⁶⁶ BGH NJW 2007, 2415 Rn. 19.
²⁶⁷ BGH NJW 2008, 1742 Rn. 13; OLG Brandenburg NJW-RR 2002, 1215; zu den Rechtsfolgen eines solchen Verstoßes vgl. *Huber* JuS 2002, 483 (484).
²⁶⁸ BGH NJW 2008, 2036 Rn. 21.
²⁶⁹ BGH NJW-RR 1993, 569; *Reiter* JA 2004, 226 (227); *Nober/Ghassemi-Tabar* NJW 2017, 3265 (3266).

## II. Verfahrensgrundsätze

Dies allein darf jedoch den Richter nicht davon abhalten, seine Frage- und Hinweispflicht zu erfüllen.[270] Da dem Richter aufgegeben ist, mit den Parteien die Sach- und Rechtslage zu erörtern (vgl. § 278 II 2, § 279 III), damit sie sich mit seinen Argumenten und Ansichten auseinandersetzen können, muss er gegebenenfalls auch die Erfolgsaussichten der von einer Partei eingenommenen Rechtsposition negativ beurteilen. Eine solche Meinungsäußerung vermag keinesfalls den Vorwurf der Befangenheit zu rechtfertigen.[271]

Streitig ist die **Frage, ob der Richter auch auf die Verjährung eines geltend gemachten Anspruchs** und auf die Möglichkeit, sich mit einer entsprechenden Einrede zu verteidigen, **hinweisen darf** oder ob er mit einem solchen Hinweis die Grenze der gebotenen richterlichen Neutralität überschreitet.[272] Der BGH[273] hält einen solchen Hinweis für unzulässig und geeignet, den Richter als befangen abzulehnen. Das Gericht beruft sich dabei auf die Begründung für die Neufassung des § 139 im Rahmen der ZPO-RG,[274] in der ausgeführt wird, dass es nicht Aufgabe des Gerichts sei, durch Fragen oder Hinweise neue Anspruchsgrundlagen, Einreden oder Anträge einzuführen, die in dem streitigen Vortrag der Parteien nicht zumindest andeutungsweise bereits eine Grundlage hätten. 213

Hinzuweisen ist noch auf Folgendes: Gemäß § 139 IV 1 sind die richterlichen Hinweise aktenkundig zu machen. Ihre Erteilung kann nur durch den Inhalt der Akten bewiesen werden (§ 139 IV 2). In welcher Form die **Dokumentation** vorgenommen werden muss, ist nicht verbindlich festgelegt. Wird der richterliche Hinweis in Verfügungen und Beschlüssen gegeben, dann ist damit der Dokumentationspflicht genügt, da diese Entscheidungen automatisch Bestandteil der Akten werden. Wird der Hinweis in der mündlichen Verhandlung erteilt, ist er als ein wesentlicher Vorgang in das Protokoll aufzunehmen (§ 160 II). Mündliche Hinweise außerhalb der Verhandlung sind durch Aktenvermerke festzuhalten. Wird versehentlich die Dokumentation zunächst unterlassen, dann kann die Erteilung des Hinweises auch im Tatbestand des Urteils dokumentiert und damit aktenkundig gemacht werden.[275] 214

Wird das Gericht durch das Gesetz verpflichtet, bestimmte Punkte wie beispielsweise die Partei- und Prozessfähigkeit (vgl. § 56 I) von Amts wegen zu prüfen, dann bedeutet dies nicht, dass insoweit der Verhandlungsgrundsatz aufgehoben wird. Vielmehr bleibt die Beschaffung auch der von Amts wegen zu prüfenden Tatsachen den Parteien überlassen.[276] Das Gericht wird jedoch durch entsprechende Hinweise die Parteien veranlassen, Zweifel hinsichtlich der von Amts wegen zu berücksichtigenden Punkte auszuräumen (vgl. § 139 III). Bleiben Zweifel bestehen, dann führt die dann zu treffende Beweislastentscheidung regelmäßig dazu, die ungeklärten Tatsachen als nicht geschehen der Entscheidung zugrunde zu legen (zur Beweislast Einzelheiten später). 215

---

[270] OLG Frankfurt a. M. MDR 2007, 674.
[271] OLG München MDR 2004, 52; vgl. auch OLG Frankfurt a. M. NJOZ 2007, 1715 (1716).
[272] Vgl. *Prütting* FS Musielak, 2004, 397 (406 ff.); Musielak/Voit/*Stadler* § 139 Rn. 9 Fn. 70; Zöller/*G. Vollkommer* § 42 Rn. 27.
[273] NJW 2004, 164; vgl. dazu auch *Becker-Eberhard* LMK 2004, 32; *Rensen* MDR 2004, 489; *Nober/Ghassemi-Tabar* NJW 2017, 3265 (3268).
[274] Amtl. Begr. BT-Drs. 14/4722, 77.
[275] BGH NJW 2006, 60 (62); *Rensen* MDR 2006, 1201; Musielak/Voit/*Stadler* § 139 Rn. 27.
[276] Vgl. BGH NJW 1982, 1467 (1468); WM 1989, 834 (836); NJW-RR 2000, 1156; *Schreiber* JA 1989, 86 (88); *Rosenberg/Schwab/Gottwald* ZivilProzR § 77 Rn. 45.

## 5. Grundsatz der Mündlichkeit und Schriftlichkeit

**216** Ein Gerichtsverfahren lässt sich sinnvoll und praktikabel nur gestalten, wenn die Prinzipien der Mündlichkeit und der Schriftlichkeit miteinander verbunden und die Vorteile beider nutzbar gemacht werden. Wenn in § 128 I bestimmt wird, dass die Parteien über den Rechtsstreit vor dem erkennenden Gericht mündlich zu verhandeln haben, dann beruht dieser Grundsatz auf der Erkenntnis, dass sich durch Rede und Gegenrede vieles besser und schneller klären lässt als durch den Austausch von Schriftsätzen. Andererseits ist es insbesondere zur Beschleunigung des Verfahrens geboten, Gericht und Parteien bereits vor der mündlichen Verhandlung mit dem Streitstoff bekannt zu machen, damit sie sich darauf einstellen können. Demgemäß wird in den §§ 129 ff. vorgeschrieben, dass die mündliche Verhandlung durch Schriftsätze vorbereitet wird. Darüber hinaus ist es unverzichtbar, einzelne Prozesshandlungen (zu diesem Begriff Einzelheiten später) nach ihrem Inhalt und dem Zeitpunkt ihrer Vornahme genau festzuhalten, weil durch sie das Verfahren in wesentlichen Punkten gestaltet wird. Diesem Zweck dient beispielsweise die Anordnung der Schriftlichkeit für die Erhebung der Klage (vgl. § 253), die Einlegung von Rechtsmitteln (vgl. §§ 519, 549, 569 II) und ihrer Begründung (vgl. §§ 520, 551). Auch in anderen Regelungen der ZPO finden sich **Kombinationen des Mündlichkeits- und des Schriftlichkeitsprinzips,** wobei bald das eine, bald das andere stärker betont wird.

**217** Als Beispiel hierfür sei auf die Vorbereitung des Haupttermins hingewiesen, für die in § 272 II entweder die Bestimmung des frühen ersten Termins zur mündlichen Verhandlung oder das schriftliche Vorverfahren zur Wahl gestellt wird (→ Rn. 157 ff.). Schließlich ist noch zu berücksichtigen, dass auch in der mündlichen Verhandlung vieles durch Bezugnahme auf Schriftsätze erledigt werden kann (siehe § 137 III, § 297 II; → Rn. 191). Es gilt also für den Zivilprozess eine auf Zweckmäßigkeitserwägungen beruhende Kombination von Mündlichkeit und Schriftlichkeit, die sich dahingehend beschreiben lässt, dass grundsätzlich das Gericht eine Entscheidung nur aufgrund mündlicher Verhandlung treffen darf und dass Gegenstand der mündlichen Verhandlung sein muss, was zur Grundlage der gerichtlichen Entscheidung gemacht wird, dass aber eine Reihe von Ausnahmen zugunsten der Schriftlichkeit gelten; neben den bereits genannten sei noch auf das Versäumnisurteil nach § 331 III (→ Rn. 338 f.) und auf das Anerkenntnisurteil nach § 307 S. 2 (→ Rn. 448) sowie auf die Entscheidung nach Lage der Akten (§§ 251a, 331a; → Rn. 355, 374) verwiesen.[277] Bei einem Verfahren nach billigem Ermessen gem. § 495a (→ Rn. 1082) muss mündlich nur verhandelt werden, wenn dies von einer Partei beantragt wird.

**218** Weitere Ausnahmen von der Regel, dass eine Entscheidung vom Gericht nicht ohne mündliche Verhandlung getroffen werden darf, enthalten die Vorschriften des § 128 II–IV. Mit Zustimmung der Parteien kann das Gericht nach § 128 II **auf eine mündliche Verhandlung verzichten.** Die Zustimmung ist gegenüber dem Gericht zu erklären und setzt kein Einvernehmen zwischen den Parteien voraus, weil es sich nicht um einen Vertrag, sondern um jeweils einseitige Erklärungen handelt. Das Schweigen einer Partei auf die Anordnung des schriftlichen Verfahrens „im vermuteten Einverständnis der Parteien" darf nicht als Zustimmung gewertet werden.[278] Die Zustimmung bezieht sich auf eine konkrete Entscheidung, und zwar auf die von dem Gericht als nächste zu treffende, bei der es sich entweder um eine End-

---

[277] Vgl. Stein/Jonas/*Kern* § 128 Rn. 11 ff.; Musielak/Voit/*Stadler* § 128 Rn. 5 f. (auch zu weiteren Ausnahmen).
[278] BGH NJW 2007, 2122.

## II. Verfahrensgrundsätze

entscheidung oder um eine sie vorbereitende Entscheidung, zB um einen Beweisbeschluss, handeln kann.[279] Das Einverständnis der Parteien kann also nicht auf weitere Entscheidungen oder auf alle in der Instanz zu treffenden Entscheidungen erstreckt werden. Ob das Gericht von dem Einverständnis der Parteien Gebrauch macht und ohne mündliche Verhandlung entscheidet, steht in seinem pflichtgemäßen Ermessen. Hierbei wird das Gericht zu berücksichtigen haben, ob ein Verzicht auf die mündliche Verhandlung das Verfahren abkürzt und vereinfacht.[280] Selbstverständliche Voraussetzung für die Anordnung des schriftlichen Verfahrens ist es, dass der Rechtsstreit noch nicht zur Entscheidung reif ist; ist er es, dann muss ein Endurteil ergehen (§ 300 I), und es darf nicht das schriftliche Verfahren angeordnet werden.[281] Die Entscheidung des Gerichts im schriftlichen Verfahren ist auf den Akteninhalt zu stützen, wobei auch das Vorbringen in einer früheren mündlichen Verhandlung beachtet werden muss.

Ist nur noch über die Kosten des Rechtsstreits zu entscheiden, erscheint eine mündliche Verhandlung regelmäßig als eine unnötige Belastung von Gericht und Parteien. Deshalb ist es in das Ermessen des Gerichts gestellt, ob es dann ein mündliches oder schriftliche Verfahren wählt (§ 128 III). 219

Schließlich wird durch § 128 IV in einer **Generalklausel** festgelegt, dass alle gerichtlichen Entscheidungen, die nicht durch Urteil, sondern **in der Form des Beschlusses oder der Verfügung ergehen** (→ Rn. 175), ohne **mündliche Verhandlung** erlassen werden können, soweit nichts anderes bestimmt ist. 220

### 6. Grundsatz der Unmittelbarkeit

Der Grundsatz der Unmittelbarkeit des Verfahrens bedeutet, dass die Verhandlung des gesamten Rechtsstreits vor demselben Gericht stattfinden muss und dieses Gericht dann auch die Entscheidung zu treffen hat. Dieser Grundsatz kommt in verschiedenen Vorschriften der ZPO zum Ausdruck, und zwar 221

- in § 128 I, wenn dort bestimmt wird, dass die Parteien den Rechtsstreit „vor dem erkennenden Gericht" zu verhandeln haben
- in § 309, wenn dort angeordnet wird, dass das Urteil nur von den Richtern gefällt werden darf, die an der für das Urteil maßgeblichen mündlichen Verhandlung teilgenommen haben (→ Rn. 888)
- in § 355 I 1, wenn dort vorgeschrieben wird, dass die Beweisaufnahme vor dem Prozessgericht stattfinden muss.

Ausnahmen vom Grundsatz der Unmittelbarkeit müssen insbesondere bei der Beweisaufnahme aus praktischen Gründen zugelassen werden; in § 355 I 2 wird ausdrücklich darauf hingewiesen. So kann die Beweisaufnahme einem beauftragten oder ersuchten Richter übertragen werden (→ Rn. 164 und → Rn. 766 ff.). 222

Zumindest eine Modifikation des Unmittelbarkeitsprinzips bedeutet es, wenn von der rechtlichen Möglichkeit des § 128a Gebrauch gemacht und die **Verhandlung in Bild und Ton vom Sitzungszimmer an einen anderen Ort übertragen** wird, an dem sich Parteien, ihre Bevollmächtigten, Zeugen oder Sachverständige aufhalten und an der Verhandlung teilnehmen.[282] 223

---

[279] BGHZ 17, 118 (123) = NJW 1955, 988.
[280] Stein/Jonas/*Kern* § 128 Rn. 51.
[281] BGH NJW 1992, 2146 (2147).
[282] Eingehend zur sog. Videokonferenz *Schultzky* NJW 2003, 313.

## 7. Grundsatz der Öffentlichkeit

224 Der Grundsatz der Öffentlichkeit dient der Transparenz richterlicher Tätigkeit als Grundlage für das Vertrauen in eine unabhängige und neutrale Rechtspflege. Dieser Grundsatz ist Bestandteil des Rechtsstaats- und Demokratieprinzips.[283] Die Öffentlichkeit ist schon aus praktischen Gründen eng mit der Mündlichkeit verknüpft und bezieht sich auf Phasen des Verfahrens, für die Mündlichkeit vorgeschrieben ist, nämlich auf die Verhandlung vor dem erkennenden Gericht einschließlich der Verkündung der Urteile und Beschlüsse (§ 169 S. 1 GVG). Die Öffentlichkeit der gerichtlichen Verhandlung verlangt, dass sich jeder[284] ohne besondere Schwierigkeiten Kenntnis von Ort und Zeit der Sitzung verschaffen kann und ihm im Rahmen der tatsächlichen Gegebenheiten der Zutritt eröffnet wird.[285] Man spricht insoweit von einer „Saalöffentlichkeit", die verlangt, dass keine Zugangshindernisse bestehen.[286]

225 Da andererseits ein berechtigtes Interesse der Parteien anzuerkennen ist, bestimmte Angelegenheiten nicht zur Kenntnis Dritter zu bringen, muss der **Öffentlichkeitsgrundsatz eingeschränkt** werden. Dies geschieht dadurch, dass einmal bestimmte Verhandlungen ganz oder in Teilen unter Ausschluss der Öffentlichkeit stattzufinden haben, wie dies in § 170 GVG für die meisten Familiensachen vorgeschrieben ist; zum anderen kann das Gericht beschließen, dass eine Verhandlung nicht öffentlich durchgeführt wird, wenn Gründe zutreffen, die in den §§ 171b ff. GVG genannt werden. Neben dem Interesse der Parteien oder Zeugen an einer Geheimhaltung kann das Interesse des Staates ebenfalls die öffentliche Verhandlung verhindern (vgl. § 172 Nr. 1 GVG). Wenn auch die Verkündung des Urteils in jedem Fall öffentlich vorgenommen werden soll (§ 173 I GVG), kann unter den in § 173 II GVG genannten Voraussetzungen für die Verkündung der Urteilsgründe die Öffentlichkeit ausgeschlossen werden.

226 Es handelt sich um die sog. **„Parteiöffentlichkeit"**, wenn es um das Recht der Parteien geht, an jeder Beweisaufnahme im Rahmen ihres Rechtsstreits teilzunehmen, auch wenn sie nicht öffentlich stattfindet (§ 357 I), die Prozessakten einzusehen und sich aus ihnen durch die Geschäftsstelle Ausfertigungen, Auszüge und Abschriften erteilen zu lassen (§ 299 I) und darüber hinaus sich durch das Gericht über alle Vorgänge des Prozessverfahrens unterrichten zu lassen, die erkennbar wesentliche Tatsachen für sie enthalten.[287] Die Parteiöffentlichkeit leitet sich aus dem Anspruch auf rechtliches Gehör ab (→ Rn. 199) und darf deshalb auch nicht wegen des Interesses der Gegenpartei, bestimmte Informationen, wie zB Betriebs- und Geschäftsgeheimnisse, nicht offenbaren zu müssen, eingeschränkt werden.[288]

227 Eine auf verfassungsrechtlicher Grundlage vorzunehmende Abwägung verschiedener, zT gegensätzlicher Interessen bedarf es, wenn die Frage zu entscheiden ist,

---

[283] BVerfG JZ 2001, 704 (705 f.).
[284] Zum fairen Verteilungsverfahren der Sitzplätze im sog. NSU-Prozess s. BVerfG NJW 2013, 1293 ff.
[285] BVerfG NJW-RR 2006, 1653.
[286] VG Wiesbaden MDR 2010, 770. Das Gericht hält es für unzulässig, dass in einem Gerichtsgebäude dauerhaft eine Anlage zur Videoüberwachung der einen Gerichtssaal aufsuchenden Personen installiert wird; aA LG Itzehoe NJW 2010, 3525.
[287] Vgl. BGH NJW 1961, 363.
[288] *Kürschner* NJW 1992, 1804; *Prütting/Weth* NJW 1993, 576; aA *Stadler* NJW 1989, 1202, jew. mwN.

## II. Verfahrensgrundsätze

wieweit der Öffentlichkeit Zugang zu gerichtlichen Verhandlungen gewährt werden muss und ob im Regelfall auch eine **Medienöffentlichkeit** herzustellen ist, die eine Rundfunk und Fernsehübertragung von Gerichtsverhandlungen gestattet. Eine solche Frage wird sich zwar in erster Linie für Strafverfahren stellen, betrifft aber auch Zivilprozesse, denen besondere Aufmerksamkeit in der Öffentlichkeit zuteil wird. Das BVerfG[289] hat festgestellt, dass der Gesetzgeber die öffentliche Zugänglichkeit zu Verhandlungen vor dem erkennenden Gericht im Rahmen seiner Befugnisse zur Ausgestaltung des Gerichtsverfahrens unter Beachtung des Rechtsstaats- und des Demokratieprinzips sowie des Schutzes der Persönlichkeit zu regeln habe. Die durch § 169 GVG getroffene Entscheidung, nur eine „Saalöffentlichkeit" zuzulassen, die zwar Vertretern der Medien eine Teilnahme ermöglicht, jedoch Ton-, Film- und Fernsehaufnahmen zum Zwecke einer öffentlichen Vorführung oder Veröffentlichung verbietet, sei verfassungsrechtlich nicht zu beanstanden.

Diese Einschränkungen betreffen allerdings nur die Gerichtsverhandlung als solche. Vor und nach einer Verhandlung und in Pausen wird von den Gerichten regelmäßig erlaubt, Rundfunk- und Fernsehaufnahmen vorzunehmen und zu übertragen. Beim BVerfG kann nach § 17a BVerfGG auch die mündliche Verhandlung bis zur Feststellung der Identität der Beteiligten und die Verkündung der Entscheidung übertragen werden. **228**

### 8. Folgen einer Verletzung von Verfahrensgrundsätzen

Grundsätzlich verhindern auch schwerste Verfahrensfehler nicht die Wirksamkeit eines Urteils. Dies gilt nur dann nicht, wenn das Gericht unter Missachtung des Dispositionsgrundsatzes eine Entscheidung erlässt, obwohl keine Klage erhoben oder eine einmal erhobene Klage wirksam zurückgenommen wurde; eine solche Entscheidung ist unwirksam.[290] In anderen Fällen muss dagegen die betroffene Partei die Verletzung von Verfahrensgrundsätzen mit den jeweils in Betracht kommenden Rechtsmitteln geltend machen. **229**

Der Erfolg des Rechtsmittels hängt davon ab, ob die angefochtene Entscheidung auf dem Verfahrensfehler, den die Verletzung von Verfahrensgrundsätzen darstellt, beruht. Allerdings bilden einzelne Verstöße gegen Verfahrensgrundsätze absolute Revisionsgründe, bei denen stets davon ausgegangen werden muss, dass die Entscheidung durch die Verletzung des Gesetzes beeinflusst worden ist (vgl. § 547 und → Rn. 994). Dies gilt nach § 547 Nr. 5 bei Verletzung von Vorschriften über die Öffentlichkeit des Verfahrens. Hat entgegen § 309 das Urteil ein Richter gefällt, der nicht an der dem Urteil zugrundeliegenden Verhandlung teilgenommen hat, dann bedeutet diese Verletzung des Unmittelbarkeitsgrundsatzes ebenfalls einen absoluten Revisionsgrund nach § 547 Nr. 1. Werden im erstinstanzlichen Verfahren Verfahrensgrundsätze nicht eingehalten, dann leidet das Verfahren an einem wesentlichen Mangel iSv § 538 II Nr. 1. Soweit Verfahrensgrundsätze verfassungsrechtlich fundiert sind, wie der Anspruch auf rechtliches Gehör (→ Rn. 199 f.), der Anspruch auf ein faires Verfahren (→ Rn. 201) und das Öffentlichkeitsprinzip (→ Rn. 224), können Verstöße gegen sie auch eine Verfassungsbeschwerde begründen. **230**

---

[289] BVerfG JZ 2001, 704 (705 f.); vgl. dazu *Stürner* JZ 2001, 699; *Kaulbach* ZRP 2009, 236.
[290] LG Tübingen JZ 1982, 474; LAG Frankfurt a. M. BB 1982, 1924 (1925); Zöller/*Feskorn* Vor § 300 Rn. 18; aA *Blomeyer*, Zivilprozessrecht, Erkenntnisverfahren, 2. Aufl. 1985, § 81 III 2a.

## III. Die Zulässigkeit der Klage

231 Es wurde bereits (→ Rn. 188) darauf hingewiesen, dass **Bedenken, die gegen die Zulässigkeit der Klage** bei Gericht oder auf Seiten des Beklagten bestehen, **zu Beginn der mündlichen Verhandlung** zu **erörtern** sind. Denn nur wenn eine Klage zulässig ist, hat der Richter darüber zu entscheiden, ob das durch sie geltend gemachte Recht besteht, ob sie also begründet ist.[291] Stellt der Richter fest, dass es Gründe gibt, die die erhobene **Klage unzulässig** machen, dann hat er (nachdem er zuvor dem Kläger, soweit dies Erfolg verspricht, Gelegenheit zur Beseitigung dieser Gründe gegeben hat) die Klage durch ein sog. **Prozessurteil** abzuweisen; zu einem Urteil in der Sache, zu einem sog. Sachurteil, kommt es dann überhaupt nicht (→ Rn. 106 ff.). Die Voraussetzungen, die erfüllt werden müssen, damit eine Entscheidung in der Sache zulässig ist, werden **Prozessvoraussetzungen** genannt; die häufig synonym verwendete Bezeichnung **Sachurteilsvoraussetzungen** lässt die Bedeutung dieser Voraussetzungen besser erkennen.

232 Weder der Begriff „Prozessvoraussetzungen" noch die Bezeichnung „Sachurteilsvoraussetzungen" erscheint indes treffend. Spricht man von Prozessvoraussetzungen, dann kann dadurch – zumindest wörtlich verstanden – der falsche Eindruck vermittelt werden, dass es von ihrer Erfüllung abhängt, ob es überhaupt zu einem Prozess kommt. Der Entscheidung in der Sache geht nicht nur bei Urteilen, sondern auch bei Beschlüssen eine Zulässigkeitsprüfung voraus, sodass der Begriff **„Sachentscheidungsvoraussetzungen"** vorzugswürdiger wäre.[292] Man sollte sich jedoch über Begriffe nicht streiten, sondern sollte sich im Interesse eines einheitlichen Sprachgebrauchs über sie verständigen. Da sich bisher bessere Vorschläge nicht durchsetzen konnten, werden im Folgenden die gebräuchlichen Begriffe Prozessvoraussetzungen und Sachurteilsvoraussetzungen verwendet und synonym gebraucht.

233 Zur besseren Übersichtlichkeit werden die Prozessvoraussetzungen (Sachurteilsvoraussetzungen) in vier Gruppen eingeteilt, und zwar danach, ob sie das Gericht, die Parteien, den Streitgegenstand oder ein besonderes Verfahren betreffen. Welche Prozessvoraussetzungen im Einzelnen diesen Gruppen zuzuordnen sind und welchen Inhalt sie aufweisen, soll im Folgenden dargestellt werden.

### 1. Die Prozessvoraussetzungen, die das Gericht betreffen

#### a) Deutsche Gerichtsbarkeit

234 Die deutsche Gerichtsbarkeit erfasst grundsätzlich alle Personen – unabhängig von ihrer Staatsangehörigkeit –, die sich innerhalb der Grenzen der Bundesrepublik Deutschland befinden. In Ausnahme von diesem Grundsatz sind bestimmte Personengruppen (vgl. §§ 18, 19 und 20 I GVG) sowie ausländische Staaten, soweit sie

---

[291] Auf die Frage, ob von dieser Reihenfolge aus praktischen Gründen abgewichen werden darf, etwa wenn die Unbegründetheit der Klage feststeht, die Entscheidung über ihre Zulässigkeit jedoch erhebliche Schwierigkeiten bereitet, wird später eingegangen werden.
[292] *Schilken* ZivilProzR Rn. 254 f.

## III. Die Zulässigkeit der Klage

in hoheitlicher Funktion tätig werden, zwischenstaatliche Organisationen und deren Mitglieder (zB UN, Europarat) und Angehörige ausländischer Streitkräfte nach dem NATO-Truppenstatut (vgl. § 20 II GVG)[293] von der deutschen Gerichtsbarkeit befreit.

Wird eine Klage gegen einen Beklagten erhoben, der der deutschen Gerichtsbarkeit nicht untersteht, und ist mit großer Wahrscheinlichkeit zu erwarten, dass er sich auch nicht freiwillig der deutschen Gerichtsbarkeit unterwirft, dann hat das Gericht von der Zustellung der Klageschrift und einer Terminbestimmung abzusehen.[294] Wird erst während eines (bereits begonnenen) Rechtsstreits die fehlende deutsche Gerichtsbarkeit festgestellt, dann ist die Klage als unzulässig abzuweisen. 235

### b) Zulässigkeit des Rechtswegs und Zuständigkeiten

Die **Zulässigkeit des Zivilrechtswegs** (Rechtswegzuständigkeit) ist bereits oben (→ Rn. 60 ff.) behandelt worden; hierauf wird verwiesen. Ebenso sind Fragen der Zuständigkeit des Gerichts bereits erörtert worden, so die örtliche Zuständigkeit (→ Rn. 82 ff.), die sachliche Zuständigkeit (→ Rn. 80 f.), die internationale Zuständigkeit (→ Rn. 111) und die funktionelle Zuständigkeit (→ Rn. 112 f.). Es war bereits darauf hingewiesen worden, dass sich die **internationale Zuständigkeit** grundsätzlich nach den Regeln über die örtliche Zuständigkeit richtet. Jedoch gelten in manchen Fällen Sonderregelungen, die berücksichtigt werden müssen. Vor allem für Rechtsstreitigkeiten, die zwischen Angehörigen verschiedener Mitgliedstaaten der EU „über die Grenze" hinweg geführt werden, sind die Vorschriften des Europäischen Zivilprozessrechts zu beachten. 236

### Einschub: Europäisches Zivilprozessrecht

Als Europäisches Zivilprozessrecht wird der Teil des Internationalen Zivilprozessrechts bezeichnet, der durch EG-Verordnungen und EG-Richtlinien sowie durch innerstaatliche Ausführungsbestimmungen geregelt ist. Die Kompetenz der EU zur Vereinheitlichung des Internationalen Zivilprozessrechts ergibt sich aus dem Vertrag von Lissabon v. 13.12.2007, der am 1.12.2009 in Kraft getreten ist. Art. 81 II a AEUV begründet eine eigenständige Handlungsbefugnis der EU, die es ihr erlaubt, Maßnahmen im Bereich der juristischen Zusammenarbeit in Zivilsachen mit grenzüberschreitendem Bezug zu treffen, soweit diese für das reibungslose Funktionieren des Binnenmarktes erforderlich sind.[295] Im Folgenden sollen die wichtigsten Vorschriften dieses Bereichs kurz beschrieben werden, denen aufgrund der engen wirtschaftlichen Verflechtungen innerhalb der EU immer größere Bedeutung auch für die Rechtsanwendung deutscher Gerichte zukommt:[296] 237

---

[293] Die Aufzählung ist nur beispielhaft; eingehender: *Rosenberg/Schwab/Gottwald* ZivilProzR § 19 Rn. 2 ff. mwN; vgl. auch BLAH/*Hartmann* GVG § 20 Rn. 2 ff.; Zöller/*Lückemann* GVG § 20 Rn. 3 ff.
[294] OLG München NJW 1975, 2144 (2145).
[295] Vgl. *Musielak/Voit/Stadler* Vorb. vor EuGVVO Rn. 2.
[296] Einen Überblick über die neueren Entwicklungen gibt *Wagner* NJW 2013, 1653; 2013, 3128.

- **Brüssel Ia-VO.**[297] Diese Verordnung, die mit Wirkung vom 10.1.2015 neu gefasst worden ist, enthält Vorschriften über die internationale Zuständigkeit und regelt die Anerkennung und Vollstreckung gerichtlicher Entscheidungen mit Auslandsbezug. Sie gilt unmittelbar in jedem Mitgliedstaat und geht im Rang dem nationalen Recht vor. Personen, die ihren Wohnsitz im Hoheitsgebiet eines Mitgliedstaats haben, können vor dem Gericht eines anderen Mitgliedstaats nur nach Maßgabe der Vorschriften der Verordnung verklagt werden (Art. 5 I Brüssel Ia-VO). Die Verordnung ist in Zivil- und Handelssachen mit Ausnahme einzelner in Art. 1 Brüssel Ia-VO genannter Bereiche anwendbar. Das Zuständigkeitssystem der Brüssel Ia-VO ist ähnlich strukturiert wie die Regelung der örtlichen Zuständigkeit in der ZPO.[298] Auch danach ist zunächst zu fragen, ob ein ausschließlicher Gerichtsstand in Betracht kommt, der für Klagen mit Immobilienbezug in Art. 24 Brüssel Ia-VO sowie für bestimmte gesellschaftrechtliche Streitigkeiten in Art. 24 Nr. 2 Brüssel Ia-VO geregelt ist. Ist dies zu verneinen, dann muss geklärt werden, ob Sonderregelungen zu beachten sind, die für Versicherungssachen (Art. 10 ff. Brüssel Ia-VO), für **Verbrauchersachen** (Art. 17 ff. Brüssel Ia-VO) oder für individuelle Arbeitsverträge (Art. 20 ff. Brüssel Ia-VO) gelten. Schließlich kommt es darauf an, ob ein besonderer Gerichtsstand (Art. 7 ff. Brüssel Ia-VO) oder der allgemeine Gerichtsstand (Art. 4 Brüssel Ia-VO) gegeben ist. Auch kann sich die Zuständigkeit aufgrund einer Gerichtsstandsvereinbarung (Art. 25 Brüssel Ia-VO) oder aufgrund einer rügelosen Einlassung (Art. 26 Brüssel Ia-VO) ergeben. Für **Gerichtsstandsvereinbarungen** nach Art. 25 Brüssel Ia-VO gelten die formellen Anforderungen des Art. 25 I 3 Brüssel Ia-VO. Ihre Wirksamkeit bestimmt sich nach dem Recht des Staates, dessen Gericht als zuständig vereinbart wurde, Art. 25 I 1 Brüssel Ia-VO. Im Gegensatz zu § 38 ZPO ist dabei nicht zwischen Kaufleuten und Nichtkaufleuten zu unterscheiden, es bestehen aber gravierende Einschränkungen für Gerichtsstandsvereinbarungen bei Versicherungsverträgen (Art. 15 Brüssel Ia-VO), Arbeitsverträgen (Art. 23 Brüssel Ia-VO) und Verbraucherverträgen (Art. 19 Brüssel Ia-VO). Im Anwendungsbereich der Brüssel Ia-VO sind alle Gerichtsstandsvereinbarungen **formbedürftig**. Die Vereinbarung muss schriftlich oder halbschriftlich sein (Art. 25 I 3 lit. a Brüssel Ia-VO), den Gepflogenheiten zwischen den Parteien (Art. 25 I 3 lit. b Brüssel Ia-VO) oder einem internationalen Handelsbrauch (Art. 25 I 3 lit. c Brüssel Ia-VO) entsprechen. Im dritten Kapitel der Verordnung finden sich Vorschriften bezüglich der Anerkennung (Art. 36–38, 45 Brüssel Ia-VO) und der Vollstreckbarerklärung (Art. 39–44, 46–51 Brüssel Ia-VO; lat. Exequatur) ausländischer Entscheidungen. Nach Art. 38 I Brüssel Ia-VO können in einem Mitgliedstaat ergangene Entscheidungen in einem anderen vollsteckt werden, ohne dass es einer Vollstreckbarkeitserklärung bedarf. Für das Verfahren der Vollstreckung gilt vorbehaltlich einzelner Regelungen der Brüssel Ia-VO das Recht des ersuchten Mitgliedstaats (Art. 41 I Brüssel Ia-VO).
- **EuVTVO.**[299] Diese Verordnung findet ebenfalls in Zivil- und Handelssachen Anwendung (vgl. Art. 2 EuVTVO auch zu den Ausnahmen). Ihre Bestimmungen gelten unmittelbar in Deutschland und werden durch §§ 1079–1086 ZPO ergänzt. Die Verordnung ermöglicht es dem Gläubiger einer **unbestrittenen Geldforderung** (zum Begriff vgl. Art. 3 EuVTVO) aufgrund eines nationalen Vollstreckungstitels Vollstreckungsmaßnahmen in

---

[297] VO (EU) Nr. 1215/2012 des Europäischen Parlaments und des Rates über die gerichtliche Zuständigkeit und die Anerkennung und Vollstreckung von Entscheidungen in Zivil- und Handelssachen v. 12.12.2012; vgl. dazu den Überblick von *Staudinger/Steinrötter* JuS 2015, 1 ff.
[298] Vgl. Musielak/Voit/*Stadler* EuGVVO Art. 4 Rn. 3.
[299] VO (EG) Nr. 805/2004 zur Einführung eines Europäischen Vollstreckungstitels für unbestrittene Forderungen v. 21.4.2004; abgedruckt und erläutert in Musielak/Voit/*Lackmann* Vor §§ 1079 ff.; vgl. dazu *Coester-Waltjen* JURA 2005, 394.

## III. Die Zulässigkeit der Klage 83

einem anderen Mitgliedstaat[300] durchzuführen, ohne dass zuvor ein Verfahren der Vollstreckbarkeitserklärung durchgeführt werden muss. Allerdings muss die zu vollstreckende Entscheidung als Europäischer Vollstreckungstitel bestätigt werden. Die Voraussetzungen dafür werden in Art. 6 EuVTVO aufgeführt. Danach wird unter anderem verlangt, dass die Entscheidung unter Beachtung der Vorschriften der Art. 12–17 und 19 EuVTVO ergangen ist oder eventuelle Fehler nach Art. 18 EuVTVO geheilt worden sind. Die Zuständigkeit für die Bestätigung regelt § 1079 ZPO. Die Verordnung trifft keine ausschließliche Regelung, sondern überlässt es dem Gläubiger, ob er nach ihren Regelungen oder nach dem Vollstreckungssystem der Brüssel Ia-VO vorgehen will.

- **EuMVVO bzw. EuMahnVO.**[301] Durch diese Verordnung wird ein **Europäisches Mahnverfahren** eingeführt, das grenzüberschreitende Verfahren in Bezug auf fällige Geldforderungen vereinfachen und beschleunigen sowie die Verfahrenskosten verringern soll (Art. 1 I EuMVVO). Die unmittelbar in der Bundesrepublik geltenden Vorschriften der Verordnung werden durch §§ 1087–1096 ZPO ergänzt. Aus diesen Regelungen ergibt sich, dass der Antragsteller im Rahmen einer grenzüberschreitenden Forderungsdurchsetzung die Möglichkeit erhält, einen in allen Mitgliedstaaten mit Ausnahme von Dänemark durchsetzbaren Titel, den Europäischen Zahlungsbefehl, zu erhalten. Gegen den Europäischen Zahlungsbefehl kann der Antragsgegner innerhalb von 30 Tagen seit der Zustellung des Zahlungsbefehls Einspruch einlegen. Dies hat zur Folge, dass das Verfahren vor dem zuständigen Gericht des Ursprungsmitgliedstaates nach den Regeln eines ordentlichen Zivilprozesses weitergeführt wird (Art. 16 f. EuMVVO). In Deutschland wird der Europäische Zahlungsbefehl einem nationalen Vollstreckungstitel gleichgestellt (§ 794 I Nr. 6).[302]
- **EuGFVO bzw. EuBagatellVO.**[303] Die Verordnung über **geringfügige Forderungen** gilt für grenzüberschreitende Rechtssachen in Zivil- und Handelssachen, wenn der Streitwert der Klage ohne Zinsen, Kosten und Auslagen 2.000 EUR nicht überschreitet. Ziel dieser Verordnung ist es, Streitigkeiten in grenzüberschreitenden Rechtssachen mit geringem Streitwert einfacher und schneller beizulegen und die Kosten hierfür zu reduzieren (Art. 1 EuGFVO). Zu diesem Zweck wird ermöglicht, ein Urteil in einem vereinfachten Verfahren zu erlangen, das regelmäßig schriftlich durchzuführen ist. Das Urteil ist ungeachtet eines möglichen Rechtsmittels ohne Sicherheitsleistung vollstreckbar, und zwar auch in dem Mitgliedstaat, in dem es ergangen ist (Art. 15 EuGFVO). Die in der Verordnung getroffene Regelung wird durch die §§ 1097–1109 ergänzt.[304]
- **EuZVO.**[305] Wie bereits die Bezeichnung der Verordnung verdeutlicht, schafft sie eine Rechtsgrundlage für die **Übermittlung gerichtlicher und außergerichtlicher Schrift-**

---

[300] Nur Dänemark ist vom Anwendungsbereich der Verordnung ausgenommen (Art. 2 III EuVTVO).

[301] VO (EG) Nr. 1896/2006 des Europäischen Parlaments und des Rates zur Einführung eines Europäischen Mahnverfahrens; abgedruckt und kommentiert in Musielak/Voit/*Voit* Vor §§ 1087 ff.; vgl. dazu *Salten* MDR 2008, 1141.

[302] Zum Verfahren im Einzelnen vgl. Musielak/Voit/*Voit* Vor §§ 1087 ff. Rn. 9 ff.; *Vollkommer/Huber* NJW 2009, 1105; *Salten* MDR 2008, 1141.

[303] VO (EG) Nr. 861/2007 des Europäischen Parlaments und des Rates zur Einführung eines Europäischen Verfahrens für geringfügige Forderungen (Small Claims-VO) v. 11.7.2007; abgedruckt und kommentiert in Musielak/Voit/*Voit* Vor §§ 1097 ff.

[304] Vgl. *Hau* JuS 2008, 1056; *Vollkommer/Huber* NJW 2009, 1105 (1107 ff.); Musielak/Voit/*Voit* Vor §§ 1097 ff. Rn. 4 ff.

[305] VO (EG) Nr. 1393/2007 des Europäischen Parlaments und des Rates über die Zustellung gerichtlicher und außergerichtlicher Schriftstücke in Zivil- oder Handelssachen in den Mitgliedstaaten und zur Aufhebung der VO (EG) Nr. 1348/2000) v. 13.11.2007; abgedruckt und kommentiert in *Musielak/Voit* S. 3261 ff.

stücke in Zivil- oder Handelssachen, die in einem anderen Mitgliedstaat zugestellt werden sollen. Ergänzend treten die Vorschriften der §§ 1067–1069 und 1071 ZPO hinzu.
- **EuBVO.**[306] Die Verordnung trifft Regelungen für den Fall, dass eine **Beweisaufnahme in einem anderen Mitgliedstaat** durchgeführt werden soll. Das um die Beweisaufnahme ersuchende Gericht kann sich unmittelbar an das zuständige Gericht des anderen Mitgliedstaates wenden. Jeder Mitgliedstaat erstellt eine Liste der für die Durchführung von Beweisaufnahmen nach dieser Verordnung zuständigen Gerichte. Das ersuchte Gericht hat die Beweisaufnahme unverzüglich, spätestens aber innerhalb von 90 Tagen nach Eingang des Ersuchens zu erledigen. Über die Art und Weise der Erledigung enthält die Verordnung in ihren Art. 10 ff. EuBVO Bestimmungen. §§ 1073–1075 ZPO treffen ergänzenden Regelungen.
- **Brüssel IIa-VO.**[307] Die Bezeichnung der Verordnung gibt bereits Hinweise auf ihren Anwendungsbereich. Sie regelt die internationale Zuständigkeit und die Anerkennung ausländischer Entscheidungen in **Ehesachen** und in Verfahren, die sich auf die **elterliche Verantwortung** beziehen. Diese Verfahren betreffen unter anderem das Sorge- und Umgangsrecht, die Vormundschaft, die Pflegschaft und entsprechende Rechtsinstitute, die Feststellung und die Anfechtung des Eltern-Kind-Verhältnisses sowie Adoptionsentscheidungen (vgl. Art. 1 Brüssel IIa-VO). Die im Geltungsbereich der Brüssel IIa-VO in einem Mitgliedstaat ergangenen Entscheidungen werden in den anderen Mitgliedstaaten anerkannt, ohne dass es hierfür eines besonderen Verfahrens bedarf (Art. 21 I Brüssel IIa-VO; zu den Gründen für die Nichtanerkennung einer Entscheidung vgl. Art. 22 Brüssel IIa-VO). Die in einem Mitgliedstaat ergangene Entscheidung über die elterliche Verantwortung für ein Kind, die in diesem Mitgliedstaat vollstreckbar ist und zugestellt wurde, kann auf Antrag der berechtigten Partei in einem anderen Mitgliedstaat in einem vereinfachten Verfahren (vgl. Art. 29 ff. Brüssel IIa-VO) für vollstreckbar erklärt und dann vollstreckt werden (Art. 28 I Brüssel IIa-VO). Für die Vollstreckbarkeit bestimmter Entscheidungen über das Umgangsrecht und die Anordnung der Rückgabe des Kindes sind die Art. 41 ff. Brüssel IIa-VO anzuwenden. Auch diese Verordnung gilt unmittelbar in den Mitgliedstaaten der EU. Ergänzende Regelungen sind durch das Internationale Familienrechtsverfahrensgesetz getroffen worden.

## 2. Die Prozessvoraussetzungen, die die Partei betreffen

### a) Parteifähigkeit

238 Für die Parteifähigkeit, die Fähigkeit, als Partei in einem Prozess aufzutreten, stellt § 50 I den Grundsatz auf, dass derjenige parteifähig ist, der rechtsfähig ist. Das heißt, dass natürliche Personen, also Menschen (vgl. § 1 BGB), und juristische Personen die Parteifähigkeit besitzen. Darüber hinaus sind als parteifähig anzusehen:

---

[306] VO (EG) Nr. 1206/2001 über die Zusammenarbeit zwischen den Gerichten der Mitgliedstaaten auf dem Gebiet der Beweisaufnahme in Zivil- oder Handelssachen (Beweisaufnahme-VO) v. 28.5.2001; abgedruckt in *Musielak/Voit* S. 3279 ff.
[307] VO (EG) Nr. 2201/2003 des Rates über die Zuständigkeit und die Anerkennung von Entscheidungen in Ehesachen und in Verfahren betreffend die elterliche Verantwortung und zur Aufhebung der VO (EG) Nr. 1347/2000 v. 27.11.2003.

III. Die Zulässigkeit der Klage

- Die OHG und die KG, die unter ihrer Firma vor Gericht klagen und verklagt werden können (§ 124 I, § 161 II HGB).
- Die (Außen-) Gesellschaft des bürgerlichen Rechts, soweit sie durch Teilnahme am Rechtsverkehr eigene Rechte und Pflichten begründet und insoweit auch Rechtsfähigkeit besitzt.[308]
- Die Vor-GmbH, auch wenn sie die Absicht der Eintragung in das Handelsregister aufgibt.[309] Die GmbH nach ihrer Löschung im Handelsregister, sofern noch verwertbares Vermögen vorhanden ist.[310]
- Die nichtrechtsfähigen Vereine; ihnen ist durch die 2009 geänderte Vorschrift des § 50 II eine volle Parteifähigkeit zuerkannt worden. Sie haben im Rechtsstreit die Stellung eines rechtsfähigen Vereins. Diese Regelung gilt auch für Gewerkschaften, Arbeitgeberverbände und politische Parteien; bei ihnen war vor der Änderung des § 50 II die Parteifähigkeit aus verfassungsrechtlichen Gründen anerkannt.
- Die Gemeinschaft der Wohnungseigentümer, soweit sie bei der Verwaltung des gemeinschaftlichen Eigentums am Rechtsverkehr teilnimmt (§ 10 VI 5 WEG).

Wird über die Parteifähigkeit einer Prozesspartei gestritten, dann ist im Rahmen dieses Streites der Betroffene als parteifähig zu behandeln. Eine parteiunfähige Person kann insoweit alle Rechte wie ein Parteifähiger geltend machen, zB ein Rechtsmittel einlegen.[311] 239

**b) Prozessfähigkeit**

**Prozessfähigkeit bedeutet die Fähigkeit, einen Rechtsstreit selbst zu führen oder durch einen selbst bestellten Vertreter führen zu lassen.** § 52 stellt die Prozessfähigkeit der Fähigkeit gleich, sich durch Verträge verpflichten zu können. Somit sind prozessfähig alle diejenigen, die eine unbeschränkte Geschäftsfähigkeit besitzen, und diejenigen, die innerhalb eines bestimmten Bereichs (vgl. §§ 112, 113 BGB; → GK BGB Rn. 356) die unbeschränkte Geschäftsfähigkeit erhalten haben, für diesen Bereich. Dagegen gibt es im Zivilprozess nicht die durch §§ 106 ff. BGB geschaffene Möglichkeit, dass beschränkt Geschäftsfähige unter bestimmten Voraussetzungen, beispielsweise mit Einwilligung ihres gesetzlichen Vertreters, Rechtsakte wirksam vornehmen können.[312] 240

Für die prozessunfähige Partei muss ihr gesetzlicher Vertreter handeln (vgl. § 51 I). Gesetzlicher Vertreter ist derjenige, dessen Vertretungsmacht sich entweder unmittelbar aus dem Gesetz ableitet oder nach Maßgabe einer gesetzlichen Regelung auf staatlicher Anordnung beruht. 241

---

[308] BGHZ 146, 341 = NJW 2001, 1056; BGH NJW 2002, 1207; NZG 2006, 16. Als Gesellschaft des bürgerlichen Rechts ist somit auch die Anwaltssozietät rechts- und parteifähig; vgl. OLG Karlsruhe MDR 2008, 408; *K. Schmidt* NJW 2005, 2801 (2802).
[309] BGH NJW 2008, 2441.
[310] BGH NJW 2015, 2424 Rn. 19.
[311] BGH NJW 2010, 3100 Rn. 9 mwN.
[312] In bestimmten Rechtsstreitigkeiten sind jedoch beschränkt Geschäftsfähige verfahrensfähig, so in Ehesachen (vgl. § 125 I FamFG) und in manchen Kindschaftssachen (vgl. § 167 III FamFG).

242 So sind gesetzliche Vertreter ihrer Kinder die Eltern, soweit ihnen das Sorgerecht zusteht (§§ 1626 I, 1629 I BGB); gesetzlicher Vertreter von Minderjährigen, die unter Vormundschaft stehen, ist der für sie bestellte Vormund (vgl. §§ 1773, 1774, 1793 BGB). Auch der Betreuer eines Volljährigen (vgl. § 1896 BGB) hat in seinem Aufgabenkreis die Stellung eines gesetzlichen Vertreters (§ 1902 BGB). Bevollmächtigt eine volljährige natürliche nicht prozessfähige Person eine andere natürliche Person schriftlich mit ihrer gesetzlichen Vertretung, so steht diese Person unter den in § 51 III genannten Voraussetzungen einem gesetzlichen Vertreter gleich. Schließlich sind die gesetzlichen Vertreter juristischer Personen die zu ihrer Vertretung berufenen Organe, wie die Geschäftsführer bei der GmbH (§ 35 GmbHG) und der Vorstand der Aktiengesellschaft (§ 78 AktG).

243 Fehlt der prozessunfähigen Partei ein gesetzlicher Vertreter, dann ist die Prozessführung zunächst bis zur Bestellung eines gesetzlichen Vertreters nicht möglich; unter den in § 57 genannten Voraussetzungen kann jedoch der Vorsitzende des Prozessgerichts einstweilen einen besonderen Vertreter bestellen, wenn eine nicht prozessfähige Partei verklagt werden soll. Fehlt es der klagenden Partei an der Prozessfähigkeit, so gebietet der Grundsatz des rechtlichen Gehörs, der Partei vor Abweisung der Klage als unzulässig die Gelegenheit zu geben, einen Vertreter oder einen Betreuer bestellen zu lassen.[313]

### c) Prozessführungsbefugnis

244 **Als Prozessführungsbefugnis wird das Recht bezeichnet, über das durch Klage geltend gemachte Recht im eigenen Namen als Kläger oder Beklagter einen Rechtsstreit zu führen.** Diese Befugnis steht regelmäßig demjenigen zu, der als Kläger behauptet, Träger des geltend gemachten Rechts zu sein, oder dem als Beklagtem gegenüber das behauptete Recht geltend gemacht wird. Wird die Prozessführungsbefugnis auf den Kläger bezogen, dann kann man sie auch als Klagebefugnis bezeichnen. Jedoch ist der Begriff „Klagebefugnis" im Zivilprozessrecht – anders als im Verwaltungsprozessrecht – nicht üblich; er sollte deshalb hier vermieden werden.

245 Nicht zu verwechseln mit der Prozessführungsbefugnis ist die Sachlegitimation. Die **Sachlegitimation** betrifft die Frage, ob dem Kläger nach dem materiellen Recht das von ihm geltend gemachte subjektive Recht zusteht (sog. Aktivlegitimation) und ob es sich gegen den Beklagten richtet (sog. Passivlegitimation).[314] Fehlen Aktiv- oder Passivlegitimation, dann ist die Klage als unbegründet abzuweisen, während die fehlende Prozessführungsbefugnis die Klage unzulässig macht.

246 In der weitaus größten Zahl der Fälle ergeben sich hinsichtlich der Prozessführungsbefugnis keinerlei Zweifel, und sie spielt deshalb keine Rolle. Nur in Fällen, in denen der Kläger nicht vorgibt, Träger des geltend gemachten Rechts zu sein, sondern ein fremdes Recht im eigenen Namen im Prozess durchsetzen will, kommt es darauf an, ob er zur Führung eines solchen Prozesses über ein fremdes Recht befugt ist. Ist dies der Fall, dann spricht man von einer **Prozessstandschaft.** Fehlt es dagegen an einer solchen Berechtigung, dann ist die Klage nicht zulässig, weil grundsätzlich niemand fremde Rechte im Prozess ohne eine besondere Befugnis dazu geltend machen darf.

---

[313] BGH NZFam 2014, 334 = FamRZ 2014, 553.
[314] *Schilken* ZivilProzR Rn. 76.

## III. Die Zulässigkeit der Klage

**Beispiel:** Sanft hat Schuld für drei Monate 1.000 EUR geliehen. Nach einem halben Jahr hat Schuld das Geld noch nicht zurückgezahlt. Keck, ein Freund des Sanft, meint, Sanft solle gegen Schuld gerichtlich vorgehen. Da dieser jedoch Mühe und Ärger eines Prozesses scheut, erhebt Keck im eigenen Namen Klage gegen Schuld. Trägt Keck vor, dass Gläubiger der von ihm geltend gemachten Forderung Sanft ist, dann fehlt ihm die Prozessführungsbefugnis und die Klage wird als unzulässig abgewiesen. Behauptet Keck dagegen, Sanft habe ihm die Forderung abgetreten, dann ist er prozessführungsbefugt, da er ein eigenes Recht geltend macht. Stellt sich im Prozess heraus, dass es eine wirksame Abtretung der Forderung nicht gegeben hat, dann wird die Klage ebenfalls abgewiesen, aber dann als unbegründet, weil Keck nicht Inhaber des behaupteten Rechts ist und ihm deshalb die Sachlegitimation (Aktivlegitimation) fehlt.

**Für die Prozessstandschaft, also die Befugnis, fremde Rechte im eigenen Namen im Prozess geltend zu machen, muss es eine Rechtfertigung geben.** Sie kann sich aus dem Gesetz ergeben. So wird zB durch § 1422 BGB dem allein verwaltungsberechtigten Ehegatten bei der Gütergemeinschaft eine Prozessführungsbefugnis eingeräumt.[315] Ebenso handelt es sich um einen Fall der gesetzlichen Prozessstandschaft, wenn ein Ehegatte gem. § 1368 BGB Ansprüche gegen einen Dritten geltend macht, die sich aus Verfügungen des anderen Ehegatten ergeben, die ohne die nach § 1365 BGB erforderliche Zustimmung getroffen worden sind (→ EK BGB Rn. 878 ff.). Die Befugnis, fremde Rechte im eigenen Namen im Prozess geltend zu machen, steht schließlich aufgrund der ihnen übertragenen Aufgaben und damit verbundenen Rechte auch den Parteien kraft Amtes zu. 247

**Parteien kraft Amtes** sind der Insolvenzverwalter (vgl. § 21 II Nr. 1 iVm § 22, § 80 I InsO), der Nachlassverwalter (§§ 1984, 1985 BGB), der Testamentsvollstrecker (§§ 2212, 2213 BGB) und der Zwangsverwalter (§ 152 ZVG). In einem in ihren Aufgabenbereich fallenden Rechtsstreit besitzen diese Personen die Prozessführungsbefugnis und führen den Prozess über ein fremdes, von ihnen verwaltetes Vermögen.[316] 248

Es gibt nicht nur eine Prozessführungsbefugnis für Rechte Dritter aufgrund einer gesetzlichen Regelung (sog. **gesetzliche Prozessstandschaft**), sondern auch aufgrund einer entsprechenden Ermächtigung des Rechtsträgers (sog. **gewillkürte Prozessstandschaft**). Sie ist jedoch nur in engen Grenzen zuzulassen, weil es bei dem Grundsatz bleiben muss, dass der Rechtsträger selbst die gerichtliche Rechtsverfolgung zu betreiben hat.[317] Es muss auch bedacht werden, dass durch die Verschiebung der Parteirolle auch Interessen der Gegenpartei in nicht unerheblichem Maße berührt sein können. Dies zeigt sich beispielsweise bei dem Risiko, im Fall des Obsiegens den Anspruch auf Kostenerstattung bei einem vermögenslosen Prozessstandschafter nicht durchsetzen zu können.[318] Die hM lässt eine gewillkürte Prozessstandschaft zu, wenn ein schutzwürdiges Interesse an der Geltendmachung des fremden Rechts 249

---

[315] Vgl. MüKoBGB/*Kanzleiter* § 1422 Rn. 26; Musielak/Voit/*Weth* § 51 Rn. 21 ff., auch zu weiteren Fällen.
[316] Vgl. *Rosenberg/Schwab/Gottwald* ZivilProzR § 40 Rn. 13; MüKoZPO/*Lindacher* Vor § 50 Rn. 29 ff., 44.
[317] Zur Problematik einer gewillkürten Prozessstandschaft insbesondere im Hinblick auf den Rechtsschutz des Beklagten *Schumann* FS Musielak, 2004, 457.
[318] Dazu ausführlich *Schumann* FS Musielak, 2004, 477 ff., mwN.

im eigenen Namen zu bejahen ist.[319] Dies ist der Fall, wenn durch die Entscheidung des Prozesses die eigene Rechtslage des Prozessführenden beeinflusst wird.[320] Wird die Ermächtigung des Klägers zur Prozessführung vor Einlassung des Beklagten zur Hauptsache widerrufen, so wird die Klage unzulässig abgewiesen (zur Möglichkeit des Parteiwechsels → Rn. 405 ff.).[321] Dagegen wird die Klage als unbegründet abgewiesen, wenn der Beklagte sich bei Widerruf der Ermächtigung bereits zur Hauptsache eingelassen hatte, denn er hat nun Anspruch auf ein Sachurteil, der ihm nach der Wertung des § 269 I nicht ohne seine Einwilligung entzogen werden darf.[322]

250 Ein schutzwürdiges Interesse an einer gewillkürten Prozessstandschaft ist in der Rechtsprechung bejaht worden, wenn der Veräußerer eines als lastenfrei verkauften Grundstücks nach Übereignung einen Berichtigungsanspruch wegen einer zu Unrecht im Grundbuch eingetragenen Belastung nach § 894 BGB im eigenen Namen geltend macht,[323] wenn der Geschädigte zur Klage auf Ersatz seines Schadens durch denjenigen ermächtigt wird, der einen entsprechenden Anspruch im Rahmen einer Liquidation des Drittschadens verfolgen könnte,[324] wenn der Verkäufer einer Forderung die an den Käufer abgetretene Forderung gerichtlich geltend macht[325] oder wenn bei einer Sicherungsabtretung der Zedent die abgetretene Forderung im eigenen Namen einklagt.[326] Stellt sich bei einer Zahlungsklage im Laufe des Verfahrens heraus, dass der Kläger bereits vor Klageerhebung die Forderung zur Sicherheit abgetreten hatte, und legt der Kläger jetzt die Ermächtigung seitens des Forderungsinhabers vor, so handelt es sich um eine Klageänderung, weil der Kläger nun aus fremdem Recht vorgeht.

251 In dem obigen Beispielsfall (→ Rn. 246) könnte Keck auch nicht mit Ermächtigung seines Freundes Sanft dessen Forderung im eigenen Namen im Prozess geltend machen, weil ein rechtliches Interesse des Ermächtigten an der Prozessführung im eigenen Namen nicht anzuerkennen wäre.[327]

252 
> Bei der Prüfung der Zulässigkeit einer gewillkürten Prozessstandschaft kann in folgender **Reihenfolge** vorgegangen werden:[328]
> 
> (1) Ermächtigungserklärung durch den materiell Berechtigten
> (2) Übertragbarkeit des Rechts
> (3) Schutzwürdiges Eigeninteresse (oft Prüfungsschwerpunkt)
> (4) Keine ungerechtfertigten Nachteile für den Prozessgegner

---

[319] StRspr, vgl. nur BGH NJW 2003, 2231 (2232); 2012, 3032 Rn. 15, jew. mwN; *Brehm* JURA 1987, 600 (603); MüKoZPO/*Lindacher* vor § 50 Rn. 55 ff.; Musielak/Voit/*Weth* § 51 Rn. 27 ff., jew. mwN.
[320] BGH NJW 2017, 487 Rn. 17; KG BeckRS 2010, 14283 = FamRZ 1982, 427.
[321] BGH NJW 2015, 2425 Rn. 30.
[322] BGH NJW 2015, 2425 Rn. 29.
[323] BGH WM 1966, 1224.
[324] BGHZ 25, 250 = NJW 1957, 1838.
[325] OLG Köln MDR 2008, 165 mwN.
[326] BGH BB 1967, 227; zu weiteren Beispielen vgl. Musielak/Voit/*Weth* § 51 Rn. 28.
[327] Vgl. BGH NJW 2017, 487 Rn. 18.
[328] Diese Voraussetzungen wurden von Rspr. und Lehre entwickelt, vgl. BGH NJW 1990, 1117 ff.; *Schumann* FS Musielak, 2004, 472.

III. Die Zulässigkeit der Klage

## 3. Die Prozessvoraussetzungen, die den Streitgegenstand betreffen

### a) Klagbarkeit des geltend gemachten Rechts

Nach hM[329] gehört auch die Klagbarkeit des vom Kläger geltend gemachten Anspruchs zu den Prozessvoraussetzungen. Allerdings spielt diese Voraussetzung praktisch kaum eine Rolle, weil es Ansprüche, die zwar bestehen, aber nicht gerichtlich durchgesetzt werden können, nur selten gibt. Als unklagbar wird zB der Anspruch eines Verlobten auf Eingehung der Ehe (§ 1297 I BGB) und beim Bestimmungskauf der Anspruch des Verkäufers auf Vornahme der Bestimmung durch den Käufer (§ 375 HGB) angesehen. Außerdem wird es von der hM für zulässig gehalten, durch Parteivereinbarung die Klagbarkeit eines Anspruches auszuschließen, soweit den Parteien freisteht, den Anspruch durch Vertrag aufzuheben.[330]  253

Hinsichtlich bestimmter Ansprüche wird darüber gestritten, ob ihnen die Klagbarkeit fehlt. So besteht beispielsweise eine Meinungsverschiedenheit darüber, was es bedeutet, wenn durch § 1001 BGB der Anspruch des Besitzers auf Verwendungen nur geltend gemacht werden kann, wenn der Eigentümer die Sache wiedererlangt oder die Verwendung genehmigt. Während manche darin den Ausschluss der gerichtlichen Geltendmachung erblicken, meinen andere, dass die Entstehung des Anspruchs aufschiebend bedingt sei oder dass dem Anspruch nur die Fälligkeit fehle.[331] Von der Entscheidung dieses Meinungsstreits hängt es ab, ob eine dennoch erhobene Klage als unzulässig (bei fehlender Klagbarkeit) oder als unbegründet (wegen Fehlens des Anspruchs vor Bedingungseintritt oder wegen fehlender Fälligkeit) abzuweisen ist. Naturalobligationen – wie etwa Spiel- und Wettschulden iSd § 762 BGB (→ GK BGB Rn. 204) – fehlt nicht die Klagbarkeit, sondern die Durchsetzbarkeit; werden sie gerichtlich geltend gemacht, dann ist die Klage als unbegründet, nicht als unzulässig abzuweisen.[332]  254

### b) Ordnungsgemäße Klageerhebung

Wird die Klage nicht ordnungsgemäß erhoben, dh entspricht die Klageschrift nicht den zu stellenden Anforderungen (→ Rn. 116 ff.), ohne dass der Mangel einer Zustellung und Anberaumung eines Termins entgegensteht (→ Rn. 155 f.), dann kommt es darauf an, ob der Mangel geheilt wird (§ 295 I). Geschieht dies nicht, dann darf eine Entscheidung in der Sache nicht ergehen, sondern die Klage ist als unzulässig abzuweisen.[333]  255

### c) Fehlende Rechtshängigkeit

Eine (negative) Prozessvoraussetzung bildet das **Fehlen der Rechtshängigkeit**. Wird in derselben „Streitsache" zwischen denselben Parteien bereits vor einem Gericht ein Rechtsstreit geführt, dann darf nicht zugelassen werden, dass vor einem anderen Gericht eine dieser Parteien erneut Klage erhebt. Abgesehen von dem unnötigen  256

---

[329] BGH NJW 1980, 520; *Rosenberg/Schwab/Gottwald* ZivilProzR § 89 Rn. 21, § 93 Rn. 15; Musielak/Voit/*Foerste* vor § 253 Rn. 6; Zöller/*Greger* vor § 253 Rn. 19; Jauernig/*Hess* ZivilProzR § 33 Rn. 12.
[330] BGH NJW 1982, 2072 (2073); 1984, 669 (670); Zöller/*Greger* vor § 253 Rn. 19; Musielak/Voit/*Foerste* vor § 253 Rn. 6; krit. Prütting ZZP 99 (1986), 93 (96 ff.), jew. mwN.
[331] Vgl. dazu MüKoBGB/*Baldus* § 1001 Rn. 18 mwN.
[332] MüKoZPO/*Becker-Eberhard* vor § 253 Rn. 10.
[333] *Schilken* ZivilProzR Rn. 217.

Aufwand an Zeit und Kosten, den parallele Prozesse verursachen, muss verhindert werden, dass in derselben „Streitsache" einander widersprechende Entscheidungen von verschiedenen Gerichten gefällt werden. § 261 III Nr. 1 bestimmt dementsprechend, dass während der Dauer der Rechtshängigkeit die „Streitsache" von keiner Partei anderweitig anhängig gemacht werden darf. Stellt das Gericht fest, dass diesem Verbot zuwider gehandelt worden ist, dann hat es von Amts wegen die Klage im zweiten Prozess durch Prozessurteil als unzulässig abzuweisen. Auf eine Rüge der Parteien kommt es dafür ebenso wenig an wie auf ein Einverständnis des Beklagten, den Rechtsstreit auch im zweiten Prozess zu führen. § 295 I ist nicht anwendbar.[334]

257 Die **Rechtshängigkeit tritt mit Erhebung der Klage ein** (§ 261 I). Mit der Einreichung der Klageschrift bei Gericht wird die Klage zunächst nur anhängig. Dieser Zeitpunkt kann nach § 167 für die Hemmung der Verjährung wichtig sein (→ Rn. 152). Dagegen tritt die Rechtshängigkeit erst in dem Zeitpunkt ein, in dem die Klageschrift dem Beklagten zugestellt wird (vgl. § 253 I iVm § 270, § 271 I). Bestehen Zweifel, ob die Klage wirksam zugestellt worden ist, dann hat das Gericht diesen Zweifeln nachzugehen und von einer Abweisung der Klage wegen fehlender Rechtshängigkeit abzusehen, sofern die Heilung eines etwaigen Zustellungsmangels noch möglich ist.[335] Hat der Kläger die Klage nach Einreichung der Klageschrift bei Gericht, aber vor ihrer Zustellung zurückgenommen, dann wird keine Rechtshängigkeit begründet. Besonderheiten gelten, wenn eine **Musterfeststellungsklage** (→ Rn. 300a) erhoben wurde. Individualklagen eines Verbrauchers, der seine Forderung im Klageregister angemeldet hat, sind nach § 610 II unzulässig, obwohl der Verbraucher selbst keine Klage erhoben hat. Da die Entscheidung über die Musterfeststellungklage aber nach § 613 I Bindungswirkung für die angemeldeten Verbraucher entfaltet, ist dies konsequent und liegt im Interesse der Entlastung der Gerichte.

258 Da die Sperrfunktion der Rechtshängigkeit nur eine doppelte Entscheidung in derselben „Rechtssache" verhindern will, sind die **subjektiven und sachlichen Grenzen** entsprechend diesem Zweck zu bestimmen. Die Rechtshängigkeit muss sich auf die Personen erstrecken, denen gegenüber die Rechtskraft (zu diesem Begriff Einzelheiten später) der gerichtlichen Entscheidung des ersten Prozesses wirkt. Dies sind zum einen die **Parteien des ersten Prozesses,** wobei es nicht darauf ankommen kann, ob sie ihre Parteirolle im zweiten Prozess getauscht haben, also der Kläger des ersten Prozesses Beklagter des zweiten wird. Außerdem müssen von der Rechtshängigkeitssperre auch die Personen erfasst werden, für und gegen die das rechtskräftige Urteil des ersten Prozesses ebenfalls wirkt (vgl. §§ 325 ff., auch hierzu Einzelheiten später). **In sachlicher Hinsicht** muss es **dieselbe „Streitsache"** sein, die in den parallelen Prozessen zur Entscheidung des Gerichts gestellt wird. Die Abgrenzung der „Streitsache" kann Schwierigkeiten bereiten.

> **Beispielsfall:** K erhebt gegen B Klage auf Duldung der Zwangsvollstreckung in das Grundstück des B und beruft sich auf eine ihm von B an dem Grundstück bestellte Hypothek (vgl. § 1147 BGB). B bestreitet die Wirksamkeit der Hypothekenbestellung und wendet ein, er habe seine zur Bestellung der Hypothek abgegebene Willenserklärung (vgl. § 873 I BGB) wegen arglistiger Täuschung des K angefochten (§ 123 I BGB). K bestreitet nachdrücklich, B arglistig bei der Hypothekenbestellung getäuscht zu haben. Bevor über die Klage des K entschieden worden ist, erhebt B seinerseits Klage gegen

---

[334] Stein/Jonas/*Roth* § 261 Rn. 22.
[335] BGH MDR 2011, 123.

## III. Die Zulässigkeit der Klage

K auf Bewilligung der Löschung der Hypothek im Grundbuch (§ 894 BGB) und trägt vor, infolge der von ihm erklärten Anfechtung seiner bei Hypothekenbestellung abgegebenen Willenserklärung sei dieses Recht rückwirkend (vgl. § 142 I BGB) weggefallen und deshalb das Grundbuch, das die Hypothek ausweist, falsch. K müsse deshalb die Grundbuchberichtigung bewilligen.

**259** Hier stellt sich die Frage, ob beide Prozesse dieselbe „Streitsache" betreffen, sodass die Klage des B gegen K auf Grundbuchberichtigung als unzulässig abzuweisen wäre. Diese Frage wäre zu bejahen, wenn beide Klagen sich auf denselben Streitgegenstand beziehen. Denn es besteht Einvernehmen darüber, dass es sich dann um dieselbe „Streitsache" handelt, wenn der Streitgegenstand identisch ist. Dies lässt es erforderlich sein, sich mit dem Streitgegenstand näher zu befassen, bei dem es sich um einen tragenden Begriff des Zivilprozessrechts handelt, der nicht nur bei der Rechtshängigkeit, sondern auch noch bei anderen Rechtsinstituten des Zivilprozessrechts eine Rolle spielt. Bevor dies getan wird, soll jedoch zunächst die Erörterung der sich im Zusammenhang mit der Rechtshängigkeit und mit den weiteren Prozessvoraussetzungen ergebenden Fragen abgeschlossen werden.

**260** Die Sperre für eine zweite Klage in derselben „Rechtssache" ist nicht die einzige Wirkung der Rechtshängigkeit. Eine weitere ist in § 261 III Nr. 2 beschrieben: Veränderungen, die sich nach Eintritt der Rechtshängigkeit ergeben, haben keinen Einfluss auf die Zulässigkeit des Rechtswegs und die Zuständigkeit des Prozessgerichts.

**261** Für die **Fortdauer der Zuständigkeit** des mit einem Rechtsstreit befassten Gerichts (perpetuatio fori) sprechen insbesondere prozessökonomische Gründe. Gäbe es die Vorschrift nicht, dann müsste beispielsweise bei gesetzlichen Zuständigkeitsänderungen, bei nachträglichen Parteivereinbarungen oder bei Änderung des Wohnsitzes des Beklagten, wenn dadurch die örtliche Zuständigkeit des Gerichts begründet worden ist (vgl. §§ 12, 13), die Sache an das nunmehr zuständig werdende Gericht abgegeben werden, das sich wiederum neu einarbeiten müsste.

**262** Eine **Ausnahme** von der Regel der perpetuatio fori enthält § 506 für das **amtsgerichtliche Verfahren**. Wird während eines Rechtsstreits vor einem Amtsgericht eine Widerklage oder eine Zwischenfeststellungsklage (§ 256 II) erhoben oder der Klageantrag erweitert (§ 264 Nr. 2, 3) und durch diese Prozesshandlungen (zu diesem Begriff Einzelheiten später, → Rn. 301) die Zuständigkeit des Landgerichts begründet, dann hat sich auf Antrag einer Partei das (zunächst sachlich zuständige) Amtsgericht durch Beschluss für unzuständig zu erklären und den Rechtsstreit an das zuständige Landgericht zu verweisen (→ Rn. 597). Durch diese Regelung soll verhindert werden, dass die amtsgerichtliche Zuständigkeit dadurch erschlichen wird, dass erst nach Klageerhebung die eine Zuständigkeit des Landgerichts begründenden Voraussetzungen geschaffen werden.[336]

**263** Eine weitere Wirkung der Rechtshängigkeit besteht darin, dass nach ihrem Eintritt eine **Änderung der Klage** nur zulässig ist, wenn der Beklagte einwilligt oder das Gericht sie für sachdienlich hält (§ 263). Hier soll dieser Hinweis zunächst genügen; auf die Klageänderung und die damit zusammenhängenden Fragen wird später eingegangen werden.

**264** Neben den prozessualen **Wirkungen** der Rechtshängigkeit (Sperre für einen weiteren Prozess in derselben Streitsache, Fortdauer der Zuständigkeit, Einschränkung der Klageänderung) gibt es auch solche **im materiellen Recht** (vgl. § 262). Als wichtigste sind zu nennen:

---

[336] Zöller/*Herget* § 506 Rn. 1.

- Hemmung der Verjährung (§ 204 I Nr. 1 BGB)
- Hemmung der Ersitzung (§ 939 I BGB)
- Unterbrechung von Ausschlussfristen (zB nach § 801 I 3, § 864 I, § 977 S. 2, § 1002 I BGB)
- Entstehung eines Anspruchs auf sog. Prozesszinsen (§ 291 BGB)[337]
- Haftungsverschärfung (zum Beispiel in den Fällen des § 292, § 818 IV, § 989, § 2023 BGB).

265 Diese Wirkungen treten nur für den Streitgegenstand ein. Macht der Kläger lediglich einen Teil seiner Forderung geltend, dann wird zB durch die Klageerhebung die Verjährung auch nur für diesen Teil der Forderung gehemmt.[338]

### d) Fehlende rechtskräftige Entscheidung

266 Eine weitere (negative) Prozessvoraussetzung besteht im Fehlen einer rechtskräftigen Entscheidung über den Streitgegenstand. Soweit die (materielle) Rechtskraft reicht, darf die Sache nicht noch einmal zum Gegenstand eines zweiten Prozesses und einer weiteren gerichtlichen Entscheidung gemacht werden (Einzelheiten zur Rechtskraft später).

### e) Rechtsschutzbedürfnis

267 Ein Rechtsschutzbedürfnis (Rechtsschutzinteresse, rechtliches Interesse) wird ausdrücklich nur für die Feststellungsklage (als sog. Feststellungsinteresse; vgl. § 256 I; → Rn. 130 ff.) und für die Klage auf künftige Leistung (in § 259 mit der Wendung umschrieben: „wenn (…) die Besorgnis gerechtfertigt ist, dass der Schuldner sich der rechtzeitigen Leistung entziehen werde") verlangt. Aber auch bei allen anderen Klagen muss es einen triftigen Grund dafür geben, dass der Kläger wegen des von ihm geltend gemachten Rechts das Gericht anruft. Allerdings wird regelmäßig bei Leistungsklagen das Rechtsschutzbedürfnis ohne Weiteres zu bejahen sein, weil es hinreichend durch die (für die Zulässigkeitsprüfung als richtig zu unterstellende) Behauptung des Klägers dargetan wird, ihm stehe der durch seine Klage geltend gemachte Anspruch gegen den Beklagten zu.[339] Bei Gestaltungsklagen (→ Rn. 134) folgt das Rechtsschutzbedürfnis bereits daraus, dass die begehrte Rechtsänderung nur durch Richterspruch herbeigeführt werden kann. Es ist also regelmäßig vom Kläger bei Leistungs- und Gestaltungsklagen nicht zu verlangen, dass er sein Rechtsschutzinteresse begründet. Nur wenn ausnahmsweise konkrete Anhaltspunkte dafür gegeben sind, dass der Kläger zur Durchsetzung seiner Rechte das Urteil nicht benötigt, weil er auf andere Weise einfacher sein Rechtsschutzziel erreichen kann, muss auf die Frage nach dem Rechtsschutzbedürfnis eingegangen werden.

268 So ist eine Leistungsklage wegen fehlenden Rechtsschutzbedürfnisses als unzulässig abzuweisen, wenn der Kläger für den Anspruch bereits einen Titel erhalten hat, zB in Form eines Prozessvergleichs (vgl. § 794 I Nr. 1) oder einer vollstreckbaren Urkunde (§ 794 I Nr. 5). Allerdings macht die Rechtsprechung insoweit eine entscheidende Einschränkung: Besteht Streit über die

---

[337] Der Zinsanspruch beginnt in entsprechender Anwendung des § 187 I BGB am Tag nach der Klagezustellung, BGH NJW 2017, 2986 Rn. 103.
[338] BGH NJW 1988, 965 (966) mwN (zum früheren Recht).
[339] BGH NJW 1987, 3138 (3139).

III. Die Zulässigkeit der Klage　　　　　　　　　　　　　　　　　　　　　　　93

Gültigkeit oder den Inhalt des Titels, sodass der Kläger damit rechnen muss, dass der Beklagte mit der Vollstreckungsabwehrklage nach § 767 (→ Rn. 1301 ff.) gegen eine Vollstreckung aus dem Titel vorgehen wird, dann soll der Titel die Zulässigkeit der Klage nicht ausschließen.[340] Für die **klausurmäßige Bearbeitung** ist hieraus die Folgerung zu ziehen, dass auf das Rechtsschutzbedürfnis im Regelfall nicht besonders einzugehen ist; etwas anderes gilt nur für die Feststellungsklage, für die Klage auf künftige Leistung und für Sachverhalte, die ausnahmsweise eine entsprechende Prüfung aufgrund von Besonderheiten notwendig sein lassen.

## 4. Die Prüfung der Zulässigkeit durch das Gericht

### a) Prozessvoraussetzungen

Die **Prozessvoraussetzungen** (Sachurteilsvoraussetzungen) **hat das Gericht von Amts wegen** zu **prüfen**. Dies wird zwar im Gesetz ausdrücklich nur für einige Prozessvoraussetzungen angeordnet (vgl. § 56 I), gilt aber auch darüber hinaus für alle anderen Sachurteilsvoraussetzungen. Diese allgemein vertretene Auffassung wird damit gerechtfertigt, dass die Einhaltung der Prozessvoraussetzungen regelmäßig im öffentlichen Interesse geboten ist.　　　　　　　　　　　　　　　　　　269

Allerdings wäre es dann folgerichtig, dem Gericht die Verpflichtung aufzuerlegen, die für die Sachurteilsvoraussetzungen bedeutsamen Tatsachen von Amts wegen zu ermitteln, also insoweit den Untersuchungsgrundsatz gelten zu lassen. Diesen Schritt hat aber der Gesetzgeber nicht getan, wie die Regelung des § 56 I für die dort genannten wichtigen Prozessvoraussetzungen zeigt. Die Berücksichtigung „von Amts wegen", der sog. **Grundsatz der Amtsprüfung,** ist nämlich nicht gleichbedeutend mit dem Untersuchungsgrundsatz. Der entscheidende Unterschied besteht darin, dass sich die von Amts wegen vorzunehmende Prüfung darauf beschränkt, den dem Gericht vorliegenden oder offenkundigen Prozessstoff zu bewerten, die Beibringung der Tatsachen aber den Parteien zu überlassen (→ Rn. 215). Daraus folgt, dass das Gericht von der Erfüllung der Prozessvoraussetzungen auszugehen hat, wenn sich insoweit aufgrund des ihm vorliegenden Tatsachenstoffs keine Zweifel ergeben; Nachforschungen hat das Gericht dann nicht anzustellen. Nur wenn Zweifel bestehen, muss sich das Gericht um ihre Klärung bemühen und Beweise erheben.[341] Ein Nichtbestreiten oder ein Zugestehen von Tatsachen durch die Parteien beseitigt die Beweisnotwendigkeit jedoch nur in Fällen, in denen ein öffentliches Interesse an der Einhaltung der Zulässigkeitsvoraussetzungen zu verneinen ist, sodass die Parteien darauf verzichten können. Dies ist beispielsweise für die Prozessvoraussetzung der Zuständigkeit des Gerichts der Fall, soweit durch rügeloses Einlassen des Beklagten eine Zuständigkeit begründet werden kann (vgl. § 39 und → Rn. 104 f.).　　270

Nach der bisherigen hM[342] soll das Gericht bei der von Amts wegen vorzunehmenden Prüfung nicht auf die ausdrücklich im Gesetz geregelten Beweismittel beschränkt sein, sondern soll auch andere Erkenntnisquellen nutzen dürfen (sog. **Freibeweis;** dazu Einzelheiten später). Ob an dieser Auffassung weiterhin festgehalten werden kann, erscheint äußerst zweifelhaft, nachdem durch das 1. JuMoG § 284 dahin gehend geändert wurde, dass ein Abweichen　271

---

[340] BGH MDR 1958, 215; NJW 1961, 1116; RGZ 110, 118; OLG Hamm NJW 1976, 246; NJW-RR 1998, 423; KG BeckRS 2008, 26255 = FamRZ 2005, 1759.
[341] BGH NJW 2000, 289 (290); 2004, 2523; 2011, 778 Rn. 14; Musielak/Voit/*Weth* § 56 Rn. 6; gegen eine Pflicht des Gerichts, Beweise zu erheben, *Jauernig/Hess* ZivilProzR § 25 Rn. 64 mwN; vgl. auch *Engelmann-Pilger* NJW 2005, 716.
[342] BGH NJW 1996, 1059 (1060); 2000, 289 (290).

vom Strengbeweis vom Einverständnis der Parteien abhängig gemacht wird. Zwar hat der Gesetzgeber offensichtlich die Konsequenzen für den bisher zugelassenen Freibeweis übersehen, jedoch spricht die in § 284 von ihm getroffene Regelung gegen die Möglichkeit, in bestimmten Fällen den Freibeweis ohne Zustimmung der Parteien vorzunehmen.[343]

272 Gelingt es nicht, bestehende Zweifel hinsichtlich von Sachurteilsvoraussetzungen auszuräumen, dann muss eine Beweislastentscheidung getroffen werden (zu dem Problem der Beweislast ebenfalls Einzelheiten später), die regelmäßig darin besteht, die zweifelhafte Sachurteilsvoraussetzung als nicht existent zu behandeln, sodass eine Sachentscheidung nicht ergehen darf.[344]

### b) Prozesshindernisse

273 Von den (unverzichtbaren) Prozessvoraussetzungen sind Zulässigkeitsvoraussetzungen zu unterscheiden, die lediglich im Interesse einer Partei liegen, der es deshalb überlassen wird, ihre Nichtbeachtung zu rügen (sog. Prozesshindernisse). Prozesshindernisse sind:

- Einrede der Schiedsgerichtsklausel nach § 1032 I (Vereinbarung der Parteien, dass die Entscheidung des Rechtsstreits durch ein Schiedsgericht getroffen werden soll, §§ 1029 ff.; → Rn. 1086).
- Einrede fehlender Kostenerstattung aus einem Prozess, den der Kläger durch Klagerücknahme beendet hat, wenn die Klage erneut erhoben wird (§ 269 VI).
- Einrede mangelnder Sicherheit wegen der Prozesskosten bei Klage eines Ausländers unter den in § 110 genannten Voraussetzungen.

274 Die Zulässigkeitsrügen (prozesshindernde Einreden) müssen in Verfahren der ersten Instanz vor Verhandlung zur Hauptsache oder innerhalb einer durch das Gericht gesetzten Frist zur Klageerwiderung (→ Rn. 168) erhoben werden (§ 282 III).[345] Werden sie verspätet geltend gemacht, dann sind sie nur zuzulassen, wenn der Beklagte die Verspätung genügend entschuldigt (§ 296 III; dazu Einzelheiten später). Dagegen dürfen Rügen, die sich auf die von Amts wegen zu beachtenden Prozessvoraussetzungen beziehen, nicht als verspätet zurückgewiesen werden.[346]

### c) Abgesonderte Verhandlung

275 Über Fragen nach der Erfüllung von Prozessvoraussetzungen und nach dem Bestehen von Prozesshindernissen kann aufgrund einer (durch unanfechtbaren Beschluss zu treffenden) Anordnung des Gerichts abgesondert verhandelt werden (§ 280 I). Wird festgestellt, dass die Klage unzulässig ist, weil eine Prozessvoraussetzung fehlt oder ein Prozesshindernis besteht, dann ist die Klage durch Prozessurteil als unzu-

---

[343] *Greger* NJW-Sonderheft BayObLG 2005, 36 (39); *Knauer/Wolf* NJW 2004, 2857 (2862). *Musielak* FG Vollkommer, 2006, 237 (247 f.); Stein/Jonas/*Thole* § 284 Rn. 88; Prütting/Gehrlein/*Laumen* § 284 Rn. 53; aA BGH NJW 2008, 1531 (1533 Rn. 20); ebenso BGH NJW-RR 2012, 509 Rn. 9 (zu der von Amts wegen zutreffenden Feststellung der Berufsbegründungsfrist, ohne jedoch auf das Problem einzugehen).
[344] BGH NJW 2000, 289 (290) (zu Zweifeln an der Prozessfähigkeit); 2004, 2523 (2524) (zu Zweifeln an der Partei- und Prozessfähigkeit).
[345] Vgl. Musielak/Voit/*Foerste* § 282 Rn. 11.
[346] BGH NJW 2004, 2523 (2524).

III. Die Zulässigkeit der Klage

lässig abzuweisen (absolutio ab instantia = Abweisung der Klage aus formellen Gründen). Kommt dagegen das Gericht zu dem Ergebnis, dass die Klage zulässig ist, dann ist bei einer abgesonderten Verhandlung dies durch ein Zwischenurteil auszusprechen (zur Entscheidung über die Zulässigkeit des Rechtswegs → Rn. 73 f.). Dieses Zwischenurteil kann wie ein Endurteil angefochten werden (zur Anfechtung von Urteilen Einzelheiten später).[347] Das Gericht kann jedoch nach Erlass des Zwischenurteils auf Antrag einer Partei anordnen, dass zur Hauptsache verhandelt wird (vgl. § 280 II). Ist über die Zulässigkeit der Klage **nicht abgesondert verhandelt** worden, dann kann ebenfalls das Gericht die Zulässigkeit der Klage in einem Zwischenurteil feststellen, muss dies jedoch nicht tun, sondern kann ebenso im Endurteil, in dem über die Sache entschieden wird, darlegen, dass die Zulässigkeitsvoraussetzungen erfüllt sind. Nach hM[348] ist ein Zwischenurteil, auch wenn es nicht aufgrund einer abgesonderten Verhandlung ergeht, selbstständig anfechtbar.

### d) Reihenfolge der Prüfung

Ob bei der Prüfung der Prozessvoraussetzungen aus Rechtsgründen vom Richter – und dementsprechend vom Verfasser einer „Richterklausur" (zum Begriff → Rn. 10) bei einer **klausurmäßigen Bearbeitung** – eine bestimmte Reihenfolge eingehalten werden muss, ist streitig. Der Auffassung, dass die unterschiedliche Bedeutung der Zulässigkeitsnormen die Beachtung einer bestimmten Rangfolge erforderlich sein ließe,[349] steht die Meinung gegenüber, dass alle Prozessvoraussetzungen gleichrangig seien, sodass Zweckmäßigkeitsgesichtspunkte entscheiden sollten und die Voraussetzung zuerst geprüft werden könnte, die sich am leichtesten und schnellsten feststellen ließe.[350] Die Befürworter einer Reihenfolge der Prüfung streiten dann wiederum darüber, welchen Prozessvoraussetzungen Vorrang zukommt.[351] Ein starres Prüfungsschema ist abzulehnen. Steht fest, dass die Klage wegen Fehlens einer Zulässigkeitsvoraussetzung unzulässig ist, dann ist von einer zeit- und arbeitsaufwändigen Prüfung anderer Prozessvoraussetzungen abzusehen. Bei einer klausurmäßigen Bearbeitung stellt sich allerdings die Sachlage etwas anders dar. Denn hierbei wird von dem Bearbeiter erwartet, dass er ein umfassendes, die sich ergebenden Rechtsfragen erschöpfendes Gutachten erstattet. Folglich darf man sich dann nicht damit zufrieden geben, das Fehlen einer Prozessvoraussetzung festzustellen, wenn sich auch Zweifel hinsichtlich anderer ergeben; diese Zweifel müssen geklärt werden.[352] Jedoch muss dringend davor gewarnt werden, auch auf solche Sachurteilsvoraussetzungen einzugehen, deren Bestehen nicht fraglich ist.

276

---

[347] BGH NJW-RR 2006, 913.
[348] Zöller/*Greger* § 280 Rn. 8; Stein/Jonas/*Thole* § 280 Rn. 34; § 280 Rn. 7, jew. mwN.
[349] Rosenberg/Schwab/Gottwald ZivilProzR § 93 Rn. 42; *Blomeyer*, Zivilprozessrecht, Erkenntnisverfahren, 2. Aufl. 1985, § 39 III.
[350] *Harms* ZZP 83 (1970) 167; Thomas/Putzo/*Reichold* vor § 253 Rn. 14; AK-ZPO/*Ackermann* vor § 253 Rn. 5.
[351] Vgl. die Nachw. bei Stein/Jonas/*Brehm* Einl. Rn. 262 Fn. 488.
[352] *Schumann* ZPO-Klausur Rn. 226, empfiehlt hierbei die Anwendung der sog. „dramatischen Lösungsmethode", bei der zunächst (erörterungsbedürftige) Sachurteilsvoraussetzungen behandelt werden, deren Erfüllung festgestellt werden kann, ehe man zur Prüfung derjenigen übergeht, deren Fehlen bejaht werden muss.

**277** Immer wieder werden im Referendarexamen, wenn die Aufgabe gestellt wird, sich zu den Erfolgsaussichten einer Klage zu äußern und die Entscheidung des Gerichts gutachtlich vorzubereiten, sämtliche Sachurteilsvoraussetzungen schematisch und geistlos heruntergebetet, auch wenn der Sachverhalt nicht den geringsten Hinweis enthält, dass insoweit Zweifel bestehen können. Wer beispielsweise in einem Prozess ohne jede Auslandsberührung feststellt, dass die internationale Zuständigkeit des Gerichts gegeben sei, oder wer ohne jeden Grund die Parteifähigkeit oder das Rechtsschutzbedürfnis erörtert, zeigt damit, dass er nicht in der Lage ist, ein Klausurproblem mit der richtigen Schwerpunktbildung zu bearbeiten.

**278** Bei der Prüfung der Prozessvoraussetzungen kann in folgender Reihenfolge vorgegangen werden:[353]

(1) Ordnungsmäßigkeit der Klageerhebung
(2) Deutsche Gerichtsbarkeit
(3) Zulässigkeit des Rechtswegs
(4) Sachliche, örtliche, internationale und funktionelle Zuständigkeit
(5) Parteifähigkeit
(6) Prozessfähigkeit, gesetzliche Vertretung
(7) Postulationsfähigkeit
(8) Prozessführungsbefugnis
(9) Klagbarkeit des geltend gemachten Rechts
(10) Fehlende Rechtshängigkeit
(11) Fehlende rechtskräftige Entscheidung
(12) Rechtsschutzbedürfnis
(13) Prozesshindernisse (Einrede der Schiedsgerichtsklausel, Einrede der fehlenden Kostenerstattung des Vorprozesses, Einrede der mangelnden Sicherheit nach § 110)
(14) Erfüllung besonderer Prozessvoraussetzungen (dazu Einzelheiten später).

**279** Es sei noch einmal daran erinnert, dass der Verfasser einer Richterklausur zwar stets kurz und routinemäßig das gesamte Prüfungsschema durchgehen sollte, aber in die Formulierung der Lösung nur das übernehmen darf, was zweifelhaft erscheint und deshalb der Erwähnung wert ist.

**280** Ein weiterer Meinungsstreit wird um die Frage geführt, ob in Fällen, in denen die Prüfung der Sachurteilsvoraussetzungen schwierig und zeitraubend ausfällt, aber mit Sicherheit feststeht, dass die Klage nicht begründet ist, aus **prozessökonomischen Gründen** von einer Feststellung der Sachurteilsvoraussetzungen abgesehen und die Klage als unbegründet abgewiesen werden darf. Eine Mindermeinung hält die Erfüllung aller Sachurteilsvoraussetzungen nur für erforderlich, wenn ein der Klage statt-

---

[353] Es wird hier weitgehend den Vorschlägen von *Schumann* ZPO-Klausur Rn. 226 gefolgt. Über die Reihenfolge, insbesondere auch in der Frage, ob die Prozessvoraussetzungen, die die Parteien betreffen, vor denen, die das Gericht betreffen, zu erörtern sind, besteht kein Einvernehmen.

## III. Die Zulässigkeit der Klage

gebendes Urteil erlassen werden soll, während es bei einer Klageabweisung gleichgültig sei, ob sie aus prozessualen oder materiell-rechtlichen Gründen ausgesprochen werde.[354]

> **Beispiel:** Grantig klagt gegen seinen Nachbarn Nächst mit dem Antrag, dass dieser es unterlassen solle, seine Kinder tagsüber in seinem Garten, der an das Grundstück des Grantig grenzt, spielen zu lassen, weil Grantig durch den Lärm der spielenden Kinder gestört werde. Der Richter hat Anlass zu der Annahme, dass sich Grantig in einem Querulantenwahn befindet, der ihn unfähig sein lässt, den Prozess zu führen (vgl. zu einer derartigen partiellen Geschäftsunfähigkeit, die auch zu einer Prozessunfähigkeit führt,[355] → GK BGB Rn. 324). Muss nun zur Klärung dieser Frage ein Sachverständigengutachten eingeholt werden, obwohl offensichtlich die Klage unbegründet ist, weil es sich entweder um eine unwesentliche oder um eine ortsübliche Beeinträchtigung handelt (vgl. § 906 BGB)? Wären die formellen und materiellen Gründe für die Abweisung der Klage völlig gleichwertig, dann müsste diese Frage verneint werden; der Richter könnte dann die Prozessfähigkeit des Grantig dahinstehen lassen und die Klage als unbegründet abweisen.

Die weitaus herrschende Auffassung[356] verlangt dagegen, dass schon wegen des Umfangs der Rechtskraft ein klageabweisendes Sachurteil nur ergehen darf, wenn die Zulässigkeitsvoraussetzungen erfüllt sind, und dass das Gericht Zweifel an Sachurteilsvoraussetzungen nicht ungeklärt lassen darf, wenn eine Klage durch Sachurteil abgewiesen werden soll. Im Grundsatz ist der hM zuzustimmen. Jedoch können andererseits auch Ausnahmen zugelassen werden, wenn der Zweck der Sachurteilsvoraussetzung nicht entgegensteht. Im Beispielsfall der Klage des Querulanten darf seine Prozessfähigkeit schon deshalb nicht dahingestellt bleiben, weil ein klageabweisendes Sachurteil nicht gegen einen Prozessunfähigen ergehen darf; die Sachurteilsvoraussetzung der Prozessfähigkeit will dies gerade verhindern. Bei Sachurteilsvoraussetzungen, die wie die Klagbarkeit des geltend gemachten Rechts und wie das Rechtsschutzbedürfnis verhindern sollen, dass die Gerichte unnötig mit der Verhandlung und Entscheidung von Rechtsstreitigkeiten belastet werden, die also bezwecken, die Arbeitsbelastung der Gerichte zu mindern (sog. **Rechtsschutzvoraussetzungen**), wäre es nicht zu rechtfertigen, um des Prinzips willen einen höheren Aufwand an Zeit und Arbeitskraft zur Feststellung dieser Prozessvoraussetzungen zu fordern, wenn feststeht, dass die Klage unbegründet ist. In derartigen Fällen kann die Erfüllung der Sachurteilsvoraussetzungen dahinstehen, wenn die Klage einfacher aus Sachgründen abzuweisen ist.[357]

281

---

[354] *Rimmelspacher*, Zur Prüfung von Amts wegen, 1966, 109 ff., 201 ff.; *Grunsky* ZZP 80 (1967), 55.
[355] Vgl. dazu *Lube* MDR 2009, 63.
[356] BGH MDR 1976, 136 = ZZP 89 (1976), 330 (331) mzustAnm *Greger*; BGH NJW 2000, 3718 (3719 f.); *Rosenberg/Schwab/Gottwald* ZivilProzR § 93 Rn. 46; MüKoZPO/*Becker-Eberhard* Vor § 253 Rn. 19; *Zöller/Greger* vor § 253 Rn. 10.
[357] BGH LM § 256 ZPO Nr. 46; BGH WM 1978, 935 (zum Feststellungsinteresse); OLG Koblenz NJW-RR 1989, 827; *Zöller/Greger* vor § 253 Rn. 10; *Rosenberg/Schwab/Gottwald* ZivilProzR § 93 Rn. 47; *Schlosser* ZivilProzR I Rn. 302 f.

282 Ebenso soll bei Unbegründetheit der Klage und Unklarheit, ob die Sachurteilsvoraussetzung des Fehlens einer rechtskräftigen Entscheidung erfüllt ist, eine Sachabweisung zulässig sein.[358] Darüber hinaus wird entgegen der hM im Schrifttum die Ansicht vertreten, dass stets eine Klage als unbegründet abgewiesen werden dürfte, wenn durch das Offenlassen von Sachurteilsvoraussetzungen Rechtsschutzbelange nicht beeinträchtigt werden.[359]

## Anhang: Der Streitgegenstand

### 1. Die Auffassung des historischen Gesetzgebers

283 Bei dem Streitgegenstand handelt es sich um einen zentralen Begriff des Zivilprozesses, von dessen Klärung nicht nur die Beantwortung der im oben (→ Rn. 258 f.) angeführten Beispielsfall aufgeworfenen Frage abhängt, ob beide Prozesse dieselbe „Streitsache" betreffen, sondern der auch noch in verschiedenen anderen Bereichen Bedeutung erlangt. Dies näher darzulegen, wird später noch Gelegenheit sein. Zunächst sollen hier der Inhalt des Begriffes „Streitgegenstand" erläutert und der insoweit geführte Meinungsstreit dargestellt werden.

284 Der historische Gesetzgeber verstand als Gegenstand des Rechtsstreits den vom Kläger geltend gemachten materiell-rechtlichen Anspruch im Sinne der Definition des § 194 I BGB, hielt diesen Begriff für hinreichend geklärt und nahm deshalb davon Abstand, ihn näher zu erläutern.[360] Die Begriffe „Anspruch" (vgl. zB § 253 II Nr. 2, § 260, § 306, § 307, § 322 I) und „Streitgegenstand" (vgl. zB §§ 59, 81, 83 I) wurden dementsprechend synonym gebraucht. Die vom historischen Gesetzgeber der ZPO gewollte Gleichsetzung des materiell-rechtlichen Anspruchs mit dem Streitgegenstand ist jedoch nicht durchführbar. Dies zeigt sich nicht nur bei der Feststellungsklage und der Gestaltungsklage, mit denen kein Anspruch iSd § 194 I BGB geltend gemacht wird, sondern im Besonderen auch bei der materiellen Anspruchskonkurrenz.

**Beispiel:** K klagt gegen B, der bei Reparaturarbeiten im Hause des K einen wertvollen antiken Tisch beschädigt hat, auf Schadensersatz und stützt den von ihm geltend gemachten Anspruch auf die Verletzung einer vertraglichen Pflicht (§ 280 I BGB) und auf § 823 I BGB. Materiellrechtlich handelt es sich um zwei Ansprüche, aber nur um einen Streitgegenstand und um einen „Anspruch" im prozessrechtlichen Sinn. Wollte man anders entscheiden, dann müsste man zulassen, dass der Kläger, der zunächst seine Klage auf § 823 I BGB stützte und damit abgewiesen wurde, erneut Klage erheben dürfte, wenn er sich im zweiten Prozess auf eine Vertragsverletzung beriefe. Denn gäbe es zwei Streitgegenstände und zwei Ansprüche im zivilprozessrechtlichen Sinne,

---

[358] Stein/Jonas/*Schumann*, ZPO, 20. Aufl. 1977, Einl. Rn. 327; aA MüKoZPO/*Becker-Eberhard* Vor § 253 Rn. 19.
[359] *Schlosser* ZivilProzR I Rn. 303; vgl. auch OLG Köln NJW 1974, 1515 (mAnm *Gottwald* NJW 1974, 2241): keine Prüfung der Zulässigkeit eines Rechtsmittels, wenn die Abweisung als unbegründet gleiche Auswirkungen hat; ebenso KG NJW 1976, 2353.
[360] Vgl. Stein/Jonas/*Schumann* ZPO, 20. Aufl. 1977, Rn. 265 mwN; *Schwab* JuS 1965, 81 f.

dann stände die materielle Rechtskraft des ersten Urteils einer erneuten Klage nicht entgegen (vgl. § 322 I). Die Wirkungen der Rechtskraft werden später dargestellt; hier soll der Hinweis genügen, dass derselbe Streitgegenstand, über den durch rechtskräftiges Urteil entschieden worden ist, nicht noch einmal zum Gegenstand eines erneuten Prozesses zwischen denselben Parteien gemacht werden kann. Die einmal entschiedene Sache (res iudicata) verhindert einen neuen Prozess in derselben Sache.

## 2. Neuere Lehren

### a) Materiell-rechtliche Theorien

Dennoch wird auch heute noch versucht, in modifizierter Form den materiell-rechtlichen Begriff des Anspruchs für die Bestimmung des Streitgegenstandes nutzbar zu machen. Die Befürworter materiell-rechtlicher Theorien des Streitgegenstandes stimmen trotz Unterschieden in Einzelheiten der Begründung[361] darin überein, dass der Begriff des materiell-rechtlichen Anspruchs nicht in der Bedeutung der sich aus der einzelnen Anspruchsnorm ergebenden Rechtsfolge verstanden werden kann, sondern dass es sich um ein und denselben Anspruch handelt, wenn ein Lebenssachverhalt den Tatbestand mehrerer Anspruchsnormen verwirklicht, deren Rechtsfolgen gleich sind. In dem oben (→ Rn. 284) gebrachten Beispiel der Schadensersatzklage wird nach dieser Auffassung *ein* materiell-rechtlicher Anspruch geltend gemacht, der nur mehrfach begründet wird,[362] und zwar einmal durch § 823 I BGB, zum anderen durch § 280 I BGB. Zu einem gleichen Ergebnis gelangt man, wenn man die Abgrenzung des Anspruchs im Prozess danach vornimmt, dass er ein Verfügungsobjekt im zessionsrechtlichen Sinn zum Inhalt hat.[363] Tritt der Kläger im Beispielsfall des Schadensersatzprozesses den von ihm geltend gemachten Anspruch ab, dann überträgt er nur einen Anspruch mit verschiedenen rechtlichen Begründungen; es handelt sich also danach um einen (materiell-rechtlichen) Anspruch, der den Streitgegenstand im Prozess bildet.

285

Wenn auch das Bemühen der Vertreter materiell-rechtlicher Streitgegenstandstheorien Anerkennung verdient, die Begriffe des Anspruchs im Sinne des materiellen Rechts und des Prozessrechts zu harmonisieren, vermögen doch die vorgeschlagenen Lösungen nicht zu überzeugen. Der Haupteinwand ergibt sich daraus, dass im materiellen Recht die hM die Selbstständigkeit der einzelnen Ansprüche bejaht, die als Rechtsfolgen aus den (miteinander konkurrierenden) Anspruchsnormen entstehen. Damit lehnt sie aber die verfahrensrechtlich sinnvolle Zusammenfassung derartiger Einzelansprüche zu einem einheitlichen, im Prozess den Streitgegenstand bildenden Anspruch gerade ab

286

Ist aber der materiell-rechtliche Anspruchsbegriff nicht geeignet, um auf seiner Grundlage eine befriedigende Abgrenzung des Streitgegenstandes zu erreichen, dann

287

---

[361] Auf die einzelnen Varianten, in denen heute verschiedene materiell-rechtliche Streitgegenstandstheorien vertreten werden, kann hier nicht eingegangen werden. Es wird insoweit auf die lesenswerten Ausführungen von Stein/Jonas/*Schumann*, ZPO, 20. Aufl. 1977, Rn. 277–282a sowie auf *Stamm* ZZP 129 (2016), 25 ff. verwiesen.
[362] *Larenz/Canaris*, Lehrbuch des Schuldrechts II 2, 13. Aufl. 1994, § 83 VI 1.
[363] *Henckel*, Parteilehre und Streitgegenstand im Zivilprozess, 1961, 270 ff.

bleibt nur, einen **eigenständigen Begriff des prozessualen Anspruchs** zu entwickeln. Diesen Weg geht die hM im Prozessrecht. Sie sieht dabei auf den Antrag des Klägers, mit dem er das Ziel seiner Klage zu bezeichnen hat (→ Rn. 126). Ein Meinungsstreit wird jedoch darüber geführt, ob der Streitgegenstand allein vom Klageantrag hinreichend bestimmt werden kann (so die Theorie vom eingliedrigen Streitgegenstandsbegriff) oder ob noch zusätzlich auf den vom Kläger zur Begründung seines Antrags vorgetragenen Tatsachenstoff zurückgegriffen werden muss (so die Theorie vom zweigliedrigen Streitgegenstandsbegriff). Dieser Meinungsstreit soll am folgenden **Beispielsfall** näher erläutert werden:

> Der Kläger beantragt die Verurteilung des Beklagten zur Zahlung von 10.000 EUR und beruft sich zur Begründung einmal auf einen mit dem Beklagten abgeschlossenen Kaufvertrag, der diesen zur Zahlung des verlangten Betrages verpflichte, zum anderen auf einen Wechsel, den der Beklagte erfüllungshalber für die Kaufpreisforderung in der Form des eigenen Wechsels gegeben hätte. Es stellt sich hier die Frage, ob der Kläger zwei prozessuale Ansprüche geltend macht, sodass es sich um zwei Streitgegenstände und damit auch um eine objektive Klagehäufung iSd § 260 handelt.

### b) Theorie vom eingliedrigen Streitgegenstandsbegriff

**288** Die Theorie vom eingliedrigen Streitgegenstandsbegriff,[364] die auf den Antrag des Klägers und auf das von ihm erstrebte Ziel seiner Klage abstellt, muss in dem Beispielsfall bei konsequenter Durchführung ihrer Auffassung nur einen Streitgegenstand annehmen, und zwar das Zahlungsbegehren des Klägers iHv 10.000 EUR; allerdings kann sie den Vortrag des Klägers dabei nicht ignorieren. Denn der Antrag des Klägers, der Beklagte solle verurteilt werden, an ihn 10.000 EUR zu zahlen, ist für sich genommen nicht geeignet, den Streitgegenstand des Prozesses genau genug zu bestimmen. Wenn beispielsweise der Kläger noch eine weitere Forderung iHv 10.000 EUR aus Darlehen gegen den Beklagten hätte, muss es ihm unbenommen sein, diese Darlehensforderung in einem weiteren Prozess gegen den Beklagten geltend zu machen. Das Zahlungsbegehren iHv 10.000 EUR wäre in beiden Prozessen identisch, dennoch handelt es sich offensichtlich um verschiedene Streitgegenstände. Wird durch den Klageantrag selbst nicht ausreichend der Streitgegenstand abgegrenzt, dann muss auf die Begründung des Klägers ergänzend zurückgegriffen werden, die er für seinen Antrag gibt. Die Theorie vom eingliedrigen Streitgegenstand sieht jedoch hierin lediglich eine Auslegungshilfe des Antrags und lehnt es entgegen der Theorie vom zweigliedrigen Streitgegenstandsbegriff ab, dem vom Kläger zur Begründung seines Antrages vorgetragenen Lebenssachverhalt die Funktion eines gleichwertigen Bestandteils des Streitgegenstandes zuzuerkennen.

### c) Theorie vom zweigliedrigen Streitgegenstandsbegriff

**289** Bestimmen Antrag des Klägers und der von ihm zur Begründung vorgetragene Tatsachenkomplex (Lebenssachverhalt) den Streitgegenstand, dann handelt es sich um zwei Streitgegenstände, wenn der Kläger zwar nur einen Antrag stellt, ihn aber durch zwei verschiedene Lebenssachverhalte begründet. Denn die von der Theorie vom

---

[364] *Rosenberg/Schwab* ZivilProzR, 14. Aufl. 1986, § 96 III 3, IV; aA jetzt *Rosenberg/Schwab/Gottwald* ZivilProzR § 92 Rn. 14, 23 f.

Anhang: Der Streitgegenstand 101

zweigliedrigen Streitgegenstand anerkannte Gleichwertigkeit des Lebenssachverhalts neben dem Klageantrag für die Bestimmung des Streitgegenstandes bewirkt, dass unterschiedliche Lebenssachverhalte auch zu unterschiedlichen Streitgegenständen führen.

Allerdings ergibt sich dann die Notwendigkeit einer **Abgrenzung des Lebenssachverhalts** und einer Entscheidung der Frage, wann es sich um einen einheitlichen Lebenssachverhalt und wann es sich um verschiedene handelt. So kann durchaus der Abschluss eines Kaufvertrages und die im Zusammenhang damit stehende Wechselhingabe als einheitlicher Lebenssachverhalt aufgefasst werden; nimmt man dies an, dann gelangt auch die Lehre vom zweigliedrigen Streitgegenstandsbegriff in dem obigen Beispielsfall zu dem Ergebnis, dass der Kläger nur einen prozessualen Anspruch geltend macht, dass also nur ein Streitgegenstand besteht. 290

Bei der Frage, nach welchen Kriterien der vom Kläger zur Begründung seines Antrags vorgetragene Lebenssachverhalt abzugrenzen ist, kann darauf abgestellt werden, welche Tatsachen der Kläger vorzutragen hat, um den Grund des erhobenen Anspruchs iSv § 253 II Nr. 2 hinreichend zu bezeichnen. Dies ist der Tatsachenkomplex, aus dem der Kläger die von ihm geltend gemachte Rechtsfolge ableitet (→ Rn. 123). Im obigen Beispielsfall könnte der Kläger, um dieser Forderung zu genügen, alternativ entweder auf den Kaufvertrag abstellen oder auf die Wechselhingabe. Es wäre nicht erforderlich, umfassend alle Tatsachen anzugeben. Folglich können Kaufvertrag und Wechselhingabe nicht zu einem einheitlichen Lebenssachverhalt zusammengefasst werden, sondern sind als zwei eigenständige, gesondert zu bewertende Tatsachenkomplexe anzusehen. Allerdings muss berücksichtigt werden, dass bei dieser Abgrenzung (stillschweigend) auf den Tatbestand der in Betracht kommenden Anspruchsnormen des materiellen Rechts Bezug genommen wird. Denn es genügt deshalb allein der Vortrag des Kaufvertrages oder der Wechselhingabe, weil nach dem materiellen Recht Kaufpreisforderung und Wechselforderung selbstständige Ansprüche sind und durch ihre Eigenständigkeit eine Zäsur zwischen den zugrundeliegenden Sachverhalten bewirkt wird.[365] Wenig überzeugend ist dagegen der Versuch, die Abgrenzung des Lebenssachverhalts aufgrund einer „natürlichen Betrachtungsweise" vorzunehmen und darauf zu sehen, ob bestimmte Vorgänge inhaltlich zusammengehören. Auf der Grundlage dieser Auffassung könnte man zwar zu dem Ergebnis gelangen, dass ein erfüllungshalber hingegebener Wechsel und der das Kausalgeschäft bildende Kauf einen Lebenssachverhalt darstellen, es erschiene aber nicht ausgeschlossen, dies zumindest dann anders zu entscheiden, wenn Kauf und Wechselhingabe zeitlich weit auseinander fielen.[366] Die Flexibilität einer „natürlichen Betrachtungsweise" in diesem Punkte müsste also mit einer erheblichen Rechtsunsicherheit erkauft werden. 291

Überwiegend nehmen die Vertreter der im Schrifttum herrschenden Theorie vom zweigliedrigen Streitgegenstand im Kauf-Wechsel-Fall zwei Streitgegenstände an.[367] Dies führt dazu, 292

---

[365] So zutreffend *Jauernig/Hess* ZivilProzR § 37 Rn. 29, VIII 1; vgl. auch *Teplitzky* WRP 2007, 1 (3); *Musielak* NJW 2000, 3593. Der BGH (NJW 2008, 3570 Rn. 9) hat ausdrücklich darauf hingewiesen, dass es zu unterschiedlichen Streitgegenständen führt, „wenn die materiell-rechtliche Regelung die zusammentreffenden Ansprüche durch eine Verselbstständigung der einzelnen Lebensvorgänge erkennbar unterschiedlich ausgestaltet."
[366] Vgl. BGH NJW-RR 1987, 58; NJW 1992, 117; *Lüke* ZivilProzR Rn. 163.
[367] *Lüke* ZivilProzR Rn. 163; Thomas/Putzo/*Seiler* Einl. II Rn. 24 ff., 32; weitere Vertreter eines zweigliedrigen Streitgegenstandsbegriffes sind zB *Grunsky* ZivilProzR Rn. 116; *Rosenberg/Schwab/Gottwald* ZivilProzR § 92 Rn. 10, 22 f.; MüKoZPO/*Becker-Eberhard* Vor § 253 Rn. 32 f. Auch der BGH geht in stRspr von einem zweigliedrigen Streitgegenstandsbegriff aus, vgl. nur BGH NJW 2000, 1958; 2001, 157 (158); 2003, 2317 (2318); 2004, 1252 (1253); NJW-RR 2006, 1502 Rn. 8; GRUR 2013, 401 Rn. 18 mAnm *Teplizky*.

dass der Kläger, der zunächst seinen Zahlungsanspruch lediglich auf Kaufvertrag stützt, eine zweite Klage erheben könnte, bei der er Zahlung aufgrund der Wechselverbindlichkeit fordert, ohne dass der zweiten Klage die Rechtshängigkeit der ersten entgegenstünde. Anders ist dagegen auf der Grundlage der Theorie vom eingliedrigen Streitgegenstandsbegriff zu entscheiden: Streitgegenstand ist danach das Begehren des Klägers, den Beklagten zur Zahlung von 10.000 EUR zu verurteilen, wobei der vom Kläger vorgetragene Sachverhalt lediglich diesen Antrag näher erläutert, ihn aber nicht verändert, sodass in beiden Prozessen derselbe prozessuale Anspruch geltend gemacht wird, auch wenn er einmal nur auf Kaufvertrag, zum anderen nur auf Wechselhingabe gestützt wird.[368] Dass der Kläger, der seinen Zahlungsanspruch nur auf den Kaufvertrag stützt, nicht in einer zweiten gleichzeitig erhobenen Klage die erfüllungshalber eingegangene Wechselverbindlichkeit des Käufers geltend machen darf, kann noch hingenommen werden. Wenn aber das Gericht die Kaufpreisklage mit der Begründung abweist, nach dem Zweck der Wechselhingabe sei der Kläger verpflichtet, zunächst Befriedigung aus dem Wechsel zu suchen,[369] dann muss ihm gestattet sein, später erneut Zahlungsklage zu erheben, wenn der Beklagte seiner Verpflichtung aus dem Wechsel nicht nachkommt. Der Umfang der Rechtskraft des Urteils bestimmt sich aber ebenfalls nach dem Streitgegenstand (→ Rn. 1043). Bildet jedoch das Zahlungsbegehren des Klägers den Streitgegenstand, dann müsste einer erneuten Zahlungsklage die Rechtskraft des ersten Urteils entgegenstehen, ein unvertretbares Ergebnis, zu dem auch die Lehre vom eingliedrigen Streitgegenstandsbegriff nicht gelangt.[370] Dies zeigt, dass auch nach dieser Lehre für die Bestimmung der Rechtskraft doch auf den zugrunde liegenden Lebenssachverhalt zurückgegriffen werden muss.

#### d) Theorie vom relativen Streitgegenstandsbegriff

293   Das Beispiel lehrt, dass derselbe Streitgegenstandsbegriff in einem Fall – bei der Rechtshängigkeit – zu einem vertretbaren Ergebnis führt, dagegen in einem anderen Fall – bei der Rechtskraftwirkung – nicht. Dies lässt die Frage stellen, ob es nicht geboten erscheint, den Begriff des Streitgegenstandes entsprechend dem Zweck der jeweiligen prozessualen Regelung, bei dem er eine Rolle spielt, zu bestimmen. Dies würde bedeuten, dass es keinen einheitlichen, für das gesamte Zivilprozessrecht geltenden Begriff des Streitgegenstandes gibt, sondern dass dieser Begriff einen **variablen Inhalt** erhält und einmal eingliedrig und ein andermal zweigliedrig strukturiert wird. Diese Meinung wird im neueren Schrifttum vertreten, wobei allerdings wiederum die Auffassungen auseinander gehen, ob die Unterschiede im Streitgegenstandsbegriff durch die jeweilige Prozesslage oder durch die Art der Klage bestimmt werden. Im Einzelnen werden folgende Differenzierungen getroffen:

294   Ein eingliedriger Streitgegenstand, der lediglich durch den Antrag des Klägers konkretisiert wird und der deshalb weiter ausfällt, weil darauf verzichtet wird, durch den zugrundeliegenden Lebenssachverhalt zusätzliche Abgrenzungen vorzunehmen, soll für die Bestimmung der Rechtshängigkeit gelten, weil die aus prozessökonomischen Gründen zu fordernde Verhinderung paralleler Prozesse durch einen weiten Streitgegenstandsbegriff besser erreicht werden kann.[371] Auch bei der im Rahmen der Klagehäufung (§ 260) zu entscheidenden Frage, ob der Kläger einen oder mehrere Ansprüche mit seiner Klage geltend macht, und bei der Frage, ob der Kläger seine

---

[368] Vgl. *Rosenberg/Schwab* ZivilProzR, 14. Aufl. 1986, § 96 III 3.
[369] Vgl. *Hueck/Canaris*, Recht der Wertpapiere, 12. Aufl. 1986, § 17 III 1.
[370] Vgl. *Rosenberg/Schwab* ZivilProzR, 14. Aufl. 1986, § 156 II 1.
[371] Stein/Jonas/*Schumann* ZPO, 20. Aufl. 1977, Rn. 292.

Klage ändert (§ 263) – zu beiden Fragen Einzelheiten später –, soll ein eingliedriger und damit weiter Streitgegenstandsbegriff maßgebend sein.[372] Dagegen sollen die Grenzen der Rechtskraftwirkung durch einen zweigliedrigen Streitgegenstandsbegriff enger gezogen werden, weil sonst die Tendenz entstände, den Prozessstoff auszuweiten, wenn die Parteien befürchten müssten, durch die Rechtskraftwirkung des Urteils an einer weiteren Rechtsverfolgung gehindert zu werden.[373]

Im Kaufpreis-Wechsel-Fall ist nach dieser Meinung eine zweite Klage, die sich auf die Wechselverbindlichkeit stützt, so lange ausgeschlossen, bis über die erste Klage, mit der der Kaufpreisanspruch geltend gemacht wird, rechtskräftig entschieden wurde. Danach steht dann der Klage aus dem Wechsel nichts entgegen (→ Rn. 290 f.). **295**

Nach anderer Auffassung soll der Inhalt des Streitgegenstandes durch die Art der Klage und danach bestimmt werden, ob im Prozess der **Verhandlungsgrundsatz oder** der **Untersuchungsgrundsatz** (zu beiden → Rn. 208) gilt. In Prozessen mit Untersuchungsgrundsatz soll sich der Streitgegenstand allein nach dem Antrag bestimmen, weil der Sachverhalt vom Gericht zu ermitteln ist. Bei Verfahren mit Verhandlungsmaxime soll dagegen der Streitgegenstand durch Antrag und zugrundeliegenden Lebenssachverhalt festgelegt werden, weil in solchen Verfahren der Kläger die Macht besitzt, den Sachverhalt, aus dem ihm das behauptete Recht zustehen soll, enger zu fassen als in einem Verfahren mit Untersuchungsgrundsatz.[374] Eine Ausnahme wird jedoch für die (positive) Feststellungsklage gemacht, die vielfach bereits durch den Antrag hinreichend individualisiert werde, sodass ein Sachverhalt insoweit überflüssig sei.[375] **296**

### 3. Folgerungen

Trotz des vielfältigen Meinungsspektrums, das hier nur angedeutet werden kann, und des großen dogmatischen Aufwands, der zur Präzisierung des Streitgegenstandsbegriffs betrieben wird, sind im praktischen Ergebnis die Unterschiede der vertretenen Theorien und Ansichten nicht so erheblich, wie dies zunächst den Anschein haben könnte. Vornehmlich in Fällen, in denen der Klageantrag mit verschiedenen Sachverhalten begründet werden kann, die jeweils den Tatbestand miteinander konkurrierender Anspruchsnormen verwirklichen (wie im Beispiel des Kaufpreis-Wechsel-Falles), divergieren die Ergebnisse der einzelnen Theorien. Ganz überwiegend sind dagegen die Resultate gleich, wie im Beispielsfall der Klage auf Duldung der Zwangsvollstreckung in das Grundstück und der Widerklage auf Grundbuchberichtigung (→ Rn. 258); nach allen vertretenen Auffassungen liegen in diesem Fall der Klage und der Widerklage unterschiedliche Streitgegenstände zugrunde, weil sich sowohl die Anträge als auch die zu ihrer Begründung dienenden Lebenssachverhalte (soweit es **297**

---

[372] Stein/Jonas/*Schumann* ZPO, 20. Aufl. 1977, Rn. 291; *Baumgärtel* JuS 1974, 73 (74).
[373] Stein/Jonas/*Schumann* ZPO, 20. Aufl. 1977, Rn. 294.
[374] Vgl. *Jauernig*, Verhandlungsmaxime, Inquisitionsmaxime und Streitgegenstand, 1967, 55 ff.; *Mühl* NJW 1954, 1065 (1068); krit. dazu *Baumgärtel* JuS 1974, 69 (72 f.).
[375] *Jauernig/Hess* ZivilProzR § 37 Rn. 46; ebenso Zöller/*G. Vollkommer* Einl. Rn. 77 mwN; abl. *Musielak* NJW 2000, 3593 (3597 f.).

auf sie ankommt) voneinander unterscheiden. Es kann deshalb nicht verwundern, dass die Rechtsprechung recht wenig Notiz von dem Theorienstreit nimmt und ihn sogar für unfruchtbar hält.[376]

**298** Bei einer **klausurmäßigen Bearbeitung** wird regelmäßig von dem Verfasser nicht erwartet, dass er sich eingehend zum Begriff des Streitgegenstandes äußert und sich mit den verschiedenen dazu vertretenen Meinungen auseinandersetzt. Vielmehr dürfte es in Fällen genügen, in denen der Begriff des Streitgegenstandes Bedeutung erlangt,[377] von einem bestimmten Streitgegenstandsbegriff auszugehen (etwa entsprechend der hM vom zweigliedrigen Streitgegenstandsbegriff), der knapp erläutert wird. Ein kurzer Hinweis auf andere Auffassungen reicht in Fällen aus, in denen das Ergebnis gleich bleibt. Nur wenn die einzelnen Theorien zu unterschiedlichen Resultaten gelangen und es für die Entscheidung des Falles gerade auf den Streitgegenstand ankommt, ist eine eingehendere Auseinandersetzung mit dem bestehenden Meinungsstreit angezeigt. Wird etwa eine Klage aus eigenem Recht erhoben, dann aber aus abgetretenem Recht fortgeführt, so ist zu beurteilen, ob dies nur unter den Voraussetzungen einer Klageänderung zulässig ist. Dies ist der Fall, denn die Ansprüche aus eigenem und aus fremdem Recht bilden (nach allen Auffassungen) unterschiedliche Streitgegenstände. Das wirkt sich auch auf den Umfang der Rechtskraft aus: Wurde die Klage abgewiesen, weil der Kläger nicht Gläubiger des Anspruchs ist, dann kann er nach Abtretung des Anspruchs erneut Klage erheben, ohne dass die rechtskräftige Entscheidung dem entgegensteht, denn es handelt sich um zwei unterschiedliche Streitgegenstände.

### Fälle und Fragen

1. Erläutern Sie bitte Funktion und Regelung der Güteverhandlung!
2. Was ist ein Güterichter und welche Aufgaben hat er zu erfüllen?
3. Was bedeutet der Dispositionsgrundsatz, was der Verhandlungsgrundsatz?
4. In einem Zivilrechtsstreit vor dem Amtsgericht, den beide Parteien ohne anwaltlichen Beistand führen, erkennt der Richter, dass der vom Kläger geltend gemachte Anspruch verjährt ist. Darf der Richter den Beklagten auf die Einrede der Verjährung hinweisen, wenn offensichtlich dieser nicht erkannt hat, dass ihm diese Einrede zusteht?
5. Was bedeutet der Grundsatz der Mündlichkeit und inwieweit gilt er im Zivilprozess?
6. Beim Amtsgericht Berlin-Spandau geht eine Klageschrift des Verm ein, in der beantragt wird, den Botschafter Botsch des Staates Transflumen zur Zahlung von 3.500 EUR zu verurteilen, die der Botschafter dem Kläger als Mietzins für eine gemietete Privatwohnung schulde. Was wird das Gericht tun?
7. Volz aus Passau verkauft einen Pkw an Kunz aus Zürich. Mit der Behauptung, das Fahrzeug sei mangelhaft, verweigert Kunz die Zahlung des Kaufpreises. Volz fragt, vor welchem Gericht er Klage auf Zahlung des Kaufpreises gegen Kunz erheben müsse. Geben Sie bitte Auskunft!
8. Die Gewerkschaft IG Metall klagt gegen den Redakteur einer Zeitschrift auf Unterlassung bestimmter Behauptungen. Ist die Klage zulässig?
9. K schuldet der X-Bank 50.000 EUR. Er tritt eine Forderung in gleicher Höhe, die er gegen

---

[376] BGH Warn. 1970, 46 (48). Der BGH geht jedoch von einem zweigliedrigen Streitgegenstandsbegriff aus (→ Rn 292).

[377] Und nur in solchen Fällen besteht überhaupt Anlass, auf den Streitgegenstandsbegriff einzugehen.

## Anhang: Der Streitgegenstand

B hat, der Bank erfüllungshalber ab. Als die X-Bank Zahlung von B fordert, erklärt dieser, die Forderung sei nicht begründet. Daraufhin ermächtigt die X-Bank K, im eigenen Namen die Forderung gegen B gerichtlich geltend zu machen, dabei aber Zahlung an die Bank zu fordern. Ist eine entsprechende Klage des K gegen B zulässig?

10. K klagt gegen den Wirtschaftsprüfer W auf Schadensersatz und begründet seinen Anspruch damit, dass W in einem für ihn, K, erstatteten Gutachten falsche Angaben über den Wert eines Unternehmens gemacht hätte, das aufgrund des Gutachtens von K erworben worden sei. W hätte insbesondere nicht mit der erforderlichen Sorgfalt die Verbindlichkeiten des Unternehmens festgestellt. Bevor über diese Klage entschieden ist, erhebt K eine zweite Klage auf Schadensersatz gegen W und trägt vor, er habe jetzt erfahren, dass W vorsätzlich falsche Angaben in seinem Gutachten gemacht hätte; W habe deshalb sittenwidrig gehandelt und sei ihm nach § 826 BGB zum Schadensersatz verpflichtet. Wie wird das Gericht über die zweite Klage entscheiden?
11. Kunz klagt vor dem Amtsgericht gegen Berz auf Zahlung von Schadensersatz iHv 3.500 EUR. Während des Rechtsstreits erhöht der Kläger seine Forderung auf 6.000 EUR.
    a) Hat dies Auswirkungen auf die Zuständigkeit des Gerichts?
    b) Wie wäre zu entscheiden, wenn Kunz zunächst 6.000 EUR vor dem Landgericht einklagt und während des Rechtsstreits seine Forderung auf 3.500 EUR ermäßigt?
12. Was verstehen Sie unter Prozesshindernissen?
13. Die Parteien streiten über die Prozessführungsbefugnis des Klägers. Das Gericht kommt zu dem Ergebnis, dass sie besteht. Wie hat das Gericht weiter zu verfahren?
14. Darf der Richter eine Klage als unbegründet abweisen, wenn Zweifel bestehen, ob einzelne Sachurteilsvoraussetzungen erfüllt werden, die Klärung dieser Zweifel aber zeitraubende und kostspielige Prüfungen erforderlich sein lässt, während die Unbegründetheit der Klage feststeht?
15. Erläutern Sie bitte den Begriff des Streitgegenstandes und seine Bedeutung im Zivilprozess!

# § 4. Das Parteiverhalten im Prozess

## I. Vorbemerkung

### 1. Der Einfluss der Parteien auf den Gang des Verfahrens

Die bisherigen Ausführungen haben bereits gezeigt, wie sehr der Zivilprozess in seiner Durchführung und in seiner Entscheidung durch das Verhalten der Parteien bestimmt wird. Denn der Zivilprozess dient in erster Linie zur Durchsetzung privater Rechte, über die der Inhaber nach dem materiellen Recht verfügungsbefugt ist. Deshalb hat das Prozessrecht den Parteien auch einen weiten Freiraum gewährt, innerhalb dessen sie den Gang des Verfahrens beeinflussen können.

299

Der Beginn des Zivilprozesses hängt von dem freiwilligen Entschluss des Klägers ab. Ob streitig zu verhandeln ist, entscheidet sich nach dem Verhalten des Beklagten, der den gegen ihn geltend gemachten Anspruch anerkennen (vgl. § 307) oder der davon absehen kann, sich gegen die Klage zu verteidigen (vgl. § 276 I 1; → Rn. 169). Der Kläger kann die Klage zurücknehmen (vgl. § 269) und damit das Verfahren beenden; er kann auf den von ihm geltend gemachten Anspruch verzichten (vgl. § 306). Die Parteien können durch Abschluss eines Vergleichs oder durch eine gemeinsame Erklärung, dass sich der Rechtsstreit in der Hauptsache erledigt habe, den Prozess ohne Urteil zu einem Abschluss bringen. Die Anträge der Parteien legen schließlich den Entscheidungsrahmen für das Gericht fest (vgl. § 308 I). Die Parteien des Zivilprozesses haben somit in weitem Umfang das Recht, über den Prozess zu verfügen; es gilt also im Zivilprozess der Dispositionsgrundsatz (→ Rn. 205). Auch die Beschaffung des Tatsachenstoffes, den das Gericht bei seiner Entscheidung zu berücksichtigen hat, wird im Zivilprozess regelmäßig den Parteien überlassen. Dieses Prinzip wird als Verhandlungsgrundsatz bezeichnet (→ Rn. 208). Soweit dieser Grundsatz gilt, entscheiden die Parteien auch durch ihr Nichtbestreiten über die Notwendigkeit des Beweises, denn nichtbestrittene Tatsachen gelten als zugestanden (§ 138 III) und bedürfen keines Beweises (§ 288 I). Entsprechend dem Verhandlungsgrundsatz haben die Parteien auch für die zum Beweis erforderlichen Beweismittel zu sorgen. Dies alles zeigt, dass es ganz wesentlich von den Parteien abhängt, wie der einzelne Rechtsstreit verläuft und entschieden wird. Die verschiedenen in Betracht kommenden Verhaltensweisen der Parteien und die sich daran anknüpfenden Rechtsfolgen sollen im Folgenden genauer betrachtet werden.

300

Die starke Souveränität der Parteien bereitet in einigen Konstellationen aber auch Schwierigkeiten. Entstehen etwa durch ein wettbewerbswidriges Verhalten einer Vielzahl von Verbrauchern Schäden, die jeder für sich genommen eine Klage nicht lohnen (sog. rationales Desinteresse), so kommt es letztlich nicht zur Rechtsdurchsetzung. Aber auch wenn viele Verbraucher mit hohen Streitwerten betroffen sind, kann die Rechtsdurchsetzung für den Einzelnen Probleme bereiten, wenn sie von schwierigen technischen Fragen abhängt. Mit dem Gesetz zur **Musterfeststellungsklage** hat der Gesetzgeber für diesen zweiten Fragenkomplex eine Lösung gefunden:[378]

300a

---

[378] Instruktiv dazu Stadler VuR 2018, 83 ff.

Verbraucherverbände, die nach § 606 klagebefugt sind, können in einem Feststellungsverfahren Fragen mit bindender Wirkung für Folgeprozesse klären lassen. Voraussetzung einer solchen Musterfeststellungsklage ist, dass sich 50 Personen in das Klageregister haben eintragen lassen, § 606 III Nr. 3. Verbraucher, die ihre Forderung beim Klageregister nach § 608 angemeldet haben, können sich gegenüber dem Beklagten des Musterfeststellungsverfahrens auf die Feststellung berufen, ohne dass sie selbst Partei des Musterfeststellungsverfahrens waren, § 613 I. Zugleich ist ihnen nach der Eintragung in das Klageregister verwehrt, selbst Klage gegen den Beklagten des Musterfeststellungsverfahrens wegen desselben Lebenssachverhalts zu erheben, § 610 III. Bereits erhobene Klagen angemeldeter Verbraucher werden nach § 613 II ausgesetzt. In dem Musterfeststellungsklageverfahren kann ein Vergleich geschlossen werden, der Leistungen an die angemeldeten Verbraucher vorsieht und der vom Gericht genehmigt werden muss, § 611. Angemeldete Verbraucher, welche die im Vergleich vorgesehenen Nachweise vorlegen können, können so auch unmittelbar von der Musterfeststellungsklage profitieren. Sie können sich aber auch entscheiden, aus dem Vergleich auszutreten, § 611 IV 2. Treten 30 % oder mehr der angemeldeten Verbraucher aus dem Verfahren aus, so verliert der Vergleich seine Wirkung und das Musterfeststellungsverfahren wird – auch mit Wirkung für die aus dem Vergleich Ausgetretenen – fortgesetzt, § 611 V. Eine weitere Besonderheit des Musterfeststellungsklageverfahrens besteht darin, dass die Verjährung für alle zum Klageregister angemeldeten Forderungen gehemmt wird, § 204 I Nr. 1a BGB.

Das eingangs erwähnte Problem des rationalen Desinteresses löst das neue Musterfeststellungsverfahren nicht, denn die eigentliche Rechtsdurchsetzung bleibt weiterhin dem einzelnen Verbraucher überlassen. Es gibt aber einen Richtlinienvorschlag der Europäischen Kommission, der dieses Problem des kollektiven Rechtsschutzes ebenfalls lösen will.[379]

## 2. Die Prozesshandlungen der Parteien

301 Bereits der Begriff „Prozess" – er leitet sich ab von dem lateinischen Wort procedere = vorgehen, vorwärts schreiten – macht deutlich, dass es sich hierbei um einen dynamischen Vorgang handelt, der ein aktives Verhalten verlangt. Der Prozess muss „betrieben" werden, und zwar nicht nur allein vom Gericht, sondern auch – bei Geltung des Dispositions- und Verhandlungsgrundsatzes im besonderen Maße – von den Parteien. **Die Handlungen der am Prozess Beteiligten, die dazu dienen, das Verfahren zu beginnen, fortzusetzen und schließlich zu beenden, werden Prozesshandlungen genannt.** Die Prozesshandlungen des Gerichts unterscheiden sich schon deswegen ganz wesentlich von denen der Parteien, weil es sich dabei um Akte eines Staatsorgans handelt und weil deshalb die Voraussetzungen und Wirkungen andere sind, als sie für die Prozesshandlungen der Parteien gelten.

302 Die **Prozesshandlungen des Gerichts** lassen sich danach unterscheiden, ob sie der Streitentscheidung dienen (insoweit ist die wichtigste das Urteil), ob sie den Prozessbetrieb betreffen (zB Terminbestimmung, Zustellung) oder ob sie die Beschaffung der tatsächlichen Urteils-

---

[379] COM(2018) 184 final.

I. Vorbemerkung

grundlagen bezwecken (Beweisaufnahme).[380] Auch in der ZPO wird der Begriff der Prozesshandlung wiederholt verwendet, ohne ihn näher zu beschreiben. Regelmäßig sind damit Parteiprozesshandlungen gemeint (wie zB in §§ 54, 67, 81, 230, 249 II); der Begriff kommt jedoch auch in einer weiten, die Prozesshandlungen des Gerichts ebenfalls umfassenden Bedeutung vor (vgl. zB § 172 I).

Die Abgrenzung des Begriffs der Parteiprozesshandlungen, wird nicht einheitlich vorgenommen. Häufig findet sich eine Begriffsbeschreibung, die solche Akte als Prozesshandlungen bezeichnet, deren Voraussetzungen und Wirkungen vom Prozessrecht geregelt werden.[381] Zur Abgrenzung zwischen prozessualen und materiell-rechtlichen Handlungen ist die vorgeschlagene Formel zwar sachlich zutreffend, aber zu aufwendig.[382] Ausreichend ist es, allein auf die Wirkungen der Prozesshandlung abzustellen und danach zu fragen, ob sich diese **Wirkungen** im Wesentlichen **auf prozessualem Gebiet** ergeben – dann Prozesshandlung – oder ob diese Wirkungen im materiell-rechtlichen Bereich eintreten – dann Rechtsgeschäft des bürgerlichen Rechts.[383] Von diesem Standpunkt aus sind dann auch Handlungen, die der Vorbereitung eines prozessbezogenen Geschehens dienen, wie die Erteilung einer Prozessvollmacht (vgl. § 80) oder eine Gerichtsstandsvereinbarung (vgl. § 38), zu den Prozesshandlungen zu rechnen.[384] Prozesshandlungen können also auch außerhalb eines Prozesses und vor seinem Beginn vollzogen werden; sie setzen folglich nicht voraus, dass bereits ein Prozessrechtsverhältnis entstanden ist.[385]

303

Jeder Zivilprozess begründet ein Rechtsverhältnis zwischen den an ihm Beteiligten, also zwischen dem Gericht und den Parteien. Dieses **Prozessrechtsverhältnis**[386] ist öffentlich-rechtlicher Natur und unterscheidet sich von den privatrechtlichen Beziehungen der Parteien, über die im Rechtsstreit zu entscheiden ist. Das Prozessrechtsverhältnis wird durch die Klageerhebung zunächst zwischen Kläger und Gericht und durch die Zustellung der Klageschrift an den Beklagten auch zu diesem hergestellt. Es endet, wenn der Rechtsstreit seine Erledigung durch rechtskräftige Entscheidung oder auf andere Weise (dazu später) gefunden hat.

304

Somit lässt sich der **Begriff der Parteiprozesshandlung** als ein äußeres auf einem Handlungswillen beruhendes Verhalten einer Partei definieren, das darauf gerichtet ist, einen Erfolg herbeizuführen, dessen Wirkungen im Wesentlichen auf prozessualem Gebiet liegen. Dieser Erfolg kann auch von einem Zusammenwirken mehrerer Parteien abhängen, also durch einen sog. Prozessvertrag (→ Rn. 103) herbeizuführen sein. Dagegen ist es kein Begriffsmerkmal, dass dieser Erfolg durch die Prozesshandlung unmittelbar verursacht wird, dass also durch die Handlung der Partei der Prozess gestaltet und die prozessuale Rechtsstellung des Gegners unmittelbar berührt

305

---

[380] Zu diesen und weiteren Prozesshandlungen des Gerichts vgl. *Rosenberg/Schwab/Gottwald* ZivilProzR § 58 Rn. 3 ff.
[381] So BGHZ 49, 384 (386) = NJW 1968, 1233; ähnlich *Grunsky/Jacoby*, Zivilprozessrecht, 14. Aufl. 2014, Rn. 93.
[382] So zutreffend Stein/Jonas/*Kern* vor § 128 Rn. 242.
[383] So *Rosenberg/Schwab/Gottwald* ZivilProzR § 63 Rn. 1 f.; vgl. auch BGH NJW 2003, 963 (964); Musielak/Voit/*Musielak* Einl. Rn. 59.
[384] Stein/Jonas/*Kern* vor § 128 Rn. 241; aA *Zeiss/Schreiber* ZivilProzR Rn. 211 f., jew. mwN.
[385] Stein/Jonas/*Kern* vor § 128 Rn. 241.
[386] Vgl. dazu *Rosenberg/Schwab/Gottwald* ZivilProzR § 2 Rn. 2.

wird. Prozesshandlungen sind vielmehr auch solche Akte der Parteien, die auf einen prozessualen Erfolg zielen, der erst aufgrund eines Tätigwerdens des Gerichts eintritt; hierzu gehören Anträge – auch solche, die sich auf das Verfahren beziehen, wie das Gesuch um Aussetzung (vgl. § 248) oder der Antrag auf Verweisung des Rechtsstreits an ein anderes Gericht (vgl. § 281 I) – und der Vortrag von Tatsachen (Parteibehauptungen).

### a) Arten der Prozesshandlungen

306 Dennoch empfiehlt es sich danach zu unterscheiden, ob durch die Prozesshandlung unmittelbar eine prozessuale Rechtswirkung erzeugt wird – man spricht dann üblicherweise von **Bewirkungshandlungen,** weil dadurch unmittelbar ein Erfolg bewirkt wird – oder ob die Prozesshandlung ein Tätigwerden des Gerichts bezweckt – man spricht dann von **Erwirkungshandlungen,** weil durch sie etwas erwirkt werden soll, nämlich ein entsprechendes Verhalten des Gerichts.

> **Beispiele** für Bewirkungshandlungen sind: Klagerücknahme (§ 269), Rücknahme des Einspruchs gegen ein Versäumnisurteil (§ 346), Rücknahme der Berufung (§ 516) und der Revision (§ 516 iVm § 565), Verzicht auf Berufung (§ 515) und auf Revision (§ 515 iVm § 565), Verzicht (§ 306), Anerkenntnis (§ 307).[387] Erwirkungshandlungen sind Anträge, Behauptungen und Beweisführungen.

307 Die Unterscheidung zwischen verschiedenen Arten von Prozesshandlungen dient keinem Selbstzweck, sondern soll ihre Bewertung erleichtern. Denn hinsichtlich der Anforderungen, die an sie zu stellen sind, und der Rechtsfolgen, die sich aus ihnen für den Prozess ergeben, bestehen zwischen den verschiedenen Arten Unterschiede, die beachtet werden müssen; hierauf wird im Folgenden noch eingegangen werden.

308 Bei der Bewertung von Prozesshandlungen muss auch in der **Terminologie** darauf geachtet werden, dass es sich um Institute des Prozessrechts handelt und dass es deshalb verfehlt wäre, Begriffe des materiellen Rechts zu verwenden. Erwirkungshandlungen sind auf ihre Zulässigkeit und Begründetheit zu prüfen. Man spricht also nicht davon, ob der gestellte Antrag „gültig" oder „wirksam" ist. Bei Bewirkungshandlungen wird dagegen nach ihrer Wirksamkeit gefragt,[388] nicht etwa nach ihrer Zulässigkeit. Die Klagerücknahme iSv § 269 ist also wirksam oder unwirksam, nicht zulässig oder unzulässig.

### b) Die Prozesshandlungsvoraussetzungen

309 Die Zulässigkeit von Erwirkungshandlungen und die Wirksamkeit von Bewirkungshandlungen hängen davon ab, dass die Prozesshandlungsvoraussetzungen erfüllt werden.

---

[387] Vgl. *Rosenberg/Schwab/Gottwald* ZivilProzR § 64 Rn. 16 m. weit. Beispielen.
[388] *Schumann* ZPO-Klausur Rn. 234; *Baumgärtel/Laumen/Prütting,* Der Zivilprozessrechtsfall, 8. Aufl. 1995, 14 sprechen dagegen von der „Beachtlichkeit" von Bewirkungshandlungen für die Prozessentwicklung oder die richterliche Entscheidung.

# I. Vorbemerkung

> **Prozesshandlungsvoraussetzungen sind:**
> - Parteifähigkeit
> - Prozessfähigkeit
> - Postulationsfähigkeit
> - Vollmacht bei der gewillkürten Vertretung
> - Vertretungsmacht bei der gesetzlichen Vertretung.

Parteifähigkeit (→ Rn. 238) und Prozessfähigkeit (→ Rn. 240) sind bereits erörtert worden; hierauf wird Bezug genommen. **Unter Postulationsfähigkeit wird die Fähigkeit verstanden, vor Gericht aufzutreten und Prozesshandlungen vorzunehmen.** Im Parteiprozess, also in Verfahren ohne Anwaltszwang, ist die prozessfähige Partei auch postulationsfähig. Dagegen fehlt im Anwaltsprozess, also in Verfahren mit Anwaltszwang (vgl. § 78 und → Rn. 45), der Partei die Postulationsfähigkeit. Prozesshandlungen können folglich von ihr nicht mit Wirkung für den Rechtsstreit vorgenommen werden. Vielmehr muss für sie ein beim Prozessgericht zugelassener Rechtsanwalt als Bevollmächtigter auftreten; nur ihm steht die Postulationsfähigkeit zu. Da die Postulationsfähigkeit nicht Prozessvoraussetzung, sondern Prozesshandlungsvoraussetzung ist, sind die Rechtsfolgen fehlender Postulationsfähigkeit stets auf die Prozesshandlung zu beziehen, die von dem Postulationsunfähigen vorgenommen wurde. Hat ein Postulationsunfähiger eine Klage erhoben, im Anwaltsprozess die nicht durch einen Anwalt vertretene Partei, dann ist die Klageerhebung (der Klageantrag) als Erwirkungshandlung unzulässig. Der Richter hat folglich von einer Zustellung der Klage und von einer Vorbereitung des Haupttermins (→ Rn. 157 f.) abzusehen. Ebenso bleiben Bewirkungshandlungen eines Postulationsunfähigen, beispielsweise eine Klagerücknahme, ohne Wirkung. 310

Handelt für eine Partei ein Vertreter – einerlei ob im Partei- oder im Anwaltsprozess –, dann muss er die dafür erforderliche Vertretungsmacht besitzen, die entweder auf Gesetz, wie bei den gesetzlichen Vertretern Minderjähriger oder den Organen juristischer Personen, beruht (→ GK BGB Rn. 1153), oder die durch Vollmacht erteilt werden kann; insoweit besteht kein Unterschied zum materiellen Recht. Die hM sieht in der Erteilung einer **Prozessvollmacht** eine Prozesshandlung (→ Rn. 303),[389] sodass auf sie nicht die Vorschriften des bürgerlichen Rechts über die Vollmacht anzuwenden sind, sondern sie den Regelungen des Prozessrechts unterliegt. Die Prozessvollmacht ist hinsichtlich ihres Bestandes von dem ihr zugrunde liegenden Rechtsgeschäft unabhängig; so bleibt beispielsweise die Nichtigkeit des Anwaltsvertrages (→ Rn. 48) ohne Einfluss auf die dem Anwalt erteilte Vollmacht. Die Vollmacht kann formfrei erteilt werden (arg. § 89 II); weil aber ihr Nachweis erforderlich werden kann (vgl. § 88 I), bildet in der Praxis die schriftliche Vollmacht den Regelfall (vgl. § 80 I). Die Vollmacht erlischt aufgrund eines (formlos auszusprechenden) Widerrufs. Hieran ändert nichts die Vorschrift des § 87 I, in der von einer „Kündigung des Vollmachtvertrags" die Rede ist. Der Gesetzgeber der ZPO ging von der heute nicht mehr zutreffenden Vorstellung aus, dass die Vollmacht durch einen entsprechen- 311

---

[389] BGH ZZP 71 (1958), 473; MDR 1964, 410; MüKoZPO/*Toussaint* § 80 Rn. 2.

Vertrag erteilt wird. Zum Schutze der Gegenpartei erlangt jedoch der Widerruf der Vollmacht ihr gegenüber erst Wirksamkeit, wenn ihr das Erlöschen angezeigt wird, im Anwaltsprozess erst durch die Bestellung eines neuen Anwalts (§ 87 I). Der Umfang der Prozessvollmacht ist in den §§ 81–84 geregelt. Die Prozessvollmacht, die zu allen den Rechtsstreit betreffenden Prozesshandlungen ermächtigt (vgl. § 81), ist von einer Bevollmächtigung zu unterscheiden, die nur auf eine oder mehrere Prozesshandlungen beschränkt wird; sie kann nur für Prozesshandlungen in Parteiprozessen erteilt werden (vgl. § 83 II). Das Gericht hat das Fehlen einer Vollmacht nur dann von Amts wegen zu berücksichtigen, wenn der Bevollmächtigte kein Rechtsanwalt ist (§ 88 II); sonst ist eine Rüge des Gegners erforderlich (§ 88 I). Ein vollmachtloser Vertreter kann einstweilen zugelassen werden (vgl. § 89 I 1).[390]

### c) Sonstige Anforderungen

312  Wie Prozesshandlungen der Parteien vorzunehmen sind, ob notwendigerweise in der mündlichen Verhandlung und in welcher **Form,** wird häufig durch die Vorschriften der ZPO bestimmt, die sich auf die einzelne Prozesshandlung beziehen (Beispiel: § 269 II 2 bezüglich der Klagerücknahme). Werden Prozesshandlungen in der Verhandlung vor dem Prozessgericht oder vor dem ersuchten oder beauftragten Richter vorgenommen, dann hat dies entsprechend dem Grundsatz der Mündlichkeit (→ Rn. 216) mündlich zu geschehen und ist im Protokoll zu vermerken (vgl. § 160 → Rn. 185). Die außerhalb der mündlichen Verhandlung vorgenommenen Prozesshandlungen bedürfen regelmäßig der Schriftform. Prozesshandlungen sind auslegungsfähig[391] und können auch umgedeutet werden.[392]

313  **Prozesshandlungen dürfen nicht mit einer (außerprozessualen) Bedingung verbunden werden,** weil die Ungewissheit, die auf diese Weise in den Prozess hineingetragen wird, im Interesse der Rechtspflege und der Gegenpartei nicht hingenommen werden kann. **Etwas anderes gilt** nur **für innerprozessuale** (dh auf prozessuale Ereignisse bezogene) **Bedingungen,** die mit Erwirkungshandlungen verbunden werden. Die hierdurch erzeugte Ungewissheit ist mit den Interessen des Gerichts und der Gegenpartei vereinbar, weil im Laufe des Rechtsstreits durch das Gericht verbindlich geklärt wird, ob die gesetzte Bedingung eingetreten ist.

> **Beispiel:** K klagt gegen B auf Übergabe und Übereignung eines Pkw und beruft sich zur Begründung auf einen zwischen beiden geschlossenen Kaufvertrag. Ergänzend trägt K vor: Sollte das Gericht zu dem Ergebnis kommen, dass eine von B erklärte Anfechtung wegen Irrtums zur Nichtigkeit des Kaufvertrages geführt habe, dann beantrage er Ersatz seines Vertrauensschadens gem. § 122 I BGB. In diesem Fall werden zwei Anträge so miteinander verbunden, dass über den zweiten (Schadensersatz) nur entschieden werden soll, wenn der erste (Übergabe und Übereignung des Pkw) nicht erfolgreich ist. Der zweite Antrag wird nur hilfsweise gestellt und mit der Bedingung verbunden, dass über ihn nur zu entscheiden ist, wenn der Hauptantrag nicht zulässig und begründet ist. Es handelt sich hierbei um eine sog. **eventuelle Klagehäufung,**

---

[390] Vgl. dazu *Rosenberg/Schwab/Gottwald* ZivilProzR § 56 Rn. 15 ff.
[391] Vgl. BGH NJW 1988, 128; 1990, 1118; 2003, 3418.
[392] BGH NJW 1987, 1204: Umdeutung eines als „sofortige Beschwerde" eingelegten Rechtsmittels in eine Berufung.

# I. Vorbemerkung

die zwei Streitgegenstände umfasst (→ Rn. 288 ff.) und die für zulässig angesehen wird, soweit Haupt- und Eventualanspruch in einem rechtlichen und wirtschaftlichen Zusammenhang stehen[393] (zu weiteren Voraussetzungen einer Klagehäufung → Rn. 380).

Unter der gleichen Voraussetzung ist es zulässig, dass der Hilfsantrag auf einen anderen Tatsachenkomplex als der Hauptantrag gestützt wird, wobei sich auch die Tatsachenvorträge beider Anträge einander widersprechen und ausschließen können.[394] Dann ist auch der zur Begründung des Hilfsantrages dienende Tatsachenvortrag mit einer Bedingung verknüpft und soll vom Gericht nur berücksichtigt werden, wenn das Hauptvorbringen erfolglos bleibt. Dies wäre der Fall, wenn K in dem oben angeführten Beispiel einen Hilfsantrag auf Übergabe und Übereignung des Pkw stellte und ihn damit begründete, dass B sich dazu durch einen zweiten Vertrag verpflichtet habe. Die Tatsachen, die für ein entsprechendes Rechtsgeschäft sprechen, interessieren dann für die Entscheidung des Rechtsstreits nur, wenn der Hauptantrag vom Gericht für unbegründet gehalten wird. Auf diese Weise wird der Forderung des BGH[395] entsprochen, dass dem Gericht vom Kläger vorzugeben ist, in welcher Reihenfolge über verschiedene Streitgegenstände, um die es sich wegen der unterschiedlichen Tatsachenkomplexe handelt (→ Rn. 289), entschieden werden soll. Dagegen wäre es nicht zulässig, den Klageantrag alternativ auf verschiedene Streitgegenstände (Lebenssachverhalte) zu stützen und dem Gericht die Auswahl zu überlassen. Denn die Vorschrift des § 253 II Nr. 2 verlangt die bestimmte Angabe des Grundes des erhobenen Anspruchs (→ Rn. 123, 139).[396] **314**

Dagegen ist eine **Klage** als einleitender Akt des Verfahrens **streng bedingungsfeindlich,** weil die dadurch bewirkte Existenz des Prozessrechtsverhältnisses (→ Rn. 304) nicht ungewiss sein darf. Dies gilt auch für eine innerprozessuale Bedingung (anders ist jedoch die Zulässigkeit einer hilfsweise erhobenen Widerklage zu beurteilen; → Rn. 617). Die Unzulässigkeit einer bedingt erhobenen Klage wird auch nicht dadurch behoben, dass die Bedingung später eintritt.[397] **315**

Der BGH[398] hatte den Fall zu entscheiden, dass der Kläger mit seinem Hauptantrag begehrte, den Beklagten zur Mitwirkung an einer Abstammungsbegutachtung zu verurteilen, und einen Hilfsantrag auf die Feststellung richtete, dass er nicht Vater des Beklagten sei. Da der Hilfsantrag eine Vaterschaftsanfechtungsklage[399] gem. § 640 II Nr. 2 aF (jetzt § 169 Nr. 4 FamFG) zum Gegenstand hatte, war das Verbindungsverbot des § 640c I 1 aF (jetzt § 179 II FamFG) zu beachten, denn die in erster Linie erhobene Klage stellte keine Kindschaftssache dar. Aufgrund des strikten Verbindungsverbots war eine Prozesstrennung gem. § 145 erforderlich, die auch in der Revisionsinstanz vorgenommen werden kann. Die Prozesstrennung führte dazu, dass sich der die Kindschaftssache betreffende Prozess nunmehr auf eine bedingte Klageerhebung bezog. Da das Fallenlassen der Bedingung und damit der Übergang vom Hilfs- zum Hauptantrag eine Klageänderung darstellt, die in der Revisionsinstanz unzulässig ist, musste die bedingte Klage als unzulässig abgewiesen werden.[400] **316**

---

[393] Musielak/Voit/*Foerste* § 260 Rn. 8 mwN.
[394] BGH NJW 2014, 3314 Rn. 16.
[395] GRUR 2011, 521 Rn. 6 ff. mwN auch zur Gegenauffassung.
[396] BGH GRUR 2011, 521 Rn. 9.
[397] BGH NJW 2007, 913 (914); vgl. auch OLG Karlsruhe NJW 2010, 621 (622).
[398] BGH NJW 2007, 909.
[399] Vgl. dazu BGH NJW 2007, 912.
[400] BGH NJW 2007, 913 (914).

### d) Rücknahme und Widerruf

**317** Bei der Frage, ob (einseitige) Prozesshandlungen von der sie vornehmenden Partei nachträglich wieder beseitigt werden können, muss unterschieden werden:

- **Erwirkungshandlungen** können grundsätzlich zurückgenommen werden, wenn nicht durch sie eine Prozesssituation geschaffen wird, die im Interesse der Gegenpartei nicht ohne deren Einwilligung wieder aufgehoben werden darf.

  So ist beispielsweise die Klage (und die darin liegende Erwirkungshandlung) nur bis zum Beginn der mündlichen Verhandlung des Beklagten zur Hauptsache ohne dessen Einwilligung rücknehmbar (§ 269 I), weil von diesem Zeitpunkt an dem Beklagten ein Recht auf Entscheidung über die Klage zuzubilligen ist (→ Rn. 465). Etwas anderes gilt dagegen für die Rücknahme von Rechtsmitteln (Einzelheiten später). Anträge auf Beweiserhebung können ohne Einschränkung jederzeit zurückgenommen werden, weil die Gegenpartei die Möglichkeit hat, einen gleichen Antrag zu stellen. Auch Tatsachenbehauptungen können widerrufen werden; Einschränkungen ergeben sich allerdings für zugestandene Tatsachen, hierauf wird im Rahmen der Erörterung des Beweisrechts eingegangen werden.

- **Bewirkungshandlungen** sind grundsätzlich unwiderruflich, sobald der prozessuale Erfolg eingetreten ist, auf den sie zielen.[401]

  Eine Ausnahme ist hinsichtlich aller nicht mehr rücknehmbarer Prozesshandlungen dann zu machen, wenn die Prozesshandlung von einem Restitutionsgrund iSv § 580 betroffen ist, aufgrund dessen das Urteil, das auf der Prozesshandlung beruht, mit der Wiederaufnahmeklage beseitigt werden könnte.[402]

  **Beispiel:** Klag verlangt mit seiner Klage gegen Beck Rückzahlung eines Darlehens, das er dem Erblasser des Beck gewährt haben will. Als Trug als Zeuge erklärt, er wisse genau, dass dieses Darlehen von Klag ausgezahlt und noch nicht getilgt worden sei, erkennt Beck den gegen ihn geltend gemachten Anspruch an (§ 307). Noch vor Erlass eines Anerkenntnisurteils stellt sich heraus, dass Trug gelogen hat. In diesem Fall kann Beck sein Anerkenntnis in analoger Anwendung des § 580 Nr. 3 zurücknehmen, wobei allerdings Voraussetzung ist, dass vorher Trug wegen seiner Falschaussage strafgerichtlich verurteilt wurde (vgl. § 581). Das Zivilgericht könnte in diesem Fall die Verhandlung bis zur Erledigung des Strafverfahrens aussetzen (§ 149).[403]

**318** Auf Prozesshandlungen sind die für (materiell-rechtliche) Willenserklärungen geltenden Vorschriften über die Nichtigkeit oder Anfechtbarkeit (§§ 116ff. BGB) nicht (auch nicht entsprechend) anwendbar. Insbesondere kann eine Partei die von ihr vorgenommene **Prozesshandlung nicht wegen Irrtums** nach § 119 BGB oder wegen **arglistiger Täuschung oder Drohung** nach § 123 BGB **anfechten**.[404] Bindende Pro-

---

[401] Vgl. OLG Schlewig NJW 2018, 638f. (Rücknahme oder Widerruf der Annahmeerklärung zu einem gerichtlich vorgeschlagenen Vergleich ist ausgeschlossen).
[402] BGHZ 80, 389 = NJW 1981, 2193 (2194); BGH NJW 2007, 3640 Rn. 37; 2013, 2686 Rn. 7. Ob dies auch nach Rechtskraft des Urteils gilt, das aufgrund der Bewirkungshandlung ergeht, ist streitig; vgl. Musielak/Voit/*Musielak* § 578 Rn. 5.
[403] Vgl. Stein/Jonas/*Kern* vor § 128 Rn. 316f.; Stein/Jonas/*Roth* § 149 Rn. 8.
[404] BGH NJW 2007, 1460 Rn. 13 mwN; *Rosenberg/Schwab/Gottwald* ZivilProzR § 65 Rn. 46 mwN; aA *Arens*, Willensmängel bei Parteihandlungen im Zivilprozess, 1968, 119ff.; *Lüke* ZivilProzR Rn. 215.

zesshandlungen schaffen Prozesssituationen, die von der Unsicherheit einer nachträglichen Änderung aufgrund von Anfechtungen im Interesse der Rechtspflege freigehalten werden müssen. Nur soweit Vorschriften der ZPO eingreifen, die eine nachträgliche Beseitigung bindender Prozesshandlungen zulassen (→ Rn. 317), gilt etwas anderes.

Im Prozessrecht ist der **Grundsatz von Treu und Glauben** (→ Rn. 202) zu beachten. Verstößt eine Partei mit ihrer Prozesshandlung gegen diesen Grundsatz, dann hat dies jedoch nicht die Wirkungslosigkeit der Prozesshandlung zur Folge. Vielmehr muss bei Erwirkungshandlungen das Gericht die treuwidrig vorgenommene Prozesshandlung zurückweisen. Auch die durch eine Bewirkungshandlung herbeigeführte Verfahrenslage ist trotz der Verletzung des Gebots von Treu und Glauben wirksam und muss mit den vom Prozessrecht dafür vorgesehenen Mitteln korrigiert werden. 319

> **Beispiel:** Der Kläger legt gegen ein klageabweisendes Urteil Berufung ein. Daraufhin erklärt der Beklagte ihm wahrheitswidrig, er sei völlig mittellos und leide bittere Not. Der Kläger nimmt seine Berufung zurück. Die Rücknahme der Berufung ist nicht deshalb unwirksam, weil der Beklagte den Kläger getäuscht hat. Wenn jedoch inzwischen die Berufungsfrist (vgl. § 517) abgelaufen ist, dann ist dem Kläger Wiedereinsetzung in den vorigen Stand (vgl. § 233; dazu Einzelheiten später) zu gewähren, ihm also zu ermöglichen, die Berufung noch einzulegen.[405]

Stets muss auch berücksichtigt werden, dass die Anwendung des Grundsatzes von Treu und Glauben auf Sachverhalte begrenzt ist, für die spezielle Regelungen fehlen, um einen sachgerechten Interessenausgleich herbeizuführen. Soweit entsprechende Vorschriften bestehen, dürfen sie nicht mit Billigkeitserwägungen korrigiert werden.[406] Auf die Rechtsfolgen, die sich im Prozess aufgrund des Gebots von Treu und Glauben ergeben, wird im Rahmen der Erörterung einzelner Prozesshandlungen noch eingegangen werden.[407] 320

## II. Nichterscheinen und Nichtverhandeln: Das Versäumnisverfahren

Die Parteien sind grundsätzlich nicht verpflichtet, persönlich an der mündlichen Verhandlung teilzunehmen. Sie können sich – auch in Prozessen, in denen ein Anwaltszwang nicht besteht – durch einen Rechtsanwalt vertreten lassen. Etwas anderes gilt nur, wenn das Gericht das persönliche Erscheinen der Parteien anordnet (→ Rn. 177). 321

---

[405] Stein/Jonas/*Roth* § 233 Rn. 24. Ein Widerruf der Erklärung über die Zurücknahme der Berufung (so LG Hannover NJW 1973, 1757) ist schon deshalb nicht zuzulassen; ebenso BGH NJW 2007, 3640 Rn. 36.
[406] Beispiel BGH NJW 1978, 426: § 187 S. 2 aF (jetzt allerdings geändert, vgl. § 189) steht dem Beginn einer Notfrist auch dann entgegen, wenn die formgerechte Zustellung und damit der Beginn der Frist durch das arglistige Verhalten des Adressaten verhindert wird.
[407] Vgl. dazu *Rosenberg/Schwab/Gottwald* ZivilProzR § 65 Rn. 49 ff., auch zu einzelnen Fallgruppen.

322 Folgt die Partei der **Anordnung des persönlichen Erscheinens** nicht, dann kann gegen sie Ordnungsgeld iHv 5 bis 1.000 EUR angeordnet werden (§ 141 III 1 iVm § 380 I 2, Art. 6 I 1 EGStGB). Ob von der Festsetzung eines Ordnungsgeldes gegen eine Partei nur zurückhaltend Gebrauch gemacht werden sollte, wird unterschiedlich beurteilt.[408] Auf jeden Fall muss der Zweck der Anordnung eines persönlichen Erscheinens der Partei, nämlich die Mitwirkung der Partei an der Klärung des entscheidungserheblichen Sachverhalts zu erreichen, beachtet werden. Deshalb darf ein Ordnungsgeld nicht verhängt werden, wenn im Termin Fragen zum Sachverhalt nicht offen geblieben sind und der Rechtsstreit ohne weiteren Vortrag durch Urteil entschieden werden kann.[409] Die Festsetzung des Ordnungsgeldes hat auch zu unterbleiben, wenn sich die Partei für ihr Ausbleiben genügend entschuldigt; geschieht die genügende Entschuldigung nachträglich, dann ist die Festsetzung des Ordnungsgeldes vom Gericht wieder aufzuheben (§ 141 III 1 iVm § 381 I). Ein Ordnungsgeld ist auch dann nicht zu verhängen, wenn die Partei zur Verhandlung einen Vertreter entsendet, der zur Aufklärung des Tatbestandes in der Lage[410] und zur Abgabe von Erklärungen ermächtigt ist (§ 141 III 2). Anders als beim Zeugen darf gegen eine Partei keine Ordnungshaft festgesetzt werden, wenn das Ordnungsgeld nicht beigetrieben werden kann. Der Partei dürfen nicht entsprechend § 380 I 1 die durch ihr Ausbleiben verursachten Kosten auferlegt werden; eine Kostenbelastung ist nur durch Verhängung einer Verzögerungsgebühr nach § 38 GKG oder durch die Kostenentscheidung des Urteils gem. § 95 möglich.[411] Unzulässig ist auch eine zwangsweise Vorführung der Partei.[412]

323 Eine Pflicht zum Erscheinen für die Partei und die Ordnungsgeldsanktion gibt es nicht, wenn die Vernehmung einer Partei durch Beweisbeschluss (§ 450 I) angeordnet wird (→ Rn. 818). Erscheint die Partei nicht, hat das Gericht ihr Verhalten frei zu würdigen, wobei es allerdings regelmäßig von dem Erfahrungssatz ausgehen wird, dass eine Partei, die etwas für sich Günstiges bekunden kann, erscheint und aussagt. Wegen dieses Unterschieds sind in der Anordnung des persönlichen Erscheinens nach § 141 Zweck und Rechtsgrundlage anzugeben und die Partei nach § 141 III 3 auch auf die Folgen ihres Ausbleibens hinzuweisen. Fehlen diese Angaben, darf ein Ordnungsgeld nicht verhängt werden.

324 Unabhängig von der Anordnung des persönlichen Erscheinens kann gegen eine Partei, die weder erscheint noch durch einen Rechtsanwalt vertreten ist, nach Maßgabe der §§ 330 ff. ein Versäumnisurteil ergehen. Hierin zeigt sich, dass auch durch ein Verhalten, das keine Prozesshandlung darstellt, die Prozessrechtslage beeinflusst werden kann.

## 1. Versäumnisurteil gegen den Beklagten – Voraussetzungen

325 Bei den Voraussetzungen, unter denen ein Versäumnisurteil zu erlassen ist, muss nach der gesetzlichen Regelung (§§ 330, 331) zwischen der Säumnis des Klägers und der des Beklagten unterschieden werden. Zunächst zum Versäumnisurteil gegen den Beklagten.

---

[408] Vgl. OLG Köln NJW-RR 1992, 827, für zurückhaltenden Gebrauch; aA OLG München NJW-RR 1992, 827 (828) jew. mwN.
[409] BAG NJW 2008, 252 Rn. 5 f.; OLG Naumburg MDR 2010, 518.
[410] OLG Schleswig MDR 2009, 1301: Verhängung eines Ordnungsgeldes, wenn der erschienene Prozessbevollmächtigte nicht ausreichend unterrichtet ist und zur Aufklärung des Sachverhalts nichts beitragen kann.
[411] OLG Köln OLGZ 1993, 362 = FamRZ 1993, 338 (339).
[412] OLG Stuttgart OLGZ 1984, 450; Zöller/*Greger* § 141 Rn. 11.

## II. Nichterscheinen und Nichtverhandeln: Das Versäumnisverfahren 117

> Der Erlass eines Versäumnisurteils gegen den Beklagten hängt von der Erfüllung folgender Voraussetzungen ab:
>
> (1) Zulässigkeit der Klage
> (2) Antrag des Klägers auf Erlass eines Versäumnisurteils
> (3) Bestimmung eines Termins zur mündlichen Verhandlung
> (4) Säumnis des Beklagten
> (5) Fehlen eines Unzulässigkeitsgrundes nach § 335
> (6) Fehlen eines Vertagungsgrundes nach § 337
> (7) Schlüssigkeit des klägerischen Vorbringens

Zu diesen Voraussetzungen ist Folgendes zu bemerken:

### a) Zulässigkeit der Klage

**Das Versäumnisurteil ist ein Sachurteil und darf deshalb nur ergehen, wenn die** 326
**Sachurteilsvoraussetzungen erfüllt sind** (→ Rn. 232 ff., 278). Stellt das Gericht fest, dass insoweit Mängel bestehen, dann kommt es darauf an, ob diese Mängel behebbar sind. Sind sie es, dann ist ein Antrag des Klägers auf Erlass des Versäumnisurteils zurückzuweisen (§ 335 I Nr. 1; → Rn. 332) und dem Kläger Gelegenheit zur Behebung der Mängel und zur Beschaffung der erforderlichen Nachweise durch Vertagung einzuräumen. Handelt es sich dagegen um nicht behebbare Mängel, dann kommt ein Sachurteil nicht in Betracht und die Klage muss durch ein Prozessurteil als unzulässig abgewiesen werden. Dieses Prozessurteil wird häufig irreführend als „unechtes Versäumnisurteil" bezeichnet (vgl. → Rn. 337); es ist aber kein Versäumnisurteil und deshalb durch Berufung, nicht durch Einspruch (§ 338, → Rn. 349 ff.) anfechtbar.

### b) Antrag

Der Kläger muss in dem Termin zur mündlichen Verhandlung, in dem der Beklagte 327
säumig ist, einen Antrag auf Erlass eines Versäumnisurteils stellen. Es handelt sich dabei um einen **speziellen Prozessantrag,** der darauf gerichtet sein muss, den Beklagten in Form eines Versäumnisurteils zu verurteilen. Der Frage, ob bereits in dem Sachantrag des Klägers ein solcher Prozessantrag mit enthalten ist[413] oder ob ein vom Sachantrag zu unterscheidender eigenständiger Antrag verlangt werden muss,[414] kommt kaum praktische Bedeutung zu. Denn die von den Parteien gestellten Anträge sind auszulegen, und es kann regelmäßig davon ausgegangen werden, dass der Kläger mit seinem Antrag bezweckt, die Verurteilung des säumigen Beklagten zu erreichen.[415] Bei Zweifeln hat das Gericht gem. § 139 I auf eine entsprechende Klarstellung hinzuwirken.[416] Beharrt der Kläger allerdings auf dem Erlass eines kontradiktorischen Urteils und weigert er sich, ein Versäumnisurteil zu beantragen, dann

---

[413] BGHZ 37, 80 (83 f.) = NJW 1962, 1149; Thomas/Putzo/*Reichold* § 331 Rn. 2.
[414] *Münzberg* JuS 1963, 219 f.; AK-ZPO/*Pieper* Vor § 330 Rn. 13; Stein/Jonas/*Grunsky* Vor § 330 Rn. 11.
[415] Für einen großzügigen Standpunkt bei dieser Auslegung MüKoZPO/*Prütting* § 331 Rn. 6.
[416] HK-ZPO/*Kießling* § 331 Rn. 2; MüKoZPO/*Prütting* § 331 Rn. 6.

darf kein Versäumnisurteil ergehen.⁴¹⁷ In einem solchen Fall kommt entweder ein vom Kläger zu beantragendes Urteil nach Lage der Akten (§ 331a) oder ein Ruhen des Verfahrens (§ 251a III) in Betracht.⁴¹⁸

### c) Termin zur mündlichen Verhandlung

328 Der **Termin,** in dem der Beklagte säumig ist, muss **zu einer obligatorischen mündlichen Verhandlung des Rechtsstreits vor dem Prozessgericht** bestimmt worden sein. Dies ist nicht der Fall, wenn die Parteien lediglich zu einer Güteverhandlung geladen werden (§ 278 III), wenn ein Termin vor dem beauftragten oder ersuchten Richter (→ Rn. 166) angesetzt worden ist oder wenn es sich um einen Beweistermin handelt; allerdings ist zu berücksichtigen, dass bei einer Beweisaufnahme vor dem Prozessgericht nach ihrer Beendigung der Termin zur Fortsetzung der mündlichen Verhandlung bestimmt ist (§ 370) und deshalb dann eine Säumnis möglich wird; das Gleiche gilt, wenn sich an die Güteverhandlung die mündliche Verhandlung anschließt, wie dies in § 279 I 1 angeordnet wird (→ Rn. 181). Zu beachten ist, dass jeder – nicht nur der erste – Termin zur mündlichen Verhandlung zu einer Säumnis führen kann (vgl. § 332). Selbstverständlich kann auch in dem frühen ersten Termin (→ Rn. 167) ein Versäumnisurteil erlassen werden.

### d) Säumnis

329 **Säumig ist der Beklagte, wenn er in Verfahren ohne Anwaltszwang nach Aufruf der Sache** (→ Rn. 182) **bis zum Schluss der mündlichen Verhandlung (vgl. § 220 II) nicht erscheint und auch nicht ordnungsgemäß vertreten wird** (vgl. §§ 79, 157); für eine nicht prozessfähige Partei muss ihr gesetzlicher Vertreter handeln (→ Rn. 241). **Im Anwaltsprozess ist eine Partei säumig, wenn für sie nicht ein beim Prozessgericht zugelassener Anwalt als Bevollmächtigter erscheint** (vgl. § 78); die persönliche Anwesenheit der Partei ist insoweit unerheblich. Dem Nichterscheinen der Partei steht es gleich, wenn sie nicht verhandelt (§ 333). Eine Partei verhandelt nicht, wenn sie eine Einlassung zur Sache verweigert und als Kläger keinen Sachantrag stellt.⁴¹⁹ Der Beklagte braucht dagegen nicht ausdrücklich die Abweisung der Klage zu beantragen (→ Rn. 462). Es genügt, wenn sich aus seinem Vorbringen ergibt, dass er sich gegen seine Verurteilung wendet. Allerdings ist es nicht ausreichend, wenn der Beklagte lediglich den Antrag auf Klageabweisung stellt, ohne zur Sache etwas auszuführen.⁴²⁰ Wird jedoch lediglich unvollständig verhandelt, dann löst dies nach § 334 keine Säumnisfolgen aus. Das unvollständige Verhandeln bezieht sich stets auf den gesamten Streitgegenstand und ist insoweit lückenhaft. Verhandelt dagegen eine Partei nur zu einem Teil des Streitgegenstandes, zu einem anderen nicht, dann kommt es darauf an, ob der unverhandelt gebliebene Teil zum Gegenstand eines Teilurteils gemacht werden kann (→ Rn. 877). Ist dies zu bejahen, dann kann insoweit ein Teilversäumnisurteil erlassen werden.⁴²¹

---

417 Musielak/Voit/*Stadler* § 331 Rn. 6.
418 Vgl. Stein/Jonas/*Grunsky* Vor § 330 Rn. 12 f.
419 BAG MDR 2003, 520.
420 Vgl. OLG Düsseldorf MDR 1987, 852; *Herpers* DRiZ 1974, 225.
421 BGH NJW 2002, 145; Musielak/Voit/*Stadler* §§ 333, 334 Rn. 4.

II. Nichterscheinen und Nichtverhandeln: Das Versäumnisverfahren

Ein Fall der Säumnis kann auch dadurch eintreten, dass eine Partei zur Aufrechterhaltung der Ordnung in der Sitzung auf Anordnung des Gerichts aus dem Sitzungszimmer entfernt wird (§ 158 S. 1). 330

> **Beispiel:** In einem amtsgerichtlichen Verfahren, in dem beide Parteien den Rechtsstreit persönlich führen, unterbricht der Beklagte wiederholt den Vortrag des Klägers und beschimpft ihn als Lügner, Betrüger und Gauner. Daraufhin verwarnt der Vorsitzende den Beklagten und fordert ihn auf, Unterbrechungen des Klägers und jede Beleidigung zu unterlassen. Als der Beklagte dennoch erneut die Ausführung des Klägers erheblich stört, setzt der Richter gegenüber dem Beklagten ein Ordnungsgeld von 200 EUR fest, für den Fall, dass dieses nicht beigetrieben werden kann, für je 100 EUR einen Tag Ordnungshaft. Dies erregt den Beklagten so, dass er in eine heftige Beschimpfung des Richters und des Klägers ausbricht. Daraufhin ordnet der Richter an, dass der Beklagte sofort das Sitzungszimmer zu verlassen habe. Als der Beklagte dieser Aufforderung nicht Folge leistet, lässt ihn der Richter durch einen Justizwachtmeister aus dem Sitzungszimmer hinausbringen. Die Verhandlung wird danach fortgesetzt und auf Antrag des Klägers ein Versäumnisurteil gegen den Beklagten erlassen.

Die Rechtsgrundlagen für die beschriebenen **sitzungspolizeilichen Maßnahmen** des Richters finden sich in §§ 176 ff. GVG. Danach obliegt dem Vorsitzenden die Aufrechterhaltung der Ordnung in der Sitzung (§ 176 GVG), die durch Maßnahmen gem. § 177 GVG sichergestellt werden kann. Außerdem können bei Ungebühr Ordnungsmittel in und außerhalb der Sitzung festgesetzt werden (vgl. §§ 178, 180 GVG). Aus §§ 176 ff. GVG ergibt sich, dass ein Rechtsanwalt als Bevollmächtigter einer Partei zwar auch der Ordnungsgewalt des Vorsitzenden unterliegt, dass ihm gegenüber aber keine Ordnungsmittel wegen Ungebühr nach § 178 GVG verhängt werden dürfen und er auch nicht aus dem Sitzungszimmer entfernt werden darf; denn Prozessvertreter sind bei der Aufzählung der Personen, gegen die solche Maßnahmen festgesetzt werden dürfen, ausgenommen. Ob in Extremfällen, in denen durch Störungen des Prozessbevollmächtigten eine Weiterverhandlung unmöglich wird, dem Gericht nur bleibt, die Sitzung aufzuheben, oder ob es ausnahmsweise dann auch einen Rechtsanwalt zwangsweise entfernen darf, ist streitig.[422] 331

### e) Unzulässigkeitsgründe

Ein Versäumnisurteil darf nicht ergehen und ein darauf gerichteter Antrag ist vom Gericht zurückzuweisen, wenn einer der in § 335 I genannten Gründe eingreift. Dazu ist Folgendes zu bemerken: 332

- Zu den von Amts wegen zu berücksichtigenden Umständen iSv **Abs. 1 Nr. 1** zählen insbesondere die **Prozessvoraussetzungen.** Bestehen insoweit nicht behebbare Mängel, dann kommt ein Versäumnisurteil nicht in Betracht, sondern die Klage ist durch Prozessurteil abzuweisen (→ Rn. 326). Deshalb ist nach § 335 nur zu verfahren und die in dieser Vorschrift vorgesehene Zurückweisung des Antrages auf Versäumnisurteil auszusprechen, wenn die Prozessvoraussetzungen nachträglich noch erfüllt werden können. In diesem Zusammenhang ist auf die Vorschrift des § 331 I 2 zu verweisen. Die Geständnisfiktion des § 331 I 1 (→ Rn. 335) gilt nicht für Behauptungen des Klägers über Gerichtsstandsvereinbarungen nach § 29 II, § 38. Insoweit muss feststehen, dass entsprechende zulässige Vereinbarungen getroffen wurden (→ Rn. 96 f.).

---

[422] Vgl. BGHZ 67, 184 (189) = NJW 1977, 437 (für eine solche Möglichkeit); aA *Müller* NJW 1979, 22, jew. mwN.

- Ein Antrag auf Versäumnisurteil ist auch zurückzuweisen, wenn die nicht erschienene Partei nicht ordnungsgemäß geladen worden ist (**Abs. 1 Nr. 2**). Die **Ladung** muss unter Einhaltung der Ladungsfrist (§ 217) der Partei zugestellt worden sein (vgl. §§ 166 ff.). Nur in den Fällen des § 218, also wenn ein Termin in einer verkündeten Entscheidung bestimmt wird, ist eine Ladung der Partei nicht erforderlich, wenn nicht das persönliche Erscheinen der Partei angeordnet werden soll (§ 141 II). Zur ordnungsgemäßen Ladung gehört auch, dass die Parteien in der Ladung über die Folgen einer Versäumung des Termins belehrt werden (§ 215 I).[423]
- Der in **Abs. 1 Nr. 3** genannte Grund für eine Zurückweisung des Antrags auf Erlass eines Versäumnisurteils ist nur bei Säumnis des Beklagten zu beachten, weil nur Angriffsmittel rechtzeitig, dh unter Beachtung der Frist des § 132 I (mindestens eine Woche) und beim ersten Termin auch der Einlassungsfrist des § 274 III (mindestens zwei Wochen), vorgebracht werden müssen.[424] Der Gesetzgeber ging bei dieser Regelung davon aus, dass der Beklagte von einem Erscheinen bei der mündlichen Verhandlung absehen kann, wenn das bisherige Vorbringen des Klägers seinen Klageantrag nicht rechtfertigt und deshalb keine Gefahr besteht, dass der Beklagte verurteilt werden könnte. Wenn der Kläger durch **nachträgliches Vorbringen** seine Klage schlüssig macht, dann muss dies der Beklagte rechtzeitig erfahren; dies folgt insbesondere aus seinem Anspruch auf rechtliches Gehör (→ Rn. 199).

### f) Vertagungsgründe

333 Des Weiteren darf ein Versäumnisurteil nicht ergehen und der Termin ist von Amts wegen zu vertagen, wenn das Gericht zu der Auffassung gelangt, dass eine vom Vorsitzenden bestimmte **Einlassungs- oder Ladungsfrist zu kurz bemessen** wurde oder dass die **ausgebliebene Partei ohne ihr Verschulden am Erscheinen verhindert** ist (§ 337).

334 Auch in Fällen unverschuldeter Hindernisse wird man stets verlangen können, dass die Partei oder ihr Vertreter alle zumutbaren Anstrengungen unternimmt, um am Termin teilzunehmen. Bei einer Autopanne kann deshalb erwartet werden, dass eine Taxe benutzt wird oder dass man zumindest das Gericht oder die Gegenpartei telefonisch von einer Verzögerung benachrichtigt.[425]

### g) Schlüssigkeit des klägerischen Vorbringens

335 **Die Säumnis des Beklagten hat zur Folge, dass das tatsächliche mündliche Vorbringen des Klägers als zugestanden anzunehmen ist** (§ 331 I 1). Dies bedeutet, dass die vom Kläger vorgetragenen Tatsachen nicht des Beweises bedürfen (§ 288 I) und deshalb vom Richter dem Urteil als feststehend zugrunde zu legen sind, und zwar unabhängig davon, was bereits die Verhandlung in früheren Terminen ergeben hat. Die Geständnisfiktion des § 331 I 1 gilt also auch dann, wenn eine bereits durchgeführte Beweisaufnahme die Behauptungen des Klägers widerlegte. Ob sich insoweit Grenzen aus der Wahrheitspflicht (→ Rn. 209, 727) ergeben, wird nicht ein-

---

[423] Eine ordnungsgemäße Belehrung muss jedoch nach Auffassung des BGH MDR 2010, 1340, nicht auch den Hinweis enthalten, dass ein drohendes zweites Versäumnisurteil gem. § 345 nur mit der Berufung angefochten werden kann (→ Rn. 356).
[424] Musielak/Voit/*Stadler* § 335 Rn. 4.
[425] BAG AP § 337 ZPO Nr. 3 mAnm *Schumann;* vgl. auch *Heinrich,* Säumnis im Zivil- und Arbeitsgerichtsprozess, 2001, Rn. 70 ff.

## II. Nichterscheinen und Nichtverhandeln: Das Versäumnisverfahren

heitlich beurteilt;[426] dies ist zu bejahen, wenn es sich um offenkundig unrichtige Tatsachenbehauptungen handelt, die der Kläger nur unter Verletzung seiner Wahrheitspflicht vortragen kann. Der Richter hat aufgrund des materiellen Rechts zu prüfen, ob das als zugestanden geltende Vorbringen den Klageantrag rechtfertigt, ob also der Tatsachenvortrag des Klägers den Tatbestand eines Rechtssatzes verwirklicht, aus dem sich die vom Kläger begehrte Rechtsfolge ergibt. Ist dies der Fall, dann ist die Klage schlüssig und das beantragte Versäumnisurteil gegen den Beklagten zu erlassen. Gelangt dagegen der Richter bei der **Schlüssigkeitsprüfung zu einem negativen Ergebnis**, rechtfertigt also der Tatsachenvortrag des Klägers nicht den Klageantrag, dann ist die Klage abzuweisen (§ 331 II Hs. 2). Bei dem **klageabweisenden Urteil** handelt es sich **nicht** um ein **Versäumnisurteil**, sodass es durch Berufung und nicht durch Einspruch anfechtbar ist.

Bei der Schlüssigkeitsprüfung muss Folgendes berücksichtigt werden: Hat der Kläger nachträglich noch Tatsachen vorgetragen, dann kommt es darauf an, ob diese Tatsachen rechtzeitig dem Beklagten mittels Schriftsatzes mitgeteilt worden sind. Ist dies nicht der Fall, dann darf ein Versäumnisurteil nicht ergehen (§ 335 I Nr. 3; → Rn. 332). Jedoch darf ein klageabweisendes Urteil erlassen werden, wenn auch der nachträgliche Tatsachenvortrag an der ursprünglichen Unschlüssigkeit der Klage nichts geändert hat. **336**

Die Urteile, die bei Unzulässigkeit oder Unschlüssigkeit der Klage ergehen, werden häufig auch als „**unechte**" **Versäumnisurteile** bezeichnet. Diese Bezeichnung ist jedoch missverständlich und sollte vermieden werden, weil die Säumnis der Gegenpartei für diese Entscheidungen keine Rolle spielt. **337**

### 2. Versäumnisurteil nach § 331 III

Ein Versäumnisurteil gegen den Beklagten kann auch erlassen werden, wenn er im schriftlichen Vorverfahren nicht rechtzeitig anzeigt, dass er sich gegen die Klage verteidigen will (vgl. § 276 I 1, II; → Rn. 169). In diesem Fall ergeht ein Versäumnisurteil, ohne dass vorher mündlich verhandelt worden ist, sodass von den oben (→ Rn. 325) genannten Voraussetzungen alle die entfallen, die im Zusammenhang mit dem Termin zur mündlichen Verhandlung stehen. **338**

> **Ein Versäumnisurteil nach § 331 III setzt somit voraus, dass** **339**
>
> - die Klage zulässig ist,
> - der Kläger einen entsprechenden Antrag stellt (§ 331 III 1), der auch schon in die Klageschrift aufgenommen werden kann (§ 331 III 2),
> - der Beklagte entsprechend der in § 276 I 1 getroffenen Regelung aufgefordert worden ist, seine Verteidigungsbereitschaft anzuzeigen, und er dabei über die Folgen einer Versäumung der ihm dafür gesetzten Frist belehrt wurde (§ 276 II),

---

[426] Bejahend *Henckel* JZ 1992, 645 (649); *Heinrich*, Säumnis im Zivil- und Arbeitsgerichtsprozess, 2001, Rn. 86, 89; Musielak/Voit/*Stadler* § 331 Rn. 9; verneinend *Rosenberg/Schwab/Gottwald* ZivilProzR § 65 Rn. 67.

- der Beklagte auf diese Aufforderung entweder überhaupt nicht oder nicht wirksam (im Anwaltsprozess nicht durch einen zugelassenen Rechtsanwalt) geantwortet hat. Geht die Antwort des Beklagten nach Ablauf der zweiwöchigen Frist des § 276 I 1 ein, aber noch bevor das von den Richtern unterschriebene Urteil der Geschäftsstelle übergeben wurde, dann ist die Anzeige des Beklagten nach § 331 III 1 Hs. 2 noch als rechtzeitig zu behandeln,[427]
- die Klage schlüssig ist.

340 Die früher streitige Frage, ob im schriftlichen Vorverfahren eine unzulässige oder unschlüssige Klage abgewiesen werden dürfe oder ob stets ein Termin zur mündlichen Verhandlung anberaumt werden müsste, um dem Kläger Gelegenheit zu geben, zu seiner (unzulässigen oder unschlüssigen) Klage Stellung zu nehmen, ist nunmehr gesetzlich entschieden worden. Das 1. JuMoG hat an § 331 Abs. 3 einen Satz 3 angefügt, nach dem eine Entscheidung ohne mündliche Verhandlung nur dann zugelassen wird, wenn das Vorbringen des Klägers den Klageantrag in einer Nebenforderung nicht rechtfertigt und der Kläger vor Entscheidung auf diese Möglichkeit hingewiesen worden ist. Damit ist klargestellt, dass über Klagen, die in ihrer Hauptforderung nicht zulässig oder nicht schlüssig sind, in einer mündlichen Verhandlung befunden werden muss.[428]

### 3. Versäumnisurteil gegen den Kläger

341 Die Voraussetzungen, unter denen gegen den Kläger ein Versäumnisurteil ergehen kann, stimmen weitgehend mit denjenigen überein, die bei einem Versäumnisurteil gegen den Beklagten erfüllt werden müssen; nur in einem wichtigen Punkt besteht ein Unterschied (vgl. § 330): Das Vorbringen der Parteien zur Sache bleibt unberücksichtigt. Also auch wenn das Verteidigungsvorbringen des Beklagten unerheblich ist und nichts daran ändert, dass der Kläger seinen Antrag in der Klageschrift schlüssig begründet, ergeht gegen ihn ein Versäumnisurteil. Diese unterschiedliche Behandlung von Kläger und Beklagtem erklärt sich dadurch, dass von dem Kläger, der durch seine Klage den Prozess begonnen hat, erwartet werden kann, dass er seine Sache vor Gericht vertritt und zur Verhandlung erscheint.

342 Damit ein Versäumnisurteil gegen den Kläger ergehen darf, muss somit folgenden Anforderungen genügt werden:

(1) Zulässigkeit der Klage
(2) Antrag des Beklagten auf Versäumnisurteil

---

[427] *Stadler/Jarsumbek* JuS 2006, 34 (37). Hat der Beklagte zwar seine Verteidigungsbereitschaft angezeigt, aber in der ihm gesetzten Frist nichts auf die Klage erwidert, dann kann dies als eine konkludent erklärte Rücknahme der Verteidigungsanzeige aufgefasst werden, die zum Erlass eines Versäumnisurteils nach § 331 III berechtigt; vgl. *Stoffel/Strauch* NJW 1997, 2372.
[428] Zöller/*Herget* § 331 Rn. 13; Musielak/Voit/*Stadler* § 331 Rn. 18.

(3) Bestimmung eines Termins zur mündlichen Verhandlung
(4) Säumnis des Klägers
(5) Fehlen eines Unzulässigkeitsgrundes nach § 335
(6) Fehlen eines Vertagungsgrundes nach § 337

Da auch das Versäumnisurteil gegen den Kläger ein Sachurteil ist, darf es nur ergehen, wenn die **Sachurteilsvoraussetzungen** erfüllt sind. Ist dies nicht der Fall, dann muss bei behebbaren Mängeln der Antrag auf Erlass des Versäumnisurteils zurückgewiesen und die Verhandlung vertagt werden; zum neuen Termin ist der Kläger erneut zu laden (§ 335 I Nr. 1, II). Handelt es sich um nicht behebbare Mängel, dann ergeht Klageabweisung durch Prozessurteil, das kein Versäumnisurteil darstellt,[429] also nicht mit dem Einspruch, sondern mit der Berufung anfechtbar ist. Insoweit besteht kein Unterschied zur Säumnis des Beklagten. Dagegen ergeht auch dann ein Versäumnisurteil, wenn der Vortrag des Klägers nicht schlüssig ist, denn eine **Schlüssigkeitsprüfung** hat – wie ausgeführt – bei einem Versäumnisurteil gegen den Kläger nicht stattzufinden. 343

Im Übrigen gelten weitgehend die Erläuterungen zu den Voraussetzungen, auf die es für ein Versäumnisurteil gegen den Beklagten ankommt, entsprechend auch für das Versäumnisurteil gegen den Kläger (→ Rn. 326 ff.). Eine Ausnahme ist jedoch im Verteilungsverfahren (§§ 872 ff.) zu beachten, das durchgeführt wird, wenn bei der Zwangsvollstreckung in das bewegliche Vermögen ein Geldbetrag hinterlegt wird, der zur Befriedigung der beteiligten Gläubiger nicht ausreicht (dazu Einzelheiten später). Nach § 881 ist ein Widerspruch als zurückgenommen anzusehen, wenn der widersprechende Kläger säumig ist. Die (als zurückgenommen geltende) Klage kann vom Kläger erneut erhoben werden (vgl. § 269 III, VI). 344

### 4. Form, Inhalt und Rechtskraft eines Versäumnisurteils

Das Versäumnisurteil ist als solches zu bezeichnen und kann in einer verkürzten **Form** (insbesondere ohne Tatbestand und Entscheidungsgründe) abgefasst werden, wenn nicht zu erwarten ist, dass es im Ausland geltend gemacht werden soll (vgl. § 313b). Es ist in der mündlichen Verhandlung zu verkünden; ergeht es im schriftlichen Vorverfahren nach § 331 III, dann wird die Verkündung durch die Zustellung des Urteils ersetzt (§ 310 III). 345

Streitig ist die Frage, welche **Rechtskraftwirkung** ein gegen den Kläger ergehendes Versäumnisurteil hat. Dazu folgendes 346

> **Beispiel:** K klagt gegen B auf Rückzahlung eines Darlehens von 5.000 EUR. B beruft sich in der Klageerwiderung auf eine mit K getroffene Vereinbarung, nach der das Darlehen erst in einem Jahr zurückerstattet werden soll. Nach erneuter Prüfung dieser Vereinbarung, deren Wortlaut nicht eindeutig ist, gelangt K zu dem Ergebnis, dass für den

---

[429] BGH NJW-RR 1986, 1041; 1987, 1535; GRUR-RR 2001, 48; *Rosenberg/Schwab/Gottwald* ZivilProzR § 105 Rn. 29; Zöller/*Herget* vor § 330 Rn. 11, § 330 Rn. 6; aA BLAH/*Hartmann* § 330 Rn. 5.

Rechtsstandpunkt des B gute Gründe sprechen. Deshalb erscheint er nicht zur mündlichen Verhandlung, sondern lässt ein Versäumnisurteil gegen sich ergehen. Nach Ablauf eines Jahres erhebt er erneut Klage gegen B auf Rückzahlung des Darlehens. B meint, die zweite Klage sei unzulässig, da ihr die Rechtskraft des Versäumnisurteils entgegenstehe (→ Rn. 266, 1037).

**347** Wird eine Klage wegen mangelnder Fälligkeit des klägerischen Anspruchs durch ein gewöhnliches (kontradiktorisches) Urteil als zur Zeit unbegründet abgewiesen, dann steht die Rechtskraft dieses Urteils einer späteren Klage, mit der dann der fällige Anspruch geltend gemacht wird, nicht entgegen.[430] Denn die Rechtskraftsperre kann nur den Lebenssachverhalt erfassen, wie er sich im Zeitpunkt der letzten mündlichen Verhandlung darstellt, und kann der Berücksichtigung später eingetretener Tatsachen wie zB des Eintritts der Fälligkeit einer Forderung nicht entgegenstehen (→ Rn. 1060 ff.). Bei einem Versäumnisurteil gegen den Kläger beruht die Abweisung der Klage jedoch allein auf dem Umstand seiner Säumnis. Materiell-rechtliche Gründe spielen dafür keine Rolle (→ Rn. 341). Hierin sieht der BGH den entscheidenden Unterschied zum kontradiktorischen Urteil und will es vor allem aus Gründen der Rechtssicherheit ausschließen, dass ein materiell-rechtlicher Anspruch, der in einem durch klageabweisendes Versäumnisurteil abgeschlossenen Rechtsstreit geltend gemacht wurde, aufgrund neuer Tatsachen in einem zweiten Prozess verfolgt wird.[431] Diese Auffassung vermag jedoch nicht zu überzeugen. Die Rechtskraft wird vom Gesetzgeber in § 322 I auf den „Anspruch", dh auf den Streitgegenstand, bezogen. Bei dem auch vom BGH praktizierten zweigliedrigen Streitgegenstandsbegriff kommt es somit auf den Lebenssachverhalt an, der dem vom Kläger geltend gemachten Klageanspruch zu Grunde liegt (→ Rn. 289 ff.). Insoweit kann kein Unterschied zwischen einem Versäumnisurteil und einem kontradiktorischen Urteil bestehen. Der in der hier behandelten Frage bedeutsame Unterschied zwischen beiden Urteilsarten liegt auf tatsächlichem Gebiet. Der Umstand, dass ein Versäumnisurteil ohne Tatbestand und Entscheidungsgründe ergehen kann (→ Rn. 345), kann dazu führen, dass sich nicht mehr ermitteln lässt, welche Tatsachen noch vom Urteil erfasst worden sind und welche sich als neue nach Schluss der mündlichen Verhandlung ergeben haben. Hieraus ist jedoch nicht der Schluss zu ziehen, dass die für die Rechtskraft geltenden zeitlichen Grenzen bei einem Versäumnisurteil anders gezogen werden müssen, um die zu Recht vom BGH betonte Bedeutung der Rechtssicherheit und der Interessen des Beklagten an der Beachtung der Rechtskraft des zu seinen Gunsten ergangenen Urteils angemessen zu berücksichtigen. Vielmehr ist ein strenger Maßstab bei Beantwortung der Frage anzulegen, ob der Kläger im zweiten Prozess neue Tatsachen vorträgt, die von dem gegen ihn erlassenen Versäumnisurteil nicht erfasst werden konnten. Insoweit nicht klärbare Zweifel müssen zu Lasten des Klägers gehen, dessen zweite Klage in diesem Falle als unzulässig abzuweisen ist.

**348** In dem Beispielsfall würde der BGH nach der von ihm vertretenen Auffassung die zweite Klage des K als unzulässig abweisen. Schließt man sich dagegen dem hier eingenommenen Standpunkt an, dann kommt es darauf an, ob sich der Kläger zur Be-

---

[430] BGH NJW 2000, 590 (591).
[431] BGH NJW 2003, 1044; ebenso bereits BGHZ 35, 338 (340) = NJW 1961, 1969; zust. *Hau* JuS 2003, 1157; krit. *Siemon* MDR 2004, 301.

## II. Nichterscheinen und Nichtverhandeln: Das Versäumnisverfahren

gründung seines Anspruchs erkennbar auf Tatsachen beruft, die erst nach Schluss der mündlichen Verhandlung des ersten Prozesses eingetreten sind. Dies ist zu bejahen, weil sein Anspruch erst nach Schluss der mündlichen Verhandlung des ersten Prozesses fällig geworden ist. Deshalb ist er an diesem Vorbringen nicht durch die Rechtskraft des ersten Urteils gehindert.[432]

### 5. Einspruch gegen das Versäumnisurteil

Ein Versäumnisurteil kann mit dem **Einspruch** angefochten werden (§ 338), der **an die Stelle** der bei gewöhnlichen (kontradiktorischen) Urteilen gegebenen Rechtsmittel der **Berufung oder** der **Revision** tritt.

Durch § 232 wird dem Gericht aufgegeben, jedes Versäumnisurteil mit einer Belehrung über die Einspruchsmöglichkeit unter Angabe des dafür zuständigen Gerichts und der dabei einzuhaltenden Frist und Form zu versehen (→ Rn. 913). Diese Vorschrift ist zwar erst mit Wirkung vom 1.1.2014 in die ZPO eingefügt worden, ist aber inhaltlich nicht neu, da zuvor eine gleiche Belehrung durch § 338 S. 2 aF vorgeschrieben war.

Einspruch ist selbst dann der richtige Rechtsbehelf, wenn das Gericht zu Unrecht ein Versäumnisurteil erlässt, obwohl überhaupt kein Fall der Säumnis eingetreten war. Der BGH lehnt es ab, in einem solchen Fall nach dem Grundsatz der Meistbegünstigung (→ Rn. 911 f.) zu verfahren und auch die Berufung oder Revision zuzulassen, weil es sich um einen inhaltlichen Fehler und nicht um eine in der Form inkorrekte Entscheidung handele.[433] Der Grundsatz der Meistbegünstigung wird dagegen angewendet, wenn ein dem Inhalt nach kontradiktorisches Urteil fälschlicherweise als Versäumnisurteil bezeichnet wird,[434] wenn das den Parteien zugestellte Urteil entgegen § 313b I 2 nicht als Versäumnisurteil bezeichnet worden ist,[435] wenn durch streitiges Urteil entschieden wird, obwohl ein Versäumnisurteil zu erlassen war[436] oder wenn der Einspruch gegen ein Versäumnisurteil entgegen § 341 I 2 nicht durch Urteil, sondern durch Beschluss als unzulässig verworfen wird.[437]

Der (zulässige) Einspruch bewirkt, dass der Prozess, soweit der Einspruch reicht, in die Lage zurückversetzt wird, in der er sich vor Eintritt der Versäumnis befand (§ 342). Die Einschränkung „soweit der Einspruch reicht" in § 342 weist darauf hin, dass das Versäumnisurteil durch den Einspruch auch nur zT angefochten werden kann; dies ist dann in der Einspruchsschrift anzugeben (§ 340 II 2). Geht beispielsweise die das Versäumnisurteil anfechtende Partei davon aus, dass sie in einem von mehreren Punkten ein für sie günstiges Urteil nicht erreichen wird, dann kann sie insoweit von der Anfechtung absehen und das Versäumnisurteil in diesem Punkt

---

[432] So auch *Dietrich* ZZP 84 (1971), 419 (436); *Zeuner* JZ 1962, 497; *Roth* LMK 2003, 316; *Lüke* ZivilProzR Rn. 374; BLAH/*Hartmann* § 330 Rn. 6; vgl. auch Musielak/Voit/*Musielak* § 322 Rn. 54.
[433] BGH NJW 1994, 665.
[434] BGH NJW 1999, 583 (584) mwN.
[435] OLG Hamm NJW-RR 1995, 186.
[436] OLG Stuttgart NJOZ 2013, 1546.
[437] OLG Naumburg FamRZ 2008, 267.

rechtskräftig werden lassen. Voraussetzung ist allerdings stets, dass es sich dabei um einen abgrenzbaren Teil handelt (→ Rn. 877 zum Teilurteil).

353 Zulässig ist der Einspruch, wenn er statthaft ist, dh, wenn er für die Anfechtung der betreffenden Entscheidung überhaupt vorgesehen ist, und wenn er in der gesetzlichen Frist (§ 339) und Form (§ 340) eingelegt wird. Statthaft ist ein Einspruch gegen ein Versäumnisurteil, soweit es sich dabei nicht um ein „technisch zweites" handelt.

354 Als „technisch zweites" Versäumnisurteil wird das in § 345 geregelte bezeichnet. Diese Vorschrift dient dem Zweck, einer Prozessverschleppung entgegenzuwirken, die sonst leicht durch wiederholte Säumnis und Einsprüche gegen ergehende Versäumnisurteile erreicht werden könnte. Nach § 345 muss eine Partei, die gegen ein Versäumnisurteil Einspruch eingelegt hat, zu dem zur mündlichen Verhandlung über den Einspruch und die Hauptsache bestimmten Termin (§ 341a) erscheinen und zur Hauptsache verhandeln. Tut sie dies nicht, dann ergeht ein „technisch zweites" Versäumnisurteil gegen sie, gegen das ein weiterer Einspruch nicht mehr statthaft ist. Ein solches „technisch zweites" Versäumnisurteil kann auch dann ergehen, wenn die Partei im Einspruchstermin entschuldigt war und deshalb in diesem Termin kein Versäumnisurteil erging, sondern der Termin vertagt wurde. Erscheint die Partei im neuen Termin nicht, kann nach § 345 ein zweites Versäumnisurteil ergehen. Dies gilt auch dann, wenn im Einspruchstermin die einspruchführende Partei säumig war, aber wegen § 335 II kein zweites Versäumnisurteil erlassen wurde.

355 § 345 schließt jedoch nicht aus, dass eine Partei in einem Verfahren wiederholt säumig ist und gegen sie wiederholt Versäumnisurteile ergehen. Denn erscheint die säumige Partei in dem nach § 341a anberaumten oder nach § 335 II, § 337 vertagten Termin und verhandelt dort zur Hauptsache, ist dann aber im folgenden Termin wieder säumig, dann handelt es sich bei einem daraufhin erlassenen weiteren Versäumnisurteil nicht um ein „technisch zweites" iSv § 345, sodass ein Einspruch gegen dieses weitere Versäumnisurteil statthaft ist. Die Gegenpartei kann einer derartigen Verschleppung des Prozesses dadurch beggnen, dass sie Antrag auf **Entscheidung nach Lage der Akten** stellt (§ 331a). Bei dieser Entscheidung hat das Gericht den gesamten bisher vorgebrachten Tatsachenstoff zu berücksichtigen; insbesondere gilt die Geständnisfiktion des § 331 I 1 nicht. Ist danach der Rechtsstreit zur Endentscheidung reif (→ Rn. 885), dann ist dem Antrag auf Erlass eines Urteils zu entsprechen (vgl. auch § 300 I). Das nach Aktenlage ergehende Urteil ist ein kontradiktorisches und mit dem Rechtsmittel der Berufung oder der Revision anfechtbar.

356 **Gegen das „technisch zweite" Versäumnisurteil** kann **Berufung** mit der Begründung eingelegt werden, dass der „Fall der schuldhaften Versäumung nicht vorgelegen habe" (§ 514 II). Die Zulässigkeit des Rechtsmittels hängt von dem schlüssigen Vortrag entsprechender Tatsachen ab.[438] Ausgeschlossen ist es, die Berufung auf andere Gründe, zB auf die inhaltliche Fehlerhaftigkeit des Urteils, zu stützen.[439]

357 Die Berufung kann also nur darauf gestützt werden, dass ein „Fall der schuldhaften Versäumung" nicht bestanden hat. Dies bedeutet, dass entweder eine Säumnis zu verneinen ist oder die Partei an der Säumnis kein Verschulden trifft. Ein Fall der Säumnis ist auszuschließen, wenn zB die nicht erschienene Partei nicht oder nicht rechtzeitig zum Termin geladen wurde oder ein Aufruf der Sache unterblieben ist (→ Rn. 182) und sie deshalb am Termin nicht teilnahm.[440] Um eine nicht ordnungsgemäße Ladung und sie ersetzende Terminsbestimmung

---

[438] BGHZ 112, 367 = NJW 1991, 42; BGH NJW 2007, 2047; OLG Hamm NJOZ 2012, 12.
[439] KG MDR 2007, 49; *Stadler/Jarsumbek* JuS 2006, 134 (136).
[440] BLAH/*Hartmann* § 514 Rn. 6 f.

## II. Nichterscheinen und Nichtverhandeln: Das Versäumnisverfahren

(§ 218 → Rn. 332) handelt es sich, wenn das Gericht den Termin zu einem Zeitpunkt anberaumt, in dem das Verfahrensrecht eine Terminsbestimmung nicht vorsieht. Dies ist zB der Fall, wenn das Gericht ein Versäumnisurteil erlässt und zugleich durch Beschluss für den Fall des Einspruchs einen Termin bestimmt.[441] Unverschuldet ist die Säumnis, wenn die Partei trotz aller ihr zumutbarer Anstrengungen an der Wahrnehmung des Termins verhindert war. Ein Prozessbevollmächtigter, dessen Verschulden der Partei zuzurechnen ist (§ 85 II), ist verpflichtet, das Gericht rechtzeitig darüber zu unterrichten, dass er in Folge einer Erkrankung verhindert ist, den Termin zur mündlichen Verhandlung wahrzunehmen.[442] Streitig ist die Frage, ob die Verletzung des Anspruchs auf rechtliches Gehör die betroffene Partei berechtigt, das zweite Versäumnisurteil mit der Berufung anzufechten.[443] Der BGH lehnt es ab, als einen ausreichenden Grund für die Berufung gegen ein zweites Versäumnisurteil den Restitutionsgrund des § 580 Nr. 7b (nachträgliches Auffinden einer beweiserheblichen Urkunde) anzuerkennen, weil dies dem Ziel des Versäumnisverfahrens zuwiderliefe, einer Verschleppung des Rechtsstreits vorzubeugen.[444]

Die hM[445] schließt es aus, dass die Berufung gegen das „technisch zweite" Versäumnisurteil darauf gestützt werden kann, dass **das erste Versäumnisurteil nicht hätte ergehen dürfen** und dieser Fehler vom Gericht bei Erlass des zweiten Versäumnisurteils nicht berücksichtigt wurde.

358

**Beispiel:** Der Beklagte ist zum Termin zur mündlichen Verhandlung nicht ordnungsgemäß geladen worden. Entgegen § 335 I Nr. 2 vertagt das Gericht die Verhandlung nicht, sondern erlässt auf Antrag des Klägers gegen den Beklagten ein Versäumnisurteil. Gegen dieses Versäumnisurteil legt der Beklagte Einspruch ein. Zu dem nach § 341a anberaumten Termin erscheint der Beklagte wiederum nicht. Daraufhin erlässt das Gericht ein (technisch zweites) Versäumnisurteil, durch das der Einspruch verworfen wird. Der Beklagte legt Berufung gegen dieses zweite Versäumnisurteil ein und begründet sie mit dem Verfahrensfehler bei Erlass des ersten Versäumnisurteils.

Der BGH hat in einer sorgfältig begründeten Entscheidung die Auffassung vertreten, dass die Berufung gegen ein „technisch zweites" Versäumnisurteil nicht darauf gestützt werden könne, dass bei Erlass des ersten Versäumnisurteils ein Fall der Säumnis nicht bestanden habe.[446] Das Gericht weist das von der Gegenauffassung verwendete Argument zurück, es sei willkürlich, die Zulässigkeit der Berufung von dem eher zufälligen Umstand abhängig zu machen, ob der Richter bei Erlass des ersten oder des zweiten Versäumnisurteils fehlerhaft verfahren sei. Der BGH meint zu Recht, beide Fälle seien nicht vergleichbar. Die prozessuale Nachlässigkeit einer Partei, die im Einspruchstermin säumig ist, obwohl sie bereits durch das erste (wenn auch zu Unrecht erlassene) Versäumnisurteil gewarnt ist, wiege schwerer als diejenige in dem durch § 514 II geregelten Fall. Im Übrigen müssten auch die Interessen der Gegenpartei be-

359

---

[441] BGH NJW 2011, 928 Rn. 13 f.
[442] BGH MDR 2015, 1318 Rn. 8; BGH NJW 2009, 687; vgl. auch BGH NJW 2007, 2047 Rn. 17.
[443] Bejahend MüKoZPO/*Rimmelspacher* § 514 Rn. 16; verneinend Zöller/*Heßler* § 514 Rn. 5 unter Hinweis auf die Gehörsrüge gem. § 321a.
[444] BGH NJW-RR 2011, 1692 Rn. 12 ff.
[445] BGHZ 97, 341 (344) = NJW 1986, 2113; BGH NJW-RR 2007, 1363 Rn. 10; 2011, 1692 Rn. 10; NJW 2016, 642 Rn. 13 mAnm *Würdinger*; BAG AP § 513 ZPO Nr. 6; *Heinrich*, Säumnis im Zivil- und Arbeitsgerichtsprozess, 2001, Rn. 167 ff.; Musielak/Voit/*Ball* § 513 Rn. 9; HK-ZPO/*Wöstmann* § 514 Rn. 4 MüKoZPO/*Rimmelspacher* § 514 Rn. 17, mwN; aA Zöller/*Herget* § 345 Rn. 4.
[446] BGHZ 97, 341 (344) = NJW 1986, 2113.

rücksichtigt werden, zu deren Lasten die Aufhebung des zweiten Versäumnisurteils ginge. Die Berufung kann nach Auffassung des BGH auch nicht darauf gestützt werden, das Gericht sei bei Erlass des zweiten Versäumnisurteils falsch besetzt gewesen, weil es Befangenheitsanträge zu Unrecht als unzulässig verworfen habe. Auch eine analoge Anwendung des § 514 II komme nicht in Betracht, denn die Regelung diene nicht dazu, Verfahrensgrundrechte wie das rechtliche Gehör oder den gesetzlichen Richter zu wahren, sondern eröffne ausschließlich für den Fall der unverschuldeten Säumnis die Berufungsinstanz.[447]

360 Streitig ist, **ob vor Erlass des „technisch zweiten" Versäumnisurteils** in den Fällen des § 331 **erneut die Schlüssigkeit der Klage geprüft werden muss** und ob mit Berufung nach § 514 II geltend gemacht werden kann, das zweite Versäumnisurteil hätte mangels Schlüssigkeit des Klagevorbringens nicht ergehen dürfen. Diese Frage ist mit der hM zu verneinen. Aus den gleichen Gründen, die gegen eine Berücksichtigung fehlender Säumnis vor Erlass des ersten Versäumnisurteils bei Entscheidung über die Aufhebung des zweiten Versäumnisurteils sprechen, ist die Prüfung im Falle des Versäumnisurteils nach § 345 darauf zu beschränken, ob die den Einspruch erhebende Partei säumig ist. Ist dies der Fall, dann muss das „technisch zweite" Versäumnisurteil erlassen werden.[448]

361 Gegen die hier vertretene Meinung spricht auch nicht die Vorschrift des § 700 VI, nach der im Mahnverfahren vor Erlass eines „technisch zweiten" Versäumnisurteils zu prüfen ist, ob der Kläger den von ihm geltend gemachten Anspruch schlüssig begründet hat (→ Rn. 1100). Nach dieser Regelung kann mit der Berufung gegen das zweite Versäumnisurteil gem. § 514 II auch geltend gemacht werden, das Klagebegehren sei im Zeitpunkt der Entscheidung über den Einspruch prozessual unzulässig oder nicht schlüssig gewesen.[449] Das von der Gegenauffassung verwendete Argument, eine unterschiedliche Behandlung des „technisch zweiten" Versäumnisurteils im Mahnverfahren und in sonstigen Fällen sei nicht zu rechtfertigen, ist jedoch nicht stichhaltig. Die Besonderheiten des Mahnverfahrens, insbesondere die vor Erlass des Mahnbescheides fehlende Schlüssigkeitsprüfung (→ Rn. 1094), ergeben ausreichende Gründe für eine unterschiedliche Behandlung der beiden Fallgruppen. Wie die Entstehungsgeschichte des § 700 VI deutlich zeigt, waren gerade die Besonderheiten des Mahnverfahrens für diese Regelung maßgebend.[450] § 700 VI kann daher im Wege des Umkehrschlusses den hier eingenommenen Standpunkt zusätzlich stützen.

362 **Bezeichnet das Gericht irrtümlich ein technisch zweites Versäumnisurteil als erstes,** dann ist nach dem **Grundsatz der Meistbegünstigung,** (→ Rn. 911 f.) der betroffenen Partei die Wahl zwischen einem Einspruch (§ 338) und einer Berufung (§ 514 II) einzu-

---

[447] BGH NJW 2016, 642 Rn. 18 mAnm *Würdinger*.
[448] BGH NJW 1999, 2599 = ZZP 112 (1999), 491 mzustAnm *Greger*, BGH NJW-RR 2011, 1692 (1693 Rn. 10); OLG Rostock MDR 1999, 1084 (1085); KG NJW-RR 2000, 1736; *Stadler/Jarsumbek* JuS 2006, 134 (135); *Heinrich*, Säumnis im Zivil- und Arbeitsgerichtsprozess, 2001, Rn. 172; *Rosenberg/Schwab/Gottwald* ZivilProzR § 105 Rn. 73; aA BAG NJW 1971, 1198; 1974, 1103; *Braun* ZZP 93 (1980), 443 (464 f., 471 f.); *Vollkommer* ZZP 94 (1981), 91; *Vollkommer* JZ 1991, 828. Nach Auffassung des BAG (JZ 1995, 523 mablAnm *Braun*) soll zwar vor Erlass eines zweiten Versäumnisurteils die Schlüssigkeit der Klage erneut zu prüfen sein, daraus folge jedoch nicht, dass die Berufung gegen das zweite Versäumnisurteil gem. § 513 II aF (jetzt § 514 II) auf die fehlende Schlüssigkeit gestützt werden könne.
[449] BGHZ 112, 367 (372 ff.) = NJW 1991, 42; KG MDR 2007, 49.
[450] Eingehend hierzu MüKoZPO/*Prütting* § 345 Rn. 15.

## II. Nichterscheinen und Nichtverhandeln: Das Versäumnisverfahren

räumen (→ 351).[451] Gleiches gilt in dem umgekehrten Fall, dass das Gericht versehentlich ein erstes Versäumnisurteil als technisch zweites behandelt.[452] Allerdings verlangt der durch den Meistbegünstigungsgrundsatz geschaffene Vertrauensschutz nur, dass den Betroffenen nicht solche Nachteile treffen, denen er bei fehlerfreier Entscheidung nicht ausgesetzt gewesen wäre. Dagegen darf er durch den Grundsatz der Meistbegünstigung nicht einen Vorteil erlangen, den er bei einem korrekten Verfahren nicht beanspruchen kann. Wenn also ein erstes Versäumnisurteil erlassen wird, obwohl es sich richtigerweise um ein zweites handelt, dann kann die betroffene Partei zwar Einspruch einlegen, jedoch nicht verlangen, dass im Rahmen einer erneuten Sachprüfung über die Schlüssigkeit der Klage befunden wird, weil eine solche Prüfung bei dem korrekten Rechtsmittel der Berufung ausgeschlossen ist (→ Rn. 360 f.).[453]

Der Einspruch wird durch Einreichung der Einspruchsschrift bei dem Prozessgericht **363** eingelegt (§ 340 I; zum Inhalt der Einspruchsschrift vgl. § 340 II, III). Im amtsgerichtlichen Verfahren kann nach § 496 der Einspruch auch durch Erklärung zu Protokoll der Geschäftsstelle eines jeden Amtsgerichts (§ 129a I) erhoben werden. Die Einspruchsfrist beträgt zwei Wochen und beginnt mit der Zustellung des Versäumnisurteils (§ 339 I). Es handelt sich dabei um eine Notfrist (§ 224 I 2 → Rn. 555), bei der eine Wiedereinsetzung in den vorigen Stand (§ 233 → Rn. 555) möglich ist, wenn die Partei ohne ihr Verschulden verhindert ist, die Frist einzuhalten.

Die Prüfung der Zulässigkeit eines Einspruchs gegen ein Versäumnisurteil bezieht sich auf folgende Fragen: **364**
(1) Ist der Einspruch statthaft?
(2) Ist den nach § 340 zu stellenden Anforderungen an Form und Inhalt des Einspruchs genügt?
(vgl. aber auch für das amtsgerichtliche Verfahren § 496)
(3) Wird die Einspruchsfrist (§ 339) eingehalten?
(4) Werden die Prozesshandlungsvoraussetzungen (→ Rn. 309) erfüllt?

Ist eine dieser Fragen zu verneinen, dann ist der Einspruch durch Urteil als unzulässig zu verwerfen (§ 341 I 2). Diese Entscheidung kann ohne mündliche Verhandlung ergehen (§ 341 II), und zwar auch dann, wenn die den Einspruch erhebende Partei säumig ist. Gegen das Urteil sind die Rechtsmittel der Berufung oder der Revision gegeben.[454] Allerdings sind die Einschränkungen zu beachten, die sich aus dem Berufungs- und Revisionsrecht ergeben. Insbesondere gilt die Wertgrenze des § 26 Nr. 8 S. 1 EGZPO für Nichtzulassungsbeschwerden, dessen Satz 2 auf die Entscheidung nach § 341 II nicht analog anwendbar ist (Einzelheiten dazu später).[455] **365**

---

[451] BGH NJW 1997, 1448; OLG Brandenburg NJW-RR 1998, 1286.
[452] BGH VersR 1984, 287 (288); BGH NJW 1997, 1448; OLG Frankfurt a. M. NJW-RR 1992, 1468 (1469).
[453] OLG Brandenburg NJW-RR 1998, 1286; anders BGH NJW 1997, 1448 aufgrund von Besonderheiten des Falles.
[454] BGH NJOZ 2012, 1415; Musielak/Voit/*Stadler* § 341 Rn. 4.
[455] BGH NJOZ 2012, 1415.

366 Es handelt sich also bei dem Urteil, das einen Einspruch als unzulässig verwirft, nicht um ein Versäumnisurteil. Folglich ist ein Versäumnisurteil, das auf das einen Einspruch verwerfende Urteil folgt, kein technisch zweites Versäumnisurteil iSd §§ 345, 514 II und die insoweit bestehenden Einschränkungen gelten nicht.[456] Wird allerdings der Einspruch wegen Säumnis der ihn einlegenden Partei gem. § 345 verworfen, dann geschieht dies – wie ausgeführt – durch ein Versäumnisurteil, das gem. § 313b I 1 keinen Tatbestand und keine Entscheidungsgründe enthalten muss.[457]

367 Ist der Einspruch zulässig, so hat das Gericht den Termin zur mündlichen Verhandlung über den Einspruch und über die Hauptsache zu bestimmen und den Parteien bekannt zu machen (§ 341a). Der **zulässige Einspruch** versetzt den Prozess in die Lage zurück, in der er sich vor Eintritt der Säumnis befunden hat (vgl. § 342 und → Rn. 352). Sind beide Parteien im Termin zur mündlichen Verhandlung erschienen, dann wird die Verhandlung so lange fortgesetzt, bis der Rechtsstreit zur Entscheidung reif ist und ein Endurteil zu ergehen hat (§ 300 I). Stimmt dieses Urteil inhaltlich mit dem Versäumnisurteil überein, dann ist in ihm auszusprechen, dass das **Versäumnisurteil aufrechterhalten** bleibt (§ 343 S. 1). Außerdem muss die Vorschrift des § 709 S. 3 über die Sicherheitsleistung bei Aufrechterhaltung eines Versäumnisurteils beachtet werden (dazu Einzelheiten später). Da ein Versäumnisurteil die Kosten der säumigen Partei als der unterliegenden auferlegt (§ 91), braucht nur noch zusätzlich bestimmt zu werden, dass sie auch die weiteren Kosten des Rechtsstreits nach § 91 zu tragen hat.

368 Die Urteilsformel könnte also lauten: Das Versäumnisurteil vom 20.10.2017 wird aufrechterhalten. Der Beklagte hat die weiteren Kosten des Rechtsstreits zu tragen (folgt Vollstreckbarkeitserklärung; dazu Einzelheiten später).

369 Gelangt das Gericht aufgrund der weiteren Verhandlung zu dem Ergebnis, dass die im Versäumnisurteil getroffene Entscheidung inhaltlich **korrigiert** werden muss, dann wird das **Versäumnisurteil aufgehoben und neu entschieden** (§ 343 S. 2). Auch die Kostenentscheidung ist neu zu treffen, wobei nach § 344 die durch die Versäumnis veranlassten Kosten (mit Ausnahme der durch einen unbegründeten Widerspruch des Gegners entstandenen) der säumigen Partei aufzuerlegen sind, wenn das Versäumnisurteil in gesetzlicher Weise ergangen ist; ungesetzlich ist das Versäumnisurteil, wenn es nicht erlassen werden durfte, weil eine Voraussetzung dafür fehlte.

370 Die Urteilsformel könnte in diesem Fall folgende Fassung erhalten: Das Versäumnisurteil vom 20.10.2017 wird aufgehoben. Die Klage wird abgewiesen. Der Kläger trägt die Kosten des Rechtsstreits mit Ausnahme der durch die Säumnis im Termin vom 9.10.2017 entstandenen Kosten; diese Kosten trägt der Beklagte (folgt Vollstreckbarkeitserklärung).

371 Die Verhandlung kann auch ergeben, dass das Versäumnisurteil nur zT aufrechterhalten bleiben kann. In einem solchen Fall kann beispielsweise der Urteilsspruch lauten: Das Versäumnisurteil vom 20.10.2017 wird aufrechterhalten, soweit der Beklagte verurteilt worden ist, an den Kläger 2.000 EUR nebst vier Prozent Zinsen seit dem 28.6.2016 zu zahlen. Im Übrigen wird das Versäumnisurteil vom 20.10.2017 aufgehoben und die Klage abgewiesen. Der Beklagte trägt die Kosten seiner Säumnis. Die übrigen Kosten werden gegeneinander aufgehoben (folgt Vollstreckbarkeitserklärung).

372 Die Entwicklung des Verfahrens nach Einspruch gegen ein Versäumnisurteil kann sich also gestalten, wie in der folgenden Grafik dargestellt wird.

---

[456] OLG Düsseldorf MDR 2001, 833.
[457] BGH NJW-RR 2008, 876 Rn. 11.

II. Nichterscheinen und Nichtverhandeln: Das Versäumnisverfahren

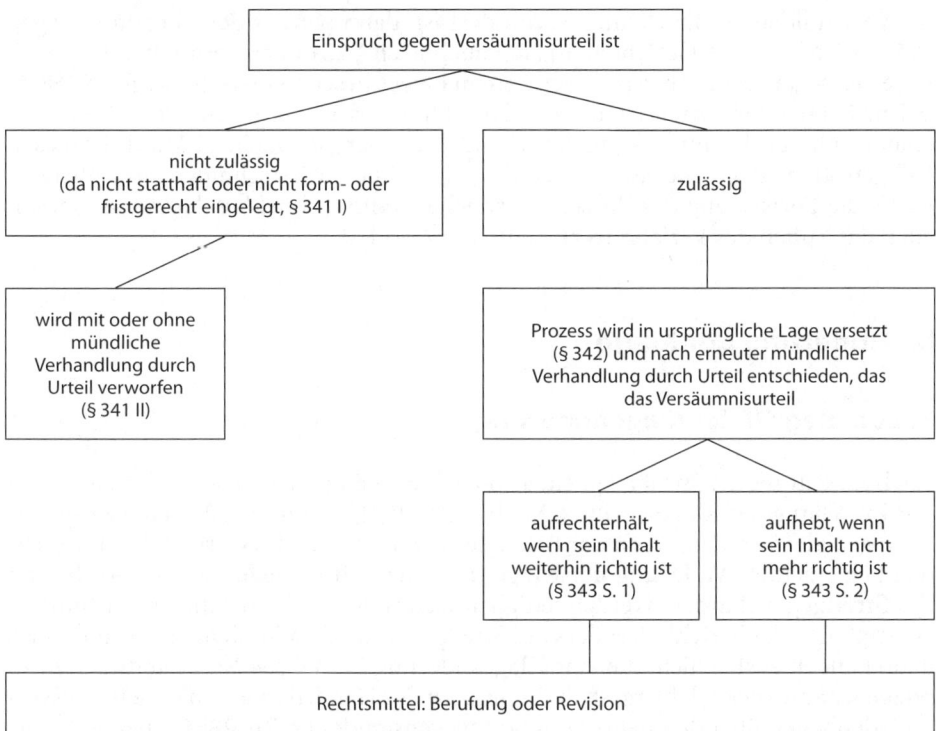

Bei einer **klausurmäßigen Bearbeitung** von Fällen der Säumnis einer Partei ist danach zu unterscheiden, ob dem Bearbeiter aufgegeben ist, ein Versäumnisurteil zu erlassen oder ob die Entscheidung des Gerichts nach Einspruch gegen das Versäumnisurteil getroffen werden soll. Geht es um den Erlass eines Versäumnisurteils gegen den Beklagten, dann sind die dafür zu erfüllenden Voraussetzungen in der oben (→ Rn. 325) genannten Reihenfolge zu prüfen; gleiches gilt für ein Versäumnisurteil gegen den Kläger mit der in → Rn. 341 f. genannten Abweichung. Hat der Bearbeiter die Entscheidung des Gerichts nach einem Einspruch zu treffen, dann muss zunächst die Zulässigkeit, also Statthaftigkeit und Einhaltung von Form und Frist des Einspruchs sowie die Erfüllung der Prozesshandlungsvoraussetzungen festgestellt werden (→ Rn. 364). Ist die Zulässigkeit zu bejahen (zur Verwerfung eines unzulässigen Einspruchs → Rn. 365), dann ist zu berücksichtigen, dass dadurch der Prozess in die Lage vor Eintritt der Säumnis zurückversetzt wird. Folglich richtet sich die dann zu treffende Entscheidung nach den gleichen Regeln, wie sie auch sonst gelten, dh, bei Entscheidungsreife (§ 300 I) ist ein Urteil zu erlassen, dessen Inhalt sich nach der zu prüfenden Zulässigkeit und Begründetheit der Klage richtet.

373

## 6. Säumnis beider Parteien

Bisher ist lediglich die Möglichkeit betrachtet worden, dass nur eine Partei zum Termin nicht erscheint. Es kann jedoch auch vorkommen, dass beide Parteien säumig sind. Nimmt das Gericht in diesem Fall an, dass zumindest eine Partei ohne

374

ihr Verschulden am Erscheinen verhindert ist, dann wird es den Termin vertagen (§ 227 I 2 Nr. 1). Das Gericht kann aber auch nach § 251a I eine Entscheidung nach Lage der Akten treffen, beispielsweise einen Beweisbeschluss erlassen (vgl. §§ 358 ff.; → Rn. 761 ff.). Ein Urteil nach Lage der Akten darf nur ergehen, wenn bereits in einem früheren Termin mündlich verhandelt worden ist. Die in § 251a II für diesen Fall getroffene Regelung stellt sicher, dass eine ohne ihr Verschulden ausgebliebene Partei die Fortsetzung des Prozesses erreichen kann. Schließlich kann das Gericht auch das Ruhen des Verfahrens anordnen (§ 251a III).

## III. Änderung der Klage

### 1. Zum Begriff der Klageänderung

375 Nach Eintritt der Rechtshängigkeit, also nach Erhebung der Klage (vgl. § 261 I), dh mit Zustellung der Klageschrift (§ 253 I; → Rn. 257), darf nach § 263 eine Klage nur noch geändert werden, wenn der Beklagte einwilligt oder das Gericht dies für sachdienlich erachtet. **Änderung der Klage in diesem Sinne bedeutet eine Änderung des Streitgegenstandes.** Werden lediglich tatsächliche oder rechtliche Ausführungen ergänzt oder berichtigt, sodass der Streitgegenstand dadurch nicht berührt wird, dann handelt es sich nicht um eine Klageänderung;[458] in § 264 Nr. 1 hat dies der Gesetzgeber ausdrücklich klargestellt. Es liegt auf der Hand, dass sich die Meinungsverschiedenheiten über den Begriff des Streitgegenstandes (→ Rn. 285 ff.) bei der Frage auswirken, ob im Einzelfall eine Klageänderung zu bejahen ist.

376 Die durch § 263 ausgesprochene Beschränkung einer Klageänderung dient dem Interesse des Beklagten. Er soll sich in seiner Verteidigung auf die erhobene Klage einstellen können, ohne dass der Kläger durch Änderung der Klage das Verteidigungsvorbringen leer laufen lassen kann. Auch ist das Interesse des Beklagten schutzwürdig, dass eine gegen ihn erhobene unbegründete Klage kostenpflichtig abgewiesen und nicht durch Änderung erfolgreich wird.[459] Es ist deshalb nur folgerichtig, dass der Gesetzgeber eine Änderung der Klage zulässt, wenn der Beklagte in sie einwilligt.

377 Allerdings kann das Verbot einer Klageänderung auch dazu führen, dass der Kläger gezwungen wird, eine neue Klage gegen den Beklagten zu erheben. Dies kann zu einer unwirtschaftlichen Vermehrung von Prozessen führen, die dadurch verhindert werden kann, dass man in dem bereits anhängigen Prozess eine Änderung des Streitgegenstandes zulässt. Deshalb ist nicht allein das Interesse des Beklagten, sondern auch die Prozessökonomie zu beachten (→ Rn. 392), wenn es um die Entscheidung geht, ob die Änderung einer Klage zugelassen werden soll. Der Gesetzgeber hat dementsprechend in § 263 die rechtliche Möglichkeit geschaffen, dass vom Gericht eine Klageänderung gegen den Willen des Beklagten zugelassen wird, wenn sie sachdienlich ist. Eine Anfechtung dieser Entscheidung ist ausgeschlossen (§ 268).

378 Keine Schwierigkeiten bereitet die Beantwortung der Frage nach einer Klageänderung, wenn der Kläger seinen (ursprünglich gestellten) **Klageantrag ändert,** weil dann nach allen Theorien auch der Streitgegenstand verändert wird. Soweit nicht

---

[458] BGH NJW 2007, 83 (84); *Schlinker* JURA 2007, 1 f.
[459] Musielak/Voit/*Foerste* § 263 Rn. 1.

## III. Änderung der Klage

ein Fall des § 264 Nr. 2 oder 3 gegeben ist (dazu sogleich), muss also einer Änderung des Klageantrages der Beklagte zustimmen oder sie vom Gericht als sachdienlich zugelassen werden. Lässt dagegen der Kläger seinen Antrag unverändert, korrigiert er jedoch den Lebenssachverhalt, auf den dieser Antrag gestützt wird, dann fällt die Entscheidung, ob es sich um eine Klageänderung handelt, nicht mehr so leicht.

**Beispiele:**
(1) Die klagende Bank macht gegen den Beklagten einen Anspruch auf Zahlung von 50.000 EUR aus Wechseln geltend, die auf Rial lauten und im Iran ausgestellt und zahlbar sind. Als die Klägerin während des Rechtsstreits erkennt, dass sie keinen Anspruch auf Zahlung in europäischer Währung hat,[460] verlangt sie die Verurteilung des Beklagten zur Zahlung des entsprechenden Betrages in Rial.
(2) Der Kläger beantragt festzustellen, dass der Beklagte ihm wegen fehlerhafter Architektenleistungen einen bestimmten Betrag als Schadensersatz schuldet. Im Laufe des Rechtsstreits beantragt der Kläger, den Beklagten zur Leistung dieses Betrages zu verurteilen.
(3) Der Kläger beantragt, den Beklagten zur Zahlung von 10.000 EUR zu verurteilen, weil ihm aufgrund einer deliktischen Schädigung des Beklagten ein entsprechender Verdienstausfall entstanden sei. Als das Gericht Zweifel daran äußert, ob der Kläger überhaupt einen Verdienstausfall erlitten habe, erklärt der Kläger, er verlange nunmehr den Betrag vom Beklagten als Schmerzensgeld.
(4) Der Kläger, der eine vom Beklagten errichtete Eigentumswohnung erworben hatte, verlangt 5.000 EUR als Kostenvorschuss für die Beseitigung von Mängeln der Wohnung. Als ein Sachverständiger die Mängelbeseitigung für unverhältnismäßig aufwändig bezeichnet, macht der Kläger den Betrag als Wertminderung geltend.

In allen Fällen stellt sich die Frage, ob der Kläger seine Klage geändert hat. Dies ist im Fall (1) nicht zweifelhaft. Denn der Kläger ändert hier den Klageantrag, wenn er zunächst die Verurteilung des Beklagten zur Zahlung eines Betrages in einheimischer Währung, später in Fremdwährung fordert. Deshalb macht es keinen Unterschied, ob man von einem eingliedrigen oder von einem zweigliedrigen Streitgegenstandsbegriff ausgeht; stets handelt es sich bei einer Änderung des Klageantrages um eine Klageänderung.[461] Das Gleiche gilt im Fall (2). Die unterschiedlichen Anträge führen zu einer Klageänderung, bei der es sich um eine zulässige Klageerweiterung gem. § 264 Nr. 2 handelt.[462] Im Fall (3) begehrt der Kläger unverändert die Verurteilung des Beklagten zur Zahlung von 10.000 EUR. Man könnte deshalb auf der Grundlage eines eingliedrigen Streitgegenstandes erwägen, ob hier nicht der Antrag des Klägers unverändert bleibt und deshalb eine Klageänderung auszuschließen ist. Jedoch muss berücksichtigt werden, dass der Kläger zunächst einen Schadensersatzanspruch, danach einen Schmerzensgeldanspruch geltend macht. Diese Änderung des Tatsachenvortrages führt auch nach Auffassung der Vertreter eines eingliedrigen Streitgegenstandsbegriffes dazu, dass der Klageantrag und damit auch der Streitgegenstand geändert werden, obwohl der Wortlaut des Antrags nicht korrigiert wird (→ Rn. 288).[463] Geht man von einem zweigliedrigen Streitgegenstandsbegriff aus, dann wird man die Änderung des

---

[460] Vgl. BGH NJW 1980, 2017.
[461] BGH NJW 1980, 2017, (2018).
[462] BGH NJW-RR 2013, 1105 Rn. 11; *Spickhoff*, Medizinrecht, 2. Aufl. 2014, Zivilprozessrecht, 80 Rn. 5.
[463] Vgl. *Rosenberg/Schwab/Gottwald* ZivilProzR, 14. Aufl. 1986, § 102 I 2; Stein/Jonas/*Schumann* ZPO, 21. Aufl. 1996, § 264 Rn. 28, 32.

zugrundeliegenden Lebenssachverhalts für maßgebend halten.[464] Der BGH hat in Bezug auf die Klageänderung darauf hingewiesen, dass auch bei gleichem Antrag unterschiedliche Streitgegenstände und damit eine Klageänderung anzunehmen sind, wenn die materiell-rechtliche Regelung die zusammentreffenden Ansprüche durch eine Verselbstständigung der einzelnen Lebensvorgänge erkennbar unterschiedlich ausgestaltet.[465] Im Fall (4) scheint der zur Begründung des Klageantrages vorgetragene Lebenssachverhalt im Laufe des Verfahrens geändert worden zu sein, weil zunächst der Betrag unter dem Gesichtspunkt des Kostenvorschusses für die Beseitigung von Mängeln, später unter dem Gesichtspunkt der Minderung gefordert wird. Das OLG München hat jedoch eine Änderung des Lebenssachverhaltes verneint, weil der Kläger durchweg den Klageantrag mit einem Mangel der gekauften Eigentumswohnung begründet habe, für den der Beklagte einstehen müsse.[466] Das Gericht kommt also auch bei Anwendung eines zweigliedrigen Streitgegenstandsbegriffs zu dem Ergebnis, dass die Klage nicht geändert sei. Die bereits oben (→ Rn. 290 f.) angesprochenen Schwierigkeiten bei Abgrenzung des Lebenssachverhalts werden hier deutlich. Je weiter der Begriff des Lebenssachverhalts im Rahmen der Lehre vom zweigliedrigen Streitgegenstandsbegriff ausgedehnt wird, desto häufiger wird diese Lehre zu gleichen Ergebnissen gelangen wie die Theorie vom eingliedrigen Streitgegenstandsbegriff.[467]

**379** Streitig ist, ob die **nachträgliche objektive Klagehäufung,** die also nicht schon vom Kläger in der Klageschrift vorgenommen worden ist, als Klageänderung anzusehen ist. Das wird von der hM bejaht und dementsprechend nur zugelassen, wenn der Beklagte einwilligt oder das Gericht sie für sachdienlich erachtet.[468] Als **objektive Klagehäufung** wird bezeichnet, wenn der Kläger verschiedene prozessuale Ansprüche, dh also verschiedene Streitgegenstände (→ Rn. 283 ff.), in seiner Klage verbindet.

**380** Eine objektive Klagehäufung ist nach § 260 zulässig

- bei Identität der Parteien, wenn also derselbe Kläger gegen denselben Beklagten die verschiedenen prozessualen Ansprüche geltend macht,
- bei gleicher Prozessart; dies schließt aus, dass ein Anspruch im Urkunden- und Wechselprozess (§§ 592 ff.) mit einem im Verfahren in Familiensachen (§§ 111 ff. FamFG) zu verfolgenden Anspruch verbunden wird. Hinsichtlich der besonderen Verfahrensarten sind stets die dafür geltenden Regelungen zu beachten, die Sonderbestimmungen für Klageverbindungen enthalten, vgl. zB §§ 578 II.

---

[464] Ohne Rücksicht auf den Theorienstreit hat auch RGZ 149, 157 (166 f.), diesen Fall als Klageänderung angesehen.
[465] BGH NJW 2008, 3570 Rn. 9.
[466] OLG München NJW 1972, 62 (63).
[467] Hierauf verweist Stein/Jonas/*Schumann* ZPO, 21. Aufl. 1996, § 264 Rn. 31, der im Übrigen im dritten Beispielsfall ebenfalls eine Klageänderung verneint (Stein/Jonas/*Schumann* ZPO, 21. Aufl. 1996, § 264 Rn. 34).
[468] BGH NJW 1983, 1841 (1842); 1985, 1841 (1842); 1996, 2869; NJW-RR 1987, 58; Stein/Jonas/*Roth* § 260 Rn. 3; § 263 Rn. 11; MüKoZPO/*Becker-Eberhard* § 263 Rn. 21 (entsprechende Anwendung); aA Stein/Jonas/*Schumann* ZPO, 21. Aufl. 1996, § 264 Rn. 11; *Rosenberg/Schwab/Gottwald* ZivilProzR § 97 Rn. 6, jew. mwN.

III. Änderung der Klage 135

- bei Zuständigkeit des Gerichts für alle Ansprüche, wobei der Wert der verschiedenen Ansprüche nach § 5 zusammenzurechnen ist, wenn von ihm die Zuständigkeit des Gerichts abhängt (→ Rn. 81).
- bei Fehlen eines Verbindungsverbots, wie dies beispielsweise in § 126 II FamFG ausgesprochen ist.

Es muss zwischen verschiedenen **Arten** der Klagehäufung unterschieden werden. Stellt der Kläger seine verschiedenen prozessualen Ansprüche gleichwertig nebeneinander, so spricht man von einer **kumulativen Klagehäufung**; dies ist zum Beispiel der Fall, wenn der Kläger Herausgabe einer Sache und Schadensersatz wegen ihrer Beschädigung vom Beklagten begehrt. Macht dagegen der Kläger die verschiedenen Ansprüche alternativ geltend, sog. **alternative Klagehäufung**, dann kommt es darauf an, ob dadurch dem Gebot einer bestimmten Antragstellung (§ 253 II Nr. 2; → Rn. 126) genügt wird. Dies ist der Fall, wenn dem Gericht oder dem Beklagten das Recht einer Wahl zwischen verschiedenen Rechtsfolgen zusteht, wie sich dies beispielsweise aus §§ 262 ff. BGB ergeben kann. Schließlich kommt in der Praxis häufig eine sog. **eventuelle Klagehäufung** vor. Bei ihr macht der Kläger verschiedene prozessuale Ansprüche in einer bestimmten, das Gericht bindenden Reihenfolge geltend (→ Rn. 314). 381

Ist die Verbindung verschiedener Ansprüche zulässig, dann ist regelmäßig über sie gemeinsam zu verhandeln und zu entscheiden. Das Gericht kann aber anordnen, dass mehrere in einer Klage erhobene Ansprüche in getrennten Prozessen verhandelt werden (§ 145 I). Aus der Selbstständigkeit der verschiedenen verbundenen Ansprüche folgt, dass die **Sachurteilsvoraussetzungen** für jeden gesondert geprüft werden müssen. 382

## 2. Die Fälle des § 264

In § 264 werden verschiedene Fälle genannt, die nicht als Änderung der Klage anzusehen sind, bei denen also nicht die Voraussetzungen des § 263 erfüllt werden müssen. Während es sich bei den in Nr. 1 genannten Sachverhalten nicht um eine Änderung des Streitgegenstandes handelt und somit auch eine Klageänderung verneint werden muss, der Vorschrift also lediglich ein klarstellender Charakter zukommt (→ Rn. 375), betreffen die Nr. 2 und 3 Klageänderungen, die von den Zulässigkeitsanforderungen des § 263 befreit werden. **Eine gemeinsame Voraussetzung bildet, dass der Klagegrund** (zum Begriff → Rn. 123) **unverändert bleibt.**[469] Diese Voraussetzung spielt jedoch in der Praxis deshalb keine große Rolle, weil die Gerichte den Lebenssachverhalt, der einer Klage zugrunde liegt, recht weit auslegen (→ Rn. 378). 383

Eine **Beschränkung des Klageantrages** iSv § 264 Nr. 2 liegt nicht nur in der Herabsetzung des vom Kläger (ursprünglich) geforderten Betrages (zB 5.000 EUR statt 10.000 EUR), sondern wird auch dann vorgenommen, wenn der Antrag des Klägers hinsichtlich von Handlungen eingeschränkt wird, die der Beklagte ausführen soll. Wird beispielsweise bei einer Leistungsklage zunächst die uneingeschränkte Verurteilung des Beklagten begehrt und danach eine Verurteilung Zug um Zug gegen eine Gegenleistung des Klägers gefordert, dann wird der Klageantrag dadurch be- 384

---

[469] BGH NJW 1996, 2869.

schränkt; gleiches gilt beim Übergang von einem Antrag auf Leistung an den Kläger zu einem Antrag auf Hinterlegung. Man spricht in diesen Fällen von einer **qualitativen Beschränkung** und unterscheidet sie von der **quantitativen,** bei der der Klageantrag lediglich mengenmäßig vermindert wird. Als qualitative Beschränkung ist es auch aufzufassen, wenn der Kläger, der zunächst eine Leistungsklage erhoben hat, sein Klagebegehren dahingehend ändert, dass er Feststellung des Bestehens des Rechts fordert, das seinem ursprünglich geltend gemachten Anspruch zugrunde liegt (statt der auf Eigentum gestützten Herausgabeklage verlangt der Kläger nunmehr Feststellung seines Eigentums);[470] denn in der Leistungsklage ist als Minus ein entsprechendes Feststellungsbegehren enthalten (→ Rn. 131). Im umgekehrten Fall, bei Übergang von einem Feststellungsantrag auf einen Antrag auf Leistung, handelt es sich um eine Klageerweiterung iSv § 264 Nr. 2.[471]

385 In einer Beschränkung des Klageantrages kann zugleich auch eine (teilweise) Rücknahme der Klage zu sehen sein. Es fragt sich deshalb, ob aus diesem Grunde, unabhängig von der in § 264 Nr. 2 getroffenen Regelung, die **Einwilligung des Beklagten nach § 269** I erforderlich wird. Diese Frage ist sehr streitig. Die Vertreter der Auffassung, die eine solche Einwilligung verlangt, weisen darauf hin, dass dem Beklagten durch § 269 das Recht auf Entscheidung über die vom Kläger ursprünglich erhobene Klage gewährt werde und ihm dieses Recht nicht ohne seine Einwilligung entzogen werden dürfte.[472] Gegenüber diesem Argument lässt sich aber einwenden, dass auch die Regelung über die Klageänderung das Recht des Beklagten auf Entscheidung über den ursprünglich vom Kläger gegen ihn erhobenen prozessualen Anspruch berücksichtigt (→ Rn. 376 f.) und dieses Recht durch § 264 modifiziert wird. Dies spricht dafür, dass § 269 I bei einer Beschränkung des Klageantrages nicht anwendbar ist, sondern durch die speziellere Regelung des § 264 Nr. 2 verdrängt wird.[473]

386 Eine vermittelnde Meinung[474] will einen Missbrauch des § 264 Nr. 2 (der Kläger reduziert statt der Klagerücknahme seine Klageforderung auf einen Minimalbetrag, indem er an Stelle der von ihm ursprünglich beanspruchten 10.000 EUR nur noch 1 EUR fordert) dadurch verhindern, dass die Einwilligung des Beklagten nach § 269 I bei einer quantitativen Beschränkung des Klageantrages erforderlich sein soll, dagegen nicht bei einer qualitativen Beschränkung (→ Rn. 384). Jedoch kann ein solcher Missbrauch durch andere prozessuale Mittel ausgeschlossen werden. So ist zB die Reduzierung auf einen Minimalbetrag nicht als Klageänderung, sondern als Klagerücknahme aufzufassen und einem anderen missbräuchlichen Verhalten des Klägers im Rahmen einer angeblichen Klageänderung mit der Einrede der prozessualen Arglist durch den Beklagten zu begegnen.

387 Ein Klageantrag wird erweitert, wenn der Kläger statt eines zunächst geltend gemachten Teilbetrages die gesamte Schuld oder statt zunächst geforderter Raten die

---

[470] BGH NJW 1985, 1784 mwN.
[471] BGH NJW 1994, 2896 (2897); NJW-RR 2002, 283; *Rosenberg/Schwab/Gottwald* ZivilProzR § 99 Rn. 13.
[472] Stein/Jonas/*Roth* § 264 Rn. 17; BLAH/*Hartmann* § 264 Rn. 16; Zöller/*Greger* § 264 Rn. 4 a; AK-ZPO/*Wassermann* § 264 Rn. 3; *Deubner* NJW 1968, 848; *Groß* JR 1996, 357.
[473] *Walther* NJW 1994, 423; Musielak/Voit/*Foerste* § 264 Rn. 6; BGH NJW 1990, 2682, lässt diese Frage offen.
[474] *Brammsen/Leible* JuS 1997, 54 (59 f.); MüKoZPO/*Becker-Eberhard* § 264 Rn. 23; *Rosenberg/Schwab/Gottwald* ZivilProzR § 99 Rn. 27.

III. Änderung der Klage 137

Zahlung der gesamten Summe in einem Betrag verlangt. Auch kann der Kläger neue Ansprüche erheben, die sich aus demselben Verpflichtungsgrund ergeben, wie zum Beispiel die Zahlung von Zinsen oder die Herausgabe von Früchten. Ebenso bedeutet es die **Erweiterung des Klageantrages,** wenn der Kläger die Verurteilung zur Leistung statt der bisher beantragten Feststellung begehrt (→ Rn. 384 aE).

Nach § 264 Nr. 3 kann der Kläger statt des von ihm ursprünglich geforderten Gegenstandes einen **anderen Gegenstand oder Schadensersatz** verlangen, wenn eine nach Erhebung der Klage eingetretene Veränderung der tatsächlichen Verhältnisse dazu Veranlassung gibt oder wenn dem Kläger nachträglich bekannt wird, dass er bei Klageerhebung diese Verhältnisse falsch eingeschätzt hat. Die Voraussetzungen, unter denen der Kläger wegen einer derartigen Veränderung einen anderen Gegenstand (Surrogat) oder das Interesse (Schadensersatz) fordern kann, ergeben sich aus dem materiellen Recht, zB § 285 BGB oder §§ 280, 281, 283 BGB. **388**

> **Beispiel:** Der Kläger verlangt Herausgabe eines bestimmten ihm vom Beklagten verkauften Pkw. Während des Rechtsstreits wird der Pkw bei einem vom Beklagten verschuldeten Verkehrsunfall zerstört. Daraufhin ändert der Kläger seinen Klageantrag und fordert nunmehr Schadensersatz.

### 3. Die Regelung der Klageänderung

Sind die im § 264 genannten Voraussetzungen nicht erfüllt, dann bedarf es für eine Klageänderung nach § 263 entweder der Einwilligung des Beklagten oder der Zulassung des Gerichts als sachdienlich. Der Begriff der **Einwilligung** ist nicht im Sinne des BGB, also als vorherige Zustimmung (vgl. § 183 S. 1 BGB), zu verstehen, sondern bedeutet das Einverständnis des Beklagten mit der Änderung der Klage, wobei es nicht darauf ankommt, ob dieses Einverständnis schon vor der Klageänderung oder erst danach (wie dies regelmäßig der Fall sein wird) gegeben wurde. **389**

Nach § 267 ist die Einwilligung des Beklagten auch dann anzunehmen, wenn er sich in einer mündlichen Verhandlung auf die abgeänderte Klage einlässt, ohne zu widersprechen. Es kommt für die in § 267 ausgesprochene **unwiderlegbare Vermutung** nicht darauf an, ob sich der Beklagte dieser Wirkung bewusst war und ob er überhaupt erkannt hat, dass es sich um eine Klageänderung handelt.[475] Erforderlich ist jedoch, dass der Beklagte sich auf die Klage „einlässt", also sachlich zu ihr Stellung nimmt; lediglich Einwendungen gegen ihre Zulässigkeit sind dagegen für § 267 nicht ausreichend.[476] **390**

Erteilt der Beklagte nicht seine (erforderliche) Einwilligung in eine Änderung der Klage, dann kann das Gericht die Klageänderung als sachdienlich zulassen. Für die Frage nach der **Sachdienlichkeit** ist insbesondere entscheidend, ob die Klageände- **391**

---

[475] Stein/Jonas/*Roth* § 267 Rn. 1; Musielak/Voit/*Foerste* § 267 Rn. 1; aA MüKoZPO/*Becker-Eberhard* § 267 Rn. 10 (für den Fall, dass der Beklagte die Klageänderung nicht als solche erkannt hat und auch nicht erkennen musste).
[476] BGH NJW 1975, 1228 (1229); Stein/Jonas/*Roth* § 267 Rn. 2; Zöller/*Greger* § 267 Rn. 2; aA Rosenberg/Schwab/Gottwald ZivilProzR § 99 Rn. 18.

rung dazu führt, einen zwischen den Parteien bestehenden Streit im Rahmen des anhängigen Prozesses auszuräumen und dadurch einen andernfalls zu erwartenden weiteren Rechtsstreit zu vermeiden.[477] Nach Auffassung der Rechtsprechung soll gegen eine Sachdienlichkeit der Klageänderung sprechen, wenn ein völlig neuer Streitstoff zur Beurteilung und zur Entscheidung des Gerichts gestellt wird, ohne dass dafür das Ergebnis der bisherigen Prozessführung verwertet werden kann.[478] Eine solche Klageänderung widerspreche Grundsätzen der Prozessökonomie.

392 Bei der Auslegung und Anwendung der zivilprozessrechtlichen Vorschriften darf die **Prozessökonomie** (Prozesswirtschaftlichkeit)[479] nicht unbeachtet bleiben. Sind nach der ZPO verschiedene prozessuale Verfahrensweisen möglich, dann ist regelmäßig die zu wählen, mit der einfacher, kostengünstiger und schneller das Ziel erreicht werden kann.[480] Es ist also darauf zu sehen, einen Rechtsstreit mit so wenig Aufwand wie möglich zu führen, soweit dies aus rechtsstaatlichen Gründen möglich ist.[481] Dies gilt also auch für die Entscheidung des Gerichts, ob eine Klageänderung wegen ihrer Sachdienlichkeit zuzulassen ist.

393 Die Sachdienlichkeit einer Klageänderung ist in jedem Fall zu verneinen, wenn die **geänderte Klage** als **unzulässig** abgewiesen werden muss oder wenn die Klageänderung dazu führt, dass nicht mehr das angerufene Gericht, sondern ein anderes zuständig wird.[482]

394 Streiten die Parteien über die Zulässigkeit einer Klageänderung, dann entsteht zwischen ihnen ein sog. **Zwischenstreit,** der durch ein Zwischenurteil nach § 303 entschieden werden kann. **Ein Zwischenstreit iSv § 303 erfasst stets Fragen, bei denen es um den Fortgang des Verfahrens geht, also Vorfragen, die im Prozess auftreten und geklärt werden müssen,** bevor über den Streitgegenstand selbst entschieden werden kann. Allerdings ist das Gericht nicht verpflichtet, ein Zwischenurteil zu erlassen; es kann auch in den Gründen des Endurteils über den Zwischenstreit befinden. Die Entscheidung, dass eine Änderung der Klage nicht vollzogen sei oder dass sie zugelassen werde, ist nicht anfechtbar (§ 268). Dagegen kann die im Endurteil getroffene Entscheidung, die eine Klageänderung als unzulässig zurückweist oder nicht als sachdienlich zulässt, mit den gewöhnlichen gegen das Endurteil zu richtenden Rechtsmitteln angefochten werden (vgl. §§ 512, 557 II).

395 Ist die Klageänderung unzulässig, dann kommt es darauf an, ob noch über den ursprünglichen Antrag zu verhandeln und zu entscheiden ist. Dies ist zu bejahen, wenn der Kläger seinen ursprünglichen Antrag hilfsweise aufrechterhalten hat. In diesem Fall kann über die Unzulässigkeit der Klageänderung durch ein Zwischenurteil befunden werden. Da jedoch Zwischenurteile nach § 303 selbstständig nicht angefochten werden können, ist die Überprüfung der Entscheidung nur durch ein Rechtsmittel ge-

---

[477] BGH NJW 1975, 1228 (1229); 1985, 1841 (1842); NJW-RR 1987, 58; 1990, 505 (506).
[478] BGH NJW 1975, 1228 (1229); 1985, 1841 (1842); NJW-RR 1987, 58; 1990, 505 (506); vgl. auch *Schlinker* JURA 2007, 1 (6 f.).
[479] Vgl. dazu *Hofmann* ZZP 126 (2013), 83.
[480] Stein/Jonas/*Schumann*, 20. Aufl. 1977, Einl. Rn. 81 mwN.
[481] *Schöpflin* JR 2003, 485; *Schlosser* ZivilProzR I Rn. 298.
[482] BGH ZZP 95 (1982), 66; aA BGH NJW-RR 2002, 929 (930) (wenn die Klageänderung dazu führt, dass der Streitstoff der Parteien endgültig bereinigt wird); zust. *Schikora* MDR 2003, 1160.

# IV. Parteiwechsel und Parteibeitritt

gen das Endurteil zu erreichen.[483] Wird dagegen der ursprüngliche Antrag vom Kläger nicht (hilfsweise) aufrechterhalten, dann ist das neue (unzulässige) Begehren durch ein Prozessurteil abzuweisen; ein Zwischenurteil kommt dann nicht in Betracht, weil dieses stets voraussetzt, dass eine Vorabentscheidung durch das Gericht zu treffen ist und der Rechtsstreit weitergeführt und durch Endurteil entschieden werden muss.

## 4. Hinweise für die schriftliche Bearbeitung

Bei einer schriftlichen Bearbeitung kann man sich an folgendem Fragenkatalog orientieren: **396**
(1) Wird der Streitgegenstand geändert?
(2) Handelt es sich um einen der Fälle des § 264 Nr. 2 und 3?
(3) Hat der Beklagte ausdrücklich eingewilligt oder ist die Einwilligung nach § 267 anzunehmen?
(4) Ist die Klageänderung als sachdienlich zuzulassen?
  Hierbei ist zu prüfen, ob ein völlig neuer Streitstoff zur Entscheidung des Gerichts gestellt wird (→ Rn. 391), ob die geänderte Klage zulässig ist und ob die Klageänderung Auswirkungen auf die Zuständigkeit des Gerichts hat (→ Rn. 393).
(5) Werden durch die Klageänderung auch Fragen aufgeworfen, die nach anderen Vorschriften (außerhalb der §§ 263 ff.) zu entscheiden sind?
  Handelt es sich beispielsweise um eine objektive Klagehäufung, sodass auch § 260 anzuwenden ist (→ Rn. 379)? Ist in der Klageänderung auch eine Klagerücknahme zu sehen, sodass auf den Meinungsstreit über die Anwendung des § 269 einzugehen ist (→ Rn. 385 f.)?

## IV. Parteiwechsel und Parteibeitritt

### 1. Überblick

Im Laufe eines Rechtsstreits können sich Veränderungen bei den bisherigen Parteien ergeben. So kann eine andere Person an die Stelle des ursprünglichen Klägers oder Beklagten treten; man spricht dann von einem **Parteiwechsel**. Auch kann es vorkommen, dass neben eine bisherige Partei ein Dritter als Streitgenosse (vgl. §§ 59 ff.; dazu Einzelheiten später) tritt und sich als (neue) Partei am Rechtsstreit beteiligt; man spricht dann von einem **Parteibeitritt**. Sowohl Parteiwechsel als auch Parteibeitritt können im Gesetz geregelt sein (gesetzliche Parteiänderung) oder auf einer Vereinbarung der Beteiligten beruhen (gewillkürte Parteiänderung). **397**

---

[483] Vgl. Musielak/Voit/*Foerste* § 268 Rn. 3.

**Beispiele:**

- Geldmann klagt gegen Schuldig auf Rückzahlung eines Darlehens. Während des Rechtsstreits stirbt der Kläger und seine Ehefrau will als einzige Erbin den Rechtsstreit fortsetzen.

- Eich klagt gegen Bruno auf Herausgabe eines diesem vermieteten Pkw. Während des Rechtsstreits veräußert Eich den Pkw an Kunz. Kunz möchte anstelle des Eich in den Prozess gegen Bruno eintreten.

- Konz klagt gegen Handel auf Erfüllung eines Vertrages. Im Laufe des Rechtsstreits wird festgestellt, dass Frech, der beim Vertragsschluss als Vertreter des Handel aufgetreten ist, keine Vertretungsmacht besaß. Konz will nun die Klage auf Frech „umstellen".

## 2. Die verschiedenen Fälle eines Parteiwechsels

### a) Gesetzlich geregelter Parteiwechsel

398 In jedem der oben (→ Rn. 397) genannten Fälle soll an die Stelle einer bisherigen Partei eine andere Person treten; es handelt sich also stets um einen Parteiwechsel. Im ersten Fall ist dieser Parteiwechsel in § 239 gesetzlich geregelt. **Beim Tod einer Partei tritt deren Rechtsnachfolger automatisch an die Stelle des Verstorbenen.** Frau Geldmann ist als einzige Erbin Rechtsnachfolgerin ihres Ehemannes (§ 1922 I BGB) und damit (neue) Partei im Rechtsstreit gegen Schuldig (zu weiteren Rechtsfolgen im Falle des Todes einer Partei Einzelheiten später).

399 Im zweiten Beispielsfall geht es um die **Veräußerung des streitbefangenen Gegenstandes;** hierfür trifft § 265 eine Regelung. Zunächst ist die Feststellung wichtig, dass die Rechtshängigkeit nicht das Recht ausschließt, die im Streit befangene Sache zu veräußern oder den geltend gemachten Anspruch abzutreten. Geschieht dies, dann verliert aber die veräußernde Partei ihre Sachlegitimation (→ Rn. 245). Fehlt die Sachlegitimation dem Kläger, ist er beispielsweise nicht Inhaber des Kaufpreisanspruchs, den er im Wege der Klage verfolgt, dann ist seine Klage unbegründet und muss abgewiesen werden; das Gleiche muss geschehen, wenn der Beklagte nicht Träger der Verbindlichkeit ist, die gegen ihn eingeklagt wird. Die Sachlegitimation beurteilt sich also nach dem materiellen Recht und muss folglich im Rahmen der Begründetheit der Klage geprüft werden. Die Veräußerung des streitbefangenen Gegenstandes und der dadurch verursachte Verlust der Sachlegitimation müssten also bewirken, dass die Klage als unbegründet abgewiesen wird. Dies würde aber regelmäßig dazu führen, dass ein neuer Rechtsstreit vom nunmehr Berechtigten oder gegenüber dem nunmehr Verpflichteten begonnen würde. Der Gesetzgeber hat diese Folge seiner Entscheidung, die Veräußerung des Streitgegenstandes zuzulassen, aus Gründen der Prozessökonomie (→ Rn. 392) dadurch ausgeschlossen, dass er angeordnet hat, die Veräußerung der im Streit befangenen Sache oder die Abtretung des geltend gemachten Anspruchs ohne Einfluss auf den Prozess bleiben zu lassen (§ 265 II 1). Da jedoch diese prozessrechtliche Regelung nichts daran ändert, dass der Kläger infolge der Veräußerung oder Abtretung materiell-rechtlich die Aktivlegitimation verliert, macht er bei Fortsetzung des Prozesses ein fremdes Recht im eigenen Namen geltend (Fall einer gesetzlichen Prozessstandschaft; → Rn. 246 ff.). Deshalb muss der veränderten materiellen Rechtslage dadurch Rechnung getragen werden,

## IV. Parteiwechsel und Parteibeitritt

dass der Kläger seinen Antrag dahingehend ändert, dass er nicht mehr Leistung an sich, sondern an den Rechtsnachfolger verlangt; tut er dies nicht, dann muss trotz der Vorschrift des § 265 II 1 seine Klage als unbegründet abgewiesen werden.[484] Bei einer Rechtsnachfolge auf der Beklagtenseite kann der Kläger entweder anstelle des ursprünglich von ihm geforderten und durch den Beklagten veräußerten Gegenstandes Schadensersatz verlangen (§ 264 Nr. 3) oder er kann seinen bisherigen Antrag weiter verfolgen und dann gegen den Rechtsnachfolger gem. §§ 727, 731 vollstrecken (dazu Einzelheiten später).[485]

Im Interesse des Beklagten muss sichergestellt sein, dass die **Entscheidung** des Rechtsstreits auch **gegenüber dem Rechtsnachfolger** des Klägers **wirkt**, denn sonst könnte dieser erneut Klage gegen den Beklagten erheben. Dies wird grundsätzlich dadurch ausgeschlossen, dass nach § 325 I das rechtskräftige Urteil auch gegenüber Personen Wirkung hat, die nach dem Eintritt der Rechtshängigkeit Rechtsnachfolger einer Partei geworden sind. **400**

§ 325 II macht jedoch eine Einschränkung, indem die Vorschriften des bürgerlichen Rechts zugunsten derjenigen, die Rechte von einem Nichtberechtigten herleiten, für entsprechend anwendbar erklärt werden. Der Sinn dieser Regelung ist nicht eindeutig und deshalb umstritten.[486] Während manche meinen, dass die Gutgläubigkeit allein auf die Rechtshängigkeit zu beziehen sei und folglich die Rechtskraft des Urteils sich nicht auf den Rechtsnachfolger des *Berechtigten* erstrecke, der in Unkenntnis vom Prozess die streitbefangene Sache erwerbe, wollen andere § 325 II auf Fälle eines Erwerbs vom *Nichtberechtigten* beschränken. Für die zweite Auffassung (hM) spricht, dass die in § 325 II enthaltene Verweisung die Unterschiede für maßgebend erklärt, die nach materiellem Recht hinsichtlich des Gutglaubenserwerbes gemacht werden. Sollte nur der gute Glaube an die Rechtshängigkeit geschützt werden, dann wäre nicht erklärlich, warum diese Regelung nicht auch in Fällen Geltung haben sollte, in denen nach materiellem Recht (wie zB bei der Forderungsabtretung) ein gutgläubiger Erwerb ausgeschlossen ist. § 325 II verlangt also einen doppelten guten Glauben sowohl an die (nicht vorhandene) Berechtigung des Rechtsvorgängers als auch an das Fehlen der Rechtshängigkeit. Die Bedeutung der Vorschrift liegt also darin, dass in Fällen, in denen im Prozess die Nichtberechtigung des Rechtsvorgängers festgestellt wird, ein (nach materiellem Recht möglicher) Erwerb vom Nichtberechtigten nur in Betracht kommt, wenn der Erwerber (auch) hinsichtlich der Rechtshängigkeit gutgläubig gewesen ist. Der dargestellte Meinungsstreit hat jedoch keine große praktische Bedeutung, weil die Rechtskraft eines Urteils, das die Berechtigung des Rechtsvorgängers feststellt, regelmäßig für den Rechtsnachfolger günstig ist und er sich darauf berufen wird. Dass diese Möglichkeit von § 325 II nicht ausgeschlossen wird, ist offensichtlich.[487] **401**

---

[484] Sog. Relevanztheorie, BGH WM 1982, 1313; NJW-RR 1986, 1182; NJW 2004, 2152 (2154); OLG Düsseldorf FamRZ 1981, 697; MüKoZPO/*Becker-Eberhard* § 265 Rn. 83; *Stadler/Bensching* JURA 2001, 433 (436 f.), mwN; aA *Rosenberg/Schwab/Gottwald* ZivilProzR § 100 Rn. 31; vgl. dazu auch *Henckel* JZ 1992, 645 (650).
[485] Musielak/Voit/*Foerste* § 265 Rn. 11.
[486] Eingehend dazu Stein/Jonas/*Althammer* § 325 Rn. 33 ff. (die hM befürwortend); *Stadler/Bensching* JURA 2001, 437 ff. (die Gegenauffassung vertretend), jew. mwN; vgl. auch Musielak/Voit/*Musielak* § 325 Rn. 23 ff.
[487] Wegen des geringen praktischen Nutzens der Vorschrift und auch aus rechtspolitischen Gründen wird neuerdings die Streichung des § 325 II empfohlen; so *Hager* FS Krüger, 2017, 389 ff.; *Stamm* ZZP 130 (2017), 185 ff.

**402** Bleibt der Ausgang des Rechtsstreits wegen § 325 II für den Rechtsnachfolger des Klägers ohne Wirkung, dann muss es dem Beklagten ermöglicht werden zu verhindern, dass dennoch der Kläger mit seiner Klage Erfolg hat. Demgemäß wird der Beklagte in diesem Fall durch § 265 III berechtigt, dem Kläger seine fehlende Sachlegitimation entgegenzuhalten mit der Folge, dass die Klage abgewiesen werden muss, wenn der Kläger an seinem Begehren festhält. Zu klären bleibt, ob die Klageabweisung als unzulässig oder als unbegründet zu erfolgen hat. Die Formulierung in § 265 III „zur Geltendmachung des Anspruchs nicht mehr befugt" spricht für eine Unzulässigkeit der Klage. Berücksichtigt man jedoch, dass die Ausnahme des Abs. 3 im Zusammenhang mit der Regelung des Abs. 1 zu sehen ist, dann gelangt man zu dem Ergebnis, dass in den Fällen des § 265 III eine Rechtslage eintritt, die der entspricht, die bei Veräußerung des streitbefangenen Gegenstandes entstehen würde, wenn es die Vorschrift des § 265 I nicht gebe. Die Veräußerung des streitbefangenen Gegenstandes würde dann zum Verlust der Inhaberschaft des geltend gemachten Rechts und zur Unbegründetheit der Klage führen. Aus dem Zusammenspiel zwischen § 325 II und des § 265 folgt deshalb, dass die Klage als unbegründet abzuweisen ist.

**403** Die Einflusslosigkeit einer Veräußerung des Streitgegenstandes auf den Prozess hat konsequenterweise zur Folge, dass der **Rechtsnachfolger** weder verpflichtet noch berechtigt ist, anstelle der veräußernden Partei den **Rechtsstreit fortzusetzen.** Ein entsprechendes Recht ergibt sich nur, wenn der Veräußerer und sein Gegner der Übernahme des Prozesses durch den Rechtsnachfolger zustimmen. Dass auch der Veräußerer in den Parteiwechsel einwilligen muss, wird zwar nicht ausdrücklich im § 265 II bestimmt, folgt aber aus der Überlegung, dass eine Partei nicht gegen ihren Willen zum Ausscheiden aus dem Prozess gezwungen werden kann.

**404** Eine abweichende Regelung gilt nach § 266 I für Prozesse über **dingliche Rechte an Grundstücken** zwischen dem dinglich Berechtigten und dem dinglich Verpflichteten. Wird während des Rechtsstreits das Grundstück veräußert, dann ist der Rechtsnachfolger berechtigt und auf Antrag des Gegners verpflichtet, den Rechtsstreit zu übernehmen. Die Regelung gilt ebenso für eingetragene Schiffe und Schiffsbauwerke (vgl. § 266 I 2). Auch im Fall des § 266 wird durch Absatz 2 dieser Vorschrift eine Einschränkung für Fälle gemacht, in denen wegen der Gutgläubigkeit des Rechtsnachfolgers das Urteil gegen diesen nicht wirkt (vgl. aber auch § 325 III).

### b) Gewillkürter Parteiwechsel

**405** Im zweiten Beispielsfall (→ Rn. 397) kann also Kunz anstelle des Eich den Prozess fortführen, wenn Eich und Bruno dem Parteiwechsel zustimmen. Im dritten Beispielsfall greifen keine gesetzlichen Vorschriften ein, die ausdrücklich Zulässigkeit und Voraussetzungen des von Konz gewollten Parteiwechsels regeln. Dieser also nicht auf einer gesetzlichen Bestimmung basierende, sondern nur auf dem Willen einer oder beider Parteien beruhende Parteiwechsel (deshalb im Gegensatz zum gesetzlichen Parteiwechsel gewillkürter Parteiwechsel genannt) wird zwar grundsätzlich für zulässig angesehen, über seine Rechtsnatur und die daraus abzuleitenden Voraussetzungen wird aber gestritten.

**406** Zum gewillkürten Parteiwechsel werden folgende Auffassungen vertreten:
- Es handelt sich dabei um eine Klageänderung oder zumindest sind die Vorschriften über die Klageänderung entsprechend heranzuziehen (sog. **Klageänderungstheorie**).

## IV. Parteiwechsel und Parteibeitritt

- Es wird die bisherige Klage vom Kläger zurückgenommen und eine neue Klage entweder von dem neu eintretenden Kläger oder gegen den neu eintretenden Beklagten erhoben (sog. **Klagerücknahmetheorie** oder Klageerhebungstheorie).
- Der gewillkürte Parteiwechsel ist als **Rechtsinstitut eigener Art** zu begreifen.

Die Rechtsprechung, insbesondere des BGH, vertritt die Klageänderungstheorie bei Parteiwechseln in erster Instanz.[488] Dagegen wird bei einem Wechsel auf der Beklagtenseite in zweiter Instanz eine Anwendung der Regeln über die Klageänderung abgelehnt, also insbesondere eine Zulassung als sachdienlich ohne Einwilligung des bisherigen und des neuen Beklagten grundsätzlich ausgeschlossen.[489] Nur wenn ein schutzwürdiges Interesse des neuen Beklagten an der Weigerung, in den Prozess einzutreten, nicht erkennbar ist und ihm nach der gesamten Sachlage zugemutet werden kann, einen bereits im Berufungsrechtszug schwebenden Rechtsstreit zu übernehmen, soll seine Weigerung als rechtsmissbräuchlich aufgefasst und deshalb unbeachtlich sein.[490] Der Klägerwechsel in der zweiten Instanz soll dagegen wieder wie eine Klageänderung behandelt werden.[491] Im Schrifttum wird insbesondere die unterschiedliche Bewertung des Parteiwechsels in erster und zweiter Instanz auf Seiten des Beklagten kritisiert und überwiegend der Parteiwechsel als ein eigenständiges Prozessrechtsinstitut angesehen,[492] während die Klagerücknahmetheorie nur noch wenige Befürworter findet.[493]

**407**

Ein Parteiwechsel in der Revisionsinstanz ist grundsätzlich ausgeschlossen.[494] Denn es ist Aufgabe des Revisionsgericht zu prüfen, ob die Vorinstanz über die Klage rechtsfehlerfrei entschieden hat (§ 545 I). Die Grundlage für diese Entscheidung bildet der Streitstoff, wie er sich bis zum Ende der Berufungsverhandlung ergibt (→ Rn. 991); dies schließt es aus, dass danach ein Wechsel der Parteien vorgenommen wird. Außerdem verhindern die in der Revisionsinstanz bestehenden Einschränkungen (→ Rn. 993), dass sich die neu eintretende Partei angemessen auf den Rechtsstreit einlassen kann. Das BAG[495] will jedoch ausnahmsweise auch einen Parteiwechsel in der Revisionsinstanz zulassen, wenn die ausscheidende und die neu eintretende Partei mit dem Parteiwechsel einverstanden sind und die neue Partei, wenn auch in einer anderen Stellung, bereits zuvor an dem Rechtsstreit beteiligt war. Ähnlich hat der BGH einen Parteiwechsel in der Revisionsinstanz zugelassen, wenn anstelle der bisher klagenden Wohungseigentümergemeinschaft das Verfahren durch die Wohnungseigentümer als Streitgenossen fortgeführt werden soll.[496]

**408**

Vor einer Stellungnahme zu dem über den Parteiwechsel geführten Meinungsstreit soll zunächst dargestellt werden, wie sich nach den dazu vertretenen Auffassungen ein Parteiwechsel zu vollziehen hat:

**409**

---

[488] Vgl. BGHZ 40, 185 (187) = NJW 1964, 44; BGHZ 65, 264 (268) = NJW 1976, 239 (240); BGH NJW 1996, 196 f.; vgl. dazu *Putzo* FG BGH, 2000, 149 (151 ff.).
[489] StRspr, vgl. BGHZ 21, 285 (287) = NJW 1956, 1598; BGH NJW 1962, 633 (635); 1974, 750; 1981, 989; 1987, 1946 (1947).
[490] Vgl. BGH NJW 1974, 750; 1987, 1946 (1947); JZ 1986, 107; WM 1997, 989 (990).
[491] BGHZ 65, 268 = NJW 1976, 239 (240); BGH NJW 1996, 2799 mwN.
[492] *Franz* NJW 1972, 1743; *Kohler* JuS 1993, 315 (316); *Rosenberg/Schwab/Gottwald* ZivilProzR § 42 Rn. 20; *Stein/Jonas/Roth* § 263 Rn. 48. Für eine strikte Anwendung der Klageänderungstheorie dagegen *Nagel,* Der nicht (ausdrücklich) geregelte gewillkürte Parteiwechsel im Zivilprozess, 2005, 125 ff.
[493] *Hofmann* NJW 1964, 1026 (1027).
[494] BGH NJW-RR 1990, 1213; NZI 2008, 561 Rn. 5.
[495] BAG NZA 2011, 1274 Rn. 16; vgl. dazu *Uffmann* RdA 2012, 113.
[496] BGH NJW 2016, 53 Rn. 8 ff.

- Bei einem **Klägerwechsel in erster Instanz** verlangen alle Theorien das Einverständnis des ausscheidenden und des neu eintretenden Klägers. Abgesehen von der befürworteten Konstruktion wäre auch jede andere Entscheidung sinnwidrig, weil niemand gegen seinen Willen gezwungen werden kann, als Kläger aus einem Prozess auszuscheiden oder einen Prozess zu betreiben. Vollzieht sich der Klägerwechsel nach dem Beginn der mündlichen Verhandlung, dann muss nach der im Schrifttum hM der Beklagte seine Einwilligung mit dem Klägerwechsel erklären; vor diesem Zeitpunkt ist dagegen die Einwilligung des Beklagten nicht erforderlich. Diese Differenzierung wird aus § 269 I abgeleitet, dem zu entnehmen ist, dass der Beklagte nach Beginn der mündlichen Verhandlung berechtigt ist, gegen den bisherigen Kläger eine Sachentscheidung zu fordern.[497] Auf der Grundlage der Klageänderungstheorie lässt sich dagegen diese Einwilligung durch die Zulassung des Klägerwechsels als sachdienlich ersetzen.[498]
- Der neu eintretende Kläger muss dem Beklagten einen Schriftsatz mit seiner Eintrittserklärung zustellen lassen,[499] wobei er sich die bisherige Klageschrift durch Bezugnahme zu Eigen machen kann.
- Bei einem **Beklagtenwechsel in erster Instanz** wird die Initiative dazu durchweg vom Kläger ausgehen, der feststellt, dass er seine Klage gegen den falschen Beklagten gerichtet hat. Die Frage nach einer Zustimmung des Klägers stellt sich also nicht. Dass nicht etwa am Kläger vorbei ein „Tausch" in der Beklagtenrolle vorgenommen werden kann, ist offensichtlich. Das Erfordernis einer Zustimmung des ausscheidenden Beklagten ergibt sich aus gleichen Erwägungen, wie sie angestellt worden sind, um die Einwilligung des Beklagten beim Klägerwechsel zu begründen.[500] Die Frage, ob auch die Einwilligung des neuen Beklagten in erster Instanz erforderlich ist, wird unterschiedlich beantwortet. Wer die Verwertung des bisherigen Prozessergebnisses von der Zustimmung des neuen Beklagten abhängig macht (→ Rn. 411), kann seine Einwilligung mit der Parteiänderung für entbehrlich halten, weil es nicht von dem Willen des Beklagten abhängt, ob er verklagt wird.[501] Wer dagegen die Regeln der Klageänderung anwendet, muss entweder die Zustimmung des neuen Beklagten oder ihre Ersetzung als sachdienlich verlangen.[502]
- Dem neuen Beklagten ist ein den Anforderungen des § 253 entsprechender Schriftsatz zuzustellen. Erst damit wird ihm gegenüber die Rechtshängigkeit mit allen ihren prozessualen und materiell-rechtlichen Wirkungen begründet (→ Rn. 264). Dem ausscheidenden Beklagten sind in entsprechender Anwendung des § 269 III 2 vom Kläger die Kosten des Rechtsstreits zu erstatten.

---

[497] Stein/Jonas/*Roth* § 263 Rn. 49; → Rn. 465.
[498] Vgl. BGHZ 16, 317 (321) = NJW 1955, 667; BGH NJW 1974, 750; 1987, 1946 (1947); OLG München NJW-RR 1998, 788; ebenso MüKoZPO/*Becker-Eberhard* § 263 Rn. 72; aA Stein/Jonas/*Roth* § 263 Rn. 49.
[499] Musielak/Voit/*Foerste* § 263 Rn. 20.
[500] BGH NJW 1981, 989, weist darauf hin, dass der bisherige Beklagte einen Anspruch auf Sachentscheidung habe, weil er sonst Gefahr liefe, erneut vom Kläger verklagt zu werden; ebenso BGH NJW 2006, 1351 Rn. 24.
[501] *Rosenberg/Schwab/Gottwald* ZivilProzR § 42 Rn. 24.
[502] BGH NJW 1962, 347; MüKoZPO/*Becker-Eberhard* § 263 Rn. 78; aA Stein/Jonas/*Roth* § 263 Rn. 54.

## IV. Parteiwechsel und Parteibeitritt

- Ein **Klägerwechsel in der Berufungsinstanz** ist nach hM nach gleichen Regeln zu entscheiden wie in erster Instanz.[503] Zu beachten ist, dass die Berücksichtigung neuer Tatsachen in der Berufungsinstanz erheblich eingeschränkt ist (→ Rn. 940 ff.).[504]
- Der **Beklagtenwechsel in zweiter Instanz** muss von der Klagerücknahmetheorie ausgeschlossen werden, weil die Erhebung einer neuen Klage in der Berufungsinstanz nicht zulässig ist. Die anderen Theorien lassen einen Beklagtenwechsel in zweiter Instanz mit Einverständnis des ausscheidenden Beklagten und des neu eintretenden zu, wobei eine Weigerung dann unbeachtlich sein soll, wenn sie sich als Rechtsmissbrauch darstellt (→ Rn. 407).[505] Die Klageänderungstheorie, die – wie ausgeführt – vom BGH nicht für den Beklagtenwechsel in zweiter Instanz vertreten wird, kann überdies folgerichtig die fehlende Einwilligung durch die Zulassung des Beklagtenwechsels als sachdienlich ersetzen. Hierbei dürfen allerdings nicht die Grenzen unbeachtet bleiben, die durch § 533 Nr. 2 einer Klageänderung in der zweiten Instanz gesetzt werden. Nach dieser Vorschrift wird die Tatsachengrundlage für die Klageänderung und dementsprechend gemäß der Klageänderungstheorie auch für den Parteiwechsel durch § 529 beschränkt. Wird über die Sachdienlichkeit einer Parteiänderung entschieden, dann muss deshalb in besonderem Maße das Interesse des neuen Beklagten beachtet werden, nicht eine Tatsacheninstanz zu verlieren und ohne Einschränkungen im Tatsachenvortrag seinen Rechtsstandpunkt vertreten zu können. Dieses Interesse erscheint nur dann nicht schützenswert, wenn aufgrund der Besonderheiten des konkreten Falles ihm zugemutet werden kann, den schwebenden Rechtsstreit in der Berufungsinstanz zu übernehmen. In diesem Fall wird aber auch von denjenigen, die eine Einwilligung des Beklagten fordern, seine Weigerung als rechtsmissbräuchlich gewertet und deshalb übergangen. Im praktischen Ergebnis dürfte sich also auch die Klageänderungstheorie kaum von der im Schrifttum herrschenden und vom BGH vertretenen Ansicht unterscheiden. Als entbehrlich wird man die Einwilligung des neuen Beklagten zB dann ansehen können, wenn er bereits auf der Seite des bisherigen Beklagten beispielsweise als dessen Vertreter den Rechtsstreit geführt hat und es deshalb ausgeschlossen werden kann, dass er sich anders gegen die Klage verteidigt hätte, wenn er von vornherein als Beklagter selbst in Anspruch genommen worden wäre.[506] Der weit reichende Ausschluss neuer Tatsachenfeststellungen in der Berufungsinstanz mindert die praktische Bedeutung eines Parteiwechsels ganz erheblich.

---

[503] BGH NJW 1996, 2799 mwN; Musielak/Voit/*Foerste* § 263 Rn. 19 mwN. Zu den Besonderheiten eines Klägerwechsels nach Einlegung der Berufung und vor ihrer Begründung vgl. BGH NJW 2003, 2172 (2173).
[504] *Nagel*, Der nicht (ausdrücklich) geregelte gewillkürte Parteiwechsel im Zivilprozess, 2005, 218 ff., der die Klageänderungstheorie vertritt, verneint im Hinblick auf § 533 Nr. 2 die Zulässigkeit eines Parteiwechsels in 2. Instanz; vgl. dazu auch die folgenden Ausführungen.
[505] StRspr, vgl. BGHZ 21, 285 (287) = NJW 1956, 1598; BGH NJW 1962, 633 (635); 1974, 750; 1981, 989; 1987, 1946 (1947); *Franz* NJW 1972, 1743; *Kohler* JuS 1993, 315 (316); *Rosenberg/Schwab/Gottwald* ZivilProzR § 42 Rn. 20; Stein/Jonas/*Roth* § 263 Rn. 48. Für eine strikte Anwendung der Klageänderungstheorie dagegen *Nagel*, Der nicht (ausdrücklich) geregelte gewillkürte Parteiwechsel im Zivilprozess, 2005, 125 ff.
[506] So im Fall BGH NJW 1987, 1946.

**410** Für die Entscheidung des dritten Beispielsfalls (→ Rn. 397) kommt es also darauf an, in welcher Phase des Verfahrens der Parteiwechsel auf der Beklagtenseite vollzogen werden soll und welcher Theorie man sich hinsichtlich der Parteiänderung anschließt. Will Konz seine Klage bereits in der ersten Instanz „umstellen", dann ist dafür nach der im Schrifttum herrschenden Meinung nur die Einwilligung des Handel, nicht die des Frech erforderlich. Handel scheidet dann aus dem Rechtsstreit aus, und die ihm dadurch entstandenen Kosten sind ihm von Konz zu ersetzen. Frech wird dann dadurch zum neuen Beklagten, dass ihm vom Gericht ein den Anforderungen des § 253 entsprechender Schriftsatz des Konz zugestellt wird.[507]

**411** In diesem Fall wird Frech sicher wissen wollen, ob er den Prozess in der Lage zu übernehmen hat, in der er sich zurzeit seines Eintritts befindet oder ob er die rechtliche Möglichkeit besitzt, die Wiederholung der Verhandlung zu fordern. Dieser Frage, die darauf gerichtet ist, ob eine neu eintretende Partei an die bisherigen Prozessergebnisse gebunden ist, kommt keinesfalls geringere Bedeutung zu als der bisher erörterten Frage, welche Voraussetzungen für einen Parteiwechsel erfüllt werden müssen. Denn die Antwort auf diese Frage beeinflusst nicht nur die Entscheidung über die Zulässigkeit des Parteiwechsels, sondern bestimmt auch ganz wesentlich die praktische Bedeutung, die ihm zukommt. Man kann durchaus den Standpunkt einnehmen, dass ein Parteiwechsel nur dann zugelassen werden sollte, wenn die bisherigen Prozessergebnisse weiterhin verbindlich sind, weil sonst der Beginn eines neuen Prozesses die bessere Alternative darstellt.[508] Dies lässt deutlich werden, dass unterschiedliche Interessen berücksichtigt werden müssen.[509] Einerseits spricht die Prozessökonomie für eine weit reichende Übernahme der bereits erzielten Prozessergebnisse, andererseits verlangen die Interessen der neu eintretenden Partei, dass sich bestehende und von ihr nicht beeinflussbare Prozessergebnisse nicht zu ihrem Nachteil auswirken dürfen. Es kann dabei nicht verwundern, dass über die Bindungswirkungen eines Parteiwechsels unterschiedliche Auffassungen vertreten werden. Das Meinungsspektrum reicht von der Bejahung einer Bindung nur für die dem Parteiwechsel zustimmenden Partei[510] bis zur Ausdehnung dieser Bindung auf alle Fälle eines Parteiwechsels in der ersten Instanz.[511]

**412** Betrachtet man die Interessenlage, dann zeigt sich, dass es gut vertretbar erscheint, in **Fällen eines Klägerwechsels** eine Bindung der Parteien an die bisher erzielten Prozessergebnisse zuzulassen. Da ein Klägerwechsel, gleichgültig in welcher Instanz er vollzogen wird, stets die Zustimmung des neuen Klägers erforderlich sein lässt, kann von ihm erwartet werden, dass er die bestehende Prozesslage bewertet und die sich

---

[507] BGH NJW 2010, 3376 Rn. 11. Das Gericht weist darauf hin, dass anstelle der Zustellung eines Schriftsatzes auch eine vom Beklagten hingenommene (§ 295 I) entsprechende Erklärung des Klägers in der mündlichen Verhandlung die Rechtshängigkeit herbeiführt.
[508] So Stein/Jonas/*Roth* § 263 Rn. 41.
[509] Vgl. *Musielak* FS Bethge, 2009, 551 (557 ff.).
[510] *Kohler* JuS 1993, 318 Fn. 57; Musielak/Voit/*Foerste* § 263 Rn. 18, 22 Thomas/Putzo/*Hüßtege* vor § 50 Rn. 22.
[511] BGH NJW 1962, 347 (allerdings mit gewissen Einschränkungen); BGH NJW 1996, 196 (197) (für den Beklagtenwechsel); BLAH/*Hartmann* § 263 Rn. 8 (allerdings soll ein neuer Beklagter berechtigt sein, Geständnisse des bisherigen Beklagten zu widerrufen und unter Umständen die Wiederholung einer Beweisaufnahme zu verlangen); ebenso *Jauernig/Hess* ZivilProzR § 86 Rn. 17; für eine eingeschränkte Bindung MüKoZPO/*Becker-Eberhard* § 263 Rn. 96 f.

## IV. Parteiwechsel und Parteibeitritt

daraus für ihn ergebenden Konsequenzen abwägt. Entscheidet er sich für die Fortsetzung des begonnenen Prozesses und gegen den Beginn eines neuen Rechtsstreits, dann tut er dies regelmäßig, um sich die bisherigen Prozessergebnisse nutzbar zu machen. Für eine fortwirkende Bindung des Beklagten spricht, dass er im Rahmen der ihm zustehenden Rechte die Möglichkeit gehabt hat, auf das Zustandekommen der Prozesslage Einfluss zu nehmen. Nur wenn sich erkennbare Nachteile für den Beklagten allein aufgrund des Klägerwechsels ergeben, wird man das Gericht für verpflichtet halten, um ausgleichende Maßnahmen bemüht zu sein.

Die Frage nach der **Bindung des neu in den Prozess eintretenden Beklagten** kann nicht von seiner Zustimmung abhängig gemacht werden. Denn seiner Zustimmung kann nicht der Sinn beigelegt werden, er wolle die Position des bisherigen Beklagten ohne jede Korrekturmöglichkeit übernehmen. Eine so weit reichende Einschränkung der eigenen Rechtsstellung kann erfahrungsgemäß nicht gewollt sein, zumal der neue Beklagte regelmäßig im Zeitpunkt seiner Erklärung nicht zu überblicken vermag, welche Rechtsfolgen für ihn bei der vollständigen Übernahme aller Prozessergebnisse eintreten. Es ist zumindest im Regelfall davon auszugehen, dass sich der neu in den Prozess eintretende Beklagte nicht durch seine Zustimmung zum Parteiwechsel seiner grundgesetzlich verbürgten Rechte, vor allem nicht seines Anspruchs auf rechtliches Gehör gem. Art. 103 I GG, begeben will. Muss aber dieses Grundrecht beachtet werden, dann ist das Gericht verpflichtet, den Parteien zu ermöglichen, den von ihnen eingenommenen Standpunkt ohne Einschränkungen zu vertreten. Mit dieser Rechtsposition des Beklagten ist es unvereinbar, ihn an bisher erzielte Prozessergebnisse zu binden, ohne ihm das Recht einzuräumen, durch ein neues Vorbringen korrigierend darauf einzuwirken. Es ist nicht zu verkennen, dass die hier vertretene Auffassung die praktische Bedeutung eines Beklagtenwechsels in der ersten Instanz wesentlich vermindert und in der zweiten Instanz wegen der dort bestehenden Einschränkungen für den Vortrag neuer Tatsachen weitgehend ausschließt. Nur in Fällen, in denen der neue Beklagte schon vor dem Parteiwechsel etwa als Vertreter der bisherigen Partei die Führung des Prozesses maßgeblich beeinflusste, kann man ihn auch entgegen seinem Willen an bereits erzielten Prozessergebnissen festhalten. Auf der Grundlage dieser Auffassung ist konsequenterweise dem **Gericht die Entscheidung** zu **überlassen, ob ein beantragter Parteiwechsel sachdienlich ist** oder ob der Beginn eines neuen Prozesses sinnvoller erscheint.

413

Bewertet man die Erwägungen und Argumente, die in der Diskussion über die Voraussetzungen und Wirkungen eines gewillkürten Parteiwechsels verwendet werden, dann ergibt sich, dass es in erster Linie auf eine interessengerechte Entscheidung dieser Fragen und weniger darauf ankommt, ob es gelingt, diesen Parteiwechsel in eines der in der ZPO geregelten Prozessrechtsinstitute einzupassen. Deshalb erscheint die Auffassung vorzugswürdig, die den **gewillkürten Parteiwechsel** als eine durch die ZPO nicht geregelte Frage ansieht, deren Lösung rechtsfortbildend auf der Grundlage allgemeiner prozessualer Grundsätze unter Berücksichtigung der Interessen der Beteiligten gefunden werden muss. Die Bewertung des gewillkürten Parteiwechsels als ein **prozessrechtliches Institut eigener Art** befreit von der Notwendigkeit, hierbei die für eine Klageänderung zu erfüllenden Voraussetzungen aufgrund der Interessenlage inhaltlich zu verändern und insbesondere den Begriff der Sachdienlichkeit anders zu interpretieren, um die Gleichstellung des Parteiwechsels mit einer Klageänderung vollziehen zu können; denn die objekti-

414

ven Gründe, die für die Sachdienlichkeit einer Klageänderung maßgebend sind (→ Rn. 391), können für den Parteiwechsel keine Rolle spielen, sondern hierfür erlangen andere Erwägungen, und zwar in erster Linie auf die Interessen der betroffenen Partei bezogene, Bedeutung.[512]

415 Hinzuweisen ist noch auf Folgendes: Die Erklärungen, die von den Parteien abzugeben sind, um einen **Parteiwechsel** wirksam zu vollziehen, stellen Prozesshandlungen dar, die auf einen unmittelbaren prozessualen Erfolg gerichtet sind, nämlich auf den Austausch einer Partei; sie sind somit als Bewirkungshandlungen zu qualifizieren (→ Rn. 306). Solche Prozesshandlungen können **nicht mit einer Bedingung, auch nicht mit einer innerprozessualen, verbunden werden**. Wird ein Parteiwechsel wirksam vorgenommen, wird dadurch ein neues Prozessrechtsverhältnis (→ Rn. 304) zu der in den Prozess eingetretenen Partei begründet. Könnte das Zustandekommen eines solchen Prozessrechtsverhältnisses von einer Bedingung abhängig gemacht werden, dann bliebe auch bei einer innerprozessualen Bedingung bis zum Ende des Prozesses in der Schwebe, wer als Kläger oder Beklagter den Rechtsstreit führt. Eine solche Ungewissheit ist unvereinbar mit der erforderlichen Rechtsklarheit in einem Zivilprozess.[513]

### c) Abgrenzung gegenüber einer Berichtigung der Parteibezeichnung

416 Keinen Parteiwechsel stellt es dar, wenn lediglich eine unrichtige Parteibezeichnung korrigiert wird, dadurch aber die Person der Partei unverändert bleibt. Denn die Bezeichnung der Parteien in der Klageschrift ist nicht allein für ihre Parteistellung im Prozess ausschlaggebend; vielmehr kommt es darauf an, welcher Sinn der von der klagenden Partei in der Klageschrift gewählten Parteibezeichnung bei objektiver Würdigung des Erklärungsinhalts beizulegen ist.[514] Bei einer objektiv unrichtigen oder mehrdeutigen Bezeichnung ist grundsätzlich diejenige Person als Partei anzusehen, die erkennbar durch die Parteibezeichnung gemeint sein soll.[515] Dabei können als Auslegungsmittel auch spätere Prozessvorgänge herangezogen werden.[516] Es gilt der Grundsatz, dass die Klageerhebung gegen die in Wahrheit gemeinte Partei nicht an deren fehlerhafter Bezeichnung scheitern darf, sofern keine vernünftigen Zweifel an dem wirklich Gewollten bestehen.[517] Dies gilt auch in dem Fall, wenn statt der richtigen Bezeichnung irrtümlich eine tatsächlich existierende Person genannt wird.[518]

---

[512] Vgl. *Roth* NJW 1988, 2977 (2984); *Schlosser* ZivilProzR I Rn. 268.
[513] BGH NJW-RR 2004, 640. In dem vom BGH zu entscheidenden Rechtsstreit hatte der Kläger für den Fall, dass vom Gericht seine Prozessführungsbefugnis verneint werden sollte, hilfsweise einen Parteiwechsel auf Seiten des Klägers erklärt; vgl. dazu auch *Keltsch* JA 2004, 511.
[514] BGH NJW 2002, 3110 (3111); 2011, 1453 Rn. 11; NJW-RR 2008, 582; 2013, 495 Rn. 13; *Rosenberg/Schwab/Gottwald* ZivilProzR § 41 Rn. 3.
[515] BGH NJW 1981, 1453 (1454); 1983, 2448; 1987, 1946 (1947); 2002, 3110 (3111); BGH NJW 1988, 1585 (1587); BGH NJW-RR 1995, 764 f.; OLG Brandenburg BeckRS 2004, 05131 = FamRZ 2005, 118, jew. mwN; *Burbulla* MDR 2007, 439 f.; *Kempe/Antochewicz* NJW 2013, 2797 f.
[516] BGH NJW-RR 2006, 1569 (1570).
[517] OLG Schleswig NJW-RR 2013, 1151.
[518] BGH NJW-RR 2013, 394 Rn. 13.

## IV. Parteiwechsel und Parteibeitritt

**Beispiel:** Eich gibt dem Schlossermeister Emsig telefonisch den Auftrag zur Ausführung einiger Arbeiten in seinem Hause. Nach Fertigstellung dieser Arbeiten macht Eich einen Schadensersatzanspruch gegen Emsig wegen verschiedener Mängel der Werkleistung geltend und erhebt gegen „Schlossermeister Ernst Emsig" Klage, als dieser sich weigert, die Forderung des Eich zu erfüllen. Im Prozess trägt Emsig vor, er sei überhaupt nicht Vertragspartner des Eich, dies sei vielmehr die KG Ernst Emsig Metallbau, denn ein Handwerksunternehmen, das er persönlich betreibe, gebe es nicht. Daraufhin erklärt Eich, dem es darum geht, seinen Vertragspartner, also die KG, und nicht Emsig als Gesellschafter haftbar zu machen, er ändere die Bezeichnung des Beklagten in „Ernst Emsig Metallbau KG". Emsig verlangt daraufhin Erstattung der ihm bisher durch den Rechtsstreit entstandenen Kosten. Mit Recht?

Es kommt darauf an, wie sich die prozessuale Rechtslage darstellt. Von vornherein auszuschließen ist die Möglichkeit, dass Eich eine nicht existierende Partei verklagt haben könnte und deshalb seine Klage als unzulässig abzuweisen wäre.[519] Dies wäre zB der Fall, wenn Eich seine Klage gegen eine „Metallbau GmbH" gerichtet hätte, die es nicht gibt. Hier existiert jedoch die verklagte Person, sodass es sich entweder um einen (zulässigen) Parteiwechsel oder um die Berichtigung einer falschen Parteibezeichnung handelt. Im ersten Fall müssen dem bisherigen Beklagten – nach allgemeiner Meinung unabhängig von der zum Parteiwechsel vertretenen Auffassung – in analoger Anwendung des § 269 III 2 die ihm entstandenen Kosten des Rechtsstreits vom Kläger erstattet werden. Dies kommt im zweiten Fall nicht in Betracht, weil lediglich ein Fehler bei der Parteibezeichnung korrigiert wird und sonst die Stellung des Beklagten unverändert bleibt.

Eich wollte den Handwerker verklagen, der in seinem Hause Arbeiten verrichtet hatte. Er ging davon aus, dass dies Ernst Emsig persönlich war. Hätte er gewusst, dass sein Vertragspartner die Ernst Emsig Metallbau KG gewesen ist, dann hätte er die Klage gegen die KG gerichtet. Es war also jedem, der den Sachverhalt kannte, erkennbar, dass die Klage gegen den Vertragspartner des Eich gerichtet werden sollte und dass nur die Parteibezeichnung falsch gewählt wurde. Die Auslegung der in der Klageschrift zum Ausdruck gebrachten prozessualen Willenserklärung des Eich (→ Rn. 312) ergibt deshalb, dass die Klage gegen die KG als Auftragnehmerin gerichtet sein sollte. Dass Emsig als Komplementär für die Gesellschaftsverbindlichkeiten auch persönlich haftet (§§ 128, 161 II HGB), ändert daran nichts. Es handelt sich deshalb bei Änderung der Beklagtenbezeichnung lediglich um die Berichtigung eines Fehlers.

Ein solcher Fall, in dem der Kläger eine bestimmte Person verklagen will und sie nur falsch bezeichnet, muss von Sachverhalten unterschieden werden, in denen der Kläger sich in einem Irrtum hinsichtlich der Person des ihm nach materiellem Recht Verpflichteten befindet. **417**

**Beispiel:** Wund wird nachts auf einer Landstraße als Fußgänger von einem Motorradfahrer angefahren und erheblich verletzt. Wund glaubt in dem Motorradfahrer den in der Nachbarschaft wohnenden Rudi Rasch erkannt zu haben und erhebt gegen diesen Klage auf Schadensersatz. Während des Rechtsstreits stellt sich heraus, dass Rasch als Schädiger nicht infrage kommt, weil er zur Zeit des Unfalls seinen Urlaub in Italien verbrachte, und dass Ralf Raser den Unfall verursachte. In diesem Fall wollte Wund seine Klage gegen Rasch richten, den er für den Schädiger hielt. Rasch ist dementsprechend

---

[519] BGH NJW 2002, 3110 (3111); *Weimann/Terheggen* NJW 2003, 1298 (1299); Musielak/Voit/*Weth* § 50 Rn. 12.

in dem Rechtsstreit auch der (richtige) Beklagte. Die Klage muss hier als unbegründet abgewiesen werden, weil Rasch dem Wund keinen Schadensersatz schuldet.

**418** Der letzte Beispielsfall lässt deutlich werden, wie der **Begriff der Partei** im Zivilprozess zu verstehen ist. Hierfür kommt es nicht darauf an, wer nach dem materiellen Recht der wirklich Berechtigte und der wahre Verpflichtete ist, sondern **wer für sich vom Gericht Rechtsschutz begehrt und gegen wen dieser Rechtsschutz begehrt wird (formeller Parteibegriff)**.[520] Die Klageschrift muss die Bezeichnung der Parteien enthalten (→ Rn. 119); aus ihr ergibt sich also, wer Kläger und wer Beklagter ist. Wird die Klageschrift irrtümlich einer falschen Person zugestellt, dann wird sie dadurch nicht Partei, denn gegen sie begehrt der Kläger keinen Rechtsschutz vom Gericht.

**Beispiel:** Konz erhebt wegen eines Kaufpreisanspruches Klage gegen den kaufmännischen Angestellten Josef Schmitz, Blumenstraße 4, Köln-Nippes. Im selben Hause wohnt der Sohn des Beklagten, der ebenfalls Josef Schmitz heißt. Ihm wird die Klage zugestellt. Daraufhin begibt sich Josef Schmitz jun. zu einem Rechtsanwalt, der in einem Schriftsatz an das Gericht auf das Versehen hinweist und den Antrag stellt, seinen Mandanten aus dem Rechtsstreit zu entlassen und die entstandenen Kosten dem Kläger aufzuerlegen.

Wenn auch durch die falsche Zustellung Josef Schmitz jun. nicht Partei wird, so muss er doch berechtigt sein, dem Irrtum entgegenzutreten und zu verhindern, dass der Rechtsstreit weiter gegen ihn geführt wird. In diesem sog. **Identitätsstreit** ist die Person, der die Klage fälschlicherweise zugestellt wurde, insoweit zugelassen, als dies notwendig ist, um ihre Rechte zu wahren. Das Gericht entscheidet diesen Identitätsstreit durch Beschluss, in dem auch in entsprechender Anwendung des § 91 dem Kläger die notwendigen Kosten aufzuerlegen sind, die dem „Scheinbeklagten" entstanden sind.[521] Beruht die falsche Zustellung auf einem Fehler des Gerichts, dann sind die dadurch entstandenen Gerichtskosten nicht zu erheben (vgl. § 21 GKG). Auch kann dann dem Kläger wegen der Kosten, die er dem Scheinbeklagten erstatten muss (zB dessen Rechtsanwaltskosten), ein Regressanspruch gegen das Gericht zustehen. Wird die Klage gegen eine nicht existierende Partei gerichtet (zB gegen eine aufgelöste Handelsgesellschaft), dann wird die Existenz der Beklagten insoweit fingiert, als dies zur Wahrung ihrer Rechte im Prozess erforderlich ist. Dies gilt auch für ein anschließendes Kostenfestsetzungsverfahren, in dem die nicht existente Partei die dem Kläger auferlegten Kosten geltend macht.[522]

### 3. Der Parteibeitritt

**419** Durch einen Parteibeitritt (→ Rn. 397) entsteht eine Streitgenossenschaft, sodass die Vorschriften der §§ 59 ff. anzuwenden sind (dazu Einzelheiten sogleich). Wie ein Parteibeitritt zu erreichen ist, wird unterschiedlich beurteilt.[523] Während es die

---

[520] Musielak/Voit/*Weth* § 50 Rn. 3; *Rosenberg/Schwab/Gottwald* ZivilProzR § 40 Rn. 4, 10 ff.
[521] BGH NJW-RR 1995, 764 (765); 2008, 582 Rn. 15: *Burbulla* MDR 2007, 439 (442 f.); *Rosenberg/Schwab/Gottwald* ZivilProzR § 41 Rn. 18; *Schilken* ZivilProzR Rn. 83, jew. mwN.
[522] BGH NJW 2008, 527; 2008, 528; krit. *Stieper* ZZP 121 (2008), 351.
[523] Zum Beitritt in Fällen des § 856, dem einzigen gesetzlichen Parteibeitritt, → Rn. 1239.

## IV. Parteiwechsel und Parteibeitritt

hM zulässt, dass der neue Kläger durch Erhebung einer Klage gegen den (bisherigen) Beklagten den Beitritt vollzieht und auf der Beklagtenseite der Beitritt durch Erhebung einer neuen Klage des (bisherigen) Klägers gegen den neuen Beklagten vorgenommen wird,[524] lehnt diesen Weg eine Gegenauffassung ab und hält einen Parteibeitritt nur über eine vom Gericht vorzunehmende **Prozessverbindung** für zulässig.[525]

Nach § 147 kann das Gericht mehrere bei ihm anhängige Prozesse zum Zwecke der gleichzeitigen Verhandlung und Entscheidung miteinander verbinden, wenn die Ansprüche, die den Gegenstand dieser Prozesse bilden, im rechtlichen Zusammenhang stehen, sich also auf ein gemeinsames Rechtsverhältnis zurückführen lassen, oder in einer Klage hätten geltend gemacht werden können, also die Voraussetzungen der §§ 59 ff., 260 erfüllt werden (→ Rn. 429 f.). Im Regelfall steht die Anordnung im Ermessen des Gerichts.[526] 420

Wenn also eine Parteierweiterung (Parteibeitritt) über § 147 geschehen soll, dann muss der bisherige Kläger eine neue Klage gegen den neuen Beklagten erheben oder dies ein neuer Kläger gegen den bisherigen Beklagten tun. Das Gericht hat dann darüber zu entscheiden, ob diese zunächst getrennten Prozesse miteinander verbunden werden. Hinzuweisen ist noch darauf, dass nach dieser Auffassung ein Parteibeitritt in zweiter Instanz nicht möglich ist, weil der neue (zu verbindende) Rechtsstreit stets in erster Instanz beginnen muss.[527] 421

Mit der Begründung, dass eine Klageerhebung durch mehrere Kläger das **Einverständnis aller Kläger** mit diesem Vorgehen voraussetzt, wird verlangt, dass der bisherige Kläger mit einem Beitritt auf seiner Seite einverstanden sein muss.[528] Die Frage, ob auch der bisherige Beklagte beim Klägerbeitritt und der neue Beklagte beim Beklagtenbeitritt zustimmen müssen, ist dagegen streitig. Die Rechtsprechung entscheidet diese Frage wie beim Parteiwechsel (→ Rn. 407), also in erster Instanz nach den Regeln des § 263 (Einwilligung oder Sachdienlichkeitserklärung) und verlangt für die zweite Instanz entweder die Zustimmung des Beklagten oder die Feststellung, dass die Verweigerung der Zustimmung rechtsmissbräuchlich ist.[529] Diesem Lösungsvorschlag ist nur zu folgen, soweit er die zweite Instanz betrifft; eine Einwilligung des Beklagten in der ersten Instanz ist dagegen als entbehrlich anzusehen,[530] weil auch bei einer anfänglichen Parteienhäufung der Beklagte nicht einwilligen muss und er bei einer nachträglichen – anders als bei einem Beklagtenbeitritt in zweiter Instanz, bei dem eine Tatsacheninstanz verloren geht – keine Nachteile erleidet. 422

---

[524] Vgl. Stein/Jonas/*Roth* § 263 Rn. 69; *Rosenberg/Schwab/Gottwald* ZivilProzR § 42 Rn. 21 f.: die Rspr. behandelt den Parteibeitritt wie einen Parteiwechsel BGH NJW-RR 1995, 764 (765); 2008, 582 (684 Rn. 15): *Burbulla* MDR 2007, 439 (442 f.); *Rosenberg/Schwab/Gottwald* ZivilProzR § 41 Rn. 18; *Schilken* ZivilProzR Rn. 83, jew. mwN.
[525] *Jauernig/Hess* ZivilProzR § 86 Rn. 19.
[526] Vgl. Stein/Jonas/*Althammer* § 147 Rn. 11 ff. auch zu den Ausnahmen.
[527] Vgl. *Jauernig/Hess* ZivilProzR § 86 Rn. 19.
[528] *Rosenberg/Schwab/Gottwald* ZivilProzR § 42 Rn. 22; HK-ZPO/*Saenger* § 263 Rn. 27; Thomas/Putzo/*Hüßtege* vor § 50 Rn. 25; aA *Zimmermann*, ZPO-Fallrepetitorium für Studium und Vorbereitungsdienst, 10. Aufl. 2015, 118 f.
[529] BGHZ 40, 185 = NJW 1964, 44; BGHZ 65, 264 = NJW 1976, 239; anders jedoch BGH NJW 1989, 3225 (Zulassung als sachdienlich).
[530] *Rosenberg/Schwab/Gottwald* ZivilProzR § 42 Rn. 21; Stein/Jonas/*Roth* § 263 Rn. 69.

423  Die Frage nach der Bindung der neu eintretenden Partei an die bisherigen Prozessergebnisse ist auf der Grundlage gleicher Erwägungen zu entscheiden, wie sie für den Fall eines Parteiwechsels angestellt worden sind (→ Rn. 411 ff.). Dies bedeutet, dass die bisherigen Prozessergebnisse für den neu eintretenden Kläger grundsätzlich gelten und dem Beklagten nur dann die Möglichkeit einer Korrektur einzuräumen ist, wenn dies durch den Eintritt des neuen Klägers zur Abwendung erheblicher Nachteile erforderlich ist. Für den neu eintretenden Beklagten sind unabhängig von seiner Einwilligung die bisherigen Prozessergebnisse nicht verbindlich.[531]

### Einschub: Streitgenossenschaft

#### a) Allgemeines

424  Es wurde darauf hingewiesen, dass für den Parteibeitritt die Regeln über die Streitgenossenschaft gelten. Im Folgenden sollen diese Regeln, die in den §§ 59–63 enthalten sind, genauer betrachtet werden. Von einer **Streitgenossenschaft** – auch als subjektive Klagehäufung bezeichnet – spricht man, wenn **auf der Kläger- oder (und) auf der Beklagtenseite mehrere Personen** stehen, also mehrere Kläger gegen einen Beklagten (oder mehrere Beklagte) oder ein Kläger gegen mehrere Beklagte vom Gericht Rechtsschutz erbitten.

425  Die Streitgenossenschaft entsteht

- durch Erhebung der Klage, wenn schon die Klageschrift mehrere Kläger oder mehrere Beklagte nennt
- durch nachträglichen Beitritt einer Partei (→ Rn. 419)
- durch Verbindung mehrerer Prozesse gem. § 147 (→ Rn. 421)
- durch Parteiwechsel, wenn an die Stelle der bisherigen Partei mehrere Personen treten, wie dies beispielsweise der Fall ist, wenn beim Tode einer Partei das Verfahren durch mehrere Personen als Rechtsnachfolger des Verstorbenen gem. § 239 aufgenommen wird (→ Rn. 398).

426  Die Streitgenossenschaft ändert nichts an der selbstständigen Stellung jedes Streitgenossen. Insbesondere wirken die Handlungen des einen Streitgenossen grundsätzlich weder zum Vorteil noch zum Nachteil der anderen (§ 61). **Jeder Streitgenosse** ist durch ein **eigenständiges Prozessrechtsverhältnis** mit Gericht und Gegenpartei verbunden (→ Rn. 304). Deshalb ist es grundsätzlich zulässig, dass ein Streitgenosse dem anderen als Nebenintervenient beitritt (zur Nebenintervention Einzelheiten später).[532]

---

[531] Dies ist allerdings streitig. Für eine Bindung bei Zustimmung des Beklagten Stein/Jonas/*Roth* § 263 Rn. 71; gegen eine Bindung Thomas/Putzo/*Hüßtege* vor § 50 Rn. 25; Musielak/Voit/*Foerste* § 263 Rn. 27 (auch gegen Bindung des neuen Klägers); BGH NJW 1996, 196 (197) vertritt die Auffassung, dass der neue Beklagte eine Wiederholung der Beweisaufnahme verlangen kann, wenn er sonst in seiner Rechtsverteidigung beeinträchtigt wäre.
[532] OLG Frankfurt a. M. NJW-RR 2010, 140.

IV. Parteiwechsel und Parteibeitritt

Aus der Selbstständigkeit jedes Prozessrechtsverhältnisses folgt, dass auch die Prozessvoraussetzungen dafür jeweils gesondert geprüft werden müssen. Sollen mehrere Personen, die bei verschiedenen Gerichten ihren allgemeinen Gerichtsstand haben (→ Rn. 85), als Streitgenossen im allgemeinen Gerichtsstand verklagt werden und ist für den Rechtsstreit ein gemeinschaftlicher besonderer Gerichtsstand (→ Rn. 88) nicht begründet, dann wird nach § 36 I Nr. 3 das für den Rechtsstreit zuständige Gericht durch das im Rechtszug nächsthöhere Gericht bestimmt.

427

Für die Zulassung einer Verbindung mehrerer Klagen zu einer gemeinsamen Verhandlung in einem Verfahren sprechen in erster Linie Erwägungen der Prozessökonomie (→ Rn. 392). Denn auf diese Weise lässt sich erreichen, dass nicht mehrfach über gleiche Fragen parallel verhandelt werden muss, sondern dass man sie zusammengefasst einer Entscheidung zuführen kann. Es gibt jedoch auch Fälle, in denen die Verbindung verschiedener Klagen nicht nur im Interesse einer Verfahrensvereinfachung vorgenommen wird, sondern prozessuale oder materiell-rechtliche Gründe eine einheitliche Entscheidung verlangen; diese als notwendige Streitgenossenschaft bezeichneten Fälle sind in § 62 geregelt (Einzelheiten dazu sogleich).

428

**b) Einfache Streitgenossenschaft**

Wenn bei der einfachen Streitgenossenschaft die Verbindung mehrerer Rechtsstreite in einem Verfahren im Interesse einer Verfahrensvereinfachung zugelassen wird, dann muss sie davon abhängig gemacht werden, dass die gemeinsame Verhandlung zweckmäßig erscheint. Die in §§ 59 und 60 für die einfache Streitgenossenschaft genannten **Voraussetzungen** tragen diesem Gedanken Rechnung. In den beiden Vorschriften werden folgende drei Fälle unterschieden, die jedoch in der Praxis kaum voneinander abgegrenzt und zudem weit ausgelegt werden, um eine gemeinsame Verhandlung immer dann zu ermöglichen, wenn dafür ein triftiger Grund besteht:[533]

429

- Rechtsgemeinschaft hinsichtlich des Streitgegenstandes (§ 59 Alt. 1)

    Als solche Rechtsgemeinschaft sind anzusehen: Die Gesamtschuldnerschaft (§ 421 BGB), die Gesamtgläubigerschaft (§ 428 BGB), die Bruchteilsgemeinschaft (§ 741 BGB) insbesondere bei (ungeteiltem) Miteigentum (§ 1008 BGB).[534] Auch Klagen gegen Hauptschuldner und Bürgen oder gegen den Eigentümer des mit einer Hypothek belasteten Grundstücks und den persönlichen Schuldner der durch die Hypothek gesicherten Forderung fallen hierunter.[535]

- Berechtigung oder Verpflichtung aus demselben rechtlichen und tatsächlichen Grund (§ 59 Alt. 2)

    Als **Beispiele** lassen sich anführen: Die sich aus einem einheitlichen Vertrag ergebende Gläubiger- oder Schuldnerstellung; die Verletzung mehrerer Personen durch eine Handlung, für die der Schädiger nach den Grundsätzen des Deliktsrechts oder der Gefährdungshaftung einzustehen hat. Die Berechtigung oder Verpflichtung muss sich jedoch sowohl aus demselben rechtlichen als auch aus demselben tatsächlichen Grund ergeben; eine Berechtigung oder Verpflichtung lediglich aufgrund derselben Tatsachen reicht nicht aus, wenn verschiedene Rechtsgründe maßgebend sind.[536]

---

[533] BGH NJW 1975, 1228; *Gottwald* JA 1982, 64 (65); *Lindacher* JuS 1986, 379 (380).
[534] *Gottwald* JA 1982, 64 (65); MüKoZPO/*Schultes* § 59 Rn. 8.
[535] MüKoZPO/*Schultes* § 59 Rn. 8; BLAH/*Hartmann* § 59 Rn. 4.
[536] Musielak/Voit/*Weth* §§ 59, 60 Rn. 9.

**Beispiele:**

(1) Bei einem von A verursachten Verkehrsunfall werden B, C und D verletzt. B, C und D können gemeinsam als Streitgenossen gegen A Klage erheben, denn A ist aus demselben rechtlichen Grund (§ 823 I, 2 BGB, § 7, evtl. § 18 StVG) und aus demselben tatsächlichen Grund verpflichtet.

(2) D stiehlt E einen Ring und veräußert ihn an X, der ihn an Y unter Wert weiterveräußert. Verlangt E von X Herausgabe des Veräußerungserlöses und von D Schadensersatz, dann lassen sich zwar die Verpflichtungen beider bei großzügiger Betrachtung auf denselben tatsächlichen Grund, nicht aber auf denselben rechtlichen Grund zurückführen, weil sich die Haftungsgrundlagen voneinander unterscheiden. Die Voraussetzungen des § 59 Alt. 2 sind also hier nicht erfüllt; zu denken ist allerdings an § 60.

- Gleichartigkeit von Ansprüchen und Verpflichtungen aufgrund eines im Wesentlichen gleichartigen tatsächlichen und rechtlichen Grundes (§ 60).

Die Vorschrift wird weit ausgelegt und als eine Zweckmäßigkeitsregel verstanden.[537] Entscheidend ist letztlich, ob die gemeinsame Verhandlung sinnvoll erscheint. So werden als Fälle des § 60 angesehen: Die Unterhaltsklagen der Ehefrau und der Kinder gegen den Ehemann und Vater auch nach geschiedener Ehe, die Klage des Vermieters gegen mehrere Mieter aus gleichem Anlass oder Klagen mehrerer Käufer gegen den Verkäufer beim Kauf gleicher Waren zu übereinstimmenden Bedingungen.[538] Manche rechnen auch die oben unter § 59 subsumierten Fälle einer Klage gegen Hauptschuldner und Bürgen oder von Klagen wegen derselben unerlaubten Handlung hierher; dies zeigt, dass eine genaue Abgrenzung zwischen §§ 59 und 60 nicht möglich, aber auch nicht nötig ist.

**430** Neben den in §§ 59, 60 genannten Voraussetzungen für eine einfache Streitgenossenschaft treten **noch die Erfordernisse einer gleichen Prozessart** und des **Fehlens eines Verbindungsverbots** hinzu, die aus § 260 abzuleiten sind (→ Rn. 380). Denn diese Vorschrift ist zumindest entsprechend auf die Streitgenossenschaft anzuwenden,[539] weil sowohl bei der aktiven Streitgenossenschaft (mehrere Kläger) als auch bei der passiven Streitgenossenschaft (mehrere Beklagte) stets auch mehrere Ansprüche (entweder von verschiedenen Klägern oder gegen verschiedene Beklagte) geltend gemacht werden, sodass also Klagen gehäuft werden. Sind die Voraussetzungen der §§ 59, 60 und 260 nicht erfüllt, dann darf die Klage nicht als unzulässig abgewiesen werden, weil nur ihre Verbindung mit einer anderen Klage und nicht sie selbst unzulässig ist. Deshalb ist von Amts wegen anzuordnen, dass über die Klagen in getrennten Prozessen zu verhandeln ist (§ 145 I).[540]

**431** § 145 I ermöglicht es dem Gericht in Fällen einer objektiven Klagehäufung und bei einer Streitgenossenschaft, die **getrennte Verhandlung** auch dann anzuordnen, wenn die Voraussetzungen für eine Verbindung gegeben sind. Nur wenn eine Verbindung der Klagen zwingend vorgeschrieben wird (Beispiel: Scheidungs- und Folgesachen, § 137 I FamFG),[541] ist die

---

[537] BGH NJW 1986, 3209 mwN.
[538] Stein/Jonas/*Bork* § 60 Rn. 3.
[539] MüKoZPO/*Schultes* § 59 Rn. 10; *Lindacher* JuS 1986, 380; für eine direkte Anwendung des § 260: Rosenberg/Schwab/*Gottwald* ZivilProzR § 48 Rn. 10; *Gottwald* JA 1982, 64 (65).
[540] Musielak/Voit/*Weth* §§ 59, 60 Rn. 13.
[541] Zu weiteren Fällen vgl. Stein/Jonas/*Althammer* § 147 Rn. 12.

## IV. Parteiwechsel und Parteibeitritt

Anordnung einer Trennung unzulässig. Grundsätzlich hat das Gericht nach pflichtgemäßem Ermessen darüber zu entscheiden, ob eine Trennung insbesondere im Interesse der Verfahrensvereinfachung und Verfahrensbeschleunigung liegt; nur wenn eine Verbindung unzulässig ist, ist das Gericht verpflichtet, die Trennung zu beschließen. Wird der die Trennung aussprechende Beschluss erlassen, dann entsteht eine Mehrheit von Prozessen, bei denen so zu verfahren ist, als wenn von vornherein gesondert Klage erhoben worden sei. Jedoch bleibt die sachliche Zuständigkeit, die durch eine (zulässige) Klagehäufung nach § 5 entstanden ist, gem. § 261 III Nr. 2 bestehen.[542]

### c) Notwendige Streitgenossenschaft

#### aa) Die verschiedenen Fälle

Während für die einfache Streitgenossenschaft lediglich Zweckmäßigkeitserwägungen sprechen, gibt es **für die notwendige Streitgenossenschaft rechtliche Gründe für eine einheitliche Verhandlung** und Entscheidung. Die gesetzliche Regelung der notwendigen Streitgenossenschaft fällt recht lückenhaft aus. § 62 ist als eine Ausnahme von dem in § 61 ausgesprochenen Grundsatz konzipiert, dass die Handlungen eines Streitgenossen dem anderen weder zum Vorteil noch zum Nachteil gereichen. In der Formulierung des Gesetzes kommt zum Ausdruck, dass eine abschließende Beschreibung der notwendigen Streitgenossenschaft nicht beabsichtigt wird, weil mit dem Hinweis auf einen „sonstigen Grund" neben dem Fall, dass „das streitige Rechtsverhältnis allen Streitgenossen gegenüber nur einheitlich festgestellt werden" kann, offengelassen wird, von welchen Voraussetzungen eine notwendige Streitgenossenschaft abhängt. Die erforderliche Präzisierung muss deshalb von der Rechtswissenschaft und Rechtsprechung vorgenommen werden. Danach sind **folgende Fälle einer notwendigen Streitgenossenschaft** zu unterscheiden, die in der allgemeinen Einteilung zwar überwiegend Zustimmung finden,[543] die aber hinsichtlich ihrer Zuordnung im Einzelnen sehr umstritten sind:[544]

432

- Die **prozessrechtlich notwendige Streitgenossenschaft**[545]

    Hierbei handelt es sich um Fälle, in denen sich die Rechtskraft des Urteils bei einer selbstständigen Klage eines Streitgenossen, die zulässig ist, auf den anderen Streitgenossen erstreckt. Aus diesem Grunde kann bei gemeinsamer Klage der Streitgenossen der Rechtsstreit ihnen gegenüber nur einheitlich entschieden werden (§ 62 I Alt. 1). Die Erstreckung der Rechtskraft als Voraussetzung einer notwendigen Streitgenossenschaft aus prozessualen Gründen kann allseitig sein, dh sowohl bei einem zusprechenden als auch bei einem abweisenden Urteil wirken (Beispiel: Rechtskrafterstreckung eines gegen den Testamentsvollstrecker ergangenen Urteils gegen den Erben; → Rn. 1059). Die Rechtskraft kann aber auch nur einseitig wirken, dh entweder nur bei einem Erfolg der Klage oder bei ihrer Abweisung (Beispiel: Erstreckung der Rechtskraft des Urteils nach § 248 AktG, das auf Klage eines Aktionärs einen Hauptversammlungsbeschluss für nichtig erklärt, für und gegen alle Aktionäre).

---

[542] *Rosenberg/Schwab/Gottwald* ZivilProzR § 98 Rn. 32 f.
[543] *Gottwald* JA 1982, 64 (67 ff.); *Lindacher* JuS 1986, 379 (381 ff.), jew. mwN.
[544] Dieser Streit betrifft insbesondere die Passivprozesse der Gesamthänder (vgl. *Rosenberg/Schwab/Gottwald* ZivilProzR § 49 Rn. 23 f.).
[545] Vgl. *Wieser* NJW 2000, 1163.

- Die **materiell-rechtlich notwendige Streitgenossenschaft**

   Es geht hier um Fälle, in denen den Streitgenossen die Prozessführungsbefugnis über das mit der Klage geltend gemachte Recht nur gemeinsam zusteht, sodass die Klage als unzulässig abgewiesen werden muss, wenn sie nur von einem Streitgenossen erhoben wird, ferner um Klagen gegen mehrere Beklagte, die eine mit der Klage begehrte Leistung nur gemeinsam erbringen können (§ 62 I Alt. 2: „aus einem sonstigen Grunde").

433 Während bei der notwendigen Streitgenossenschaft aus prozessualen Gründen der einzelne Streitgenosse nicht daran gehindert ist, **selbstständig Klage** zu erheben, ist bei der zweiten Fallgruppe, der notwendigen Streitgenossenschaft aus materiell-rechtlichen Gründen, eine gemeinschaftliche Prozessführung erforderlich, weil der einzelne Streitgenosse allein nicht zur Prozessführung befugt ist und deshalb eine Einzelklage als unzulässig abgewiesen werden müsste. Dies trifft vor allem auf Klagen zu, durch die Gesamthänder und sonstige Mitberechtigte ein Recht geltend machen, das ihnen gemeinschaftlich zusteht und über das sie nur gemeinschaftlich verfügen können, wie dies zB bei der Klage einer Erbengemeinschaft auf Herausgabe eines zur Erbschaft gehörenden Gegenstandes der Fall ist.[546] Um einen Fall notwendiger Streitgenossenschaft handelt es sich auch bei der Klage mehrerer Testamentsvollstrecker, die ihr Amt gemeinschaftlich zu führen haben (vgl. § 2224 I BGB). Dagegen kann die BGB-(Außen-)Gesellschaft selbst klagen und verklagt werden, da ihr Partei- und Prozessfähigkeit zukommt (→ Rn. 238).

434 Eine Besonderheit ergibt sich in Fällen einer Mitberechtigung, in denen dem einzelnen eine Klagebefugnis eingeräumt wird, wie durch § 2039 BGB jedem Miterben und durch § 1011 BGB jedem Miteigentümer. Klagen in einem solchen Fall mehrere Mitberechtigte, dann handelt es sich nicht um eine notwendige Streitgenossenschaft aus materiell-rechtlichen Gründen, weil die Klagebefugnis auch dem einzelnen Streitgenossen zusteht. Die hM nimmt allerdings dann eine notwendige Streitgenossenschaft aus prozessrechtlichen Gründen an.[547]

435 In **Passivprozessen von Mitberechtigten** besteht eine notwendige Streitgenossenschaft aus materiell-rechtlichen Gründen, wenn die mit der Klage begehrte Leistung nur von allen Beklagten gemeinsam erbracht werden kann, wie dies beispielsweise für die Klage zutrifft, die gegen mehrere Miteigentümer eines Grundstücks auf Auflassung und Eintragungsbewilligung erhoben wird.[548] Werden Gesellschafter einer BGB-Gesellschaft wegen Gesellschaftsverbindlichkeiten in Anspruch genommen,[549] dann bilden sie keine notwendige Streitgenossenschaft.[550] Bei Erbengemeinschaften und ehelichen Gütergemeinschaften sind die Mitberechtigten nur dann in Passivpro-

---

[546] Thomas/Putzo/*Hüßtege* § 62 Rn. 13; HK-ZPO/*Bendtsen* § 62 Rn. 8; aA *Eberl-Borges* ZEV 2002, 125, die in gleicher Weise wie der BGB-Gesellschaft auch der Erbengemeinschaft Rechtsfähigkeit und damit Partei- und Prozessfähigkeit zuerkennen will.
[547] Diese Frage ist aber sehr umstritten; zu Einzelheiten vgl. *Gottwald* JA 1982, 64 (68); *Lindacher* JuS 1986, 379 (383), jew. mwN.
[548] Vgl. BGH NJW 1996, 1060 (1061); *Wieser* JuS 2000, 997 (998).
[549] Es ist zwischen dem Prozess gegen die Gesellschaft und dem gegen die Gesellschafter zu unterscheiden; vgl. dazu BGH NJW 2001, 1056 (1060); *Schmidt* NJW 2001, 993 (1000).
[550] OLG Dresden MDR 2007, 162 (163); Musielak/Voit/*Weth* § 62 Rn. 11. Das OLG Frankfurt a. M. BB 2001, 2392, verweist insoweit auf die Parallele zu einer Klage aufgrund des § 128 I HGB gegen OHG-Gesellschafter, die ebenfalls keine notwendigen Streitgenossen seien.

## IV. Parteiwechsel und Parteibeitritt

zessen notwendige Streitgenossen aus materiell-rechtlichem Grund, wenn es sich um eine sog. gemeinschaftliche Schuld handelt.

Grundsätzlich haften Erben für die gemeinschaftlichen Nachlassverbindlichkeiten als Gesamtschuldner (§ 2058 BGB; → EK BGB Rn. 1084); das Gleiche gilt für Gesamtgutsverbindlichkeiten bei der ehelichen Gütergemeinschaft, wenn die Ehegatten das Gesamtgut gemeinschaftlich verwalten (vgl. § 1459 II BGB; dazu → EK BGB Rn. 887). Dies bedeutet, dass jeder Nachlassgläubiger eine sog. Gesamtschuldklage erheben kann, mit der er jeden Miterben einzeln verklagt; da die gegen mehrere Gesamtschuldner erhobene Klage nach § 425 BGB auch nicht einheitlich entschieden werden muss, handelt es sich dann auch nicht um eine Streitgenossenschaft nach § 62.[551] Macht beispielsweise ein Nachlassgläubiger einen Anspruch auf Auflassung geltend, dann kann er mit der Klage gegen den einzelnen Miterben zwar nicht den unmittelbaren Vollzug der Auflassungserklärung erreichen, da insoweit der einzelne Miterbe nicht verfügungsberechtigt ist (§ 2040 I BGB), wohl aber die Abgabe der von dem einzelnen Miterben vorzunehmenden Erklärung als Teil der begehrten Auflassung. Ein solches Vorgehen kann sich selbst dann empfehlen, wenn der Gläubiger in den Nachlass vollstrecken will. Dazu braucht er zwar einen Titel gegen alle Miterben (§ 747; → Rn. 1242), dies muss aber kein einheitlicher Titel sein. Wenn einzelne Miterben freiwillig einen Vollstreckungstitel geschaffen haben, etwa durch eine vollstreckbare Urkunde nach § 794 I Nr. 5 (→ Rn. 1131), so bilden diese gemeinsam mit dem Urteil, das gegenüber den übrigen Miterben ergangen ist, die erforderliche Rechtsgrundlage für eine Vollstreckung.[552] Nur wenn also der Gläubiger mit seiner Klage den unmittelbaren Vollzug der Auflassung eines Grundstücks aus dem ungeteilten Nachlass erreichen will, er also eine sog. Gesamthandsklage erhebt (vgl. § 2059 II BGB), muss er alle Miterben gemeinschaftlich verklagen, die dann eine notwendige Streitgenossenschaft aus materiellem Grunde bilden.[553] Entsprechendes gilt für die eheliche Gütergemeinschaft.[554] **436**

Bei **Gestaltungsklagen** besteht eine notwendige Streitgenossenschaft aus materiell-rechtlichem Grund, wenn die Gestaltung nur durch Urteil vollzogen werden kann und das entsprechende Recht von mehreren oder gegen mehrere geltend gemacht werden muss, wie dies beispielsweise bei der Klage auf Auflösung einer OHG erforderlich ist (§ 133 HGB); bei einer solchen Klage müssen auf der Kläger- oder Beklagtenseite alle Gesellschafter beteiligt werden, sofern sie nicht mit der Auflösung einverstanden sind.[555] Bei der Klage auf Ausschließung eines Gesellschafters nach § 140 HGB müssen alle übrigen (nicht auszuschließenden) Gesellschafter gemeinschaftlich klagen; sie bilden dann eine notwendige Streitgenossenschaft.[556] Gleiches gilt für Klagen der Gesellschaft auf Entziehung der Geschäftsführungs- oder Vertretungsbefugnis (§§ 117, 127 HGB).[557] **437**

Bei **Feststellungsklagen** kommt es darauf an, ob sie auf Rechte gerichtet sind, die nur gemeinschaftlich geltend gemacht werden können. In diesem Fall sind mehrere Kläger notwendige **438**

---

551 BGH NJW 1963, 1611 (1612).
552 Vgl. MüKoBGB/*Ann* § 2059 Rn. 19.
553 BGH NJW 1963, 1611 (1612); MüKoBGB/*Ann* § 2059 Rn. 22. Wenn man sich jedoch entgegen der hM der Auffassung anschließt, auch die Erbengemeinschaft sei als rechts- und parteifähige Einheit anzuerkennen (→ EK BGB Rn. 1067), dann muss konsequenterweise auch für die Mitglieder einer Erbengemeinschaft das Gleiche gelten wie für BGB-Gesellschafter.
554 Vgl. *Lindacher* JuS 1986, 379 (382).
555 Vgl. BGH NJW 1958, 418; Stein/Jonas/*Bork* § 62 Rn. 15, 16.
556 Vgl. BGHZ 30, 195 (197) = NJW 1959, 1683; BGHZ 64, 253 = NJW 1975, 1410, jew. mwN.
557 Vgl. Stein/Jonas/*Bork* § 62 Rn. 15, 16, auch zu weiteren Fällen.

Streitgenossen aus materiell-rechtlichem Grund, so beispielsweise wenn mehrere Gesamthänder auf Feststellung eines der Gesamthandsgemeinschaft zustehenden absoluten Rechts klagen.[558] Wird eine Feststellungsklage gegen mehrere Mitberechtigte erhoben, dann wird darüber gestritten, ob sie stets nur als einfache Streitgenossen anzusehen sind. Dies wird mit der Begründung bejaht, eine solche Klage verlange stets nur ein Feststellungsinteresse gegenüber einer Einzelpartei,[559] während nach anderer Ansicht darauf abgestellt werden soll, ob eine Leistungsklage auch nur gegen einen Mitberechtigten erhoben werden könnte; soweit dies zulässig sei, müsste eine einfache Streitgenossenschaft angenommen werden, sonst eine notwendige.[560]

**bb) Wirkungen**

439   Auch für die notwendige Streitgenossenschaft gilt der durch § 61 zum Ausdruck gebrachte **Grundsatz der Selbstständigkeit** jedes Streitgenossen, aus dem folgt, dass Handlungen und Unterlassungen des einen Streitgenossen die Rechtslage des anderen nicht verändern. Allerdings ergibt sich gegenüber der einfachen Streitgenossenschaft ein entscheidender Unterschied dadurch, dass bei der notwendigen Streitgenossenschaft der Zwang zur einheitlichen Entscheidung besteht. In Fällen, in denen das prozessuale Verhalten eines Streitgenossen diese gemeinsame Entscheidung beeinflusst, muss es auch in Beziehung zu den anderen Streitgenossen gebracht und der Grundsatz der Selbstständigkeit **eingeschränkt** werden. Diesen Gedanken nimmt § 62 I auf und bestimmt in Form einer Fiktion (→ GK BGB Rn. 313), dass bei Versäumung eines Termins oder einer Frist die säumigen Streitgenossen als vertreten durch die nicht säumigen anzusehen sind.

440   Obwohl also Fristen für jeden Streitgenossen gesondert laufen, werden sie durch die rechtzeitige Vornahme einer Prozesshandlung, beispielsweise die Einlegung eines Rechtsmittels durch einen notwendigen Streitgenossen, auch für alle anderen gewahrt. Ein **Versäumnisurteil** darf nicht ergehen, wenn auch nur ein (notwendiger) Streitgenosse im Termin zur mündlichen Verhandlung erscheint. Der Grundsatz der Selbstständigkeit der Streitgenossen macht es zwar zulässig, dass sie unterschiedliche Angriffs- und Verteidigungsmittel vorbringen und dass ein Geständnis (→ Rn. 738 ff.), ein Anerkenntnis (→ Rn. 447 ff.), ein Verzicht (→ Rn. 459 ff.) oder eine Klageänderung (→ Rn. 375 ff.) für den Erklärenden wirkt, dass aber die Wirkung insoweit eingeschränkt werden muss, als sich daraus Folgerungen für die einheitliche Entscheidung des Rechtsstreits ergeben. Ein Geständnis muss vom Richter frei gewürdigt werden (vgl. § 286 I; Einzelheiten dazu später), ein Verzichts- oder Anerkenntnisurteil darf nur ergehen, wenn auch die übrigen Streitgenossen entsprechende Erklärungen abgeben.

441   Im Falle der Säumnis einzelner Streitgenossen und der dann nach § 62 I bestehenden Vertretung durch die Erschienenen wirken Anerkenntnis, Verzicht und Klageänderungen seitens der verhandelnden Streitgenossen auch für die säumigen.[561] Wird jedoch das Verfahren noch fortgesetzt und findet ein neuer Termin statt, dann kann der früher säumige Streitgenosse durch seinen Widerruf der für ihn vorgenommenen Prozesshandlung den Erlass eines Verzichts- oder Anerkenntnisurteils verhindern.[562]

---

[558] *Rosenberg/Schwab/Gottwald* ZivilProzR § 49 Rn. 30.
[559] *Henckel,* Parteilehre und Streitgegenstand im Zivilprozess, 1961, 90 (92).
[560] Vgl. MüKoZPO/*Schultes* § 62 Rn. 37 mwN.
[561] *Lindacher* JuS 1986, 379 (384); *Rosenberg/Schwab/Gottwald* ZivilProzR § 49 Rn. 46; aA zT Stein/Jonas/*Bork* § 62 Rn. 27, 34; Thomas/Putzo/*Hüßtege* § 62 Rn. 20.
[562] BGH BeckRS 2015, 19849 Rn. 19 f.

IV. Parteiwechsel und Parteibeitritt

Bei einer prozessrechtlich notwendigen Streitgenossenschaft besteht kein Zwang zu einer gemeinsamen Rechtsverfolgung durch alle Streitgenossen. Deshalb wird auch die **Klagerücknahme** durch einen Streitgenossen allgemein für zulässig gehalten.[563] Aus dem gleichen Grund ist es auch zuzulassen, dass ein Streitgenosse die Hauptsache für erledigt erklärt (→ Rn. 480 ff.), während andere den Prozess streitig fortsetzen.[564] Dagegen wird darüber gestritten, ob auch bei einer materiell-rechtlich notwendigen Streitgenossenschaft ein einzelner Streitgenosse die Klage zurücknehmen kann. Gegen eine solche Möglichkeit könnte sprechen, dass die Klagerücknahme durch einen (materiell-rechtlich notwendigen) Streitgenossen zur Unzulässigkeit der Klage und damit zu ihrer Abweisung führen müsste (→ Rn. 432) und dass auf diese Weise das prozessuale Verhalten eines Streitgenossen über die Prozessführung aller übrigen bestimmen könnte. Dennoch ist der Auffassung, die eine solche Klagerücknahme für unzulässig hält,[565] nicht zuzustimmen. Auch eine im (internen) Verhältnis der Streitgenossen zueinander bestehende Verpflichtung zur Mitwirkung an einem Rechtsstreit kann nicht bewirken, dass der einzelne Streitgenosse einen einmal begonnenen Prozess gegen seinen Willen fortsetzen muss;[566] insoweit besteht kein Unterschied zur Klageerhebung, die regelmäßig auch von einem freiwilligen Entschluss aller (materiell-rechtlich notwendigen) Streitgenossen abhängt.

**d) Hinweise für die schriftliche Bearbeitung**

Stellen sich in einer Klausur Fragen der Streitgenossenschaft, dann muss sorgfältig zwischen folgenden Punkten unterschieden werden:

(1) Die Tatsache einer Streitgenossenschaft
(2) Die Zulässigkeit einer Streitgenossenschaft
(3) Die sich aus einer zulässigen Streitgenossenschaft ergebenden Wirkungen für den einzelnen Rechtsstreit.[567]

Stehen auf der Kläger- oder Beklagtenseite mehrere Personen, dann handelt es sich um eine Streitgenossenschaft; diese Tatsache ist unabhängig von der Frage festzustellen, ob diese **Streitgenossenschaft** auch **zulässig** ist. Ist sie es nicht, dann ist nicht etwa die Klage als unzulässig abzuweisen, sondern eine Trennung in verschiedene Prozesse nach § 145 I anzuordnen (→ Rn. 430 f.). Streitig ist die Frage, ob diese Anordnung von Amts wegen nur zu treffen ist, wenn den Erfordernissen gleicher Prozessart oder des Fehlens eines Verbindungsverbotes nicht genügt wird (→ Rn. 430) und ob ein Mangel der Voraussetzungen nach §§ 59, 60 durch rügelose Einlassung nach § 295 I geheilt werden kann.[568]

Die **Prozessvoraussetzungen** (Sachurteilsvoraussetzungen) sind für jeden Streitgenossen gesondert zu prüfen. Ergibt sich dabei, dass die Klage eines Streitgenossen oder gegen einen Streitgenossen unzulässig ist, dann muss unterschieden werden:

---

[563] *Lindacher* JuS 1986, 379 (384); *Rosenberg/Schwab/Gottwald* ZivilProzR § 49 Rn. 3.
[564] BGH NJW-RR 2011, 618 Rn. 20 mwN.
[565] *Jauernig/Hess* ZivilProzR § 82 Rn. 18; BLAH/*Hartmann* § 62 Rn. 20.
[566] So auch OLG Rostock NJW-RR 1995, 381 (382); *Lindacher* JuS 1986, 379 (384); *Gottwald* JA 1982, 64 (70); Musielak/Voit/*Weth* § 62 Rn. 18.
[567] Vgl. *Lindacher* JuS 1986, 540 (542); *Schumann* ZPO-Klausur Rn. 92 ff.
[568] So die hM, vgl. Stein/Jonas/*Bork* vor § 59 Rn. 9 mwN auch zur Gegenauffassung.

- Bei einfacher Streitgenossenschaft ist die (unzulässige) Klage durch (Teil-) Urteil (§ 301) abzuweisen.
- Das Gleiche gilt bei der prozessrechtlich notwendigen Streitgenossenschaft.[569]
- Bei der materiell-rechtlich notwendigen Streitgenossenschaft folgt aus der Unzulässigkeit der Klage eines Streitgenossen oder gegen ihn, dass die Klage sämtlicher Streitgenossen oder gegen sie wegen fehlender aktiver oder passiver Prozessführungsbefugnis als unzulässig abzuweisen ist.[570]

**446** Schließlich ist noch darauf hinzuweisen, dass in einer Klausur der Frage nach der **Abgrenzung** zwischen einfacher und notwendiger Streitgenossenschaft nur dann nachzugehen ist, wenn sich daraus Konsequenzen für die Falllösung ergeben.

## V. Anerkenntnis

### 1. Rechtsnatur und Anwendungsbereich

**447** Das prozessuale Anerkenntnis (§ 307) ist die gegenüber dem Prozessgericht vom Beklagten abgegebene einseitige Erklärung, dass der vom Kläger geltend gemachte (prozessuale) Anspruch bestehe.[571] Damit gibt der Beklagte – gegebenenfalls beschränkt auf Teile des Klageanspruchs (→ Rn. 451) – jede Aussicht auf einen prozessualen Sieg auf. Die Gründe hierfür können unterschiedlich sein. Neben der erst im Laufe des Rechtsstreits gewonnenen Erkenntnis, dass keine Chance auf einen Erfolg bestehe und deshalb ein weiteres Prozessieren nutzlos erscheine, kann insbesondere die Erwägung eines leistungsbereiten Beklagten, der durch sein Verhalten dem Kläger keine Veranlassung zur Klage gegeben hat, bestimmend sein, Prozesskosten auf diese Weise zu vermeiden (vgl. § 93).

**448** Das Anerkenntnis kann in jeder Phase des Verfahrens von der Rechtshängigkeit an (→ Rn. 257) bis zur rechtskräftigen Entscheidung in jeder Instanz abgegeben werden.[572] Wird es in der mündlichen Verhandlung oder in der Güteverhandlung (→ Rn. 178) erklärt, dann hat dies mündlich zu geschehen und ist nach § 160 III Nr. 1 im Protokoll festzustellen; die Protokollierung ist jedoch keine Wirksamkeitsvoraussetzung.[573] Anerkenntnisse außerhalb der mündlichen Verhandlung zB im schriftlichen Vorverfahren (→ Rn. 168) bedürfen der Schriftform. Einer mündlichen Verhandlung bedarf es dann nicht, wie dies nunmehr ausdrücklich in dem durch das

---

[569] Stein/Jonas/*Althammer* § 301 Rn. 10.
[570] *Lindacher* JuS 1986, 383.
[571] Vgl. BGHZ 10, 333 (335) = NJW 1953, 1830; BGH NJW 1981, 686; *Huber* JuS 2008, 313; *Rosenberg/Schwab/Gottwald* ZivilProzR § 132 Rn. 39.
[572] *Elzer/Köblitz* JuS 2006, 319 (320). Der Zeitpunkt des Anerkenntnisses ist für die Kostenfolge nach § 93 bedeutsam, weil es danach darauf ankommt, dass der Beklagte den Anspruch „sofort" anerkennt. Zur Rechtzeitigkeit des Anerkenntnisses bei einer Klageänderung vgl. KG MDR 2008, 164. Zur streitigen Frage, ob auch ein nach Ablauf der Notfrist des § 276 I 1 und nach der in ihr erklärten Anzeige der Verteidigungsabsicht abgegebenes Anerkenntnis noch als sofortiges gewertet werden kann, vgl. KG NJW-RR 2006, 1078; *Vossler* NJW 2006, 1034.
[573] BGH NJW 1984, 1465; 1989, 1934.

## V. Anerkenntnis

1. JuMoG eingefügten Satz 2 des § 307 bestimmt ist. Die Erklärung des Anerkenntnisses muss stets gegenüber dem Prozessgericht abgegeben werden. Eine Erklärung gegenüber dem beauftragten oder ersuchten Richter genügt nicht.[574] Als eine reine **Prozesshandlung** (zum Begriff → Rn. 305) unterscheidet sich das prozessuale Anerkenntnis in seinen Voraussetzungen und Wirkungen grundlegend vom privatrechtlichen Anerkenntnis.

Das privatrechtliche Anerkenntnis verlangt einen Vertrag, dessen Gegenstand ein Schuldverhältnis bildet,[575] während das prozessuale Anerkenntnis die Grundlage für ein Anerkenntnisurteil schafft und somit als (einseitiger) Dispositionsakt über prozessuale Rechte eine Bewirkungshandlung (→ Rn. 306) darstellt.[576] Wenn der Beklagte zugleich mit dem prozessualen Anerkenntnis, das gegenüber dem Gericht abzugeben ist, auch eine an den Kläger gerichtete materiell-rechtliche Erklärung verbindet (Offerte zum Abschluss eines entsprechenden materiellen Vertrages) – was denkbar und zulässig ist –, dann handelt es sich um einen Doppeltatbestand, dessen materiell-rechtliche und prozessuale Wirkungen getrennt voneinander beurteilt werden müssen.[577] **449**

Da ein Anerkenntnis bewirkt, dass ein ihm entsprechendes Urteil ohne rechtliche oder tatsächliche Prüfung des bisherigen Streitstoffes zu erlassen ist, kann es wirksam nur erklärt werden, soweit die **Parteien dispositionsbefugt** sind. Dementsprechend kann in Ehesachen ein Anerkenntnisurteil nicht ergehen (vgl. § 113 IV Nr. 6 FamFG). Gegenstand eines Anerkenntnisses können auch keine Rechtsfolgen bilden, die verboten sind oder im Widerspruch zum ordre public (Art. 6 EGBGB) oder zu den guten Sitten (§ 138 BGB) stehen[578] oder die im geltenden Recht nicht vorgesehen sind[579] (Beispiel: Übertragbarer Nießbrauch entgegen §§ 1059, 1059a BGB). **450**

### 2. Voraussetzungen

Die Wirksamkeit eines Anerkenntnisses ist davon abhängig, dass folgenden Anforderungen genügt wird: **451**

- Abgabe einer entsprechenden Erklärung durch den Beklagten
- Erfüllung der Prozesshandlungsvoraussetzungen
- Zulässigkeit des Anerkenntnisses

Zu diesen Voraussetzungen ist Folgendes zu bemerken:

- Das Anerkenntnis kann auch konkludent abgegeben werden;[580] es ist nur zu verlangen, dass – gegebenenfalls mit Mitteln der Auslegung – der Wille des Beklagten festgestellt wird, den vom Kläger gegen ihn erhobenen Anspruch für begrün-

---

[574] *Rosenberg/Schwab/Gottwald* ZivilProzR § 132 Rn. 49.
[575] Vgl. MüKoBGB/*Habersack* § 781 Rn. 2 f.
[576] Zu weiteren Unterschieden *Rosenberg/Schwab/Gottwald* ZivilProzR § 132 Rn. 66; zur Einordnung als reine Prozesshandlung vgl. BGH WuM 2016, 61 Rn. 14.
[577] Vgl. MüKoZPO/*Musielak* § 307 Rn. 4.
[578] Vgl. BGHZ 10, 333 (335) = NJW 1953, 1830; Prütting/Gehrlein/*Thole* § 307 Rn. 9.
[579] *Rosenberg/Schwab/Gottwald* ZivilProzR § 132 Rn. 47.
[580] Thomas/Putzo/*Reichold* § 307 Rn. 3; *Zimmermann* ZPO § 307 Rn. 3.

det zu erklären und sich diesem Anspruch zu unterwerfen. Der Erklärung des Anerkenntnisses darf keine Bedingung zugefügt werden (zur Unbedingtheit von Prozesshandlungen → Rn. 313).[581]

Allerdings ist es unschädlich, wenn der Beklagte sein Anerkenntnis „unter Verwahrung gegen die Kosten" ausspricht, weil es sich insoweit nicht um eine echte Bedingung handelt, sondern lediglich um einen Hinweis auf die Kostenvorschrift des § 93, die das Gericht von Amts wegen zu beachten hat. Zulässig ist es auch, ein Anerkenntnis unter dem Vorbehalt der Aufrechnung oder unter dem Vorbehalt der Rechte im Urkundenprozess abzugeben, denn dadurch wird die Grundlage für ein Anerkenntnisvorbehaltsurteil nach § 302 (→ Rn. 580 ff.) oder nach § 599 (→ Rn. 1083 f.) geschaffen.[582] Dagegen handelt es sich nicht um ein Anerkenntnis, wenn der Beklagte zwar erklärt, er erkenne den gegen ihn erhobenen Klageanspruch an, zugleich aber materiell-rechtliche Einwendungen oder Einreden geltend macht, die sich gegen den Bestand oder die Durchsetzbarkeit des Anspruchs richten. In einem solchen Fall wird das Gericht nicht durch die Erklärung des Beklagten wie bei einem wirksamen Anerkenntnis einer rechtlichen Prüfung enthoben, sondern muss sich mit den geltend gemachten Gegenrechten des Beklagten auseinander setzen.[583]

- Wie im § 307 S. 1 ausdrücklich klargestellt ist, können auch Teile des Klageanspruchs zum Gegenstand eines Anerkenntnisses gemacht werden. Jedoch müssen hinsichtlich eines solchen Teiles die Voraussetzungen für den Erlass eines Teilurteils (§ 301) erfüllt werden (→ Rn. 877). Ist dies der Fall, dann muss das Gericht ein solches Teilurteil erlassen, weil durch § 307 das dem Gericht sonst zugebilligte Ermessen (vgl. § 301 II) aufgehoben ist.[584]

- Das Anerkenntnis als Prozesshandlung ist in seiner Wirksamkeit davon abhängig, dass allen Prozesshandlungsvoraussetzungen genügt wird (→ Rn. 309). Dies bedeutet insbesondere, dass im Anwaltsprozess das Anerkenntnis stets vom Prozessbevollmächtigten erklärt werden muss, weil der Partei die dafür erforderliche Postulationsfähigkeit fehlt. Fehlt es an dieser Voraussetzung, ist das prozessuale Anerkenntnis unwirksam. Es stellt sich dann aber die Frage, ob die Erklärung als Angebot auf den Abschluss eines materiell-rechtlichen Anerkenntnisvertrages (→ Rn 449) aufrechterhalten werden kann. Dies ist regelmäßig nicht der Fall, weil die Partei die Erklärung wegen der prozessualen Vorteile des Anerkenntnisses abgibt und ihr diese bei einem materiell-rechtlichen Anerkenntnisvertrag nicht zugutekommen.

- Wie bereits ausgeführt (→ Rn. 450), kann das Anerkenntnis auch nur soweit reichen wie die Dispositionsbefugnis der Parteien. Fehlt sie, ist ein Anerkenntnis unwirksam.[585]

### 3. Gerichtliche Entscheidung

452 Sind die Voraussetzungen für ein wirksames Anerkenntnis erfüllt, dann hat das Gericht ohne Prüfung des Streitstoffes in tatsächlicher und rechtlicher Hinsicht (→ Rn. 450) ein Anerkenntnisurteil zu erlassen. Da jedoch das Anerkenntnisurteil –

---

[581] BGH NJW 1985, 2713 (2716).
[582] HM, vgl. *Schilken* ZZP 90 (1977), 157 (179 ff.); MüKoZPO/*Musielak* § 307 Rn. 7, jew. mwN; aA LG Hannover NJW-RR 1987, 384.
[583] *Schilken* ZZP 90 (1977), 182.
[584] *Elzer/Köblitz* JuS 2006, 319 (320) mwN.
[585] Prütting/Gehrlein/*Thole* § 307 Rn. 8.

## V. Anerkenntnis

wie bereits festgestellt – ein Sachurteil darstellt, darf es nur ergehen, wenn die Prozessvoraussetzungen gegeben sind. Dementsprechend hat also das Gericht von Amts wegen festzustellen, ob

- die Prozessvoraussetzungen verwirklicht sind und
- den Wirksamkeitsanforderungen an ein Anerkenntnis genügt wird.

Eine Ausnahme ist hinsichtlich der Rechtsschutzvoraussetzungen (Klagbarkeit, Rechtsschutzbedürfnis und Feststellungsinteresse bei der Feststellungsklage) zuzulassen. Wegen ihres besonderen Charakters als Voraussetzungen, deren Erfüllung nicht zwingend bei Erlass eines Sachurteils feststehen muss (→ Rn. 281), hat das Gericht sie nicht zu prüfen, wenn der Beklagte nicht ausdrücklich eine Prüfung dadurch verlangt, dass er sein Anerkenntnis von der Erfüllung dieser Voraussetzungen abhängig macht.[586] Hätte der Klage ein obligatorisches Schlichtungsverfahren vorausgehen müssen (→ Rn. 39 f.), so steht dessen Fehlen dem Anerkenntnisurteil nicht entgegen, denn im Anerkenntnis liegt zugleich eine Beilegung des Streits, sodass eine Abweisung der Klage als unzulässig und die Verweisung auf ein Streitschlichtungsverfahren sinnlos wäre.[587]

453

Wird ein Anerkenntnis unter dem Vorbehalt erklärt, dass die Prozessvoraussetzungen verwirklicht sind, dann wird damit nicht eine unzulässige Bedingung (→ Rn. 451) ausgesprochen, sondern lediglich eine Selbstverständlichkeit zum Ausdruck gebracht, von der es abhängt, ob überhaupt ein Anerkenntnisurteil ergehen darf. Deshalb ist es nicht zu beanstanden, wenn der Beklagte in erster Linie Klageabweisung für den Fall beantragt, dass eine von Amts wegen zu beachtende Prozessvoraussetzung nicht erfüllt ist, etwa die Zuständigkeit des Gerichts, und hilfsweise für den Fall, dass die Klage deshalb nicht abgewiesen wird, den geltend gemachten Klageanspruch anerkennt.[588] Ebenso kann der Beklagte einen durch Feststellungsklage geltend gemachten Anspruch unter dem Vorbehalt anerkennen, dass das Rechtsschutzinteresse des Klägers für die Feststellungsklage besteht.[589]

454

Durch das ZPO-RG wurde § 307 dahingehend geändert, dass jetzt nicht mehr ein besonderer Antrag des Klägers auf Erlass eines Anerkenntnisurteils vorgeschrieben wird. Dadurch ist der bis dahin geführte Meinungsstreit über die Rechtsfolgen in dem Falle gegenstandslos geworden, dass der Kläger trotz des Anerkenntnisses an seinem ursprünglichen Sachantrag festhält, also keinen auf das Anerkenntnis bezogenen Antrag stellt.

455

### 4. Widerruf und Anfechtung

Beruht ein Anerkenntnis auf einem Restitutionsgrund iSv § 580, der dazu führte, dass ein Urteil, das aufgrund des Anerkenntnisses erlassen wurde, mit einer Wiederaufnahmeklage zu beseitigen wäre, dann kann das Anerkenntnis widerrufen werden

456

---

[586] LG Koblenz MDR 1961, 605 (hinsichtlich des Rechtsschutzbedürfnisses), *Münzberg* JuS 1971, 344 (345); Musielak/Voit/*Musielak* § 307 Rn. 15; aA BGH FamRZ 1974, 246 (hinsichtlich des Feststellungsinteresses).
[587] BGH NJW-RR 2014, 1358 Rn. 12.
[588] *Mummenhoff* ZZP 86 (1973), 293 (299 ff.); Zöller/*Feskorn* § 307 Rn. 11; aA BLAH/*Hartmann* § 307 Rn. 7.
[589] OLG Karlsruhe WRP 1979, 223.

(→ Rn. 317),⁵⁹⁰ ohne dass zuvor eine strafrechtliche Verurteilung vollzogen werden muss.⁵⁹¹ In einem solchen Fall kann der Widerruf mit der Berufung gegen das ergangene Anerkenntnisurteil geltend gemacht werden. Dagegen ist in anderen Fällen ein Anerkenntnis nicht durch Widerruf zu beseitigen, und zwar auch dann nicht, wenn sich der Beklagte darauf berufen kann, dass er sich bei seiner Erklärung in einem Irrtum befunden habe.

457 Eine analoge Anwendung des § 290, die für diesen Fall empfohlen wird,⁵⁹² ist wegen fehlender Ähnlichkeit beider Tatbestände abzulehnen.⁵⁹³ Auf die in § 290 vorausgesetzte Unrichtigkeit der einem Anerkenntnis zugrundeliegenden Tatsachen kommt es bei § 307 gerade nicht an. Enthält jedoch das Anerkenntnis offensichtliche Unrichtigkeiten wie Schreibfehler oder Rechenfehler, dann können diese aufgrund des Rechtsgedankens des § 319 berichtigt werden.⁵⁹⁴

458 Das Anerkenntnis als reine Prozesshandlung kann auch nicht bei Täuschung oder Irrtum des Anerkennenden in analoger Anwendung der §§ 119, 123 BGB angefochten werden.⁵⁹⁵ Die entsprechende Übertragung der Regeln des materiellen Rechts über Willenserklärungen auf Prozesshandlungen scheitert an den grundsätzlichen Unterschieden, die insoweit zwischen materiellem Recht und Prozessrecht bestehen (→ Rn. 318). Ist ein Anerkenntnis wirksam abgegeben worden, dann ist es der Dispositionsbefugnis der Parteien entzogen, sodass auch das Einverständnis des Klägers mit dem Widerruf dem Beklagten nicht das Recht einräumt, die Wirkungen des Anerkenntnisses wieder zu beseitigen.⁵⁹⁶ Hat in einem Fall der notwendigen Streitgenossenschaft der erschienene Streitgenosse, der den Säumigen vertritt (→ Rn. 439), den Anspruch anerkannt, so kann der Säumige das Anerkenntnis widerrufen und so ein Anerkenntnisurteil verhindern (→ Rn. 441).

## VI. Verzicht

### 1. Allgemeines

459 Der Verzicht (vgl. § 306) stellt das prozessuale Gegenstück des in der Praxis ungleich wichtigeren Anerkenntnisses dar. Viele Fragen, die sich hinsichtlich des Verzichts ergeben, sind im entsprechenden Sinn zu entscheiden wie beim Anerkenntnis; es kann deshalb auf vieles Bezug genommen werden, was zum Anerkenntnis ausge-

---

⁵⁹⁰ BGH NJW 2002, 436 (438) mwN; OLG Hamm BeckRS 1992, 01139 = FamRZ 1993, 78; KG NJW-RR 1995, 958; OLG Koblenz NJW-RR 2000, 529. Gleiches gilt bei nachträglich entstandenen Abänderungsgründen iSv § 323 (→ Rn. 1063); so BGH NJW 2002, 436 (438); OLG Rostock FamRZ 2005, 119 (120).
⁵⁹¹ OLG Hamm NJW 2017, 1401 Rn. 30 ff. mwN auch zur Gegenauffassung.
⁵⁹² OLG Nürnberg MDR 1963, 419; *Schreiber* JR 1982, 107 (108); *Westermann* JuS 1964, 169 (177 Fn. 34).
⁵⁹³ BGHZ 80, 394 = NJW 1981, 2193; BGH NJW 2007, 1460 = FamRZ 2007, 375; MüKoZPO/*Musielak* § 307 Rn. 20 mwN.
⁵⁹⁴ OLG Karlsruhe MDR 1974, 588 (589); *Jauernig/Hess* ZivilProzR § 47 Rn. 11.
⁵⁹⁵ Ganz hM, vgl. nur BGH NJW 2002, 436 (438) mwN; BGH NJW 2007, 1460 = FamRZ 2007, 375; BeckRS 2015, 19849 Rn. 18; OLG Hamm MDR 1987, 592; Zöller/*Feskorn* vor § 306 Rn. 4; aA *Lüke* ZivilProzR Rn. 235 mwN.
⁵⁹⁶ AA Thomas/Putzo/*Reichold* § 307 Rn. 8; *Zimmermann* ZPO § 307 Rn. 7.

## VI. Verzicht

führt wurde. Dies gilt beispielsweise für die Rechtsnatur des Verzichts als reine Prozesshandlung, deren Wirksamkeit allein nach dem Prozessrecht zu beurteilen ist (→ Rn. 448), für die Möglichkeit eines Widerrufs oder einer Anfechtung, die auch beim Verzicht grundsätzlich ausgeschlossen ist (→ Rn. 456 ff.), und schließlich auch hinsichtlich der Wirkung des Verzichts, die in gleicher Weise wie beim Anerkenntnis darin besteht, dass das Gericht ohne Prüfung des Streitstoffes in tatsächlicher und rechtlicher Hinsicht ein Urteil zu erlassen hat (→ Rn. 452).

Durch den Verzicht erklärt der Kläger, dass der von ihm gegen den Beklagten geltend gemachte Anspruch nicht bestehe und folglich sein Antrag unberechtigt, die eigene Rechtsbehauptung somit unrichtig sei.[597] Der Verzicht kann auch auf Teile des Klageanspruchs beschränkt werden; dies setzt jedoch in gleicher Weise wie beim Anerkenntnis voraus, dass es sich um selbstständige und abtrennbare Teile des Streitgegenstandes handelt, die zum Gegenstand eines Teilurteils gemacht werden können (→ Rn. 451, 877). Der Kläger kann nur wirksam auf den von ihm geltend gemachten Anspruch verzichten, soweit er dispositionsbefugt ist. Im Gegensatz zum Anerkenntnis kann ein Verzicht auch in Ehesachen erklärt werden.[598] Der Verzicht ist als Prozesshandlung in seiner Wirksamkeit davon abhängig, dass alle Prozesshandlungsvoraussetzungen erfüllt sind (→ Rn. 309). Er muss unbedingt erklärt werden (→ Rn. 313). 460

### 2. Gerichtliche Entscheidung

Das Gericht hat in gleicher Weise wie bei einem Anerkenntnis (→ Rn. 452 ff.) zu prüfen, ob der Verzicht wirksam erklärt worden ist, ob also alle Wirksamkeitsvoraussetzungen erfüllt sind (→ Rn. 460). Wird dies vom Gericht bejaht, dann hat es die Klage durch Verzichtsurteil abzuweisen und dem Kläger als der unterliegenden Partei die Kosten des Rechtsstreits nach § 91 aufzuerlegen, sofern die Sachurteilsvoraussetzungen erfüllt werden. Kommt das Gericht bei seiner Prüfung zu einem negativen Ergebnis, dann kann der Streit der Parteien über die Wirksamkeit des Verzichtes durch ein Zwischenurteil nach § 303 entschieden werden; dagegen ist es nicht zulässig, den Antrag des Beklagten auf Erlass eines Verzichtsurteils durch Beschluss zurückzuweisen, weil es sich bei diesem Antrag lediglich um die Wiederholung seines Sachantrages handelt, über den durch Endurteil zu entscheiden ist.[599] 461

Die Frage, was zu geschehen hat, wenn der Beklagte nach einem Verzicht des Klägers keinen Antrag auf Verzichtsurteil stellt, ergibt sich weiterhin, weil – anders als bei § 307 (→ Rn. 455) – am Antragserfordernis festgehalten wird. Bei Entscheidung dieser Frage ist zu differenzieren: 462

- Hält der Beklagte an seinem Antrag auf Klageabweisung fest, dann hat das Gericht ein Verzichtsurteil zu erlassen, auch wenn der Beklagte nicht ausdrücklich ein Verzichtsurteil beantragt,[600] denn ein solcher Antrag bildet keine zwingende

---

[597] MüKoZPO/*Musielak* § 306 Rn. 2.
[598] Musielak/Borth/*Borth/Grandel* § 113 Rn. 14.
[599] Zöller/*Feskorn* § 306 Rn. 7: Umdeutung eines unwirksamen Verzichts in eine Klagerücknahme.
[600] BGHZ 49, 213 (216 f.) = NJW 1968, 503; BGHZ 76, 50 (53) = NJW 1980, 838.

Voraussetzung für den Erlass eines Verzichtsurteils. Beide Anträge – der Antrag auf Klagabweisung und der in § 306 genannte Antrag – verfolgen dasselbe Ziel, nämlich die Klageabweisung. Der Beklagte kann nicht durch die Weigerung, seinen Klagabweisungsantrag der durch den Verzicht des Klägers geschaffenen Prozessrechtslage anzupassen, das Gericht zwingen, den Verzicht des Klägers zu ignorieren und aufgrund einer kontradiktorischen Verhandlung nach rechtlicher und tatsächlicher Prüfung des Klagebegehrens zu entscheiden. Insoweit ist dem Beklagten ein Rechtschutzbedürfnis abzusprechen.[601]

- Hält dagegen der Beklagte nicht mehr seinen Antrag auf Klageabweisung aufrecht, dann darf kein Verzichtsurteil erlassen werden, weil in diesem Fall § 306 anders als sonst die Abweisung der Klage von einem entsprechenden Antrag des Beklagten abhängig macht.[602]

Der **Antrag des Beklagten auf Abweisung der Klage** ist im Regelfall keine zwingende Voraussetzung für eine entsprechende Entscheidung des Gerichts, wie sich insbesondere aus § 331 II Hs. 2 ergibt, wonach bei Säumnis des Beklagten und somit auch ohne einen entsprechenden Antrag von ihm die Klage abzuweisen ist, soweit der Klageantrag durch das als zugestanden geltende Vorbringen des Klägers (→ Rn. 335) nicht gerechtfertigt ist. Dass eine Sachentscheidung zugunsten des Beklagten auch ohne seinen Antrag zulässig ist, folgt zwingend aus der kontradiktorischen Stellung der Parteien zueinander. Weil der Kläger mit seinem Antrag nur Erfolg haben kann, wenn und soweit das von ihm geltend gemachte Recht von dem an Gesetz und Recht gebundenen Richter (Art. 20 III GG) festgestellt wird, somit ein weitergehender Antrag abgewiesen werden muss, kann es auch insoweit auf den Antrag des Beklagten nicht ankommen. Etwas anderes gilt nur in Fällen, in denen das Gesetz die Abweisung des Klageantrages aufgrund einer besonderen Konstellation von einem darauf gerichteten Antrag des Beklagten abhängig macht wie im Falle der Säumnis des Klägers (§ 330) oder beim Verzicht des Klägers auf den von ihm geltend gemachten Anspruch (§ 306).

- Haben beide Parteien keine Sachanträge (mehr) gestellt, dann wird das Gericht regelmäßig anstelle der auch möglichen Entscheidung nach Lage der Akten (vgl. § 251a II; → Rn. 374) die Anordnung des Ruhens des Verfahrens aussprechen (vgl. § 251a III iVm § 251; → Rn. 544, 550 f.). Denn wenn der Beklagte auf einen Verzicht des Klägers kein klageabweisendes Urteil beantragt, wollen offenbar beide Parteien den Prozess nicht mehr weiter betreiben.[603]

### Fälle und Fragen

1. Handelt es sich bei der Postulationsfähigkeit um eine Prozessvoraussetzung?
2. Rechtsanwalt R schließt als Prozessbevollmächtigter des A einen Prozessvergleich. A erklärt die Anfechtung der Prozessvollmacht wegen Irrtums und meint, er sei deshalb an den Vergleich nicht gebunden. Ist diese Auffassung zutreffend?
3. K klagt gegen B auf Schadensersatz iHv 5.000 EUR, weil ihn B arglistig über das Vorhandensein bestimmter Eigenschaften einer ihm verkauften Sache getäuscht habe. Für den Fall, dass die Täuschungshandlung des B nicht vom Gericht festgestellt werden könne,

---

[601] BGHZ 10, 333 (336) = NJW 1953, 1830 (zur gleichen Frage bei § 307 aF); OLG Stuttgart OLGZ 1968, 287.
[602] Prütting/Gehrlein/*Thole* § 306 Rn. 6.
[603] Vgl. OLG Düsseldorf FamRZ 1986, 485 (486).

## VI. Verzicht

beantrage er die Verurteilung des B zur Zahlung von 2.000 EUR, weil er dann in dieser Höhe den Kaufpreis mindere. Ist dieses Vorgehen des K zulässig?

4. Können gegen eine Partei Sanktionen verhängt werden, wenn sie nicht a) zur Güteverhandlung oder b) zur mündlichen Verhandlung erscheint?
5. Welche sitzungspolizeilichen Befugnisse stehen dem Vorsitzenden Richter zu?
6. Konz erhebt gegen Berz Klage auf Rückzahlung eines Kaufpreises und begründet seine Forderung damit, dass er wegen Irrtums seine Willenserklärung zum Abschluss des Kaufvertrages angefochten habe. Der Richter fordert im schriftlichen Vorverfahren Berz auf, innerhalb von zwei Wochen seine Bereitschaft zur Verteidigung gegen die Klage mitzuteilen (§ 276 I 1). Berz antwortet nicht. Was hat der Richter zu tun, wenn er feststellt, dass Konz nicht schlüssig die Wirksamkeit der Irrtumsanfechtung dargetan hat?
7. Kratz erhebt beim Amtsgericht Klage gegen Benno mit dem Antrag, Benno zur Zahlung eines Betrages von 4.800 EUR zu verurteilen, den ihm Benno als Kaufpreis für einen Pkw schulde. Die Klageschrift wird Benno am 5.6. zugestellt und gleichzeitig wird er zur mündlichen Verhandlung am 14.6. geladen. In diesem Termin erscheint niemand für den Beklagten. Auf Antrag des Klägers erlässt das Gericht ein Versäumnisurteil. Dieses Urteil wird Benno am 2.7. zugestellt, der am 12.7. Einspruch gegen das Urteil zu Protokoll der Geschäftsstelle des Gerichts erhebt. Gründe für den Einspruch nennt er dabei nicht. Das Gericht beraumt Termin zur Verhandlung über den Einspruch am 22.7. an. Auch zu diesem Termin erscheint niemand für den Beklagten. Welche Entscheidung hat das Gericht zu treffen?
8. Was ist ein „technisch zweites Versäumnisurteil" und welche Bedeutung hat seine Unterscheidung von anderen Versäumnisurteilen?
9. Wann kann das Gericht nach Lage der Akten entscheiden?
10. K verlangt mit seiner Klage Zahlung von 10.000 EUR von B und begründet sein Klagebegehren damit, dass er 7.000 EUR aus Darlehen und 3.000 EUR als Schadensersatz wegen eines von B verursachten Verkehrsunfalls zu bekommen habe. Kann K beide Ansprüche durch eine Klage geltend machen und muss das Gericht auch über beide Ansprüche gemeinsam verhandeln?
11. K erhebt gegen B Klage und beantragt, diesen zur Herausgabe eines bestimmten ihm gehörenden Gemäldes zu verurteilen. In der mündlichen Verhandlung erklärt K, er wolle zurzeit seinen Herausgabeanspruch nicht durchsetzen, sondern verlange nunmehr Feststellung seines Eigentums am Bild. B wendet sich dagegen, dass K nicht mehr an seinem ursprünglichen Klageantrag festhalten will und verlangt Abweisung der Klage auf Herausgabe. Hat das Gericht über den ursprünglichen Herausgabeanspruch oder über das Feststellungsbegehren des K zu entscheiden?
12. In welcher Form hat das Gericht über den Streit der Parteien zu befinden, den sie über die Zulässigkeit einer Klageänderung führen?
13. Eich hat den ihm gehörenden Pkw an Miez vermietet. Als Miez den Pkw nicht rechtzeitig zurückgibt, erhebt Eich Klage auf Herausgabe gegen ihn. Während des Rechtsstreits veräußert Eich den Pkw an Dieter und ändert seinen Klageantrag auf Herausgabe des Pkw an Dieter. Dieser Änderung widerspricht Miez und verlangt Klageabweisung. Mit Recht? Kommt es darauf an, ob Dieter über den Rechtsstreit vor Übereignung des Pkw informiert worden ist?
14. Kunz klagt gegen die Gelb-KG auf Rückzahlung eines Darlehens. Der Rechtsstreit wird auf Seiten der KG von ihrem Geschäftsführer Gelb geführt, der persönlich haftender Gesellschafter der Beklagten ist. In der Berufungsinstanz erkennt Kunz, dass aus dem Darlehen nicht die KG, sondern Gelb persönlich verpflichtet ist. Daraufhin beantragt Kunz, Gelb zur Zahlung der Darlehenssumme zu verurteilen. Ist dies zulässig?
15. Bolt pachtet von der „Kneipen-Wirtschafts-KG", vertreten durch ihren Komplementär Paul Lustig, eine Diskothek. Die Firma „Walter-Paul Lustig KG", vertreten durch ihren Komplementär Paul Lustig, erhebt nach einiger Zeit Klage gegen Bolt und verlangt Räu-

mung und Rückgabe der Diskothek wegen nicht rechtzeitiger Zahlung des Pachtzinses. Die Klage wird abgewiesen. Der Kläger legt Berufung ein. In der Berufungsinstanz tritt auf Seiten der Klägerin die „Kneipen-Wirtschafts-KG", vertreten durch ihren Komplementär Paul Lustig, auf. Das Gericht sieht hierin einen Parteiwechsel und lässt ihn zu. Mit Recht?

16. Erläutern Sie bitte den Begriff der Partei im Zivilprozess!
17. Was bedeutet „Streitgenossenschaft" und welche Arten gibt es?
18. K klagt gegen B, den Alleinerben des E, auf Rückzahlung eines E gewährten Darlehens. Als K in der mündlichen Verhandlung eine Urkunde vorlegt, aus der sich ergibt, dass E das Darlehen empfangen habe, erkennt B den Anspruch des K an und wird entsprechend dem Anerkenntnis verurteilt. Kurze Zeit danach erfährt B aus zuverlässiger Quelle, dass es sich bei der im Prozess vorgelegten Urkunde um eine Fälschung handelt. Er fragt, was er unternehmen kann, um seine Verurteilung zu korrigieren. Geben Sie bitte Auskunft!

# § 5. Weitere Möglichkeiten für die Prozessführung der Partei

## I. Klagerücknahme

### 1. Begriff und Voraussetzungen

Mit seiner Klage richtet der Kläger ein Gesuch an das Gericht, ihm Rechtsschutz zu gewähren und ihm bei der Durchsetzung seines ihm (vermeintlich) zustehenden Rechts zu helfen (→ Rn. 23 f.). Will er diese gerichtliche Hilfe nicht mehr in Anspruch nehmen, dann muss er sein Gesuch um Gewährung von Rechtsschutz zurückziehen. Dies geschieht durch Rücknahme der Klage. Bei der Klagerücknahme äußert sich der Kläger nicht zum Bestand des mit seiner Klage geltend gemachten Rechts. Insbesondere erklärt er nicht, dass dieses Recht nicht existiere; hierin besteht der grundlegende Unterschied zum Klageverzicht (→ Rn. 460). Deshalb ist der Kläger nicht daran gehindert, nach einer Klagerücknahme dieses Recht erneut gerichtlich geltend zu machen. 463

> **Beispiel:** K klagt gegen B auf Rückzahlung eines Darlehens iHv 5.000 EUR. B bestreitet, das Geld von K erhalten zu haben. K beruft sich zum Beweis für die Auszahlung des Darlehensbetrages auf das Zeugnis des Z. Als Z zur mündlichen Verhandlung geladen werden soll, wird festgestellt, dass er seinen Wohnort gewechselt hat und seine neue Anschrift nicht bekannt ist. Da K keine anderen Beweise für die Hingabe des Darlehens hat, er aber die Beweislast trägt (dazu Einzelheiten später), bestehen für ihn keine Aussichten, den Prozess zu gewinnen. Wenn er in dieser Situation die Klage zurücknimmt, spart er nicht nur Kosten (die zu entrichtende Gebühr ermäßigt sich in erster Instanz vom dreifachen auf den einfachen Satz; vgl. Nr. 1211 KV), sondern kann erneut Klage auf Rückzahlung des Darlehens gegen B erheben, wenn es ihm gelingt, die neue Anschrift des Z ausfindig zu machen.

Ein Grund für die Klagerücknahme kann also in einer während des Rechtsstreits eintretenden Verschlechterung der Beweislage liegen. Als weiterer Grund für eine Klagerücknahme kommt beispielsweise auch die Vermögenslosigkeit des Beklagten in Betracht, die der Kläger erst nach Erhebung der Klage feststellt und die es ihm ratsam sein lässt, davon abzusehen, „gutes Geld" (nämlich die für die Rechtsverfolgung von ihm aufzuwendenden Kosten) dem „schlechten" (nämlich der nicht einbringlichen Forderung) nachzuwerfen. Der Kläger kann schließlich zur Klagerücknahme durch die Erkenntnis bestimmt werden, dass sein Rechtsstandpunkt falsch ist oder sich bei Gericht nicht durchsetzen lässt. 464

Diesen Interessen des Klägers trägt das Gesetz dadurch Rechnung, dass es ihm grundsätzlich gestattet, die von ihm erhobene Klage wieder zurückzunehmen (vgl. § 269). Allerdings müssen auch die Interessen des Beklagten berücksichtigt werden, 465 der damit rechnen muss, dass die zurückgenommene Klage erneut gegen ihn erhoben wird. Es wäre nicht gerechtfertigt, in das Belieben des Klägers zu stellen, die Klage bei einer ungünstigen Prozesssituation zurückzunehmen, um sie später unter für ihn besseren Voraussetzungen zu wiederholen. Deshalb hat das Gesetz die Klagerücknahme von der **Einwilligung des Beklagten** abhängig gemacht, ihm also ein Recht auf Entscheidung über den mit der Klage geltend gemachten Anspruch eingeräumt, sofern er sich zu diesem Anspruch in der mündlichen Verhandlung bereits geäußert hat, er also „zur Hauptsache" verhandelte (§ 269 I).

466 Der Begriff der **Verhandlung zur Hauptsache** ist hier im gleichen Sinn zu verstehen wie in § 39 (→ Rn. 104) und bedeutet folglich, dass die Parteien ihre Anträge und Erklärungen auf die Streitsache selbst richten, also nicht nur Fragen des Verfahrens erörtern.[604] Solange also der Beklagte nur die Zulässigkeit der Klage infrage stellt, kann der Kläger einseitig seine Klage zurücknehmen. Verhandelt der Beklagte aber zur Hauptsache, dann erwirbt er dadurch – wie ausgeführt – ein Recht auf die gerichtliche Entscheidung in der Sache. Dementsprechend wird die Rücknahme der Klage dann von seiner Einwilligung abhängig gemacht.

467 Die Rücknahmeerklärung des Klägers und die Einwilligung des Beklagten sind gegenüber dem Gericht abzugeben (§ 269 II 1), und zwar entweder durch Einreichung eines Schriftsatzes oder durch Erklärung in der mündlichen Verhandlung. Dies wird zwar im Gesetz ausdrücklich nur für die Erklärung der Rücknahme bestimmt (§ 269 II 2), gilt aber gleichermaßen auch für die Einwilligung. Beide Erklärungen können auch durch schlüssiges Verhalten abgegeben werden.

468 So kann in der Erklärung des Klägers, den Rechtsstreit nicht mehr weiter betreiben zu wollen, eine Klagerücknahme liegen und der Antrag des Beklagten, dem Kläger die Kosten des Rechtsstreits aufzuerlegen (§ 269 III 2), als seine Einwilligung in die Klagerücknahme gewertet werden. Allerdings müssen eindeutige Hinweise für einen entsprechenden Willen der Partei in ihrem Verhalten zu finden sein; Zweifel sind durch Ausübung des richterlichen Fragerechts nach § 139 zu klären. Ein bloßes Nichtverhandeln kann nicht – wie sich aus § 333 ergibt – als Klagerücknahme gewertet werden, sondern kann zum Erlass eines Versäumnisurteils führen.

469 § 269 II 3 der durch das ZPO-RG eingefügt wurde, bestimmt für den Fall, dass die Klagerücknahme nicht in der mündlichen Verhandlung erklärt, sondern durch Schriftsatz des Klägers dem Gericht mitgeteilt wird, dass dieser Schriftsatz dem Beklagten von Amts wegen zuzustellen ist, wenn für die Rücknahme der Klage die Einwilligung des Beklagten erforderlich ist. Durch diese Vorschrift wird die Grundlage für die Annahme des Gerichts geschaffen, dass der Beklagte in die Rücknahme der Klage eingewilligt habe, wenn er nicht innerhalb einer Notfrist (zu diesem Begriff Einzelheiten später) von zwei Wochen widerspricht. Voraussetzung für diese Fiktion (zum Begriff → GK BGB Rn. 313) bildet ein entsprechender Hinweis des Gerichts auf die Rechtsfolgen eines unterlassenen Widerspruchs (vgl. § 269 II 4). Der Sinn dieser (neuen) Regelung besteht darin, dass nicht für längere Zeit in der Schwebe gelassen werden soll, ob die Klage wirksam zurückgenommen wurde.

---

[604] *Brammsen/Leible* JuS 1997, 54 (56); Musielak/Voit/*Heinrich* § 39 Rn. 3; Musielak/Voit/ *Foerste* § 269 Rn. 8; einschr. OLG Dresden MDR 1997, 498: Erst mit Stellung der Anträge, auch wenn zuvor vom Gericht in den Sach- und Streitstand eingeführt wurde und es diesen mit den Parteien erörtert hat.

## I. Klagerücknahme

Klagerücknahme und die dazu erklärte Einwilligung sind **Parteiprozesshandlungen**. Das bedeutet, dass ihre Wirksamkeit von der Erfüllung der Prozesshandlungsvoraussetzungen abhängt (→ Rn. 309), dass sie bedingungsfeindlich sind (→ Rn. 313) und dass eine Anfechtung nach den Regeln des BGB nicht in Betracht kommen kann (→ Rn. 318).[605]

470

Soweit Anwaltszwang besteht (vgl. § 78) müssen folglich Klagerücknahme und Einwilligung von dem Prozessbevollmächtigten der Parteien erklärt werden, weil den Parteien die Postulationsfähigkeit fehlt. Die hM[606] lässt jedoch eine Ausnahme zu, wenn der Rechtsstreit vom AG, bei dem kein Anwaltszwang besteht, durch Berufung oder Verweisung nach § 506 I an das LG gelangt.

471

Die Rücknahme der Klage ist bis zum rechtskräftigen Abschluss in jeder Phase des Verfahrens möglich, also auch noch nach Erlass eines Urteils, wenn es noch nicht rechtskräftig geworden ist (→ Rn. 476). Die Klagerücknahme muss den gesamten Streitgegenstand umfassen; eine nur zT vorgenommene Einschränkung des Klageantrages ist nach § 264 Nr. 2 dem Kläger gestattet und nicht von einer Einwilligung des Beklagten abhängig (→ Rn. 385). Eine **Klagerücknahme** ist auch bereits **vor Zustellung** an den Beklagten zulässig, wenn der Anlass zur Einreichung der Klage vor Rechtshängigkeit weggefallen ist. Dies wird nunmehr durch Hs. 2 bestimmt, der durch das 1. JuMoG in § 269 III 3 eingefügt wurde. Der Gesetzgeber wollte dadurch einen zuvor bestehenden Meinungsstreit in dem jetzt gesetzlich geklärten Sinn entscheiden, weil er der Auffassung ist, dass im Interesse einer zügigen, prozessökonomischen Erledigung des Rechtsstreits darauf verzichtet werden müsste, mit der Klagerücknahme auf die Begründung eines Prozessrechtsverhältnisses zu warten, das erst zum Beklagten mit der Zustellung der Klage an ihn begründet wird (→ Rn. 304).[607]

472

Durch diese Regelung wird somit gesetzlich festgelegt, dass die Klagerücknahme nicht die Begründung eines Prozessrechtsverhältnisses zum Beklagten voraussetzt. Dies ist als eine gesetzliche Entscheidung zu begreifen, die stets zu beachten ist und nicht nur in Fällen gilt, in denen der Grund für die Klageerhebung weggefallen ist.[608] Der in § 269 III 3 Hs. 1 genannten Voraussetzung, dass der Anlass zur Einreichung der Klage vor Rechtshängigkeit entfallen sein muss, kann vielmehr nur Bedeutung für die vom Gericht zu treffende Kostenentscheidung zugemessen werden.[609] Ist diese Voraussetzung nicht erfüllt, dann bleibt es bei der durch § 269 III 2 statuierten Pflicht des Klägers, die gesamten Kosten des Rechtsstreits zu übernehmen, sofern nicht die in dieser Vorschrift genannten Ausnahmen zutreffen (→ Rn. 476).[610] In Bezug auf die Zulässigkeit der Klagerücknahme zwischen Fällen zu unterscheiden, in denen der Anlass zur Einreichung der Klage vor Rechtshängigkeit weggefallen ist und in denen dann die Klagerücknahme vor Klagezustellung zugelassen wird, und anderen Fällen, in denen erst die Zustellung abgewartet werden müsste, erscheint weder praktikabel noch sachgerecht. Das Gericht müsste dann stets eine Frage klären, der praktische Bedeutung nur für die Kostenent-

473

---

[605] BGH NJW 2007, 1460 Rn. 13.
[606] OLG Koblenz NJW-RR 2000, 1370 (1371); Musielak/Voit/*Foerste* § 269 Rn. 7; Thomas/Putzo/*Reichold* § 269 Rn. 7; vgl. auch BGHZ 14, 210 (211) = NJW 1954, 1405 (Rücknahme der Klage durch Prozessbevollmächtigten der zweiten Instanz gegenüber dem Revisionsgericht).
[607] Vgl. BT-Drs. 15/3482, 45; krit. dazu *Deckenbrock/Dötsch* MDR 2004, 1214.
[608] So auch BLAH/*Hartmann* § 269 Rn. 5.
[609] Vgl. BGH NJW 2006, 777.
[610] OLG Hamm MDR 2010, 1013; 2011, 1004.

scheidung zukommt und die deshalb auch offen bleiben kann, wenn der Kläger keine Kostenentscheidung nach § 269 III 3 wünscht. Nur wenn eine solche Kostenentscheidung vom Gericht zu treffen ist, muss dem Beklagten die Klageschrift zur Kenntnis gebracht und ihm Gelegenheit zur Stellungnahme gegeben werden, weil auch nur dann über den bisherigen Sach- und Streitstand nach billigem Ermessen zu befinden ist.[611]

474 Die erforderliche Einwilligung des Beklagten zu einer Klagerücknahme kann zwar wirksam schon vor Abgabe der Rücknahmeerklärung des Klägers ausgesprochen werden, bindet aber den Beklagten erst, nachdem der Kläger dem Gericht mitgeteilt hat, dass er seine Klage zurücknehme.[612] Verweigert der Beklagte seine Einwilligung zur Klagerücknahme, dann muss der Prozess fortgesetzt werden. Führt der Kläger den Prozess nicht weiter und stellt insbesondere keinen Antrag auf Verurteilung des Beklagten, dann muss das Gericht entweder gegen ihn ein Versäumnisurteil erlassen oder nach Lage der Akten entscheiden (→ Rn. 374).

475 Streitig ist die Frage, ob der Kläger mit Einverständnis des Beklagten die Klagerücknahme widerrufen kann, wenn das Verfahren noch nicht zum Stillstand gekommen ist. Dafür spricht zwar die Erwägung, dass auf diese Weise die von den Parteien gewollte Fortsetzung des Prozesses ohne den Zeit und Kosten in Anspruch nehmenden Umweg über eine erneute Klageerhebung ermöglicht wird.[613] Jedoch muss berücksichtigt werden, dass eine Bewirkungshandlung, um die es sich bei der Klagerücknahme handelt (→ Rn. 306), unwiderruflich wird, sobald der prozessuale Erfolg eingetreten ist, auf den sie zielt (→ Rn. 317). Im Interesse der Klarheit der jeweiligen Prozesssituation ist deshalb an der Unwiderruflichkeit festzuhalten und nicht lediglich aus prozessökonomischen Gründen den Parteien die Disposition über eine wirksam vorgenommene Klagerücknahme einzuräumen.[614]

## 2. Wirkungen

476 Die (wirksame) **Klagerücknahme beseitigt** die **Rechtshängigkeit** von Anfang an (vgl. § 269 III 1) und damit entfallen rückwirkend auch alle Wirkungen der Rechtshängigkeit in prozessrechtlicher und in materiell-rechtlicher Hinsicht (→ Rn. 264). In § 269 III 1 Hs. 2 wird ausdrücklich klargestellt, dass ein **bereits ergangenes, noch nicht rechtskräftiges Urteil wirkungslos** wird, ohne dass es seiner ausdrücklichen Aufhebung bedarf. Auf Antrag hat das Gericht die Wirkungslosigkeit des Urteils in einem (deklaratorischen) Beschluss auszusprechen (§ 269 IV). Eine weitere Folge

---

[611] Zur Frage, ob die Einwilligung des Beklagten erforderlich ist, wenn in den Fällen des § 269 III 3 die Klage erst nach Beginn der mündlichen Verhandlung des Beklagten zur Hauptsache zurückgenommen wird, → Rn. 511.
[612] MüKoZPO/*Becker-Eberhard* § 269 Rn. 30; Zöller/*Greger* § 269 Rn. 15; aA OLG Nürnberg NJW-RR 1994, 1343 (vor Antragstellung des Klägers erklärte Einwilligung bedeutungslos).
[613] Für eine einvernehmliche Beseitigung der Klagerücknahme Rosenberg/Schwab/Gottwald ZivilProzR § 129 Rn. 18; MüKoZPO/*Becker-Eberhard* § 269 Rn. 18; Musielak/Voit/*Foerste* § 269 Rn. 7; Thomas/Putzo/*Reichold* § 269 Rn. 8.
[614] So auch OLG Saarbrücken MDR 2000, 722; Brammsen/Leible JuS 1997, 54 (57); Stein/Jonas/*Roth* § 269 Rn. 38; Zöller/*Greger* § 269 Rn. 12. Zum Teil wird von dieser Meinung jedoch eine Ausnahme zugelassen, wenn der Widerruf in derselben mündlichen Verhandlung ausgesprochen wird, in der die Klagerücknahme erklärt wird.

## I. Klagerücknahme

der Klagerücknahme besteht darin, dass regelmäßig der Kläger verpflichtet wird, die Kosten des Rechtsstreits zu tragen; ausnahmsweise können sie auch dem Beklagten auferlegt werden. Eine solche Ausnahme enthält die durch das ZPO-RG in § 269 eingefügte Vorschrift des Abs. 3 S. 3 für den Fall, dass der Anlass für die Klageerhebung noch vor Rechtshängigkeit wegfiel (→ Rn. 472 f.).[615] Der Anlass zur Klageerhebung fällt insbesondere weg, wenn eine ursprünglich zulässige und begründete Klage durch ein Ereignis vor Rechtshängigkeit unzulässig oder – zB durch freiwillige Zahlung der Klagesumme durch den Beklagten – unbegründet geworden ist.[616] Die Pflicht zur Kostentragung kann ebenfalls in einem Beschluss festgestellt werden (§ 269 IV). Wird dieselbe Klage erneut vom Kläger erhoben (→ Rn. 463), dann kann der Beklagte einredeweise geltend machen, dass ihm der Kläger die durch die zurückgenommene Klage entstandenen Kosten noch nicht erstattet hat (vgl. § 269 VI). Diese Einrede führt zur Abweisung der Klage als unzulässig, wenn der Kläger seiner Pflicht zur Kostenerstattung nicht nachkommt.

**Streiten** die Parteien **über** die **Wirksamkeit** einer Klagerücknahme, dann gilt Folgendes: 477

- Verneint das Gericht die Wirksamkeit, dann kann es dies entweder in einem Zwischenurteil (§ 303) oder in den Gründen des Endurteils aussprechen, das nach der fortzusetzenden Verhandlung zu ergehen hat.
- Bejaht das Gericht dagegen die Wirksamkeit der Klagerücknahme, dann ist die Form der dann zu erlassenden Entscheidung streitig. Während der BGH[617] durch Beschluss entscheiden will, spricht sich eine Gegenauffassung[618] für eine Entscheidung durch Urteil aus.

### 3. Klagerücknahmeversprechen

Der Kläger kann sich in einer außergerichtlichen Vereinbarung, beispielsweise in einem außergerichtlichen Vergleich, gegenüber dem Beklagten zur Rücknahme der Klage verpflichten. Dadurch wird jedoch nicht automatisch der Rechtsstreit beendet; vielmehr bedarf die eingegangene Verpflichtung der „Umsetzung" im Prozess durch entsprechende Erklärungen der Parteien. Setzt der Kläger abredewidrig den Rechtsstreit fort, dann kann der Beklagte sich einredeweise auf die vom Kläger eingegangene Verpflichtung berufen; dies führt dann zur Abweisung der Klage als unzulässig.[619] 478

---

[615] Die Regelung des § 269 III 3 nimmt jedoch der betroffenen Partei nicht das Rechtsschutzbedürfnis an einer Klage auf Kostenerstattung nach materiellem Recht, so BGH NJW 2013, 2201 (Anm. *Elzer*) mwN. Zu den Unterschieden zwischen dem materiellen und prozessualen Kostenerstattungsanspruch vgl. *Fischer* JuS 2013, 694.
[616] OLG Düsseldorf NJOZ 2016, 1873 Rn. 11.
[617] BGH NJW 1978, 1585, ebenso Musielak/Voit/*Foerste* § 269 Rn. 17; Thomas/Putzo/*Reichold* § 269 Rn. 19.
[618] BLAH/*Hartmann* § 269 Rn. 30; Zöller/*Greger* § 269 Rn. 19 b; Stein/Jonas/*Roth* § 269 Rn. 35 mwN.
[619] Vgl. BGH NJW 1984, 805; Stein/Jonas/*Roth* § 269 Rn. 10; *Brammsen/Leible* JuS 1997, 54 (57).

479 Dies wird heute nicht mehr bestritten. Streitig ist dagegen, wie die **Einrede des Beklagten** inhaltlich zu werten ist, ob der Beklagte eine prozessuale Arglist des Klägers geltend macht[620] oder ob er sich auf die Verpflichtung des Klägers beruft, also eine exceptio pacti erhebt.[621] Dieser Meinungsstreit hängt damit zusammen, dass unterschiedliche Auffassungen zur Rechtsnatur des Klagerücknahmeversprechens vertreten werden. Wer dieses Klagerücknahmeversprechen als materiell-rechtlichen Vertrag ansieht, der muss konsequenterweise eine prozessuale Einrede verneinen. Für die Auffassung des Klagerücknahmeversprechens als Prozessvertrag spricht jedoch, dass er darauf gerichtet ist, einen Erfolg herbeizuführen, dessen Wirkungen auf prozessualem Gebiet liegen (→ Rn. 103).

## II. Erledigungserklärung

### 1. Allgemeines

480 Im Laufe eines Zivilprozesses können Ereignisse eintreten, die den Streit der Parteien beenden oder ihn zumindest für die Zukunft bedeutungslos machen.

**Beispiele:**

(1) Der Beklagte, der bisher die Auffassung vertreten hat, dass der Kläger keinen Anspruch gegen ihn hat, erkennt während des Prozesses, dass der von ihm bisher eingenommene Rechtsstandpunkt falsch ist oder sich zumindest nicht durchsetzen lässt. Daraufhin erfüllt er den vom Kläger mit der Klage geltend gemachten Anspruch.

(2) Die Parteien, die eine gerichtliche Klärung hinsichtlich der Auslegung eines Gesellschaftsvertrages und der sich daraus für sie ergebenden Rechte suchen, schließen einen außergerichtlichen Vergleich über die streitigen Fragen.

(3) Der Kläger klagt auf Feststellung, dass der Beklagte keine Forderung aus einem Kaufvertrag gegen ihn habe, wie der Beklagte wiederholt behauptet hat. Vor Entscheidung über die Feststellungsklage klagt der Beklagte seinerseits auf Zahlung aus dem Kaufvertrag.

Im ersten Fall ist die Klage durch Erfüllung der vom Kläger geltend gemachten Forderung unbegründet geworden, denn der Anspruch des Klägers ist erloschen (§ 362 I BGB). Würde der Kläger deshalb die Klage zurücknehmen, wofür er im Übrigen der Einwilligung des Beklagten bedürfte (§ 269 I), dann müsste er die Kosten des Rechtsstreits tragen (§ 269 III 2; die durch § 269 III 3 bestimmten Ausnahmen treffen hier nicht zu, da der Anlass zur Einreichung der Klage nicht vor Rechtshängigkeit, sondern erst im Laufe des Rechtsstreits wegfiel). Zu einer Übernahme der Kosten des Rechtsstreits wird der Kläger bei dieser Sachlage sicher nicht bereit sein. Im zweiten Beispielsfall ist das klägerische Begehren durch den außergerichtlichen Vergleich gegenstandslos geworden. Nicht selten werden die Parteien in einem solchen Vergleich eine Klagerücknahme durch den Kläger vereinbaren (→ Rn. 478). Ist dies jedoch nicht geschehen, dann kann dem Kläger schon wegen der ihn dann treffenden Kostennachteile nicht empfoh-

---

[620] BGHZ 41, 3 (5) = NJW 1964, 549 (550); BGH NJW-RR 1987, 307; *Grunsky* ZivilProzR Rn. 143.
[621] *Baumgärtel/Prütting*, Einführung in das Zivilprozessrecht, 8. Aufl. 1994, 43; *Zeiss/Schreiber* ZivilProzR Rn. 198; Stein/Jonas/*Roth* § 269 Rn. 10 (Verstoß gegen Treu und Glauben).

## II. Erledigungserklärung

len werden, den Rechtsstreit durch Klagerücknahme zu beenden. Im dritten Beispielsfall lässt die Leistungsklage des Beklagten die Feststellungsklage unzulässig werden, weil dadurch das Feststellungsinteresse des Klägers entfällt (→ Rn. 130 f.).

In allen drei Fällen stellt sich die Frage, wie sich der Kläger auf die neue Situation einstellen soll, um insbesondere zu vermeiden, dass ihm die bisher entstandenen Kosten des Rechtsstreits auferlegt werden. Eine Lösung dieser Frage bietet die Vorschrift des § 91a I. Danach hat das Gericht über die Kosten unter Berücksichtigung des bisherigen Sach- und Streitstandes nach billigem Ermessen zu entscheiden, wenn beide Parteien den Rechtsstreit in der Hauptsache für erledigt erklären. Allerdings wird in dieser Vorschrift offengelassen, was zu geschehen hat, wenn nur eine Partei die Erledigungserklärung abgibt, die andere dagegen der Erledigung widerspricht, weil sie beispielsweise den Eintritt des Erledigungsereignisses bestreitet. Die Probleme, die mit der einseitigen Erledigungserklärung zusammenhängen, sollen zunächst noch zurückgestellt und erst behandelt werden, wenn die beiderseitige Erledigungserklärung erörtert wurde. **481**

### 2. Beiderseitige Erledigungserklärung

#### a) Eintritt des Erledigungsereignisses

Erklären die Parteien übereinstimmend dem Gericht, dass der Rechtsstreit in der Hauptsache seine Erledigung gefunden hat, dann bringen sie damit ihren Willen zum Ausdruck, das Verfahren ohne Entscheidung in der Hauptsache zu beenden. Aus dem Dispositionsgrundsatz (→ Rn. 205) folgt, dass das Gericht an diese Erklärung gebunden ist und insbesondere nicht zu prüfen hat, ob und wann das Erledigungsereignis eingetreten ist[622] und ob die Klage vorher zulässig und begründet war. **482**

**Beispiel:** K fordert von B die Begleichung des Restes einer Werklohnforderung, die B wegen angeblicher Mängel des von K hergestellten Werkes verweigert. K droht mit Klage, wenn B nicht bis zum 1.6. gezahlt habe. Als das Geld bis zu diesem Zeitpunkt nicht bei K eingegangen ist, beauftragt dieser einen Rechtsanwalt mit der Klageerhebung. Die Klageschrift wird am 2.6. bei Gericht eingereicht und am 6.6. B zugestellt. In der Zwischenzeit (am 5.6.) wird jedoch der Betrag aufgrund einer Überweisung des Beklagten dem Bankkonto des Klägers gutgeschrieben.

Im Zeitpunkt der Rechtshängigkeit (§ 261 I iVm § 253 I; → Rn. 257) war die mit der Klage geltend gemachte Forderung bereits erloschen (§ 362 I BGB). Die Klage war also in diesem Zeitpunkt bereits unbegründet. Da vor Rechtshängigkeit ein Rechtsstreit nicht vorhanden ist, der sich in seiner Hauptsache erledigen kann, wäre der Weg einer gemeinsamen Erledigungserklärung iSv § 91a versperrt, wenn das Gericht festzustellen hätte, ob und wann die Erledigung eingetreten ist. Aufgrund der gemeinsamen Erledigungserklärung der Parteien ist jedoch – wie oben ausgeführt – das Gericht von der Prüfung des Eintritts des Erledigungsereignisses **483**

---

[622] BGHZ 21, 298 = NJW 1956, 1517; BGHZ 83, 12 = NJW 1982, 1598; OLG Köln NJW-RR 1996, 1023; OLG Karlsruhe NJOZ 2003, 3263 = FamRZ 2004, 960; *Knöringer* JuS 2010, 569 (573); Stein/Jonas/*Bork* § 91a Rn. 10; *Bergerfurth* NJW 1992, 1655; aA BLAH/*Hartmann* § 91a Rn. 68 ff. mwN.

entbunden. Deshalb macht es auch keinen Unterschied, wenn das Erledigungsereignis bereits vor Klageeinreichung eintrat, also im Beispielsfall der geforderte Betrag dem Bankkonto des Klägers schon am 1. 6. gutgeschrieben worden war. Kommt es aber nur auf die Erklärung der Erledigung an, dann muss es auch unschädlich sein, wenn eine der Parteien sogar ausdrücklich dem Richter erklärt, die Erledigung habe vor Rechtshängigkeit stattgefunden.[623]

**484** Der Weg einer beiderseitigen Erledigungserklärung in Fällen, in denen vor Eintritt der Rechtshängigkeit das die Erledigung herbeiführende Ereignis stattfand, ist auch nicht durch die in § 269 III 3 getroffene Bestimmung versperrt worden, nach der dem Kläger die Möglichkeit eröffnet wird, bei einer solchen Sachlage ohne Kostennachteile die Klage zurückzunehmen (→ Rn. 476). Es muss dem Kläger überlassen bleiben, ob er anstelle einer Klagerücknahme den Prozess durch eine beiderseits erklärte Erledigung beenden will.

**485** Die Erledigungserklärung als eine Prozesshandlung (zum Begriff → Rn. 305) kann wirksam nur vorgenommen werden, wenn die Prozesshandlungsvoraussetzungen (→ Rn. 309) erfüllt sind. Zu den Prozesshandlungsvoraussetzungen zählt auch die Postulationsfähigkeit; sie fehlt den Parteien grundsätzlich im Anwaltsprozess (→ Rn. 310). Da jedoch durch die 1990 vorgenommene Neufassung des § 91a I die Möglichkeit geschaffen worden ist, die Erledigungserklärung auch zu Protokoll der Geschäftsstelle abzugeben und nach § 78 III für Prozesshandlungen, die vor dem Urkundsbeamten der Geschäftsstelle vorgenommen werden können, der sonst bestehende Anwaltszwang aufgehoben wird, kann auch die Partei selbst im Anwaltsprozess die Erledigung der Hauptsache erklären, und zwar nicht nur gegenüber dem Urkundsbeamten der Geschäftsstelle, sondern auch durch Einreichung eines Schriftsatzes bei Gericht. Denn es ist anerkannt, dass Prozesshandlungen, die nach § 78 III vom Anwaltszwang befreit sind, ebenso in Form eines Schriftsatzes vorgenommen werden können.[624] Darüber hinaus wird es von einer überwiegenden Meinung zuzulassen, dass die Partei auch selbst die Erledigungserklärung in der mündlichen Verhandlung eines Anwaltsprozesses abgibt. Zur Begründung wird darauf verwiesen, dass es das Ziel der gesetzlichen Neufassung gewesen sei, das Verfahren zur Erledigung der Hauptsache zu vereinfachen und zu beschleunigen; deshalb müsste generell auf einen Anwaltszwang verzichtet werden.[625]

**486** Die Erledigung muss nicht ausdrücklich erklärt werden; es genügt, wenn sich aus dem Verhalten der Parteien in der mündlichen Verhandlung ein entsprechender Wille vom Gericht erschließen lässt,[626] zB wenn der Beklagte der Erledigungserklärung des Klägers nicht widerspricht oder wenn beide Parteien nur noch widerstreitende Kostenanträge stellen.[627] Erklärt der Kläger die Erledigung des Rechtsstreits durch Schriftsatz und widerspricht der Beklagte nicht innerhalb einer Notfrist von zwei Wochen seit der Zustellung dieses Schriftsatzes, dann hat das Gericht von einer beiderseitigen Erledigungserklärung auszugehen. Eine Voraussetzung dafür bildet ein Hinweis des Gerichts auf die dann eintretenden Folgen (§ 91a I 2). Dieser Hinweis muss insbesondere die Information enthalten, dass über die Kosten des Rechts-

---

[623] Musielak/Voit/*Flockenhaus* § 91a Rn. 17; aA Stein/Jonas/*Bork* § 91a Rn. 10: Keine übereinstimmende Erledigungserklärung.
[624] Musielak/Voit/*Weth* § 78 Rn. 25 mwN.
[625] OLG Schleswig MDR 1999, 252; *Pape/Notthoff* JuS 1995, 912 (913); Musielak/Voit/*Flockenhaus* § 91a Rn. 12; Zöller/*Althammer* § 91a Rn. 10; aA *Bergerfurth* NJW 1992, 1655 (1657).
[626] BGH NJW-RR 1991, 1211.
[627] OLG Köln NJW-RR 1998, 143 ff.; Musielak/Voit/*Flockenhaus* § 91a Rn. 13.

## II. Erledigungserklärung

streits unter Berücksichtigung des bisherigen Sach- und Streitstands nach billigem Ermessen entschieden wird.[628] Die Erledigungserklärung ist solange frei widerruflich, bis sich ihr der Beklagte angeschlossen und das Gericht eine Entscheidung über die Erledigung der Hauptsache getroffen hat.[629]

### b) Rechtsnatur der Erledigungserklärung

Im Schrifttum wird über die Rechtsnatur der beiderseitigen Erledigungserklärung gestritten. Folgende Auffassungen werden dazu vertreten: **487**

- Es handelt sich um eine besondere (privilegierte) Art der Klagerücknahme.[630]
- Die beiderseitige Erledigungserklärung stellt eine prozessuale Vereinbarung dar, durch die die Parteien über den Streitgegenstand verfügen und ihn der Entscheidungsbefugnis des Gerichts entziehen.[631]
- In der Erledigungserklärung des Klägers ist ein Klageverzicht und in der entsprechenden Erklärung des Beklagten ein Verzicht auf das klageabweisende Urteil (vgl. § 306) zu sehen.[632]
- Die Erledigungserklärungen der Parteien sind als prozessuale Einverständniserklärungen zu werten, dass der Prozess ohne Urteil beendet wird.[633]

Die praktische Bedeutung dieses Meinungsstreits ist nicht sehr groß, wenn sich auch bei der Lösung mancher Streitfragen Argumente aus der Rechtsnatur der beiderseitigen Erledigungserklärung ableiten lassen. Denn wer hierin eine besondere Art der Klagerücknahme sieht, muss konsequenterweise auch zulassen, dass nach der beiderseitigen Erledigungserklärung vom Kläger derselbe Anspruch erneut vor Gericht geltend gemacht wird (→ Rn. 463). Letztlich gelingt es keiner Theorie, vollständig zu überzeugen. Gegen die Auffassung der beiderseitigen Erledigungserklärung als eine prozessuale Vereinbarung spricht, dass die Parteien ihre Erklärungen nicht untereinander austauschen, sondern sie an das Gericht zu richten haben. Bei einem Klageverzicht muss nach § 306 ein klageabweisendes Urteil erlassen werden, und diese Rechtsfolge steht nicht zur Disposition des Beklagten. Die Meinung, die in den Erledigungserklärungen der Parteien prozessuale Einverständniserklärungen sieht, beschreibt den Inhalt und nicht die Rechtsnatur dieser Erklärungen. Wenn auch die Nähe der beiderseitigen Erledigungserklärung zur Rücknahme der Klage mit Einwilligung des Beklagten durchaus anzuerkennen ist, können doch die Unterschiede zwischen beiden nicht übersehen werden. Deshalb muss die **gemeinsame Erledigungserklärung** der Parteien als ein **Rechtsinstitut eigener Art** begriffen werden,[634] das im Gesetz nur eine unvollständige Regelung gefunden hat und auf das deshalb **488**

---

[628] BGH NJW 2009, 1973 Rn. 6.
[629] BGH NJW 2002, 442; ebenso BGH NJW 2013, 2686 Rn. 7, allerdings ohne das Erfordernis einer Entscheidung des Gerichts.
[630] Stein/Jonas/*Bork* § 91a Rn. 36.
[631] *Habscheid* FS Lent, 1957, 153 (157 f.); *Habscheid* JZ 1963, 579; *Zeiss/Schreiber* ZivilProzR Rn. 500.
[632] *Nikisch* ZivilProzR, 2. Aufl. 1952, § 66 III; *Donau* JR 1956, 169.
[633] *Deubner* JuS 1962, 205 (206); *Rosenberg/Schwab/Gottwald* ZivilProzR § 131 Rn. 9; *Schilken* ZivilProzR Rn. 628; MüKoZPO/*Schulz* § 91a Rn. 22 mwN.
[634] So auch *Knöringer* JuS 2010, 569 (577), der jedoch meint, die Annahme eines Prozessbeendigungsvertrags sei in Einzelfällen nicht ausgeschlossen.

verschiedene gesetzliche Vorschriften insbesondere über die Klagerücknahme entsprechend anwendbar sind.

### c) Wirkungen

489  Durch die beiderseitige Erledigungserklärung wird die Rechtshängigkeit der Hauptsache mit allen ihren prozessrechtlichen und materiell-rechtlichen Wirkungen (→ Rn. 264) beendet, ohne dass es dafür eines besonderen Ausspruchs des Gerichts bedarf.[635] Sind bereits zur Hauptsache gerichtliche Entscheidungen ergangen – wie beispielsweise bei der Erledigungserklärung in der Berufungsinstanz –, dann werden sie durch die Erledigungserklärung kraft Gesetzes (§ 269 III 1 Hs. 2 analog) wirkungslos, sofern sie noch nicht rechtskräftig geworden sind.[636] In entsprechender Anwendung des § 269 IV kann dies durch einen (deklaratorisch wirkenden) Beschluss des Gerichts festgestellt werden (→ Rn. 476). Diese Wirkungen der beiderseitigen Erledigungserklärung können nicht mehr einseitig von einer Partei beseitigt werden. Deshalb ist der Widerruf der Erledigungserklärung durch eine Partei nach Eintritt dieser Wirkungen (→ Rn. 486 aE) grundsätzlich ausgeschlossen. Eine Ausnahme gilt nur, wenn ein Restitutionsgrund besteht (→ Rn. 317).[637]

490  Soll die Erledigung zwischen den Instanzen erklärt werden, also nach Erlass eines noch anfechtbaren Urteils, dann ist dafür die Einlegung eines Rechtsmittels nicht erforderlich.[638] Vielmehr können die Parteien ihre Erklärungen, die sie an die untere Instanz – an das Gericht, das das Urteil erlassen hat – zu richten haben, mittels Schriftsatz oder zu Protokoll der Geschäftsstelle abgeben (→ Rn. 485), um das noch nicht rechtskräftige Urteil wirkungslos werden zu lassen.

### d) Kostenentscheidung

491  Das Gericht hat durch Beschluss über die Kosten des Rechtsstreits zu entscheiden.[639] Wird die Erledigungserklärung erst in der Revisionsinstanz abgegeben, was durchaus zulässig ist, dann hat das Gericht über die gesamten Kosten des Rechtsstreits zu befinden.[640] Die Kostenentscheidung ergeht auch im Falle des § 91a von Amts wegen, also ohne dass dafür ein entsprechender Antrag der Parteien erforderlich ist (vgl. § 308 II).[641] Nur wenn die Parteien übereinstimmend dem Gericht ihren Verzicht auf eine Kostenentscheidung erklären oder wenn sie die Verteilung der Kosten durch einen gerichtlichen Vergleich regeln, entfällt eine Kostenentscheidung des Gerichts.[642]

---

[635] BGH NJW 2004, 506 (508); HK-ZPO/*Gierl* § 91a Rn. 34; Thomas/Putzo/*Hüßtege* § 91a Rn. 17. Deshalb hat das Gericht auch nicht seine Zuständigkeit zu prüfen, und es kann deshalb wirksam eine beiderseitige Erledigungserklärung vor einem unzuständigen Gericht abgegeben werden, wenn bei ihm der Rechtsstreit anhängig ist; vgl. *Vossler* NJW 2002, 2373.
[636] MüKoZPO/*Schulz* § 91a Rn. 36; HK-ZPO/*Gierl* § 91a Rn. 34.
[637] BGH MDR 2013, 927.
[638] *Hausherr* MDR 2010, 973; Zöller/*Althammer* § 91a Rn. 21.
[639] Vgl. *Musielak* FS Krüger, 2017, 409.
[640] BGH VersR 2007, 84.
[641] HM, vgl. Stein/Jonas/*Bork* § 91a Rn. 26 mwN; aA *Brox* JA 1983, 289 (290); MüKoZPO/*Schulz* § 91a Rn. 41 misst diesem Meinungsstreit nur theoretische Bedeutung zu, weil die Erklärung der Erledigung den Antrag auf Kostenentscheidung enthalte.
[642] Musielak/Voit/*Flockenhaus* § 91a Rn. 20.

## II. Erledigungserklärung

Über die Kosten ist unter Berücksichtigung des bisherigen Sach- und Streitstandes nach billigem Ermessen zu entscheiden. Die Entscheidung kann ohne mündliche Verhandlung erlassen werden (§ 91a I iVm § 128 IV). Es fragt sich, ob das Gericht befugt ist, nach einer beiderseitigen Erledigungserklärung noch **weitere Beweise zu erheben,** um zu einer billigen Entscheidung über die Kosten zu gelangen. Diese Frage ist sehr umstritten. **492**

Die vertretenen Auffassungen lassen sich im Wesentlichen in zwei Meinungsgruppen zusammenfassen: **493**

- Nach einer Meinung (hier als restriktive Theorie bezeichnet) widerspricht jede weitere Sachverhaltsklärung dem Zweck des § 91a und dem darin ausgesprochenen Gebot, die Kostenentscheidung unter Berücksichtigung des bisherigen Sach- und Streitstandes zu treffen. Nur soweit einer Partei bisher noch nicht das rechtliche Gehör ausreichend gewährt worden sei, müsste eine Ausnahme zugelassen werden.[643]
- Nach anderer Auffassung (die hier Beweiserhebungstheorie genannt wird) soll es davon abhängig sein, ob der bisherige Sach- und Streitstand eine der Billigkeit entsprechende Entscheidung gestattet. In Fällen, in denen dies zu verneinen ist, soll der Richter befugt sein, neue Tatsachen zu berücksichtigen und Beweise zu erheben.[644]

Die Vertreter der Beweiserhebungstheorie argumentieren in erster Linie mit der Unbilligkeit einer aufgrund eines ungeklärten, aber klärbaren Sachverhalts getroffenen Kostenentscheidung. Werde die Hauptsache in einem Stadium des Verfahrens für erledigt erklärt, in dem die Parteien lediglich ihre kontroversen Sachdarstellungen ausgetauscht hätten, müssten die Kosten gegeneinander aufgehoben werden, wenn das Gericht nicht zu einer weiteren Klärung berechtigt sei; eine solche Entscheidung sei aber unbillig. Zu Recht wird diesem Argument entgegengehalten, dass eine der wirklichen Sachlage gerecht werdende Kostenentscheidung nur möglich sei, wenn der gesamte Sachverhalt endgültig geklärt werde.[645] § 91a ist aber gerade deshalb in das Gesetz aufgenommen worden, um eine umfangreiche und kostenaufwändige Sachverhaltsklärung allein wegen der Kostenentscheidung zu vermeiden. Eine grenzenlose Sachverhaltsklärung im Interesse einer billigen Kostenentscheidung verbietet sich also auf jeden Fall. Wenn dabei aber Beschränkungen notwendig sind, dann ist es unvermeidbar, dass Tatsachen, die die Parteien zu ihren Gunsten vortragen und im Streitfall auch beweisen können, vom Gericht unbeachtet bleiben. Es kann also nicht mehr darum gehen, möglichst viele Tatsachen noch in die Entscheidung über die Kosten einfließen zu lassen, weil jede Zäsur bei der Tatsachenermittlung sachverhaltsverzerrend oder sogar sachverhaltsentstellend wirkt und dies angesichts der in § 91a getroffenen Regelung hingenommen werden muss. Ob der Richter den Sachverhalt zur Hälfte oder nur zu einem Drittel aufklärt, ist letztlich gleichgültig, weil in dem verborgen bleibenden Teil die maßgebenden Gesichtspunkte enthalten sein können, die eine andere Entscheidung gebieten würden. Im Interesse der Parteien ist es vielmehr wesentlich wichtiger, im Zeitpunkt der Erledigungserklärung abschätzen zu können, wie sich **494**

---

[643] *Baumgärtel* MDR 1969, 803 f.; Thomas/Putzo/*Hüßtege* § 91a Rn. 46a (allerdings mit Ausnahmen für präsente Urkunden und Zeugen); ähnlich Musielak/Voit/*Flockenhaus* § 91a Rn. 22.

[644] OLG Düsseldorf JR 1995, 205 (Verwertung neuer Beweise, wenn dies ohne zeitraubende Beweisaufnahme möglich ist); *Rinsche* NJW 1971, 1349; *Göppinger* ZZP 67 (1954), 463 (468 f.); 68 (1955), 21 (26), jew. mwN; *Bergerfurth* NJW 1992, 1655 (1657) (im eingeschränkten Umfang zur Vermeidung eines grob unbilligen Ergebnisses); HK-ZPO/*Gierl* § 91a Rn. 43 (Berücksichtigung präsenter Beweismittel und gegebenenfalls Beweisaufnahme aus Paritätsgründen).

[645] *Baumgärtel* MDR 1969, 803.

der Sach- und Streitstand darstellt, auf dessen Grundlage das Gericht die Kostenentscheidung treffen wird.[646] Mit der restriktiven Theorie ist also der Richter für verpflichtet anzusehen, bei seiner Kostenentscheidung nur die bis zum Zeitpunkt der Erledigungserklärung von den Parteien vorgetragenen Tatsachen und die bis dahin erhobenen Beweise zu berücksichtigen; weitere Sachverhaltsklärungen, die über diesen Zeitpunkt hinausreichen, sind nicht zulässig.[647] Soweit allerdings neue Tatsachen unstreitig sind und folglich keine Beweiserhebung erforderlich machen, hat der Richter sie bei seiner Entscheidung zu beachten.[648]

**495** Bei der Kostenentscheidung hat sich das Gericht daran zu orientieren, wie nach dem bisherigen Sach- und Streitstand der Prozess ausgehen würde und welcher Partei danach aufgrund der allgemeinen kostenrechtlichen Bestimmungen die Kosten aufzuerlegen wären[649] (→ Rn. 882 f.). Hierbei ist auch der Rechtsgedanke des § 93 zu beachten.[650] Nach hM ist das Gericht nicht verpflichtet, stets alle sich stellenden Rechtsfragen zu klären, um auch bei schwieriger Rechtslage die Erfolgsaussichten beurteilen zu können; vielmehr soll eine summarische Prüfung genügen.[651] Streitig ist, ob das Gericht bei seiner Kostenentscheidung auch Rücksicht auf eine materiell-rechtliche Erstattungspflicht einer Partei nehmen kann und beispielsweise dem Beklagten, der vor Rechtshängigkeit den Anspruch des Klägers erfüllte, unter dem Gesichtspunkt des Verzuges die Kosten auferlegen darf.[652]

**496** Wird die übereinstimmende Erledigungserklärung vor einem unzuständigen Gericht abgegeben, dann fragt sich, ob die Kosten des Rechtsstreits ohne Weiteres dem Kläger aufzuerlegen sind oder ob für die Kostentragung der voraussichtliche Ausgang des Verfahrens nach einer (zu unterstellenden) Verweisung an das zuständige Gericht maßgebend ist. Der BGH[653] hat sich für die zweite Alternative ausgesprochen und darauf hingewiesen, dass ein Kläger, der über die Unzuständigkeit des Gerichts belehrt worden sei, regelmäßig einen Verweisungsantrag stellen werde; dieses voraussehbare Verhalten sei Teil des Sachverhalts, auf den die Kostenentscheidung zu stützen sei.

### e) Erneute Klage

**497** Erhebt der Kläger nach einer übereinstimmend erklärten Erledigung der Hauptsache erneut Klage mit demselben Streitgegenstand, dann kann die Unzulässigkeit dieser Klage nicht mit dem Kostenbeschluss nach § 91a begründet werden, da darin eine

---

[646] *Baumgärtel* MDR 1969, 804.
[647] So auch BGH VersR 2007, 84.
[648] OLG Düsseldorf MDR 1993, 1120.
[649] Zöller/*Althammer* § 91a Rn. 24.
[650] OLG Frankfurt a. M. MDR 1982, 328; NJW-RR 1989, 571; OLG Bamberg BeckRS 2010, 02132 = FamRZ 1984, 303; Zöller/*Althammer* § 91a Rn. 24 f. mwN.
[651] BVerfG NJW 1993, 1060 (1061); BGHZ 67, 343 (345 f.) = NJW 1977, 436; BGH VersR 2007, 84; FamRZ 2003, 1269; Musielak/Voit/*Flockenhaus* § 91a Rn. 23; aA *Musielak* FS Krüger, 2017, 409 (416 f.) mwN.
[652] Dafür OLG Karlsruhe NJW-RR 2010, 585; Stein/Jonas/*Bork* § 91a Rn. 29a; *Baumgärtel/Prütting*, Einführung in das Zivilprozessrecht, 8. Aufl. 1994, 69; dagegen *Zeiss/Schreiber* ZivilProzR Rn. 501; MüKoZPO/*Schulz* § 91a Rn. 59; differenzierend BGH NJW 2002, 680 (allenfalls beachtlich, wenn der materiell-rechtliche Anspruch ohne besondere Schwierigkeiten insbesondere ohne Beweisaufnahme feststellbar ist).
[653] BGH GRUR 2010, 1037 Rn. 10 ff. mwN auch zur Gegenauffassung.

## II. Erledigungserklärung

Entscheidung über die Hauptsache nicht getroffen wurde.[654] Jedoch könnte die gemeinsame Erledigungserklärung als solche eine erneute Klage als unzulässig erscheinen lassen.[655] Wer in dieser Erklärung eine Art Klageverzicht oder eine prozessuale Vereinbarung erblickt (→ Rn. 487), wird diese Frage bejahen. Aber auch unabhängig von dieser Bewertung der gemeinsamen Erledigungserklärung kann sich die Unzulässigkeit einer erneuten Klage aufgrund der Erwägung ergeben, dass sich ein Kläger, der zunächst die Hauptsache für erledigt erklärt hat und danach erneut Klage erhebt, widersprüchlich verhält und damit treuwidrig handelt.[656] Beruft sich der Beklagte einredeweise gegenüber der erneuten Klage auf die beiderseitige Erledigungserklärung, dann hat folglich das Gericht zu prüfen, aus welchen Gründen der Kläger zur erneuten Klage bestimmt wird und ob darin ein treuwidriges Verhalten zu finden ist. Muss diese Frage bejaht werden, dann ist die Klage als unzulässig abzuweisen (str.).[657]

### f) Hinweise für die schriftliche Bearbeitung

Bei der klausurmäßigen Bearbeitung können sich im Zusammenhang mit der beiderseitigen Erledigungserklärung folgende zu erörternde Fragen ergeben: **498**

(1) Haben die Parteien den Rechtsstreit in der Hauptsache für erledigt erklärt?

> Da die Erledigung nicht ausdrücklich erklärt werden muss (→ Rn. 486), kann sich für den Bearbeiter die Aufgabe stellen, durch Auslegung zu ermitteln, ob ein bestimmtes Verhalten als Erledigungserklärung zu verstehen ist. Dem Verhalten der Parteien muss ihr Wille entnommen werden können, das Verfahren ohne Entscheidung in der Hauptsache zu beenden, weil ein erledigendes Ereignis eingetreten ist, das die Klage unzulässig oder unbegründet macht. Auf die Erfüllung der Belehrungspflicht (§ 91a I 2) durch das Gericht ist zu achten.

(2) Sind die Erledigungserklärungen wirksam vorgenommen worden?

> Die Wirksamkeit der Erledigungserklärungen als Parteiprozesshandlungen (Bewirkungshandlungen) hängt einmal davon ab, ob die Prozesshandlungsvoraussetzungen erfüllt sind (→ Rn. 309). Zum anderen kommt es darauf an, ob die Erklärungen auch in der richtigen Form abgegeben wurden (vgl. § 91a I; → Rn. 485).
>
> Wenn eine Partei ihre Erledigungserklärung widerrufen möchte, so ist zu unterscheiden: Als Erwirkungshandlung ist die Erledigungserklärung zwar im Grundsatz widerruflich, diese Möglichkeit endet aber, wenn der Gegner sich der Erklärung angeschlossen hat (→ Rn. 486 aE). Eine solche übereinstimmende Erledigungserklärung ist als Bewirkungshandlung einzuordnen und ist damit grundsätzlich unwiderruflich, sobald der prozessuale

---

[654] BGH NJW 1991, 2280 (2281); *Zeiss/Schreiber* ZivilProzR Rn. 502.
[655] Differenzierend *Schilken* ZivilProzR Rn. 630 (neue Klage zulässig, wenn Erledigungsgrund später wegfällt oder Zusage des Beklagten, die Grund für die Erledigungserklärung war, nicht eingehalten wurde); aA OLG Köln NJW-RR 1994, 917 (918) (beiderseitige Erledigungserklärung beendet lediglich Rechtshängigkeit). Für grundsätzliche Zulässigkeit einer erneuten Klage: BGH NJW 1991, 2280 (2281); OLG Celle FamRZ 1998, 684 (685); Prütting/Gehrlein/*Hausherr* § 91a Rn. 25, 40.
[656] *Brox* JA 1983, 289 (295); *Rosenberg/Schwab/Gottwald* ZivilProzR § 131 Rn. 20;; aA BGH NJW 1991, 2280 (2281); *Becker-Eberhard* FG BGH, 2000, 273 (288); MüKoZPO/*Schulz* § 91a Rn. 38.
[657] Vgl. dazu (zurückhaltend bei der Annahme einer Treuwidrigkeit) MüKoZPO/*Schulz* § 91a Rn. 38 mwN.

Erfolg eingetreten ist. Auch die materiell-rechtlichen Vorschriften über die Nichtigkeit oder Anfechtbarkeit von Willenserklärungen können die Erledigungserklärung als Prozesshandlung nicht beseitigen. Nur wenn ein Restitutionsgrund iSv § 580 gegeben ist, kann der Erledigungserklärung nachträglich ihre Wirksamkeit genommen werden (→ Rn. 317 f.).

(3) Dagegen ist nach hM nicht der Frage nachzugehen, ob und in welchem Zeitpunkt ein erledigendes Ereignis eingetreten ist. Insoweit genügt eine entsprechende Erklärung der Parteien (→ Rn. 482).

Nur wer sich der Gegenauffassung anschließt, die verlangt, dass die Erledigung der Hauptsache erst nach Einreichung der Klageschrift bei Gericht oder sogar erst nach Zustellung der Klageschrift an den Beklagten eingetreten sein muss, hat diese Fragen zu klären. Auf der Grundlage der hM reicht der Hinweis aus, dass es nur auf die allgemeine Behauptung der Parteien ankommt, ein erledigendes Ereignis habe stattgefunden.

### 3. Einseitige Erledigungserklärung

499 Ein Grund dafür, dass nur eine Partei – also einseitig – die Erledigung des Rechtsstreits in der Hauptsache erklärt, kann entweder darin bestehen, dass die andere meint, die Klage sei von Anfang an unzulässig oder unbegründet gewesen oder dass sie den Eintritt des erledigenden Ereignisses bestreitet.

**Beispiel:** Der Kläger verlangt vom Beklagten Widerruf ehrverletzender Behauptungen. Der Beklagte trägt vor, er habe nach Klageerhebung den verlangten Widerruf abgegeben und dadurch sei der Rechtsstreit in der Hauptsache erledigt. Der Kläger bestreitet dies, weil der Widerruf nicht ausreichend sei.

### a) Rechtsnatur

500 Dieser Beispielsfall wirft die Frage auf, ob auch der Beklagte einseitig die Erledigung der Hauptsache erklären kann. Dies hängt unter anderem davon ab, als was man die einseitige Erledigungserklärung begreift und welche Rechtsnatur man ihr zuerkennt. Denn wenn man in ihr eine (privilegierte) Klagerücknahme oder den Verzicht des Klägers auf den erhobenen Anspruch erblickt, dann muss eine entsprechende Erklärung selbstverständlich dem Kläger vorbehalten bleiben, sodass der Beklagte einseitig nicht die Erledigung der Hauptsache erklären kann.

Folgende **Auffassungen** werden **zur Rechtsnatur der einseitigen Erledigungserklärung** vertreten:

- Es handelt sich dabei um eine (privilegierte) Klagerücknahme, die auch ohne Zustimmung des Beklagten und ohne die Kostenfolge nach § 269 III 2 vollzogen wird.[658]
- Durch die einseitige Erledigungserklärung ändert der Kläger seine Klage, indem er anstelle des bisher geltend gemachten Anspruchs die Feststellung beantragt,

---

[658] *Blomeyer*, Zivilprozessrecht, Erkenntnisverfahren, 2. Aufl. 1985, § 64 I; *Blomeyer* JuS 1962, 213; für eine analoge Anwendung des § 269 III 3 fehlt es nach Auffassung des BGH an einer Lücke, BGH NJW 2014, 3520 (Rn. 6).

## II. Erledigungserklärung

dass der Rechtsstreit in der Hauptsache seine Erledigung gefunden hat. Die Einwilligung des Beklagten zur Klageänderung wird entweder aufgrund des § 264 Nr. 2 oder 3 oder aufgrund einer entsprechenden Sachdienlichkeitserklärung des Gerichts oder aufgrund Gewohnheitsrechts für entbehrlich gehalten.[659]

- Der Kläger verzichtet mit seiner (einseitigen) Erledigungserklärung auf den erhobenen Anspruch, wobei jedoch weder ein Verzichtsurteil nach § 306 zu erlassen ist, noch der Kläger zur Tragung der Kosten verurteilt werden muss.[660]
- Die einseitige Erledigungserklärung ist als eine eigenständige Institution des Prozessrechts aufzufassen. Ihr Inhalt besteht darin, dass eine prozessuale Erwirkungshandlung (→ Rn. 306) in der Form eines Antrags an das Gericht gerichtet wird, den Eintritt des Erledigungsereignisses festzustellen. Durch diesen Antrag wird ein besonderer Verfahrensabschnitt eingeleitet und eine gerichtliche Entscheidung eigener Art begehrt.[661]

Zu diesem Meinungsstreit ist Folgendes zu bemerken: **501**

Die Unterschiede in den Rechtsfolgen, die sich bei einer Klagerücknahme und bei einer einseitigen Erledigungserklärung ergeben, sind so erheblich, dass sich eine Gleichsetzung verbietet. Die Klagerücknahme beendet den Rechtsstreit ohne Urteil und führt regelmäßig dazu, dass dem Kläger die Kosten zufallen; bei der einseitigen Erledigungserklärung muss jedoch – wie noch auszuführen sein wird – das Gericht Zulässigkeit und Begründetheit der ursprünglich erhobenen Klage prüfen und auch klären, ob der Rechtsstreit in der Hauptsache erledigt ist. Außerdem muss das Gericht ein Urteil erlassen. Ebenfalls sind erhebliche Unterschiede in den Rechtsfolgen zwischen Verzicht und einseitiger Erledigungserklärung festzustellen, die eine Gleichstellung ausschließen (zu den Rechtsfolgen eines Verzichts → Rn. 459 ff.).

Auch die **herrschende Klageänderungstheorie** vermag nicht zu überzeugen. Schon **502** die Zulässigkeit einer Klage auf Feststellung, dass sich der Rechtsstreit in der Hauptsache erledigt habe, erscheint fraglich. Zunächst ist zu klären, ob es überhaupt bei der Feststellung der Erledigung des Rechtsstreits in der Hauptsache um ein Rechtsverhältnis geht oder lediglich um eine Tatsache, die nicht Gegenstand einer Feststellungsklage nach § 256 I sein kann (→ Rn. 129). Um diese Zweifel auszuräumen, wollen Befürworter der Klageänderungstheorie den vom Kläger zu stellenden Feststellungsantrag dahingehend präzisieren, dass er darauf gerichtet sei, das Gericht möge feststellen, dass die ursprünglich zulässige und begründete Klage nachträglich unzulässig oder unbegründet geworden sei.[662] Hält man diese Modifizierung für ausreichend, um annehmen zu können, dass es sich um die Feststellung eines Rechtsverhältnisses handelt, dann muss weiter dazu Stellung genommen werden, wie das rechtliche Interesse des Klägers an einer entsprechenden Feststellung zu begründen

---

[659] BGH NJW 1994, 2363 (2364); 2002, 442; OLG Nürnberg NJW-RR 1989, 444; *Knöringer* JuS 2010, 569 (570 f.); *Schlosser* ZivilProzR I Rn. 144; Musielak/Voit/*Flockenhaus* § 91a Rn. 29; Stein/Jonas/*Bork* § 91a Rn. 39; Zöller/*Althammer* § 91a Rn. 34 f.; Thomas/Putzo/*Hüßtege* § 91a Rn. 32.
[660] BVerwG NJW 1965, 1035 (1036 f.); OLG München MDR 1957, 298; *Lindacher* JURA 1970, 705.
[661] Rosenberg/Schwab/Gottwald ZivilProzR § 131 Rn. 35; *Schilken* ZivilProzR Rn. 637; *Deubner* JuS 1962, 205; AK-ZPO/*Röhl* § 91a Rn. 36.
[662] So *Habscheid* FS Lent, 1957, 153 (169).

ist. Der Kläger hat an der Feststellung der Erledigung nur deshalb ein Interesse, weil davon eine für ihn günstige Kostenentscheidung abhängt. Die Erledigung ist dafür lediglich eine Vorfrage, an deren isolierter Entscheidung ein rechtliches Interesse des Klägers nicht anerkannt werden kann. Wer in einer Beschränkung des Klageantrages eine (teilweise) Klagerücknahme erblickt (→ Rn. 385), muss zu der Frage Stellung nehmen, ob nicht die Klageänderungstheorie bereits an der fehlenden Einwilligung des Beklagten scheitern muss. Schließlich muss der Klageänderungstheorie auch der Fall Schwierigkeiten bereiten, dass sich entgegen der Annahme des Klägers später herausstellt, dass das erledigende Ereignis überhaupt nicht eingetreten ist.

> **Beispiel:** Der Kläger, der auf Zahlung eines Werklohnes klagt, erklärt die Hauptsache für erledigt, weil er annimmt, eine vom Beklagten geleistete Zahlung solle zur Erfüllung seiner Werklohnforderung dienen. Der Beklagte bestreitet nach wie vor, dass er dem Kläger Werklohn schulde. Der von ihm überwiesene Geldbetrag solle eine andere von ihm nicht bestrittene Schuld tilgen.
>
> Ist eine Klageänderung vollzogen, dann endet damit regelmäßig die Rechtshängigkeit des ursprünglichen Antrags.[663] Stellt das Gericht fest, dass der Beklagte nicht die Werklohnforderung erfüllt hat, dann wäre die Feststellungsklage unbegründet. Der Kläger würde also mit dieser Klage abgewiesen werden und müsste wegen seiner Werklohnforderung erneut Klage erheben. Nur wenn man annähme, dass der Kläger hilfsweise neben dem neuen Antrag den bisherigen aufrechterhielte, könnte das Gericht auch über den alten Antrag entscheiden.

503 Alles das zeigt, dass die Umdeutung der einseitigen Erledigungserklärung in einen Antrag auf Klageänderung recht mühselig ausfällt. Es ist deshalb vorzuziehen, darauf zu verzichten, die einseitig gebliebene Erledigungserklärung unter ein in der ZPO geregeltes Rechtsinstitut zu bringen, und diese Erklärung als ein eigenständiges Institut des Zivilprozessrechts zu werten. Dabei ist allerdings zu berücksichtigen, dass insbesondere die Rechtsprechung anders entscheidet und dass es sich deshalb empfiehlt, in einer Klausur – trotz der gegen sie geltend gemachten Bedenken – der herrschenden Klageänderungstheorie zu folgen.

504 Bei dem Meinungsstreit um die Rechtsnatur einer einseitigen Erledigungserklärung darf indes die praktische Bedeutung nicht überbewertet werden. Zwar schließt die hier vertretene Auffassung nicht von vornherein aus, auch den Beklagten für berechtigt zu halten, einseitig die Hauptsache für erledigt zu erklären, eine Möglichkeit, die nach den anderen Theorien nicht in Betracht gezogen werden kann, weil die Erklärung einer Klageänderung, eines Verzichts oder einer Klagerücknahme dem Kläger vorbehalten ist, jedoch kann der Beklagte nicht einseitig das Gericht veranlassen, anstelle des vom Kläger gestellten Antrags über die Feststellung der Erledigung zu entscheiden, weil dies eine Dispositionsbefugnis über den Streitgegenstand voraussetzte, die dem Beklagten fehlt.[664] Er muss also nach allen vertretenen Meinungen dabei

---

[663] Zumindest manche Vertreter der Klageänderungstheorie gehen indes davon aus, dass die (einseitig erledigt erklärte) Hauptsache weiterhin rechtshängig bleibt; BGH NJW 1990, 2682; *Bergerfurth* NJW 1992, 1655 (1658); Musielak/Voit/*Flockenhaus* § 91a Rn. 29; Zöller/*Althammer* § 91a Rn. 34.
[664] BGH NJW 1994, 2363 (2364); 2002, 442; *Zimmermann*, ZPO-Fallrepetitorium für Studium und Vorbereitungsdienst, 10. Aufl. 2015, 174; *Rosenberg/Schwab/Gottwald* ZivilProzR § 131 Rn. 2 mwN auch zur Gegenauffassung.

bleiben, dass ein entsprechendes Vorbringen des Beklagten als Teil einer beiderseitigen Erledigungserklärung aufzufassen ist, bei deren Scheitern die Behauptung als Verteidigung gegen die Klage wirkt, weil damit zugleich der Beklagte die (weitere) Zulässigkeit oder Begründetheit der Klage verneint. Stellt das Gericht dann fest, dass ein Erledigungsereignis eingetreten ist, dann ist der vom Kläger weiterhin geltend gemachte Anspruch entweder nicht mehr zulässig oder unbegründet und die Klage ist abzuweisen.

### b) Die vom Gericht durchzuführende Prüfung

Wird vom Kläger die Erledigung des Rechtsstreits in der Hauptsache erklärt und widerspricht der Beklagte dieser Erklärung, dann muss das Gericht (und deshalb auch der Verfasser einer Richterklausur) feststellen, ob die Erledigung eingetreten ist. Da sich nur eine (zunächst) zulässige und begründete Klage in der Hauptsache erledigen kann, muss im Falle der einseitigen Erledigungserklärung – anders als bei der beiderseitigen (→ Rn. 482) – das Gericht zunächst klären, ob die **Klage** bis zum Eintritt des Erledigungsereignisses **zulässig und begründet** war. 505

Wird gegen den Beklagten eine unzulässige oder eine unbegründete Klage erhoben, dann kann er auf einem klageabweisenden Urteil bestehen. Dieses Recht ist ihm auch zuzubilligen, wenn nachträglich ein Ereignis eintritt, das gleichsam zusätzlich noch einmal die Klage unzulässig oder unbegründet macht. Deshalb ist der hM[665] zuzustimmen, die verlangt, dass der Eintritt des erledigenden Ereignisses nach Rechtshängigkeit liegen und bis zu diesem Zeitpunkt die Klage zulässig und begründet sein muss. 506

Die Frage, in welchem Zeitpunkt sich die Hauptsache erledigt, stellt sich, wenn der Beklagte nach Rechtshängigkeit die **Aufrechnung** mit einer Forderung erklärt, die der Klageforderung bereits vor Klageerhebung aufrechenbar gegenübergestanden hat. Mit dem Argument, aufgrund der Rückwirkung der Aufrechnung gem. § 389 BGB werde das erledigende Ereignis in die Zeit vor Rechtshängigkeit verlegt und das Erlöschen der Klageforderung im Zeitpunkt des Entstehens der Aufrechnungslage mache die Klage von Anfang an unbegründet, kann man dem Kläger das Recht absprechen, die Erledigung der Hauptsache zu erklären.[666] Dem widerspricht eine Gegenauffassung,[667] der sich auch der BGH[668] angeschlossen hat. Sie will die Rückwirkung der Aufrechnung lediglich als eine materiell-rechtliche Fiktion begreifen, die für die verfahrensmäßige Frage der Erledigung der Hauptsache bedeutungslos sei, und wertet deshalb die Aufrechnungserklärung als das erledigende Ereignis (ein vergleichbares Problem ergibt sich im Rahmen der Zwangsvollstreckung, → Rn. 1311 ff.). Der Unterschied beider Auffassungen wirkt sich bei der Kostenentscheidung aus. Hält man die Rückwirkung der Aufrechnung für maßgebend, dann muss die Klage kostenpflichtig als unbegründet abgewiesen werden. Wird dagegen in der Aufrechnungserklärung das erledigende Ereignis gesehen, dann obsiegt der Kläger und die Kosten sind dem Beklagten aufzuerlegen (→ Rn. 514). Der Gegensatz beider Auffassungen lässt sich im Ergebnis dadurch ausgleichen, dass man zwar auf die 507

---

[665] BGHZ 83, 12 (14) = NJW 1982, 1598; BGH NJW 1986, 588 (589); 1994, 2895; 2003, 3124; NJW-RR 1988, 1151, jew. mwN; *Knöringer* JuS 2010, 569 (574); Musielak/Voit/*Flockenhaus* § 91a Rn. 37 f.; Thomas/Putzo/*Hüßtege* § 91a Rn. 35 f.

[666] OLG Köln VersR 1995, 1070; OLG Hamm MDR 2000, 296 f.; OLG Koblenz BeckRS 2001, 31155396 = FamRZ 2002, 1129.

[667] BayObLG NJW-RR 2002, 373; OLG Düsseldorf NJW-RR 2001, 432; *Schneider* MDR 2000, 507; *Heistermann* NJW 2001, 3527; *Klein* NJW 2003, 16 (18); Stein/Jonas/*Bork* § 91a Rn. 42, § 91a Rn. 6.

[668] BGHZ 155, 392 (396 ff.) = NJW 2003, 3134 = JZ 2004, 414 mzustAnm *Wolf/Lange*; ebenfalls zust. *Billing* JuS 2004, 186; *Schröcker* NJW 2004, 2203.

Aufrechnungserklärung abstellt, ihr jedoch die Eignung für eine Erledigung abspricht, wenn der Kläger die Aufrechnungslage kannte oder kennen konnte und die Aufrechnung nicht aus Rechtsgründen ausgeschlossen gewesen ist, sodass für ihn wegen der Möglichkeit der Aufrechnung kein begründeter Anlass zur Klageerhebung bestand.[669] Die kostenmäßigen Vorteile einer Erledigungserklärung könnte dann nur ein Kläger in Anspruch nehmen, der eine Klage durch Aufrechnung nicht vermeiden konnte, während in einem solchen Fall der Beklagte darauf zu verweisen wäre, sich der Erledigungserklärung des Klägers anzuschließen, um eine Kostenentscheidung auf der Grundlage des § 91a zu erreichen.[670]

508 Ein gleiches Problem wie bei einer Aufrechnungserklärung nach Rechtshängigkeit ergibt sich, wenn sich der Beklagte während des Rechtsstreits auf die Verjährung der vom Kläger geltend gemachten Forderung beruft. Auch in diesem Fall hat der BGH den Standpunkt vertreten, die erstmalige Erhebung der Einrede der Verjährung während des Rechtsstreits stelle auch dann ein erledigendes Ereignis dar, wenn die Verjährung bereits vor Rechtshängigkeit eingetreten ist.[671]

509 Bestehende Zweifel, ob das erledigende Ereignis tatsächlich eingetreten ist, können den Kläger veranlassen, zunächst weiterhin an seinem Klageantrag festzuhalten und **hilfsweise** eine **einseitige Erledigungserklärung** abzugeben.[672] Während der umgekehrte Fall, die unbedingte Abgabe der Erledigungserklärung und die hilfsweise Aufrechterhaltung des ursprünglichen Klageantrages allgemein für zulässig angesehen wird (→ Rn. 513), ist es streitig, ob der Kläger nur hilfsweise (für den Fall der Klageabweisung) den Antrag stellen kann, die Erledigung der Hauptsache festzustellen.[673] Der BGH präzisiert den Inhalt eines solchen Antrags dahingehend, dass dem Gericht dadurch im Falle der Abweisung des Hauptantrages die Feststellung aufgegeben werde, die Klage sei bis zum Eintritt des erledigenden Ereignisses zulässig und begründet gewesen.[674] Eine solche Feststellung stellt eine notwendigerweise bei Entscheidung über den Hauptantrag zu beantwortende Vorfrage dar, die zum Gegenstand einer Zwischenfeststellungsklage gemacht werden kann (→ Rn. 1053 f.). Bei einer solchen Klage wird das rechtliche Interesse des Klägers an einer Feststellung damit begründet, dass er eine rechtskraftfähige Entscheidung des Gerichts über die Vorfrage, hier über die Zulässigkeit und Begründetheit der Klage bis zum Eintritt des erledigenden Ereignisses, erhält.[675] Allerdings ist zu bezweifeln, ob es dem Kläger überhaupt darauf ankommt, den Grund für die Erfolglosigkeit seines Hauptantrages feststellen zu lassen. Regelmäßig wird vielmehr sein Interesse darauf zielen,

---

[669] *Lindacher* LMK 2004, 13; *Althammer/Löhnig* NJW 2004, 3077 (3080).
[670] *Billing* JuS 2004, 188 weist zutreffend darauf hin, dass dann für die Kostenentscheidung gem. § 91a die Frage nach der Vermeidbarkeit der Klage ein maßgebendes Kriterium bilden muss.
[671] BGH NJW 2010, 2422 mwN auch zur Gegenauffassung.
[672] Eingehend dazu *Assmann* FS Merle, 2010, 39.
[673] Bejahend BGH NJW 1975, 539 (540); NJW-RR 1998, 1571 (1572 f.); *Becker-Eberhard* FG BGH, 2000, 273 (300 ff.); *Knöringer* JuS 2010, 569 (572 f.); *Bergerfurth* NJW 1992, 1655 (1660); BLAH/*Hartmann* § 91a Rn. 76; verneinend BGH NJW 1989, 2885 (2886 f.); NJW-RR 2006, 1378 Rn. 20; *Deubner* JuS 2007, 230 (232); MüKoZPO/*Schulz* § 91a Rn. 80; Prütting/Gehrlein/*Hausherr* § 91a Rn. 71; Stein/Jonas/*Bork* § 91a Rn. 19; Musielak/Voit/*Flockenhaus* § 91a Rn. 31; Zöller/*Althammer* § 91a Rn. 35.
[674] BGH NJW-RR 1998, 1571 (1572 f.); 2006, 1378 Rn. 20; 2011, 621 Rn. 23.
[675] *Becker-Eberhard* FG BGH, 2000, 273 (303 f.).

## II. Erledigungserklärung

eine für ihn günstige Kostenentscheidung zu erreichen, wenn er mit dem Hilfsantrag obsiegt (vgl. § 92 I 1).[676] Nur wenn man ein solches Interesse für ausreichend hält[677] oder wenn im Einzelfall ein über die Kostenfrage hinaus reichendes Feststellungsinteresse des Klägers besteht (→ Rn. 513), lässt sich die Zulässigkeit einer hilfsweisen Erledigungserklärung bejahen.

Ist das **erledigende Ereignis vor Rechtshängigkeit eingetreten,** dann muss der Kläger die Klage zurücknehmen und erreicht auf diese Weise gem. § 269 III 3 eine gleiche Entscheidung über die Kosten wie bei einer beiderseitigen Erledigungserklärung (→ Rn. 472 f.). Die durch das 1. JuMoG bewirkte Änderung des § 269 III hat einen zuvor geführten Meinungsstreit erledigt, der sich auf die Frage bezog, ob aus Billigkeitsgründen auch dann eine Erledigung der Hauptsache angenommen werden könnte, wenn das erledigende Ereignis zwischen Erhebung und Zustellung der Klage oder noch davor stattgefunden hat. 510

Diese Frage kann jedoch auch weiterhin bedeutsam werden, wenn der Kläger erst nach Beginn der mündlichen Verhandlung von der Erledigung der Hauptsache erfährt und wenn man in diesem Fall für eine Klagerücknahme die Einwilligung des Beklagten verlangt. Das Erfordernis einer Einwilligung gem. § 269 I wird jedoch mit der Begründung in Zweifel gezogen, dass nach dem Sinn der in § 269 III 3 getroffenen Regelung ein Einfluss des Beklagten auf die Klagerücknahme ausgeschlossen werden müsse.[678] Für diese durch eine teleologische Reduktion des § 269 I (→ GK BGB Rn. 1169) zu rechtfertigende Auffassung spricht, dass sie auf einem einfachen Weg regelmäßig zu einer billigen Lösung führt. Folgt man ihr dennoch nicht, weil eine entsprechende Ausnahme von dem Einwilligungserfordernis im Gesetz fehlt, dann bleibt für den Kläger nur die Alternative, die Klage zu ändern und anstelle der bisherigen Klageforderung Ersatz der Prozesskosten als Verzugsschaden geltend zu machen. Die Sachdienlichkeit einer solchen Klageänderung gem. § 263 wäre regelmäßig zu bejahen.[679] 511

Da sich eine Klage, die bereits vor Eintritt des (behaupteten) Erledigungsereignisses unzulässig oder unbegründet gewesen ist, nicht in der Hauptsache erledigen kann, muss sie mit der Kostenfolge des § 91 abgewiesen werden. Nach der (herrschenden) Klageänderungstheorie kann sich diese Klageabweisung nicht auf die geänderte ursprüngliche Klage beziehen, sondern nur auf die nunmehr erhobene Feststellungsklage.[680] Nur wenn das Gericht die (ursprüngliche) Zulässigkeit und Begründetheit der Klage feststellt, kann es deshalb darauf ankommen, ob das **Erledigungsereignis** eingetreten ist. 512

Regelmäßig wird sich der Beklagte nur deshalb gegen die vom Kläger behauptete Erledigung des Rechtsstreits in der Hauptsache wenden, weil er auch vorher schon die Klage nicht für zulässig oder nicht für begründet angesehen hat und er deshalb die Abweisung der Klage wünscht. In diesem Fall kann der Eintritt des Erledigungsereignisses unstreitig sein. Es ist jedoch nicht auszuschließen, dass die Parteien darüber streiten, ob das Erledigungsereignis tatsächlich stattgefunden hat. Gelangt das Gericht zu dem Ergebnis, dass dies nicht der Fall ist, dann hängt das weitere Vorgehen davon ab, welche Auffassung man hinsichtlich der 513

---

[676] *Knöringer* JuS 2010, 569 (572 f.).
[677] So BGH NJW-RR 1998, 1571 (1572 f.).
[678] *Fritsche-Brandt* JA 2008, 365.
[679] Vgl. *Musielak* JuS 2002, 1203 (1205); BGH NJW-RR 2011, 618 Rn. 20.
[680] *Deppert* FS Wenzel, 2005, 23 (32).

Rechtsnatur der einseitigen Erledigungserklärung vertritt. Die Klageänderungstheorie muss folgerichtig den auf Feststellung der Erledigung gerichteten Antrag des Klägers durch Endurteil abweisen und die Frage, was mit dem ursprünglichen Klageantrag zu geschehen hat, davon abhängig sein lassen, ob der Kläger diesen Antrag hilfsweise aufrechterhalten hat.[681] Ist dies der Fall, dann ist die Klage mit ihrem ursprünglichen Antrag erfolgreich, weil das Gericht ihre Zulässigkeit und Begründetheit festgestellt hat und sich daran mangels eines Erledigungsereignisses nichts änderte. Nach anderer Auffassung handelt es sich bei dem Streit der Parteien um den Eintritt des erledigenden Ereignisses um einen Zwischenstreit iSd § 303, der folglich auch durch ein Zwischenurteil entschieden werden kann, wenn die Hauptsache noch nicht entscheidungsreif ist.[682] Allerdings kann das Gericht die Feststellung, dass sich die Hauptsache nicht erledigt hat, auch im Endurteil treffen (→ Rn. 877).

514 Kommt das Gericht zu dem Ergebnis, dass nach Rechtshängigkeit ein erledigendes Ereignis eingetreten ist, das die zunächst zulässige und begründete Klage unzulässig oder unbegründet macht, dann hat es durch Endurteil die entsprechende Feststellung zu treffen, also auszusprechen, dass sich der Rechtsstreit in der Hauptsache erledigt hat. In diesem Fall sind die Kosten dem Beklagten gem. § 91 I aufzuerlegen, weil er der Erledigung widersprochen hat und somit unterliegt.[683] Von einer Erledigung kann allerdings nur ausgegangen werden, wenn durch das Ereignis die Klage gegenstandslos geworden ist. Allein der Umstand, dass die klagende Partei ihr wirtschaftliches Interesse an der Durchsetzung der von ihr verfolgten Ansprüche verloren hat, kann im Zivilprozess nicht als ein Ereignis gewertet werden, das die Klage gegenstandslos werden lässt.[684]

515 Bei dem die Erledigung aussprechenden Urteil handelt es sich nicht um ein Prozessurteil,[685] sondern um ein Sachurteil.[686] Durch dieses Urteil wird festgestellt, dass sich der vom Kläger geltend gemachte Anspruch während des Rechtsstreits erledigt hat, sodass die Rechtskraft dieses Urteils entgegensteht, wenn der Kläger denselben Anspruch erneut zum Gegenstand einer Klage machen wollte.[687]

516 Allerdings ist es fraglich, ob sich die Rechtskraft dieses Urteils auch auf den ursprünglichen Bestand des erledigten Anspruchs erstreckt. Diese Frage spielt zB dann eine Rolle, wenn der mit der Feststellungsklage obsiegende Kläger durch eine neue Klage einen Verzugsschaden wegen der verspäteten Erfüllung dieses Anspruchs geltend macht.[688] Überwiegend wird die Auffassung vertreten, das die Erledigung

---

[681] OLG Nürnberg NJW-RR 1989, 444 (445); *Bergerfurth* NJW 1992, 1655 (1659 f.); vgl. dazu auch BGH NJW 1994, 2363 (2364); 2002, 442; OLG Nürnberg NJW-RR 1989, 444; *Schlosser* ZivilProzR I Rn. 144; Musielak/Voit/*Flockenhaus* § 91a Rn. 29; Stein/Jonas/*Bork* § 91a Rn. 39; Zöller/*Althammer* § 91a Rn. 34 f.; Thomas/Putzo/*Hüßtege* § 91a Rn. 32.
[682] Rosenberg/Schwab/Gottwald ZivilProzR § 131 Rn. 41.
[683] HM, vgl. BGHZ 83, 12 (16) = NJW 1982, 1598; *Becker-Eberhard* FG BGH, 2000, 297; Musielak/Voit/*Flockenhaus* § 91a Rn. 45 mwN; anders *Rosenberg/Schwab/Gottwald* ZivilProzR § 131 Rn. 43: Die vor Erledigung entstandenen Kosten sollen analog § 91a verteilt werden; die übrigen Kosten trägt nach § 91 der Beklagte.
[684] BGH NJW-RR 2006, 544 (545).
[685] *Bruns,* Zivilprozessrecht, 2. Aufl. 1979, Rn. 147a.
[686] BGH NJW 1968, 2243; Stein/Jonas/*Bork* § 91a Rn. 53; Musielak/Voit/*Flockenhaus* § 91a Rn. 41.
[687] *Knöringer* JuS 2010, 569 (575).
[688] *Grunsky* FS Schwab, 1990, 165 (178).

## II. Erledigungserklärung

aussprechende Urteil stelle die Zulässigkeit und Begründetheit der ursprünglichen Klage und damit das Bestehen des Anspruchs bis zu seiner Erledigung rechtskräftig fest.[689] Auf der Grundlage der Klageänderungstheorie ist dies jedoch nicht überzeugend, denn die Rechtskraft bezieht sich auf den Streitgegenstand (→ Rn. 1043) und den Gegenstand der geänderten Klage bildet nicht mehr der Bestand des ursprünglichen Anspruchs, sondern die Feststellung seiner Erledigung. Zulässigkeit und Begründetheit der bisherigen Klage sind somit lediglich Vorfragen im Prozess um die Erledigung, die nicht von der Rechtskraft des Urteils erfasst werden.[690] Aber auch nach allen anderen Theorien zur Rechtsnatur der einseitigen Erledigungserklärung (→ Rn. 500) gilt das Gleiche. Denn auch nach diesen Theorien stellt der Bestand der ursprünglichen Klageforderung nur eine Vorfrage im Verfahren dar, das auf die Feststellung der Erledigung zielt.

### c) Hinweise für die schriftliche Bearbeitung

Aus den vorstehenden Ausführungen ergibt sich, dass bei einer klausurmäßigen Bearbeitung in Fällen einseitiger Erledigungserklärungen zunächst die **Zulässigkeit** des vom Kläger gestellten Antrags auf Feststellung der Erledigung zu prüfen ist. Im Rahmen dieser Prüfung sind die folgenden Fragen zu beantworten:

**517**

(1) Hat der Kläger einseitig die Hauptsache für erledigt erklärt?

Diese Frage ist eventuell durch Auslegung zu ermitteln (→ Rn. 498). So kann zB eine Klagerücknahme in eine einseitige Erledigungserklärung umgedeutet werden.[691]

(2) Ist die Erklärung wirksam?

Auch die einseitige Erledigungserklärung stellt eine Parteiprozesshandlung dar, sodass die Prozesshandlungsvoraussetzungen erfüllt sein müssen (→ Rn. 309). Die Erklärung muss in der mündlichen Verhandlung abgegeben worden sein, da die Regelung des § 91a I 1 nicht anwendbar ist und deshalb am Grundsatz der Mündlichkeit (→ Rn. 216) festgehalten werden muss.

(3) Nach der herrschenden Klageänderungstheorie: Ist die Klageänderung zulässig?

Überwiegend wird § 264 Nr. 2 angewendet, sodass danach die vom Kläger vorgenommene Änderung seines Antrags nicht zu beanstanden ist.

(4) Prüfung weiterer (in Betracht zu ziehender) Sachurteilsvoraussetzungen (→ Rn. 278).

Bei Anwendung der Klageänderungstheorie ist auf die Frage nach dem Feststellungsinteresse des Klägers einzugehen (→ Rn. 130, 267).

Ist die Zulässigkeit des klägerischen Antrags (der Klage) zu bejahen, dann ist die **Begründetheit** zu prüfen. Folgende Fragen sind zu klären:

---

[689] *Rosenberg/Schwab/Gottwald* ZivilProzR § 131 Rn. 40; Stein/Jonas/*Bork* § 91a Rn. 54; Musielak/Voit/*Flockenhaus* § 91a Rn. 46; Prütting/Gehrlein/*Hausherr* § 91a Rn. 60.
[690] *Deppert* FS Wenzel, 2005, 33; *Grunsky* FS Schwab, 1990, 178 f.
[691] Vgl. BGH NJW 2007, 1460 Rn. 11.

(1) War die Klage bis zum (behaupteten) Eintritt des Erledigungsereignisses zulässig und begründet?

> Nur eine zulässige und begründete Klage kann sich in der Hauptsache erledigen (→ Rn. 506). Gelangt das Gericht zu einem negativen Ergebnis, ist die Klage als unzulässig oder unbegründet abzuweisen.

(2) Ist das Erledigungsereignis nach Rechtshängigkeit eingetreten?

> Wird festgestellt, dass sich die Hauptsache nicht erledigt hat, dann ist der Antrag unbegründet. Nach der Klageänderungstheorie hat dies zur Folge, dass die (geänderte) Klage als unbegründet abgewiesen werden muss. Es kommt dann darauf an, ob der ursprüngliche Antrag hilfsweise aufrechterhalten worden ist (→ Rn. 513). Nach der hier vertretenen Meinung (→ Rn. 503) nimmt dagegen das Verfahren zur Entscheidung über den (ursprünglichen) Sachantrag des Klägers ohne Weiteres seinen Fortgang. In den Gründen des Endurteils (auch ein Zwischenurteil kann erlassen werden) ist festzustellen, dass das Erledigungsereignis nicht eingetreten ist.

## III. Prozessvergleich

### 1. Allgemeines

518 Die Parteien können ihren Streit durch einen vor Gericht geschlossenen Vergleich gütlich beilegen und dadurch vermeiden, dass vom Gericht eine streitige Entscheidung erlassen werden muss. Zu diesem Zweck geht der mündlichen Verhandlung nach § 278 II eine Güteverhandlung voraus, zu der die Parteien persönlich zu laden sind (→ Rn. 178). Überdies hat der Richter in jeder Lage des Verfahrens auf eine gütliche Beilegung des Rechtsstreits oder einzelner Streitpunkte bedacht zu sein (§ 278 I). Der Richter sollte dabei die **Vorteile eines Vergleichs** aufzeigen und unter anderem darauf hinweisen, dass auf diese Weise Zeit, Nerven und auch Kosten (insbesondere einer dann überflüssig werdenden Beweisaufnahme) gespart werden können. Auch der psychologische Vorteil, dass es anders als bei einem Urteil keinen Sieger und keinen Besiegten gibt, ist insbesondere dann bedeutsam, wenn die Parteien beispielsweise als Nachbarn oder Mitgesellschafter weiterhin zusammenleben müssen. Weitere Vorteile eines Vergleichs gegenüber einem Urteil bestehen darin, dass die Parteien ihre Rechtsverhältnisse über den Streitgegenstand hinaus umfassend regeln und auch weitere Personen, die am Verfahren nicht beteiligt sind, in ihre Regelung einbeziehen können (→ Rn. 526).

> **Beispiel:** In einem Rechtsstreit zweier Gesellschafter einer OHG zeigt sich, dass der Grund für ihre Meinungsverschiedenheiten in einer unklaren Bestimmung des Gesellschaftsvertrages liegt. In einem Vergleich – anders als bei einer Entscheidung durch ein Urteil – ist es möglich, auch die weiteren Gesellschafter zu beteiligen und gemeinsam die unklare Bestimmung im Gesellschaftsvertrag zu ändern.

III. Prozessvergleich                                                                                  191

Trotz dieser Vorzüge eines Vergleichs sollte der Richter niemals die Parteien zu  519
einer gütlichen Einigung drängen.⁶⁹² Wenn die Parteien nur deshalb einen Vergleich
schließen, weil sie befürchten, sich sonst das Wohlwollen des Gerichts zu verscherzen, dann wird dadurch kein sachgerechter Ausgleich der Meinungsverschiedenheiten herbeigeführt, sondern nur Unzufriedenheit geschaffen. Der Richter sollte nur
vergleichsbereiten Parteien einen Vergleichsvorschlag unterbreiten und insbesondere den Verdacht vermeiden, den mit einem Urteil verbundenen Arbeitsaufwand
vermeiden zu wollen.⁶⁹³ Erst recht sollte er keinen Druck auf eine nicht vergleichsbereite Partei ausüben, um sie zu einem Vergleich zu zwingen.⁶⁹⁴

Der Prozessvergleich ist im Gesetz nicht umfassend geregelt, sondern wird als  520
Rechtsinstitut vorausgesetzt. Nach § 794 I Nr. 1 ist der Prozessvergleich ein Vollstreckungstitel (→ Rn. 1119, 1131). § 160 III Nr. 1 bestimmt, dass der Prozessvergleich
im Protokoll „festzustellen", dh wörtlich aufzunehmen ist (vgl. auch § 162 I). Aus diesen Vorschriften und aus der ergänzend heranzuziehenden Regelung des materiellen
Rechts in § 779 BGB lassen sich jedoch die meisten Voraussetzungen ableiten, die für
ein wirksames Zustandekommen des Prozessvergleichs erfüllt sein müssen (dazu sogleich). Dem Vergleich kommt eine Doppelnatur zu; er ist zugleich privatrechtlicher
Vertrag und Prozessvertrag (zum Begriff → Rn. 103).

Diese **Theorie von der Doppelnatur** des Prozessvergleichs wird heute fast allgemein vertre-  521
ten.⁶⁹⁵ Die Lehre vom Doppeltatbestand, nach der privatrechtlicher Vergleich und abstrakter
Prozessbeendigungsvertrag isoliert nebeneinander stehen, kann heute ebenso als überwunden angesehen werden wie die im älteren Schrifttum vertretene Auffassung des Prozessvergleichs als eines privatrechtlichen Vergleichs im prozessualen Gewand und mit prozessualen
Wirkungen.

## 2. Voraussetzungen und Wirkungen

Aus § 160 III Nr. 1, § 794 I Nr. 1 und aus § 779 BGB sowie aus der Rechtsnatur des  522
Prozessvergleichs lassen sich die Voraussetzungen ableiten, die erfüllt sein müssen,
damit ein gültiger Prozessvergleich zustande kommt.

---

⁶⁹² Vgl. dazu *Knauss* ZRP 2009, 206.
⁶⁹³ Dass in der Praxis nicht selten Druck auf die Parteien ausgeübt wird, um sie zu einem Prozessvergleich zu veranlassen, zeigt eine rechtstatsächliche Untersuchung, die in der Schweiz
durchgeführt worden ist, deren Ergebnisse sich aber auch auf deutsche Gerichte übertragen
lassen; vgl. *Egli*, Vergleichsdruck im Zivilprozess, 1996.
⁶⁹⁴ Das BAG NZA 2010, 1250 Rn. 25 f. hat die Wirksamkeit einer Anfechtung gem. § 123 I
Alt. 2 BGB bejaht, weil eine Partei widerrechtlich durch Drohung des Vorsitzenden Richters
zum Abschluss eines Prozessvergleichs bestimmt worden war.
⁶⁹⁵ BGHZ 79, 71 (74) = NJW 1981, 823; BGH NJW 1985, 1962 (1963); 2000, 1942 (1943);
*Rosenberg/Schwab/Gottwald* ZivilProzR § 130 Rn. 32; *Eisenreich* JuS 1999, 797, jew. mwN. Zu
diesem Theoriestreit *Lindacher* FG BGH, 2000, 253 (254 ff.).

**523**  Im Einzelnen sind dies folgende Voraussetzungen:

(1) Es muss den Anforderungen genügt werden, die sich aus dem Prozessrecht für Prozesshandlungen (→ Rn. 156 ff.) und aus dem materiellen Recht für Verträge ergeben.
(2) Der Prozessvergleich muss vor einem deutschen Gericht während eines anhängigen Verfahrens geschlossen werden.
(3) Er muss zwischen den Parteien vereinbart werden.
(4) Der Prozessvergleich muss den Streitgegenstand zumindest in abgrenzbaren Teilen betreffen und die Parteien müssen befugt sein, über den Streitgegenstand zu disponieren.
(5) Die Parteien müssen eine Vereinbarung treffen, die ein gegenseitiges Nachgeben gegenüber ihrem Begehren im Prozess bedeutet.
(6) Die Vorschriften über die Form müssen beachtet werden.

**524**  Zu diesen Voraussetzungen ist Folgendes zu bemerken:

Im **Anwaltsprozess** (→ Rn. 45) gilt auch für den Prozessvergleich der Anwaltszwang. Nach zutreffender Auffassung des BGH ist aber für Dritte eine Ausnahme zuzulassen, die neben den Parteien den Prozessvergleich schließen.[696] Wird der Prozessvergleich vor einem beauftragten oder ersuchten Richter (zum Begriff → Rn. 166) geschlossen, verneint die hM einen Anwaltszwang.[697]

**525**  Der Prozessvergleich muss **vor** einem **deutschen Gericht** geschlossen werden (vgl. § 794 I Nr. 1). Gericht in diesem Sinne ist nicht nur das Prozessgericht oder der beauftragte oder ersuchte Richter, sondern auch ein anderes Gericht, das mit dem Gegenstand des Prozessvergleichs befasst wird. Auf die Zuständigkeit des Gerichts kommt es dabei nicht an, da dem Gericht keine streitentscheidende Funktion zukommt. Da der Prozessvergleich bezweckt, einen Rechtsstreit gütlich beizulegen, kann er grundsätzlich nur während eines anhängigen Verfahrens zustande kommen. Dieses Verfahren kann aber auch – wie sich aus § 492 III ergibt – ein selbstständiges Beweisverfahren (→ Rn. 868 ff.) oder ein Verfahren auf Gewährung von Prozesskostenhilfe sein (vgl. § 118 I 3).[698]

**526**  Da durch den Prozessvergleich der Rechtsstreit in dem von ihm erfassten Umfang beendet wird, müssen notwendigerweise an ihm Kläger und Beklagter mitwirken. In Fällen einfacher **Streitgenossen** (→ Rn. 429) ist es jedoch nicht erforderlich, dass alle Streitgenossen an dem Vergleich beteiligt werden; vielmehr ist es möglich, dass der einzelne Streitgenosse mit dem Gegner einen Vergleich schließt und der Prozess mit den anderen Streitgenossen fortgesetzt wird (vgl. § 61). Dies gilt jedoch nicht für die notwendige Streitgenossenschaft wegen der in diesem Fall zwingenden Einheitlichkeit der Entscheidung (→ Rn. 432). Entgegen dem insoweit unklaren Wortlaut des § 794 I Nr. 1 ist also ein Prozessvergleich zwischen nur einer Partei und einem Dritten nicht zulässig. Dagegen können bisher am Rechtsstreit **nicht beteiligte Personen** neben den Parteien einen Prozessvergleich schließen (vgl. dazu das Beispiel → Rn. 518).

---

[696] BGHZ 86, 160 (163 ff.) = NJW 1983, 1433; aA *Bergerfurth* JR 1983, 371; *Lindacher* FG BGH, 2000, 253 (267 f.).
[697] OLG Düsseldorf NJW 1975, 2298 mzustAnm *Jauernig*; Stein/Jonas/*Münzberg* § 794 Rn. 24; Musielak/Voit/*Lackmann* § 794 Rn. 8.
[698] LG Lüneburg NJW-RR 2003, 1506. Das Gericht weist zutreffend darauf hin, dass auch ein Vergleich gem. § 278 VI (→ Rn. 283) im Prozesskostenhilfeverfahren geschlossen werden kann.

## III. Prozessvergleich

Die den Rechtsstreit beendende Wirkung des Prozessvergleichs bedingt auch, dass er in jedem Fall abgrenzbare Teile des Streitgegenstandes erfassen muss und dass sein Gegenstand zur Disposition der Parteien steht (→ Rn. 205). Deshalb kann beispielsweise über die Scheidung einer Ehe kein Vergleich geschlossen werden. Den Parteien ist es aber nicht verwehrt, zusätzlich in einem inneren Zusammenhang mit dem Rechtsstreit stehende Punkte in den Vergleich aufzunehmen, um auf diese Weise auch noch andere zwischen ihnen streitige Fragen zu klären.[699]

527

Aus dem Begriff des Vergleichs, wie er in § 779 BGB beschrieben wird, leitet die hM ab, dass die Parteien auch bei einem Prozessvergleich ihren Streit oder ihre Ungewissheit über ein Rechtsverhältnis durch gegenseitiges Nachgeben beseitigen müssen,[700] während eine Gegenauffassung auf dieses Erfordernis mit der Begründung verzichten will, der materiell-rechtliche Teil eines Prozessvergleichs könne auch in einem Feststellungsvertrag bestehen.[701] Praktische Bedeutung kommt jedoch diesem Meinungsstreit kaum zu, weil die hM ein Nachgeben bereits in der Aufgabe des jeder Partei zustehenden Rechts auf ein Urteil sieht; ein Nachgeben in der Sache ist danach nicht erforderlich.[702]

528

Der Prozessvergleich muss in der für das Verfahren des Gerichts vorgeschriebenen Form zustande kommen; wird er vor dem erkennenden Gericht geschlossen, dann ist er in der mündlichen Verhandlung zu erklären und in das Sitzungsprotokoll oder in eine Anlage davon aufzunehmen (§ 160 III Nr. 1, V).[703] Das Protokoll muss den Beteiligten zur Genehmigung vorgelesen oder zur Durchsicht vorgelegt oder bei einer vorläufigen Aufzeichnung durch Tonträger vorgespielt werden (§ 162 I; → Rn. 186) und vom Vorsitzenden sowie bei einer Führung durch den Urkundsbeamten der Geschäftsstelle auch von diesem unterschrieben werden (§ 163 I 1). Ein Verstoß gegen diese Formvorschriften führt zur Unwirksamkeit der Vereinbarung als Prozessvergleich (→ Rn. 533).[704] Der in gehöriger Form geschlossene Prozessvergleich ersetzt eine nach materiellem Recht vorgeschriebene notarielle Beurkundung (vgl. § 127a BGB). Werden die Vereinbarungen der Parteien infolge eines Irrtums des Richters falsch protokolliert, dann kommt es darauf an, auf welchem Wege eine Korrektur des Fehlers vorzunehmen ist. Hat der Richter abweichend von den Parteivereinbarungen den Inhalt des Vergleichs in das Protokoll diktiert und wurde dieser (falsche) Inhalt den Parteien vorgelesen und von diesen irrtümlich genehmigt, dann kommt eine Protokollberichtigung nach § 164 nicht in Betracht, weil das Protokoll den Ablauf der Verhandlung richtig wiedergibt und somit nicht falsch ist.[705] Zu erwägen ist, eine Berichtigung in analoger Anwendung des § 319 vorzunehmen.[706] Vorzuziehen ist eine Anfechtung der fehlerhaften Willenserklärung, die in

529

---

[699] BGH NJW 2011, 3451 Rn. 9 mAnm *Zimmer*.
[700] BGHZ 39, 60 (62) = NJW 1963, 637; *Schilken* ZivilProzR Rn. 645; *Schultheiß* JuS 2015, 318 (319).
[701] *Grunsky*, Grundlagen des Verfahrensrechts, 2. Aufl. 1974, § 3 III 2 (S. 97).
[702] *Rosenberg/Schwab/Gottwald* ZivilProzR § 130 Rn. 20; Stein/Jonas/*Münzberg* § 794 Rn. 15. Vgl. aber OLG München MDR 1985, 327: kein Vergleich, wenn nur die Folgen einer Klagerücknahme vereinbart werden.
[703] Der BGH NJW 2011, 3451 Rn. 15 f. weist daraufhin, dass die Pflicht des Gerichts zur Protokollierung des Vergleichs nur insoweit besteht, als durch den Vergleich der Streitgegenstand des Verfahrens teilweise oder abschließend geregelt wird. Soweit die Einigung der Parteien noch weitere in einem inneren Zusammenhang mit dem Streitgegenstand stehende Punkte umfasst, stehe es im pflichtgemäßen Ermessen des Gerichts, ob und in welchem Umfang es die Einigung als gerichtlichen Vergleich protokolliert.
[704] BGH NJW 1984, 1465 (1466); OLG Hamm MDR 2000, 350; OLG Naumburg FamRZ 2007, 1178; *Eisenreich* JuS 1999, 797 (799); Musielak/Voit/*Lackmann* § 794 Rn. 10 mwN.
[705] *Reither* JuS 2017, 125 (126).
[706] Abl. *Reither* JuS 2017, 125 (126).

der Genehmigung des falsch aufgenommenen Inhalts des Vergleichs liegt, wegen Erklärungsirrtums (§ 119 I Alt. 2 BGB → GK BGB Rn. 375).[707]

530 Die Vorschrift des § 278 VI ermöglicht es, einen **gerichtlichen Vergleich in einem schriftlichen Verfahren** zu schließen.[708] Der Vergleichsvorschlag, der sowohl vom Gericht als auch von den Parteien vorgelegt werden kann, bedarf der Schriftform[709] und muss von dem Prozessbevollmächtigten der Parteien abgegeben werden.[710] Die Annahme eines gerichtlichen Vergleichsvorschlags hat durch einen bestimmenden Schriftsatz (→ Rn. 144) zu erfolgen; mündliche oder telefonische Vorschläge oder Annahmen genügen der Form nicht.[711] Das Gericht hat festzustellen, ob sich die Parteien über einen Vergleichsvorschlag geeinigt haben und ob ein Vergleichsvorschlag der Parteien den zu stellenden Anforderungen entspricht (→ Rn. 523), insbesondere ob sein Inhalt mit Gesetz und Recht vereinbar ist, zB nicht gegen ein gesetzliches Verbot oder die guten Sitten verstößt.[712] Gelangt das Gericht zu einem positiven Ergebnis, dann stellt es das Zustandekommen und den Inhalt des Vergleichs durch einen Beschluss fest. Dieser Beschluss hat lediglich deklaratorische Wirkung; der Vergleich kommt mit bindender Wirkung in dem Zeitpunkt zustande, in dem beide Parteien ihr Einverständnis mit dem Inhalt des Vergleichs dem Gericht mitgeteilt haben.[713]

531 Der Gesetzgeber versteht diesen Beschluss als ein Surrogat für die sonst erforderliche Protokollierung[714] und erklärt folgerichtig die für Protokollberichtigungen maßgebliche Vorschrift des § 164 für entsprechend anwendbar (§ 278 VI 3). Damit ist zugleich ein Weg aufgezeigt, wie sich eine Partei gegen eine nach ihrer Auffassung fehlerhafte Feststellung des Vergleichs wenden kann. Sie muss einen Antrag auf Berichtigung stellen und darlegen, in welchen Punkten sie eine Korrektur wünscht. Lehnt das Gericht die beantragte Berichtigung ab, dann kann die Partei sofortige Beschwerde nach § 567 I Nr. 2 einlegen.[715] Fehler, die in einer Protokollberichtigung korrigiert werden können, sind von anderen zu unterscheiden, die nicht mit einer fehlerhaften Protokollierung zusammenhängen und zur Unwirksamkeit des Vergleichs führen. Streiten die Parteien über solche Unwirksamkeitsgründe, dann ist dieser Streit in gleicher Weise zu entscheiden wie bei anderen Prozessvergleichen auch, regelmäßig also im Rahmen einer Fortsetzung des Rechtsstreits (→ Rn. 537).[716] Durch eine sofortige Beschwerde ist die richterliche Entscheidung anzufechten, den Beschluss nach § 278 VI 2 nicht zu erlassen, weil es der Auffassung ist, dass der Vergleich nicht wirksam zu Stande gekommen sei.[717]

---

[707] *Reither* JuS 2017, 125 (126).
[708] Vgl. dazu OLG Karlsruhe NJW-RR 2011, 7 = FamRZ 2011, 314 (315 f.); *Siemon* NJW 2011, 426.
[709] Musielak/Voit/*Foerste* § 278 Rn. 17; HK-ZPO/*Saenger* § 278 Rn. 22.
[710] *Foerste* NJW 2001, 3103 (3105); *Knauer/Wolf* NJW 2004, 2857 (2859 Fn. 42).
[711] OLG Hamm NJW-RR 2012, 882 mwN.
[712] Darauf wird ausdrücklich im Bericht des Rechtsausschusses des Deutschen Bundestages zum 1. JuMoG (BT-Drs. 15/3482, 17) verwiesen.
[713] OLG Hamm NJW 2011, 1373; OLG Karlsruhe NJW-RR 2011, 7 = FamRZ 2011, 314 (315 f.).
[714] *Abramenko* NJW 2003, 1356, unter Hinweis auf die Gesetzesbegründung.
[715] Zu Einzelheiten vgl. *Abramenko* NJW 2003, 1357 f.
[716] OLG Hamm NJW-RR 2012, 882; *Knauer/Wolf* NJW 2004, 2859; Musielak/Voit/*Foerste* § 278 Rn. 18; Zöller/*Greger* § 278 Rn. 25; aA *Schlosser* FS Schumann, 2001, 389 (401): Beschluss beendet das Verfahren, sodass Fragen der Wirksamkeit des Vergleichs in einem neuen Rechtsstreit geklärt werden müssen.
[717] *Knauer/Wolf* NJW 2004, 2859.

III. Prozessvergleich

Aufgrund seiner Doppelnatur entfaltet ein Prozessvergleich Wirkungen sowohl in materiell-rechtlicher als auch in prozessrechtlicher Hinsicht. Materiellrechtlich ist der Prozessvergleich ein Feststellungsgeschäft, durch das unabhängig von der wirklichen Rechtslage bestimmt wird, was zwischen den Parteien rechtens ist.[718] Die prozessualen Wirkungen des Prozessvergleichs bestehen in erster Linie darin, dass durch ihn der Rechtsstreit (ganz oder teilweise) beendet wird, er also die Rechtshängigkeit beseitigt (vgl. auch §§ 81, 83: „Beseitigung des Rechtsstreits durch Vergleich").[719] Ist vor Abschluss des Vergleichs bereits ein (noch nicht rechtskräftiges) Urteil ergangen, so wird es in entsprechender Anwendung des § 269 III 1 wirkungslos.[720] Sofern der Prozessvergleich einen vollstreckungsfähigen Inhalt hat, stellt er einen Vollstreckungstitel dar (§ 794 I Nr. 1).

532

Besonderheiten weist der Vergleich in einem Musterfeststellungsverfahren (→ Rn. 300a) auf: Dieser Vergleich betrifft nicht nur die Parteien des Verfahrens, also den Verbraucherverband und den beklagten Unternehmer, sondern auch die Verbraucher, die ihre Ansprüche im Klageregister angemeldet haben, denn der Vergleich soll Leistungen an angemeldete Verbraucher vorsehen, wenn diese ihre Anspruchsberechtigung in der im Vergleich festgelegten Form nachweisen, § 611 II. Wegen dieser Besonderheit bedarf der Vergleich nach § 611 III der Genehmigung des Gerichts. Dieses prüft die Angemessenheit des Vergleichs. Soweit es den Vergleich genehmigt, geschieht dies durch einen unanfechtbaren Beschluss. Über die Anfechtbarkeit im Falle der Versagung der Genehmigung schweigt das Gesetz. Sie wird ebenfalls keinem Rechtsbehelf unterliegen.

532a

Auch wenn der Vergleich genehmigt wurde, haben die angemeldeten Verbraucher die Möglichkeit, ihren Austritt aus dem Vergleich zu erklären, § 611 IV. Wirksam wird der Vergleich nur dann, wenn weniger als 30% der angemeldeten Verbraucher den Austritt erklärt haben und das Gericht das Wirksamwerden festgestellt hat. Die Wirkung des Vergleichs tritt dann nur für diejenigen ein, die nicht ausgetreten sind. Auf diese Weise wird erreicht, dass der Vergleich Bindungswirkung entfaltet, obwohl die Verbraucher selbst am Verfahren nicht beteiligt waren und ihnen deshalb auch kein rechtliches Gehör gewährt werden konnte.

### 3. Unwirksamkeit

Entsprechend der Doppelnatur des Prozessvergleichs können sich Unwirksamkeitsgründe sowohl aus dem materiellen Recht als auch aus dem Prozessrecht ergeben. Solche Gründe können beispielsweise sein: eine nicht ordnungsgemäße Protokollierung des Vergleichs, das Fehlen von Prozesshandlungsvoraussetzungen (zB Vergleich ohne die gebotene Mitwirkung des Prozessbevollmächtigten im Anwaltsprozess), ein Verstoß gegen ein gesetzliches Verbot (§ 134 BGB) oder die guten Sitten (§ 138 BGB), ein gemeinsamer Irrtum über die Vergleichsgrundlage (§ 779 BGB), eine Anfechtung wegen Irrtums, arglistiger Täuschung oder widerrechtlicher Drohung (§§ 119, 123

533

---

[718] Vgl. MüKoBGB/*Habersack* § 779 Rn. 31, 79 mwN.
[719] BGHZ 41, 310 (311) = NJW 1964, 1524.
[720] *Rensen* JA 2004, 556.

BGB),[721] der Eintritt einer auflösenden oder der Nichteintritt einer aufschiebenden Bedingung oder die Ausübung eines vertraglich vorbehaltenen Rücktritts.

534 Der Vergleich kann mit einer Bedingung oder einer Zeitbestimmung versehen werden.[722] Ein Vergleich wird nicht selten, insbesondere wenn ihn die Prozessbevollmächtigten in Abwesenheit der Parteien vereinbaren, unter dem **Vorbehalt eines** innerhalb bestimmter Frist auszusprechenden **Widerrufs** geschlossen. Das Unterlassen eines solchen Widerrufs stellt in der Regel eine aufschiebende Bedingung für die Wirksamkeit des Vergleichs dar.[723] Streitig ist die Frage, an wen der Widerruf zu richten ist, wenn die Parteien keinen Adressaten festlegen.[724] Die Entscheidung dieser Frage hängt davon ab, ob man in dem Widerruf eine materiell-rechtliche Willenserklärung (dann Erklärung gegenüber der Gegenpartei), eine Prozesshandlung (dann Mitteilung an das Gericht) oder entsprechend der Doppelnatur des Vergleichs beides sieht; dann kann der Widerruf entweder dem Gegner oder dem Gericht übermittelt werden.[725] Die Form des Widerrufs kann von den Parteien vereinbart werden. Ist der Widerruf dem Gericht gegenüber schriftlich zu erklären, dann stellt er eine Prozesshandlung dar und unterliegt den Formvorschriften für bestimmende Schriftsätze.[726]

535 Die Parteien können auch bei Vereinbarungen von Ratenzahlungen eine **Verfallklausel** (kassatorische Klausel) in den Vergleich aufnehmen. Kommen beispielsweise die Parteien überein, dass der Beklagte die dem Kläger geschuldete Summe in monatlichen Raten entrichten soll, dann kann sich der Kläger für den Fall, dass der Beklagte seinen Verpflichtungen nicht nachkommt, durch eine Verfallklausel sichern. Nach dieser Klausel wird der gesamte Restbetrag fällig, wenn der Beklagte eine bestimmte Zeit lang mit einer Rate ganz oder teilweise in Verzug gerät. Da nach dieser Regelung nur die Zahlungsmodalitäten festgelegt werden und die Zahlungspflicht unbedingt besteht, handelt es sich nicht um einen bedingten Prozessvergleich.

536 Kommt wegen prozessualer Mängel ein Prozessvergleich nicht wirksam zu Stande, dann muss dies nicht zwingend auch die Unwirksamkeit der materiell-rechtlichen Vereinbarung bewirken. Vielmehr ist durch Auslegung zu ermitteln, ob der Verfahrensmangel auch zur Nichtigkeit der materiell-rechtlichen Abrede führt oder ob die Parteien den Vergleich trotz seiner formellen Unwirksamkeit als außergerichtlichen Vergleich (→ Rn. 540) gelten lassen wollen.[727]

537 Die Frage, ob der Prozessvergleich unwirksam ist, muss von der weiteren Frage unterschieden werden, **in welchem Verfahren** die **Unwirksamkeit geklärt** werden muss, ob in dem bisherigen Prozess, in dem der Vergleich geschlossen wurde, oder in einem neuen. Da die Unwirksamkeit des Vergleichs seine prozessbeendende Wir-

---

[721] Die hM lehnt es ab, im Interesse der prozessbeendenden Wirkung des Prozessvergleichs Einschränkungen der Nichtigkeitsfolgen vorzunehmen, die sich aus den materiell-rechtlichen Vorschriften ergeben; dagegen spricht sich *Schöpflin* JR 2000, 397 (403 f.), für solche Beschränkungen aus.
[722] BGHZ 88, 364 = NJW 1984, 312.
[723] BGHZ 46, 277 (279) = NJW 1967, 441; BGHZ 88, 364 (367) = NJW 1984, 312; BGH NJW 1988, 415 (416); MüKoBGB/*Habersack* § 779 Rn. 82; Musielak/Voit/*Lackmann* § 794 Rn. 11.
[724] Vgl. dazu BGH MDR 2005, 1429; *Lindacher* FG BGH, 2000, 253 (268 ff.); MüKoBGB/*Habersack* § 779 Rn. 83; MüKoZPO/*Wolfsteiner* § 794 Rn. 64, jew. mwN; *Bergerfurth* NJW 1969, 1797 f.
[725] HM; BGHZ 164, 190 (193) = NJW 2005, 3576 (3577 f.); *Roth* JZ 2009, 194 (203); MüKoZPO/*Wolfsteiner* § 794 Rn. 64 f.
[726] BAG NJW 1989, 3035; OLG München NJW 1992, 3042 (zum Widerruf durch Telefax); Musielak/Voit/*Lackmann* § 794 Rn. 13; vgl. auch BGH NJW 1980, 1752.
[727] BGH NJW 1985, 1962; OLG Hamm NJW-RR 2012, 882 (884).

III. Prozessvergleich

kung ausschließt, steht einem neuen Verfahren die Rechtshängigkeit des bisherigen nicht beendeten entgegen (§ 261 III Nr. 1). Deshalb muss das alte Verfahren weitergeführt werden, wenn wegen der Unwirksamkeit des Vergleichs der noch nicht entschiedene Streit zwischen den Parteien fortgesetzt wird.[728] Nach Auffassung des BGH ist die prozessbeendigende Wirkung eines Vergleichs jedoch nicht von Amts wegen zu prüfen, sondern nur dann, wenn die Beendigung des ursprünglichen Rechtsstreits durch den Vergleich von einer der Parteien infrage gestellt wird.[729] Bildet die Wirksamkeit des Vergleichs lediglich eine Vorfrage für die Entscheidung über einen anderen Streitgegenstand, geht es beispielsweise um die Erfüllung von Ansprüchen, die durch den Vergleich neu begründet werden sollten, dann muss hierüber in einem neuen Prozess verhandelt werden.[730]

Sehr umstritten ist die Frage, ob das alte Verfahren auch dann wieder aufzunehmen ist, wenn ein zunächst wirksam zustande gekommener Vergleich nachträglich durch Rücktritt oder durch eine Parteivereinbarung beseitigt wird. Während das BAG in diesen Fällen den alten Prozess fortsetzen will,[731] vertritt der BGH die Auffassung, dass die nachträgliche Aufhebung des Vergleichs seine prozessbeendende Wirkung unberührt lasse und deshalb nur ein neues Verfahren in Betracht komme.[732] Für die Auffassung des BGH spricht, dass weder Rücktritt noch vertragliche Aufhebung etwas daran ändern können, dass der Prozessvergleich wirksam geschlossen wurde und damit seine prozessbeendende Wirkung entfaltete; eine Beseitigung dieser Wirkung mit rückwirkender Kraft kann durch die Parteien auch nicht beim Rücktritt erreicht werden, durch den das ursprüngliche Vertragsverhältnis in ein Rückgewährschuldverhältnis umgestaltet wird (→ GK BGB Rn. 686). Im Schrifttum wird allerdings die Auffassung des BGH überwiegend abgelehnt,[733] wobei auch Zweckmäßigkeitserwägungen geltend gemacht werden: Das mit dem alten Prozess befasste Gericht kenne bereits den Streit der Parteien und könne über seine Fortsetzung am besten entscheiden.

**538**

Ist wegen der Unwirksamkeit des Prozessvergleichs das alte Verfahren fortzusetzen, dann muss die Partei, die die Unwirksamkeit geltend macht, einen Antrag auf Terminanberaumung stellen und die Gründe darlegen, aus denen sie die Unwirksamkeit des Vergleichs ableitet.[734] Zunächst hat das Gericht festzustellen, ob der Vergleich

**539**

---

[728] BGHZ 28, 171 = NJW 1958, 1970 (zur ursprünglichen Nichtigkeit und zur Anfechtung); BGH NJW 1972, 159 (zum Eintritt einer auflösenden Bedingung); BGH NJW 1999, 2903 = JZ 2000, 421 mAnm *Münzberg* (auch der Anspruch auf Rückerstattung, der sich bei Feststellung der Unwirksamkeit des Vergleichs ergibt, ist in dem fortzuführenden alten Verfahren geltend zu machen); vgl. auch BGHZ 86, 184 (187 f.) = NJW 1983, 996; BGHZ 87, 277 = NJW 1983, 2034, mwN; BAG NZA 2010, 1250 Rn. 16; OLG Hamm MDR 2009, 193; *Rosenberg/Schwab/Gottwald* ZivilProzR § 130 Rn. 48 ff.; *Schultheiß* JuS 2015, 318 (319).
[729] BGH NJW 2014, 394 ff.
[730] BGHZ 87, 227 = NJW 1983, 2034; MüKoBGB/*Habersack* § 779 Rn. 94, jew. mwN.
[731] BAG NJW 1956, 1215 (1216); 1957, 1127; 1983, 2212 (zur vertraglichen Aufhebung), offen gelassen von BAG NJW 2012, 3390 Rn. 14.
[732] BGHZ 16, 388 = NJW 1955, 705 (zum Rücktritt); BGHZ 41, 310 = NJW 1964, 1524; BGH NJW 1982, 2072 (2073) (zur vertraglichen Aufhebung); zust. MusielakVoit//*Lackmann* § 794 Rn. 24; ebenso OLG Hamm NJW-RR 2006, 65 (66) (zum Fehlen oder Wegfall der Geschäftsgrundlage).
[733] *Rosenberg/Schwab/Gottwald* ZivilProzR § 130 Rn. 58 f. mwN; *Lüke* JuS 1965, 482 (485).
[734] *Lindacher* FG BGH, 2000, 253 (261 ff.); *Rosenberg/Schwab/Gottwald* ZivilProzR § 130 Rn. 50; Zöller/*Geimer* § 794 Rn. 15a.

§ 5. Weitere Möglichkeiten für die Prozessführung der Partei

unwirksam ist. Die Feststellung der Unwirksamkeit kann durch ein Zwischenurteil nach § 303 getroffen werden oder in den Gründen des Endurteils, durch das über die ursprüngliche Klage entschieden wird. Kommt dagegen das Gericht zu dem Ergebnis, dass der Vergleich wirksam ist, dann ist dies durch Urteil auszusprechen.[735]

### 4. Außergerichtlicher Vergleich

540 Schließen die Parteien während eines Rechtsstreits außergerichtlich einen Vergleich über den Streitgegenstand, so hat dies keine unmittelbaren Wirkungen für den Prozess. Vielmehr muss sich die Partei, die in Bezug auf den Prozess für sich Rechte aus dem Vergleich ableiten will, darauf berufen. Haben die Parteien in dem Vergleich vereinbart, dass der Kläger die Klage zurücknehmen soll, dann muss die Klage durch Prozessurteil als unzulässig abgewiesen werden, wenn sich der Kläger an diese Verpflichtung nicht hält (→ Rn. 478 f.). Macht eine Partei Ansprüche aus dem außergerichtlichen Vergleich im Wege einer neuen Klage geltend, dann steht die Rechtshängigkeit des noch nicht beendeten Verfahrens der Zulässigkeit einer solchen Klage entgegen (§ 261 III Nr. 1), es sei denn, dass die Parteien das im ersten Prozess streitige Rechtsverhältnis im Vergleich aufgehoben und durch ein neues ersetzt haben (Novation, → GK BGB Rn. 289).[736]

541 Besondere Bedeutung als Mittel außergerichtlicher Streitbeilegung kommt dem sog. **Anwaltsvergleich** zu (vgl. §§ 796a–796c).[737] Dieser außergerichtliche Vergleich, den Rechtsanwälte im Namen und mit Vollmacht der von ihnen vertretenen Parteien schließen können, schafft eine Rechtsgrundlage für die Zwangsvollstreckung (→ Rn. 1132). Nach dem Wortlaut des § 796a I müssen die zum Abschluss des Vergleichs maßgebenden Erklärungen von Rechtsanwälten abgegeben werden. Eine solche allein am Wortlaut des Gesetzes orientierte Auslegung erscheint zu eng, da sie mit der Vertragsautonomie der Parteien nicht übereinstimmt. Deshalb wird man es zulassen müssen, dass die Parteien selbst den Vergleich schließen und sich ihre Rechtsanwälte auf die Unterzeichnung dieses Vergleichs beschränken.[738] Auf diese Weise wird die vom Gesetzgeber gewollte Mitwirkung von Rechtsanwälten beim Zustandekommen des Vergleichs ausreichend sichergestellt. Dem Gläubiger wird durch den Anwaltsvergleich die Möglichkeit eröffnet, seinen Anspruch zwangsweise gegen den Schuldner durchzusetzen, ohne dass vorher ein Prozess geführt werden muss. Der Gesetzgeber wollte durch dieses Rechtsinstitut die außergerichtliche Erledigung von Rechtsstreitigkeiten fördern und die Gerichte entlasten. Allerdings kann ein Anwaltsvergleich auch nach einem begonnenen Rechtsstreit geschlossen werden. Für sein Verhältnis zum laufenden Prozess gilt dann das gleiche wie für andere außergerichtliche Vergleiche (→ Rn. 540).

---

[735] BGH NJW 1996, 3345 (3346); OLG Hamm MDR 2009, 193; Musielak/Voit/*Lackmann* § 794 Rn. 21.
[736] BGH NJW 2002, 1503.
[737] Vgl. dazu *Leutner/Hacker* NJW 2012, 1318; Musielak/Voit/*Voit* § 796a Rn. 1 ff.
[738] *Leutner/Hacker* NJW 2012, 1318 (1319); HK-ZPO/*Kindl* § 796a Rn. 2; Musielak/Voit/*Voit* § 796a Rn. 3.

III. Prozessvergleich

Der Anwaltsvergleich ist ein Vergleich iSv § 779 BGB; dies bedeutet, dass die Parteien ihren Streit oder ihre Ungewissheit über ein Rechtsverhältnis durch gegenseitiges Nachgeben beseitigen müssen. Die Gründe des materiellen Rechts, die zur Unwirksamkeit oder Anfechtbarkeit des Prozessvergleichs führen (→ Rn. 533), können sich auch auf den Anwaltsvergleich auswirken. Der Anwaltsvergleich kann auch bedingt und befristet geschlossen werden. **542**

Die Suche nach einem Kompromiss, der zum Inhalt eines Vergleichs gemacht werden kann, lässt insbesondere bei tatsächlich und rechtlich kompliziert gelagerten Sachverhalten nicht selten langwierige Verhandlungen zwischen den Parteien und ihren Prozessbevollmächtigten notwendig werden. Um die erforderliche Zeit dafür zu haben, können die Parteien nach § 251 beim Gericht das Ruhen des Verfahrens beantragen. Damit tritt ein Stillstand des Prozesses ein. Einen solchen Stillstand kann es auch noch in anderen Fällen geben. Im Folgenden sollen die rechtlichen Folgen eines Stillstands des Verfahrens näher betrachtet werden. **543**

### Einschub: Stillstand des Verfahrens

#### a) Arten

Ist ein Zivilprozess einmal begonnen worden, dann soll er zügig abgewickelt und rasch entschieden werden. Aber nicht nur der oben (→ Rn. 543) beschriebene Wunsch der Parteien nach einem Ruhen des Verfahrens, um einen Vergleich auszuhandeln, sondern auch andere Ereignisse können dem Fortgang des Verfahrens entgegenstehen. Eine Partei oder ihr Anwalt können sterben, eine Partei kann infolge der Eröffnung des Insolvenzverfahrens die Verfügungsbefugnis über ihr Vermögen verlieren oder es kann sich die Notwendigkeit ergeben, zunächst die Entscheidung eines anderen Rechtsstreits abzuwarten, in dem wesentliche Vorfragen geklärt werden. In allen diesen Fällen kann es zum Stillstand des Verfahrens kommen. Das Gesetz unterscheidet drei Arten des Stillstandes: die Unterbrechung, die Aussetzung und das Ruhen des Verfahrens. **544**

- Die **Unterbrechung des Verfahrens** tritt kraft Gesetzes unabhängig vom Willen des Gerichts und der Parteien ein.
- Die **Aussetzung des Verfahrens** wird auf Antrag einer Partei oder von Amts wegen (→ Rn. 549) durch das Gericht angeordnet.
- Das **Ruhen des Verfahrens** wird auf Antrag beider Parteien oder von Amts wegen (→ Rn. 550 f.) ebenfalls vom Gericht angeordnet.

Die **Gründe für die Unterbrechung des Verfahrens** sind im Gesetz abschließend in den §§ 239–245 aufgeführt. Es sind dies: **545**

- Der Tod einer Partei (§ 239 I), die nicht durch einen Prozessbevollmächtigten vertreten wird (§ 246 I).

    § 239 wird entsprechend angewendet, wenn bei einer Partei kraft Amtes die Amtsverwaltung endet und damit eine Rechtsnachfolge verbunden ist,[739] also nicht, wenn lediglich ein Wechsel in der Person des Verwalters stattfindet (dann § 241).[740]

---

[739] BGHZ 83, 102 (104 f.) = NJW 1982, 1765.
[740] Musielak/Voit/*Stadler* § 239 Rn. 3, § 241 Rn. 2.

**Beispiel:** K als Nachlassgläubiger hat den Testamentsvollstrecker T verklagt (vgl. § 2213 I BGB). Während des Rechtsstreits endet die Testamentsvollstreckung und damit die Passivlegitimation für den Rechtsstreit. In einem solchen Fall werden die Erben wie Rechtsnachfolger des Testamentsvollstreckers iSv § 239 behandelt.[741]

- Verlust der Prozessfähigkeit einer Partei oder Tod oder Verlust der Vertretungsbefugnis ihres gesetzlichen Vertreters (§ 241 I), wenn kein Prozessbevollmächtigter vorhanden ist (§ 246 I).
- Im Anwaltsprozess Tod des Anwalts oder Unfähigkeit zur weiteren Vertretung (§ 244 I).

Eine Unfähigkeit des Anwalts zur Vertretung der Partei tritt beispielsweise durch Verlust der Geschäftsfähigkeit oder durch Ausschluss aus der Anwaltschaft ein. Ist jedoch für den Rechtsanwalt nach § 53 BRAO ein Vertreter bestellt worden, so tritt dieser an die Stelle des Verstorbenen und das Verfahren wird nicht unterbrochen.[742]

- Eröffnung des Insolvenzverfahrens über das Vermögen einer Partei, wenn das Verfahren die Insolvenzmasse betrifft (§ 240).[743]
- Stillstand der Rechtspflege infolge eines Krieges oder anderer außergewöhnlicher Ereignisse wie beispielsweise Naturkatastrophen (§ 245).

546 Tritt die Unterbrechung erst nach Schluss der mündlichen Verhandlung ein, dann ist die Verkündung eines Urteils zulässig (§ 249 III). Die Unterbrechung dauert so lange, bis das Hindernis, das der Fortsetzung des Rechtsstreits entgegenstand, beseitigt worden ist. Dies bedeutet, dass in den Fällen des § 239 (Unterbrechung durch Tod einer nicht durch einen Prozessbevollmächtigten vertretenen Partei) die Unterbrechung mit Aufnahme des Verfahrens durch den Rechtsnachfolger endet. Der Rechtsnachfolger ist auf Verlangen des Gegners zur Aufnahme verpflichtet. Bei einer Verzögerung der Aufnahme kann die Gegenpartei den Rechtsnachfolger zur Verhandlung und Aufnahme laden lassen (§ 239 II).

547 Wird bei einer Unterbrechung nach § 239 I ein Nachlasspfleger bestellt (vgl. §§ 1960 ff. BGB) oder ist ein zur Führung des Rechtsstreits berechtigter Testamentsvollstrecker vorhanden (vgl. §§ 2212, 2213 BGB), so endet die Unterbrechung durch Anzeige des Nachlasspflegers von seiner Bestellung oder des Testamentsvollstreckers von seiner Ernennung oder dadurch, dass der Gegner seine Absicht, das Verfahren fortzusetzen, dem Nachlasspfleger oder Testamentsvollstrecker anzeigt (§ 243 iVm § 241).[744]

548 Die Beendigung der Unterbrechung in den Fällen des § 241 und des § 244 ist in diesen Vorschriften geregelt; die Form der in diesen Regelungen vorgesehenen Anzeigen ergibt sich aus § 250. Der durch Eröffnung des Insolvenzverfahrens unterbrochene Prozess (§ 240) kann durch den Insolvenzverwalter aufgenommen werden (vgl. §§ 85, 86 InsO).

---

[741] BGH NJW 1964, 2301.
[742] BGHZ 61, 84 (85) = NJW 1973, 1501.
[743] Dies gilt nicht für das Verfahren auf Erteilung der Vollstreckungsklausel (→ Rn. 1135 ff.); dieses Verfahren wird nicht durch die Insolvenzeröffnung unterbrochen, vgl. BGH NJW 2008, 918.
[744] Zur Aufnahme durch den Erben bei Passivprozessen vgl. BGH NJW 1988, 1390.

III. Prozessvergleich

Die **Aussetzung des Verfahrens** ist durch Beschluss des Gerichts, vor dem das Verfahren schwebt, anzuordnen.[745] Sie ist in folgenden Fällen zulässig: **549**

- Auf Antrag des Prozessbevollmächtigten, wenn in den Fällen der §§ 239, 241 oder 242 die Partei, in deren Person einer der in diesen Vorschriften genannten Gründe eingetreten ist, durch einen Prozessbevollmächtigten vertreten wird (§ 246 I).
- Auf Antrag oder von Amts wegen, wenn sich eine Partei an einem Ort aufhält, der durch obrigkeitliche Anordnung, durch Krieg oder durch „andere Zufälle" (zB Unwetter) vom Verkehr mit dem Prozessgericht abgeschnitten ist (§ 247).
- Auf Antrag oder von Amts wegen darf das Gericht aussetzen, wenn die Entscheidung des Rechtsstreits ganz oder zT von dem Bestehen oder Nichtbestehen des Rechtsverhältnisses abhängt, das den Gegenstand eines anderen anhängigen Rechtsstreits bildet oder von einer Verwaltungsbehörde festzustellen ist (§ 148), oder wenn sich im Laufe des Rechtsstreits der Verdacht einer Straftat ergibt, deren Ermittlung auf die Entscheidung von Einfluss ist (§ 149).

**Beispiele:**

(1) K klagt gegen B auf Herausgabe eines Gemäldes mit der Behauptung, er sei Eigentümer und B unberechtigter Besitzer (§ 985 BGB). B bestreitet, dass K Eigentümer des Bildes sei, und trägt vor, Eigentümer sei D, der das Bild geerbt habe; D habe ihm das Bild leihweise überlassen. K erwidert, nicht D, sondern er habe das Bild von E geerbt. Zwar berufe sich D auf ein Testament des E, das ihn zum Alleinerben einsetze. Dieses Testament sei jedoch ungültig. Er habe deshalb bereits gegen D Klage auf Herausgabe eines diesem erteilten Erbscheins (§ 2362 I BGB) und der unberechtigterweise in Besitz genommenen Erbschaft (§ 2018 BGB) erhoben. In diesem Fall steht es im Ermessen des Gerichts, ob es den Rechtsstreit K – B nach § 148 bis zur Entscheidung des Prozesses K – D aussetzt.

Es sei noch darauf hingewiesen, dass in einem solchen Fall B auch die Möglichkeit einer Urheberbenennung hat (vgl. § 76 → Rn. 675 f.).

(2) In dem Prozess zwischen X und Y sagt Z als Zeuge aus und bestätigt in wesentlichen Punkten die Sachdarstellung des Beklagten. Aufgrund verschiedener Hinweise entsteht beim Gericht der Verdacht, dass Z gelogen hat. Das Gericht kann in einem solchen Fall seine Feststellungen zur weiteren Erforschung des Sachverhalts der Staatsanwaltschaft mitteilen (vgl. § 160 StPO) und den von ihm zu entscheidenden Rechtsstreit nach § 149 I bis zur Erledigung des Strafverfahrens aussetzen, wenn die Bekundungen des Zeugen entscheidungserhebliche Punkte betreffen. Bei der vom Gericht zu treffenden Entscheidung über die Aussetzung der Verhandlung muss das Gebot der Verfahrensbeschleunigung (→ Rn. 159) gegen die Gründe abgewogen werden, die wegen der im Strafverfahren für den zu entscheidenden Rechtsstreit zu gewinnenden Erkenntnisse für einen Stillstand des Verfahrens sprechen. Wenn nicht beide Parteien ihr Einverständnis mit der Aussetzung des Verfahrens erklären, muss das Gericht diese Gründe nachprüfbar in dem Beschluss angeben, durch den die Aussetzung des Verfahrens angeordnet wird.[746]

---

[745] Nach Zustellung des Urteils und vor Einlegung des Rechtsmittels bleibt das Gericht, das das Urteil erlassen hat, zuständig; vgl. *Rosenberg/Schwab/Gottwald* ZivilProzR § 126 Rn. 1 mwN.
[746] OLG Düsseldorf NJW-RR 1998, 1531 mwN.

Dem Interesse der Verfahrensbeschleunigung dient auch die neu durch das ZPO-RG eingefügte Vorschrift des § 149 II, nach der das Gericht auf Antrag einer Partei die Verhandlung fortzusetzen hat, wenn seit der Aussetzung nach § 149 I ein Jahr vergangen ist. Nur wenn gewichtige Gründe für die Aufrechterhaltung der Aussetzung sprechen, kann das Gericht den Antrag der Partei ablehnen. Gegen diese Entscheidung kann die Partei sofortige Beschwerde nach § 567 I Nr. 2 einlegen.

Auf Antrag, wenn in den Fällen der §§ 152–154 von den dort genannten Ehe- und Familienstandsfragen die Entscheidung abhängt.
Von Amts wegen in den Fällen des Art. 100 und 126 GG, also insbesondere wenn ein Gericht ein Gesetz, auf dessen Gültigkeit es bei der Entscheidung ankommt, für verfassungswidrig hält und deshalb die Entscheidung des zuständigen Verfassungsgerichts herbeizuführen hat (Art. 100 GG).

In der ZPO und in anderen Gesetzen gibt es weitere Regelungen, die eine Aussetzung entweder verbindlich vorschreiben oder in das Ermessen des Gerichts stellen, so zB in §§ 65, 578 II ZPO, § 136 FamFG, § 97 V ArbGG.[747]

550 Nach § 278a II hat das Gericht von Amts wegen das Ruhen des Verfahrens anzuordnen, wenn sich die Parteien zur Durchführung einer Mediation oder eines anderen Verfahrens der außergerichtlichen Konfliktbeilegung entscheiden. Ebenso hat das Gericht gem. § 278 Abs. 4 das Ruhen des Verfahrens anzuordnen, wenn beide Parteien in der Güteverhandlung säumig sind (→ Rn. 178). Nach § 251a III kann das Gericht das Ruhen des Verfahrens von Amts wegen anordnen, wenn beide Parteien in einem Verhandlungstermin säumig sind und das Gericht nicht nach Lage der Akten entscheidet (→ Rn. 374) und auch nicht die Verhandlung vertagt.

551 Erscheint es in anderen Fällen zweckmäßig, das Verfahren für längere Zeit zum Stillstand zu bringen, etwa um den erfolgreichen Abschluss von schwebenden Vergleichsverhandlungen zu ermöglichen(→ Rn. 543) oder um den Ausgang eines anderen Rechtsstreits abzuwarten, dessen Entscheidung Auswirkungen auf den laufenden Prozess hat, dann kann das Gericht auf Antrag beider Parteien[748] nach § 251 das **Ruhen des Verfahrens** durch Beschluss anordnen.

552 Das Gericht kann das Ruhen des Verfahrens zeitlich begrenzen. In diesem Fall endet es mit Ablauf der Frist ohne dass es einer förmlichen Wiederaufnahme des Verfahrens durch das Gericht bedarf. In der Anordnung des Ruhens des Verfahrens für die Dauer des Mediationsverfahrens findet sich jedoch keine zeitliche Begrenzung, sodass eine förmliche Wiederaufnahme des ruhenden Verfahrens erforderlich wird.[749] Einen entsprechenden Antrag durch Schriftsatz (§ 250) kann jede Partei stellen.[750]

### b) Wirkungen

553 Die Wirkungen des Stillstands des Verfahrens sind bei der Unterbrechung, der Aussetzung und dem Ruhen im Wesentlichen die gleichen:

---

[747] Zu weiteren Fällen vgl. Zöller/*Greger* § 148 Rn. 2 f.
[748] Der im Gesetz genannten Voraussetzung des Antrags beider Parteien ist der Antrag einer Partei, dem der Gegner zustimmt, gleichzusetzen; MüKoZPO/*Stackmann* § 251 Rn. 9.
[749] OLG Oldenburg MDR 2008, 763 (764).
[750] Zöller/*Greger* § 251 Rn. 4.

III. Prozessvergleich

- Die während des Stillstands des Verfahrens von einer Partei in Ansehung der Hauptsache vorgenommenen Prozesshandlungen (zum Begriff → Rn. 301 ff.) sind der anderen Partei gegenüber ohne rechtliche Wirkung (§ 249 II).

  § 249 II ist ausdrücklich auf Parteiprozesshandlungen „in Ansehung der Hauptsache" beschränkt. Dies bedeutet, dass Handlungen, die der Fortführung oder der Beendigung des (stillstehenden) Prozesses dienen, von der Unwirksamkeitsregel erfasst werden, nicht dagegen Handlungen, die auf den Stillstand gerichtet sind, ihn geltend machen oder beseitigen.[751] Die Wirkungslosigkeit ist relativ, dh, sie ist nur der „anderen Partei gegenüber", nicht auch gegenüber der die Handlung vornehmenden gegeben. Daraus folgt, dass der Gegner durch Genehmigung oder Rügeverzicht (§ 295 I) die Prozesshandlung wirksam werden lassen kann.[752]

- Wird trotz der Unterbrechung des Verfahrens mündlich verhandelt und ein Urteil verkündet, so ist ein solches Urteil nicht nichtig, sondern nur mit den in Betracht kommenden Rechtsmitteln anfechtbar.[753]

  Ein Rechtsmittel, das bereits vor der Unterbrechung des Verfahrens unzulässig war, kann in entsprechender Anwendung des § 249 III auch während der Unterbrechung des Verfahrens verworfen werden.[754]

- Der Lauf jeder (eigentlichen) Frist hört auf und beginnt nach Beendigung des Stillstandes wieder von Anfang an neu (§ 249 I). Eine Ausnahme gilt hinsichtlich des Ruhens des Verfahrens nach § 251 S. 2 für die in § 233 bezeichneten Fristen.

**554** Bei den **prozessualen Fristen** müssen folgende begriffliche Unterscheidungen berücksichtigt werden:[755]

Als Fristen werden die Zeiträume bezeichnet, innerhalb derer die Parteien oder auch am Prozess beteiligte Dritte Prozesshandlungen vornehmen können oder müssen, um keinen Rechtsverlust zu erleiden (= **eigentliche Fristen**). Keine Fristen in diesem Sinne sind die Zeiträume, innerhalb derer die Gerichte (und ihre Geschäftsstellen) Amtshandlungen zu erledigen haben (= uneigentliche Fristen). Uneigentliche Fristen finden sich beispielsweise in § 251a II, § 310 I und § 315 II. **Bei den (eigentlichen) Fristen wird zwischen gesetzlichen und richterlichen unterschieden;** diese Unterscheidung stellt darauf ab, ob die Frist im Gesetz selbst bestimmt wird oder ihre Bestimmung dem Richter überlassen ist (Beispiele für gesetzliche Fristen: Fristen nach § 217, § 274 III, § 276 I 1 und § 520 II 1; Beispiele für richterliche Fristen: Fristen in § 89 I 2, § 109 I und § 244 II). Lässt das Gesetz die Abkürzung oder Verlängerung gesetzlicher Fristen durch den Richter zu (Beispiel: § 520 II 2), dann behält die Frist ihren Charakter als gesetzliche auch dann, wenn sie vom Richter nach § 224 II abgekürzt oder verlängert wird.

**555** **Bei den gesetzlichen Fristen muss noch zwischen den Notfristen und den sonstigen gesetzlichen Fristen unterschieden werden.** Notfristen sind nur diejenigen Fristen, die durch Gesetz[756] als solche bezeichnet werden (§ 224 I 2). Notfristen (Beispiele: § 276 I 1, § 339 I, § 517, § 548) sind unabänderlich, können also weder durch das Gericht noch durch die Par-

---

[751] Vgl. *Rosenberg/Schwab/Gottwald* ZivilProzR § 124 Rn. 8.
[752] Musielak/Voit/*Stadler* § 249 Rn. 4.
[753] BGH NJW 2007, 2702 Rn. 7.
[754] BGH BeckRS 2013, 21008 = NJW-RR 2014, 319 (Ls.).
[755] Vgl. auch *Gruschwitz* JuS 2012, 1090.
[756] Der Wortlaut des § 224 I 2 („in diesem Gesetz" = ZPO) ist zu eng, da es auch außerhalb der ZPO Notfristen gibt (Beispiel: § 30b I ZVG); vgl. Musielak/Voit/*Stadler* § 224 Rn. 2.

teien verlängert oder verkürzt werden (vgl. § 224 I, II). Bei Unterbrechung oder Aussetzung des Verfahrens hört allerdings ihr Lauf auf (§ 249 I), nicht jedoch beim Ruhen des Verfahrens (§ 251 I 2 iVm § 233). Da also Notfristen durch äußere Ereignisse (mit Ausnahme solcher, die zu einer Unterbrechung oder Aussetzung des Verfahrens führen) nicht beeinflusst werden, kann der Fristablauf und der dadurch bewirkte Ausschluss der in der Frist vorzunehmenden Prozesshandlung (vgl. § 230) eine Partei, die ohne ihr Verschulden an der Einhaltung der Frist verhindert war, unbillig benachteiligen. Deshalb wird einer solchen Partei nach § 233 die **Wiedereinsetzung in den vorigen Stand** gewährt.[757] Die Regelung des § 233 ist nicht nur auf Notfristen beschränkt, sondern gilt auch für die Frist zur Begründung der Berufung (§ 520 II), der Revision (§ 551 II), der Nichtzulassungsbeschwerde (§ 544 II), der Rechtsbeschwerde (§ 575 II) sowie für die Wiedereinsetzungsfrist (§ 234). Zu berücksichtigen ist, dass ein Verschulden des Prozessbevollmächtigten nach § 85 II der Partei zugerechnet wird.

> **Beispiel:** B wird in erster Instanz zur Zahlung von 20.000 EUR an K verurteilt. Das Urteil des LGs wird seinem Prozessbevollmächtigten P am 10.11. zugestellt. B will gegen das Urteil Berufung einlegen und bittet P, das Erforderliche zu veranlassen. P will die Berufungsschrift (vgl. § 519) später abfassen, da er zurzeit zu stark überlastet ist. Er weist deshalb seine Büroangestellte A an, die in seiner Kanzlei schon seit vielen Jahren beschäftigt ist und sich stets als zuverlässig erwiesen hat, ihm die Akte am 10.12. vorzulegen. Entsprechend generell erteilter Weisungen des P müssen solche Fristen im Fristenkalender eingetragen werden, wobei Rechtsmittelfristen durch Transparentstift besonders zu kennzeichnen sind. Der Fristenkalender muss täglich von A kontrolliert werden. A will diese Eintragung auch vornehmen, vergisst dies aber, da verschiedene Telefongespräche einlaufen und auch andere Arbeiten sofort erledigt werden müssen. Die Akte mit dem Urteil wird P erst am 20.12. vorgelegt. Kann er jetzt noch Berufung einlegen?
>
> Die Frist für die Einlegung der Berufung beträgt einen Monat; diese Frist ist eine Notfrist und beginnt mit der Zustellung des Urteils (§ 517). Für die Berechnung der prozessualen Fristen gelten die Vorschriften des BGB (§ 222 I). Dementsprechend lief die Berufungsfrist am 10.12. ab (§ 188 II iVm § 187 I BGB). Eine verspätet eingelegte Berufung ist unzulässig (Einzelheiten dazu später). Deshalb kommt es darauf an, ob B Wiedereinsetzung in den vorigen Stand gewährt werden kann. Über den Antrag auf Wiedereinsetzung entscheidet das Gericht, dem die Entscheidung über die nachgeholte Prozesshandlung zusteht (§ 237), hier also das für die Berufung zuständige OLG. Die Wiedereinsetzung muss innerhalb einer zweiwöchigen Frist beantragt werden, die mit dem Tage beginnt, an dem das Hindernis für die Einhaltung der Frist behoben ist (§ 234 I, II). Die Form des Wiedereinsetzungsantrags richtet sich nach den Vorschriften, die für die versäumte Prozesshandlung gelten (§ 236 I). Folglich muss hier P (§ 78 I) schriftlich den Wiedereinsetzungsantrag stellen, da auch für die Berufung die Schriftform gilt (vgl. § 519 I). Der Antrag muss nach § 236 II 1 die Angabe der die Wiedereinsetzung begründenden Tatsachen enthalten.[758] Innerhalb der Antragsfrist ist die versäumte Prozesshandlung nachzuholen (vgl. § 236 II 2).
>
> Der Antrag auf Wiedereinsetzung ist begründet, wenn die Partei ohne ihr Verschulden verhindert war, die versäumte Frist einzuhalten. Verschulden bedeutet – wie im materiellen Recht – Vorsatz oder Fahrlässigkeit jeder Art (§ 276 BGB). B hat hier keinen Sorgfaltsverstoß begangen. Da er sich jedoch auch das Verschulden seines Prozessbe-

---

[757] Vgl. dazu *Müller* NJW 1997, 497; *Schreiber* JURA 2011, 601.
[758] Dabei können erkennbar unklare Angaben auch nach Fristablauf auf Hinweis des Gerichts noch erläutert oder vervollständigt werden, BGH NJW 2014, 77.

vollmächtigten P zurechnen lassen muss (§ 85 II), kommt es darauf an, ob P an der Versäumung der Berufungsfrist ein Verschulden trifft. Dass sich P auf seine bei ihm langjährig tätige und stets zuverlässige Angestellte A verlassen hat, kann ihn nicht dem Vorwurf eines sorgfaltswidrigen Verhaltens aussetzen. P durfte deshalb mit Recht davon ausgehen, dass seine Weisungen über die Eintragung von Fristen auch im speziellen Fall von A befolgt werden.[759] Für das Verschulden des Büropersonals muss dagegen P nicht einstehen; die ZPO kennt keine dem § 278 BGB entsprechende Vorschrift, die ein Verschulden von Mitarbeitern dem Anwalt selbst zurechnet.[760] Nur wenn das Versagen von Mitarbeitern auf Organisationsmängel zurückzuführen ist, hat der Rechtsanwalt und über ihn auch die Partei dafür einzustehen. Denn eine mangelhafte Büroorganisation begründet einen Schuldvorwurf gegenüber dem Anwalt selbst.

Hier hat aber P die Fristenüberwachung sachgerecht organisiert, insbesondere hat er dafür gesorgt, dass Rechtsmittel- und Rechtsmittelbegründungsfristen so notiert werden, dass sie sich von gewöhnlichen Wiedervorlagefristen deutlich abheben. Dies wird von der Rechtsprechung verlangt.[761] B wird also mit einem Antrag auf Wiedereinsetzung in den vorigen Stand Erfolg haben.

**556** Zu den verschiedenen Arten von prozessualen Fristen ist noch Folgendes anzumerken: Innerhalb der sonstigen gesetzlichen Fristen, die neben den Notfristen bestehen, lässt sich noch zwischen Rechtsmittelbegründungsfristen (vgl. zB § 520 II, § 551 II) und **Zwischenfristen** unterscheiden. Zwischenfristen sind Ladungsfristen (vgl. zB § 217),[762] Einlassungsfristen (vgl. zB § 274 III) und Schriftsatzfristen (vgl. § 132); auch die Wartefrist des § 798 gehört hierher. Die Zwischenfristen sollen den Parteien Zeit zur Überlegung und zur Vorbereitung lassen. Entsprechend dieser Funktion führt ihre Verletzung dazu, dass beim Ausbleiben der nicht rechtzeitig geladenen Partei ein Versäumnisurteil und eine Entscheidung nach Lage der Akten nicht ergehen darf (§ 335 I Nr. 2; → Rn. 172). Das Gleiche gilt, wenn dem (nicht erschienenen) Beklagten ein tatsächliches mündliches Vorbringen oder ein Antrag nicht rechtzeitig mittels Schriftsatzes mitgeteilt worden ist (§ 335 I Nr. 3; → Rn. 332). Erscheint die Partei, der gegenüber Zwischenfristen verletzt wurden, dann kann sie Vertagung des Termins verlangen (vgl. § 227).

**557** Die verschiedenen prozessualen Fristen und die Folgen ihrer Versäumung werden in der folgenden Übersicht dargestellt:

---

[759] BGH NJW 1989, 2393 (2394) mwN.
[760] Stein/Jonas/*Roth* § 233 Rn. 40; Musielak/Voit/*Grandel* § 233 Rn. 15.
[761] BGH NJW 2007, 2702 Rn. 7 mwN. Ebenso muss der Rechtsanwalt die Vorschriften der ZPO kennen und beachten und kann sich nicht mit Erfolg darauf berufen, dass er eine Verfügung des Gerichts missverstanden habe, wenn sich aus dem Gesetz insoweit Klarheit ergibt und deshalb Zweifel ausgeschlossen werden; vgl. OLG Zweibrücken MDR 2007, 294 (295).
[762] Es gibt aber auch Ladungsfristen, die vom Gericht bestimmt werden, also gerichtliche Fristen darstellen (vgl. zB § 239 III).

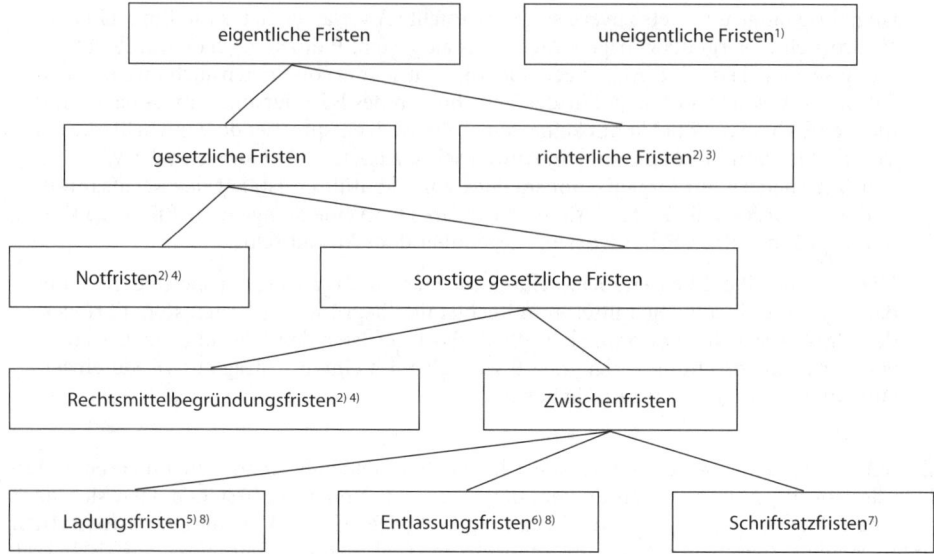

**Folgen bei Fristüberschreiten:**

1. Keine unmittelbaren Folgen für die Parteien. Für Richter Amtspflichtverletzung.
2. Ausschluss mit der in der Frist vorzunehmenden Prozesshandlung (§ 230).
3. Für bestimmte Fristen: § 296 I, § 531 I.
4. Wiedereinsetzung in den vorigen Stand möglich (§ 233).
5. Kein Versäumnisurteil oder Entscheidung nach Aktenlage gegenüber Gegenpartei (§ 335 I Nr. 2), Vertagung (§ 227).
6. Kein Versäumnisurteil oder Entscheidung nach Lage der Akten gegen Beklagten (§ 335 I Nr. 3). Beklagter kann Einlassung verweigern. Vertagung (§ 227).
7. Kein Versäumnisurteil oder Entscheidung nach Lage der Akten gegen Beklagten (§ 335 I Nr. 3). Vertagung (§ 227). Setzung einer Erklärungsfrist nach § 283, soweit nicht auf diese Weise Abhilfe möglich: Zurückweisung nach § 296 II, § 531 II.
8. Heilung nach § 295 I möglich.

## IV. Aufrechnung während des Prozesses

### 1. Problembeschreibung

558 Die Aufrechnung führt nach dem materiellen Recht dazu, dass die Forderungen, soweit sie sich decken, als in dem Zeitpunkt erloschen gelten, in dem sie zur Aufrechnung geeignet einander gegenübergetreten sind (§ 389 BGB). Sie wirkt also wie die Erfüllung der Forderung und ist folglich ein Erfüllungssurrogat (→ GK BGB Rn. 259). **Materiell-rechtlich** macht es keinen Unterschied, ob der Beklagte bereits vor Beginn des Prozesses oder erst während des Prozesses die Aufrechnung erklärt und ob er seine Erklärung während der mündlichen Verhandlung oder außerhalb davon abgibt.

## IV. Aufrechnung während des Prozesses

**Prozessrechtlich** ist dagegen die Aufrechnung nur als Verteidigungsmittel bedeutsam. In gleicher Weise, wie sich der Beklagte gegenüber der Klageforderung auf Erfüllung dieser Forderung berufen kann, kann er sich auch damit verteidigen, dass die Klageforderung durch Aufrechnung erloschen ist, soweit sie sich mit der Gegenforderung deckt. Dies ist keine Besonderheit. Nur mit den prozessrechtlichen Auswirkungen des Aufrechnungseinwandes als Verteidigungsmittel des Beklagten muss sich das Verfahrensrecht befassen. Dies geschieht zwar in verschiedenen Vorschriften der ZPO, auf die noch im Einzelnen einzugehen sein wird; sie regeln jedoch die Probleme, die sich im Zusammenhang mit der Aufrechnung im Prozess ergeben können, nur recht unvollständig. Solche Probleme entstehen insbesondere, wenn die (materiell-rechtliche) Erklärung der Aufrechnung und die Berufung darauf als Prozesshandlung in einem Akt vorgenommen werden. 559

> **Beispiel:** K klagt eine Kaufpreisforderung von 4.000 EUR gegen B ein. In der mündlichen Verhandlung erklärt B, er rechne mit einer Forderung in gleicher Höhe auf, die er aus einer ihm gegenüber durch K begangenen deliktischen Schädigung erworben habe. Wenn jetzt das Gericht den Aufrechnungseinwand als verspätet zurückweist (vgl. § 296 I, II; dazu Einzelheiten später), stellt sich die Frage, ob B seine Forderung gegen K einklagen kann oder ob die Gegenforderung durch die erklärte Aufrechnung erloschen ist, weil das Gericht nur den Verteidigungseinwand zurückgewiesen hat und dies nichts an den materiell-rechtlichen Folgen der Aufrechnung ändert.
>
> B kann sich aber auch gegen die Klageforderung in erster Linie mit dem Einwand verteidigen, er sei wegen eines Sachmangels vom Kaufvertrag zurückgetreten (§ 323 iVm § 437 Nr. 2 BGB) und nur für den Fall, dass das Gericht die Voraussetzungen eines Rücktritts verneint, sich hilfsweise auf die Aufrechnung berufen. Eine solche Eventualaufrechnung kommt in der Praxis sehr häufig vor. Problematisch ist sie allerdings im Hinblick auf die Vorschrift des § 388 S. 2 BGB, nach der die Aufrechnung unwirksam ist, wenn die Aufrechnungserklärung unter einer Bedingung abgegeben wird (dazu näher in → Rn. 562).

Neben den Fragen, welche Rechtsfolgen für die Aufrechnung eintreten, wenn der Aufrechnungseinwand als prozessual unzulässig zurückgewiesen wird, und wie sich die Wirksamkeit einer Eventualaufrechnung erklären lässt, ergeben sich bei der Prozessaufrechnung noch weitere Probleme: Einmal ist streitig, ob die Erhebung des Aufrechnungseinwandes zur Rechtshängigkeit der Gegenforderung führt und deshalb der Beklagte durch § 261 III Nr. 1 gehindert wird, parallel zum ersten Prozess in einem zweiten Rechtsstreit seine Forderung durch Leistungsklage zu verfolgen. Schließlich gibt auch die in § 322 II getroffene Regelung einige Fragen hinsichtlich des Umfangs der durch diese Vorschrift angeordneten Rechtskraftwirkung auf. Auf diese verschiedenen Probleme soll in den folgenden Ausführungen näher eingegangen werden. 560

### 2. Eventualaufrechnung

In der Praxis ist es unbestritten, dass die Eventualaufrechnung, also die Erklärung des Beklagten, er rechne nur für den Fall auf, dass er mit seiner primären Verteidigung gegen das Bestehen der Klageforderung keinen Erfolg habe, prozessual zulässig ist und materiellrechtlich Wirkungen nur entfaltet, wenn das Gericht die Existenz der Klageforderung bejaht; die **Eventualaufrechnung ist auch gesetzlich anerkannt** 561 (vgl. § 45 I 2 GKG). Über die **dogmatische Rechtfertigung** gehen jedoch die Meinungen auseinander. **Folgende Auffassungen** werden vertreten:

- Die im Prozess erklärte Aufrechnung ist ein Rechtsinstitut eigener Art, das sich von der außerhalb eines Prozesses vollzogenen Aufrechnung unterscheidet und ausschließlich prozessualen Grundsätzen untersteht. Als Prozesshandlung kann sie mit einer innerprozessualen Bedingung verbunden werden (→ Rn. 313). § 388 S. 2 BGB ist nicht auf die Prozessaufrechnung anwendbar (sog. prozessrechtliche Theorie).[763]
- Voraussetzung jeder Aufrechnung ist das Bestehen der Hauptforderung. Wenn der Beklagte die Aufrechnung für den Fall erklärt, dass die Klageforderung besteht, so setzt er damit eine Rechtsbedingung, also keine echte Bedingung (zur Rechtsbedingung → GK BGB Rn. 894), sodass § 388 S. 2 BGB nicht entgegensteht.[764]
- Das Gericht muss in jedem Fall auch ohne eine entsprechende Einschränkung des Beklagten zunächst über das Bestehen der Klageforderung entscheiden. Die Ansicht, der Aufrechnungseinwand als Prozesshandlung sei mit einer Bedingung versehen, weil er davon abhängig gemacht werde, dass das Gericht die Klageforderung für bestehend erachte, sei deshalb nicht zutreffend und lediglich eine Nachwirkung der überwundenen **Klageabweisungstheorie**.[765]
- Nach dieser Theorie kann das Gericht bei einer Aufrechnung des Beklagten mit einer unstreitigen Gegenforderung die Abweisung der Klage alternativ damit begründen, dass die Klageforderung entweder aus dem vom Beklagten zunächst vorgetragenen Grunde nicht bestehe oder aber aufgrund der Aufrechnung erloschen sei. Dem ist mit Recht die sog. **Beweiserhebungstheorie** entgegengetreten. Denn lässt man mit der Klageabweisungstheorie offen, aus welchem Grund die Klage abgewiesen wird, dann wird der Kläger den Standpunkt einnehmen, dies sei wegen der Aufrechnung geschehen, während der Beklagte die Meinung vertreten wird, die Klageforderung habe nicht bestanden und seine Aufrechnung sei ins Leere gegangen. Dieser Streit der Parteien führt dann zum zweiten Prozess, in dem geklärt werden muss, was die Klageabweisungstheorie im ersten Prozess vermeiden will: das Bestehen der Klageforderung. Deshalb ist es vorzuziehen, bereits im ersten Prozess die Existenz der Klageforderung zu klären und die dafür erforderlichen Beweise zu erheben (deshalb Beweiserhebungstheorie).[766]
- § 388 S. 2 BGB will den Empfänger einer Aufrechnungserklärung vor der Ungewissheit schützen, ob Haupt- und Gegenforderung durch Aufrechnung erlöschen. Im Prozess wird jedoch diese Frage definitiv geklärt. Nach der Interessenlage kann deshalb der Kläger den durch § 388 S. 2 BGB gewährten Schutz bei einer Eventualaufrechnung für sich nicht in Anspruch nehmen. Im Wege der teleologischen Reduktion (dazu → GK BGB Rn. 1169) muss deshalb die Vorschrift

---

[763] Diese prozessrechtliche Theorie wird unter anderem vertreten von *Nikisch* FS Lehmann, 1956, Bd. II, 765.
[764] *Schumann* ZPO-Klausur Rn. 260; *Grunsky* ZivilProzR Rn. 135; *Wieser*, Grundzüge des Zivilprozessrecht, 2. Aufl. 1997, Rn. 107; *Jauernig/Hess* ZivilProzR § 45 Rn. 7 Fn. 9 .
[765] *Rosenberg/Schwab/Gottwald* ZivilProzR § 103 Rn. 19 ff.; *Jauernig/Hess* ZivilProzR § 45 Rn. 7; ähnlich auch *Wolf* JA 2008, 673 (676).
[766] Die Beweiserhebungstheorie ist heute unbestritten; vgl. nur BGH NJW 1974, 2000 (2002); 1988, 3210.

IV. Aufrechnung während des Prozesses

des § 388 S. 2 BGB eingeschränkt und eine bedingte Prozessaufrechnung für zulässig gehalten werden.[767]

Zu diesem Meinungsstreit[768] ist Folgendes zu bemerken: Die prozessrechtliche Theorie, die danach unterscheiden will, ob die Aufrechnung im Prozess erklärt wird oder außerhalb, vermag nicht zu überzeugen; sie wird auch heute nicht mehr vertreten.[769] Deshalb muss auch bei der im Prozess erklärten Aufrechnung zwischen der materiell-rechtlichen Aufrechnungserklärung und dem darauf bezogenen Verteidigungsvorbringen unterschieden werden. Wenn der Beklagte erklärt, er rechne für den Fall auf, dass er ohne die Aufrechnung vom Gericht entsprechend dem Klageantrag verurteilt werde, dann handelt es sich hierbei um eine echte Bedingung. Denn die Aufrechnung wird nicht etwa davon abhängig gemacht, dass die Klageforderung nach materiellem Recht existiert, sondern davon, dass das Gericht sie als bestehend ansieht. Dies ist keinesfalls eine Rechtsbedingung, denn das materielle Recht nennt als Wirksamkeitsvoraussetzung für die Aufrechnung die Existenz der Hauptforderung und nicht eine entsprechende Erkenntnis des Richters. Für den Beklagten ist diese gerichtliche Erkenntnis ein zukünftiges ungewisses Ereignis, an das er seine Aufrechnungserklärung knüpft. Die Vereinbarkeit dieser Bedingung mit § 388 S. 2 BGB lässt sich nach dem Zweck dieser Vorschrift rechtfertigen. Der Auffassung, dass der zu weit geratene Wortlaut dieser Vorschrift in Bezug auf die Prozessaufrechnung einer Einschränkung bedarf, ist also zuzustimmen. Ob man auch den Aufrechnungseinwand (als Prozesshandlung) als bedingt ansieht oder ob man wegen der Beweiserhebungstheorie eine entsprechende einschränkende Erklärung (die als innerprozessuale Bedingung zulässig wäre) für überflüssig hält, kann dahinstehen.

**562**

## 3. Zurückweisung des Aufrechnungseinwandes

Wird die Aufrechnung, dh die im Geltendmachen des **Aufrechnungseinwandes** liegende Verteidigung **als prozessual unzulässig zurückgewiesen**, etwa weil das Gericht diese Verteidigung als verspätet ansieht (§ 296) oder im Berufungsverfahren die Erfüllung der in § 533 für die Zulässigkeit einer Aufrechnung genannten Voraussetzungen verneint, dann stellt sich ebenfalls die Frage, welche **Folgen dies für die materiell-rechtlich wirkende Aufrechnungserklärung** hat. Bliebe die Wirksamkeit der Aufrechnungserklärung von der prozessualen Unzulässigkeit des Aufrechnungseinwandes unberührt, dann würde der Beklagte gleichsam ein Opfer der zivilrechtlichen Theorie werden und der von ihr befürworteten Trennung zwischen der Aufrechnung als Erfüllungssurrogat und dem Aufrechnungseinwand als Prozesshandlung, denn er verlöre seine Forderung durch die (materiellrechtlich wirksame) Aufrechnung, ohne dass dies bei Entscheidung des Rechtsstreits berücksichtigt würde. Dies spräche dann allerdings für die oben (→ Rn. 562) abgelehnte prozessrechtliche Theorie. Jedoch kann man auch auf der Grundlage der zivilrechtlichen Theorie der Aufrechnung zu einem zufriedenstellenden, das berechtigte Interesse des Aufrechnenden

**563**

---

[767] *Möller* JA 2001, 49 (50); *Schlosser* ZivilProzR I Rn. 325; *Lüke* ZivilProzR Rn. 214.
[768] Vgl. dazu *Musielak* JuS 1994, 817 (818 ff.).
[769] Die Theorie *Schreibers* (FG BGH, 2000, 227 [236 ff.]) von der Doppelnatur der Aufrechnung nähert sich jedoch der prozessrechtlichen Theorie wieder an.

berücksichtigenden Ergebnis gelangen: Es ist nämlich davon auszugehen, dass der Beklagte der materiell-rechtlichen Aufrechnungserklärung stets stillschweigend die Bedingung hinzufügt, dass sie nur gelten soll, wenn das Gericht den Aufrechnungseinwand nicht aus prozessualen Gründen zurückweist.

564 Eine solche Bedingung ist auch anzunehmen, wenn eine Aufrechnung gegenüber einer rechtshängig gewordenen Forderung außerhalb der mündlichen Verhandlung erklärt wird; denn auch in diesem Fall entspricht es der Interessenlage des Aufrechnenden, den Eintritt der materiell-rechtlichen Wirkungen der Aufrechnung davon abhängig zu machen, dass sie im schwebenden Rechtsstreit beachtet wird, also das Gericht das Erlöschen der Klageforderung aufgrund der Aufrechnung in seinem Urteil berücksichtigt. Die **Aufrechnung während des Prozesses**, die der Beklagte gegen die Klageforderung vornimmt, ist also regelmäßig **mehrfach bedingt**[770] und in ihrer (materiell-rechtlichen) Wirksamkeit davon abhängig, dass das Gericht das Bestehen der Klageforderung in Höhe der zur Aufrechnung gestellten Gegenforderung feststellt und dass es den Aufrechnungseinwand nicht aus prozessualen Gründen als unzulässig zurückweist.

565 Um die Wirksamkeit der materiell-rechtlichen Aufrechnungserklärung an ihre Beachtung durch das Gericht zu knüpfen, bedarf es nicht der Zusammenfassung der Aufrechnungserklärung mit ihrem Geltendmachen im Prozess als einheitliches Rechtsgeschäft iSv § 139 BGB, um auf diese Weise zur Nichtigkeit der Aufrechnung zu gelangen, wenn der Aufrechnungseinwand vom Gericht als prozessual unzulässig zurückgewiesen wird.[771] Diese Konstruktion versagt insbesondere in Fällen, in denen der Beklagte außerhalb des Rechtsstreits die Aufrechnungserklärung abgibt, weil dann von einem einheitlichen Rechtsgeschäft nicht gesprochen werden kann.[772]

### 4. Rechtshängigkeit und Rechtskraft

566 Strittig ist die Frage, ob durch den Aufrechnungseinwand des Beklagten die **Gegenforderung rechtshängig** wird.[773] Bejaht man dies, dann ist der Beklagte auch bei der Eventualaufrechnung daran gehindert, die Gegenforderung in einem anderen Rechtsstreit erneut zur Aufrechnung zu stellen oder durch Leistungsklage gegen den Kläger geltend zu machen, bevor nicht das Gericht entschieden hat, ob die Klageforderung in Höhe der vom Beklagten zur Aufrechnung gestellten Gegenforderung erloschen ist.

567 Im Schrifttum wird die Rechtshängigkeit der Aufrechnungsforderung auf die Begründung gestützt, mit Erhebung des Aufrechnungseinwandes begehre der Aufrechnende eine Entscheidung des Gerichts darüber, dass die Klageforderung in Höhe der Aufrechnungsforderung erloschen sei. Dieses Begehren werde zum Streitgegenstand, über den nach § 322 II

---

[770] Zum Inhalt dieser Bedingungen vgl. *Musielak* JuS 1994, 825.
[771] So *Rosenberg/Schwab/Gottwald* ZivilProzR § 103 Rn. 46.
[772] *Rosenberg/Schwab/Gottwald* ZivilProzR § 103 Rn. 48; *Coester/Waltjen* JURA 1990, 27 (29); *Wolf* JA 2008, 753 (754).
[773] Zu diesem Meinungsstreit *Schreiber* FG BGH, 2000, 227, 243 ff.; *Musielak* FS Leipold, 2009, 85.

IV. Aufrechnung während des Prozesses

auch rechtskräftig entschieden werde.[774] Auch werde durch Geltendmachen der Aufrechnung im Prozess ebenso wie bei der Klageerhebung die Verjährung gehemmt (vgl. § 204 I Nr. 5 BGB). Überwiegend wird jedoch verneint, dass die Aufrechnung mit einer Forderung im Prozess diese rechtshängig werden lässt.[775] Der BGH[776] weist auf die nachteiligen Konsequenzen für den Aufrechnenden hin, wenn die Rechtshängigkeit der Gegenforderung bejaht wird: Er sei gehindert, eine ihm zustehende Forderung, die er bereits durch Aufrechnung gerichtlich geltend gemacht habe, gegenüber einer vom Gegner in einem zweiten Prozess erhobenen Klage hilfsweise zur Aufrechnung zu stellen. Insbesondere werde das in der Praxis übliche Vorgehen ausgeschlossen, eine Forderung gegenüber einer Klage zur Aufrechnung zu stellen und sie hilfsweise zum Gegenstand einer Widerklage zu machen. Des Weiteren würde die Rechtshängigkeit bewirken, dass der Beklagte nicht mehr ohne Zustimmung des Klägers den Aufrechnungseinwand zurücknehmen könne[777] – dies ergibt sich dann aus § 269 I, der auf die rechtshängig gewordene Gegenforderung angewendet werden müsste – und dass er auch nicht ohne Zustimmung des Gegners oder Erklärung der Sachdienlichkeit durch das Gericht eine andere Forderung anstelle der bisherigen zur Aufrechnung stellen dürfe (§ 263).[778]

Keine der Meinungen kann für sich in Anspruch nehmen, dass prozessökonomische Erwägungen die von ihr empfohlene Lösung zwingend gebieten. Sieht man jedoch auf die Systematik des Gesetzes und berücksichtigt insbesondere, dass die Rechtshängigkeit auf den Streitgegenstand beschränkt ist (→ Rn. 259) und dass sich keine überzeugende Gründe dafür finden lassen, die Gegenforderung allein deshalb zum Streitgegenstand zu machen, weil sich der Beklagte zur Verteidigung gegen die Klageforderung auf sie beruft, dann muss mit der hM die Rechtshängigkeit der Aufrechnungsforderung abgelehnt werden. Für dieses Ergebnis sprechen auch – wie dargelegt – die Interessen des aufrechnenden Beklagten. Unbillige Nachteile für den Aufrechnungsgegner durch ein wiederholtes prozessuales Geltendmachen derselben Forderung kann dieser einfach dadurch vermeiden, dass er in dem zweiten Prozess auf das Vorgehen des Aufrechnenden in dem parallel geführten Prozess verweist. Der Aufrechnende muss dann schlüssig erklären, in welchem Verhältnis seine Prozesshandlungen in den verschiedenen Rechtsstreiten zueinander stehen. Das Gericht kann darauf reagieren, beispielsweise ein Vorbehaltsurteil nach § 302 zugunsten des Aufrechnungsgegners erlassen oder einen Rechtsstreit in entsprechender Anwendung des § 148 einstweilen aussetzen.[779] Diese Maßnahmen verhindern auch eine

568

---

[774] *Teubner/Prange* JR 1988, 401; *Blomeyer,* Zivilprozessrecht, Erkenntnisverfahren, 2. Aufl. 1985, § 60 I 1a.
[775] BGH in stRspr, vgl. nur BGHZ 57, 242 (243) = NJW 1972, 450; BGHZ 60, 85 (87) = NJW 1973, 421; BGH NJW 1999, 1179 (1180); NJW-RR 2004, 1000; *Rosenberg/Schwab/Gottwald* ZivilProzR § 103 Rn. 25; Musielak/*Voit/Stadler* § 145 Rn. 20.
[776] BGHZ 57, 243 f. = NJW 1972, 450.
[777] BGH MDR 2009, 403: Die Prozessaufrechnung als Verteidigungsmittel kann von dem Aufrechnenden zurückgenommen werden; vgl dazu auch *Leichsenring* NJW 2013, 2155. Zu der Frage, ob es zulässig ist, die Rücknahmeerklärung mit einer prozessualen Bedingung zu verknüpfen, vgl. OLG Schleswig NJW-RR 2010, 216.
[778] Deshalb will *Heckelmann* NJW 1972, 1350, die Rechtshängigkeitswirkung für die Gegenforderung auf die Sperre für einen Parallelprozess beschränken.
[779] BGH NJW-RR 2004, 1000 (1001); OLG Karlsruhe NJOZ 2007, 3480 (3481); *Kleinbauer* JA 2007, 416 (417); *Skamel* NJW 2015, 2460 insbesondere zur Frage, wecher der beiden Rechtsstreite auszusetzen ist.

ungebührliche Überbeanspruchung des Gerichts durch ein mehrfaches Geltendmachen der Gegenforderung in verschiedenen Prozessen.

**569** Einwendungen des Beklagten nehmen grundsätzlich nicht an der **Rechtskraft** der Entscheidung teil (vgl. § 322 I; → Rn. 1051). Eine Ausnahme wird durch § 322 II für die Aufrechnung des Beklagten geschaffen. Dem Wortlaut nach bezieht sich diese Ausnahme allerdings nur auf den Fall der erfolglosen Aufrechnung.

> **Beispiel:** K klagt gegen B auf Zahlung eines Kaufpreises von 1.000 EUR. B erklärt die Aufrechnung mit einer ihm angeblich gegen K zustehenden Forderung aus Delikt. B wird zur Zahlung von 1.000 EUR verurteilt. In den Entscheidungsgründen führt das Gericht aus, dass die vom Beklagten gegen den Kläger geltend gemachte deliktische Forderung nicht bestehe. Erhebt B danach Klage gegen K wegen dieser deliktischen Forderung, dann wird seine Klage als unzulässig abgewiesen, weil ihr die Rechtskraft des gegen B ergangenen Urteils entgegensteht (vgl. zu den Rechtskraftwirkungen → Rn. 1037).

**570** Die Urteilswirkungen können aber auch nicht anders ausfallen, wenn der Beklagte mit seiner Aufrechnung Erfolg hat, wenn also das Gericht die Klage ganz oder teilweise wegen der Aufrechnung abweist. Denn mit dieser Abweisung steht dann auch fest, dass Klageforderung und Gegenforderung vor der Aufrechnungserklärung bestanden haben und in der Höhe der Aufrechnung erloschen sind. Deshalb wird **§ 322 II** nach allgemeiner Meinung[780] über seinen Wortlaut hinaus **auch angewendet, wenn** das Gericht in den Entscheidungsgründen **festgestellt** hat, **dass die Gegenforderung bestanden hat, aber durch Aufrechnung erloschen ist.** Dementsprechend ist § 322 II wie folgt zu lesen: „Hat der Beklagte die Aufrechnung einer Gegenforderung geltend gemacht, so ist die Entscheidung, dass die Gegenforderung nicht *oder nicht mehr* besteht, bis zur Höhe des Betrages, für den die Aufrechnung geltend gemacht worden ist, der Rechtskraft fähig."

> Hätte also B in dem oben angeführten Beispielsfall mit seinem Aufrechnungseinwand Erfolg und würde deshalb die Klage des K abgewiesen werden, dann stände einer Klage des B wegen der deliktischen Forderung ebenfalls die Rechtskraft der Entscheidung entgegen und seine Klage würde nicht als unbegründet, sondern als unzulässig abgewiesen werden.

> Eine solche durch § 322 II zu verhindernde zweite Klage müsste nicht notwendigerweise durch eine böswillige oder sogar betrügerische Absicht des Klägers veranlasst werden. B könnte beispielsweise auch davon überzeugt sein, dass seine hilfsweise erklärte Aufrechnung ins Leere gegangen sei, weil nach seiner Ansicht die Kaufpreisforderung des K (entgegen der Auffassung des Gerichts) erloschen war.

**571** Die nach § 322 II angeordnete Rechtskrafterstreckung erfasst nicht den Fall, dass das Gericht nicht über die Begründetheit der Aufrechnung entscheidet. Weist das Gericht die Klage ab, weil die Klageforderung nicht besteht, dann trifft es auch keine Entscheidung über die Gegenforderung. Stellt das Gericht (überflüssigerweise) zusätzlich noch fest, dass die Gegenforderung bestehe, dann handelt es sich insoweit

---

[780] Vgl. nur BGH NJW 2002, 900; BGH NJW-RR 2004, 1000 (1001); *Rosenberg/Schwab/Gottwald* ZivilProzR § 153 Rn. 17 f. mwN.

IV. Aufrechnung während des Prozesses    213

nicht um rechtskraftfähige Feststellungen iSv § 322 II.[781] Ebenfalls wird über die Gegenforderung nicht rechtskräftig entschieden, wenn das Gericht die Aufrechnung aus materiell-rechtlichen oder prozessualen Gründen (→ Rn. 563) als unzulässig ansieht.[782]

Der Normzweck des § 322 II trifft auch auf den Fall zu, dass sich der **Kläger** zur Verteidigung gegenüber einer Forderung, die der Beklagte gegen ihn geltend macht, **auf** eine von ihm erklärte **Aufrechnung beruft.** Dies geschieht, wenn sich der Kläger mit einer negativen Feststellungsklage (→ Rn. 129) gegen eine Forderung wendet, der sich der Beklagte berühmt und die der Kläger durch Aufrechnung getilgt haben will. Ebenso verhält es sich, wenn der Kläger mit der Vollstreckungsabwehrklage (→ Rn. 1301) die Einwendung geltend macht, die Forderung, wegen der vom Beklagten vollstreckt wird, sei durch Aufrechnung erloschen. Bei beiden Sachverhalten geht es um eine Forderung des Beklagten gegen den Kläger, und der Kläger verteidigt sich gegen sie mit der Aufrechnung. Der durch § 322 II dem Gegner des Aufrechnenden gewährte Schutz muss deshalb auch auf diese Fälle einer Aufrechnung durch den Kläger erstreckt werden und dann dem Beklagten zugute kommen; die Ähnlichkeit der Rechtslage gebietet eine Gleichbehandlung und folglich eine analoge Anwendung des § 322 II.[783]

572

Es gibt noch eine zweite Fallgruppe der Klägeraufrechnung, bei der sich die Frage nach einer analogen Anwendung des § 322 II stellt, nämlich bei folgender Fallkonstellation: Die Klage wird abgewiesen, weil der Kläger durch Aufrechnung die Klageforderung zum Erlöschen gebracht hat. Der Beklagte erhebt daraufhin seinerseits Klage wegen der Hauptforderung. Der frühere Kläger und jetziger Beklagte beruft sich auf die von ihm erklärte Aufrechnung. Zur Erläuterung des sich dann stellenden Problems dient der folgende

573

**Beispielsfall:** A rechnet mit einer Kaufpreisforderung gegen die Darlehensforderung des B auf. B beruft sich auf die Unzulässigkeit der Aufrechnung, weil sie durch eine vertragliche Vereinbarung ausgeschlossen worden sei. Daraufhin erhebt A wegen seiner Kaufpreisforderung gegen B Klage. Das Gericht gelangt jedoch zu dem Ergebnis, dass die vertragliche Vereinbarung über den Aufrechnungsausschluss unwirksam sei und dass deshalb die Aufrechnungserklärung des A zum Erlöschen der Klageforderung geführt habe. Das Gericht weist deshalb die Klage ab. B beharrt jedoch weiterhin auf seinem Standpunkt, dass die Aufrechnung unwirksam sei und verlangt von A Zahlung der Darlehensforderung. Als dieser sich unter Hinweis auf die Aufrechnung weigert zu zahlen, erhebt B gegen ihn Klage.

Die Rechtskraft des klageabweisenden Urteils im ersten Prozess bezieht sich lediglich auf die Feststellung der Nichtexistenz der Kaufpreisforderung. Nur wenn § 322 II auf die Darlehensforderung des B entsprechend angewendet werden kann, muss die Klage des B als unzulässig abgewiesen werden. Wird die entsprechende Anwendung des § 322 II dagegen verneint, dann kann der Richter durchaus im zweiten Prozess das Bestehen der Darlehensforderung bejahen und A entsprechend verurteilen.

---

[781] Zöller/G. Vollkommer § 322 Rn. 22; *Coester-Waltjen* JURA 1990, 27 (30).
[782] BGH NJW 1984, 128 (129).
[783] BGH NJW 1992, 982 (983); NJW-RR 2006, 1628 Rn. 10 zur Vollstreckungsabwehrklage; MüKoZPO/*Gottwald* § 322 Rn. 202; Zöller/G. Vollkommer § 322 Rn. 24.

574 Der BGH vertritt die Auffassung, dass eine analoge Anwendung des § 322 II bei der hier erörterten Fallkonstellation wegen fehlender Ähnlichkeit mit dem im Gesetz geregelten Sachverhalt ausscheiden müsse.[784] Bei § 322 II sei der Aufrechnende Schuldner der Forderung, die den Gegenstand des Rechtsstreits bilde und die durch Aufrechnung getilgt werden solle. Bei Sachverhalten der hier behandelten Art gehe es nicht darum, den Aufrechnungsgegner vor erneuter Inanspruchnahme mit der Gegenforderung zu schützen, sondern es würde sich die Rechtskrafterstreckung zum Nachteil des Aufrechnungsgegners auswirken.

575 Dieser Auffassung ist nicht zu folgen. Die für eine analoge Anwendung einer Rechtsnorm erforderliche Ähnlichkeit zwischen dem geregelten und dem ungeregelten Sachverhalt (→ GK BGB Rn. 1180 f.) ist aufgrund des Normzwecks des § 322 II zu ermitteln. Durch diese Vorschrift soll verhindert werden, dass nach einer vom Gericht festgestellten Aufrechnung erneut ein Prozess über eine dieser Forderungen zwischen den Parteien geführt wird. Dass ein solcher Prozess nicht nur wegen der Gegenforderung, also wegen der zur Aufrechnung gestellten Forderung, sondern auch wegen der Hauptforderung, der Forderung, die durch Aufrechnung getilgt werden soll (→ GK BGB Rn. 261), droht, ist vom Gesetzgeber nicht berücksichtigt worden. Der ging davon aus, dass für eine solche Regelung kein Bedürfnis bestehe. Dies ist zwar regelmäßig richtig, jedoch nicht ausnahmslos. Wird die Klage abgewiesen, weil die Klageforderung durch Aufrechnung des Klägers mit ihr erloschen ist, dann bedarf es einer Rechtskrafterstreckung iSv § 322 II auf diese Forderung nicht, weil bereits durch das klageabweisende Urteil rechtskräftig festgestellt wird, dass die Forderung des Klägers nicht besteht; demzufolge kann auch der Beklagte nicht in einem Folgeprozess wegen dieser Forderung in Anspruch genommen werden. Geht aber der Beklagte gegen den Kläger wegen seiner (angeblich durch Aufrechnung nicht erloschenen) Forderung vor, hilft die Rechtskraft des klageabweisenden Urteils dem früheren Kläger gem. § 322 I nicht. Warum aber der Beklagte des Erstprozesses anders als der Kläger in der Lage sein soll, trotz der vom Gericht für wirksam gehaltenen Aufrechnung seine Forderung in einem zweiten Prozess einzuklagen, lässt sich durch den Normzweck des § 322 II nicht begründen. Verneint man eine Rechtskrafterstreckung auf die Hauptforderung des Beklagten, dann liegt darin nicht nur eine ungerechtfertigte Ungleichbehandlung der Parteien, sondern es wird dadurch gerade der durch § 322 II bezweckte Ausschluss eines zweiten Prozesses in diesem Fall übergangen. Der im Schrifttum überwiegend vertretenen Meinung,[785] dass § 322 II entsprechend dann anzuwenden ist, wenn es um die Hauptforderung des Beklagten geht, ist deshalb zuzustimmen. Auch der BGH bejaht eine analoge Anwendung des § 322 II auf eine vom Kläger erklärte Aufrechnung, wenn der formalen Position als Kläger der Sache nach eine Anspruchsabwehr zugrundeliegt, so wie dies bei der Vollstreckungsgegenklage der Fall ist (→ Rn. 1301).[786] Dies spricht ebenfalls für die Analogiefähigkeit der Bestimmung.

576 In diesem Zusammenhang soll noch kurz auf einen weiteren problematischen Fall einer Klägeraufrechnung eingegangen werden, der durch folgendes **Beispiel** erläutert wird:

> Dem Kläger steht gegen den Beklagten eine Werklohnforderung iHv 10.000 EUR zu, von der er aus Kostengründen nur einen Teil, nämlich 3.000 EUR geltend macht.

---

[784] BGHZ 89, 349 (352) = NJW 1984, 1356; BGH NJW 1992, 982 (983); zust. *Niklas* MDR 1987, 96 (99 f.); Thomas/Putzo/*Reichold* § 322 Rn. 44 mwN.
[785] *Zeuner* JuS 1987, 354 (357 f.); NJW 1992, 2870; *Foerste* NJW 1993, 1183; MüKoZPO/*Gottwald* § 322 Rn. 196, 203; Zöller/*G. Vollkommer* § 322 Rn. 24; vgl. auch Musielak/Voit/*Musielak* § 322 Rn. 79 ff.
[786] BGH NJW 2015, 955.

IV. Aufrechnung während des Prozesses

Daraufhin rechnet der Beklagte mit einer ihm gegen den Kläger zustehenden Darlehensforderung in Höhe der Klageforderung auf. Der Kläger erklärt daraufhin seinerseits die Aufrechnung mit dem nicht von ihm eingeklagten Teil seiner Werklohnforderung gegen die Darlehensforderung des Beklagten. Von der Zulässigkeit dieser Gegenaufrechnung des Klägers hängt es ab, ob er mit seiner Klage Erfolg hat oder nicht.

Die hM[787] lehnt das Recht des Klägers ab, durch seine „Gegenaufrechnung" die Aufrechnung des Beklagten auf den nicht eingeklagten Teil der Klägerforderung „umzulenken". Sie begründet diese Ablehnung mit der Erwägung, nachdem der Beklagte seinerseits die Aufrechnung erklärt habe, sei seine Gegenforderung erloschen und die Aufrechnung des Klägers mit dem nicht eingeklagten Teil seiner Forderung gehe folglich ins Leere. Eine Gegenauffassung[788] deutet die Aufrechnung des Klägers als einen Widerspruch gegen die Tilgungsbestimmung des Beklagten. Es sei zwar richtig, dass der Beklagte durch die von ihm erklärte Aufrechnung seine Forderung zum Erlöschen gebracht habe und sie deshalb nicht mehr einer Forderung des Klägers aufrechenbar gegenüberstehe, aber die Bedeutung der „Gegenaufrechnung" müsse darin gesehen werden, dass mit ihr der Kläger zum Ausdruck bringe, er sei mit der Tilgungsbestimmung des Beklagten nicht einverstanden. Dieses Recht ergebe sich aus § 396 I 2 iVm § 366 II BGB. Die Anwendbarkeit des § 396 BGB in diesem Fall ist allerdings streitig und wird mit der Begründung abgelehnt, dass es sich überhaupt nicht um „mehrere zur Aufrechnung geeignete Forderungen" iSv § 396 I BGB handele, sondern um Teile ein und derselben Forderung.[789]

577

## 5. Verfahren

Wird die Aufrechnung mit einer Gegenforderung geltend gemacht, die mit der Klageforderung nicht in einem rechtlichen Zusammenhang steht, so kann das Gericht eine **getrennte Verhandlung** anordnen (§ 145 III). Ob die Aufrechnung im Prozess oder außerhalb erklärt wird, ist für die Anordnung der Trennung ohne Bedeutung.

578

Der **Begriff des rechtlichen Zusammenhangs** ist weit auszulegen und im gleichen Sinne aufzufassen wie der des rechtlichen Verhältnisses (Konnexität) in § 273 I BGB (→ GK BGB Rn. 651).[790] Forderungen stehen also in einem rechtlichen Zusammenhang, wenn sie aus einem innerlich zusammengehörenden, einheitlichen Lebensverhältnis stammen, das es als treuwidrig erscheinen lässt, wenn der eine Anspruch ohne Rücksicht auf den anderen geltend gemacht und verwirklicht werden soll.[791]

579

Bei einer Trennung wird über die Klageforderung und über ihr Erlöschen durch die Aufrechnung gesondert verhandelt. Ist der Rechtsstreit in Bezug auf die Klageforde-

580

---

[787] BGH NJW-RR 1994, 1203; KG MDR 2006, 1252; Zöller/*Greger* § 145 Rn. 12; BLAH/*Hartmann* § 145 Rn. 23; Musielak/Voit/*Stadler* § 145 Rn. 19; LG Kassel MDR 1956, 226; *Möller* JA 2001, 49 (51).
[788] *Mankowski* JR 1996, 223 (224 ff.) mwN. Für den Fall der Eventualaufrechnung des Beklagten: *Pawlowski* ZZP 104 (1991), 249 (268 f.); *Braun* ZZP 89 (1976), 93 (97 ff.).
[789] Ausführlich zu diesem Meinungsstreit *Mankowski* JR 1996, 223 (224 ff.) mwN; *Musielak* FS Leipold, 2009, 85 (91 ff.).
[790] BGH WM 1965, 827 (828); OLG Düsseldorf MDR 1985, 60.
[791] BGH WM 1965, 827 (828).

rung zur Entscheidung reif, dann kommt es darauf an, ob das Gericht die Klageforderung als begründet ansieht; ist dies nicht der Fall, dann ist die Klage als unbegründet abzuweisen und eine weitere Verhandlung über die Aufrechnung erübrigt sich dann. Bejaht dagegen das Gericht die Begründetheit der Klageforderung, dann kann es ein **Vorbehaltsurteil** nach § 302 erlassen, wenn die Entscheidungsreife hinsichtlich der Gegenforderung fehlt; andernfalls darf kein Vorbehaltsurteil ergehen, sondern ist über die Klageforderung unter Berücksichtigung der Aufrechnung zu entscheiden.

581 Bei einer Trennung nach § 145 III wird das Verfahren nicht etwa in zwei selbstständige Prozesse gespalten, die zu zwei parallelen Urteilen führen. Vielmehr ist nur zeitlich und gegenständlich getrennt zu verhandeln. Auch wenn zunächst ein Vorbehaltsurteil nach § 302 ergeht, bleibt der Rechtsstreit hinsichtlich der zur Aufrechnung gestellten Gegenforderung weiterhin bei dem Gericht anhängig, das das Vorbehaltsurteil gefällt hat (§ 302 IV 1). Das Nachverfahren, das dann stattfindet, ist die Fortsetzung des bisherigen Rechtsstreits und bildet mit dem Vorbehaltsverfahren eine prozessuale Einheit.[792] Der Bestand des Vorbehaltsurteils ist von dem Ergebnis des Nachverfahrens abhängig. Die hM sieht darin ein auflösend bedingtes Endurteil.[793]

582 Ob das Gericht ein Vorbehaltsurteil nach § 302 erlässt, steht in seinem nicht nachprüfbaren Ermessen. Weder ist dafür Voraussetzung, dass das Verfahren nach § 145 III getrennt wurde, noch führt eine solche Trennung zwingend zu einem Vorbehaltsurteil. Ergeht ein solches Urteil, dann ist in der Urteilsformel ausdrücklich aufzunehmen, dass die Entscheidung über die Aufrechnung vorbehalten bleibt.[794] Zweck des Vorbehaltsurteils ist es, einer Prozessverschleppung entgegenzuwirken und dem Kläger rascher einen Vollstreckungstitel zu geben (§ 302 III iVm § 704 I; Einzelheiten dazu später), der allerdings mit dem Risiko eines Schadensersatzanspruches verbunden ist, wenn die Aufrechnung zum Erlöschen der Klageforderung geführt hat (§ 302 IV 3).

583 Das nach Erlass des Vorbehaltsurteils durchzuführende Nachverfahren ist auf die Entscheidung über die (vorbehaltene) Aufrechnung beschränkt. Bei dieser Entscheidung ist das Gericht an das Vorbehaltsurteil gebunden (§ 318; → Rn. 893 f.). Es kann also das Bestehen der Klageforderung nur noch wegen der Aufrechnung verneinen. Deshalb ist neues Vorbringen gegen die Klageforderung ausgeschlossen.

584 Das Nachverfahren schließt mit einem Endurteil, das entweder das Vorbehaltsurteil aufhebt und die Klage abweist, wenn das Erlöschen der Klageforderung durch Aufrechnung festgestellt wird, oder das das Vorbehaltsurteil unter Aufhebung des Vorbehalts aufrechterhält, wenn die Wirksamkeit der Aufrechnung verneint wird.[795]

585 Führt die Aufrechnung dazu, dass die Klageforderung ganz oder zT erloschen ist, dann muss die Klage auch ganz oder zT abgewiesen werden. Bei der **Kostenentscheidung** muss die Rückwirkung der Aufrechnung (vgl. § 389 BGB) berücksichtigt werden. Standen sich bereits im Zeitpunkt der Klageerhebung die Forderungen aufrechenbar gegenüber, dann sind dem Kläger im Umfang seines Unterliegens die

---

[792] *Rosenberg/Schwab/Gottwald* ZivilProzR § 59 Rn. 81.
[793] BGHZ 69, 270 (272) = NJW 1978, 43; MüKoZPO/*Musielak* § 302 Rn. 6 mwN.
[794] Ein Vorschlag für die Formulierung eines solchen Urteils findet sich bei *Theimer/Theimer*, Mustertexte zum Zivilprozess I, 9. Aufl. 2016, Muster 100.
[795] Zur Formulierung vgl. *Theimer/Theimer*, Mustertexte zum Zivilprozess I, 9. Aufl. 2016, Muster 101.

## IV. Aufrechnung während des Prozesses

Kosten aufzuerlegen. Ob er diese Kostenfolge durch eine (einseitige) Erledigungserklärung vermeiden kann, wenn der Beklagte erst während des Rechtsstreits aufrechnet, richtet sich auch danach, ob man die Erklärung der Aufrechnung oder die Aufrechnungslage als das die Erledigung bewirkende Ereignis auffasst (→ Rn. 507).

Erklärt der Beklagte die Aufrechnung mit einer **rechtswegfremden Gegenforderung, also eine Forderung, die nicht in die (Rechtsweg-)Zuständigkeit (→ Rn. 60 ff.) des Prozessgerichts fällt,** dann wird darüber gestritten, ob das ordentliche Gericht das Bestehen der Gegenforderung nur feststellen darf, wenn diese Forderung unbestritten oder rechtskräftig festgestellt worden ist, und ob es in anderen Fällen den Rechtsstreit aussetzen muss, um dem Beklagten Gelegenheit zu geben, die Entscheidung über die Gegenforderung vor dem zuständigen Gericht herbeizuführen. Diese Vorgehensweise entsprach der früher ganz herrschenden Meinung. Seit Neufassung des § 17 II GVG im Jahre 1990 findet jedoch die Auffassung zunehmend Befürworter, die Zuständigkeit des Zivilgerichts für eine Entscheidung über rechtswegfremde Gegenforderungen zu bejahen, weil durch diese Vorschrift dem Gericht eine rechtswegüberschreitende Sachkompetenz eingeräumt worden sei.[796] Diese Meinung kann sich zwar darauf berufen, rascher und weniger aufwändig zu einer Entscheidung zu gelangen, muss aber in Kauf nehmen, dass der Zivilrichter über Rechtsfragen zu befinden hat, die in die Zuständigkeit und Fachkompetenz von Gerichten anderer Rechtswege fallen. Dass durch § 17 II GVG eine solche Kompetenzüberschreitung legitimiert oder sogar geboten ist, muss verneint werden. Denn durch die in dieser Vorschrift getroffenen Regelungen wird nur bezweckt, dem Gericht zu ermöglichen, über den Streitgegenstand aufgrund aller in Betracht kommenden rechtlichen Erwägungen zu entscheiden, ohne dass Rechtswegzuständigkeiten insoweit Grenzen schaffen.[797] Diesem Ziel dient es jedoch nicht, wenn das Gericht über streitige rechtswegfremde Gegenforderungen entscheiden soll. Es muss also auch nach Änderung des § 17 II GVG bei dem bisher durchzuführenden Verfahren der Aussetzung bleiben.[798]

586

Die Rechtsgrundlage für dieses Vorgehen bildet § 148 in analoger Anwendung. Zwar setzt diese Vorschrift voraus, dass das vorgreifliche Rechtsverhältnis bereits den Gegenstand eines anderen anhängigen Rechtsstreits bildet, doch muss der Fall, dass dieses Rechtsverhältnis, das nur von einem anderen Gericht festgestellt werden kann, noch nicht anhängig geworden ist, gleich behandelt und dementsprechend durch

587

---

[796] VGH Kassel MDR 1995, 203; *Schenke/Ruthig* NJW 1992, 2505 (2510 ff.); 1993, 1374; *Hoffmann* ZZP 107 (1994), 3 (28); *Schwab* ZZP 122 (2009), 245 (249 ff.); *Jauernig/Hess* ZivilProzR § 45 Rn. 10; *Grunsky* ZivilProzR Rn. 135; *Vollkommer* FS Kissel, 1994, 1183 (1200 ff.); *Gaa* NJW 1997, 3343; *Musielak/Voit/Stadler* § 145 Rn. 32 mwN; vgl. auch *Schilken* ZivilProzR Rn. 441; *Schlosser* ZivilProzR I Rn. 328.
[797] MüKoZPO/*Zimmermann* GVG § 17 Rn. 12 f.
[798] BAG NJW 2002, 317; 2008, 1020 = ZZP 122 (2009), 243 mAnm *Schwab*; BVerwG NJW 1999, 160 (161) = JuS 1999, 830 (Ls.) mAnm *Hafen*; VGH Kassel NJW 1994, 1488 (1490); OLG Jena NJW-RR 2010, 153 = FamRZ 2009, 1340 (1342); *Rupp* NJW 1992, 3274; *Möller* JA 2001, 49 (53); *Rosenberg/Schwab/Gottwald* ZivilProzR § 103 Rn. 29; *Zöller/Greger* § 145 Rn. 19 a; *Zöller/Lückemann* GVG § 17 Rn. 10; *Thomas/Putzo/Seiler* § 145 Rn. 24; *Zimmermann*, ZPO-Fallrepetitorium für Studium und Vorbereitungsdienst, 10. Aufl. 2015, 105 f.; *Leipold* ZZP 107 (1994), 216 (219 f.) (vgl. aber dort *Müller* NJW 1997, 497); zur Aufrechnung mit einer Forderung aus Amtspflichtverletzung im verwaltungsgerichtlichen Verfahren vgl. BVerwG NJW 1993, 2255; VGH Mannheim NJW 1997, 3394.

Aussetzung dem Beklagten Gelegenheit gegeben werden, die notwendige Klärung vor dem anderen Gericht umgehend herbeizuführen.[799] Vor der Aussetzung kann das Gericht bei Entscheidungsreife der Klageforderung ein Vorbehaltsurteil gem. § 302 erlassen (→ Rn. 580, 582). Dagegen muss die vom BAG empfohlene Lösung, nach Erlass des Vorbehaltsurteils den Rechtsstreit zur Entscheidung über die Gegenforderung im Nachverfahren an das zuständige Gericht zu verweisen, abgelehnt werden.[800] Denn die dabei vorausgesetzte Kompetenz des Gerichts, an das verwiesen wird, das Vorbehaltsurteil zu ändern, besteht nicht.[801]

588  Früher wurde von der hM eine Ausnahme von der Pflicht zur Aussetzung zugelassen, wenn es sich um eine Gegenforderung handelt, für die ein Arbeitsgericht zuständig ist.[802] Die Entscheidungskompetenz des Zivilrichters wurde dadurch erklärt, dass Zivilgerichte und Arbeitsgerichte nicht unterschiedlichen Rechtswegen zugeordnet seien und die zwischen ihnen bestehenden Unterschiede in der sachlichen Zuständigkeit nicht daran hinderten, über die Wirksamkeit einer Aufrechnung zu entscheiden. Obwohl die in §§ 17, 17a GVG getroffene Neuregelung der Rechtswegverweisung diesen Erwägungen die Grundlage entzogen hat, will ein **Teil der hM weiterhin die Zivil- und Arbeitsgerichte für befugt ansehen,** auch dann **über** eine **Aufrechnung zu entscheiden, wenn** die **Gegenforderung in die Zuständigkeit des anderen Gerichtszweiges fällt.**[803] Zur Begründung wird darauf verwiesen, dass es nicht die Absicht des Gesetzgebers sein könne, durch die Neuregelung der Rechtswegzuständigkeit, durch die gerade eine Vereinfachung bezweckt werde, die Gräben zwischen den Rechtswegen noch zu vertiefen. Eine solche Ausnahme erscheint jedoch inkonsequent, nachdem das Verhältnis zwischen Zivilgerichtsbarkeit und Arbeitsgerichtsbarkeit neu geordnet worden ist. Die „Artverwandtheit" der von beiden Gerichtszweigen zu entscheidenden Rechtssachen vermag daran nichts zu ändern. Mag dadurch auch der Einwand fehlender Sachkompetenz für die Entscheidung über die rechtswegfremde Gegenforderung entfallen, ändert dies doch nichts daran, dass für die Gegenforderung ein anderer Rechtsweg vorgeschrieben ist. Es muss deshalb folgerichtig für Gegenforderungen, die in die Zuständigkeit der Arbeitsgerichte fallen, das gleiche Verfahren praktiziert werden wie bei anderen rechtswegfremden Forderungen auch.[804]

## 6. Hinweise für die schriftliche Bearbeitung

589  Ist im Rahmen einer sog. Richterklausur (→ Rn. 10) über eine Prozessaufrechnung zu entscheiden, dann muss zunächst die Zulässigkeit der Klage und entsprechend der Beweiserhebungstheorie (→ Rn. 561) das Bestehen der Klageforderung geprüft werden. Gelangt der Bearbeiter zu einem negativen Ergebnis, dann ist die Klage als unzulässig oder unbegründet abzuweisen, ohne dass auf die Prozessaufrechnung einzugehen ist. Werden dagegen beide Fragen positiv entschieden, dann kommt es auf

---

[799] BVerwG NJW 1987, 2530 (2532); 1999, 160 (161) (zur parallelen Frage im Verwaltungsprozess); *Möller* JA 2001, 49 (53); Zöller/*Lückemann* GVG § 13 Rn. 38.
[800] BAG NJW 2008, 1020 = ZZP 122 (2009), 243 mAnm *Schwab*.
[801] So auch *Wieser* MDR 2008, 785; *Schwab* ZZP 122 (2009), 245 (247).
[802] BGHZ 26, 304 = NJW 1958, 543; *Coester-Waltjen* JURA 1990, 27 (29).
[803] LAG München MDR 1998, 783; *Mayerhofer* NJW 1992, 1602.
[804] BAG NJW 2002, 317; 2008, 1020 = ZZP 122 (2009), 243 mAnm *Schwab;* LG Saarbrücken MDR 2012, 669 (670); *Rosenberg/Schwab/Gottwald* ZivilProzR § 103 Rn. 30; Zöller/*Greger* § 145 Rn. 19 a; vgl. auch BGH NJW 1998, 909 (ordentliche Gerichte und Arbeitsgerichte bilden verschiedene Rechtswege).

die Prozessaufrechnung an. Es ist dann zu klären, ob der Aufrechnungseinwand als Prozesshandlung zulässig ist, ob die Prozesshandlungsvoraussetzungen erfüllt werden (→ Rn. 309) und ob auch das Verteidigungsmittel rechtzeitig vorgebracht worden ist (→ Rn. 563). Wird die Zulässigkeit der Prozessaufrechnung bejaht, dann ist auf das Bestehen der zur Aufrechnung gestellten Gegenforderung einzugehen. Handelt es sich bei der zur Aufrechnung gestellten Forderung um eine (zivil-)rechtswegfremde, die weder unstreitig noch rechtskräftig festgestellt ist, dann ist zu dem Meinungsstreit Stellung zu nehmen, der über die Frage der Kompetenz des Zivilrichters zur Entscheidung über eine solche Forderung geführt wird (→ Rn. 586 ff.).

Handelt es sich – wie im Regelfall – um eine Eventualaufrechnung, dann muss bereits bei Erörterung der Zulässigkeit des Aufrechnungseinwandes als Prozesshandlung dargelegt werden, dass sich insoweit keine prozessualen Bedenken ergeben (→ Rn. 562). Die Vereinbarkeit der Eventualaufrechnung mit § 388 S. 2 BGB (vgl. dazu ebenfalls → Rn. 562) ist zu begründen, wenn die materielle Wirksamkeit untersucht und die Rechtsfolgen beschrieben werden, die sich daraus für die Entscheidung über die Klageforderung ergeben. 590

Ist die Entscheidung über die Klageforderung spruchreif, kann jedoch noch nicht über die Gegenforderung entschieden werden, dann muss die Möglichkeit eines Vorbehaltsurteils nach § 302 berücksichtigt werden, das allerdings nur dann ergehen darf, wenn die Klageforderung (vorbehaltlich der Aufrechnung) besteht (→ Rn. 580). 591

## V. Widerklage

### 1. Begriff und Voraussetzungen

Der Beklagte muss sich nicht darauf beschränken, sich gegen die Klage zu verteidigen, sondern kann seinerseits zum Angriff auf den Kläger übergehen und ihn im selben Verfahren verklagen. 592

> **Beispiel:** K macht mit seiner Klage einen Kaufpreisanspruch geltend. B verteidigt sich damit, dass er wegen eines Sachmangels vom Kaufvertrag zurückgetreten sei (§ 346 I iVm §§ 323, 437 Nr. 2 BGB) und erhebt seinerseits Klage auf Ersatz eines Schadens, den K bei Durchführung des Kaufvertrages verursacht habe (§ 280 I, § 325 BGB).

Eine solche „Gegen-Klage" des Beklagten – in der ZPO Widerklage genannt – ist ihrem Wesen nach eine vollwertige Klage, für die alle Vorschriften über die Klage gelten, soweit nicht Sonderregeln für die Widerklage eingreifen. Die Widerklage ist insbesondere kein Angriffs- oder Verteidigungsmittel iSv §§ 296, 530, 531,[805] sodass sie bis zum Schluss der mündlichen Verhandlung erhoben werden kann (allerdings wegen § 559 I nicht in Revisionsverfahren und nur unter Einschränkungen gem. § 533 im Berufungsverfahren; dazu Einzelheiten später) und nicht als verspätet zurückgewiesen werden darf (zur Präklusion verspäteten Vorbringens ebenfalls Einzelheiten später). 593

---

[805] BGH NJW 1981, 1217.

**594** Die **Widerklage** kann nicht nur schriftlich, sondern auch **in der mündlichen Verhandlung** erhoben werden (§ 261 II), wobei die Regelung des § 297 zu beachten ist.

**595** Die **Zulässigkeit** einer Widerklage hängt von der Erfüllung der Sachurteilsvoraussetzungen ab, die für jede Klage gelten (→ Rn. 233 ff.). Folgendes ist jedoch dabei zu beachten:

- Die Widerklage muss einen **anderen Streitgegenstand** (zum Begriff → Rn. 283 ff.) aufweisen als die Klage. Diese Voraussetzung erklärt sich bereits aus der Sperre, die durch die Rechtshängigkeit der Klage für eine Klage mit demselben Streitgegenstand geschaffen ist (§ 261 III Nr. 1; → Rn. 256).

    Die Widerklage darf also nicht nur die Negation der Klage sein, wie dies beispielsweise der Fall wäre, wenn der Beklagte gegenüber einer Leistungsklage widerklagend Feststellung begehrte, dass er dem Kläger nicht den mit der Klage von ihm geforderten Betrag schulde. Wird jedoch nur ein Teilbetrag eingeklagt (der Kläger behauptet, der Beklagte sei verpflichtet, Schadensersatz iHv 50.000 EUR zu leisten, von dem er zunächst nur 10.000 EUR einklage), dann kann der Beklagte widerklagend die (negative) Feststellung begehren, dem Kläger überhaupt nichts zu schulden; es handelt sich dann um eine sog. Zwischenfeststellungswiderklage (→ Rn. 1053).[806]

- Die Widerklage setzt begrifflich eine **Klage** voraus, die **(noch) rechtshängig** ist.[807]

    Es kommt nur auf die Rechtshängigkeit der Klage an, die durch ihre Erhebung begründet wird (§ 261 I; → Rn. 257), nicht auch darauf, dass die Klage zulässig ist. Erhebt der Kläger seine Klage bei einem örtlich unzuständigen Gericht, dann kann der Beklagte dort auch Widerklage erheben, wenn ein Zusammenhang zwischen Klage und Widerklage besteht (dazu Einzelheiten sogleich).[808] Die Rechtshängigkeit der Hauptklage muss nur zur Zeit der Erhebung der Widerklage bestehen; dass danach etwa durch Rücknahme der Klage ihre Rechtshängigkeit beseitigt wird, bleibt trotz der Rückwirkung (→ Rn. 476) ohne Einfluss auf die Widerklage, weil deren Rechtshängigkeit isoliert zu betrachten ist (vgl. § 261 III Nr. 2). Allerdings muss die Widerklage vor Schluss der mündlichen Verhandlung erhoben werden; danach ist dies nicht mehr zulässig.[809]

- Die Widerklage muss vom Beklagten erhoben und **gegen den Kläger gerichtet** werden (zu Ausnahmen → Rn. 610 ff.).

- Die Widerklage darf nicht gesetzlich ausgeschlossen sein.

    So sind im Urkunden- und Wechselprozess Widerklagen nicht zugelassen (§ 595 I; → Rn. 1084).

## 2. Zuständigkeit

**596** Besonderheiten ergeben sich bei der Widerklage insbesondere hinsichtlich der sachlichen und der örtlichen Zuständigkeit. Bestimmt sich die **sachliche Zuständigkeit** nach dem Streitwert, dann ist der Streitwert der Widerklage unabhängig von dem

---

[806] BGHZ 53, 92 = NJW 1970, 425.
[807] Vgl. BGH NJW-RR 2001, 60 mwN.
[808] Stein/Jonas/*Roth* § 33 Rn. 16.
[809] BGH MDR 1992, 899; NJW 2000, 2512 f.

## V. Widerklage

der Klage zu ermitteln, denn nach § 5 Hs. 2 werden die Streitwerte von Klage und Widerklage nicht zusammengerechnet.

**Beispiel:** K erhebt Klage auf Zahlung eines Kaufpreises iHv 3.000 EUR. Für diese Klage ist nach § 23 Nr. 1 GVG das AG sachlich zuständig. Begehrt nun B widerklagend die Verurteilung des K zur Zahlung von Schadensersatz iHv 4.000 EUR, dann ist auch für die Widerklage das AG sachlich zuständig, weil eine Addition der Streitwerte von Klage und Widerklage nicht vorzunehmen ist und die Zuständigkeit des AG für die Widerklage nach deren Streitwert besteht.

Wird in einem **amtsgerichtlichen Verfahren** eine Widerklage erhoben, die zur sachlichen Zuständigkeit des LGs gehört, dann kann eine Partei nach § 506 I vor Verhandlung zur Hauptsache über die Widerklage den Antrag stellen, den Rechtsstreit an das zuständige LG zu verweisen. Das Gericht hat nach § 504 auf seine Unzuständigkeit hinzuweisen (→ Rn. 104). 597

Beträgt in dem vorstehenden Beispielsfall der Streitwert der Widerklage 6.000 EUR, dann kann K (oder auch B) die Verweisung des Rechtsstreits an das LG beantragen, das dann über Klage und Widerklage zu entscheiden hat. 598

Dagegen ist die Vorschrift des § 506 nach hM nicht (auch nicht entsprechend) anzuwenden, wenn die Widerklage, deren Streitwert die Grenze der amtsgerichtlichen Zuständigkeit (§ 23 Nr. 1 GVG) überschreitet, erst in der Berufungsinstanz erhoben wird (zur Zulässigkeit einer solchen Widerklage vgl. § 533). Das als Berufungsgericht tätig werdende LG kann nicht etwa aufgrund eines entsprechenden Antrages einer Partei den Rechtsstreit mit der Begründung an das OLG verweisen, dieses Gericht hätte über die Berufung zu befinden gehabt, wenn die Widerklage in erster Instanz erhoben und dann entsprechend dem Streitwert vom LG entschieden worden wäre. Denn eine Verweisung vom LG als Berufungsgericht an das OLG ist in der ZPO nicht vorgesehen, und der Ausnahmecharakter des § 506 lässt es nicht zu, eine solche Verweisung auf eine entsprechende Anwendung dieser Vorschrift zu stützen.[810] 599

In einem **landgerichtlichen Verfahren** kann der Beklagte widerklagend Ansprüche geltend machen, die in die Zuständigkeit des Amtsgerichtes fallen.[811] Die sachliche Zuständigkeit des LG in diesem Fall ist zwar nicht ausdrücklich im Gesetz angeordnet worden; sie ergibt sich aber zwingend aus dem Zweck der Widerklage, der darin besteht, eine Zersplitterung von Rechtsstreitigkeiten über zusammenhängende Fragen zu vermeiden und dem mit einer Klage angegriffenen Beklagten im Interesse der Waffengleichheit die Möglichkeit zum Gegenangriff zu eröffnen.[812] 600

Die **örtliche Zuständigkeit** beurteilt sich grundsätzlich auch bei der Widerklage nach den sonst geltenden Bestimmungen, die jedoch durch die Vorschrift des § 33 ergänzt werden. Die in § 33 getroffene Regelung erlangt Bedeutung, wenn sich nicht die Zuständigkeit des Gerichts für die Entscheidung über die Widerklage aus anderen Bestimmungen über den Gerichtsstand ergibt.[813] 601

---

[810] BGH NJW-RR 1996, 891; KG MDR 1999, 563; Musielak/Voit/*Wittschier* § 506 Rn. 1 mwN; aA *Rimmelspacher* JZ 1996, 976; *Deubner* JuS 1996, 821 (822 f.) (für Verweisung an eine erstinstanzliche Kammer des LG).
[811] Thomas/Putzo/*Hüßtege* § 33 Rn. 18.
[812] Stein/Jonas/*Roth* § 33 Rn. 1; Musielak/Voit/*Heinrich* § 33 Rn. 1.
[813] Stein/Jonas/*Roth* § 33 Rn. 2; AK-ZPO/*Röhl* § 33 Rn. 1; Thomas/Putzo/*Hüßtege* § 33 Rn. 19.

**Beispiel:** Der in München wohnende A verklagt B, der seinen Wohnsitz ebenfalls in München hat, auf Zahlung eines Restkaufpreises iHv 2.000 EUR. B beruft sich auf Minderung wegen eines Sachmangels und verlangt widerklagend von A Schadensersatz wegen eines Mangelfolgeschadens (→ GK BGB Rn. 833) iHv 4.000 EUR. Für beide Klagen ist sowohl nach §§ 12, 13 (→ Rn. 85) als auch nach § 29 (→ Rn. 93) örtlich das AG München zuständig. Auf die Zuständigkeitsregelung des § 33 kommt es folglich nicht an.

Anders stellt sich die Rechtslage dar, wenn A nicht in München, sondern in Augsburg seinen Wohnsitz hat und dort seine Verpflichtung aus dem Kaufvertrag (wie dies nach § 269 I BGB dem Regelfall entspricht) zu erfüllen hat. Auch nach § 29 wäre dann die Klage des B auf Schadensersatz wegen des Mangelfolgeschadens in Augsburg zu erheben, weil die Pflicht zum Schadensersatz als Surrogat für die ursprüngliche Verpflichtung angesehen wird und diese in Augsburg zu erfüllen war (→ Rn. 93). Es muss deshalb geprüft werden, ob sich die Zuständigkeit des AG München für die Widerklage des B aus § 33 ergibt.

**602** Der durch § 33 I begründete Gerichtsstand der Widerklage wird davon abhängig gemacht, dass „der Gegenanspruch mit dem in der Klage geltend gemachten Anspruch oder mit den gegen ihn vorgebrachten Verteidigungsmitteln in Zusammenhang steht". Nach hM muss es sich dabei um einen **rechtlichen Zusammenhang** handeln;[814] ein lediglich tatsächlicher Zusammenhang genügt dagegen nicht.[815]

**603** Allerdings ist der Begriff des rechtlichen Zusammenhanges nicht eng auszulegen und wird in der Rechtsprechung bejaht, wenn es sachdienlich und vernünftig erscheint, über Klage und Widerklage in einem Prozess zu verhandeln.[816] Auch hierbei muss der Zweck, der mit der Zulassung der Widerklage verfolgt wird, berücksichtigt werden, nämlich zusammenhängende Fragen in einem Rechtsstreit zu klären und einer Zersplitterung von Streitigkeiten entgegenzuwirken. Deshalb wird regelmäßig ein rechtlicher Zusammenhang zwischen dem Begehren des Klägers (in § 33 I als den in der Klage geltend gemachten Anspruch bezeichnet) und dem vom Beklagten mit seiner Widerklage verfolgten Begehren (in § 33 I Gegenanspruch genannt) zu bejahen sein, wenn beide aus einem innerlich zusammengehörenden einheitlichen Lebensverhältnis stammen; die Abgrenzung wird also im gleichen Sinne vorgenommen wie bei § 273 I BGB (. zur gleichen Frage bei § 145 III → Rn. 579).

**604** Im oben (→ Rn. 601) gebrachten Beispielsfall folgt die Zuständigkeit des AG München für die Widerklage gegen den in Augsburg wohnenden A aus § 33 I, weil Kaufpreisanspruch und Schadensersatzforderung wegen Schlechterfüllung in rechtlichem Zusammenhang zueinander stehen. Weitere Beispiele für diesen rechtlichen Zusammenhang bilden der vom Kläger geltend gemachte Besitzschutzanspruch nach § 861 BGB oder sein Herausgabeanspruch nach §§ 985, 1007 BGB und das vom Beklagten mit der Widerklage verfolgte Recht zum Besitz.[817]

**605** Der ebenfalls nach § 33 I ausreichende (rechtliche) Zusammenhang zwischen dem „Gegenanspruch" und „Verteidigungsmitteln" des Beklagten erweitert die gerichtliche Zuständigkeit

---

[814] Stein/Jonas/*Roth* § 33 Rn. 26 ff.; Musielak/Voit/*Heinrich* § 33 Rn. 2.
[815] AA *Lüke* ZivilProzR Rn. 237.
[816] Der BGH (NJW 1975, 1228) lässt es ausreichend sein, dass Anspruch und Gegenanspruch aus verschiedenen Rechtsverhältnissen entspringen, die nach ihrem Zweck und nach der Verkehrsanschauung wirtschaftlich als ein Ganzes, als ein innerlich zusammengehörendes Lebensverhältnis, erscheinen; ebenso Musielak/Voit/*Heinrich* § 33 Rn. 2.
[817] So BGHZ 53, 166 = NJW 1970, 707; BGHZ 73, 355 = NJW 1979, 1358.

## V. Widerklage

in Fällen, in denen der Beklagte zur Verteidigung gegen die Klage selbstständige Gegenrechte geltend macht, die mit dem Klageanspruch nicht zusammenhängen, wie dies beispielsweise bei der Aufrechnung mit einer nicht konnexen Gegenforderung der Fall ist.

**Beispiel:** K klagt gegen B auf Zahlung einer Kaufpreisforderung. B verteidigt sich damit, dass die Kaufpreisforderung durch Aufrechnung mit einer Gegenforderung erloschen sei, die ihm aus einem Werkvertrag gegen den Kläger zugestanden hätte. Widerklagend macht B eine Forderung geltend, die sich aus demselben Werkvertrag ergeben soll.

Die hier in Übereinstimmung mit der hM vertretene Auffassung des § 33 als reine Zuständigkeitsregelung ist jedoch nicht unbestritten. Nach einer vorwiegend früher vertretenen Ansicht soll § 33 I eine besondere Zulässigkeitsvoraussetzung für die Widerklage schaffen, die dazu führt, dass eine Widerklage, die nicht in einem Zusammenhang zur Klage steht, auf Rüge des Widerbeklagten als unzulässig abgewiesen werden muss.[818] Während nach hM eine Widerklage auch ohne Zusammenhang des § 33 zulässig ist, wenn sich die Zuständigkeit des Gerichts aus anderen Vorschriften ergibt, will die Gegenauffassung eine Widerklage nur auf solche Fälle beschränken, in denen Klage und Widerklage zusammenhängen. Für die hM spricht sowohl der Wortlaut (der ein „nur" enthalten müsste, wenn § 33 als abschließende Regelung über die Zulässigkeit einer Widerklage zu verstehen wäre) als auch der Standort der Vorschrift innerhalb der Bestimmungen über den Gerichtsstand und letztlich auch die amtliche Überschrift.[819]

606

Auf der Grundlage der hM ist jedoch das Gericht nicht verpflichtet, über eine Klage und eine mit ihr nicht im rechtlichen Zusammenhang stehende Widerklage in einem Prozess zu verhandeln und zu entscheiden, sondern es kann nach § 145 II die Verhandlung in getrennten Prozessen durch unanfechtbaren Beschluss[820] anordnen. Außerdem kann auch durch Teilurteil über die Klage oder die Widerklage entschieden werden, wenn nur eine von beiden zur Endentscheidung reif ist (vgl. § 301 I; dazu Einzelheiten später). Das Gericht verfügt also über Möglichkeiten, um einer nicht sachdienlichen Zusammenfassung von Klage und Widerklage in einem Verfahren entgegenzuwirken; einer einschränkenden Interpretation der Zulässigkeitsvoraussetzungen für die Widerklage bedarf es hierfür nicht, zumal nach der Gegenauffassung der Mangel des Zusammenhangs nur auf Rüge des Widerbeklagten vom Gericht beachtet werden muss und folglich dieser auch auf eine solche Rüge verzichten kann (vgl. § 295).

607

Nach hM kann sich die Frage eines Rügeverzichts nach § 295 auf die Voraussetzung eines rechtlichen Zusammenhangs nicht stellen. Ist die örtliche Zuständigkeit für die Widerklage weder nach allgemeinen Vorschriften noch nach § 33 gegeben, dann ist danach zu fragen, ob die Zuständigkeit aufgrund einer rügelosen Einlassung des Widerbeklagten zur Hauptsache

608

---

[818] BGHZ 40, 185 (187) = NJW 1964, 44; BGHZ 53, 166 = NJW 1970, 707; BGH NJW 1975, 1228. Eingehend zur Bedeutung des § 33: *Ott*, Die Parteiwiderklage, 1999, 61 ff. mwN zu beiden Meinungen. Eine vermittelnde Auffassung will unter Hinweis auf den Grundsatz der Waffengleichheit die Zulässigkeit einer Widerklage, die nicht in einem Zusammenhang mit der Klage steht, davon abhängig machen, dass sie entweder in der Klageerwiderung oder bis zum Ablauf einer dem Beklagten gesetzten Klageerwiderungsfrist erhoben wird oder dass die Voraussetzungen der §§ 263, 267 erfüllt werden; so *Rimmelspacher* FS Lüke, 1997, 655 (662 ff.); *Hau* ZZP 117 (2004), 31 (37); *Ott*, Die Parteiwiderklage, 1999, 85 ff.
[819] Rosenberg/Schwab/Gottwald ZivilProzR § 96 Rn. 21; Stein/Jonas/*Roth* § 33 Rn. 4; MüKo-ZPO/*Patzina* § 33 Rn. 2; Musielak/Voit/*Heinrich* § 33 Rn. 3; HK-ZPO/*Bendtsen* § 33 Rn. 1.
[820] KG MDR 2004, 962.

nach § 39 begründet wird (→ Rn. 104f.). Ist diese Frage zu verneinen, dann muss die Widerklage wegen fehlender örtlicher Zuständigkeit des Gerichts als unzulässig abgewiesen werden, wenn nicht ein Antrag auf Verweisung an das zuständige Gericht gestellt wird (vgl. § 281 I; → Rn. 108). Wird eine als Widerklage unzulässige Klage erst in zweiter Instanz erhoben, dann ist sie nach einem entsprechenden Antrag gem. § 281 an das zuständige Gericht der ersten Instanz zu verweisen.[821]

**609** Eine **Ausnahme** von der Zuständigkeitsregelung des § 33 I stellt **Abs. 2** dieser Vorschrift dar: Ist das Gericht nach allgemeinen Zuständigkeitsregeln nicht für die Entscheidung über die Widerklage örtlich zuständig, dann wird abweichend von § 33 I auch nicht durch Konnexität zwischen Klage und Widerklage eine Zuständigkeit begründet, wenn eine Zuständigkeitsvereinbarung nach § 40 II ausgeschlossen ist (→ Rn. 99).

### 3. Besondere Widerklagen

#### a) Die parteierweiternde Widerklage (Drittwiderklage)

**610** Als eine besondere Zulässigkeitsvoraussetzung der Widerklage ist oben (→ Rn. 595) bezeichnet worden, dass die Widerklage vom Beklagten gegen den Kläger gerichtet werden muss. Jedoch kann der Beklagte seine Widerklage zugleich auch gegen einen bisher am Rechtsstreit nicht beteiligten Dritten erheben.

> **Beispiel:** K klagt gegen B auf Zahlung eines Kaufpreises. B beruft sich darauf, dass er seine zum Abschluss des Kaufvertrages abgegebene Willenserklärung wegen arglistiger Täuschung angefochten habe. Wegen dieser arglistigen Täuschung erhebt er Widerklage auf Schadensersatz gegen K und zugleich auch gegen X, der maßgeblich am Zustandekommen und am Abschluss des Vertrages zwischen K und B beteiligt gewesen ist.

**611** Da eine **parteierweiternde Widerklage** dazu führt, dass ein Dritter (neu) in den Prozess eintritt, ist es nur folgerichtig, darauf die Regeln über den Parteibeitritt anzuwenden.[822] Dies hat allerdings zur Folge, dass sich die Meinungsverschiedenheiten über die Voraussetzungen eines Parteibeitritts (→ Rn. 419ff.) auch hier auswirken. So beurteilt der BGH die parteierweiternde Widerklage (wie beim Parteibeitritt in erster Instanz) nach den Regeln des § 263 (→ Rn. 422) und stellt darauf ab, ob der (neue) Widerbeklagte zustimmt oder ob durch Zulassung der Widerklage eine prozesswirtschaftlich sinnvolle Verfahrenserledigung gewährleistet ist und sie deshalb als sachdienlich zu gelten hat.[823] Außerdem verlangt der BGH als weitere Voraussetzung für die Zulässigkeit der Widerklageerstreckung auf dritte Personen, dass der widerbeklagte Kläger und übrige Widerbeklagte Streitgenossen iSv § 59 oder § 60 sind (zur

---

[821] OLG Hamburg NJW-RR 2004, 62.
[822] MüKoZPO/*Patzina* § 33 Rn. 27; Musielak/Voit/*Heinrich* § 33 Rn. 21; HK-ZPO/*Bendtsen* § 33 Rn. 15; Stein/Jonas/*Roth* § 33 Rn. 41 f.
[823] BGHZ 40, 187 f. Fn. 191 = NJW 1964, 44; BGH NJW 1966, 1028; 1975, 1228 (1229); 1981, 2642; 1996, 196. Konsequent will der BGH (NJW 1984, 2104 f.) bei einer parteierweiternden Widerklage in der Berufungsinstanz auch nach den Grundsätzen verfahren, die das Gericht für eine Parteiänderung und Parteierweiterung in 2. Instanz anwendet (→ Rn. 422).

## V. Widerklage

Streitgenossenschaft → Rn. 424 ff.).[824] In dem Beispielsfall sind diese Voraussetzungen erfüllt.

In Ausnahmefällen will jedoch der BGH auch eine **isolierte Widerklage** zulassen, die ausschließlich **gegen einen bisher am Prozess nicht beteiligten Dritten und nicht zugleich auch gegen den Kläger** gerichtet wird. Dabei geht das Gericht von dem Grundsatz aus, dass im Interesse prozessökonomischer Gründe die Vervielfältigung und Zersplitterung von Prozessen über einen einheitlichen Lebenssachverhalt zu vermeiden und eine gemeinsame Verhandlung und Entscheidung über zusammengehörende Ansprüche zu ermöglichen sind. Besteht eine enge Verknüpfung der zu erörternden Gegenstände von Klage und Widerklage in tatsächlicher und rechtlicher Hinsicht und werden keine schutzwürdigen Interessen des Widerbeklagten durch dessen Einbeziehung in den Rechtsstreit der Parteien verletzt, dann ist die Zulässigkeit der Drittwiderklage zu bejahen.[825]

612

**Beispiele** für vom BGH zugelassene isolierte Widerklagen:
- Widerklage gegen einen Architekten auf Schadensersatz wegen Baumängeln bei einer Klage des Zessionars wegen der vom Architekten abgetretenen Honorarforderungen.[826] Dagegen fehlt der erforderliche enge Zusammenhang bei der Widerklage des vom Bauherrn in Anspruch genommenen Generalplaners gegen den von ihm beauftragten Fachplaner auf Freistellung von Schadensersatzansprüchen.[827]
- Klage des Zessionars auf Schadensersatz wegen Unfallfolgen und Widerklage gegen den Zedenten dieses Anspruchs auf Ersatz des dem beklagten Unfallgegner bei dem Unfall entstandenen Sachschadens.[828]
- Widerklage gegen den Zedenten der Klageforderung auf Feststellung, dass diesem gegen den Beklagten keine Ansprüche zustehen.[829]

Im Schrifttum wird es für zulässig gehalten, dass eine parteierweiternde Widerklage **von einem Dritten** erhoben wird, der als neuer Streitgenosse des Beklagten in den Prozess eintritt und Widerklage gegen den bisherigen Kläger, möglicherweise auch zusätzlich gegen einen weiteren Dritten, erhebt.[830]

613

**Beispiel:** K klagt auf Schadensersatz gegen B, der ihn als Rechtsanwalt falsch beraten haben soll. Er verkündet C, einem für ihn in derselben Sache tätigen Anwalt, den Streit. C tritt aufseiten des B dem Rechtsstreit bei und erhebt gegen K Widerklage auf Feststellung, dass dieser gegen ihn keinen Anspruch auf Schadensersatz wegen Falschberatung habe; außerdem klagt C auf Zahlung eines ausstehenden Anwaltshonorars.[831]

---

[824] BGHZ 40, 185 = NJW 1964, 44; BGH NJW 1975, 1228.
[825] BGH NJW 2007, 1753 f.; 2008, 2852 Rn. 26 ff. = JuS 2008, 1130 *mAnm K. Schmidt*; NJW 2011, 460 Rn. 7; 2014, 1670 Rn. 15 f.
[826] BGH NJW 2001, 2094.
[827] BGH NJW 2014, 1670 Rn. 15 ff. = JuS 2014, 751 mAnm *K. Schmidt*.
[828] BGH NJW 2007, 1753.
[829] BGH NJW 2008, 2852; 2011, 460; krit. dazu *Foerste* MDR 2016, 1123 (Feststellungsinteresse werde zu Unrecht bejaht).
[830] *Uhlmannsiek* JA 1996, 253; Zöller/*Schultzky* § 33 Rn. 29, 28 aE.
[831] Es handelt sich um einen vom OLG Hamburg NJW-RR 2004, 62, entschiedenen Fall.

**614** Der Beitritt eines Streitverkündungsempfängers macht diesen nicht zu einer Partei im Prozess, sondern nur zu einem Nebenintervenienten (zur Streitverkündung und zur Nebenintervention Einzelheiten später). Die entscheidende Frage in Bezug auf die Zulässigkeit der von C erhobenen Widerklage betrifft also das **Problem, ob ein Dritter, der nicht Partei ist, gegen den Kläger eine Widerklage erheben kann.** Diese Frage ist zu verneinen. Bei der im Beispielsfall von C erhobenen „Widerklage" handelt es sich um eine normale Klage, für die nicht die Regeln der Widerklage gelten.[832] Es ist daran festzuhalten, dass die Widerklage vom Beklagten ausgehen muss. Allerdings besteht die Möglichkeit einer Verbindung beider Prozesse gem. § 147.

**615** Zur Drittwiderklage ist zusammenfassend festzuhalten:

- Die sog. streitgenössische Drittwiderklage, die sich gegen den Kläger und zugleich auch gegen eine bisher am Rechtsstreit nicht beteiligte Person als Streitgenossen des Klägers richtet, wird allgemein für zulässig gehalten. Für sie gelten die Regeln für Streitgenossenschaft (→ Rn. 429) und Parteibeitritt (→ Rn. 419 ff.). Dies bedeutet insbesondere, dass der Streitstoff, der der Klage und Widerklage zugrunde liegt, die gemeinsame Entscheidung sinnvoll und sachgerecht erscheinen lässt.
- Die isolierte Drittwiderklage, die nur gegen einen Dritten und nicht zugleich auch gegen den Kläger erhoben wird, ist grundsätzlich unzulässig. Ausnahmsweise wird sie zugelassen, wenn weitere Streitgegenstände von Klage und Widerklage sachlich und rechtlich eng miteinander verknüpft sind und schutzwürdige Interessen des Dritten nicht gegen seine Einbeziehung in den Rechtsstreit sprechen.
- Eine von einem Dritten gegen eine Partei eines laufenden Rechtsstreits erhobene Klage ist nicht den Regeln über eine Widerklage zu unterstellen. In Betracht kann nur eine Verbindung des vom Dritten begonnenen neuen Prozesses mit dem laufenden gem. § 147 kommen.

**616** Bei einer Drittwiderklage müssen wie bei jeder anderen Widerklage auch die Sachurteilsvoraussetzungen erfüllt werden (→ Rn. 278). Das heißt, dass unter anderem auch die **örtliche Zuständigkeit des Gerichts** für die Widerklage bestehen muss. Dadurch wird die Frage aufgeworfen, ob die Zuständigkeitsregelung des § 33 auf die Drittwiderklage anzuwenden ist. Sieht man die Rechtfertigung für eine Begründung der Zuständigkeit durch § 33 darin, dass der Kläger das Gericht mit seiner Klage befasst hat und er deshalb auch die Entscheidung desselben Gerichts über eine gegen ihn gerichtete konnexe Widerklage hinnehmen muss, dann spricht dies gegen eine Anwendung des § 33 in Fällen einer Drittwiderklage.[833] Denn ein Dritter, der bisher an dem Rechtsstreit nicht beteiligt war, kann für sich in Anspruch nehmen, nur an einem für ihn zuständigen Gericht verklagt zu werden. Andererseits dient die Drittwiderklage dem Ziel, die Vervielfältigung und Zersplitterung von Prozessen über einen einheitlichen Lebenssachverhalt zu vermeiden und eine gemeinsame Verhandlung und Entscheidung über zusammengehörende Ansprüche zu ermöglichen. Es erscheint durchaus als erwägenswert, den Schutz einzuschränken, der einem Beklagten durch die Bestimmungen über die örtliche Zuständigkeit gewährt wird (→ Rn. 85 f.). Ein angemessener Interessenausgleich lässt sich am besten dadurch erreichen, dass

---

[832] OLG Hamburg NJW-RR 2004, 62 (63); OLG Stuttgart MDR 2012, 1186.
[833] Vgl. Stein/Jonas/*Roth* § 33 Rn. 43; Musielak/Voit/*Heinrich* § 33 Rn. 23.

man sich bei der Entscheidung an den Besonderheiten einzelner Fallgruppen orientiert. Dies hat der BGH in einer neueren Entscheidung getan und seine gegenteilige Rechtsprechung aufgegeben, und zwar in Fällen einer isolierten Drittwiderklage gegen den Zedenten der Klageforderung.[834] Die einschränkenden Voraussetzungen für die Zulässigkeit einer solchen Klage (→ Rn. 612) stellen sicher, dass die Interessen des Beklagten angemessen berücksichtigt werden. Ob noch in anderen Konstellationen einer Drittwiderklage die analoge Anwendung des § 33 in Betracht kommt, muss unter Berücksichtigung der Interessen der Beteiligten entschieden werden.

### b) Die hilfsweise erhobene Widerklage

Eine **Widerklage** darf auch **hilfsweise erhoben,** also von einer (innerprozessualen) Bedingung abhängig gemacht werden, wobei die Bedingung darauf gerichtet sein kann, dass die Klage begründet oder dass sie unzulässig oder unbegründet ist.[835]   **617**

> **Beispiel:** Der Beklagte B verteidigt sich gegen die Klage damit, dass er Nichtigkeit des Vertrages einwendet, aus dem der Kläger die Klageforderung herleitet. Hilfsweise rechnet er mit einer Gegenforderung aus Darlehen auf. Für den Fall, dass das Gericht die Aufrechnung für unzulässig ansieht, erhebt er Widerklage auf Zahlung der Darlehenssumme.
>
> In diesem Fall muss das Gericht zunächst klären, ob die Klageforderung besteht (sog. Beweiserhebungstheorie; → Rn. 561). Gelangt das Gericht zu einem positiven Ergebnis, dann hat es über die Aufrechnung zu entscheiden. Erst wenn das Gericht feststellt, dass die Aufrechnung nicht zulässig ist, etwa weil sie verspätet erklärt wurde (→ Rn. 563), dann ist die (innerprozessuale) Bedingung erfüllt, von der die Erhebung der Widerklage abhängig gemacht wurde. Die verschiedenen Anträge stehen also in einem echten Eventualverhältnis zueinander (→ Rn. 313).

Eine parteierweiternde Hilfswiderklage ist dagegen unzulässig.[836] Der BGH[837] weist   **618**
zu Recht darauf hin, dass es einem Prozessgegner nicht zugemutet werden kann, sich auf ein Verfahren einzulassen, bei dem die Möglichkeit besteht, dass es sich in ein rechtliches Nichts auflöst.

### c) Der Inzidentantrag

Hat der Kläger aus einem Vorbehaltsurteil oder einem vorläufig vollstreckbaren Urteil vollstreckt, das später aufgehoben wird, dann ist er dem Beklagten zum Ersatz des dadurch verursachten Schadens verpflichtet; dieser Schadensersatzanspruch kann in dem anhängigen Rechtsstreit vom Beklagten geltend gemacht werden (vgl. § 302 IV, § 600 II, § 717 II).[838] Stellt der Beklagte einen entsprechenden Antrag (sog. Inzidentantrag), dann erhebt er der Sache nach eine Widerklage, die jedoch in verschiede-   **619**

---

[834] BGH NJW 2011, 461 mzustAnm *Vossler*: vgl. auch *Skusa* NJW 2011, 2697 (2698); *Baumert* LMK 2010, 311 (800); *Beck* WRP 2011, 414.
[835] BGHZ 21, 13 = NJW 1956, 1478; BGH MDR 1965, 292; NJW 1996, 2306 (2307); LG Kassel NJW-RR 1995, 889, jew. mwN.
[836] BGH NJW 2001, 2094 (2095); Stein/Jonas/*Roth* § 33 Rn. 42; Zöller/*Schultzky* § 33 Rn. 34.
[837] BGH NJW 2001, 2094 (2095).
[838] Vgl. auch § 717 III und § 1065 II 2.

ner Hinsicht privilegiert ist und für die die besonderen Prozessvoraussetzungen der Widerklage nicht gelten.[839]

**620** So tritt die Rechtshängigkeit nicht erst mit der Geltendmachung des Anspruchs in der mündlichen Verhandlung ein, wie dies bei anderen Widerklagen der Fall ist (vgl. § 261 II), sondern wird auf den Zeitpunkt der Zahlung oder Leistung zurückbezogen. Der Antrag kann auch noch (anders als bei anderen Widerklagen) in der Revisionsinstanz gestellt werden.[840] Die sachliche Zuständigkeit hängt bei dem Inzidentantrag nicht von der Höhe des geltend gemachten Schadensersatzanspruchs ab.[841]

### d) Die Wider-Widerklage

**621** Nimmt der Kläger nach Erhebung einer Widerklage seine Klage zurück oder wird über die Klage durch Teilurteil (§ 301 I) entschieden, dann kann der Kläger seinerseits gegen die Widerklage eine Widerklage erheben.[842] Es ist dafür der Begriff der „Wider-Widerklage" üblich geworden,[843] obwohl es sich genau genommen um eine einfache Widerklage handelt, weil die Widerklage des Beklagten nach Erledigung der Hauptklage selbst zur Hauptklage wird. Für die Wider-Widerklage gelten deshalb alle Regeln wie auch sonst für Widerklagen.

**622** Der Kläger soll jedoch auch berechtigt sein, während der Rechtshängigkeit der Hauptklage eine Wider-Widerklage zu erheben. Stellt der Kläger nach Erhebung der Widerklage des Beklagten seinerseits weitere Anträge, die durch die Widerklage veranlasst sind oder mit ihr im Zusammenhang stehen, so sollen dafür nicht die Vorschriften über die Klageänderung, sondern die über die Widerklage gelten. Dies wird im Interesse der Waffengleichheit zwischen den Parteien für erforderlich gehalten.[844] Unzulässig ist eine Wider-Widerklage, die vom Kläger für den Fall erhoben wird, dass seine Klage als unzulässig abgewiesen wird. Zwar kann eine Wider-Widerklage hilfsweise erhoben werden, jedoch ergibt sich in diesem Fall die Unzulässigkeit aus dem Umstand, dass Klage und Wider-Widerklage denselben Streitgegenstand betreffen und deshalb der Rechtshängigkeit der Klage entgegensteht (§ 261 III Nr. 1).[845]

## 4. Hinweise für die schriftliche Bearbeitung

**623** Muss im Rahmen einer Richterklausur (→ Rn. 10) über Klage und Widerklage entschieden werden, dann muss beim Aufbau des Gutachtens zwischen beiden Klagen stets getrennt werden und zunächst über Zulässigkeit und Begründetheit der Klage, sodann über Zulässigkeit und Begründetheit der Widerklage befunden werden. Für

---

[839] Vgl. *Lorff* JuS 1979, 569 (570).
[840] *Jauernig/Hess* ZivilProzR § 46 Rn. 13.
[841] Vgl. *Bork* JA 1981, 385 (390); Stein/Jonas/*Roth* § 33 Rn. 34; *Rosenberg/Schwab/Gottwald* ZivilProzR § 96 Rn. 8.
[842] Allerdings setzt das voraus, dass über die Widerklage noch nicht rechtskräftig entschieden worden ist, vgl. BGH NJW 2009, 148 Rn. 13 ff.
[843] Vgl. BGH MDR 1959, 571; *Rosenberg/Schwab/Gottwald* ZivilProzR § 96 Rn. 34; Musielak/Voit/*Heinrich* § 33 Rn. 14.
[844] BGH NJW-RR 1996, 65 (vgl. dazu *Maihold* JA 1996, 534); Stein/Jonas/*Roth* § 33 Rn. 35; Musielak/Voit/*Heinrich* § 33 Rn. 14.
[845] BGH NJW 2009, 148 Rn. 11.

die Prüfung von Zulässigkeit und Begründetheit der Klage gelten keine Besonderheiten. Unabhängig von dem dabei gefundenen Ergebnis ist stets die Prüfung der Widerklage anzuschließen.

Dabei werden zunächst die allgemeinen Prozessvoraussetzungen erörtert, soweit sich hierzu klärungsbedürftige Zweifel ergeben (→ Rn. 278 f.). Dies wird regelmäßig hinsichtlich der Zuständigkeit des Gerichts für die Widerklage zu bejahen sein. Bei Prüfung der sachlichen Zuständigkeit muss berücksichtigt werden, dass die Streitwerte nicht zu addieren sind (§ 5) und dass die Zuständigkeit des LG auch die des AG mit umfasst (→ Rn. 600). Handelt es sich um eine Widerklage im amtsgerichtlichen Verfahren, müssen die §§ 504, 506 beachtet werden. Die Zuständigkeit kann sich nach einem Hinweis des Gerichts durch rügelose Einlassung ergeben (§ 39). Hat der Widerbeklagte die Unzuständigkeit gerügt, dann ist die Widerklage als unzulässig abzuweisen, wenn nicht eine Partei die Verweisung nach § 506 beantragt. Unterlässt der Richter den Hinweis nach § 504, dann kann auch nach Verhandlung zur Hauptsache der Widerbeklagte die Unzuständigkeit rügen; eine Verweisung kommt dann allerdings nicht mehr nach § 506, sondern nach § 281 I 1 in Betracht. Bei Erörterung der örtlichen Zuständigkeit ist zunächst darauf zu sehen, ob sie sich aus allgemeinen Vorschriften ableiten lässt, also insbesondere aus §§ 12, 13. Ist dies nicht der Fall, dann ist auf § 33 einzugehen und es sind die insoweit zu erfüllenden Voraussetzungen zu erörtern (→ Rn. 601 ff.). Im Rahmen der Prüfung der allgemeinen Prozessvoraussetzungen ist auch darauf zu achten, dass die Widerklage auf einen anderen Streitgegenstand gerichtet sein muss als die Klage, weil sonst die Sperre des § 261 III Nr. 1 entgegensteht (→ Rn. 595). **624**

Erfüllt die Widerklage die allgemeinen Prozessvoraussetzungen, dann kommt es auf die Verwirklichung der besonderen Prozessvoraussetzungen der Widerklage an, also darauf, ob **625**

- die Klage zurzeit der Erhebung der Widerklage noch rechtshängig ist,
- die Widerklage vom Beklagten erhoben und (auch) gegen den Kläger gerichtet ist,
- eine Widerklage nicht gesetzlich ausgeschlossen wird.

Der Meinungsstreit darüber, ob § 33 eine besondere Zulässigkeitsvoraussetzung enthält (→ Rn. 606), muss in diesem Zusammenhang behandelt werden. Führt die Untersuchung der allgemeinen und besonderen Prozessvoraussetzungen der Widerklage zu einem positiven Ergebnis, dann schließt sich die Erörterung ihrer Begründetheit an.

# Anhang: Beteiligung Dritter am Rechtsstreit

## 1. Vorbemerkung

Der Zivilprozess wird durch das Zweiparteiensystem gekennzeichnet, wobei allerdings sowohl auf der Seite des Klägers als auch auf der Seite des Beklagten mehrere Personen stehen können (→ Rn. 424 ff.). Es gibt aber Fälle, in denen sowohl Interessen der Parteien als auch Interessen dritter Personen deren Beteiligung an einem fremden Rechtsstreit rechtfertigen. Dies ist vom Gesetzgeber berücksichtigt worden, der in den §§ 64–77 die Beteiligung Dritter am Rechtsstreit regelt. Die hierin zusammengefassten Fälle unterscheiden sich jedoch zT recht erheblich voneinander und passen auch nicht alle – wie noch zu zeigen sein wird – zu der vom Gesetzgeber gewählten Überschrift. **626**

Es ist offensichtlich, dass für die Beteiligung eines Dritten an einem fremden Rechtsstreit bestimmte Voraussetzungen erfüllt werden müssen. Allein ein irgendwie geartetes Interesse **627**

§ 5. Weitere Möglichkeiten für die Prozessführung der Partei

an dem Ausgang des Rechtsstreits kann dafür nicht genügen. Nur wenn der Dritte in seiner Rechtsstellung durch die in einem fremden Prozess getroffene Entscheidung berührt wird, ist es gerechtfertigt, ihm die Möglichkeit einzuräumen, an diesem Rechtsstreit mitzuwirken und dadurch sein Ergebnis zu beeinflussen.

**Beispiel:** K klagt gegen B auf Zahlung eines Kaufpreises aufgrund eines Kaufvertrages über ein Grundstück. B wendet Nichtigkeit des Vertrages ein und trägt dafür Gründe vor, die eine Amtspflichtverletzung des beurkundenden Notars bedeuten würden. In diesem Fall hat der Notar ein rechtliches Interesse daran, dass vom Gericht nicht die Nichtigkeit aus den vom Beklagten genannten Gründen festgestellt wird, weil dies dann einen Regressanspruch gegen ihn begründen könnte.

628 Andererseits dürfte auch K ein (rechtliches) Interesse daran haben, dass der Notar an seinem Rechtsstreit mit B teilnimmt. Denn einerseits gewinnt er einen Helfer, der sachverständig zur Frage der Nichtigkeit des Vertrages Stellung nehmen kann, andererseits wird K daran interessiert sein, dass der Sachverhalt sowohl in seinem Rechtsverhältnis zu B als auch in seinen Rechtsbeziehungen zum Notar gleich entschieden wird: entweder Gültigkeit oder Ungültigkeit des Vertrages. Misslich wäre es dagegen, wenn der Richter im Rechtsstreit zwischen K und B die Formungültigkeit bejahte und ein anderer Richter im Rechtsstreit gegen den Notar wegen eines dann von K geltend gemachten Schadensersatzanspruchs sie verneinte.

629 Diesen Interessen hat die ZPO dadurch Rechnung getragen, dass sie dem Dritten (im Beispielsfall dem Notar) die Möglichkeit einräumt, als Nebenintervenient einer Partei beizutreten und sie bei der Führung des Rechtsstreits zu unterstützen (vgl. § 66 I). Ferner lässt das Gesetz zu, dass eine Partei, die ein Interesse daran hat, dass ein Lebenssachverhalt gegenüber verschiedenen Personen einheitlich entschieden wird, einen Dritten an dem Rechtsstreit beteiligt, und zwar zumindest in der Weise, dass die einheitliche Entscheidung sichergestellt wird. Dies geschieht durch die sog. Streitverkündung (vgl. §§ 72 ff.).

## 2. Nebenintervention

630 Als Nebenintervention wird die Beteiligung eines Dritten an einem fremden Rechtsstreit bezeichnet, die zur Unterstützung einer Partei (der sog. Hauptpartei) deshalb geschieht, weil der Dritte ein rechtliches Interesse daran hat, dass die Hauptpartei obsiegt (§ 66 I).[846] Aus dieser Begriffsbeschreibung lassen sich auch die **Voraussetzungen** ableiten, von deren Erfüllung die Zulässigkeit einer Nebenintervention abhängt. Dies sind:

- Ein zwischen anderen Personen **anhängiger Rechtsstreit**

    Die Klage muss nur anhängig und noch nicht rechtshängig sein, dh die Klageschrift muss bei Gericht eingereicht und braucht noch nicht dem Beklagten zugestellt worden zu sein (vgl. § 261 I iVm § 253 I).[847] Der Beitritt ist in jeder Lage des Verfahrens bis zur rechtskräf-

---

[846] *Rosenberg/Schwab/Gottwald* ZivilProzR § 50 Rn. 1; *Servatius* JA 2000, 690; *Haertlein* JA 2007, 10.
[847] Vgl. BGHZ 92, 251 (257) = NJW 1985, 328 (329); *Schreiber* JURA 2011, 503; Musielak/Voit/*Weth* § 66 Rn. 2; Stein/Jonas/*Bork* § 66 Rn. 6 (analoge Anwendung bei fehlender Rechtshängigkeit).

tigen Entscheidung des Hauptprozesses möglich (vgl. § 66 II) und auch bereits im Mahnverfahren zulässig.[848] Der Hauptprozess muss zwischen anderen Personen geführt werden. Dies bedeutet, dass der Nebenintervenient im Verhältnis zu den Parteien des Hauptprozesses ein Dritter sein muss; eine Partei des Hauptprozesses oder ein gesetzlicher Vertreter dieser Partei kann auf keiner Seite als Nebenintervenient auftreten. Wird der Nebenintervenient nachträglich Partei, beispielsweise durch Erbfall (→ Rn. 398, 546), dann hört damit die Zulässigkeit der Nebenintervention auf. Da bei der Streitgenossenschaft mehrere Kläger oder Beklagte nebeneinander den Prozess führen (→ Rn. 426), kann ein Streitgenosse dem anderen oder auch dem Gegner seines Streitgenossen beitreten.[849]

- Rechtliches Interesse des Nebenintervenienten am Sieg der Hauptpartei (sog. **Interventionsgrund**)

Ein solches Interesse ist zu bejahen, wenn zwischen dem Nebenintervenienten und einer Partei des Hauptprozesses oder dessen Gegenstand derartige Rechtsbeziehungen bestehen, dass die Entscheidung des Hauptprozesses auf die (privatrechtliche oder öffentlich-rechtliche) Rechtslage des Nebenintervenienten einwirkt.[850] Ob diese Wirkung darin bestehen muss, dass ein ungünstiges Urteil die Rechtslage des Nebenintervenienten nachteilig beeinflusst[851] oder ob es auch ausreicht, dass die Niederlage der Hauptpartei zwar keinen Nachteil, wohl aber der Sieg einen Vorteil bedeutet,[852] wird unterschiedlich beurteilt. Übereinstimmung besteht allerdings darin, dass der Begriff des rechtlichen Interesses nicht eng und formalistisch ausgelegt werden darf. Ein rechtliches Interesse ist immer dann zu bejahen, wenn sich die Rechtskraft auf den Dritten erstreckt (zB nach §§ 325–327 ZPO, § 407 II BGB; → Rn. 1059). In Fällen einer Prozessstandschaft (→ Rn. 246 ff.) hat der Träger des im Prozess geltend gemachten Rechts stets ein rechtliches Interesse am Obsiegen des Prozessstandschafters. Ein rechtliches Interesse des Nebenintervenienten wird insbesondere dadurch begründet, dass er bei einem Prozessverlust der Hauptpartei Regressansprüche befürchten muss (Beispiel → Rn. 627). Schließlich besteht insbesondere ein Interventionsgrund bei akzessorischer Schuld oder Haftung, sodass der Bürge, Verpfänder oder Besteller einer Hypothek im Prozess gegen den persönlichen (Haupt-)Schuldner beitreten kann. Ein nur tatsächliches, nicht rechtliches Interesse ist es, wenn der Dritte beweismäßige Nachteile in einem Folgeprozess befürchtet. Deshalb hat der BGH die Nebenintervention in einem selbstständigen Beweisverfahren als unzulässig angesehen, wenn das Interesse des Dritten damit begründet wird, das im selbstständigen Beweisverfahren erstattete Sachverständigengutachten könne in einem Folgeprozess nach § 411a beigezogen werden.[853]

Die Erklärung des Dritten, als Nebenintervenient aufseiten einer Partei beizutreten, geschieht mittels Schriftsatz, der neben der Erklärung des Beitritts die Bezeichnung der Parteien und des Rechtsstreits sowie die bestimmte Angabe des Interesses, das der Nebenintervenient hat, enthalten muss (vgl. § 70). Da die **Beitrittserklärung** eine Prozesshandlung darstellt, müssen die Prozesshandlungsvoraussetzungen (→ Rn. 309) erfüllt werden. Ist dies nicht der Fall, was das Gericht von Amts wegen zu prüfen hat, dann wird die Nebenintervention durch einen (nach § 567 I Nr. 2 an- 631

---

[848] BGH NJW 2006, 773; *Seggewiße* NJW 2006, 3037, jew. mwN.
[849] Vgl. Musielak/Voit/*Weth* § 66 Rn. 4 mwN.
[850] BGH NJW 2016, 1018 Rn. 13.
[851] Dies verlangen Rosenberg/Schwab/*Gottwald* ZivilProzR § 50 Rn. 13.
[852] So Stein/Jonas/*Bork* § 66 Rn. 21; Musielak/Voit/*Weth* § 66 Rn. 5.
[853] BGH NZBau 2016, 158 Rn. 22.

fechtbaren) Beschluss zurückgewiesen.⁸⁵⁴ Dagegen hat das Gericht nur auf Antrag einer Partei zu prüfen, ob die **sachlichen Voraussetzungen** der Nebenintervention (→ Rn. 630) verwirklicht sind.⁸⁵⁵ Wird ein entsprechender Mangel nicht gerügt, dann wird er nach § 295 I geheilt. Stellt eine Partei – auch die, zu deren Unterstützung der Beitritt vorgenommen werden soll – den Antrag auf Zurückweisung der Nebenintervention, dann findet ein sog. **Interventionsstreit** statt, über den nach mündlicher Verhandlung durch Zwischenurteil zu entscheiden ist (vgl. dazu § 71).

632 Gemäß § 71 II findet gegen das **Zwischenurteil** die sofortige Beschwerde statt. Dies gilt allerdings nur, wenn das Zwischenurteil von einem AG oder LG im ersten Rechtszug erlassen wird. Entscheidet das LG oder OLG als Berufungsgericht oder das OLG in erster Instanz, dann ist eine Beschwerde nicht statthaft (§ 567 I). In diesen Fällen ist das Zwischenurteil unanfechtbar.⁸⁵⁶

633 Der Beitritt kann nicht von einer Bedingung, auch nicht von einer innerprozessualen, abhängig gemacht werden. Zwar ist es grundsätzlich zuzulassen, dass Prozesshandlungen mit einer innerprozessualen Bedingung verbunden werden (→ Rn. 313), jedoch gilt dies nur für Vorgänge innerhalb eines bereits bestehenden Prozessrechtsverhältnisses (→ Rn. 304), nicht für Prozesshandlungen, die erst ein Prozessrechtsverhältnis begründen.⁸⁵⁷

634 Die Rechtsstellung und die **Befugnisse des Nebenintervenienten** sind in § 67 beschrieben. Danach darf er alle Angriffs- und Verteidigungsmittel geltend machen und alle Prozesshandlungen vornehmen, wie dies auch die Hauptpartei tun kann; er kann auch für die Hauptpartei Rechtsmittel und Rechtsbehelfe einlegen (vgl. § 66 II)⁸⁵⁸.

**Beispiel:** Volz klagt gegen Kunz auf Zahlung eines Kaufpreises. Kunz beruft sich darauf, dass die von Volz gelieferten Waren mangelhaft seien. Handel, der diese Waren an Volz verkauft hatte, tritt diesem als Nebenintervenient bei. In der mündlichen Verhandlung ist Volz nicht vertreten. Kunz beantragt den Erlass eines Versäumnisurteils. Dem widerspricht Handel, der beantragt, Kunz zu verurteilen, wobei er sich darauf beruft, dass ein eventuell bestehender Mängelanspruch verjährt sei.

635 Wenn auch der Kläger Volz säumig ist, so darf doch ein Versäumnisurteil gegen ihn nicht erlassen werden, weil der ihn unterstützende Nebenintervenient Handel in der mündlichen Verhandlung auftritt. Zwar handelt der Nebenintervenient im eigenen Namen und nicht etwa als Vertreter der Partei, jedoch wirken seine Prozesshandlungen in gleicher Weise, als wären sie von der Partei selbst vorgenommen worden. Dies verhindert also ein Versäumnisurteil. Der Nebenintervenient ist auch befugt, materielle Einreden, wie hier die der Verjährung (§ 214 I BGB), geltend zu machen.⁸⁵⁹

---

⁸⁵⁴ *Haertlein* JA 2007, 10 (12); Thomas/Putzo/*Hüßtege* § 66 Rn. 10.
⁸⁵⁵ BGH NJW 2006, 773.
⁸⁵⁶ BGH NJW-RR 2013, 490 Rn. 12 ff.; Rosenberg/Schwab/*Gottwald* ZivilProzR § 50 Rn. 21; Musielak/Voit/*Ball* § 574 Rn. 2a; aA Stein/Jonas/Bork § 71 Rn. 8.
⁸⁵⁷ OLG Karlsruhe NJW 2010, 621 mwN. Zur gleichen Problematik bei einer bedingten Klageerhebung → Rn. 315 f.
⁸⁵⁸ Vgl. BGH NJOZ 2017, 568 = JuS 2017, 75 mAnm *K. Schmidt*.
⁸⁵⁹ BGH VersR 1985, 80.

Anhang: Beteiligung Dritter am Rechtsstreit

Dagegen ist der Nebenintervenient nicht befugt, ohne Zustimmung der Hauptpartei mit materiell-rechtlicher Wirkung **über** den **Streitgegenstand** zu **verfügen,** also beispielsweise mit einer der Hauptpartei zustehenden Forderung gegen die Klageforderung aufzurechnen oder einen Prozessvergleich zu schließen oder solche Prozesshandlungen vorzunehmen, die eine Dispositionsbefugnis über den Streitgegenstand voraussetzen, wie beispielsweise die Klage zurückzunehmen (§ 269) oder zu ändern (§ 263) sowie einen Verzicht (§ 306) oder ein Anerkenntnis (§ 307) auszusprechen. **636**

In § 67 wird ausdrücklich klargestellt, dass der Nebenintervenient den Rechtsstreit in der Lage annehmen muss, in der er sich zurzeit seines Beitritts befindet; demzufolge ist er an ein bereits von der Hauptpartei abgegebenes Geständnis gebunden,[860] wirkt der Verzicht auf das Geltendmachen von Verfahrensmängel (§ 295 I) auch für ihn und muss er auch die Folgen einer Versäumung von Prozesshandlungen (§§ 296, 527 f., dazu Einzelheiten später) hinnehmen. Der Nebenintervenient darf sich auch nicht mit seinen Erklärungen und Handlungen in **Widerspruch zur Hauptpartei** setzen (§ 67 letzter Hs.); er darf für die Partei mit oder ohne ihren Willen, niemals aber gegen ihren Willen handeln.[861] Deshalb kann der Nebenintervenient nicht gegen den Willen der Partei ein Rechtsmittel einlegen oder fortführen.[862] Der Nebenintervenient darf ein Geständnis der Partei widerrufen, wenn die Partei nicht erklärt, sie wolle bei dem Geständnis bleiben,[863] wobei allerdings die Einschränkung gilt, dass auch die Partei zum Widerruf berechtigt sein muss (§ 290; → Rn. 742).[864] **637**

Die **Wirkung der Nebenintervention** ist in § 68 dahingehend beschrieben, dass der Nebenintervenient im Verhältnis zur Hauptpartei nicht mit der Behauptung gehört wird, der Rechtsstreit sei so, wie er dem Richter vorgelegen habe, unrichtig entschieden, und dass der Einwand, die Hauptpartei habe den Prozess mangelhaft geführt, nur im eingeschränkten Umfang geltend gemacht werden kann. **638**

Voraussetzung für diese Interventionswirkung ist lediglich, dass der Beitritt wirksam (dh bei Erfüllung aller Prozesshandlungsvoraussetzungen; → Rn. 309) erklärt worden ist[865] und nicht vom Gericht zurückgewiesen wurde (§ 71). Dagegen schaden nicht Mängel in den sachlichen Voraussetzungen einer Nebenintervention, also beispielsweise das Fehlen eines Interven- **639**

---

[860] Eine Ausnahme gilt nur für den Fall eines betrügerischen Zusammenwirkens der Parteien zum Nachteil des Nebenintervenienten sowie bei offenkundiger Unwahrheit des Geständnisses; vgl. OLG Schleswig NJW-RR 2000, 356.
[861] Musielak/Voit/*Weth* § 67 Rn. 7 unter Hinweis auf RGZ 17, 33 (34).
[862] Vgl. BGH NJW 1980, 1693: Allein aus dem Umstand, dass die Hauptpartei ein zunächst von ihr eingelegtes Rechtsmittel zurücknimmt, folgt nicht, dass sie mit dem Rechtsmittel des Nebenintervenienten nicht einverstanden ist. Legt sowohl die Hauptpartei als auch der Streithelfer ein Rechtsmittel ein, dann handelt es sich dabei um ein einheitliches, über das auch einheitlich zu entscheiden ist; BGH NJW-RR 2006, 644; legt allein der Streithelfer das Rechtsmittel ein, bleibt dies dennoch ein Rechtsmittel der Partei, ohne dass der Streithelfer dadurch selbst zur Partei würde, BGH MDR 2016, 1280 Rn. 15; dazu *K. Schmidt* JuS 2017, 75 f.
[863] BGH NJW 1976, 292; Stein/Jonas/*Bork* § 67 Rn. 12.
[864] Rosenberg/Schwab/Gottwald ZivilProzR § 50 Rn. 41; Musielak/Voit/*Weth* § 67 Rn. 8.
[865] MüKoZPO/*Schultes* § 68 Rn. 4; Zöller/*Althammer* § 68 Rn. 3; Rosenberg/Schwab/Gottwald ZivilProzR § 50 Rn. 56 einschr.: Mangel der Postulationsfähigkeit ist unschädlich; ebenso Stein/Jonas/*Bork* § 68 Rn. 4.

tionsgrundes.⁸⁶⁶ Wenn der Dritte (wirksam) als Nebenintervenient eingetreten ist, dann kann er die Interventionswirkungen weder durch Untätigkeit im Prozess noch dadurch vermeiden, dass er später seinen Beitritt zurücknimmt.⁸⁶⁷

640  In einem späteren Prozess zwischen der Hauptpartei und dem Nebenintervenienten ist der Richter aufgrund der Interventionswirkung an das im ersten Prozess ergangene Urteil gebunden. Diese Bindung erfasst nicht nur (wie die Rechtskraft; dazu Einzelheiten später) die gerichtliche Entscheidung über den prozessualen Anspruch, sondern auch die den Urteilsspruch tragenden tatsächlichen und rechtlichen Feststellungen.⁸⁶⁸ Dieser Interventionswirkung kann jedoch der Nebenintervenient durch den Einwand mangelhafter Prozessführung – allerdings nur im eingeschränkten Umfang – begegnen.

641  Es gilt insoweit der Grundsatz, dass die Interventionswirkung nur soweit reicht, wie der Nebenintervenient im Vorprozess in der Lage war, seinen Standpunkt zu vertreten und die gerichtliche Entscheidung zu beeinflussen. Soweit also bereits im Zeitpunkt des Beitritts eine für ihn unabänderliche Lage des Rechtsstreits eingetreten war oder ihn das Verhalten der Hauptpartei hinderte, bestimmte Angriffs- oder Verteidigungsmittel geltend zu machen (→ Rn. 637), kann sich der Nebenintervenient darauf berufen und dadurch die Bindung an die Feststellungen im Vorprozess einschränken.

642  Die beschriebene **Interventionswirkung** besteht **nur im Verhältnis** zwischen dem **Nebenintervenienten und der durch ihn unterstützten Partei,** nicht auch im Verhältnis zur Gegenpartei (vgl. den Wortlaut des § 68).⁸⁶⁹

Erhebt in dem oben (→ Rn. 627) angeführten **Beispielsfall** B gegen den Notar Klage auf Schadensersatz wegen Amtspflichtverletzung, dann ergeben sich für das entscheidende Gericht keine Bindungen an die Feststellungen des Urteils, das im Prozess K gegen B ergangen ist, wenn der Notar als Nebenintervenient dem K beigetreten war.

643  Äußerst umstritten ist die Frage, ob der Interventionswirkung lediglich zuungunsten des Nebenintervenienten oder auch zu seinen Gunsten und damit zum Nachteil der Hauptpartei Bedeutung zukommt.

**Beispiel:** Das Gericht gelangt in dem Prozess zwischen K und B (→ Rn. 627) zu dem Ergebnis, dass der Kaufvertrag formgültig zustande gekommen ist und verurteilt B zur Zahlung des Kaufpreises. In den Urteilsgründen wird ausdrücklich ausgeführt, dass sich der Notar völlig korrekt verhalten habe. Dennoch behauptet K öffentlich, der Notar habe bei Beurkundung des Vertrages seine Amtspflichten verletzt. Klagt der Notar, der K als Nebenintervenient beigetreten war, auf Unterlassung dieser Behauptungen, dann fragt sich, ob das Gericht an die entsprechenden Feststellungen im Vorprozess gebunden ist.

---

[866] Zöller/*Althammer* § 68 Rn. 3.
[867] MüKoZPO/*Schultes* § 68 Rn. 4.
[868] BGHZ 85, 252 (255) = NJW 1983, 820; BGH VIZ 2004, 176 (177); NJW 2015, 1824 Rn. 6, jew. mwN; *Servatius* JA 2000, 690 (694 f.); *Gehrlein* MDR 2004, 541 (545).
[869] BGH NJW 1992, 1698 (1699).

Anhang: Beteiligung Dritter am Rechtsstreit

Die **hM**[870] **verneint eine Interventionswirkung zum Nachteil der Hauptpartei** und beruft sich dabei insbesondere auf den Wortlaut des Gesetzes. Eine Gegenauffassung will dagegen in analoger Anwendung des § 68 die Interventionswirkung auch zulasten der Hauptpartei berücksichtigen, wobei allerdings zT danach unterschieden wird, ob es sich um eine Nebenintervention ohne vorherige Streitverkündung handelt (§§ 72 ff.; dazu Einzelheiten sogleich) und ob im Falle der Streitverkündung der Dritte beigetreten ist.[871]  **644**

Der BGH[872] hat in einem eingehend und überzeugend begründeten Urteil dargelegt, dass es dem Zweck der Streitverkündung und den Interessen der daran Beteiligten (→ Rn. 662) widerspräche, entgegen dem Wortlaut des § 74 III („gegen den Dritten") die Streithilfewirkung auch zugunsten des Dritten zu berücksichtigen. Der Interventionswirkung aber einen unterschiedlichen Inhalt zuzuerkennen, je nachdem ob sie auf eine Streitverkündung zurückzuführen ist oder nicht, vermag nicht zu überzeugen.  **645**

Der Ausgang eines Prozesses und die sich daraus ergebenden Rechtsfolgen erhalten für den Nebenintervenienten dann eine besondere Bedeutung, wenn die Rechtskraft des Urteils auf ein Rechtsverhältnis wirkt, das zwischen dem Nebenintervenienten und dem Gegner der unterstützten Partei besteht. Während in anderen Fällen die Interessen des Nebenintervenienten ausreichend dadurch geschützt sind, dass er den Interventionswirkungen dann widersprechen kann, wenn er aufgrund des Verhaltens der Hauptpartei gehindert war, die Feststellungen im Urteil zu beeinflussen (→ Rn. 641), versagt dieser Schutz in Fällen, in denen die Rechtskraft des Urteils auf die Rechtsbeziehungen zur Gegenpartei einwirkt.  **646**

**Beispiel:** Kunz klagt gegen Erst auf Abgabe einer Willenserklärung zur Übereignung eines bestimmten Ölgemäldes und auf dessen Herausgabe (§ 433 I 1, § 929 S. 1 BGB) und stützt seine Ansprüche auf einen angeblich zwischen ihm und Erst geschlossenen Kaufvertrag. Erst bestreitet seine Verpflichtung und trägt vor, es seien bisher nur lose Vertragsverhandlungen geführt worden. Das Gemälde gehört zum Nachlass des Erb, dessen Vorerbe Erst ist. Nacherbe ist Zweit (§ 2100 BGB).

Wird Erst antragsgemäß verurteilt, dann erstreckt sich die Rechtskraft des Urteils nach § 326 II auch auf den Nacherben Zweit (→ Rn. 1059). Zweit hat also ein rechtliches Interesse, dass Erst im Prozess obsiegt. Er kann deshalb als Nebenintervenient beitreten. Führt Erst den Prozess mangelhaft, dann nützt jedoch Zweit wenig, dass er Erst gegenüber die Interventionswirkung durch den Einwand mangelhafter Prozessführung einschränken kann. Entscheidender ist vielmehr, dass Zweit während des Rechtsstreits die mangelhafte Prozessführung des Erst korrigieren darf, um ein auch ihn treffendes nachteiliges Urteil zu vermeiden.

---

[870] BGHZ 100, 257 (260 ff.) = NJW 1987, 1894 mzN; BGH NJW 1993, 122 (123); Zöller/*Althammer* § 68 Rn. 6.
[871] Stein/Jonas/*Bork* § 68 Rn. 11 f.; AK-ZPO/*Koch* § 68 Rn. 2; *Häsemeyer* ZZP 84 (1971), 179 (198 f.); *Rosenberg/Schwab/Gottwald* ZivilProzR § 50 Rn. 57; *Schneider* MDR 1961, 3 (7 f.) (für den Fall eines Beitritts nach Streitverkündung).
[872] BGHZ 100, 257 (260 ff.) = NJW 1987, 1894, mzN; vgl. auch BGH NJW 1987, 2874 (jedenfalls dann keine Interventionswirkung, wenn Streitverkündungsempfänger nicht beitritt).

**647** Diesem Interesse hat der Gesetzgeber Rechnung getragen und in § 69 die Rechte des Nebenintervenienten in den Fällen erweitert, in denen „nach den Vorschriften des bürgerlichen Rechts die Rechtskraft der in dem Hauptprozess erlassenen Entscheidung auf das Rechtsverhältnis des Nebenintervenienten zu dem Gegner von Wirksamkeit ist". Die in dieser Vorschrift ausgesprochene Bezugnahme auf „Vorschriften des bürgerlichen Rechts" ist dadurch zu erklären, dass zur Zeit des Gesetzgebungsverfahrens die Rechtskraftlehre dem bürgerlichen Recht zugerechnet wurde.[873] Es kommen also in gleicher Weise auch Vorschriften des Verfahrensrechts in Betracht, in denen die Wirkungen der Rechtskraft geregelt sind, wie beispielsweise neben der bereits zitierten Vorschrift des § 326, § 76 IV, § 327 und § 856 IV.[874]

**648** Die praktisch besonders wichtige Regelung der Rechtskrafterstreckung in Fällen der Rechtsnachfolge (§ 325) wird jedoch ausdrücklich durch § 265 II 3 von einer Anwendung des § 69 ausgenommen.

**649** Die Rechtskraft des Urteils im Hauptprozess muss sich auf ein Rechtsverhältnis auswirken, das zwischen dem Nebenintervenienten und dem Gegner der von ihm unterstützten Partei besteht. Als ein solches Rechtsverhältnis ist eine „durch den Sachverhalt aufgrund einer Rechtsnorm gegebene Beziehung einer Person zu einer anderen oder zu Gegenständen"[875] anzusehen.

> In dem oben (→ Rn. 646) angeführten **Beispielsfall** besteht ein solches Rechtsverhältnis zwischen Kunz und Zweit aufgrund der über die Vor- und Nacherbschaft getroffenen Regelungen des BGB (§§ 2100 ff.), an die auch die Vorschrift des § 326 II anknüpft.

**650** Durch § 69 werden die rechtlichen Befugnisse des Nebenintervenienten erweitert, indem er einem Streitgenossen iSv § 61 gleichgestellt wird. Diese Gleichstellung, die auch in der Bezeichnung **„streitgenössischer Nebenintervenient"** zum Ausdruck kommt, bedeutet jedoch nicht, dass er zu einem echten Streitgenossen und damit auch zu einer Partei (→ Rn. 424) im Hauptprozess wird. Vielmehr werden ihm nur entsprechende Befugnisse zuerkannt, ohne dass er deshalb seine Stellung als Nebenintervenient verliert.[876]

**651** Der entscheidende Unterschied in der Rechtsstellung des streitgenössischen zum einfachen Nebenintervenienten besteht darin, dass sich der streitgenössische Nebenintervenient mit seinen Erklärungen und Handlungen in Widerspruch zu der Hauptpartei setzen darf. Er darf folglich ein Geständnis der Hauptpartei widerrufen und ihrem Anerkenntnis oder Verzicht widersprechen; auch darf er gegen ihren Widerspruch Rechtsmittel und Rechtsbehelfe einlegen,[877] deren Fristen selbstständig für ihn von der an ihn zu bewirkenden Zustellung an laufen.[878] Hat jedoch der streitgenössische Nebenintervenient nicht innerhalb der für ihn geltenden Rechtsmittelfrist

---

[873] BGHZ 92, 275 (277) = NJW 1985, 386.
[874] Vgl. Musielak/Voit/*Weth* § 69 Rn. 4 zu weiteren Fällen der Rechtskrafterstreckung.
[875] BGHZ 92, 275 (277) = NJW 1985, 386.
[876] BGH NJW 1965, 760; *Haertlein* JA 2007, 10 (13).
[877] Vgl. MüKoZPO/*Schultes* § 69 Rn. 13.
[878] BGHZ 89, 124 = NJW 1984, 353. Dagegen laufen für den einfachen Nebenintervenienten nicht gesonderte Fristen, sondern nur für die Partei, vgl. BGH NJW 2001, 1355; *Kittner* JuS 1986, 131 (133).

das Rechtsmittel eingelegt, dann kann er sich zwar der Hauptpartei im Rechtsmittelverfahren weiterhin anschließen, verliert aber seine Stellung, wenn die Hauptpartei das Rechtsmittel zurücknimmt.[879] Da der streitgenössische Nebenintervenient nicht Partei ist, kann er keine Zwischenfeststellungsklage (§ 256 II; dazu Einzelheiten später) oder Widerklage erheben (→ Rn. 614) und Anträge für seine eigene Person stellen. Er darf auch nicht die Klage ändern oder zurücknehmen oder einen Vergleich mit Wirkung für und gegen die Hauptpartei schließen.

## 3. Streitverkündung

Dass auch die Hauptpartei ein erhebliches Interesse an der Nebenintervention hat, liegt auf der Hand. Dieses Interesse ergibt sich jedoch nicht nur dadurch, dass der Nebenintervenient die Partei in ihrer Prozessführung unterstützt, sondern im besonderen Maße auch wegen der Interventionswirkung. Durch diese Wirkung wird verhindert, dass der Erstprozess zwischen der Hauptpartei und ihrem Gegner und ein späterer Prozess zwischen der Hauptpartei und dem Nebenintervenienten zum Nachteil der Hauptpartei mit divergierendem Ergebnis entschieden werden. 652

Ohne die Interventionswirkung des Urteils aus dem ersten Prozess kann in dem Beispielsfall des Grundstücksverkaufs (→ Rn. 627) die Klage des K gegen den Notar auf Schadensersatz wegen Amtspflichtverletzung abgewiesen werden, weil der Richter die Auffassung vertritt, dass der Kaufvertrag wirksam und eine Amtspflichtverletzung des Notars zu verneinen sei, während der Richter im ersten Prozess die Kaufpreisklage wegen Nichtigkeit des Kaufvertrages abweist. K würde also beide Prozesse verlieren und damit gleichsam zwischen sämtlichen Stühlen sitzen. Dies verhindert die Interventionswirkung des ersten Urteils, die den Richter des zweiten Prozesses an die tatsächlichen und rechtlichen Feststellungen im Urteil des ersten Rechtsstreits bindet (→ Rn. 640). 653

Wegen dieses Interesses der Partei an der Interventionswirkung hat das Gesetz eine Regelung getroffen, nach der jene Wirkung auch ohne Beitritt des Dritten hergestellt werden kann. Die Partei, die für den Fall des ihr ungünstigen Ausgangs des Rechtsstreits einen Anspruch auf Gewährleistung oder Schadloshaltung gegen einen Dritten erheben zu können glaubt oder den Anspruch eines Dritten besorgt (sog. **Streitverkündungsgrund**), kann bis zur rechtskräftigen Entscheidung des Rechtsstreits dem Dritten gerichtlich den Streit verkünden (§ 72 I) und dadurch erreichen, dass die Interventionswirkung auch ohne Beitritt des Dritten eingreift (§ 74 III). 654

Die **Streitverkündung** (litis denuntiatio) ist die in der Form des § 73 vorzunehmende **Benachrichtigung eines Dritten von einem anhängigen Rechtsstreit** durch eine Partei, die **mit der Aufforderung verbunden** ist, diesem Rechtsstreit zur Unterstützung der benachrichtigenden Partei **beizutreten**.[880] Diese Partei wird in § 74 „Streitverkünder" genannt; der Dritte wird als „Streitverkündungsempfänger" oder als „Streitverkündungsgegner" bezeichnet. 655

---

[879] BGH NJW 1999, 285 (286).
[880] Zu den Anforderungen an die Streitverkündungsschrift vgl. BGH NJW 2012, 674 Rn. 14.

**656** **Die Voraussetzungen einer zulässigen Streitverkündung sind:**
- ein anhängiger Rechtsstreit (→ Rn. 630)
- ein Grund für die Streitverkündung (vgl. § 72 I, → Rn. 652).

**Beispiel:** Pfänder, dem Glaub eine Forderung gegen Schuld verpfändet hat, klagt nach Pfandreife (vgl. § 1228 II BGB) die verpfändete Forderung gegen Schuld ein (§ 1282 I BGB). Da Pfänder gegenüber Glaub verpflichtet ist, für die ordnungsgemäße Einziehung zu sorgen (§ 1285 II BGB) und er sich bei Verletzung dieser Pflicht schadensersatzpflichtig macht, kann er aus der Sorge heraus, dass ihm Glaub bei seiner Prozessführung Versäumnisse vorwerfen könnte, diesem den Streit verkünden.

Im Gegensatz zur Einziehung einer Forderung durch den Pfandgläubiger ist der Pfändungspfandgläubiger nach § 841 verpflichtet, dem Schuldner (= Gläubiger der gepfändeten Forderung) den Streit zu verkünden, wenn er gegen den Drittschuldner (= Schuldner der gepfändeten Forderung) die Forderung einklagt (→ Rn. 1210).

**657** Zu beachten ist, dass § 72 die Streitverkündung davon abhängig macht, dass im Falle eines Unterliegens Ansprüche gegen einen Dritten erhoben werden können oder Ansprüche von Dritten drohen. Dass die Partei im Falle ihres Sieges einen Anspruch gegen den Dritten erheben kann oder ihr für diesen Fall ein Anspruch droht, berechtigt sie nicht zur Streitverkündung.[881]

**658** Durch das 2. JuMoG ist in § 72 als neue Vorschrift Abs. 2 eingefügt worden, in dem bestimmt wird, dass weder das Gericht noch ein vom Gericht bestellter **Sachverständiger als Dritter** anzusehen ist. Während diese Bestimmung für das Gericht lediglich eine klarstellende Bedeutung hat, deren Notwendigkeit nicht recht erkennbar ist, wird durch sie in Bezug auf gerichtliche Sachverständige ein zuvor geführter Meinungsstreit entschieden.[882] Diese Regelung soll ausschließen, dass der Sachverständige als Gehilfe des Richters durch eine Streitverkündung in den Prozess einbezogen werden kann und auf diese Weise seine Unbefangenheit und Neutralität gefährdet wird. Dagegen sind der eigene und der gegnerische Prozessbevollmächtigte Dritte; ihnen kann folglich der Streit verkündet werden.[883]

**659** Neben den genannten Voraussetzungen der Streitverkündung (→ Rn. 656) müssen noch die Prozesshandlungsvoraussetzungen erfüllt werden, da die Streitverkündung eine Prozesshandlung darstellt. Tritt der Streitverkündungsempfänger als Nebenintervenient bei, dann werden die sachlichen Voraussetzungen der Nebenintervention in gleicher Weise wie auch sonst (→ Rn. 631) nur auf Antrag vom Gericht geprüft, während der Grund für die Streitverkündung in diesem Prozess ungeprüft bleibt. Erst wenn wegen der **Interventionswirkung** in einem Folgeprozess die Frage der Streitverkündung relevant wird, kommt es auf die Erfüllung dieser Voraussetzung an.[884] Tritt der Streitverkündungsempfänger nicht bei, dann lässt das Gericht

---

[881] Musielak/Voit/*Weth* § 72 Rn. 4 mwN.
[882] Der BGH vertrat dazu Auffassung, dass die Streitverkündung gegenüber einem gerichtlichen Sachverständigen unzulässig sei (vgl. BGH NJW 2007, 919 mwN); dagegen wurde im Schrifttum ein gegenteiliger Standpunkt eingenommen (vgl. *Bockholdt* NJW 2006, 122).
[883] BGH NJW 2011, 1078 Rn. 14 mwN.
[884] BGH NJW 1982, 281 (282); 2011, 1078 Rn. 7 mwN.

Anhang: Beteiligung Dritter am Rechtsstreit 239

die Streitverkündung unbeachtet. Über die Zulässigkeit ist im Folgeprozess zu entscheiden, wenn es darin um die Wirkungen der Streitverkündung geht.

Auch Mängel des Inhalts der Streitverkündungsschrift (vgl. § 73) oder ihrer Zustellung sind erst im Folgeprozess zu beachten und müssen dort in der ersten mündlichen Verhandlung geltend gemacht werden, wenn sie nicht nach § 295 I geheilt werden sollen.[885] Im Rahmen einer klausurmäßigen Bearbeitung muss entsprechend verfahren werden. **660**

Bei der Streitverkündung muss zwischen den verfahrensrechtlichen und den materiell-rechtlichen Wirkungen unterschieden werden. Die **verfahrensrechtlichen Wirkungen** sind im § 74 beschrieben. Danach kommt es darauf an, ob der Streitverkündungsempfänger beitritt.[886] Tut er dies, dann bestimmt sich sein Verhältnis zu den Parteien nach den Grundsätzen über die Nebenintervention (§ 74 I). Aus § 71 III folgt, dass die Interventionswirkungen gem. § 68 auch bei einer unzulässigen Streitverkündung eintreten, solange nicht die Unzulässigkeit rechtskräftig ausgesprochen wird.[887] Zwar wird regelmäßig der Streitverkündungsempfänger auf die Seite des Streitverkünders treten, zwingend ist dies jedoch nicht; vielmehr kann er auch dem Gegner des Streitverkünders beitreten,[888] wenn die Voraussetzungen des § 66 insoweit erfüllt sind, was allerdings nur – wie ausgeführt (→ Rn. 659) – auf Antrag geprüft wird. Lehnt der Streitverkündungsempfänger den Beitritt ausdrücklich ab oder erklärt er sich überhaupt nicht, so wird der Rechtsstreit ohne Rücksicht auf ihn fortgesetzt (§ 74 II). Auch in diesem Fall (§ 74 III: „in allen Fällen dieses Paragraphen") sind „gegen den Dritten" die Vorschriften des § 68 anzuwenden, und zwar mit der Abweichung, dass statt der Zeit des (nicht vollzogenen) Beitritts die Zeit entscheidet, zu welcher der Beitritt infolge der Streitverkündung möglich war. **661**

Die **Interventionswirkung** des § 68 tritt jedoch **nur zugunsten**, nicht zulasten **des Streitverkünders** ein (→ Rn. 644 f.). Der BGH[889] hat dies mit dem Zweck der Streitverkündung und der besonderen Interessenlage der an ihr Beteiligten begründet. Der Streitverkünder könne aufgrund materiell-rechtlicher Verknüpfungen gezwungen sein, Ansprüche gegen verschiedene Schuldner zu richten und deshalb mehrere Prozesse zu führen. Dabei bestünde die Gefahr, alle Prozesse zu verlieren, obgleich zumindest einer gewonnen werden müsste. Durch die mit der Streitverkündung ermöglichte Bindungswirkung könne er sich davor schützen. Demgegenüber brauche der Streitverkündungsgegner keine entsprechende Hilfe, da er lediglich mit einem Prozess zu rechnen habe. Seinem Interesse, die gegen ihn gerichteten Ansprüche möglichst früh abzuwehren, sei genügt, wenn er Gelegenheit erhielte, den Streitverkünder im Erstprozess gegen den anderen Anspruchsgegner zu unterstützen. Soweit es ihm dabei wegen der Beschränkung des § 67 nicht möglich sei, seinen eigenen Standpunkt zur Geltung zu bringen, reiche die Bindungswirkung der §§ 74, 68 ohnehin nicht; insoweit könne er sich also uneingeschränkt im Folgeprozess verteidigen. Es bestände deshalb kein rechtfertigender Grund, ihn gegen den Willen des Streit- **662**

---

[885] BGH NJW 1976, 292 (293).
[886] Vgl. *Ghassemi-Tabar/Eckner* MDR 2012, 1136 (1138 ff.).
[887] BGH NJW 2008, 519 (520 Rn. 13).
[888] BGH LM § 66 Nr. 1; BGHZ 85, 252 (255) = NJW 1983, 820.
[889] BGHZ 100, 257 (260 ff.) = NJW 1987, 1894, mzN; ebenso BGH NJW 2015, 1824 Rn. 7; *Schreiber* JURA 2011, 503 (507).

240 § 5. Weitere Möglichkeiten für die Prozessführung der Partei

verkünders an der Bindungswirkung des Urteils im Vorprozess auch dann teilhaben zu lassen, wenn dies zulasten des Streitverkünders gehe.

663 Die wichtigste Folge einer Streitverkündung nach dem materiellen Recht besteht in der Hemmung der Verjährung (§ 204 I Nr. 6 BGB). Während die Interventionswirkungen auch bei einer unzulässigen Intervention eintreten, solange nicht die Unzulässigkeit rechtskräftig ausgesprochen wird (→ Rn. 661), gilt dies nicht für die verjährungshemmenden Wirkungen der Streitverkündung. Die Hemmung der Verjährung durch die Zustellung der Streitverkündung tritt nur bei einer zulässigen Streitverkündung ein.[890] Der Beitritt des Streitverkündungsempfängers enthebt das Gericht des Folgeprozesses, das über die Hemmung der Verjährung zu befinden hat, deshalb nicht einer Prüfung der Zulässigkeit der Streitverkündung.[891]

### 4. Hauptintervention, Prätendentenstreit, Urheberbenennung

664 Als **Hauptintervention,** die in den §§ 64 und 65 geregelt ist, wird die **Klage eines Dritten (des Hauptintervenienten) gegen die Parteien eines anhängigen Rechtsstreits** (= Haupt- oder Erstprozess) bezeichnet, durch die er eine Sache oder ein Recht, worüber im Erstprozess gestritten wird, ganz oder teilweise für sich in Anspruch nimmt.

> **Beispiel:** K klagt gegen B auf Herausgabe eines Bildes, dessen Eigentümer er zu sein behauptet. H, der ebenfalls das Eigentum an dem Gemälde für sich in Anspruch nimmt, erhebt gegen K und B Klage, und zwar begehrt er gegenüber K die Feststellung, dass er Eigentümer des Bildes sei, und verlangt von B dessen Herausgabe.

665 Diese Prozesslage lässt sich im folgenden Schaubild darstellen:

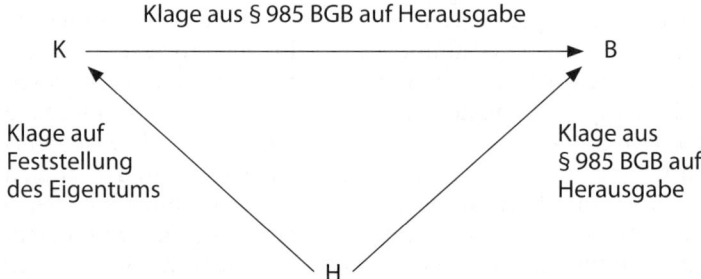

666 Bei der Hauptintervention treffen folglich verschiedene Klagen aufeinander, einmal die Klage im Erstprozess (im Beispielsfall die Klage K gegen B), zum anderen die (miteinander verbundenen) Klagen des Hauptintervenienten gegen die beiden Parteien des Erstprozesses, die damit zu Streitgenossen werden (im Beispielsfall Klage

---

[890] BGH NJW-RR 2015, 1058 Rn. 21.
[891] BGH NJW 2008, 519 Rn. 14; 2009, 1488 Rn. 18 ff.; aA *Althammer/Würdinger* NJW 2009, 2520.

des H gegen K auf Feststellung und gegen B auf Herausgabe). Ob es sich um eine notwendige Streitgenossenschaft handelt, richtet sich danach, ob die Voraussetzungen des § 62 erfüllt werden (→ Rn. 432).

Die Hauptintervention ist trotz ihrer systematischen Stellung im Gesetz keine Beteiligung an einem fremden Rechtsstreit, sondern eine selbstständige Klage eines Dritten gegen die beiden Parteien des Hauptprozesses. **667**

Die Hauptintervention ist von folgenden **Voraussetzungen** abhängig: **668**

- Es muss ein Rechtsstreit über eine Sache oder ein Recht zwischen anderen Personen anhängig sein (zum Begriff der Anhängigkeit → Rn. 630).

    Der Hauptintervenient darf im Erstprozess nicht Partei sein, wohl aber Nebenintervenient.[892]

- Der Hauptintervenient muss die Sache oder das Recht, worüber im ersten Prozess gestritten wird, ganz oder teilweise für sich in Anspruch nehmen (sog. Interventionsgrund).

    Wie sich bereits aus dem oben (→ Rn. 664) angeführten Beispielsfall ergibt, muss der Hauptintervenient nicht dasselbe Recht gegenüber beiden Parteien des Hauptprozesses geltend machen. Häufig wird er gegenüber der einen Partei auf Feststellung und gegenüber der anderen auf Leistung klagen.

- Für die Klage des Hauptintervenienten müssen die allgemeinen Prozessvoraussetzungen erfüllt werden. Hinsichtlich der Zuständigkeit ergibt sich aus § 64, dass das Gericht des Erstprozesses erster Instanz für die Interventionsklage ausschließlich örtlich und sachlich zuständig ist.

Hauptprozess (Erstprozess) und Interventionsprozess sind grundsätzlich verfahrensmäßig unabhängig voneinander. Der Hauptprozess kann jedoch auf Antrag (§ 65) oder von Amts wegen (§ 148) bis zur rechtskräftigen Entscheidung über die Hauptintervention ausgesetzt werden. Ebenso können beide Prozesse miteinander verbunden werden (§ 147). Die Entscheidung des Hauptprozesses ist für die Parteien des Interventionsprozesses ohne Wirkung, es sei denn, dass ein Fall von Rechtskrafterstreckung aus anderen Gründen gegeben ist. Umgekehrt ist auch die Entscheidung des Interventionsprozesses für die Parteien des Hauptprozesses nicht maßgebend. **669**

Es ist deshalb durchaus möglich, dass der Beklagte im Hauptprozess sowohl in diesem als auch im Interventionsprozess zur Leistung verurteilt wird (im Beispielsfall oben – → Rn. 664 – kann also B sowohl aufgrund der Klage des K als auch aufgrund der Klage des H zur Herausgabe des Bildes verurteilt werden). Um der Gefahr einer doppelten Verurteilung zu entgehen, muss der zweifach in Anspruch Genommene im Interventionsprozess nach § 72 (wenn dessen Voraussetzungen erfüllt sind) dem Kläger des Hauptprozesses den Streit verkünden. **670**

Das **Besondere des Prätendentenstreites** (Gläubigerstreites) besteht darin, dass ein **Schuldner von mehreren angeblichen Gläubigern** einer auf Geld oder hinterlegungsfähigen Sachen gerichteten Forderung **in Anspruch genommen** wird. **Einer von ihnen hat ihn bereits verklagt.** Der Schuldner kann durchaus bereit sein, die **671**

---

[892] Stein/Jonas/*Jacoby* § 64 Rn. 12 mwN.

Forderung zu erfüllen, weiß jedoch nicht, ob nicht der andere in Wirklichkeit sein Gläubiger ist.

> **Beispiel:** Erst verklagt Schuld auf Zahlung einer Forderung von 5.000 EUR. Zweit verlangt von Schuld Zahlung dieses Betrages mit der Begründung, dass ihm Erst die Forderung abgetreten habe. Erst behauptet dagegen, diese Abtretung sei nichtig.

672 Außerhalb eines Prozesses könnte der Schuldner das von ihm verlangte Geld hinterlegen und auf Rücknahme verzichten; damit würde er von seiner Verbindlichkeit befreit werden (§§ 372, 378 BGB; → GK BGB Rn. 257). Ist nun der Schuldner bereits von einem Gläubiger verklagt worden, dann kann er dem anderen Gläubiger den Streit verkünden (§ 72). Dadurch wird dieser vor die Wahl gestellt, entweder den Ausgang des Verfahrens auch für seine Person als richtig anzuerkennen (§ 74 III iVm § 68; → Rn. 661) oder dem Prozess beizutreten. Auf diese Weise wird der Schuldner davor gesichert, zur Leistung an beide Prätendenten verurteilt zu werden.

673 Die Vorschrift des § 75 erweitert nun die Möglichkeit des Schuldners dadurch, dass er, sobald der Dritte (Streitverkündungsempfänger) beigetreten ist, den Betrag der Forderung zugunsten der streitenden Gläubiger unter Verzicht auf das Recht zur Rücknahme hinterlegen kann und er dann auf seinen Antrag hin aus dem Rechtsstreit zu entlassen ist.[893]

674 Der Prozess wird dann zwischen den Prätendenten weitergeführt, wobei der bisherige Kläger die Initiative in der Hand behalten und Leistung (Einwilligung in die Auszahlung des hinterlegten Betrages) beantragen kann; aber auch der Dritte kann diese Angreiferrolle übernehmen. Ebenso kann aber auch auf Feststellung geklagt werden, dass der Kläger hinsichtlich der Forderung der Berechtigte ist.[894]

675 Die **Urheberbenennung** (laudatio auctoris) betrifft den Fall, dass **bei einem Besitzmittlungsverhältnis der unmittelbare Besitzer von einem Dritten auf Herausgabe der Sache verklagt wird** (§ 76) **oder auf Unterlassen von Beeinträchtigungen** (§ 77). In diesem Fall kann der unmittelbare Besitzer dem mittelbaren den Streit verkünden. Bestreitet dieser nicht, mittelbarer Besitzer zu sein, dann kann er den Prozess mit Zustimmung des Beklagten übernehmen und dieser aus dem Verfahren entlassen werden (§ 76 III, IV). Die Streitverkündung muss vor Verhandlung zur Hauptsache vorgenommen werden (§ 76 I 1).

676 Wie im Prätendentenstreit des § 75 will auch bei der Urheberbenennung der Beklagte regelmäßig dem Klageanspruch genügen, hat aber nur im Hinblick auf die Berechtigung des Dritten Bedenken. Tritt der mittelbare Besitzer dem vom Dritten geltend gemachten Recht nicht entgegen, dann ist der Beklagte ihm gegenüber berechtigt, dem Klageantrag zu entsprechen (§ 76 II). Er wird dann gegenüber dem mittelbaren Besitzer von jeder Haftung frei.

677 In den Fällen der §§ 75–77 kann also ein Dritter Partei werden, ohne dass dafür eine förmliche Klageerhebung ihm gegenüber erforderlich ist.

---

[893] Str. ist, ob auch die Hinterlegung eines Teils der Klageforderung mit der Folge zulässig ist, dass der Beklagte teilweise aus dem Rechtsstreit entlassen wird; bejahend LG München MDR 2007, 606 mzustAnm von *Vollkommer*; verneinend MüKoZPO/*Schultes* § 75 Rn. 8, jew. mwN.
[894] Vgl. BGH NJW-RR 1987, 1439.

Anhang: Beteiligung Dritter am Rechtsstreit

## Fälle und Fragen

1. Wodurch unterscheidet sich die Klagerücknahme vom Klageverzicht?
2. Albert erhebt gegen seinen Nachbarn Bertold Klage mit dem Antrag, Bertold solle es in Zukunft unterlassen, zur Nachtzeit seinen Fernsehapparat lauter als auf Zimmerlautstärke einzustellen. Bertold bestreitet, dass er jemals den Apparat habe nachts lauter spielen lassen. Während des Rechtsstreits zieht Bertold in ein anderes Haus. Daraufhin erklärt Albert in der mündlichen Verhandlung den Rechtsstreit für erledigt. Dem widerspricht Bertold und verlangt Klageabweisung. Wie hat das Gericht zu verfahren?
3. Wie wäre Fall 2 zu entscheiden, wenn Bertold (einseitig) die Hauptsache für erledigt erklärte?
4. In 1. Instanz wird ein Urteil erlassen, das beide Parteien nicht zufrieden stellt. Daraufhin schließen sie einen außergerichtlichen Vergleich. Sie fragen, wie sie jetzt weiter verfahren müssten, um das Urteil zu beseitigen. Geben Sie bitte Auskunft!
5. K und B beenden ihren Rechtsstreit durch einen Prozessvergleich. Danach erklärt K wirksam die Anfechtung seiner zum Abschluss des Vergleichs abgegebenen Willenserklärung wegen Irrtums.
   a) Welche verfahrensrechtlichen Konsequenzen ergeben sich aus dieser Anfechtung?
   b) Macht es einen Unterschied, wenn K wirksam den Rücktritt vom Vergleich erklärt?
6. Wann kommt es zum Stillstand eines Zivilprozesses?
7. Wann wird einer Partei Wiedereinsetzung in den vorigen Stand gewährt?
8. Was ist die Aufrechnung prozessrechtlich?
9. Weiß klagt gegen Schwarz auf Schadensersatz wegen einer von Schwarz begangenen Vertragsverletzung. Schwarz bestreitet jedes Verschulden. Für den Fall, dass aber das Gericht die Klage für begründet ansehe, erklärt Schwarz die Aufrechnung mit einer Darlehensforderung gegen Weiß. Weiß bestreitet die Fälligkeit des Darlehens. Wie hat das Gericht zu verfahren?
10. Wäre es im Fall 9 zulässig, dass Schwarz im Laufe des Prozesses erklärt, er wolle anstelle der Darlehensforderung eine ihm gegen Weiß zustehende Kaufpreisforderung setzen, mit der er (hilfsweise) aufrechne?
11. Kann das Zivilgericht über eine streitige a) öffentlich-rechtliche b) in die Zuständigkeit der Arbeitsgerichte fallende Gegenforderung entscheiden, mit der der Beklagte aufrechnet?
12. Volz aus Nürnberg klagt gegen Kunz aus München vor dem dortigen LG eine Kaufpreisforderung von 15.000 EUR ein. Kunz behauptet, den Kaufpreis bereits gezahlt zu haben, und fordert von Volz widerklagend 3.000 EUR aufgrund einer Minderung des Kaufpreises wegen eines Mangels der Kaufsache. Ist die Widerklage zulässig?
13. Muss eine Widerklage, mit der ein Anspruch geltend gemacht wird, der nicht mit dem Klageanspruch in einem rechtlichen Zusammenhang steht, auf Rüge des Widerbeklagten als unzulässig abgewiesen werden?
14. Kann eine Widerklage auch gegen einen bisher am Rechtsstreit nicht beteiligten Dritten erhoben werden?
15. Was ist eine Wider-Widerklage?
16. K klagt gegen seinen Wohnungsnachbarn B auf Unterlassung nächtlichen Badens, weil er durch das Ein- und Auslaufen des Wassers in seiner Nachtruhe gestört werde. C, ein anderer Wohnungsnachbar des K, erklärt seinen Beitritt als Nebenintervenient aufseiten des B, weil er ebenfalls nachts baden möchte und deshalb am Ausgang des Rechtsstreits zwischen K und B interessiert sei. Weder K noch B äußern sich in der mündlichen Verhandlung zu dem Beitritt des C. Wird das Gericht die Nebenintervention des C zulassen?
17. Die Klage des K wird im Fall 16 gegen B als unbegründet abgewiesen. Welche Wirkungen hat diese Klageabweisung für C?
18. Was verstehen Sie unter einem „streitgenössischen Nebenintervenienten" und wodurch unterscheidet sich seine Rechtsstellung von der eines einfachen Nebenintervenienten?

19. Der gehbehinderte Alt verunglückt im Kaufhaus des Reichlich und verletzt sich erheblich. Als Grund für den Unfall gibt Alt die falsche Konstruktion einer Flügeltür an, durch deren Öffnen er zu Fall gekommen sei. Reichlich bestreitet einen technischen Mangel der Tür und verkündet dem Schlossermeister Fleißig den Streit, der die Tür eingebaut hat. Fleißig reagiert nicht auf die Streitverkündung. Das Gericht gelangt zu dem Ergebnis, dass die verfehlte Konstruktion der Tür den Unfall herbeigeführt habe und verurteilt Reichlich zum Schadensersatz. Daraufhin fordert Reichlich von Fleißig, dass er die Unfallkosten des Alt trage und verklagt Fleißig, als dieser sich weigert zu zahlen. Im Prozess verteidigt sich Fleißig damit, dass die Türkonstruktion den Regeln der Technik entspreche. Wird Fleißig mit diesem Verteidigungsvorbringen gehört?
20. In dem Rechtsstreit Alt gegen Reichlich (Fall 19) gelangt das Gericht zu dem Ergebnis, dass die Tür einwandfrei konstruiert sei. Trotzdem macht Reichlich wegen Konstruktionsmängeln Ansprüche gegen Fleißig geltend. Fleißig beruft sich auf die Streitverkündung und auf die Feststellungen im Prozess Alt gegen Reichlich. Ist der Richter an die Feststellungen bei Entscheidung des Prozesses zwischen Reichlich und Fleißig gebunden?
21. Was verstehen Sie unter einem Prätendentenstreit?

# § 6. Tatsachenvortrag und Beweis

## I. Vorbemerkung

Entsprechend dem im Zivilprozess regelmäßig geltenden Verhandlungsgrundsatz haben die Parteien die Tatsachen vorzutragen und, soweit erforderlich, zu beweisen, die das Gericht seiner Entscheidung des Rechtsstreits zugrunde legt (→ Rn. 208).[895] Die Tatsachen müssen rechtzeitig vorgebracht werden (vgl. § 282 I). Soweit der Richter den Parteien für den Vortrag bestimmter Tatsachen Fristen gesetzt hat, müssen die Parteien diese Fristen beachten. Nicht rechtzeitig vorgetragene Tatsachen können als verspätet zurückgewiesen werden (vgl. § 296). Auf die Fragen, die sich im Zusammenhang mit der Feststellung der tatsächlichen Grundlagen für die richterliche Entscheidung ergeben, soll im Folgenden eingegangen werden.

## II. Die Zurückweisung eines verspäteten Vorbringens

### 1. Prozessförderungspflicht

Der Gesetzgeber hat durch eine Reihe von Regelungen versucht, die Durchführung des Verfahrens zu beschleunigen und die daran Beteiligten, sowohl Gericht als auch Parteien, zu einer möglichst raschen Erledigung der von ihnen vorzunehmenden Handlungen anzuhalten.[896] Zu diesen der Beschleunigung und Konzentration des Verfahrens dienenden Regelungen zählen die Vorschriften über die Vorbereitung und Durchführung der mündlichen Verhandlung (→ Rn. 159 ff.), die dem Gericht eingeräumte Möglichkeit zur Setzung von Fristen für die Vornahme bestimmter Parteiprozesshandlungen und die insbesondere durch § 282 I den Parteien aufgegebene allgemeine Prozessförderungspflicht.

Nach dieser Vorschrift hat jede Partei in der mündlichen Verhandlung ihre **Angriffs- und Verteidigungsmittel rechtzeitig vorzubringen.** Was unter dem Begriff der Angriffs- und Verteidigungsmittel zu verstehen ist, wird in § 282 I durch eine beispielhaft zu verstehende Aufzählung erläutert (vgl. auch § 146). Hierunter fallen Behauptungen, Bestreiten, Einwendungen, Einreden, Beweismittel und Beweiseinreden.

Der Begriff der Angriffs- und Verteidigungsmittel ist weit aufzufassen[897] und mit jedem Vorbringen gleichzusetzen, das die Parteien zur Begründung ihrer prozessualen Begehren dem

---

[895] Allerdings übt auch das Gericht Einfluss auf die Beibringung von Tatsachen aus; → Rn. 209 ff.
[896] BAG NJW 2008, 2362 Rn. 11.
[897] BGH NJW 1982, 1533 (1534).

Gericht unterbreiten.⁸⁹⁸ Zu den Verteidigungsmitteln zählt auch das Geltendmachen einer Aufrechnung, und zwar sowohl die im Prozess selbst erklärte Aufrechnung wie auch die Berufung auf eine außerhalb des Rechtsstreits vollzogene (→ Rn. 558 f.).⁸⁹⁹ Nicht zu den Angriffs- und Verteidigungsmitteln gehören dagegen die Sachanträge der Parteien, die durch Klage oder Widerklage einschließlich einer Klageerweiterung oder Klageänderung geltend gemacht werden.⁹⁰⁰

682 Die Angriffs- und Verteidigungsmittel sind so rechtzeitig vorzubringen, wie es nach der Prozesslage einer sorgfältigen und auf Förderung des Verfahrens bedachten Prozessführung entspricht (§ 282 I). Dies bedeutet, dass **keine Partei Informationen zurückhalten darf, die nach dem Sach- und Streitstand erkennbar die Durchführung und Entscheidung des Rechtsstreits fördern.** Die Parteien müssen vielmehr bemüht sein, Gericht und Gegner alles das unverzüglich mitzuteilen, was sachdienlich erscheint. Jedoch ist eine Verpflichtung, tatsächliche Umstände, die der Partei nicht bekannt sind, erst zu ermitteln, aus dieser Regelung nicht abzuleiten.⁹⁰¹

683 Die Vorschrift des § 282 I betrifft nur das rechtzeitige Vorbringen in der mündlichen Verhandlung. Dementsprechend ist der erste Termin vor Gericht der früheste Zeitpunkt für einen Parteivortrag (aber → Rn. 696 f.). Nur wenn innerhalb einer Instanz mehrere Verhandlungstermine stattfinden, kann gegen § 282 I verstoßen werden.⁹⁰² Etwas anderes gilt allerdings, wenn der Richter den Parteien eine Frist für Schriftsätze gesetzt hat, die zur Vorbereitung der mündlichen Verhandlung im frühen ersten Termin dienen sollen (vgl. § 275; → Rn. 167). Dann kann die Versäumung dieser Frist dazu führen, dass ein verspätetes Vorbringen nicht mehr zugelassen wird (Einzelheiten dazu später).

684 **§ 282 II erweitert die Prozessförderungspflicht** der Parteien dahingehend, dass Anträge sowie Angriffs- und Verteidigungsmittel, auf die der Gegner voraussichtlich ohne vorhergehende Erkundigung keine Erklärung abgeben kann, vor der mündlichen Verhandlung durch vorbereitende Schriftsätze so zeitig dem Gegner mitzuteilen sind, dass er die erforderlichen Erkundigungen noch einziehen kann. Diese Regelung setzt allerdings voraus, dass die mündliche Verhandlung durch Schriftsätze vorbereitet wird. Dies ist nur im Anwaltsprozess der Fall (vgl. § 129 I), sonst nur dann, wenn den Parteien durch richterliche Anordnung aufgegeben wird, die mündliche Verhandlung durch Schriftsätze oder durch Erklärungen zu Protokoll der Geschäftsstelle vorzubereiten (§ 129 II). § 282 II gilt also nur, wenn die mündliche Verhandlung durch Schriftsätze vorbereitet wird und erfasst in den Fällen des § 129 II auch die Erklärungen, die zu Protokoll der Geschäftsstelle abgegeben werden.⁹⁰³

685 Für vorbereitende Schriftsätze, die ein neues Vorbringen enthalten, wird in § 132 I angeordnet, dass sie so rechtzeitig bei Gericht einzureichen sind, dass sie mindestens eine Woche vor der mündlichen Verhandlung zugestellt werden können. Enthält der Schriftsatz eine Gegenerklärung auf neues Vorbringen, dann beträgt diese Frist drei Tage (§ 132 II). Diese Fristen gelten unabhängig von der in § 282 II getroffenen Regelung. Es kann also durchaus auch ein

---

⁸⁹⁸ Musielak/Voit/*Foerste* § 282 Rn. 2.
⁸⁹⁹ BGHZ 91, 293 (303) = NJW 1984, 1964; MüKoZPO/*Prütting* § 296 Rn. 51.
⁹⁰⁰ BGH NJW 1986, 2257 (2258); AK-ZPO/*Deppe-Hilgenberg* § 282 Rn. 4.
⁹⁰¹ BGH NJW 2003, 200 (202).
⁹⁰² BGH NJW 1992, 1965; 2006, 1741; 2012, 3787 Rn. 6; NJW-RR 2005, 1007.
⁹⁰³ BVerfG NJW 1993, 1319; Musielak/Voit/*Foerste* § 282 Rn. 8; Zöller/*Greger* § 282 Rn. 4.

II. Die Zurückweisung eines verspäteten Vorbringens 247

Verstoß gegen § 282 II zu bejahen sein, wenn die Fristen des § 132 eingehalten werden, sie jedoch für den Gegner nicht ausreichen, um die erforderlichen Erkundigungen einzuziehen.[904]

## 2. Sanktionen bei Verspätungen

Werden Angriffs- und Verteidigungsmittel oder Rügen iSv § 296 III verspätet vorgebracht, dann kann dies nach § 296 die Nichtzulassung oder Zurückweisung dieses Vorbringens zur Folge haben. Nicht zugelassenes oder zurückgewiesenes Vorbringen bleibt bei Entscheidung des Rechtsstreits unbeachtet. In § 296 sind verschiedene Verspätungsfälle geregelt, die sich in ihren Voraussetzungen und Rechtsfolgen voneinander unterscheiden. Deshalb hat das Gericht stets die Rechtsgrundlage für die Zurückweisung verspäteten Vorbringens genau zu bezeichnen und auch anzugeben, auf welches Angriffs- oder Verteidigungsmittel sich die Zurückweisung bezieht. Eine pauschale Zurückweisung des gesamten in einem Schriftsatz enthaltenen Vorbringens ist deshalb nicht zulässig.[905] Werden vom Gericht in fehlerhafter Anwendung von Präklusionsvorschriften Angriffs- oder Verteidigungsmittel (zum Begriff → Rn. 681) einer Partei zu Unrecht ausgeschlossen, so liegt darin ein Verstoß gegen den Anspruch der Partei auf rechtliches Gehör.[906]   **686**

### a) Die Nichtbeachtung der in § 296 I genannten Fristen

§ 296 I bestimmt, unter welchen Voraussetzungen Angriffs- und Verteidigungsmittel zuzulassen sind, obwohl eine der in dieser Vorschrift genannten Fristen nicht beachtet wurde. Werden diese Voraussetzungen nicht erfüllt, dann bleibt dem Gericht kein Entscheidungsspielraum mehr und es muss das Vorbringen als verspätet zurückweisen. Allerdings kann sich diese Zurückweisung nur auf das Angriffs- und Verteidigungsmittel beziehen, für dessen Vortrag die Frist gesetzt worden ist. Wird einer Partei beispielsweise vom Gericht aufgegeben, zu einem Gutachten innerhalb einer nach § 411 IV 2 gesetzten Frist Stellung zu nehmen, dann darf nicht ein nach dieser Frist eingehender Parteivortrag nach § 296 I zurückgewiesen werden, der andere als die im Gutachten behandelte Fragen betrifft.[907]   **687**

Die sich aus **§ 296 I ergebende Sanktion** für eine Verspätung hängt von der Erfüllung folgender Voraussetzungen ab:   **688**

- Eingang eines Parteivorbringens bei Gericht erst nach Ablauf einer hierfür gesetzten Frist, dadurch
- Verzögerung der Erledigung des Rechtsstreits und
- Fehlen einer genügenden Entschuldigung der Partei für die Verspätung.

---

[904] BGH NJW 1982, 1533 (1534); Zöller/*Greger* § 282 Rn. 4a; zum Verhältnis dieser Vorschriften vgl. auch BGH NJW 1989, 716 (717).
[905] OLG Celle NJW 2010, 1535.
[906] BGH NJW-RR 2017, 1018 Rn. 8 mwN.
[907] BGH NJW-RR 2017, 1018 Rn. 13 f.

**689** Zu diesen Voraussetzungen ist Folgendes zu bemerken:

Der Katalog der für § 296 I in Betracht kommenden **Fristen** ist in dieser Vorschrift abschließend aufgeführt. Hinzu kommen nur noch kraft ausdrücklicher Verweisung auf § 296 I die in §§ 340 III, 411 IV, 697 III und § 700 V genannten Fristen. Eine Ausdehnung der Vorschrift auf andere Fristen ist unzulässig.[908] Die Frist ist ausreichend zu bemessen,[909] und es muss auch den verfahrensmäßigen Anforderungen genügt werden. So muss beispielsweise die Frist nach § 276 I 2 in einem schriftlichen Vorverfahren vom Vorsitzenden gesetzt werden. Soweit das Gesetz eine Belehrung über die Folgen einer Fristversäumung anordnet (vgl. § 276 II, § 277 II), bildet diese Belehrung eine notwendige Voraussetzung für eine Zurückweisung verspäteten Vorbringens.

**690** Nach hM ist eine **Verzögerung des Rechtsstreits** zu bejahen, wenn bei Zulassung des verspäteten Vorbringens der Prozess länger dauern würde als bei einer Zurückweisung (sog. **absoluter Verzögerungsbegriff**).[910] Es ist danach unerheblich, dass der Rechtsstreit auch bei rechtzeitigem Vorbringen nicht hätte früher beendet werden können als bei der Zulassung des verspäteten Vorbringens (sog. **hypothetischer oder relativer Verzögerungsbegriff**).[911]

> **Beispiel:** Der Beklagte B erwidert nicht innerhalb der ihm nach § 275 I 1 gesetzten Frist auf die Klage des K. Erst im frühen ersten Termin nimmt er zu der Klage Stellung und beruft sich zum Beweis eines von ihm geltend gemachten Gegenrechts auf das Zeugnis des Z. Z befindet sich zurzeit der mündlichen Verhandlung in einem Krankenhaus zur stationären Behandlung. Es steht fest, dass Z nicht früher hätte vernommen werden können, wenn der Beklagte rechtzeitig auf die Klage erwiderte und Z darin als Zeugen angegeben hätte.
>
> Ist die Klage bei Nichtberücksichtigung des verspäteten Vorbringens entscheidungsreif, dann kann nicht zweifelhaft sein, dass der Rechtsstreit länger dauert, wenn das verspätete Vorbringen zugelassen wird. Denn in diesem Fall kann der Rechtsstreit nicht sofort entschieden werden, sondern es muss zunächst Z als Zeuge vernommen werden. Legt man also einen absoluten Verzögerungsbegriff zugrunde, dann ist hier eine Verzögerung des Prozesses anzunehmen. Vergleicht man dagegen die Dauer des Rechtsstreits bei einem rechtzeitigen Vorbringen mit seiner Dauer bei Zulassung des verspäteten Vorbringens (wie dies einem hypothetischen Verzögerungsbegriff entspräche), dann gelangt man zu dem Ergebnis, dass der Prozess auch bei Einhaltung der Frist für die Klageerwiderung nicht hätte früher beendet werden können, weil Z als Zeuge nicht vorher zur Verfügung stand.

**691** Für die **Theorie vom absoluten Verzögerungsbegriff** spricht, dass auf ihrer Grundlage klare Entscheidungen ohne möglicherweise aufwändige Ermittlungen eines mutmaßlichen Geschehensablaufs getroffen werden können; nach dieser Theorie

---

[908] BGH NJW 1981, 1217; 1982, 1533 (1534).
[909] BGHZ 124, 71 (74) = NJW 1994, 736 (737).
[910] BGH in stRspr; BGHZ 75, 138 (142) = NJW 1979, 1988; BGHZ 86, 31 (34) = NJW 1983, 575, jew. mwN; *Spahn* JURA 1985, 633 (634); *Baudewin/Wegner* NJW 2014, 1479 (1481); Musielak/Voit/*Huber* § 296 Rn. 13; MüKoZPO/*Prütting* § 296 Rn. 79 ff.; Thomas/Putzo/*Reichold* § 296 Rn. 14.
[911] AK-ZPO/*Deppe-Hilgenberg* § 296 Rn. 17 mwN.

## II. Die Zurückweisung eines verspäteten Vorbringens

ist es recht einfach festzustellen, wann von einer Verzögerung ausgegangen werden muss. Die Anwendung eines hypothetischen Verzögerungsbegriffs zwingt dagegen zu einer Klärung der Frage, in welchem Zeitpunkt voraussichtlich der Rechtsstreit seinen Abschluss gefunden hätte, wenn das beanstandete Vorbringen rechtzeitig mitgeteilt worden wäre. Eine derartige Untersuchung kann nicht nur einen erheblichen Aufwand erforderlich machen, sondern auch die Entscheidung mit Unsicherheiten belasten, wie sie bei hypothetischen Betrachtungen nicht selten sind.

Den unbestreitbaren Vorteilen des absoluten Verzögerungsbegriffes steht jedoch als Nachteil ebenso offenkundig entgegen, dass dadurch die Feststellung der wirklichen Sachlage und damit auch die richtige Entscheidung durch das Gericht verhindert werden kann. Dies zwingt zwar nicht dazu, den absoluten Verzögerungsbegriff als untauglich zu verwerfen, wie dies seine Gegner meinen, sondern nur, ihn sinnvoll einzusetzen und dort **Ausnahmen** zu machen, wo dies durch den Zweck der Vorschriften über die Zurückweisung verspäteten Vorbringens geboten ist. **692**

Wie dies zu praktizieren ist, lässt sich der Rechtsprechung des BVerfG entnehmen.[912] Das Gericht hat festgestellt, dass der absolute Verzögerungsbegriff nicht den Anspruch auf rechtliches Gehör oder andere Grundrechte der betroffenen Partei verletzt.[913] Eine **Präklusion** werde **verfassungsrechtlich** erst dann **problematisch, wenn sich ohne weitere Erwägungen aufdränge, dass dieselbe Verzögerung auch bei rechtzeitigem Vorbringen eingetreten wäre** (sog. Überbeschleunigung). Es könne einerseits nicht Sinn der einer Beschleunigung dienenden Vorschriften sein, das Gericht mit schwierigen Prognosen über hypothetische Kausalverläufe zu belasten und damit weitere Verzögerungen zu bewirken. Andererseits dürften aber diese Vorschriften auch nicht dazu benutzt werden, verspätetes Vorbringen auszuschließen, wenn ohne jeden Aufwand erkennbar sei, dass die Pflichtwidrigkeit – die Verspätung allein – nicht kausal für eine Verzögerung sei. In diesen Fällen einer fehlenden Kausalität der Verspätung für eine Verzögerung des Rechtsstreits sei die Präklusion, dh die Ausschließung mit einem Vorbringen, rechtsmissbräuchlich, denn sie diene erkennbar nicht dem mit ihr verfolgten Zweck, nämlich der Abwehr pflichtwidriger Verfahrensverzögerungen.[914] Aus diesen Erwägungen ergibt sich das Verbot der Überbeschleunigung.[915] In dem Beispielsfall der verspäteten Benennung des im Krankenhaus befindlichen Zeugen (→ Rn. 690) spricht vieles dafür, dass die Kausalität der Verspätung für eine Verzögerung des Rechtsstreits zu verneinen ist und folglich von einer Zurückweisung der Zeugenbenennung als verspätet abgesehen werden muss (aber → Rn. 701). **693**

Eine sinnvoll vorgenommene Anwendung des absoluten Verzögerungsbegriffes muss insbesondere die Zurückweisung eines Vorbringens ausschließen, wenn für die Verzögerung zumindest auch ein **richterliches Fehlverhalten** ursächlich war, **694**

---

[912] Krit. zur Rspr. des BVerfG zu den Präklusionsvorschriften der ZPO *Lenz* NJW 2013, 2551.
[913] BVerfGE 75, 302 = NJW 1987, 2733. Das Gericht (NJW 2000, 945 [946]) weist jedoch darauf hin, dass die Präklusionsvorschriften wegen ihrer einschränkenden Folgen für den Anspruch auf rechtliches Gehör als Ausnahmeregelungen zu begreifen sind, die einer strengen verfassungsgerichtlichen Kontrolle unterliegen.
[914] Vgl. BVerfG 75, 302 = NJW 1987, 2733; BVerfG NJW 1995, 1417.
[915] BGH NJW 2012, 2808 Rn. 9 f.

das sich beispielsweise in einer unzulänglichen Verfahrensleitung oder in einer Verletzung der gerichtlichen Fürsorgepflicht zeigt.[916]

**Beispiel:** Der Kläger klagt vor dem AG auf Zahlung eines Kaufpreises und bezeichnet in der Klageschrift den Rechtsanwalt R als Prozessbevollmächtigten des Beklagten. Die Ladung zur mündlichen Verhandlung und die Aufforderung, innerhalb von vier Wochen nach Zustellung der Ladung auf die Klage zu erwidern, werden dem Beklagten persönlich zugestellt. Erst in der mündlichen Verhandlung, zu der der Beklagte ohne Prozessbevollmächtigten erscheint, äußert er sich zu der Klage und beruft sich auf Rücktritt. Das AG gibt der Klage statt und führt zur Begründung aus, das unentschuldigt verspätete Vorbringen des Beklagten könne nicht berücksichtigt werden. Gegen diese Entscheidung legt der Beklagte Berufung ein und weist darauf hin, dass er wegen des vorprozessualen Schriftwechsels und wegen der Benennung des Rechtsanwalts R als seines Prozessbevollmächtigten in der Klageschrift davon ausgegangen sei, dass dieser ihn im Prozess vertreten werde.

Die vom Amtsrichter vorgenommene Zurückweisung der Berufung des Beklagten auf ein Rücktrittsrecht wird durch § 296 I nicht gerechtfertigt. Denn die Verspätung beruht hier zumindest auch auf einer Verletzung der richterlichen Prozessförderungs- und Fürsorgepflicht gegenüber den Parteien. Der Richter muss dahin wirken, dass sich die Parteien über alle erheblichen Tatsachen vollständig und rechtzeitig erklären (§ 139 I 2). Diese Pflichten, die insbesondere anwaltlich nicht vertretenen Parteien gegenüber bestehen, hat der Richter nicht im gebotenen Maße beachtet. Zwar musste der Richter nicht allein aufgrund der Benennung des Rechtsanwalts R auch davon ausgehen, dass dieser zum Prozessbevollmächtigten des Beklagten ernannt worden sei, sodass Ladung und Aufforderung zur Klageerwiderung diesem hätten zugestellt werden müssen, jedoch hätte der Richter der Frage nachgehen müssen, ob der Beklagte anwaltlich vertreten werde; dies wäre einfach durch eine Rückfrage beim Rechtsanwalt R möglich gewesen. Der Richter hätte sich sagen können, dass bei einer rechtsunkundigen Person die Benennung eines Rechtsanwalts in der Klageschrift als Prozessbevollmächtigten die irrtümliche Vorstellung hervorrufen könnte, die Klageschrift werde auch diesem Rechtsanwalt zugestellt und dieser werde sich schon um die Klageerwiderung kümmern. Das BVerfG hat aus diesen Gründen bei Entscheidung des oben (als Beispiel) dargestellten Sachverhalts eine Verletzung des dem Beklagten zustehenden Anspruchs auf rechtliches Gehör bejaht und eine entsprechende Verfassungsbeschwerde für begründet erklärt.[917]

**695** Das Gericht ist im Rahmen der ihm obliegenden Prozessförderungspflicht auch verpflichtet, zumutbare vorbereitende Maßnahmen zu ergreifen, um eine Verspätung auszugleichen.[918] Beispielsweise erscheint es als zumutbar, eine Beweisaufnahme anzuordnen, die sich auf einfache und klar abgrenzbare Streitpunkte bezieht und die sich durch die Vernehmung weniger greifbarer Zeugen im Rahmen einer bereits angesetzten mündlichen Verhandlung durchführen lässt.[919]

---

[916] BVerfG NJW-RR 1995, 377 (378), 1469; NJW 1998, 2044.
[917] BVerfGE 75, 183 = NJW 1987, 2003 mwN zur einschlägigen Rspr. des BVerfG.
[918] BGHZ 91, 293 (304) = NJW 1984, 1964; 2012, 2808 Rn. 11; NJW-RR 2002, 646; OLG Hamm NJW-RR 1989, 895; *Hermissen* NJW 1983, 2229 (2230); *Stackmann* JuS 2011, 133 (134).
[919] BGHZ 91, 293 = NJW 1984, 1964; vgl. auch BVerfG NJW 1989, 706.

## II. Die Zurückweisung eines verspäteten Vorbringens

**Beispiel:** Der Beklagte benennt nach Ablauf einer ihm für die Klageerwiderung gesetzten Frist noch mehrere Zeugen zum Beweis für seine Sachdarstellung. Kann das Gericht die Zeugen noch zur mündlichen Verhandlung laden und ohne einen unzumutbaren zeitlichen Aufwand im Rahmen der mündlichen Verhandlung auch vernehmen, dann ist es dazu verpflichtet. Dass dann mehrere Zeugen gehört werden müssen, bedeutet keinen unzumutbaren Aufwand für das Gericht.[920]

Eine **Zurückweisung** verspäteten Vorbringens kommt auch **im frühen ersten Termin** in Betracht (→ Rn. 683). Eine solche Entscheidung ist nicht auf Fälle beschränkt, in denen die Verspätung dazu führt, dass ein zweiter früher erster Termin zur Vorbereitung des Haupttermins anberaumt werden muss, sondern ist auch dann zulässig, wenn das im frühen ersten Termin verspätete Vorbringen in einem Haupttermin noch berücksichtigt werden könnte. Dem frühen ersten Termin kommt zwar nach der gesetzlichen Konzeption die Funktion zu, den Haupttermin vorzubereiten, es ist jedoch nicht zwingend, dass ein solcher Haupttermin auch stattfinden muss; vielmehr muss der Rechtsstreit auch im frühen ersten Termin durch Endurteil beendet werden, wenn die Sache zur Entscheidung reif ist (→ Rn. 194). Der BGH[921] hat es deshalb zu Recht abgelehnt, ein für den frühen ersten Termin verspätetes Vorbringen nur deshalb zuzulassen, weil es noch in einem anzusetzenden Haupttermin behandelt werden könnte. 696

Zur Begründung hat das Gericht einmal auf die in § 296 I ausgesprochene Verweisung auf § 275 I 1 hingewiesen, durch die ausdrücklich klargestellt werde, dass ein verspätetes Vorbringen auch dann zurückgewiesen werden könne, wenn die zur Vorbereitung des frühen ersten Termins gesetzte Klageerwiderungsfrist unentschuldigt und prozessverzögernd versäumt werde. Zum anderen würde die gegenteilige Auffassung zu einer Entwertung des frühen ersten Termins führen, wenn dem Beklagten gestattet werde, die richterlichen Bemühungen um eine frühzeitige Erledigung des Rechtsstreits zu unterlaufen, indem er die ihm gesetzte Erwiderungsfrist nicht beachte und so spät vortrage, dass seine Klageerwiderung zwar noch im frühen ersten Termin erörtert werden könne, eine sofortige Schlussverhandlung aber verhindert werde. 697

Allerdings hat der BGH eine wichtige Ausnahme gemacht: Lässt die Verfahrensvorbereitung des Gerichts eindeutig erkennen, dass im frühen ersten Termin eine Streitentscheidung nicht gewollt ist, handelt es sich also bei ihm um einen sog. **„Durchlauftermin"**, dann würde es einen Missbrauch der Präklusionsvorschriften bedeuten und damit gleichzeitig eine Verletzung des Anspruchs der betroffenen Partei auf rechtliches Gehör,[922] wenn ohne Rücksicht auf den geplanten Haupttermin ein Vorbringen als verspätet zurückgewiesen würde.[923] 698

Der Begriff des Durchlauftermins wird nicht immer im gleichen Sinn verwendet. Die Praxis versteht darunter im Allgemeinen einen weitgehend inhaltsleeren Termin, der vor allem dem Ausscheiden nicht streitiger Sachen, der Klärung prozessualer Vorfragen, wie zB der Zustän- 699

---

[920] BVerfG NJW 1990, 2373; 1992, 299 (300).
[921] BGHZ 86, 31 = NJW 1983, 575; BGHZ 98, 368 = NJW 1987, 500; vgl. auch *Baudewin/Wegner* NJW 2014, 1479 (1480).
[922] BVerfGE 69, 126 (137) = NJW 1985, 1149; BayVerfGH NJW-RR 1992, 895 (896).
[923] BGH NJW-RR 2005, 1296 (1297) = MDR 2005, 1366 mAnm *Fellner*.

digkeit des Gerichts, und allenfalls noch einer groben rechtlichen Vororientierung dient.[924] Der BGH hat dagegen in einer Entscheidung[925] den Durchlauftermin dahingehend beschrieben, dass es in ihm darum gehe, mit den Parteien den Streitstoff zu erörtern und ihn zu ordnen, Unklarheiten nach Möglichkeit zu beseitigen und diejenigen Maßnahmen vorzubereiten, die einen abschließenden Haupttermin ermöglichen können. Bei dieser Beschreibung wäre fast jeder frühe erste Termin als ein „Durchlauftermin" anzusehen.[926] Es sollte deshalb bei der Frage nach der Zulässigkeit der Präklusion verspäteten Vorbringens im frühen ersten Termin nicht auf den (unklaren) Begriff des Durchlauftermins abgestellt werden, sondern darauf, ob erkennbar eine Streitentscheidung in dem frühen ersten Termin vom Gericht nicht in Betracht gezogen wurde, weil die Vorbereitungen dieses Termins dies nicht zuließen und das Gericht nur das verspätete Vorbringen als Grund für eine Entscheidung benutzte. Endet beispielsweise die Klageerwiderungsfrist erst ein oder zwei Tage vor der mündlichen Verhandlung, dann bleibt dem Gericht nicht ausreichende Zeit für eine zur Streitentscheidung geeignete Verfahrensvorbereitung.[927] Das Gleiche gilt in Fällen, in denen eine Entscheidung ohne Beweisaufnahme aufgrund des Prozessstoffes auszuschließen ist und eine solche Beweisaufnahme im frühen ersten Termin nicht vorgesehen wird.[928]

**700** Wird der in den vorstehenden Ausführungen näher charakterisierte, dem Normzweck angepasste absolute Verzögerungsbegriff auf den obigen (→ Rn. 690) Beispielsfall angewendet, dann ist die verspätete Benennung des Zeugen nicht schon deshalb zuzulassen, weil eine Vernehmung in einem anzusetzenden Haupttermin möglich wäre. Zu erwägen ist jedoch, ob eine Zurückweisung des Beweisantrages deshalb unterbleiben muss, weil dieselbe Verzögerung erkennbar auch bei rechtzeitigem Vorbringen eintreten würde. Der Zeuge Z hätte nicht früher vernommen werden können, wenn B bereits in der Klageerwiderung, also rechtzeitig, seine Vernehmung beantragt hätte. Dies spricht dafür, dass es – wie bereits ausgeführt – an der erforderlichen Ursächlichkeit der Verspätung für die Verzögerung des Rechtsstreits fehlt (→ Rn. 693).

**701** Andererseits ist zu berücksichtigen, dass ein Gericht bei **nicht präsenten Beweismitteln** nicht abwarten muss, bis ein der Beweisaufnahme entgegenstehendes Hindernis, im Beispielsfall (→ Rn. 690) die Krankheit des Z, wegfällt. Vielmehr kommt es darauf an, ob das Hindernis voraussichtlich innerhalb angemessener Frist ausgeräumt sein wird. Ist dies zu verneinen, dann ist der Beweisantrag wegen Unerreichbarkeit des Beweismittels abzulehnen. Andernfalls ist der Weg des § 356 zu gehen und eine Frist zu bestimmen, nach deren fruchtlosem Ablauf das Beweismittel nur benutzt werden kann, wenn nach der freien Überzeugung des Gerichts dadurch das Verfahren nicht verzögert wird (→ Rn. 770). Es lässt sich also nicht ohne Weiteres feststellen, dass es für den weiteren Fortgang des Verfahrens gleichgültig ist, ob B bereits recht-

---

[924] *Lange* NJW 1988, 1644.
[925] BGHZ 98, 368 = NJW 1987, 500.
[926] Darauf verweist *Lange* NJW 1988, 1645, während *Deubner* NJW 1987, 1583 (1584), eine fast völlige Gleichstellung vornimmt und somit auf diese Weise wiederum die Zurückweisung eines verspäteten Vorbringens im frühen ersten Termin praktisch ausschließt. Auch das OLG Hamm NJW-RR 1989, 895, meint, dass ein Sachvortrag nur noch selten im frühen ersten Termin zurückzuweisen sein werde; vgl. aber auch OLG Hamm NJW 1987, 1207 (Ablehnung der Auffassung *Deubners*); eingehend zu dieser Problematik MüKoZPO/*Prütting* § 296 Rn. 89 ff.
[927] BGHZ 86, 31 = NJW 1983, 575; *Lange* NJW 1988, 1644 (1645).
[928] BGHZ 98, 368 = NJW 1987, 500; OLG Hamm NJW-RR 1989, 895; zu weiteren Beispielen vgl. *Zimmermann* ZPO § 296 Rn. 11 ff.

## II. Die Zurückweisung eines verspäteten Vorbringens

zeitig vor dem frühen ersten Termin oder erst in ihm den Beweisantrag stellte. Die aufgrund des Gesetzeszweckes vorzunehmende Einschränkung des absoluten Verzögerungsbegriffes (→ Rn. 692) führt also nur dann zur Unzulässigkeit einer Zurückweisung des Beweisantrages, wenn der Richter im frühen ersten Termin davon ausgehen kann, dass Z innerhalb einer angemessenen, dh der Gegenpartei, also K, zumutbaren Frist als Zeuge zur Verfügung steht. Dies ist eine Tatfrage, die sich aufgrund der Angaben im Beispielsfall nicht entscheiden lässt.

Steht fest, dass die Zulassung verspäteten Vorbringens die Erledigung des Rechtsstreits verzögert, dann hängt die Zurückweisung dieses Vorbringens davon ab, ob es der Partei gelingt, die **Verspätung genügend** zu **entschuldigen**. Nur wenn dies zu verneinen ist, muss die Partei mit diesem Vorbringen nach § 296 I ausgeschlossen werden. Nach dieser Vorschrift genügt bereits einfache Fahrlässigkeit, um die Entschuldigung der Verspätung zu verhindern. Bei der Frage, ob die Partei die gebotene Sorgfalt bei Einhaltung der ihr gesetzten Fristen beachtet hat, kommt es darauf an, ob die Partei nach ihren persönlichen Kenntnissen und Fähigkeiten die Verspätung hätte vermeiden können und müssen.[929] Das Verschulden eines gesetzlichen Vertreters (§ 51 II) und des Prozessbevollmächtigten (§ 85 II) steht dem Verschulden der Partei gleich. 702

Kein Verschulden trifft die Partei an der Verspätung, wenn die Nichteinhaltung der gesetzten Frist durch ihre Erkrankung oder die ihres Prozessbevollmächtigten verursacht wurde. Geht ein Schriftsatz während der Beförderung durch die Post verloren oder dauert die Beförderungszeit wesentlich länger, als dies üblich ist, dann kann der Partei kein Schuldvorwurf gemacht werden. 703

### b) Die Fälle des § 296 II

Im Unterschied zu § 296 I betrifft die in Abs. 2 dieser Vorschrift enthaltene Regelung nicht die Überschreitung einer gesetzten Frist, sondern den Verstoß gegen die Pflicht zum rechtzeitigen Vortrag in der mündlichen Verhandlung (§ 282 I) oder gegen die Pflicht einer rechtzeitigen Ankündigung eines Vorbringens mittels Schriftsatzes (§ 282 II). Ein weiterer Unterschied zwischen beiden Vorschriften besteht darin, dass die Zurückweisung gem. § 296 II nach hM in das Ermessen des Gerichts gestellt wird,[930] das Gericht also auch von einer Zurückweisung absehen kann, wenn alle Voraussetzungen dieser Vorschrift erfüllt werden. Ein **pflichtgemäßer Ermessensgebrauch** verlangt, dass vom Gericht im Einzelfall das Parteiverhalten, insbesondere der Grad der Nachlässigkeit, der Umfang der Verzögerung für die Durchführung des Rechtsstreits bei Zulassung des Vorbringens, die Bedeutung des nicht rechtzeitig vorgetragenen Angriffs- oder Verteidigungsmittels für die Entscheidung des Prozesses und auch die Konsequenzen, die der Ausgang des Prozesses für die Parteien hat, berücksichtigt und gegeneinander abgewogen werden.[931] 704

---

[929] Stein/Jonas/*Thole* § 296 Rn. 87: subjektiver Verschuldensmaßstab mit Ausnahme des prozessbevollmächtigten Rechtsanwalts, für den ein objektivierter und typisierter Verschuldensmaßstab (→ GK BGB Rn. 467) gilt.
[930] BVerfG NJW 1985, 1150 (1151); Musielak/Voit/*Huber* § 296 Rn. 29; aA MüKoZPO/*Prütting* § 296 Rn. 180 f. (kein Ermessen des Gerichts).
[931] Vgl. Stein/Jonas/*Thole* § 296 Rn. 123 f.; *Zimmermann* ZPO § 296 Rn. 34.

705 Eine Zurückweisung nach § 296 II kommt nur in Betracht, wenn **folgende Voraussetzungen** erfüllt werden:[1]

- Bei dem verspäteten Vorbringen muss es sich um ein Angriffs- oder Verteidigungsmittel handeln (→ Rn. 681).
- Die in § 282 I oder II normierten Prozessförderungspflichten müssen durch die Verspätung verletzt worden sein (→ Rn. 679 ff.).
- Durch die Verspätung muss die Erledigung des Rechtsstreits verzögert werden (→ Rn. 690 ff.).
- Schließlich muss die Verspätung auf grober Nachlässigkeit der Partei beruhen.

706 Im Grad des Verschuldens besteht ein wesentlicher Unterschied zwischen § 296 I und II. Nicht schon leichte Fahrlässigkeit – wie bei § 296 I –, sondern **grobe Nachlässigkeit muss der Partei vorgeworfen werden können, wenn ihr Angriffs- oder Verteidigungsmittel** aufgrund des § 296 II zurückgewiesen werden soll. Grob nachlässig handelt eine Prozesspartei nur, wenn sie ihre Prozessförderungspflicht in besonders hohem Maße vernachlässigt, wenn sie also dasjenige unterlässt, was nach dem Stand des Verfahrens jeder Partei als notwendig hätte einleuchten müssen.[933] Als Beispiele eines derartigen groben prozessualen Verschuldens sind zu nennen: Der Prozessbevollmächtigte, dessen Verschulden auch im Rahmen des § 296 II der Partei zuzurechnen ist (§ 85 II), unterlässt es, einen Beweisbeschluss daraufhin zu überprüfen, ob er einen Antrag auf Berichtigung oder Ergänzung stellen muss oder ob er weitere Informationen einzuholen hat;[934] eine Partei tritt während des Rechtsstreits eine längere Auslandsreise an, ohne den Prozessbevollmächtigten zu informieren.[935] Ebenso verstößt derjenige in grober Weise schuldhaft gegen die allgemeine Prozessförderungspflicht, der ein Beweismittel zurückhält, um zunächst abzuwarten, zu welchem Ergebnis die von ihm angebotenen Beweise führen.[936]

### c) Verspätete Rügen iSd § 296 III

707 Die in § 296 III getroffene Regelung bezieht sich auf die Vorschrift des § 282 III, nach der vom Beklagten „Rügen, die die Zulässigkeit der Klage betreffen", gleichzeitig und vor der Verhandlung zur Hauptsache oder innerhalb einer ihm zur Klageerwiderung gesetzten Frist vorzubringen sind.

708 Die Begriffswahl des Gesetzgeber bei der Formulierung des § 282 III ist nicht geglückt. **Rügen** (im Sinne einer Berufung der Partei auf die Unzulässigkeit) sind nur erforderlich, soweit die Gründe für die Unzulässigkeit nicht von Amts wegen beachtet werden müssen. § 282 III umfasst aber gleichermaßen Sachurteilsvoraussetzungen, die das Gericht von Amts wegen be-

---

[932] Vgl. BGH NJW 1982, 1533 (1534).
[933] BGH NJW 1987, 501 (502).
[934] BLAH/*Hartmann* § 296 Rn. 66 unter Hinweis auf OLG Köln VersR 1984, 1176.
[935] *Zimmermann* ZPO § 296 Rn. 33 mit weiteren Beispielen.
[936] BGH VersR 2007, 374 (375).

II. Die Zurückweisung eines verspäteten Vorbringens    255

rücksichtigen muss (→ Rn. 269), wie echte prozesshindernde Einreden (→ Rn. 273).[937] Allerdings sind die Säumnisfolgen unterschiedlich.

Die sich auf § 296 III stützende Präklusion betrifft nur solche Zulässigkeitsrügen, auf die der Beklagte verzichten kann, also die echten prozeßhindernden Einreden (→ Rn. 273). Werden solche (verzichtbaren) Zulässigkeitsrügen verspätet vorgetragen, dann dürfen sie nur zugelassen werden, wenn der Beklagte die Verspätung genügend entschuldigt. Für die Anforderungen, die an die Entschuldigung zu stellen sind, gelten die gleichen Regeln wie im Rahmen des § 296 I (→ Rn. 702). Fehlt eine ausreichende Entschuldigung, dann ist das Gericht verpflichtet, die Zulässigkeitsrüge zurückzuweisen, ohne dass es darauf ankommt, ob die Erledigung des Rechtsstreits durch eine Zulassung der Rüge verzögert würde. Durch diese Regelung soll verhindert werden, dass eine Verhandlung zur Hauptsache nachträglich durch verzichtbare Zulässigkeitsrügen überflüssig gemacht werden kann.[938]    709

Das folgende Schaubild soll einen Überblick über **die verschiedenen in § 296 geregelten Fälle** vermitteln:    710

| Vorschrift | Anwendungsbereich | Voraussetzungen | Sanktionen |
| --- | --- | --- | --- |
| Abs. 1 | Fristen für Angriffs- und Verteidigungsmittel nach §§ 273, 275–277 sowie Fristen nach §§ 340, 411, 697, 700 | (1) Fristversäumung, (2) dadurch Verzögerung des Rechtsstreits, (3) Fehlen einer Entschuldigung durch Partei | Ausschluss des Vorbringens |
| Abs. 2 | Prozessförderungspflichten nach § 282 I und II | (1) Verspätetes Vorbringen (2) dadurch Verzögerung des Rechtsstreits (3) Verspätung als Folge grober Nachlässigkeit der Partei | Entscheidung des Gerichts nach pflichtgemäßem Ermessen über Ausschluss des Vorbringens |
| Abs. 3 | Prozesshindernde Einreden nach §§ 110, 269 VI | (1) Verspätetes Vorbringen (2) Fehlen einer Entschuldigung durch Partei | Ausschluss der Einrede |

## 3. Strategien der Praxis

Es muss als legitim angesehen werden, dass eine Partei bzw. ihr Prozessbevollmächtigter versucht, durch Ausschöpfung prozessualer Möglichkeiten der Präklusion eines verspäteten Vorbringens und der damit verbundenen Nachteile zu entgehen. Eine dieser Möglichkeiten besteht in der sog. **Flucht in die Säumnis.**    711

---

[937] MüKoZPO/*Prütting* § 282 Rn. 35; Zöller/*Greger* § 282 Rn. 5.
[938] Stein/Jonas/*Thole* § 296 Rn. 143.

**Beispiel:** K klagt gegen B auf Zahlung einer Werklohnforderung. Das Gericht lädt die Parteien zum frühen ersten Termin auf den 28.3. und gibt dem Beklagten auf, bis zum 15.2. auf die Klage zu erwidern. Der Prozessbevollmächtigte P des Beklagten versucht vergeblich, von diesem Informationen zu erhalten, um zur Klageschrift rechtzeitig Stellung nehmen zu können. Erst am 27.3. unterrichtet ihn der Beklagte, dass die Werkleistung des Klägers erhebliche Mängel aufweise und er deshalb die Abnahme verweigert hätte. Die Gründe, die der Beklagte für die verspätete Information seines Prozessbevollmächtigten angibt, sind wenig stichhaltig. Was kann P am besten in dieser Situation tun?

Trägt P im frühen ersten Termin die Tatsachen vor, die er dem Anspruch des K entgegenhalten kann, dann wird das Gericht diese Verteidigung nach § 296 I als verspätet zurückweisen. Denn die durch das Gericht nach § 275 I 1 für die Klageerwiderung gesetzte Frist ist ohne ausreichende Gründe nicht eingehalten worden und eine Zulassung der Verteidigung muss zu einer Verspätung führen, weil sich die Frage, ob das Werk des K Mängel aufweist, im frühen ersten Termin nicht klären lässt. Vielmehr wird zur Beantwortung dieser Frage Beweis zu erheben sein, denn es ist davon auszugehen, dass K das Vorhandensein von Mängeln bestreiten wird. Lässt aber P ein Versäumnisurteil gegen seine Partei ergehen, dann kann er mit dem Einspruch gegen das Versäumnisurteil (→ Rn. 349, 352) seine Stellungnahme zur Klage verbinden (vgl. § 340 III). In dem dann von dem Gericht anzusetzenden neuen Termin zur mündlichen Verhandlung (→ Rn. 367) kann dann sein Vorbringen berücksichtigt werden. Jedoch muss in Kauf genommen werden, dass wegen der Verzögerung eine Verzögerungsgebühr nach § 38 S. 1 GKG zu zahlen ist.[939]

**712** Zwar ändert der Einspruch gegen das Versäumnisurteil nichts daran, dass die vom Gericht nach § 275 I 1 gesetzte Frist zur Klageerwiderung verstrichen ist, jedoch setzt eine Zurückweisung nach § 296 I und II auch voraus, dass die Zulassung des verspäteten Vorbringens die Erledigung des Rechtsstreits verzögert. Dies ist aber dann nicht der Fall, wenn in dem zur Verhandlung über den zulässigen Einspruch nach § 341a anzusetzenden Termin auch über das verspätete Vorbringen verhandelt und entschieden werden kann, ohne dass dadurch eine Verzögerung des Rechtsstreits eintritt.[940] Macht jedoch die Berücksichtigung des verspäteten Vorbringens außer dem nach § 341a zu bestimmenden Termin noch einen weiteren erforderlich, dann führt die Zulassung des verspäteten Vortrages der Partei nach dem absoluten Verzögerungsbegriff (→ Rn. 690) in jedem Fall zu einer Verzögerung und es muss nach § 296 I zurückgewiesen werden, wenn die Partei die Verspätung nicht genügend entschuldigt.[941]

**713** Wenn in dem oben (→ Rn. 711) gebrachten Beispielsfall zur Feststellung der Mängel, auf die sich der Beklagte beruft, ein Sachverständigengutachten erforderlich ist und dieses Sachverständigengutachten in dem Termin, in dem über den Einspruch gegen das Versäumnisurteil verhandelt wird, noch nicht vorliegen kann, dann verzögert das verspätete Vorbringen des B die Erledigung des Rechtsstreits. Zwar ist der Richter verpflichtet, durch zumutbare vorbereitende Maßnahmen eine solche Verzögerung zu vermeiden (→ Rn. 695), dies kann aber nicht

---

[939] OLG Celle NJW-RR 2007, 1726.
[940] BGHZ 76, 173 = NJW 1980, 1105; Musielak/Voit/*Huber* § 296 Rn. 38; MüKoZPO/*Prütting* § 296 Rn. 114f.; Stein/Jonas/*Thole* § 296 Rn. 79ff.; *Deubner* NJW 1979, 337 (342); *Mertins* DRiZ 1985, 344f.; instruktiv auch BGH NJW 2015, 3455 Rn. 25.
[941] *Deubner* NJW 1979, 337 (342).

## II. Die Zurückweisung eines verspäteten Vorbringens

so weit gehen, den Termin zur Verhandlung über den Einspruch solange hinauszuschieben, dass ein verspätetes Vorbringen noch im vollen Umfang ohne Verzögerung in diesem Termin berücksichtigt werden kann.[942] Allerdings darf die Frist bis zum Einspruchstermin auch nicht deshalb besonders kurz bemessen werden, um ein verspätetes Vorbringen zurückweisen zu können.[943]

In dem Beispielsfall bedeutet dies, dass das Verteidigungsvorbringen des B – wie ausgeführt – als verspätet zurückgewiesen werden müsste, wenn zum Beweis der von ihm behaupteten Mängel ein nicht rechtzeitig zu erstattendes Sachverständigengutachten erforderlich würde. Wäre dagegen der Beweis durch Zeugen zu führen, dann müsste der Richter die Zeugen zum Termin laden und dort vernehmen. Ergäbe sich daraufhin die Entscheidungsreife des Rechtsstreits, dann würde keine Verzögerung in der Erledigung des Rechtsstreits eintreten. **714**

Die Regeln über die Präklusion verspäteten Vorbringens gelten nicht für die Erhebung einer **Widerklage,** bei der es sich nicht um ein Angriffsmittel iSv § 296 handelt (→ Rn. 681); deshalb ist die Widerklage bis zum Schluss der letzten mündlichen Verhandlung zulässig.[944] Aus diesem Grunde bietet auch die Widerklage eine Möglichkeit zur „Flucht" vor einer Zurückweisung verspäteten Vorbringens. Dazu folgendes **715**

> **Beispiel:** K klagt gegen B auf Rückzahlung eines Betrages, den er dem Beklagten als Anzahlung auf einen Kaufpreis gegeben hat und beruft sich auf eine wirksame Anfechtung seiner zum Abschluss des Kaufvertrages abgegebenen Willenserklärung wegen arglistiger Täuschung. Das Gericht setzt B eine Frist zur Klageerwiderung, die dieser nicht einhält. Erst in der mündlichen Verhandlung bestreitet er, den Kläger arglistig getäuscht zu haben und benennt für seine Sachdarstellung Zeugen. Gleichzeitig erhebt er Widerklage gegen den Kläger auf Zahlung des restlichen Kaufpreises.

Das Vorbringen des Beklagten ist verspätet, soweit er sich damit gegen die Klage verteidigt. Gleichzeitig dient das gleiche Vorbringen zur Begründung der Widerklage; insoweit können jedoch die Zurückweisungsvorschriften – wie ausgeführt – nicht angewendet werden. Muss aber das Gericht das Vorbringen zur Entscheidung über die Widerklage berücksichtigen, dann kann es nicht in Bezug auf die Klage als verspätet zurückgewiesen werden.[945] Der BGH vertritt die Auffassung, dass es nicht zulässig wäre, im Wege eines Teilurteils (§ 301; → Rn. 877) über die Klage mit der Begründung zu entscheiden, dass sie entscheidungsreif sei, weil die Verteidigung des Beklagten als verspätet zurückgewiesen werden müsste, um dann separat über die Widerklage zu befinden.[946] Auf diese Weise gelingt es also in dem Beispielsfall B, durch eine „Flucht in die Widerklage" zu vermeiden, dass sein Verteidigungsvorbringen gegen die Klage als verspätet vom Gericht zurückgewiesen wird. Auch dem Kläger steht eine **716**

---

[942] BGH NJW 1981, 286; *Zimmermann* ZPO § 341a Rn. 2; aA OLG Hamm NJW 1980, 293 mablAnm *Deubner;* vgl. dazu auch OLG Zweibrücken, Urt. v. 13.8.2011 – 5 W 21/01, zit. von *Deubner* JuS 2002, 269.
[943] Zöller/*Herget* § 340 Rn. 8.
[944] BGH NJW 1981, 1217; 1995, 1223 (1224); → Rn. 315.
[945] BGH NJW 1985, 3079 (3080).
[946] BGHZ 77, 306 = NJW 1980, 2355; BGH NJW 1981, 286; 1982, 1533 (1535); 1985, 3079 (3080); 1986, 2257 (2258) (mit der Einschränkung, dass eine andere Beurteilung möglicherweise in Betracht käme, wenn die Erweiterung der Widerklage rechtsmissbräuchlich wäre, insbesondere nur den Sinn haben könne, der Verspätungsfolge zu entgehen); BGH NJW 1995, 1223 (1224); aA *Gounalakis* MDR 1997, 216 (217 ff.); vgl. auch *Prütting/Weth* ZZP 98 (1985), 131; *Mertins* DRiZ 1985, 344 (345 ff.).

solche Strategie zur Verfügung. Erweitert er die Klage, so ist das Vorbringen zum erweiterten Klageantrag mangels Verzögerung nicht als verspätet zurückzuweisen, und zwar auch dann nicht, wenn es zugleich für die ursprüngliche Klage selbst relevant ist.

717 Die früher bestehende Möglichkeit, der Präklusion verspäteten Vorbringens aufgrund des § 296 durch eine „Flucht in die Berufung" zu entgehen, ist nach der neuen durch das ZPO-RG geschaffenen Rechtslage weitgehend ausgeschlossen. Denn neue in der ersten Instanz nicht vorgetragene Angriffs- und Verteidigungsmittel sind nur noch unter den Einschränkungen des § 531 II zugelassen (Einzelheiten dazu später). Deshalb bedeutet die „Flucht in die Berufung" nicht mehr ein aussichtsreiches Mittel, die Präklusion verspäteten Vorbringens zu vermeiden.[947]

## III. Die Bewertung des Tatsachenvortrages der Parteien durch den Richter

### 1. Schlüssigkeit und Erheblichkeit

718 Der Kläger schildert in der Klageschrift den nach seiner Auffassung entscheidungserheblichen Sachverhalt, dem der Beklagte seine – häufig abweichende – Tatsachenschilderung gegenüberstellt. Im Laufe des Rechtsstreits werden dann nicht selten die Parteien die von ihnen gezeichneten „Sachverhaltsbilder"[948] weiter ergänzen, präzisieren und manchmal auch korrigieren. Der Richter hat diese Sachverhaltsbilder auf der Grundlage der von ihm anzuwendenden Rechtsnormen miteinander zu vergleichen und festzustellen, inwieweit Widersprüche in den Tatsachenvorträgen der Parteien bestehen, die geklärt werden müssen, weil sich daraus Folgerungen für die Rechtsanwendung ergeben.

> **Beispiel:** K verlangt mit seiner Klage von B Schadensersatz und trägt zur Begründung vor, B sei mit seinem Pkw infolge zu hoher Geschwindigkeit von der Fahrbahn abgekommen und in den Zaun gefahren, der sein (K) Grundstück umschließe. Den Schaden am Zaun müsse deshalb B ersetzen. B erwidert, es sei nicht richtig, dass er zu schnell gefahren sei; vielmehr habe er die vorgeschriebene Geschwindigkeit genau eingehalten. Weshalb er von der Fahrbahn abgekommen sei, wisse er auch nicht; wahrscheinlich sei dafür ein plötzlich auftretender und nicht vorhersehbarer technischer Mangel an seinem Fahrzeug die Ursache.
>
> Die Parteien streiten hier um die richtige Darstellung des tatsächlichen Geschehens, aus dem der Kläger seine Forderung auf Schadensersatz ableitet. Jedoch interessiert für den Prozess dieses tatsächliche Geschehen nur insoweit, wie dies für den Tatbestand des vom Richter anzuwendenden Rechtssatzes ankommt.[949] Hier ergibt sich eine Schadensersatzpflicht des B als Halter des Pkw aus § 7 StVG. Für den Tatbestand dieser Vorschrift genügt die Feststellung, dass der eingetretene Schaden bei Betrieb eines

---

[947] Musielak/Voit/*Huber* § 296 Rn. 47.
[948] *Bruns*, Zivilprozessrecht, 2. Aufl. 1979, Rn. 165a.
[949] *Kopp* NJOZ 2017, 330.

III. Die Bewertung des Tatsachenvortrages der Parteien durch den Richter

Kraftfahrzeuges und nicht durch höhere Gewalt verursacht wurde. Der Streit der Parteien über die wirkliche Ursache für das Abkommen des Pkw von der Straße ist also unerheblich für die Entscheidung des Rechtsstreits; er ist deshalb vom Richter auch ungeklärt zu lassen.

Der Richter prüft also zunächst, ob der Tatsachenvortrag des Klägers – seine Richtigkeit unterstellt – den Klageantrag rechtfertigt. Dies ist der Fall, wenn die vorgetragenen Tatsachen den Tatbestand eines Rechtssatzes als verwirklicht erscheinen lassen, aus dem sich die vom Kläger begehrte Rechtsfolge ergibt.[950] Muss dies verneint werden, ist also der **Vortrag des Klägers nicht schlüssig** (zum Begriff → Rn. 335), dann ist die Klage als unbegründet abzuweisen, ohne dass es dafür im Geringsten darauf ankommt, wie sich der Beklagte zu der Klage geäußert hat. Nur wenn die Klage schlüssig ist, muss darauf gesehen werden, was der Beklagte dagegen vorträgt. 719

Es sei noch einmal daran erinnert, dass der Richter selbstverständlich nur dann Anlass zur Prüfung des Parteivorbringens in der Sache hat, wenn die Klage zulässig ist. Er wird deshalb zunächst von Amts wegen klären, ob alle Sachurteilsvoraussetzungen erfüllt sind (→ Rn. 269). Auch der Beklagte kann Gründe vorbringen, die gegen die Zulässigkeit der Klage sprechen. Ist die Zulässigkeit zweifelhaft, dann kann das Gericht nach § 280 I anordnen, dass darüber abgesondert verhandelt wird (→ Rn. 275). Fehlt eine Sachurteilsvoraussetzung, die nicht nachträglich erfüllt werden kann, dann muss die Klage durch Prozessurteil als unzulässig abgewiesen werden. Auf Fragen der Schlüssigkeit der Klage kommt es dann nicht an. 720

Der **Beklagte** kann sich in unterschiedlicher Weise **gegen** eine (schlüssig vorgetragene) **Klage verteidigen**. Er kann die Sachdarstellung des Klägers als falsch darstellen, also die **Tatsachen bestreiten,** auf die der Kläger den von ihm geltend gemachten Anspruch stützt. 721

**Beispiel:** Der Kläger verlangt mit seiner Klage Zahlung eines Kaufpreises für einen Pkw. Der Beklagte bestreitet, dass die Parteien einen Kaufvertrag geschlossen hätten, und trägt vor, man habe sich noch nicht über alle wichtigen Punkte geeinigt. Den Pkw habe er zunächst nur zur Probefahrt mitgenommen.

Der Beklagte kann jedoch auch den Tatsachenvortrag des Klägers als richtig bestätigen, also zugestehen (vgl. § 288 I) oder zumindest nicht bestreiten (vgl. § 138 III), jedoch **Gegenrechte geltend machen** (vgl. § 289), die – wenn sie bestehen – dazu führen, dass das vom Kläger geltend gemachte Recht diesem nicht zusteht. Der Beklagte erhebt dann Einwendungen oder Einreden. 722

Der Beklagte stellt in dem obigen (→ Rn. 721) **Beispielsfall** nicht in Abrede, dass ein gültiger Kaufvertrag zwischen den Parteien zustande gekommen ist, behauptet aber, er habe den Kaufpreis bereits bezahlt, sodass der Anspruch des Klägers auf Zahlung des Kaufpreises erloschen sei (§ 362 I BGB). Er macht in diesem Fall eine Einwendung iSd BGB geltend. Der Käufer kann sich auch darauf berufen, dass der Anspruch des Klägers verjährt sei; in diesem Fall verteidigt er sich gegenüber der Kaufpreisforderung mit einer Einrede.

---

[950] Vgl. BGH NJW-RR 1995, 722; 1996, 56; 2003, 69 (70); *Muthorst* JuS 2014, 686 (689).

**723** Nach dem materiellen Recht besteht der **Unterschied** zwischen einer **Einwendung** und einer **Einrede** darin, dass der Richter Einwendungen, die sich aus dem Tatsachenvortrag der Parteien ergeben, zu berücksichtigen hat, ohne dass sich der Berechtigte ausdrücklich darauf berufen muss. In dem Beispiel muss also der Beklagte nicht ausdrücklich erklären, dass der Anspruch des Klägers auf Zahlung des Kaufpreises durch Erfüllung erloschen sei. Trägt der Kläger entsprechende Tatsachen vor, dann ist seine Klage nicht schlüssig, und es kommt überhaupt nicht darauf an, wie sich der Beklagte dagegen verteidigt. Anders ist es dagegen bei einer Einrede; sie muss der Berechtigte erheben, damit sie vom Richter beachtet wird. Ergibt sich zwar aus dem Tatsachenvortrag der Parteien, dass dem Beklagten die Einrede der Verjährung zusteht, macht sie aber der Beklagte nicht geltend, dann ist der Richter nicht befugt, den Zahlungsanspruch des Klägers aus diesem Grunde zu verneinen.

**724** Auch in der ZPO werden die Begriffe „Einwendung" (vgl. zB § 282 I, § 323 II, § 598) und „Einrede" (vgl. zB § 282 I) verwendet, jedoch in einem anderen Sinn als nach dem materiellen Recht. Unter einer Einwendung wird in der ZPO das gesamte Verteidigungsvorbringen einer Partei verstanden, und der Begriff der Einrede in der ZPO erfasst auch Einwendungen im Sinne des materiellen Rechts.[951] Dass der Sprachgebrauch zwischen ZPO und BGB hier und auch in anderen Fällen unterschiedlich ausfällt, erklärt sich daraus, dass die ZPO das ältere Gesetz ist und der Gesetzgeber des BGB sich nicht immer nach der Bedeutung der Begriffe im Sinne der ZPO gerichtet hat.

**725** Schließlich kann der Beklagte sich noch auf die **Aufrechnung** mit einer Gegenforderung berufen. Geschieht dies, dann handelt es sich um eine Einwendung im Sinne des materiellen Rechts, und es ergeben sich keine Besonderheiten gegenüber anderen Einwendungen des Beklagten. Häufig wird jedoch der Beklagte die Aufrechnung mit der Bedingung verbinden, dass sie nur gelten solle, wenn das Gericht das darin liegende Verteidigungsmittel nicht als verspätet zurückweist und die Forderung des Klägers als bestehend ansieht; die sich dann ergebenden Fragen sind bereits oben (→ Rn. 561 ff.) behandelt worden.

**726** Zu diesen verschiedenen Alternativen für die Verteidigung des Beklagten gegen die Klage ist ergänzend noch auf Folgendes hinzuweisen: Durch ein Bestreiten der Behauptungen der Gegenpartei wird die Richtigkeit dieser Behauptungen in Abrede gestellt. Grundsätzlich ist von der bestreitenden Partei auch die Angabe der Gründe zu erwarten, die sie veranlassen, die gegnerische Sachdarstellung als falsch zu qualifizieren. Je genauer und eingehender eine Partei einen rechtserheblichen Sachverhalt darstellt, desto präziser muss auch ihr Gegner darlegen, weshalb diese Darstellung nicht zutrifft. Ein pauschales Bestreiten etwa mit der Floskel „Alles, was nicht ausdrücklich zugestanden ist, wird bestritten" genügt nicht (vgl. § 138 II). Vielmehr muss einem substantiierten Behaupten auch ein **substantiiertes (dh durch Tatsachen belegtes) Bestreiten** entgegengesetzt werden, wenn es rechtserheblich sein und die Folge der Vorschrift des § 138 III vermieden werden soll, nach der Tatsachen, die nicht ausdrücklich bestritten werden, als zugestanden anzusehen sind. Nur wenn es sich um Vorgänge handelt, die weder eigene Handlungen der Partei noch Gegenstand ihrer eigenen Wahrnehmung gewesen sind, und die Partei deshalb darüber keine Angaben machen kann, ist es zulässig, sich auf ein **Bestreiten mit Nichtwissen** zu beschränken (§ 138 IV). Weiß aber eine Partei, dass die vom Gegner vorgetragenen Tatsachen zutreffen, dann darf sie sie nicht trotzdem bestreiten, weil sie dann ihrer Wahrheits-

---

[951] *Rosenberg/Schwab/Gottwald* ZivilProzR § 101 Rn. 1.

III. Die Bewertung des Tatsachenvortrages der Parteien durch den Richter    261

pflicht zuwiderhandeln würde.[952] Bei einer Partei, die ihre internen Abläufe arbeitsteilig organisiert hat, reicht es aus, dass dem zuständigen Mitarbeiter die Voraussetzungen für das Verbot des Bestreitens mit Nichtwissen erfüllt sind.[953]

Nach § 138 I sind die Parteien verpflichtet, ihre Erklärungen über tatsächliche Umstände vollständig und der Wahrheit gem. abzugeben. Damit wird das **Verbot der Prozesslüge** ausgesprochen. Denn die Wahrheit iSv § 138 I kann nicht die objektive Wahrheit sein, sondern nur das, was die Partei subjektiv für wahr hält. Deshalb ist ihr nicht untersagt, Tatsachen als richtig hinzustellen, die sie nicht genau kennt, wohl aber für möglich hält (→ Rn. 210). 727

Die vom Beklagten vorgetragenen Tatsachen können den Tatbestand einer Gegennorm verwirklichen. Als Gegennorm sind Vorschriften zu bezeichnen, deren Rechtsfolgen dazu führen, dass der Kläger mit dem von ihm geltend gemachten Recht keinen Erfolg haben kann, die also Gegenrechte des Beklagten (→ Rn. 722; → GK BGB Rn. 30 ff.) begründen. Die Rechtsfolgen solcher **Gegennormen** haben unterschiedliche Wirkungen; folgende Unterscheidungen sind zu treffen: 728

- Ein entstandenes Recht wird nachträglich beseitigt. Als Beispiele sind die Erfüllung (§ 362 I BGB), die Aufrechnung (§ 389 BGB) oder die Anfechtung (§ 142 I BGB) zu nennen. Man spricht dann von **rechtsvernichtenden Normen** oder von **rechtsvernichtenden Tatsachen,** wenn man an den Tatsachenstoff denkt, der den Tatbestand solcher Rechtsnormen verwirklicht.
- Ein (entstandenes) Recht wird gehemmt, und zwar dauernd (wie bei der Einrede der Verjährung; vgl. § 214 I BGB) oder vorübergehend (wie bei der Einrede des nicht erfüllten Vertrages; vgl. §§ 320, 322 BGB). Es handelt sich dann um sog. **rechtshemmende Normen** oder **rechtshemmende Tatsachen.**

  Die rechtshemmenden Normen sind nach dem bürgerlichen Recht als Einreden ausgestaltet (→ GK BGB Rn. 265 f.), gewähren also ein Leistungsverweigerungsrecht, das dem (bestehenden) Anspruch der Gegenpartei entgegengesetzt werden kann, aber auch muss, wenn es vom Richter beachtet werden soll (→ Rn. 723).

- **Schließlich gibt es noch Rechtsnormen, die die Entstehung eines Rechts verhindern und die als negative Voraussetzungen der Rechtsentstehung wirken,** negativ deshalb, weil sie nicht verwirklicht werden dürfen, wenn das Recht entstehen soll. Die in § 104 BGB beschriebenen Fälle der Geschäftsunfähigkeit, die beschränkte Geschäftsfähigkeit (§ 106 BGB), die in § 116 S. 2 und § 117 I BGB enthaltenen Tatbestände der Nichtigkeit von Willenserklärungen, schließlich die in § 932 BGB gemachte Ausnahme vom gutgläubigen Erwerb beim fehlenden guten Glauben lassen sich dafür als Beispiele anführen. Stets wird die Entstehung eines Rechts durch die in diesen Normen ausgesprochenen Rechtsfolgen verhindert. Man bezeichnet sie deshalb als **rechtshindernde Normen** und die sie verwirklichenden Tatsachen als **rechtshindernde Tatsachen.**

---

[952] Das prozessuale Bestreiten eines Mangels, der die Grundvoraussetzung einer Nacherfüllungsverpflichtung darstellt, ist nicht als Erfüllungsverweigerung im materiell-rechtlichen Sinne anzusehen, sodass das Setzen einer Nacherfüllungsfrist nicht entbehrlich wird.
[953] Vgl. BGH NJW-RR 2016, 1251 (gilt auch für Untervertreter).

729 Gegenüber den durch eine (prozessuale) Einrede (zum Begriff → Rn. 724) vom Beklagten geltend gemachten Gegenrechten kann sich der **Kläger** in gleicher Weise verteidigen wie der Beklagte gegenüber der Klage. Er kann die rechtshindernden, rechtshemmenden oder rechtsvernichtenden Tatsachen bestreiten, sie also als unrichtig darstellen. Im Beispielsfall (→ Rn. 721 f.), in dem sich der Beklagte auf Verjährung beruft, trägt der Kläger vor, die vom Beklagten genannten Daten, die dieser zur Begründung der Verjährung nennt, seien falsch. Der Kläger kann sich aber auch auf Gegennormen berufen, die den vom Beklagten erhobenen Gegenrechten entgegenstehen. Im Beispielsfall trägt der Kläger vor, der Beklagte habe den gegen ihn gerichteten Anspruch anerkannt (§ 212 I Nr. 1 BGB). Der Einrede des Beklagten wird also ein Gegenrecht des Klägers entgegengestellt; diese Berufung auf ein solches Gegenrecht wird als **Replik** bezeichnet. Der Replik kann wiederum der Beklagte durch Bestreiten oder durch das Geltendmachen von Gegen-Gegenrechten (Duplik genannt) begegnen.

> **Beispiel:** K klagt auf Zahlung eines Kaufpreises. B bestreitet das gültige Zustandekommen eines Kaufvertrages und beruft sich auf seine Minderjährigkeit im Zeitpunkt des Vertragsschlusses (prozessuale Einrede). Der Kläger repliziert, dass der gesetzliche Vertreter des Beklagten den Vertrag genehmigt habe (§ 108 BGB). Der Beklagte erwidert daraufhin, dass diese Genehmigung wegen Täuschung angefochten worden sei (§ 142 I iVm § 123 I Alt. 1 BGB). Dieser Duplik des Beklagten setzt der Kläger seinerseits als Triplik entgegen, die Anfechtung sei verspätet erklärt worden (§ 124 I).[954]

730 Die Aufteilung des Tatsachenstoffes in einen dem Kläger günstigen Teil und in einen anderen, der dem Beklagten günstig ist, geschieht aufgrund der Rechtssätze des materiellen Rechts. Nach ihren Tatbeständen kommt es darauf an, welche Tatsachen verwirklicht sein müssen, damit die Rechtsfolge eintritt, die dem Kläger oder dem Beklagten günstig ist. Nun kann es durchaus geschehen, dass die Parteien verkennen, dass von ihnen vorgetragene Tatsachen zur Verwirklichung von Rechtsnormen führen, die der Gegenpartei günstig sind. Beispielsweise trägt der Kläger in der Klageschrift bereits Tatsachen vor, aus denen sich Gegenrechte des Beklagten ergeben. Dieses sog. **ungünstige Parteivorbringen** wirkt jedoch in gleicher Weise gegen die vortragende Partei, als habe der Gegner entsprechende Tatsachen dargelegt. Denn der Richter hat „unter Berücksichtigung des gesamten Inhalts der Verhandlungen zu entscheiden" (§ 286 I 1), unabhängig davon, welche Partei bestimmte Tatsachen in den Prozess eingeführt hat. Etwas anderes gilt nur dann, wenn die Gegenpartei die ihr günstigen Tatsachen ausdrücklich bestreitet; denn streitige Tatsachen dürfen nicht ohne Beweis vom Richter dem Urteil zugrunde gelegt werden. Tatsachen, die einer Partei günstig sind, können sich auch aufgrund einer Beweisaufnahme ergeben. Dabei ist von dem allgemeinen Grundsatz auszugehen, dass sich eine Partei solche Tatsachen regelmäßig zumindest hilfsweise zu eigen macht und dass folglich das Gericht zugunsten der Partei diese Tatsachen seiner Entscheidungsfindung zugrunde zu legen hat.[955]

731 Es ist also nicht entscheidend, von welcher Partei Tatsachen in den Prozess eingeführt werden. Dennoch können sich Nachteile ergeben, wenn bestimmte Tatsachen

---

[954] Beispiel von *Jauernig/Hess* ZivilProzR § 43 Rn. 20.
[955] BGH NJW-RR 2010, 495 Rn. 5 f.

III. Die Bewertung des Tatsachenvortrages der Parteien durch den Richter    263

nicht vorgetragen werden. Diese Nachteile treffen die Partei, zu deren Gunsten ein Rechtssatz deshalb nicht angewendet werden kann, weil die Verwirklichung seines Tatbestandes nicht vorgetragen wurde. Solche nachteiligen Folgen werden in dem Begriff der objektiven **Behauptungslast** zusammengefasst, während als subjektive Behauptungslast die Notwendigkeit bezeichnet wird, zur Vermeidung dieser Nachteile (= objektiven Behauptungslast) Behauptungen aufzustellen.

Im Prozessrecht wird es als **Last** bezeichnet, **wenn ein Verhalten in das Belieben der Partei gestellt wird und es ihr überlassen bleibt, ob sie die Last trägt oder ob sie dies ablehnt und die Nachteile in Kauf nimmt, die sich dann ergeben.** Die Parteien sind also nicht verpflichtet, Tatsachen vorzutragen und den Beweis dafür zu führen, sie müssen nur die nachteiligen Folgen aushalten, die sie abwenden können, wenn sie der „Last" entsprechen.[956] Für die prozessuale Last findet sich eine gewisse Parallele in der materiell-rechtlichen Obliegenheit (→ GK BGB Rn. 629).    732

Im Schrifttum wird die Auffassung vertreten, den Parteien des Zivilprozesses obliege eine allgemeine **Aufklärungspflicht,** die ihnen aufgebe, alles ihnen Zumutbare zu tun, damit rechtserhebliche Tatsachen geklärt werden können; insbesondere seien die Parteien zur Auskunft über Tatsachen und Beweismittel verpflichtet. Diese Pflicht bewirke, dass auch die nicht behauptungs- und beweisführungsbelastete Partei (zur Behauptungs- und Beweisführungslast → Rn. 731, 859) an der Tatsachenklärung mitwirken müsse, indem sie zu plausiblen Behauptungen der Gegenpartei Stellung zu nehmen und ihr Wissen zu offenbaren habe. Werde diese Pflicht verletzt, dann solle ein der Gegenpartei günstiges Aufklärungsergebnis fingiert werden, der Richter also zulasten der aufklärungspflichtigen Partei von der Wahrheit der streitigen und nicht geklärten Tatsachenbehauptung ausgehen. Die beschriebene Aufklärungspflicht wird im Wege einer Rechtsanalogie zu den Vorschriften der §§ 138 I und II, 372a, 423 und 445 ff. erschlossen.[957] Überwiegend wird jedoch diese Auffassung abgelehnt[958] und darauf verwiesen, dass sich aus den in der ZPO getroffenen Regelungen eine allgemeine Aufklärungspflicht der Parteien nicht ableiten ließe. Vielmehr sei es im Rahmen der Verhandlungsmaxime (→ Rn. 208) den Parteien überlassen, Tatsachen vorzutragen und Beweise beizubringen; hierauf beruhe die Regelung der Behauptungs- und Beweislast. Der BGH[959] hat sich dieser ablehnenden Meinung angeschlossen und den Standpunkt vertreten, es könne nicht Aufgabe des Prozessrechts sein, eine allgemeine Auskunftspflicht, die das materielle Recht nicht kenne, einzuführen. Vielmehr müsse es bei dem Grundsatz bleiben, dass keine Partei gehalten sei, dem Gegner für seinen Prozesssieg das Material zu verschaffen, über das er nicht schon von sich aus verfüge.    733

Zu diesem Meinungsstreit ist Folgendes zu bemerken: Eine allgemeine und umfassende Aufklärungspflicht, die neben der Behauptungs- und Beweisführungslast    734

---

[956] Vgl. dazu Stein/Jonas/*Brehm* Einl. Rn. 209 ff.; *Jauernig/Hess* ZivilProzR § 26 Rn. 1 ff., auch zu den Unterschieden zwischen prozessualen Lasten und Pflichten.
[957] *Stürner,* Die Aufklärungspflicht der Parteien im Zivilprozess, 1976, 92 ff., 134 ff., 378 ff.; vgl. auch Musielak/Voit/*Stadler* § 138 Rn. 11.
[958] *Arens* ZZP 96 (1983), 1 ff.; *Lüke* JuS 1986, 1 (3); *Rosenberg/Schwab/Gottwald* ZivilProzR § 109 Rn. 8; zust. dagegen *Henckel* ZZP 92 (1979), 100 ff.; *Schlosser* ZivilProzR I Rn. 426 ff.
[959] BGH NJW 1990, 3151; 2007, 155 (156) mwN.

steht, kann dem Zivilprozessrecht nicht entnommen werden. Jedoch kann andererseits auch nicht dabei stehen geblieben werden, dass nur die behauptungs- und beweisführungsbelastete Partei um die Aufklärung der rechtserheblichen Vorgänge bemüht sein muss und ihr Gegner ihr dabei unbeteiligt zusehen dürfe. Der BGH hat mit Recht darauf verwiesen, dass in Fällen, in denen eine darlegungspflichtige Partei außerhalb des von ihr zu klärenden Geschehensablaufs stehe und keine nähere Kenntnis der maßgebenden Tatsachen besitze, während der Prozessgegner diese Kenntnisse habe, von diesem auch eine Aufklärung verlangt werden könne, wenn dies zumutbar erscheine.[960] Man bezeichnet diese dem Gegner der (primär) behauptungsbelasteten Partei obliegende Last, zur Klärung rechtserheblicher Tatsachen beizutragen, auch als **sekundäre Behauptungslast** oder sekundäre Darlegungslast.[961]

735 Der BGH kann sich zur Stütze dieser Ansicht auf seine ständige Rechtsprechung berufen.[962] Diese Rechtsprechung, die Zustimmung verdient, lässt sich in ihrem Kern wie folgt beschreiben: Nach dem Grundsatz einer redlichen, das Gebot von Treu und Glauben beachtenden Prozessführung kann von der Partei, die allein genaue Kenntnis von bestimmten rechtserheblichen Vorgängen hat, erwartet werden, dass sie ohne Rücksicht auf die Behauptungs- und Beweislast diese Vorgänge schildert und die allein ihr zugänglichen Beweise dem Gericht vorlegt. Dabei ist allerdings die Einschränkung zu machen, dass für die Richtigkeit der vom Gegner aufgestellten Behauptungen eine gewisse Wahrscheinlichkeit sprechen muss. Informiert die Partei Gericht und Gegner nicht in einem ihr zumutbaren Umfang über die nur ihr bekannten Vorgänge, dann sind die Behauptungen der Gegenpartei nach § 138 III als zugestanden zu werten. Unterlässt sie es, ohne Angabe überzeugender Gründe, Beweise zu erbringen, obwohl sie allein über die Möglichkeit verfügt, den streitigen Sachverhalt durch ihre Beweise aufzuklären, dann muss nach der Lebenserfahrung angenommen werden, dass sie solche Beweise nicht hat. Bei internen, lediglich ihr bekannten Vorgängen lässt dies dann nur den Schluss zu, dass ihre Sachdarstellung nicht zutrifft.[963]

736 Kommt es für den Eintritt einer Rechtsfolge darauf an, dass sich bestimmte tatsächliche Vorgänge nicht ereignet haben, und muss deshalb die Partei, die diese Rechtsfolge geltend macht, die Nichtexistenz dieser Tatsachen behaupten und gegebenenfalls beweisen (→ Rn. 856), dann kann die Führung eines solchen negativen Beweises Schwierigkeiten bereiten. Diese Schwierigkeit ergibt sich daraus, dass der Beweis einer negativen Tatsache die Feststellung verlangt, dass sich niemals ein entsprechender Vorgang vollzogen hat; dies kann im Einzelfall bedeuten, dass eine Vielzahl denkbarer Alternativen widerlegt werden muss. In einem solchen Fall kann sich der Gegner der beweisführenden Partei nicht auf ein bloßes Bestreiten beschränken, sondern hat seinerseits darzulegen, welche tatsächlichen Umstände für den Eintritt der rechtserheblichen Tatsache sprechen. Dies ist Folge der Notwendigkeit eines substantiierten Bestreitens (→ Rn. 726), das dem Gegner der behauptungsbelasteten Partei aufgibt, nähere Angaben darüber zu machen, warum sie deren Tatsachenbehaup-

---

[960] BGH NJW 1990, 3151 f.; 1994, 2289 (2292); 1999, 2887 (2888).
[961] *Kopp* NJOZ 2017, 330.
[962] Vgl. nur BGH NJW 1987, 1201; 1987, 2008 (2009); 1993, 528 (529); 1997, 128 (129); 2008, 982 (984 Rn. 16), jew. mwN.
[963] *Musielak*, Die Grundlagen der Beweislast im Zivilprozess, 1975, 142 f.; *Musielak* FG BGH, 2000, 193 (194 ff.), jew. mwN.

III. Die Bewertung des Tatsachenvortrages der Parteien durch den Richter

tungen in Abrede stellt. Die beweisführende Partei kann sich dann in einem solchen Fall darauf beschränken, ihre Behauptungen und Beweise gegen die Richtigkeit der gegnerischen Sachverhaltsschilderung zu richten, um den ihr obliegenden negativen Beweis zu führen.[964]

## 2. Beweisbedürftigkeit

### a) Grundsatz

In Verfahren mit Verhandlungsgrundsatz (→ Rn. 208) sind alle der Gegenpartei ungünstigen Tatsachen (→ Rn. 730), die von ihr bestritten werden, beweisbedürftig, sofern sie entscheidungserheblich sind. Im Einzelnen gilt Folgendes:

- Nur entscheidungserhebliche Tatsachen bedürfen des Beweises. Streiten die Parteien über die Richtigkeit von Tatsachenbehauptungen, die ungeklärt bleiben können, ohne die gerichtliche Entscheidung zu beeinflussen, dann muss der Richter selbstverständlich von einer Beweisaufnahme insoweit absehen, weil Zeit und Kosten, die sie in Anspruch nähme, nutzlos aufgewendet würden (Beispiel → Rn. 718).

  So ist die Klage abzuweisen, wenn der Tatsachenvortrag des Klägers unschlüssig ist (→ Rn. 719) oder wenn der Beklagte Einreden geltend macht, die der Kläger nicht bestreitet. Die (schlüssige) Klage ist dagegen zuzusprechen, wenn das Verteidigungsvorbringen des Beklagten nicht erheblich ist oder wenn der Kläger einer Einrede des Beklagten eine Replik entgegensetzt, die der Beklagte nicht bestreitet (→ Rn. 729).

  Fällt der Tatsachenvortrag der Partei so ungenau aus, dass das Gericht nicht zu beurteilen vermag, ob den vorgetragenen Tatsachen Bedeutung für das von der Partei geltend gemachte Recht zukommt oder ergeben sich aufgrund des Sachvortrags der Gegenpartei solche Unklarheiten, dann ist der Partei aufzugeben, ihr tatsächliches Vorbringen zu ergänzen, um die Rechtserheblichkeit beurteilen zu können. Man kann insoweit von einer „Ergänzungslast" sprechen,[965] wenn man sich nur darüber im Klaren ist, dass es sich dabei um eine Erscheinungsform der Behauptungslast handelt. Gelingt diese Ergänzung des Tatsachenvortrages nicht in ausreichender Weise, dann hat das Gericht von einer Beweiserhebung abzusehen.[966]

- Sehr kontrovers wird die Frage diskutiert, ob die Klage auch dann ohne Weiteres zuzusprechen ist, wenn der Beklagte zwar die zur Begründung der Klage vorgetragenen Tatsachen bestreitet, seinerseits aber eine Sachdarstellung gibt, die den Anspruch des Klägers aus einem anderen Rechtsgrund rechtfertigt.

  **Beispiel:** Der Kläger begehrt Rückzahlung eines fälligen Darlehens. Der Beklagte bestreitet, das Geld als Darlehen erhalten zu haben und behauptet, der Kläger habe ihm das Geld als Kaufpreis aufgrund eines schriftlichen, nicht notariell beurkundeten und bisher noch nicht erfüllten Grundstückskaufvertrages gezahlt. Wäre der Tatsachenvor-

737

---

[964] BGH NJW-RR 1993, 746 (747); 1996, 1211 f.; NJW 2000, 1108 (1109); 2003, 1449 (1450); *Musielak*, Die Grundlagen der Beweislast im Zivilprozess, 1975, 54.
[965] So BGH NJW 2003, 3564 (3565).
[966] BGH NJW-RR 1995, 722; 1996, 56; BGH WM 1996, 321 (322); NJW 2003, 3564 (3565).

trag des Klägers richtig, dann wäre seine Klage aus § 488 I 2 BGB begründet, während der Beklagte zur Zahlung des vom Kläger geforderten Geldbetrages wegen ungerechtfertigter Bereicherung (§ 812 I 1 Alt. 1 BGB) verpflichtet wäre, wenn seine Sachdarstellung zuträfe, weil danach der Kaufvertrag nichtig wäre (vgl. § 125 S. 1 iVm § 311b I 1 BGB).

- Während die überwiegende Meinung im Schrifttum bei einem solchen sog. **gleichwertigen (= äquipollenten) Parteivorbringen** der Klage ohne Beweisaufnahme mit einer alternativen Sachdarstellung stattgeben will und sich zur Begründung zumindest zT auf prozessökonomische Gründe beruft, lässt der BGH dies nur zu, wenn sich der Kläger mindestens hilfsweise die Sachdarstellung des Beklagten zu Eigen gemacht hat.[967] Davon ist allerdings im Regelfall auszugehen, wenn der Kläger die ihm günstigen Tatsachen nicht ausdrücklich bestreitet.
- Keines Beweises bedürfen die von einer Partei behaupteten Tatsachen, wenn sie der Gegner zugesteht (§ 288 I) oder wenn sie als zugestanden gelten, weil sie nicht ausdrücklich bestritten werden (§ 138 III).

### Einschub: Das Geständnis

738 Als Geständnis wird die Erklärung einer Partei bezeichnet, dass eine Tatsachenbehauptung der Gegenpartei richtig ist. Zugestanden werden also Tatsachenbehauptungen; hierin unterscheidet sich das Geständnis vom Anerkenntnis, das sich auf einen geltend gemachten Anspruch bezieht (→ Rn. 447). Ein gerichtliches Geständnis mit der sich aus § 290 ergebenden Bindungswirkung muss bei einer mündlichen Verhandlung oder zu Protokoll eines beauftragten oder ersuchten Richters (zum Begriff → Rn. 166) abgegeben werden. Werden Tatsachenbehauptungen des Gegners in einem vorbereitenden Schriftsatz für richtig erklärt, so liegt darin lediglich die Ankündigung eines entsprechenden Geständnisses, und sie können daher auch ohne die Einschränkung des § 290 in der mündlichen Verhandlung korrigiert werden. Das Geständnis als Prozesshandlung wird nur wirksam erklärt, wenn alle Prozesshandlungsvoraussetzungen einschließlich der Postulationsfähigkeit (→ Rn. 309) erfüllt werden. Deshalb kann die nicht postulationsfähige Partei im Anwaltsprozess nicht wirksam ein Geständnis abgeben, sondern nur der Prozessbevollmächtigte.[968] Auch darf ein Geständnis grundsätzlich nicht von einer Bedingung abhängig gemacht werden. Nur für innerprozessuale Bedingungen kann etwas anderes gelten (→ Rn. 313), soweit die Pflicht zur wahrheitsgemäßen Sachdarstellung und zur Prozessförderung eine solche Bedingung zulässt.[969]

---

[967] BGH NJW-RR 1994, 1405 mwN; vgl. *Musielak* ZZP 103 (1990), 220, zu den verschiedenen Auffassungen. Vgl. auch BGH NJW 2003, 3217 (2318). Das Gericht wertet es als einen Verstoß gegen § 308 I, wenn dem Kläger aus einem anderen Klagegrund (= Lebenssachverhalt, → Rn. 123) etwas anderes zugesprochen wird als er zur Begründung seiner Klage vorgetragen hat.
[968] Sehr str., wie hier Zöller/*Greger* § 288 Rn. 3c; aA Musielak/Voit/*Huber* § 288 Rn. 6, jew. mwN. Der BGH (VersR 2006, 663 Rn. 7) verneint die Wirksamkeit eines Geständnisses der nicht postulationsfähigen Partei und spricht sich dafür aus, eine entsprechende Erklärung frei zu würdigen.
[969] BGH NJW-RR 2003, 1145 (1146).

## III. Die Bewertung des Tatsachenvortrages der Parteien durch den Richter 267

Ein Geständnis, das in einem anderen Prozess zB in einem Strafprozess abgegeben worden ist, kann nicht die Wirkungen der §§ 288, 290 entfalten, sondern ist nur als Erkenntnisquelle im Rahmen der freien Beweiswürdigung zu verwenden.[970] **739**

Das Geständnis bezieht sich stets auf Tatsachen, die dem Gegner günstig und dem Gestehenden selbst ungünstig sind (→ Rn. 730). Allerdings können auch Tatsachen Gegenstand eines Geständnisses sein, die juristisch eingekleidet werden, wie zB dass ein Vertrag im eigenen Namen geschlossen wurde.[971] Wird bereits eine ungünstige Tatsache zugestanden, bevor die Gegenpartei sie behauptet hat, dann spricht man von einem **antizipierten Geständnis.** Bindend wird dieses Geständnis erst, wenn sich der Gegner darauf beruft, also die entsprechenden Tatsachen in seinen Vortrag aufnimmt. Geschieht dies nicht, dann hat das Gericht das antizipierte Geständnis frei zu würdigen. Mit dem Geständnis kann auch ein Tatsachenvortrag verbunden werden, aus dem sich ein selbstständiges Angriffs- oder Verteidigungsmittel ergibt. Ein solches sog. **qualifiziertes Geständnis** wird mit Zusätzen versehen, deren Zulässigkeit sich aus § 289 I ergibt und der Erklärung der Partei den Inhalt eines „ja, aber" gibt. **740**

> **Beispiel:** Der Beklagte erklärt, es sei richtig, dass er mit dem Kläger einen Kaufvertrag geschlossen habe (Zugestehen der entsprechenden Tatsachen), er habe aber den Rücktritt erklärt und sei deshalb nicht zur Zahlung des Kaufpreises verpflichtet, den der Kläger von ihm fordert (Hinzufügen eines selbstständigen Verteidigungsmittels). In diesem Fall ist der Vertragsschluss außer Streit und der Richter hat davon bei seiner Entscheidung auszugehen. Bestreitet der Kläger die Voraussetzungen des Rücktrittsrechts, dann kommt es darauf an, ob sie vom Richter festgestellt werden können. Gelingt ein entsprechender Beweis nicht, dann muss der Richter ein Rücktrittsrecht des Beklagten verneinen. Dieses Beispiel zeigt, dass die mit einem Geständnis verbundenen Zusätze eine eigene, vom Geständnis unabhängige rechtliche Bedeutung haben. Sie sind dementsprechend auch selbstständig rechtlich zu bewerten, bedürfen des Beweises, wenn sie streitig sind, und können auch als verspätet nach § 296 zurückgewiesen werden.

Das **Geständnis** ist, wie bereits bemerkt, für die gestehende Partei **bindend** und kann nur in den engen Grenzen des § 290 widerrufen werden. Hieraus folgt ein bedeutsamer Unterschied gegenüber dem Nichtbestreiten, das zwar nach § 138 III hinsichtlich der Entbehrlichkeit eines Beweises der nicht bestrittenen Tatsachen dem Geständnis gleichgestellt wird, sich aber dadurch unterscheidet, dass bis zum Schluss der mündlichen Verhandlung zunächst nicht bestrittene Tatsachen bestritten werden können und damit beweisbedürftig werden. Denn eine Partei kann ihr Vorbringen im Laufe des Rechtsstreits modifizieren und auch neue Tatsachen vortragen, ohne – anders als bei einem Geständnis – an die bisher mitgeteilten gebunden zu sein.[972] Dieser Unterschied lässt es erforderlich sein, sorgfältig zu prüfen, ob in Erklärungen einer Partei ein Geständnis zu sehen ist. Zwar ist nicht zu verlangen, dass ein Geständnis ausdrücklich als solches bezeichnet wird, aber dem Verhalten der Parteien **741**

---

[970] BGH NJW-RR 2004, 1001; OLG Bamberg NJW-RR 2003, 1223.
[971] Vgl. BGH FamRZ 2003, 1549; NJW-RR 2006, 281 (282).
[972] BGH NJW 2002, 1276, mit dem Hinweis, dass der Richter solche Modifizierung des Tatsachenvortrages im Rahmen der Beweiswürdigung zu berücksichtigen habe.

muss ein (konkludenter) Geständniswille zu entnehmen sein.[973] Ein bloßes Schweigen auf gegnerische Behauptungen genügt insoweit nicht. Vielmehr müssen dann weitere Umstände hinzutreten, die den Schluss auf ein Geständnis nahe legen.[974] Insbesondere sind Erklärungen einer Partei, die im Rahmen der Parteivernehmung abgegeben werden (→ Rn. 817), nicht als Geständnis iSv § 288 zu werten.

742 Will die gestehende Partei ihr **Geständnis korrigieren,** dann muss sie nach § 290 beweisen, dass das Geständnis falsch ist und durch einen Irrtum veranlasst wurde. Diese Voraussetzungen werden nicht erfüllt, wenn die Partei bewusst wahrheitswidrig etwas Falsches gesteht. Zwar scheint die Wahrheitspflicht (→ Rn. 209 f.) zu verlangen, dass die Partei bewusst unwahre Geständnisse berichtigt, jedoch sieht die hM zu Recht in der Bindung an ein unwahres Geständnis eine sinnvolle Sanktion für die Verletzung der Wahrheitspflicht.[975] Hinzu kommt, dass der Gegner, für den die Wahrheitspflicht in gleicher Weise gilt, die (wahrheitswidrig) zugestandene Tatsache behaupten muss. Außerdem ist es eine andere Frage, ob auch das Gericht verpflichtet ist, ein solches Geständnis seiner Entscheidung zugrunde zu legen; dies ist für den Fall zu verneinen, dass das Gericht die offensichtliche Unrichtigkeit des Geständnisses erkennt.[976] Gesteht eine Partei Tatsachen, die sie nicht kennt (zB den Inhalt einer Urkunde), dann handelt sie auf eigenes Risiko und kann später nicht das Geständnis wegen eines Irrtums widerrufen, wenn sich herausstellt, dass das Geständnis falsch ist.[977]

743 Die Wirkungen des Geständnisses sind Folgen der Verhandlungsmaxime (→ Rn. 208). Daraus ergibt sich, dass in Verfahren mit Untersuchungsgrundsatz die Vorschriften über die Wirkung eines gerichtlichen Geständnisses nicht anzuwenden sind, sondern der Richter in der Bewertung eines Geständnisses frei ist.

**b) Ausnahmen**

744 Keines Beweises bedürfen die **offenkundigen Tatsachen** (§ 291). Sie müssen auch nicht behauptet werden, sondern sind vom Richter als feststehend zu beachten (hM, aber str.), sodass folglich das Gegenteil nicht zugestanden werden kann. Um dem Anspruch der Parteien auf rechtliches Gehör zu genügen, muss der Richter in der mündlichen Verhandlung auf die von ihm als offenkundig angesehenen Tatsachen hinweisen.[978] Eine Tatsache ist dann offenkundig, wenn sie in einem Bezirk einer beliebig großen Menge bekannt ist oder bekannt war und der Richter sich darüber aus zuverlässigen Quellen (zB aus dem Internet[979]) ohne besondere Fachkunde sicher unterrichten kann (sog. allgemeinkundige Tatsachen).

745 Allgemeinkundig sind beispielsweise bestimmte historische Daten, Ereignisse, die Gegenstand von Berichten in den Medien waren, oder Gebräuche in einer bestimmten Gegend. Als

---

[973] BGH MDR 2005, 1307.
[974] BVerfG NJW 2001, 1565; BGH NJW 1994, 3109 mwN; OLG Köln NJW-RR 1993, 573.
[975] BGHZ 37, 154 = NJW 1962, 1395; BGH NJW 1995, 1432 (1433).
[976] Musielak/Voit/*Huber* § 288 Rn. 9; *Orfanides* NJW 1990, 3174 (3178); vgl. auch *Pawlowski* MDR 1997, 7.
[977] BGH NJW 2011, 2794 Rn. 16.
[978] BGH NJW 2007, 3211 Rn. 8; *Dötsch* MDR 2011, 1017 (1018).
[979] *Dötsch* MDR 2011, 1017.

III. Die Bewertung des Tatsachenvortrages der Parteien durch den Richter    269

offenkundig gelten auch die sog. **gerichtskundigen Tatsachen;** dies sind Tatsachen, die dem Richter aus seiner amtlichen Tätigkeit bekannt sind (beispielsweise aus einem von ihm entschiedenen Prozess[980]).

Nicht gerichtskundig ist das **private Wissen des Richters,** also solche Kenntnisse, die er als Privatmann, nicht in seiner richterlichen Funktion erlangt. Ein solches Wissen darf der Richter bei seiner richterlichen Tätigkeit nicht verwerten, es sei denn, es handelt sich dabei um offenkundige Tatsachen.    746

> **Beispiel:** Der Richter wird Zeuge eines Verkehrsunfalls. Der Zufall will es, dass dieser Unfall zum Gegenstand eines von ihm zu entscheidenden Prozesses gemacht wird. Er darf nun nicht den Vortrag des Klägers aufgrund seines Wissens korrigieren. Nur wenn er als Zeuge aussagt, werden seine Kenntnisse für den Prozess verwertbar. In diesem Fall muss er jedoch als Richter aus dem Verfahren ausscheiden (vgl. § 41 Nr. 5).

Zu beweisen sind auch nicht solche Tatsachen, für deren Vorhandensein eine **gesetzliche Vermutung** spricht. Allerdings ist der Beweis des Gegenteiles nach § 292 zulässig (Einzelheiten zu Vermutungen später).    747

### c) Gegenstand des Beweises

Grundsätzlich bilden nur Tatsachen den Gegenstand eines Beweises. Eine Ausnahme wird durch § 293 für das Recht anderer Staaten, für Gewohnheitsrecht und für Satzungsrecht gemacht. Dieses Recht muss dem Richter nicht bekannt sein. Der Richter kann folglich im Wege des Beweises ausländisches Recht, Gewohnheitsrecht und statutarischem Recht, dh autonomen Satzungen öffentlich-rechtlicher Körperschaften, Anstalten und Stiftungen (beispielsweise kommunale Regelungen über die Streupflicht) ermitteln. Demgegenüber besteht zu dem in der Bundesrepublik allgemein geltenden (förmlichen) Recht, wie es sich insbesondere aus den Gesetzen ergibt, ein entscheidender Unterschied: Das deutsche Recht (mit Ausnahme von Gewohnheitsrecht und Statuten) muss der Richter kennen, ein entsprechender Vortrag der Parteien ist überflüssig und eine Beweiserhebung unzulässig. Ebenso verhält es sich in Bezug auf das Recht der Europäischen Union und die Frage, welches Recht auf Sachverhalte mit Auslandsbezug anzuwenden ist. Dagegen kann von den Parteien die ihnen zumutbare Mitwirkung bei Ermittlung ausländischen Rechts, Gewohnheitsrechts und statutarischen Rechts erwartet werden.[981] Es gelten insoweit der Untersuchungsgrundsatz (→ Rn. 208)[982] und der **Freibeweis.**[983]    748

Die Regeln des Freibeweises (Gegensatz: **Strengbeweis**) geben dem Ermessen des Richters mehr Raum. Er ist nicht an die gesetzlichen Beweismittel (→ Rn. 774 ff.) und an die Förmlichkeiten des Beweisverfahrens (→ Rn. 766 ff.) gebunden. Er kann deshalb von Amts wegen die Erkenntnisquellen benutzen, die eine zuverlässige Beantwortung der klärungsbedürftigen    749

---

[980] Der BGH (NJW-RR 2011, 568 Rn. 10) weist darauf hin, dass es gegen den Grundsatz der Unmittelbarkeit der Beweisaufnahme (→ Rn. 766) verstößt, wenn das Gericht Zeugenaussagen aus einem Parallelprozess als gerichtsbekannt verwertet.
[981] BGH NJW 1976, 1581 (1583); MDR 2002, 899 (zum ausländischen Recht); Musielak/Voit/ *Huber* § 293 Rn. 5.
[982] BGHZ 77, 32 (38) = NJW 1980, 2022; BGH NJW 1984, 2763 (2764); 2003, 2685 (2686).
[983] BGH NJW 1966, 296 (298); Thomas/Putzo/*Reichold* § 293 Rn. 4.

Frage ermöglichen.⁹⁸⁴ Die Entscheidung, ob von der (zulässigen) Möglichkeit eines Freibeweises Gebrauch gemacht wird, liegt im pflichtgemäßen Ermessen des Richters. Sollen Einzeltatsachen festgestellt werden, auf die es für die richterliche Erkenntnis wesentlich ankommt, wird regelmäßig eine förmliche Beweisaufnahme geboten sein.⁹⁸⁵

**750** Nach der bisher hM konnten im Freibeweisverfahren die allgemeinen Prozessvoraussetzungen (→ Rn. 278), die Zulässigkeitsvoraussetzungen von Rechtsmitteln (→ Rn. 901) und sonstige von Amts wegen zu prüfende prozessuale Tatsachen ermittelt werden.⁹⁸⁶ Daran wird nicht mehr festgehalten werden können, nachdem durch die im Rahmen des 1. JuMoG vorgenommene Änderung des § 284 ein Abweichen von den Regeln des Strengbeweises von dem Einverständnis der Parteien abhängig gemacht wird (→ Rn. 271).⁹⁸⁷ Zur Ermittlung der Rechtsnormen iSd § 293 wird indes dem Richter durch S. 2 dieser Vorschrift der Freibeweis ausdrücklich gestattet, sodass es insoweit auf ein Einverständnis der Parteien nicht ankommt. Vielmehr ist der Richter verpflichtet, alle ihm zugänglichen Erkenntnisquellen zu nutzen, um die richtige Rechtslage festzustellen. Dies gilt im besonderen Maße auch für die Ermittlung ausländischen Rechts, bei der er sich nicht auf die Heranziehung der Rechtsquellen beschränken darf, sondern auch die Ausgestaltung des Rechts in der ausländischen Rechtspraxis insbesondere in der ausländischen Rechtsprechung zu berücksichtigen hat.⁹⁸⁸

**751** Der Richter hat im Zivilprozess einen auf beweiserhebliche Tatsachen (→ Rn. 737) gerichteten Beweis zu erheben. Beweiserheblich sind die entscheidungserheblichen Tatsachen, die streitig sind, sofern es sich nicht um offenkundige oder solche Tatsachen handelt, für deren Vorhandensein eine gesetzliche Vermutung spricht. Übergeht der Richter einen erheblichen Beweisantrag, so verletzt er den Anspruch der betroffenen Partei auf rechtliches Gehör.⁹⁸⁹ Ist allerdings das zur Verfügung stehende Beweismittel völlig ungeeignet, wie dies für den sog. Lügendetektor angenommen wird,⁹⁹⁰ dann kann es der Richter zurückweisen. Dies ergibt sich aus § 244 III 2 StPO, der im Zivilprozess entsprechend anzuwenden ist.⁹⁹¹ Jedoch müssen bei der Beurteilung der Untauglichkeit eines Beweismittels strenge Anforderungen gestellt werden. Insbesondere darf der Richter nicht einem von ihm nicht erhobener Beweis vorab würdigen, um die Untauglichkeit eines Beweismittels festzustellen.⁹⁹² Nur wenn der völlige Unwert eines Beweises feststeht, darf er abgelehnt werden;⁹⁹³ dies ist beispielsweise der Fall, wenn nach dem Ergebnis einer bereits durchgeführten Beweisaufnahme jede Möglichkeit auszuschließen ist, dass der übergangene Beweisantrag Sachdienliches ergeben und die vom Gericht bereits gewonnene gegenteilige Überzeugung erschüttern könnte.⁹⁹⁴

---

984 Vgl. *Muthorst* JuS 2014, 686 (688).
985 LG Saarbrücken NJW-RR 2010, 496 (497).
986 Vgl. BGH NJW-RR 1992, 1338 (1339); *Musielak/Stadler* BeweisR Rn. 1 mit Fn. 4.
987 *Knauer/Wolf* NJW 2004, 2857 (2862); Zöller/*Greger* § 284 Rn. 1; Stein/Jonas/*Thole* § 284 Rn. 89; Prütting/Gehrlein/*Laumen* § 284 Rn. 53; aA BGH NJW 2008, 1531 Rn. 20; NJW-RR 2012, 509 Rn. 9.
988 BGH NJW 2003, 2685 (2686).
989 BVerfG BeckRS 2007, 28225 = FamRZ 2008, 244 (245).
990 BGH NJW 2003, 2527 (2528).
991 BGH NJW 2012, 296; NJW-RR 2013, 9 Rn. 14; 2015, 1151 Rn. 12.
992 BGH MDR 2005, 164; VersR 2007, 666; NJW-RR 2013, 9 Rn. 13 f.
993 VerfGH Berlin NJW 2014, 1084 (1085).
994 BVerfG NJW 1993, 254 (255); BGH NJW 2004, 767 (769).

III. Die Bewertung des Tatsachenvortrages der Parteien durch den Richter 271

Eine Beweisaufnahme hat auch zu unterbleiben, wenn der Beweis mit einem **unzulässigen Beweismittel** geführt werden soll. Bei Geltung des Strengbeweises (→ Rn. 749) dürfen als Beweismittel nur Augenschein, Zeugen, Sachverständige, Urkunden und Parteivernehmung verwendet werden. Andere Beweismittel sind also unzulässig. Verboten ist es nach § 383 III, eine Aussage herbeizuführen, die gegen eine Geheimhaltungspflicht verstößt. 752

Ergibt sich aus dem Prozessrecht, dass ein Beweis nicht erhoben werden darf, dann bedeutet dies nicht zugleich ein Verbot seiner Verwertung. Vielmehr ist auf den Zweck des Verbots zu sehen und danach zu entscheiden, ob die Berücksichtigung des Beweises durch das Gericht in Betracht kommen kann.[995] Nicht verwertbar ist die Aussage eines Zeugen, der über sein Zeugnisverweigerungsrecht gem. § 383 II nicht belehrt worden ist.[996] Andererseits werden gegen die Verwertung einer Beweisaufnahme keine Bedenken geltend gemacht, die unzulässigerweise durchgeführt worden ist, obwohl die beweisführungsbelastete Partei die zu beweisenden Tatsachen nicht schlüssig vorgetragen hat.[997] Auch die Berücksichtigung des Ergebnisses eines **Ausforschungsbeweises** wird für zulässig gehalten,[998] obwohl ein solcher Beweis vom Richter nicht erhoben werden darf. Als Ausforschungsbeweis wird der Versuch einer Partei bezeichnet, sich erst durch die Beweisaufnahme die Grundlage für neue Behauptungen zu verschaffen, ohne im Beweisantrag eine bestimmte festzustellende Behauptung zu bezeichnen (sog. **Beweisermittlungsantrag**). Ein Beweisermittlungsantrag ist nach einhelliger Meinung zurückzuweisen.[999] Ebenso wird als unzulässiger Ausforschungsbeweis angesehen, wenn eine Partei ihre Behauptung ohne Anhaltspunkte gleichsam ins Blaue hinein richtet. Allerdings ist bei der Beurteilung eines entsprechenden Beweisantrags Zurückhaltung geboten, denn grundsätzlich ist es einer Partei nicht verwehrt, solche Tatsachen zu behaupten, die sie zwar nicht genau kennt, aber für möglich hält.[1000] Unzulässig ist nur eine Behauptung, für die keinerlei greifbare Anhaltspunkte bestehen (→ Rn. 210).[1001] 753

Ist ein Beweismittel unter Verletzung einer verfassungsrechtlich geschützten Rechtsposition einer Partei beschafft worden, so darf es grundsätzlich nicht in einem Zivilprozess verwendet werden.[1002] So wird das durch Art. 2 I iVm Art. 1 I GG geschützte allgemeine Persönlichkeitsrecht des Betroffenen durch den Einsatz eines sog. **Lauschzeugen** verletzt, der von einer Partei beauftragt worden ist, heimlich ein geführtes Gespräch zu belauschen.[1003] Gleiches gilt für den heimlichen Mitschnitt eines 754

---

[995] BGH NJW 2006, 1657 Rn. 22.
[996] BGH NJW 1985, 1158 (1159); *Balthasar* JuS 2008, 35 (38); Musielak/Voit/*Huber* § 383 Rn. 8. Vgl. zu der Frage, ob eine fehlende Belehrung über ein Aussageverweigerungsrecht im Strafprozess zu einem Beweisverbot im Zivilprozess führt, BGH NJW 2003, 1123.
[997] BGH NJW 2006, 1657 Rn. 23.
[998] BGH NJW 2006, 1657 Rn. 23; OLG Brandenburg NJW-RR 2001, 1727; Musielak/Voit/ *Foerste* § 284 Rn. 17 f.
[999] MüKoZPO/*Prütting* § 286 Rn. 79.
[1000] BGH NJW 1995, 1160 (1161) (keine unzulässige Ausforschung, wenn Partei mangels Kenntnis von Einzeltatsachen nur vermutete Tatsachen behauptet und unter Beweis stellt).
[1001] BGH NJW-RR 2015, 829 Rn. 13; Rosenberg/Schwab/Gottwald ZivilProzR § 116 Rn. 19.
[1002] BGH NJW 2006, 1657 Rn. 25; vgl. dazu EGMR NJW 2017, 2811 Rn. 32 ff.
[1003] BGH NJW 2003, 1727; BAG NJW 2010, 104 Rn. 21 ff.; *Balthasar* JuS 2008, 35 (36).

Telefongesprächs oder für Aufzeichnungen im Rahmen einer **heimlichen Videoüberwachung**.[1004]

755 Das BVerfG[1005] vertritt einen restriktiven Standpunkt und will Einschränkungen des allgemeinen Persönlichkeitsrechts, die sich aus der verfassungsrechtlichen Ordnung ableiten, nicht schon dann zulassen, wenn es allein um das Interesse geht, sich ein Beweismittel für zivilrechtliche Ansprüche zu sichern. Allerdings erkennt das BVerfG an, dass es auch im Zivilprozess Situationen geben kann, in denen dem Interesse an der Beweiserhebung eine besondere Bedeutung für die Rechtsverwirklichung einer Partei zu kommen kann, das über das stets bestehende Beweisinteresse hinausgeht. Dies wird in Fällen angenommen, in denen sich der Beweisführer in einer notwehrähnlichen Situation befindet, sodass die Beweisbeschaffung zur Abwehr eines rechtswidrigen Handelns dienen soll.[1006] Als Beispiel lässt sich die Anfertigung heimlicher Tonbandaufnahmen zur Feststellung der Identität eines anonymen Anrufers anführen, der sich als eine andere Person ausgibt, um unter diesem Deckmantel Verleumdungen gefahrlos auszusprechen.[1007] Ein weiteres Beispiel bilden Maßnahmen zur Abwehr krimineller Angriffe auf die berufliche Existenz in Fällen der Produktpiraterie.[1008] Stets ist also aufgrund einer Interessen- und Güterabwägung zu entscheiden, ob dem Interesse an der Beweiserhebung Vorrang gegenüber dem allgemeinen Persönlichkeitsrecht einzuräumen ist.[1009]

756 Bei Beachtung dieser Grundsätze muss davon ausgegangen werden, dass beispielsweise das Mithören eines Telefongesprächs mithilfe technischer Einrichtungen, zB einer Lautsprecheranlage, nur mit Einwilligung des Gesprächspartners gestattet ist.[1010] Eine solche Einwilligung kann auch stillschweigend gegeben werden. Schweigt der Gesprächspartner auf den Hinweis, es sei ein Lautsprecher eingeschaltet und eine dritte Person sei anwesend, dann ist dies als eine Zustimmung zum Mithören zu werten.[1011] Ob darüber hinaus im geschäftlichen Bereich bei Absprachen vertraglicher Einzelheiten von einer mutmaßlichen Einwilligung in das Mithören von zuständigen Mitarbeitern auszugehen ist,[1012] dürfte im Hinblick auf den restriktiven Standpunkt des BVerfG zweifelhaft sein.

---

[1004] BAG NJW 2003, 3436; OLG Karlsruhe NJW 2002, 2799; OLG Köln NJW 2005, 2997; ArbG Hamburg NZA-RR 2005, 520 (521); *Kiethe* MDR 2005, 965.
[1005] BVerfG NJW 2002, 3619 (3623 f.).
[1006] BVerfG NJW 2002, 3624; BGH NJW 2003, 1727 (1728); BAG 2003, 3436 (3437); weiter gehend *Foerste* NJW 2004, 262 f. (zur Abwehr eines geplanten Prozessbetrugs).
[1007] BGH NJW 1982, 277.
[1008] BGH NJW 1994, 2289 (2292 f.).
[1009] Vgl. auch EGMR NJW 2006, 3117 Rn. 70 ff. zu den Grenzen, die für medizinische Eingriffe gelten, die zu Beweiszwecken zwangsweise vorgenommen werden.
[1010] Krit. *Baumgärtel/Laumen/Prütting*, Handbuch der Beweislast, 3. Aufl. 2016, Grundlagen, § 6 Rn. 19.
[1011] BVerfG NJW 2003, 2375.
[1012] So OLG Jena MDR 2006, 533.

## IV. Beweisverfahren

### 1. Beweisantritt

Bei Geltung des Verhandlungsgrundsatzes obliegt es den Parteien, für die Beschaffung der tatsächlichen Grundlagen zu sorgen, auf die sich die gerichtliche Entscheidung stützt (→ Rn. 208). Sie haben folglich den Beweis anzutreten, dh das Beweismittel und die dadurch zu beweisende Tatsache zu nennen. Wie konkret die jeweiligen Tatsachenbehauptungen ausfallen müssen, richtet sich unter Berücksichtigung der Wahrheits- und Vollständigkeitspflicht (§ 138 I) nach den Umständen des Einzelfalls insbesondere nach der Sachdarstellung der Gegenpartei.[1013] Die Verknüpfung von Beweismitteln mit der Angabe, welche Behauptung dadurch bewiesen werden soll (sog. Beweisthema), ist erforderlich, damit unzulässige Beweisermittlungsanträge (→ Rn. 753) vom Gericht erkannt werden können.

757

Dieser **Grundsatz der Verbindung von Beweismittel und Beweisthema** wird im Gesetz ausdrücklich angeordnet, und zwar für den Beweis durch Augenschein in § 371, für den Zeugenbeweis in § 373, für den Beweis durch Sachverständige in § 403, für den Urkundenbeweis in § 424 Nr. 2 und für den Beweis durch Parteivernehmung in § 445 I.

758

Der Beweis wird grundsätzlich in der mündlichen Verhandlung angetreten, wobei allerdings regelmäßig eine Bezugnahme auf vorbereitende Schriftsätze (vgl. § 130 Nr. 5) genügt (§ 137 III). Dies bedeutet jedoch nicht, dass die Beweiserhebung – die Anordnung der Beweisaufnahme und ihre Durchführung durch das Gericht – stets von einem entsprechenden Beweisantritt einer Partei abhängig ist. Vielmehr ist dem Gericht in weitem Umfang auch eine **Beweiserhebung von Amts wegen** gestattet. Insoweit ist also der Verhandlungsgrundsatz durchbrochen

759

Dies gilt nach § 144 I für den Augenscheinsbeweis und den Sachverständigenbeweis (vgl. dazu auch § 411a) sowie nach § 448 für den Beweis durch Parteivernehmung. Auch die Vorlage von Urkunden zur Sachaufklärung kann das Gericht in vielen Fällen unabhängig von einem entsprechenden Antrag der Parteien anordnen (vgl. §§ 142, 143, 273 II Nr. 2). Nur beim Zeugenbeweis ist in Verfahren mit Verhandlungsmaxime stets der Beweisantritt durch eine Partei erforderlich. Diese muss den Zeugen in der Regel namentlich benennen; die Angabe „N.N." reicht nur aus, wenn die Person etwa durch ihre berufliche Position individualisiert ist. Daran fehlt es bei der Angabe „ein zuständiger Mitarbeiter".[1014]

760

### 2. Anordnung der Beweisaufnahme

Jede Beweisaufnahme bedarf einer Anordnung durch das Gericht, und zwar schon deshalb, weil nur das Gericht entscheiden kann, welche Tatsachen klärungsbedürftig sind. Die Form dieser Anordnung kann allerdings unterschiedlich ausfallen: als

761

---

[1013] BGH NJW-RR 2004, 1362.
[1014] BGH NZI 2015, 191 Rn. 6.

förmlicher Beweisbeschluss mit einem genau festgelegten Inhalt (vgl. § 359) oder als formlose Beweisanordnung, deren Inhalt nur durch ihren Zweck bestimmt wird.

762 Nach § 358 ist ein förmlicher Beweisbeschluss vorgeschrieben, wenn die Beweisaufnahme ein „besonderes Verfahren" erfordert, dh die Anberaumung eines neuen Termins zur Beweiserhebung. Ist dagegen in der mündlichen Verhandlung das Beweismittel präsent und kann deshalb die Beweisaufnahme sofort vollzogen werden, dann kann das Gericht regelmäßig nach seinem Ermessen zwischen einem formlosen und einem förmlichen Beweisbeschluss wählen. Dies gilt nur dann nicht, wenn eine Partei vernommen werden soll, weil dies stets durch einen förmlichen Beweisbeschluss bestimmt werden muss (§ 450 I 1). Die gleiche Form ist zu beachten, wenn die Vorlegung einer Urkunde nach § 425 angeordnet wird, und in dem Fall, dass das Gericht einen Beweisbeschluss schon vor der mündlichen Verhandlung erlässt (§ 358a).

763 Die in § 358a getroffene Regelung, nach der ein **Beweisbeschluss** bereits **vor der mündlichen Verhandlung** erlassen und auch ausgeführt werden kann, dient der Beschleunigung des Prozesses. Erkennt beispielsweise der Richter, dass die Klärung eines beweisbedürftigen Punktes die Einholung eines Sachverständigengutachtens erforderlich sein lässt, das erfahrungsgemäß nicht kurzfristig zu erhalten ist, dann kann er bereits in einem frühen Stadium des Rechtsstreits durch Beweisbeschluss anordnen, dass ein entsprechendes Gutachten erstattet werden soll, und muss nicht zunächst die mündliche Verhandlung abwarten.

764 Als notwendigen **Inhalt eines** (förmlichen) **Beweisbeschlusses** nennt § 359 das Beweisthema, das Beweismittel und den Beweisführer. Hinzukommen muss noch die Bestimmung, wo die Beweiserhebung stattfinden soll, sowie gegebenenfalls die Angabe des Termins für die Beweisaufnahme; dagegen ist eine Begründung für die Beweisanordnung weder erforderlich noch üblich. Der förmliche Beweisbeschluss kann ebenso wenig wie die formlose Anordnung einer Beweisaufnahme selbstständig angefochten werden, weil dadurch keine abschließende Entscheidung, sondern nur ein Akt der Prozessleitung vorgenommen wird (vgl. auch § 360 S. 1).[1015] Das Gericht kann jedoch auf Antrag einer Partei oder von Amts wegen auch ohne erneute mündliche Verhandlung den Beweisbeschluss innerhalb der durch § 360 gesetzten Grenzen ändern.

765 Für die ebenfalls durch Beschluss zu treffende formlose Beweisanordnung (→ Rn. 761) fehlt eine gesetzliche Regelung des Inhalts, sodass der Richter nach seinem Ermessen über die Formulierung befinden kann. Entsprechend der Funktion dieser Anordnung wird sie jedoch den Gegenstand der Beweiserhebung im Sinne einer ungefähren Bestimmung des Themas und das Beweismittel zu bezeichnen haben.[1016]

---

[1015] BGH NJOZ 2007, 1338 = FamRZ 2007, 549; *Bruns*, Zivilprozessrecht, 2. Aufl. 1979, Rn. 175a; *Musielak/Stadler* BeweisR § 360 Rn. 13; dies gilt auch für den Beschluss, durch den gem. § 360 der Beweisbeschluss geändert wird (OLG Brandenburg OLG-NL 2003, 46 = FamRZ 2001, 294).
[1016] Vgl. *Musielak/Stadler* BeweisR Rn. 2.

IV. Beweisverfahren 275

## 3. Durchführung der Beweisaufnahme

Für die Beweisaufnahme gilt der **Grundsatz der Unmittelbarkeit;** sie muss regelmäßig vor dem Prozessgericht stattfinden und darf nur in den durch die ZPO bestimmten Fällen einem Mitglied des Prozessgerichts als beauftragtem Richter (vgl. § 361) oder einem anderen Gericht als ersuchtem Richter (vgl. § 362) übertragen werden. Diese durch § 355 I getroffene Bestimmung soll die geeignete Grundlage für die Beweiswürdigung des Richters schaffen, weil im Regelfall nur derjenige am besten über Wert und Erfolg eines Beweises zu urteilen vermag, der bei der Beweiserhebung anwesend ist, also den Zeugen, den Sachverständigen oder die zu vernehmende Partei hören und fragen kann, Einsicht in die vorgelegte Urkunde nimmt oder das Augenscheinsobjekt bewertet. Damit stimmt auch überein, dass die Beweisaufnahme einen wesentlichen Bestandteil des Haupttermins bildet (vgl. § 279 II). 766

Als Beispiele einer gesetzlich zugelassenen Beweisaufnahme durch den beauftragten oder ersuchten Richter seien der Beweis durch Augenschein nach § 372 II, die Zeugenvernehmung nach § 375 (diese Vorschrift gilt auch für den Sachverständigenbeweis nach § 402 und für die Parteivernehmung nach § 451) und der Urkundenbeweis nach § 434 genannt. Aus diesen Regelungen ergibt sich, dass es nicht zwingend geboten ist, Beweisaufnahme und Beweiswürdigung durch denselben Richter durchführen zu lassen. Diese Feststellung ist für den Fall wichtig, dass ein Richterwechsel nach der Beweisaufnahme stattfindet. In diesem Fall muss nur dann die Beweisaufnahme wiederholt werden, wenn der neue Richter bei der Würdigung des Beweises von den Angaben im Protokoll abweichen will.[1017] 767

Sofern die technischen Voraussetzungen für eine Beweisaufnahme im Wege der sog. **Videokonferenz**[1018] bestehen (§ 128a II), erscheint diese Möglichkeit gegenüber einer Beweisaufnahme durch den beauftragten oder ersuchten Richter in Fällen vorzugswürdig, in denen durch einen unmittelbaren Kontakt zwischen Gericht, Parteien und aussagender Person die Tatsachenklärung erleichtert und gefördert wird. 768

Wird der Grundsatz der Unmittelbarkeit der Beweisaufnahme verletzt, dann führt dieser Verfahrensfehler, soweit er nicht geheilt wird, dazu, dass ein auf diese Weise gewonnenes Beweisergebnis nicht verwertet werden darf[1019] und eine darauf beruhende Entscheidung aufgehoben werden muss.[1020] § 295 I ist jedoch anwendbar, sodass der Mangel geheilt wird, wenn der Rügeberechtigte auf die Rüge verzichtet oder es unterlässt, sie rechtzeitig zu erheben.[1021] 769

Grundsätzlich hat das Gericht entsprechend der ihm obliegenden Pflicht zur Erforschung der Wahrheit die von den Parteien angetretenen Beweise zu erheben. Andererseits verlangt aber ein wirksamer Rechtsschutz nicht nur die gründliche Aufklärung des Tatsachenstoffes, sondern auch eine rasche Durchsetzung des Rechts (→ Rn. 159). Steht der Aufnahme des Beweises ein **Hindernis von ungewisser Dauer** entgegen, dann kann dementsprechend nicht einfach abgewartet werden, bis dieses 770

---

[1017] OLG München NJW-RR 2008, 1523 (1524).
[1018] Vgl. dazu *Schultzky* NJW 2003, 313; *Musielak/Stadler* BeweisR § 128a Rn. 5 ff.
[1019] BGH NJW 2006, 1657 Rn. 24; NJW-RR 2011, 568 Rn. 11.
[1020] BGH JZ 1984, 186 (187 f.).
[1021] BGHZ 40, 179 (183 f.) = NJW 1964, 108; BGHZ 86, 105 (113 ff.) = NJW 1983, 1793; Musielak/Voit/*Huber* § 295 Rn. 4; aA AK-ZPO/*Rüßmann* § 355 Rn. 5; *Weth* JuS 1991, 34 (36).

Hindernis behoben wird, sondern der Prozess muss fortgesetzt werden. § 356 trägt dieser Notwendigkeit dadurch Rechnung, dass bei Hindernissen ungewisser Dauer das Gericht eine Frist zu bestimmen hat, nach deren fruchtlosem Ablauf das Beweismittel nur benutzt werden kann, wenn dadurch das Verfahren nicht verzögert wird (zB bringt eine Partei den Zeugen zur mündlichen Verhandlung mit, den sie zufällig nach Ablauf der Frist getroffen hat, die das Gericht für die Mitteilung der Adresse dieses Zeugen setzte).

**771** Es muss sich stets bei dem Hindernis um ein behebbares handeln, weil andernfalls kein Grund besteht, die Entscheidung des Rechtsstreits durch eine Fristsetzung zu verzögern. Steht fest, wann das Hindernis beseitigt sein wird, ist also seine Dauer gewiss, dann kommt es darauf an, ob dem Gegner der beweisführungsbelasteten Partei billigerweise zugemutet werden kann, die Behebung des Hindernisses abzuwarten. Ist dies zu bejahen, dann ist die Beweisaufnahme zum frühestmöglichen Zeitpunkt anzuberaumen; andernfalls ist der Beweisantrag wegen Unerreichbarkeit des Beweismittels abzulehnen.[1022]

**772** Nach § 357 I ist es den Parteien gestattet, der Beweisaufnahme beizuwohnen. Nur ausnahmsweise darf dieses Recht eingeschränkt werden, so in dem Fall, dass das Gericht nach § 177 GVG zur Aufrechterhaltung der Ordnung in der Sitzung eine Partei aus dem Sitzungszimmer entfernen lässt (→ Rn. 330 f.) oder wenn die ernsthafte Gefahr besteht, dass ein Zeuge in Gegenwart einer Partei keine wahrheitsgemäße Aussage machen werde (Rechtsgedanken des § 247 StPO). Für die Beweisaufnahme gilt also der **Grundsatz der Parteiöffentlichkeit** (→ Rn. 226). Dieser Grundsatz gibt den Parteien das Recht, von allen Handlungen des Gerichts und des Gegners unterrichtet zu werden, Einsicht in die Gerichtsakten zu erhalten und an der mündlichen Verhandlung teilzunehmen.[1023] Der Grundsatz der Parteiöffentlichkeit der Beweisaufnahme leitet sich aus dem Anspruch auf rechtliches Gehör (Art. 103 I GG) ab.

**773** In Fällen, in denen die Beweisaufnahme vor dem Prozessgericht stattfindet, dient der Termin zur Beweisaufnahme zugleich der Fortsetzung der mündlichen Verhandlung; dies wird durch § 370 I bestimmt und damit dem Prinzip der Unmittelbarkeit der Beweisaufnahme entsprochen. Solange noch Richter und Parteien das Ergebnis der Beweisaufnahme frisch in Erinnerung haben, soll darüber verhandelt werden.[1024] Wird der Beweis im Rahmen eines Verhandlungstermins erhoben, wie dies durch § 279 II für den Haupttermin vorgeschrieben ist, hat § 370 I nur deklaratorische Bedeutung.

---

[1022] MüKoZPO/*Heinrich* § 356 Rn. 3 f.
[1023] *Rosenberg/Schwab/Gottwald* ZivilProzR § 21 Rn. 23 f.
[1024] *Musielak/Stadler* BeweisR § 370 Rn. 2.

## V. Die einzelnen Beweismittel

### 1. Beweis durch Augenschein

Der in §§ 371–372a geregelte **Beweis durch Augenschein erfasst** nicht nur – wie seine Bezeichnung und der Wortlaut des Gesetzes nahe legen könnten – die visuelle Bewertung eines Gegenstandes durch den Richter, sondern **jede unmittelbare Wahrnehmung der Beschaffenheit von Personen, Sachen oder elektronischen Dokumenten (§ 371 I 2)**[1025] **mittels der Sinnesorgane des Richters**. Der Beweis durch Augenschein beschränkt sich also nicht auf das Sehen, sondern umfasst in gleicher Weise Hören, Schmecken, Riechen und Fühlen. Immer dann, wenn der Richter äußerlich feststellbare Tatsachen durch eigene Wahrnehmung ermittelt, handelt es sich um einen Beweis durch Augenschein.

774

Beispiele sind Ortsbesichtigungen durch das Gericht, um den Ablauf eines entscheidungserheblichen Vorganges zB eines Verkehrsunfalls besser rekonstruieren zu können, die Feststellungen von Geruchsbelästigungen oder von Lärm. Das Gericht kann bei der Einnahme des Augenscheins auch technische Hilfsmittel (zB ein Mikroskop) einsetzen und sich der Hilfe von Sachverständigen bedienen (§ 372 I).

775

Bei der Abgrenzung des Beweises durch Augenschein von anderen Beweismitteln können sich durchaus Schwierigkeiten ergeben. Hierbei ist darauf zu sehen, ob die eigene Wahrnehmung des Richters die entscheidende Rolle spielt. Um einen Augenscheinsbeweis handelt es sich, wenn ein dabei eingesetzter Sachverständiger dem Richter lediglich bei dessen Wahrnehmung hilft; wird dagegen die Einnahme des Augenscheins durch den Sachverständigen selbst unter Einsatz seines spezifischen Sachverstandes vollzogen und dem Richter lediglich das Ergebnis mitgeteilt, dann wird ein Sachverständigenbeweis geführt.[1026]

776

Dass in einem Richterkollegium ein Mitglied blind ist, steht der Durchführung eines Augenscheinsbeweises nicht entgegen. Vielmehr kann in gleicher Weise wie bei der Beweisaufnahme durch einen beauftragten Richter (→ Rn. 766 f.) dem blinden Richter durch seine Kollegen die Beschaffenheit des Augenscheinsobjektes beschrieben werden, sodass er in der Lage ist, die daraus zu ziehenden Folgerungen für die Feststellung beweiserheblicher Tatsachen selbst zu ziehen.[1027]

777

Es gibt Fälle, in denen das Gericht nicht selbst den Beweis durch Augenschein erheben kann, weil sich das Augenscheinsobjekt an einem für den Richter nicht zugänglichen Ort befindet. Dann kann der Richter einer anderen Person die Aufgabe der Einnahme des Augenscheins übertragen, damit diese die getroffenen Feststellungen dem Gericht mitteilen kann. Diese **Augenscheinsgehilfe** genannte Person unterscheidet sich von einem Sachverständigen dadurch, dass die zu treffenden Feststellungen keine besondere Sachkenntnis voraussetzen. Der Augenscheinsgehilfe ist kein

778

---

[1025] Zum Beweis mittels elektronischer Dokumente vgl. *Czeguhn* JuS 2004, 124; *Berger* NJW 2005, 1016.
[1026] Zur Abgrenzung vgl. auch *Schilken* ZivilProzR Rn. 516.
[1027] OLG Frankfurt a. M. NJW-RR 2010, 1651 (1652).

Zeuge, sondern nur ein Helfer des Gerichts, dessen Einsatz dann zulässig ist, wenn der Richter selbst die Einnahme des Augenscheins nicht durchführen kann.[1028]

**Beispiel:** Es kommt auf die Feststellung an, wie der obere Abschluss eines hohen Industrieschornsteins beschaffen ist. Da der Richter körperlich nicht in der Lage ist, dort selbst die erforderlichen Feststellungen zu treffen, setzt er als seinen Gehilfen einen Schornsteinbauer ein, der sich zur Spitze des Schornsteines begibt und dem Richter mitteilt, was er dort gesehen hat. Kommt es allerdings auf die besondere Sachkunde eines Schornsteinbauers an, um diese Feststellungen treffen zu können, dann ist die Grenze zum Sachverständigenbeweis überschritten.

779  Nur im Rahmen des § 372a, also zum Nachweis der Abstammung, kann die **Duldung** eines Augenscheinsbeweises **erzwungen** werden. In allen anderen Fällen muss zwischen Parteien und Dritten unterschieden werden:

- **Gegenüber den Parteien** gibt es keine erzwingbare Pflicht zur Duldung des Augenscheinsbeweises. Dies gilt ebenso bei einer vom Gericht nach § 144 I angeordneten Einnahme des Augenscheins. Auch wenn das Gericht einer Partei aufgibt, ein Augenscheinsobjekt dem Gericht vorzulegen oder den Augenscheinsbeweis zu dulden, können nur beweisrechtliche Folgerungen aus einer Weigerung bezogen werden.[1029]

  Scheitert der Augenscheinsbeweis an der Weigerung der beweisführungsbelasteten Partei (zu diesem Begriff → Rn. 856), dann steht das Beweismittel nicht zur Verfügung und die Partei hat die sich daraus ergebenden Konsequenzen zu tragen. Lehnt der Gegner der beweisführungsbelasteten Partei die Inaugenscheinnahme ab, dann handelt es sich um einen Fall der Beweisvereitelung, deren Folgen durch Abs. 3 des § 371 geregelt sind (→ Rn. 843 ff.).

- Dagegen kann eine nach § 144 I getroffene Anordnung des Gerichts **gegenüber Dritten** in gleicher Weise erzwungen werden wie die Aussage eines Zeugen, und zwar durch Festsetzung eines Ordnungsgeldes oder Ordnungshaft (§ 144 II 2 iVm § 390; → Rn. 783).[1030] Nur wenn dem Dritten ein Zeugnisverweigerungsrecht gem. §§ 383–385 zusteht (→ Rn. 784 f.) oder die Vorlegung des Augenscheinsobjektes oder die Duldung der Augenscheinseinnahme unzumutbar erscheint, kann der Dritte die Befolgung der Anordnung verweigern (§ 144 II 1). Ebenso kann der Dritte das Betreten seiner Wohnung durch den Richter oder vom Gericht beauftragte Personen verweigern (vgl. § 144 I 3).[1031]

  Ob die Weigerung des Dritten rechtmäßig ist, wird vom Gericht nach Anhörung der Parteien durch ein Zwischenurteil entschieden, das mit sofortiger Beschwerde von dem durch die Entscheidung Betroffenen (Partei oder Dritten) angefochten werden kann (§ 387 iVm § 144 II 2).

---

[1028] Vgl. *Rosenberg/Schwab/Gottwald* ZivilProzR § 117 Rn. 23; MüKoZPO/*Zimmermann* § 372 Rn. 4.
[1029] Vgl. Musielak/Voit/*Huber* § 371 Rn. 19 f. mwN.
[1030] *Schreiber* JURA 2009, 269 (270).
[1031] Vgl. *Musielak/Stadler* BeweisR § 144 Rn. 10.

V. Die einzelnen Beweismittel

## 2. Zeugenbeweis

Der in den §§ 373–401 geregelte Zeugenbeweis ist das in der Praxis am häufigsten gebrauchte Beweismittel, obwohl es sich dabei anerkanntermaßen um das unzuverlässigste handelt. Die Unzuverlässigkeit des Zeugenbeweises hat unterschiedliche Gründe. Neben Fehlern, die bei der Befragung von Zeugen aufgrund unzureichender Sensibilität und auch fehlender Erfahrung immer wieder von dem vernehmenden Richter begangen werden, sind dies insbesondere Defizite bei Aufnahme und Speicherung des Erlebten durch den Zeugen, weniger Böswilligkeit oder Lügenhaftigkeit.[1032] Der Richter muss sich stets der Schwachpunkte beim Zeugenbeweis bewusst sein, um nach Möglichkeit selbst Fehler bei der Vernehmung zu vermeiden und die Aussage richtig bewerten zu können.

780

Wer Zeuge sein kann, wird in der ZPO nicht ausdrücklich bestimmt. Die häufig aufgestellte Regel, wer Partei ist, kann nicht Zeuge sein, gilt nicht ausnahmslos, denn in Sonderfällen kann auch eine Partei als Zeuge vernommen werden (→ Rn. 819); richtig ist vielmehr der Satz, wer in einem Prozess als Partei vernommen werden kann, darf nicht als Zeuge gehört werden.[1033]

781

Als einziges Beweismittel ist der Zeugenbeweis bei Geltung der Verhandlungsmaxime von einem Antrag einer Partei abhängig (§ 373; → Rn. 760). Im Antrag ist der Zeuge namentlich zu benennen. Eine ungenaue Umschreibung (zB „der zuständige Sachbearbeiter") oder lediglich die Angabe „NN" ist nicht ausreichend und kann nicht das Gericht veranlassen, nach dem zu vernehmenden Zeugen zu suchen.[1034] Nur wenn aufgrund weiterer Angaben der antragstellenden Partei eine Individualisierung des zu ladenden Zeugen möglich ist, reicht die Bezeichnung „N.N." ausnahmsweise aus.[1035] Als Zeuge kann jeder – unabhängig vom Alter oder Geisteszustand sowie von seinen Beziehungen zum Gegenstand des Rechtsstreits oder zu den Parteien – benannt werden, sofern er nur die erforderliche Verstandesreife besitzt, Wahrnehmungen zu machen, zu behalten und wiederzugeben. Umstände, die einer Glaubwürdigkeit des Zeugen entgegenstehen (zB verwandtschaftliche oder freundschaftliche Verbundenheit mit einer Partei), führen also nicht zu seinem Ausschluss, sondern sind vom Richter bei der Beweiswürdigung zu berücksichtigen.[1036]

782

Jeden Zeugen treffen drei Pflichten: Die Pflicht zum Erscheinen vor dem vernehmenden Richter, die Pflicht zur wahrheitsgemäßen und vollständigen Aussage und die Pflicht zur Beeidigung seiner Aussage. Zu diesen Pflichten ist Folgendes zu bemerken:

783

- Ein ordnungsgemäß geladener Zeuge, der nicht erscheint, muss die durch sein Ausbleiben verursachten Kosten tragen; beispielsweise sind ihm die Reisekosten der anderen Beteiligten, deren Anreise durch das Ausbleiben des Zeugen vergeblich gewesen ist, aufzuerlegen. Außerdem wird gegen den Zeugen ein Ordnungs-

---

[1032] Vgl. im Einzelnen dazu: *Kirchhoff* MDR 2001, 661; *Musielak/Stadler* BeweisR Rn. 67 ff.
[1033] Musielak/Voit/*Huber* § 445 Rn. 2.
[1034] BGH NZI 2015, 191 Rn. 6 mwN.
[1035] BGH NJW 1998, 2368 (2369).
[1036] Vgl. zur Beweiswürdigung beim Zeugenbeweis *Kirchhoff* MDR 2010, 791; *Musielak/Stadler* BeweisR Rn. 153 f.

geld und für den Fall, dass dieses nicht beigetrieben werden kann, Ordnungshaft festgesetzt (vgl. § 380 I).[1037] Für die Höhe des Ordnungsgeldes und die Dauer der Ordnungshaft, für die Beitreibung des Ordnungsgeldes und seine Umwandlung in Ordnungshaft gelten die Art. 6–8 EGStGB. Streitig ist die Frage, ob in jedem Fall ein Ordnungsgeld verhängt werden muss oder ob davon abzusehen ist, wenn kein Bedürfnis besteht, den Zeugen in einem späteren Termin zu vernehmen. Sieht man den Normzweck des § 380 darin, die Erfüllung der Zeugnispflicht zu sichern, und verneint man einen Sanktionscharakter dieser Vorschrift, dann wird man die Auferlegung der Kosten und die Verhängung eines Ordnungsgeldes davon abhängig machen, dass der Grund, den Zeugen zu vernehmen, weiterhin besteht.[1038]

- Keine Pflicht zum Erscheinen trifft die von der Aussagepflicht befreiten (§ 386 III) und die durch Krankheit am Erscheinen verhinderten Personen (Rückschluss aus § 375 I Nr. 2) sowie den Bundespräsidenten, der in seiner Wohnung zu vernehmen ist (§ 375 II).
- Jeder Zeuge muss aussagen, soweit ihm nicht das Recht zur Zeugnisverweigerung zusteht (dazu sogleich). Wird das Zeugnis ohne triftigen Grund verweigert, dann sind dem Zeugen die durch die Verweigerung verursachten Kosten aufzuerlegen. Außerdem wird gegen ihn ein Ordnungsgeld oder Ordnungshaft festgesetzt (vgl. § 390 I). Sagt der Zeuge falsch aus, dann kann er bestraft werden (vgl. § 153 StGB); außerdem kann er sich auch nach dem Zivilrecht schadensersatzpflichtig machen (§ 823 II BGB in Verbindung mit einem in Betracht kommenden Strafgesetz).
- Jeder zur Aussage verpflichtete Zeuge ist auch zur Beeidigung seiner Aussage verpflichtet, sofern nicht das Eidesverbot des § 393 eingreift. Die grundlose Eidesverweigerung löst die gleichen Rechtsfolgen aus wie die unbegründete Zeugnisverweigerung. Allerdings bleiben Zeugen im Zivilprozess regelmäßig unbeeidet, und etwas anderes gilt nur, wenn das Gericht eine Beeidigung mit Rücksicht auf die Bedeutung der Aussage oder zur Herbeiführung einer wahrheitsgemäßen Aussage für geboten erachtet und die Parteien auf die Beeidigung nicht verzichten (§ 391).[1039] Vorschriften über die Beeidigung sowie über die eidesgleiche Bekräftigung enthalten die §§ 478–484. Darauf wird später eingegangen werden.

784 Von der **Pflicht zur Aussage** gibt es **Ausnahmen**. So besteht keine Aussagepflicht für die Mitglieder der Bundesregierung hinsichtlich der ihnen amtlich bekannt gewordenen Tatsachen (Rechtsgrundlage hierfür bildet das Bundesministergesetz). Gleiches gilt für die Minister der Länder aufgrund entsprechender Länderregelungen (vgl. § 376 II). Richter und Beamte dürfen über Tatsachen, die ihrer Amtsverschwiegenheit unterliegen, nur aussagen, wenn sie eine Genehmigung der vorgesetzten Dienstbehörde zur Aussage erhalten; auf die entsprechenden Regelungen in den Bundes- und Landesbeamtengesetzen verweist § 376 I. Schließlich kann der Bundespräsident nach § 376 IV das Zeugnis verweigern, wenn die Ablegung des Zeugnisses dem Wohl des Bundes oder eines deutschen Landes Nachteile bereiten

---

[1037] Vgl. *Musielak/Stadler* BeweisR Rn. 73 ff.
[1038] So auch OLG Hamm NJW-RR 2013, 384; *Stackmann* JuS 2008, 974; Musielak/Voit/*Huber* § 380 Rn. 4, jew. mwN auch zur Gegenauffassung.
[1039] Vgl. Musielak/Voit/*Huber* § 391 Rn. 1.

V. Die einzelnen Beweismittel

würde. Diese im öffentlichen Wohl liegenden Ausnahmen von einer Aussagepflicht werden ergänzt durch die Regelungen der §§ 383–385, **durch die** aus unterschiedlichen Erwägungen **Ausnahmen von der allgemeinen Zeugnispflicht zugelassen werden.**

Die Gründe sind teils persönlicher, teils sachlicher Art. Wegen enger Beziehungen zu einer Partei gewährt das Gesetz den Verlobten, den Ehegatten und nahen Verwandten ein Zeugnisverweigerungsrecht, auf das der Richter hinzuweisen hat (vgl. § 383 II). Im Interesse der beruflichen Schweigepflichten sind bestimmte Personen, wie Geistliche, Ärzte und Journalisten, nach § 383 I Nr. 4–6 von der Zeugenpflicht befreit; für die in § 383 I Nr. 4 und 6 bezeichneten Personen gilt dies allerdings nur, sofern sie nicht von der Verpflichtung zur Verschwiegenheit entbunden werden (§ 385 II). Soweit eine Aussage den Zeugen selbst schädigen, gefährden oder sonst benachteiligen könnte, wird ihm unter den Voraussetzungen des § 384 ein Zeugnisverweigerungsrecht zugestanden. Eine Pflicht des Richters zur Belehrung über dieses Recht besteht nicht, jedoch empfiehlt sich ein entsprechender Hinweis, wenn es dafür einen Grund gibt. Durch § 385 I wird dann wiederum eine Gegenausnahme zu den in § 383 Nr. 1–3 und § 384 Nr. 1 getroffenen Regelungen gemacht.

785

Bei Beantwortung der Frage, ob der Richter Schlüsse zum Nachteil einer Partei aus der Verweigerung des Zeugnisses ziehen darf, ist zu differenzieren: Leitet sich das Zeugnisverweigerungsrecht aus den persönlichen Beziehungen des Zeugen zur Partei ab (§ 383 Nr. 1–3), dann darf der Richter diese Tatsachen im Rahmen der Beweiswürdigung nicht nachteilig bewerten.[1040] Anders ist zu entscheiden, wenn das Zeugnisverweigerungsrecht auf sachlichen Gründen beruht (§ 384); in diesem Fall ist der Richter nicht gehindert, die Zeugnisverweigerung entsprechend zu würdigen.[1041]

786

Die Durchführung der Zeugenvernehmung regeln die §§ 378, 394–398.[1042] Die Aussage des Zeugen ist möglichst mit dessen eigenen Worten in das Protokoll aufzunehmen (§ 160 III Nr. 4, § 162; → Rn. 185). Zu berücksichtigen ist, dass nach § 377 III unter den dort genannten Voraussetzungen das Gericht auch eine schriftliche Beantwortung der Beweisfrage durch den Zeugen anordnen kann.

787

## 3. Beweis durch Sachverständige

Die Feststellung rechtserheblicher Tatsachen im Rahmen der Beweiswürdigung geschieht mithilfe des Erfahrungswissens (→ Rn. 826). Soweit es dafür auf Kenntnisse ankommt, über die der Richter nicht verfügt, muss er sich das Wissen anderer nutzbar machen. Dies geschieht im Zivilprozess durch den Sachverständigenbeweis. **Der Sachverständige ist folglich eine Person, die aufgrund ihrer besonderen Sach-**

788

---

[1040] *Jauernig/Hess* § 53 Rn. 19 unter Hinweis auf BGH NJW 1987, 2027 (2028) (zur StPO); MüKoZPO/*Damrau* 383 Rn. 21; Musielak/Voit/*Huber* § 383 Rn. 10; Thomas/Putzo/*Reichold* § 383 Rn. 1.
[1041] BGH NJW 2012, 296 Rn. 18 mwN; *Rosenberg/Schwab/Gottwald* ZivilProzR § 120 Rn. 28 (für zurückhaltende Bewertung).
[1042] Vgl. zu Einzelheiten *Musielak/Stadler* BeweisR Rn. 73, 77 ff.; *Pukall/Kießling* ZivilProz Rn. 880.

**und Fachkunde den Richter bei der Feststellung von Tatsachen unterstützt.** Der Funktion nach ist der Sachverständige ein Gehilfe des Richters.[1043]

789 Die Aussage des Sachverständigen geschieht in der Form eines Gutachtens, dessen Inhalt sich nach der regelmäßig in einem Beweisbeschluss formulierten Beweisfrage (→ Rn. 764) richtet. Es steht im Ermessen des Gerichts, ob das **Gutachten** schriftlich zu erstatten ist (vgl. dazu § 411). Regelmäßig dürfte sich die **Schriftform** empfehlen, wenn es sich nicht um sehr einfach zu beantwortende Gutachterfragen handelt. Wird eine schriftliche Begutachtung angeordnet, dann soll das Gericht dem Sachverständigen eine Frist setzen, innerhalb derer er das von ihm unterschriebene Gutachten zu übermitteln hat (§ 411 I). Die Dauer der gesetzten Frist hängt wesentlich von dem Umfang und dem Schwierigkeitsgrad des zu erstattenden Gutachtens ab.[1044] Dem Sachverständigen kann aufgegeben werden, dem Richter lediglich abstrakte Erkenntnisse aus einem Wissensgebiet mitzuteilen, die der Richter dann selbst auf den von ihm zu bewertenden Sachverhalt anwendet.[1045] Regelmäßig wird indes dem Sachverständigen diese Anwendung selbst überlassen, sodass dem Richter bereits die daraus zu ziehenden Schlussfolgerungen unterbreitet werden. Jedoch müssen grundsätzlich die **Tatsachen, die dem Gutachten zugrunde liegen** (sog. **Anschlusstatsachen**), durch das Gericht selbst festgestellt werden (vgl. § 404a III).[1046] Soweit es sich allerdings um Tatsachen handelt, die nur mithilfe besonderer Sachkunde feststellbar sind (sog. **Befundtatsachen**), muss es dem Sachverständigen gestattet werden, solche Tatsachen selbst zu ermitteln und in seinem Gutachten zu verwerten.

790 So kann es beispielsweise erforderlich sein, dass der Sachverständige, der zu Baumängeln oder Unfallschäden gutachtlich Stellung nehmen soll, durch Besichtigung und Inaugenscheinnahme des Gebäudes oder des Kraftfahrzeuges tatsächliche Feststellungen trifft, die für sein Gutachten erforderlich sind. Das Gericht hat dann den Umfang festzulegen, innerhalb dessen der Sachverständige zur Aufklärung der Beweisfrage befugt ist (§ 404a IV). Beschafft sich der Sachverständige entsprechende Informationen ohne eine Ermächtigung des Gerichts, dann muss er dieses Verfahren in seinem Gutachten offen legen, um sich nicht dem Vorwurf der Befangenheit auszusetzen.[1047]

791 Grundsätzlich sind die Parteien berechtigt, bei den vom Sachverständigen angestellten Untersuchungen anwesend zu sein (→ Rn. 772). Dieses Recht kann allerdings aufgrund der Besonderheiten der vom Sachverständigen vorzunehmenden Tatsachenfeststellungen eingeschränkt sein. So ist insbesondere die Frage, ob bei einer körperlichen Untersuchung einer Prozesspartei durch den Sachverständigen ein Anwesenheitsrecht der Gegenpartei besteht, im Einzelfall unter Abwägung der beiderseitigen Interessen zu beantworten.[1048]

---

[1043] *Schreiber* JuS 2008, 269 (271); *Seibel* NJW 2014, 1628.
[1044] Musielak/Voit/*Huber* § 411 Rn. 5.
[1045] Dies kommt insbesondere in Betracht, wenn der Sachverständige fremdes Recht, Gewohnheitsrecht oder Satzungen, die zum Gegenstand eines Beweises gemacht werden (vgl. § 293; → Rn. 748), in seinem Gutachten zu beschreiben hat.
[1046] BGH NJW 1970, 1919 (1921), mwN.
[1047] OLG Saarbrücken MDR 2005, 231.
[1048] Bejaht von OLG Frankfurt a. M. NJOZ 2011, 1489 (1490) für eine zahnärztliche Untersuchung.

## V. Die einzelnen Beweismittel

Immer muss verlangt werden, dass der Sachverständige den von ihm bewerteten **792**
Tatsachenstoff und die darauf anzuwendenden abstrakten Erfahrungssätze in seinem Gutachten nachvollziehbar für den Richter darstellt. Denn der Richter muss das Gutachten des Sachverständigen, wie jeden anderen Beweis auch, würdigen und sich von der Richtigkeit überzeugen,[1049] nicht etwa kritiklos das Ergebnis des Gutachtens übernehmen.[1050] So hat der Richter die Sachkunde des Gutachters ebenso zu überprüfen wie die Vollständigkeit und Widerspruchsfreiheit seiner Äußerungen.[1051] Bestehen Widersprüche zu früheren Ausführungen, dann muss das Gericht diese dem Sachverständigen vorhalten und darf nicht ohne weitere Aufklärungsversuche die Begutachtung seiner Entscheidung zugrunde legen.[1052] Zeigt sich, dass der zu begutachtende Sachverhalt auch Fragen aufwirft, die nicht in das Fachgebiet des Gutachters fallen, dann darf der Richter nicht ohne Weiteres den darauf bezogenen Darlegungen folgen, sondern muss gegebenenfalls durch Beiziehung eines weiteren Sachverständigen für eine Klärung sorgen.[1053] Will der Richter den fachlichen Feststellungen oder fachlichen Schlussfolgerungen eines Gutachters nicht folgen, dann hat er im Urteil darzulegen, welche Gründe dafür maßgebend sind und welche eigene Sachkunde die abweichenden Bewertungen rechtfertigt.[1054]

Aus dem beschriebenen Verhältnis zwischen Richter und Sachverständigem ergibt **793**
sich, dass die Entscheidung, ob ein Sachverständigengutachten zu erstatten ist, dem Ermessen des Richters überlassen bleibt. Denn ein Sachverständiger muss nur dann hinzugezogen werden, wenn der Richter nicht selbst über die erforderliche Sachkunde verfügt. Dementsprechend kann der Sachverständigenbeweis von Amts wegen angeordnet werden (§ 144) und das Gericht den Antrag einer Partei auf Sachverständigenbeweis ablehnen. Der Richter darf jedoch bei Beurteilung einer Fachwissen voraussetzenden Frage nur dann auf die Einholung eines Sachverständigengutachtens verzichten, wenn er eine entsprechende eigene besondere Sachkunde auszuweisen vermag.[1055] Die Auswahl eines Sachverständigen wird durch das Gericht vorgenommen, wenn nicht die Parteien einverständlich einen Sachverständigen benennen (vgl. § 404 IV). Findet das Gericht unter Ausschöpfung aller bekannten Erkenntnisquellen insbesondere nach Kontaktaufnahme mit Kammern und Berufsverbänden keinen geeigneten Sachverständigen, dann kann es unter den in § 356 genannten Voraussetzungen von einer Beweiserhebung durch Sachverständigengutachten absehen. Das Gericht ist jedoch verpflichtet, im Urteil nachvollziehbar darzulegen, welche Bemühungen es bei der Sachverständigensuche unternommen hat und weshalb diese Bemühungen erfolglos blieben.[1056]

Ein **Sachverständiger** kann **von einer Partei** aus denselben Gründen **abgelehnt** werden, wie **794**
sie für die Ablehnung eines Richters gelten (§ 406 I 1 iVm §§ 41, 42; → Rn. 203 f.); allerdings

---

[1049] Vgl. *Müller* JuS 2915, 33.
[1050] BGH NJW 1986, 1928 (1930).
[1051] OLG München NJW 2006, 1293 (1295).
[1052] BGH NJW 2001, 1787 (1788).
[1053] BGH VersR 2007, 376.
[1054] BGH NJW 2003, 1325 mwN.
[1055] BGH NJW-RR 2007, 357 (358); vgl. auch BGH NJW 2004, 1163 (1164).
[1056] BGH NJW 2017, 2354 Rn. 13 f. mAnm *Huber*.

ist es anders als beim Richter (§ 41 Nr. 5) bei einem Sachverständigen kein Grund zur Ablehnung, wenn er vorher als Zeuge vernommen worden ist (§ 406 I 2). Ergibt sich der Grund zur Ablehnung des Sachverständigen aus dem Inhalt des schriftlichen Gutachtens, dann läuft im Allgemeinen die Frist zur Ablehnung gleichzeitig mit der vom Gericht gesetzten Frist zur Stellungnahme nach § 411 IV ab.[1057]

795 Wenn auch ergänzend zur Regelung des Sachverständigenbeweises (§§ 403 ff.) die Vorschriften über den Zeugenbeweis heranzuziehen sind (vgl. § 402), so ergeben sich doch zwischen beiden Beweismitteln insbesondere hinsichtlich der Stellung des Gerichts und einer Ablehnung durch die Parteien, die nur bei einem Sachverständigen möglich ist, bedeutsame Unterschiede. Deshalb ist es erforderlich, eine Entscheidung zu treffen, ob eine Person als Sachverständiger oder als Zeuge gehört wird. Im Grundsatz kann es insoweit keine Abgrenzungsschwierigkeiten geben: Wer über die Wahrnehmung vergangener Tatsachen berichtet, ist Zeuge, wer dem Gericht (nur) Erfahrungssätze mitteilt, ist Sachverständiger. Da der Zeuge über persönliche Erlebnisse berichtet, ist er anders als der Sachverständige nicht austauschbar. Nun kann allerdings ein Zeuge aufgrund besonderer Sachkunde über seine Wahrnehmungen berichten. Es handelt sich dann um einen sog. **sachverständigen Zeugen,** für den jedoch nicht die Vorschriften über den Sachverständigenbeweis, sondern die über den Zeugenbeweis gelten (§ 414).

> **Beispiel:** Der Arzt A wird Zeuge eines Kfz-Unfalls und leistet Erste Hilfe. Im Prozess zwischen dem Geschädigten und dem Unfallverursacher wird A als Zeuge vernommen. Er berichtet sowohl über den Unfallhergang als auch über die Verletzungen des Unfallopfers, die er bei seiner Hilfeleistung festgestellt hat. A ist Zeuge, und zwar auch hinsichtlich seiner sachverständig getroffenen Feststellungen über Art und Schwere der Verletzungen.

796 Ein Sachverständiger ist unter den in § 407 genannten Voraussetzungen zur Erstattung des Gutachtens verpflichtet. Er hat den Gutachtenauftrag des Gerichts unverzüglich daraufhin zu prüfen, ob er in sein Fachgebiet fällt und ob er ihn allein durchführen kann (§ 407a I). Verweigert er ohne triftigen Grund (vgl. dazu § 408) die Begutachtung, dann kann gegen ihn ein Ordnungsgeld festgesetzt werden (§ 409 I). Wird das Gutachten schriftlich erstattet (→ Rn. 789), dann ist es den Parteien zur Kenntnisnahme und gegebenenfalls zur Stellungnahme zu übermitteln. Für ihre Stellungnahme kann den Parteien eine Frist gesetzt werden (vgl. § 411 IV 2). Das Gericht kann und muss auf Antrag einer Partei den Sachverständigen zur mündlichen Verhandlung laden, damit er sein Gutachten erläutert. Die Parteien haben zur Gewährleistung ihres rechtlichen Gehörs nach §§ 397, 402 einen Anspruch darauf, dass sie dem Sachverständigen die Fragen, die sie zur Aufklärung der Sache für erforderlich halten, zur mündlichen Beantwortung vorlegen können.[1058] Unerheblich dafür ist es, ob das Gericht einen entsprechenden Erläuterungsbedarf sieht.[1059] Von der Partei, die einen Antrag auf Ladung des Sachverständigen stellt, darf nicht verlangt werden, dass sie die Frage, die sie an den Sachverständigen zu richten beabsichtigt, im Voraus

---

[1057] BGH NJW 2005, 1869 mwN auch zu abweichenden Auffassungen.
[1058] StRspr BGH NJW-RR 2017, 762 Rn. 3.
[1059] BVerfG NJW 2012, 1346 Rn. 14; BGH NJW-RR 2006, 1503; 2007, 212; NJW 2006, 3054 (3055); NJW-RR 2009, 1361 Rn. 10; 2015, 510 Rn. 8, jew. mwN (stRspr).

## V. Die einzelnen Beweismittel

konkret formuliert. Es genügt, wenn sie allgemein angibt, in welcher Richtung sie durch Fragen eine weitere Aufklärung herbeizuführen wünscht.[1060] Der Sachverständige wird grundsätzlich uneidlich vernommen; für seine Beeidigung (vgl. § 410) gelten die gleichen Erwägungen wie für die Beeidigung eines Zeugen (→ Rn. 783).

Die **Haftung des Sachverständigen** für die Erstellung eines unrichtigen Gutachtens ist durch die Vorschrift des § 839a BGB geregelt. Nach dieser Vorschrift ist ein Sachverständiger, der vorsätzlich oder grob fahrlässig ein unrichtiges Gutachten erstattet, zum Ersatz des Schadens verpflichtet, der einem Verfahrensbeteiligten durch die gerichtliche Entscheidung entsteht, die auf diesem Gutachten beruht. Eine Haftung entfällt jedoch, wenn der Geschädigte es schuldhaft unterlassen hat, seinen Schaden durch Gebrauch eines Rechtsmittels abzuwenden (§ 839a II iVm § 839 III BGB). Der Gesetzgeber bezweckt mit dieser Vorschrift eine abschließende Regelung, neben der eine Haftung aufgrund einfacher Fahrlässigkeit nach § 823 II BGB iVm §§ 154 ff., 163 StGB ausscheidet.[1061] Dadurch soll die innere Unabhängigkeit des Sachverständigen gewährleistet werden, die es ihm ermöglichen soll, sein Gutachten ohne Druck eines möglichen Rückgriffs zu erstatten.[1062]

797

Der nach § 839a I BGB zu ersetzende Schaden muss durch eine gerichtliche Entscheidung verursacht worden sein. Schließen die Parteien unter dem Eindruck eines falschen Sachverständigengutachtens einen Vergleich, dann kann ein Schadensersatzanspruch nicht auf diese Vorschrift gestützt werden.[1063] Bildete das fehlerhafte Sachverständigengutachten die Grundlage für den Vergleich, dann ergibt sich seine Nichtigkeit aus § 779 BGB.[1064]

798

Der vom Gericht bestellte Gutachter muss grundsätzlich das Gutachten selbst erstatten (§ 407a II 1). Dies schließt allerdings nicht aus, dass er **Hilfspersonen** einsetzt, die ihn bei seiner Gutachtertätigkeit unterstützen (vgl. § 407a II 2).[1065] Unzulässig ist es dagegen, wenn der Gutachter den Gutachtenauftrag zur selbstständigen Erledigung einem anderen weitergibt.

799

**Beispiel:** Das Gericht bestellt Professor Dr. X zum Gutachter. Dieser gibt den Gutachtenauftrag an seinen Mitarbeiter, Privatdozent Dr. Y, weiter. Dieser erstattet eigenverantwortlich das Gutachten und legt es dem Gericht vor. Dieses Gutachten ist im Prozess nicht verwertbar, weil es nicht von dem bestellten Gutachter erstattet worden ist.

Will das Gericht das Gutachten verwertbar machen, dann muss es seinen Beweisbeschluss nach § 360 S. 2 von Amts wegen ändern und den Verfasser des Gutachtens anstelle der bisher im Beschluss genannten Person zum gerichtlichen Sachverständigen

---

[1060] BGH MDR 2005, 1308; BGH NJW-RR 2006, 1503; 2007, 212.
[1061] Amtliche Begründung, BT-Drs. 14/7752, 28 (zu Art. 2 Nr. 5).
[1062] Der BGH (BGHZ 62, 54 = NJW 1974, 312) hat aus der Stellung des Sachverständigen als Richtergehilfen und aus der dafür erforderlichen inneren Unabhängigkeit den Schluss ziehen wollen, dass dem Sachverständigen eine Haftungsfreistellung von jedem fahrlässigen Verhalten bei Ausübung seiner Tätigkeit zuzubilligen sei, jedoch hat das BVerfG (BVerfGE 49, 304 = NJW 1979, 305) den Ausschluss einer Haftung für grob fahrlässiges Verhalten durch Richterrecht für unzulässig erklärt.
[1063] OLG Nürnberg NJW-RR 2011, 1216; *Wagner* NJW 2002, 2049 (2062 f.); Bamberger/Roth/*Reinert* § 839a Rn. 8.
[1064] *Wagner* NJW 2002, 2063.
[1065] Vgl. BVerwG NVwZ 1993, 771 (772); OLG Zweibrücken NJW-RR 1999, 1368.

bestellen.¹⁰⁶⁶ Geschieht dies nicht, dann stellt die Verwertung des Gutachtens einen Verfahrensfehler dar, der jedoch nach § 295 I geheilt werden kann.¹⁰⁶⁷

**800** Bisher war die Verwertung von Gutachten aus anderen Verfahren nur im Rahmen eines Urkundenbeweises möglich. Der durch das 1. JuMoG in die ZPO eingefügte § 411a gestattet nunmehr dem Richter, solche Gutachten beizuziehen und zu verwerten. Zunächst war die Verwertbarkeit auf gerichtlich eingeholte Gutachten beschränkt worden. Das 2. JuMoG hat den Kreis verwertbarer Gutachten auf solche erweitert, die in einem staatsanwaltlichen Ermittlungsverfahren erstattet wurden. Sinnvoll erscheint dies insbesondere für Gutachten, die in Verkehrsunfallsachen auf Anordnung der Staatsanwaltschaft eingeholt worden sind. Die Verwertbarkeit gerichtlicher Gutachten aus anderen Verfahren kommt insbesondere in Betracht, wenn in Parallelprozessen wesentlich gleiche Sachverhalte zur Entscheidung stehen, wie dies zB vorkommt, wenn verschiedene Mieter denselben Vermieter aus gleichem Anlass verklagen oder mehrere Geschädigte Schadensersatz vom selben Schädiger fordern. Da es sich bei der Gutachtenverwertung gem. § 411a um einen Sachverständigenbeweis handelt,¹⁰⁶⁸ liegt es wie sonst auch (→ Rn. 793) im pflichtgemäßen Ermessen des Gerichts, ob es das Sachverständigengutachten aus einem anderen gerichtlichen Verfahren verwerten will. Ein entsprechender Antrag einer Partei ist insoweit nur als Anregung aufzufassen. Allerdings ist es der Partei nicht verwehrt, das Gutachten aus einem fremden Rechtsstreit im Wege des Urkundenbeweises einzuführen.¹⁰⁶⁹ Sprechen sich beide Parteien übereinstimmend für die Erstattung eines neuen Gutachtens und gegen die Verwertung des verfahrensfremden Gutachtens aus, dann wird der Richter diesen Parteiwillen zu berücksichtigen haben.¹⁰⁷⁰ Übergeht das Gericht den Antrag einer Partei, nach § 411a zu verfahren, dann muss es die Gründe dafür in seinem Urteil darlegen.¹⁰⁷¹ Die Rechte der Parteien sind im Rahmen des § 411a die gleichen wie auch sonst bei einem Sachverständigenbeweis. Insbesondere kann eine Partei den Sachverständigen, der das Gutachten in dem anderen Rechtsstreit erstattet hat, gem. § 406 ablehnen.¹⁰⁷² Beabsichtigt das Gericht ein Gutachten aus einem anderen Verfahren zu verwerten, muss es zuvor die Parteien von dieser Absicht unterrichten und ihnen Gelegenheit zu einer Stellungnahme geben.¹⁰⁷³

**801** Legt eine Partei ein sog. **Privatgutachten** vor, dh ein Gutachten, das sie selbst, und nicht das Gericht in Auftrag gegeben hat, dann handelt es sich dabei nicht etwa um einen Sachverständigenbeweis, sondern lediglich um einen Parteivortrag.¹⁰⁷⁴ Wider-

---

¹⁰⁶⁶ BGH VersR 1978, 1105 (1106); BGH NJW 1985, 1399 (1400); BayObLG NJW 2003, 216 (219).
¹⁰⁶⁷ OLG Zweibrücken NJW-RR 1999, 1368.
¹⁰⁶⁸ *Greger* NJW-Sonderheft BayObLG 2005, 36 (40).
¹⁰⁶⁹ Musielak/Voit/*Huber* § 411a Rn. 5.
¹⁰⁷⁰ Zöller/*Greger* § 411a Rn. 3; Prütting/Gehrlein/*Katzenmeier* § 411a Rn. 7; zweifelnd HK-ZPO/*Siebert* § 411a Rn. 3; für Ermessensentscheidung des Gerichts auch in diesem Fall Stein/Jonas/*Leipold* § 411a Rn. 12.
¹⁰⁷¹ Zöller/*Greger* § 411a Rn. 3.
¹⁰⁷² *Knauer/Wolf* NJW 2004, 2657 (2862); Musielak/Voit/*Huber* § 411a Rn. 12.
¹⁰⁷³ BGH NJOZ 2017, 842 Rn. 7 f.
¹⁰⁷⁴ *Ghassemi-Tabar/Nober* NJW 2016, 552 (553).

spricht der Prozessgegner der Verwertung des Gutachtens, dann werden die darin mitgeteilten Tatsachen streitig und über sie muss gegebenenfalls durch ein gerichtliches Sachverständigengutachten Beweis erhoben werden. Bei Widersprüchen zwischen dem Sachverständigengutachten und dem Privatgutachten muss sich das Gericht damit auseinander setzen und gegebenenfalls weitere Beweise erheben.[1075]

## 4. Beweis durch Urkunden

In der ZPO wird der **Begriff der Urkunde** – auch in der in § 415 I enthaltenen Beschreibung der öffentlichen Urkunde – nicht definiert, sondern vorausgesetzt. **Der im Zivilprozessrecht zu verwendende Urkundenbegriff** ist enger als der des Strafrechts und **erfasst nur durch Schriftzeichen verkörperte Gedankenäußerungen.**[1076] Dementsprechend können nicht schriftliche Verkörperungen von Gedanken wie Kfz-Kennzeichen, Tonbandaufnahmen, Schallplatten und Fotografien nur als Augenscheinsobjekte Gegenstand eines Beweises sein. Dagegen können Kopien wie zB Mikro-, Foto-, und Telefaxkopien die Eigenschaft einer Urkunde im Sinne der ZPO erlangen.[1077]

**Elektronische Dokumente** sind schon deshalb keine Urkunden im Sinne der ZPO, weil ihnen die Schriftlichkeit fehlt. Sie sind deshalb der Sache nach Gegenstand eines Augenscheinsbeweises. Jedoch wird ihnen entsprechend dem durch das 1. JuMoG in das Gesetz eingefügten § 371a die Beweiskraft von Urkunden zuerkannt (→ Rn. 841). § 416 a, der ebenfalls durch das 1. JuMoG in die ZPO eingefügt worden ist, erkennt dem Ausdruck eines öffentlichen elektronischen Dokuments die Wirkungen einer öffentlichen Urkunde in beglaubigter Abschrift zu, wenn der Ausdruck mit einem Beglaubigungsvermerk versehen ist.

Für die Beweiskraft der Urkunden ist die Unterscheidung zwischen öffentlichen Urkunden (§ 415 I) und privaten Urkunden (§ 416) bedeutsam. **Öffentliche Urkunden** sind die von einer öffentlichen Behörde oder einer mit öffentlichem Glauben versehenen Person (Beispiele: Notar, Gerichtsvollzieher, Urkundsbeamter der Geschäftsstelle) innerhalb ihrer Amtsbefugnis oder des ihr zugewiesenen Geschäftskreises in vorgeschriebener Form aufgenommenen schriftlichen Gedankenäußerungen. **Alle übrigen Urkunden sind private.** Eine weitere Unterscheidung kann nach dem Inhalt der Urkunde getroffen werden: Man spricht von **wirkenden (konstitutiven) Urkunden,** wenn sie den zu beweisenden Vorgang unmittelbar enthalten (Beispiel: Das Urteil, der Verwaltungsakt, das Testament). Berichtet dagegen die Urkunde über einen außerhalb liegenden Vorgang, dann handelt es sich um eine sog. **bezeugende Urkunde** (Beispiel: Das Protokoll über die mündliche Verhandlung, Zeugnis, Zustellungsurkunde).

Der Erfolg des durch eine Urkunde zu führenden Beweises hängt selbstverständlich von ihrer **Echtheit** ab. Inländische öffentliche Urkunden (zu ausländischen vgl. § 438) haben die Vermutung der Echtheit für sich (§ 437 I). Eine Partei, die sich auf die Unechtheit einer derartigen Urkunde beruft, muss die Unechtheit beweisen (vgl.

---

[1075] BGH NJW-RR 2011, 609; NJW 2015, 411 Rn. 15; 2017, 3661 Rn. 11 f.
[1076] BGHZ 65, 300 = NJW 1976, 294; MüKoZPO/*Schreiber* § 415 Rn. 5 ff.
[1077] Vgl. *Zoller* NJW 1993, 429.

§ 292). Wird eine Privaturkunde dem Gericht vorgelegt, dann muss sich der Gegner zur Echtheit dieser Urkunde erklären. Bestreitet er die Echtheit nicht, dann gilt sie – in Verfahren vor dem AG allerdings nur nach einer entsprechenden Aufforderung des Gerichts (vgl. § 510) – als zugestanden und der Richter hat von ihrer Echtheit auszugehen (§ 439 I, III). Die Echtheit einer nicht anerkannten Privaturkunde muss dagegen von demjenigen bewiesen werden, der sich auf sie zum Beweis beruft (§ 440 I). Steht die Echtheit der Namensunterschrift fest, so hat die über der Unterschrift stehende Schrift die Vermutung der Richtigkeit für sich (§ 440 II).

806 Der Namenszug muss unter dem Text stehen. Ein über (sog. „Oberschrift") oder neben dem Text stehender Namenszug (sog. „Nebenschrift") ist nicht als „Unterschrift" iSv §§ 416, 440 II anzusehen.[1078] Eine Unterschrift setzt ein aus Buchstaben einer üblichen Schrift bestehendes Gebilde voraus, das nicht lesbar zu sein braucht, das jedoch einen die Identität des Unterschreibenden ausreichend kennzeichnenden individuellen Schriftzug darstellt und die Absicht einer vollen Unterschriftsleistung erkennen lässt. Handzeichen (Paraphen) erfüllen diese Voraussetzungen nicht. Ob ein Schriftzeichen als eine Unterschrift oder lediglich als ein Handzeichen anzusehen ist, beurteilt sich nach dem äußeren Erscheinungsbild. Bei der Prüfung ist ein großzügiger Maßstab anzulegen, sofern die Autorenschaft gesichert ist.[1079]

807 Die **Beweiskraft** echter Urkunden wird durch eine Reihe den Richter bindender Beweisregeln (vgl. § 286 II) festgelegt. Für öffentliche Urkunden sind die entsprechenden Vorschriften in §§ 415, 417 und 418 enthalten. Danach begründen öffentliche Urkunden über eine vor der Behörde oder der Urkundsperson abgegebene Erklärung vollen Beweis des beurkundeten Vorganges (§ 415 I). Eine wirkende öffentliche Urkunde (→ Rn. 804) beweist, dass die in ihr enthaltene Anordnung, Verfügung oder Entscheidung mit dem sich aus der Urkunde ergebenden Inhalt getroffen worden ist (§ 417). Die bezeugende öffentliche Urkunde beweist die Richtigkeit der durch sie dokumentierten Tatsachen (§ 418 I), sofern diese Tatsachen auf eigener Wahrnehmung der Behörde oder der Urkundsperson beruhen; in anderen Fällen nur, soweit dies gesetzlich (nicht nur durch Landesrecht – so § 418 III –, sondern insbesondere durch Bundesrecht, vgl. § 13 EGZPO) bestimmt wird (Beispiel: Personenstandsbücher, Personenstandsurkunden, §§ 60, 66 PStG).

808 Der Sinn der in § 416 für Privaturkunden aufgestellten Beweisregel ist nicht auf den ersten Blick zu erkennen. Soll sie lediglich besagen, dass die in der Urkunde enthaltene Erklärung vom Aussteller stammt, wenn er die Urkunde unterzeichnet hat, dann enthält sie eine Selbstverständlichkeit. Denn beweiskräftig sind nur echte Urkunden, dh die auch vom Aussteller stammen und hinsichtlich ihres Inhalts nicht verfälscht wurden (→ Rn. 805). Geht man dagegen davon aus, dass durch § 416 der Beweis für die Begebung der Urkunde durch den Aussteller erbracht wird, dh, dass er die in der Urkunde enthaltene Erklärung wissentlich und willentlich in den Rechtsverkehr gebracht hat,[1080] dann weist diese Vorschrift durchaus erhebliche praktische Bedeutung auf. Aus § 416 darf allerdings nicht geschlossen werden, dass nicht unterzeichnete

---

[1078] BGHZ 113, 48 (51 f.) = NJW 1991, 487 (zur Oberschrift); BGH NJW 1992, 829 (zur Nebenschrift).
[1079] BGH NJW-RR 2007, 351 mwN.
[1080] BGH MDR 2003, 406; NJW-RR 2006, 847 (848) = JZ 2007, 256 mAnm *Ahrens*; MüKoZPO/*Schreiber* § 416 Rn. 9; Musielak/Voit/*Huber* § 416 Rn. 3.

Privaturkunden zum Beweis, dass die in ihnen enthaltenen Erklärungen vom Aussteller stammen, ungeeignet sind.[1081]

Wie ausgeführt (→ Rn. 805), wird gem. § 440 II die Übereinstimmung des Textes der echten Urkunde mit dem Willen des Ausstellers vermutet. Der Aussteller kann jedoch nach § 292 den Beweis gegen diese Vermutung führen und sich zB darauf berufen, dass eine von ihm unterzeichnete Blanketterklärung im Nachhinein abredewidrig ausgefüllt worden sei.[1082] Streitig ist, ob der Aussteller auch den Beweis führen kann, dass ihm die Urkunde entzogen worden sei, er sie also nicht willentlich in den Rechtsverkehr gegeben habe. Der BGH[1083] hat dies zu Recht bejaht und darauf verwiesen, es sei kein sachlicher Grund zu erkennen, zwar den Beweis eines abredewidrigen Ausfüllens der Urkunde zuzulassen, dagegen den Beweis eines abredewidrigen Begebens der Urkunde auszuschließen. **809**

Das **Verfahren des Urkundenbeweises** unterscheidet sich regelmäßig nicht von dem anderer Beweisarten. Auf Antrag einer Partei oder von Amts wegen ergeht Beschluss, den Beweis zu erheben; dabei macht es allerdings einen Unterschied, ob sich die Urkunde in den Händen des Beweisführers, des Gegners, eines Dritten oder einer Behörde befindet. Im Einzelnen gilt Folgendes: **810**

- Befindet sich die **Urkunde im Besitz der den Beweis führenden Partei,** dann ist der Beweis durch Vorlegung der Urkunde anzutreten (§ 420).

    Grundsätzlich ist die Urkunde in ihrer Urschrift vorzulegen; nur bei einer öffentlichen Urkunde genügt regelmäßig eine beglaubigte Abschrift (vgl. § 435). Der BGH will jedoch die formelle Beweiskraft des § 416 für eine Kopie gelten lassen, wenn die Echtheit und äußere Fehlerfreiheit des Originals und seine Übereinstimmung mit der Ablichtung nicht bestritten ist.[1084]

- Behauptet die beweisführende Partei, dass sich **die Urkunde im Besitz der Gegenpartei** befindet, dann wird der Beweis durch den Antrag (vgl. § 424) angetreten, dem Gegner die Vorlegung der Urkunde aufzugeben (§ 421). Dabei ist die Urkunde konkret zu bezeichnen, sodass der Antrag „alle einen bestimmten Vertrag betreffenden Schriftstücke" vorzulegen, als ausforschender Beweisantrag (→ Rn. 753) unzulässig ist.[1085]

    Räumt die Gegenpartei den Besitz der Urkunde ein oder erklärt sie sich dazu nicht, dann ordnet das Gericht die Vorlage der (beweiserheblichen) Urkunde an (§ 425). Bestreitet die Gegenpartei den Besitz der Urkunde, dann ist sie über den Verbleib der Urkunde zu vernehmen (§ 426). Unabhängig von einer Vorlagepflicht nach §§ 422, 423, auf die es nur für einen Antrag der beweisführenden Partei nach § 424 ankommt (vgl. § 424 Nr. 5), kann das Gericht die Vorlage auch von Amts wegen nach § 142 I anordnen. Die Auffassung, die § 142 I einschränkend dahingehend auslegen will, dass die nicht beweisbelastete Partei eine Urkunde nur vorzulegen habe, wenn die Voraussetzungen der §§ 422, 423 erfüllt

---

[1081] AK-ZPO/*Rüßmann* § 416 Rn. 1.
[1082] BGHZ 104, 172 (175 f.) = NJW 1988, 2741.
[1083] BGH NJW-RR 2006, 847 (848 f.).
[1084] BGH NJW-RR 2006, 849. *Ahrens* JZ 2007, 260, äußert berechtigte Bedenken, weil nach § 420 stets die Vorlage des Originals erforderlich sei und ein Nichtbestreiten der Echtheit und Fehlerfreiheit des Originals und seiner Übereinstimmung mit der Kopie nicht eine formelle Beweiskraft begründen könne.
[1085] BGH NJW 2014, 3312 Rn. 25.

werden,[1086] ist abzulehnen. Für eine solche Einschränkung ergeben sich weder aus dem Wortlaut noch aus der Entstehungsgeschichte des § 142 überzeugende Hinweise.[1087] Für die Anordnung einer Urkundenvorlage nach § 142 I ist es jedoch erforderlich, dass die mittels der Urkunde zu beweisende Tatsache von der beweisführungsbelasteten Partei substantiiert vorgetragen worden ist, um einer Ausforschung vorzubeugen (zum Ausforschungsbeweis → Rn. 753).[1088] Dabei sind jedoch keine detaillierten Angaben über Vorgänge zu verlangen, die nur der Gegenpartei bekannt sind. Insoweit gelten die Grundsätze über die sekundäre Behauptungslast (→ Rn. 734 f.).[1089] Kommt in den Fällen der §§ 422, 423 die Gegenpartei der Anordnung des Gerichts, die Urkunde vorzulegen, nicht nach oder gelangt das Gericht zu dem Ergebnis, dass sie nach dem Verbleib der Urkunde nicht sorgfältig geforscht hat, dann können die Behauptungen der beweisführenden Partei über die Beschaffenheit und den Inhalt der Urkunde vom Gericht als bewiesen angenommen werden (§ 427). Das Gleiche gilt, wenn die Urkunde von der Gegenpartei zur Benutzung untauglich gemacht wurde (§ 444). Ein Zwang zur Vorlage der Urkunde kann das Gericht gegenüber einer Partei nicht ausüben. Auch bei einer Weigerung, der Anordnung nach § 142 I zu folgen, bestehen keinerlei Sanktionsmöglichkeiten, sondern ist das Verhalten der Partei im Rahmen der Beweiswürdigung zu werten.[1090] Hierbei ist insbesondere zu beachten, dass es durchaus triftige Gründe für eine Weigerung geben kann.[1091] Insbesondere muss das Interesse an einer Wahrung von Betriebsgeheimnissen berücksichtigt werden.[1092]

- Geht die beweisführende Partei davon aus, dass sich die **Urkunde im Besitz eines Dritten** befindet, dann eröffnet ihr § 428 zwei Möglichkeiten für das weitere Vorgehen. Entweder wird ein Antrag (§ 430) auf Fristsetzung durch das Gericht zur Herbeischaffung der Urkunde gestellt (vgl. § 431) oder es wird beantragt, das Gericht solle die Vorlage der Urkunde nach § 142 anordnen.[1093]

Ist im ersten Fall der Dritte nicht zur freiwilligen Vorlage der Urkunde bereit, dann muss die den Beweis führende Partei notfalls Klage gegen den Dritten erheben, deren Erfolg von einer sich aus dem materiellen Recht ergebenden Vorlagepflicht des Dritten abhängt (§ 429 S. 1 iVm § 422). Die Anordnung des Gerichts zur Vorlage gem. § 142 muss der Dritte nur dann nicht befolgen, wenn ihm die Vorlage nicht zumutbar ist[1094] oder ihm ein Zeugnisverweigerungsrecht[1095] zusteht (§ 142 II). Die Rechtsfolgen bei einer unberechtigten Weigerung, der Anordnung des Gerichts nachzukommen, sind die gleichen wie bei der Anordnung des Augenscheinsbeweises nach § 144 (→ Rn. 779).

---

[1086] OLG Frankfurt a. M. BeckRS 2007, 01566; Stein/Jonas/*Althammer* § 142 Rn. 20 f.; BLAH/*Hartmann* § 142 Rn. 6.
[1087] BGH NJW 2007, 2989 Rn. 19 f.; 2017, 3304 Rn. 29; *Becker* MDR 2008, 1309 (1311); *Roth* JZ 2009, 194 (205); HK-ZPO/*Wöstmann* § 142 Rn. 3.
[1088] BGH NJW 2014, 3312 Rn. 2; 2007, 2989 Rn. 20; 2017, 3304 Rn. 30; *Wagner* JZ 2007, 706 (712 ff.); Prütting/Gehrlein/*Prütting* § 142 Rn. 7 f.
[1089] *Musielak* FG Vollkommer, 2006, 237 (241); Musielak/Voit/*Stadler* § 142 Rn. 1.
[1090] BGH NJW 2007, 2292 Rn. 20.
[1091] Vgl. *Wagner* JZ 2007, 706 (715 ff.); BGH GRUR 2006, 962 Rn. 42, will danach entscheiden, ob die Urkundenvorlage „verhältnismäßig und angemessen, dh dem zur Vorlage Verpflichteten nach Abwägung der kollidierenden Interessen zumutbar ist".
[1092] Musielak/Voit/*Stadler* § 142 Rn. 7.
[1093] Vgl. dazu Zekoll/Bolt NJW 2002, 3129.
[1094] Vgl. dazu *Schneider* MDR 2004, 1.
[1095] Vgl. dazu BGH NJW 2007, 155.

V. Die einzelnen Beweismittel

- In dem Fall, dass sich die **Urkunde in den Händen einer öffentlichen Behörde** oder eines öffentlichen Beamten befindet, hat die beweisführende Partei den Beweis durch den Antrag anzutreten, die Behörde oder den Beamten um Mitteilung der Urkunde zu ersuchen (§ 432).

### 5. Beweis durch Parteivernehmung

Dass die Parteivernehmung nicht als ein sehr zuverlässiges Beweismittel angesehen werden kann, bedarf wohl kaum der Betonung. Andererseits kann auch nicht völlig darauf verzichtet werden, das Wissen der Partei von rechtserheblichen Vorgängen für die Entscheidung des Rechtsstreits zu verwerten. **Die ZPO hat deshalb zwar die Parteivernehmung als Beweismittel zugelassen, jedoch nur unter einschränkenden Voraussetzungen, die sich aus §§ 445, 447 und 448 ergeben.**[1096]

811

Dies bedeutet, dass

812

(1) die beweisführungsbelastete Partei die Vernehmung der Gegenpartei beantragen kann, wenn sie den ihr obliegenden Beweis noch nicht vollständig geführt oder wenn sie andere Beweismittel nicht angeboten hat (§ 445)
(2) die beweisführungsbelastete Partei vernommen werden kann, wenn dies eine Partei beantragt und die andere damit einverstanden ist (§ 447)
(3) das Gericht ohne Antrag, also von Amts wegen, jede Partei über solche Tatsachen vernehmen kann, für deren Existenz eine gewisse Wahrscheinlichkeit spricht, die jedoch noch nicht ausreicht, um sie als bewiesen anzusehen (§ 448).[1097]

Den beschriebenen Voraussetzungen ist zu entnehmen, dass es sich bei der Parteivernehmung um ein subsidiäres Beweismittel handelt, das erst zur Verfügung steht, wenn mit anderen Beweismitteln kein oder kein ausreichender Beweis geführt werden kann. Insbesondere kann durch eine Parteivernehmung **kein direkter Gegenbeweis** erbracht werden. Dies gilt nur dann nicht, wenn der Gegner der beweisführungsbelasteten Partei damit einverstanden ist, es sich also um einen Fall des § 447 handelt.[1098]

813

Bei Beweisen werden – bezogen auf ihren Inhalt – folgende Unterscheidungen getroffen:[1099]

814

- Ein **Hauptbeweis** hat zum Ziel, die Verwirklichung eines Tatbestandsmerkmals festzustellen.
- Von einem **Gegenbeweis** spricht man, wenn er gegen das Bestehen einer Tatsache gerichtet ist, auf die es für die Verwirklichung eines Tatbestandsmerkmals ankommt.

---

[1096] Vgl. *Stackmann* NJW 2012, 1249; *Musielak/Stadler* BeweisR Rn. 109 f.; *Zuck* NJW 2010, 3764.
[1097] Das OLG Naumburg (NJOZ 2017, 489 Rn. 4) betont zu Recht, dass auf die Einhaltung einer Waffengleichheit zwischen den Parteien geachtet werden muss und dass die einseitige Vernehmung einer Partei nicht zu unzulässigen Vorteilen führen darf, denen die Gegenpartei nichts Gleichwertiges entgegensetzen kann.
[1098] Zöller/*Greger* § 447 Rn. 1.
[1099] Vgl. *Muthorst* JuS 2014, 686 (689).

**Beispiel:** Für den Anspruch des Käufers auf Übergabe und Übereignung der Kaufsache kommt es auf das Zustandekommen eines gültigen Kaufvertrages an (vgl. § 433 I 1 BGB). Der Beweis, der zum Ziel hat, das Zustandekommen des Kaufvertrages darzulegen, ist also der Hauptbeweis, während der Gegenbeweis bezweckt, den Vertragsschluss in Abrede zu stellen.

- Bildet das Bestehen oder Nichtbestehen der rechtserheblichen Tatsache den Gegenstand des Beweises, dann spricht man von einem **unmittelbaren (direkten) Haupt- oder Gegenbeweis.**
- Werden durch den Beweis lediglich Tatsachen dargelegt, aus denen mithilfe von Erfahrungssätzen auf das Bestehen oder Nichtbestehen der rechtserheblichen Tatsache geschlossen werden kann, dann handelt es sich um einen (indirekten) mittelbaren Haupt- oder Gegenbeweis, den man auch **Indizienbeweis** nennt.

**Beispiel:** Ein unmittelbarer (Haupt-)Beweis wäre es, wenn ein Zeuge mitteilte, er sei bei dem Abschluss des Kaufvertrages zugegen gewesen und könne ihn deshalb bestätigen. Ein mittelbarer (Gegen-)Beweis wäre es, wenn ein Zeuge bekundete, er habe einen Vertragspartner zu dem angeblichen Zeitpunkt des Vertragsschlusses an einem anderen Ort gesehen. Aus dieser Tatsache ließe sich dann darauf schließen, dass der (rechtserhebliche) Vorgang des Vertragsschlusses durch die Vertragspartner zu diesem Zeitpunkt nicht vollzogen wurde.

**815** Die beschriebenen Schranken für den Beweis durch Parteivernehmung, vor allem dass sie von Amts wegen nicht angeordnet werden darf, wenn nicht zumindest eine gewisse Wahrscheinlichkeit für die zu beweisende Tatsache spricht, kann sich vor allem dann als problematisch erweisen, wenn es um Vorgänge geht, bei denen die Gegenpartei durch einen Dritten beteiligt gewesen ist, den sie als Zeugen benennen kann, während die beweisführungsbelastete Partei daran allein teilgenommen hat. Diese als **Vier-Augen-Gespräch** bezeichnete Situation wirft die Frage auf, ob es nicht in solchen Fällen zur Herstellung einer Waffengleichheit und zur Gewährleistung eines effektiven Rechtsschutzes geboten ist, der beweisführungsbelasteten Partei den Beweis durch eine Parteivernehmung zu ermöglichen. Die Diskussion um diese Frage ist durch eine Entscheidung des EGMR[1100] ausgelöst worden, in dem das Gericht den Grundsatz aufstellte, dass jeder Partei eine vernünftige Möglichkeit eingeräumt werden müsste, ihren Fall einschließlich ihrer Zeugenaussage vor Gericht unter Bedingungen zu präsentieren, die für diese Partei keinen substanziellen Nachteil im Verhältnis zu ihrem Prozessgegner bedeute. Allerdings hat das Gericht hinzugefügt, dass es den nationalen Behörden überlassen bliebe sicherzustellen, dass die Anforderungen an eine faire Anhörung erfüllt würden. Die deutsche Rechtsprechung sieht diese Anforderungen dann als erfüllt an, wenn die durch ihre prozessuale Stellung bei der Aufklärung des Vier-Augen-Gesprächs benachteiligte Partei nach § 141 persönlich angehört wird.[1101] Sie folgt also nicht der Auffassung, dass es geboten sei, im Wege einer verfassungskonformen Auslegung des § 448 die durch § 445

---

[1100] NJW 1995, 1413.
[1101] BVerfG NJW 2001, 2531; BGH NJW 2003, 3636; OLG Karlsruhe BeckRS 2006, 10839 = FamRZ 2007, 225 (226); vgl. *Bruns* MDR 2010, 417 (418); *Zuck* NJW 2010, 3764. Das BAG (NJW 2007, 2427 Rn. 16 f.) will diese Grundsätze auch auf den Streit über den Inhalt eines allein zwischen den Parteien geführten Gesprächs anwenden; krit. dazu *Noethen* NJW 2008, 334; *Bruns* MDR 2010, 417 (420 f.).

V. Die einzelnen Beweismittel

gezogenen Schranken durchlässiger zu machen.¹¹⁰² Für diesen Standpunkt spricht, dass bei der vom Gericht vorzunehmenden Beweiswürdigung der gesamte Inhalt der Verhandlung gem. § 286 I zu berücksichtigen ist und folglich auch den Bekundungen der Parteien im Rahmen ihrer Anhörung gem. § 141 ein gleiches Gewicht beigemessen werden kann wie bei einer von Amts wegen angeordneten Parteivernehmung (→ Rn. 812).¹¹⁰³ Es kommt nur darauf an, der Partei eine ausreichende Gelegenheit zu gewähren, ihren Standpunkt darzustellen und zu der Aussage des Zeugen Stellung nehmen zu können. Dafür ist noch nicht einmal eine Anhörung nach § 141 erforderlich, sondern es genügt, dass die bei einer Beweisaufnahme anwesende Partei ihre Version vom Verlauf eines Vier-Augen-Gesprächs durch eine Wortmeldung nach § 137 IV persönlich vorzutragen vermag.¹¹⁰⁴ Wird die Vernehmung einer Partei erforderlich, damit sie ihre Sicht vom Verlauf des Vier-Augen-Gesprächs dem Gericht vermitteln kann, dann darf ihre Vernehmung nicht davon abhängig gemacht werden, dass eine überwiegende Wahrscheinlichkeit für die Richtigkeit ihres Vorbringens spricht.¹¹⁰⁵ Jedoch darf das Gericht auf eine Vernehmung verzichten, wenn es seine Überzeugung von der Wahrheit oder Unwahrheit der streitigen Parteibehauptungen nicht allein auf die Bekundung des Zeugen stützt, sondern auch andere Tatsachen berücksichtigt.¹¹⁰⁶

Die Vernehmung einer Partei muss stets durch einen (förmlichen) Beweisbeschluss (→ Rn. 762) angeordnet werden (§ 450 I 1). Für die **Durchführung der Vernehmung** einer Partei gelten weitgehend die Vorschriften über die Zeugenvernehmung (vgl. § 451). Danach ist die Partei zur Wahrheit zu ermahnen und darauf hinzuweisen, dass sie möglicherweise ihre Aussage zu beeiden hat (§ 395 I iVm § 451). **816**

Die Parteienvernehmung als Beweismittel unterscheidet sich deutlich von den Bekundungen der Parteien, die sie sonst im Prozess abgeben. Auch wenn das Gericht nach § 141 I das persönliche Erscheinen der Parteien anordnet, um durch ihre Anhörung den Sachverhalt zu klären, dienen ihre Ausführungen regelmäßig zur Beseitigung von Unklarheiten, Widersprüchen und Lücken im Parteivortrag und sind von der Parteivernehmung als Beweismittel zu trennen. Was im Rahmen der **Parteianhörung** vorgetragen wird, hat also stets nur die Qualität von Behauptungen und nicht von Beweisen,¹¹⁰⁷ wenn auch das Gericht nicht gehindert ist, einer Parteierklärung mehr Glauben zu schenken als einer Zeugenaussage.¹¹⁰⁸ Wegen dieses grundsätzlichen Unterschiedes zwischen der Bekundung einer Partei im Rahmen einer Parteivernehmung und ihren sonstigen Äußerungen ist es unzulässig, die im Rahmen der Parteivernehmung abgegebene Erklärung einer Partei als Geständnis iSv § 288 (→ Rn. 741) zu werten.¹¹⁰⁹ **817**

---

¹¹⁰² So Stein/Jonas/*Leipold* § 448 Rn. 28 ff.
¹¹⁰³ BGH NJW 2003, 3636; Musielak/Voit/*Huber* § 445 Rn. 3, § 448 Rn. 7; Zöller/*Greger* § 448 Rn. 4b.
¹¹⁰⁴ BVerfG NJW 2008, 2170 Rn. 16 f.
¹¹⁰⁵ BVerfG NJW 2001, 2532; BGH NJW-RR 2006, 61 (63); OLG Karlsruhe BeckRS 2006, 10839 = FamRZ 2007, 225 (226), verlangt jedoch eine gewisse Anfangswahrscheinlichkeit für die durch Parteivernehmung zu beweisende Tatsache.
¹¹⁰⁶ BGH NJW-RR 2003, 1003; OLG Saarbrücken NJOZ 2007, 4676 (4677).
¹¹⁰⁷ Vgl. BGH MDR 1967, 834; MüKoZPO/*Fritsche* § 141 Rn. 2.
¹¹⁰⁸ BGH NJW 1999, 363 (364); 2003, 3636; OLG Karlsruhe BeckRS 2006, 10839 = FamRZ 2007, 225 (226); *Eschelbach* MDR 2012, 198.
¹¹⁰⁹ BGH NJW 1995, 1432 (unter Aufgabe der früheren gegenteiligen Auffassung); Musielak/Voit/*Huber* § 445 Rn. 3; vgl. *Hülsmann* NJW 1997, 617.

**818** Wenn auch eine Partei im Rahmen einer Parteivernehmung wie ein Zeuge aussagt, besteht doch ein wichtiger **Unterschied zum Zeugenbeweis** darin, dass die Partei weder zum Erscheinen noch zur Aussage gezwungen werden kann (vgl. § 446, § 453 II, § 454 I). Vielmehr hat das Gericht das Verhalten der Partei dann frei zu würdigen, wobei es allerdings regelmäßig von dem Erfahrungssatz ausgehen wird, dass eine Partei, die etwas für sich Günstiges bekunden kann, erscheint und aussagt.

**819** Die Unterscheidung, ob jemand in einem Zivilprozess als **Partei oder** als **Zeuge** aussagt, bereitet durchweg keine Schwierigkeiten, weil eine Partei regelmäßig nicht als Zeuge vernommen werden kann (→ Rn. 781). Allerdings gilt eine Ausnahme: Nach § 455 darf ein Minderjähriger, der das sechzehnte Lebensjahr noch nicht vollendet hat, nicht als Partei vernommen werden. In diesem Fall bleibt nur, ihn als Zeugen zu vernehmen, wenn sein Wissen über rechtserhebliche Tatsachen für die Entscheidung des Rechtsstreits nutzbar gemacht werden soll.[1110] Zeuge kann auch eine frühere Partei sein, wenn sie im Zeitpunkt des Vernehmungstermins als Partei aus dem Prozess ausgeschieden ist.[1111]

**820** Grundsätzlich werden die Parteien uneidlich vernommen. Jedoch kann das Gericht die Beeidigung anordnen, wenn die unbeeidigte Aussage nicht ausreicht, um das Gericht von der Wahrheit oder Unwahrheit der zu beweisenden Tatsache zu überzeugen (§ 452 I). Allerdings muss die Beeidigung unterbleiben, wenn die Gegenpartei darauf verzichtet (§ 452 III). Wurden beide Parteien vernommen, so kann die Beeidigung der Aussagen über dieselbe Tatsache nur von einer Partei verlangt werden (§ 452 I 2). Verweigert die Partei den Eid, dann hat das Gericht in gleicher Weise wie bei der Aussageverweigerung unter Berücksichtigung der gesamten Sachlage, insbesondere der für die Weigerung vorgebrachten Gründe, nach freier Überzeugung zu entscheiden, ob es die behauptete Tatsache als erwiesen ansehen will (§ 453 II iVm § 446; → Rn. 818).

**821** Die **Vorschriften über** die **Abnahme von Eiden** sind in den §§ 478–484 zusammengefasst; sie gelten in gleicher Weise für die Beeidigung von Parteien, Zeugen und Sachverständigen. Vor der Leistung des Eides ist in angemessener Weise über die Bedeutung des Eides sowie darüber zu belehren, dass der Eid auch ohne religiöse Beteuerung geleistet werden kann (§ 480). Gibt der Schwurpflichtige an, dass er aus Glaubens- oder Gewissensgründen keinen Eid leisten wolle, so kann er eine Bekräftigung abgeben, die dem Eid gleichsteht (§ 484 I). Die Eides- und Bekräftigungsformeln sind im Gesetz vorgeschrieben (vgl. §§ 481, 484).

---

[1110] Vgl. BGH JZ 1965, 725; *Rosenberg/Schwab/Gottwald* ZivilProzR § 120 Rn. 5.
[1111] *Musielak/Stadler* BeweisR Rn. 112.

## VI. Beweiswürdigung

### 1. Stellung und Aufgabe des Richters

Durch § 286 wird der **Grundsatz der freien richterlichen Beweiswürdigung** im Gesetz verankert. Dieser Grundsatz **bedeutet, dass der Richter bei der Feststellung rechtserheblicher Tatsachen im Zivilprozess an gesetzliche Beweisregeln, die den Wert einzelner Beweismittel bei der Tatsachenwürdigung festlegen, nicht gebunden ist,** sondern nach seiner Überzeugung zu entscheiden hat, „ob eine tatsächliche Behauptung für wahr oder für nicht wahr zu erachten sei" (§ 286 I 1). Nur ausnahmsweise (vgl. § 286 II) hat das Gesetz diesen Grundsatz durchbrochen und Beweisregeln aufgestellt.

822

Solche Beweisregeln finden sich in § 139 IV 3 (Beweiskraft der Aktennotiz über richterliche Hinweise), in § 165 S. 2 (Beweiskraft des Protokolls), in § 314 (Beweiskraft des Tatbestandes eines Urteils) und in den §§ 174 IV 1, 183 II 2, 195 II, 415–418, 438 II, die die Beweiskraft von Urkunden betreffen.

823

Ein Beweis ist also geführt, dh eine entscheidungserhebliche Tatsache (→ Rn. 737) ist vom Richter festgestellt und kann seiner Entscheidung zugrunde gelegt werden, wenn er sich von der **Wahrheit der Tatsachenbehauptung** überzeugen konnte. Dies bedeutet jedoch nicht, dass es allein auf die individuelle Einschätzung des einzelnen Richters ankommt, also auf einen höchstpersönlichen Vorgang, der nicht der rationalen Kontrolle durch andere zugänglich wäre. Die Aufgabe des Richters bei Klärung der Tatfrage schließt es vielmehr aus, allein auf dessen subjektive Einschätzung abzustellen, sondern verlangt die Angabe objektiver Gründe, die für die richterliche Überzeugung leitend gewesen sind;[1112] sie muss der Richter im Urteil angeben (§ 286 I 2). Sind diese Gründe ausreichend, „um eine tatsächliche Behauptung für wahr zu erachten", dann muss der Richter auch als überzeugt iSv § 286 I gelten.

824

Der BGH hat im Anastasia-Urteil,[1113] bei der es sich um eine Grundsatzentscheidung handelt, festgestellt: „Der Richter darf und muss sich aber in tatsächlich zweifelhaften Fällen mit einem für das praktische Leben brauchbaren Grad von Gewissheit begnügen, der den Zweifeln Schweigen gebietet, ohne sie völlig auszuschließen." Zweifel, die nicht durch konkrete Gründe gestützt werden, sind also unbeachtlich, weil absolute Sicherheit bei der Beurteilung von Vorgängen, die in der Vergangenheit liegen, kaum jemals zu erreichen ist.[1114]

825

Die Bewertung von Tatsachen im Rahmen der richterlichen Beweiswürdigung geschieht mithilfe des dem Richter zur Verfügung stehenden Erfahrungswissens, das er entsprechend den Denkgesetzen anzuwenden hat.[1115] Dieses **Erfahrungswissen** kann wissenschaftlich fundiert sein und einen hohen Grad von Verlässlichkeit be-

826

---

[1112] BGH MDR 2013, 868 Rn. 7.
[1113] BGHZ 53, 245 (256) = NJW 1970, 946.
[1114] Vgl. dazu die lesenswerten Ausführungen von AK-ZPO/*Rüßmann* § 286 Rn. 16 f.
[1115] BGH NJW-RR 2004, 425 (426); MDR 2014, 868 Rn. 7.

sitzen. In diesem Bereich wird sich der Richter häufig Erfahrungssätze durch einen Sachverständigen vermitteln lassen, der dann nicht selten die Verlässlichkeit seiner Aussagen aufgrund der von ihm angewendeten statistischen Methoden in genauen Wahrscheinlichkeitswerten anzugeben vermag (Beispiel: Abstammungsgutachten gem. § 372a).[1116] Ganz überwiegend werden jedoch dem Richter wissenschaftlich fundierte Grundlagen für die Entscheidung der Tatfrage nicht zur Verfügung stehen, und er wird auf Erkenntnisse aus der Alltagserfahrung angewiesen sein. Dennoch liefern auch solche Erfahrungssätze objektive Wahrscheinlichkeitsaussagen, allerdings nur in recht groben Werten, die sich in Beschreibungen wie „mit an Sicherheit grenzender Wahrscheinlichkeit", „mit großer Wahrscheinlichkeit" oder „mit überwiegender Wahrscheinlichkeit" ausdrücken lassen.[1117]

827 Aufgrund des anzuwendenden Erfahrungswissens hat der Richter eine Hypothese darüber aufzustellen, ob sich die behauptete Tatsache ereignet hat. Da selbst wissenschaftlich fundierte Erfahrungssätze niemals eine absolute Gewissheit vermitteln können, bleibt stets die Möglichkeit eines Irrtums. Dass dies hingenommen werden muss, war bereits ausgeführt worden; fraglich ist jedoch, wie hoch das Irrtumsrisiko sein darf, wenn der Richter einen Beweis als geführt ansehen möchte. Wenn auch wegen des häufig bestehenden Unvermögens, die Wahrscheinlichkeit für die Richtigkeit oder Unrichtigkeit einer Annahme exakt zu beziffern, dem Richter ein weiter Ermessensspielraum zugebilligt werden muss, ist es doch unverzichtbar, ihm Werte an die Hand zu geben, an denen er sich orientieren kann.

828 Welche Anforderungen der Richter an die Verlässlichkeit der Annahme zu stellen hat, ob eine rechtserhebliche Tatsache existiert, wird durch eine von Rechtsprechung und Rechtswissenschaft aus § 286 I abgeleitete Rechtsregel festgelegt, die das Beweismaß im Zivilprozess angibt. Trotz aller Meinungsverschiedenheiten im Detail besteht doch weitgehend Übereinstimmung darin, dass **regelmäßig als Beweismaß ein hoher Grad von Wahrscheinlichkeit zu verlangen** ist, der zur Feststellung streitiger Tatsachen im Prozess erreicht werden muss. Dieser Grad von Wahrscheinlichkeit wird mit Formulierungen wie „jeden vernünftigen Zweifel ausschließenden Grad von Wahrscheinlichkeit"[1118] oder „an Sicherheit grenzender Wahrscheinlichkeit"[1119] beschrieben.

829 Allerdings wird nicht selten insbesondere in der höchstrichterlichen Rechtsprechung die Auffassung vertreten, dass die Wahrscheinlichkeit kein geeignetes Beweiskriterium abgeben könne. Der BGH stellt in dem oben (→ Rn. 825) zitierten Anastasia-Urteil ausdrücklich auf die „Gewissheit" des Richters ab und erklärt, es sei falsch, annehmen zu wollen, das Gericht dürfe sich mit einer an Sicherheit grenzender Wahrscheinlichkeit begnügen, wenn damit auf die Erlangung einer eigenen Überzeugung des Richters von der Wahrheit verzichtet werden sollte. Aber Überzeugung und Wahrscheinlichkeit sind keine Gegensätze, wie offenbar der BGH annimmt. Die Überzeugung ist stets auf einen Gegenstand bezogen, der ihr den Inhalt gibt. § 286 I richtet die Überzeugung auf die „Wahrheit", denn der Richter soll entscheiden, ob eine tatsächliche Behauptung von ihm für wahr erachtet werden kann. Der Begriff der Wahr-

---

[1116] Zur Beweiserhebung zur Klärung von Abstammungsfragen vgl. BGH NJW 2006, 3416.
[1117] *Musielak/Stadler* BeweisR Rn. 135 f. mwN.
[1118] BGHZ 18, 311 (318) = NJW 1956, 21; BGH VersR 1959, 632; ähnlich auch Zöller/*Greger* § 286 Rn. 19; Thomas/Putzo/*Reichold* § 286 Rn. 2.
[1119] RGSt 51, 127; 58, 130 f.

## VI. Beweiswürdigung

heit im Sinne des Prozessrechts kann aber nur Wahrscheinlichkeit eines bestimmten Grades sein, denn die absolute, objektive Wahrheit kann allenfalls den idealen Bezugspunkt der Tatsachenermittlung im Prozess ausmachen, jedoch nicht das Ziel, das im Einzelfall zu erreichen ist.[1120] Der Gesetzgeber hat dies durchaus berücksichtigt, denn er hat den Richter nicht etwa verpflichtet, die Wahrheit zu suchen, sondern nur ein subjektives Urteil darüber abzugeben, was er für „wahr hält". Dementsprechend muss sich der Richter mit einem Wahrscheinlichkeitsurteil begnügen, und die Erkenntnis, dass der zum Beweis von Tatsachen erforderliche Wahrscheinlichkeitsgrad im konkreten Fall erreicht ist, stellt sich als die Überzeugung des Richters von der Wahrheit dar.[1121]

Der vom BGH verwendete Begriff der Gewissheit verdeckt lediglich dieses Verhältnis zwischen der objektiven und subjektiven Seite richterlicher Tatsachenwürdigung. Denn nicht allein die subjektive Gewissheit im Sinne eines höchstpersönlich zu gewinnenden Bewusstseins soll nach Ansicht des BGH maßgebend sein, sondern ein für das praktische Leben brauchbarer Grad von Gewissheit, der Zweifeln Schweigen gebietet, ohne sie völlig auszuschließen.[1122] Die Antwort auf die Frage, ob im Einzelfall dieser Grad erreicht ist, stellt eine auf objektiver Grundlage zu treffende Entscheidung dar, die im Rechtsmittelverfahren kontrolliert und korrigiert werden kann. Der Begriff der Gewissheit ist somit nichts anderes als das subjektive Bewusstsein hoher Wahrscheinlichkeit. **830**

**Das aus § 286 I abzuleitende Regelbeweismaß** sehr hoher Wahrscheinlichkeit kann und muss nicht durchweg angewendet werden, sondern **wird in einer Reihe von Fällen durch andere Rechtsvorschriften verändert.** So begnügt sich das Gesetz bei manchen Sachverhalten lediglich mit einer **Glaubhaftmachung** (vgl. zB § 44 II, § 104 II, § 236 II, § 296 IV, 920 II) und schafft dadurch nicht nur eine Erleichterung in der Beweisführung (vgl. § 294 I), sondern lässt auch einen geringeren Grad von Wahrscheinlichkeit (überwiegende Wahrscheinlichkeit) genügen.[1123] Die für die Gewährung von Prozesskostenhilfe zu erfüllende Voraussetzung der Erfolgsaussicht einer Rechtsverfolgung oder Rechtsverteidigung (→ Rn. 32 f.) muss nur hinreichend sein (§ 114 S. 1), also eine gewisse Wahrscheinlichkeit für sich haben.[1124] Auch im Rahmen einer Schadensermittlung aufgrund des § 287 I lässt die hM durchweg einen geringeren Wahrscheinlichkeitsgrad genügen („deutlich überwiegende, auf gesicherter Grundlage beruhende Wahrscheinlichkeit").[1125] Im materiellen Recht finden sich ebenfalls Vorschriften, die für die Feststellung von Tatsachen im Prozess verminderte Anforderungen aufstellen, also das Beweismaß reduzieren; als Beispiele seien hier nur § 252 S. 2 BGB („mit Wahrscheinlichkeit erwartet werden konnte")[1126] und § 22 AGG („Benachteiligung wegen eines in § 1 genannten Grundes vermuten lassen")[1127] **831**

---

[1120] Vgl. dazu *Musielak/Stadler* BeweisR Rn. 143 ff.
[1121] Vgl. Stein/Jonas/*Thole* § 286 Rn. 4 ff.
[1122] Hierbei handelt es sich um eine schon lange vor der Anastasia-Entscheidung (BGHZ 53, 245 [256] = NJW 1970, 946) verwendete Formel (vgl. nur BGH VersR 1957, 362), die auch weiterhin verwendet wird (vgl. BGH NJW-RR 1994, 567 [568]).
[1123] Vgl. BGH MDR 2007, 669 (670); *Rosenberg/Schwab/Gottwald* ZivilProzR § 110 Rn. 4; Musielak/Voit/*Foerste* § 286 Rn. 21.
[1124] Vgl. Stein/Jonas/*Bork* § 114 Rn. 22 mwN.
[1125] BGH NJW 1993, 734; 2013, 2585 Rn. 20, jew. mwN; vgl. auch HK-ZPO/*Saenger* § 287 Rn. 15; Thomas/Putzo/*Reichold* § 287 Rn. 11.
[1126] Vgl. MüKoBGB/*Oetker* § 252 Rn. 30 mwN.
[1127] Vgl. MüKoBGB/*Thüsing* § 22 AGG Rn. 10 f. mwN.

genannt. Schließlich wird auch der Anscheinsbeweis als ein Mittel der Beweiserleichterung angesehen; auf die damit zusammenhängenden Fragen soll im Folgenden eingegangen werden.

## 2. Anscheinsbeweis

832 Der Anscheinsbeweis (prima-facie-Beweis), der von der Rechtsprechung entwickelt worden ist, wird dadurch gekennzeichnet, dass der Richter von feststehenden tatsächlichen Ereignissen auf andere Tatsachen schließt, die nach der Lebenserfahrung regelmäßig damit verbunden sind. Die Rechtsprechung verwendet zur Charakterisierung dieser Verknüpfung die Bezeichnung **„typischer Geschehensablauf"** und versteht darunter einen Fall, in dem „ein bestimmter Sachverhalt feststeht, der nach der allgemeinen Lebenserfahrung auf eine bestimmte Ursache oder auf einen bestimmten Ablauf als maßgeblich für den Eintritt eines bestimmten Erfolges hinweist".[1128]

> **Beispiele:** Ein Kraftfahrer kollidiert auf übersichtlicher Straße bei normalen Wetterverhältnissen mit einem neben der Fahrbahn stehenden Baum oder gerät mit seinem Fahrzeug auf den Bürgersteig; nach einer Operation wird in der Bauchhöhle des Patienten eine große Arterienklemme zurückgelassen; vergiftetes Speiseöl wird von einer Ölfabrik in den Verkehr gebracht.

833 In allen diesen von der Rechtsprechung entschiedenen Fällen hat der Richter aufgrund eines Anscheinsbeweises auf ein sorgfaltswidriges Verhalten des Verantwortlichen geschlossen, ohne dass im Einzelnen aufgeklärt wurde, wie es zu diesem Fehlverhalten gekommen ist.[1129] Dieser Verzicht des Richters auf eine weitere Klärung erscheint jedoch selbstverständlich. Denn bei solchen Sachverhalten, bei denen nichts für eine vom Normalen abweichende Situation spricht, muss aufgrund der Lebenserfahrung davon ausgegangen werden, dass der Schädiger schuldhaft gehandelt hat. Bei Anwendung des im Zivilrecht geltenden objektiven und typisierten Fahrlässigkeitsmaßstabs (→ GK BGB Rn. 467) treten nämlich die individuellen Fähigkeiten und Möglichkeiten, die der Schädiger im Einzelfall besitzt, gegenüber den Kenntnissen und Fertigkeiten eines gewissenhaften Vertreters der Gruppe, zu der der Täter gehört, in ihrer Bedeutung zurück. Wird das Verhalten des Fahrzeuglenkers, Arztes oder Unternehmers in den Beispielsfällen nach diesen Gesichtspunkten beurteilt, dann ist der vorgetragene Sachverhalt ausreichend, um eine Fahrlässigkeit zu bejahen. Wie es im Einzelnen zu dem Fehlverhalten kam und welche Gründe für das Verhalten maßgebend sind, ist für die rechtliche Wertung unerheblich, weil alle bei diesen Sachverhalten in Betracht kommenden Verhaltensweisen als schuldhaft zu bewerten wären. Der feststehende Sachverhalt reicht eben aus, um aufgrund der Lebenserfahrung das rechtliche Werturteil zu fällen: Dieses Verhalten ist fahrlässig.[1130]

834 Jedoch kann der Schluss von feststehenden Tatsachen mithilfe der Lebenserfahrung auf andere rechtlich relevante keinesfalls als ein dem Anscheinsbeweis eigenes Phänomen aufgefasst werden. Denn der Richter wendet stets bei der Beweiswürdigung

---

[1128] BGH NJW 2006, 2262 Rn. 10; vgl. auch BGH NJW-RR 1988, 789 (790).
[1129] Vgl. die Nachw. bei *Musielak/Stadler* BeweisR Rn. 162; *Musielak* FG BGH, 2000, 193 (198 ff.).
[1130] BGH NJW 2012, 608 Rn. 7, 11.

## VI. Beweiswürdigung

Erfahrungssätze an, mit deren Hilfe er von feststehenden Tatsachen auf rechtserhebliche Ereignisse schließt.

Der Unterschied lässt sich nur darin finden, dass beim Anscheinsbeweis der Fahrlässigkeit ein einziger Erfahrungssatz erforderlich und ausreichend ist, während in anderen Fällen mehrere Erfahrungssätze angewendet werden, die sich ergänzen und möglicherweise auch widersprechen. Dass beim **Anscheinsbeweis der Fahrlässigkeit** ein Erfahrungssatz genügt, liegt daran, dass der zu beurteilende Sachverhalt in seinen wesentlichen Merkmalen von dem anzuwendenden Erfahrungssatz umfasst wird und aus dieser Übereinstimmung mit einem für den Beweis ausreichenden Grad von Wahrscheinlichkeit auf die Verwirklichung des Tatbestandsmerkmals Fahrlässigkeit geschlossen werden kann.[1131]

835

Allerdings ist der Anscheinsbeweis nicht auf die Feststellung der Fahrlässigkeit beschränkt, sondern spielt insbesondere auch beim **Beweis der Kausalität** eine erhebliche Rolle.

836

> **Beispiel:** In einem Schwimmbad ohne Absperrung für Nichtschwimmer versinkt ein Mann lautlos an einer Stelle, an der die Wassertiefe teilweise zwischen 1,75 Meter und 2 Meter beträgt. Es ist streitig, ob der Mann, der nicht schwimmen konnte, infolge der fehlenden Absperrung an eine tiefere Stelle geraten und ertrunken ist (dies würde eine Schadensersatzpflicht des Schwimmbadbetreibers begründen) oder ob als Todesursache eine körperliche Störung des Mannes, wie zB ein Hirnschlag, in Betracht kommt. Auch kann nicht ausgeschlossen werden, dass Ursache seines Todes eine plötzliche Bewusstlosigkeit gewesen ist, die den Mann hat untergehen und ertrinken lassen.[1132]
>
> Ein Sachverständiger legt dar, bei Nichtschwimmern könne schon eine unerwartete Welle zu Wasserschlucken und dadurch zu einem Schock führen, der eine Ohnmacht und in gewissen, wenn auch seltenen Fällen in Verbindung mit einer besonderen Körperbeschaffenheit sogar den Tod verursachen könne. Weiter könne der durch Wasser bewirkte Hautreiz bei Menschen mit eigenartiger Körperbeschaffenheit zu plötzlichem Herz- und Kreislaufversagen führen. Das OLG hält die Möglichkeit, dass der Mann im tiefen Wasser ertrunken sei, für wenig wahrscheinlich, weil Menschen, die zu ertrinken drohten, sich heftig bewegten und auch schrien, nicht aber lautlos untergingen. Der BGH vertritt die Auffassung, es sei nach dem Beweis des ersten Anscheins davon auszugehen, dass der Mann an einer für ihn gefährlich tiefen Stelle versunken wäre und dadurch den Tod gefunden hätte. Um diesen Beweis des ersten Anscheins auszuräumen, hätte es des Nachweises von Tatsachen bedurft, die eine ernsthafte Möglichkeit eines anderen Geschehensablaufes ergeben. Daran fehle es. Deshalb könne auch nicht wegen der Lautlosigkeit des Versinkens auf eine andere Ursache geschlossen werden.

Im Gegensatz zu dem bisher betrachteten Anscheinsbeweis der Fahrlässigkeit zeigt sich hier, dass der Richter mehrere Erfahrungssätze zu beachten hat. Den Ausschlag für die Entscheidung des BGH gibt letztlich der Erfahrungssatz, dass der Tod eines Nichtschwimmers in unmittelbarer Nähe einer tiefen Stelle regelmäßig auf Ertrinken zurückzuführen ist. Jedoch ist in gleicher Weise auch ein anderer Erfahrungssatz bedeutsam, mit dem das OLG seine Ent-

837

---

[1131] Vgl. zu Einzelheiten der dabei zu vollziehenden Schlussfolgerung *Musielak/Stadler* BeweisR Rn. 165 f.
[1132] Fall von BGH NJW 1954, 1119.

scheidung begründete, nämlich dass Ertrinkende um sich zu schlagen und zu schreien pflegen. Neben diesen mehr der Alltagserfahrung zuzurechnenden Erkenntnissen spielen auch die vom Sachverständigen vorgetragenen wissenschaftlich fundierten Erfahrungssätze eine Rolle, wonach eine unerwartete Wasserwelle zu einem Schock, zu einer Ohnmacht und unter Umständen sogar zum Tode führen könne und dass Hautreizungen im Wasser bei entsprechender Disposition geeignet seien, ein Herz- oder Kreislaufversagen zu verursachen.

838 Das Typische des Geschehensablaufs, nach hM das wesentliche Merkmal des Anscheinsbeweises, wird in dem als Beispiel angeführten Nichtschwimmerfall auf die in Betracht kommenden Schadensursachen bezogen. Es wird zunächst danach gefragt, welche Schadensursachen überhaupt in Betracht kommen, um dann mithilfe der Lebenserfahrung die auszuwählen, für die im konkreten Fall die größte Wahrscheinlichkeit spricht. Auf diese Weise lässt sich der Anscheinsbeweis auch auf individuelle Fälle anwenden. Die angenommene Schadensursache ist deshalb typisch, weil sie gegenüber den anderen ebenfalls möglichen in dem zu beurteilenden Sachverhalt die wahrscheinlichste ist.[1133] Allerdings ist der erzielte Wahrscheinlichkeitsgrad nicht sehr hoch und erreicht nicht das sonst für die Feststellung von Tatsachen verlangte Beweismaß. Auch in anderen vom BGH entschiedenen Fällen eines Anscheinsbeweises der Kausalität zeigt sich ein gleiches Bild wie im Nichtschwimmerfall.[1134] Es werden verschiedene Faktoren gegenübergestellt, um mit Hilfe von Erfahrungssätzen den Grad ihrer Eignung als in Betracht zu ziehende Schadensursache festzustellen. Durchweg bleibt aber dann die gewonnene Wahrscheinlichkeit für die im Einzelfall bejahte Schadensursache hinter dem sonst beim Beweis geforderten Grad zurück. Der BGH benutzt also den Anscheinsbeweis der Kausalität, um die **Beweisanforderungen bei der haftungsbegründenden Kausalität zu senken.**[1135]

839 Eine solche Beweismaßreduzierung ist für die **haftungsausfüllende Kausalität** anerkannt. Die hM wendet hierauf die Vorschrift des § 287 an, für die sie einen geringen Wahrscheinlichkeitsgrad ausreichen lässt (→ Rn. 831).[1136] Dagegen soll für die haftungsbegründende Kausalität (dazu→ GK BGB Rn. 556) die Vorschrift des § 286 und damit das Regelbeweismaß gelten.[1137] Da jedoch hohe Beweisanforderungen bei jedem Kausalitätsbeweis erhebliche Schwierigkeiten bereiten würden und zu unbilligen Ergebnissen führen könnten, senkt der BGH mithilfe des Anscheinsbeweises der Kausalität auch im Bereich der haftungsbegründenden Kausalität das Beweismaß, ohne dies allerdings offen auszusprechen.

840 Die Rechtsprechung wendet den Anscheinsbeweis in der überwiegenden Mehrzahl in Schadensersatzfällen zur Feststellung der Kausalität und der Fahrlässigkeit an. Jedoch ist der Anscheinsbeweis auf diese Fälle nicht beschränkt. Er kann überall dort geführt werden, wo Erfahrungssätze mit ausreichender Wahrscheinlichkeit die

---

[1133] Vgl zB BGH NJW 2010, 1072 Rn. 13.
[1134] Vgl. *Musielak/Stadler* BeweisR Rn. 172 ff.; *Walter,* Freie Beweiswürdigung, 1979, 206 ff.; *Prütting,* Gegenwartsprobleme der Beweislast, 1983, 101 ff.
[1135] Vgl. dazu *Musielak* FG BGH, 2000, 201 ff., mit einer eingehenden Analyse der Rspr. des BGH; aA MüKoZPO/*Prütting* § 286 Rn. 52 f., jedoch ohne Auseinandersetzung mit dieser Rspr.
[1136] BGH NJW 1986, 2945 (2946); Thomas/Putzo/*Reichold* § 287 Rn. 11 mwN.
[1137] BGH NJW 1986, 2945 (2946); 2004, 777.

## VI. Beweiswürdigung

Schlussfolgerung des Richters auf die Verwirklichung rechtserheblicher Tatsachen stützen.[1138]

Der Anscheinsbeweis ist auch gesetzlich anerkannt; denn sowohl § 371a I als auch seine Vorgängervorschrift, der frühere § 292a, sprechen von dem „Anschein der Echtheit", der zunächst nur auf in elektronischer Form abgegebene Willenserklärungen bezogen wurde und nunmehr durch das 1. JuMoG auf jede private in elektronischer Form vorliegende Erklärung ausdehnt wird, wenn sich die Echtheit aufgrund der Prüfung nach Art. 32 der Verordnung (EU) Nr. 910/2014 des Europäischen Parlaments und des Rates über elektronische Identifizierung und Vertrauensdienste für elektronische Transaktionen im Binnenmarkt und zur Aufhebung der Richtlinie 1999/93/EG v. 23.7.2014 (ABl. 2014 L 257, 73) ergibt. Der Gesetzgeber hat damit beabsichtigt, einen Anscheinsbeweis gesetzlich zu regeln.[1139]

**841**

Bei der Frage, wie sich eine Partei gegen einen Anscheinsbeweis verteidigen kann, muss die Eigenart dieses Beweises berücksichtigt werden. Er setzt die Feststellung eines Sachverhalts voraus, auf den der Erfahrungssatz angewendet werden kann und der damit die Grundlage des Anscheinsbeweises bildet. Zwischen Erfahrungssatz und dem zu beurteilenden Sachverhalt ergibt sich ein ähnliches Verhältnis, wie es zwischen einem Rechtssatz und den ihn verwirklichenden Tatsachen besteht; man kann deshalb auch davon sprechen, dass die „tatsächlichen Voraussetzungen" des anzuwendenden Erfahrungssatzes feststehen müssen. Deshalb bildet es eine mögliche **Verteidigung gegen** einen **Anscheinsbeweis,** die tatsächlichen Merkmale, an die der Erfahrungssatz anknüpft, zu bestreiten.[1140] Dagegen genügt es nicht, sich darauf zu berufen, dass ein Erfahrungssatz kaum jemals absolute Sicherheit vermitteln kann und deshalb immer mit der Möglichkeit einer Ausnahme gerechnet werden muss. Diese Möglichkeit muss der Richter – wie sonst auch (→ Rn. 825) – unberücksichtigt lassen.

**842**

**Beispiel:** Der mit seinem Fahrzeug auf den Bürgersteig geratene Fahrzeuglenker trägt vor, er sei nur deshalb auf den Bürgersteig gefahren, um nicht ein plötzlich vor seinem Wagen auftauchendes Kind zu überfahren. Kann der Richter feststellen, dass diese Verteidigung zutrifft, dann wird der zu beurteilende Sachverhalt so abgewandelt, dass der hier einschlägige Erfahrungssatz (Wer ohne triftigen Grund bei normalen Umweltbedingungen auf den Bürgersteig gerät, handelt fahrlässig.) nicht mehr angewendet werden kann. Denn es gibt dann einen Grund, der den Vorwurf des Sorgfaltsverstoßes

---

[1138] Vgl. *Musielak/Stadler* BeweisR Rn. 181.
[1139] Vgl. die amtl. Begr. des 1. JuMoG (BT-Drs. 15/4067, 34). Allerdings zeigt eine genauere Betrachtung, dass die Einschätzung des Gesetzgebers, bei der von ihm geschaffenen Beweisregelung handele es sich um einen Anscheinsbeweis, verfehlt ist. Denn die Anforderungen, die an eine qualifizierte Signatur gestellt werden, sind ohne Weiteres geeignet, die Feststellung zu treffen, dass die signierte Erklärung vom Inhaber des Signaturschlüssels stammt. Dies wird auch durch den Wortlaut des Gesetzes zum Ausdruck gebracht, wenn in ihm festgelegt wird, die Annahme der Echtheit könne nur durch Tatsachen erschüttert werden, die ernstliche Zweifel daran begründen, dass eine in elektronischer Form vorliegende Erklärung vom Signaturschlüssel-Inhaber abgegeben worden ist. Der Richter hat folglich von der Echtheit auszugehen und der Signaturschlüssel-Inhaber muss den Gegenbeweis der Unechtheit führen. Da ihm das Gesetz die Beweisführungs- und Feststellungslast (→ Rn. 859) auferlegt, regelt § 371a die Beweislast. Vgl. im Einzelnen dazu *Musielak* FG Vollkommer, 2006, 237 (248 ff.).
[1140] Vgl. BGH NJW 2012, 608 Rn. 11.

widerlegt. Lässt sich dieser Grund jedoch nicht beweisen, dann muss der Richter von einem Sachverhalt ausgehen, auf den der Erfahrungssatz passt und der für die Fahrlässigkeit des Schädigers spricht.

### 3. Beweisvereitelung

843 Von einem beweisvereitelnden Verhalten spricht man, wenn eine Partei die Beweisführung ihrem Gegner unmöglich macht, indem sie vorprozessual oder während des Prozesses durch gezielte oder fahrlässige Handlungen ein bereits vorhandenes Beweismittel vernichtet oder der Gegenpartei vorenthält. Eine Beweisvereitelung kann auch in einem fahrlässigen Unterlassen einer Aufklärung bei bereits eingetretenem Schadensereignis bestehen, wenn damit die Schaffung von Beweismitteln verhindert wird, obwohl die spätere Notwendigkeit einer Beweisführung bereits erkennbar ist.[1141]

> Ein anschauliches **Beispiel** für eine Beweisvereitelung durch Verhinderung einer Aufklärungsmöglichkeit bietet der vom BGH entschiedene Tupferfall:[1142]
>
> Ein Arzt lässt in einer Operationswunde einen Tupfer zurück. Dieser Tupfer wird bei einer Nachoperation durch denselben Arzt entfernt und von ihm weggeworfen. In einem Schadensersatzprozess gegen den Arzt kommt es für den vom Patienten zu führenden Verschuldensbeweis auf die Beschaffenheit und Größe des Tupfers an. Da jedoch der Tupfer nicht mehr vorhanden ist, scheitert dieser Beweis.
>
> Weitere Beispiele für eine Beweisvereitelung: Es wird die Anschrift eines Zeugen verheimlicht; es wird eine Urkunde vernichtet, in der ein rechtserheblicher Vorgang dokumentiert ist; es wird abgelehnt, dem Gericht oder einem Sachverständigen das Betreten eines Grundstücks zu gestatten, sodass streitentscheidende Feststellungen nicht getroffen werden können; es wird verweigert, eine Bank oder einen Arzt von der Verschwiegenheitspflicht zu entbinden.

844 Einigkeit besteht in der Frage, dass **nur** ein **schuldhaftes Verhalten** Nachteile für die beweisvereitelnde Partei zu rechtfertigen vermag. Geschieht das beweisvereitelnde Verhalten bereits vor Beginn des Prozesses, dann kann der Partei nur dann ein Vorwurf gemacht werden, wenn sie zu erkennen vermag, dass ein Prozess bevorsteht und dass ihr Verhalten geeignet ist, einen in ihm zu führenden Beweis zu verhindern. Hinzukommen muss jedoch noch eine Pflicht, das beweisvereitelnde Verhalten zu unterlassen, zB konkret bestimmte Gegenstände aufzubewahren und dem Gericht zugänglich zu machen, auf die es für den Beweis ankommt.[1143] Denn ein Schuldvorwurf setzt stets eine Pflichtwidrigkeit voraus (→ GK BGB Rn. 465). Eine entsprechende Pflicht kann sich regelmäßig nur aus dem materiellen Recht ergeben, wenn man es ablehnt, eine prozessuale Pflicht des Gegners der beweisführungsbelasteten Partei anzuerkennen, an der Tatsachenklärung im Prozess mitzuwirken (→ Rn. 733 f.). Auf die Voraussetzungen der Pflichtwidrigkeit, dass in einem beweis-

---

[1141] BGH NJW 1986, 59 (60 f.); 1997, 3311 (3312); 1998, 79 (81); 2009, 360 Rn. 19.
[1142] BGH VersR 1955, 344.
[1143] *Laumen* MDR 2009, 177 (178).

VI. Beweiswürdigung 303

vereitelnden Verhalten zu finden sein muss, wird allerdings bisher in Rechtsprechung und Lehre kaum eingegangen.[1144]

Dementsprechend hat der BGH auch im Tupfer-Fall (→ Rn. 843) nur auf die Voraussehbarkeit der Nachteile abgestellt, die sich für die beweisführungsbelastete Partei infolge der Vernichtung des Tupfers ergeben und ausgeführt, der beklagte Arzt habe damit rechnen müssen, dass ihn der Kläger wegen des Zurückbleibens des Tupfers schadensersatzpflichtig machen werde, und hätte auch berücksichtigen müssen, dass bei einer gerichtlichen Auseinandersetzung der Parteien Art und Größe des Tupfers eine Rolle spielen würden. **845**

Welche Reaktion auf ein beweisvereitelndes Verhalten angemessen ist, wird nicht einheitlich beurteilt. So wird vorgeschlagen, die Beweislast umzukehren, dh also die Partei, der die Beweisführung unmöglich gemacht wurde, so zu stellen, als habe sie diesen Beweis geführt, und damit ihren Gegner mit dem Gegenbeweis zu belasten (zur Beweislastumkehr → Rn. 867).[1145] Nach anderer Auffassung soll es dem Gericht überlassen sein, im Rahmen der Beweiswürdigung aus dem beweisvereitelnden Verhalten einer Partei entsprechende Schlüsse zu ziehen.[1146] In der neueren Rechtsprechung des BGH findet sich durchweg die Feststellung, es seien der durch die Beweisvereitelung betroffenen Partei Beweiserleichterungen zu gewähren, die bis hin zur Umkehr der Beweislast gehen könnten,[1147] wobei allerdings offen gelassen wird, ob die Feststellungslast oder die Beweisführungslast (zu beiden Begriffen Einzelheiten später) gemeint ist.[1148] **846**

Wie gezeigt (→ Rn. 843), können unterschiedliche Verhaltensweisen als Beweisvereitelung aufgefasst werden. Deshalb dürfte es sich kaum empfehlen, stets gleiche Sanktionen zu verhängen. Der BGH versucht, die erforderliche Flexibilität in den Reaktionen auf ein beweisvereitelndes Verhalten mit der von ihm verwendeten Formel von den „Beweiserleichterungen bis hin zur Umkehr der Beweislast" zu sichern. Allerdings wird diese Flexibilität mit einer Rechtsunsicherheit erkauft, bei der offen bleibt, ob im Einzelfall auch die Umkehr der Feststellungslast in Betracht kommen kann. Die Feststellungslast wird jedoch durch Normen bestimmt, die nicht zur Disposition des Rechtsanwenders stehen (→ Rn. 855)[1149] und sie kann auch nicht umgekehrt werden, wenn der Gegner der mit der Feststellungslast belasteten Partei ihr die Führung eines Gegenbeweises unmöglich macht.[1150] **847**

In der ZPO finden sich verschiedene Vorschriften, die ein beweisvereitelndes Verhalten betreffen (vgl. §§ 371 III, 427, 441 III, 444). In diesen Bestimmungen werden die Rechtsfolgen durchweg dem richterlichen Ermessen im Rahmen der Beweiswürdigung überlassen.[1151] Auch wenn man sich nicht der Auffassung anschließt, diesen **848**

---

[1144] Beispielhaft OLG Bremen MDR 2008, 1061 (1062).
[1145] So insbesondere in der älteren Rspr. (vgl. zB BGH NJW 1972, 1131 f.; VersR 1974, 261 [263]) und in dem älteren Schrifttum (vgl. zB *Blomeyer* AcP 158 (1959/60), 97 ff. mN).
[1146] HK-ZPO/*Saenger* § 286 Rn. 95 ff.; Zöller/*Greger* § 286 Rn. 14a; Prütting/Gehrlein/*Laumen* § 286 Rn. 97.
[1147] BGH NJW 2002, 825 (827); 2004, 222; 2006, 434 (436); 2009, 360 Rn. 23.
[1148] *Laumen* MDR 2009, 177 (178).
[1149] *Laumen* MDR 2009, 179, der sich deshalb zu Recht gegen diese Rspr. ausspricht; abl. auch MüKoZPO/*Prütting* § 286 Rn. 86.
[1150] Vgl. *Musielak* FG BGH, 2000, 192 (220).
[1151] Zöller/*Greger* § 371 Rn. 5; Zöller/*Geimer* § 441 Rn. 3, § 444 Rn. 1.

Vorschriften einen verallgemeinerungsfähigen Rechtsgedanken zu entnehmen, der auf alle Fälle der Beweisvereitelung angewendet werden kann,[1152] so zeigen sie doch modellhaft auf, auf welche Weise eine flexible Regelung erreicht werden kann. Es ist deshalb entsprechend der im Schrifttum herrschenden Beweiswürdigungstheorie[1153] dem Gericht zu überlassen, im Rahmen der Beweiswürdigung aus dem beweisvereitelnden Verhalten einer Partei entsprechende Schlüsse zu ziehen. Dabei kann der Richter von dem Erfahrungssatz ausgehen, dass derjenige Beweismittel aufbewahrt und die Möglichkeit eines Beweises fördert, der annimmt, aus ihnen ließen sich in einem (als möglich erkannten) Prozess günstige Schlussfolgerungen ziehen. Man kann also von einer beweisvereitelnden Partei die Angabe überzeugender Gründe verlangen, weshalb sie die Beweisführung ihrem Gegner unmöglich gemacht hat.[1154] Zudem ist zu erwägen, zum Ausgleich der sich für die beweisbelasteten Partei aus der Beweisvereitelung ergebenden Nachteile durch Richterrecht (→ GK BGB Rn. 1186) die Anforderungen an den von ihr zu führenden Beweis zu mindern, also das Beweismaß zu senken (→ Rn. 831).[1155]

## VII. Beweislast

### 1. Die Beweislosigkeit und ihre Folgen

849 Der Richter kann eine Vorschrift des materiellen Rechts nur anwenden, dh die sich aus ihr ergebende Rechtsfolge bejahen, wenn er festzustellen vermag, dass sich der Tatbestand dieser Vorschrift im tatsächlichen Geschehen verwirklicht hat.

**Beispiel:** § 488 I 2 BGB verpflichtet den Darlehensnehmer, ein zur Verfügung gestelltes Darlehen bei Fälligkeit dem Darlehensgeber zurückzuerstatten. Damit der Richter die Rückerstattungspflicht als Rechtsfolge aus § 488 I 2 BGB ableiten kann, muss er feststellen, dass ein gültiger Darlehensvertrag geschlossen worden ist, dass auf dessen Grundlage ein bestimmter Betrag als Darlehen ausgezahlt worden ist und dass die Fälligkeit eingetreten ist.

850 Der Rechtssatz des § 488 I 2 BGB lässt sich vereinfacht wie folgt beschreiben: a (Darlehensvertrag) + b (zur Verfügung stellen, dh Auszahlung des Darlehensbetrages) + c

---

[1152] So zB BGH NJW 1963, 389 (390); DB 1985, 1019 (1020).
[1153] *Lüke* ZivilProzR Rn. 282; *Pohlmann*, Zivilprozessrecht, 3. Aufl. 2014, § 8 Rn. 383; BLAH/*Hartmann* Anh. § 286 Rn. 27; AK-ZPO/*Rüßmann* § 286 Rn. 27; vgl. auch BGH NJW 1972, 1131 f.; VersR 1974, 261 [263]) und in dem älteren Schrifttum (vgl. zB *Blomeyer* AcP 158 (1959/60), 97 ff. mN).
[1154] Dieser Erfahrungssatz gilt unabhängig von einer Pflicht zur Sicherung von Beweisen. Folglich bleibt es dem Richter in Fällen, in denen der Partei wegen einer unterlassenen Beweissicherung kein Schuldvorwurf gemacht werden kann, unbenommen, nachteilige Schlüsse aus dem (vorprozessualen) Verhalten der Partei im Rahmen seiner Beweiswürdigung zu ziehen (vgl. *Musielak* FG BGH, 2000, 192 [224 f.]). Die Frage nach einem schuldhaften Verhalten, das in der Beweisvereitelung nach hM zu finden sein müsse, relativiert sich auf diese Weise.
[1155] Vgl. *Musielak* FS Prütting, 2018, 443 (448 ff.).

## VII. Beweislast

(Fälligkeit) = R (Pflicht zur Rückzahlung). Der Richter muss folglich feststellen, dass die Tatbestandsmerkmale a, b und c verwirklicht worden sind, damit er die Rechtsfolge R als bestehend annehmen kann. Gelangt dagegen der Richter zu dem Ergebnis, dass die Tatbestandsmerkmale a, b und/oder c nicht verwirklicht worden sind, dann steht damit auch fest, dass die Rechtsfolge R verneint werden muss. War also ein wirksamer Darlehensvertrag nicht geschlossen worden oder wurde das Darlehen nicht ausgezahlt oder ist das Darlehen noch nicht fällig, dann gibt es auch keine Rückerstattungspflicht nach § 488 I BGB.

Damit der Richter die notwendigen Feststellungen treffen kann, ist zunächst in einem Verfahren mit Verhandlungsmaxime erforderlich, dass die entsprechenden Tatsachen von den Parteien vorgetragen werden (→ Rn. 731). Sind die rechtserheblichen Tatsachen unstreitig, dann hat sie der Richter seiner Entscheidung zugrunde zu legen, sonst bedürfen sie des Beweises (→ Rn. 737). Eine im Prozess versuchte Tatsachenklärung kann zu drei Ergebnissen führen: **851**

- Der Beweis gelingt, dh der Richter stellt fest, dass sich die zu beweisende Tatsache ereignet hat.
- Der Beweis führt zu einem negativen Resultat, dh der Richter überzeugt sich davon, dass die zu beweisende Tatsache in Wirklichkeit nicht eingetreten ist.
- Der Beweis misslingt, dh es kann durch ihn nicht geklärt werden, ob sich die zu beweisende Tatsache zugetragen hat oder nicht.

Das materielle Recht berücksichtigt nur die Alternative, dass sich der Tatbestand eines Rechtssatzes im tatsächlichen Geschehen verwirklicht und damit die sich aus ihm ergebende Rechtsfolge eintritt oder dass sich der Tatbestand nicht verwirklicht und folglich die Rechtsfolge ausbleibt. Der nur im Prozess vorkommende dritte Fall, dass nämlich der Richter nicht zu entscheiden vermag, ob die eine oder andere Alternative zutrifft, wird von dem materiellen Rechtsfolgesatz unbeachtet gelassen. Auf seiner Grundlage kann deshalb der Richter bei einem ungeklärten Tatbestand (= sog. non liquet) nicht entscheiden. Deshalb muss bei einem non liquet das „möglicherweise Ja oder Nein" in der Tatfrage zu einem eindeutigen Ja oder Nein umgeformt werden, damit der materielle Rechtsfolgesatz anwendbar wird. Diese Umformung tatsächlicher Zweifel zu einem eindeutigen Ergebnis geschieht durch **Beweislastnormen,** die ein positives oder negatives Ergebnis beim Beweis, das in Wirklichkeit nicht erzielt werden konnte, fingieren. **852**

Wenn der Richter im Prozess K gegen B die Frage der Auszahlung des Darlehensbetrages an B nicht zu klären vermag, dann kann er die sich aus § 488 I ergebende Rechtsfolge weder bejahen noch verneinen. Denn mit einem „möglicherweise ist ausgezahlt worden, möglicherweise auch nicht" kann er auf der Grundlage dieses Rechtssatzes nichts anfangen. Fingiert die im Falle der Beweislosigkeit eingreifende Beweislastnorm ein negatives Beweisergebnis, also die Feststellung, dass nicht ausgezahlt worden ist, dann kann der Richter die Rechtsfolge aus § 488 I ausschließen und die Klage des K abweisen. **853**

**Adressat der Beweislastnormen** ist der Richter, denn sie weisen ihn an, ein bestimmtes Beweisergebnis seiner Entscheidung zugrunde zu legen. Auf ihren wesentlichen Inhalt zurückgeführt lautet eine Beweislastnorm: Lässt sich die Verwirklichung des (betreffenden) Tatbestandsmerkmals durch den Richter nicht klären, dann ist von der Feststellung der Nichtverwirklichung (oder aber auch von der Fest- **854**

stellung der Verwirklichung) auszugehen. Der Inhalt jeder Beweislastentscheidung setzt sich also stets aus zwei Komponenten zusammen, einmal aus dem Tatbestandsmerkmal, auf das sich die tatsächlichen Zweifel beziehen, und aus der dazu gehörenden Beweislastnorm, die zur Überwindung dieses Zweifels die Fiktion einer (negativen oder positiven) Tatsachenfeststellung vornimmt.

855 Bei den Beweislastnormen handelt es sich um echte Rechtsnormen. Ihr Normcharakter bewirkt, dass der Richter an die sich aus ihnen ergebenden Rechtsfolgen gebunden ist und nicht etwa aus Billigkeitsgründen von ihnen abweichen darf.

856 Im Regelfall fingieren die Beweislastnormen bei einem Scheitern der Sachverhaltsklärung ein negatives Beweisergebnis, dh die Frage nach der tatsächlichen Verwirklichung des betreffenden Tatbestandsmerkmals ist danach zu verneinen. In dieser negativen Entscheidung, die dem Richter aufgibt, so zu entscheiden, als ob er Tatsachen festgestellt habe, aus denen folgt, dass das einzelne Merkmal nicht erfüllt worden ist, kommt das **Grundprinzip der** gesamten **Beweislastregelung** zum Ausdruck. Folge dieses Grundprinzips ist es, dass ein Rechtssatz als tatbestandlich nicht erfüllt gilt, wenn die Verwirklichung nicht festgestellt werden kann. Betrachtet man die Auswirkungen der Beweislastnormen auf die Parteien, dann gelangt man zu dem Ergebnis, dass diejenige Partei, deren Prozessbegehr ohne die Anwendung eines bestimmten Rechtssatzes erfolglos bleibt, die Beweislast für die tatsächlichen Voraussetzungen dieses Rechtssatzes trägt; kurz: **Jede Partei trägt die Beweislast für die tatsächlichen Voraussetzungen der ihr günstigen Rechtsnorm.** Dieser Verteilungsgrundsatz entspricht der ganz herrschenden Meinung in Rechtsprechung und Schrifttum.[1156]

857 Den Beweislastnormen, ihrer Funktion und Wirkungsweise, wird erst in neuerer Zeit Aufmerksamkeit geschenkt; allerdings beschränkt sich diese Aufmerksamkeit auf die wissenschaftliche Erörterung der Beweislastfrage.[1157] Die Rechtsprechung, die Kommentarliteratur und selbst die ganz überwiegende Mehrzahl der Lehrbücher zum Zivilprozessrecht beschäftigen sich nur mit den Folgen für die Parteien. Es wird danach gefragt, welche Partei die Beweislast trägt, nicht wie es dazu kommt.

858 Entsprechend der negativen Grundregel der Beweislast muss also diejenige Partei, die sich auf das Bestehen eines Rechts beruft, die rechtsbegründenden Tatsachen und die Partei, die das Bestehen des Rechts leugnet, die rechtshindernden, die rechtsvernichtenden und die rechtshemmenden Tatsachen (→ Rn. 728) beweisen.

859 Der Satz, dass eine Partei die Beweislast trägt, beschreibt nicht nur verkürzt die Rechtslage, weil nur die Wirkung und nicht die Ursache erwähnt wird, sondern ist auch ungenau, weil es verschiedene Erscheinungsformen der Beweislast gibt, zwischen denen sorgfältig zu trennen ist: die **objektive Beweislast** (auch **Feststellungslast** genannt) und die subjektive Beweislast (Beweisführungslast). In dem Begriff der objektiven Beweislast werden die Nachteile zusammengefasst, die sich aus der Nichtanwendung eines der betroffenen Partei günstigen Rechtssatzes oder der Anwendung eines ihrem Gegner günstigen Rechtssatzes im Falle des non liquet erge-

---

[1156] Vgl. nur BGHZ 101, 172 (179) = NJW 1986, 2426 (2427); BGH NJW 1988, 640 (642); BGHZ 113, 222 (224 f.) = NJW 1991, 1052; Musielak/Voit/*Foerste* § 286 Rn. 35; *Rosenberg/Schwab/Gottwald* ZivilProzR § 115 Rn. 19.
[1157] Vgl. die Nachw. bei *Musielak* ZZP 100 (1987), 385 (387 ff.).

# VII. Beweislast

ben. Die Parteien werden bemüht sein, diese Nachteile dadurch zu vermeiden, dass sie die Verwirklichung der ihnen günstigen Rechtssätze beweisen. Diese sich im eigenen Interesse ergebende Notwendigkeit, zur Vermeidung prozessualer Nachteile den Beweis einer streitigen Tatsache zu führen, wird als **subjektive Beweislast** oder treffender als **Beweisführungslast** bezeichnet.

Die Feststellungslast tritt erst ein, wenn die Entscheidung erlassen wird. Sie besteht jedoch als potentielle Gefahr schon früher und beeinflusst das gesamte Verfahren von seinem Beginn an. Deshalb spricht man, bezogen auf einen Zeitpunkt, in dem noch völlig offen ist, ob es überhaupt zu einer Beweislastentscheidung kommen wird, von der objektiven Beweislast und der durch sie belasteten Partei. Dabei muss man sich jedoch im Klaren sein, dass es sich um eine in die Gegenwart projizierte Entwicklung handelt, deren Eintritt von bestimmten noch nicht feststehenden Voraussetzungen abhängt, nämlich der Anwendung von Beweislastnormen im Falle einer fehlgeschlagenen Sachklärung. 860

## 2. Grund- und Sonderregeln der Beweislast

Die **Grundregeln** der Beweislast, die dem negativen Grundprinzip folgen, sind als **ungeschriebenes Gesetzesrecht**[1158] in dem einzelnen Rechtssatz enthalten, dessen Tatbestand im Prozess nicht geklärt werden konnte. Wird dagegen im Gesetz ausdrücklich auf die Beweislastverteilung eingegangen, dann handelt es sich regelmäßig um Sonderregeln der Beweislast, die **abweichend vom Grundprinzip** die Frage nach der Feststellung einer rechtserheblichen (ungeklärt gebliebenen) Tatsache nicht verneinen, sondern bejahen. Der Richter hat also bei Anwendung einer **Sonderregel** davon auszugehen, dass die offengebliebene Beweisfrage positiv zu beantworten ist. Neben den ausdrücklichen Beweislastregeln im BGB (vgl. zB §§ 179 I, 345, 543 IV 2)[1159] enthalten noch die gesetzlichen Vermutungen Sonderregeln der Beweislast; hinzukommen Beweislastsonderregeln, die durch Richterrecht (→ GK BGB Rn. 1186) geschaffen worden sind. 861

Ein Unterschied zwischen **Vermutungen** und anderen (gewöhnlichen) Beweislastnormen ergibt sich dadurch, dass bei der Vermutung nicht nur wie bei der (gewöhnlichen) Beweislastnorm Voraussetzung für ihre Anwendung die prozessuale Ungewissheit über die zur Verwirklichung eines Tatbestandsmerkmals erforderlichen Tatsachen bildet, sondern dass noch zusätzlich die Verwirklichung des Tatbestandes der Vermutung, der sog. Vermutungsbasis, hinzukommt. 862

Am Beispiel der Vermutung des § 1117 III BGB soll dieser Unterschied verdeutlicht werden: Nach § 1117 I BGB erwirbt der Gläubiger – lässt man einmal die Übergabesurrogate (§ 1117 I 2 BGB) und die eine Übergabe ersetzende Vereinbarung nach § 1117 II BGB unberücksichtigt – nur dann eine Briefhypothek, wenn ihm der Brief vom Eigentümer des Grundstücks übergeben wird. Vor Übergabe des Briefes steht die Hypothek dem Eigentümer zu (§ 1163 II BGB). Lässt sich in einem Rechtsstreit nicht klären, ob der Eigentümer dem Gläubiger den Brief ausgehändigt hat, dann hat der Richter aufgrund der Fiktion eines negativen Beweisergebnisses 863

---

[1158] *Rosenberg/Schwab/Gottwald* ZivilProzR § 115 Rn. 8 mwN (stillschweigendes Gesetzesrecht).
[1159] Vgl. im Einzelnen dazu *Musielak/Stadler* BeweisR Rn. 232 ff.

durch eine Grundregel der Beweislast davon auszugehen, dass der Brief nicht übergeben worden und ein Fremdgrundpfandrecht nicht entstanden ist. Denn Voraussetzung für das Eingreifen der Grundregel ist lediglich, dass die Verwirklichung des Tatbestandsmerkmals, auf das sie sich bezieht, hier also die Übergabe des Briefes, offen bleibt. Steht nun fest, dass der Gläubiger im Besitz des Briefes ist, dann greift die Vermutung des § 1117 III BGB ein und fingiert ein positives Beweisergebnis. Für diese Fiktion ist also neben dem non liquet als weitere Voraussetzung die Feststellung erforderlich, dass sich der Gläubiger im Besitz des Hypothekenbriefes befindet. Dieser Besitz ist die Grundlage für die Vermutung, bildet also die Vermutungsbasis.

864 Nach dem Gegenstand der Vermutung wird zwischen **Tatsachenvermutungen** und Rechtsvermutungen unterschieden. **Rechtsvermutungen** (Beispiele: §§ 891, 921, 1006 BGB) unterscheiden sich von Tatsachenvermutungen (Beispiele: §§ 938, 1117 III, 1253 II, 2009 BGB) lediglich darin, dass bei einer Rechtsvermutung, bedingt durch den Vermutungsgegenstand, eine Mehrheit von Tatsachen, nämlich die im Einzelfall möglichen Rechtsbegründungstatsachen, erfasst werden. Zwischen Tatsachen- und Rechtsvermutungen besteht insoweit das gleiche Verhältnis wie zwischen Tatsachen und Rechten als Elementen eines Tatbestandes.

865 Häufig wird der Begriff „tatsächliche Vermutungen" verwendet, um damit Erfahrungssätze zu bezeichnen, die der Richter im Rahmen seiner Beweiswürdigung anzuwenden hat.[1160] Dieser Begriff, der sich an der umgangssprachlichen Bedeutung des Wortes „vermuten" orientiert, ist im Rechtssinne wenig treffend und sollte folglich vermieden werden; denn es werden dadurch nur die Unterschiede zu den gesetzlichen Vermutungen verdeckt, bei denen es sich um Beweislastregeln handelt und die sich deshalb grundlegend von den sog. tatsächlichen Vermutungen unterscheiden, die nur im Rahmen der Beweiswürdigung eine Bedeutung erlangen können.[1161]

866 Da es zu den tatbestandlichen Voraussetzungen der (gesetzlichen) Vermutung gehört, dass die vermutete Tatsache oder das vermutete Recht in der Existenz zweifelhaft ist, können Vermutungen nur dann nicht eingreifen, wenn diese Zweifel ausgeräumt werden, wenn also feststeht, dass die vermutete Tatsache oder das vermutete Recht nicht besteht. Dies ist auch die Erklärung dafür, warum die Partei, die sich gegen die Vermutung wendet, das Gegenteil der Vermutung zu beweisen hat (vgl. § 292 ZPO), also einen Gegenteilsbeweis zu führen hat. Sind Vermutungen unwiderleglich (Beispiel: § 344 II HGB), dann handelt es sich nicht um Beweislastregelungen, sondern um Rechtssätze, die bestimmte (materiell-rechtliche oder prozessrechtliche) Rechtsfolgen anordnen.[1162]

867 Sonderregeln der Beweislast können auch durch **richterliche Rechtsfortbildung** (dazu → GK BGB Rn. 1186) geschaffen werden. Die Gerichte sprechen in diesen Fällen von einer „Beweislastumkehr", die sie insbesondere auch bei der Arzthaftung praktiziert haben.[1163] Diese Rechtsprechung war Vorbild für die jetzt in § 630h

---

[1160] Vgl. BGH NJW 2002, 3180 f.; 2010, 363 Rn. 15 ff.; NJW-RR 2011, 880 Rn. 13.
[1161] Vgl. *Musielak* JA 2010, 561.
[1162] Vgl. Stein/Jonas/*Thole* § 292 Rn. 3.
[1163] Vgl. dazu nur BGH NJW 1978, 1683; 1981, 2513 (zur Beweislastumkehr hinsichtlich der Ursächlichkeit eines groben Behandlungsfehlers); BGHZ 72, 132 (139) = NJW 1978, 2337; BGHZ 85, 212 = NJW 1983, 333 (zur Beweislastumkehr bei Beweiserschwerungen infolge einer Verletzung der ärztlichen Dokumentationspflicht); wN bei MüKoBGB/*Wagner* § 823 Rn. 847 ff.

BGB getroffene Regelung der Beweislast in Fällen einer Haftung für Behandlungs- und Aufklärungsfehler des Arztes. Die im Bereich der Produzentenhaftung durch Richterrecht geschaffene Sonderregel der Beweislast für das Verschuldensmerkmal[1164] hat durch das Produkthaftungsgesetz ihre praktische Bedeutung verloren.

## Anhang: Selbstständiges Beweisverfahren

Nach § 485 I kann auf Antrag einer Partei außerhalb eines anhängigen Prozesses und auch schon vor seinem Beginn eine Beweisaufnahme durchgeführt werden, die dem Zweck dient, für einen Rechtsstreit Beweise zu sichern. Dieses „Beweissicherungsverfahren" (so auch die gesetzliche Bezeichnung bis zur umfassenden Änderung dieser Regelung durch das Rechtspflege-Vereinfachungsgesetz v. 17.12.1990), das auf die Einnahme des Augenscheins sowie die Vernehmung von Zeugen und Sachverständigen beschränkt ist, wird nur zugelassen, wenn der Gegner zustimmt oder zu besorgen ist, dass das Beweismittel verloren geht[1165] oder seine Benutzung erschwert wird. Daneben kann vor Beginn eines Rechtsstreits eine Partei die schriftliche Begutachtung durch einen Sachverständigen nach § 485 II beantragen. Diese Regelung dient dem Bedürfnis der Parteien nach Aufklärung bestimmter Sachverhalte insbesondere bei Personen- und Sachschäden, zB als Folge eines Verkehrsunfalls oder bei Sachmängeln. Eine solche Tatsachenklärung kann in Fällen, in denen nur über die Ursachen und den Umfang eines Schadens gestritten wird, eine Einigung der Parteien ermöglichen und einen Rechtsstreit überflüssig machen. Voraussetzung für die schriftliche Begutachtung gem. § 485 II ist ein rechtliches Interesse des Antragstellers. Dieser Begriff ist weit auszulegen und ein solches Interesse nur dann zu verneinen, wenn evident ist, dass der behauptete Anspruch keinesfalls bestehen kann.[1166]

868

Aufgrund der in § 485 getroffenen Regelung lässt sich zwischen dem **einvernehmlichen und dem sichernden Beweisverfahren** unterscheiden, wenn man die in § 485 I enthaltene Alternative der Zustimmung der Gegenpartei zur Durchführung des selbstständigen Beweisverfahrens und des sie ersetzenden Antrags zur Beweissicherung besonders berücksichtigt. Hinzu tritt dann noch als dritte Art das **streitschlichtende Beweisverfahren** gem. § 485 II.[1167]

869

Die **Beweisaufnahme** wird **nach den allgemeinen Vorschriften durchgeführt** (§ 492 I). Das Gericht (zur Zuständigkeit vgl. § 486) kann die Parteien zur mündlichen Erörterung laden, wenn eine Einigung durch Prozessvergleich zu erwarten ist (§ 492 III). Ist ein schriftliches Sachverständigengutachten erstattet worden, dann sind die Parteien in gleicher Weise wie in einem Streitverfahren (→ Rn. 796) berechtigt, die mündliche Erläuterung des Gutachtens und die Beantwortung ihrer Fragen

870

---

[1164] Vgl. BGH JR 1992, 501 mAnm *Baumgärtel; Musielak/Stadler* BeweisR Rn. 253 ff.
[1165] Vgl. OLG Nürnberg NJW-RR 1998, 575 (bei hohem Alter oder schlechtem Gesundheitszustand eines Zeugen).
[1166] BGH NJW 2004, 3488; OLG Nürnberg NJW-RR 2011, 1216.
[1167] So *Huber* JuS 2004, 214 (215).

durch den Sachverständigen zu verlangen.[1168] Das Ergebnis des selbstständigen Beweisverfahrens wird durch § 493 I dem einer Beweisaufnahme vor dem Prozessgericht gleichgestellt. Allerdings setzt dies im Interesse der Gegenpartei voraus, dass diese, wenn sie nicht im Termin zur Beweisaufnahme erschienen war, rechtzeitig eine Ladung zum Termin erhalten hatte (§ 493 II). Ist der Gegner nicht rechtzeitig geladen worden, dann muss er diesen Mangel in der mündlichen Verhandlung des Verfahrens in der Hauptsache, in dem das Beweisergebnis verwendet werden soll, rügen, wenn nicht der Mangel nach § 295 I geheilt werden soll.[1169] Nur wenn der Beweisführer seinen Gegner nicht bezeichnen kann, weil er ihm unbekannt ist (vgl. § 494), kann sich der Gegner auf § 493 II nicht berufen. Ist ein Rechtsstreit noch nicht anhängig, dann hat das Gericht nach § 494a I nach Beendigung der Beweiserhebung auf Antrag ohne mündliche Verhandlung anzuordnen, dass innerhalb einer bestimmten Frist Klage in der Hauptsache zu erheben ist.[1170] Wird dieser Anordnung nicht entsprochen, so hat der Beweisführer die dem Gegner durch das selbstständige Beweisverfahren entstandenen Kosten zu tragen (§ 494a II). Der Sinn dieser Regelung besteht darin, dem Antragsgegner des Beweisverfahrens einen vollstreckbaren Kostenerstattungsanspruch zu geben, wenn der Beweisführer kein Hauptverfahren durchführt (vgl. § 103).[1171]

871 Nimmt der Antragsteller seinen Antrag auf Durchführung eines selbstständigen Beweisverfahrens vor der Beweiserhebung zurück, dann sind ihm in entsprechender Anwendung des § 269 III 2 die Kosten des Verfahrens aufzuerlegen. Eine einseitige Erledigungserklärung ist im selbstständigen Beweisverfahren nicht zulässig.[1172] Bei einer beiderseitigen Erledigungserklärung ist kein Raum für eine Kostenentscheidung; § 91a kann nicht entsprechend angewendet werden.[1173]

872 Die Frage nach der **Zulässigkeit einer Streitverkündung** (→ Rn. 652 ff.) im selbstständigen Beweisverfahren wird eingehend und kontrovers diskutiert. Mit der Begründung, das selbstständige Beweisverfahren sei kein Rechtsstreit iSv §§ 72 ff. wird die Zulässigkeit einer Streitverkündung abgelehnt.[1174] Der BGH hat in einer Grundsatzentscheidung festgestellt, dass die Streitverkündung im selbstständigen Beweisverfahren zuzulassen ist.[1175] Dem Einwand der Gegenauffassung, eine Interventionswirkung nach § 68 könne gar nicht eintreten, da sich das selbstständige Beweisverfahren in der bloßen Feststellung von Tatsachen durch Beweisaufnahme erschöpfe, begegnet der BGH mit dem zutreffenden Hinweis, die Streitverkündung

---

[1168] BGH MDR 2006, 287 mzN auch zur Gegenauffassung.
[1169] MüKoZPO/*Schreiber* § 493 Rn. 3.
[1170] Der BGH (NJW 2010, 1460 Rn. 9 f.) hat darauf hingewiesen, dass dem Antragsteller die Erhebung einer Klage dann nicht aufzugeben ist, wenn die Klage keinen Erfolg haben kann, weil der Anspruch, auf den sich die Klage bezieht, bereits erfüllt wurde oder der Antragsgegner mit der Stellung eines Antrags nach § 494a über eine angemessene Überlegungsfrist hinaus solange gewartet hat, bis der Anspruch verjährt ist.
[1171] Zöller/*Herget* § 494a Rn. 4.
[1172] BGH MDR 2005, 227; 2011, 505; 2011, 317.
[1173] BGH NJW 2007, 3721; NJW-RR 2011, 931.
[1174] MüKoZPO/*Schreiber* § 485 Rn. 37; aA (für Zulässigkeit) Musielak/Voit/*Huber* § 487 Rn. 2, jew. mwN.
[1175] BGH NJW 1997, 859 = JZ 1998, 260 mAnm *Gottwald/Malterer*; vgl. auch BGH NJW 2009, 3240; KG NJW-RR 2000, 513 (514).

solle ermöglichen, dass ein Dritter auf den Ausgang eines zwischen anderen Parteien anhängigen Prozesses durch Unterstützung einer Partei Einfluss nehmen könne, wenn sich die Entscheidung des Verfahrens auf seine Rechtsstellung auswirke. Dieser Gesichtspunkt und insbesondere die Möglichkeit, dass der Dritte zur Aufklärung des Sachverhaltes wesentlich beitragen könne, spreche für eine Zulassung der Streitverkündung im selbstständigen Beweisverfahren zumindest aufgrund einer analogen Anwendung der §§ 72 ff. In weiteren Entscheidungen ist der BGH von der Anwendung der §§ 66 ff. im selbstständigen Beweisverfahren ausgegangen.[1176] Dabei hat er sich für die Möglichkeit ausgesprochen, dass die Beitrittserklärung nach § 70 I 1 nicht dem Anwaltszwang unterliegt.[1177] Die entsprechende Anwendung der Vorschriften über die Streitverkündung im selbstständigen Beweisverfahren führt dazu, dass das Beweisergebnis gem. § 68 Bindungswirkung gegenüber dem Streitverkündeten entfaltet, soweit es im Verhältnis zum Antragsgegner von rechtlicher Bedeutung ist.[1178] Der BGH wendet auch auf die Streitverkündung im selbstständigen Beweisverfahren die Vorschrift des § 209 II Nr. 4 aF (jetzt § 204 I Nr. 6) BGB entsprechend an, wonach die zulässige Streitverkündung verjährungshemmend wirkt (→ Rn. 663).

## 1. Übungsklausur

Konrad (K) klagt vor dem AG gegen Bertold (B) auf Zahlung eines Kaufpreises in bestimmter Höhe. B verweigert die Zahlung, weil die Kaufsache mangelhaft sei. Zum Beweis der Mangelhaftigkeit beruft er sich auf das Zeugnis des Zeisig (Z). Richter Rat (R) setzt frühen ersten Termin zur mündlichen Verhandlung zum 1.6., 9 Uhr, an; zum gleichen Zeitpunkt bestimmt er auch in neun weiteren Prozessen frühen ersten Termin. Von einer Ladung des Zeugen Zeisig sieht er ab.

1. Konrad schreibt an das Gericht, er bitte um Absetzung des Termins zur mündlichen Verhandlung, denn der Rechtsstreit habe sich in der Hauptsache erledigt. Er habe nämlich leider übersehen, dass Bertold bereits vor Klageerhebung den Kaufpreis gezahlt hätte. Er verzichte auch auf eine Entscheidung über die Kosten. Bertold schließt sich durch Schriftsatz den Erklärungen des Konrad an.
Was hat das Gericht zu tun?
2. Kann Richter Rat Beweis über den Zeitpunkt der Kaufpreiszahlung erheben, wenn er aufgrund der Erledigungserklärungen beider Parteien über die Kosten des Rechtsstreits zu entscheiden hätte und die Parteien über diesen Zeitpunkt streiten?
3. Kurze Zeit nach Eingang der Erklärung des Bertold bei Gericht trifft dort ein Schreiben des Konrad ein, in dem er mitteilt, er hätte sich leider geirrt, als er angenommen habe, dass sich die Hauptsache erledigt hätte. Bertold habe nämlich nicht den Kaufpreis, sondern eine andere Forderung erfüllt. Er bitte deshalb um Durchführung des Rechtsstreits. Daraufhin teilt Richter Rat den Parteien mit, dass der Termin am 1. 6. stattfinden werde. In der mündlichen Verhandlung am

---

[1176] BGH NJW-RR 2006, 1312; NJW 2009, 3240; 2012, 2810; 2015, 559.
[1177] BGH NJW 2012, 2810 Rn. 8 ff. mwN auch zur Gegenauffassung. Krit. *Schwenker* NJW 2012, 2812 f.
[1178] BGH NJW 2015, 559 Rn. 21.

1.6. erscheinen beide Parteien. Konrad erklärt, er wolle das Vorhandensein des Mangels nicht mehr bestreiten, dies sei jedoch für die Entscheidung des Prozesses unerheblich, da Bertold den Mangel verspätet gerügt habe (§ 377 HGB). Bertold bestreitet dies. Beide benennen nicht anwesende Zeugen für die Richtigkeit ihres Vorbringens. Richter Rat weist die Klage ab und begründet dies damit, dass die Mangelhaftigkeit der Kaufsache unstreitig und dass der Einwand der verspäteten Rüge nicht rechtzeitig vorgetragen und deshalb unbeachtlich sei.

Ist diese Entscheidung richtig?

Bearbeitungszeit: nicht mehr als 90 Minuten.

**Fälle und Fragen**

1. Was ist unter Angriffs- und Verteidigungsmitteln im Sinne der ZPO zu verstehen?
2. In welchem Verhältnis stehen die Vorschriften des § 282 II und des § 132 zueinander?
3. Nehmen Sie bitte zur Theorie vom absoluten Verzögerungsbegriff Stellung!
4. Was bedeutet „Flucht in die Säumnis"?
5. Welche Anforderungen sind an ein (beachtliches) Bestreiten zu stellen?
6. Was ist unter einem ungünstigen Parteivorbringen zu verstehen, und wie wirkt es im Prozess?
7. K verlangt mit seiner Klage von B Schadensersatz, weil dieser unbefugt sein an einem See ankerndes Segelboot benutzt und dabei erheblich beschädigt habe. B beruft sich darauf, er sei mit dem Boot einem Badenden zu Hilfe gekommen, der zu ertrinken gedroht habe. Dies bestreitet K mit Nichtwissen. Wird das Gericht Beweis über den tatsächlichen Hergang erheben?
8. Erläutern Sie bitte den Unterschied zwischen einem Geständnis und einem Anerkenntnis!
9. Was ist ein antizipiertes, was ein qualifiziertes Geständnis?
10. Wodurch unterscheidet sich der Freibeweis vom Strengbeweis und in welchen Fällen ist der Freibeweis zulässig?
11. Der Beklagte B legt gegen einen Beweisbeschluss sofortige Beschwerde mit der Begründung ein, das Gericht habe nicht angegeben, welche Partei sich auf den Zeugen Z berufen habe, dessen Vernehmung durch den Beschluss angeordnet werde. Wird diese Beschwerde Erfolg haben?
12. Das Gericht beschließt, den Sachverständigen Kundig zu hören, ob der Beklagte durch rechtzeitiges Bremsen einen Zusammenstoß seines Pkw mit dem des Klägers hätte vermeiden können. Gegen diesen Beschluss legt der Kläger sofortige Beschwerde ein. Er begründet seine Beschwerde einmal damit, dass die dem Sachverständigen vorgelegte Frage so einfach wäre, dass sie auch ohne Sachverständigen durch den Richter selbst entschieden werden könne; die Beauftragung eines Sachverständigen würde nur überflüssige Kosten verursachen. Zum anderen weist der Kläger darauf hin, dass der Sachverständige Kundig bereits in einem früheren Verfahren zwischen den Parteien als Sachverständiger aufgetreten sei und ein ihm, dem Kläger, ungünstiges Gutachten erstattet hätte. Wie wird das Gericht entscheiden?
13. Was ist ein sachverständiger Zeuge und welche Regelung gilt für ihn?
14. Welche Besonderheiten gelten für den Beweis durch Urkunden?
15. Nennen Sie bitte die Voraussetzungen, von denen die Anordnung einer Parteivernehmung abhängt!
16. Das Gericht ordnet durch Beweisbeschluss die Vernehmung des Klägers über bestimmte Vorgänge an. Der Kläger erscheint trotz ordnungsgemäßer Ladung nicht zur Vernehmung. Was kann das Gericht tun?

Anhang: Selbstständiges Beweisverfahren    313

17. Erläutern Sie bitte die Unterschiede zwischen (unmittelbarem oder mittelbarem) Haupt- und Gegenbeweis sowie Gegenteilsbeweis!
18. Was versteht man unter dem Beweismaß im Zivilprozess?
19. Beschreiben Sie bitte die Besonderheiten eines Anscheinsbeweises!
20. In dem Rechtsstreit K gegen B geht es um die Frage, ob Ersatzteile, die B in das Fahrzeug des K eingebaut hatte, bereits im Zeitpunkt des Einbaus defekt waren. B, der nach einem Unfall des K diese Teile wieder ausbaute, kümmerte sich nicht um die Teile, obwohl K bereits vor dem Ausbau der Teile gegenüber B auf die Mangelhaftigkeit der Ersatzteile hingewiesen und deshalb Ansprüche gegen ihn in Aussicht gestellt hatte. Die Ersatzteile werden von einem Angestellten des B mehrere Monate vor Beginn des Prozesses zusammen mit anderen Teilen als Schrott weggegeben. Welche Rechtsfolgen ergeben sich aus dem Verhalten des B für den von K zu führenden Beweis?
21. Was meinen Sie zu dem Satz: „Jede Partei trägt die Beweislast für die tatsächlichen Voraussetzungen der ihr günstigen Rechtsnorm"?
22. Beschreiben Sie bitte die Rechtsnatur gesetzlicher Vermutungen!

# § 7. Die gerichtliche Entscheidung

## I. Die einzelnen Arten

Die Entscheidungen des Gerichts im Rahmen eines zivilprozessualen Verfahrens ergehen entweder als Urteil, Beschluss oder Verfügung (vgl. § 160 III Nr. 6). Durch Verfügungen werden im Regelfall die den Prozessbetrieb bestimmenden Anordnungen getroffen, die vom Vorsitzenden oder vom beauftragten oder ersuchten Richter (→ Rn. 166) erlassen werden (siehe auch § 329 I 2). So handelt es sich beispielsweise bei der Terminsbestimmung nach § 272 II, bei den einen Termin vorbereitenden Maßnahmen nach § 273 II und bei der Terminsänderung (§ 227) um Verfügungen. Urteil und Beschluss müssen stets vom Gericht (Kollegium oder Einzelrichter) erlassen werden. Dem Urteil, für das eine besondere formale Gestaltung vorgeschrieben ist (vgl. §§ 313–313 b; Einzelheiten dazu sogleich), muss stets eine mündliche Verhandlung vorangehen, wenn nicht ausnahmsweise ein schriftliches Verfahren zulässig ist (vgl. § 128 II und III, § 495a). In einer Reihe von Fällen ist es in das Ermessen des Gerichts gestellt, ob es durch Urteil oder Beschluss entscheidet (vgl. § 522 I 3, § 552 II, § 922 I, § 936), wobei bei einer Entscheidung in Beschlussform auf eine mündliche Verhandlung verzichtet werden kann (vgl. § 128 IV) oder muss (vgl. § 922 I). 873

Jedoch lässt sich nicht etwa eine **Unterscheidung zwischen Urteil und Beschluss** danach vornehmen, ob eine mündliche Verhandlung stattgefunden hat oder nicht. Denn Beschlüsse können auch aufgrund einer mündlichen Verhandlung ergehen (vgl. § 128 IV, § 329 I 1), wie beispielsweise der Beweisbeschluss (→ Rn. 762). 874

In der ZPO ist lediglich eine Regelung über die **Verkündung und Zustellung von Beschlüssen und Verfügungen** getroffen worden (vgl. § 329); insoweit werden einzelne Vorschriften über das Urteil für entsprechend anwendbar erklärt. Dies bedeutet, dass alle Beschlüsse, die aufgrund einer (notwendigen oder freigestellten) mündlichen Verhandlung ergehen, verkündet werden müssen (§ 329 I 1). Beschlüsse, die eine Terminsbestimmung enthalten, müssen (außerdem) zugestellt werden (§ 329 II 2; Ausnahme: § 497 I); das Gleiche gilt für Beschlüsse, die eine Frist in Lauf setzen, bei der es sich auch um eine richterliche handeln kann (→ Rn. 554). Alle übrigen Beschlüsse (die weder zu verkünden noch zuzustellen sind) müssen den Parteien vom Gericht mitgeteilt werden, ohne dass für diese Mitteilung eine Form eingehalten werden muss; es genügt deshalb beispielsweise eine telefonische Unterrichtung. Wirksam wird der Beschluss mit seiner Mitteilung an den Betroffenen. Ist für die Mitteilung eine besondere Form (zB Zustellung) vorgeschrieben, dann muss sie eingehalten werden, damit der Beschluss Wirksamkeit erlangt.[1179] 875

---

[1179] Vgl. Musielak/Voit/*Musielak* § 329 Rn. 7 ff.

**876** Die sinngemäße Übertragung anderer Urteilsvorschriften auf Beschlüsse und Verfügungen wird im Gesetz nicht ausdrücklich bestimmt und muss jeweils nach dem Normzweck der in Betracht kommenden Vorschriften entschieden werden. Dies gilt ebenfalls für die **formale Gestaltung der Beschlüsse.** Wenn auch die Vorschriften der §§ 313–313b nicht für Beschlüsse gelten, sondern deren äußere Form in das Ermessen des Gerichts gestellt ist, empfiehlt es sich doch auch bei ihnen, in gleicher Weise wie beim Urteil, zwischen der Entscheidung als solcher (Tenor) und den Gründen zu unterscheiden. Im Interesse einer besseren Übersichtlichkeit sollte man sich beim Aufbau der Gründe an dem Schema des § 313 orientieren und zwischen Sachverhaltsdarstellung und rechtlicher Bewertung differenzieren, soweit nicht ein gesonderter Tatbestand entbehrlich ist, weil die der Entscheidung zugrundeliegenden Tatsachen ohne Weiteres der rechtlichen Begründung entnommen werden können. In jedem Fall muss der Beschluss erkennen lassen, welches Gericht ihn gefasst hat und in welchem Verfahren er ergeht. Ob der Beschluss von in allen beteiligten Richtern unterschrieben werden muss oder ob die Unterschrift des Vorsitzenden genügt, ist streitig.[1180]

## II. Das Urteil

### 1. Arten

**877** Eine Einteilung der Urteile kann nach unterschiedlichen Gesichtspunkten vorgenommen werden:

- Wird lediglich über prozessuale Fragen entschieden, dann handelt es sich um ein **Prozessurteil** (→ Rn. 106), während ein **Sachurteil** eine gerichtliche Erkenntnis über den Streitgegenstand, also die Sache selbst, enthält (→ Rn. 107).
- Ergeht die Entscheidung aufgrund der Säumnis einer Partei, dann handelt es sich um ein **Versäumnisurteil** (→ Rn. 325), sonst um ein **kontradiktorisches (streitiges) Urteil,** das also aufgrund einer mündlichen Verhandlung erlassen wird, in der beide Parteien vertreten sind.
- Nach der Art der Klage (→ Rn. 128 f., 134), über die entschieden wird, kann man bei einem stattgebenden Urteil[1181] zwischen **Leistungsurteil, Feststellungsurteil** und **Gestaltungsurteil** unterscheiden.
- Erledigt das Urteil den Rechtsstreit abschließend für die Instanz, dann stellt es ein **Endurteil** dar. Im Gegensatz dazu wird durch ein **Zwischenurteil** regelmäßig nur über eine prozessuale Frage entschieden, von deren Erledigung der Fortgang des Verfahrens abhängt.

Das Zwischenurteil entscheidet also einen sog. Zwischenstreit (vgl. § 303), der stets Fragen erfasst, die sich nicht unmittelbar auf den Streitgegenstand selbst beziehen, sondern bei denen es um den Fortgang des Verfahrens geht. Ein solcher Streit weist also einen verfahrensrechtlichen Charakter auf. Als Beispiele seien genannt der Streit über die Zulassung einer Klageänderung (→ Rn. 394), über die Wirksamkeit einer Klagerücknahme (→ Rn. 477), eines Anerkenntnisses oder eines Verzichts (→ Rn. 461). Ob das Gericht

---

[1180] Nachw. bei Musielak/Voit/*Musielak* § 329 Rn. 3.
[1181] AK-ZPO/*Fenge* vor § 300 Rn. 4 weist zu Recht darauf hin, dass diese Unterscheidung bei einem abweisenden Urteil nicht zutrifft.

## II. Das Urteil

jedoch eine Entscheidung nach § 303 erlässt, die anschaulich auch als **Zwischenstreiturteil** bezeichnet wird, steht in seinem Ermessen, denn es kann zu den Fragen des Zwischenstreits auch erst in den Gründen des Endurteils Stellung nehmen. Zwischenurteile nach § 303 sind nicht selbstständig anfechtbar; vielmehr kann ihre Nachprüfung durch die nächsthöhere Instanz nur durch ein Rechtsmittel gegen das Endurteil erreicht werden.[1182]

**Von diesem Zwischenstreiturteil nach § 303 sind zu unterscheiden:**

- **Zwischenurteile, die den Zwischenstreit mit einem Dritten** (also nicht zwischen den Parteien wie bei § 303) entscheiden. Sie werden auch als unechte Zwischenurteile bezeichnet. Für sie gelten Sonderregeln (vgl. §§ 71, 135, 372 a, 387, 402), und sie sind mit sofortiger Beschwerde anfechtbar, über die durch Beschluss zu entscheiden ist.
- **Zwischenurteile, mit denen über die Zulässigkeit der Klage entschieden wird** (§ 280 II; → Rn. 275). Dieses Urteil ist – anders als das Zwischenstreiturteil nach § 303 – selbstständig anfechtbar, und zwar – je nachdem in welcher Instanz es ergeht – mit der Berufung oder Revision.
- **Ein besonderes Zwischenurteil stellt das Grundurteil nach § 304 dar.** Es handelt sich dabei um ein Zwischenurteil, da ihm notwendigerweise ein Endurteil folgen muss. **Im Unterschied zu anderen Zwischenurteilen ergeht es jedoch nicht über eine prozessuale Vorfrage, sondern über einen materiell-rechtlichen Bestandteil der Endentscheidung.**

Der Erlass eines Grundurteils hängt von folgenden **Voraussetzungen** ab:

(1) Mit der Klage muss ein Anspruch auf Zahlung von Geld oder die Leistung vertretbarer Sachen (§ 91 BGB) geltend gemacht werden, weil nur dann eine Aufteilung nach Grund und Betrag infrage kommt.
(2) Der Anspruch muss sowohl nach Grund als auch nach Betrag[1183] streitig sein.
(3) Der Rechtsstreit muss hinsichtlich des Grundes zur Entscheidung reif sein, jedoch nicht hinsichtlich der Höhe, sonst muss ein beide Elemente umfassendes Endurteil ergehen.
(4) Die Aufteilung des Rechtsstreits durch Grundurteil muss möglich und sinnvoll sein, es dürfen also die Tatsachen für Grund und Höhe nicht annähernd dieselben sein oder in einem so engen Zusammenhang stehen, dass die Herausnahme einer Grundentscheidung unzweckmäßig und verwirrend wäre.[1184]

Sind diese Voraussetzungen erfüllt, dann steht sein Erlass im Ermessen des Gerichts. Das Grundurteil, das selbstständig anfechtbar ist (§ 304 II), teilt den Prozess in zwei Abschnitte, denn in einem sog. Betragsverfahren sind noch alle die Fragen zu entscheiden, die durch das Grundurteil deshalb offengelassen worden sind, weil sie für die Höhe des Anspruchs maßgebend sind.[1185]

---

[1182] Wird durch eine als „Zwischenurteil" bezeichnete Entscheidung nicht über eine prozessuale Vorfrage, sondern über einen abgrenzbaren Teil des (materiellen) Streitgegenstandes befunden, dann handelt es sich um ein (Teil-)Endurteil, das uneingeschränkt anfechtbar ist, vgl. BGH NJW-RR 2006, 565 mwN.
[1183] Es muss eine hinreichende Wahrscheinlichkeit bestehen, dass der Anspruch wenigstens in „irgendeiner Höhe" besteht, ein Betrag von Null also ausgeschlossen ist, vgl. BGH NJW-RR 2007, 857 (858).
[1184] BGH VersR 1979, 25; MüKoZPO/*Musielak* § 304 Rn. 9 mwN.
[1185] Zu den zT recht schwierigen Problemen, die sich insoweit ergeben, kann hier nicht Stellung genommen werden; vgl. dazu und zu weiteren Fragen des Grundurteils *Rosenberg/Schwab/Gottwald* ZivilProzR § 59 Rn. 42 ff.; MüKoZPO/*Musielak* § 304 Rn. 15 ff., 33 ff.

- Wird durch das Endurteil lediglich über einen Teil des Rechtsstreits entschieden, dann bezeichnet man dieses Urteil als **Teilurteil** im Gegensatz zum Voll(End)urteil (vgl. § 301).

Der Erlass eines Teilurteils ist von folgenden Voraussetzungen abhängig:

(1) **Abgrenzbarkeit seines Gegenstandes,** dh der vom Teilurteil erfasste Teil muss für das weitere Verfahren in der jeweiligen Instanz ausscheiden und die Entscheidung über diesen Teil darf durch die Fortsetzung des Verfahrens in der Instanz nicht mehr beeinflusst werden können. Als Beispiel nennt § 301 den Fall der Klage und der Widerklage; gleiches gilt bei der objektiven Klagehäufung (§ 260) und bei der einfachen Streitgenossenschaft, bei der nur mehrere Prozesse zur gemeinschaftlichen Verhandlung zusammengefasst werden und deshalb einer getrennten Entscheidung durch Teilurteil regelmäßig zugänglich sind. Allerdings kann auch ein (abgrenzbarer) Teil eines einheitlichen Streitgegenstandes den Gegenstand eines Teilurteils bilden, beispielsweise wenn die Klageforderung aus mehreren einzelnen Positionen zusammengefasst wird und ein Teilurteil hinsichtlich einzelner Positionen erlassen werden kann. Dass die Entscheidung über verschiedene in einer Klage geltend gemachte Ansprüche von derselben Rechtsfrage abhängt, steht einem Teilurteil nicht entgegen.[1186]

(2) **Entscheidungsreife**, weil das Teilurteil ein Endurteil ist und deshalb nur erlassen werden darf, wenn der Rechtsstreit insoweit entscheidungsreif ist (vgl. § 300 I).

Ein Teilurteil trennt den Rechtsstreit in zwei selbstständige Verfahren, die nach Erlass des Urteils so zueinander stehen, als wären von vornherein beide Teile isoliert eingeklagt worden. Für jedes Urteil, das Teilurteil und das **Schlussurteil** (so wird das Teilurteil bezeichnet, durch das über den restlichen Streitstoff entschieden wird), ist dementsprechend die Frage seiner Anfechtbarkeit gesondert zu beantworten, und jedes Urteil wird auch selbstständig rechtskräftig. Nach § 301 II kann das Gericht von dem Erlass eines Teilurteils trotz Erfüllung der dafür erforderlichen Voraussetzungen absehen, wenn es ein solches Teilurteil nach Lage der Sache nicht für angemessen erachtet. Das dem Gericht insoweit eingeräumte Ermessen ist nicht vom Rechtsmittelgericht überprüfbar.

- Eine weitere Unterscheidung kann danach getroffen werden, ob es sich um ein unbedingtes oder um ein **bedingtes Urteil** handelt. Die Bedingung kann auflösend oder aufschiebend ausfallen (→ GK BGB Rn. 891). Aufschiebend bedingt wird der Beklagte verurteilt, der nach § 510b zur Zahlung einer Entschädigung verpflichtet wird, wenn er nicht eine bestimmte Handlung innerhalb einer vom Gericht festgesetzten Frist vorgenommen hat, zu der er (unbedingt) verurteilt worden ist. Auflösend bedingt sind die Vorbehaltsurteile, die eine Verurteilung des Beklagten unter dem Vorbehalt aussprechen, dass über seine Einwendungen noch in derselben Instanz entschieden wird, wie dies bei einem **Vorbehaltsurteil** nach § 302 (→ Rn. 580) oder nach § 599 der Fall ist.

---

[1186] BGH NJW 2004, 1662 (1664 f.).

## 2. Form und Inhalt

Wie ein Zivilurteil äußerlich zu gestalten ist, wird durch die Vorschriften des § 311 I, des § 313 und des § 315 I bestimmt. Danach ist das Urteil wie folgt zu gliedern: **878**

- Das Urteil wird mit „Im Namen des Volkes" überschrieben (§ 311 I), um dadurch auf den Träger der Gerichtshoheit zu verweisen.
- Der Urteilseingang – auch als Rubrum (= Rotes) bezeichnet, weil früher dieser Teil des Urteils mit roter Tinte geschrieben wurde – nennt die Parteien und ihre gesetzlichen Vertreter sowie die Prozessbevollmächtigten, bezeichnet das Gericht mit Ortsangabe und Spruchkörper sowie die Namen der Richter, die bei der Entscheidung mitgewirkt haben, und gibt schließlich den Tag des letzten Termins zur mündlichen Verhandlung an (§ 313 I Nr. 1–3).
- Die Urteilsformel (Tenor) enthält die Entscheidung des Gerichts über die Klage, die Kostenentscheidung (→ Rn. 883) und den Ausspruch über die (vorläufige) Vollstreckbarkeit (über die Vollstreckbarkeit von Urteilen Einzelheiten später).
- Das Urteil, das die Klage des Maurermeisters Friedrich Fleißig gegen den Oberstudienrat Erich Eich (→ Rn. 41, 150) entscheidet, könnte insoweit wie folgt lauten:

Im Namen des Volkes
Urteil

In dem Rechtsstreit **879**

des Maurermeisters Friedrich Fleißig, Luisenstraße 95, 94469 Deggendorf,

Klägers,

Prozessbevollmächtigter: Rechtsanwalt Dr. H.-J. Weise, 94032 Passau,

gegen

den Oberstudienrat Erich Eich, Abteistraße 47, 94034 Passau,

Beklagten,

Prozessbevollmächtigter: Rechtsanwalt Stefan Kundig, 94032 Passau,

hat das Amtsgericht Passau, Abteilung 5, aufgrund der mündlichen Verhandlung vom 26.7.2018 durch den Richter Klug für Recht erkannt:

Der Beklagte wird verurteilt, an den Kläger 800 EUR, zuzüglich 6 Prozent Zinsen seit dem 16.2.2016 zu zahlen.

Die Kosten des Rechtsstreits trägt der Beklagte.

Das Urteil ist vorläufig vollstreckbar. Der Beklagte kann die Vollstreckung durch Sicherheitsleistung iHv 1.350 EUR abwenden, wenn nicht der Kläger vor der Vollstreckung Sicherheit in gleicher Höhe leistet (→ Rn. 1122).

- Es folgen der Tatbestand und die Entscheidungsgründe (§ 313 I Nr. 5 und 6).

  Den Parteien muss nicht nur eine klare Entscheidung ihres Rechtsstreits mitgeteilt werden, sondern diese Entscheidung ist auch in einer Weise zu begründen, dass die Erwägungen und Gedanken des Gerichts für die Parteien einsichtig und nachvollziehbar werden. Da die Parteien die tatsächlichen Grundlagen ihres Streits und die Prozessgeschichte in aller Regel gut kennen, kann die Darstellung des Tatbestandes knapp gehalten und durch

Bezugnahme auf den Akteninhalt ergänzt werden (vgl. § 313 II). Dies gilt auch für die Abfassung der Entscheidungsgründe, jedoch darf die durch § 313 III zugelassene kurze Zusammenfassung der Erwägungen nicht auf Kosten der Verständlichkeit gehen.[1187]

Hinzuweisen ist auf Folgendes: Durch § 314 wird dem Tatbestand eines Urteils Beurkundungsfunktion zugewiesen und ihm eine Beweiskraft verliehen, die über die hinausgeht, die ihm als öffentliche Urkunde zukäme (vgl. §§ 415, 418). Es handelt sich insoweit um eine Beweisregel iSv § 286 II (→ Rn. 822 f.). Die Möglichkeit eines Gegenbeweises wird durch § 314 S. 2 auf das Sitzungsprotokoll beschränkt. Allerdings ist die Berichtigung des Tatbestandes nach § 320 zulässig. Die Beweisregel des § 314 S. 1 bezieht sich auf das mündliche Parteivorbringen. Es ist davon auszugehen, dass die Parteien dasjenige in der mündlichen Verhandlung vorgetragen haben, was der Tatbestand ausweist. Entgegen seiner früheren Rechtsprechung verneint der BGH nunmehr eine negative Beweiskraft des Urteilstatbestandes.[1188] Es gilt also nicht mehr der Satz, dass alles das, was sich nicht im Tatbestand des Urteils findet, von den Parteien auch nicht vorgetragen worden ist. Zu Recht weist das Gericht darauf hin, dass eine solche Annahme im Widerspruch zu der gesetzlichen Regelung des § 313 II steht, nach der eine vollständige Wiedergabe des Parteivorbringens im Urteilstatbestand nicht erwartet werden kann. Nach dieser Auffassung darf ein Parteivorbringen, das sich aus den vorbereitenden Schriftsätzen ergibt, jedoch nicht im Urteilstatbestand wiedergegeben wird, im Rechtsmittelverfahren nicht unberücksichtigt bleiben.

- Das Urteil ist von den Richtern, die bei der Entscheidung mitgewirkt haben, zu unterschreiben (§ 315 I 1).
- Üblicherweise werden in der Praxis der Gerichte neben diesen gesetzlich vorgeschriebenen Bestandteilen eines Zivilurteils noch das Aktenzeichen und der Gegenstand des Rechtsstreits hinzugefügt.

880 Versäumnis-, Anerkenntnis- und Verzichtsurteile können **ohne Tatbestand und Entscheidungsgründe** ergehen (vgl. dazu im Einzelnen § 313b). Ein Urteil, gegen das unzweifelhaft ein Rechtsmittel nicht zulässig ist, bedarf nicht des Tatbestandes und kann bei einem entsprechenden Verzicht der Parteien oder wenn sein wesentlicher Inhalt in das Protokoll aufgenommen worden ist, auch ohne Entscheidungsgründe erlassen werden (vgl. § 313a auch zu den Ausnahmen). Auf die Frage, gegen welche Urteile Rechtsmittel nicht eingelegt werden können, wird später eingegangen werden.

881 In jedem Endurteil, auch wenn es in der Form eines Versäumnisurteils oder Vorbehaltsurteils ergeht, ist von Amts wegen, also ohne einen entsprechenden Antrag der Parteien (vgl. § 308 II), eine **Entscheidung über die Kosten** zu treffen. Nur bei einem Teilurteil gilt dies nicht, wenn bei seinem Erlass noch nicht feststeht, in welchem Umfang der Kläger erfolgreich sein wird. In der Kostenentscheidung hat das Gericht auf der Grundlage der §§ 91 ff. festzustellen, welche Partei die Kosten zu tragen hat.

---

[1187] Zur Formulierung des Tenors vgl. *Wallisch/Spinner* JuS 2000, 377; zu Einzelheiten, die bei der Abfassung von Tatbestand und Entscheidungsgründen zu beachten sind, vgl. die Aufsatzreihe von *Huber* JuS 1984, 615, 786, 950 und JuS 1987, 213, 296, 464, 545, sowie *Huber*, Das Zivilurteil, 2. Aufl. 2003.
[1188] BGHZ 158, 269 (280 ff.) = NJW 2004, 1876; BGHZ 158, 295 (309 f.) = NJW 2004, 2152; zust. *Gaier* NJW 2004, 2041 (2044); Zöller/*Feskorn* § 314 Rn. 5; krit. *Wach/Kern* NJW 2006, 1315 (1319 f.).

II. Das Urteil

**882** Bei den Kosten eines Prozesses ist zwischen den Gerichtskosten, die nach dem Gerichtskostengesetz berechnet werden (→ Rn. 156), und den außergerichtlichen Kosten zu unterscheiden. Zu den außergerichtlichen Kosten zählen insbesondere die Anwaltskosten (→ Rn. 49 ff.); hinzukommen sonstige Kosten der Parteien, die ihnen zB durch Reisen zu den Terminen entstanden sind. Die Kosten haben die Parteien zunächst selbst zu tragen. Ergibt die Kostenentscheidung des Gerichts, dass die Prozesskosten ganz oder zT von der Gegenpartei getragen werden müssen, dann steht der begünstigten Partei ein Erstattungsanspruch gegen den Gegner zu. Nach herrschender, aber bestrittener Meinung sind nur Anwaltsgebühren erstattungsfähig, die sich nach den gesetzlichen Gebührensätzen des RVG bemessen dagegen nicht darüber hinausreichende Honorare aufgrund einer Vergütungsvereinbarung.[1189]

**883** Die Kostenentscheidung im Urteil spricht nur aus, von welcher Partei und zu welchem Teil die Kosten getragen werden müssen (Beispiel: Der Kläger trägt 1/5, der Beklagte 4/5 der Kosten des Rechtsstreits – vgl. § 92 I 1). Der Betrag der dem Gegner zu erstattenden Kosten bleibt dabei offen. Die Ermittlung dieses Betrages geschieht in einem Nachverfahren, dem sog. **Kostenfestsetzungsverfahren,** für das der Rechtspfleger zuständig ist (§ 104 I 1 ZPO, § 21 Nr. 1 RPflG). Die Entscheidung in Kostenfestsetzungsverfahren ergeht durch Beschluss, dem sog. **Kostenfestsetzungsbeschluss,** der mit der sofortigen Beschwerde anfechtbar ist (§ 11 I RPflG iVm § 104 III, § 567 I); nur wenn der Wert des Beschwerdegegenstandes 200 EUR oder weniger beträgt, tritt an die Stelle der sofortigen Beschwerde die befristete Erinnerung (§ 11 II 1 RPflG, § 567 II). Im Kostenfestsetzungsbeschluss wird der Gesamtbetrag der erstattungsfähigen Kosten ziffernmäßig bestimmt. Leistet die zur Kostenerstattung verpflichtete Partei nicht freiwillig, dann kann aufgrund des Kostenfestsetzungsbeschlusses der Erstattungsanspruch zwangsweise durchgesetzt werden (→ Rn. 1133).

**884** Selbst schwere Verstöße gegen die Vorschriften über die äußere Form eines Urteils machen es nicht nichtig, sondern nur anfechtbar. **Offenbare Unrichtigkeiten** im Urteil können nach § 319 berichtigt und Lücken im Tenor, die durch eine versehentlich unterbliebene Entscheidung über Haupt- oder Nebenansprüche oder über Kosten entstanden sind, nach § 321 ergänzt werden. Unklarheiten und Widersprüche in der Urteilsformel sind nach Möglichkeit durch Auslegung mithilfe des übrigen Urteilsinhalts zu beseitigen.[1190]

## 3. Erlass und Zustellung

**885** Bei Entscheidungsreife eines Rechtsstreits, dh sobald das Gericht darüber zu befinden vermag, ob der Klage stattzugeben ist oder ob sie als unzulässig oder als unbegründet abgewiesen werden muss, ist ein Endurteil zu erlassen (§ 300 I). Ein solches Endurteil kann sowohl Prozessurteil als auch Sachurteil sein (→ Rn. 877).

**886** Bei seiner Entscheidung ist das Gericht an den **Sachantrag des Klägers** gebunden; dies ergibt sich aus § 308 I, auch wenn der Wortlaut dieser Vorschrift weiter ist und die Anträge beider Parteien umfasst. Auf den Antrag des Beklagten, die Klage abzuweisen, kommt es nicht an.[1191]

---

[1189] Vgl. dazu *Hau* JZ 2011, 1047 (1049 ff.).
[1190] Vgl. BGH NJW 1972, 2268; NJW-RR 2017, 763 Rn. 2; OLG Köln NJW 1985, 274.
[1191] Zu § 308 vgl. auch *Musielak* FS Schwab, 1990, 349.

**887** Dass die Entscheidung zugunsten des Beklagten auch ohne seinen Antrag zulässig ist, folgt zwingend aus der kontradiktorischen Stellung der Parteien zueinander und ergibt sich im Übrigen auch aus der Vorschrift des § 331 II Hs. 2. Denn nach dieser Vorschrift ist die Klage abzuweisen, wenn der Klageantrag sie nicht rechtfertigt, ohne dass der (nicht anwesende) Beklagte einen entsprechenden Antrag stellen muss. Weil der Kläger mit seinem Antrag nur Erfolg haben kann, wenn und soweit das von ihm geltend gemachte Recht von dem an Gesetz und Recht gebundenen Richter (Art. 20 III GG) festgestellt wird, somit ein weitergehender Antrag abgewiesen werden muss, ist also hierfür der Antrag des Beklagten regelmäßig entbehrlich. Etwas anderes gilt nur in Fällen, in denen das Gesetz die Abweisung des Klageantrages aufgrund einer besonderen Konstellation von einem darauf gerichteten Antrag des Beklagten abhängig macht wie im Falle der Säumnis des Klägers (§ 330) oder beim Verzicht des Klägers auf den von ihm geltend gemachten Anspruch (§ 306). Ausnahmen von der Vorschrift des § 308 I enthalten II und § 308a.

**888** Das Urteil muss von denjenigen Richtern gefällt, dh über seinen Inhalt eine verbindliche Entscheidung getroffen werden, die „der dem Urteil zugrundeliegenden Verhandlung beigewohnt haben" (§ 309). Diese Verhandlung ist die letzte mündliche, die dem Erlass des Urteils vorausgeht, also die Schlussverhandlung; dagegen ist es nicht erforderlich, dass die das **Urteil fällenden Richter** auch in einem vorher stattfindenden Verhandlungstermin anwesend waren.[1192] Wechselt nach der letzten mündlichen Verhandlung aber vor der abschließenden Beratung die Besetzung des Gerichts, so muss die mündliche Verhandlung wiedereröffnet werden. Andernfalls ist ein absoluter Revisionsgrund nach § 547 Nr. 1 gegeben (→ Rn. 994).[1193] In einer Güteverhandlung, die in der Regel der mündlichen Verhandlung vorausgeht (→ Rn. 178), kann kein Urteil erlassen werden.[1194]

**889** Bei Kollegialgerichten wird die Entscheidung über das Urteil in geheimer Beratung und Abstimmung nach den in §§ 192 ff. GVG enthaltenen Vorschriften vollzogen. Ein Einzelrichter fällt das Urteil dadurch, dass er einen entsprechenden Entschluss fasst. Das Urteil wird sodann schriftlich niedergelegt, stellt aber bis zu seiner Verkündung nur einen gerichtsinternen Entwurf dar, der noch abgeändert werden kann. Der Urteilsverkündung folgt dann die Herstellung der Urteilsurkunde, die den Anforderungen der §§ 313 ff. zu genügen hat (→ Rn. 878).

**890** Das **Urteil** soll möglichst rasch **verkündet** werden (vgl. § 310 I). Wird es in dem Termin, in dem die mündliche Verhandlung geschlossen wird, verkündet, dann spricht man von einem sog. „**Stuhlurteil**". Es ist in das Ermessen des Richters gestellt, ob er sich für ein Stuhlurteil entscheidet oder zunächst noch seine Entscheidung hinausschiebt, um sie überdenken zu können. Wird das Urteil in einem besonderen Termin verkündet, dann ist dieser sofort anzuberaumen, dh in dem Termin, in dem die mündliche Verhandlung geschlossen wird. Das Urteil wird beim Kollegialgericht vom Vorsitzenden verkündet (§ 136 IV). Die Form der Verkündung ist in § 311 bestimmt.

---

[1192] Zu den Fragen, die sich ergeben, wenn ein Richterwechsel oder die Verhinderung eines Richters zwischen der Schlussverhandlung und der Fällung des Urteils eintritt, vgl. *Vollkommer* NJW 1968, 1309.
[1193] BGH NJW-RR 2012, 508.
[1194] Zöller/*Greger* § 278 Rn. 14; aA *Wieser* MDR 2002, 10 (11).

II. Das Urteil

Die ohne mündliche Verhandlung ergehenden Anerkenntnisurteile (§ 307 S. 2), Versäumnisurteile gegen den Beklagten gem. § 331 III und Urteile, die den Einspruch gegen ein Versäumnisurteil verwerfen (§ 341 II), sind nach § 310 III den Parteien zuzustellen. Die Zustellung ersetzt die in anderen Fällen stets vorgeschriebene Verkündung. Fehler bei der Verkündung hindern grundsätzlich nicht die Wirksamkeit des Urteils.[1195]

**891**

Urteile sind nach Maßgabe des § 317 I den Parteien von Amts wegen (vgl. § 166 II) **zuzustellen.** Zugestellt wird eine **Ausfertigung des Urteils,** dh eine amtliche Abschrift oder Kopie des vollständigen Urteils; das Original des Urteils bleibt bei den Akten des Gerichts. Die Ausfertigung muss auch die Unterschriften der Richter wiedergeben, und zwar in einer Weise, dass der Ausfertigung entnommen werden kann, ob die Urschrift entsprechend der Vorschrift des § 315 I von den bei der Entscheidung mitwirkenden Richtern unterzeichnet worden ist. Wird das Urteil entgegen § 317 I iVm § 166 II nicht von Amts wegen zugestellt, dann beginnen die Rechtsmittel- und Einspruchsfristen nicht zu laufen. Die mit Verkündung des Urteils beginnenden 5-Monatsfristen des § 517 letzter Hs. und des § 548 letzter Hs. müssen jedoch beachtet werden.

**892**

### 4. Wirkungen

Mit der Verkündung oder der sie ersetzenden Zustellung (§ 310 III) des Urteils wird die Entscheidung des Gerichts existent und damit der Rechtsstreit nach außen erkennbar von dem entscheidenden Gericht (ganz oder zu einem bestimmten Teil) abgeschlossen. Es erscheint als eine Selbstverständlichkeit, dass der richterliche Spruch und die ihn tragenden Gründe dann nicht mehr einseitig vom erkennenden Gericht beseitigt oder korrigiert werden können. Dies wird ausdrücklich von § 318 bestimmt; die dadurch geschaffene Sperre verhindert, dass das Gericht die Entscheidung aufhebt oder ändert, auch wenn neue Erkenntnisse dazu führen sollten, die Entscheidung für falsch zu halten. **Korrekturen des Urteils** sind nur im Rahmen der §§ 319–321 zulässig.

**893**

Das Aufhebungs- und Änderungsverbot stellt sich als negative Wirkung der Bindung des Gerichts an seine Entscheidung dar. Als positive Seite dieser Bindung ergibt sich das hieraus abzuleitende Gebot an das Gericht, sein Urteil im weiteren Verfahren zu beachten und nicht innerhalb derselben Instanz davon abzuweichen, wenn weitere Entscheidungen zu treffen sind. So muss das Gericht bei einem Schlussurteil die in einem Teilurteil oder in einem Vorbehaltsurteil getroffene Entscheidung berücksichtigen; das Gleiche gilt für Zwischenurteile nach §§ 303 und 304.

**894**

Von der Bindungswirkung des § 318 ist die Rechtskraft des Urteils zu unterscheiden. Die Bindungswirkung richtet sich an das erlassende Gericht, während die materielle Rechtskraft den inhaltlichen Bestand der Entscheidung gegenüber jedem Gericht sichert (→ Rn. 1037). Die formelle Rechtskraft schließlich verhindert die Aufhebung des Urteils aufgrund seiner Anfechtung (→ Rn. 1037).

**895**

---

[1195] Zu Ausnahmen vgl. Musielak/Voit/*Musielak* § 310 Rn. 10 mwN.

## III. Rechtsmittel

### 1. Allgemeines

896 Gegen eine gerichtliche Entscheidung kann sich im Grundsatz der dadurch Benachteiligte mit dem Ziel wenden, die Aufhebung oder Abänderung zu erreichen. Dies geschieht regelmäßig in einem formalisierten Verfahren, für das bestimmte Regeln zu beachten sind. Nur wo solche Regeln nicht gelten, kann ein formloser Antrag an das Gericht in Betracht kommen, seine Entscheidung zu ändern (sog. Gegenvorstellung, → Rn. 1005 ff.). Die ZPO räumt den Parteien verschiedene Möglichkeiten ein, gerichtliche Entscheidungen anzufechten. So kann beispielsweise durch den Einspruch gegen ein Versäumnisurteil dessen Aufhebung erreicht werden (→ Rn. 349, 367). Selbst rechtskräftig gewordene Urteile können unter bestimmten Voraussetzungen nachträglich korrigiert werden (dazu Einzelheiten später). Die verschiedenen Mittel zur Anfechtung gerichtlicher Entscheidungen werden unter dem Begriff des Rechtsbehelfs zusammengefasst, innerhalb derer die Rechtsmittel eine besondere Gruppe bilden.

897 Begriffsbestimmende Merkmale eines Rechtsmittels sind

- der **Devolutiveffekt,** die Wirkung, das Verfahren in eine höhere Instanz zu bringen, um es dort fortzusetzen,
- und der **Suspensiveffekt,** die Wirkung, die Rechtskraft des Urteils zu hemmen.

**Diese Wirkungen können im Zivilprozess nur durch die Berufung, die Revision und die Beschwerde erreicht werden; sie sind deshalb die einzigen Rechtsmittel der ZPO.**

898 Keine Rechtsmittel sind dagegen die Erinnerung (→ Rn. 1018), der Einspruch (→ Rn. 349 ff., 1096) und die Anhörungsrüge (→ Rn. 1029 ff.), weil ihnen der Devolutiveffekt fehlt.

899 Durch ein Rechtsmittel wird die **sachliche Prüfung** der angefochtenen Entscheidung erreicht.[1196] Der Umfang dieser Prüfung fällt aber bei den einzelnen Rechtsmitteln unterschiedlich aus und erfasst bei der Berufung neben der Überprüfung der richtigen Rechtsanwendung auch – allerdings mit Einschränkungen (→ Rn. 920) – die tatsächlichen Grundlagen der Entscheidung, während die Revision auf eine Kontrolle der Rechtsanwendung beschränkt ist (→ Rn. 993).

900 Die Zulassung von Rechtsmitteln berücksichtigt nicht nur die Interessen der Parteien an einer richtigen Entscheidung ihres Rechtsstreits, sondern auch das **öffentliche Interesse** an einer gut funktionierenden Rechtspflege. Denn die Möglichkeit einer Überprüfung durch die höhere Instanz verstärkt in der Tendenz die Bemühung des Richters, das eigene Votum sorgfältig zu überdenken und zu überprüfen. Außerdem dient die Rechtsprechung der höheren

---

[1196] *Rosenberg/Schwab/Gottwald* ZivilProzR § 133 Rn. 3, 11, sehen deshalb in einer solchen Richtigkeitsprüfung ein weiteres begriffsbestimmendes Merkmal eines Rechtsmittels.

III. Rechtsmittel

Gerichte der Vereinheitlichung und der Fortbildung des Rechts (→ GK BGB Rn. 1186). Diesen Interessen kommt bei den einzelnen Rechtsmitteln unterschiedliche Bedeutung zu; so ist das Allgemeininteresse an einer einheitlichen Rechtspflege bei der Revision stärker ausgeprägt als bei der Berufung. Schließlich dürfen auch die Nachteile der Rechtsmittel, die in der Verursachung höherer Kosten und einer längeren Dauer des Prozesses liegen, nicht übersehen werden.

**Bei jedem Rechtsmittel ist zwischen seiner Zulässigkeit und seiner Begründetheit zu unterscheiden.** Im Rahmen der Zulässigkeit sind die Statthaftigkeit, die Einhaltung einer vorgeschriebenen Frist und Form sowie die Beschwer der das Rechtsmittel einlegenden Partei zu prüfen. 901

- Von einer **Statthaftigkeit** spricht man, wenn es das Rechtsmittel gegen die Entscheidung der betreffenden Art überhaupt gibt. So ist beispielsweise die sofortige Beschwerde gegen die Entscheidung eines OLG nicht statthaft (vgl. § 567 I).
- Eine **Beschwer** ist gegeben, wenn die das Rechtsmittel einlegende Partei durch die angefochtene Entscheidung benachteiligt wird. Wer erhält, was er durch sein Rechtsschutzgesuch begehrt, hat keinen Grund, die gerichtliche Entscheidung anzufechten. Die Beschwer ist also eine Erscheinungsform des Rechtsschutzbedürfnisses (→ Rn. 267). Zu vergleichen ist also der Antrag der Partei und der daraufhin ergehende Spruch des Richters.

Hat beispielsweise der Kläger die Verurteilung des Beklagten iHv 20.000 EUR beantragt und das Gericht ihm 15.000 EUR zuerkannt, dann ist der Kläger iHv 5.000 EUR beschwert, während die Beschwer des Beklagten, der Klageabweisung beantragte, 15.000 EUR beträgt. **Dieser Vergleich zwischen Antrag und Urteil ergibt die sog. formelle Beschwer. Auf sie kommt es grundsätzlich an.** 902

Streitig ist jedoch, ob Ausnahmen vom Grundsatz der formellen Beschwer zuzulassen sind und dann auf die sog. **materielle Beschwer** abzustellen ist, **die sich daraus ergibt, dass die Partei durch das Urteil in ihren Rechten beeinträchtigt wird.** Der BGH vertritt zumindest in älteren Entscheidungen[1197] die Auffassung, beim Beklagten sei auf die materielle Beschwer zu sehen, weil er keinen Sachantrag, sondern nur einen Prozessantrag stelle (→ Rn. 886 f.) und die formelle Beschwer einen Sachantrag voraussetze. Konsequenz dieser Auffassung wäre es, dass der Beklagte, der gem. seinem Anerkenntnis verurteilt wird, als materiell Beschwerter das Anerkenntnisurteil anfechten könnte.[1198] Demgegenüber ist mit der überwiegenden Ansicht im Schrifttum auch beim Beklagten von der formellen Beschwer auszugehen. Es kann nur dann die materielle Beschwer für ein Rechtsmittel maßgebend sein, wenn es der Beklagte einlegt, der keinen Antrag gestellt hat.[1199] 903

Beispielsweise ist der Beklagte beschwert, wenn die Klage als unzulässig, statt als unbegründet oder als zurzeit unbegründet statt endgültig[1200] abgewiesen wird, ebenso wenn die Klageabweisung auf eine Eventualaufrechnung und nicht auf das Nichtbestehen der Klageforderung 904

---

[1197] Vgl. BGH JZ 1953, 276; NJW 1955, 545; ZZP 74 (1961), 362; ebenso Musielak/Voit/*Ball* vor § 511 Rn. 20.
[1198] So BGH NJW 1992, 1513 (1514); 2013, 2437 Rn. 11.
[1199] *Jauernig/Hess* ZivilProzR § 72 Rn. 20, 24; *Rosenberg/Schwab/Gottwald* ZivilProzR § 135 Rn. 22.
[1200] OLG Celle JZ 2011, 744.

gestützt wird; eine Beschwer ist immer dann zu bejahen, wenn nur dem Hilfsantrag stattgegeben und der Hauptantrag abgewiesen wird (→ Rn. 313).[1201]

905 Der Rechtsmittelkläger muss die Beseitigung seiner in dem angefochtenen Urteil liegenden Beschwer erstreben. Ein Rechtsmittel ist unzulässig, wenn es den in der Vorinstanz erhobenen Klageanspruch nicht wenigstens teilweise weiterverfolgt, also im Falle einer Klageabweisung deren Richtigkeit gar nicht infrage stellt, sondern lediglich im Wege der Klageänderung einen neuen, bislang nicht geltend gemachten Anspruch zur Entscheidung stellen will (→ Rn. 932).[1202]

906 **Für Rechtsmittel gilt das Verschlechterungsverbot (= Verbot der reformatio in peius).** Dies bedeutet, dass vom Rechtsmittelgericht keine Entscheidung getroffen werden darf, die den Rechtsmittelführer schlechter stellt als die von ihm angefochtene. Dieses Verbot bezweckt die Wahrung des „Besitzstandes" des Rechtsmittelklägers.[1203]

> **Beispiel:** K verlangt mit seiner Klage von B Schadensersatz iHv 10.000 EUR. Das Gericht spricht ihm 6.000 EUR zu. Gegen dieses Urteil legt K Berufung ein. Das Berufungsgericht kommt zu dem Ergebnis, dass die Voraussetzungen eines Schadensersatzanspruchs des K gegen B nicht erfüllt sind. In diesem Fall darf das Gericht jedoch die Klage nicht völlig abweisen, weil K dann schlechter stünde als aufgrund des (angefochtenen) erstinstanzlichen Urteils.

907 Die durch das Verschlechterungsverbot geschaffene Sperre wird jedoch dann aufgehoben, wenn auch der Beklagte Berufung einlegt, also im Beispielsfall B wegen seiner Verurteilung zum Schadensersatz iHv 6.000 EUR. In diesem Fall wird die von K durch das erstinstanzliche Urteil erworbene Rechtsposition von B angefochten, sodass die Klage auf die Berufung des B hin ganz abgewiesen werden darf.

908 Das Verschlechterungsverbot wird durch die Erwägung begründet, dass auch im Rechtsmittelverfahren die Dispositionsmaxime gilt, sodass der Antrag des Rechtsmittelführers dafür maßgebend ist, worüber das Gericht zu entscheiden hat (→ Rn. 205, 886), es also eine Abänderung nicht vornehmen darf, soweit sie nicht beantragt wird. Dies wird für die Berufung ausdrücklich in § 528 S. 2 festgestellt. Hinzu kommt noch die rechtspolitische Erwägung, dass es sich als erhebliches Hemmnis für Rechtsmittel auswirken würde, wenn der Rechtsmittelführer befürchten müsste, dass sich im Rechtsmittelverfahren seine Rechtsposition verschlechtere.

909 Nach hM widerspricht es nicht dem Verschlechterungsverbot, wenn aufgrund eines Rechtsmittels gegen eine Entscheidung, die das Begehren des Rechtsmittelführers als unzulässig verworfen hat, das Rechtsmittelgericht dieses Begehren für unbegründet erklärt.[1204] Diese Auffassung wird damit begründet, dass der Rechtsmittelführer durch die Abweisung als unzulässig keine rechtliche Position erlangt habe, auf deren Bestand er vertrauen dürfe. Gleiches gilt im umgekehrten Fall, in dem ein Rechtsmittel gegen ein die Klage als unbegründet ab-

---

[1201] Vgl. die Nachw. bei *Zimmermann* ZPO vor § 511 Rn. 9 ff. Zu weiteren Beispielen: BLAH/ *Hartmann* § 511 Rn. 14 ff.
[1202] BGH NJW-RR 2002, 1073 (1074); 2004, 495 (496); 2012, 516 Rn. 17; MDR 2008, 1351 (1352).
[1203] Musielak/Voit/*Ball* § 528 Rn. 14 f.
[1204] BGH NJW 1989, 393 (394); 2000, 1645 (1647); NJW-RR 2004, 1000.

weisendes Urteil eingelegt wird und das Rechtsmittelgericht zu dem Ergebnis gelangt, dass die Klage unzulässig sei.[1205]

Streitig ist die Frage, ob aufgrund eines Rechtsmittels gegen eine Teilabweisung in der Sache das Rechtsmittelgericht das Begehren des Rechtsmittelführers als unzulässig abweisen darf (in dem obigen Beispielsfall der Schadensersatzklage – → Rn. 906 – wird auf die Berufung des Klägers seine Klage als unzulässig abgewiesen). Während manche diese Möglichkeit bejahen und damit begründen, dass sich § 528 S. 2 und das darin ausgesprochene Verschlechterungsverbot nicht auf Fragen des Verfahrens beziehe, die dem Belieben der Parteien entzogen seien, widerspricht eine Gegenauffassung, die darauf verweist, dass der Kläger durch Einlegung oder Nichteinlegung eines Rechtsmittels darüber befinde, ob das Urteil unverändert bestehen bleibe; deshalb seien insoweit auch Verfahrensfragen nicht der Disposition der Parteien entzogen.[1206] **910**

Ein besonderes Problem ergibt sich, wenn das Gericht für seine Entscheidung eine falsche Form gewählt hat (zB Beschluss statt Urteil) und deshalb entschieden werden muss, ob das Rechtsmittel gegeben ist, das gegen die inkorrekte Entscheidung (Beschluss) oder gegen die korrekte Entscheidung (Urteil) einzulegen wäre. Ganz überwiegend wird diese Frage nach dem **Grundsatz der Meistbegünstigung** entschieden[1207] und es der Partei überlassen, ob sie das Rechtsmittel einlegt, das der vom Gericht gewählten Entscheidungsform entspricht (sog. subjektive Theorie), oder dasjenige, das bei der richtigen Form der Entscheidung statthaft wäre (sog. objektive Theorie). Das Prinzip der Meistbegünstigung entspricht am besten dem Interesse der Partei, die auf diese Weise nicht mit der Frage belastet wird, ob die gewählte Form falsch ist und welches Rechtsmittel in Betracht kommt. Nach Einlegung eines Rechtsbehelfs gegen die in eine falsche Form gefasste Entscheidung ist das Verfahren in die richtige Verfahrensform überzuleiten, also zB die Berufung als Beschwerde zu behandeln.[1208] **911**

Das Meistbegünstigungsprinzip ist immer dann anzuwenden, wenn für den Rechtsmittelführer eine durch einen Fehler oder eine Unklarheit in der anzufechtenden Entscheidung verursachte Unsicherheit hinsichtlich des einzulegenden Rechtsmittels besteht.[1209] Da jedoch durch dieses Prinzip nur erreicht werden soll, die Parteien durch eine fehlerhafte Form der Entscheidung nicht zu benachteiligen, muss ausgeschlossen werden, dass dadurch Vorteile entstehen, die über den Meistbegünstigungseffekt hinausgehen. Deshalb ist es nur folgerichtig, ein Rechtsmittel, das an sich gegen die inkorrekte Entscheidung statthaft wäre, dann nicht zuzulassen, wenn ein Rechtsmittel bei zutreffender Wahl der Entscheidungsform nicht gegeben wäre.[1210] **912**

---

[1205] BGH NJW 1999, 1113 (1114); NJW-RR 2004, 640 (641); Musielak/Voit/*Ball* § 528 Rn. 18 mwN.
[1206] Vgl. dazu BGH NJW 1986, 1494 (1495); *Rosenberg/Schwab/Gottwald* ZivilProzR § 139 Rn. 11; MüKoZPO/*Rimmelspacher* § 528 Rn. 25, 56; Prütting/Gehrlein/*Oberheim* § 528 Rn. 15; Musielak/Voit/*Ball* § 528 Rn. 17.
[1207] BGHZ 98, 362 (364 f.) = NJW 1987, 442; BGH NJW 2004, 1598 (1599); OLG Karlsruhe MDR 1992, 808; *Zeiss/Schreiber* ZivilProzR Rn. 660; Musielak/Voit/*Ball* vor § 511 Rn. 31 ff., jew. mwN.
[1208] BGH BeckRS 2009, 13 343 Rn. 28; LG Itzehoe NJW-RR 1994, 1216 mwN.
[1209] BGH NJW 2004, 1598 (1599); BeckRS 2009, 13343 Rn. 17.
[1210] BGH NJW 1988, 49 (51); 1997, 1448; OLG Köln NJW-RR 1999, 1084, jew. mwN.

913 Mit Wirkung vom 1.1.2014 ist gem. § 232 jede anfechtbare gerichtliche Entscheidung in Verfahren, in denen sich die Parteien nicht durch einen Rechtsanwalt vertreten lassen müssen, mit einer **Belehrung über das statthafte Rechtsmittel**, über den Einspruch, den Widerspruch oder die Erinnerung sowie über das Gericht, bei dem der Rechtsbehelf einzulegen ist, über den Sitz des Gerichts und über die einzuhaltende Form und Frist des Rechtsbehelfs zu versehen. Zudem ist auch über einen bestehenden Anwaltszwang zu belehren.[1211] In Anwaltsprozessen (→ Rn. 45) ist eine Belehrung nur über einen Einspruch oder Widerspruch vorgeschrieben oder wenn sich die Belehrung an einen Zeugen oder Sachverständigen richtet. Diese Ausnahmen erklären sich dadurch, dass in diesen Fällen auch im Anwaltsprozess nicht sichergestellt ist, dass die Betroffenen anwaltlich vertreten sind und sachverständig beraten werden.

> **Beispiel:** In einem Anwaltsprozess ergeht ein Versäumnisurteil, weil für den Beklagten kein Rechtsanwalt tätig wird (→ Rn. 329).

914 Unterbleibt die vorgeschriebene Belehrung oder wird sie unrichtig oder unvollständig vorgenommen, dann kann die betroffene Partei Wiedereinsetzung in den vorigen Stand beantragen (§§ 233 ff.), wobei das Fehlen eines Verschuldens vermutet wird (§ 233 S. 2). Diese Vermutung gilt jedoch nur, wenn die Fehlerhaftigkeit der Belehrung nicht offensichtlich ist.[1212]

915 Die Partei, die ein **Rechtsmittel** einlegt, kann es auch **wieder zurücknehmen;** dies gilt nicht nur für die Berufung (vgl. § 516), sondern auch für die Revision (§ 565 iVm § 516) und für die Beschwerde.[1213] Die Revision kann – anders als die Berufung (→ Rn. 916) – ohne Einwilligung des Revisionsbeklagten nur bis zum Beginn der mündlichen Verhandlung des Revisionsbeklagten zur Hauptsache zurückgenommen werden (§ 565 S. 2[1214]). Dadurch soll verhindert werden, dass der Revisionskläger den Erlass eines Grundsatzurteils, das zur Vereinheitlichung der Rechtsprechung dienen oder zu mehr Rechtssicherheit führen soll, einseitig verhindern kann. Die Zurücknahme hat den Verlust des eingelegten Rechtsmittels zur Folge (vgl. § 516 III 1), verhindert jedoch nicht, dass das zurückgenommene Rechtsmittel erneut eingelegt werden kann, sofern die Rechtsmittelfrist noch nicht abgelaufen ist. Dies unterscheidet die Rücknahme von dem Verzicht auf ein Rechtsmittel (→ Rn. 917). Die Rücknahme eines Rechtsmittels ist bedingungsfeindlich und kann auch nicht mit einer innerprozessualen Bedingung verbunden werden, denn die verfahrensbeendende Wirkung der Rücknahme schafft eine endgültige Rechtslage, die keinen Schwebezustand verträgt. Aus gleichen Gründen ist die Rücknahme unwiderruflich und unanfechtbar.[1215]

---

[1211] Vgl. *Fölsch* NJW 2013, 970 (971) auch zu Formulierungsvorschlägen.
[1212] BGH NJW 2018, 165 Rn. 7.
[1213] AllgM, obwohl im Gesetz für die Beschwerde die Rücknahme nicht ausdrücklich geregelt wird; vgl. Musielak/Voit/*Ball* § 516 Rn. 2, § 572 Rn. 22.
[1214] Diese Vorschrift ist mWv 1.1.2014 durch das Gesetz zur Förderung des elektronischen Rechtsverkehrs mit den Gerichten eingefügt worden.
[1215] BGH NJW-RR 2008, 85 Rn. 15 ff.

## III. Rechtsmittel

Die Berufung (§ 516 I) kann bis zur Verkündung des Berufungsurteils ohne Einwilligung der Gegenpartei zurückgenommen werden. Diese Rechtslage hat die Frage aufgeworfen, ob der Berufungskläger noch während der Verkündung des Urteils die Rücknahme seines Rechtsmittels erklären kann, wenn er zB erkennt, dass es vom Gericht für unzulässig oder unbegründet gehalten wird. Das Urteil wird durch Verlesung der Urteilsformel verkündet (§ 311 II 1). Der Vorgang der Verkündung kann nicht einseitig von einer Partei unterbrochen werden, die durch Zwischenruf die Rücknahme ihres Rechtsmittels dem Gericht mitteilen will. Deshalb wird man als spätesten Zeitpunkt für eine einseitige Rücknahmeerklärung den Beginn der Urteilsverkündung anzusehen haben.[1216] Nach diesem Zeitpunkt ist bis zur Rechtskraft des Urteils die Rücknahme des Rechtsmittels mit Einwilligung des Gegners zulässig[1217]. Ist im Berufungsverfahren ein Versäumnisurteil erlassen worden, dann kann der Berufungskläger nach einem zulässigen Einspruch gegen das Berufungsurteil seine Berufung zurücknehmen.[1218] Haben zwei Prozessbevollmächtigte unabhängig voneinander namens der unterlegenen Partei Berufung wegen desselben Anspruchs eingelegt, dann ist nur ein Rechtshilfeverfahren anhängig geworden. Dies hat zur Folge, dass die Rücknahme durch einen Prozessbevollmächtigten regelmäßig den Verlust des Rechtsmittels bewirkt, es sei denn, die Rücknahmeerklärung ist dahingehend auszulegen, dass damit nur gemeint sei, der Prozessbevollmächtigte ziehe sich allein für seine Person aus dem Berufungsverfahren zurück.[1219]

**916**

**Auf ein Rechtsmittel kann verzichtet werden.** Auch für die Wirksamkeit des Verzichts ist die Einwilligung des Gegners nicht erforderlich (§ 515, der nach § 565 entsprechend auf die Revision anwendbar ist). Der Verzicht kann als Prozesshandlung auch durch eine schlüssige Handlung vorgenommen werden, jedoch ist wegen der Rechtsfolge des Verzichts bei der Auslegung entsprechender Erklärungen Zurückhaltung geboten und zu verlangen, dass klar und eindeutig zum Ausdruck kommen muss, die Entscheidung des Gerichts als endgültig hinzunehmen und nicht anfechten zu wollen.[1220] Deshalb kann nicht allein der Verzicht auf die Begründung einer zu erlassenden Kostenentscheidung als ein Verzicht auf ein Rechtsmittel gegen die Kostenentscheidung aufgefasst werden, wenn nicht weitere Umstände hinzutreten, die einen solchen Schluss rechtfertigen.[1221] Der Rechtsmittelverzicht muss nicht notwendigerweise gegenüber dem Gericht, sondern kann auch gegenüber der Gegenpartei erklärt werden.[1222] Der Verzicht macht das Rechtsmittel unzulässig. Ein dem Gericht gegenüber erklärter Rechtsmittelverzicht ist als Prozesshandlung grundsätzlich unwiderruflich;[1223] dagegen können die Parteien eine vor Erlass der Entscheidung

**917**

---

[1216] BGH NJW 2011, 2662; v. Cube NJW 2002, 40; Zöller/Heßler § 516 Rn. 2; aA Hartmann NJW 2001, 2577 (2591 f.).
[1217] BAG NJW 2008, 1079 Rn. 10; Zöller/Heßler § 516 Rn. 2.
[1218] BGH NJW 2006, 21 (24 f.); MDR 2006, 1303 (1304).
[1219] BGH NJW 2007, 3640 (3641 f.); OLG Frankfurt a. M. NJW 2014, 1678.
[1220] BGH NJW 1990, 1118; 2002, 2108 (2109); OLG Hamm MDR 2000, 721.
[1221] BGH NJW 2006, 3498 mwN auch zur Gegenauffassung.
[1222] BGH NJW 2002, 2108 (2109).
[1223] HM, vgl. BGH NJW 1990, 1118; 2002, 2108 (2109); Zeiss NJW 1969, 166 (167); Musielak/Voit/Ball § 515 Rn. 11; aA MüKoZPO/Rimmelspacher § 515 Rn. 30 (Widerruf mit Einwilligung des Gegners).

getroffene Vereinbarung über den Verzicht wieder einvernehmlich aufheben.[1224] Legt eine Partei entgegen einem vertraglich vereinbarten Rechtsmittelverzicht ein Rechtsmittel ein, dann ist es aufgrund einer (prozessualen) Einrede der Gegenpartei als unzulässig zu verwerfen.[1225]

**918** Die Frage, ob auch ein Rechtsmittel Gegenstand einer Erledigungserklärung sein kann, ist umstritten. Die hM bejaht dies zumindest für die übereinstimmende Erledigungserklärung[1226] und wendet die Vorschrift des § 91a analog auf die Kostenentscheidung an.[1227] Der BGH[1228] hat auch eine einseitige Erledigungserklärung in Fällen bejaht, in denen nur auf diese Weise eine angemessene Kostenentscheidung möglich ist.

**919** Das Gericht hatte folgenden Fall zu entscheiden: Nachdem der Beklagte in erster Instanz verurteilt worden war, hatte der Prozessbevollmächtigte des Klägers nach außergerichtlichen Vergleichsverhandlungen erklärt, die Klage werde zurückgenommen. Der Beklagte stimmte der Klagerücknahme zu. Der Kläger vertrat daraufhin die Auffassung, der Prozessbevollmächtigte sei nicht zur Klagerücknahme befugt gewesen. Daraufhin beantragte der Beklagte, durch Beschluss festzustellen, dass die Klage durch den Kläger zurückgenommen sei. Außerdem legte er gegen das erstinstanzliche Urteil Berufung ein. Durch Beschluss wurde festgestellt, dass die Rücknahme der Klage wirksam und dementsprechend das erstinstanzliche Urteil wirkungslos geworden sei (vgl. § 269 III 1 Hs. 2). Daraufhin erklärte der Beklagte seine Berufung für erledigt. Der Kläger vertrat die Auffassung, die Erledigungserklärung sei unzulässig und als eine Berufungsrücknahme anzusehen und folglich dem Beklagten die Kosten des Berufungsverfahrens aufzuerlegen. Der BGH bejahte die Zulässigkeit der einseitigen Erledigungserklärung. Der Kläger habe die Wirksamkeit der Klagerücknahme zu Unrecht bestritten. Er habe dadurch den Beklagten veranlasst, trotz der erklärten Klagerücknahme Berufung gegen das erstinstanzliche Urteil einzulegen. Bei dieser Sachlage erscheine es unbillig, den Beklagten mit den Kosten der nunmehr gegenstandslos gewordenen Berufung zu belasten. Ließe man die Rechtsmittelerledigungserklärung nicht zu, könne der Beklagte der Belastung mit den Kosten des Berufungsverfahrens nicht entgehen. Ein sofortiges Anerkenntnis gem. § 93 ZPO komme von vornherein nicht in Betracht. Eine auf die Hauptsache bezogene einseitige Erledigungserklärung des Beklagten sei unzulässig. Deshalb bliebe nur die Berufungsrücknahme mit der Kostenfolge des § 515 III aF (jetzt § 516 III), wenn man nicht eine einseitige, auf die Berufung beschränkte Erledigungserklärung des Beklagten zuließe. Dieser Auffassung ist zuzustimmen.

---

[1224] BGH NJW 1985, 233.
[1225] Musielak/Voit/*Ball* § 515 Rn. 8.
[1226] BAG NJW 2008, 1079 Rn. 8; OLG Frankfurt a. M. NJW-RR 1989, 63 mwN; OLG Hamburg NJW 1960, 2151 (2152); MüKoZPO/*Schulz* § 91a Rn. 112; *Rosenberg/Schwab/Gottwald* ZivilProzR § 131 Rn. 46; aA OLG Karlsruhe BeckRS 2009, 54800 = FamRZ 1991, 464; *Habscheid* NJW 1960, 2132.
[1227] Str. ist allerdings, ob dann die Kosten nur des Rechtsmittelverfahrens oder des gesamten Rechtsstreits erfasst werden; vgl. dazu MüKoZPO/*Schulz* § 91a Rn. 112 mwN.
[1228] NJW 1998, 2453. Die Zulässigkeit einer einseitigen Erklärung der Erledigung eines Rechtsmittels wird auch bejaht von BGH JZ 2001, 464; OLG Frankfurt a. M. NJW-RR 1989, 63 mwN; OLG Stuttgart BauR 1995, 135; OLG Naumburg NJOZ 2007, 1776 (1777); OLG Nürnberg MDR 2008, 940; eingehend zur Rechtsmittelerledigung *Gaier* JZ 2001, 445 mwN.

III. Rechtsmittel

## 2. Berufung

Die Berufung ist ein Rechtsmittel (→ Rn. 897), durch das die vollständige oder auf Teile beschränkte Aufhebung des angefochtenen Urteils sowie eine entsprechende neue Verhandlung und Entscheidung des Rechtsstreits begehrt wird. Die Berufung muss unbedingt erhoben werden und kann auch nicht von einer innerprozessualen Bedingung abhängig gemacht werden.[1229] Deshalb ist eine Anschlussberufung (→ Rn. 934) unzulässig, die nur für den Fall eingelegt wird, dass nicht durch eine Gehörsrüge gem. § 321a die angestrebte Abänderung der angefochtenen Entscheidung erreicht werden kann.[1230] Durch das ZPO-RG ist das Recht der Berufung in wichtigen Punkten geändert worden. War zuvor der zweite Rechtszug als eine volle Tatsacheninstanz ausgestaltet, in der eine umfassende Neuverhandlung des Rechtsstreits möglich war, ist nunmehr die **Funktion des Berufungsgerichts im Wesentlichen auf eine Fehlerkontrolle und Fehlerkorrektur beschränkt** worden. Dementsprechend wird das **Berufungsgericht grundsätzlich an die Tatsachenfeststellungen des erstinstanzlichen Urteils gebunden** und eine erneute Überprüfung dieser Tatsachen wird nur zugelassen, soweit konkrete Anhaltspunkte Zweifel an der Richtigkeit oder Vollständigkeit der entscheidungserheblichen Feststellungen begründen (§ 529 I Nr. 1). „Neue Tatsachen", dh Tatsachenbehauptungen, die in erster Instanz nicht vorgetragen wurden, sind nur innerhalb der durch § 531 II gezogenen Grenzen zulässig (→ Rn. 940). Dieser geänderten Funktion der Berufung entspricht es, dass für die Klageänderung,[1231] für die Aufrechnungserklärung und für die Widerklage in § 533 Nr. 2 einschränkend bestimmt wird, dass sie auf Tatsachen gestützt werden müssen, die das Berufungsgericht seiner Verhandlung und Entscheidung ohnehin nach § 529 zugrunde zu legen hat.

920

Die Berufung ist nach § 511 I **statthaft** gegen Endurteile der ersten Instanz (→ Rn. 79). Da die nach § 280 II und § 304 II ergehenden Zwischenurteile hinsichtlich eines Rechtsmittels als Endurteile anzusehen sind, ist auch gegen sie die Berufung statthaft; das Gleiche gilt nach § 302 III für ein Vorbehaltsurteil (→ Rn. 580). Schließlich kann auch gegen ein „technisch zweites" Versäumnisurteil nach § 514 II Berufung eingelegt werden (→ Rn. 356).

921

Die Einschränkungen, die sich aus § 511 II für die Zulässigkeit der Berufung ergeben, gelten nicht für die Anfechtung eines Versäumnisurteils nach § 514 II. In allen anderen Fällen muss entweder der **Wert des „Beschwerdegegenstandes" 600 EUR übersteigen oder die Berufung** durch das erstinstanzliche Gericht im (anzufechtenden) Urteil **zugelassen werden**. Der Beschwerdegegenstand ist zu unterscheiden von der Beschwer; er ist der Teil der Beschwer, dessen Beseitigung die Berufung erstrebt.[1232] Bei der Entscheidung, ob es auf eine Zulassung der Berufung ankommt, muss sich das Berufungsgericht an dem Wert der Beschwer orientieren. Übersteigt dieser Wert nicht die 600 EUR-Grenze, dann muss das Berufungsgericht darüber be-

922

---

[1229] BGH BeckRS 2007, 06049 = FamRZ 2007, 895 (Bewilligung von Prozesskostenhilfe als unzulässige Bedingung).
[1230] AA OLG Saarbrücken NJW-RR 2009, 1151 (1152) (wegen des nicht abschließend geklärten Verhältnisses von Anschlussberufung und Gehörsrüge).
[1231] Vgl. BGH NJW 2007, 2414; NJW-RR 2010, 1508 (1509); *Deubner* JuS 2007, 1098 (1101 f.).
[1232] Musielak/Voit/*Ball* § 511 Rn. 18.

finden, ob die Entscheidung des Berufungsgerichts zur Fortbildung des Rechts oder zur Sicherung einer einheitlichen Rechtsprechung erforderlich ist. Diese in § 511 IV Nr. 1 genannten Gründe sind die gleichen, wie sie nach § 543 II für die Zulassung der Revision maßgebend sind. Deshalb kann zu ihrer Erläuterung auf die entsprechenden Ausführungen zum Revisionsrecht verwiesen werden (→ Rn. 968). Dies gilt auch für die Möglichkeit einer auf Teile des Gesamtstreitstoffs beschränkten Zulassung der Berufung (→ Rn. 964).[1233] Die Bemessung des Wertes des Beschwerdegegenstandes kann das Berufungsgericht nach freiem Ermessen vornehmen (§§ 2, 3) und ist dabei nicht an den Streitwert gebunden, der vom erstinstanzlichen Gericht festgesetzt wurde.[1234] Den Unterschied zwischen der Beschwer und dem Beschwerdegegenstand verdeutlicht das Folgende

> **Beispiel:** K klagt 2.000 EUR gegen B ein. Das erstinstanzliche Gericht spricht ihm 500 EUR zu und weist im Übrigen die Klage ab. Der Wert der Beschwer des K beträgt folglich 1.500 EUR (→ Rn. 901 f.), übersteigt also die Grenze von 600 EUR, sodass die Berufung nicht von einer Zulassung abhängig ist. Wenn sich jedoch K mit der Klageabweisung iHv 1.000 EUR abfindet und das Urteil nur noch wegen der Klageabweisung iHv 500 EUR anficht, dann ist dieses Rechtsmittel nicht zulässig, weil der Beschwerdegegenstand nur 500 EUR beträgt, also die Grenze von 600 EUR nicht übersteigt (§ 511 II Nr. 1). Eine nachträgliche Zulassung nach § 511 IV kommt nicht in Betracht, weil die Entscheidung des Klägers, die Klageabweisung nur zT anzufechten, nichts daran ändert, dass sich seine Beschwer durch das Urteil auf mehr als 600 EUR beläuft.
>
> Allerdings kann K noch bis zum Schluss der mündlichen Verhandlung vor dem Berufungsgericht seinen Antrag erweitern und damit die Wertgrenze des § 511 II Nr. 1 erreichen, wenn die Erweiterung von der fristgerecht eingereichten Berufungsbegründung gedeckt ist.[1235] Solange die Möglichkeit besteht, dass die Berufungssumme auf einen Betrag von mehr als 600 EUR erweitert wird, darf die Berufung nicht mit der Begründung als unzulässig verworfen werden, die Berufungssumme sei nicht erreicht.[1236]
>
> Umgekehrt kann eine zunächst zulässige Berufung, die die Wertgrenze des § 511 Abs. 2 Nr. 1 übersteigt, nachträglich unzulässig werden, wenn der Berufungsführer willkürlich die Berufungssumme unter diese Wertgrenzen vermindert. Willkürlich handelt der Berufungsführer, wenn er aus eigener Entschließung und nicht als Reaktion auf ein Verhalten der Gegenpartei seinen Berufungsantrag auf einen die Berufungssumme unterschreitenden Wert beschränkt.[1237]

**923** **Eine Anfechtung der Entscheidung, die Berufung nicht zuzulassen, ist** im Gesetz nicht vorgesehen und deshalb **grundsätzlich ausgeschlossen.** Hat eine Partei (vorsorglich) die Zulassung der Berufung angeregt, dann muss sich das erstinstanzliche Gericht, wenn es dieser Anregung nicht folgt, in dem Urteil mit den Gründen auseinandersetzen, die von der Partei für die Zulassung vorgetragen worden sind. Tut es dies nicht, dann verletzt die Entscheidung den Anspruch der Partei auf rechtliches Gehör und gibt der betroffenen Partei das Recht, eine Anhörungsrüge nach § 321a

---

[1233] BGH NJW-RR 2009, 1431 Rn. 10.
[1234] BGH NJW 2015, 873 Rn. 14 mwN.
[1235] BGH NJW-RR 2005, 714 (715); 2008, 584 (585); 2010, 1286 Rn. 6; Zöller/*Heßler* § 511 Rn. 14.
[1236] BGH NJW 2007, 24 145.
[1237] BGH NZM 2017, 358 Rn. 8; vgl. dazu *Fischer* JuS 2017, 838.

III. Rechtsmittel 333

zu erheben (Einzelheiten dazu später). Geht das erstinstanzliche Gericht von einem Streitwert über 600 EUR aus und hat deshalb keine Veranlassung gehabt, die Zulassung der Berufung auszusprechen, dann muss das Berufungsgericht, das den Wert von 600 EUR für nicht erreicht hält, die Entscheidung über die Berufungszulassung nachholen.[1238]

Das **Verfahren in der Berufungsinstanz** richtet sich im Übrigen nach den Regeln, die im Verfahren vor dem LG gelten (§§ 253–494), soweit sich nicht aus den §§ 511 ff. Abweichungen ergeben (§ 525); daneben sind die allgemeinen Vorschriften der §§ 1–252 zu beachten. 924

Zur **Form** der Berufung bestimmt § 519 I, dass sie durch Einreichung einer Berufungsschrift bei dem Berufungsgericht (→ Rn. 79) einzulegen ist. Die Anforderungen, die an den Inhalt der Berufungsschrift gestellt werden, sind in § 519 II aufgeführt. Die danach vorgeschriebene Erklärung, dass gegen ein bestimmtes (genau zu bezeichnendes) Urteil Berufung eingelegt werde, muss auch die Angabe enthalten, für und gegen wen das Rechtsmittel eingelegt werden soll,[1239] und welches Ziel der Berufungskläger mit seinem Rechtsmittel verfolgt,[1240] wobei zu versuchen ist, Unklarheiten und Zweifel im Wege der Auslegung der Berufungsschrift und sonst vorliegender Unterlagen zu klären.[1241] Als bestimmender Schriftsatz muss die Berufungsschrift unterschrieben werden, und zwar da Anwaltszwang besteht (vgl. § 78), durch einen zugelassenen Rechtsanwalt (→ Rn. 44). Die gleichen Ausnahmen, die im Hinblick auf die moderne Nachrichtentechnik von dem Erfordernis der eigenhändigen Unterschrift bei der Klageschrift zugelassen werden (→ Rn. 146), gelten auch für die Berufungsschrift. § 519 IV verweist in gleicher Weise wie § 253 IV auf die §§ 130 ff. 925

Allerdings vertritt der BGH in Bezug auf formale Mängel der Berufungsschrift einen großzügigen Standpunkt und weist darauf hin, dass die prozessualen Formvorschriften keinem Selbstzweck dienen.[1242] So hält das Gericht eine Rechtsmittelschrift auch dann für ordnungsgemäß, wenn sie die ladungsfähige Anschrift des Rechtsmittelbeklagten oder seines Prozessbevollmächtigten nicht aufweist; das gleiche soll – anders als bei Klageschriften (→ Rn. 119) – auch für die ladungsfähige Anschrift des Rechtsmittelklägers gelten.[1243] Ergibt sich aus der Berufungsschrift nicht eindeutig, wer Berufungskläger und wer Berufungsbeklagter ist, dann sind nach Auffassung des BGH in die dann anzustellende Prüfung des Berufungsgerichts auch die sonstigen dem Gericht vorliegenden Unterlagen einzubeziehen, um die Zweifel zu klären.[1244] Es kommt darauf an, dass sich im Wege der Auslegung der Berufungsschrift und 926

---

[1238] BGH NJW-RR 2010, 934 Rn. 18; 2010, 1582; 2012, 126 Rn. 12; 2012, 633 Rn. 13. Zu den Grenzen einer solchen nachträglichen Zulassung der Berufung durch das Berufungsgericht bei der Auskunftsklage vgl. BGH NJW 2011, 926 (927 f.).
[1239] BGH NJW 1997, 3383; NJW-RR 2002, 932; 2004, 572 (573) mwN; vgl. auch BGH NJW 2003, 3203 (3204) (zur fehlenden Bezeichnung eines Streitgenossen als Berufungsbeklagten).
[1240] BGH NJW 2003, 1743.
[1241] Vgl. BGH NJW 2002, 831 (832); 2002; 1352; 2002, 1439 (1431 f.); NJW-RR 2004, 572 (573).
[1242] BGH NJW 2006, 1003 Rn. 14; NJW-RR 2007, 935 Rn. 9; VersR 2007, 269 (270 f.); vgl. auch *Stackmann* JuS 2005, 324.
[1243] BGH MDR 2006, 283; krit. gegenüber dem Fehlen der ladungsfähigen Anschrift des Rechtsmittelklägers *Fellner* MDR 2006, 284.
[1244] BGH NJW-RR 2008, 1161 Rn. 7; NJW 2010, 3661 Rn. 11 f.

der sonst vorliegenden Unterlagen ohne vernünftige Zweifel klären lässt, wer Berufungskläger und wer Berufungsbeklagter sein soll.[1245] Die fehlende Unterschrift auf der Berufungsschrift kann durch eine beglaubigte Abschrift ersetzt werden, auf der der Beglaubigungsvermerk von dem Prozessbevollmächtigten handschriftlich vollzogen worden ist.[1246] Fehlt die letzte Seite der Berufungsschrift mit der Unterschrift, so wird den Formerfordernissen genügt, wenn die nach § 519 erforderlichen Angaben vorhanden sind und sich aus einer gleichzeitig eingereichten, unterschriebenen beglaubigten Abschrift ergibt, dass an der Absicht des Prozessbevollmächtigten, die Berufung in der erklärten Form zu wollen, keine Zweifel bestehen.[1247] Der Zulässigkeit der Berufung steht nicht entgegen, dass das Aktenzeichen des anzufechtenden Urteils falsch angegeben wird und überdies die Sollvorschrift des § 519 III nicht beachtet worden ist und keine Ausfertigung oder beglaubigte Abschrift des angefochtenen Urteils beigefügt ist; vielmehr wird es für ausreichend gehalten, wenn aufgrund anderer Umstände für Gericht und Prozessgegner nicht zweifelhaft bleibt, welches Urteil angefochten werden soll.[1248] Bestehen insoweit Zweifel, dann können sie noch nach Ablauf der Berufungsfrist behoben werden.[1249] Für den Berufungsantrag (§ 520 III Nr. 1) genügt es grundsätzlich, dass lediglich die Aufhebung des angefochtenen Urteils und Zurückverweisung begehrt wird und sich aus den innerhalb der Berufungsbegründungsfrist eingereichten Schriftsätzen des Berufungsklägers eindeutig ergibt, in welchem Umfang und mit welchem Ziel das Urteil angefochten werden soll.[1250] Der BGH verfolgt zu Recht die Tendenz, ein Rechtsmittel nicht an formellen Voraussetzungen scheitern zu lassen, wenn es sich dabei nicht um unheilbare Verstöße gegen zwingendes Verfahrensrecht handelt.

927 Für die **Einlegung der Berufung** bestimmt § 517 eine Notfrist (→ Rn. 555) von einem Monat. Die **Frist** läuft ab Zustellung des Urteils an die Partei,[1251] spätestens nach Ablauf von fünf Monaten nach der Verkündung des Urteils, auch wenn in diesem Zeitpunkt das Urteil noch nicht zugestellt worden ist.[1252]

928 Mit der Zustellung des in vollständiger Form abgefassten Urteils beginnt die **Berufungsbegründungsfrist,** die zwar grundsätzlich zwei Monate beträgt, jedoch auf Antrag vom Vorsitzenden, mit Einwilligung der Gegenpartei verlängert werden kann; ohne Einwilligung kann die Frist um bis zu einen Monat verlängert werden, wenn dadurch der Rechtsstreit nicht verzögert wird oder wenn der Berufungskläger erhebliche Gründe darlegt (vgl. § 520 II 2, 3).[1253] Wird die Verlängerung erst nach Ablauf der Berufungsbegründungsfrist gewährt, dann ist diese Verlängerung unwirksam.[1254] Die Einwilligung der Gegenpartei in eine Verlängerung der Berufungsbegründungsfrist bedarf nicht der Schriftform.[1255] Die Begründungsfrist ist keine Notfrist, unterliegt jedoch der Wiedereinsetzung in den vorigen Stand (§ 233). Wird

---

[1245] BGH NJW-RR 2010, 277 Rn. 5 f.
[1246] BGH NJW-RR 2008, 1120 Rn. 8 f.; NJW 2012, 1738 Rn. 9 (zur Berufungsbegründungsschrift).
[1247] BGH NJW 2010, 2311 Rn. 12.
[1248] BGH NJW-RR 2007, 935 Rn. 9.
[1249] BGH NJW 2006, 1003.
[1250] BGH NJW 2006, 2705 Rn. 8 mwN.
[1251] Zu den Anforderungen an die Rechtzeitigkeit einer durch Fax übermittelten Berufungsbegründung vgl. BGH VersR 2007, 271 (272); NJW 2007, 2045 (2046).
[1252] OLG Jena MDR 2008, 43; Musielak/Voit/*Ball* § 517 Rn. 5.
[1253] Vgl. BGH NJW 2004, 1460 zur Frage der Wirksamkeit einer Fristverlängerung bei irrtümlich angenommenem Einverständnis der Gegenpartei.
[1254] BGH NJW 2009, 1149 Rn. 13.
[1255] BGH NJW 2005, 72.

III. Rechtsmittel    335

ein Mediationsverfahren durchgeführt, dann hat das Gericht nach § 278a II das Ruhen des Verfahrens anzuordnen, sodass die Frist für die Berufungsbegründung aufhört und erst nach Beendigung des Verfahrens von neuem zu laufen beginnt (§ 249 I, → Rn. 553). Die Einlegung des Rechtsmittels und seine Begründung können in einem Schriftsatz zusammengefasst werden (vgl. § 520 III 1). Die Berufungsbegründung kann auch durch eine Bezugnahme auf einen Schriftsatz vorgenommen werden, der im Prozesskostenhilfeverfahren eingereicht worden ist, wenn dieser Schriftsatz inhaltlich den Anforderungen an die Begründung der Berufung entspricht.[1256]

Welche Anforderungen an die **Begründung** der Berufung gestellt werden, nennt § 520 III.[1257] Wichtig sind insbesondere die Berufungsanträge, dh die Erklärung, inwieweit das Urteil angefochten und welche Abänderung beantragt wird (§ 520 III Nr. 1; → Rn. 925). Die Begründung muss erkennen lassen, in welchen Punkten tatsächlicher oder rechtlicher Art das angefochtene Urteil nach Ansicht des Berufungsklägers unrichtig ist und auf welche Gründe er diese Auffassung stützt.[1258] Wird ein Urteil auf zwei selbstständige Abweisungsgründe gestützt, dann genügt die Rüge eines dieser Gründe als fehlerhaft den gesetzlichen Anforderungen an die Berufungsbegründung, wenn durch den Wegfall des angegriffenen Abweisungsgrundes auch der andere zu Fall gebracht wird.[1259] Hat jedoch das Erstgericht seine Entscheidung auf mehrere voneinander unabhängige, selbstständig tragende rechtliche Erwägungen gestützt, muss die Berufungsbegründung jede tragende Erwägung angreifen. Andernfalls ist das Rechtsmittel unzulässig.[1260]    929

Die Zulässigkeit der Berufung ist im Falle einer Revision vom Revisionsgericht zu prüfen. Fehlt es an einer ordnungsgemäßen Begründung der Berufung und damit an ihrer Zulässigkeit, hat das Revisionsgericht eine Sachentscheidung des Berufungsgerichts aufzuheben und die Berufung mit der Maßgabe zurückzuweisen, dass sie verworfen wird.[1261]    930

Gemäß der Funktion der Berufung, in erster Linie als Instrument der Fehlerkontrolle und der Fehlerbeseitigung zu dienen (→ Rn. 920), muss die Berufungsbegründung dieser Zielsetzung entsprechen.[1262] Die in § 520 III 2 Nr. 2 und 3 genannten Anforderungen korrespondieren mit der Vorschrift des § 513, die eine Beschreibung der Gründe enthält, von denen der Erfolg dieses Rechtsmittels abhängt. Die zu rügenden Fehler müssen also vom erstinstanzlichen Gericht bei der Rechtsanwendung oder bei der Tatsachenfeststellung begangen worden sein. Da die Berufungsbegründungsschrift der Vorbereitung des Verfahrens in der Berufungsinstanz dient, obliegt es dem Berufungsführer, die Beurteilung des Streitfalles durch den Erstrichter zu überprüfen und darauf hinzuweisen, in welchen Punkten und aus welchen Gründen er das angefochtene Urteil für unrichtig hält.[1263] Eine pauschale Behauptung, das angefochtene Urteil sei unrichtig, reicht nicht aus, vielmehr muss der Berufungskläger im Einzelnen angeben, weshalb die Änderung des Urteils begehrt wird.[1264] Es ist aber nicht erforderlich, dass    931

---

[1256] BGH MDR 2008, 705.
[1257] Vgl. *Stackmann* NJW 2003, 169; 2008, 3665; *Gaier* NJW 2004, 2041 (2042 f.); *Lechner* NJW 2004, 3593.
[1258] BGH NJW 1994, 1481; 1998, 1082 (1083); NJW-RR 2002, 209; MDR 2008, 994.
[1259] BGH NJW 2007, 1534 Rn. 12.
[1260] BGH NJW 2013, 174 Rn. 11; NJW-RR 2013, 509 Rn. 8, jew. mwN.
[1261] BAG NJOZ 2012, 290 Rn. 12.
[1262] BGH NJW 2003, 2531 (2532).
[1263] BGH NJW-RR 2004, 1716; MDR 2007, 599; 2008, 462.
[1264] BGH NJW 2002, 682; 2003, 2531 (2532); 2003, 2532 (2533); MDR 2004, 405, jew. mwN.

ausdrücklich eine bestimmte Norm genannt wird, deren Verletzung gerügt wird, oder dass die Berufungsgründe schlüssig vorgetragen werden.[1265] Der Berufungskläger hat nach § 520 III 2 Nr. 2 die Erheblichkeit des erstinstanzlichen Fehlers für die angefochtene Entscheidung darzulegen. Dafür genügt allerdings in der Berufungsbegründung aufzuzeigen, dass der Erstrichter ohne den Fehler möglicherweise zu einem anderen Ergebnis gelangt wäre.[1266] Besondere formale Anforderungen sind insoweit nicht zu stellen. Für die Zulässigkeit der Berufung ist es insbesondere ohne Bedeutung, ob die Ausführungen in sich schlüssig oder rechtlich haltbar sind.[1267] Wird ein verfahrensfehlerhaftes Übergehen von Tatsachenbehauptungen oder Beweisangeboten geltend gemacht, dann ist nicht zu verlangen, dass in der Berufungsbegründung dies unter Angabe der Fundstelle in Schriftsätzen der Vorinstanz genau bezeichnet wird. Entsprechende Anforderungen, denen aufgrund des § 551 III Nr. 2b in der Revisionsinstanz genügt werden muss, sind nicht auf das Berufungsverfahren zu übertragen.[1268] Einer Auseinandersetzung mit den Gründen des angefochtenen Urteils bedarf es indes nicht, wenn die mit der Berufung erstrebte Abänderung des angefochtenen Urteils ausschließlich mit neuen Angriffs- oder Verteidigungsmitteln begründet wird. Voraussetzung dafür ist jedoch, dass die neuen Angriffs- und Verteidigungsmittel unter den engen Voraussetzungen des § 531 II zu berücksichtigen sind.[1269]

**932** Aus dem Zweck der Berufung, die Richtigkeit des angefochtenen Urteils zu überprüfen, folgt, dass dem Berufungsgericht nicht ein anderer Streitgegenstand als im erstinstanzlichen Verfahren zur Entscheidung vorgelegt werden kann. Deshalb kann es nicht zugelassen werden, dass der Berufungskläger seinen Antrag mit einem neuen, von seinem erstinstanzlichen Vorbringen abweichenden Lebenssachverhalt begründet und dadurch seine Klage ändert (→ Rn. 375). Eine Klageänderung in der Berufungsinstanz ist nur in engen Grenzen des § 533 zulässig.[1270] Lässt der Berufungskläger den in erster Instanz erhobenen Klageanspruch fallen und verfolgt durch Erweiterung oder Änderung der Klage in zweiter Instanz einen anderen Anspruch, dann wird dadurch die Berufung unzulässig.[1271]

**933** Nach § 522 I hat das Berufungsgericht von Amts wegen die Zulässigkeitsvoraussetzungen zu prüfen; fehlt eine solche Voraussetzung, dann ist die **Berufung** als **unzulässig** zu verwerfen. Diese Entscheidung kann ohne mündliche Verhandlung durch Beschluss ergehen (§ 522 I 3 iVm § 128 IV), jedoch muss dem Rechtsmittelführer vor Verwerfung der Berufung rechtliches Gehör gewährt werden.[1272] Wird über die Zulässigkeit der Berufung mündlich verhandelt, dann muss die Entscheidung des Gerichts, dass die Berufung unzulässig ist, in der Form eines Urteils erlassen werden. Gegen dieses Urteil kann nach Maßgabe der §§ 542 I, 543 die Revision, bei Nichtzulassung eine Nichtzulassungsbeschwerde gem. § 544 eingelegt werden.[1273] Für die Nichtzulassungsbeschwerde gelten die Beschränkungen des § 26 Nr. 8 EGZPO nicht

---

[1265] BGH NJW 2003, 2532 (2533).
[1266] Musielak/Voit/*Ball* § 520 Rn. 33.
[1267] BGH in stRspr, vgl. nur BGH NJW-RR 2013, 509 Rn. 7 mwN.
[1268] BGH NJW 2004, 1876 (1878) mwN auch zur Gegenauffassung.
[1269] BGH NJW-RR 2007, 934 Rn. 8.
[1270] Vgl. dazu auch *Münch* MDR 2004, 781 der sich krit. mit den praktischen Auswirkungen dieser Regelung auseinandersetzt.
[1271] BGH NJW-RR 2006, 442 (443) mzN.
[1272] BGH NJW-RR 2007, 78; 2010, 1075 Rn. 7; MDR 2008, 39 (40).
[1273] Musielak/Voit/*Ball* § 522 Rn. 17.

(vgl. Satz 2 dieser Vorschrift, → Rn. 978). In Fällen des § 542 II ist eine Anfechtung des Berufungsurteils ausgeschlossen.[1274] Streiten die Parteien über die Zulässigkeit der Berufung und gelangt das Gericht zum Ergebnis, dass die **Zulässigkeit** zu **bejahen** ist, dann soll es nach hM zulässig sein, diese Feststellung durch Zwischenurteil nach § 303 iVm § 525 oder in analoger Anwendung des § 522 I ohne mündliche Verhandlung durch Beschluss zu treffen.[1275]

Einschränkungen der Zulässigkeitsanforderungen ergeben sich bei der **Anschlussberufung** (§ 524). Die Anschlussberufung ist die Reaktion des Berufungsbeklagten auf die (Haupt-)Berufung und erhält ihren Sinn aus dem Verschlechterungsverbot. Weil das angefochtene Urteil nicht zum Nachteil des Berufungsklägers abgeändert werden darf, wenn nicht auch der Gegner Berufung einlegt (→ Rn. 906), wird dem Berufungsbeklagten die Möglichkeit eingeräumt, das angefochtene Urteil durch eine Anschließung an die (Haupt-)Berufung auch zu seinen Gunsten überprüfen und ändern zu lassen. Außerdem beseitigt die Anschlussberufung die sonst bestehende Notwendigkeit, rein vorsorglich zur Fristwahrung Berufung einzulegen, weil damit gerechnet wird, dass auch der Gegner Berufung einlegen und den Rechtsstreit fortsetzen wird.[1276] Denn die Anschlussberufung ist bis zum Ablauf der dem Berufungsbeklagten gesetzten Frist zur Berufungserwiderung zulässig, wobei diese Frist nicht gilt, wenn die Anschließung eine Verurteilung zu künftig fällig werdenden wiederkehrenden Leistungen (§ 323) zum Gegenstand hat (§ 524 II 2, 3).

934

Das 1. JuMoG hat die zeitliche Grenze für die Erhebung der Anschlussberufung geändert, die durch das ZPO-RG auf einen Monat nach Zustellung der Berufungsbegründungsschrift bestimmt worden war und die zu Recht überwiegend kritisiert wurde. Nunmehr kann der Berufungsbeklagte zunächst abwarten, ob die Berufung nach § 522 II zurückgewiesen wird.

935

Nicht nur hinsichtlich der Berufungsfrist des § 517 gilt eine Ausnahme für die Anschlussberufung, sondern sie kann auch eingelegt werden, wenn der Berufungsbeklagte auf die Berufung verzichtet hat (§ 524 II 1). Außerdem setzt die Anschlussberufung keine Beschwer voraus.[1277]

936

**Beispiele:**

(1) K klagt gegen B auf Zahlung von Schadensersatz iHv 10.000 EUR. B wird antragsgemäß verurteilt und legt gegen die Entscheidung Berufung ein. K schließt sich der Berufung an und erweitert seinen Klageantrag auf 15.000 EUR (§ 264 Nr. 2 iVm §§ 525, 533).[1278]

(2) Die Klage des X gegen den Y wird abgewiesen. X legt Berufung ein. Y schließt sich der Berufung an und erhebt Widerklage (vgl. § 533).

---

[1274] HK-ZPO/*Wöstmann* § 522 Rn. 8.
[1275] *Fellner* MDR 2003, 69; BLAH/*Hartmann* § 522 Rn. 6; Zöller/*Heßler* § 522 Rn. 25; Thomas/Putzo/*Reichold* § 522 Rn. 3; gegen die Zulässigkeit eines Beschlusses MüKoZPO/*Rimmelspacher* § 522 Rn. 14.
[1276] BGH NJW 1984, 2951 (2952).
[1277] Vgl. BGH NJW 2015, 1608 Rn. 12; Musielak/Voit/*Ball* § 524 Rn. 10; MüKoZPO/*Rimmelspacher* § 524 Rn. 13, jew. mwN auch zur Gegenauffassung.
[1278] AA *Stackmann* NJW 2007, 9 (11 Fn. 45), der eine Beschwer für erforderlich hält.

Der in erster Instanz erfolgreiche Kläger kann seine Klage in der Berufungsinstanz nach Einlegung einer Anschlussberufung auf einen anderen Streitgegenstand stützen (statt auf eigenes auf abgetretenes Recht).[1279]

**937** Wegen dieser Besonderheiten wird die Auffassung vertreten, bei der Anschlussberufung handele es sich überhaupt nicht um ein Rechtsmittel.[1280] Der BGH sieht in der Anschlussberufung lediglich eine Antragstellung innerhalb einer fremden Berufung.[1281] Daraus folgert das Gericht,[1282] dass die Anschlussberufung nur statthaft ist, wenn gegen den Berufungskläger mehr als die Zurückweisung seines Rechtsmittels erreicht werden solle. Demgemäß ist es unzulässig, eine Anschlussberufung nur deshalb einzulegen, um die gegen den Berufungsführer erfolgreiche Klage auf einen Streithelfer des Berufungsführers zu erstrecken. Ebenso wie die Anträge des Berufungsklägers können auch die Anträge der Anschlussberufung nach Ablauf der Einlegungsfrist des § 524 II 2 erweitert werden, soweit die Erweiterung durch die fristgerecht eingereichte Anschlussberufungsbegründung gedeckt ist.[1283]

**938** Die Anschlussberufung setzt eine Berufung (sog. Hauptberufung) voraus und ist von ihr abhängig. Wird die Hauptberufung zurückgenommen (§ 516), als unzulässig verworfen (§ 522 I) oder nach § 522 II zurückgewiesen, dann wird die Anschlussberufung wirkungslos (§ 524 IV). Dies gilt auch für eine in 2. Instanz erhobene Widerklage.[102a]

**939** Der Berufungsbeklagte hat also im Grundsatz die Wahl, eine selbstständige (Haupt-) Berufung einzulegen oder eine Anschlussberufung. Im ersten Fall müssen alle Zulässigkeitsvoraussetzungen für eine Berufung erfüllt werden; im zweiten Fall gelten die Privilegien einer Anschlussberufung, die allerdings durch die sich aus § 524 IV bestimmten Nachteile einer Abhängigkeit von der (Haupt-)Berufung erkauft werden müssen. Entscheidet sich der Berufungsbeklagte für eine Anschlussberufung, dann muss er dies dem Gericht gegenüber erklären. Das Gericht hat den Willen des Berufungsbeklagten durch Auslegung zu ermitteln,[1284] wobei der von der Partei gewählten Bezeichnung keine ausschlaggebende Bedeutung zukommt.[1285] Zweifel sind gegebenenfalls durch Rückfragen (§ 139 iVm § 525) zu klären. Keinesfalls ist eine Unterscheidung zwischen einer selbstständigen Berufung und einer Anschlussberufung nach dem Zeitpunkt der Einlegung zu treffen, weil eine Anschlussberufung

---

[1279] BGH NJW 2008, 1953 Rn. 11, 13.
[1280] Zu dem insoweit geführten Meinungsstreit vgl. *Rosenberg/Schwab/Gottwald* ZivilProzR § 137 Rn. 6 mwN zu beiden Ansichten.
[1281] BGH NJW 1991, 2569; 1995, 198 f.
[1282] BGH NJW 1995, 198 (199); MDR 2000, 843.
[1283] BGH NJW 2005, 3067 (3068); vgl. dazu *Born* NJW 2006, 3038. Eine den Streitgegenstand ändernde Anschlussberufung muss innerhalb der Frist des § 524 II 2 eingelegt werden (BGH NJW 2008, 1953 [1954 f.]).
[102a] BGH NJW 2014, 151 mwN auch zur Gegenauffassung; dazu *Fischer* JuS 2014, 513 (514 f.).
[1284] BGH NJW 2000, 3225 f.
[1285] BGH NJW 2011, 1455 Rn. 10. Das Gericht weist darauf hin, dass bei der Auslegung von Prozesserklärungen von dem Grundsatz auszugehen ist, dass im Zweifel dasjenige gewollt ist, was nach den Maßstäben der Rechtsordnung vernünftig ist und der wohlverstandenen Interessenlage entspricht (BGH NJW 2011, 1455 Rn. 9).

III. Rechtsmittel 339

auch innerhalb der Berufungsfrist des § 517 eingelegt werden kann.[1286] Die Umdeutung einer verspätet eingelegten (selbstständigen) Berufung als Anschlussberufung kommt deshalb in Betracht.[1287]

Der gesamte **in erster Instanz vorgetragene Tatsachenstoff** gelangt in die Berufungsinstanz, und zwar auch dann, wenn ihn das erstinstanzliche Gericht als unerheblich angesehen und deshalb keine Feststellungen getroffen hat.[1288] Soweit dieser Tatsachenstoff rechtsfehlerfrei festgestellt wurde, ist der Berufungsrichter daran gebunden (§ 529 I Nr. 1). Hinzu treten ergänzend nur noch solche **neuen Tatsachen**, deren Berücksichtigung zulässig ist (§ 529 I Nr. 2). „Neue Tatsachen" im Sinne dieser Vorschrift sind die in § 531 II genannten neuen Angriffs- und Verteidigungsmittel (vgl. auch § 520 III 2 Nr. 4). Aus dieser Regelung folgt, dass die Parteien grundsätzlich bereits in der ersten Instanz alles vorzutragen haben, was aus ihrer Sicht für die Entscheidung des Rechtsstreits erheblich ist. Sie dürfen nicht aus prozesstaktischen Gründen Tatsachen zurückhalten.[1289] Deshalb hat es der BGH[1290] zu Recht ausgeschlossen, dass eine Partei einen Sachverhalt nur für die erste Instanz unstreitig stellt und sich vorbehält, in der Berufungsinstanz die Tatsachen zu bestreiten. **940**

Die Bindung an die erstinstanzlichen Tatsachenfeststellungen entfällt gem. § 529 I Nr. 1, soweit der Berufungsrichter aufgrund des von ihm zu berücksichtigenden Prozessstoffs Zweifel an der Richtigkeit und Vollständigkeit dieser Feststellungen hat.[1291] Die insoweit anzustellende Überprüfung der erstinstanzlichen Tatsachenfeststellungen geschieht von Amts wegen und ist nicht von einer entsprechenden Rüge der Partei abhängig.[1292] Stellt das Berufungsgericht erhebliche Fehler im erstinstanzlichen Urteil fest, dann kann dieses Urteil keine hinreichende Entscheidungsgrundlage darstellen. Das Berufungsgericht muss dann diese Entscheidungsgrundlage unter Verwertung des gesamten Prozessstoffs auch der ersten Instanz neu erarbeiten und hat dazu neue Feststellungen zu treffen, wobei der Vortrag und die Beweisanträge der Parteien zu berücksichtigen sind.[1293] **941**

Jedoch kann von dem Berufungsführer erwartet werden, dass er konkrete Anhaltspunkte vorträgt, die Zweifel an der Richtigkeit oder Vollständigkeit der Tatsachenfeststellungen im angefochtenen Urteil begründen und deshalb eine erneute Feststellung gebieten (§ 520 III 2 Nr. 3). Derartige Zweifel lassen sich vor allem dadurch erzeugen, dass der Berufungskläger Verfahrensfehler aufzuzeigen vermag, die dem Richter der ersten Instanz bei der Tatsachenfeststellung unterlaufen sind,[1294] zB bei der Prozessleitung (§ 139), bei der Erhebung der Be- **942**

---

[1286] BGH NJW 2003, 2388; *Heiderhoff* NJW 2002, 1402; MüKoZPO/*Rimmelspacher* § 524 Rn. 36; aA offenbar *Olshausen* NJW 2002, 802.
[1287] BGH NJW 2009, 442 Rn. 10 f.; NJW-RR 2016, 445; Musielak/Voit/*Ball* § 524 Rn. 19.
[1288] BGH NJW-RR 2012, 429 Rn. 11.
[1289] BGH NJW 2010, 376 Rn. 9.
[1290] BGH NJW 2010, 376 Rn. 9.
[1291] Zur Frage, wie Tatsachen, die vom erstinstanzlichen Gericht nicht festgestellt worden sind, in der Berufungsinstanz eingeführt werden können, vgl. *Stackmann* NJW 2013, 2929.
[1292] BGH NJW 2004, 1876 (1878); NJW 2005, 1583 (1584) = MDR 2005, 945 f. mAnm *Fellner*; *Gaier* NJW 2004, 2041 (2043); *Roth* JZ 2005, 177.
[1293] BGH NJW-RR 2009, 1193 Rn. 15; NJW 2014, 74 (75) Rn. 7; *Hirtz* NJW 2014, 1642.
[1294] BGH MDR 2005, 1308.

weise[1295] oder bei der Beweiswürdigung.[1296] Besteht danach aus der gebotenen Sicht des Berufungsgerichts eine gewisse, nicht notwendig überwiegende Wahrscheinlichkeit, dass im Fall einer Beweiserhebung die erstinstanzlichen Feststellungen keinen Bestand haben werden und sich deshalb ihre Unrichtigkeit herausstellt, dann sind ausreichende Zweifel zu bejahen.[1297]

943 Auch unabhängig von Hinweisen der Parteien können sich Zweifel an der Richtigkeit und Vollständigkeit entscheidungserheblicher Feststellungen des erstinstanzlichen Richters aus der Möglichkeit unterschiedlicher Wertungen ergeben.[1298] Wenn sich das Berufungsgericht von der Richtigkeit einer erstinstanzlichen Beweiswürdigung nicht zu überzeugen vermag und sie aufgrund konkreter Anhaltspunkte nicht für richtig hält, dann ist es zu einer erneuten Tatsachenfeststellung nicht nur berechtigt, sondern verpflichtet.[1299] In einem solchen Fall wird das Berufungsgericht regelmäßig die erstinstanzliche Beweisaufnahme im Berufungsverfahren zu wiederholen haben. So ist nach ständiger Rechtsprechung des BGH die Wiederholung einer Zeugenvernehmung geboten, wenn das Berufungsgericht der Aussage eine andere Tragweite, ein anderes Gewicht oder eine vom Wortsinn abweichende Auslegung geben will oder wenn es die protokollierten Angaben des Zeugen für zu vage und präzisierungsbedürftig hält.[1300] Auch ist der Richter aufgrund des Anspruchs der Partei auf rechtliches Gehör verpflichtet, so rechtzeitig darauf hinzuweisen, wenn er der Beweiswürdigung des Erstrichters nicht folgen will, dass die Partei noch vor dem Termin zur mündlichen Verhandlung darauf reagieren und ihrerseits Beweisanträge stellen kann.[1301]

944 Geht das Berufungsgericht über die durch § 529 gezogenen Grenzen hinaus und führt eine erneute Tatsachenfeststellung durch, obwohl dies gesetzlich nicht geboten ist, dann sind die festgestellten Tatsachen im weiteren Verfahren zugrunde zu legen. Der BGH hat überzeugend darauf hingewiesen, dass die Vorschrift des § 529 nicht etwa dem Zweck diene, die Feststellung der materiellen Wahrheit zu erschweren, sondern ausschließlich prozessökonomische Ziele verfolge, die nicht mehr erreicht werden könnten, wenn eine Tatsachenfeststellung durch das Berufungsgericht vollzogen worden sei. Folglich habe das Revisionsgericht nicht zu prüfen, ob eine Tatsachenfeststellung in der Berufungsinstanz von den Voraussetzungen des § 529 gedeckt sei.[1302]

945 Es entspricht dem oben (→ Rn. 940) beschriebenen Verhältnis der Verhandlungen erster und zweiter Instanz, dass eine Partei mit Angriffs- und Verteidigungsmitteln, die in der ersten Instanz zu Recht zurückgewiesen worden sind, ausgeschlossen bleibt (§ 531 I). Ist jedoch die Zurückweisung in der ersten Instanz fehlerhaft, dann darf das Berufungsgericht die verfehlte Begründung der Verspätung nicht durch eine

---

[1295] BGH NJW 2004, 2152 (2153).
[1296] BGH NJW 2004, 1876; *Gaier* NJW 2004, 2044; *Schnauder* JuS 2002, 68 (74f.). Zu der insoweit anzustellenden Prüfung des Berufungsgerichts vgl. KG MDR 2011, 447.
[1297] BGH NJW 2014, 2797 Rn. 10.
[1298] BVerfG NJW 2003, 2524.
[1299] BGH NJW 2005, 1584 = MDR 2005, 945f. mAnm *Fellner*; *Manteuffel* NJW 2005, 2963 (2964).
[1300] BVerfG NJW 2011, 47f. Rn. 19; BGH NJW-RR 2009, 1291 Rn. 4f.; 2012, 704 Rn. 6; 2015, 1200 Rn. 11; NJW 2011, 1364 Rn. 6 jew. mwN (stRspr).
[1301] BVerfG NJW 2003, 2524; BGH NJW RR 2007, 17.
[1302] BGH NJW 2005, 1583 (1585); ebenso bereits BGH NJW 2004, 1458 (1459f.); 2382 (2383); zust. *Rimmelspacher* LMK 2004, 170; abl. *Schmidt* NJW 2007, 1172 (1174f.).

andere ersetzen oder die Zurückweisung auf eine andere als die von der Vorinstanz angewandte Vorschrift stützen.[1303]

Neue Angriffs- und Verteidigungsmittel können innerhalb der durch § 530 und § 531 gezogenen Grenzen in der Berufungsinstanz vorgebracht werden.[1304] Hierzu gehören auch solche Angriffs- und Verteidigungsmittel, die rechtliche und tatsächliche Gesichtspunkte betreffen, die vom Gericht des ersten Rechtszuges übersehen oder für unerheblich gehalten worden sind.[1305] Der BGH[1306] hat darauf hingewiesen, dass diese Voraussetzung bereits dann erfüllt sei, wenn das Gericht des ersten Rechtszuges die Parteien durch seine Prozessleitung oder seine erkennbare rechtliche Beurteilung des Streitverhältnisses davon abgehalten hat, zu bestimmten Gesichtspunkten vorzutragen. In einem solchen Fall muss den Parteien Gelegenheit gegeben werden, sich auf die gegenüber der Auffassung des erstinstanzlichen Gerichts abweichende rechtliche Beurteilung durch das Berufungsgericht einzustellen und deshalb erforderlich gewordene neue Angriffs- und Verteidigungsmittel vorzubringen. Hierbei kann es sich auch um Gegenrechte handeln, deren Geltendmachung die Partei erst im Hinblick auf den neuen Gesichtspunkt für notwendig hält. Unerheblich ist insoweit, ob es der Partei möglich war, das Gegenrecht schon in erster Instanz vorzubringen. Die Parteien sind nicht gezwungen, in erster Instanz vorsorglich auch solche Angriffs- und Verteidigungsmittel vorzutragen, die vom Standpunkt des erstinstanzlichen Gerichts erkennbar unerheblich sind. Erforderlich ist jedoch, dass die fehlerhafte Rechtsansicht des Gerichts den Tatsachenvortrag der Parteien beeinflusst hat und deshalb mitursächlich dafür geworden ist, dass sich das Parteivorbringen in das Berufungsverfahren verlagert.[1307] Wird ein schlüssiges Vorbringen aus der ersten Instanz durch zusätzliche Tatsachenbehauptungen, zB durch Vorlage eines neuen Privatgutachtens, konkretisiert, so ist ein solches Vorbringen nicht als ein neues Angriffsmittel iSd § 529 I, 531 II Nr. 3 zu werten.[1308] Denn ein Vorbringen in zweiter Instanz ist nur dann als neu zu bewerten, wenn es einen sehr allgemein gehaltenen erstinstanzlichen Vortrag konkretisiert oder erstmals substantiiert, nicht dagegen, wenn ein bereits schlüssiger Vortrag aus der ersten Instanz in der zweiten Instanz durch weitere Tatsachenbehauptungen zusätzlich ergänzt und erläutert wird.[1309]

**946**

In der Praxis wird der Zulassung neuer Angriffs- und Verteidigungsmittel, die infolge eines Verfahrensmangels im ersten Rechtszug nicht geltend gemacht wurden (§ 531 II Nr. 2) besondere Bedeutung zukommen, weil dieser Grund vor allem die **Verletzung der richterlichen Hinweis- und Aufklärungspflicht** nach § 139 (→ Rn. 211) betrifft.[1310] Eine solche Pflichtverletzung ist wegen der vorgeschriebenen Dokumentierung entsprechender Hinweise (§ 139 IV 1) leicht nachzuweisen.

**947**

---

[1303] BGH NJW-RR 2005, 1007 (1008); NJW 2006, 1741.
[1304] Die dadurch bewirkte Beschränkung der Tatsachenfeststellung ist vom BVerfG NJW 2005, 1768, für verfassungsgemäß erklärt worden.
[1305] Vgl. BGH NJW-RR 2012, 341 Rn. 19; 2012, 1408.
[1306] NJW-RR 2012, 341 Rn. 20.
[1307] BGH NJW-RR 2006, 1292 (1293).
[1308] BGH NJW 2007, 1531 Rn. 7.
[1309] BGH NJW-RR 2012, 341 Rn. 15 mwN; Stein/Jonas/*Althammer* § 531 Rn. 3.
[1310] BGH NJW 2004, 2152 (2153); MDR 2005, 161; *Heiderhoff* JZ 2003, 490 (495).

**948** Nach hM gelten die Beschränkungen des § 531 II nicht für solche **neuen Tatsachen, die unstreitig** sind.[1311] Für diese Auffassung spricht, dass § 530 für nicht rechtzeitig vorgebrachte Tatsachen § 296 I und IV für entsprechend anwendbar erklärt und unstreitige Tatsachen nicht durch diese Präklusionsvorschrift erfasst werden, weil dadurch der Rechtsstreit nicht verzögert werden kann.[1312] Eine gleiche Entscheidung ist deshalb auch für § 531 II geboten. Folgerichtig hat der BGH die Zulassung eines neuen Vortrags unstreitiger Tatsachen auch dann zugelassen wenn dies dazu führt, dass vor einer Sachentscheidung eine Beweisaufnahme notwendig wird.[1313] Die Einschränkungen für die Zulassung neuer Tatsachen in der Berufungsinstanz können aus rechtsstaatlichen Erwägungen auch dann nicht gelten, wenn der Berufungskläger die Richtigkeit des im angefochtenen Urteil wiedergegebenen Sachverhalts bestreitet und eine Berichtigung nach § 320 wegen Verhinderung des erstinstanzlichen Richters nicht zu erreichen vermag.[1314]

**949** Beruht eine **Widerklage** auf einem unstreitigen Sachvortrag, dann kann sie erstmals im Berufungsrechtszug erhoben werden, wenn der Gegner einwilligt oder das Gericht sie für sachdienlich hält.[1315] Die streitige Frage, ob die erstmals in der Berufungsinstanz erhobene **Einrede der Verjährung** zuzulassen ist, wenn der zugrunde liegende Sachverhalt unstreitig ist, wird vom Großen Zivilsenat des BGH (→ Rn. 1000) bejaht.[1316] Dieser Auffassung ist zuzustimmen. Die materiell-rechtliche Differenzierung zwischen einer Einrede und einer Einwendung ist im Prozessrecht nicht zu berücksichtigen, weil es nach dem Prozessrecht und somit auch für § 531 II nur auf den Tatsachenstoff ankommt, aus dem sich das Gegenrecht ableitet. Die materiellrechtlich bedeutsame Einredeerhebung gehört zum Sachvortrag der Partei, der durch § 531 II nicht ausgeschlossen wird, wenn er sich auf unstreitige Tatsachen bezieht.[1317] Gleiches gilt auch für eine nicht streitige Fristsetzung zur Nacherfüllung gem. §§ 323 I, 281 I 1 BGB, die erstmals im Berufungsrechtszug erfolgt.[1318] Ebenso ist mit dem erstmals im Berufungsrechtszug erhobenen Vorbehalt der beschränkten Erbenhaftung zu verfahren, für den es genügt, dass sich der Erbe darauf beruft, und der keines Sachvortrags bedarf.[1319]

**950** Eine möglicherweise mit § 531 unvereinbare Großzügigkeit gegenüber der Zulassung neuer Tatsachen im Berufungsverfahren wie sie zB zur Vermeidung von Folgeprozessen praktiziert werden soll,[1320] wird tendenziell dadurch gefördert, dass der BGH insoweit von einer Überprüfung absieht, auch um Defizite in der gerichtlichen Erkenntnis zu vermeiden (→ Rn. 944).

---

[1311] BGH NJW 2005, 291 (292 f.); NJW-RR 2005, 437; 2006, 630; BGH (GSZ) NJW 2008, 3434 Rn. 10 = JZ 2009, 104 mAnm *Roth;* Musielak/Voit/*Ball* § 531 Rn. 10, 16; MüKoZPO/ *Rimmelspacher* § 531 Rn. 14; HK-ZPO/*Wöstmann* § 531 Rn. 5.
[1312] Musielak/Voit/*Huber* § 296 Rn. 5.
[1313] BGH NJW 2005, 291 (293); 2009, 685 (687 Rn. 22); aA OLG Nürnberg MDR 2003, 1133; *Roth* JZ 2009, 106.
[1314] BVerfG NJW 2005, 657.
[1315] BGH NJW-RR 2005, 437.
[1316] BGH NJW 2008, 3435 = JZ 2009, 104 mAnm *Roth;* ebenso BGH NJW 2008, 1312; 2009, 685 Rn. 7; aA BGH GRUR 2006, 401; OLG Naumburg NJOZ 2005, 3650.
[1317] *Deubner* JuS 2007, 528 (530); *Kroppenberg* NJW 2009, 642; Zöller/*Heßler* § 531 Rn. 21; BLAH/*Hartmann* § 531 Rn. 13.
[1318] BGH NJW 2009, 2532 Rn. 15 f.
[1319] BGH NJW-RR 2010, 664 Rn. 7.
[1320] OLG Saarbrücken MDR 2004, 412.

III. Rechtsmittel 343

Gelangt das Berufungsgericht bei der Prüfung der Zulässigkeit der Berufung 951
(→ Rn. 933) zu einem positiven Ergebnis, dann hat es auf der Grundlage des von
ihm zu berücksichtigenden Tatsachenstoffs (→ Rn. 940 ff.) über die **Begründetheit** zu
entscheiden. Stellt das Gericht fest, dass das angefochtene Urteil richtig ist, dann wird
die Berufung durch Endurteil als unbegründet zurückgewiesen. Dies gilt ebenfalls,
wenn das erstinstanzliche Gericht seine Zuständigkeit zu Unrecht angenommen hat
(§ 513 II). Die Berufung ist auch dann als unbegründet zurückzuweisen, wenn zwar
die im erstinstanzlichen Urteil enthaltene Begründung Fehler aufweist, die Entscheidung aber im Ergebnis richtig ausgefallen ist.

§ 522 II enthält eine Regelung, die es ermöglicht, eine Berufung ohne mündliche 952
Verhandlung (vgl. § 128 IV) durch Beschluss zurückzuweisen.[1321] Die Voraussetzungen, unter denen ein solcher Beschluss gefasst werden kann, sind durch Gesetz
vom 27.10.2011 geändert und verschärft worden.[1322] So muss eine Aussicht auf Erfolg
„offensichtlich" nicht bestehen. Nach der vom Rechtsausschuss des Deutschen Bundestages verfassten Gesetzesbegründung[1323] ist eine offensichtliche Erfolglosigkeit zu
bejahen, wenn für jeden Sachkundigen ohne längere Nachprüfung erkennbar ist, dass
die vorgebrachten Berufungsgründe das angefochtene Urteil nicht zu Fall bringen können. Als eine weitere Voraussetzung für einen Beschluss nach § 522 II wird genannt,
dass eine mündliche Verhandlung nicht geboten sein darf. Diese Voraussetzung soll
gewährleisten, dass ohne Rücksicht auf die Erfolgsaussicht und der grundsätzlichen Bedeutung des Rechtsstreits stets mündlich verhandelt wird, wenn die Rechtsverfolgung
für den Berufungsführer existentielle Bedeutung hat. Der Rechtsausschuss des Deutschen Bundestages[1324] nennt als Beispiel Arzthaftungssachen. Auch hält er es für einen
Fall der prozessualen Fairness, in einer mündlichen Verhandlung das erstinstanzliche
Urteil zu erörtern, wenn es sich zwar im Ergebnis als zutreffend erweist, aber fehlerhaft
begründet ist. Aufgegeben wurde der zwingende Charakter der Vorschrift. Nunmehr
wird in das Ermessen des Gerichts gestellt, ob es durch Beschluss nach § 522 II oder
nach einer mündlichen Verhandlung durch Urteil entschieden. In der Gesetzesbegründung wird aber darauf hingewiesen, dass in Fällen, in denen die Voraussetzungen des
§ 522 II erfüllt werden, im schützenswerten Interesse des Berufungsgegners an einem
zügigen Verfahren nur dann nicht durch Beschluss zu entscheiden ist, wenn dadurch
keine Verzögerung eintritt, insbesondere wenn die mündliche Verhandlung zeitnah
stattfinden kann.[1325] Die in § 522 II Nr. 2 und 3 genannten Voraussetzungen stimmen
mit denen überein, von denen die Zulassung der Revision gem. § 543 abhängt; sie
werden in Zusammenhang mit der Erläuterung dieser Vorschrift erörtert (→ Rn. 968).

Bei Prüfung der Erfolgsaussicht der Berufung hat das Berufungsgericht eine erst in zweiter 953
Instanz vorgenommene Klageänderung unberücksichtigt zu lassen.[1326] Das Gleiche gilt, wenn
der Berufungskläger sein Rechtsmittel mit einer Widerklage verbindet.[1327] Auch wenn das an-

---

[1321] Vgl. dazu *Gehrlein* NJW 2014, 3393.
[1322] BGBl. I 2082. Vgl. dazu *Meller-Hannich* NJW 2011, 3393; *Stackmann* JuS 2011, 1087.
[1323] BT-Drs. 17/6406, 8 f.
[1324] BT-Drs. 17/6406, 9.
[1325] BT-Drs. 17/6406, 8.
[1326] OLG Rostock NJW 2003, 3211; *Vossler* MDR 2008, 722 (724) mwN; aA *Bub* MDR 2011, 84.
[1327] OLG Frankfurt a. M. NJW 2004, 165 (167 f.); Zöller/*Heßler* § 522 Rn. 37 mwN.

gefochtene Urteil einen Rechtsfehler enthält oder die nach § 529 im Berufungsrechtszug zugrunde zu legenden Tatsachen eine andere Entscheidung rechtfertigen, kann das Berufungsgericht die Berufung nach § 522 II zurückweisen, wenn es die erstinstanzliche Entscheidung mit einer anderen Begründung für richtig ansieht.[1328] Dies gilt auch, wenn das Berufungsgericht entgegen dem erstinstanzlichen Urteil die Klage zwar für zulässig, nicht jedoch für begründet hält.[1329] Sind die Voraussetzungen des § 522 II 1 nur für einen Teil der Berufung erfüllt, dann kann das Gericht die Berufung für diesen Teil durch Beschluss zurückweisen, soweit die Voraussetzungen für den Erlass eines Teilurteils (→ Rn. 877) erfüllt werden.[1330] Hat das erstinstanzliche Gericht die Berufung gem. § 511 IV zugelassen, dann ist zwar das Berufungsgericht an die Zulassung gebunden (§ 511 IV 2), kann jedoch im Rahmen einer Entscheidung nach § 522 II von der Bewertung der ersten Instanz abweichen.[1331] Vor einer Entscheidung nach § 522 II ist den Parteien die beabsichtigte Zurückweisung des Rechtsmittels mitzuteilen und dem Berufungskläger Gelegenheit zur Stellungnahme innerhalb einer zu bestimmenden Frist zu geben (§ 522 II 2).

954 Eine Begründung des Beschlusses ist nach § 522 II 3 nur dann entbehrlich, wenn auf die Gründe der Zurückweisung vom Gericht bereits hingewiesen wurde. Dies setzt allerdings voraus, dass aufgrund des Hinweisbeschlusses gem. § 522 II 2 keine Stellungnahme des Berufungsklägers abgegeben worden ist. Sonst muss sich das Gericht mit den in der Stellungnahme genannten Gründen auseinandersetzen, es sei denn, dass der Berufungskläger ohne weitere Argumente lediglich auf der Erfolgsaussicht seiner Berufung beharrt.[1332] Ist eine Begründung erforderlich, dann hat sich das Gericht argumentativ mit den Erwägungen des Berufungsführers auseinander zu setzen, die dieser zur Begründetheit seiner Berufung vorgetragen hat. Der Anspruch des Berufungsklägers auf rechtliches Gehör verlangt, dass die Begründung des Zurückweisungbeschlusses erkennen lässt, ob das Gericht seine Argumente zur Kenntnis genommen und in Erwägung gezogen hat.[1333] Ist der Beschluss anfechtbar (§ 522 III, → Rn. 955), dann ist in dem Beschluss eine Bezugnahme auf die tatsächlichen Feststellungen im angefochtenen Urteil mit Darstellung etwaiger Änderungen oder Ergänzungen aufzunehmen (§ 522 II 4). In Fällen, in denen im Verfahren nach § 522 II der Anspruch auf rechtliches Gehör verletzt worden ist, kann die betroffene Partei eine Rüge nach § 321a erheben (→ Rn. 1029 ff.).[1334]

955 Gegen den Beschluss nach § 522 II kann der Berufungsführer das Rechtsmittel einlegen, das bei einer Entscheidung durch Urteil zulässig wäre (§ 522 III). Dies ist die Nichtzulassungsbeschwerde des § 544 (→ Rn. 974). Es wird gleichsam die Nichtzulassung der Revision durch das Berufungsgericht fingiert.[1335] Der BGH hat folglich zu prüfen, ob die Berufung, die durch den Zurückweisungsbeschluss zurückge-

---

[1328] OLG Rostock NJW 2003, 1676; vgl. auch BGH NJW-RR 2011, 211 Rn. 13 (zur vergleichbaren Frage bei Entscheidung über eine Nichtzulassungsbeschwerde).
[1329] OLG Rostock MDR 2003, 828.
[1330] OLG Rostock NJW 2003, 2754; *Vossler* MDR 2008, 722 (724), jew. mwN; Musielak/Voit/*Ball* § 522 Rn. 28 a; aA *Fölsch* NJW 2006, 3521; *Stackmann* NJW 2007, 9 (11).
[1331] MüKoZPO/*Rimmelspacher* § 522 Rn. 23; Musielak/Voit/*Ball* § 522 Rn. 23.
[1332] *Stackmann* JuS 2005, 324 (327).
[1333] Musielak/Voit/*Musielak* Einl. Rn. 28.
[1334] Vgl. *Zuck* NJW 2006, 1703 (1704 ff.).
[1335] *Meller-Hannich* NJW 2011, 3393 (3396) bezeichnet diese Konstruktion zu Recht als ziemlich gewagt.

## III. Rechtsmittel

wiesen worden ist, Gründe für die Zulassung einer Revision gem. § 543 II aufweist und ob die Wertgrenze des § 26 Nr. 8 EGZPO überschritten wird (→ Rn. 978). Werden diese Voraussetzungen erfüllt, dann lässt der BGH die Revision zu und führt das Beschwerdeverfahren als Revisionsverfahren fort (§ 544 VI 1); andernfalls wird die Nichtzulassungsbeschwerde zurückgewiesen und damit das angefochtene Urteil rechtskräftig (§ 544 VI 2).

Wird dagegen die Berufung nicht nach § 522 durch Beschluss verworfen oder zurückgewiesen, dann hat das Berufungsgericht darüber zu befinden, ob der Rechtsstreit zur Entscheidung auf den Einzelrichter zu übertragen ist (§ 523 I iVm § 526 I). Denn im Unterschied zur ersten Instanz gibt es beim Berufungsgericht den originären Einzelrichter nicht, sondern sein Einsatz verlangt eine entsprechende Entschließung des Kollegiums, für den die gleichen Kriterien maßgebend sind wie für Übertragung auf den obligatorischen Einzelrichter in erster Instanz gem. § 348a (→ Rn. 162), ergänzt durch die zusätzliche Voraussetzung, dass bereits in der Vorinstanz ein Einzelrichter entschieden hat. Ebenso gibt es eine Rückübertragungsmöglichkeit vom Einzelrichter auf das Kollegium (vgl. § 526 II). Die in § 526 II Nr. 2 getroffene Regelung, dass der Einzelrichter den Rechtsstreit dem Berufungsgericht zur Entscheidung über eine Übernahme vorzulegen hat, wenn die Parteien dies übereinstimmend beantragten, schafft keine Verbindlichkeit für das Kollegium, sondern bedeutet letztlich nur eine Verpflichtung, aufgrund des Antrages zu prüfen, ob die in § 526 II Nr. 1 genannten Gründe erfüllt sind. Wird der Rechtsstreit zur Entscheidung auf den Einzelrichter übertragen, dann tritt er an die Stelle des Kollegiums, ist also „das Berufungsgericht" mit allen Rechten und Pflichten. Die Entscheidung der Übertragung auf den Einzelrichter oder der Rückübertragung auf das Kollegium kann nicht mit einem Rechtsmittel angefochten werden (§ 526 III). Eine Ausnahme ist bei verfassungskonformer Auslegung des § 526 III nur in Betracht zu ziehen, wenn das Willkürverbot verletzt wird, weil dann ein Verstoß gegen das Grundrecht auf den gesetzlichen Richter (Art. 101 I 2 GG) gegeben ist.[1336]

956

Das Berufungsgericht (Kollegium oder Einzelrichter) hat nach der Entscheidung über die Übertragung auf den Einzelrichter unverzüglich Termin zur mündlichen Verhandlung zu bestimmen (§ 523 I 2). Dies bedeutet, dass dieser Termin so früh wie möglich angesetzt werden muss (§ 272 III iVm § 525), wobei die in § 274 III genannte Frist zu beachten ist. Auf Grund der mündlichen Verhandlung ist dann über die Begründetheit der Berufung zu befinden. Ergibt die Prüfung des angefochtenen Urteils, dass es ganz oder teilweise keinen Bestand haben kann, dann muss dieses Urteil aufgehoben werden. Bei dieser Entscheidung ist das Berufungsgericht an die Berufungsanträge gebunden (§ 528; → Rn. 908).

957

Die Frage, ob das **Berufungsgericht in der Sache selbst entscheidet oder ob es die Sache zur Entscheidung an das erstinstanzliche Gericht zurückverweist**, ist aufgrund der Vorschriften des § 538 zu beantworten. Danach hat das **Berufungsgericht im Interesse der Verfahrensbeschleunigung grundsätzlich selbst zu entscheiden** (§ 538 I).[1337] In Ausnahme von diesem Grundsatz gestattet § 538 II die Zurückver-

958

---

[1336] BGH NJW 2007, 1466 Rn. 5.
[1337] BGH NJW-RR 2010, 1048 Rn. 11; NJW 2013, 2601 Rn. 7; krit. *Baumert* MDR 2011, 893 (895 f.).

weisung an die erste Instanz. In allen Fällen, die in dieser Vorschrift genannt werden, ist eine weitere Verhandlung der Sache erforderlich, die nach einer Zurückverweisung von dem Gericht der ersten Instanz durchzuführen ist. In den Fällen der Nr. 1–6 muss mindestens eine Prozesspartei die Zurückverweisung beantragen (vgl. § 538 II 1 aE). Nur in dem Fall der Nr. 7 bildet der Antrag einer Partei keine zwingende Voraussetzung für die Zurückverweisung (§ 538 II 3). Verweist das Berufungsgericht den Rechtsstreit wegen eines wesentlichen Verfahrensfehlers zurück, dann müssen seine Ausführungen erkennen lassen, dass es das ihm eingeräumte Ermessen, eine eigene Sachentscheidung zu treffen oder ausnahmsweise den Rechtsstreit an das erstinstanzliche Gericht zurückzuverweisen, pflichtgemäß ausgeübt hat.[1338]

**959** Da auch die allgemeinen Vorschriften über Urteile (§§ 300 ff.) in der zweiten Instanz gelten, kann das Berufungsurteil sowohl als Voll- oder als Teilurteil, als Vorbehalts- oder Zwischenurteil ergehen (zu diesen Urteilsformen → Rn. 877). Gegenüber den inhaltlichen Anforderungen an das Urteil erster Instanz ergeben sich aufgrund des § 540 Abweichungen bei der Gestaltung eines Berufungsurteils.[1339] Die durch diese Vorschrift eröffnete Möglichkeit, zur Begründung einer Bestätigung des erstinstanzlichen Urteils auf dessen Entscheidungsgründe zu verweisen, kann nicht in Betracht kommen, wenn sich in der Berufungsinstanz neue rechtliche oder tatsächliche Gesichtspunkte ergeben haben.[1340]

**960** Wird dem Bearbeiter einer **Klausur** die Aufgabe gestellt, über eine Berufung zu entscheiden, dann empfiehlt es sich, folgende Reihenfolge bei der anzustellenden Erörterung einzuhalten (→ Rn. 15):

A. Zulässigkeit der Berufung

(1) Statthaftigkeit: Berufung statthaft gegen
- Endurteile der ersten Instanz (§ 511 I)
- Zwischenurteile nach §§ 280 II und 304 II
- Versäumnisurteile in den Fällen des § 514 II

(2) Beschwer: Wert des Beschwerdegegenstandes (→ Rn. 922) mehr als 600 EUR oder Zulassung (§ 511 II) nach Maßgabe des § 511 IV Ausnahme: Berufung gegen Versäumnisurteile (§ 514 II S. 2)

(3) Einhaltung der Fristen (§§ 517, 520 II)

(4) Beachtung der Form (§ 519 I) und des vorgeschriebenen Inhalts (§ 519 II, § 520 III, 4)

B. Begründetheit der Berufung
(1) Zulässigkeit der Klage
(2) Begründetheit der Klage

---

[1338] BGH NJW-RR 2010, 1048 Rn. 16; NJW 2011, 2578 Rn. 17.
[1339] Vgl. BGH NJW 2003, 1743; 2004, 293; 2004, 1389; 2005, 830; NJW-RR 2005, 716 (717); *Gaier* NJW 2004, 2041 (2045 f.).
[1340] BGH MDR 2007, 1277.

III. Rechtsmittel                                                                 347

Für das **Versäumnisverfahren** in der Berufungsinstanz gelten einige Besonderheiten (vgl. § 539):   **961**

- Erscheint der Berufungskläger im Termin zur mündlichen Verhandlung nicht und stellt der Berufungsbeklagte Antrag auf Versäumnisurteil, dann muss zunächst die Zulässigkeit der Berufung von Amts wegen geprüft werden (§ 522 I), weil das Versäumnisurteil ein Sachurteil ist (→ Rn. 326). Deshalb darf es nicht ergehen, wenn Zulässigkeitsvoraussetzungen fehlen; in diesem Fall ist die Berufung als unzulässig (nicht durch Versäumnisurteil, sondern durch kontradiktorisches Urteil) zu verwerfen. Dies gilt in gleicher Weise bei Säumnis des Beklagten.
- Gelangt das Berufungsgericht zu dem Ergebnis, dass die Berufung zulässig ist, dann muss unabhängig von der Säumnis einer Partei geprüft werden, ob die Klage zulässig ist. Ist dies zu verneinen, dann muss das angefochtene Urteil, das der Klage stattgegeben hat, aufgehoben und die Klage abgewiesen werden. Auch dieses Urteil ist kein Versäumnisurteil.
- Erst wenn die Zulässigkeit von Berufung und Klage feststeht, kann wegen der Säumnis einer Partei ein Versäumnisurteil ergehen.

  Bei Säumnis des Berufungsklägers wird die Berufung auf Antrag des Berufungsbeklagten durch Versäumnisurteil zurückgewiesen (§ 539 I). Bei Säumnis des Berufungsbeklagten ist das tatsächliche Vorbringen des Berufungsklägers (wie bei der Säumnis des Beklagten in der ersten Instanz; → Rn. 335) als zugestanden anzusehen. Das Berufungsgericht muss dann in gleicher Weise wie im Versäumnisverfahren der ersten Instanz eine Schlüssigkeitsprüfung vornehmen und entsprechend ihrem Ergebnis entweder dem Antrag auf Erlass eines Versäumnisurteils stattgeben oder den Antrag zurückweisen (§ 539 II); im zweiten Fall handelt es sich nicht um ein Versäumnisurteil (→ Rn. 335).

- Im Übrigen finden die Vorschriften über das Versäumnisverfahren im ersten Rechtszug entsprechende Anwendung (§ 539 III). Dies gilt auch für die Anfechtung des Versäumnisurteils durch Einspruch (→ Rn. 349 ff.).

## 3. Revision

**Die Revision bewirkt die rechtliche Überprüfung des angefochtenen Urteils auf der Grundlage des Tatsachenstoffes, der sich im Zeitpunkt des Schlusses der mündlichen Verhandlung in der Berufungsinstanz ergibt** (→ Rn. 991 f.). Sie ist **statthaft** gegen die in der Berufungsinstanz erlassenen Endurteile, soweit es sich dabei nicht um Entscheidungen handelt, durch die über die Anordnung, Abänderung oder Aufhebung eines Arrestes (→ Rn. 1360 ff.) oder einer einstweiligen Verfügung (→ Rn. 1371 ff.) oder über die vorzeitige Besitzeinweisung im Enteignungs- oder Umlegungsverfahren befunden wird (§ 542). Ebenso ist die Revision gegen ein Zwischenurteil nach § 280 II und § 304 II und gegen ein Vorbehaltsurteil nach § 302 III statthaft, das ein Berufungsgericht erlassen hat. Schließlich ist auch gegen ein „technisch zweites" Versäumnisurteil eines Berufungsgerichts die Revision zulässig (§ 514 II iVm § 565). Gegen die im ersten Rechtszug erlassenen Endurteile und die den Endurteilen gleichgestellten Zwischenurteile und Grundurteile kann unter Umgehung der Berufungsinstanz die sog. Sprungrevision nach Maßgabe des § 566 eingelegt werden, sofern diese Urteile ohne Zulassung der Be-   **962**

rufung unterliegen (→ Rn. 983 ff.). Die Revision kann nicht darauf gestützt werden, dass das Berufungsgericht seine Zuständigkeit zu Unrecht angenommen hat (§ 513 II iVm § 565).[1341]

963 Die in § 542 geregelte Statthaftigkeit der Revision wird durch die Vorschrift des § 543 wesentlich ergänzt und eingeschränkt. Danach findet die Revision nur statt, wenn sie entweder vom Berufungsgericht oder aufgrund einer Nichtzulassungsbeschwerde vom Revisionsgericht (§ 544) zugelassen wird. Der BGH ist an eine Zulassung durch das Berufungsgericht grundsätzlich gebunden, und zwar auch dann, wenn die dafür zu erfüllenden Voraussetzungen nicht verwirklicht werden. Diese Bindungswirkung umfasst jedoch nur die in § 543 II 1 genannten Zulassungsvoraussetzungen. Die Zulassung kann dagegen nicht dazu führen, dass ein gesetzlich nicht vorgesehener Instanzenzug eröffnet wird.[1342] Ebenso ist die Zulassungsentscheidung für das Revisionsgericht nicht bindend, wenn sie verfahrensrechtlich unzulässig und deshalb unwirksam ist (Beispiel: nachträgliche Zulassungsentscheidung unter Verletzung des § 318).[1343] Unzulässig ist auch eine Beschränkung auf die Prüfung der Begründetheit der Klage. Denn soweit es sich um von Amts wegen zu prüfende Prozessvoraussetzungen handelt, kann die Prüfungskompetenz des Revisionsgerichts vom Berufungsgericht nicht eingeschränkt werden.[1344] Zu den Besonderheiten bei Bundesländern mit einem Obersten Landesgericht → Rn. 78a.

964 Die Zulassung der Revision kann auf einen Teil des Gesamtstreitstoffs beschränkt werden.[1345] Allerdings bildet hierfür eine Voraussetzung, dass sich dieser Teil vom übrigen Streitstoff rechtlich und tatsächlich so abgrenzen lässt, dass er auch zum Gegenstand eines selbstständig anfechtbaren Teil- oder Zwischenurteils (→ Rn. 877) gemacht werden kann.[1346] Wird die Zulassung der Revision auf einzelne von mehreren Anspruchsgrundlagen oder auf eine bestimmte Rechtsfrage beschränkt oder kann ihr Gegenstand aus anderen Gründen kein Teilurteil bilden, dann ist die Beschränkung unzulässig und deshalb unwirksam; dies hat zur Folge, dass die Revision unbeschränkt zugelassen ist und das Urteil in vollem Umfang überprüft werden muss.[1347] Der BGH, der auch eine Beschränkung der Zulassung auf einzelne Angriffs- oder Verteidigungsmittel für zulässig hält,[1348] verfolgt allerdings insoweit eine großzügige Tendenz.[1349] Die Begrenzung des Rechtsmittels muss nicht ausdrücklich im Tenor des Berufungsurteils enthalten sein, sondern kann sich auch aus den Entscheidungsgründen ergeben.[1350] Voraussetzung dafür ist jedoch, dass sich aus den Gründen mit ausreichender Klarheit ergibt, dass das Berufungsgericht die Revision nur wegen eines abtrennbaren Teils seiner

---

[1341] BGH NJW 2005, 1660 (1661).
[1342] BGH MDR 2012, 863 Rn. 6.
[1343] BGH NJW 2011, 1516 Rn. 4; NJW-RR 2012, 306 Rn. 7; Stein/Jonas/*Jacobs* § 543 Rn. 38.
[1344] BGH NJW-RR 2018, 116 Rn. 15.
[1345] Krit. *Büttner/Tretter* NJW 2009, 1905.
[1346] BGH NJW 2010, 1144 Rn. 6; 2011, 1228 Rn. 10 f.; NJW-RR 2010, 664 Rn. 5; BeckRS 2016, 03907 Rn. 19, jew. mwN (stRspr).
[1347] BGH NJW 2004, 2745 (2746); 2005, 680; 2012, 844 Rn. 21.
[1348] BGH NJW-RR 2010, 664 Rn. 5; vgl. auch BGH NJW 2010, 148 Rn. 11: Beschränkung der Revisionszulassung auf den Anspruchsgrund.
[1349] Zust. Zöller/*Heßler* § 543 Rn. 19.
[1350] BGH NJW-RR 2003, 1192 (1193); 2005, 715 (716); 2009, 1431 Rn. 11; NJW 2004, 1324; 2004, 3264 (3265).

III. Rechtsmittel                                                                                                  349

Entscheidung eröffnen wollte.¹³⁵¹ Diese vom BGH in ständiger Rechtsprechung vertretene Auffassung ist verfassungsrechtlich nicht zu beanstanden.¹³⁵²

Über die Zulassung der Revision hat das Berufungsgericht von Amtswegen zu entscheiden; ein Antrag der betroffenen Partei ist nicht erforderlich.¹³⁵³ Enthält das Berufungsurteil keine Aussage über die Revisionszulassung und lässt sich auch durch Auslegung der Entscheidungsgründe kein eindeutiges Ergebnis in dieser Frage ermitteln, dann ist von einer Nichtzulassung auszugehen.¹³⁵⁴   **965**

Hat das Kollegium den Rechtsstreit dem Einzelrichter zur Entscheidung übertragen (→ Rn. 956), weil es der Auffassung ist, dass der Rechtssache keine grundsätzliche Bedeutung zukommt (§ 526 I Nr. 3), dann kann der Einzelrichter die Revision wegen grundsätzlicher Bedeutung zulassen (§ 543 II Nr. 1), ohne den Rechtsstreit nach § 526 II Nr. 1 dem Kollegium zur Entscheidung über eine Übernahme vorzulegen, wenn er abweichend vom Kollegium die Frage nach der grundsätzlichen Bedeutung bejaht und sich diese Beurteilung nicht aufgrund einer wesentlichen Änderung der Prozesslage ergibt.¹³⁵⁵   **966**

Die durch das ZPO-RG getroffene Regelung der Zulassung der Revision lässt deutlich werden, dass dieses Rechtsmittel in besonderem Maße auf die Interessen der Allgemeinheit gerichtet ist, die an der Fortbildung des Rechts und an der Sicherung einer einheitlichen Rechtsprechung sowie an einer Klärung grundsätzlicher Rechtsfragen bestehen. Dies zeigt die am 1.1.2014 in Kraft getretene Änderung des § 565, der die Rücknahme der Revision an die Einwilligung des Revisionsbeklagten knüpft (→ Rn. 915). Dagegen bildet nach der gesetzlichen Regelung die Korrektur eines Rechtsfehlers im Interesse einer gerechten Entscheidung des Einzelfalls nicht das Ziel der Revision. Ob aus dieser gesetzlichen Regelung, die der Einzelfallgerechtigkeit zumindest eine nachrangige Bedeutung zuweist, zu schließen ist, dass ein vom Revisionsgericht im Rahmen einer Entscheidung über eine Nichtzulassungsbeschwerde erkannter Rechtsfehler unbeachtet bleiben darf, gehört zu den umstrittensten Fragen des Revisionsrechts (→ Rn. 972 f.).¹³⁵⁶   **967**

Die Revision ist nach § 543 II zuzulassen, wenn die Rechtssache grundsätzliche Bedeutung hat oder die Fortbildung des Rechts oder die Sicherung einer einheitlichen Rechtsprechung eine Entscheidung des Revisionsgerichts erfordert. Im Einzelnen gilt Folgendes:   **968**

- Eine **grundsätzliche Bedeutung** weist eine Rechtssache auf, wenn sie eine entscheidungserhebliche, klärungsbedürftige und klärungsfähige Rechtsfrage aufwirft, die sich in einer unbestimmten Vielzahl von Fällen stellen kann.¹³⁵⁷ Als

---

¹³⁵¹ BGH NJW-RR 2001, 485 (486); MDR 2008, 935.
¹³⁵² BVerfG NJOZ 2011, 469 Rn. 14.
¹³⁵³ *Volland* MDR 2004, 377 f.
¹³⁵⁴ Musielak/Voit/*Ball* § 543 Rn. 14 mwN; aA nur *Volland* MDR 2004, 378.
¹³⁵⁵ BGH NJW 2003, 2900 f. Zur entgegengesetzten Regelung bei der Rechtsbeschwerde → Rn. 1026.
¹³⁵⁶ Eingehend dazu *Musielak* FS Gerhardt, 2004, 653. Zur Entwicklung der vom BGH praktizierten Revisionszulassung *Nassall* NJW 2012, 113.
¹³⁵⁷ BVerfG BeckRS 2013, 47975 Rn. 25 = NJW 2013, 1869 (Ls.); BGH NJW-RR 2010, 978 Rn. 3 mwN; OLG Rostock MDR 2010, 48.

klärungsfähig ist eine Rechtsfrage anzusehen, wenn sie revisibles Recht (§ 545 I) betrifft; als klärungsbedürftig erscheint sie, wenn ihre Beantwortung zweifelhaft ist oder wenn zu ihr unterschiedliche Auffassungen vertreten werden und die Frage höchstrichterlich noch nicht geklärt ist.[1358] Hat der BGH eine Rechtsfrage bereits geklärt, dann kann sich ein weiterer Klärungsbedarf dadurch ergeben, dass neue Argumente vorgetragen werden, die den BGH zu einer Überprüfung seiner Auffassung veranlassen könnten.[1359] Eine grundsätzliche Bedeutung kann eine Rechtssache nur dann haben, wenn sich bei ihr Rechtsfragen stellen, deren Klärung im allgemeinen Interesse liegt. Dies kann sich insbesondere aus dem tatsächlichen oder wirtschaftlichen Gewicht der Sache für den Rechtsverkehr ergeben.[1360]

Der Umfang des revisiblen Rechts ist durch die am 1.9.2009 in Kraft getretene Änderung des § 545 erweitert worden. Die Revision kann nicht mehr allein auf die Verletzung des Bundesrechts oder auf eine Vorschrift gestützt werden, deren Geltungsbereich sich über den Bezirk eines Oberlandesgerichts hinaus erstreckt, sondern auf jede Rechtsverletzung. Streitig ist, ob damit auch der Weg für eine Überprüfung ausländischen Rechts durch den BGH eröffnet worden ist.[1361]

- Zur **Fortbildung des Rechts** ist die Revision zuzulassen, wenn der Einzelfall Veranlassung gibt, Leitsätze für die Auslegung von Gesetzesbestimmungen aufzustellen oder Gesetzeslücken auszufüllen. Dazu besteht nur Anlass, wenn es für die rechtliche Beurteilung typischer oder verallgemeinerungsfähiger Lebenssachverhalte an einer richtungsweisenden Orientierungshilfe ganz oder teilweise fehlt.[1362] Dies verlangt die schlüssige Darlegung, dass für die Entscheidung des Streitfalls eine erhebliche abstrakte Rechtsfrage klärungsbedürftig und klärbar erscheint.[1363] Dieser Zulassungsgrund wird sich regelmäßig mit dem der grundsätzlichen Bedeutung der Rechtssache überschneiden. Der Gesetzgeber wollte jedoch durch die Fassung des Gesetzes zum Ausdruck bringen, dass die richterliche Rechtsfortbildung eine Aufgabe des Revisionsgerichts darstellt.[1364]
- Zur **Sicherung einer einheitlichen Rechtsprechung** ist eine Entscheidung des Revisionsgerichts geboten, wenn dem Berufungsgericht bei der Anwendung von Rechtsnormen des revisiblen Rechts Fehler unterlaufen sind, die die Wiederholung durch dasselbe Gericht oder die Nachahmung durch andere Gerichte erwarten lassen, und wenn dadurch so schwer erträgliche Unterschiede in der Rechtsprechung zu entstehen oder fortzubestehen drohen, dass eine höchstrichterliche Leitentscheidung notwendig ist. Dies kann insbesondere dann der Fall sein, wenn

---

[1358] BAG NJW 2012, 3196 Rn. 19; Musielak/Voit/*Ball* § 543 Rn. 5 ff.
[1359] BVerfG BeckRS 2013, 47975 Rn. 25 mwN.
[1360] BGH NJW 2003, 65 (68); *Wenzel* NJW 2002, 3353 (3354).
[1361] Dafür *Hess/Hübner* NJW 2009, 3132; aA die hM, vgl. BGH ZZP 127 (2014), 241 Rn. 19 ff.; Roth NJW 2014, 1224; *Sturm* JZ 2011, 74; Stein/Jonas/*Jacobs* § 545 Rn. 21; Zöller/*Heßler* § 545 Rn. 8; Prütting/Gehrlein/*Ackermann* § 545 Rn. 6; Musielak/Voit/*Ball* § 545 Rn. 7; vgl. auch *Jacobs/Frieling* ZZP 127 (2014), 137.
[1362] BGH NJW 2002, 3029 (3030); 2003, 1943 (1945); Hannich/Meyer-Seitz/*Hannich*, ZPO Reform 2002 mit Zustellungsreformgesetz, 2002, § 543 Rn. 22.
[1363] BGH MDR 2010, 229.
[1364] *Wenzel* NJW 2002, 3355.

das Berufungsgericht in ständiger Praxis oder in einer Weise, die Wiederholungen oder Nachahmungen besorgen lässt, eine höchstrichterliche Rechtsprechung nicht berücksichtigt; der BGH spricht insoweit von Rechtsfehlern mit „symptomatischer" Bedeutung.[1365] Für die Zulassung genügt es also nicht, dass das angefochtene Urteil von der Entscheidung eines höherrangigen Gerichts, von einer gleichrangigen Entscheidung eines anderen Spruchkörpers desselben Gerichts oder von der Entscheidung eines anderen gleichgeordneten Gerichts abweicht (Fall der Divergenz), sondern es muss noch eine Wiederholungsgefahr hinzutreten.[1366] Der BGH sieht eine strukturelle Wiederholungsgefahr dann als gegeben an, wenn sich das Berufungsgericht in einem grundlegenden Missverständnis über den rechtlichen Ansatzpunkt einer höchstrichterlichen Rechtsprechung befindet[1367] oder wenn es in seiner Urteilsbegründung von einem unrichtigen Obersatz ausgeht, der in vergleichbaren Fällen angewendet werden könnte.[1368]

Dass die **Revision zur Sicherung einer einheitlichen Rechtsprechung** nicht nur in Fällen der Divergenz und zur Beseitigung schwer erträglicher Unterschiede in der Rechtsprechung zuzulassen ist, sondern auch dazu dient, die Korrektur von Urteilen vorzunehmen, die gegen grundlegende verfassungsrechtlich abgesicherte Gerechtigkeitsanforderungen verstoßen und deshalb von Verfassungs wegen geändert werden müssen, hat der BGH bereits in früheren Entscheidungen erklärt.[1369] Dementsprechend wird ein Grund für die Zulassung der Revision in der **Verletzung von Verfahrensgrundrechten** gefunden, insbesondere wenn es sich um einen Verstoß gegen die Grundrechte auf Gewährung rechtlichen Gehörs, auf wirkungsvollen Rechtsschutz und auf ein objektiv willkürfreies Verfahren handelt.[1370]

969

Erweist sich die in einer Nichtzulassungsbeschwerde erhobene Rüge der Verletzung des rechtlichen Gehörs als begründet, dann kann das Revisionsgericht der Beschwerde dadurch stattgeben, dass es in demselben Beschluss das Berufungsurteil aufhebt und den Rechtsstreit an das Berufungsgericht zurückverweist. Eine Heilung durch Verhandlung vor dem Revisionsgericht scheidet aus, da dort keine neuen Tatsachen vorgebracht werden können. Bei einer Verletzung des rechtlichen Gehörs ist daher stets eine Zurückverweisung an das Berufungsgericht erforderlich. Einer Zulassung der Revision durch das Revisionsgericht bedarf es in diesem Fall wegen § 544 VII nicht.[1371]

970

Der BGH stellt **Verfahrensverstöße, die einen absoluten Revisionsgrund nach § 547 Nr. 1–4 begründen**, einer Verletzung von Verfahrensgrundrechten gleich und will stets die Revision zur Sicherung einer einheitlichen Rechtsprechung zulassen.[1372] Kennzeichnend für diese Revisionsgründe sei nicht lediglich die unwiderlegbare Vermutung der Ursächlichkeit des Verfahrensverstoßes für die Entscheidung

971

---

[1365] BGH NJW 2003, 66.
[1366] BGH NJW 2002, 3783 (3784); v. Gierke/Seiler JZ 2003, 403 (408 f.).
[1367] BGH NJW 2005, 154 (155).
[1368] BGH NJW 2004, 1960 (1961).
[1369] BGH NJW 2003, 1943 (1946 f.). Darauf verweist BGH NJW 2005, 153; ähnlich bereits BGH NJW 2002, 2957.
[1370] BGH NJW 2002, 2957; 2003, 830 (831); 2007, 1455 Rn. 4; 2007, 1534 Rn. 8.
[1371] BGH NJW 2005, 1950 (1951); 2005, 2710 (2711).
[1372] BGH NJW 2007, 2702 Rn. 8, 13 = JuS 2007, 1154 mAnm *K. Schmidt*.

(→ Rn. 994), sondern auch ihre Schwere, die dadurch zum Ausdruck komme, dass sie mit den Nichtigkeitsgründen des § 579 übereinstimmten.[1373] Diese Erwägungen treffen nach Auffassung des BGH[1374] jedoch nicht in gleicher Weise auf den Revisionsgrund des § 547 Nr. 6 (Entscheidung gesetzwidrig ohne Gründe) zu. Bei der Frage nach der Zulassung der Revision wegen eines solchen Verfahrensverstoßes müsse auf die Intensität abgestellt werden, in der sich die fehlende Begründung auf die Entscheidung auswirke. Wird aber die Frist zur Niederlegung der Gründe nicht beachtet, so begründet dies einen absoluten Revisionsgrund, denn mit der Frist soll sichergestellt werden, dass sich das Gericht bei der Abfassung der Gründe noch im gebotenen Umfang an die Gründe für das bereits erlassene Urteil erinnert.[1375]

972  Die in § 543 II getroffene Regelung, nach der die Revision nur zuzulassen ist, wenn eine Rechtssache entweder eine grundsätzliche Bedeutung aufweist oder durch sie eine Entscheidung des Revisionsgerichts zur Fortbildung des Rechts oder zur Sicherung einer einheitlichen Rechtsprechung erforderlich wird, scheint der Einzelfallgerechtigkeit wenig Raum zu lassen. Demgemäß hat der BGH die Auffassung vertreten, dass die offensichtliche Unrichtigkeit eines Urteils allein keinen hinreichenden Grund für die Zulassung einer Revision ergebe.[1376] Auch das BVerfG hat festgestellt, dass es keinen verfassungsrechtlichen Bedenken unterliege, den Zugang zum Revisionsgericht nicht für jeden Fall eines Rechtsfehlers vorzusehen, sondern ihn zugleich von einem bestehenden Interesse der Allgemeinheit an einer Korrektur des Ergebnisses abhängig zu machen und zu diesem Zweck an das Kriterium der Wiederholungsgefahr zu binden.[1377]

973  Wenn man jedoch – wie dies sowohl das BVerfG als auch der BGH[1378] tun – als Grund für die Zulassung einer Revision die Verletzung von Grundrechten ansieht, dann muss konsequenterweise berücksichtigt werden, dass es der Gleichheitsgrundsatz des Art. 3 I GG gebietet, im Rahmen eines Rechtsschutzsystems das Recht stets gleich anzuwenden. Folglich liegt es im öffentlichen Interesse, das an der Beachtung des Verfassungsrechts besteht, solche Rechtsfehler zu korrigieren, die offensichtlich dazu führen, dass über einen Sachverhalt abweichend von den für alle Fälle aufgestellten Regeln befunden wird.[1379] Ganz in diesem Sinn hat das BVerfG betont, dass die Einheit der Rechtsordnung in ihrem Kern bedroht sei, wenn gleiches Recht ungleich gesprochen wird.[1380] Es ist offensichtlich, dass das Vertrauen in die Rechtsprechung als Ganzes erschüttert wird, wenn schwerwiegende Fehlentscheidungen nicht zur Revision

---

[1373] BGH NJW 2007, 2702 Rn. 11.
[1374] BGH NJW-RR 2012, 760 Rn. 6.
[1375] BGH BeckRS 2016, 08338; dazu *Fischer* JuS 2016, 1083.
[1376] BGH NJW 2003, 831.
[1377] BVerfG NJW 2008, 2493 (2494).
[1378] Vgl. nur BGH NJW 2005, 153.
[1379] Ebenso *Schultz* MDR 2003, 1392 (1397 ff.). Dass vom BVerfG wesentlich höhere Anforderungen für die Begründetheit einer Verfassungsbeschwerde wegen Verletzung des Gleichheitsgrundsatzes durch ein Urteil gestellt werden (vgl. dazu BVerfG NJW 2005, 3345 (3346); *Rosenthal,* Probleme im zivilprozessualen Revisionszulassungsrecht nach Inkrafttreten des ZPO-RG vom 1.1.2002, 2007, 292 f.), steht einer solchen Bewertung nicht entgegen. Denn es geht hier nicht um die Feststellung von Verfassungsverstößen, sondern um eine Interpretation des Revisionsrechts, die sich an Verfassungsgrundsätzen orientiert.
[1380] BVerfGE 77, 275 (284) = NJW 1988, 1255.

## III. Rechtsmittel

zugelassen werden.[1381] Ansehen und Integrität der Rechtsprechung sind jedoch ein hohes, aus dem Rechtsstaatsprinzip abzuleitendes Rechtsgut, dem das Revisionsrecht verpflichtet sein muss. Diese Erwägungen sprechen dafür, den Zugang zur Revisionsinstanz zwingend nicht nur bei Verletzung des Willkürverbots zu ermöglichen,[1382] sondern das Revisionsgericht zu verpflichten, korrigierend einzugreifen, wenn dies zur Vermeidung grob fehlerhafter Entscheidungen notwendig ist.[1383] Die geltende Regelung der Revisionszulassung bietet eine ausreichende Rechtsgrundlage, um eine derartige Korrektur durch das Revisionsgericht sicherzustellen.[1384]

Das (durch das ZPO-RG eingeführte) Rechtsinstitut der **Nichtzulassungsbeschwerde** dient dazu, der betroffenen Partei die rechtliche Möglichkeit zu eröffnen, eine Überprüfung der negativen Entscheidung des Berufungsgerichts über die Zulassung der Revision durch den BGH herbeizuführen.[1385] Die Nichtzulassungsbeschwerde ist stets beim BGH durch einen bei diesem Gericht zugelassenen Rechtsanwalt einzulegen (§ 544 I 2). Frist und Form dieser Beschwerde sind im Einzelnen in § 544 geregelt.

974

Nach § 544 II 3 müssen in der **Begründung der Nichtzulassungsbeschwerde** die Zulassungsgründe iSd § 543 II „dargelegt" werden. Dies bedeutet, dass vom BGH nur die in der Beschwerdebegründung schlüssig und substantiiert vorgetragenen Revisionszulassungsgründe geprüft werden.[1386] Die bloße Behauptung eines Zulassungsgrundes reicht nicht aus. Vielmehr muss das Revisionsgericht in der Lage sein, allein aufgrund der Lektüre der Begründung der Nichtzulassungsbeschwerde und des Berufungsurteils über die Zulassung zu befinden, ohne noch ergänzend auf den Akteninhalt zurückgreifen zu müssen.[1387] Auch muss begründet werden, warum die vom Revisionsgericht zu klärende Rechtsfrage entscheidungserheblich ist, warum es also für die Entscheidung des Rechtsstreits auf sie ankommt.[1388] Fehlt in einem angefochtenen Urteil die Darstellung des Sachverhalts, hat der Beschwerdeführer den Sachver-

975

---

[1381] Auch der BGH hat dies in einzelnen Entscheidungen durchaus als einen bedeutsamen Gesichtspunkt gewertet, vgl. NJW 2002, 2957; 2003, 754 (755).
[1382] BVerfG NJW 2001, 1200.
[1383] Vgl. dazu *Seiler* NJW 2005, 1689 (1691). Sowohl bei der Verletzung von Verfahrensgrundrechten als auch bei einfachen Rechtsanwendungsfehlern bildet es stets eine Voraussetzung für die Zulassung der Revision, dass die angefochtene Entscheidung inhaltlich unrichtig ist; vgl. BGH NJW 2003, 3205 (3206); 2004, 1167 (1168 f.); aA *Seiler* MDR 2004, 586.
[1384] *Roth* JZ 2006, 9, gelangt zu einem gleichen Ergebnis, indem er einer Rechtssache aufgrund eines schwerwiegenden Fehlurteils eine grundsätzliche Bedeutung iSd § 543 II 1 Nr. 1 beimisst. Auch *Ball* FS Musielak, 2004, 27 (48 f.), vertritt die Auffassung, dass schwere Rechtsfehler die Zulassung der Revision allein aus Gründen der Einzelfallgerechtigkeit gebieten, und qualifiziert einen Fehler dann als schwer, wenn das vom Berufungsgericht gewonnene Ergebnis sich von der richtigen Entscheidung des Rechtsstreits so weit entfernt, dass die Fehlentscheidung nicht mehr hinnehmbar erscheint. Die verfahrensrechtliche Abteilung des Deutschen Juristentages 2004 hat sich mit großer Mehrheit dafür ausgesprochen, das Individualinteresse an einer Ergebniskorrektur bei der Revision nicht vollständig auszublenden; vgl. NJW 2004, 3242 (III, 17).
[1385] Krit. zur geltenden Regelung der Nichtzulassungsbeschwerde *Winter* NJW 2016, 922; *Waclawik* NJW 2016, 1639.
[1386] BGH NJW 2002, 3334 (3335); abl. v. *Gierke/Seiler* JZ 2003, 403 (405 f.).
[1387] BGH NJW 2003, 1943 (1944); *Gehrlein* MDR 2003, 547 (550).
[1388] BGH NJW 2003, 830 f.

halt mitzuteilen und anhand dessen die Zulassungsgründe darzulegen. Geschieht dies nicht, muss die Nichtzulassungsbeschwerde zurückgewiesen werden.[1389]

**976** Die Einlegung einer Nichtzulassungsbeschwerde hemmt zwar die Rechtskraft des Urteils (§ 544 V 1), dennoch ist die Nichtzulassungsbeschwerde in Bezug auf die Hauptsache kein Rechtsmittel, denn es fehlt ihr insoweit der Devolutiveffekt (→ Rn. 897). Die Hauptsache fällt in der Revisionsinstanz erst an, wenn das Revisionsgericht der Nichtzulassungsbeschwerde stattgibt und die Revision zulässt. Folglich kann durch den Beschluss, der die Nichtzulassungsbeschwerde zurückweist, ein Fehler im Urteil, zB eine falsche Kostenentscheidung, nicht korrigiert werden.[1390]

**977** Der BGH entscheidet über die Nichtzulassungsbeschwerden durch (unanfechtbaren) Beschluss (§ 544 IV, V 3), nachdem er dem Gegner des Beschwerdeführers Gelegenheit zur Stellungnahme gegeben hat (§ 544 III). Der Beschluss soll kurz begründet werden, jedoch kann auch von einer Begründung unter den in § 544 IV 2 Hs. 2 genannten Voraussetzungen abgesehen werden.[1391] Auch wenn das Revisionsgericht einen zulassungsrelevanten Rechtsfehler feststellt, hat es die Nichtzulassungsbeschwerde zurückzuweisen, wenn das Berufungsurteil im Ergebnis aus Gründen richtig ist, die ihrerseits die Zulassung der Revision nicht erfordern; dies gilt selbst dann, wenn das Berufungsurteil Verfassungsnormen verletzt.[1392] Ist die Beschwerde erfolgreich, dann wird das Beschwerdeverfahren als Revisionsverfahren fortgesetzt. In diesem Fall gilt die Einlegung der Nichtzulassungsbeschwerde als Einlegung der Revision (§ 544 VI). Jedoch ist eine zusätzliche Revisionsbegründung nach einer erfolgreichen Nichtzulassungsbeschwerde erforderlich, die jedoch auch in einer ausdrücklichen Bezugnahme auf die Begründung der Nichtzulassungsbeschwerde bestehen kann (§ 551 III 2).[1393] Wird die Rechtssache wegen Verletzung des Anspruchs auf rechtliches Gehör gem. § 544 VII zurückverwiesen, dann kann die Zurückverweisung in entsprechender Anwendung des § 563 I 2 an einen anderen Spruchkörper des Berufungsgerichts erfolgen.[1394]

**978** Eine bedeutsame **Einschränkung der Zulässigkeit einer Nichtzulassungsbeschwerde** ergibt sich aus § 26 Nr. 8 EGZPO für eine (schon mehrfach verlängerte) Übergangsfrist bis zum 30.6.2018. Nach dieser Vorschrift wird eine Nichtzulassungsbeschwerde nur zugelassen, wenn der Wert der mit der Revision geltend zu machenden Beschwer 20.000 EUR übersteigt. Durch § 26 Nr. 8 EGZPO wird also die Wertrevision, deren Abschaffung als ein besonderes Anliegen des ZPO-RG bezeichnet worden ist,[1395] in gewandelter Form dennoch beibehalten. Durch diese Regelung soll einer möglichen Überlastung des BGH vorgebeugt werden. Die durch § 26 Nr. 8 EGZPO angeordnete Einschränkung gilt nach Satz 2 dieser Vorschrift nicht für die

---

[1389] BGH NJW 2014, 3583 Rn. 8.
[1390] BGH MDR 2006, 1124. Auch kann der Kläger einseitig die Hauptsache erst dann für erledigt erklären, wenn die Zulässigkeit und Begründetheit der Nichtzulassungsbeschwerde vom Revisionsgericht ausgesprochen worden ist; vgl. BGH NJW-RR 2007, 639.
[1391] Dass eine Begründung fehlen darf, ist verfassungsrechtlich nicht zu beanstanden; BVerfG NJW 2011, 1497.
[1392] BGH NJW-RR 2011, 211 Rn. 13.
[1393] BGH NJW 2008, 588; BAG MDR 2008, 1059 (Ls.).
[1394] BGH NJW-RR 2007, 1221 Rn. 12.
[1395] BT-Drs. 14/4722, 65 ff.

III. Rechtsmittel                                                                                           355

Anfechtung von Urteilen, durch die eine Berufung als unzulässig verworfen wird. Zu Recht hat der BGH[1396] diese Regelung auch dann für anwendbar erklärt, wenn das Berufungsgericht die Berufung objektiv willkürlich als unbegründet zurückweist, obwohl seine Entscheidung ausschließlich auf Erwägungen gestützt wird, die zu einer Verwerfung des Rechtsmittels als unzulässig hätten führen müssen. Dagegen ist § 26 Nr. 8 EGZPO auch nicht analog auf ein Urteil anzuwenden, durch das nach § 341 II der Einspruch gegen ein Versäumnisurteil durch das Berufungsgericht als unzulässig verworfen wird (§ 341 I 2 iVm § 539 III → Rn. 365).[1397]

Nach hM ist für die Wertgrenze des § 26 Nr. 8 EGZPO nicht die Beschwer des Beschwerdeführers aus dem Berufungsurteil, sondern der Wert des Beschwerdegegenstands[1398] maßgebend (zu den Begriffen „Beschwer" und „Beschwerdegegenstand" → Rn. 901, 922). Damit das Revisionsgericht bei einer Prüfung der Zulässigkeit feststellen kann, ob die Wertgrenze überschritten wird, verlangt der BGH[1399] die Darlegung durch den Beschwerdeführer, dass er mit der beabsichtigten Revision die Abänderung des Berufungsurteils in einem die Wertgrenze von 20.000 EUR übersteigenden Maße erstrebt. Diese Wertgrenze hat jedoch nur Bedeutung für die Zulässigkeit der Nichtzulassungsbeschwerde. Wird durch sie die Wertgrenze erreicht, dann kann der Revisionskläger sein Rechtsmittel danach auf einen Betrag beschränken, der unterhalb der Wertgrenze von 20.000 EUR liegt. Ebenso kann das Revisionsgericht die Zulassung der Revision auf einen Teil des Prozessstoffs beschränken, der unterhalb der Wertgrenze bleibt.[1400]                                                                         **979**

Revisionsfrist und Revisionsbegründungsfrist sind in §§ 548, 551 II entsprechend der Berufung (→ Rn. 927 f.) geregelt. Die Anforderungen, die an die Revisionsschrift zu stellen sind, enthält § 549 und der Inhalt der Revisionsbegründung wird in § 551 III bestimmt.                                                                                     **980**

In gleicher Weise, wie dies für die Begründung der Berufung vorgeschrieben ist (→ Rn. 929), muss der Revisionskläger seinen Antrag formulieren, also erklären, inwieweit er das Berufungsurteil anficht und dessen Aufhebung beantragt. Außerdem muss die Begründung die bestimmte Bezeichnung der Umstände enthalten, aus denen sich die Rechtsverletzung ergibt. Pauschale Behauptungen genügen nicht. Wird ein Verstoß gegen Verfahrensregeln zB gegen § 139 gerügt, dann müssen die dafür maßgebenden Tatsachen genannt werden. Wird für eine zugelassene und eingelegte Revision irrtümlich die Begründung einer Nichtzulassungsbeschwerde eingereicht, dann ist sie als Revisionsbegründung zu werten, wenn sie den Anforderungen des § 551 III inhaltlich entspricht und den Umfang des Revisionsangriffs klar erkennen lässt.[1401]                                                                              **981**

---

[1396] BGH NJW-RR 2011, 1289 Rn. 11.
[1397] BGH MDR 2011, 1251.
[1398] BGH NJW 2002, 2720; 2006, 1142; *Gehrlein* MDR 2003, 547; Musielak/Voit/*Ball* § 544 Rn. 6; BLAH/*Hartmann* § 544 Rn. 4; HK-ZPO/*Saenger* GZPO § 26 E. Rn. 9; aA *Jauernig* NJW 2003, 465 f.; 2007, 3615; *v. Gierke/Seiler* JZ 2003, 403 (404) (Beschwer aus dem Berufungsurteil).
[1399] BGH NJW 2002, 2720 (2721). Das BVerfG NJW-RR 2007, 862 (863), erklärt zwar diese Forderung für verfassungsgemäß, weist aber darauf hin, dass insoweit keine überspannten, durch den Prüfungszweck nicht gerechtfertigten Anforderungen an die Darlegung der Partei gestellt werden dürften.
[1400] BGH NJW 2002, 2720 (2721); 2006, 1142; Musielak/Voit/*Ball* § 544 Rn. 6.
[1401] BGH NJW-RR 2005, 794.

982 Die Revision gegen ein „**technisch zweites Versäumnisurteil**" eines Berufungsgerichts (§ 514 II iVm § 565) bedarf nicht der Zulassung.[1402] Sie kann allerdings nur darauf gestützt werden, dass das Berufungsgericht bei Erlass des angefochtenen Versäumnisurteils fehlerhaft einen Fall schuldhafter Säumnis angenommen hat.[1403] Die Zulassungsfreiheit ergibt sich aus der in § 565 ausgesprochenen Verweisung auf § 514 II sowie in der Sache aus der Erwägung, dass der Anspruch auf rechtliches Gehör der betroffenen Partei verletzt wird, wenn das Gericht ein zweites Versäumnisurteil erlässt, obwohl ein Fall der Säumnis nicht gegeben war. Dies lässt eine Korrektur durch das Revisionsgericht zwingend geboten sein. Zum Fall der Anfechtung eines Berufungsurteils, das einen Einspruch gegen ein Versäumnisurteil als unzulässig verwirft → Rn. 978 aE.

983 Unter Umgehung der Berufungsinstanz kann eine Partei mit Einwilligung des Gegners unmittelbar Revision einlegen (§ 566). Die Sprungrevision gibt den Parteien die Möglichkeit, bei einem allein um Rechtsfragen geführten Streit schneller und kostengünstig eine endgültige Entscheidung durch den BGH herbeizuführen. Eine Sprungrevision ist von der Erfüllung folgender Voraussetzungen abhängig:

984 **Zulässigkeit der Sprungrevision**

(1) Statthaftigkeit der Sprungrevision
Die Sprungrevision findet gegen die im ersten Rechtszug erlassenen Endurteile statt, die ohne Zulassung der Berufung unterliegen (§ 566 I).
(2) Einwilligung des Gegners
Die Gegenpartei muss schriftlich einwilligen (§ 566 II 4).
(3) Zulassung der Sprungrevision durch BGH auf schriftlichen Antrag (§ 566 I 1 Nr. 2, II 1).
Für die Zulassung der Sprungrevision gelten die gleichen Gründe wie für andere Revisionen (§ 566 IV).
(4) Rüge der Verletzung materiellen Rechts
Die Sprungrevision kann nicht allein auf Mängel des Verfahrens gestützt werden (§ 566 IV 2).
(5) Beachtung der Vorschriften über Fristen und Form
Es gelten insoweit die allgemeinen Vorschriften über die Einlegung der Revision (§ 566 II 2; → Rn. 980 f.).

985 Für die Einlegung der Sprungrevision gelten die §§ 549, 551. Eine Besonderheit besteht darin, dass die Sprungrevision nicht auf einen Verfahrensmangel gestützt werden kann (§ 566 IV 2). Da die Sprungrevision nur gegen solche erstinstanzlichen Endurteile zulässig ist, die ohne Zulassung der Berufung unterliegen, muss der Wert des Beschwerdegegenstandes 600 EUR übersteigen (§ 511 II Nr. 1; → Rn. 922). Eine Zulassung ist wie bei anderen Revisionen erforderlich (§ 566 I 1 Nr. 2). Die Zulassungsschrift, in der die Voraussetzungen für die Zulassung,

---

[1402] HM, BGH NJW-RR 2008, 876 Rn. 3; *Rimmelspacher* FS Schumann, 2001, 327 (341 f.); Musielak/Voit/*Ball* § 565 Rn. 2; MüKoZPO/*Krüger* § 565 Rn. 3; BLAH/*Hartmann* § 565 Rn. 2; Thomas/Putzo/*Reichold* § 565 Rn. 2; aA Hannich/Meyer-Seitz/*Hannich*, ZPO Reform 2002 mit Zustellungsreformgesetz, 2002, § 543 Rn. 4.
[1403] Musielak/Voit/*Ball* § 565 Rn. 2.

## III. Rechtsmittel

dh die Zulassungsgründe (§ 566 IV 1) darzulegen sind, muss innerhalb der Einreichungsfrist von einem Monat ab Zustellung des vollständigen Urteils beim BGH eingereicht werden (§ 566 II iVm § 548). Die schriftliche Erklärung der Einwilligung des Antragsgegners ist der Zulassungsschrift beizufügen (§ 566 II 4 Hs. 1; vgl. auch Hs. 2). Durch diese enge Fristenregelung wird die praktische Brauchbarkeit der Sprungrevision stark gemindert.[1404]

Jede Revision ist beim Revisionsgericht (BGH) durch einen bei diesem Gericht zugelassenen Rechtsanwalt einzulegen. Das Revisionsgericht hat von Amts wegen zu prüfen, ob die Revision an sich statthaft ist und ob sie in der gesetzlichen Form und Frist eingelegt wurde und eine Begründung (vgl. § 551) enthält. Mangelt es an einem dieser Erfordernisse, so ist die Revision als unzulässig zu verwerfen (§ 552 I 2). Die Entscheidung kann durch Urteil oder ohne mündliche Verhandlung (§ 128 IV) durch Beschluss (§ 552 II) ergehen (zur gleichen Frage bei der Berufung → Rn. 933). In beiden Fällen ist die Entscheidung unanfechtbar.[1405]

**986**

Die Zulassung der Revision durch das Berufungsgericht bindet grundsätzlich das Revisionsgericht(→ Rn. 963). Deshalb müsste der BGH auch solche **Revisionen** mündlich verhandeln, **die völlig aussichtslos erscheinen.** Um eine solche sinnlose Verhandlung zu vermeiden, ist durch die Vorschrift des § 552a eine Rechtsgrundlage geschaffen worden, die es ermöglicht, derartige Revisionen **durch Beschluss und damit ohne obligatorische mündliche Verhandlung** (§ 128 IV) **zurückzuweisen.** Eine Parallele findet diese Regelung in § 522 II, nach der aussichtslose Berufungen in einem vereinfachten und raschen Verfahren erledigt werden können (→ Rn. 952). Ein solcher Zurückweisungsbeschluss ist an enge Voraussetzungen gebunden. Dafür ist erforderlich, dass nach Überzeugung aller Richter des mit der Revision befassten Senats die Voraussetzungen für die Zulassung der Revision nach § 543 II nicht erfüllt werden und dass die Revision zudem keine Aussicht auf Erfolg hat. Wird eine Revision unbeschränkt zugelassen und legen beide Parteien Revision ein, dann müssen nicht beide Revisionen mündlich verhandelt werden. Vielmehr kann der BGH die Revision einer Partei gem. § 552a ohne mündliche Verhandlung durch Beschluss zurückweisen.[1406]

**987**

Ausdrücklich wird in der amtlichen Begründung des 1. JuMoG, durch das § 552a in die ZPO eingefügt wurde, darauf hingewiesen, dass durch die **Voraussetzung der fehlenden Erfolgsaussicht** der **Einzelfallgerechtigkeit Rechnung getragen** werde und dass die Revision nicht im Beschlusswege zurückgewiesen werden dürfe, wenn nach der prognostischen Bewertung des Falles die Revision nicht von vornherein ohne Aussicht auf Erfolg ist, auch wenn die Zulassungsvoraussetzungen nach der Überzeugung des Revisionsgerichts nicht erfüllt werden.[1407] Diese Aussage ist bemerkenswert und stützt die hier vertretene Auffassung, dass bei Entscheidung über eine Revision und damit auch bei Entscheidung über ihre Zulassung aufgrund einer Nichtzulassungsbeschwerde Gesichtspunkte der Einzelfallgerechtigkeit durchaus zu beachten sind (→ Rn. 973).

**988**

Durch die Verweisung auf § 522 II 2 in § 552a S. 2 wird klargestellt, dass **vor Erlass des Zurückweisungsbeschlusses** der Vorsitzende die Parteien auf die beabsichtigte Zurückweisung der Revision und die Gründe hierfür hinzuweisen hat und dass dem **Revisionsführer**

**989**

---

[1404] *Büttner* MDR 2001, 1201 (1208).
[1405] Musielak/Voit/*Ball* § 552 Rn. 3.
[1406] BGH NJW-RR 2007, 1022 Rn. 2.
[1407] BT-Drs. 15/3482, 19.

**Gelegenheit zur Stellungnahme** gegeben werden muss. Der **Beschluss ist zu begründen,** soweit die Gründe für die Zurückweisung nicht bereits in dem vorherigen Hinweis enthalten sind (§ 522 II 3 iVm § 552a S. 2).

990 Auch bei der Revision gibt es die Möglichkeit der Anschließung. Die Vorschrift des § 554, in der die Anschließung an die Revision geregelt ist, entspricht weitgehend der für das Berufungsverfahren geltenden Bestimmung des § 524 (→ Rn. 934). Jedoch gelten für die **Anschlussrevision** einige Besonderheiten, die sie von der Anschlussberufung unterscheidet:

- Die Anschlussrevision setzt zwar im Gegensatz zur Anschlussberufung (→ Rn. 936) eine Beschwer voraus, ist aber unabhängig von einer Zulassung durch das Berufungsgericht zulässig (§ 554 II 1).[1408]
- Die Anschlussrevision kann nicht dazu benutzt werden, den Klageanspruch zu erweitern oder eine auf neue Tatsachen gestützte Widerklage zu erheben, denn in der Revisionsinstanz können keine neuen Ansprüche geltend gemacht werden, weil nur das bisherige Parteivorbringen die tatsächlichen Grundlagen für die Revisionsentscheidung bildet (vgl. § 559 I). Der BGH verlangt einen rechtlichen und wirtschaftlichen Zusammenhang zwischen dem Streitgegenstand der Haupt- und der Anschlussrevision.[1409]

991 **Für das Revisionsverfahren gelten die Vorschriften über das landgerichtliche Verfahren erster Instanz entsprechend, soweit sich nicht aus den §§ 545 ff. Abweichungen ergeben** (§ 555 I 1). Die wichtigste Abweichung besteht darin, dass grundsätzlich keine neuen Tatsachen von den Parteien vorgebracht werden dürfen, sondern die rechtliche Überprüfung des Berufungsurteils auf der Grundlage des bisherigen Parteivorbringens vorzunehmen ist, das sich aus dem Tatbestand des Berufungsurteils oder dem Sitzungsprotokoll ergibt (§ 559 I 1). **Neue Tatsachen können nur vorgetragen werden, soweit sie zur Begründung von Verfahrensmängeln dienen** (§ 559 I 2 iVm § 551 III Nr. 2b).

992 Folgende **Ausnahmen** werden jedoch zugelassen:[1410]

- Da das Revisionsgericht die Prozessvoraussetzungen in rechtlicher und tatsächlicher Hinsicht zu prüfen hat, ist es auch befugt, insoweit selbst Beweise zu erheben und zu würdigen und dabei neue (in der Berufungsinstanz nicht vorgebrachte) Tatsachen zu berücksichtigen.[1411] Der BGH begründet diese Ausnahme mit dem allgemeinen Interesse an einer Erfüllung der Prozessvoraussetzungen, die der Parteidisposition entzogen seien. Die Prüfung des Revisionsgerichts bezieht sich dabei nicht nur auf die Zulässigkeit des Revisionsverfahrens, sondern umschließt auch solche Tatsachen, die die Zulässigkeit des vorangegangenen Verfahrens betreffen, da davon auch die Zulässigkeit des Revisionsverfahrens abhängt.[1412]
- Im Interesse der Prozesswirtschaftlichkeit werden auch solche neuen Tatsachen vom Revisionsgericht beachtet, die nach der letzten mündlichen Verhandlung vor dem Berufungsgericht entstanden sind, wenn sie ohne eine Beweisaufnahme festgestellt werden können (zB weil sie vom Gegner zugestanden werden oder es sich um offenkundige Tat-

---

[1408] BGH NJW 2003, 2525; NJW-RR 2005, 651.
[1409] BGH NJW 2008, 920 Rn. 38 ff.; zust. *Gehrlein* NJW 2008, 896; vgl. auch BGH NJW 2003, 2525; NJW-RR 2005, 651, in diesen Entscheidungen ist die Frage nach dem Zusammenhang allerdings noch offen gelassen worden.
[1410] Zu Einzelheiten vgl. *Gottwald,* Die Revisionsinstanz als Tatsacheninstanz, 1975.
[1411] BGH NJW 1976, 1940 mwN.
[1412] Vgl. BGH NJW 1982, 1873.

## III. Rechtsmittel

sachen handelt), sofern schutzwürdige Interessen der Gegenpartei einer solchen Berücksichtigung nicht entgegenstehen.[1413] Als Beispiele seien während der Revisionsinstanz vollzogene Behördenakte wie eine Patenterteilung oder eine Devisengenehmigung, die Einstellung oder die Eröffnung des Insolvenzverfahrens oder der Erwerb einer Staatsangehörigkeit genannt, die sich auf die Entscheidung des Revisionsgerichts auswirken.[1414]

- Würde die Nichtbeachtung neuer Tatsachen zu einem unrichtigen Urteil führen, das mit der **Restitutionsklage** aufzuheben wäre (vgl. § 580 und → Rn. 1069), dann ist es gerechtfertigt, diese Tatsachen bereits dem Urteil des Revisionsgerichtes zugrunde zu legen, um eine sonst notwendige Wiederaufnahme des Verfahrens zu vermeiden.[1415] Soweit jedoch eine Beweisaufnahme erforderlich wird, ist die Sache regelmäßig zur Tatsachenklärung an das Berufungsgericht zurückzuverweisen (→ Rn. 996).
- Schließlich sind **Gesetzesänderungen** nach Abschluss der Berufungsinstanz für das Revisionsgericht beachtlich.[1416]

Auf der Grundlage des vom Revisionsgericht zu berücksichtigenden Tatsachenstoffs ist die **Richtigkeit des angefochtenen Berufungsurteils** zu **prüfen**. Für diese Prüfung gelten jedoch bestimmte Einschränkungen: **993**

- Die Grenzen der Nachprüfung ergeben sich zunächst einmal durch das Berufungsurteil. Nur soweit das Berufungsgericht über den Streitgegenstand entschieden hat, fällt der Prozessstoff beim Revisionsgericht an und darf von ihm bewertet werden.[1417]

Wurde vom Berufungsgericht ein Teilurteil erlassen (→ Rn. 877), dann hat sich das Revisionsgericht auch nur mit dem Teil des Streitgegenstands zu befassen, der den Gegenstand des Teilurteils bildet.[1418]

- Der Prüfung des Revisionsgerichts unterliegen nur die von den Parteien gestellten Anträge (§ 557 I). Diese Anträge begrenzen also die Prüfung, und dem Revisionskläger darf nichts zugesprochen werden, was er nicht beantragt hat (§ 308 iVm § 555 I 1). Insbesondere gilt das Verbot der reformatio in peius (→ Rn. 906).

Innerhalb dieser durch die Revisionsanträge gezogenen Grenzen prüft das Revisionsgericht zunächst, ob das angefochtene Urteil auf Verfahrensmängeln beruht, die **von Amts wegen** zu berücksichtigen sind. Hinsichtlich solcher sog. absoluter **Verfahrensmängel,** die sich auf die Zulässigkeit des Verfahrens (Erfüllung aller Prozessvoraussetzungen, Zulässigkeit der Berufung und des Berufungsurteils) beziehen, bedarf es keiner entsprechenden Rüge durch den Revisionskläger.[1419] In diesem Zusammenhang ist jedoch zu berücksichtigen, dass § 557 III Einschränkungen für Verfahrensmängel macht, die nicht von Amts wegen zu berücksichtigen sind. Nach § 17a V GVG prüft das Gericht, das über ein Rechtsmittel gegen eine Entscheidung in der Hauptsache befindet, nicht, ob der beschrittene Rechtsweg zulässig ist. Dies gilt jedoch nur dann, wenn das erstinstanzliche Gericht das in § 17a II–IV GVG vorgeschriebene Verfahren eingehalten hat. Ist entgegen § 17a

---

[1413] BGHZ 104, 215 (221) = NJW 1988, 3092; BGH NJW 1998, 2972 (2974); 2002, 1131; 2003, 1609, jew. mwN.
[1414] Vgl. BGHZ 53, 128, 103 f. = NJW 1970, 1007.
[1415] BGHZ 18, 59 f. = NJW 1955, 1359; BGHZ 104, 221 = NJW 1988, 3092; aA MüKoZPO/ *Krüger* § 559 Rn. 32 (nur in besonders gelagerten Ausnahmefällen), jew. mwN.
[1416] BGHZ 104, 215 (221) = NJW 1988, 3092.
[1417] BGH MDR 1986, 130.
[1418] Vgl. BGHZ 30, 213 = NJW 1959, 1824.
[1419] Vgl. *Rosenberg/Schwab/Gottwald* ZivilProzR § 144 Rn. 19 ff.

III 2 GVG über die Zulässigkeit des Rechtswegs nicht vorab durch Beschluss, sondern erst in den Gründen des Urteils entschieden worden, ist § 17a V GVG nicht anwendbar.[1420]

Bei der Prüfung der sachlichen Richtigkeit des angefochtenen Berufungsurteils ist das Revisionsgericht (in den Grenzen der Revisionsanträge) nicht von dem Vorbringen des Revisionsklägers abhängig (§ 557 III 1). Soweit der Revisionskläger die Verletzung des materiellen Rechts rügt, stellt dies nur eine Anregung für das Revisionsgericht dar, weil das Gericht von Amts wegen die richtige **Anwendung des materiellen Rechts** festzustellen hat.

- Die Prüfung des Revisionsgerichts ist auf die Verletzung **revisiblen Rechts** beschränkt. Revisibel ist jede Rechtsnorm. Nach der mit Wirkung v. 1.9.2009 geltenden Fassung des § 545 I ist die zuvor bestehende Beschränkung auf Bundesrecht und auf Vorschriften weggefallen, deren Geltungsbereich sich über den Bezirk eines Oberlandesgerichts hinaus erstreckt (→ Rn. 968).

**994** Wird vom Revisionsgericht ein Verstoß gegen revisibles Recht festgestellt, dann kommt es darauf an, ob dieser **Verstoß ursächlich** für die angefochtene Entscheidung war; ist dies der Fall, dann ist die Revision begründet. Ob die mit der Revision angegriffene Entscheidung auf einer Verletzung materiellen Rechts „beruht", lässt sich regelmäßig einfach feststellen. Eine Rechtsverletzung, die das Ergebnis des angefochtenen Urteils nicht beeinflusste, führt zur Zurückweisung der Revision (§ 561). Dagegen ist es kaum möglich, die Ursächlichkeit eines Verfahrensmangels für die Entscheidung zu ermitteln. Deshalb hat der Gesetzgeber in § 547 bestimmt, dass diese Ursächlichkeit bei bestimmten schweren Verfahrensfehlern unwiderlegbar vermutet wird (sog. **absolute Revisionsgründe**). Bei anderen Verfahrensmängeln lässt es die hM zugunsten des Revisionsklägers genügen, dass die Möglichkeit einer anderen Entscheidung bei richtiger Rechtsanwendung besteht.[1421] Dies ist beispielsweise anzunehmen, wenn der Anspruch auf rechtliches Gehör verletzt worden ist.[1422]

**995** Da der Erfolg der Revision stets von einer (ursächlichen) Verletzung einer (revisiblen) Rechtsnorm abhängt, die also nicht oder nicht richtig angewendet worden sein muss (§ 546), kommt es auf eine Unterscheidung zwischen den vom Revisionsgericht zu klärenden Rechtsfragen und den seiner Prüfung entzogenen Tatfragen an. Die insoweit vorzunehmende Abgrenzung bereitet erhebliche Schwierigkeiten, weil sich Tat- und Rechtsfragen wechselseitig beeinflussen und auch rechtliche Erwägungen bei Feststellung des (entscheidungserheblichen) Sachverhalts bedeutsam sind. So handelt es sich um einen Rechtsverstoß, wenn der Richter bei der Beweiswürdigung Erfahrungssätze nicht oder nicht richtig anwendet oder gegen Denkgesetze verstößt (Verletzung von § 286 I).[1423] Eine Rechtsfrage stellt es dar, ob bei der Auslegung von Willenserklärungen Auslegungsregeln oder Denkgesetze verletzt werden,[1424] während es sich um eine Tatfrage handelt, ob und welche Erklärungen abgegeben werden.[1425]

---

[1420] BGHZ 114, 1 (3) = NJW 1991, 1686; BGH NJW 1993, 470 (471); 1993, 1799 (1800); Musielak/Voit/*Wittschier* GVG § 17a Rn. 21 mwN.
[1421] *Rosenberg/Schwab/Gottwald* ZivilProzR § 142 Rn. 35; *Jauernig/Hess* ZivilProzR § 74 Rn. 43.
[1422] BGH NJW 2003, 3205; AK-ZPO/*Ankermann* § 551 Rn. 13.
[1423] BGH NJW 1987, 1557 (1558); 1991, 1894 (1895); 2014, 2100 Rn. 16.
[1424] BGH NJW-RR 1990, 455; NJW 1993, 1385; 1998, 1219.
[1425] Thomas/Putzo/*Reichold* § 546 Rn. 6.

III. Rechtsmittel

Ist die Revision begründet, dann ist das angefochtene Urteil aufzuheben (§ 562 I). **996**
Das Revisionsgericht hat dann entweder die Sache zur anderweitigen Verhandlung und Entscheidung an das Berufungsgericht zurückzuverweisen (§ 563 I) oder in der Sache selbst zu entscheiden (§ 563 III). Eine eigene Entscheidung des Revisionsgerichts in der Sache setzt stets voraus, dass alle entscheidungserheblichen Tatsachen geklärt sind, also keine neuen Tatsachen festgestellt werden müssen. Wird dies notwendig, dann muss die Sache an das Berufungsgericht zurückverwiesen werden. Das Revisionsgericht kann entweder an das Berufungsgericht schlechthin zurückverweisen oder an einen bestimmten Spruchkörper des Berufungsgerichts (vgl. § 563 I 2).

Im Falle der Zurückverweisung ist das Berufungsgericht an die rechtliche Beurteilung gebunden, die der Aufhebung zugrunde liegt (§ 563 II).[1426] Dies gilt allerdings **997**
dann nicht, wenn das Revisionsgericht inzwischen selbst seine Rechtsauffassung geändert hat und dies in einer anderen Entscheidung zum Ausdruck brachte,[1427] ebenso bei einer inzwischen veröffentlichten abweichenden Entscheidung des BVerfG oder EuGH.[1428] Wird das Revisionsgericht mit derselben Sache nach einer erneut eingelegten Revision wiederum befasst, dann ist es im gleichen Umfang wie das Berufungsgericht an seine eigene Rechtsauffassung gebunden, die es im ersten Revisionsurteil äußerte; allerdings entfällt auch in diesem Fall die Bindung bei einer zwischenzeitlich eingetretenen Änderung der Rechtsauffassung.

---

Bei Bearbeitung einer **Klausur**, in der über eine Revision entschieden werden **998**
muss, ist folgende Reihenfolge einzuhalten:

A. Zulässigkeit der Revision

(1) Statthaftigkeit: Revision statthaft gegen
- zweitinstanzliche Urteile, und zwar
  - Endurteile, soweit es sich nicht um Arresturteile und Urteile über einstweilige Verfügungen oder Urteile über eine vorzeitige Besitzeinweisung im Enteignungs- und Umlegungsverfahren handelt (§ 542 II)
  - Zwischenurteile nach § 280 II und § 304 II iVm § 555 I
  - Versäumnisurteile in den Fällen des § 514 II iVm § 565,
- sofern Revision vom Berufungsgericht oder vom Revisionsgericht auf Beschwerde gegen die Nichtzulassung (§ 543 I) zugelassen worden ist (Ausnahme: „technisch zweites Versäumnisurteil"; → Rn. 982)
(2) Einhaltung der Fristen (§§ 548, 551 II)
(3) Beachtung der Form (§ 549) und des vorgeschriebenen Inhalts (§ 551)
(4) Beschwer

---

[1426] BGH NJW 2007, 1127 (1129), mit dem Hinweis, dass diese Bindung selbst dann vom Berufungsgericht zu beachten sei, wenn es die Ansicht des Revisionsgerichts für verfassungswidrig oder greifbar gesetzwidrig hält.
[1427] GemS-OGB BGHZ 60, 392 (397) = NJW 1973, 1273; BGH NJW 2013, 1310 Rn. 19; OLG Bremen NJW-RR 2009, 1510.
[1428] BGH NJW 2013, 1310 Rn. 20.

> B. Begründetheit der Revision
> (1) Von Amts wegen zu berücksichtigende oder gerügte Verfahrensmängel der 2. Instanz (§ 557 III 2)
> Von Amts wegen sind die Prozessvoraussetzungen, die Zulässigkeit der Berufung und des Berufungsurteils zu prüfen.
> (2) Sachliche Unrichtigkeit des angefochtenen Urteils
> - Verletzung revisiblen Rechts durch das Berufungsgericht (§ 545 I)
> - Ursächlichkeit der Rechtsverletzung (§ 546) für die angefochtene Entscheidung (§§ 547, 561)
> - im Rahmen der Parteianträge (§ 557 I)

**999** Ist im Revisionsverfahren eine Partei säumig, dann gilt im Wesentlichen das Gleiche wie bei einer Säumnis im Berufungsverfahren (→ Rn. 961). Dementsprechend ist zunächst zu prüfen, ob die Revision zulässig ist. Ist dies nicht der Fall, dann wird sie nach § 552 als unzulässig verworfen (→ Rn. 986); bei dieser Entscheidung handelt es sich nicht um ein Versäumnisurteil. Ist die Revision zulässig, dann muss als nächstes festgestellt werden, ob die Klage zulässig ist und ob die Berufung gegen das erstinstanzliche Urteil wirksam eingelegt wurde. Ist dies zu verneinen, dann muss dieser Umstand ohne Rücksicht auf die Säumnis von Amts wegen berücksichtigt und darüber durch kontradiktorisches Urteil entschieden werden. Gelangt dagegen das Gericht bei dieser Prüfung zu einem positiven Ergebnis, dann gilt Folgendes:

- Bei Säumnis des Revisionsklägers ist auf Antrag des Revisionsbeklagten die Revision durch Versäumnisurteil zurückzuweisen (§ 539 I iVm § 565).
- Bei Säumnis des Revisionsbeklagten prüft das Revisionsgericht, ob die Revision begründet ist; ist dies der Fall, dann wird ihr durch Versäumnisurteil stattgegeben, andernfalls wird die Revision durch ein (gewöhnliches) Urteil zurückgewiesen.

## Einschub: Regelungen zur Sicherung einer einheitlichen Rechtsprechung

**1000** Zur Erfüllung der dem Revisionsgericht übertragenen Aufgabe, die Rechtseinheit zu erhalten (→ Rn. 900, 967 f.), ist es erforderlich zu verhindern, dass unterschiedliche Auffassungen zur Anwendung und Auslegung einzelner Rechtsvorschriften von den verschiedenen Senaten des BGH vertreten werden. Deshalb ist bei diesem Gericht ein sog. **Großer Senat für Zivilsachen** eingerichtet (vgl. § 132 I GVG), dessen Entscheidung nachzusuchen ist, wenn in einer Rechtsfrage ein Zivilsenat von der Entscheidung eines anderen Zivilsenats oder des Großen Senats für Zivilsachen abweichen will und der Senat, von dessen Entscheidung abgewichen werden soll, auf Anfrage erklärt, dass er an seiner Rechtsauffassung festhält (§ 132 II, III GVG). Ergeben sich Meinungsverschiedenheiten in der Rechtsprechung von Zivilsenaten und Strafsenaten, dann entscheiden die **Vereinigten Großen Senate** (§ 132 II GVG). Auch zur Fortbildung des Rechts und zur Sicherung einer einheitlichen Rechtsprechung kann die Entscheidung des Großen Zivilsenats herbeigeführt werden (vgl. § 132 IV GVG). Zur Wahrung der Einheitlichkeit der Rechtsprechung der obersten

III. Rechtsmittel 363

Gerichtshöfe des Bundes besteht ein **Gemeinsamer Senat** dieser obersten Gerichtshöfe, der zu entscheiden hat, wenn ein oberster Gerichtshof in einer Rechtsfrage von der Entscheidung eines anderen obersten Gerichtshofs oder von der des Gemeinsamen Senats abweichen will. Die dafür maßgeblichen Regelungen finden sich im Gesetz zur Wahrung der Einheitlichkeit der Rechtsprechung **der obersten Gerichtshöfe des Bundes** (Schönfelder Nr. 95b).

## 4. Beschwerde

### a) Allgemeines

Die Beschwerde ist ein selbstständiges Rechtsmittel, das der Anfechtung prozessual weniger wichtiger Entscheidungen dient; sie ist geregelt in den §§ 567–577. Die Partei, die eine Beschwerde einlegt, wird Beschwerdeführer genannt, die andere Beschwerdegegner. Bei der Beschwerde ist zwischen der **sofortigen Beschwerde** (§§ 567–572) und der **Rechtsbeschwerde** (§§ 574–577) zu unterscheiden. 1001

Die sofortige Beschwerde ist statthaft gegen die im ersten Rechtszug der Amts- und Landgerichte ergangenen Entscheidungen, wenn dies im Gesetz ausdrücklich bestimmt wird oder wenn sie sich gegen eine Entscheidung richtet, die eine mündliche Verhandlung nicht erfordert und durch die ein das Verfahren betreffendes Gesuch zurückgewiesen wird (§ 567 I; vgl. jedoch auch die Einschränkungen die sich aus § 567 II ergeben). Die Rechtsbeschwerde ist statthaft, wenn dies im Gesetz ausdrücklich bestimmt ist oder wenn sie vom Beschwerdegericht, Berufungsgericht oder OLG zugelassen wird (§ 574 I). Die Rechtsbeschwerde ist revisionsähnlich ausgestaltet. Die Zulassungsgründe sind gem. § 574 II die gleichen, wie sie für die Revision in § 543 II aufgeführt sind (→ Rn. 968). 1002

Nach früherem Recht wurde von der hM eine sog. **außerordentliche Beschwerde**, für statthaft gehalten, um eine (an sich unanfechtbare) Entscheidung zu korrigieren, die sich als greifbar gesetzwidrig erwies. Nach Neuordnung des Beschwerderechts durch das ZPO-RG ist die außerordentliche Beschwerde zum BGH nicht mehr statthaft.[1429] Vielmehr kommt neben der Rechtsbeschwerde nach § 574 (→ Rn. 1019 ff.) nur eine Korrektur durch das erlassende Gericht aufgrund einer Gehörsrüge gem. § 321a (→ Rn. 1029 ff.) oder aufgrund einer Gegenvorstellung (→ Rn. 1005) in Betracht.[1430] Ob gegen unanfechtbare Beschlüsse der Amts- und Landgerichte eine außerordentliche Beschwerde zulässig ist, um greifbare Gesetzwidrigkeiten zu beseitigen, wird unterschiedlich beurteilt. Überwiegend wird dies verneint.[1431] Das 1003

---

[1429] BGH NJW 2002, 1577; 2003, 3137 (3138); NJW-RR 2004, 1654.
[1430] Musielak/Voit/*Ball* § 567 Rn. 15.
[1431] BFH NJW 2004, 2853 (2854); BayObLG MDR 2003, 410 (für das FGG-Verfahren); OLG Celle NJW 2002, 3715; OLG Frankfurt a. M. NJW-RR 2003, 140 (141); *Lipp* NJW 2002, 1700 (1702); *Jauernig/Hess* ZivilProzR § 75 Rn. 21; *Schilken* ZivilProzR Rn. 991; *Lüke* ZivilProzR Rn. 35; MüKoZPO/*Lipp* § 567 Rn. 16; Prütting/Gehrlein/*Lohmann* § 567 Rn. 5; Zöller/*Heßler* Vor § 567 Rn. 7 f.; Stein/Jonas/*Althammer* § 321a Rn. 78; BLAH/*Hartmann* § 567 Rn. 10; aA OLG Naumburg BeckRS 2003, 30321211 = FamRZ 2004, 1045; OLG Hamburg NJW-RR 2012, 634 (635); *Bloching/Kettinger* NJW 2005, 860 (863); Musielak/Voit/*Wittschier* § 348a

BVerfG hat die fehlende Rechtsmittelklarheit außerordentlicher Rechtsbehelfe gerügt.[1432]

**1004** Die Frage, ob eine Untätigkeitsbeschwerde als außerordentlicher Rechtsbehelf statthaft ist, wenn ein sachlich nicht zu rechtfertigender Verfahrensstillstand einer Rechtsverweigerung gleichkommt ist nunmehr gesetzlich beantwortet.[1433] Durch das Gesetz über den Rechtsschutz bei überlangen Gerichtsverfahren und strafrechtlichen Ermittlungsverfahren v. 24.11.2011[1434] ist als neuer § 198 eine Regelung in das GVG eingefügt worden, nach der ein Verfahrensbeteiligter zu entschädigen ist, wenn er infolge einer unangemessenen Dauer eines Gerichtsverfahrens einen Nachteil erleidet. Eine solche Entschädigung ist davon abhängig, dass der Verfahrensbeteiligte bei dem mit der Sache befassten Gericht die Dauer des Verfahrens mit einer **Verzögerungsrüge** gerügt hat. Eine solche Rüge kann erst erhoben werden, wenn Anlass zur Besorgnis besteht, dass das Verfahren nicht in einer angemessenen Zeit abgeschlossen wird.

**1005** Wenn es abgelehnt wird, eine außerordentliche Beschwerde zuzulassen, um nach allgemeinen Regeln unanfechtbare „Willkürentscheidungen" zu korrigieren, dann muss ein anderer Weg aufgezeigt werden, um in der Lage zu sein vor allem Grundrechtsverstöße zu beseitigen, die bei zivilgerichtlichen Entscheidungen begangen worden sind, ohne dass der Betroffene gezwungen wird, eine Verfassungsbeschwerde einzulegen. Bei Verletzung des Anspruchs auf rechtliches Gehör hat der Gesetzgeber mit der Anhörungsrüge nach § 321a eine entsprechende Regelung geschaffen (→ Rn. 1029). Da die Beschränkung des § 321a auf Gehörsverletzungen eine bewusste und ausdrücklich begründete Entscheidung des Gesetzgebers darstellt,[1435] muss dies bei der Rechtsanwendung beachtet werden. Eine analoge Anwendung dieser Vorschrift auf Fälle anderer Grundrechtsverletzungen ist deshalb ausgeschlossen.[1436] Soweit nicht innerhalb der ZPO rechtliche Möglichkeiten bestehen, um Grundrechtsverletzungen in unanfechtbaren Entscheidungen korrigieren zu können, wie dies zB durch die Nichtigkeitsklage des § 579 Nr. 1 bei einer Verletzung des Anspruchs auf den gesetzlichen Richter (Art. 101 I 2 GG) der Fall ist, ist die Rechtslage ungeklärt. Deshalb wird auch die Frage nicht einheitlich beantwortet, ob Grundrechtsverletzungen durch unanfechtbare Entscheidungen außerhalb des Anwendungsbereichs des § 321a mit einer **Gegenvorstellung** geltend gemacht werden können. Dies wird

---

Rn. 22; In der amtl. Begr. des ZPO-RG (BT-Drs. 14/4722, 69, 4d) wird die außerordentliche Beschwerde im Grundsatz für statthaft gehalten und nur erwartet, dass ihre praktische Bedeutung aufgrund des neuen Beschwerderechts zurückgehen werde.

[1432] BVerfG NJW 2003, 1924 (1928); im gleichen Sinn auch BVerfG NJW 2008, 503.

[1433] Deshalb ist die vorher für statthaft gehaltene richterrechtlich entwickelte Untätigkeitsbeschwerde unzulässig; OLG Brandenburg MDR 2012, 305; OLG Düsseldorf NJW 2012, 1455.

[1434] BGBl. 2011 I 2302; vgl. dazu *Zimmermann* FamRZ 2011, 1905; *Heine* MDR 2012, 327; *Heine* MDR 2013, 1081; *Remus* NJW 2012, 1403 (1408f.). Der EGMR hatte zuvor mehrfach die Verletzung des Art. 13 EMRK festgestellt, weil das deutsche Recht keinen Rechtsbehelf gegen die überlange Dauer zivilrechtlicher Verfahren enthalten hat; vgl. EGMR NJW 2010, 3355; BeckRS 2011, 81470 = FamRZ 2011, 1557.

[1435] Amtl. Begr. des Anhörungsrügengesetzes, BT-Drs. 15/3706, 14 (A II 4).

[1436] BGH NJW 2008, 2126 Rn. 4f.; NJW-RR 2009, 144; BFH NJW 2006, 861; Stein/Jonas/ *Althammer* vor § 128 Rn. 93; § 321a Rn. 72ff., mWN auch zur Gegenauffassung.

## III. Rechtsmittel

von einigen oberen Bundesgerichten ausdrücklich bejaht.[1437] Das BVerfG vertritt zwar im Grundsatz wegen der fehlenden Rechtsmittelklarheit der Gegenvorstellung einen ablehnenden Standpunkt, erkennt jedoch an, dass die rechtsstaatlichen Defizite der Gegenvorstellung, die nach dem Wortlaut des Gesetzes weder als Rechtsmittel noch als Anhörungsrüge zulässig sei, nicht dazu führen, von Verfassungs wegen ihre Zulässigkeit als eine Abhilfemöglichkeit zu verneinen.[1438] Solange der Gesetzgeber keine § 321a entsprechende Regelung für andere Grundrechtsverletzungen in unanfechtbaren Entscheidungen getroffen hat, ist eine in ihren formalen Anforderungen an § 321a orientierte Gegenvorstellung in Betracht zu ziehen.[1439] Allerdings wird die Zweckmäßigkeit eines solchen Rechtsbehelfs durch die Rechtsprechung des BVerfG erheblich eingeschränkt. Nach Auffassung des Gerichts[1440] kann eine Gegenvorstellung nur Erfolg haben, soweit nicht das angerufene Gericht gesetzlich geregelten Bindungen an seine Entscheidung unterworfen ist. Dies bedeutet, dass die Abänderung einer Entscheidung mit dem Ziel, einen Grundrechtsverstoß zu korrigieren, nicht nur nach Eintritt der Rechtskraft, sondern bereits mit dem Existentwerden der Entscheidung nach § 318 (→ Rn. 893 f.) ausgeschlossen ist, es sei denn man schließt sich der Auffassung des BGH[1441] an, nach der unter Verletzung eines Verfahrensgrundrechts erlassene Entscheidungen keine Bindungswirkung entfalten könnten, weil sie auf eine Verfassungsbeschwerde hin aufzuheben wären. Hinzu kommt, dass das BVerfG der Gegenvorstellung keine fristwahrende Wirkung für eine Verfassungsbeschwerde zuerkennt,[1442] sodass die betroffene Partei erhebliche Risiken eingeht, wenn sie sich gegen die Verletzung eines Verfahrensgrundrechts mit einer Gegenvorstellung wehren will.

Der Zweck einer Gegenvorstellung besteht darin, der betroffenen Partei in Fällen, in denen ihr kein anderer Rechtsbehelf zur Verfügung steht, die rechtliche Möglichkeit einzuräumen, schwerwiegende Rechtsverletzungen, geltend zu machen, um auf diese Weise Abhilfe zu erreichen. Deshalb müssen von vornherein alle Sachverhalte von ihrer Anwendung ausgenommen werden, in denen das Gesetz die Überprüfung der Entscheidung vorsieht. Ist also ein Rechtsmittel oder eine Rüge nach § 321a (→ Rn. 1029 ff.) statthaft, kommt eine Gegenvorstellung nicht in Betracht.[1443] Dies gilt auch, wenn ein Grundrechtsverstoß in einem Berufungsurteil begangen worden ist, weil dann der Betroffene mit der Nichtzulassungsbeschwerde die Rechtsverletzung geltend machen kann (→ Rn. 969, 974). Dabei sollten zumindest bei Grundrechtsverletzungen die Einschränkungen des § 26 Nr. 8 EGZPO (→ Rn. 978) nicht angewendet werden, weil sonst der Betroffene den Weg einer Verfassungsbeschwerde beschreiten müsste und sich dann die durch diese Vorschrift beabsichtigte Entlastung des

**1006**

---

[1437] BVerwG NJW 2002, 2657; BSG NJW 2006, 860; BFH NJW 2006, 861; BGH NJW-RR 2007, 1654 Rn. 6.
[1438] BVerfG NJW 2009, 829 Rn. 36 f.
[1439] BGH NJW-RR 2007, 1664 Rn. 6; Stein/Jonas/*Althammer* § 321a Rn. 77; Musielak/Voit/*Ball* § 567 Rn. 26 f.; HK-ZPO/*Koch* § 567 Rn. 6; Zöller/*Heßler* § 567 Rn. 22 f.: BLAH/*Hartmann* vor § 567 Rn. 6 ff.; Thomas/Putzo/*Reichold* vor § 567 Rn. 13; Prütting/Gehrlein/*Lohmann* § 567 Rn. 6.
[1440] NJW 2009, 829 Rn. 39.
[1441] BGH NJW 2002, 1577 mwN.
[1442] BVerfG NJW 2006, 2907; 2009, 829 Rn. 31; 2009, 3710 Rn. 19.
[1443] Musielak/Voit/*Ball* § 567 Rn. 27; *Zuck* NJW 2005, 1226 (1227).

BGH zum Nachteil des BVerfG auswirken würde.[1444] Nach § 544 VII kann der BGH in Fällen einer Gehörsverletzung in dem die Nichtzulassungsbeschwerde stattgebenden Beschluss das angefochtene Urteil aufheben und den Rechtsstreit zur neuen Verhandlung und Entscheidung an das Berufungsgericht zurückweisen (§ 544 VII), muss also nicht wie sonst das Beschwerdeverfahren als Revisionsverfahren fortsetzen, wie dies für den Regelfall in § 544 VI vorgeschrieben ist.[1445] Es entspricht dem Sinn der Vorschrift, sie ausdehnend auf andere Grundrechtsverletzungen anzuwenden, um auch bei ihnen entsprechende Fehler des Berufungsgerichts „auf kurzem Wege" korrigieren zu können.

1007 Das bei einer Gegenvorstellung einzuhaltende Verfahren hat sich an den Regelungen des § 321a zu orientieren.[1446] Dies bedeutet insbesondere, dass für die Korrektur bindender Beschlüsse die zeitliche Grenze des § 321a II 1 gilt und folglich eine Notfrist von zwei Wochen zu beachten ist.[1447] Ist die Gegenvorstellung erfolgreich, wird das Verfahren fortgesetzt (§ 321a V analog). Nach Auffassung des BGH ist bei einem Verstoß gegen das Verfassungsgebot des gesetzlichen Richters (Art. 101 I 2 GG) aufgrund der Gegenvorstellung in einem ergänzenden Beschluss die Rechtsbeschwerde zuzulassen.[1448] Da es keinen neuen Grund für eine unterschiedliche Behandlung gibt, muss die Rechtsbeschwerde auch bei Verletzungen anderer Verfahrensgrundrechte zugelassen werden. Diese Verfahrensweise lässt eine außerordentliche Beschwerde gegen Willkürentscheidungen (→ Rn. 1003) überflüssig werden.

**b) Sofortige Beschwerde**

1008 Die sofortige Beschwerde (zur Statthaftigkeit → Rn. 1002) muss innerhalb einer Notfrist von zwei Wochen eingelegt werden, soweit keine andere Frist bestimmt ist (§ 569 I 1); eine Frist von einem Monat gilt zB im Prozesskostenhilfeverfahren (§ 127 II 3, III 3) und für die Nichtigkeitsbeschwerde (§ 569 I 3 iVm § 586). Wie bei der Berufung und der Revision (→ Rn. 934, 990), kann sich auch die Gegenpartei der sofortigen Beschwerde anschließen (§ 567 III); in diesem Fall gelten weder die Einschränkungen des § 567 II noch die Notfrist des § 569 I. Im Regelfall wird die Beschwerde durch Einreichung einer Beschwerdeschrift erhoben (§ 569 II), ausnahmsweise kann dies auch durch Erklärung zu Protokoll der Geschäftsstelle geschehen (vgl. § 569 III).

1009 Die Beschwerde soll begründet werden (§ 571 I). Die Beschwerde kann auf neue Angriffs- und Verteidigungsmittel gestützt werden (§ 571 II 1); folglich kommt es nicht darauf an, ob die neuen Tatsachen schon hätten früher vorgetragen werden können. Einschränkungen ergeben sich nur, wenn das Gericht für das Vorbringen eine Frist setzt (vgl. § 571 III).

---

[1444] Vgl. dazu *Musielak* JuS 2002, 1203 (1204).
[1445] Vgl. BGH NJW 2005, 1950 (1951); 2005, 2710 (2711).
[1446] BGH NJW-RR 2007, 1864 Rn. 6. Entsprechend anzuwenden ist auch § 321a IV 4, wonach durch unanfechtbaren Beschluss zu entscheiden ist; vgl. OLG Rostock NJW-RR 2010, 215.
[1447] BGH NJW 2002, 1577; MDR 2004, 768; OLG Dresden NJW 2006, 851; OLG Koblenz BeckRS 2008, 06892 = FamRZ 2008, 1359; OLG Rostock MDR 2009, 49; vgl. auch BVerfG NJW 2003, 1924 (1929) (für Frist von 14 Tagen seit Zustellung der Entscheidung).
[1448] BGH NJW 2004, 2529; NJW-RR 2007, 1864 Rn. 3; zust. Stein/Jonas/*Althammer* § 321a Rn. 77 f.

## III. Rechtsmittel

Die Beschwerde ist nach Wahl des Beschwerdeführers bei dem Gericht einzureichen, das die angefochtene Entscheidung erlassen hat (iudex a quo), oder beim **Beschwerdegericht** (iudex ad quem) – dh bei dem im Rechtszug nächsthöheren Gericht (§ 569 I 1). **1010**

Die Beschwerde hat nur ausnahmsweise aufschiebende Wirkung (vgl. § 570 I). Es kann jedoch angeordnet werden, dass die Vollziehung der angefochtenen Entscheidung auszusetzen sei (§ 570 II, III). **1011**

Das Gericht, das die angefochtene Entscheidung erlassen hat (oder der Vorsitzende, wenn sich die Beschwerde gegen seine Entscheidung richtet, oder der Einzelrichter, wenn er für die Entscheidung zuständig ist[1449]), hat zu prüfen, ob die **sofortige Beschwerde** für begründet gehalten wird; ist dies der Fall, dann hat es ihr **abzuhelfen** (§ 572 I 1), dh ihr zu entsprechen. Dies geschieht durch einen Beschluss, der zu begründen ist, wenn der Beschwerdegegner durch die Abhilfe beschwert wird, weil dann ihm die Prüfung ermöglicht werden muss, ob er seinerseits gegen den Beschluss Beschwerde einlegt. Nach hM ist das Gericht zur Abhilfe auch dann befugt, wenn die Beschwerde unzulässig ist; sie muss nur statthaft sein.[1450] **1012**

Die durch das Abhilfeverfahren geschaffene Möglichkeit zur Korrektur der eigenen Entscheidung ist eine Besonderheit, die die Beschwerde von den anderen Rechtsmitteln unterscheidet. Der Zweck dieser Regelung besteht darin, dem Gericht noch einmal Gelegenheit zur Überprüfung der eigenen Entscheidung zu geben und das Beschwerdegericht nur dann mit der Beschwerde zu befassen, wenn das Untergericht an ihr festhalten will. Hat der Beschwerdeführer die Beschwerde beim Beschwerdegericht eingelegt (→ Rn. 1010), dann hat dieses Gericht die Beschwerde zur Durchführung des Abhilfeverfahrens an das Untergericht abzugeben.[1451] Ob das Abhilfeverfahren zwingend vorgeschrieben ist oder ob das Beschwerdegericht bei Eilbedürftigkeit der Sache selbst entscheiden darf, ist streitig.[1452] **1013**

Verneint das Untergericht die Begründetheit der Beschwerde und hilft ihr folglich nicht ab, dann hat es sie unverzüglich dem Beschwerdegericht vorzulegen (§ 572 I 1 Hs. 2). Dies gilt auch, wenn das Untergericht die Beschwerde für unzulässig ansieht. Nur wenn die Beschwerde eindeutig unstatthaft ist, entfällt diese Vorlagepflicht.[1453] Über die Vorlage an das Beschwerdegericht hat das Untergericht durch Beschluss zu entscheiden, der den Parteien formlos mitzuteilen ist (§ 329 II 1). **1014**

Das **Verfahren** vor dem Beschwerdegericht kann ohne mündliche Verhandlung durchgeführt werden (§ 128 IV iVm § 572 IV); von dieser Möglichkeit macht die **1015**

---

[1449] OLG Dresden MDR 2008, 645.
[1450] Musielak/Voit/*Ball* § 572 Rn. 4.
[1451] MüKoZPO/*Lipp* § 572 Rn. 5; HK-ZPO/*Koch* § 569 Rn. 4; Prütting/Gehrlein/*Lohmann* § 569 Rn. 5.
[1452] Für Entscheidung des Beschwerdegerichts bei Eilbedürftigkeit OLG Frankfurt a.M. NJW-RR 2007, 1142 (1143); Stein/Jonas/*Jacobs* § 572 Rn. 6; Zöller/*Heßler* § 572 Rn. 4; dagegen MüKoZPO/*Lipp* § 572 Rn. 5; weiter gehend *Schmidt* MDR 2010, 725: Entscheidung des Beschwerdegerichts auch bei offensichtlicher Unzulässigkeit oder Unbegründetheit der Beschwerde.
[1453] Thomas/Putzo/*Reichold* § 572 Rn. 7; Zöller/*Heßler* § 572 Rn. 6.

Praxis fast ausnahmslos Gebrauch. Es ist jedoch darauf zu achten, dass den Parteien rechtliches Gehör gewährt wird.

**1016** Da das Beschwerdeverfahren im Gesetz nur sehr unzureichend geregelt ist, sind die Vorschriften des zweiten Buches (§§ 253–510b) entsprechend heranzuziehen, soweit nicht Besonderheiten der Beschwerde, insbesondere das Absehen von einer mündlichen Verhandlung, entgegenstehen. Die allgemeinen Vorschriften (§§ 1–252) gelten unmittelbar.

**1017** Das **Beschwerdegericht prüft** zunächst von Amts wegen die Zulässigkeit der Beschwerde, also ihre Statthaftigkeit, die Beschwer des Beschwerdeführers, sowie die Beachtung der Form und die Einhaltung der Frist (vgl. § 569). Wird eine Zulässigkeitsvoraussetzung nicht erfüllt, dann ist die Beschwerde als unzulässig zu verwerfen (§ 572 II). Ist die Beschwerde zulässig, dann ist über ihre Begründetheit zu entscheiden. Verneint das Beschwerdegericht die Begründetheit, dann wird die Beschwerde zurückgewiesen. Ist die Beschwerde begründet, dann muss die angefochtene Entscheidung aufgehoben werden. Das Beschwerdegericht kann dann entweder selbst entscheiden oder die Sache zur Entscheidung an das Untergericht zurückverweisen (§ 572 III). Alle Entscheidungen werden durch Beschluss getroffen.

**1018** Für die Anfechtung von Entscheidungen des beauftragten oder ersuchten Richters (→ Rn. 166) oder des Urkundsbeamten der Geschäftsstelle (→ Rn. 154) schafft § 573 eine Sonderregelung. Danach ist nicht die Beschwerde, sondern die **Erinnerung** an das Prozessgericht gegeben. Die Erinnerung ist ein Rechtsbehelf, kein Rechtsmittel (→ Rn. 898). Gegen die Entscheidung des Prozessgerichts findet dann die Beschwerde statt (§ 573 II), für die die allgemeinen Vorschriften gelten.

### d) Rechtsbeschwerde

**1019** Die §§ 574–577 regeln die Rechtsbeschwerde, bei der es sich um ein Rechtsmittel handelt, das auf eine Überprüfung von Rechtsfragen beschränkt ist. In gleicher Weise wie die Revision dient die Rechtsbeschwerde in erster Linie der Entscheidung grundsätzlicher Rechtsfragen, der Fortbildung des Rechts und der Sicherung einer einheitlichen Rechtsprechung (§ 574 II). Rechtsbeschwerdegericht ist der BGH (§ 133 GVG; zu den Besonderheiten bei Bundesländern mit einem Obersten Landesgericht → Rn. 78a). Statthaft ist die Rechtsbeschwerde, wenn dies ausdrücklich im Gesetz bestimmt ist (§ 574 I Nr. 1) oder wenn sie durch das LG als das in Beschwerde- oder Berufungsverfahren entscheidende Gericht oder durch das OLG als erstinstanzliches Gericht (zB in den Fällen des § 1062) zugelassen wird (§ 574 I Nr. 2). Es ist zwar nicht zwingend, aber wünschenswert, dass die Zulassungsentscheidung in dem Ausspruch des Beschlusses aufgenommen wird. Geschieht dies nicht, dann muss sie sich zumindest mit hinreichender Deutlichkeit aus den Gründen der Beschwerdeentscheidung ergeben. Eine Rechtsmittelbelehrung, in der angegeben wird, dass eine Rechtsbeschwerde statthaft ist, genügt den an eine Zulassungsentscheidung zu stellenden Anforderungen regelmäßig nicht.[1454]

**1020** Als wichtigste Fälle einer gesetzlich geregelten Zulassung der Rechtsbeschwerde sind zu nennen: § 522 I 4 (Verwerfung einer Berufung als unzulässig durch Beschluss); § 1065 (Entschei-

---

[1454] BGH NJW-RR 2014, 639 Rn. 7 f.; *Fischer* JuS 2014, 799.

III. Rechtsmittel 369

dungen im Schiedsverfahren); § 70 FamFG (für Verfahren in Familiensachen und in den Angelegenheiten der freiwilligen Gerichtsbarkeit), § 102 ZVG (Entscheidung über den Zuschlag im Zwangsversteigerungsverfahren).[1455]

Das 1. JuMoG hat durch die Einfügung des S. 2 in § 574 I und durch die darin ausgesprochene Verweisung auf § 542 II klargestellt, was zuvor bereits von der hM angenommen worden ist, nämlich dass gegen Beschlüsse, die in Verfahren auf Erlass eines Arrestes oder einer einstweiligen Verfügung ergangen sind, eine Rechtsbeschwerde nicht statthaft ist. Diese Einschränkung ist gerechtfertigt, weil eine gleiche Regelung für Beschlüsse gelten muss, wie sie durch § 542 II für Urteile angeordnet wird. **1021**

Ist in einem Gesetz eine Beschwerde zum BGH vorgesehen, jedoch von der Zulassung des erkennenden Gerichts abhängig gemacht worden, dann handelt es sich nicht um eine gesetzlich geregelte Zulassung iSd § 574 I Nr. 1, sondern um einen Fall des § 574 I Nr. 2 dem auch die Zulassungskriterien zu entnehmen sind.[1456] Dies gilt beispielsweise für die Beschwerde nach § 17a IV 4 GVG (→ Rn. 73), bei der es sich um eine Rechtsbeschwerde handelt.[1457] **1022**

In den Fällen, in denen die Statthaftigkeit der Rechtsbeschwerde ausdrücklich im Gesetz bestimmt ist (§ 574 I Nr. 1) hängt ihre Zulässigkeit davon ab, dass zusätzlich noch die in § 574 II genannten Voraussetzungen erfüllt werden. Nach diesen Voraussetzungen, die mit denen übereinstimmen, die für die Zulassung der Revision nach § 543 II maßgebend sind (→ Rn. 968), ist auch über die Zulassung der Rechtsbeschwerde zu befinden (§ 574 III). Weitere Zulässigkeitsvoraussetzungen bildet wie bei jedem Rechtsmittel die Beschwer des Beschwerdeführers (→ Rn. 901). **1023**

Anders als bei der Nichtzulassungsbeschwerde ist die Rechtsbeschwerde unter dem Gesichtspunkt der Sicherung einer einheitlichen Rechtsprechung bei einem Verstoß gegen Verfahrensgrundrechte unabhängig davon zulässig, ob sich der Rechtsverstoß auf das Endergebnis auswirkt.[1458] Dieser Unterschied erklärt sich dadurch, dass die Rechtsbeschwerde ein Rechtsmittel darstellt, das anders als die Nichtzulassungsbeschwerde zur Entscheidung über die Sache führt und bei dem wie stets bei Rechtsmitteln zwischen der Zulässigkeit und der Begründetheit unterschieden werden muss. Die Verletzung von Verfahrensgrundrechten verlangt eine Korrektur zur Sicherung einer einheitlichen Rechtsprechung und lässt deshalb die Rechtsbeschwerde zulässig sein. Ob die angefochtene Entscheidung gleichwohl Bestand hat, stellt dagegen eine Frage der Begründetheit dar.[1459] **1024**

Wird durch Beschluss die Berufung als unzulässig verworfen (§ 522 I 3), dann gelten für die dagegen eingelegte Rechtsbeschwerde (§ 522 I 4) die Einschränkungen des § 26 Nr. 8 EGZPO nicht, wie dies aufgrund einer durch das 1. JuMoG vorgenommenen Gesetzesänderung in diesen Vorschriften ausdrücklich klargestellt wird. **1025**

Nach § 574 III 2 ist der BGH an die Zulassung gebunden. Dies gilt allerdings nicht, wenn die Zulassung ausgesprochen wird, obwohl es sich um einen Fall der gesetzlich geregelten Zulassung handelt.[1460] Ebenso entfällt die Bindungswirkung, wenn das **1026**

---

[1455] Zu weiteren Fällen vgl. *Seiler/Wunsch* NJW 2003, 1840 (1841).
[1456] *Gehrlein* MDR 2003, 547 (552).
[1457] BGH NJW 2003, 433 (434); NJW-RR 2003, 277; BAG NJW 2002, 3725. Zur Zulassung einer Rechtsbeschwerde durch ein LG vgl. BGH NJW 2003, 2913.
[1458] BGH NJW 2004, 367 (368).
[1459] BGH NJW 2004, 367 (368).
[1460] BGH NJW-RR 2003, 784; aA *Seiler/Wunsch* NJW 2003, 1840 (1842 f.).

Gesetz eine Anfechtung der Entscheidung ausschließt,[1461] wie dies beispielsweise für die Gegenpartei bei Bewilligung von Prozesskostenhilfe[1462] und bei der Wiedereinsetzung[1463] der Fall ist.[1464] Sind jedoch die Zulassungsvoraussetzungen des § 574 II verkannt worden und ist deshalb die Zulassung fehlerhaft, so lässt dies die Bindungswirkung unberührt.[1465] Das Gleiche gilt, wenn der Einzelrichter entgegen § 568 S. 2 Nr. 2 die Rechtssache nicht wegen ihrer grundsätzlichen Bedeutung an das Kollegium überträgt und die Zulassung allein ausspricht. In einem solchen Fall ist jedoch die Entscheidung wegen fehlerhafter Besetzung des Ausgangsgerichts von Amts wegen aufzuheben.[1466]

1027 Mit der Rechtsbeschwerde kann nur die Verletzung von Bundesrecht oder einer Vorschrift gerügt werden, deren Geltungsbereich sich über den Bezirk eines OLG erstreckt (§ 576 I). Entsprechend der revisionsähnlichen Ausgestaltung der Rechtsbeschwerde werden verschiedene Vorschriften des Revisionsrechts für entsprechend anwendbar erklärt (vgl. § 576 III). Form und Frist der Rechtsbeschwerde werden in § 575 geregelt. Wie bei anderen Rechtsmitteln gibt es auch eine Anschlussmöglichkeit für den Gegner des Beschwerdeführers (vgl. dazu § 574 IV).

1028 Das Verfahren und die Entscheidung der Rechtsbeschwerde sind in § 577 geregelt. Die Rechtsbeschwerde kann wirksam nur von einem beim BGH zugelassenen Rechtsanwalt eingelegt werden.[1467] Anders als bei der sofortigen Beschwerde ist eine Abhilfe durch das Ausgangsgericht nicht zulässig. Der BGH hat zunächst von Amts wegen die Zulässigkeit der Beschwerde zu prüfen[1468] und bei einem negativen Befund sie als unzulässig zu verwerfen (§ 577 I). Wegen der geringen Formstrenge reicht es aus, wenn die Beschwerdeschrift bei großzügiger Auslegung den Beschwerdeführer, die angefochtene Entscheidung und das Anliegen einer Überprüfung durch die höhere Instanz hinreichend klar erkennen lässt.[1469] Der Umfang der Prüfung der Begründetheit und die vom BGH aus der Feststellung einer Rechtsverletzung zu ziehenden Folgerungen, die in § 577 II–IV festgelegt werden, entsprechen weitgehend dem Revisionsrecht (→ Rn. 993 ff.). Dies gilt auch für die Frage, ob der BGH in der Sache selbst zu entscheiden hat oder ob eine Zurückverweisung an das Ausgangsgericht auszusprechen ist (§ 577 V). Die Entscheidung des BGH ergeht durch Beschluss (§ 574 VI); die mündliche Verhandlung ist freigestellt (vgl. § 128 IV).

---

[1461] BGH NJW 2005, 73 (74); NJW-RR 2005, 214; 2005, 1009; MDR 2006, 466 (467), jew. mwN.
[1462] BGH NJW 2002, 3554.
[1463] BGH NJW 2003, 211.
[1464] Weitere Fälle nennen *Seiler/Wunsch* NJW 2003, 1842; *Gehrlein* MDR 2003, 547 (553).
[1465] *Seiler/Wunsch* NJW 2003, 1842.
[1466] BGH (stRspr) NJW 2004, 223; 2004, 448 (449); 2004, 856; 2014, 3520; NJW-RR 2003, 936; NZI 2015, 563 Rn. 4; vgl. auch *Haentjens* NJW 2003, 2884.
[1467] BGH NJW 2002, 2181.
[1468] BGH NJW 2004, 1112.
[1469] BGH NJW 2004, 1112; *Musielak/Voit/Ball* § 569 Rn. 7.

## IV. Anhörungsrüge

Mit § 321a ist eine Rechtsgrundlage geschaffen worden, um in Fällen einer Verletzung des Anspruchs auf rechtliches Gehör (→ Rn. 199) dem Gericht die Selbstkorrektur unanfechtbarer Entscheidungen zu ermöglichen.[1470] Die **Rüge nach § 321a ist** gegenüber allen Rechtsmitteln und Rechtsbehelfen **subsidiär** und nur zulässig, wenn es andere Korrekturmöglichkeiten nicht gibt (§ 321a I 1 Nr. 1).[1471]

1029

Ausdrücklich wird in der Begründung des Anhörungsrügengesetzes[1472] darauf hingewiesen, dass auch die Nichtzulassungsbeschwerde nach § 544 zu den Rechtsbehelfen zählt, die der Anhörungsrüge vorgeht (vgl. dazu auch § 544 VII). Gegen Entscheidungen, die einer Endentscheidung vorausgehen, wie zB Beweisbeschlüsse (→ Rn. 761 f.) und unanfechtbare Zwischenurteile (→ Rn. 877), ist die Anhörungsrüge nicht statthaft (§ 321a I 2). Vielmehr muss die Verletzung des Anspruchs auf rechtliches Gehör bei diesen Entscheidungen durch Anfechtung der Endentscheidung geltend gemacht werden. Zu den mit der Anhörungsrüge nicht anfechtbaren Zwischenentscheidungen zählen auch Verweisungsbeschlüsse (§ 281 II 2). Die Ausnahmen, die bisher von der Rechtsprechung hinsichtlich der Bindungswirkung dieser Beschlüsse zugelassen werden, wenn ein solcher Beschluss unter Verletzung des Anspruchs auf rechtliches Gehör ergangen ist, lässt der Ausschluss einer Rüge gem. § 321a I 2 unberührt.[1473] Somit kommen als **Gegenstand einer Anhörungsrüge unanfechtbare Urteile aller Instanzen und unanfechtbare Beschlüsse** in Betracht. Die Rüge kann auch im Prozesskostenhilfe-Verfahren[1474] und in Verfahren auf einstweiligen Rechtsschutz (→ Rn. 1359 ff.) erhoben werden, wenn die in diesem Verfahren getroffene Entscheidung eine Rechtslage schafft, die zu unzumutbaren Nachteilen führte, wenn erst das Hauptsacheverfahren abgewartet werden müsste.[1475] Dies gilt ebenso für unanfechtbare Entscheidungen über eine Richterablehnung, bei denen eine Gehörsverletzung im Zwischenverfahren über die Richterablehnung mit einer Anhörungsrüge gegen die spätere Sachentscheidung nicht mehr in einer geeigneten, verfassungsrechtlichen Anforderungen genügenden Weise verfolgt werden könnte.[1476]

1030

Bei der Anhörungsrüge handelt es sich um einen **Rechtsbehelf eigener Art**, durch den das Gericht von der Bindungswirkung des § 318 (→ Rn. 893 f.) sowie von der formellen und materiellen Rechtskraft (dazu Einzelheiten später) frei gestellt wird,

1031

---

[1470] Das BVerfG hatte dem Gesetzgeber durch Plenarbeschluss (BVerfGE 107, 395 = NJW 2003, 1924) aufgegeben, für eine entsprechende Regelung zu sorgen. Die geltende Fassung geht auf das Anhörungsrügengesetz (BT-Drs. 15/3706) zurück. Zur Entstehungsgeschichte im Einzelnen vgl. Musielak/Voit/*Musielak* § 321a Rn. 1.
[1471] Str. ist, ob die Subsidiarität der Anhörungsrüge verlangt, dass sich die betroffene Partei, der kein selbstständiges Anfechtungsrecht zusteht, einem von der Gegenpartei eingelegten Rechtsmittel anschließt, um die Gehörsverletzung geltend zu machen. Die Abhängigkeit eines Anschlussrechtsmittels von dem Hauptrechtsmittel spricht gegen diese Notwendigkeit; vgl. im Einzelnen dazu Musielak/Voit/*Musielak* § 321a Rn. 5.
[1472] Vgl. BT-Drs. 15/3706 (r. Sp.).
[1473] So ausdrücklich die Amtl. Begr. BT-Drs. 15/3706, 16; vgl. auch Zöller/G. *Vollkommer* § 321a Rn. 5.
[1474] OLG Naumburg NJOZ 2007, 5016.
[1475] Amtl. Begr. BT-Drs. 15/3706, 14 (l. Sp.).
[1476] BVerfG MDR 2008, 223 (224); NJW 2009, 833 Rn. 10 ff.; aA BGH NJW 2007, 3786, mabl-Anm *Fölsch*.

wenn sie sich als begründet erweist (§ 321a V).[1477] Die Anhörungsrüge ist kein Rechtsmittel, denn ihr kommt weder ein Suspensiveffekt noch ein Devolutiveffekt (→ Rn. 897) zu. Die Rüge wirkt rechtskraftdurchbrechend und ihr ist damit eine prozessuale Funktion wie der Wiedereinsetzung in den vorigen Stand oder der Wiederaufnahme eingeräumt.

1032 Die Anhörungsrüge ist **innerhalb einer Notfrist** (→ Rn. 555) **von zwei Wochen nach Kenntnis von der Verletzung des rechtlichen Gehörs** (§ 321a II 1) durch Schriftsatz – im amtsgerichtlichen Verfahren auch zu Protokoll der Geschäftsstelle eines AG (§ 496 iVm § 129a) – zu erheben, der an das Gericht zu richten ist, das das Urteil erlassen hat. Der Zeitpunkt der Kenntniserlangung ist glaubhaft zu machen (§ 321a II 1 Hs. 2). Nach Ablauf eines Jahres seit Bekanntgabe der angegriffenen Entscheidung kann die Rüge nicht mehr erhoben werden. Damit das Gericht die Zulässigkeit der Rüge prüfen kann, muss die Rügeschrift neben der Bezeichnung des Prozesses, dessen Fortführung begehrt wird, insbesondere substantiiert darlegen, worin die Verletzung des Anspruchs auf rechtliches Gehör erblickt wird und weshalb eine Verletzung als entscheidungserheblich aufzufassen ist (vgl. § 321a II 4, 5). Von einer Entscheidungserheblichkeit ist immer dann auszugehen, wenn nicht auszuschließen ist, dass das Gericht ohne die Verletzung des Anspruchs auf rechtliches Gehör zu einer anderen Entscheidung gekommen wäre.[1478] Eine unzureichende Begründung führt zur Unzulässigkeit der Anhörungsrüge.[1479]

1033 Das Gericht, das in seiner regulären Besetzung entscheidet,[1480] prüft zunächst die Statthaftigkeit der Rüge und die Einhaltung von Frist und Form (§ 321a IV 1). Ist die Anhörungsrüge zulässig und begründet, dann ist der ursprüngliche Rechtsstreit fortzusetzen; soweit dies aufgrund der Rüge geboten ist (§ 321a V 1). Dies bedeutet, dass **im Fortsetzungsverfahren nur noch über den (abgrenzbaren) Teil des Streitgegenstandes verhandelt** wird, **der von der Rüge in einer entscheidungserheblichen Weise betroffen ist**. Ähnlich wie im Versäumnisverfahren (→ Rn. 367) wird der Prozess in die Lage zurückversetzt, in der er sich vor Schluss der mündlichen Verhandlung befunden hat (§ 321a V 2). Gemäß dem entsprechend anzuwendenden § 343 hat das Gericht entweder das erlassene Urteil aufrechtzuerhalten, wenn sein Inhalt trotz der Gehörsverletzung weiterhin richtig ist, oder das Urteil aufzuheben und neu zu entscheiden (→ Rn. 369). Ist dagegen die Anhörungsrüge unzulässig oder unbegründet, dann entscheidet das Gericht durch unanfechtbaren Beschluss, durch den die unzulässige Rüge „verworfen" (§ 321a IV 2) und die unbegründete Rüge „zurückgewiesen" (§ 321a IV 3) wird.[1481]

---

[1477] BGH NJW-RR 2011, 427 Rn. 18.
[1478] Amtl. Begr. BT-Drs. 15/3706, 16 (l. Sp.); BGH NJW-RR 2006, 428; vgl. auch *Zuck* NJW 2005, 1226 (1227 f.).
[1479] BGH NJW 2008, 378 Rn. 3.
[1480] Dies muss nicht die Besetzung des Gerichts sein, in der die angegriffene Entscheidung gefällt worden ist; § 320 IV 2 ist nicht entsprechend anwendbar, vgl. BGH NJW-RR 2006, 63 (64).
[1481] Beispiele für eine Rügeschrift und für einen Beschluss, durch den über eine unbegründete Rüge entschieden wird, bringt *Huber* JuS 2002, 483 (488).

## V. Rechtskraft

> Die vom Gericht (und dementsprechend von dem Bearbeiter einer Klausur) **bei einer Entscheidung über eine Anhörungsrüge nach § 321a vorzunehmende Prüfung** vollzieht sich in folgenden Schritten:
>
> A. Ist die Rüge zulässig?
>
> - Statthaftigkeit:
>   – Ein Rechtsmittel oder ein Rechtsbehelf gegen die Entscheidung ist nicht zulässig.
>   – Entscheidungserhebliche Verletzung des Anspruchs auf rechtliches Gehör wird schlüssig dargelegt.
> - Einhaltung der Fristen (§ 321a II 2–3) und Form (§ 321a II 4, 5)
>
> B. Ist die Rüge begründet?
>
> Dies ist zu bejahen, wenn der Anspruch auf rechtliches Gehör verletzt worden ist (zum Inhalt dieses Anspruchs → Rn. 199).

1034

## V. Rechtskraft

### 1. Arten

Eine gerichtliche Entscheidung erlangt **formelle (äußere) Rechtskraft,** wenn sie nicht mehr durch ein Rechtsmittel oder einen Rechtsbehelf angefochten werden kann. Das Gesetz enthält in § 705 eine (negative) Regelung der formellen Rechtskraft für Urteile.

1035

Dementsprechend werden Urteile formell rechtskräftig:

1036

- Mit Verkündung, wenn ein Rechtsmittel nicht statthaft ist (zB Endurteile des BGH).
- Mit Ablauf der Rechtsmittel- oder Einspruchsfrist, wenn ein Rechtsmittel oder ein Einspruch nicht eingelegt worden ist.
- Mit der Zustellung des Beschlusses, durch den eine Nichtzulassungsbeschwerde abgelehnt wird (§ 544 V 3).[1482]
- Mit Rücknahme des eingelegten Rechtsmittels oder Einspruchs, wenn eine erneute Einlegung nicht mehr möglich ist (→ Rn. 915).
- Mit dem Verzicht auf das Rechtsmittel oder den Einspruch (vgl. §§ 515, 565, 346; → Rn. 917).

Die formelle Rechtskraft bewirkt also, dass jeder Rechtsstreit einmal sein Ende findet; sie kann jedoch nicht verhindern, dass die unterlegene Partei das für sie nachteilige Ergebnis durch einen neuen Rechtsstreit und durch eine neue gerichtliche Entscheidung in derselben Sache zu korrigieren versucht. Dies wird nur erreicht, wenn jedem Gericht verboten wird, einen von der formell rechtskräftigen Entschei-

1037

---

[1482] BGH NJW 2005, 3724 (3725).

dung abweichenden Spruch zu fällen. Dies geschieht durch die **materielle (innere) Rechtskraft,** die eine neue Verhandlung und Entscheidung über die rechtskräftig festgestellte Rechtsfolge ausschließt.

1038 Über die **Frage, wie sich** der durch die materielle Rechtskraft erreichte inhaltliche **Bestand der richterlichen Entscheidung erklären lässt,** wird schon seit langem ein Meinungsstreit zwischen der materiell-rechtlichen und der prozessualen Rechtskrafttheorie geführt.

- Nach der **materiell-rechtlichen Rechtskrafttheorie,** die im älteren Schrifttum vertreten wird, gestaltet das Urteil die Rechtsbeziehungen der Parteien in Ansehung der Streitsache neu. Durch das ein Recht zusprechende Urteil wird dieses Recht geschaffen. Wird durch ein falsches Urteil (irrtümlich) das Bestehen eines Rechts verneint, dann wird dadurch dieses Recht zum Erlöschen gebracht.

  **Beispiel:** Der Beklagte wird entsprechend dem Klageantrag zur Zahlung von 5.000 EUR verurteilt. Der Kläger hat seine Klage auf einen zwischen den Parteien geschlossenen Kaufvertrag gestützt, aus dem sich eine entsprechende Verpflichtung des Beklagten ergibt. Durch das Urteil wird nach der materiell-rechtlichen Theorie ein (zusätzlicher) Anspruch des Klägers gegen den Beklagten auf Zahlung der im Urteil festgestellten Geldsumme erzeugt.

  Eine Variante der materiell-rechtlichen Theorie besteht darin, dem Urteil zwar nicht rechtserzeugende oder rechtsvernichtende Kraft zuzusprechen, ihm aber die Wirkung einer unwiderleglichen Vermutung für das Bestehen oder Nichtbestehen des durch ihn erfassten Rechts zuzuerkennen.[1483]

- Heute wird fast ausnahmslos die **prozessuale Rechtskrafttheorie** vertreten, die jeden Einfluss des rechtskräftigen Urteils auf das materielle Recht verneint und das Wesen der materiellen Rechtskraft darin erblickt, dass jeder künftige Richter an die im Urteil getroffene Feststellung gebunden ist.[1484] Ob sich diese Bindung in einem **Abweichungsverbot** erschöpft, sodass in einem zweiten Prozess genauso entschieden werden muss wie im ersten und deshalb für eine Wiederholung regelmäßig ein Rechtsschutzinteresse fehlt,[1485] oder ob ein **Wiederholungsverbot** (ne bis in idem) besteht, wird unterschiedlich beurteilt.[1486]

1039 Die prozessuale Rechtskrafttheorie wird dem Wesen eines Urteils am besten gerecht. Es ist nicht Aufgabe des Richters, Recht neu zu schöpfen, sondern die bestehende Rechtslage festzustellen. Die materiell-rechtliche Rechtskrafttheorie kann im Übrigen auch nicht überzeugend erklären, wie sich die regelmäßig nur zwischen den Parteien wirkende Rechtskraft (→ Rn. 1059) bei absoluten Rechten auswirkt, die – wie das Eigentum – für jeden beachtlich sind.[1487]

---

[1483] *Pohle* Juristische Blätter (Österreich) 1957, 113 (118); *Blomeyer* JR 1968, 407.
[1484] Vgl. nur BGH NJW 1985, 2535; *Rosenberg/Schwab/Gottwald* ZivilProzR § 150 Rn. 5 ff. mwN.
[1485] Vgl. *Zeiss/Schreiber* ZivilProzR Rn. 563.
[1486] Vgl. *Rosenberg/Schwab/Gottwald* ZivilProzR § 150 Rn. 8; Stein/Jonas/*Althammer* § 322 Rn. 21 f.
[1487] *Jauernig/Hess* ZivilProzR § 62 Rn. 7.

V. Rechtskraft

Welche gerichtlichen Entscheidungen der materiellen Rechtskraft fähig sind, wird im Gesetz nicht ausdrücklich bestimmt. § 322 I, der die Rechtskraft nur auf Urteile bezieht, stellt keine abschließende Regelung dar, aus der zu entnehmen ist, dass nicht auch andere gerichtliche Entscheidungen materiell rechtskräftig werden können. Vielmehr ist eine materielle Rechtskraft zu bejahen, wenn eine gerichtliche Entscheidung formelle Rechtskraft aufweist, nach ihrem Zweck als endgültig anzusehen ist und einen Inhalt besitzt, dessen Wirkung sich nicht im anhängigen Verfahren erschöpft, sondern über den Prozess hinausreicht.[1488] Diese Anforderungen erfüllen alle Urteile mit Ausnahme von Vorbehaltsurteilen (→ Rn. 580, 877 aE), die nur formell rechtskräftig werden, da der Rechtsstreit fortgesetzt wird und der Bestand des Vorbehaltsurteils vom Ergebnis des Nachverfahrens abhängt. Ebenso werden Beschlüsse, die inhaltlich eine rechtskraftfähige Entscheidung enthalten, materiell rechtskräftig.[1489]

1040

Auch Zwischenstreiturteile (→ Rn. 877) werden nicht materiell rechtskräftig, da sie keine über den jeweiligen Prozess hinausgehende Wirkung entfalten. Dagegen sind Prozessurteile (materiell) rechtskraftfähig, da durch sie endgültig festgestellt wird, dass die Rechtsverfolgung wegen des Fehlens von Prozessvoraussetzungen oder des Bestehens eines Prozesshindernisses unzulässig ist.

1041

Formell rechtskräftige Beschlüsse, die einen rechtskraftfähigen Inhalt aufweisen, erlangen ebenfalls materielle Rechtskraft.[1490] Dagegen entfalten bestandskräftige Entscheidungen der Verwaltungsbehörden keine Rechtskraftwirkung und binden die Zivilgerichte nicht.[1491]

1042

## 2. Umfang und Grenzen der Rechtskraft

Der **Umfang der materiellen Rechtskraft** wird **in § 322 I** dahingehend **bestimmt,** dass von ihr nur der durch Klage oder Widerklage erhobene Anspruch erfasst wird. Der Begriff des Anspruchs ist im prozessualen Sinne zu verstehen und bezeichnet also den Streitgegenstand[1492] (→ Rn. 283 ff.).

1043

Mit der Feststellung, dass die Entscheidung über den Streitgegenstand in (materielle) Rechtskraft erwächst, sind jedoch Umfang und Grenzen der Rechtskraft noch nicht hinreichend präzisiert. Denn ein Urteil besteht aus Tenor, Tatbestand und Entscheidungsgründen (→ Rn. 878). Bei unbefangener Betrachtung könnte man also zu dem Ergebnis gelangen, dass auch die den Spruch des Richters tragenden Gründe materiell rechtskräftig werden und für sie die Bindungswirkung gilt. Eine solche Meinung ist auch vor Inkrafttreten der ZPO vertreten worden. Der Gesetzgeber hat jedoch anders entschieden und den Umfang der materiellen Rechtskraft bewusst enger gezogen (vgl. § 322 I).[1493] **Nur die vom Gericht festgestellte Rechtsfolge erwächst in Rechtskraft,** also das Ergebnis der Anwendung eines

1044

---

[1488] Stein/Jonas/*Althammer* § 322 Rn. 47 ff.
[1489] BGH NJW 2018, 235 Rn. 13 mAnm *Gössl*.
[1490] BGH NJW 2004, 1805 (1806); vgl. auch *Rosenberg/Schwab/Gottwald* ZivilProzR § 152 Rn. 2 f.
[1491] BGH MDR 2004, 766 (767).
[1492] BGH NJW 1993, 333 (334); 1995, 967; 2003, 3058 (3059) mwN.
[1493] Zur Entstehungsgeschichte lesenswert: *Schlosser* ZivilProzR I Rn. 219 f.

Rechtssatzes auf den der Entscheidung zugrunde gelegten **Sachverhalt**.[1494] Zur Erläuterung folgendes

> **Beispiel:** K klagt gegen B auf Herausgabe eines wertvollen Ringes und begründet sein Herausgabebegehren damit, dass er durch Erbschaft alleiniger Eigentümer des Ringes geworden sei und B kein Recht zum Besitz habe. Das Gericht verurteilt B zur Herausgabe. In einem zweiten Prozess verlangt K Schadensersatz wegen Beschädigung des Ringes. B bestreitet das Eigentum des K an dem Ring. Ist der Richter des zweiten Prozesses gehindert, das Eigentum des K an dem Ring zu verneinen?
>
> In dem ersten Urteil ist rechtskräftig festgestellt worden, dass B zur Herausgabe des Ringes verpflichtet ist. Diese Rechtsfolge entnahm das Gericht § 985 BGB. Die tatsächlichen Voraussetzungen, die zur Anwendung dieses Rechtssatzes feststehen mussten, nämlich Eigentum des K und Besitz des B, werden dagegen nicht von der Rechtskraft der Entscheidung erfasst. Der Richter des zweiten Prozesses kann also die Eigentumsfrage abweichend vom ersten Urteil entscheiden.

**1045** Dies mag überraschen und auch als unbefriedigend empfunden werden, weil dadurch einer ganz wichtigen Funktion der materiellen Rechtskraft, den Gerichten die mehrfache Prüfung und Entscheidung desselben Sachverhalts zu ersparen, nur sehr unzureichend entsprochen werden kann. Jedoch war dies eine bewusste Entscheidung des Gesetzgebers, die beachtet werden muss und die für die Parteien auch positive Auswirkungen haben kann. Da es ihnen überlassen bleibt, den Gegenstand der Entscheidung festzulegen, brauchen sie nicht damit zu rechnen, dass über andere Fragen entschieden wird als die, die der Kläger dem Gericht zur Entscheidung vorgelegt hat. Damit wird der Umfang des Prozessstoffes eingegrenzt. Möchte eine Partei präjudizielle Rechtsverhältnisse an der Rechtskraft teilnehmen lassen, muss durch einen entsprechenden Antrag die Entscheidung des Gerichts darüber herbeigeführt werden. Das Gesetz hat dafür das Institut der Zwischenfeststellungsklage geschaffen (vgl. § 256 II; Einzelheiten dazu sogleich).

**1046** Am Beispiel eines klageabweisenden Urteils lässt sich im Übrigen zeigen, dass die zuweilen geäußerte Meinung, nur der Tenor des Urteils erwachse in Rechtskraft, zumindest missverständlich ist. Denn der Tenor des klageabweisenden Urteils ist für sich genommen nichtssagend; um seinen eigentlichen Inhalt zu ermitteln, muss auf Tatbestand und Entscheidungsgründe gesehen werden.[1495] Aus ihnen ergibt sich die festgestellte Rechtsfolge, die rechtskräftig wird, nämlich dass das vom Kläger geltend gemachte Recht ihm nicht zusteht.

**1047** Durch die Entscheidung über die Rechtsfolge wird zugleich auch über das damit unvereinbare (kontradiktorische) Gegenteil entschieden. Die hM nimmt in diesem Fall die Identität des Streitgegenstandes an,[1496] wenn der frühere Beklagte den Rechtsstreit in seiner Umkehrung anhängig macht und das kontradiktorische Gegenteil der im ersten Prozess ausgesprochenen Rechtsfolge begehrt.

> **Beispiel:** K klagt gegen B auf Feststellung, dass er Eigentümer eines bestimmten Ölgemäldes sei. B wird antragsgemäß verurteilt. Mit der Rechtskraft dieses Urteils steht dann zugleich auch fest, dass B das Eigentum an dem Bild nicht zusteht, weil mit der

---

[1494] Instruktiv BGH NJW 2017, 893 Rn. 27 f.; vgl. auch BGH NJW 2003, 3058 (3059); 2004, 1252 (1253).
[1495] Vgl. BGH NJW 1990, 1795 (1796); 1993, 333 (334).
[1496] BGHZ 123, 137 (140 f.) = NJW 1993, 2684 mwN.

## V. Rechtskraft

zwischen den Parteien[1497] verbindlich getroffenen Feststellung des Eigentums des K das Eigentum des B unvereinbar ist. Deshalb muss eine zweite Klage des B, mit der er die Feststellung seines Eigentums an dem Gemälde gegenüber K begehrt, als unzulässig abgewiesen werden.

Allerdings kann entgegen der hM in solchen Fällen nicht die Identität des Streitgegenstandes angenommen werden, weil sich dieser durch die unterschiedlichen Anträge im ersten und zweiten Prozess verändert. Jedoch ist in solchen Fällen nach dem Normzweck des § 322 I die Wiederholung desselben Rechtsstreits zu vermeiden, die Ausdehnung der Grenzen der Rechtskraft über den Streitgegenstand hinaus geboten. Die Rechtskrafterstreckung auf das kontradiktorische Gegenteil wird also dadurch gerechtfertigt, dass derselbe Lebenssachverhalt dem Gericht mit dem Antrag vorgetragen wird, eine vom rechtskräftigen Richterspruch abweichende Entscheidung zu treffen.[1498]  **1048**

Die in dem Beispielsfall (→ Rn. 1047) gegebene Identität des Lebenssachverhaltes ist das Unterscheidungskriterium von Fällen der **Präjudizialität.** Denn die materielle Rechtskraft bewirkt, dass der rechtskraftfähige Inhalt einer Entscheidung den Richter eines folgenden Rechtsstreits bindet, wenn der rechtskräftig festgestellte Gegenstand eine Vorfrage für die Entscheidung über einen anderen Streitgegenstand bildet.[1499] In diesem Fall darf der Richter des zweiten Prozesses die rechtskräftig entschiedene Vorfrage nicht neu selbstständig beurteilen, sondern hat das rechtskräftige Judikat ohne sachliche Prüfung seiner Entscheidung zugrunde zu legen.  **1049**

> **Beispiel:** K klagt gegen B auf Rückzahlung eines Darlehens. B bestreitet, den Darlehensbetrag von K empfangen zu haben. Aufgrund von Beweisen, die K dem Gericht vorlegt, gelangt dieses zu der Überzeugung, dass der Darlehensbetrag ausgezahlt wurde und verurteilt dementsprechend B antragsgemäß. Um eine Zwangsvollstreckung zu vermeiden, zahlt B an K den geforderten Betrag. Anschließend erhebt B gegen K Klage auf Rückzahlung des von ihm aufgrund des ersten Urteils Geleisteten, mit der Begründung, er sei durch die Leistung ungerechtfertigt entreichert, weil er den Darlehensbetrag nicht erhalten habe.

In diesem Fall entscheidet das Gericht des zweiten Prozesses nicht über denselben Lebenssachverhalt wie das erste. Die aufgrund des ergangenen Urteils erbrachte Leistung des damaligen Beklagten und die darauf gestützte Rückforderung wegen ungerechtfertigter Bereicherung des vormaligen Klägers und jetzigen Beklagten stellen neu eingetretene Tatsachen dar, die den Lebenssachverhalt entscheidend verändern, über den das erste Gericht urteilte. Die Rechtskraft des ersten Urteils bewirkt jedoch, dass der Richter des zweiten Prozesses an die Feststellung gebunden ist, dass der damalige Beklagte dem Kläger aufgrund des von den Parteien vorgetragenen Lebenssachverhaltes eine Leistung schulde. Deshalb muss er die ungerechtfertigte Bereicherung des früheren Klägers und jetzigen Beklagten durch diese Leistung  **1050**

---

[1497] Ein Dritter kann also durchaus die Feststellung seines Eigentums gegen K mit einer erfolgreichen Klage erreichen (→ Rn. 1059).
[1498] Zum gleichen Ergebnis gelangen *Jauernig/Hess* ZivilProzR § 63 Rn. 4 ff.
[1499] BGH NJW 2004, 1252 (1254); vgl. dazu *Rimmelspacher* JuS 2004, 560 (565), der zu Recht kritisiert, dass der BGH hier von einer im Vorprozess entschiedenen Rechtsfrage spricht, die präjudizielle Wirkung haben soll. Richtig ist vielmehr, dass diese Wirkung von dem rechtskräftig entschiedenen Streitgegenstand ausgeht; vgl. auch BGH NJW 2006, 63 (64) = JuS 2006, 269 mAnm *K. Schmidt.*

verneinen. Die Präjudizialität der ersten Entscheidung bewirkt jedoch nicht die Unzulässigkeit der zweiten Klage, sondern ihre Unbegründetheit.[1500]

1051 Nach dem bisher zu dem Umfang der materiellen Rechtskraft Ausgeführten dürfte nicht mehr zweifelhaft sein, dass **Einwendungen und Einreden des Beklagten** nicht von der Rechtskraft des Urteils umfasst werden.

> **Beispiel:** K klagt gegen B auf Zahlung eines Kaufpreises. B verteidigt sich damit, dass er seine zum Abschluss des Kaufvertrages abgegebene Willenserklärung wirksam wegen Irrtums angefochten habe. Das Gericht weist aus diesem Grunde die Klage ab. Daraufhin erhebt K eine zweite Klage gegen B und verlangt Ersatz seines Vertrauensschadens (§ 122 I BGB). Bei Entscheidung des zweiten Rechtsstreits ist das Gericht nicht gehindert, die Wirksamkeit der Irrtumsanfechtung zu verneinen. Jedoch kann es als rechtsmissbräuchlich zu werten sein, wenn sich B im zweiten Prozess ohne triftigen Grund in Widerspruch zu seinem früheren Vorbringen setzt.[1501]

1052 Eine Ausnahme besteht nur aufgrund des § 322 II für die Aufrechnung (→ Rn. 569 f.).[1502]

1053 Nach § 256 II kann jede Partei – der Kläger durch Erweiterung des Klageantrags, der Beklagte durch Erhebung einer Widerklage (→ Rn. 592 ff.) – beantragen, dass ein streitiges Rechtsverhältnis, von dessen Bestehen oder Nichtbestehen die Entscheidung des Rechtsstreits ganz oder zT abhängt, durch richterliche Entscheidung festgestellt werde. Die **Zwischenfeststellungsklage** ist Folge der beschriebenen gegenständlichen Grenzen der Rechtskraft des Urteils.

> K hätte also in dem oben (→ Rn. 1044) angeführten **Beispielsfall** im Wege der Zwischenfeststellungsklage eine rechtskräftige Entscheidung darüber erreichen können, dass er Eigentümer des Ringes ist. Dies hätte dann zur Konsequenz gehabt, dass der Richter des zweiten Prozesses an diese Feststellung gebunden wäre.

1054 **Neben den allgemeinen Sachurteilsvoraussetzungen (→ Rn. 278) müssen für eine Zwischenfeststellungsklage folgende besondere Prozessvoraussetzungen erfüllt werden:**

- Den Streitgegenstand bildet der (durch den zugrundeliegenden Lebenssachverhalt näher erläuterte) Antrag auf Feststellung des Bestehens oder Nichtbestehens eines Rechtsverhältnisses, das im Zeitpunkt der Erhebung der Zwischenklage noch (wenn auch möglicherweise schon vor dem Prozess – insoweit ist der Wortlaut des § 256 II: „im Laufe des Prozesses streitig gewordenes Rechtsverhältnis" missverständlich –) streitig ist.

   Ein Rechtsverhältnis bilden rechtliche Beziehungen von Personen untereinander oder zu einem Gegenstand.

---

[1500] Sehr str.; wie hier MüKoZPO/*Gottwald* § 322 Rn. 41; *Zeiss*, Zivilprozessrecht, 9. Aufl. 1997, Rn. 560; aA *Doderer* NJW 1991, 878 (879); *Zimmermann* ZPO § 322 Rn. 10.
[1501] Vgl. *Jauernig/Hess* ZivilProzR § 63 Rn. 20; *Braun* JuS 1986, 364 (368), jew. mwN.
[1502] Zu Einzelheiten dieser Regelung vgl. Musielak/Voit/*Musielak* § 322 Rn. 76 ff.

## V. Rechtskraft

- Von der Existenz dieses Rechtsverhältnisses muss die Entscheidung des Rechtsstreits abhängig sein.

  Dies bedeutet, dass über die Klage nicht ohne Rücksicht auf das festzustellende Rechtsverhältnis entschieden werden kann, dass also auf den Gegenstand der Zwischenfeststellungsklage (oder Zwischenfeststellungswiderklage) ohnehin in den Gründen der Entscheidung über die Hauptklage eingegangen werden muss.[1503] Diese Präjudizialität (Vorgreiflichkeit) des Rechtsverhältnisses, die nur zu bejahen ist, wenn es sich dabei um eine Vorfrage handelt, die nicht durch die (rechtskraftfähige) Entscheidung über den Klageanspruch geklärt wird, begründet das rechtliche Interesse des Klägers an der Feststellung, tritt also an die Stelle des Feststellungsinteresses, das bei Feststellungsklagen nach § 256 I eine besondere Prozessvoraussetzung bildet (→ Rn. 130).[1504] An der notwendigen Vorgreiflichkeit fehlt es, wenn die Klage zur Hauptsache unabhängig davon abgewiesen werden muss, ob das zwischen den Parteien streitige Rechtsverhältnis besteht.[1505]

  Da sich die örtliche Zuständigkeit des Prozessgerichts für die Klage auch auf die Zwischenfeststellungsklage erstreckt,[1506] ist in dem Fall, dass sie im Wege der Widerklage erhoben wird, auf die Zuständigkeitsregelung des § 33 (→ Rn. 601 ff.) und auf den danach erforderlichen Zusammenhang zwischen Klage und Widerklage (der allerdings infolge der Vorgreiflichkeit stets gegeben sein dürfte) nicht gesondert einzugehen.

- Die begehrte Feststellung muss sich auf einen Gegenstand beziehen, der nicht von der Rechtskraft der Entscheidung über die Hauptsache erfasst wird.

  Ziel der Zwischenfeststellungsklage ist – wie bemerkt – eine über die Rechtskraft der Entscheidung bezüglich der Klage hinausgehende rechtskräftige Feststellung zu erreichen. Für eine Zwischenfeststellungsklage ist deshalb kein Raum, wenn mit dem Urteil über die Hauptklage die Rechtsbeziehungen der Parteien erschöpfend geregelt werden.[1507]

- Ein Urteilsverfahren über die Hauptklage muss (noch) anhängig sein. Die Zwischenfeststellungsklage muss bis zum Schluss der mündlichen Verhandlung erhoben werden; dies kann jedoch auch hilfsweise für den Fall der Abweisung des Hauptantrages geschehen.[1508]

Wird durch eine **Teilklage** nur ein Teil eines Anspruchs eingeklagt und obsiegt der Kläger, dann erstreckt sich die Rechtskraft des Urteils auch nur auf den beanspruchten Teil, sodass über den anderen Teil eine abweichende Entscheidung getroffen werden kann, wenn er in einem zweiten Prozesses geltend gemacht wird. Während dies für das die Teilklage zusprechende Urteil fast ausnahmslos so gesehen wird, besteht hinsichtlich der Wirkungen der Rechtskraft eines die Teilklage abweisenden Urteils auf die Entscheidung über die Klage, mit der ein weiterer Teil geltend gemacht wird, eine tiefgreifende Meinungsverschiedenheit. Hierbei wird zwischen der offenen und verdeckten Teilklage unterschieden.[1509]

1055

---

[1503] *Looff* JURA 2007, 695 (696).
[1504] BGHZ 69, 37 = NJW 1977, 1637; OLG Hamm NJW-RR 1998, 424; Thomas/Putzo/*Reichold* § 256 Rn. 32.
[1505] BGH NJW-RR 2010, 640 Rn. 19.
[1506] Stein/Jonas/*Roth* § 256 Rn. 114.
[1507] BGH NJW 2007, 82 (83); vgl. dazu *Wolf* JA 2007, 145; *Looff* JURA 2007, 695.
[1508] BGH NJW 1992, 1897.
[1509] Vgl. dazu *Musielak* FS Schumann, 2001, 295.

# § 7. Die gerichtliche Entscheidung

**1056** Von einer **verdeckten Teilklage** spricht man, wenn der Kläger nicht ausdrücklich klarstellt – wie bei einer **offenen Teilklage** –, dass er nur einen Teil seines Anspruchs verlangt und dass er sich hinsichtlich des Restes eine weitere Forderung vorbehält. Mit der vollständigen oder teilweisen Abweisung der Teilklage wird inzidenter vom Gericht festgestellt, dass dem Kläger ein weiterer Anspruch gegen den Beklagten nicht zusteht. Während der BGH[1510] meint, dass diese Feststellung lediglich ein Urteilselement darstelle, das an der Rechtskraft nicht teilnehmen könne, weil die Mehrforderung nicht zum Streitgegenstand gemacht worden sei, weist eine Gegenauffassung im Schrifttum darauf hin, dass die Mehrforderung das unvereinbare Gegenteil der festgestellten Rechtsfolge bilde und sich deshalb die Rechtskraft des Urteils darauf erstrecken müsse.[1511]

**1057** Beiden Auffassungen ist jedoch nicht zu folgen, sondern es muss auf die vom Gericht bei der Abweisung der Teilklage getroffene Feststellung abgestellt werden, dass der Kläger aufgrund des Lebenssachverhalts, auf den er sich zur Begründung seiner Klage berufen hat, nichts (bei völliger Abweisung) oder nicht mehr, als ihm zugesprochen worden ist (bei teilweiser Abweisung) zu beanspruchen hat. Diese Feststellung ist Kern des klageabweisenden Urteils und erwächst in Rechtskraft. Folglich ist der Richter, der über eine Nachforderungsklage zu befinden hat, an diese Feststellung des Erstrichters gebunden (→ Rn. 1049 f.).[1512] Es geht also nicht um die Frage, ob es sich in beiden Prozessen um denselben Streitgegenstand handelt – dies ist mit der hM zu verneinen –, sondern um die präjudizielle Wirkung des ersten Urteils für die Entscheidung über die Nachforderungsklage, die dazu führt, dass diese Klage nicht als unzulässig, sondern als unbegründet abzuweisen ist.[1513]

**1058** In diesem Zusammenhang sei darauf hingewiesen, dass dem Beklagten bei einer offenen Teilklage zu empfehlen ist, eine negative Feststellungsklage hinsichtlich des nicht eingeklagten Teiles zu erheben, wenn er den Standpunkt vertritt, er schulde dem Kläger überhaupt nichts.[1514]

**1059** Für die materielle Rechtskraft bestehen nicht nur gegenständliche (objektive) Grenzen, sondern auch subjektive. **Im Grundsatz wirkt die Rechtskraft nur zwischen den Parteien des Prozesses, in dem die Entscheidung ergangen ist (§ 325 I).** Das Gesetz macht jedoch zahlreiche **Ausnahmen** von diesem Grundsatz, von denen als wichtigste zu nennen sind:

- Das rechtskräftige Urteil wirkt nach § 325 I gegenüber dem Rechtsnachfolger der Parteien, wenn die (Einzel- oder Gesamt-)Rechtsnachfolge nach Eintritt der Rechtshängigkeit (vgl. § 261 I → Rn. 257) vollzogen worden ist. Gegenüber dieser Regelung enthält § 325 II eine Gegenausnahme zugunsten derjenigen, die aufgrund der Vorschriften des bürgerlichen Rechts von einem Nichtberechtigten Rechte herleiten (→ Rn. 401 f.).

  Ein guter Glaube hinsichtlich der Lastenfreiheit eines Grundstücks ist dann nicht möglich, wenn Grundpfandrechte im Grundbuch eingetragen sind. Wird das Grundstück veräußert, nachdem ein Rechtsstreit wegen solcher Ansprüche anhängig ist, dann kann dem Erwerber die Gutgläubigkeit hinsichtlich der Rechtshängigkeit nichts nützen. § 325 III 1 stellt dies lediglich noch einmal klar.

---

[1510] BGHZ 93, 330 (334) = NJW 1985, 1340; BGH NJW 1994, 3165; 1997, 3019 (3020 f.); ebenso *Baumgärtel/Laumen* JA 1982, 164 (173); MüKoZPO/*Gottwald* § 322 Rn. 129 ff. mwN.
[1511] *Jauernig/Hess* ZivilProzR § 63 Rn. 12; Jauernig FG BGH, 2000, 331 (334 f.) (für die verdeckte Teilklage); *Zeiss*, Zivilprozessrecht, 9. Aufl. 1997, Rn. 581.
[1512] So auch *Oberhammer* FS Kollhosser, 2004, 501 (509 ff.).
[1513] Vgl. dazu auch Musielak/Voit/*Musielak* § 322 Rn. 67 ff.
[1514] Vgl. *Huber* JuS 2003, 490.

## V. Rechtskraft

- Unter den in § 326 genannten Voraussetzungen wirkt ein rechtskräftiges Urteil, das zwischen einem Vorerben und einem Dritten ergangen ist, auch gegenüber dem Nacherben.

  Die Regelung ist trotz des § 325 deshalb erforderlich, weil der Nacherbe nicht Rechtsnachfolger des Vorerben, sondern des Erblassers ist (vgl. §§ 2100, 2139 BGB).

- Durch § 327 wird klargestellt, dass ein rechtskräftiges Urteil, das in einem Prozess zwischen Testamentsvollstrecker und einem Dritten über ein der Testamentsvollstreckung unterliegendes Recht ergeht, auch gegenüber dem Erben gilt.

  Die in § 327 getroffene Regelung ist überflüssig. Denn auch ohne diese Vorschrift würde sich diese Rechtskrafterstreckung ergeben, weil in Fällen einer gesetzlichen **Prozessstandschaft,** um die es sich handelt, wenn der Testamentsvollstrecker für das von ihm verwaltete Vermögen einen Rechtsstreit führt (→ Rn. 247 ff.), das Urteil notwendigerweise auch gegenüber dem Rechtsträger wirken muss. Dies gilt auch in anderen Fällen gesetzlicher Prozessstandschaft, in denen eine gleiche Rechtskrafterstreckung stattfindet, wie sie in § 327 beschrieben wird. Dass bei einer gewillkürten Prozessstandschaft (→ Rn. 249) das für und gegen den Prozessstandschafter ergehende Urteil ebenfalls Wirkung für den Rechtsträger hat, kann angesichts der von ihm erteilten Ermächtigung nicht zweifelhaft sein.[1515]

- Ein **Gestaltungsurteil** muss schon wegen seiner Funktion und seines Gegenstandes Wirkungen gegenüber allen haben. Wird beispielsweise eine Ehe geschieden oder eine Handelsgesellschaft aufgelöst, dann muss dieses Urteil gegenüber jedem wirken. Diese **Gestaltungswirkung** des der Klage stattgebenden Urteils muss **von der materiellen Rechtskraft** und seiner Wirkung **unterschieden** werden.[1516]
- Im öffentlichen Interesse wird der rechtskräftigen **Feststellung** bestimmter Rechtsbeziehungen durch Gesetz Verbindlichkeit gegenüber am Verfahren nicht beteiligten Dritten zuerkannt.

  **Beispiel:** Nach § 183 InsO wirkt die rechtskräftige Entscheidung, durch die eine Forderung festgestellt oder ein Widerspruch für begründet erklärt wird, gegenüber allen Insolvenzgläubigern.

Auch die **zeitlichen Grenzen der** materiellen **Rechtskraft** müssen bestimmt werden, weil davon abhängt, welche Tatsachen gegenüber einer rechtskräftigen Entscheidung vorgebracht und vom Gericht berücksichtigt werden können. **Als maßgeblicher Zeitpunkt ist der Schluss der letzten mündlichen Tatsachenverhandlung anzusehen,** weil bis dahin die Parteien grundsätzlich in der Lage sind, alle die Tatsachen vorzutragen, denen für die zu fällende Entscheidung Bedeutung zukommt. 1060

Dieser Zeitpunkt wird auch in § 767 II für die Zulässigkeit von Einwendungen genannt, die mit der Vollstreckungsabwehrklage gegen einen durch Urteil festgestellten Anspruch geltend gemacht werden können (→ Rn. 1301, 1309 f.). Diese Regelung ist ein gesetzliches Beispiel für den Verlauf der Grenzen der materiellen Rechtskraft, weil bei Einwendungen gegen die Vollstreckung eines rechtskräftigen Urteils der Umfang seiner materiellen Rechtskraft beachtet werden muss und demzufolge alle die Tatsachen ausgeschlossen bleiben, die eine Partei in dem Verfahren, das zu dem Urteil führte, hätte vorbringen können. Deshalb betreffen die 1061

---

[1515] *Schack* NJW 1988, 865 (869).
[1516] *Schilken* ZivilProzR Rn. 195, 997.

sich im Zusammenhang mit § 767 II ergebenden Fragen in besonderem Maße die zeitlichen Grenzen der materiellen Rechtskraft, sodass ergänzend auf die Ausführungen zu dieser Vorschrift zu verweisen ist; dies gilt auch für die zweifelhafte Frage, ob es bei Gestaltungsrechten auf die objektive Möglichkeit ihrer Ausübung ankommt, sodass eine Partei mit solchen Gestaltungsrechten ausgeschlossen wäre, die sie bereits während des Erstprozesses hätte nutzen können (→ Rn. 1311 ff.).

1062 Wird die Klage mit der Begründung abgewiesen, dass der **Anspruch noch nicht fällig** sei, dann ist der Kläger nicht gehindert, nach Fälligkeit erneut Klage zu erheben. Nur wenn der Anspruch uneingeschränkt – also unabhängig von seiner Fälligkeit – verneint worden ist, wird der Kläger auch mit dem Vorbringen ausgeschlossen, die Begründetheit seiner Klage ergebe sich aus der zwischenzeitlich eingetretenen Fälligkeit. Ob eine Klage als zurzeit unbegründet abgewiesen wird, muss nicht ausdrücklich im Tenor des Urteils festgestellt werden; vielmehr sind insoweit die Entscheidungsgründe maßgebend.[1517]

1062a Die Präklusionswirkung des rechtskräftigen Urteils beschränkt sich aber auf Tatsachen, soweit sich diese auf den Gegenstand der Rechtskraft beziehen. Dies wird an einem Fall deutlich, den der BGH zu entscheiden hatte:[1518] In einem ersten Verfahren hat der beklagte Wohnungskäufer die Kaufpreiszahlung verweigert, weil er den Vertrag wegen arglistigen Verschweigens von Schimmelbildung angefochten habe. Das Gericht folgte dem nicht und verurteilte ihn zur Kaufpreiszahlung. In einem Folgeverfahren verlangt der damalige Beklagte vom Verkäufer Schadensersatz, da die Wohnung infolge der Schimmelbildung mangelhaft sei. Der BGH sieht dieses Vorbringen mit Recht als zulässig an: Im ersten Verfahren wurde nur über die Kaufpreiszahlung entschieden, nicht über die Vorfrage der arglistigen Täuschung. Da der Folgeprozess den Schadensersatzanspruch und nicht den Kaufpreis zum Gegenstand hat, ist die Behauptung, der Verkäufer habe die Schimmelbildung verschwiegen, nicht ausgeschlossen.

### 3. Durchbrechung der Rechtskraft

#### a) Abänderungsklage nach § 323

1063 § 258 lässt eine Klage auf wiederkehrende Leistungen zu, die erst künftig fällig werden. Diese Regelung hat insbesondere bei der Verpflichtung zur Zahlung von Renten Bedeutung. In solchen Fällen wird die Höhe der künftig fällig werdenden Leistungen vom Richter aufgrund einer Prognose über die Entwicklung der maßgebenden Verhältnisse in der Zukunft bestimmt. Wenn sich diese Verhältnisse anders gestalten, als dies vom Richter angenommen worden ist, dann muss das Urteil entsprechend korrigiert werden. § 323 schafft hierfür eine Rechtsgrundlage.[1519]

---

[1517] BVerfG NJW 2003, 3759; zur Abweisung einer Klage als zurzeit unzulässig oder unbegründet vgl. auch *Walchshöfer* FS Schwab, 1990, 521.
[1518] BGH NJW 2017, 893.
[1519] Die Vorschrift ist durch das FGG-ReformG v. 17.12.2008, BGBl. 2008 I 2585, geändert worden. Dadurch sind die praktisch wichtigen Entscheidungen in Unterhaltssachen aus dem Regelungsbereich der ZPO herausgenommen und dem FamFG (§§ 238–240) übertragen worden.

## V. Rechtskraft

**Beispiel:** Raser wird verurteilt, dem von ihm bei einem Verkehrsunfall verletzten Wund wegen der dadurch eingetretenen Minderung der Erwerbsfähigkeit eine Rente in bestimmter Höhe zu zahlen (vgl. § 843 I BGB). Das Gericht geht bei Festsetzung der Rentenhöhe davon aus, dass Wund in der Lage ist, aufgrund seines gesundheitlichen Zustands in einem bestimmten Umfang berufstätig zu bleiben. In der Folgezeit verschlechtert sich der Gesundheitszustand des Wund infolge des Verkehrsunfalls erheblich, sodass er keiner geregelten Arbeit mehr nachgehen kann. In diesem Fall kann Wund nach § 323 I Abänderungsklage erheben und verlangen, dass die Rentenhöhe den veränderten persönlichen Verhältnissen angepasst wird.

Ob mit dem auf Klage nach § 323 ergehenden Urteil die **Rechtskraft** der abzuändernden Entscheidung **durchbrochen** wird, ist streitig. Die hM bejaht dies für den Fall, dass die abzuändernde Entscheidung formelle und damit auch materielle Rechtskraft erlangt hat.[1520]  **1064**

Die Rechtskraft des zu korrigierenden Urteils ist keine Zulässigkeitsvoraussetzung für die Abänderungsklage.[1521] Nach hM besteht eine Wahlmöglichkeit zwischen der **Einlegung eines Rechtsmittels** und der Erhebung der Abänderungsklage.[1522] Nur wenn ein Berufungsverfahren durchgeführt wird, ist eine Abänderungsklage unzulässig. Dies gilt auch dann, wenn die Gegenpartei Berufung eingelegt hat; dann muss der Abänderungsberechtigte den Abänderungsgrund durch Anschlussberufung (→ Rn. 934 ff.) geltend machen.[1523]  **1065**

Die Abänderungsklage ist nur insoweit zulässig, als die **Gründe,** auf die sie gestützt wird, erst nach dem Zeitpunkt eingetreten sind, in dem sie spätestens im Vorprozess hätten geltend gemacht werden müssen (§ 323 II). Richtet sich die Abänderungsklage gegen ein Versäumnisurteil, dann werden alle Gründe präkludiert, die durch einen Einspruch (§ 338) hätten vorgetragen werden können.[1524] Um nicht präkludiert zu werden, muss also eine Partei die Möglichkeit des Einspruchs gegen ein Versäumnisurteil nutzen und hat nicht – anders als bei Rechtsmitteln (→ Rn. 1065) – die Wahl zwischen dem Einspruch und der Abänderungsklage. Die Abänderungsklage ist nach § 323 I nur begründet, wenn die maßgeblichen Verhältnisse sich wesentlich verändert haben. Als wesentlich sind solche (tatsächlichen) Umstände anzusehen, die bei ihrer Berücksichtigung zu einer anderen Entscheidung des Erstgerichts geführt hätten.[1525]  **1066**

Wird die Abänderungsklage nicht als unzulässig oder unbegründet abgewiesen, dann wird durch die gerichtliche Entscheidung das erste Urteil insoweit aufgehoben, als dies für die Änderung erforderlich ist; in diesem Umfang muss dann über den Anspruch neu entschieden werden. Das erste Urteil darf grundsätzlich nur für die Zeit nach Erhebung der Klage abgeändert werden (vgl. § 323 III).  **1067**

---

[1520] BGH NJW 1987, 2229 (2233); Zöller/*G. Vollkommer* § 323 Rn. 2; BLAH/*Hartmann* § 323 Rn. 1; aA *Gottwald* FS Schwab, 1990, 151 (162 f.).
[1521] Zöller/*G. Vollkommer* § 323 Rn. 17; aA *Roth* NJW 1988, 1233 (1236).
[1522] OLG Hamburg BeckRS 2010, 03109 = FamRZ 1984, 706 (707); OLG Oldenburg BeckRS 2010, 22526 = FamRZ 1980, 394; AK-ZPO/*Wassermann* § 323 Rn. 4.
[1523] BGHZ 96, 205 = NJW 1986, 383 mwN auch zur Gegenauffassung; vgl. Musielak/Voit/ *Borth* § 323 Rn. 12.
[1524] BGH NJW 1982, 1812 = FamRZ 1982, 792 (793).
[1525] Vgl. *Rosenberg/Schwab/Gottwald* ZivilProzR § 158 Rn. 22 ff.

1068 Nach § 323a kann eine Abänderungsklage auch in Bezug auf einen Prozessvergleich oder auf eine vollstreckbare Urkunde erhoben werden, wenn der Vergleich oder die Urkunde eine Verpflichtung zu künftig fällig werdenden wiederkehrenden Leistungen enthält. Für diese Schuldtitel gilt die zeitliche Grenze des § 323 III nicht, weil sie nicht in gleicher Weise einen Vertrauenstatbestand schaffen wie ein Urteil.[1526] Allerdings können sich Einschränkungen zeitlicher Art aus Billigkeitsgründen ergeben.[1527]

### b) Wiederaufnahme des Verfahrens

1069 Auch wenn bei dem Zustandekommen eines Urteils erhebliche Verfahrensfehler begangen wurden oder wenn es schwere inhaltliche Mängel aufweist, muss es regelmäßig als wirksam behandelt werden. Wird es nicht aufgrund eines Rechtsmittels aufgehoben, dann wird es wie jedes andere Urteil auch rechtskräftig und damit nicht mehr korrigierbar. Der Gesetzgeber hat jedoch in Ausnahme von diesem Grundsatz in engen Grenzen eine Wiederaufnahme des Verfahrens zugelassen, die eine Durchbrechung der Rechtskraft bewirkt. Dies geschieht im Wege der Nichtigkeitsklage bei besonders gravierenden Verfahrensmängeln (vgl. § 579) und durch Restitutionsklage vor allem bei einer Verfälschung des Urteils und seiner Grundlagen durch eine strafbare Handlung (vgl. § 580). Wenn auch das Ziel dieser Klagen mit dem eines Rechtsmittels gegen das Urteil übereinstimmt, so handelt es sich bei ihnen nicht um Rechtsmittel im eigentlichen Sinn, weil sie weder Suspensiveffekt noch Devolutiveffekt aufweisen (→ Rn. 897).

1070 Auch bei den Wiederaufnahmeklagen ist zwischen ihrer Zulässigkeit und Begründetheit zu unterscheiden. Im Rahmen der **Zulässigkeitsprüfung** ist auf Folgendes zu sehen:

- Die Wiederaufnahme ist gegen (formell rechtskräftige) Endurteile (§ 578 I), gegen unanfechtbare Vollstreckungsbescheide (§ 584 II; zum Begriff → Rn. 1096) und auch – obwohl im Gesetz nicht ausdrücklich vorgesehen – gegen nicht mehr anfechtbare Beschlüsse[1528] **statthaft**.
- Wegen ihrer Ähnlichkeit mit einem Rechtsmittel wird auch bei einer Wiederaufnahmeklage als Zulässigkeitsvoraussetzung die **Beschwer** des Klägers verlangt.[1529]
- Eine Wiederaufnahmeklage ist nur zulässig, wenn sie innerhalb der **Fristen** des § 586 erhoben wird. Während bei Versäumnis der Monatsfrist des § 586 I eine Wiedereinsetzung in den vorigen Stand in Betracht kommt (vgl. §§ 233 ff.; → Rn. 555), ist dies nach Ablauf der fünfjährigen Ausschlussfrist des Abs. 2 S. 2 nicht möglich.
- Die Zulässigkeit der Klage hängt auch davon ab, ob die **Klageschrift** den Erfordernissen des § 587 genügt (vgl. auch § 588). Spätestens in der mündlichen Verhandlung muss schlüssig ein Grund vorgetragen werden, aus dem eine Anfechtung der Entscheidung mit der Nichtigkeitsklage (§ 579) oder der Restitutionsklage (§ 580) in Betracht kommt.[1530]

---

[1526] BGHZ 85, 64 = NJW 1983, 228; BGH NJW-RR 1991, 1154 (1155) mwN; *Rosenberg/Schwab/Gottwald* ZivilProzR § 158 Rn. 39.
[1527] Vgl. Musielak/Voit/*Borth* § 323a Rn. 4.
[1528] BVerfG NJW 1993, 3256 (3257); BAG NJW 1995, 2125; Stein/Jonas/*Jacobs* Vor § 578 ff. Rn. 37 ff.; MüKoZPO/*Braun* § 578 Rn. 25 ff. mwN.
[1529] BGHZ 39, 179 (180 f.) = NJW 1963, 1353.
[1530] Vgl. BGHZ 57, 211 (213) = BeckRS 1971, 31381719; BGH WM 1975, 736 (737); Zöller/*Greger* § 588 Rn. 1.

## V. Rechtskraft

- Soll die Wiederaufnahmeklage auf einen Restitutionsgrund nach § 580 Nr. 1–5 gestützt werden, dann gehört zur Zulässigkeit nicht nur die schlüssige Behauptung einer entsprechenden **Straftat**, sondern nach § 581 I auch die **rechtskräftige Verurteilung** des Täters oder die Unmöglichkeit der Einleitung oder Durchführung eines Strafverfahrens aus anderen Gründen als wegen Mangels an Beweisen, zB wegen Tod des Täters, Verjährung oder Amnestie. In diesem Zusammenhang sei darauf hingewiesen, dass der Richter des Wiederaufnahmeverfahrens bei seiner Entscheidung über die Begründetheit der Restitutionsklage nicht an die im Strafurteil getroffenen Feststellungen gebunden ist.[1531]
- Nach § 580 Nr. 7b ist das Verfahren wieder aufzunehmen, wenn eine Partei eine Urkunde auffindet oder zu benutzen in den Stand gesetzt wird, die ein für sie günstigeres Urteil herbeigeführt hätte. Es kommt entscheidend darauf an, ob die Partei aus für sie zwingenden Gründen außer Stande war, die Urkunde bereits im früheren Verfahren zu verwenden. Insoweit werden strenge Anforderungen gestellt.
- Neben diesen besonderen Zulässigkeitsvoraussetzungen sind auch die **allgemeinen Prozessvoraussetzungen** zu beachten. Für die Wiederaufnahmeklage wird durch § 584 eine ausschließliche örtliche und sachliche Zuständigkeit begründet.
- Die Erfüllung der allgemeinen und besonderen Prozessvoraussetzungen hat das Gericht von Amts wegen zu prüfen; kommt es zu einem negativen Ergebnis, dann ist die Wiederaufnahmeklage als unzulässig zu verwerfen (vgl. § 589 I).

Für die **Begründetheit** der Wiederaufnahmeklage kommt es darauf an, ob der behauptete Wiederaufnahmegrund vom Gericht festgestellt werden kann. Während es bei der Nichtigkeitsklage genügt, dass ein Nichtigkeitsgrund iSv § 579 I gegeben ist, der nicht durch ein Rechtsmittel geltend gemacht werden konnte (§ 579 II), muss bei der Restitutionsklage geprüft werden, ob das angefochtene (rechtskräftige) Urteil auf einem der Restitutionsgründe beruht. Der Erfolg der Restitutionsklage ist also davon abhängig, dass ein ursächlicher Zusammenhang zwischen Restitutionsgrund und dem Erlass des angefochtenen Urteils gegeben ist.[1532] Kommt das Gericht zu dem Ergebnis, dass kein Nichtigkeitsgrund oder kein ursächlicher Restitutionsgrund besteht, dann weist es die Wiederaufnahmeklage als unbegründet ab. Andernfalls muss das angefochtene Urteil aufgehoben werden. Dies geschieht entweder durch ein Zwischenurteil (§ 303; → Rn. 877)[1533] oder durch das Endurteil, mit dem der neu zu verhandelnde (alte) Rechtsstreit abgeschlossen wird (vgl. § 590 I). 1071

Die Aufhebung des angefochtenen Urteils bei Begründetheit der Wiederaufnahmeklage ist auch dann erforderlich, wenn das Ergebnis unverändert bleibt, also das Gericht im Wiederaufnahmeverfahren zur gleichen Erkenntnis gelangt wie das im Vorprozess. Eine Aufrechterhaltung des angefochtenen Urteils ist wegen eines sich aus dem Wiederaufnahmegrund ergebenden Mangels nicht zulässig.[1534] Stets muss der Rechtsstreit durch ein neues Urteil beendet werden, weil dies infolge der Aufhebung des alten Urteils noch nicht geschehen ist. 1072

---

[1531] BGHZ 85, 32 (36) = NJW 1983, 230.
[1532] Zu Einzelheiten: MüKoZPO/*Braun* § 580 Rn. 13 f.
[1533] BGH NJW 1993, 1928 (1929).
[1534] *Rosenberg/Schwab/Gottwald* ZivilProzR § 161 Rn. 34; aA Thomas/Putzo/*Reichold* § 590 Rn. 5; vgl. dazu Musielak/Voit/*Musielak* § 590 Rn. 9.

1073 Im **Wiederaufnahmeverfahren** sind folglich **drei Abschnitte** zu unterscheiden:

(1) Im ersten Abschnitt wird die Zulässigkeit der Wiederaufnahmeklage geprüft; wird sie verneint, dann ist die Klage als unzulässig (durch Prozessurteil) abzuweisen. Wird dagegen die Zulässigkeit bejaht,
(2) dann wird im zweiten Abschnitt (als iudicium rescindens bezeichnet) die Begründetheit der Klage geprüft; ist sie unbegründet, dann wird sie abgewiesen. Sonst muss das angegriffene Urteil stets aufgehoben werden.
(3) In diesem Fall wird im dritten Abschnitt (iudicium rescissorium genannt) über den durch das aufgehobene Urteil entschiedenen Rechtsstreit neu befunden. Das Gericht kann das iudicium rescindens und das iudicium rescissorium zusammenfassen.

### c) Gehörsrüge nach § 321a

1074 Der Gehörsrüge kommt rechtskraftdurchbrechende Wirkung zu. Denn eine zulässige und begründete Gehörsrüge führt dazu, dass ohne Rücksicht auf die Rechtskraft der getroffenen Entscheidung das Verfahren erneut aufgenommen und bis zu einer neuen Entscheidung fortgesetzt wird (→ Rn. 1033). Insoweit ähnelt die Gehörsrüge der Wiederaufnahmeklage.

### d) Klage nach § 826 BGB

1075 Für die Wiederaufnahme des Verfahrens schafft das Gesetz enge. Insbesondere die Ausschlussfrist des § 586 II 2, die eine Wiederaufnahmeklage nach Ablauf von fünf Jahren seit Rechtskraft des aufzuhebenden Urteils verhindert, aber auch die Regelungen des § 581 schaffen erhebliche Hindernisse, die einer Wiederaufnahme auch in Fällen entgegenstehen, in denen die Ausnutzung der durch das Urteil erlangten Rechtsposition nicht akzeptabel erscheint.

> **Beispiel:** Der Kläger klagt auf Zahlung einer hohen Summe, die er als Schadensersatz wegen einer in Wirklichkeit nicht begangenen unerlaubten Handlung vom Beklagten fordert. Der Kläger gewinnt den Prozess, weil er Zeugen zur Falschaussage verleitet und Urkunden fälscht. Die wegen dieser Vorgänge eingeleiteten Strafverfahren dauern wegen erheblicher Beweisschwierigkeiten mehrere Jahre. Als der Sachverhalt endlich geklärt ist und die Strafverfahren durch Urteil abgeschlossen werden können, ist die Fünfjahresfrist des § 586 II 2 abgelaufen. Eine Wiederaufnahme ist deshalb ausgeschlossen.

1076 Wegen solcher von vielen zu Recht als grob unbillig empfundenen Ergebnisse wird seit langem ein Meinungsstreit darüber geführt, ob dies um des Prinzips der Rechtskraft willen hinzunehmen ist oder ob die Rechtskraft dort weichen muss, wo sie bewusst rechtswidrig zu dem Zweck herbeigeführt wird, „dem, was nicht Recht ist, den Stempel des Rechts zu geben".[1535] Bereits das RG und nach ihm der BGH haben in ständiger Rechtsprechung **eine auf § 826 BGB gestützte Klage in Fällen der Urteilserschleichung und der sittenwidrigen Urteilsausnutzung** zugelassen.[1536] Obwohl

---

[1535] So eine häufig zitierte Formulierung, die sich in RGZ 61, 359 (365) findet.
[1536] Vgl. dazu *Walker* FG BGH, 2000, 367 (372 f.); *Musielak* JA 1982, 7 (8 f.).

## V. Rechtskraft

diese Rechtsprechung stets von der ganz überwiegenden Meinung im Schrifttum als eine unzulässige Durchbrechung der Rechtskraft und eine Verletzung des Restitutionsrechts abgelehnt worden ist,[1537] hat sie eine **richterrechtliche Ergänzung des in der ZPO enthaltenen Wiederaufnahmerechts** geschaffen, die beachtet werden muss.

In einer Grundsatzentscheidung hat der BGH diese Rechtsprechung noch einmal zusammengefasst und präzisiert.[1538] Das Gericht betont, dass die Anwendung des § 826 BGB mit dem Ziel, dem Schuldner die Möglichkeit einzuräumen, sich gegen die Vollstreckung aus einem rechtskräftigen, aber materiell unrichtigen Urteil zu schützen, auf besonders schwerwiegende, eng begrenzte Ausnahmefälle beschränkt bleiben müsse. Der Erfolg einer solchen Klage hänge von der Erfüllung folgender **Voraussetzungen** ab: 1077

(1) Materielle Unrichtigkeit des Titels; der für vollstreckbar erklärte Anspruch darf nicht oder nicht im titulierten Umfang bestehen.
(2) Der Titelgläubiger muss die Unrichtigkeit des Titels kennen, wobei beim Streit über die Zulässigkeit einer künftigen Vollstreckung genügt, wenn ihm diese Kenntnis durch das zur Entscheidung über den Anspruch aus § 826 BGB berufene Gericht vermittelt wird.
(3) Besondere Umstände müssen noch hinzutreten, aufgrund derer dem Gläubiger zuzumuten ist, die ihm unverdient zugefallene Rechtsposition aufzugeben. Von dem Erfordernis zusätzlicher besonderer Umstände soll in Extremfällen abgesehen werden können, wenn die materielle Unrichtigkeit des Titels aufgrund der Sittenwidrigkeit eines Vertrages bereits so eindeutig und so schwerwiegend ist, dass jede Vollstreckung allein schon deswegen das Rechtsgefühl in schlechthin unerträglicher Weise verletzen würde.

Die Rechtsprechung macht für Klagen aus § 826 BGB gegen rechtskräftige Urteile **wichtige Einschränkungen**. Die Unrichtigkeit des Urteils darf nicht lediglich durch Wiederholung desselben Tatsachenvortrages, derselben Beweismittel und derselben Rechtsauffassung dargetan werden, die schon im abgeschlossenen Vorprozess vorgetragen worden sind. Hierin sieht der BGH eine unzulässige Missachtung der Rechtskraft des Urteils.[1539] 1078

Diese Einschränkung ändert jedoch nichts daran, dass mit der Klage aus § 826 BGB die materielle Rechtskraft des bekämpften Urteils durchbrochen wird. Nach der prozessualen Rechtskrafttheorie (→ Rn. 1038) ist jeder künftige Richter an die urteilsmäßigen Feststellungen gebunden, und zwar in der Weise, dass ihm jede erneute Verhandlung und Entscheidung über die rechtskräftig festgestellte Rechtsfolge verboten ist. Zwar sind der Streitgegenstand im Vorprozess und im Schadensersatzprozess nicht identisch, da mit der Klage aus § 826 BGB ein Anspruch wegen sittenwidrigen Verhaltens des Beklagten im Zusammenhang mit der Erlangung oder Verwertung des im Vorprozess ergangenen Urteils geltend gemacht wird, aber die 1079

---

[1537] Vgl. die Nachw. bei *Walker* FG BGH, 2000, 373 ff.; *Musielak* JA 1982, 10 f.; krit. auch *Schöpflin* JA 1999, 742 (744); zu einem positiven Urteil gelangt dagegen MüKoZPO/*Braun* vor § 578 Rn. 10.
[1538] BGHZ 101, 380 (384 f.) = NJW 1987, 3256 (3257); vgl. auch BGH NJW 1999, 1257 (1258); 2002, 2940 (2943).
[1539] Vgl. BGH NJW 1964, 349; 1974, 557.

im Vorprozess rechtskräftig festgestellte Rechtsfolge stellt eine präjudizielle Voraussetzung des Schadensersatzanspruchs dar, über die im zweiten Prozess entschieden werden muss. Denn nur in dem Fall, dass die Unrichtigkeit des angegriffenen Urteils festgestellt wird, der Richter im zweiten Prozess also anders als der Richter im ersten Prozess über die rechtskräftig festgestellte Rechtsfolge entscheidet, kann eine sittenwidrige Schädigung iSv § 826 BGB bejaht werden und der Kläger im Schadensersatzprozess erfolgreich sein. Über die Richtigkeit oder die Unrichtigkeit des im Vorprozess ergangenen Urteils zu entscheiden oder anders zu entscheiden, verbietet aber gerade die materielle Rechtskraft, in die also notwendigerweise mit der Klage aus § 826 BGB eingegriffen werden muss (→ Rn. 1049).

1080  Der BGH sieht in der **Klage aus § 826 BGB** keinen **gegenüber** der **Wiederaufnahmeklage** subsidiären Rechtsbehelf, sondern stellt beide Klagen selbstständig nebeneinander.[1540] Hieraus folgt, dass die Klage nach § 826 BGB nicht dadurch ausgeschlossen wird, dass der Kläger die Fristen des § 586 schuldhaft verstreichen lässt. Allerdings wendet der BGH § 582 entsprechend an und schließt eine Klage aus § 826 BGB zur Durchbrechung der Rechtskraft aus, wenn der Betroffene bei sorgfältiger Prozessführung die Unrichtigkeit des Urteils hätte vermeiden können.[1541]

1081  Ein bedeutsamer Unterschied zwischen beiden Klagen besteht insbesondere darin, dass die Klage aus § 826 BGB nicht wie die Wiederaufnahmeklage darauf gerichtet ist, das rechtskräftige Urteil aufzuheben und durch ein anderes zu ersetzen, sondern es bei ihr darum geht, die Nachteile zu beseitigen, die dem Kläger durch das Urteil zugefügt worden sind. Wurde aus diesem Urteil bereits vollstreckt, dann kann mit der Klage aus § 826 BGB Ersatz des dadurch verursachten Schadens gefordert werden, so zB die Rückgabe des zwangsweise Beigetriebenen.[1542] Vor einer Zwangsvollstreckung sind die Unterlassung von Zwangsvollstreckungsmaßnahmen und die Herausgabe des Titels zu beantragen.[1543]

## Anhang: Besondere Verfahrensarten, insbesondere das Mahnverfahren

### 1. Überblick

1082  Aus unterschiedlichen Erwägungen hat der Gesetzgeber für bestimmte Verfahren Sonderregelungen aufgestellt, die sie zu einer besonderen Prozessart werden lassen. Hierzu kann auch das oben (→ Rn. 1069 ff.) dargestellte Wiederaufnahmeverfahren gerechnet werden. Das **Verfahren vor den Amtsgerichten** (vgl. §§ 495a–510b) unterscheidet sich von den Verfahren vor dem LG, das den Grundtyp des Zivilprozesses darstellt, in einer Reihe von Punkten; auf die Wichtigsten von ihnen wurde jeweils bei Erörterung der durch sie geregelten Fragen eingegangen. Ergänzend ist

---

[1540] BGHZ 50, 115 (120 ff.) = NJW 1968, 1275.
[1541] BGH NJW-RR 1988, 957; BGH NJW 1989, 1285 (1286); 1996, 57 (59); MDR 2012, 368 mAnm *Vollkommer*.
[1542] LG Bochum NJW-RR 1993, 302.
[1543] BGH NJW 1983, 2317; 1988, 971 (972); OLG Frankfurt a. M. NJW-RR 1993, 879; LG Heilbronn NJW 2003, 2389 (2390).

noch auf die durch § 495a für das Gericht geschaffene Möglichkeit hinzuweisen, das **Verfahren nach billigem Ermessen zu bestimmen**, wenn der Streitwert 600 EUR nicht übersteigt. In diesem Verfahren kann der Richter nach seinem Ermessen von sonst zu beachtenden Verfahrensregeln im Interesse einer Beschleunigung und Vereinfachung abweichen, wobei allerdings die an ein rechtsstaatliches Verfahren zu stellenden Anforderungen beachtet werden müssen.[1544] Insbesondere ist der Anspruch der Parteien auf rechtliches Gehör zu berücksichtigen,[1545] und das Urteil muss erkennen lassen, dass sich das Gericht mit den für die Entscheidung des Rechtsstreits wesentlichen Gesichtspunkten auseinander gesetzt hat.[1546] Auf Antrag einer Partei muss mündlich verhandelt werden (§ 495a S. 2). Der Anspruch auf rechtliches Gehör gebietet es, den Parteien mitzuteilen, dass vom Gericht eine Entscheidung im schriftlichen Verfahren erlassen werden soll, damit sie in der Lage sind, den Antrag auf mündliche Verhandlung zu stellen.[1547]

Im **Urkunden- und Wechselprozess** (§§ 592–605a) kann ein Anspruch, der die Zahlung einer bestimmten Geldsumme oder die Leistung einer bestimmten Menge anderer vertretbarer Sachen oder Wertpapiere zum Gegenstand hat, geltend gemacht werden, wenn sämtliche zur Begründung des Anspruchs erforderlichen Tatsachen durch Urkunden bewiesen werden können. Der Kläger kann auf diesem Wege in einem beschleunigten Verfahren eine sofort vollstreckbare Entscheidung erhalten. **1083**

Im Urkundenprozess können außerdem Ansprüche aus Wechseln (vgl. § 602) und aus Schecks (vgl. § 605a) erhoben werden. In diesen Verfahren sind auch für die Einwendungen und Einreden des Beklagten nur Urkunden und die Parteivernehmung als Beweismittel zulässig (§ 595 II). Eine Widerklage ist nach § 595 I ausgeschlossen.[1548] Es liegt auf der Hand, dass ein Urteil, das aufgrund solcher Beschränkungen ergeht, in vielen Fällen nur vorläufig sein kann. Widerspricht der Beklagte dem gegen ihn geltend gemachten Anspruch, dann kann er nur unter Vorbehalt seiner Rechte verurteilt werden (§ 599 I), und der Rechtsstreit bleibt im ordentlichen Verfahren anhängig (§ 600 I). Im Nachverfahren sind dann alle Beweismittel zulässig, und es muss in ihm entschieden werden, ob das Vorbehaltsurteil ohne Vorbehalt aufrechterhalten bleiben kann oder ob es aufzuheben ist (vgl. § 600 II). **1084**

Die zuvor im Sechsten Buch der ZPO enthaltenen Vorschriften über das **Verfahren in Familiensachen** sind durch das FGG-ReformG mit Wirkung v. 1.9.2009 aus der ZPO herausgenommen und in einem eigenen Gesetz, dem Gesetz über das Verfahren in Familiensachen und in den Angelegenheiten der Freiwilligen Gerichtsbarkeit, geregelt worden. Auf dieses Gesetz kann in diesem Grundkurs nicht näher eingegangen werden. **1085**

---

[1544] Das BVerfG (NJW 2007, 3486) sieht keine objektiv willkürliche Sachbehandlung darin, dass bei Säumnis einer Partei durch kontradiktorisches Urteil entschieden wird.
[1545] Vgl. BVerfG NJW 2006, 2248; 2015, 3779.
[1546] LG München NJW-RR 2004, 353; Musielak/Voit/*Wittschier* § 495a Rn. 5.
[1547] BVerfG NJW-RR 2009, 562; 2017, 690 Rn. 8.
[1548] Nach hM gilt dieses Verbot nicht für eine Widerklage in Form des Urkundenprozesses gegenüber einer im ordentlichen Verfahren erhobenen Klage, BGH NJW 2002, 751; krit. Musielak/Voit/*Voit* § 595 Rn. 2.

## 2. Schiedsgerichtliches Verfahren

1086   Im **schiedsgerichtlichen Verfahren** (§§ 1025–1066) entscheiden Schiedsgerichte bürgerliche Rechtsstreitigkeiten anstelle staatlicher Gerichte, wenn die Parteien dies durch eine sog. Schiedsvereinbarung vorsehen (vgl. § 1029). Jeder vermögensrechtliche Anspruch kann Gegenstand einer Schiedsvereinbarung sein. Dagegen gilt für nicht vermögensrechtliche Ansprüche die Einschränkung, dass die Parteien berechtigt sein müssen, über den Gegenstand des Streites einen Vergleich zu schließen, er also ihrer Dispositionsbefugnis unterliegt (§ 1030 I). Dementsprechend kann eine Ehesache nicht zum Gegenstand eines Schiedsgerichtsverfahrens gemacht werden. Das gleiche gilt aufgrund der ausdrücklichen Vorschrift des § 1030 II im Regelfall für Mietverhältnisse über Wohnraum. Für die Schiedsvereinbarung gelten nach § 1031 bestimmte Formvorschriften. Nach § 1029 I kann ein Schiedsvertrag nur für ein bestimmtes Rechtsverhältnis geschlossen werden; dadurch wird verhindert, dass eine Partei der anderen in umfassender Weise eine Schiedsgerichtsbarkeit aufzwingt. Eine Schiedsvereinbarung bewirkt, dass auf entsprechende Einrede des Beklagten, die bis zum Beginn der mündlichen Verhandlung zur Hauptsache erhoben werden muss,[1549] das staatliche Gericht eine auf seinen Gegenstand gerichtete Klage als unzulässig abweisen muss (§ 1032 I; → Rn. 273).

1087   Im Regelfall ist das Schiedsgericht mit drei Schiedsrichtern besetzt; den Parteien bleibt es allerdings unbenommen, eine andere Zahl von Schiedsrichtern zu vereinbaren (§ 1034 I). Hat die Schiedsvereinbarung einer Partei ein Übergewicht bei der Zusammensetzung des Schiedsgerichts eingeräumt und dadurch eine andere Partei benachteiligt, so kann diese Partei bei dem zuständigen (staatlichen) Gericht beantragen, dass eine abweichende Bestellung vorgenommen wird (vgl. § 1034 II). Fehlt eine Vereinbarung der Parteien über die Bestellung der Schiedsrichter, dann bestellt jede Partei einen Schiedsrichter und der dritte Schiedsrichter wird von den beiden Schiedsrichtern bestellt; dieser dritte Schiedsrichter wird als Vorsitzender des Schiedsgerichts tätig (vgl. § 1035 III auch zur Bestellung eines Einzelschiedsrichters, wenn die Parteien sich über seine Bestellung nicht einigen können).[1550]

1088   Durch Schiedsgerichte werden nicht selten Rechtsstreitigkeiten mit ausländischen Bezügen und unter Beteiligung von Angehörigen anderer Staaten durchgeführt. Deshalb kann nicht ohne Weiteres davon ausgegangen werden, dass das Schiedsgericht den Rechtsstreit nach deutschem Recht entscheidet. Der Gesetzgeber hat es in erster Linie den Parteien überlassen, das auf ihren Rechtsstreit anzuwendende Recht zu bestimmen (§ 1051 I). Fehlt eine solche Bestimmung, so hat das Schiedsgericht das Recht des Staates anzuwenden, mit dem der Gegenstand des Verfahrens die engsten Verbindungen aufweist (§ 1051 II). Eine Entscheidung nach Billigkeit ist dem Schiedsgericht nur gestattet, wenn die Parteien es ausdrücklich dazu ermächtigt haben (§ 1051 III).

1089   Der Schiedsspruch, dessen Förmlichkeiten in § 1054 festgelegt werden, hat unter den Parteien die Wirkung eines rechtskräftigen gerichtlichen Urteils (§ 1055). Nach § 1059 kann eine Partei aus einem der in dieser Vorschrift genannten Gründe die Aufhebung des Schiedsspruchs verlangen. Eine Zwangsvollstreckung findet aus dem Schiedsspruch erst statt, wenn er durch ein staatliches Gericht für vollstreckbar er-

---

[1549] BGH NJW 2001, 2176.
[1550] Vgl. Musielak/Voit/*Voit* § 1035 Rn. 8 ff.

Anhang: Besondere Verfahrensarten, insbesondere das Mahnverfahren    391

klärt worden ist (vgl. §§ 1060 ff.). Das Schiedsverfahren kann auch durch einen Vergleich beendet werden, der auf Antrag der Parteien die Form eines Schiedsspruchs mit vereinbartem Wortlaut erhält (§ 1053 I).

Bei diesem kursorischen Überblick über die verschiedenen besonderen Verfahrensarten kann es nur darum gehen, darauf hinzuweisen, dass in diesen Fällen Spezialregelungen eingreifen, die beachtet werden müssen. Eingehender soll dagegen im Folgenden das in der Praxis sehr wichtige Mahnverfahren dargestellt werden. 1090

### 3. Mahnverfahren

Durch das Mahnverfahren, das in den §§ 688–703d geregelt ist, kann der Gläubiger ohne Klageerhebung und somit auch ohne Urteil einen Vollstreckungstitel erhalten, den er stets benötigt, wenn er zwangsweise seinen Anspruch gegen den Schuldner durchsetzen will (zu dieser Voraussetzung Einzelheiten bei Erörterung des Vollstreckungsrechts). Auch wird durch die Zustellung eines Mahnbescheids die Verjährung gehemmt (vgl. § 204 I Nr. 3 BGB).[1551] Durch das Mahnverfahren wird also eine kostengünstige und wesentlich schneller durchzuführende Alternative zur Regelform des Zivilprozesses geschaffen, die insbesondere bei unstreitigen Ansprüchen zu wählen ist. Auf das Mahnverfahren finden die allgemeinen **Vorschriften** der §§ 1–252 Anwendung, soweit nicht in den §§ 688 ff. abweichende Regelungen getroffen werden. Auch die Vorschriften über die Prozesskostenhilfe (→ Rn. 29 ff.) sind grundsätzlich anwendbar. 1091

Das **Mahnverfahren ist** nur wegen eines Anspruchs **zulässig**, der die Zahlung einer bestimmten Geldsumme in Euro zum Gegenstand hat und dessen Geltendmachung nicht von einer noch nicht erfolgten Gegenleistung abhängig ist (§ 688). Ansprüche eines Unternehmers oder Zessionars aus einem Vertrag gem. §§ 491–504 BGB, können nicht im Mahnverfahren geltend gemacht werden, wenn der effektive oder anfängliche effektive Jahreszins den bei Vertragsschluss geltenden Basiszinssatz um mehr als 12 % übersteigt (§ 688 II Nr. 1; vgl. auch § 690 I Nr. 3). Das Mahnverfahren beginnt mit dem Antrag an das AG, bei dem der Antragsteller seinen allgemeinen Gerichtsstand hat, und zwar ohne Rücksicht auf den Streitwert (§ 689 I, II). Zu beachten ist, dass durch Rechtsverordnung der Landesregierung oder der Landesjustizverwaltung die Zuständigkeit einem AG für mehrere Amtsgerichtsbezirke übertragen werden kann (§ 689 III).[1552] 1092

Der Mahnantrag entspricht in seiner Funktion der Klageerhebung. Dementsprechend werden durch § 690 an den Inhalt des Mahnantrags Anforderungen gestellt, die denen einer Klageschrift entsprechen und zT noch darüber hinausgehen. Zum Zwecke der Rationalisierung wird die Verwendung von Vordrucken vorgeschrieben (vgl. § 703c). Gemäß § 690 III wird für Rechtsanwälte verbindlich bestimmt, dass sie 1093

---

[1551] Allerdings tritt diese Wirkung nur ein, wenn der geltend gemachte Anspruch nach § 690 I Nr. 3 hinreichend individualisiert worden ist; vgl. BGH NJW 2001, 305 (306).
[1552] Vgl. die Übersicht über die bisher erlassenen Länderregelungen bei Musielak/Voit/*Voit* § 689 Rn. 3.

einen Mahnantrag nur in einer maschinell lesbaren Form stellen dürfen.[1553] Werden bei dem Antrag auf Erlass eines Mahnbescheides Formvorschriften nicht beachtet, dann ist der Antrag als unzulässig erst dann zurückzuweisen, wenn der Antragsteller nach einem entsprechenden Hinweis die vorhandenen Mängel nicht behoben hat.[1554] Ab 1.1.2018 wird die Nutzung der elektronischen Identifizierungsfunktion des Personalausweises im Mahnverfahren zugelassen (vgl. § 690 III 3).

**1094** Über den **Erlass des Mahnbescheides** entscheidet der Rechtspfleger (§ 20 Nr. 1 RPflG).[1555] Zu prüfen ist, ob der Antrag den gesetzlich vorgeschriebenen Anforderungen entspricht (vgl. § 691 I). Ist dies nicht der Fall, dann wird der Antrag durch Beschluss zurückgewiesen, wobei zuvor dem Antragsteller Gelegenheit zu geben ist, bestehende Mängel zu beseitigen. Das Gleiche gilt, wenn die allgemeinen Prozessvoraussetzungen (→ Rn. 136) nicht erfüllt sind. Eine Schlüssigkeitsprüfung ist nicht vorzunehmen und grundsätzlich ist nicht zu prüfen, ob der geltend gemachte Anspruch dem Antragsteller zusteht (vgl. § 692 I Nr. 2).[1556] Nach hM hat jedoch der Rechtspfleger das Recht und auch die Pflicht, Anträge zurückzuweisen, die offensichtlich nicht bestehende Forderungen zum Inhalt haben; insoweit steht dem Rechtspfleger eine **(materiell-rechtliche) Prüfungskompetenz** zu,[1557] durch die ausgeschlossen werden soll, dass der Antragsteller das Mahnverfahren rechtsmissbräuchlich betreibt.

**1095** Der Mahnbescheid enthält die Aufforderung an den Antragsgegner, innerhalb von zwei Wochen zu zahlen oder Widerspruch einzulegen (vgl. § 692 I Nr. 3, 4). Legt der Antragsgegner keinen Widerspruch ein, dann wird auf Antrag ein Vollstreckungsbescheid auf der Grundlage des Mahnbescheides erlassen (§ 699 I 1). Stellt der Antragsteller den Antrag auf Erlass des Vollstreckungsbescheides nicht innerhalb von sechs Monaten seit Zustellung des Mahnbescheides oder wird dieser Antrag zurückgewiesen, dann wird der Mahnbescheid wirkungslos (§ 701).

**1096** Der **Vollstreckungsbescheid** steht einem für vorläufig vollstreckbar erklärten Versäumnisurteil gleich (§ 700 I). Dies bedeutet, dass gegen ihn – in gleicher Weise wie gegen ein Versäumnisurteil (vgl. § 338) – Einspruch eingelegt werden kann. Wird ein solcher Einspruch nicht eingelegt, dann erwächst der Vollstreckungsbescheid in formelle und materielle Rechtskraft.[1558]

---

[1553] Vgl. *Degen* NJW 2009, 199 mit Hinweisen zu den insoweit zu beachtenden technischen Besonderheiten; vgl. auch Musielak/Voit/*Voit* § 690 Rn. 12.
[1554] KG NJW 2009, 3247 (zur gleichen Frage bei einem Antrag auf Erlass eines Vollstreckungsbescheides); Musielak/Voit/*Voit* § 691 Rn. 3, § 703c Rn. 2.
[1555] Durch § 36b S. 1 Nr. 2 RPflG werden die Landesregierungen ermächtigt, durch Rechtsverordnung die vom Rechtspfleger wahrzunehmenden Geschäfte des Mahnverfahrens ganz oder teilweise dem Urkundsbeamten der Geschäftsstelle zu übertragen.
[1556] Fraglich erscheint, ob die bloße Möglichkeit eines Widerspruchs der aktuellen EuGH-Rspr. genügt, die zur effektiven Durchsetzung verbraucherschützender Richtlinien bereits hier eine richterliche Prüfung verlangt; vgl. EuGH BeckRS 2012, 81231.
[1557] Vgl. Musielak/Voit/*Voit* § 691 Rn. 2; Zöller/*Seibel* § 691 Rn. 1; Stein/Jonas/*Berger* § 691 Rn. 16; MüKoZPO/*Schüler* § 691 Rn. 15, jew. mwN.
[1558] Vgl. dazu *Braun* JuS 1992, 177.

**1097** Legt der Antragsgegner **gegen** den **Mahnbescheid Widerspruch** ein (§ 694 I), dann darf kein Vollstreckungsbescheid ergehen (§ 699 I 1). Vielmehr wird auf Antrag einer Partei das streitige Verfahren durchgeführt. Zu diesem Zweck gibt das Gericht, das den Mahnbescheid erlassen hat, den Rechtsstreit von Amts wegen an das Gericht ab, das im Mahnbescheid als zuständig für das streitige Verfahren bezeichnet worden ist oder das die Parteien übereinstimmend wählen (§ 696 I 1 iVm § 692 I Nr. 1, § 690 I Nr. 5).[1559]

**1098** Das Gericht, an das der Rechtsstreit abgegeben worden ist (Empfangsgericht), wird hierdurch in seiner Zuständigkeit nicht gebunden (§ 696 V); vielmehr richtet sich die Zuständigkeit nach den allgemeinen Vorschriften (→ Rn. 80 ff.). Ist danach das Empfangsgericht unzuständig, dann ist die Sache auf Antrag der (nunmehr zum Kläger gewordenen) Partei an das zuständige Gericht zu verweisen. Unterbleibt trotz eines entsprechenden Hinweises des Gerichts (§ 139 II, § 504) ein solcher Antrag, dann wird die Klage als unzulässig abgewiesen.

**1099** Wurde ein **Vollstreckungsbescheid** erlassen und gegen ihn **Einspruch** eingelegt (→ Rn. 1096), dann gibt das Gericht, das den Vollstreckungsbescheid erlassen hat, den Rechtsstreit von Amts wegen an das Gericht ab, das in dem Mahnbescheid als zuständig für die Entscheidung des Rechtsstreits bezeichnet worden ist, oder an das Gericht, an das die Abgabe von den Parteien übereinstimmend verlangt wird; § 696 V gilt entsprechend (§ 700 III).

**1100** Erscheint die nunmehr zum Beklagten gewordene Partei in der aufgrund ihres Einspruchs anberaumten mündlichen Verhandlung (→ Rn. 367) nicht, dann hat der Richter sämtliche prozessualen und sachlichen Voraussetzungen eines Versäumnisurteils zu überprüfen (→ Rn. 325) und darf den Einspruch nur verwerfen, wenn diese Voraussetzungen erfüllt werden (§ 700 VI). Wird der Einspruch verworfen, obwohl die Klage unzulässig oder unschlüssig ist, dann kann die Berufung nach § 514 II – anders als sonst (→ Rn. 361) – auch darauf gestützt werden, dass die Entscheidung fehlerhaft ist, weil die Zulässigkeit oder Begründetheit der Klage fehlte.[1560] Wird der Einspruch verspätet eingelegt, dann muss bei Säumnis des Beklagten der Einspruch durch kontradiktorisches Urteil nach § 341 I 2 (→ Rn. 365) verworfen werden. Ein (technisch zweites) Versäumnisurteil nach § 345 kommt nicht in Betracht, weil hierfür ein zulässiger Einspruch Voraussetzung wäre.[1561]

---

[1559] Zum Zeitpunkt des Eintritts der Rechtshängigkeit vgl. BGH NJW 2009, 1213 (1214).
[1560] BGHZ 112, 367 (372 ff.) = NJW 1991, 43; Musielak/Voit/*Voit* § 700 Rn. 9.
[1561] BGH NJW 1995, 1561.

**1101** Der Ablauf eines Mahnverfahrens kann sich danach wie folgt gestalten:

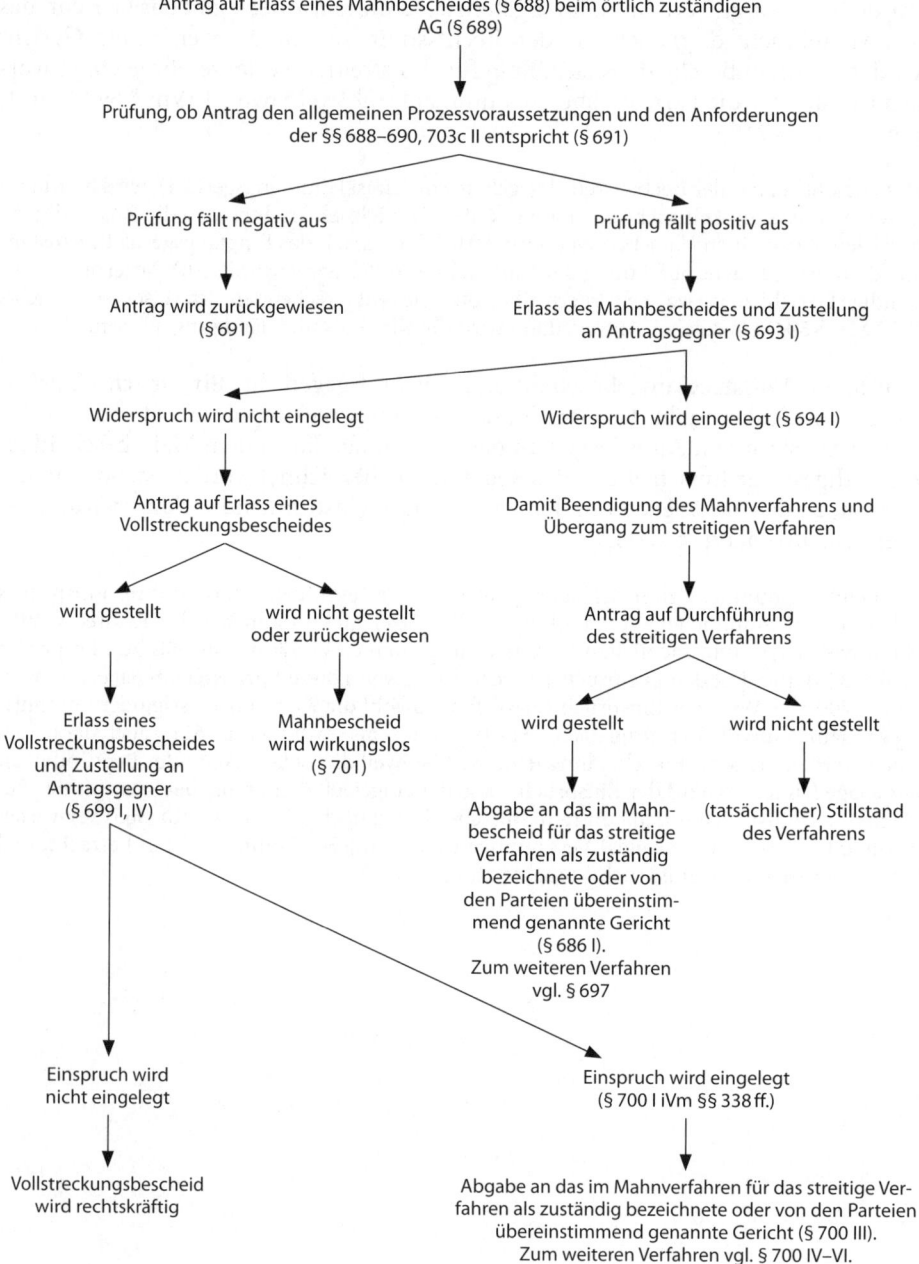

## 2. Übungsklausur

Häusler (H) klagt vor dem LG Köln gegen Fleißig (F) auf Zahlung von 800 EUR. Zur Begründung trägt er vor, der Beklagte habe in seinem Haus Installationsarbeiten ausgeführt und diesen Betrag zu viel berechnet und erhalten. Die Berechtigung seiner (des Klägers) Forderung sei bereits rechtskräftig festgestellt worden, denn der Beklagte habe in einem früheren Rechtsstreit zwischen beiden Feststellungsklage mit dem Antrag erhoben: Es werde festgestellt, dass er nicht verpflichtet sei, einen angeblich zu viel berechneten Betrag iHv 800 EUR zurückzuzahlen. Durch rechtskräftiges Urteil sei diese Klage mit folgender Begründung abgewiesen worden: „Der Kläger (= jetziger Beklagter) hätte im Einzelnen vortragen müssen, dass seine sämtlichen Arbeiten aus allen Rechnungen ordnungsgemäß erbracht und nach Stunden und Aufwand richtig berechnet worden waren, die Behauptung des Beklagten (= jetzigen Klägers), es würden überhöhte Positionen geltend gemacht, somit unberechtigt ist. Da dieser Vortrag fehlt, ist die Klage abzuweisen".

Das LG gibt der Klage des Häusler statt und begründet dies mit der Rechtskraftwirkung des Urteils, das die Feststellungsklage des Beklagten abgewiesen hatte. Fleißig beantragt, vertreten durch einen beim Revisionsgericht zugelassenen Rechtsanwalt, per Fax die Zulassung der Sprungrevision und begründet diesen Antrag damit, dass die vom LG vertretene Auffassung, durch das Feststellungsurteil sei der von Häusler geltend gemachte Anspruch rechtskräftig festgestellt, falsch sei. Dadurch werde eine grundsätzliche Rechtsfrage unrichtig entschieden. Eine Korrektur des erstinstanzlichen Urteils sei zudem zur Sicherung einer einheitlichen Rechtsprechung geboten, da dieses Urteil von (zitierten) höchstrichterlichen Entscheidungen abweiche. Noch innerhalb der Revisionsfrist geht beim Revisionsgericht ein Schreiben des Prozessbevollmächtigten des Häuslers ein, in dem die Einwilligung in die Sprungrevision erklärt wird.

**Vermerk für die Bearbeitung:** Es ist dazu Stellung zu nehmen, wie das Revisionsgericht zu entscheiden hat. Dabei ist davon auszugehen, dass die im Zulassungsantrag genannten Gründe eine Zulassung der Revision rechtfertigen.

Bearbeitungszeit: nicht mehr als 120 Minuten.

### Fälle und Fragen

1. Erläutern Sie bitte die verschiedenen Möglichkeiten einer Prozessbeendigung und die sich daraus ergebenden Rechtsfolgen für die Zulässigkeit einer erneuten Klage in derselben Sache!
2. Erläutern Sie bitte den Unterschied zwischen einem Endurteil und einem Zwischenurteil!
3. Welche Urteile dürfen ohne Tatbestand und Entscheidungsgründe ergehen?
4. Richter Hastig setzt unter den von ihm erlassenen Beweisbeschluss lediglich den Anfangsbuchstaben seines Namens. Ist der Beschluss wirksam erlassen worden?
5. Das Urteil erster Instanz wird am 10.4. verkündet, versehentlich aber den Parteien nicht zugestellt. Der Beklagte will Berufung einlegen und fragt, bis zu welchem Zeitpunkt dies geschehen muss. Geben Sie bitte Auskunft!
6. Nachdem Richter Fahrig im Rechtsstreit des K gegen B das Endurteil verkündet hat, stellt er fest, dass er versehentlich über einen vom Kläger geltend gemachten Anspruch nicht entschieden hat. Was kann er tun?

7. Handelt es sich bei dem Einspruch gegen ein Versäumnisurteil (§ 338) um ein Rechtsmittel?
8. Die Klage des K wird als unzulässig abgewiesen. K legt gegen das Urteil Berufung ein. Das Berufungsgericht hält die Klage zwar für zulässig, jedoch für unbegründet. a) Darf das Berufungsgericht die Klage als unbegründet abweisen? b) Darf umgekehrt das Berufungsgericht die Klage des K als unzulässig abweisen, wenn das erstinstanzliche Gericht den Klageantrag zT für unbegründet erklärte und nur der Kläger gegen die teilweise Abweisung seiner Klage Berufung einlegte?
9. Das (erstinstanzliche) Gericht entscheidet fälschlicherweise durch Beschluss statt durch Urteil. Welches Rechtsmittel ist gegen die Entscheidung gegeben?
10. K klagt gegen B auf Zahlung eines Schadensersatzes iHv 10.000 EUR. B wird antragsgemäß verurteilt und legt Berufung ein. Daraufhin erhebt auch K Berufung und verlangt 15.000 EUR, weil er inzwischen festgestellt habe, dass sich sein Schaden auf diese Höhe beliefe. a) Ist die Berufung des K zulässig? b) Wie wäre die Rechtslage, wenn B seine Berufung zurücknimmt?
11. Welche Voraussetzungen müssen erfüllt werden, damit eine Berufung zulässig ist?
12. Von welchen Voraussetzungen ist die Zulassung der Revision abhängig?
13. Während des Revisionsverfahrens treten (erstmals) Zweifel auf, ob der Revisionsbeklagte prozessfähig ist. Kann der BGH insoweit Beweis erheben?
14. B, der durch das Berufungsurteil zur Zahlung eines Geldbetrages verurteilt worden ist, legt gegen die Entscheidung Revision ein. Im Revisionsverfahren ist B säumig. Der Revisionsbeklagte K beantragt Zurückweisung der (zulässigen) Revision durch Versäumnisurteil. Das Revisionsgericht gelangt zu dem Ergebnis, dass die Klage unzulässig ist, da in derselben Sache bereits ein rechtskräftiges Urteil ergangen ist. Wie wird das Revisionsgericht entscheiden?
15. Wann ist eine Rechtsbeschwerde statthaft?
16. Erläutern Sie bitte den Unterschied zwischen der formellen und der materiellen Rechtskraft!
17. Wodurch unterscheidet sich die formelle Rechtskraft von der Bindungswirkung des Urteils nach § 318?
18. Weiß klagt gegen Schwarz auf Zahlung des Kaufpreises. Schwarz beruft sich auf Nichtigkeit des Kaufvertrages infolge einer Anfechtung wegen Irrtums. Die Klage wird deshalb abgewiesen. Nach Rechtskraft dieses Urteils erhebt Weiß erneut Klage mit dem Antrag, Schwarz zur Zahlung von Schadensersatz nach § 122 I BGB zu verurteilen. Schwarz verteidigt sich gegenüber dieser Klage mit der Behauptung, die Anfechtung wegen Irrtums sei unwirksam. Wie ist die Rechtslage?
19. Welchem Zweck dient die Zwischenfeststellungsklage (§ 256 II)?
20. B, der durch einen von ihm verschuldeten Unfall K schwer verletzt hat, wird zur Zahlung einer Geldrente (§ 843 I BGB) verurteilt. Bei Bemessung der Rentenhöhe geht das Gericht aufgrund entsprechender Gutachten von einer Erwerbsminderung des Verletzten iHv 50 % aus. In der Folgezeit verschlechtert sich der Gesundheitszustand des K erheblich, sodass er keiner beruflichen Tätigkeit mehr nachgehen kann. K fragt, ob er eine Erhöhung seiner Rente gegenüber B gerichtlich durchsetzen kann. Geben Sie bitte Auskunft!
21. Beschreiben Sie bitte den Gang der Prüfung im Wiederaufnahmeverfahren!
22. Von welchen Voraussetzungen macht die Rechtsprechung den Erfolg einer Klage nach § 826 BGB abhängig, durch die der Ersatz eines Schadens begehrt wird, der dem Kläger durch eine rechtskräftige Entscheidung zugefügt wurde?
23. A beantragt einen Mahnbescheid gegen B wegen eines Anspruchs auf Zahlung von 10.000 EUR. B legt dagegen Widerspruch ein und beantragt die Durchführung des streitigen Verfahrens. Was hat dann zu geschehen?

# § 8. Die Zwangsvollstreckung

## I. Einleitender Überblick

### 1. Funktion und Abgrenzung des Zwangsvollstreckungsrechts

Ist ein Rechtsstreit durch ein rechtskräftiges Urteil beendet worden, dann hängt es von dessen Inhalt ab, ob der Staat bereits dadurch den gegen ihn gerichteten Justizgewährungsanspruch erfüllt und den beteiligten Parteien ausreichenden Rechtsschutz gewährt hat. Bei einem Gestaltungsurteil und bei einem Feststellungsurteil ist dies entsprechend dem vom Kläger verfolgten Rechtsschutzziel zu bejahen (→ Rn. 129, 134). Gleiches gilt bei einem klageabweisenden Urteil, durch das festgestellt wird, dass der Klageanspruch nicht besteht. Rechte der beteiligten Parteien, zu deren Durchsetzung staatliche Hilfe erforderlich wird, kommen in solchen Fällen nur noch hinsichtlich der Kosten des Rechtsstreits in Betracht, wenn die unterlegene Partei nicht freiwillig dem Gegner die ihr durch den Kostenfestsetzungsbeschluss auferlegten Kosten erstattet (→ Rn. 1133). Anders stellt sich dagegen die Rechtslage dar, wenn der Beklagte zur Erbringung einer Leistung verurteilt wird. Allein mit der gerichtlichen Entscheidung, dass eine entsprechende Verpflichtung besteht, wird der Anspruch des Klägers noch nicht erfüllt. Leistet der Beklagte nicht freiwillig, dann muss der Staat zur Verwirklichung des Rechtsschutzes dem Kläger weitere Hilfe gewähren. Der Zivilprozess ist dann noch nicht durch die rechtskräftige Entscheidung abgeschlossen, sondern das **Erkenntnisverfahren,** in dem das Recht des Klägers festgestellt worden ist, muss **durch das Vollstreckungsverfahren fortgesetzt und ergänzt** werden, um dem Kläger zu der ihm gebührenden Befriedigung zu verhelfen.

1102

Das Zwangsvollstreckungsverfahren ist dann Teil des Zivilprozesses; es muss durchgeführt werden, weil der Beklagte seiner durch das Urteil festgestellten Verpflichtung freiwillig nicht nachkommt und weil dem Kläger Selbsthilfe verboten ist. Die Verpflichtung des Staates, seine Organe im Vollstreckungsverfahren zur zwangsweisen Durchsetzung von Rechten zur Verfügung zu stellen, lässt sich somit aus dem Justizgewährungsanspruch ableiten. Der Anspruch des einzelnen auf staatliche Tätigkeit im Rahmen der Zwangsvollstreckung kann jedoch auch wegen seines spezifischen Inhalts verselbständigt und als **Vollstreckungsanspruch** bezeichnet werden.[1562]

1103

Ebenso wenig wie jedes Erkenntnisverfahren zwingend seine Fortsetzung in einem Vollstreckungsverfahren finden muss, setzt das Vollstreckungsverfahren stets die Durchführung eines Erkenntnisverfahrens voraus. Eine Zwangsvollstreckung findet nämlich nicht nur aufgrund einer im Erkenntnisverfahren getroffenen gerichtlichen Entscheidung statt, sondern auch aufgrund anderer sie ersetzender Akte; als Beispiel sei hier die Vollstreckung aus einer notariellen Urkunde nach § 794 I Nr. 5 genannt (Einzelheiten dazu später).

1104

---

[1562] Eingehend zum Inhalt des Vollstreckungsanspruchs und den dazu bestehenden Meinungsverschiedenheiten *Gaul/Schilken/Becker-Eberhard* ZVR § 6 Rn. 1 ff.

1105 Das Zwangsvollstreckungsverfahren dient also der zwangsweisen Durchsetzung eines einzelnen privatrechtlichen Leistungsanspruchs, dessen Gläubiger regelmäßig unabhängig von Ansprüchen anderer Personen gegen den Schuldner vorgeht. Anders dagegen wird im **Insolvenzverfahren** eine Gesamtvollstreckung vollzogen, indem das Vermögen des Schuldners verwertet und der Erlös gleichmäßig auf die Gläubiger verteilt wird (vgl. § 1 InsO). Die Gesamtvollstreckung im Rahmen eines Insolvenzverfahrens muss dann notwendigerweise eine Einzelzwangsvollstreckung zugunsten einzelner Gläubiger ausschließen (vgl. § 89 InsO).

## 2. Verfahrensgrundsätze

1106 Wenn auch das Vollstreckungsverfahren als Teil des Zivilprozesses zu begreifen ist, gelten in ihm doch nur einzelne Verfahrensgrundsätze des Erkenntnisverfahrens, teilweise in modifizierter Form. Da eine Zwangsvollstreckung niemals von Amts wegen, sondern nur auf Antrag durchgeführt wird und der Gläubiger durch Rücknahme des Antrags jederzeit das Verfahren beenden kann, untersteht es insoweit seiner Disposition; man kann deshalb davon sprechen, dass im Zwangsvollstreckungsverfahren die **Dispositionsmaxime** gilt (→ Rn. 205).[1563] Der **Anspruch auf rechtliches Gehör** (→ Rn. 199) ist in der Zwangsvollstreckung ebenfalls zu beachten, wenn auch im Interesse eines erfolgreichen Zugriffs auf Vermögensgegenstände des Schuldners die Anhörung vor Beginn der Zwangsvollstreckung regelmäßig unterbleiben muss und ihm erst danach die Möglichkeit einzuräumen ist, seinen Standpunkt vorzutragen und Stellung zu nehmen (Einzelheiten dazu später). Die Grundsätze der Mündlichkeit, Öffentlichkeit und Unmittelbarkeit sowie der Verhandlungsgrundsatz lassen sich im Zwangsvollstreckungsverfahren nicht anwenden.[1564]

## 3. Die gesetzliche Regelung

1107 Die wichtigsten Vorschriften über die Zwangsvollstreckung finden sich im 8. Buch der ZPO, also in den §§ 704–945. Es ist dringend zu empfehlen, sich mit dem **Aufbau und der Systematik** dieser Vorschriften vertraut zu machen, weil sonst elementare Fehler dadurch begangen werden können, dass Vorschriften aufgrund ihres Wortlauts auf Sachverhalte angewendet werden, für die sie nicht gelten.

> **Beispiel:** G hat S ein Schlafzimmer unter Eigentumsvorbehalt verkauft. Da S den Kaufpreis nicht zahlt, tritt G vom Kaufvertrag zurück und klagt auf Rückgabe (→ GK BGB Rn. 890). Als G aufgrund des Urteils, das S zur Rückgabe des Schlafzimmers verpflichtet, die Zwangsvollstreckung betreibt, beruft sich S darauf, dass er das Schlafzimmer dringend für sich und seine Ehefrau benötige, weil er sonst nicht wisse, wo er schlafen und seine Sachen unterbringen solle.

1108 Nach § 811 I Nr. 1 sind die dem persönlichen Gebrauch oder dem Haushalt dienenden Sachen der Pfändung nicht unterworfen, soweit der Schuldner ihrer zu einer angemessenen, beschei-

---

[1563] Vgl. *Baur/Stürner/Bruns* ZVR Rn. 6.5 ff., auch zu den Einschränkungen.
[1564] Vgl. *Gaul/Schilken/Becker-Eberhard* ZVR § 5 Rn. 64.

# I. Einleitender Überblick

denen Lebens- und Haushaltsführung bedarf. Wer diese Vorschrift auf den gegebenen Sachverhalt anwendet und möglicherweise noch § 811 II heranzieht, begeht jedoch einen erheblichen Fehler, weil § 811 nur in Fällen einer Zwangsvollstreckung wegen Geldforderungen (geregelt in den §§ 803–882 ), und zwar in körperliche Sachen (geregelt in den §§ 808–827) Geltung hat, es sich hier jedoch um eine Zwangsvollstreckung zur Erwirkung der Herausgabe von Sachen handelt (geregelt in den §§ 883–898, speziell in § 883).

Es muss also stets danach differenziert werden, ob die Zwangsvollstreckung wegen einer Geldforderung oder zur Erwirkung der Herausgabe von Sachen oder zur Erwirkung von Handlungen oder Unterlassungen durchgeführt wird. Bei einer Zwangsvollstreckung wegen Geldforderungen kommt es dann noch darauf an, was den Gegenstand der Zwangsvollstreckung bildet. Zur besseren Übersicht dient das folgende Schaubild. **1109**

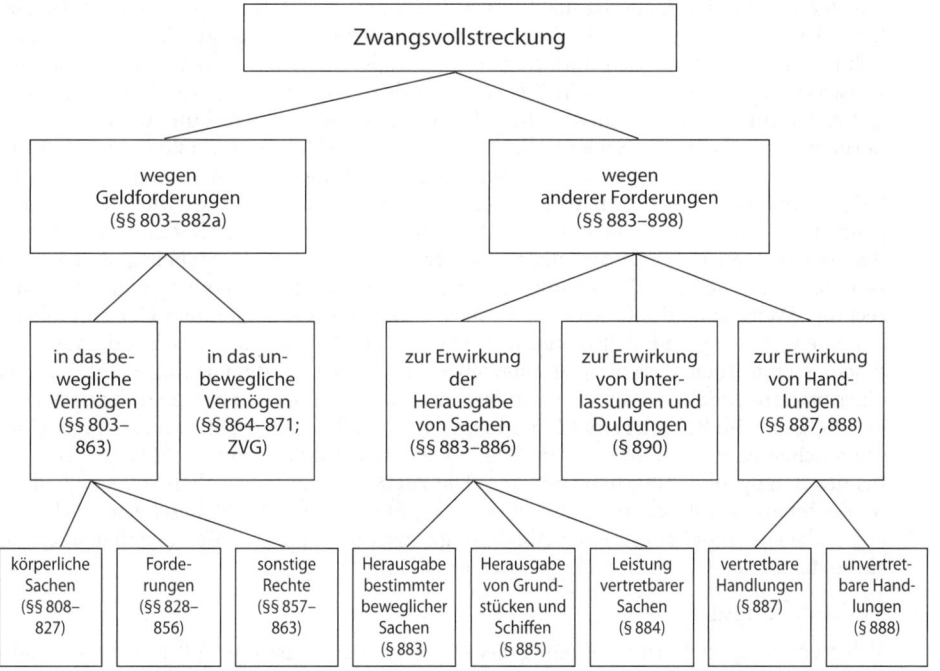

Die **Zwangsvollstreckung in das unbewegliche Vermögen** ist in der ZPO nur recht unvollkommen geregelt, weil im Zeitpunkt des Inkrafttretens dieses Gesetzes ein einheitliches Sachenrecht im Geltungsbereich des Gesetzes noch nicht bestanden hat und erst durch das (jüngere) BGB geschaffen wurde. Deshalb werden die Vorschriften der §§ 864 ff. durch das Gesetz über die Zwangsversteigerung und die Zwangsverwaltung (Schönfelder Nr. 108) ergänzt. Für das Vollstreckungsverfahren bedeutsame Vorschriften enthält auch das Rechtspflegergesetz, da die dem Vollstreckungsgericht zugewiesenen Aufgaben regelmäßig durch den Rechtspfleger zu erledigen sind (vgl. § 3 Nr. 1 i, § 20 Nr. 17 RPflG). **1110**

Schließlich kann im Zusammenhang mit der Zwangsvollstreckung auch das Anfechtungsgesetz (= Gesetz, betreffend die Anfechtung von Rechtshandlungen eines Schuldners außerhalb **1111** des Insolvenzverfahrens – Schönfelder Nr. 111) zu beachten sein, wenn es darum geht, den Zugriff auf solche Vermögensgegenstände dem Gläubiger zu ermöglichen, die der Schuldner auf Dritte übertragen hat, um sie dem Zugriff des Gläubigers zu entziehen.

### 4. Die Organe

1112 Die im Rahmen des Zwangsvollstreckungsverfahrens zu erfüllenden Aufgaben sind zwischen dem Gerichtsvollzieher, dem Vollstreckungsgericht, dem Prozessgericht und dem Grundbuchamt aufgeteilt. Die funktionelle Zuständigkeit dieser Organe ist wie folgt geregelt:

- Gerichtsvollzieher

  Für den juristischen Laien ist das Vollstreckungsorgan schlechthin der Gerichtsvollzieher. Dies erklärt sich dadurch, dass ihm die auffallendsten Zwangsvollstreckungsmaßnahmen übertragen worden sind. Nach § 753 I ist der Gerichtsvollzieher für die Zwangsvollstreckung insoweit zuständig, als sie nicht den Gerichten zugewiesen ist (vgl. auch § 802a II). Im Einzelnen bedeutet dies, dass er die Zwangsvollstreckung wegen Geldforderungen in körperliche Sachen, dh ihre Pfändung (§ 808) und Versteigerung (§ 814), sowie die Zwangsvollstreckung zur Erwirkung der Herausgabe von Sachen (§§ 883–885, 897) durchzuführen hat. Außerdem ist er für die Abnahme der eidesstattlichen Versicherung in den Fällen der §§ 802c II, 836 III und 883 II zuständig. Der Gerichtsvollzieher ist Beamter (vgl. § 154 GVG) und übt bei seiner Tätigkeit staatliche Hoheitsgewalt aus. Er ist unter den in §§ 758–759 genannten Voraussetzungen zur Anwendung von Gewalt berechtigt. Wenn auch das Gesetz davon spricht, dass der Gläubiger dem Gerichtsvollzieher einen „Auftrag" zur Vollstreckung erteilt (vgl. zB §§ 753, 766 II), so darf daraus nicht geschlossen werden, dass der Gerichtsvollzieher als Vertreter des Gläubigers im Rahmen eines privatrechtlichen Rechtsverhältnisses tätig wird, sondern er hat die ihm zugewiesenen Aufgaben im Rahmen eines öffentlichrechtlichen Rechtsverhältnisses als Träger eines öffentlichen Amtes durchzuführen.[1565] Ein Gerichtsvollzieher kann nicht wegen Besorgnis der Befangenheit abgelehnt werden. Die zur Kontrolle seines Verhaltens zulässigen Maßnahmen (Vollstreckungserinnerung nach § 766, Dienstaufsichtsbeschwerde) reichen aus, sodass die Möglichkeit einer Ablehnung wegen Besorgnis der Befangenheit auch aus rechtsstaatlichen Gründen nicht geboten erscheint.[1566]

- Vollstreckungsgericht

  Vollstreckungsgericht ist regelmäßig das AG, in dessen Bezirk das Vollstreckungsverfahren stattfinden soll oder stattgefunden hat (§ 764 II). Nach § 802 handelt es sich dabei um eine ausschließliche Zuständigkeit (→ Rn. 83). Das Vollstreckungsgericht wird in unterschiedlicher Funktion tätig, und zwar zum einen als Vollstreckungsorgan zur Durchführung von Vollstreckungsmaßnahmen, zum anderen als Kontrollorgan, das aufgrund einer Erinnerung über die Rechtmäßigkeit von Vollstreckungsmaßnahmen des Gerichtsvollziehers zu entscheiden hat (vgl. § 766; Einzelheiten dazu später). Außerdem ist das Vollstreckungsgericht zur Entscheidung über Vollstreckungsschutzanträge des Schuldners nach § 765a oder über Anträge des Gläubigers nach § 811a berufen. Als Vollstreckungsorgan wird das Vollstreckungsgericht bei der Vollstreckung wegen Geldforderungen in Forderungen und andere Vermögensrechte (§ 828) und bei der Zwangsvollstreckung in das unbewegliche Vermögen (§ 1 ZVG) tätig.

---

[1565] Vgl. BGH NJW-RR 2009, 658 Rn. 14; *Lackmann* ZVR Rn. 12.
[1566] BVerfG NJW-RR 2005, 365; BGH NJW-RR 2005, 149.

## II. Die Voraussetzungen der Zwangsvollstreckung

- Prozessgericht

    Das Prozessgericht hat im Vollstreckungsverfahren nur recht eingeschränkte Zuständigkeiten. Als Vollstreckungsorgan ist es zuständig für die Zwangsvollstreckung zur Erwirkung von Handlungen (§§ 887, 888) sowie von Duldungen und Unterlassungen (§ 890). Außerdem hat das Prozessgericht über bestimmte Klagen zu entscheiden, durch die der Gläubiger oder der Schuldner im Rahmen der Zwangsvollstreckung Rechtsschutz begehrt (Beispiel: Vollstreckungsgegenklage nach § 767; Einzelheiten dazu später). Schließlich ist das Prozessgericht zuständig für die Entscheidung über den Räumungsschutz aus Räumungstiteln (§§ 721, 794a), da hier der Vollstreckungsschutz ausnahmsweise mit dem Erkenntnisverfahren verknüpft ist. Im Klauselerteilungsverfahren (→ Rn. 1135 ff.) hat dagegen das Prozessgericht durch den Urkundsbeamten der Geschäftsstelle oder den Rechtspfleger wichtige Aufgaben zu erfüllen und über Rechtsbehelfe zur Erlangung und gegen die Erteilung der Vollstreckungsklausel zu entscheiden (auch hierzu Einzelheiten später).

- Grundbuchamt

    Das Grundbuchamt wird als Vollstreckungsorgan dann tätig, wenn zur Durchführung der Zwangsvollstreckung eine Eintragung im Grundbuch erforderlich wird. Dies ist beispielsweise bei der Eintragung einer Zwangshypothek (§§ 866, 867) und bei Pfändung einer durch Buchhypothek gesicherten Forderung (§ 830 I 3) der Fall.

## 5. Kosten

Die Kosten der Zwangsvollstreckung fallen, soweit sie notwendig waren (§ 91), dem Schuldner zur Last; ihre Beitreibung geschieht ohne besonderen Titel zugleich mit der Vollstreckung aus dem Urteil (§ 788). Zu den Kosten der Zwangsvollstreckung gehören alle Aufwendungen, die gemacht werden, um unmittelbar die Vollstreckung aus dem Titel vorzubereiten oder die einzelnen Vollstreckungsakte durchzuführen. Notwendig sind diese Kosten, wenn sie für eine Maßnahme angefallen sind, die der Gläubiger zum Zeitpunkt ihrer Vornahme bei verständiger Würdigung der Sachlage zur Durchsetzung seines titulierten Anspruchs objektiv für erforderlich halten durfte.[1567] Die Kosten der in § 788 IV genannten Verfahren können auch dem Gläubiger auferlegt werden.

1113

§ 788 regelt nur die Frage, wer im Verhältnis zwischen Gläubiger und Schuldner die Zwangsvollstreckungskosten tragen muss. Die Kostentragung im Verhältnis zwischen der Partei und dem Vollstreckungsorgan wird durch das Gerichtskostengesetz (Schönfelder Nr. 115) bzw. durch das Gerichtsvollzieherkostengesetz (Schönfelder Nr. 123) bestimmt.[1568]

1114

## II. Die Voraussetzungen der Zwangsvollstreckung

Es ist offensichtlich, dass Rechte nur zwangsweise durchgesetzt werden dürfen, wenn bestimmte Voraussetzungen dafür erfüllt werden. Diese Voraussetzungen der Zwangsvollstreckung hat das Vollstreckungsorgan, das Vollstreckungsmaßnahmen

1115

---

[1567] BGH NJW 2014, 2508 Rn. 8 mwN.
[1568] Vgl. zu Einzelheiten *Gaul/Schilken/Becker-Eberhard* ZVR § 46.

vollziehen soll – bei einer Klausur, bei der es um die Rechtmäßigkeit bestimmter Zwangsvollstreckungsmaßnahmen geht, ihr Bearbeiter – zu prüfen. Eine Zwangsvollstreckung darf nur durchgeführt werden, wenn ein mit einer Vollstreckungsklausel versehener Titel, der dem Schuldner zugestellt worden sein muss, vorliegt. **Dementsprechend werden als Voraussetzungen der Zwangsvollstreckung regelmäßig genannt:**

**(1) Titel**

**(2) Klausel**

**(3) Zustellung**

1116 Bevor jedoch auf diese Voraussetzungen näher eingegangen wird, ist daran zu erinnern, dass das Zwangsvollstreckungsverfahren einen Teil des Zivilprozesses bildet (→ Rn. 1103) und dass folglich auch auf die **Erfüllung der Prozessvoraussetzungen** (→ Rn. 278) zu achten ist.[1569] Allerdings werden einzelne dieser Voraussetzungen in der Zwangsvollstreckung keine Bedeutung haben können. Dies gilt für die Prozessvoraussetzungen, die den Streitgegenstand betreffen (→ Rn. 253 ff.); von ihnen kann nur das Rechtsschutzbedürfnis beachtlich sein. Es ist zu verneinen, wenn der Gläubiger das Vollstreckungsziel einfacher erreichen kann als durch die von ihm beantragte Vollstreckungsmaßnahme (→ Rn. 267 f.). Dagegen ist es durchaus zulässig und nicht als rechtsmissbräuchlich anzusehen, wenn die Zwangsvollstreckung wegen geringer Beträge durchgeführt wird.[1570] Stets muss der Gläubiger einen (wirksamen) Antrag (→ Rn. 1106) an das zuständige Vollstreckungsorgan richten. Der Antrag stellt eine Prozesshandlung dar, sodass auch die **Prozesshandlungsvoraussetzungen** (→ Rn. 309) erfüllt werden müssen.

1117 Bei einer **klausurmäßigen Bearbeitung** empfiehlt es sich, die Voraussetzungen der Zwangsvollstreckung in folgender **Reihenfolge** zu prüfen:

(1) Wirksamer Antrag des Gläubigers an das zuständige Vollstreckungsorgan
Die Wirksamkeit des Antrags hängt von der Erfüllung der Prozesshandlungsvoraussetzungen ab. Das Vollstreckungsorgan, an das der Antrag gerichtet ist, muss örtlich, sachlich und funktionell zuständig sein.

(2) Erfüllung der Prozessvoraussetzungen
In Betracht kommen nur: deutsche Gerichtsbarkeit,[1571] Zulässigkeit des Rechtswegs, Partei- und Prozessfähigkeit, Prozessführungsbefugnis, Rechtsschutzbedürfnis.

(3) Erfüllung der besonderen Vollstreckungsvoraussetzungen
Zu achten ist auf Vollstreckungstitel, Vollstreckungsklausel und auf Zustellung des Vollstreckungstitels.

---

[1569] Vgl. dazu *Brox/Walker* ZVR Rn. 18 ff.; *Zöller/Seibel* vor § 704 Rn. 13 ff.
[1570] AG Karlsruhe NJW-RR 1986, 1256 (zulässige Vollstreckung wegen 4,20 DM).
[1571] Für den Ausschluss deutscher Gerichtsbarkeit reicht die Behauptung des Vertreters des fremden Staates aus, das gepfändete Konto diene hoheitlichen Zwecken, BGH MDR 2017, 361 f.; vgl. dazu *Fischer* JuS 2017, 512 (513).

## II. Die Voraussetzungen der Zwangsvollstreckung

Selbstverständlich darf der Bearbeiter einer Klausur in die schriftliche Ausarbeitung nur solche Punkte übernehmen, die Zweifel aufgeben und deshalb eine Erörterung verdienen (→ Rn. 277). **1118**

### 1. Vollstreckungstitel

**Vollstreckungstitel heißt die öffentliche Urkunde, die den materiell-rechtlichen Anspruch ausweist, der dem Gläubiger gegen den Schuldner zusteht und der im Wege der Zwangsvollstreckung durchgesetzt werden soll.** Dieser Titel bildet die Grundlage für die Zwangsvollstreckung, und deshalb müssen sich aus ihm alle für die Zwangsvollstreckung wesentlichen Punkte ergeben. Dies ist neben dem zu vollstreckenden Anspruch insbesondere die Bestimmung der Parteien des Zwangsvollstreckungsverfahrens, also Gläubiger und Schuldner. **Der in der Praxis wichtigste Vollstreckungstitel ist das Endurteil (§ 704 I).** **1119**

Aus dem Vollstreckungstitel muss sich für das Vollstreckungsorgan entnehmen lassen, welchen Inhalt die Leistung hat, um deren zwangsweise Durchsetzung es geht. Soll beispielsweise ein Anspruch auf Herausgabe vollstreckt werden, dann muss er so genau im Titel bezeichnet sein, dass der Gerichtsvollzieher erkennen kann, auf welche Sache er gerichtet ist. Es genügt also nicht die Angabe, der Schuldner sei verpflichtet, einen dem Gläubiger gehörenden Pkw herauszugeben, sondern es muss dieser Pkw so genau bezeichnet werden, dass keine Zweifel auftreten können, um welchen es sich handelt (zB Angabe des Modells, des Baujahrs und der Fahrgestellnummer). Zweifel hinsichtlich des Inhalts des Titels sind durch Auslegung (bei einem Urteil mithilfe der Entscheidungsgründe) auszuräumen.[1572] Ist dies nicht möglich, dann kann auf Feststellung des Urteilsinhalts geklagt werden.[1573] Die materielle Rechtskraft des auslegungsbedürftigen Urteils steht einer solchen Feststellungsklage nicht entgegen, da es bei der Feststellung nur um die Präzisierung des Urteilsinhalts, nicht um eine Abweichung geht (zum Abweichungsverbot → Rn. 1038). **1120**

Dass aus einem Urteil mit einem vollstreckungsfähigen Inhalt vollstreckt werden kann, wenn es rechtskräftig geworden ist, dürfte sich fast von selbst verstehen. Wesentlich problematischer ist es, auch noch nicht rechtskräftig gewordene Urteile, deren endgültiger Bestand noch offen ist, bereits zur Grundlage einer Zwangsvollstreckung zu machen. Dennoch hat der Gesetzgeber durch das Rechtsinstitut der **vorläufigen Vollstreckbarkeit** nicht rechtskräftiger Urteile[1574] diese Möglichkeit geschaffen, um einmal den Gläubiger, zu dessen Gunsten bereits ein Urteil ergangen ist, nicht länger mit der Durchsetzung seines Anspruchs warten zu lassen, zum anderen um zu vermeiden, dass der Schuldner nur deshalb ein Rechtsmittel einlegt, damit die Zwangsvollstreckung hinausgeschoben wird. Grundsätzlich ist die vorläufige Vollstreckbarkeit bei allen Endurteilen anzuordnen, und zwar auch bei klageabweisenden Feststellungs- und Gestaltungsurteilen, da auch diese wegen der Kostenentscheidung einen vollstreckungsfähigen Inhalt aufweisen (→ Rn. 1102). Die **1121**

---

[1572] BGH NJW-RR 2013, 511 Rn. 12; OLG Köln NJW 1985, 274; OLG Koblenz NJW 2009, 3519 (3520 f.).
[1573] BGH NJW 1972, 2268; OLG Karlsruhe NJOZ 2004, 3897 = FamRZ 2005, 377; OLG Koblenz NJOZ 2007, 920 (922).
[1574] Vgl. dazu *Brögelmann* JuS 2007, 1006.

vorläufige Vollstreckbarkeit ist regelmäßig ohne Antrag, also von Amts wegen, durch das Prozessgericht in den Urteilstenor (→ Rn. 878 f.) aufzunehmen (Ausnahmen: §§ 537, 558). Nur in den in § 708 abschließend aufgezählten Fällen ist die Vollstreckbarkeitserklärung ohne **Sicherheitsleistung** auszusprechen, sonst ist die vorläufige Vollstreckbarkeit nur gegen Sicherheitsleistung anzuordnen (§ 709), sofern nicht die Ausnahme des § 710 eingreift.

1122 Die Sicherheitsleistung dient dazu, einen dem Schuldner nach § 717 II zustehenden Schadensersatzanspruch abzudecken. Über Art und Höhe der Sicherheit entscheidet das Prozessgericht nach freiem Ermessen (§ 108), wobei es den durch die Zwangsvollstreckung dem Schuldner drohenden Schaden zu berücksichtigen hat.[1575]

1123 Der **verschuldensunabhängige Anspruch auf Schadensersatz nach § 717 II** ist als Ausgleich für die dem Gläubiger eingeräumte Möglichkeit zu begreifen, bereits in einem Zeitpunkt die Zwangsvollstreckung durchzuführen, in dem noch nicht abschließend über den durch die Klage geltend gemachten Anspruch entschieden worden ist. Der Gläubiger trägt also das volle Risiko, wenn er aus einem vorläufig vollstreckbaren Urteil die Zwangsvollstreckung durchführen lässt.

1124 Nach § 717 II ist der durch die Vollstreckung oder durch Abwehrleistung des Schuldners verursachte Schaden zu ersetzen. Dazu zählen beispielsweise auch der Aufwand für den Umzug und die Anmietung von Ersatzraum bei der Räumungsvollstreckung, dagegen nicht sog. Begleitschäden der Zwangsvollstreckung, die darauf zurückzuführen sind, dass die Zwangsvollstreckung nicht in gehöriger Weise durchgeführt wird. Solche Schäden werden nicht vom Schutzzweck der Norm umfasst.[1576] Ein zunächst entstandener Schadensersatzanspruch kann wieder entfallen, wenn der materiell-rechtliche Anspruch, dessen nicht rechtsbeständige Titulierung zunächst der Vollstreckung zugrunde lag, später rechtsbeständig tituliert wird.[1577]

1125 Die Regelung des § 717 II gilt nicht für Berufungsurteile in vermögensrechtlichen Streitigkeiten. Wird ein solches Urteil in der Revisionsinstanz aufgehoben, dann kann der Beklagte nur Erstattung des von ihm aufgrund des Urteils Gezahlten oder Geleisteten nach den Vorschriften über die Herausgabe einer ungerechtfertigten Bereicherung fordern (§ 717 III). Die tatbestandlichen Voraussetzungen dieses Erstattungsanspruchs werden von der ZPO selbstständig geregelt und die Verweisung auf die §§ 812 ff. BGB bezieht sich nur auf die Rechtsfolgen (zur Rechtsfolgenverweisung → GK BGB Rn. 693).[1578]

1126 Nach §§ 711, 712 kann der **Schuldner** unter den in diesen Vorschriften genannten Voraussetzungen die Vollstreckung eines für vorläufig vollstreckbar erklärten Urteils durch **eigene Sicherheitsleistung** abwenden (vgl. auch § 713).[1579] Der Antrag ist vor Schluss der mündlichen Verhandlung zu stellen (§ 714). Wird der Antrag

---

[1575] Vgl. *König* JuS 2004, 119.
[1576] BGH NJW-RR 2009, 658 f. Rn. 7; Musielak/Voit/*Lackmann* § 717 Rn. 10.
[1577] BGH NJW 1997, 2601 (2004); NJW-RR 2005, 1135; 2009, 658 Rn. 10.
[1578] BGH NJW 2011, 2518 Rn. 13; *Gaul/Schilken/Becker-Eberhard* ZVR § 15 Rn. 34; vgl. auch *Krafft* JuS 1997, 734.
[1579] Zu dem gesetzlichen System der Vollstreckbarkeit noch nicht rechtskräftiger Urteile ohne und mit Sicherheitsleistung sowie der Abwendung der Vollstreckung durch Sicherheitsleistung seitens des Schuldners vgl. *Gaul/Schilken/Becker-Eberhard* ZVR § 14.

## II. Die Voraussetzungen der Zwangsvollstreckung

nicht in erster Instanz gestellt, dann kann er nicht in der zweiten Instanz nachgeholt werden,[1580] es sei denn, dass die Voraussetzungen für den Antrag erst in der Berufungsinstanz erfüllt werden.[1581] Dies ist allerdings streitig. Nach anderer Ansicht soll ein in erster Instanz unterlassener Antrag in der zweiten Instanz gestellt werden können, über den dann durch Teilurteil nach § 718 I mit Wirkung für das erstinstanzliche Urteil vorab entschieden werden soll.[1582]

Wird gegen ein für vorläufig vollstreckbar erklärtes Versäumnisurteil **Einspruch** oder gegen ein kontradiktorisches Urteil **Berufung** eingelegt, dann kann das Gericht nach Maßgabe der §§ 707, 719 über die einstweilige Einstellung oder Fortsetzung der Zwangsvollstreckung oder Aufhebung von Zwangsvollstreckungsmaßregeln durch Beschluss befinden. Das Gleiche gilt, wenn die **Wiedereinsetzung** in den vorigen Stand oder eine **Wiederaufnahme des Verfahrens** beantragt, wenn der Rechtsstreit nach Verkündung eines Vorbehaltsurteils (→ Rn. 877 aE) fortgesetzt oder wenn eine Rüge nach § 321a erhoben wird (§ 719 I iVm § 707). Wird die **Revision** gegen ein für vorläufig vollstreckbar erklärtes Urteil eingelegt, so ordnet das Revisionsgericht auf Antrag an, dass die Zwangsvollstreckung einstweilen eingestellt wird, wenn die Vollstreckung dem Schuldner einen nicht zu ersetzenden Nachteil bringen würde und nicht ein überwiegendes Interesse des Gläubigers entgegensteht (§ 719 II). Der BGH vertritt in ständiger Rechtsprechung die Auffassung, dass ein nach dieser Vorschrift für den Schutzantrag des Schuldners vorausgesetzter Nachteil zu verneinen ist, wenn es der Schuldner in der Berufungsinstanz versäumt hat, den Vollstreckungsschutz zu beantragen.[1583] Dies gilt nur dann nicht, wenn es dem Schuldner im Berufungsverfahren aus besonderen Gründen nicht möglich oder nicht zumutbar war, einen Vollstreckungsschutzantrag zu stellen.[1584] Auch in den Fällen des § 719 II ist grundsätzlich die Vollstreckungseinstellung mit einer Sicherheitsleistung des Schuldners zu verbinden. Die Einstellung der Zwangsvollstreckung ohne Sicherheitsleistung ist nur zulässig, wenn der Schuldner glaubhaft macht, dass er zur Sicherheitsleistung nicht in der Lage ist; dies folgt aus § 707 I, der nicht nur auf die in § 719 I genannten Urteile, sondern auch auf Urteile gem. § 719 II entsprechend anzuwenden ist.[1585]

**1127**

Die Einstellung der Zwangsvollstreckung aus einem mit der Berufung angefochtenen Urteil kommt nur in Betracht, wenn die Berufung bei einer summarischen Prüfung überwiegend Aussicht auf Erfolg bietet. Außerdem kommt es darauf an, dass dem Vollstreckungsschuldner durch eine vorläufige Vollstreckung ein Schaden droht, der über die bloße Vollstreckungswirkung hinausgeht.[1586] Streitig ist die Frage, ob eine Berufung mit dem alleinigen Ziel einer Abänderung der Entscheidung über die vorläufige Vollstreckbarkeit zulässig ist. Dagegen spricht, dass die Entscheidung über die vorläufige Vollstreckbarkeit Folge der Entscheidung in der Hauptsache ist und dass deshalb diese Abhängigkeit nicht allein in Bezug auf die Voll-

**1128**

---

[1580] OLG Frankfurt a. M. MDR 2009, 229; MüKoZPO/*Krüger* § 814 Rn. 2; Musielak/Voit/*Lackmann* § 714 Rn. 2.
[1581] *Gaul/Schilken/Becker-Eberhard* ZVR § 14 Rn. 60.
[1582] OLG Hamm NJW-RR 1987, 252; OLG Koblenz NJW-RR 1989, 1024; BLAH/*Hartmann* § 714 Rn. 3.
[1583] BGH NJW-RR 2006, 1088 Rn. 5; 2008, 1038 Rn. 5; NJW 2012, 1292, jew. mwN.
[1584] BGH NJW 2012, 1292 Rn. 5.
[1585] BGH NJW 2010, 1081 mwN auch zur gegenteiligen Auffassung.
[1586] OLG Bremen MDR 2008, 1065 (1066).

streckbarkeit beseitigt werden kann. Im Falle der Berufung kann in der Hauptsache über die vorläufige Vollstreckbarkeit vorab entschieden werden. Eine isolierte Anfechtung der vorläufigen Vollstreckbarkeit ist deshalb nicht zuzulassen.[1587] Wird keine Berufung in der Hauptsache eingelegt, dann wird das Urteil formell rechtskräftig und damit endgültig vollstreckbar.

1129 Einen Vollstreckungstitel bildet grundsätzlich nur ein inländisches Urteil. Will der Gläubiger aus einem **ausländischen Urteil** vollstrecken, dann muss er bei einem deutschen Gericht eine Klage auf Erlass eines Vollstreckungsurteils erheben (vgl. §§ 722, 723). Dies ist allerdings dann nicht erforderlich, wenn Staatsverträge eine erleichterte Regelung vorsehen. Besondere Bedeutung kommt insoweit den **innerhalb der Europäischen Gemeinschaft geltenden Rechtsvorschriften** zu. Die zu beachtenden Regelungen sind bereits beschrieben worden ist (→ Rn. 237); darauf wird verwiesen.

1130 **Neben dem Endurteil nennt das Gesetz in § 794 weitere Vollstreckungstitel.** Bei einer Zwangsvollstreckung aus diesen Titeln ist darauf zu achten, ob in den §§ 795a–800 abweichende Vorschriften enthalten sind; soweit dies nicht der Fall ist, gelten die gleichen Regeln wie für Urteile (§ 795).

1131 **In der Praxis sehr wichtige Vollstreckungstitel sind der Prozessvergleich (§ 794 I Nr. 1) und die vollstreckbare Urkunde (§ 794 I Nr. 5).** Die Vollstreckung aus einem Prozessvergleich (zu ihm → Rn. 518 ff.) setzt allerdings voraus, dass er einen vollstreckungsfähigen Inhalt aufweist. Durch die vollstreckbare Urkunde wird dem Gläubiger ein Vollstreckungstitel in die Hand gegeben, mit dessen Hilfe er ohne einen vorher zu führenden, möglicherweise langwierigen Prozess seinen Anspruch zwangsweise durchsetzen kann. Regelmäßig werden zugunsten der Gläubiger von Forderungen, die durch Grundpfandrechte gesichert werden, entsprechende Urkunden errichtet (auch → EK BGB Rn. 836). Folgende **Voraussetzungen** müssen nach § 794 I Nr. 5 dafür erfüllt werden:

- Die Urkunde muss von einem deutschen Notar innerhalb der Grenzen seiner Amtsbefugnis in der vorgeschriebenen Form (vgl. §§ 8 ff. BeurkG) aufgenommen werden. Eine Beurkundung durch ein deutsches Gericht, die in § 794 I Nr. 5 als gleichberechtigte Möglichkeit genannt wird, kommt nur noch ausnahmsweise in Betracht (vgl. § 62 BeurkG).
- Die Urkunde muss über einen genau bezeichneten Anspruch errichtet sein, der einer vergleichsweisen Regelung zugänglich ist, dh über den die Parteien disponieren können. Ausdrücklich werden Ansprüche ausgenommen, die auf Abgabe einer Willenserklärung gerichtet sind und die den Bestand eines Mietverhältnisses über Wohnraum betreffen; dies sind neben Räumungs- und Herausgabeansprüchen auch Ansprüche auf Fortsetzung des Mietverhältnisses nach §§ 574–574c BGB. Dagegen sind Mietzinsansprüche nicht ausgeschlossen.
- Der Schuldner muss sich in der Urkunde (vgl. aber § 9 I 2 BeurkG) der „sofortigen Zwangsvollstreckung" unterwerfen. „Sofortig" ist nicht im zeitlichen Sinne, also unmittelbar nach Errichtung der Urkunde, sondern dahingehend zu verstehen, dass eine Zwangsvollstreckung ohne einen vorhergehenden Prozess und ein daraufhin erlassenes Urteil vorgenommen werden kann. Der Schuldner kann sich der Zwangsvollstreckung in sein gesamtes Vermögen unterwerfen, er kann jedoch auch die Unterwerfung gegenständlich beschränken, beispielsweise auf sein bewegliches oder auf sein unbewegliches Ver-

---

[1587] So auch OLG Köln NJW-RR 2006, 66; aA OLG Nürnberg NJW 1989, 842; Thomas/Putzo/*Seiler* vor §§ 708 ff. Rn. 16.

II. Die Voraussetzungen der Zwangsvollstreckung

mögen oder auf einen oder mehrere bestimmte Gegenstände.[1588] Der Eigentümer eines Grundstücks kann die Unterwerfungserklärung in Ansehung einer Hypothek, Grundschuld oder Rentenschuld auch in der Weise abgeben, dass die Zwangsvollstreckung gegen den jeweiligen Eigentümer des Grundstücks zulässig sein soll. In diesem Fall bedarf jedoch die Unterwerfung der Eintragung in das Grundbuch (§ 800 I 2).

**Einen Vollstreckungstitel bilden auch Beschlüsse, durch die ein Anwaltsvergleich für vollstreckbar erklärt wird (§ 794 I Nr. 4b).** Ein von Rechtsanwälten im Namen und mit Vollmacht der von ihnen vertretenen Parteien geschlossener Vergleich wird auf Antrag einer Partei für vollstreckbar erklärt, wenn sich der Schuldner darin der sofortigen Zwangsvollstreckung unterworfen hat[1589] und der Vergleich unter Angabe des Tages seines Zustandekommens bei einem AG niedergelegt ist, bei dem eine der Parteien zurzeit des Vergleichsschlusses ihren allgemeinen Gerichtsstand hat (§ 796a I). Auch für Anwaltsvergleiche gilt die gleiche Ausnahme, wie sie in § 794 I Nr. 5 für vollstreckbare Urkunden genannt wird: Der Vergleich darf nicht auf die Abgabe einer Willenserklärung gerichtet sein oder den Bestand eines Mietverhältnisses über Wohnraum betreffen (vgl. § 796a II und → Rn. 639).[1590] Für die Vollstreckbarkeitserklärung ist das Gericht als Prozessgericht zuständig, das für die gerichtliche Geltendmachung des zu vollstreckenden Anspruchs zuständig wäre (§ 796b I). Mit Zustimmung der Parteien kann ein Vergleich ferner von einem Notar, der seinen Amtssitz im Bezirk eines nach § 796a I zuständigen Gerichts hat, in Verwahrung genommen und für vollstreckbar erklärt werden (§ 796c I).

1132

Einen weiteren wichtigen Vollstreckungstitel stellt der **Kostenfestsetzungsbeschluss** (→ Rn. 883) dar (§ 794 I Nr. 2). Ist er auf das Urteil gesetzt worden (§ 105), dann wird er mit dem Urteil ausgefertigt und zugestellt (vgl. § 795a); eine Wartefrist, wie sie sonst nach § 798 einzuhalten ist, gilt dann nicht (→ Rn. 1148 aE).

1133

Außerdem kann aus Arresten und einstweiligen Verfügungen (→ Rn. 1359 ff.) die Zwangsvollstreckung betrieben werden. Auch in anderen Gesetzen finden sich Titel, aus denen die Vollstreckung nach Maßgabe der ZPO durchgeführt wird. Als Beispiele sind zu nennen: Der Auszug aus der Insolvenztabelle (§ 201 II InsO), der Zuschlagsbeschluss in der Zwangsversteigerung (§ 93 ZVG), die vom Jugendamt beurkundete Verpflichtungserklärung zur Erfüllung von Unterhaltsansprüchen oder von Ansprüchen auf Zahlung von Entbindungskosten (§ 60 SGB VIII).

1134

### 2. Vollstreckungsklausel

Die amtliche Bescheinigung, dass der Titel vollstreckbar ist, wird als Vollstreckungsklausel bezeichnet. Ihr Wortlaut ist in § 725 angegeben, jedoch ist die dort genannte Formulierung nicht zwingend, sondern bezeichnet nur das Mindestmaß der an eine Vollstreckungsklausel zu stellenden Anforderungen.[1591] Die vom Urkundsbeamten der Geschäftsstelle (→ Rn. 153 f.) des Gerichts erster Instanz – oder eines höheren Ge-

1135

---

[1588] OLG Saarbrücken NJW 1977, 1202.
[1589] OLG Brandenburg NJW 2014, 643.
[1590] Vgl. Musielak/Voit/*Voit* § 796a Rn. 1 ff.
[1591] Vgl. *Lackmann* ZVR Rn. 66 ff.

richts, wenn der Rechtsstreit bei ihm anhängig ist (vgl. § 724 II) – zu erteilende Vollstreckungsklausel wird auf die Ausfertigung des Urteils (→ Rn. 892) gesetzt (= vollstreckbare Ausfertigung; vgl. § 724 I) und dient dem Zweck, das Vollstreckungsorgan von der (von ihm kaum zu bewältigenden) Prüfung freizustellen, ob aus dem vorgelegten Titel vollstreckt werden darf.

1136 Die vollstreckbare Ausfertigung wird nur auf Antrag erteilt. Aufgrund dieses Antrages hat der Urkundsbeamte der Geschäftsstelle zu prüfen, ob der Vollstreckungstitel wirksam besteht, also beispielsweise nicht inzwischen aufgehoben wurde, vollstreckbar ist, dh das Urteil Rechtskraft erlangt hat oder für vorläufig vollstreckbar erklärt wurde (→ Rn. 1121) und einen vollstreckungsfähigen Inhalt aufweist.

1137 Die Zuständigkeitsregelung des § 724 II betrifft nur Urteile als Vollstreckungstitel. Bei anderen Vollstreckungstiteln ist diese Vorschrift nur dann entsprechend anzuwenden, soweit sich nicht aus den §§ 795a ff. etwas anderes ergibt (§ 795). Danach ist die Vollstreckungsklausel bei einem Prozessvergleich ebenfalls in entsprechender Anwendung des § 724 II zu erteilen; dies wird nunmehr ausdrücklich – allerdings unter der einschränkenden Voraussetzung, dass die Wirksamkeit des Vergleichs ausschließlich vom Eintritt einer sich aus der Verfahrensakte ergebenden Tatsache abhängig ist – durch § 795b klargestellt, der durch das 2. JuMoG in die ZPO eingefügt worden ist.[1592] Für die vollstreckbare Ausfertigung notarieller Urkunden ist nach § 797 II der Notar zuständig.

1138 In zwei Fällen reicht die Bedeutung der Vollstreckungsklausel noch über die Funktion hinaus, die Vollstreckbarkeit des Titels zu bescheinigen:

- **Ist die Vollstreckung** eines Titels nach seinem Inhalt **bedingt oder befristet,** so darf in der Regel die Vollstreckungsklausel erst erteilt werden, wenn der Beweis des Eintritts der Bedingung oder Befristung durch öffentliche oder durch öffentlich beglaubigte Urkunden geführt worden ist (§ 726 I, § 795) oder wenn wegen Offenkundigkeit oder wegen des Geständnisses des Schuldners ein solcher Beweis entbehrlich ist. Es handelt sich dann um eine sog. **titelergänzende Vollstreckungsklausel.** Auch hier ist Sinn der Regelung, dem Vollstreckungsorgan eine entsprechende Prüfung zu ersparen. Nur in Fällen, in denen diese Prüfung einfach ausfällt, gelten **Ausnahmen:**
  - **Die Vollstreckung hängt von einer Zug um Zug zu bewirkenden Leistung des** Gläubigers an den Schuldner ab (§ 726 II, zu der dort genannten Ausnahme für Willenserklärungen → Rn. 1285). In diesem Fall wird die vollstreckbare Ausfertigung ohne Nachweis der Leistung des Gläubigers erteilt, und das Vollstreckungsorgan hat zu prüfen, ob der Schuldner befriedigt oder ihm die Leistung angeboten worden ist (vgl. §§ 756, 765; → Rn. 1160).
  - Der den Gegenstand des Titels bildende Anspruch ist vom Eintritt eines bestimmten Kalendertages abhängig; in diesem Fall wird ebenfalls die Klausel sofort erteilt, jedoch darf die Vollstreckung erst nach Ablauf dieses Tages beginnen (§ 751 I).
  - Das Gleiche gilt, wenn die Vollstreckung von einer Sicherheitsleistung des Gläubigers abhängt (§ 726 I, § 751 II).

---

[1592] Anlass für diese Klarstellung war die vom BAG (NJW 2004, 701) vertretene Auffassung, der sich auch der BGH (NJW 2006, 776) angeschlossen hatte, dass für die Erteilung der Vollstreckungsklausel bei Vergleichen auf Widerruf der Rechtspfleger zuständig sei, weil der fehlende Widerruf eines Vergleichs innerhalb der vereinbarten Widerrufsfrist eine vom Gläubiger gem. § 726 zu beweisende Tatsache sei.

## II. Die Voraussetzungen der Zwangsvollstreckung

Ausdrücklich wird in § 726 I dem Gläubiger ein entsprechender Nachweis des Eintritts der Bedingung oder Befristung nur dann aufgegeben, wenn er insoweit beweisbelastet ist („von dem durch den Gläubiger zu beweisenden Eintritt"). Ist dies nicht der Fall, so wird die Klausel ohne diesen Nachweis erteilt.

**Beispiel:** Bei einem Prozessvergleich verpflichtet sich B, an K einen Betrag von 10.000 EUR in monatlichen Raten von 1.000 EUR zu zahlen. Bei Ausbleiben einer Rate soll der gesamte Restbetrag sofort fällig werden (sog. kassatorische Klausel; → Rn. 535). K beantragt gem. § 795 (§ 794 I Nr. 1) iVm § 724 die Erteilung der Vollstreckungsklausel für den gesamten Betrag mit der Behauptung, B habe seine Ratenverpflichtung nicht eingehalten. In diesem Fall wird die Vollstreckungsklausel ohne einen entsprechenden Nachweis erteilt, weil nach dem materiellen Recht die Erfüllung anspruchsvernichtend wirkt und deshalb dafür die Feststellungslast der Schuldner trägt (vgl. § 362 I BGB, → Rn. 858). Bei der Formulierung von Vergleichen muss daher auf die Beweislastverteilung geachtet werden, wenn solche oder ähnliche Probleme des Vollstreckungsrechts vermieden werden sollen.

- Vor Beginn der Zwangsvollstreckung müssen selbstverständlich die Personen, für und gegen die vollstreckt werden soll, genau feststehen; dementsprechend macht § 750, der nach § 795 auch für die in § 794 erwähnten Schuldtitel gilt, die Zwangsvollstreckung davon abhängig, dass diese Personen im Titel oder in der ihm beigefügten Vollstreckungsklausel namentlich bezeichnet sind. Im Falle einer **Rechtsnachfolge** auf der Gläubiger- oder Schuldnerseite muss deshalb vor der Vollstreckung diese Nachfolge kenntlich gemacht werden. Dies geschieht nach § 727 durch eine sog. **titelübertragende** (oder titelumschreibende) **Vollstreckungsklausel,** durch die eine Rechtsnachfolge bescheinigt wird, sodass bei der Durchführung der Vollstreckung insoweit Zweifel nicht mehr auftreten können.[1593] Voraussetzung ist allerdings, dass die Rechtsnachfolge bei dem Gericht offenkundig ist, durch den Schuldner zugestanden wird[1594] oder durch öffentliche oder durch öffentlich beglaubigte Urkunden nachgewiesen werden kann (→ Rn. 1141 aE zum Fall, dass dieser Nachweis nicht erbracht werden kann). § 138 III ist im Klauselerteilungsverfahren nicht anwendbar, sodass ein Schweigen des Schuldners den förmlichen Nachweis der Rechtsnachfolge nicht entbehrlich macht.[1595]

**Für die Erteilung der Vollstreckungsklausel in den Fällen der §§ 726 und 727 ist** nicht der Urkundsbeamte der Geschäftsstelle, sondern **der Rechtspfleger zuständig** (§ 20 Nr. 12 RPflG). Bei notariellen Urkunden bleibt es jedoch auch dann bei der Zuständigkeit des Notars (→ Rn. 1137 aE). 1139

Die Frage ist streitig, ob eine Vollstreckungsklausel, die entgegen der Vorschrift des § 726 I nicht vom Rechtspfleger, sondern vom Urkundsbeamten der Geschäftsstelle erteilt wurde, als unwirksam anzusehen ist und es deshalb den Vollstreckungsmaßnahmen an einer Grundlage 1140

---

[1593] Vgl. BGH NJW 2017, 2917 (bei Rechtsform- und Namenswechsel der klagenden Gesellschaft muss im Vollstreckungsverfahren der Nachweis der Identität geführt werden); dazu *K. Schmidt* JuS 2017, 1221 f.
[1594] Str., wie hier BGH MDR 2006, 52; OLG Koblenz NJW-RR 2003, 1007, jew. mwN auch zur Gegenauffassung; Musielak/Voit/*Lackmann* § 726 Rn. 5, § 727 Rn. 4; Stein/Jonas/*Münzberg* § 726 Rn. 19, § 727 Rn. 41, § 730 Rn. 3; aA OLG Hamburg MDR 1997, 1156.
[1595] BGH MDR 2006, 52; OLG Nürnberg NJW-RR 1993, 1340.

fehlt. Der BGH[1596] vertritt dazu die Auffassung, dass eine solche Klausel zwar anfechtbar, aber nicht unwirksam sei und deshalb die Vollstreckung aufgrund einer solchen fehlerhaften Klausel bis zu ihrer Beseitigung als rechtmäßig bewertet werden müsse. Insbesondere ist es nicht Aufgabe des Vollstreckungsorgans zu prüfen, ob die Vollstreckungsklausel ordnungsgemäß erteilt wurde.[1597] Folglich müssten Einwendungen des Schuldners gegen die Zulässigkeit der erteilten Klausel im Wege der Klauselerinnerung nach § 732 (→ Rn. 1142) geltend gemacht werden und nicht mit der Vollstreckungserinnerung gem. § 766 (→ Rn. 1292). Gleiches gilt für die Fälle des § 727.

1141 Wird dem Antrag des **Gläubigers** auf Erteilung der Vollstreckungsklausel nicht entsprochen, dann kann er einen **Rechtsbehelf** einlegen, der sich danach richtet, wer die Vollstreckungsklausel versagt hat:

- Bei Ablehnung der Klauselerteilung durch den Urkundsbeamten der Geschäftsstelle kann der Gläubiger nach § 573 I innerhalb einer Notfrist von zwei Wochen Erinnerung einlegen. Sofern der Urkundsbeamte der Erinnerung nicht abhilft (§ 573 I 3 iVm § 572 I), hat er sie dem Gericht vorzulegen, dem er angehört; gegen dessen (ablehnende) Entscheidung kann der Gläubiger sofortige Beschwerde nach § 573 II erheben.
- Verweigert der **Rechtspfleger des Gerichts erster Instanz** (AG oder LG) die Erteilung der Vollstreckungsklausel, dann kommt als Rechtsbehelf die **sofortige Beschwerde** in Betracht (§ 567 iVm § 11 I RPflG). Lehnt der **Rechtspfleger des Gerichts der zweiten Instanz** die Klauselerteilung ab, dann ist die Beschwerde nach § 567 I ausgeschlossen, und es ist die **Rechtspflegererinnerung** nach § 11 II 1 RPflG der richtige Rechtsbehelf. Der Rechtspfleger hat der Beschwerde (§ 572 I) oder der Erinnerung (§ 11 II 2) abzuhelfen, wenn er sie für begründet ansieht; andernfalls hat er die Beschwerde dem Beschwerdegericht (→ Rn. 1014), die Erinnerung dem Richter zur Entscheidung vorzulegen (§ 11 II 3 RPflG).[1598]
- Lehnt der **Notar** die Erteilung der Vollstreckungsklausel ab, so ist gegen diese Entscheidung die **Beschwerde** statthaft (§ 54 BeurkG).
- Eine **Klage auf Erteilung der Vollstreckungsklausel nach § 731** muss der Gläubiger erheben, wenn er eine titelergänzende oder titelübertragende Vollstreckungsklausel begehrt und den dafür erforderlichen Nachweis nicht durch öffentliche oder öffentlich beglaubigte Urkunden führen kann (→ Rn. 1138). In diesem Rechtsstreit kann dann der Beweis mit anderen Beweismitteln erbracht werden.[1599]

1142 **Einwendungen des Schuldners gegen die Zulässigkeit der Vollstreckungsklausel können nach § 732 durch Erinnerung geltend gemacht werden.** Solche Einwendungen können sich auf formelle Fehler im Klauselerteilungsverfahren beziehen (Beispiele: Fehlen eines vollstreckungsfähigen Titels oder eines Antrags auf Erteilung der Klausel, Unzuständigkeit des die Klausel erteilenden Beamten); es können jedoch auch die Erfüllung der Voraussetzungen für die Erteilung einer titelergänzenden oder titelübertragenden Klausel ausgeschlossen werden (Beispiele: Nichteintritt

---

[1596] BGH NJW-RR 2012, 1146 Rn. 12 ff. mzN zu beiden Auffassungen.
[1597] BGH NJW-RR 2013, 437 Rn. 9.
[1598] Vgl. Zöller/*Seibel* § 724 Rn. 13; Musielak/Voit/*Lackmann* § 724 Rn. 11, § 726 Rn. 8.
[1599] Die Möglichkeit, Klage nach § 731 zu erheben, nimmt dem Kläger nicht das Rechtsschutzinteresse (→ Rn. 267) an einer Klage aus dem zugrunde liegenden Rechtsverhältnis, vielmehr hat der Kläger insoweit die Wahl; BAG NJW 1995, 73.

der Bedingung im Falle des § 726, von der die Vollstreckung abhängt, Unwirksamkeit der Rechtsnachfolge im Falle des § 727). Die entscheidende Testfrage lautet: Durfte die Vollstreckungsklausel erteilt werden? Die Erinnerung ist begründet, wenn diese Frage zu verneinen ist, das zuständige Organ im Rahmen der von ihm vorzunehmenden Prüfung zu einem negativen Ergebnis gelangen musste.[1600]

**1143** Die Prüfungskompetenz im Rahmen des § 732 geht nicht weiter als die des für die Klauselerteilung zuständigen Organs.[1601] So kann bei der Klauselerteilung nur geprüft werden, ob ein formell wirksamer Titel mit einem vollstreckungsfähigen Inhalt vorgelegt wird. Eine weitere Prüfungsbefugnis steht dem Klausel erteilenden Organ nicht zu.[1602] Deshalb kann sich auch die Prüfung des Gerichts nur darauf beziehen, ob demgemäß die Klausel erteilt werden durfte. Wendet sich der Schuldner gegen die Richtigkeit der in der Urkunde enthaltenen Erklärung, macht er zB geltend, dass die beurkundete Vollmacht unwirksam sei, dann kann dies nicht mit Erfolg im Rahmen des § 732 gerügt werden. Denn was beurkundet wurde, ist bei der Klauselerteilung als richtig anzunehmen. Einwendungen gegen die Richtigkeit sind mit der Klauselgegenklage nach § 768 zu verfolgen. Einwendungen nach § 732 ermöglichen nur eine formelle Überprüfung des Klauselerteilungsverfahrens daraufhin, ob die vorgelegten Nachweise ihrer Form nach den Anforderungen entsprechen und den erforderlichen Beweis erbringen.[1603]

**1144** **Der Schuldner kann wegen Nichterfüllung materieller Voraussetzungen für die Erteilung einer titelergänzenden oder titelumschreibenden Vollstreckungsklausel Klage nach § 768** erheben. Soweit sich eine Überschneidung der Anwendungsbereiche des § 768 und des § 732 ergibt (Beispiel: Der Schuldner bestreitet, dass der Eintritt einer Bedingung durch die vorgelegte Urkunde bewiesen worden ist), kann zwischen beiden Rechtsbehelfen gewählt werden.[1604] Zulässig ist es auch, zuerst Erinnerung nach § 732 zu erheben und nach ihrer Zurückweisung Klage nach § 768.[1605]

**1145** Einwendungen, die sich gegen den titulierten Anspruch als solchen richten (Beispiel: Der Schuldner trägt vor, er habe die Forderung des Gläubigers nach Erlass des Urteils erfüllt), können nicht im Rahmen einer Erinnerung nach § 732 oder einer Klage nach § 768 vorgetragen werden, sondern sind mit einer **Vollstreckungsabwehrklage** geltend zu machen (→ Rn. 1301 ff.).[1606] Insoweit können sich Abgrenzungsfragen stellen.

> **Beispiel:** Der Schuldner bestreitet den Eintritt einer Bedingung für die Entstehung einer Forderung gegen ihn. Es können sich folgende Alternativen ergeben: Der Schuldner macht formelle Fehler im Klauselerteilungsverfahren geltend, er trägt zB vor, dass durch die vorgelegte Urkunde der Bedingungseintritt nicht bewiesen worden sei; dies kann er mit der Erinnerung nach § 732 tun. Wendet er ein, der beurkundete Bedingungseintritt sei in Wirklichkeit nicht geschehen, dann kann er mit der Klage nach § 768 das Fehlen einer Voraussetzung für die Erteilung der Klausel nach § 726 rügen.

---

[1600] Vgl. BGH NJW-RR 2004, 1718 (1719); 2006, 567; NJOZ 2005, 3298; MDR 2005, 1432; 2012, 187f. Rn. 12.
[1601] *Jäckel* JuS 2005, 610 (614).
[1602] Vgl. BGH NJW-RR 2012, 1146 Rn. 15; 2012, 1148 Rn. 12; 2013, 437 Rn. 9.
[1603] Zöller/*Seibel* § 732 Rn. 12.
[1604] *Zimmermann* ZPO § 768 Rn. 1.
[1605] MüKoZPO/*K. Schmidt/Brinkmann* § 768 Rn. 4.
[1606] OLG Saarbrücken NJOZ 2005, 3162 (3163 f.); KG MDR 2008, 591 (592).

In beiden Fällen wendet er sich gegen die Klauselerteilung und damit gegen die vollstreckbare Ausfertigung des Titels. Will der Schuldner dagegen seine materiell-rechtliche Verpflichtung ausschließen und sich darauf berufen, dass mangels Bedingungseintritts eine Forderung gegen ihn nicht entstanden sei, dann muss er dies mit der Vollstreckungsabwehrklage nach § 767 verfolgen.

**1146** Im **Klauselerteilungsverfahren** gibt es also die im folgenden Schaubild dargestellten Rechtsbehelfe:

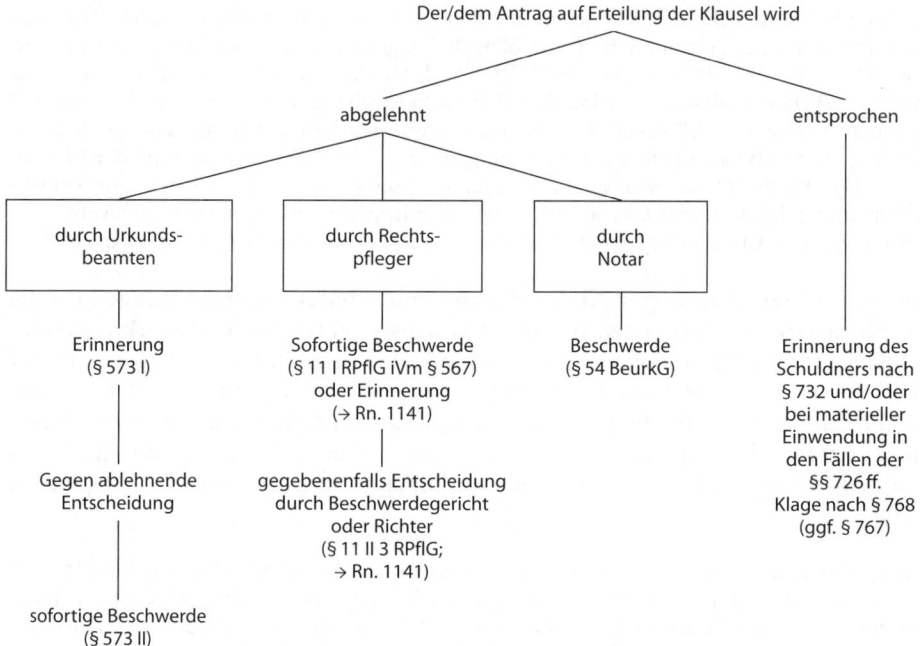

## 3. Zustellung

**1147** Die Zwangsvollstreckung darf nur beginnen, wenn der Vollstreckungstitel bereits zugestellt ist oder gleichzeitig mit dem Beginn der Vollstreckung zugestellt wird (§ 750 I 1, § 795).

**1148** Urteile werden von Amts wegen (§ 166 II) regelmäßig beiden Parteien zugestellt (vgl. § 317 I; zum Verfahren der Zustellung vgl. §§ 166 ff.). Soll in das Vermögen einer Gesellschaft bürgerlichen Rechts vollstreckt werden, muss der Titel ihrem Geschäftsführer oder, wenn ein solcher nicht bestellt ist, einem ihrer Gesellschafter zugestellt werden.[1607] Zuzustellen ist das Urteil; jedoch bleibt das Original des Urteils bei den Akten, und die Parteien erhalten eine Ausfertigung (→ Rn. 892). Auch Beschlüsse, die einen Vollstreckungstitel bilden, sind von Amts wegen zuzustellen (§ 329 III). Grundsätzlich braucht nicht die mit der Vollstre-

---

[1607] BGH MDR 2006, 1254; vgl. auch BGH NJW 2007, 995.

III. Die Zwangsvollstreckung wegen Geldforderungen

ckungsklausel versehene Ausfertigung zugestellt zu werden, dies ist nur bei titelergänzenden und titelübertragenden Vollstreckungsklauseln erforderlich (vgl. § 750 II). Im Regelfall kann die Zwangsvollstreckung im Zeitpunkt der Zustellung des Vollstreckungstitels beginnen (§ 750 I 1). Ausnahmsweise sind aber zum Schutz des Schuldners in bestimmten Fällen **Wartefristen** einzuhalten:

- Für die sog. **Sicherungsvollstreckung** nach § 720a bestimmt § 750 III, dass die Zwangsvollstreckung erst beginnen darf, wenn das Urteil und die Vollstreckungsklausel mindestens zwei Wochen vorher zugestellt sind (§ 750 III). Nach Auffassung des BGH bezieht sich diese Regelung jedoch nur auf die Fälle des § 750 II, in denen also die Wartefrist nicht bereits mit der Zustellung des Urteils, sondern erst mit der Zustellung der Klausel beginnt. Bei einer einfachen Klausel ist nur die Zustellung des Urteils erforderlich (§ 750 I).[1608] Für § 720a gilt diese Ausnahme zugunsten des Schuldners, da dem Gläubiger gestattet wird, die Vollstreckung ohne Sicherheitsleistung zu betreiben, obwohl dies im vorläufig vollstreckbaren Urteil so vorgesehen war. Die Wartefrist dient dazu, dem Schuldner die Möglichkeit zu verschaffen, durch Leistung einer Sicherheit die Zwangsvollstreckung abzuwenden (vgl. § 720a III).
- Aus einem Kostenfestsetzungsbeschluss, der nicht auf das Urteil gesetzt worden ist, aus Beschlüssen nach § 794 I Nr. 2a und 4b sowie aus einer vollstreckbaren Urkunde nach § 794 I Nr. 5 darf die Zwangsvollstreckung ebenfalls erst vorgenommen werden, wenn der Schuldtitel mindestens zwei Wochen vorher zugestellt worden ist (§ 798). Die Wartefrist soll in diesen Fällen eine Überraschung des Schuldners verhindern und ihm ausreichend Zeit zur freiwilligen Leistung einräumen.

## III. Die Zwangsvollstreckung wegen Geldforderungen

### 1. Sachaufklärung

Soll zur Durchsetzung von Geldforderungen die Zwangsvollstreckung betrieben werden, so müssen die Vermögensgegenstände des Schuldners bekannt sein, um gepfändet werden zu können. Dies bereitet oft Schwierigkeiten, denn körperliche Sachen können sich auch außerhalb der Wohnung des Schuldners befinden und Konten, Forderungen aus Arbeitsverhältnissen und pfändbare andere Rechte sind dem Gläubiger häufig nicht bekannt. Um dem Gläubiger die Rechtsdurchsetzung zu ermöglichen, wird der Schuldner deshalb verpflichtet, sein Vermögen offenzulegen. Die Regelungen dazu wurden durch das Gesetz zur Verbesserung der Sachaufklärung zum 1.1.2013 neu gestaltet.[1609] Nunmehr kann der Gläubiger den Gerichtsvollzieher damit beauftragen, bereits vor Beginn weiterer Vollstreckungsmaßnahmen den Schuldner zur Anfertigung eines Vermögensverzeichnisses aufzufordern (§ 802c iVm § 802a II Nr. 2). Auch diesem Verfahren hat aber der Versuch einer gütlichen Regelung voranzugehen (§ 802a II Nr. 1, § 802b)

1149

---

[1608] BGH MDR 2005, 1433, mwN auch zur Gegenauffassung; *Walker* JZ 2011, 401 (404). Zu § 750 II vgl. BGH MDR 2007, 297.
[1609] Vgl. dazu *Würdinger* JZ 2011, 177; *G. Vollkommer* NJW 2012, 3681.

**1150** Hat der Schuldner keine Vermögensauskunft abgegeben, reicht das angegebene Vermögen offensichtlich nicht aus, um die Forderungen des Gläubigers zu befriedigen oder weist der Schuldner nicht innerhalb eines Monats die Befriedigung des Gläubigers nach, so wird der Schuldner in einem Verzeichnis vermerkt, in das Jedermann bei berechtigtem Interesse Einsicht nehmen kann (§ 882b iVm § 882c I; § 882f). Da auch Schuldnerauskunfteien für die Bildung ihres Score-Werts dieses Verzeichnis nutzen, führt die Eintragung für den Schuldner zu erheblichen Schwierigkeiten bei der Kreditgewährung, beim Abschluss von Mietverträgen oder bei der Beantragung einer Kreditkarte.

**1151** Verweigert der Schuldner die Vermögensauskunft, so kann er durch Haft von bis zu sechs Monaten zur Abgabe angehalten werden (§ 802g, § 802j). Wird keine Vermögensauskunft abgegeben oder reichen die angegebenen Vermögenswerte zur Befriedigung voraussichtlich nicht aus, so kann der Gerichtsvollzieher auch Auskünfte bei den in § 802l genannten Stellen einholen.[1610] Hat der Schuldner eine Vermögensauskunft erteilt, so braucht er für die Dauer von zwei Jahren nur dann erneut Auskunft zu geben, wenn der Gläubiger Tatsachen glaubhaft macht, die auf eine wesentliche Veränderung der Vermögensverhältnisse schließen lassen, § 802d.

## 2. Vollstreckung in das bewegliche Vermögen

**1152** Es war bereits darauf hingewiesen worden (→ Rn. 1107 ff.), dass bei der Zwangsvollstreckung nach der Art der Forderung, wegen der vollstreckt wird, und nach der Art des Gegenstandes, in den vollstreckt wird, unterschieden werden muss. Die Zwangsvollstreckung wegen Geldforderungen in das bewegliche Vermögen ist in den §§ 803–863 geregelt.

**1153** Dabei muss zwischen der Zwangsvollstreckung in körperliche Sachen (§§ 808–827) sowie in Forderungen und andere Vermögensrechte (§§ 828–863) differenziert werden (→ Rn. 1109). Diese Regelungen werden durch allgemeine Vorschriften für die Zwangsvollstreckung in das bewegliche Vermögen ergänzt, die sich in den §§ 803–807 finden.

**1154** Hat der Gläubiger einen Anspruch auf Zahlung einer bestimmten Geldsumme und wird bei der Zwangsvollstreckung wegen dieses Anspruchs ein entsprechender Geldbetrag beim Schuldner gefunden, dann wickelt sich das Verfahren relativ einfach ab: Der **Geldbetrag** wird **gepfändet** (§ 803 I 1, § 808 I, II 1) und das Geld wird dem Gläubiger abgeliefert (§ 815 I; → Rn. 1174). Ist dagegen Geld nicht vorhanden, dann muss auf andere Vermögenswerte zurückgegriffen werden, um zu versuchen, sie zu Geld zu machen. Dies geschieht durch Pfändung und Verwertung dieser Vermögensgegenstände. Bei der Geldvollstreckung in das bewegliche Vermögen ist also stets die Pfändung erforderlich.

---

[1610] Vgl. Musielak/Voit/*Voit* § 802l Rn. 4 ff.; *G. Vollkommer* NJW 2012, 3681 (3685 f.).

III. Die Zwangsvollstreckung wegen Geldforderungen

## a) Die Pfändung

### aa) Verfahren

Die Pfändung ist ein Hoheitsakt und bedeutet die staatliche Beschlagnahme des Vollstreckungsgegenstandes. Bei beweglichen Sachen wird die Pfändung nach § 808 I dadurch bewirkt, dass sie der Gerichtsvollzieher in Besitz nimmt, dh die tatsächliche Gewalt ergreift (§ 854 I BGB) und damit die Verfügungsgewalt des Schuldners ausschließt.[1611] Diese Vorschrift wird durch § 808 II ergänzt, der unter bestimmten Voraussetzungen erlaubt, dass gepfändete Sachen im Gewahrsam des Schuldners bleiben.

1155

Geld, Kostbarkeiten und Wertpapiere hat der Gerichtsvollzieher regelmäßig mitzunehmen und sachgemäß zu verwahren. Bei ihnen ist der Transport regelmäßig einfach und ihre Mitnahme zur Sicherung des Zugriffs geboten. Andere Sachen sind nur dann nicht im Gewahrsam des Schuldners zu belassen, wenn hierdurch die Befriedigung des Gläubigers gefährdet wird (vgl. § 808 II). Der Schuldner ist unmittelbarer Besitzer der gepfändeten Sachen, die in seinem Gewahrsam bleiben, und mittelt dem Gerichtsvollzieher (als mittelbarem Besitzer der ersten Stufe) und dem Gläubiger (als mittelbarem Besitzer der zweiten Stufe) den Besitz.[1612] Ob der Schuldner die in seinem Gewahrsam belassenen gepfändeten Gegenstände weiter benutzen darf, richtet sich nach den Besonderheiten des Einzelfalles. Dabei ist von dem Grundsatz auszugehen, dass eine weitere Benutzung nur dann zulässig ist, wenn sie ohne Beseitigung der Pfandzeichen möglich ist und durch die Benutzung der Wert der Sache nicht wesentlich gemindert wird.[1613]

1156

Bei den im Gewahrsam des Schuldners bleibenden Sachen hängt die Wirksamkeit der Pfändung davon ab, dass sie durch Anlegung von Siegeln oder auf sonstige Weise ersichtlich gemacht wird (§ 808 II 2). So können beispielsweise noch nicht vom Boden getrennte Früchte (ihre Pfändung wird abweichend von der Regelung des BGB nach den Vorschriften über die Zwangsvollstreckung in bewegliche Sachen vorgenommen; vgl. § 810 auch zu den Ausnahmen) oder Tiere nicht mit einem Pfandsiegel versehen werden; in solchen Fällen ist die Pfändung durch ein auf sie hinweisendes Schriftstück (Pfandanzeige) kenntlich zu machen, das in der Weise anzubringen ist, dass jedermann von der Pfändung Kenntnis nehmen kann (zB am Eingang der Box, in der sich das Tier befindet).[1614]

1157

Der Gerichtsvollzieher soll in jeder Lage des Verfahrens auf eine gütliche Erledigung bedacht sein (§ 802b I). Deshalb wird er vor einer Pfändung den Schuldner zunächst aufzufordern, die Zwangsvollstreckung durch freiwillige Leistung des geschuldeten Geldbetrages einschließlich Zinsen und Kosten der Zwangsvollstreckung abzuwenden (§ 105 Nr. 2 GVGA). Kommt der Schuldner dieser Aufforderung nach, dann hat der Gerichtsvollzieher ihm die vollstreckbare Ausfertigung nebst einer Quittung zu übergeben (§ 757 I). Der Gerichtsvollzieher kann dem Schuldner auch eine Zahlungsfrist einräumen oder Ratenzahlungen gestatten, wenn dies der Gläubiger nicht ausgeschlossen hat. Voraussetzung dafür ist allerdings, dass der Schuldner glaubhaft darlegt, die nach Höhe und Zeitpunkt festzusetzenden Zahlungen erbringen zu kön-

1158

---

[1611] *Gaul/Schilken/Becker-Eberhard* ZVR § 51 Rn. 26 f. mwN.
[1612] Vgl. Musielak/Voit/*Becker* § 808 Rn. 19 mwN.
[1613] Vgl. Zöller/*Stöber* § 808 Rn. 21.
[1614] Vgl. Musielak/Voit/*Becker* § 808 Rn. 17 f.

nen. Wird ein entsprechender Zahlungsplan vereinbart, dann ist die Vollstreckung aufgeschoben. Jedoch soll die Tilgung innerhalb von zwölf Monaten abgeschlossen sein (§ 802b II). Im Einzelfall kann jedoch auch ein längerer Zeitraum für die Tilgung vorgesehen werden.[1615] Der Gerichtsvollzieher hat den Gläubiger unverzüglich über den Zahlungsplan und den Vollstreckungsaufschub zu unterrichten. Widerspricht der Gläubiger unverzüglich, dann wird der Zahlungsplan mit der Unterrichtung des Schuldners hinfällig und der Vollstreckungsaufschub endet. Dieselben Wirkungen treten ein, wenn der Schuldner mit einer festgesetzten Zahlung ganz oder teilweise länger als zwei Wochen in Rückstand gerät (§ 802b III).

**1159** Muss die Vollstreckung durchgeführt werden, dann hat der Gerichtsvollzieher pfändbare Sachen zu suchen, um sie zu pfänden. Weigert der Schuldner sich, den Gerichtsvollzieher zur Durchführung der Pfändung in seine Wohnung zu lassen,[1616] dann ist für die **Durchsuchung der Wohnung des Schuldners** eine richterliche Durchsuchungsanordnung erforderlich,[1617] sofern nicht die Einholung der Anordnung den Erfolg der Durchsuchung gefährden würde (§ 758a I).[1618] Der Begriff der Wohnung wird weit auszulegen.[1619] Dazu gehören Keller, Speicher, Treppen, Garagen, nicht allgemein zugängliche Geschäfts- und Büroräume sowie umzäunte oder in anderer Weise der öffentlichen Zugänglichkeit entzogene Bereiche wie Gärten und Vorgärten. Entscheidend kommt es darauf an, ob der jeweilige Raum oder die jeweilige Fläche für private Zwecke gewidmet und der Öffentlichkeit nicht frei zugänglich ist.[1620] Um eine Durchsuchung handelt es sich nur, wenn ein Betreten der ziel- und zweckgerichteten Suche nach Personen oder Sachen oder zur Ermittlung eines nicht bereits offenkundigen Sachverhalts, dh dem Aufspüren dessen dient, was der Wohnungsinhaber von sich aus nicht herausgeben oder offen legen will.[1621] Betritt das Vollstreckungsorgan gemeinsam genutzte Flure, um den vom Schuldner genutzten Raum zu erreichen, so ist dies keine Durchsuchung. Auch eine Vollstreckung zur Nachtzeit (zum Begriff der Nachtzeit vgl. § 758a IV 2) sowie an Sonn- und allgemeinen Feiertagen darf nach § 758a IV 1 nur aufgrund einer besonderen Anordnung des Richters vorgenommen werden.[1622]

---

[1615] Musielak/Voit/*Voit* § 802b Rn. 2.
[1616] Von einer Weigerung des Schuldners kann ausgegangen werden, wenn er bei wiederholten, vorher angekündigten Vollstreckungsversuchen nicht angetroffen wird und daher dem Gerichtsvollzieher das Betreten der Wohnung unmöglich ist; vgl. LG Mönchengladbach MDR 2008, 292. Zu weiteren Folgen einer Weigerung → Rn. 1150.
[1617] Dieses Erfordernis ergibt sich aus dem grundgesetzlichen Schutz der Unverletzlichkeit der Wohnung gem. Art. 13 I GG, wobei sich dieses Grundrecht auch auf beruflich genutzte Räume bezieht; BVerfG NJW 2006, 3411 (3412).
[1618] Vgl. dazu *Wesser* NJW 2002, 2138.
[1619] BGH NJW-RR 2009, 1393 Rn. 11.
[1620] BGH NJW 2013, 2687 f. Rn. 7 mwN.
[1621] BVerfG NJW 1979, 1539; BGH NJW 2006, 3352 (3353). Hat dagegen der Schuldner nach dem Titel dem Gläubiger Zutritt zur Wohnung zu gewähren und in ihr bestimmte Handlungen zu dulden (zB Sperrung des Gaszählers), dann geht es nicht um eine Durchsuchung, sodass der Titel ohne eine weitere richterliche Maßnahme das Betreten der Wohnung rechtfertigt; vgl. BGH NJW 2006, 3352 (3353).
[1622] Dies gilt auch für die Vollstreckung eines Haftbefehls gem. § 802g; vgl. BGH NJW-RR 2005, 146 (zu § 901 aF).

III. Die Zwangsvollstreckung wegen Geldforderungen

Ist der Schuldner nur verpflichtet, den gegen ihn gerichteten Anspruch Zug um Zug gegen eine Leistung des Gläubigers zu erfüllen und steht die Leistung des Gläubigers noch aus, dann darf die Vollstreckung erst beginnen, wenn der Gläubiger seine Leistung dem Schuldner in einer den Verzug der Annahme begründenden Weise (→ GK BGB Rn. 591 ff.) anbietet oder angeboten hat (vgl. § 756 I). Gleichgestellt ist durch § 756 II der Fall, dass der Schuldner auf das wörtliche Angebot des Gerichtsvollziehers erklärt, dass er die Leistung nicht annehmen werde. Diese Regelung kann dem Gläubiger den sonst bei einer Bringschuld erforderlichen, möglicherweise kostenaufwändigen Transport der geschuldeten Sache ersparen. **1160**

Der Pfändung unterliegen nur solche **bewegliche Sachen**, die sich **im Gewahrsam – dh im äußerlich erkennbaren Herrschaftsbereich – des Schuldners (§ 808 I), des Gläubigers oder eines zur Herausgabe bereiten Dritten** befinden (§ 809). **Die in der ZPO getroffene Regelung gibt dem Gerichtsvollzieher nur auf, die Gewahrsamsverhältnisse zu prüfen,** die regelmäßig einfach festzustellen sind. **Wer Eigentümer der Sache ist, muss den Gerichtsvollzieher grundsätzlich nicht kümmern;**[1623] insbesondere darf er sich nicht durch die Behauptung, ein Dritter sei Eigentümer der zu pfändenden Sache, von einer Pfändung abhalten lassen. Vielmehr wird von dem Gewahrsam auf das Eigentum geschlossen. Der Vorschrift des § 808 kommt damit in vollstreckungsrechtlicher Hinsicht eine vergleichbare Bedeutung zu wie der Eigentumsvermutung des § 1006 BGB.[1624] Nur wenn offensichtlich ist, dass eine Sache nicht dem Schuldner, sondern einem Dritten gehört (Beispiel: die dem Schuldner, der einen Handwerksbetrieb unterhält, zur Reparatur gegebenen Sachen), hat der Gerichtsvollzieher von einer Pfändung abzusehen. Nach der gesetzlichen Regelung bleibt es also dem Dritten überlassen, der aufgrund seines Rechts an der Sache, insbesondere als Eigentümer, die Zwangsvollstreckung verhindern will, im Wege der Drittwiderspruchsklage nach § 771 I (Einzelheiten dazu später) vorzugehen. **1161**

Sachen, die sich im Gewahrsam eines nicht zur Herausgabe bereiten Dritten befinden, darf der Gerichtsvollzieher nicht pfänden. Tut er es dennoch, dann begeht er einen Verfahrensverstoß, den der Dritte mit der sog. Vollstreckungserinnerung (§ 766; dazu und zu weiteren Rechten des Dritten Einzelheiten später) geltend machen kann. **1162**

Der Dritte, in dessen Gewahrsam sich die zu pfändende Sache befindet, muss nicht nur mit der Pfändung als solcher einverstanden sein, sondern auch mit ihrer Wegnahme zum Zwecke der Verwertung.[1625] Hat ein Dritter nach der Pfändung der Sache an ihr Gewahrsam erlangt, dann darf der Gerichtsvollzieher die Sache gegen den Widerspruch des Dritten nur wegschaffen, wenn der Gläubiger gegen den nicht herausgabebereiten Dritten zuvor einen entsprechenden Titel erwirkt hat.[1626] Die Auffassung, die Verpflichtung des Dritten, die Sache an den Schuldner herauszugeben, ersetze die Herausgabebereitschaft,[1627] ist abzulehnen, weil sie dazu führt, den Gerichtsvollzieher zur Prüfung und zur Entscheidung materiell-rechtlicher Fragen zu zwingen, und dies nicht seine Aufgabe ist.[1628] Es bleibt dem Gläubiger nur, den Anspruch **1163**

---

[1623] Vgl. BGHZ 80, 296 (298 f.) = NJW 1981, 1835.
[1624] *Stamm* ZZP 124 (2011), 317 (319).
[1625] Musielak/Voit/*Becker* § 809 Rn. 4.
[1626] BGH NJW-RR 2004, 352 (353).
[1627] BLAH/*Hartmann* § 809 Rn. 2, 8 mwN.
[1628] *Baur/Stürner/Bruns* ZVR Rn. 28.10; *Brox/Walker* ZVR Rn. 254, die jedoch eine Ausnahme für den Fall erwägen, dass der Dritte offensichtlich rechtsmissbräuchlich handelt.

des Schuldners gegen den Dritten auf Herausgabe der Sache zu pfänden und ihn notfalls im Wege der Klage durchzusetzen (→ Rn. 1218, 1222).

**1164** Die zwangsweise Durchsetzung von Rechten muss dort eine Grenze finden, wo Interessen des Schuldners entgegenstehen, die höher bewertet werden müssen als das Interesse des Gläubigers an der Verwirklichung seines Anspruchs gegen den Schuldner. Der Gesetzgeber hat versucht, in verschiedenen Regelungen die unterschiedlichen Interessen von Schuldner und Gläubiger zu berücksichtigen, wobei auch das öffentliche Interesse eine Rolle spielen kann, durch die Zwangsvollstreckung den Schuldner nicht in eine Lage zu bringen, die den Staat verpflichtet, ihm und seiner Familie finanziell zu helfen. Im Rahmen der Zwangsvollstreckung wegen Geldforderungen in körperliche Sachen ist diesem öffentlichen Interesse durch **Pfändungsverbote** entsprochen worden, die sich in § 811 finden und die insbesondere verhindern sollen, dass dem Schuldner die Existenzgrundlage entzogen wird. Deshalb sind Gegenstände unpfändbar, die der Schuldner oder sein Ehegatte[1629] zur Fortsetzung der Erwerbstätigkeit benötigt. Dabei reicht es für die Anwendbarkeit des § 811 I Nr. 5 aus, wenn dem Schuldner mittelbar die Existenzgrundlage entzogen wird. So erstreckt sich der Schutzbereich des § 811 I Nr. 5 beispielsweise auf den Pkw des Schuldners, den der Ehegatte für die eigene Erwerbstätigkeit benötigt, wenn nur so der Familienunterhalt gesichert werden kann.[1630] Ebenso ist der Pkw eines gehbehinderten Schuldners nicht pfändbar, den er benötigt, um seine Gehbehinderung zu kompensieren und seine Integration in das öffentliche Leben zu ermöglichen.[1631] Der Gerichtsvollzieher hat von Amts wegen diese Pfändungsverbote zu beachten. Eine dennoch vorgenommene Pfändung ist wirksam und der Schuldner muss sich mit der Vollstreckungserinnerung nach § 766 gegen sie wenden.

**1165** Die Frage, ob der Schuldnerschutz des § 811 auch dann gilt, wenn der Gläubiger eine eigene Sache pfändet, ist durch die Vorschrift des § 811 II in Bezug auf den (einfachen) Eigentumsvorbehalt für die in Abs. 1 Nr. 1, 4, 5, 6 und 7 genannten Sachen entschieden. Aus dieser Regelung ist zu schließen, dass in anderen Fällen das Pfändungsverbot des § 811 I auch von dem vollstreckenden Eigentümer zu beachten ist.[1632]

**1166** Für die durch § 811 I Nr. 1, 5 und 6 ausgesprochenen Pfändungsverbote kommt es auf den Wert der Sachen nicht an. Auch sehr teure Luxusgegenstände (zB antike Möbel) können betroffen sein. Um in solchen Fällen zu einem angemessenen Interessenausgleich zu gelangen, hat der Gesetzgeber eine sog. **Austauschpfändung** vorgesehen, die dazu führt, dass ein wertvoller Gegenstand, der nach § 811 I Nr. 1, 5 und 6 unpfändbar ist, gegen einen anderen weniger wertvollen, der den Zwecken des Schuldners genügt,[1633] ausgetauscht wird oder dass der Gläubiger dem Schuldner zur Beschaffung eines entsprechenden Ersatzstückes den erforderlichen Geldbetrag zur Verfügung stellt (vgl. § 811a). Dabei erlaubt § 811b eine vorläufige Austausch-

---

[1629] Es entspricht hM, dass der Schutz des § 811 Nr. 5 auch auf den Ehegatten des Schuldners auszudehnen ist; so BGH NJW-RR 2010, 642 (643) mwN auch zur Gegenauffassung.
[1630] BGH NJW-RR 2010, 642 ff.
[1631] BGH NJW-RR 2011, 1367 f.
[1632] Musielak/Voit/*Becker* § 811 Rn. 28 f.
[1633] BGH NZV 2011, 593: Bei der Austauschpfändung eines Kfz muss das Ersatzstück eine annähernd gleiche Haltbarkeit und Lebensdauer wie das gepfändete Fahrzeug aufweisen.

III. Die Zwangsvollstreckung wegen Geldforderungen

pfändung, die auch ohne vorherige Entscheidung des Gerichts zulässig ist, wenn eine Zulassung durch das Gericht zu erwarten ist.

Der Schuldner ist auch dagegen geschützt, dass eine Zwangsvollstreckung weiter ausgedehnt wird, als sie zur Befriedigung des Gläubigers und zur Deckung der Kosten der Zwangsvollstreckung erforderlich ist (§ 803 I 2). Es gilt also das **Verbot der Überpfändung,** dessen Verletzung durch Vollstreckungserinnerung (§ 766) geltend gemacht werden kann. Dieses Verbot gilt anders als die Unpfändbarkeit nach § 811 nicht nur für die Vollstreckung in körperliche Gegenstände, sondern es betrifft auch die Vollstreckung in Forderungen oder sonstige Rechte. Es ist deshalb systematisch in den Regelungen verortet, die für alle Arten der Zwangsvollstreckung wegen Geldforderungen gelten. Verboten ist auch die Pfändung beweglicher Sachen, deren Verwertung einen Überschuss über die Kosten der Zwangsvollstreckung nicht erwarten lässt (§ 803 II), oder von Hausrat, dessen Verwertung voraussichtlich nur einen Erlös bringen wird, der zu dem Wert der Sachen außer allem Verhältnis steht (§ 812). 1167

### bb) Wirkungen

**Die Wirkungen einer Pfändung bestehen in der Verstrickung und in der Entstehung eines Pfändungspfandrechts.** Verstrickung wird die staatliche Beschlagnahme der gepfändeten Sache genannt, die dazu führt, dass sie der Verfügungsbefugnis des Schuldners entzogen und zum Zweck der Befriedigung des Gläubigers sichergestellt wird. Entsprechend diesem Zweck folgt aus der Verstrickung beweglicher Sachen regelmäßig ein Verfügungsverbot für den Schuldner, das durch die §§ 135, 136 BGB gesichert wird.[1634] Außerdem wird die Verstrickung strafrechtlich geschützt (vgl. § 136 StGB). 1168

**Die Verstrickung tritt grundsätzlich bei jeder Pfändung ein, und zwar auch dann, wenn dabei Verstöße gegen Verfahrensregeln begangen werden.** Denn Vollstreckungsakte sind als Hoheitsakte auch dann als wirksam anzusehen, wenn sie bei richtiger Rechtsanwendung hätten unterbleiben oder anders ergehen müssen. Eine solche Fehlerhaftigkeit führt lediglich dazu, dass sie aufgrund eines entsprechenden Rechtsbehelfs oder auch von Amts wegen abgeändert oder aufgehoben werden müssen. Solange dies nicht geschieht, ist die betreffende Vollstreckungsmaßnahme gültig. **Nichtig und ohne Wirkung sind Vollstreckungshandlungen nur ganz ausnahmsweise, wenn sie grundlegende schwere Mängel aufweisen.**[1635] beispielsweise das Fehlen eines vollstreckbaren Titels[1636] oder ein Verstoß gegen die funktionelle Zuständigkeit des Vollstreckungsorgans,[1637] und wenn diese schwere **Fehlerhaftigkeit offenkundig** ist. Dagegen hat das Fehlen einer Forderung des Gläubigers gegen den Schuldner oder die Pfändung einer dem Schuldner nicht gehörenden Sache keinen Einfluss auf die Wirksamkeit der Verstrickung. 1169

Durch die Pfändung erwirkt der Gläubiger ein Pfandrecht an dem gepfändeten Gegenstand (§ 804 I), das ihm im Verhältnis zu anderen Gläubigern dieselben Rechte wie ein durch Vertrag erworbenes Faustpfandrecht gewährt (§ 804 II). Über die 1170

---

1634 Vgl. *Brox/Walker* ZVR Rn. 361, 370.
1635 BGH NJW 1979, 2045 mwN; zu Einzelheiten: *Gaul/Schilken/Becker-Eberhard* ZVR § 50 Rn. 22 ff.
1636 BGH NJW 1993, 735 (736) mwN.
1637 Zu weiteren Beispielen *Gaul/Schilken/Becker-Eberhard* ZVR § 50 Rn. 22 ff.; vgl. auch § 31.

**Rechtsnatur des Pfändungspfandrechts** und über die Voraussetzungen seiner Entstehung wird schon seit langem gestritten. **Folgende Theorien** stehen sich gegenüber:

- Die **gemischte** (gemischt privatrechtlich-öffentlichrechtliche) **Theorie,** die herrschend ist,[1638] sieht in dem Pfändungspfandrecht die dritte Art eines privatrechtlichen Pfandrechts neben dem vertraglichen (§§ 1204 ff. BGB) und dem gesetzlichen (§ 1257 BGB iVm den dafür getroffenen speziellen Regelungen wie zB § 562 oder § 647 BGB). Die Entstehung des Pfändungspfandrechts setzt nicht nur die Verstrickung, sondern auch die Beachtung der für die Entstehung eines rechtsgeschäftlichen oder gesetzlichen Pfandrechts maßgebenden Vorschriften (→ EK BGB Rn. 772 ff., 777) voraus, sodass es beispielsweise nicht an einer schuldnerfremden Sache entstehen kann und in seinem Bestand von der zu sichernden Forderung des vollstreckenden Gläubigers im Sinne einer Akzessorietät abhängt. Außerdem ist die Entstehung des Pfändungspfandrechts auch von der Einhaltung der verfahrensrechtlichen Regelungen abhängig, soweit es sich dabei nicht lediglich um bloße Ordnungsvorschriften handelt, wie dies für bloße Kann-Bestimmungen (zB §§ 730, 733, 777) oder Soll-Bestimmungen (zB §§ 812, 813) zutrifft, aber auch für das Verbot der Überpfändung (§ 803 I 2) angenommen wird; als Ordnungsvorschriften werden auch die in §§ 759, 762 und 763 getroffenen Regelungen angesehen.[1639] Die Rechtsgrundlage für die Verwertung der gepfändeten Sache bildet jedoch nach dieser Theorie nicht das Pfändungspfandrecht, sondern die Verstrickung, sodass die Verwertung rechtmäßig durchgeführt wird, wenn die Verstrickung eingetreten ist.[1640] Ist kein Pfändungspfandrecht entstanden, so muss der Gläubiger den rechtsgrundlos erhaltenen Versteigerungserlös wieder herausgeben (→ Rn. 1184).

- Im letzten Punkt unterscheidet sich die gemischte Theorie von der **privatrechtlichen Theorie,** aus der sie sich entwickelt hat und die heute nicht mehr vertreten wird. Nach der privatrechtlichen Theorie findet auch die Verwertung der gepfändeten Sache aufgrund des Pfändungspfandrechts statt, sodass bei dessen Fehlen der Ersteher nur aufgrund guten Glaubens Eigentum an der versteigerten Sache nach § 1244 BGB erwerben kann (zur Verwertung → Rn. 1173 ff.).

- Dagegen lehnt es die **öffentlich-rechtliche Theorie** ab, auf das Pfändungspfandrecht die Vorschriften des BGB anzuwenden, sondern lässt das Pfändungspfandrecht in seiner Entstehung und seinem Bestand ausschließlich von einer wirksamen Beschlagnahme (Verstrickung) abhängig sein.[1641] Auf eine Forderung des vollstreckenden Gläubigers kommt es für die Entstehung dieses Rechtes ebenso wenig an wie auf das Eigentum des Schuldners an der gepfändeten Sache.

---

[1638] BGH NJW 1992, 2570 (2573); *Lackmann* ZVR Rn. 169; Musielak/Voit/*Becker* § 804 Rn. 6 ff., jew. mwN.
[1639] Vgl. *Baur/Stürner/Bruns* ZVR Rn. 11.6; *Gaul/Schilken/Becker-Eberhard* ZVR § 50 Rn. 63.
[1640] Innerhalb der gemischten Theorien bestehen allerdings in Einzelfragen Meinungsverschiedenheiten. Die obige Darstellung folgt der jew. hM. Zu Einzelheiten vgl. *Gaul/Schilken/ Becker-Eberhard* ZVR § 50 Rn. 45 ff. mwN.
[1641] *Lüke* ZivilProzR Rn. 611; Thomas/Putzo/*Seiler* § 803 Rn. 8; Stein/Jonas/*Würdinger* § 804 Rn. 1; BLAH/*Hartmann* vor § 803 Rn. 7 ff.; § 804 Rn. 4 ff. mwN.

### III. Die Zwangsvollstreckung wegen Geldforderungen

Während also die gemischte Theorie ein Auseinanderfallen von Verstrickung und Pfändungspfandrecht für möglich hält, wird dies von der öffentlich-rechtlichen Theorie ausgeschlossen. Diese unterschiedlichen Auffassungen haben durchaus praktische Konsequenzen; dies zeigt der folgende

1171

**Beispielsfall:** G1 lässt am 1.6. einen wertvollen Teppich bei S pfänden, der dem E zur Sicherung übereignet worden ist. Am 15.6. wird der Teppich von einem örtlich nicht zuständigen Gerichtsvollzieher für G2 gepfändet. Am 20.6. pfändet schließlich G3 den Teppich. Das Sicherungseigentum endet am 25.6. und S wird (wieder) Eigentümer.[1642]

Nach der öffentlich-rechtlichen Theorie entsteht für jeden der pfändenden Gläubiger mit der wirksamen Verstrickung ein Pfändungspfandrecht, deren Rangfolge sich nach dem Prioritätsprinzip richtet (§ 804 III). Nach der gemischten Theorie hat G2 kein Pfändungspfandrecht erworben, weil der Verstoß gegen die örtliche Zuständigkeit die Verletzung einer wesentlichen Vollstreckungsvoraussetzung darstellt, die verhindert, dass ein Pfändungspfandrecht entsteht. Auch G1 und G3 konnten zunächst kein Pfandrecht erwerben, weil im Zeitpunkt der Pfändung E Eigentümer des Teppichs war und ein gutgläubiger Pfandrechtserwerb in der Zwangsvollstreckung nicht möglich ist. Erst als S Eigentümer der gepfändeten Sache wurde, änderte sich die Rechtslage. In analoger Anwendung des § 185 II 1 Alt. 2 BGB sind in diesem Zeitpunkt die Pfändungspfandrechte entstanden. Allerdings wird darüber gestritten, ob beide Pfandrechte gleichen Rang erhalten[1643] oder ob in Analogie zu § 185 II 2 BGB das Pfändungspfandrecht des G1 dem von G3 vorgeht.[1644] Auf die Entscheidung dieser Frage kommt es an, wenn der bei Verwertung des Teppichs erzielte Erlös nicht zur Abdeckung der Forderungen beider Gläubiger ausreicht.

Da für eine Bewertung des Theorienstreits auch die Folgen berücksichtigt werden müssen, die sich nach ihnen bei der Verwertung der gepfändeten Sache ergeben, soll eine Stellungnahme dazu zunächst noch hinausgeschoben werden (→ Rn. 1184).

1172

#### b) Die Verwertung

Wird die Zwangsvollstreckung wegen einer Geldforderung des Gläubigers gegen den Schuldner betrieben, dann kommt es auf die Erfüllung dieser Forderung an, es sei denn, dass die Zwangsvollstreckung lediglich der Sicherung des Gläubigers dienen soll, wie dies bei der Sicherungsvollstreckung nach § 720a oder der Vollziehung des Arrestes nach § 930 (→ Rn. 1368) bezweckt ist. In anderen Fällen muss das Pfand verwertet werden, um das Ziel der Zwangsvollstreckung, die Befriedigung des Gläubigers, zu erreichen. Dabei macht es naturgemäß einen Unterschied, ob Geld oder andere Sachen gepfändet worden sind. Bei der Pfändung von **Geld** ist die **Verwertung** regelmäßig sehr einfach; sie geschieht – wie bereits bemerkt (→ Rn. 1154) – durch Ablieferung des Geldes an den Gläubiger (§ 815 I).

1173

Nimmt der Gerichtsvollzieher bei der Pfändung das Geld an sich (vgl. § 808 II 1), dann hat er dem Schuldner eine Quittung zu erteilen, bei vollständiger Abdeckung der Forderung des Gläubigers und der Kosten der Zwangsvollstreckung (→ Rn. 1113) auch die vollstreckbare Ausfertigung (vgl. § 724 I) auszuhändigen (§ 757 I iVm § 815 III). Durch Ablieferung des

1174

---

[1642] Die Möglichkeit einer Vorwegpfändung (§ 811d) soll hier ausgeklammert werden.
[1643] *Pawlowski* ZZP 90 (1977), 81 (85); *Werner* JR 1971, 278 (286).
[1644] MüKoBGB/*Schramm* § 185 Rn. 73 mwN.

Geldes an den Gläubiger wird dieser Eigentümer, und zwar auch dann, wenn das Geld dem Schuldner nicht gehörte (zur parallelen Frage bei der Aushändigung des Versteigerungserlöses → Rn. 1183); bis zur Aushändigung des Geldes bleiben die bisherigen Eigentumsverhältnisse bestehen.

1175 Nach § 815 III gilt die Wegnahme des Geldes durch den Gerichtsvollzieher als Zahlung von Seiten des Schuldners.[1645] Verliert der Gerichtsvollzieher das Geld oder unterschlägt er es, dann ändert dies nichts an dem Erlöschen der Schuld; der Gläubiger muss sich dann an den Staat halten und ihn wegen Amtspflichtverletzung des Gerichtsvollziehers haftbar machen.[1646] Auch bei einer freiwilligen Leistung des Schuldners an den Gerichtsvollzieher gilt die Fiktion des § 815 III.[1647]

1176 Die **Verwertung beweglicher Sachen** geschieht regelmäßig durch eine vom Gerichtsvollzieher vorzunehmende Versteigerung (§ 814 I). Eine andere Verwertungsart ist für Wertpapiere mit einem Börsen- oder Marktpreis vorgesehen (§ 821) und kommt auch für Gold- und Silbersachen in Betracht (vgl. § 817a III 2). Auf Antrag des Gläubigers oder des Schuldners kann der Gerichtsvollzieher die Verwertung einer gepfändeten Sache in anderer Weise oder an einem anderen Ort (als nach § 816 II vorgesehen) durchführen (§ 825 I). Soll die Versteigerung durch eine andere Person als den Gerichtsvollzieher vorgenommen werden, so ist dafür eine entsprechende Anordnung des Vollstreckungsgerichts erforderlich (§ 825 II).

1177 Wird beispielsweise in einer kleinen Gemeinde eine wertvolle Antiquität oder das Gemälde eines berühmten Malers gepfändet, dann ist von einer Versteigerung am Ort durch den Gerichtsvollzieher kaum ein angemessener Erlös zu erwarten. Deshalb wird in einem solchen Fall das Vollstreckungsgericht auf Antrag einen freihändigen Verkauf oder eine privatrechtliche Versteigerung durch einen Kunstauktionator in einer Stadt anordnen, in der eine entsprechende Nachfrage besteht.

1178 Eine öffentliche Versteigerung durch den Gerichtsvollzieher kann nach dessen Wahl entweder vor Ort oder als allgemein zugängliche Versteigerung im Internet über eine Versteigerungsplattform vorgenommen werden (§ 814 II). Die **Internetversteigerung** als Regelform[1648] ist erst durch eine mit Wirkung v. 1.9.2009 vollzogene Änderung der ZPO ermöglicht worden. Dadurch wird bezweckt, einen größeren Bieterkreis zu erreichen, und bei einer Versteigerung zugunsten des Schuldners und des Gläubigers bessere Ergebnisse zu erzielen. Ergänzende Bestimmungen zur Durchführung der Internetversteigerung werden durch Rechtsverordnung der Landesregierungen getroffen (§ 814 III).[1649]

1179 Der Schuldner wird häufig unter dem Eindruck der Pfändung und einer drohenden Versteigerung der gepfändeten Sache die gegen ihn gerichtete Forderung erfüllen. Das Gesetz hat durch verschiedene Regelungen, insbesondere durch die Möglichkeit eines Vollstreckungsaufschubs bei einer Zahlungsvereinbarung (vgl. § 802b),

---

[1645] Zur Erfüllungswirkung *Gaul/Schilken/Becker-Eberhard* ZVR § 53 II mwN.
[1646] Musielak/Voit/*Becker* § 815 Rn. 4.
[1647] BGH NJW 2009, 1085 Rn. 11 ff.; *Walker* JZ 2011, 401 (406).
[1648] Sie war zuvor nur auf Antrag des Gläubigers als andere Verwertungsart gem. § 825 zulässig; vgl. *Remmert* NJW 2009, 2572.
[1649] Vgl. die Nachw. in MüKoZPO/*Gruber* § 814 Fn. 21.

III. Die Zwangsvollstreckung wegen Geldforderungen

eine solche freiwillige Leistung des Schuldners zu fördern versucht, sodass es in der Praxis relativ selten zur Verwertung der Pfandsache kommt.[1650] Die **Versteigerung** geschieht auf der Grundlage der gesetzlichen Regeln, die in § 806 (Ausschluss der Gewährleistung), § 816 IV (Anwendung des § 1239 I 1, II BGB über das Mitbieten des Gläubigers und des Eigentümers der gepfändeten Sache, dh des Schuldners) sowie in §§ 817 und 817a enthalten sind. Nach § 818 wird die Versteigerung eingestellt, sobald der Erlös zur Befriedigung des Gläubigers und zur Deckung der Kosten der Zwangsvollstreckung ausreicht. Dementsprechend kann das Vollstreckungsgericht auf Antrag des Schuldners anordnen, dass ein mit der Versteigerung gem. § 825 II beauftragter privater Auktionator die Versteigerung einzustellen hat, wenn ein die Forderung des Gläubigers und die Kosten deckendes Ergebnis erzielt worden ist.[1651]

Wenn § 817 I auf die Vorschriften des § 156 BGB verweist, dann bedeutet dies nicht, dass durch die Versteigerung ein privatrechtlicher Vertrag zustande kommt. **Vielmehr handelt der Gerichtsvollzieher hoheitlich und sein Zuschlag und die anschließende Eigentumsübertragung sind öffentlich-rechtliche Akte,** wenn sie auch in ihrer Wirkung dem Kaufvertrag und der Übereignung entsprechen. Dem Meistbietenden ist die zu versteigernde Sache zuzuschlagen, der durch den Zuschlag einen Anspruch gegen den Staat auf Übereignung der Sache erwirbt. 1180

Zum Schutze des Schuldners wird in § 817a I vorgeschrieben, dass der Zuschlag nur auf ein Gebot erteilt werden darf, das mindestens die Hälfte des gewöhnlichen Verkaufswerts der Sache erreicht. Wird ein entsprechendes Gebot nicht abgegeben und kommt es deshalb nicht zu einem Zuschlag, dann kann der Gläubiger die Anberaumung eines neuen Versteigerungstermins oder die Anordnung anderweitiger Verwertung der gepfändeten Sache nach § 825 beantragen (§ 817a II). Die Ablieferung, dh die Übereignung einer zugeschlagenen Sache, darf nur gegen Barzahlung geschehen (§ 817 II). Da die dargestellten Regeln den Interessen von Gläubiger und Schuldner dienen, können diese auch davon **abweichende Vereinbarungen** treffen. Jedoch handelt es sich bei den Bestimmungen über die Bindung an ein abgegebenes Gebot, den Zuschlag an den Meistbietenden und die Wirkungen des Zuschlages um zwingendes Recht, das nicht zur Disposition der Beteiligten steht.[1652] 1181

Konsequenz des öffentlich-rechtlichen Charakters der Übertragung des Eigentums an einer zugeschlagenen Sache durch den Gerichtsvollzieher ist die Nichtanwendung der §§ 929 ff. BGB. **Der Gerichtsvollzieher überträgt durch privatrechtsgestaltenden Staatsakt Eigentum,** sodass Kenntnis oder grobfahrlässige Unkenntnis des Erwerbers vom fehlenden Eigentum des Schuldners den Eigentumserwerb nicht hindert.[1653] Voraussetzung dafür ist allerdings, dass im Zeitpunkt der Versteigerung die Sache noch wirksam verstrickt ist (→ Rn. 1268 f.) und dass die wesentlichen Verfahrensvorschriften bei der Versteigerung beachtet wurden.[1654] Auch wenn der Gerichtsvollzieher die gepfändete Sache freihändig veräußert (§ 825; → Rn. 1176), han- 1182

---

[1650] *Behr* NJW 1992, 2738 berichtet, dass nur in 0,5–0,8 % der Fälle die Sachpfändung zu einer Verwertung durch Versteigerung führt.
[1651] BGH NJW 2007, 682.
[1652] Zöller/*Herget* § 817 Rn. 4.
[1653] BGH NJW 1992, 2570 (2571) mwN; nach aA sollen Einschränkungen hinsichtlich bösgläubiger Erwerber in analoger Anwendung des § 1244 BGB gemacht werden; vgl. dazu auch *Brox/Walker* ZVR Rn. 411 mwN.
[1654] Vgl. *Baur/Stürner/Bruns* ZVR Rn. 29.7; *Gaul/Schilken/Becker-Eberhard* ZVR § 53 Rn. 24.

delt es sich um eine öffentlich-rechtliche Verwertungsmaßnahme, und es gilt für die Eigentumsübertragung das Gleiche wie in Fällen einer Versteigerung. Nur wenn die Verwertung der gepfändeten Sache durch einen privaten Auktionator oder durch einen freihändig verkaufenden Privatmann auf der Grundlage des § 825 II geschieht, handelt es sich um ein privatrechtliches Rechtsgeschäft, auf das § 1244 BGB anzuwenden ist.[1655]

1183 **Erhält der Gerichtsvollzieher den gebotenen Betrag, dann tritt der Erlös an die Stelle der Sache. Aufgrund dieser Surrogation[1656] setzen sich die Rechte an der Pfandsache am Erlös fort.** Dies bedeutet, dass der frühere Eigentümer der Pfandsache Eigentümer des Erlöses wird und der Gläubiger an dem Erlös ein Pfändungspfandrecht erhält. Im Verhältnis zwischen Gläubiger und Schuldner gilt nach § 819 die Empfangnahme des Erlöses durch den Gerichtsvollzieher als Zahlung von Seiten des Schuldners, sofern ihm nicht (zB nach § 711) gestattet worden ist, durch Sicherheitsleistung oder durch Hinterlegung die Vollstreckung abzuwenden; hierbei ist zu berücksichtigen, dass bis zur Sicherheitsleistung oder Hinterlegung durch den Schuldner die Vollstreckung durchgeführt werden kann. Zahlt der Gerichtsvollzieher den Erlös an den Gläubiger aus, dann wird dieser Eigentümer des Geldes kraft staatlichen Hoheitsaktes. Deshalb ist es für diesen Eigentumserwerb gleichgültig, ob dem Schuldner die Pfandsache gehörte und ob dem Gläubiger ein Pfändungspfandrecht daran zugestanden hat; der gute Glaube des Gläubigers spielt insoweit keine Rolle.

1184 **Wurde eine schuldnerfremde Sache gepfändet und verwertet, dann gebührt dem Gläubiger der Erlös nicht.** Er hat ihn deshalb an den ursprünglichen Eigentümer der Pfandsache nach § 812 I 1 Alt. 2 BGB (Eingriffskondiktion) herauszugeben.[1657] Auf der Grundlage der gemischten Theorie ist dieses Ergebnis zwingend, denn der Gläubiger erwirbt nach dieser Auffassung an einer schuldnerfremden Sache kein Pfändungspfandrecht und damit auch nicht das Recht, die Sache für sich zu verwerten und den Erlös zu behalten. Jedoch wird auch von der öffentlich-rechtlichen Theorie die Berechtigung des Gläubigers verneint, den Erlös zu behalten, obwohl sie doch für die Entstehung des Pfändungspfandrechts lediglich die Verstrickung des Gegenstandes verlangt und dementsprechend auch dem Gläubiger ein Pfändungspfandrecht an schuldnerfremden Sachen zubilligt (→ Rn. 1170 f.). Erklärt wird dieses Ergebnis damit, dass sich die Bedeutung des Pfändungspfandrechts auf die Vollstreckung – dh auf die Verwertungsbefugnis und die Rangfragen – beschränke, für die Zeit danach aber und somit für die Frage des Behaltendürfens eines Erlöses das materielle Recht entscheiden müsse.[1658] Die Unterscheidung zwischen dem Pfändungspfandrecht und einem davon verschiedenen Recht auf den Erlös vermag jedoch nicht zu

---

[1655] BGH NJW 1992, 2570 (2571 ff.) mwN; vgl. aber auch BGH NJW 2007, 1276 mAnm *Vollkommer* = JuS 2007, 688 *(Schmidt)* zur entsprechenden Anwendung vollstreckungsrechtlicher Vorschriften (hier: § 818).

[1656] Dies entspricht allgM; str. ist nur, wie dieses Ergebnis zu begründen ist, ob es von der ZPO vorausgesetzt wird, oder ob der Rechtsgedanke des § 1247 S. 2 BGB heranzuziehen ist; vgl. *Brox/Walker* ZVR Rn. 452.

[1657] BGHZ 100, 95 (99 f.) = NJW 1987, 1880; BGH NJW 2013, 2519 (2520) jew. mwN.

[1658] Vgl. *Lüke* ZivilProzR Rn. 611; eingehend zur Frage des Pfandrechtserwerbs nach den verschiedenen Theorien BGH NJW 1992, 2570 (2572 f.).

überzeugen. In dieser Inkonsequenz[1659] liegt der entscheidende Nachteil der öffentlich-rechtlichen Theorie.

**Trifft den Gläubiger ein Verschulden an der Verwertung der schuldnerfremden Sache, dann können sich gegen ihn Schadensersatzansprüche des Dritten (Eigentümers) ergeben.** Die hM stützt solche Ansprüche auf § 823 I BGB, indem sie die Zwangsvollstreckung in schuldnerfremde Gegenstände als eine Eigentumsverletzung im Sinne dieser Vorschrift ansieht.[1660] Im Schrifttum findet dagegen die Auffassung zunehmend Zustimmung, die eine Haftung für schuldhaftes Verhalten des Gläubigers nach der Pfändung auf eine entsprechende Anwendung der §§ 989, 990 I BGB stützen will. Mit der Pfändung erwerbe der Gläubiger Besitz (→ Rn. 1156), und es entstehe dann eine der Vindikationslage vergleichbare Situation. Dem stehe nicht entgegen, dass die Klage nach § 985 BGB durch § 771 verdrängt werde, weil diese Vorschrift nicht das materielle Recht verändere, sondern nur eine besondere Rechtsschutzform gewähre.[1661] Bejaht man aufgrund einer Vindikationslage ein gesetzliches Schuldverhältnis zwischen Gläubiger und Dritten, dann muss sich der Gläubiger ein Anwaltsverschulden nach § 278 BGB zurechnen lassen und es kann § 166 I BGB angewendet werden. Eine solche Zurechnung ist auch außerhalb einer Vindikationslage möglich, wenn man ein gesetzliches Schuldverhältnis annimmt, das durch die Zwangsvollstreckung entsteht. Für ein solches Schuldverhältnis spricht § 842. Kennt der Gläubiger seine fehlende Berechtigung, dann bedeutet die dennoch von ihm betriebene Zwangsvollstreckung eine Geschäftsanmaßung iSv § 687 II BGB, sodass sich Schadensersatzansprüche nach § 678 BGB und Herausgabeansprüche nach § 681 iVm § 667 BGB ergeben können.[1662]

1185

### Einschub: Parteivereinbarungen in der Zwangsvollstreckung

Es war bereits oben (→ Rn. 1181) darauf hingewiesen worden, dass einzelne Regeln über die Verwertung gepfändeter Sachen durch Vereinbarungen zwischen Gläubiger und Schuldner abbedungen werden können. Dies wirft die Frage auf, unter welchen Voraussetzungen und innerhalb welcher Grenzen Parteivereinbarungen in der Zwangsvollstreckung zulässig sind. Ihre Abgrenzung ist in gleicher Weise wie bei (anderen) Prozessverträgen (→ Rn. 103) danach vorzunehmen, ob ihre Hauptwirkung im Bereich des Zivilprozessrechts, hier also der Zwangsvollstreckung liegt. Die Zulässigkeit von Vollstreckungsvereinbarungen ist im Grundsatz zu bejahen und nur dann ausgeschlossen, wenn Regelungen betroffen sind, die nicht zur Disposition der Parteien stehen, also zwingendes Recht darstellen.[1663]

1186

---

[1659] *Jauernig/Berger* ZVR § 16 Rn. 19 ff.
[1660] BGHZ 118, 201 (205) = NJW 1992, 2014 mwN; *Brox/Walker* ZVR Rn. 467; *Büchler* JuS 2011, 691 (696) allerdings mit strengen Anforderungen an ein Verschulden.
[1661] Stein/Jonas/*Münzberg* § 771 Rn. 90; *Gaul/Schilken/Becker-Eberhard* ZVR § 53 Rn. 57; *Baur/Stürner/Bruns* ZVR Rn. 46.26 Fn. 79.
[1662] *Brox/Walker* ZVR Rn. 468. Zu den Ansprüchen des nichtschuldenden Eigentümers, dessen Sachen im Rahmen einer Zwangsvollstreckung verwertet wurden, vgl. *Musielak* JuS 1999, 881 (883 ff.).
[1663] Vgl. *Musielak* FS Schilken, 2015, 749.

1187 Die streitige Frage, ob Vollstreckungsvereinbarungen nur eine Verpflichtung begründen oder ob sie unmittelbar auf das Verfahren der Zwangsvollstreckung in der Weise einwirken können, dass abredewidrige Maßnahmen als unzulässig angesehen werden müssen, hat insbesondere Bedeutung für die Wahl des in Betracht kommenden Rechtsbehelfs; gegen unzulässige Vollstreckungsmaßnahmen ist die Erinnerung nach § 766 gegeben, während eine eingegangene Verpflichtung mit der Vollstreckungsabwehrklage nach § 767 geltend zu machen ist (Einzelheiten zu diesen Rechtsbehelfen später).[1664] Der BGH hat sich dafür ausgesprochen, den Einwand, die Vollstreckung verstoße gegen eine vollstreckungsbeschränkende Vereinbarung, mit der Vollstreckungsabwehrklage als richtigen Rechtsbehelf geltend zu machen.[1665]

1188 Üblicherweise wird bei den Vollstreckungsvereinbarungen zwischen vollstreckungserweiternden und vollstreckungsbeschränkenden Verträgen unterschieden, wobei zu den Letzteren auch die vollstreckungsausschließenden Verträge gerechnet werden.[1666] Bei Beurteilung der Zulässigkeit solcher Vereinbarungen ist Folgendes zu beachten:

- Absprachen, die dem Gläubiger weiterreichende Befugnisse bei einer Zwangsvollstreckung einräumen sollen, als sie durch das Gesetz vorgesehen sind, stehen fast durchweg zwingende gesetzliche Normen entgegen, die zur Nichtigkeit der Vereinbarungen führen. Dies gilt insbesondere für eine Einschränkung des Schuldnerschutzes, wie er durch die §§ 765a, 811[1667] und 850 ff. vorgesehen ist.
- Da es im Belieben des Gläubigers steht, ob er ein Zwangsvollstreckungsverfahren durchführt, ist es grundsätzlich nicht zu beanstanden, wenn er sich vertraglich verpflichtet, auf eine Zwangsvollstreckung wegen eines bestimmten Anspruchs gänzlich zu verzichten oder sie nur in einem eingeschränkten Umfang durchzuführen.

Die Parteien können beispielsweise vereinbaren, dass der Gläubiger nicht aus einem Titel, der nur für vorläufig vollstreckbar erklärt worden ist, oder nicht in bestimmte Gegenstände vollstrecken oder nicht eine Vermögensauskunft (→ Rn. 1149 ff.) des Schuldners beantragen werde. Zwingende prozessrechtliche Vorschriften verhindern auch nicht einen vor Erwirkung eines Vollstreckungstitels ausgesprochenen Verzicht des Gläubigers auf die zwangsweise Durchsetzung seines Anspruchs.[1668]

---

[1664] Vgl. dazu *Baur/Stürner/Bruns* ZVR Rn. 10.3 ff.; *Gaul/Schilken/Becker-Eberhard* ZVR § 33 Rn. 49 ff. jew. mwN; *Prütting/Stickelbrock*, Zwangsvollstreckungsrecht, 2002, 193 wollen danach unterscheiden, ob die Gültigkeit und der Inhalt des Vertrages ohne Weiteres feststellbar sind, dann § 766, in anderen Fällen § 767; für Anwendung des § 767 BGH JR 1992, 281.
[1665] BGH NJW 2017, 2202 Rn. 35; dazu *K. Schmidt* JuS 2017, 1123.
[1666] Zur unterschiedlichen Terminologie vgl. *Gaul* JuS 1971, 347.
[1667] Ob auf den Schutz des § 811 nach Beginn der Zwangsvollstreckung wirksam verzichtet werden kann, ist streitig; vgl. *Gaul/Schilken/Becker-Eberhard* ZVR § 33 Rn. 26 ff. mwN.
[1668] BGH JR 1992, 281 (283); *Brox/Walker* ZVR Rn. 202; aA *Lüke* ZivilProzR Rn. 579 (Ausschluss der Zwangsvollstreckung ohne materiell-rechtlichen Erlass werde nicht von der Dispositionsbefugnis des Gläubigers gedeckt).

III. Die Zwangsvollstreckung wegen Geldforderungen

## 3. Vollstreckung in Forderungen und andere Vermögensrechte

Dass der Zugriff auf Rechte in anderer Weise vollzogen werden muss als bei körperlichen Sachen, liegt auf der Hand. Das Gesetz unterscheidet dementsprechend auch zwischen der Zwangsvollstreckung in körperliche Sachen und in Forderungen sowie in andere Vermögensrechte. Bei Forderungen ist noch zwischen der Zwangsvollstreckung in Geldforderungen (§§ 829–845, 850–853) und in Herausgabeansprüche (§§ 846–849) zu trennen. Für die Zwangsvollstreckung in andere Vermögensrechte (§§ 857–863) gelten weitgehend die Vorschriften über die Forderungsvollstreckung (§ 857 I). Für die Zwangsvollstreckung in Forderungen und andere Vermögensrechte ist das **Vollstreckungsgericht** das funktionell zuständige Vollstreckungsorgan (§ 828 I). Als Vollstreckungsgericht ist das AG zuständig, bei dem der Schuldner seinen allgemeinen Gerichtsstand hat (§ 828 II; → Rn. 85, 87). 1189

### a) Geldforderungen

Pfändung und Verwertung von Geldforderungen sind für den Gläubiger, der gegenüber dem Schuldner einen Anspruch auf Zahlung eines Geldbetrages hat, wesentlich einfacher, kostengünstiger und erfolgversprechender[1669] als die Zwangsvollstreckung in eine bewegliche Sache. Deshalb wird der Gläubiger regelmäßig zunächst versuchen, Geldforderungen seines Schuldners festzustellen und zum Gegenstand der Zwangsvollstreckung zu machen. Insbesondere das Arbeitseinkommen des Schuldners wird dem Zugriff seines Gläubigers ausgesetzt sein. Da jedoch das Arbeitseinkommen regelmäßig die Existenzgrundlage für den Schuldner und seine Familie bildet, muss ihm so viel gelassen werden, dass ihm eine bescheidene Lebensführung ermöglicht wird und er nicht auf Sozialhilfe angewiesen ist. Der Gesetzgeber hat deshalb für das **Arbeitseinkommen** (zum Begriff vgl. § 850 II und III) einen **Pfändungsschutz** geschaffen, der in den §§ 850a–850l geregelt ist und bei dem die gegenläufigen Interessen des Gläubigers und des Schuldners angemessen berücksichtigt werden. 1190

Bestimmte Bezüge sind unpfändbar (vgl. § 850a) oder nur bedingt pfändbar (vgl. § 850b). Das Arbeitseinkommen ist unpfändbar, wenn es unterhalb der in § 850c bestimmten Grenzen bleibt. Allerdings gelten die in § 850a Nr. 1, 2 und 4 und in § 850c genannten Beschränkungen nicht, wenn wegen Unterhaltsansprüchen eines in § 850d I 1 aufgeführten Berechtigten vollstreckt wird. Der Gesetzgeber hat diesen Berechtigten eine Vorzugsstellung eingeräumt, weil sie im besonderen Maße auf die Unterhaltsleistungen des Schuldners angewiesen sind (vgl. im Einzelnen §§ 850d). In § 850f II ist auch wegen Forderungen aus einer vorsätzlich begangenen unerlaubten Handlung eine den Pfändungsschutz einschränkende Regelung getroffen worden.[1670] 1191

Der Pfändungsschutz muss bestehen bleiben, wenn das Arbeitseinkommen vom Arbeitgeber auf ein Konto des Schuldners überwiesen worden ist. Dieser Schutz ist durch das Gesetz zur Reform des Kontopfändungsschutzes v. 7.7.2009 grundlegend geändert und verbessert worden. Durch diese Reform soll das Existenzminimum des Schuldners gesichert werden (vgl. § 850k). Kernpunkt der Regelung ist die **Ein-** 1192

---

[1669] In ca. 95 % der Fälle bleibt ein Sachpfändungsversuch erfolglos; vgl. *Behr* NJW 1992, 2738.
[1670] Vgl. BGH NJW-RR 2011, 706; 2011, 791.

führung eines sog. **P-Kontos** (Pfändungsschutzkontos).[1671] Dieses besondere Konto wird durch eine Vereinbarung zwischen der Bank und dem Kunden festgelegt (vgl. § 850k VII). Auf diesem Konto erhält ein Schuldner für sein Guthaben automatisch einen Pfändungsschutz, und zwar in Höhe des Pfändungsfreibetrages nach § 850c. Dieser geschützte Basisbetrag wird jeweils für einen Kalendermonat gewährt. Wird der pfändungsfreie Anteil eines Guthabens in einem Monat nicht ausgeschöpft, wird er auf den folgenden Monat übertragen. In diesem Rahmen kann der Schuldner Guthaben für Leistungen ansparen, die nicht monatlich zu erfüllen sind. Auf die Art der Einkünfte kommt es für den Pfändungsschutz nicht an. Auch das Guthaben aus den Einkünften Selbstständiger und aus freiwilligen Leistungen Dritter wird künftig bei der Kontopfändung geschützt. Die Einkünfte selbstständig tätiger Personen werden also hinsichtlich des Pfändungsschutzes wie ein Arbeitseinkommen behandelt. Schließlich unterfallen auch Kindergeld und Sozialleistungen dem Schutz der Kontopfändung (§ 850k VI).

**1193** Ist das Arbeitsentgelt dem Schuldner ausgezahlt worden und unterliegt dementsprechend der Sachpfändung (→ Rn. 1154), dann greift die Vorschrift des § 811 I Nr. 8 zugunsten des Schuldners ein.

**1194** Schließlich ist darauf hinzuweisen, dass der Gesetzgeber in § 850h im Interesse des Gläubigers Bestimmungen getroffen hat, die verhindern, dass Absprachen zwischen dem Schuldner und seinem Arbeitgeber getroffen werden, die den Gläubiger bei einer Zwangsvollstreckung leer ausgehen lassen.

**1195** Nach hM gehört auch der **Anspruch auf Taschengeld,** den Ehegatten als Teil des Unterhaltsanspruchs nach §§ 1360, 1660a BGB gegeneinander haben können, zu den gem. § 850b bedingt pfändbaren Bezügen.[1672]

**1196 Die zu pfändende Geldforderung muss dem Schuldner zustehen. Sie muss jedoch noch nicht fällig sein.** Auch Forderungen, die sich aus einem aufschiebend bedingten Rechtsgeschäft ergeben, sind pfändbar (vgl. § 844 I), weil sie hinreichend bestimmbar sind und deshalb zum Gegenstand einer Pfändung gemacht werden können. Die **erforderliche Bestimmbarkeit** einer zu pfändenden Forderung ist zu bejahen, wenn bereits Rechtsbeziehungen bestehen, aus denen die zukünftige Forderung nach ihrem Inhalt, ihrem Gläubiger und ihrem Schuldner bestimmt werden kann.[1673] Wird diesem Bestimmbarkeitserfordernis nicht entsprochen oder existiert die zu pfändende Forderung überhaupt nicht, dann fällt die Pfändung ins Leere und ist unwirksam.[1674]

**1197** Das Vollstreckungsgericht kann bei der Pfändung nicht prüfen, ob der Schuldner tatsächlich Inhaber der zu pfändenden Forderung ist; es muss sich vielmehr mit einer entsprechenden (schlüssigen) Behauptung des die Pfändung beantragenden Gläubigers begnügen. Es wird deshalb in dem Pfändungsbeschluss (dazu sogleich) nur die „angebliche Forderung des Schuldners" gepfändet.

---

[1671] Vgl. dazu *Ahrens* NJW 2010, 2992.
[1672] BGH NJW 2004, 2450; *Walker* JZ 2011, 401 (497); Musielak/Voit/*Becker* § 850b Rn. 4, jew. mwN.
[1673] BGH NJW 1982, 2193 (2195).
[1674] BGH NJW 1988, 495; 2002, 755 (757); MDR 2007, 420.

III. Die Zwangsvollstreckung wegen Geldforderungen

**Die Pfändung der Geldforderung** setzt einen **Antrag des Gläubigers** an das zuständige Vollstreckungsgericht voraus, in dem die zu pfändende Forderung so bestimmt bezeichnet sein muss, dass ihre Identität einwandfrei festgestellt werden kann. Der Antrag kann schriftlich oder zu Protokoll der Geschäftsstelle gestellt werden (§ 496). **Aufgrund des Antrages hat das Vollstreckungsgericht zu prüfen:** 1198

- Die Ordnungsmäßigkeit des Antrags (→ Rn. 1116)
- Die örtliche Zuständigkeit (→ Rn. 1189)
- Die Erfüllung der Voraussetzungen der Zwangsvollstreckung (→ Rn. 1115, 1117)

  Das Vollstreckungsgericht hat nur zu prüfen, ob eine Klausel vorhanden ist und ob sie ordnungsgemäß erteilt wurde, dagegen nicht, ob sie erteilt werden durfte. Deshalb hat das Vollstreckungsgericht auch nicht die Wirksamkeit der Klausel am Inhalt des Vollstreckungstitels zu messen und beispielsweise nicht die Richtigkeit der Abgrenzung zwischen unbedingt und bedingt vollstreckbaren Titeln (→ Rn. 1138) zu kontrollieren.[1675]

- Die Schlüssigkeit des Vorbringens des Gläubigers hinsichtlich der zu pfändenden (dem Schuldner zustehenden) Forderung (→ Rn. 1196 f.).

Gelangt das Vollstreckungsgericht zu einem positiven Ergebnis, dann erlässt es den Pfändungsbeschluss, ohne vorher den Schuldner über das Pfändungsgesuch zu hören (§ 834). 1199

Das in § 834 ausgesprochene **Verbot, den Schuldner zu hören,** mag zunächst überraschen. Es ist jedoch erforderlich, um zu verhindern, dass der Schuldner der ihm drohenden Zwangsvollstreckung zuvorkommt und die Forderung durch Verfügungen, beispielsweise durch Einziehung oder Erlass, dem Vollstreckungszugriff entzieht. Der Anspruch auf rechtliches Gehör wird durch diese Regelung nicht verletzt, weil der Schuldner gegen die Pfändung Rechtsbehelfe einlegen kann (dazu später) und dann ausreichend Gelegenheit erhält, seinen Rechtsstandpunkt darzulegen.[1676] 1200

Der **Pfändungsbeschluss** enthält den Ausspruch der Pfändung unter Angabe der Namen des (Vollstreckungs-)Gläubigers und des (Vollstreckungs)Schuldners. Das gepfändete Vermögensrecht und dessen Rechtsgrund müssen im Interesse der Rechts- und Verkehrssicherheit im Beschluss so genau bezeichnet werden, dass bei verständiger Auslegung unzweifelhaft feststeht, welches Recht Gegenstand der Zwangsvollstreckung sein soll.[1677] Dieses Recht muss von anderen unterschieden werden können, und das Rechtsverhältnis, aus dem es hergeleitet wird, muss wenigstens in allgemeinen Umrissen angegeben werden.[1678] Außerdem muss in dem Beschluss das Verbot, an den Drittschuldner zu zahlen (§ 829 I 1), und das Gebot an den Schuldner, sich jeder Verfügung über die Forderung zu enthalten, ausgesprochen werden (§ 829 I 2). Bei der Pfändung von Forderungen ist somit zwischen folgenden Beteiligten zu unterscheiden: 1201

---

[1675] BGH NJW-RR 2012, 1146 Rn. 15; 2012, 1148 Rn. 12; 2013, 437 Rn. 9.
[1676] Vgl. BVerfGE 57, 346 (358) = NJW 1981, 2111.
[1677] Dem Bestimmtheitsgebot wird genügt, wenn das gepfändete Recht in einer dem Beschlussformular angehefteten Anlage bezeichnet ist und in dem Beschluss darauf verwiesen wird; so BGH NJW-RR 2008, 1164; das Gericht betont, dass es darauf ankommt, die Anlage zu einem Bestandteil des Beschlusses zu machen.
[1678] BGH MDR 2008, 338.

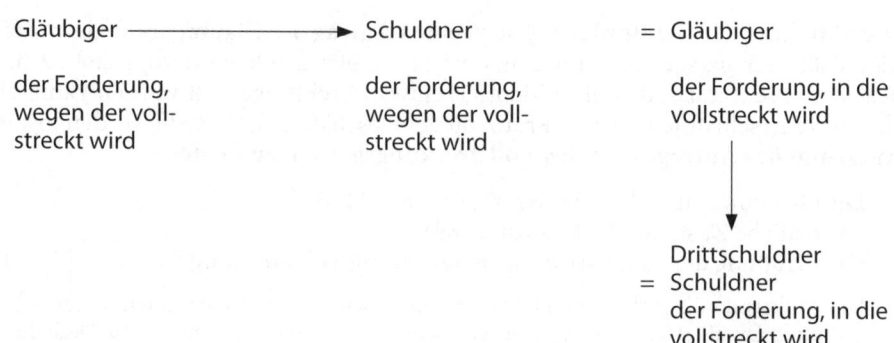

1202 Ohne das gegenüber dem Drittschuldner ausgesprochene Verbot, an den Schuldner zu zahlen, das sog. Arrestatorium, ist die Pfändung unwirksam; dagegen verhindert das Fehlen des an den Schuldner gerichteten Gebots, sich jeder Verfügung über die Forderung zu enthalten, das sog. Inhibitorium, nicht die Wirksamkeit des Pfändungsbeschlusses. Diese unterschiedliche Bedeutung kommt auch im Gesetz zum Ausdruck, das nur auf die Zustellung des Beschlusses an den Drittschuldner für die Bewirkung der Pfändung abstellt (§ 829 III).

1203 Ein Vollstreckungsgläubiger kann grundsätzlich auch eine gegen sich selbst gerichtete Forderung zumindest dann pfänden lassen, wenn dafür ein berechtigtes Interesse besteht. Dies ist beispielsweise der Fall, wenn die Selbstpfändung dazu dient, dem Gläubiger die Verrechnung zu ermöglichen, die sonst aus materiellen oder prozessualen Gründen ausgeschlossen ist.[1679]

1204 Die Zustellung des Pfändungsbeschlusses an den Drittschuldner bewirkt die **Verstrickung der Forderung und die Entstehung eines Pfändungspfandrechts,** das allerdings nach hM – wie bei der Sachpfändung (→ Rn. 1170) – davon abhängig ist, dass die Vorschriften über das Verfahren eingehalten werden. Der Umfang der Pfändung richtet sich nach der Pfändungsanordnung. Wenn nicht eine Teilpfändung vorgesehen ist, wird die gesamte Forderung gepfändet, auch wenn ihr Betrag die Vollstreckungsforderung übersteigt;[1680] der Schuldner kann sich jedoch dann mit der Vollstreckungserinnerung wegen eines Verstoßes gegen das Verbot der Überpfändung (§ 803 I 2; → Rn. 1167) wehren.

1205 Um der Pfändung einer Forderung durch andere Gläubiger zuvorzukommen (bei mehrfacher Pfändung derselben Forderung gilt das Prioritätsprinzip; → Rn. 1234), kann der Gläubiger, der einen Vollstreckungstitel besitzt, sich im Wege der **Vorpfändung** den Zugriff auf die Forderung sichern. Bei der Vorpfändung (vgl. § 845) lässt der Gläubiger dem Schuldner und dem Drittschuldner die Benachrichtigung von der bevorstehenden Forderungspfändung zustellen. Einer vorherigen Erteilung einer vollstreckbaren Ausfertigung und der Zustellung des Schuldtitels bedarf es hierfür nicht (§ 802a II 1 Nr. 5). Die Benachrichtigung an den Drittschuldner hat die Wirkung eines Arrestes (§ 930; → Rn. 1360ff.), sofern die Pfändung der Forderung innerhalb eines Monats bewirkt wird (§ 845 II).

---

[1679] BGH NJW 2011, 2649 Rn. 13 = JuS 2011, 1032 mAnm *K. Schmidt* mwN auch zu weitergehenden Auffassungen.
[1680] BGH NJW 1975, 738; 1986, 977 (978).

III. Die Zwangsvollstreckung wegen Geldforderungen

§ 829a bestimmt für den Fall eines elektronischen Auftrags zur Zwangsvollstreckung aus einem Vollstreckungsbescheid, der einer Vollstreckungsklausel nicht bedarf (§ 796 I), dass unter den in § 829a I genannten Voraussetzungen bei Pfändung und Überweisung einer Geldforderung die Übermittlung der Ausfertigung des Vollstreckungsbescheides entbehrlich ist. **1206**

Wird das **Pfändungsgesuch abgelehnt,** dann kann der Gläubiger gegen den diese Ablehnung aussprechenden Beschluss **sofortige Beschwerde** nach § 11 I RPflG iVm § 793 einlegen (innerhalb des Vollstreckungsgerichts ist der Rechtspfleger funktionell zuständig, § 20 Nr. 17 RPflG).[1681] Die sofortige Beschwerde ist binnen einer Notfrist von zwei Wochen einzulegen, die mit Zustellung des Beschlusses an den Gläubiger beginnt (§§ 793, 569 I). **1207**

Auch bei der Forderungspfändung muss der Pfändung die **Verwertung** folgen. Sie geschieht regelmäßig (zu Ausnahmen vgl. § 844) durch Überweisung der gepfändeten Forderung an den Gläubiger, und zwar nach seiner Wahl entweder zur Einziehung oder an Zahlungs Statt zum Nennwert (§ 835 I), sofern nicht die Ausnahme des § 839 eingreift. **1208**

- Bei der **Überweisung an Zahlungs Statt** geht die Forderung nach § 835 II auf den Gläubiger einschließlich aller Nebenrechte mit der Wirkung über, dass er, soweit die Forderung besteht, wegen seiner Forderung an den Schuldner als befriedigt anzusehen ist. Damit liegt das Risiko der Einbringlichkeit der Forderung, also der Zahlungsfähigkeit des Drittschuldners, allein beim Gläubiger. Deshalb kommt diese Art der Einziehung nur in Betracht, wenn sie der Gläubiger ausdrücklich beantragt.
- Bei der **Überweisung zur Einziehung** bleibt dagegen die Forderung im Vermögen des Schuldners, der somit auch das Risiko der Vermögenslosigkeit des Drittschuldners zu tragen hat. Der Gläubiger erhält durch die Überweisung die Befugnis, die Forderung einzuziehen (§ 836 I), sie notfalls auch einzuklagen und im Wege der Zwangsvollstreckung gegen den Drittschuldner durchzusetzen.[1682]

Die Überweisung der Forderung an den Gläubiger wird vom Vollstreckungsgericht durch Beschluss vollzogen, der regelmäßig bereits mit dem Pfändungsbeschluss zusammengefasst und mit diesem dem Drittschuldner zugestellt wird (vgl. § 835 III iVm § 829 II, III). **1209**

Wird die Forderung vom Gläubiger eingeklagt, dann muss er dem Schuldner gerichtlich den Streit verkünden (vgl. § 841, auch zu den Ausnahmen; zur Streitverkündung → Rn. 652 ff.). Der Gläubiger ist zur Einziehung der Forderung nicht nur berechtigt, sondern auch dem Schuldner gegenüber verpflichtet. Verzögert er die Beitreibung und entsteht dadurch dem Schuldner ein Schaden, dann muss der Gläubiger diesen Schaden ersetzen (§ 842). Dem Gläubiger ist deshalb nach § 843 gestattet, auf seine durch die Pfändung und Überweisung zur Einziehung erworbenen Rechte unbeschadet seines Anspruchs zu verzichten. Er wird dies tun, wenn er zu der Auffassung gelangt, dass die Einziehung der gepfändeten Forderung wenig Erfolg verspricht. **1210**

Der Schuldner ist verpflichtet, dem Gläubiger die zur Geltendmachung der Forderung nötige Auskunft zu erteilen und ihm die über die Forderung vorhandenen Urkunden herauszuge- **1211**

---

[1681] Musielak/Voit/*Becker* § 829 Rn. 22.
[1682] Musielak/Voit/*Becker* § 835 Rn. 18 ff.

ben (§ 836 III). Die vom Schuldner herauszugebenden Urkunden sind im Pfändungs- und Überweisungsbeschluss im Einzelnen zu bezeichnen. Eine besondere Herausgabeanordnung ist dagegen grundsätzlich nicht erforderlich.[1683] Die Herausgabe der im Besitz des Schuldners befindlichen Urkunden kann nach § 836 III 5 durch eine sog. Hilfsvollstreckung durchgesetzt werden.[1684]

1212 Da der Schuldner bei einer Überweisung zur Einziehung weiterhin – wie ausgeführt – Inhaber der gepfändeten Forderung bleibt, ist ihm nach hM gestattet, den Drittschuldner auf Leistung an den Pfändungspfandgläubiger zu verklagen und auch eine Klage auf künftige Leistung (§ 259) an sich zu erheben, soweit nach Befriedigung des Pfändungspfandgläubiger noch ein ihm zustehender Rest übrig bleibt.[1685]

1213 Durch die Pfändung und Überweisung wird die Rechtsstellung des Drittschuldners insofern verändert, als er nicht mehr an seinen Gläubiger (Vollstreckungsschuldner) zahlen darf, sondern an den pfändenden Gläubiger zu leisten hat. **Dabei wird der Drittschuldner in seinem Vertrauen auf die Rechtsbeständigkeit des Überweisungsbeschlusses geschützt (§ 836 II).** Der Drittschuldner kann sich selbst dann auf § 836 II berufen, wenn er die eine Anfechtbarkeit ergebenden Mängel des Überweisungsbeschlusses positiv kennt.[1686] Ob es eine Voraussetzung für die Anwendung des § 836 II bildet, dass der Überweisungsbeschluss wirksam erlassen wurde, ist streitig. Dies wurde zunächst vom BGH bejaht;[1687] in einer späteren Entscheidung wurde diese Auffassung jedoch weitgehend wieder aufgegeben. Nur wenn sich dem Drittschuldner aus dem ihm bekannten Sachverhalt ohne Weiteres ernsthafte Zweifel an der Rechtswirksamkeit der Beschlagnahme aufdrängen müssten, sei es ihm zuzumuten, diese Zweifel durch einen Rechtskundigen ausräumen oder bestätigen zu lassen. Stelle sich der Drittschuldner trotz offensichtlicher Bedenken rechtsblind, dann könne er sich nicht auf § 836 II berufen. Sonst solle aber das Vertrauen auf den rechtlichen Bestand auch bei unwirksamen Überweisungsbeschlüssen geschützt werden.[1688] Diese Differenzierung erscheint sachgerecht.

1214 Die Vorschrift des § 836 II ist über ihren Wortlaut hinaus zugunsten des Drittschuldners auch in seinem Verhältnis gegenüber einem Pfändungsgläubiger des Schuldners anzuwenden, da dieser mit der Pfändung und Überweisung an die Stelle des ursprünglichen Gläubigers (Pfändungsschuldners) tritt und der Drittschuldner auch insoweit in seinem Vertrauen auf die Wirksamkeit eines Überweisungsbeschlusses geschützt werden muss.[1689]

**Beispiel:** Die Forderung des S gegen DS lässt G1 pfänden und sich überweisen. Einen Tag danach ergeht zugunsten des G2 ein diese Forderung betreffender Pfändungs- und Überweisungsbeschluss. DS zahlt an G1. Danach stellt sich heraus, dass der zuguns-

---

[1683] Vgl. BGH MDR 2007, 50.
[1684] Vgl. BGH NJW 2004, 954 (zur Zwangsvollstreckung in einen Einkommensteuererstattungsanspruch).
[1685] BGH NJW 2001, 2178 (2179); krit. *Hau* WM 2002, 325.
[1686] OLG Hamburg JA 1992, 185.
[1687] BGH NJW 1993, 735 (737) mwN auch zur Gegenauffassung.
[1688] BGH NJW 1994, 3225 (3226); eingehend zu diesem Fragenbereich *Becker* FS Musielak, 2003, 51 (68 ff.); *Lüke* FG BGH, 2000, 441 (458 ff.).
[1689] BGHZ 66, 394 (396 f.) = NJW 1976, 1453; Stein/Jonas/*Würdinger* § 836 Rn. 9 ff.

III. Die Zwangsvollstreckung wegen Geldforderungen

ten des G1 ergangene Pfändungs- und Überweisungsbeschluss unwirksam ist. In entsprechender Anwendung des § 836 II wird DS durch seine Zahlung an G1 von seiner Schuld befreit.

Allerdings setzt die Anwendung des § 836 II stets voraus, dass die gepfändete Forderung dem Vollstreckungsschuldner tatsächlich zugestanden hat, weil sonst Pfändung und Überweisung ins Leere fallen (→ Rn. 1196).[1690] Leistet der Drittschuldner an den Vollstreckungsgläubiger, weil er irrtümlich meint, dass die gepfändete und zur Einziehung überwiesene Forderung besteht, dann kann er den gesamten Betrag vom Vollstreckungsgläubiger mit der Leistungskondition (§ 812 I 1 Alt. 1 BGB) zurückfordern.[1691] Besteht die gepfändete Forderung deshalb nicht, weil sie der Vollstreckungsschuldner an einen Dritten abgetreten hat, dann sind die Schuldnerschutzvorschriften des Zessionsrechts zu beachten. Hätte in dem Beispielsfall S seine Forderung gegen DS vor der Pfändung an X abgetreten, dann kann zugunsten des DS die Regelung des § 408 II iVm § 407 BGB eingreifen, wenn er in Unkenntnis von der Abtretung an G1 zahlt.[1692]

1215

Bereits aufgrund des Pfändungsbeschlusses ist der **Drittschuldner verpflichtet,** dem Gläubiger gegenüber die in § 840 I aufgeführten Erklärungen abzugeben. Der Drittschuldner ist **berechtigt,** dem Vollstreckungsgläubiger alle (materiell-rechtlichen) Einwendungen und Einreden entgegenzuhalten, die ihm zurzeit der Pfändung gegen den Gläubiger (Vollstreckungsschuldner) zustehen (§§ 404, 412 BGB analog).[1693] Nach Maßgabe des § 392 BGB ist er auch zu einer Aufrechnung mit einer Forderung gegen den Schuldner berechtigt.[1694] Schließlich kann er sich mit der Vollstreckungserinnerung nach § 766 auf die Unwirksamkeit der Pfändung und Überweisung berufen.[1695] Dagegen sind ihm Einwendungen gegen die titulierte Forderung versagt; solche Einwendungen muss der Schuldner selbst im Wege der Vollstreckungsabwehrklage nach § 767 geltend machen (dazu Einzelheiten später).[1696]

1216

Ist eine Geldforderung durch eine **Hypothek** gesichert, dann ergeben sich durch diese Sicherung einige Besonderheiten, die bei der Pfändung und Verwertung berücksichtigt werden müssen. Dies ist in § 830 für die Pfändung und in § 837 für die Verwertung geschehen. Danach gilt Folgendes:

1217

- Bei der **Pfändung** einer hypothekarisch gesicherten Forderung muss darauf Rücksicht genommen werden, dass die Übertragung einer solchen Forderung nach materiellem Recht nur zusammen mit der Hypothek vorgenommen werden kann (vgl. § 1153 BGB). Deshalb muss der Pfändungsakt auch auf die Hypothek erstreckt werden. Dies geschieht bei einer **Briefhypothek** durch Übergabe des Hypothekenbriefes, die neben dem Pfändungsbeschluss erforderlich ist (§ 830 I 1). Übergibt der Schuldner den Brief nicht freiwillig, dann kann der Gläubiger ihn aufgrund des Pfändungsbeschlusses durch den Gerichtsvollzieher wegnehmen lassen (§ 830 I 2). Bei dieser sog. Hilfspfändung handelt es sich nicht

---

[1690] Vgl. BGH NJW 1988, 495; 2002, 755 (757).
[1691] BGH NJW 2002, 2871.
[1692] Vgl. BGHZ 105, 358 (359 f.) = NJW 1989, 905.
[1693] BGHZ 93, 71 (78) = NJW 1985, 863.
[1694] Lesenswert dazu BGH NJW 1980, 584.
[1695] *Gaul/Schilken/Becker-Eberhard* ZVR § 55 Rn. 57.
[1696] Vgl. BAG NJW 1989, 1053.

um eine Zwangsvollstreckung wegen einer Geldforderung, sondern um eine Vollstreckung zur Herausgabe einer Sache, des Hypothekenbriefs, aufgrund der §§ 883 ff. (→ Rn. 1263 ff.). Ist ein Dritter im Besitz des Hypothekenbriefes, dann kann der Gläubiger den Anspruch des Vollstreckungsschuldners gegen den Dritten aufgrund des Pfändungsbeschlusses pfänden und sich überweisen lassen. Die Rechtsgrundlage für diese Pfändung findet sich in § 886. Ist allerdings der Dritte nicht zur Herausgabe des Briefes bereit, dann muss der Gläubiger auf Herausgabe des Briefes klagen.[1697] Bei der **Buchhypothek** muss neben dem Pfändungsbeschluss die Eintragung der Pfändung im Grundbuch vorgenommen werden (§ 830 I 3).

- Die **Zustellung des Pfändungsbeschlusses** ist bei einer hypothekarisch gesicherten Forderung – anders als bei anderen Geldforderungen (→ Rn. 1202, 1204) – keine Wirksamkeitsvoraussetzung, weil sie durch die Grundbucheintragung oder die Briefübergabe ersetzt wird. Dennoch kommt der Zustellung des Pfändungsbeschlusses an den Drittschuldner insoweit Bedeutung zu, als nach § 830 II die Pfändung vor der Übergabe des Hypothekenbriefes oder der Eintragung der Pfändung mit der Zustellung als bewirkt gilt.

- Die **Verwertung** geschieht regelmäßig durch Überweisung entweder an Zahlungs Statt oder zur Einziehung; bei einer Hypothek mit sicherer Rangstelle ist die Überweisung an Zahlungs Statt für den Gläubiger nicht wie sonst (→ Rn. 1208) mit Risiken verbunden. Bei der Briefhypothek bedarf es nicht der Zustellung des Überweisungsbeschlusses, sondern es genügt nach § 837 I 1 die Aushändigung an den Gläubiger. Bei Überweisung einer durch Buchhypothek gesicherten Forderung an Zahlungs Statt ist die Eintragung im Grundbuch erforderlich, weil dadurch der Gläubiger neuer Inhaber der Hypothek wird (§ 837 I 2). Dagegen ist bei einer Überweisung zur Einziehung auch bei der Buchhypothek lediglich die Aushändigung des Überweisungsbeschlusses an den Gläubiger notwendig.

### b) Ansprüche auf Herausgabe

1218 Vollstreckt der Gläubiger wegen seiner (titulierten) Geldforderung gegen den Schuldner in einen diesem zustehenden Anspruch auf Herausgabe (= Besitzübertragung) oder Leistung (= Übereignung) körperlicher (= beweglicher oder unbeweglicher) Sachen, dann gelten nach § 846 neben den Vorschriften über die Pfändung von Geldforderungen (§§ 829–845) ergänzend noch die §§ 847–849. Die zusätzlichen Regelungen sind erforderlich, weil mit der Vollstreckung in solche Ansprüche dem Geldgläubiger allein noch nicht geholfen ist, sondern er auf den Gegenstand selbst zugreifen können muss, auf den der Anspruch gerichtet ist, um eine Befriedigung zu erhalten.

> **Beispiel:** Glaub hat ein Urteil gegen Schuld erwirkt, nach dem Schuld an ihn 500 EUR zu zahlen hat. Schuld hat einen PC an Dritt verliehen, der nicht zur Herausgabe an den Gerichtsvollzieher bereit ist (§ 809). In diesem Fall kann Glaub den Anspruch des Schuld nach § 985 BGB auf Herausgabe (und/oder auf Rückgabe nach § 604 I BGB) gegen Dritt pfänden lassen. Die Pfändung geschieht hier ebenfalls durch einen Pfän-

---

[1697] Vgl. OLG München NJOZ 2012, 171; *Brox/Walker* ZVR Rn. 679 ff. (auch zu dem Fall, dass sich der Brief beim Grundbuchamt befindet).

III. Die Zwangsvollstreckung wegen Geldforderungen 435

dungsbeschluss, der Dritt zuzustellen ist (§ 829 iVm § 846). In dem Beschluss wird angeordnet, dass die Sache an einen vom Gläubiger zu beauftragenden Gerichtsvollzieher herauszugeben sei (§ 847 I).

Die Pfändung des Herausgabeanspruchs (oder Leistungsanspruchs) bewirkt, dass der Anspruch verstrickt und mit einem Pfändungspfandrecht belastet wird (→ Rn. 1204). **Gibt der Drittschuldner die gepfändete Sache freiwillig an den Gerichtsvollzieher heraus,** dann treten an die Stelle der Verstrickung und des Pfändungspfandrechts an dem Herausgabeanspruch die Verstrickung und das Pfändungspfandrecht an der herausgegebenen Sache. 1219

Diese **Surrogation** ist im Gesetz allerdings nur ausdrücklich für Ansprüche auf Übertragung des Eigentums an einem Grundstück in § 848 II 2 angeordnet, wird jedoch nach allgemeiner Meinung auch in Bezug auf bewegliche Sachen bejaht, wenn sie dem Schuldner gehören. Streitig ist dagegen, ob bei schuldnerfremden Sachen lediglich die Verstrickung eintritt oder auch ein Pfändungspfandrecht entsteht.[1698] Hier wirkt sich wiederum der Meinungsstreit über das Wesen und die Voraussetzungen des Pfändungspfandrechts aus (→ Rn. 1170 f.). 1220

Wurde ein Anspruch auf Übereignung einer beweglichen Sache gepfändet und erhält der Gerichtsvollzieher die Sache von dem Drittschuldner, dann erwirbt der Schuldner nach § 929 S. 1 BGB das Eigentum an der Sache. In der Übergabe liegt die (stillschweigende) Erklärung des Drittschuldners, dass der Schuldner Eigentümer der Sache werden solle, und diese Erklärung wird vom Gerichtsvollzieher als Vertreter des Schuldners entgegengenommen (§ 164 III BGB, wobei sich die Vertretungsmacht aus seiner amtlichen Stellung und dem Vollstreckungsauftrag herleitet (vgl. auch § 802a II 1 Nr. 4); die Übergabe an den Schuldner wird durch Erwerb mittelbaren Besitzes (Gerichtsvollzieher als Besitzmittler) vollzogen. Kraft Surrogation entstehen dann an der Sache Verstrickung und Pfändungspfandrecht. 1221

**Verweigert der Drittschuldner die Herausgabe der Sache,** dann muss sich der Gläubiger den Anspruch zur Einziehung überweisen lassen. Eine Überweisung an Zahlungs Statt ist ausgeschlossen (§ 849), weil der Anspruch keinen Nennwert hat. Nach Überweisung des Anspruchs kann der Gläubiger gegen den Drittschuldner Klage auf Herausgabe der Sache an den Gerichtsvollzieher erheben. Hat er mit dieser Klage Erfolg, dann kann er die Herausgabe aufgrund des von ihm gegen den Drittschuldner erstrittenen Urteils im Wege der Zwangsvollstreckung nach § 883 durchsetzen. 1222

Gibt der Drittschuldner die Sache (freiwillig oder gezwungen) an den Gerichtsvollzieher heraus, dann hat sie der Gerichtsvollzieher nach den gleichen Regeln zu verwerten wie gepfändete Sachen (§ 847 II; → Rn. 1176). Betrifft der Anspruch auf Herausgabe oder Leistung ein Grundstück, dann hat die Herausgabe nach § 848 I auf Antrag des Gläubigers an einen vom AG (Rechtspfleger) zu bestellenden Sachwalter, den sog. Sequester, zu geschehen. Ist der Anspruch auf Übertragung des Eigentums gerichtet, so hat die Auflassung an den Sequester als Vertreter des Schuldners zu erfolgen (§ 848 II 1). 1223

---

[1698] Vgl. *Brox/Walker* ZVR Rn. 704, die als Vertreter der sog. gemischten Theorie die Entstehung eines Pfandrechts verneinen; aA dagegen Stein/Jonas/*Würdinger* § 804 Rn. 10.

**1224** Bei der Pfändung eines Herausgabeanspruches ist die Vollstreckung beendet, wenn der Sequester Besitz an dem Grundstück erlangt hat. Ein Pfändungspfandrecht an der Sache (Grundpfandrecht an dem Grundstück) entsteht in diesem Fall nicht. Denn ein solches Grundpfandrecht ist nach § 848 II 2 nur für die Pfändung eines Anspruchs auf Grundstücksübereignung vorgesehen.

**1225** Mit der Herausgabe des Grundstücks oder seiner Auflassung an den Sequester ist die Anspruchspfändung abgeschlossen. Die Verwertung des Grundstücks geschieht in einem selbstständigen Verfahren nach den für die Zwangsvollstreckung in unbewegliche Sachen geltenden Vorschriften (§ 848 III; → Rn. 1243 ff.).

### c) Andere Vermögensrechte

**1226** Als andere Vermögensrechte sind alle die Gegenstände des beweglichen Vermögens anzusehen, die nicht zu den Sachen, den Geldforderungen oder den Ansprüchen auf Herausgabe oder Leistung von Sachen zählen. In Betracht kommen beispielsweise Grundschulden, Rentenschulden, Reallasten, Anwartschaftsrechte, Patentrechte. Für die Zwangsvollstreckung in diese (anderen) Vermögensrechte verweist § 857 I auf die entsprechende Anwendung der §§ 829 ff. Hieraus folgt, dass nur solche Rechte der Pfändung unterworfen sind, die übertragen werden können (§ 851 iVm § 857 I).

**1227** Die Vorschrift des § 851 I korrespondiert mit § 400 BGB, wonach eine Forderung, soweit sie nicht pfändbar ist, nicht abgetreten werden kann. Dies bedeutet, dass die Anordnung der Unpfändbarkeit und der Unübertragbarkeit einander gleichwertig sind. Die Unübertragbarkeit kann sich aufgrund einer ausdrücklichen gesetzlichen Vorschrift ergeben (zum Beispiel Unübertragbarkeit des Vorkaufsrechts nach § 473 BGB) oder aus der Natur des Rechtsverhältnisses. Kann die Leistung an einen anderen als den ursprünglichen Gläubiger nicht ohne Änderung des Leistungsinhalts erbracht werden,[1699] dann kann eine darauf bezogene Forderung nach § 399 BGB nicht übertragen werden (dazu → GK BGB Rn. 1290) und ist deshalb nach § 851 I unpfändbar. Die durch § 851 II angeordnete Ausnahme erfasst solche Ansprüche entgegen dem Wortlaut der Vorschrift nicht, weil der Sinn dieser Regelung darin besteht zu verhindern, dass der Schuldner durch die Vereinbarung von Abtretungsverboten sein Vermögen dem Zugriff seiner Gläubiger entziehen kann.[1700]

**1228** Aus der in § 857 I ausgesprochenen Verweisung auf die §§ 829 ff. ergibt sich auch, dass die **Pfändung** anderer Vermögensrechte durch Pfändungsbeschluss vorgenommen wird, der regelmäßig mit der Zustellung an den Drittschuldner Wirksamkeit erlangt (§ 829 III). Als Drittschuldner ist im Rahmen des § 857 jeder anzusehen, der an dem gepfändeten Recht beteiligt ist wie beispielsweise andere Miteigentümer und Miterben.[1701] Gibt es keine anderen Beteiligten, wie zB bei der Pfändung von Patent- oder Urheberrechten, dann wird die Pfändung durch Zustellung des Pfändungsbeschlusses an den Schuldner selbst vollzogen (§ 857 II). Die Verwertung des Vermögensrechts durch Überweisung setzt voraus, dass der Gläubiger an die Stelle des Schuldners treten kann. Handelt es sich um ein unveräußerliches Recht, dessen

---

[1699] Insoweit können sich schwierige Abgrenzungsfragen ergeben; vgl. dazu BGH NJW 2003, 1858 (1859).
[1700] Musielak/Voit/*Becker* § 851 Rn. 3; aA Stein/Jonas/*Würdinger* § 851 Rn. 28; jew. mwN.
[1701] Eingehende Übersichten finden sich bei Stein/Jonas/*Würdinger* § 857 Rn. 17 ff. und MüKoZPO/*Smid* § 857 Rn. 15 ff.

III. Die Zwangsvollstreckung wegen Geldforderungen

Ausübung einem anderen überlassen werden kann und das nach § 857 III der Pfändung unterworfen ist, wie beispielsweise der Nießbrauch oder beschränkte Dienstbarkeiten wie Wohnrechte (vgl. §§ 1059, 1092, 1093 BGB), dann kann das Gericht nach § 857 IV eine Verwaltung anordnen, deren Erträge dem Gläubiger zugutekommen.

Gegenstand eines schon seit langem geführten Meinungsstreits ist die **Pfändung** und Verwertung **eines Anwartschaftsrechts,** wie es beispielsweise dem Erwerber einer unter Eigentumsvorbehalt übertragenen beweglichen Sache zusteht. 1229

> **Beispiel:** Volz verkauft Kunz einen DVD-Recorder zum Preise von 500 EUR. Der Kaufpreis soll in fünf Raten zu jeweils 100 EUR gezahlt werden. Volz behält sich das Eigentum an dem Recorder bis zur vollständigen Zahlung des Kaufpreises vor. Nachdem Kunz vier Raten bezahlt hat, will Glaub aufgrund eines vollstreckbaren Titels gegen Kunz den DVD-Recorder pfänden lassen. Wie hat er am besten vorzugehen?

Die Pfändung und Überweisung des Anwartschaftsrechts ist zwar als übertragbares Vermögensrecht grundsätzlich zulässig, seine Verwertung wird jedoch regelmäßig keinen befriedigenden Erlös bringen. Vielmehr muss der Gläubiger versuchen, auf die Sache selbst zuzugreifen. Lässt aber der Gläubiger die Sache pfänden, dann wird sich der Vorbehaltsverkäufer aufgrund seines Eigentums nach § 771 I gegen die Pfändung wehren und die Verwertung der Sache verhindern (dazu Einzelheiten später). Der Gläubiger kann dieser Intervention des Eigentümers dadurch begegnen, dass er die Bedingung zum Erwerb des Eigentums durch den Vorbehaltskäufer herbeiführt, also den Kaufpreisrest an den Vorbehaltsverkäufer aus eigenen Mitteln zahlt. Dazu wird der Gläubiger bereit sein, wenn der zu erwartende Erlös bei Verwertung der Sache nicht nur den Kaufpreisrest, sondern darüber hinaus auch seine Forderung zumindest zT abdeckt. 1230

Glaub muss also im **Beispielsfall** (→ Rn. 1229) bei einer Pfändung des DVD-Recorders erwägen, ob er den Restkaufpreis iHv 100 EUR an Volz zahlt, um zu vermeiden, dass dieser gegen Pfändung und Verwertung des Recorders mit Erfolg vorgeht.

Die Antwort auf die Frage, wie sich der Gläubiger am besten bei Pfändung unter Eigentumsvorbehalt gekaufter Sachen zu verhalten hat, scheint damit gefunden zu sein: Er lässt die Sache selbst pfänden und zahlt den Kaufpreisrest an den Eigentümer, wenn sich dies für ihn wirtschaftlich lohnt; andernfalls sieht er von einer Pfändung ab oder gibt die Sache frei, wenn sie vom Gerichtsvollzieher gepfändet wurde.[1702] Der Meinungsstreit wird durch die in der Praxis wohl recht selten vorkommende Möglichkeit des Vorbehaltseigentümers veranlasst, den ihm angebotenen Restkaufpreis zurückzuweisen, wozu er nach § 267 II BGB berechtigt ist, wenn der Schuldner der Zahlung seiner Schuld durch den Gläubiger widerspricht. Um dem Vorbehaltseigentümer dieses (wohl allenfalls bei engen Beziehungen zum Schuldner genutzte) Recht zu nehmen, **empfiehlt die hM neben der Pfändung der Sache noch die Pfän-** 1231

---

[1702] Zu der Freigabeerklärung des Gläubigers muss dann bei beweglichen Sachen (anders als bei Forderungen, vgl. § 843) noch die Freigabe durch das Vollstreckungsorgan hinzukommen, um die Verstrickung der Sache aufzuheben (vgl. *Gaul/Schilken/Becker-Eberhard* ZVR § 50 Rn. 35 mN).

**dung des Anwartschaftsrechts,** weil dann der Vorbehaltsverkäufer nicht mehr befugt ist, den Kaufpreisrest zurückzuweisen (sonst gilt nach § 162 I BGB die Bedingung für den Eigentumsübergang als eingetreten) und er überdies nach § 840 zur Auskunft darüber verpflichtet ist, auf welchen Betrag sich seine Forderung beläuft (wenn er nicht freiwillig vorher diese Auskunft geben will). Die Pfändung des Anwartschaftsrechts geschieht nach § 857 iVm § 829, wobei der Vorbehaltsverkäufer als Drittschuldner anzusehen ist (→ Rn. 1228). Dieser herrschenden **Theorie von der Doppelpfändung**[1703] stehen andere Auffassungen gegenüber:

- Die **Theorie der reinen Rechtspfändung** nimmt an, dass die Pfändung des Anwartschaftsrechts allein genüge, weil sich das an diesem Recht entstandene Pfändungspfandrecht kraft Surrogation nach Bedingungseintritt an der Sache (am Eigentum) fortsetze.[1704] Diese Surrogation wird mit einer Analogie zu § 847 ZPO und § 1287 BGB begründet. Gegen diesen Analogieschluss spricht jedoch die fehlende Ähnlichkeit zwischen dem geregelten und dem ungeregelten Tatbestand (→ GK BGB Rn. 1180), denn sowohl im Falle des § 1287 S. 1 BGB als auch im Falle des § 847 hat der Gläubiger (Gerichtsvollzieher) anders als bei Pfändung des Anwartschaftsrechts Besitz an der Sache, an der das Pfändungspfandrecht kraft Surrogation entsteht. Der Besitz ist aber erforderlich, um nach außen erkennbar zu machen, dass dem Pfandgläubiger ein Recht an der Sache zusteht (Publizitätserfordernis).[1705]
- Die **Theorie der Rechtspfändung in Form der Sachpfändung** will die Pfändung des Anwartschaftsrechts nicht nach § 857, sondern nach § 808 dadurch vornehmen lassen, dass der Gerichtsvollzieher die Sache, an der das Pfändungspfandrecht besteht, in Besitz nimmt; dadurch werde zwar die Sache verstrickt, an ihr entstehe jedoch kein Pfändungspfandrecht, sondern nur an dem Anwartschaftsrecht.[1706] Bei Bedingungseintritt wandle sich dann dieses Pfandrecht am Anwartschaftsrecht in eines an der Sache, wobei die Bedenken gegen die Theorie der reinen Rechtspfändung wegen der fehlenden Publizität ausgeräumt seien. Dies mag zwar zutreffen, jedoch ruft diese Meinung andere mindestens ebenso gravierende Bedenken durch die von ihr vorgenommene Vermengung von Regeln der Rechts- und der Sachpfändung hervor.[1707]
- Schließlich wird noch die **Theorie der reinen Sachpfändung** vertreten, nach der mit Pfändung der Sache nach § 808 I auch zugleich das Anwartschaftsrecht gepfändet werde. Der Eigentümer könne der Vollstreckung in seine Sache nicht nach § 771 widersprechen, da ihm lediglich die Stellung des Inhabers eines besitzlosen Pfandrechts zukäme und er dementsprechend nur eine vorzugsweise Befriedigung aus dem Versteigerungserlös verlangen könne (zu § 805 Einzelheiten später).[1708] Da jedoch Vorbehaltseigentum vollwertiges Eigentum darstellt,

---

[1703] BGH NJW 1954, 1325; *Doderer* NJW 1991, 878 (879 f.); *Lackmann* ZVR Rn. 371; *Gaul/Schilken/Becker-Eberhard* ZVR § 58 III 4; *Jauernig/Berger* ZVR § 20 Rn. 27; *Lüke* ZivilProzR Rn. 661 f.
[1704] *Baur/Stürner/Bruns* ZVR Rn. 32.17; *Schlosser* ZivilProzR II Rn. 222.
[1705] *Brox/Walker* ZVR Rn. 809.
[1706] *Brox/Walker* ZVR Rn. 812 ff.
[1707] *Jauernig/Berger* ZVR § 20 Rn. 32.
[1708] *Hübner* NJW 1980, 729 (733 f.); *Kupisch* JZ 1976, 417 (426 f.).

III. Die Zwangsvollstreckung wegen Geldforderungen

das mit der Klage aus § 771 verfolgt werden kann (so die ganz hM; → Rn. 1334), kann dieser Auffassung schon deshalb nicht zugestimmt werden.

Die Theorie von der Doppelpfändung mag zwar umständlich vorgehen, zumal sich in der Praxis die Schwierigkeiten kaum ergeben dürften, die von ihr ausgeräumt werden sollen, sie vermeidet jedoch die dogmatischen Bedenken, die gegen die anderen Theorien bestehen. Nach der Theorie von der Doppelpfändung ist auch zu verfahren, wenn in das **Anwartschaftsrecht des Sicherungsgebers** vollstreckt wird, das ihm zusteht, wenn er zur Sicherung einer Forderung eine bewegliche Sache unter der (auflösenden) Bedingung auf den Forderungsgläubiger übertragen hat, dass bei vollständiger Erfüllung der gesicherten Forderung das Eigentum an ihn zurückfallen solle (→ EK BGB Rn. 756). 1232

Nach hM wird eine Eigentümergrundschuld wie eine Grundschuld, also gem. § 857 VI nach den Vorschriften über die Zwangsvollstreckung in eine hypothekarisch gesicherte Forderung, gepfändet.[1709] Es ist also neben dem Pfändungsbeschluss noch die Übergabe des Grundschuldbriefes bei einer Briefgrundschuld oder die Eintragung der Pfändung im Grundbuch bei einer Buchgrundschuld erforderlich (→ Rn. 1217). Die Erfüllung dieser Voraussetzungen kann bei der sog. verdeckten Eigentümergrundschuld Schwierigkeiten bereiten, bei der die Eigentümergrundschuld aus einer Fremdhypothek hervorgegangen ist (vgl. §§ 1163 I 2, 1177 I BGB), der Grundschuldinhaber aber weder im Grundbuch eingetragen noch im Besitz des Briefes ist. Diese Schwierigkeiten vermeidet eine Gegenauffassung, die auf die Pfändung der Eigentümergrundschuld die Vorschrift des § 857 II anwendet, weil es sich bei ihr um ein schuldnerloses Recht handele und deshalb für ihre Pfändung die Zustellung des Pfändungsbeschlusses an den Inhaber der Eigentümergrundschuld (= Grundstückseigentümer) genüge.[1710] 1233

## 4. Mehrfache Pfändung

### a) Rechtsfolgen

**Eine bewegliche Sache, eine Forderung oder ein sonstiges Recht können mehrfach gepfändet werden.** Es entstehen dann auch mehrere Pfändungspfandrechte, von denen das früher begründete dem späteren vorgeht (§ 804 III); es gilt also das sog. **Prioritätsprinzip**. Eine gleichzeitige Pfändung lässt gleichrangige Pfandrechte entstehen. 1234

Die Rangfolge ist von entscheidender Bedeutung, wenn der Erlös nicht zur Abdeckung aller Geldforderungen ausreicht, wegen derer vollstreckt worden ist. Dann erhält zunächst der Pfandgläubiger den Erlös bis zu seiner vollständigen Befriedigung, dessen Pfandrecht im Rang vorgeht, bevor der nachfolgende Pfandgläubiger berücksichtigt wird. Gebührt mehreren Gläubigern der gleiche Rang, dann wird der Erlös nach der Höhe ihrer Forderungen 1235

---

[1709] BGH NJW-RR 1989, 637; *Brox/Walker* ZVR Rn. 742; BLAH/*Hartmann* § 857 Rn. 23 ff. mwN.
[1710] So *Baur/Stürner/Bruns* ZVR Rn. 32.19 f.; *Jauernig/Berger* ZVR § 20 Rn. 36. Vgl. zu diesem Meinungsstreit *Brox/Walker* ZVR Rn. 737 ff.

verteilt, also prozentual. Ist der Erlös, der sich aus der Verwertung einer beweglichen Sache ergibt, nicht ausreichend zur Deckung der Forderung aller Pfandgläubiger, und verlangt einer der Gläubiger, für den die zweite oder eine spätere Pfändung erfolgt ist, ohne Zustimmung der übrigen beteiligten Gläubiger eine andere Verteilung als nach der Reihenfolge der Pfändungen, so muss der Gerichtsvollzieher die Sachlage dem Vollstreckungsgericht anzeigen und den Erlös hinterlegen (§ 827 II). Es schließt sich dann das Verteilungsverfahren an (→ Rn. 1240).

1236 Die erneute Pfändung einer bereits gepfändeten beweglichen Sache kann in der gleichen Weise wie die Erstpfändung durchgeführt werden (vgl. § 808), sie kann jedoch auch in erleichterter Form als sog. **Anschlusspfändung** gem. § 826 vollzogen werden.

1237 Bei einer Anschlusspfändung ist gem. § 826 III der Schuldner von der weiteren Pfändung in Kenntnis zu setzen. Hat sich ein Dritter gegen die Erstpfändung gewandt, weil er Rechte an der gepfändeten Sache geltend macht, dann muss der Gerichtsvollzieher auch diesen Dritten von der Anschlusspfändung unterrichten, damit dieser um Wahrung seiner Rechte auch gegenüber dem die Anschlusspfändung betreibenden Gläubiger bemüht sein kann.[1711]

1238 Die Pfändung von Forderungen und anderen Rechten geschieht stets in derselben Weise, nämlich durch mehrere Pfändungsbeschlüsse; eine Anschlusspfändung kennt das Gesetz in diesen Fällen nicht.

1239 Ist eine Geldforderung für mehrere Gläubiger gepfändet, so ist der Drittschuldner berechtigt und auf Verlangen eines Gläubigers verpflichtet, den Schuldbetrag zu hinterlegen (vgl. § 853). Bei mehrfacher Pfändung von Ansprüchen auf Herausgabe oder Leistung körperlicher Sachen (→ Rn. 1218 ff.) darf und muss auf Verlangen eines Gläubigers der Drittschuldner nach § 854 I die Sache dem in dieser Vorschrift näher bezeichneten Gerichtsvollzieher aushändigen. An der Sache entstehen dann Pfändungspfandrechte (→ Rn. 1219 f.) in der Reihenfolge der Pfändung des Herausgabeanspruchs. Betrifft der Anspruch eine unbewegliche Sache, so ist sie an einen Sequester herauszugeben (§ 855). Jeder Gläubiger, dem der Anspruch überwiesen wurde, ist berechtigt, gegen den Drittschuldner Klage auf Erfüllung der ihm nach den Vorschriften der §§ 853–855 obliegenden Verpflichtungen zu erheben (§ 856 I); tritt ein weiterer Gläubiger dem Kläger bei (§ 856 II), dann wird er dessen notwendiger Streitgenosse (→ Rn. 432 f.). Bei der Verwertung ergibt sich eine gleiche Situation wie bei der mehrfachen Pfändung einer beweglichen Sache (vgl. § 854 II und → Rn. 1234 f.).

**b) Verteilungsverfahren**

1240 Ist nach den oben dargestellten Regeln ein Geldbetrag hinterlegt worden, der zur Befriedigung der beteiligten Gläubiger nicht ausreicht, dann hat nach § 872 ein Verteilungsverfahren stattzufinden, für das die §§ 873–882 gelten. Das Verteilungsverfahren ist in diesen Fällen der einzige Weg für die Gläubiger, den hinterlegten Betrag zu erhalten; jedes andere Vorgehen ist unzulässig.

1241 Aus der im Gesetz getroffenen Regelung (bitte lesen!) folgt, dass ein Gläubiger, der dem vom Verteilungsgericht (durch den Rechtspfleger, vgl. § 20 Nr. 17 RPflG) aufgestellten Plan widerspricht und dessen Widerspruch sich nicht nach § 876 S. 3 erledigt, Klage innerhalb eines Monats gegen die beteiligten anderen Gläubiger erheben muss (§ 878 I). Allerdings kann ein

---

[1711] BGH NJW-RR 2008, 338.

III. Die Zwangsvollstreckung wegen Geldforderungen

Gläubiger, der gegen den Teilungsplan nicht rechtzeitig geklagt hat, sein besseres Recht im Wege der Bereicherungsklage gegen denjenigen verfolgen, der den Erlös erhalten hat, der dem Kläger gebührt (§ 878 II). Dieses Recht steht aber auch über den Wortlaut des Gesetzes hinaus dem Gläubiger zu, der keinen Widerspruch gegen den Teilungsplan erhoben hat.[1712]

**Einschub: Die Zwangsvollstreckung in Anteilsrechte**

Steht ein Recht dem Schuldner nicht allein, sondern nur gemeinsam mit anderen Personen zu, dann kommt eine Zwangsvollstreckung nicht in das Recht insgesamt, sondern nur in die Mitberechtigung des Schuldners in Betracht. Die sich hierbei ergebenden Besonderheiten, die bei einzelnen Mitberechtigungen unterschiedlich ausfallen, sollen im Folgenden betrachtet werden: 1242

- Zunächst zur **BGB-Gesellschaft:** Dass der Gesellschafter einer BGB-Gesellschaft nicht über seinen Anteil an dem Gesellschaftsvermögen oder an den einzelnen dazu gehörenden Gegenständen verfügen kann (§ 719 I BGB), ist Folge der Rechtsnatur dieser Gesellschaft als Gesamthandsgemeinschaft. Deshalb ist nach § 851 I eine Pfändung dieser Anteile ausgeschlossen. Dies wird jedoch durch § 859 I 2 nur für den Anteil eines Gesellschafters an den einzelnen zu dem Gesellschaftsvermögen gehörenden Gegenständen bestätigt, während Satz 1 dieser Vorschrift ausdrücklich (entgegen § 851 I) die Pfändung des Anteils am Gesellschaftsvermögen zulässt, um dem Gläubiger eines Gesellschafters den Zugriff auf diesen Vermögenswert nicht zu versperren. Die Pfändung des Gesellschaftsanteils wird nach § 857 I, § 829 vorgenommen.

- Gestritten wird über die Frage, ob bei **Pfändung eines Anteils am Gesellschaftsvermögen** die anderen Gesellschafter als Drittschuldner anzusehen sind und ob infolgedessen der Pfändungsbeschluss an sämtliche Mitgesellschafter zugestellt werden muss. Der BGH[1713] und die ganz herrschende Lehre[1714] vertreten die Auffassung, dass Drittschuldner die Gesamthand sei und dass an diese, vertreten durch ihren Geschäftsführer, der Pfändungsbeschluss zugestellt werden müsse.

Der Gläubiger kann aufgrund der Pfändung des Anteils die Gesellschaft kündigen, sofern der Schuldtitel nicht lediglich vorläufig vollstreckbar ist (§ 725 I BGB), um anstelle des Schuldners die Auseinandersetzung nach § 731 BGB herbeizuführen und auf das Auseinandersetzungsguthaben zugreifen zu können, das von seinem Pfandrecht umfasst wird. Vor der Kündigung und der dadurch bedingten Auflösung der Gesellschaft steht ihm nur das Recht auf den Gewinnanteil zu (§ 725 II BGB). Die gesellschaftlichen Mitgliedschaftsrechte gehen dagegen durch die Pfändung des Anteils nicht auf den Gläubiger über, sondern bleiben wegen ihres höchstpersönlichen Charakters beim Schuldner.

Werden der Gewinnanspruch und der Anspruch auf das Auseinandersetzungsguthaben, die nach § 717 S. 2 BGB übertragbar und damit auch selbstständig pfändbar sind, separat gepfändet, dann kann der Gläubiger nicht verhindern, dass der Schuldner vor Entstehung der Ansprüche mit Zustimmung der übrigen Gesellschafter über seinen Gesellschaftsan-

---

[1712] Musielak/Voit/*Becker* § 878 Rn. 9 mwN.
[1713] BGHZ 97, 392 (394f.) = NJW 1986, 1991; Prütting/Gehrlein/*Ahrens* § 859 Rn. 4; aA Stein/Jonas/*Würdinger* § 859 Rn. 3 (Drittschuldner sind die von der Pfändung betroffenen Mitgesellschafter).
[1714] Vgl. BGH NJW 1986, 1991 ff.; Musielak/Voit/*Becker* § 859 Rn. 3; MüKoZPO/*Smid* § 859 Rn. 9.

teil verfügt und damit die Pfändung der künftigen Einzelansprüche gegenstandslos werden lässt.[1715]

In das **Gesellschaftsvermögen als Ganzes** kann vollstreckt werden, wenn der Gläubiger einen Titel gegen alle Gesellschafter besitzt (§ 736); es muss sich jedoch nicht um einen einheitlichen Titel handeln, sondern es genügt, dass er verschiedene inhaltsgleiche Titel gegen die Gesellschafter vorlegen kann (Urteil gegen den Gesellschafter A, Vergleich mit dem Gesellschafter B[1716]. Die in § 736 getroffene Regelung hat keinesfalls deshalb an Bedeutung verloren, weil die hM die BGB-Gesellschaft, soweit sie als Außengesellschaft am Rechtsverkehr teilnimmt und dabei eigene Rechte und Pflichten begründet, Rechts- und Parteifähigkeit zuerkennt (→ Rn. 238). Vielmehr folgt aus dieser Regelung, dass der Gläubiger nicht nur mit einem gegen die Gesellschaft als Partei gerichteten Titel in das Gesellschaftsvermögen vollstrecken kann, sondern anders als bei einer OHG (§ 124 II HGB) auch mit einem Titel gegen alle einzelnen Gesellschafter aus ihrer persönlichen Mithaftung.[1717]

- Die dargestellten Regeln für die BGB-Gesellschaft gelten nach § 105 II, § 161 II HGB entsprechend auch für die **OHG** und die **KG**, soweit sich nicht aus dem HGB abweichende Vorschriften ergeben. Dementsprechend kann der Anteil eines Gesellschafters an einer OHG oder einer KG gepfändet und zur Einziehung dem Gläubiger überwiesen werden (§ 859 I, § 857 I iVm §§ 829, 835). Drittschuldner ist die Gesellschaft. Bei der Kündigung durch den Gläubiger ist die Vorschrift des § 135 HGB (§ 161 II HGB) zu beachten.

  OHG und KG sind passiv vollstreckungsfähig. Um in das Gesellschaftsvermögen vollstrecken zu können, ist ein gegen die Gesellschaft gerichteter Titel erforderlich (§ 124 II, § 161 II HGB). Umgekehrt berechtigt ein Titel gegen die Gesellschaft nicht dazu, in das Vermögen der Gesellschafter zu vollstrecken, § 129 IV HGB. Deshalb kann es – wenn der Kläger Zweifel an der Solvenz einer OHG hat, ratsam sein, einen finanzstarken Gesellschafter mit zu verklagen.

- Für die **Erbengemeinschaft** gilt Folgendes: Jeder Miterbe kann über seinen Anteil am Nachlass verfügen (§ 2033 I 1 BGB), jedoch nicht über seinen Anteil an den einzelnen Nachlassgegenständen (§ 2033 II BGB). Dementsprechend kann der Anteil eines Miterben an dem Nachlass gepfändet werden, nicht dagegen sein Anteil an den Nachlassgegenständen (§ 859 II iVm Abs. 1). Der Schuldner bleibt trotz Pfändung Miterbe und kann deshalb auch die Erbschaft ausschlagen und dadurch die Pfändung gegenstandslos werden lassen.

  Zur Zwangsvollstreckung in einen Nachlass ist, wenn mehrere Erben vorhanden sind, bis zur Teilung ein Titel gegen alle Erben erforderlich (§ 747), der jedoch ebenso wie bei § 736 nicht einheitlich zu sein braucht.

- Bei der **ehelichen Gütergemeinschaft** ist zu beachten: Die Anteile an einer bestehenden ehelichen Gütergemeinschaft (§§ 1415 ff. BGB), auch an einer fortgesetzten (§§ 1483 ff. BGB), sind unpfändbar. Dies wird ausdrücklich durch § 860 I

---

[1715] Vgl. *Brox/Walker* ZVR Rn. 774.
[1716] *Zimmermann* ZPO § 736 Rn. 1.
[1717] BGH NJW 2004, 3632 (3634) mwN; *Walker* JZ 2011, 401 (402 f.). Zu den Besonderheiten einer Immobiliarvollstreckung gegen eine Gesellschaft bürgerlichen Rechts s. BGH NJW 2011, 1449; *Reymann* NJW 2011, 1412.

III. Die Zwangsvollstreckung wegen Geldforderungen

bestimmt, ergibt sich aber bereits aus § 851 I, da über diese Anteile nicht verfügt werden kann (§ 1419 I, § 1487 I BGB). In das Gesamtgut kann jedoch nach Maßgabe der §§ 740, 741, 745 I vollstreckt werden. Nach Beendigung der Gütergemeinschaft ist der Anteil an dem Gesamtgut zugunsten der Gläubiger des Anteilsberechtigten der Pfändung unterworfen (§ 860 II).

- Bei der Zwangsvollstreckung gegen Ehegatten ist jedoch zu berücksichtigen, dass den gesetzlichen **Güterstand die Zugewinngemeinschaft** bildet (§ 1363 I BGB; auch → EK BGB Rn. 873 ff.). Bei diesem Güterstand besteht Gütertrennung (§ 1363 II BGB). Dies bedeutet, dass die Zwangsvollstreckung in das Vermögen jedes Ehegatten aufgrund eines gegen ihn gerichteten Titels zulässig ist. Soll die **Zwangsvollstreckung in eine bewegliche Sache** vorgenommen werden, die sich **in der ehelichen Wohnung** befindet, dann wird regelmäßig Mitgewahrsam beider Ehegatten bestehen, sodass der Ehegatte des Schuldners, wenn er nicht zur Herausgabe bereit ist, sich auf seinen Mitgewahrsam berufen und gegen die Pfändung Vollstreckungserinnerung nach § 766 einlegen könnte (→ Rn. 1290). In diesem Fall hilft **§ 739 I** dem vollstreckenden Gläubiger dadurch, dass die **Eigentumsvermutung des § 1362 BGB auf den Gewahrsam ausgedehnt** wird und der Gerichtsvollzieher folglich vom Alleingewahrsam des schuldenden Ehegatten ausgehen darf. Da § 739 I eine nicht widerlegbare Vermutung schafft, kann der andere Ehegatte auch nicht durch Nachweis seines Eigentums die Pfändung verhindern. Vielmehr muss er in diesem Fall mit der Drittwiderspruchsklage nach § 771 gegen die Zwangsvollstreckung vorgehen.[1718]

- Die **Gewahrsamsvermutung des § 739 I** wird nach Abs. 2 dieser Vorschriften auf Lebenspartnerschaften iSd § 1 LPartG ausgedehnt.

- Da § 739 nicht auf Personen angewendet werden kann, die in einem eheähnlichen Verhältnis zusammenleben,[1719] stellt die Vorschrift Eheleute in der Zwangsvollstreckung schlechter als Nichtverheiratete. Darin wird von einer im Schrifttum vertretenen Auffassung ein Widerspruch zum Grundrecht des Art. 6 I GG gesehen und deshalb die Vorschrift für verfassungswidrig gehalten.[1720] Dem kann jedoch entgegnet werden, dass bei der Ehe typischerweise eine Vermögensvermischung eintritt, die eine solche Regelung sachlich rechtfertigt. Dies kann zwar auch bei einer länger andauernden Lebensgemeinschaft der Fall sein. Im Vollstreckungsverfahren ist es aber nicht möglich, die Dauer einer solchen Gemeinschaft zu prüfen. Deshalb ist die unterschiedliche Behandlung durch den Gesetzgeber berechtigt.

- Für die Bruchteilsgemeinschaft gilt Folgendes: Jeder Teilhaber kann über seinen Anteil verfügen (§ 747 S. 1 BGB), und es kann deshalb dieser Anteil auch gepfändet werden. Hierbei ist danach zu unterscheiden, ob die Bruchteilsgemeinschaft bewegliche oder unbewegliche Sachen, Rechte oder Forderungen betrifft. Besteht an einer beweglichen Sache Miteigentum nach Bruchteilen (§§ 1008 ff. BGB), dann kann der einzelne Miteigentumsanteil durch Zustellung eines Pfändungsbeschlusses an die übrigen Miteigentümer gepfändet werden. Der Gläu-

---

[1718] Vgl. BGH NJW 1976, 238; 1992, 1162.
[1719] HM, vgl. BGH NJW 2007, 992 (993 f.) = JZ 2007, 528 mkritAnm *Roth* (zu der mit § 739 korrespondierenden Vorschrift des § 1362 BGB); Musielak/Voit/*Lackmann* § 739 Rn. 4 mwN; aA MüKoZPO/*Heßler* § 739 Rn. 19.
[1720] Vgl. *Baur/Stürner/Bruns* ZVR Rn. 19.9; *Brox/Walker* ZVR Rn. 241, jew. mwN.

biger kann sich den gepfändeten Anteil zur Einziehung überweisen lassen und die Aufhebung der Gemeinschaft verlangen (§ 751 S. 2 BGB). Die Zwangsvollstreckung in den Miteigentumsanteil an einem Grundstück geschieht nach den Regeln der Immobiliarvollstreckung (§ 864 II; dazu sogleich). Die Zwangsvollstreckung in Anteile an Forderungen und Rechten wird nach gleichen Regeln vollzogen, wie sie für Anteile an beweglichen Sachen gelten.

### 5. Vollstreckung in das unbewegliche Vermögen

#### a) Allgemeines

1243 Die Zwangsvollstreckung in das unbewegliche Vermögen wegen Geldforderungen ist nur zu einem kleinen Teil in der ZPO geregelt; **überwiegend finden sich die einschlägigen Vorschriften im Gesetz über die Zwangsversteigerung und die Zwangsverwaltung – ZVG –** (Schönfelder Nr. 108) (zu den Gründen → Rn. 1110). Der Zwangsvollstreckung in das unbewegliche Vermögen unterliegen Grundstücke (§ 864 I) einschließlich der einer Hypothekenhaftung unterfallenden Sachen und Rechte (§ 865 I ZPO, §§ 1120 ff. BGB) unter Einschluss des Zubehörs (§ 865 II ZPO, §§ 97, 98 BGB), grundstücksgleiche Rechte (§ 864 I) wie das Erbbaurecht und das Wohnungseigentum, eingetragene Schiffe und Schiffsbauwerke (§ 864 I), Luftfahrzeuge (§§ 171a ff. ZVG) sowie Bruchteilseigentum an den in § 864 II genannten Gegenständen, dagegen nicht sog. Scheinbestandteile eines Grundstücks (§ 95 BGB).[1721] Die Zwangsvollstreckung wegen Geldforderungen in das unbewegliche Vermögen kann gem. § 866 I

- durch Eintragung einer Sicherungshypothek,
- durch Zwangsversteigerung oder
- durch Zwangsverwaltung

vorgenommen werden. Der Gläubiger hat die Wahl zwischen diesen Möglichkeiten und kann auch verlangen, dass mehrere dieser Maßnahmen nebeneinander ausgeführt werden (§ 866 II). Die folgende Darstellung beschränkt sich auf die Zwangsvollstreckung in Grundstücke.

#### b) Zwangsversteigerung

1244 **Die Zwangsversteigerung verfolgt den Zweck, das Grundstück selbst zu verwerten, um den Erlös zur Abdeckung der Forderung des Gläubigers zu verwenden.** Zuständig für diese Maßnahme ist das Vollstreckungsgericht (§§ 1, 15 ZVG), das durch den Rechtspfleger entscheidet (§ 3 Nr. 1i RPflG). Er ordnet auf Antrag des Gläubigers die Zwangsversteigerung des Grundstücks an (§ 15 ZVG).

1245 Das Vollstreckungsgericht (Rechtspfleger) prüft, ob die Voraussetzungen der Zwangsvollstreckung (→ Rn. 1115 ff.) erfüllt sind. Das Verbot der zwecklosen Pfändung (§ 803 II) gilt im Zwangsversteigerungsverfahren nicht.[1722] Streitig ist die Frage, ob das Rechtsschutzinter-

---

[1721] OLG Köln OLGZ 1993, 113 (117); *Schmidt* JuS 1993, 514.
[1722] BGH NJW 2002, 3178 (3179); ZMR 2004, 347 (348).

III. Die Zwangsvollstreckung wegen Geldforderungen 445

esse zu verneinen ist, wenn die Zwangsversteigerung eines Grundstücks wegen einer geringfügigen Forderung (Beispiel: Antrag auf Zwangsversteigerung eines Hausgrundstücks wegen einer Forderung von 10 EUR) betrieben wird.[1723] Ist nach den Umständen des Einzelfalles davon auszugehen, dass die Zwangsversteigerung zur Verfolgung zweckwidriger Ziele, zB um den Schuldner zu schikanieren, durchgeführt wird, dann fehlt das Rechtsschutzinteresse.[1724]

Ist dem Antrag des Gläubigers auf Zwangsversteigerung stattzugeben, dann erlässt das Gericht den **Versteigerungsbeschluss,** der von Amts wegen (§ 3 ZVG) dem Schuldner zuzustellen ist (§ 8 ZVG). Zugleich hat das Gericht das Grundbuchamt um Eintragung eines Versteigerungsvermerks im Grundbuch zu ersuchen (§ 19 I ZVG). Der Zwangsversteigerungsbeschluss wirkt zugunsten des betreibenden Gläubigers als Beschlagnahme des Grundstücks (§ 20 I ZVG). Diese Wirkung tritt mit der Zustellung des Beschlusses an den Schuldner oder mit dem Zeitpunkt ein, in dem das Ersuchen um eine Eintragung des Versteigerungsvermerks dem Grundbuchamt zugeht, sofern auf das Ersuchen die Eintragung demnächst erfolgt (§ 22 I ZVG). Die Beschlagnahme hat gem. § 23 ZVG die Wirkung eines (relativen) Veräußerungsverbots (→ GK BGB Rn. 306, → EK BGB Rn. 13). 1246

**Lehnt** das **Vollstreckungsgericht** die Anordnung der Zwangsversteigerung **ab,** dann ist gegen den die Ablehnung aussprechenden Beschluss sofortige Beschwerde zulässig (§ 11 I RPflG iVm § 793). Die Frist für die sofortige Beschwerde ist § 569 I zu entnehmen. 1247

Wird das Verfahren nicht aufgehoben oder einstweilig eingestellt (zu den insoweit in Betracht kommenden Fällen vgl. §§ 28 ff. ZVG), dann wird die Versteigerung durch das Vollstreckungsgericht ausgeführt (§ 35 ZVG). Zu diesem Zweck bestimmt das Gericht einen Versteigerungstermin (vgl. dazu §§ 36–43 ZVG). Der **Versteigerungstermin** gliedert sich in drei Abschnitte: 1248

- Im **ersten Abschnitt** werden nach Aufruf der Sache die für die Versteigerung wesentlichen Daten und Bedingungen bekanntgegeben (§ 66 I ZVG). Hierzu zählen die das Grundstück betreffenden Nachweisungen (wie seine Beschreibung, der Grundbuchinhalt, der Einheitswert), die Namen der das Verfahren betreibenden Gläubiger und deren Ansprüche, die Zeit der Beschlagnahme, der vom Gericht festgesetzte Wert des Grundstücks und die erfolgten Anmeldungen (vgl. § 37 Nr. 4 ZVG). Sodann werden das geringste Gebot (dazu sogleich) und die Versteigerungsbedingungen (vgl. §§ 49–58 ZVG) nach Anhörung der anwesenden Beteiligten festgestellt und die erfolgten Feststellungen verlesen (§ 66 I ZVG).
- Der **zweite Abschnitt,** die eigentliche Versteigerung, beginnt mit der Aufforderung des Gerichts zur Abgabe von Geboten (§ 66 II ZVG). Die Versteigerung muss so lange fortgesetzt werden, bis trotz der Aufforderung des Gerichts Gebote nicht mehr abgegeben werden. In jedem Fall müssen aber zwischen der Aufforderung zur Abgabe von Geboten und dem Zeitpunkt, in dem die Versteigerung geschlossen wird, mindestens 30 Minuten liegen (§ 73 I ZVG). Das Gericht hat das letzte Gebot (mittels dreimaligen Aufrufs) und den Schluss der Versteigerung zu verkünden (§ 73 II ZVG).

---

[1723] Vgl. *Brox/Walker* ZVR Rn. 854 mwN.
[1724] BGH NJW 2002, 3178 (3179); *Walker* JZ 2011, 401 (411).

Ein unwirksames Gebot (zB wegen schriftlicher Einreichung statt mündlicher Abgabe im Termin) ist zurückzuweisen (§ 71 I ZVG). Zum Erlöschen der Gebote vgl. § 72 ZVG.

- Im **letzten Abschnitt** des Versteigerungstermins sind die anwesenden Beteiligten über den Zuschlag zu hören (§ 74 ZVG). Danach muss das Gericht entweder sofort im Versteigerungstermin selbst oder in einem besonderen Verkündungstermin (vgl. § 87 ZVG) über den Zuschlag entscheiden (vgl. §§ 79–86 ZVG).

**1249** Rechte, die dem Anspruch des betreibenden Gläubigers vorgehen, dürfen durch die Zwangsversteigerung nicht beeinträchtigt werden. Deshalb lässt § 44 I ZVG nur ein solches Gebot zu, durch das diese vorgehenden Rechte sowie die aus dem Versteigerungserlös zu entnehmenden Kosten des Verfahrens gedeckt werden (sog. **geringstes Gebot**); es gilt also das **Deckungsprinzip**. Der auf die vorgehenden Rechte entfallende Betrag des Gebots muss jedoch nicht entrichtet werden. Vielmehr gilt insoweit das **Übernahmeprinzip**, nach dem der Ersteher des Grundstücks die dem betreibenden Gläubiger vorgehenden Rechte, die beim Zuschlag nicht erlöschen, sondern bestehen bleiben (§ 52 I 1 ZVG), übernimmt. Zu zahlen sind nach § 49 I ZVG nur der Teil des geringsten Gebots, der zur Deckung der Kosten sowie der in § 10 Nr. 1–3 und in § 12 Nr. 1 und 2 ZVG bezeichneten Ansprüche bestimmt ist sowie der das geringste Gebot übersteigende Betrag des Meistgebots (**Bargebot**). Wie das Bargebot zu entrichten ist, bestimmt § 49 III. Zu diesen verschiedenen Regelungen folgendes

**Beispiel:** Auf Antrag des Glaub soll das Grundstück des Eich versteigert werden. Es ist mit einer Hypothek des Erst iHv 20.000 EUR und einer Grundschuld des Zweit iHv 10.000 EUR belastet. Die dritte Rangstelle im Grundbuch nimmt eine Hypothek des Glaub iHv 25.000 EUR ein. Auf Ansprüche nach § 10 I Nr. 3 ZVG entfallen 2.200 EUR. Die Kosten des Verfahrens belaufen sich auf 3.500 EUR.

In diesem Fall beträgt das geringste Gebot 35.700 EUR (20.000 EUR plus 10.000 EUR plus 2.200 EUR plus 3.500 EUR). Die dem betreibenden Gläubiger vorgehenden Rechte des Erst und des Zweit bleiben bestehen und müssen von dem Erwerber übernommen werden. Sein Mindestbargebot beträgt deshalb nur 5.700 EUR. Hinzu kommt der Betrag, um den das Meistgebot das geringste Gebot übersteigt. Bietet jemand 45.700 EUR für das Grundstück des Eich, dann muss er zusätzlich zu dem Mindestbargebot noch weitere 10.000 EUR entrichten, also insgesamt 15.700 EUR.

**1250** Wird die Zwangsversteigerung von einem persönlichen (dinglich nicht gesicherten) Gläubiger betrieben, dann muss er sich alle das Grundstück belastende Grundpfandrechte vorgehen lassen, also in dem Beispielsfall auch die Hypothek des Glaub iHv 25.000 EUR. Dementsprechend erhöht sich dann der Betrag des geringsten Gebots.

**1251** Das Bargebot ist nicht mit dem sog. **Mindestgebot** zu verwechseln. Mit diesem Begriff, der gesetzlich nicht definiert ist, wird der Betrag bezeichnet, der nach § 85a I ZVG erreicht werden muss (auch absolutes Mindestgebot genannt). Zum Schutze des Schuldners muss der Zuschlag versagt werden, wenn das abgegebene Meistgebot einschließlich des Kapitalwertes der nach den Versteigerungsbedingungen bestehen bleibende Rechte die Hälfte des Grundstückswertes nicht erreicht. Bleibt es unter sieben Zehntel des Grundstückswertes, dann kann ein Berechtigter, dessen Anspruch ganz oder teilweise durch das Meistgebot nicht gedeckt ist, aber bei einem Gebot iHv sieben Zehnteln des Grundstückswerts voraussichtlich gedeckt sein würde, die Versagung des Zuschlages beantragen. Auch in Bezug auf diese in § 74a I ZVG getroffene Regelung spricht man von einem Mindestgebot, das auch als relatives Mindestgebot

III. Die Zwangsvollstreckung wegen Geldforderungen

bezeichnet wird.[1725] Wird der Zuschlag aus den in §§ 74a, 85a ZVG genannten Gründen versagt, dann muss ein neuer Versteigerungstermin bestimmt werden, in dem die Vorschriften über das (absolute und relative) Mindestgebot nicht mehr gelten (vgl. § 74a IV, § 85a II ZVG). Das Vollstreckungsgericht ist jedoch dann verpflichtet, dem betroffenen Eigentümer einen effektiven Rechtsschutz zu gewähren, um eine Verschleuderung seines Grundvermögens zu verhindern. Insbesondere ist dem Schuldner bei einem krassen Missverhältnis zwischen Meistgebot und Grundstückswert Kenntnis vom Versteigerungsergebnis zu geben, damit er Rechtschutz in Anspruch nehmen kann.[1726]

Wenn auch vom Vollstreckungsgericht die Versteigerungsbedingungen im Versteigerungstermin bekanntzugeben sind und dabei auch darauf hingewiesen wird, welche Rechte bestehen bleiben, also vom Ersteher übernommen werden, kann sich dennoch bei einem Bieter insoweit ein Irrtum ergeben. Deshalb kommt der Frage Bedeutung zu, ob ein solcher Irrtum zur Anfechtung berechtigt. Der BGH hat diese Frage mit der zutreffenden Begründung verneint, dass derjenige, der sich über den Umfang bestehen bleibender Rechte bei der Zwangsversteigerung eines Grundstücks täuscht, über die kraft Gesetzes eintretenden Rechtsfolgen irrt, sich also in einem nicht zur Anfechtung berechtigenden Rechtsfolgeirrtum befindet (→ GK BGB Rn. 379 f.).[1727]

1252

Besteht kein Versagungsgrund, dann muss der **Zuschlag** an den Meistbietenden erteilt werden (§ 81 I ZVG, vgl. aber auch Abs. 2–4 dieser Vorschrift). Der Zuschlag wird durch Beschluss erteilt, der durch seine Verkündung wirksam wird (§§ 88, 89 ZVG). Durch den Zuschlag wird der Ersteher gem. § 90 ZVG Eigentümer des Grundstücks und der Gegenstände, auf die sich die Versteigerung erstreckt hat (vgl. § 55 iVm §§ 20, 21 ZVG). So wird etwa der Ersteher eines landwirtschaftlichen Grundstücks zugleich Eigentümer der landwirtschaftlichen Maschinen, soweit diese Zubehör des versteigerten Grundstücks sind (ausführlich zum Haftungsverband → EK BGB Rn. 828 ff.). Der Eigentumsübergang geschieht aufgrund hoheitlicher Tätigkeit; auf eine Eintragung des Erwerbers im Grundbuch kommt es dafür ebenso wenig an wie auf einen guten Glauben bei der Versteigerung schuldnerfremder Gegenstände.[1728] Mit dem Zuschlag erlöschen die Rechte, die nicht vom geringsten Gebot umfasst und nicht vom Ersteher übernommen werden (§ 91 I iVm § 52 ZVG). Für diese Rechte tritt an die Stelle des versteigerten Gegenstandes der Versteigerungserlös (vgl. § 37 Nr. 5 ZVG).[1729]

1253

Nach der Erteilung des Zuschlages hat das Gericht einen Termin zur **Verteilung des Versteigerungserlöses** zu bestimmen (§ 105 I ZVG). In diesem Termin ist die Teilungsmasse festzustellen und ein Teilungsplan aufzustellen (vgl. §§ 113 ff. ZVG). Auf die Verhandlung über den Teilungsplan sowie auf die Erledigung erhobener Widersprüche und die Ausführung des Planes finden nach § 115 I 2 ZVG die §§ 876–882 entsprechende Anwendung (→ Rn. 1240 f.).

1254

Dies bedeutet insbesondere, dass ein Gläubiger, der sich gegen den Anspruch eines anderen Gläubigers aus materiell-rechtlichen Gründen wendet, Widerspruchsklage erheben muss.

1255

---

[1725] Vgl. *Brox/Walker* ZVR Rn. 901 ff.
[1726] BGH MDR 2005, 686.
[1727] BGH NJW 2008, 2442 (2443 Rn. 12 ff.) = JuS 2008, 1036 *(Schmidt)*.
[1728] Vgl. *Gaul/Schilken/Becker-Eberhard* ZVR § 66 Rn. 13 f.
[1729] Zu Einzelheiten vgl. *Brox/Walker* ZVR Rn. 930 ff.

Soll die Verletzung verfahrensrechtlicher Vorschriften gerügt werden, dann muss sofortige Beschwerde (§ 793; bei Entscheidung durch den Rechtspfleger: iVm § 11 I, RPflG) eingelegt werden. Der Widerspruch des Schuldners gegen einen vollstreckbaren Anspruch muss nach § 115 III ZVG mithilfe der Vollstreckungsgegenklage geltend gemacht werden.

### c) Zwangsverwaltung

1256 Durch die **Zwangsverwaltung** wird **bezweckt, den Gläubiger aus den Erträgnissen eines Grundstücks zu befriedigen.** Sie wird meist zusammen mit der Zwangsversteigerung beantragt, um auch auf Erzeugnisse sowie auf Miet- und Pachtzinsforderungen zugreifen zu können, die von der Zwangsversteigerung nicht erfasst werden (vgl. § 148 iVm § 21 ZVG). Der Beschluss, durch den die Zwangsverwaltung angeordnet wird, gilt zugunsten des Gläubigers als Beschlagnahme des Grundstücks (§ 146 I iVm § 20 I ZVG). Durch die Beschlagnahme wird dem Schuldner die Verwaltung und Benutzung des Grundstücks entzogen (§ 148 II ZVG). Zur Durchführung der Zwangsverwaltung bestellt das Gericht einen **Zwangsverwalter** (§ 150 I ZVG). Der Verwalter hat das Recht und die Pflicht, alle Handlungen vorzunehmen, die erforderlich sind, um das Grundstück in seinem wirtschaftlichen Bestand zu erhalten und ordnungsgemäß zu nutzen (§ 152 I ZVG). Der Verwalter ist für die Erfüllung der ihm obliegenden Verpflichtungen allen Beteiligten gegenüber verantwortlich (§ 154 S. 1 ZVG).

1257 Auf die Anordnung der Zwangsverwaltung finden die Vorschriften über die Anordnung der Zwangsversteigerung entsprechende Anwendung, soweit sich nicht aus den §§ 147–151 ZVG etwas anderes ergibt (§ 146 I ZVG). Dies bedeutet insbesondere, dass die Zwangsverwaltung unter denselben Voraussetzungen zulässig ist wie die Zwangsversteigerung (→ Rn. 1245).

1258 Überschüsse, die nach Abdeckung der Kosten der Verwaltung und des Verfahrens bleiben, sind aufgrund eines für die ganze Dauer des Verfahrens aufzustellenden Teilungsplans nach der Rangordnung des § 10 I Nr. 1–5 ZVG an den Gläubiger zu zahlen (vgl. §§ 155–157 ZVG). Ist der betreibende Gläubiger befriedigt, dann ist die Zwangsverwaltung durch gerichtlichen Beschluss aufzuheben (§ 161 II ZVG).

### d) Zwangshypothek

1259 Durch die Eintragung einer Zwangshypothek erreicht der Gläubiger nur die **Sicherung seiner Geldforderung,** nicht ihre Erfüllung. Der Gläubiger wird deshalb regelmäßig dieses Mittel der Zwangsvollstreckung nur dann wählen, wenn ihm an einer dinglichen Sicherung seiner Forderung gelegen ist. Zuständig für die Eintragung der Zwangshypothek ist das Grundbuchamt, das hierbei als Vollstreckungsorgan tätig wird (→ Rn. 1112). Der Gläubiger muss einen Antrag auf Eintragung stellen (§ 867 I 1). Das Grundbuchamt prüft, ob die Voraussetzungen für die beantragte Zwangsvollstreckungsmaßnahme erfüllt sind. Der Vollstreckungstitel muss auf eine Geldzahlung lauten und den Betrag von 750 EUR übersteigen (vgl. § 866 III). Mit der Eintragung im Grundbuch entsteht die Hypothek als Sicherungshypothek (§ 866 I, § 867 I 2).

1260 Die Sicherungshypothek, bei der es sich stets um eine Buchhypothek handelt (§ 1185 I BGB), ist streng akzessorisch; dies bedeutet, dass sie sich in ihrer Entstehung und in ihrem Bestand allein nach der zugrundeliegenden Forderung richtet (§ 1184 I BGB; auch → EK BGB Rn. 799, 814).

IV. Die Zwangsvollstreckung wegen anderer Ansprüche 449

Der Gläubiger, der mit einer Zwangshypothek im Grundbuch eingetragen ist, erhält damit die gleiche Rechtsstellung wie der Inhaber einer auf rechtsgeschäftlichem Weg erworbenen Sicherungshypothek. Will der Gläubiger aus der (gesicherten) Forderung die Zwangsvollstreckung in das belastete Grundstück betreiben, benötigt er hierfür einen **Titel** auf Duldung der Zwangsvollstreckung (vgl. § 1147 BGB). Hierfür genügt der (alte) Titel, auf dessen Grundlage die Zwangshypothek eingetragen wurde. Dies wird ausdrücklich in § 867 III bestimmt, der erst 1999 in das Gesetz aufgenommen worden ist. Diese Regelung erspart dem Gläubiger Kosten und dem Gericht Arbeit, die sonst durch den erforderlich werdenden Prozess zur Erlangung eines neuen Titels anfallen würden. Dies zeigt, dass die Zwangshypothek kein geeignetes Mittel der Zwangsvollstreckung für einen bereits in gleicher Höhe dinglich gesicherten Gläubiger sein kann. Ihm fehlt deshalb auch das Rechtsschutzbedürfnis, wenn er die Eintragung einer Zwangshypothek beantragt. 1261

Die Vorschrift des § 867 III gilt nur für die Zwangsversteigerung, nicht für andere Arten der Zwangsvollstreckung. Deshalb kann der Gläubiger, der mit einer Zwangshypothek im Grundbuch eingetragen ist, nicht aufgrund desselben Titels eine Zwangsverwaltung erreichen oder Miet- und Pachtzinsen aus dem Grundstück pfänden lassen. Für solche Vollstreckungsmaßnahmen bedarf es eines zusätzlichen Titels.[1730] 1262

## IV. Die Zwangsvollstreckung wegen anderer Ansprüche

### 1. Vollstreckung zur Erwirkung der Herausgabe von Sachen

Soll wegen eines Anspruchs, der auf die Herausgabe einer Sache gerichtet ist, die Zwangsvollstreckung betrieben werden, dann muss nach der gesetzlichen Regelung (vgl. §§ 883–886) darauf gesehen werden, um welche Art von Sache es sich handelt, um eine bewegliche oder unbewegliche, ferner, ob sich die Sache im Gewahrsam des Schuldners oder im Gewahrsam eines Dritten befindet. Hat der Schuldner eine bestimmte **bewegliche Sache** herauszugeben, die er im Alleingewahrsam hat, dann ist die Sache dem Schuldner vom Gerichtsvollzieher wegzunehmen und dem Gläubiger zu übergeben (§ 883 I).[1731] Für die Zwangsvollstreckung kommt es nur darauf an, dass der Titel auf Herausgabe der Sache lautet; unerheblich ist es dagegen, ob die Verpflichtung dinglicher oder schuldrechtlicher Natur ist. Nach hM ist eine Vollstreckung auch dann nach § 883 vorzunehmen, wenn der Schuldner verpflichtet ist, den herauszugebenden Gegenstand zu versenden oder an einen anderen Ort zu verbringen, es sich also um eine Schick- oder Bringschuld handelt.[1732] 1263

---

[1730] BGH NJW 2008, 1599 mAnm *Zimmer*; Thomas/Putzo/*Seiler* § 867 Rn. 18.
[1731] *Hein* JuS 2012, 902 (904).
[1732] BGH NJW 2016, 645 (646) Rn. 15 ff. = JuS 2016, 466 *mAnm K. Schmidt* mwN auch zur Gegenauffassung.

1264 Wird die herauszugebende Sache vom Gerichtsvollzieher nicht beim Schuldner vorgefunden, dann ist der Schuldner verpflichtet, auf Antrag des Gläubigers zu Protokoll an Eides Statt zu versichern, dass er die Sache nicht besitze und auch nicht wisse, wo sich die Sache befinde (vgl. § 883 II, III; Einzelheiten zur Abnahme der eidesstattlichen Versicherung später).

1265 Wenn auch ein Anspruch auf Leistung **vertretbarer Sachen** oder **Wertpapiere**[1733] in gleicher Weise zu vollstrecken ist wie ein entsprechender Anspruch, der eine bestimmte bewegliche Sache zum Gegenstand hat, also durch Wegnahme (und damit Konzentration nach § 243 II BGB) und Übergabe an den Gläubiger, kommt in diesem Fall naturgemäß eine eidesstattliche Versicherung des Schuldners nicht in Betracht, weil es die konkrete Sache, die herauszugeben ist und um deren Verbleib es geht, nicht gibt; demgemäß verweist § 884 für die Vollstreckung eines Anspruchs auf Leistung vertretbarer Sachen oder Wertpapiere lediglich auf die in § 883 I getroffene Regelung.

1266 Zu erinnern ist daran, dass für die Zwangsvollstreckung nach § 883 die Schuldnerschutzvorschrift des § 811 nicht gilt (→ Rn. 1107 f.).

1267 Hat der Schuldner eine **unbewegliche Sache** herauszugeben oder zu räumen, dann hat der Gerichtsvollzieher den Schuldner – notfalls mit Gewalt – aus dem Besitz zu setzen und den Gläubiger in den Besitz einzuweisen, dh ihm die ungehinderte Ausübung der tatsächlichen Gewalt zu ermöglichen (§ 885 I). Bewegliche Sachen, die nicht Gegenstand der Zwangsvollstreckung sind, wie beispielsweise Möbel in der zu räumenden Wohnung, werden vom Gerichtsvollzieher weggeschafft und dem Schuldner, bei seiner Abwesenheit einem Bevollmächtigten oder einem Angehörigen, übergeben; ist dies nicht möglich, dann hat der Gerichtsvollzieher die Sachen auf Kosten des Schuldners wegzuschaffen und zu verwahren (vgl. § 885 III 1).

1268 Dem Interesse des Gerichtsvollziehers und auch des Gläubigers, der die Kosten der Verwahrung zu tragen hat, wenn sie nicht vom Schuldner zu erlangen sind, entspricht es, die Verwahrung der Sachen nicht zu lange auszudehnen. Die Vorschrift des § 885 IV gibt dem Gerichtsvollzieher die rechtliche Möglichkeit durch Verkauf verwertbarer Sachen oder Vernichtung anderer die Verwahrung zu beenden, wenn die Sachen nicht gegen Kostenerstattung innerhalb einer Frist von zwei Monaten vom Schuldner herausverlangt werden.

1269 Nach § 885a I kann der Vollstreckungsauftrag auf die Herausgabe der unbeweglichen Sache zB einer Wohnung beschränkt werden. Dies ist insbesondere sinnvoll, wenn der Gläubiger ein Vermieterpfandrecht (§ 562 BGB) geltend macht und deshalb auf den Besitz an den beweglichen Sachen in der Wohnung Wert legt. Eine solche Vollstreckungsmaßnahme kann dadurch bewirkt werden, dass die Türschlösser ausgewechselt und die dazu gehörenden Scllüssel dem Gläubiger übergeben werden. Diese Art der Zwangsvollstreckung, die nur zulässig ist, wenn dem vollstreckenden Gläubiger ein Vermieterpfandrecht an den zurückbleibenden Sachen zusteht,[1734] wird als **Berliner Räumung** bezeichnet. Der Gesetzgeber hat durch den erst 2013 eingefügten § 885a eine entsprechende Rechtsgrundlage geschaffen, aus der sich insbesondere ergibt, welche Rechte Gläubiger und Schuldner hinsichtlich der beweglichen Sachen zustehen. Die Kosten, die durch den Zugriff auf die beweglichen Sachen und durch ihre Verwertung entstehen, gelten nach § 885a VII als Kosten der Zwangsvollstreckung.

---

[1733] Vgl. dazu *Becker* JuS 2005, 232.
[1734] OLG Schleswig NJW-RR 2015, 1298 Rn. 18)

IV. Die Zwangsvollstreckung wegen anderer Ansprüche

Befindet sich eine herauszugebende Sache im **Allein- oder Mitgewahrsam eines Dritten,** dann kommt es entsprechend dem Rechtsgedanken des § 809 darauf an, ob dieser zur Herausgabe bereit ist. Ist er dies nicht, dann scheidet eine unmittelbare Zwangsvollstreckung gegen den Dritten ohne einen entsprechenden Titel aus. Der Gläubiger muss dann den Anspruch des Schuldners auf Herausgabe gegen den Dritten pfänden und sich zur Einziehung überweisen lassen (§ 886; → Rn. 1218 ff.). Nach Überweisung des Anspruchs muss der Gläubiger notfalls gegen den Dritten die Herausgabe durch Klage und anschließende Vollstreckung erzwingen. Dies gilt nach hM[1735] auch bei der zwangsweisen Räumung einer von Ehegatten bewohnten Wohnung, wenn nur einer von ihnen Mieter der Wohnung ist und auch nur gegen ihn ein Räumungstitel vorliegt. Dazu folgendes

1270

> **Beispiel:** M hat von V eine Wohnung gemietet. Später heiratet er F, die in die Wohnung einzieht. V erwirkt einen Titel auf Räumung der Wohnung gegen M. Als der Gerichtsvollzieher den Räumungstermin festsetzt, legt die Ehefrau F Vollstreckungserinnerung mit der Begründung ein, sie habe Mitbesitz an der gemeinsamen Wohnung und sei nicht zur Räumung bereit. Der Räumungstitel habe keine Wirkung gegen sie. Wird die Erinnerung Erfolg haben?
>
> Diese Frage ist zu bejahen. Denn der Mitbesitz der F muss berücksichtigt werden. Die Gewahrsamsfiktion des § 739 I greift hier nicht ein, da diese Vorschrift nur für bewegliche Sachen gilt.[1736] Deshalb darf gegen ihren Willen der Gerichtsvollzieher nicht zwangsweise die Räumung der Wohnung durchsetzen. Tut er es dennoch, wird eine Zwangsvollstreckung ohne erforderlichen Titel durchgeführt und damit ein Verfahrensfehler begangen, gegen den die Erinnerung Erfolg haben muss. Abweichende Auffassungen, die den Mitbesitz des Ehegatten eines Mieters nicht anerkennen wollen, haben sich nicht durchsetzen können.[1737]

Bei **nichtehelichen Lebensgemeinschaften** muss ein Räumungstitel – in gleicher Weise wie bei anderen in der Wohnung lebenden Dritten – gegen jeden Bewohner erwirkt werden.[1738] Ein Räumungstitel bleibt auch erforderlich, wenn das Mietverhältnis zwischen dem Vermieter und dem Hauptmieter beendet und der Untermieter deshalb nach § 546 II BGB zur Herausgabe der Mietsache an den Vermieter verpflichtet ist.[1739] Selbst wenn der begründete Verdacht besteht, dass derjenige, der sich auf ein Besitzrecht beruft, den Besitz nur deshalb innehat, weil er im Zusammenwirken mit den Räumungsschuldnern die Zwangsvollstreckung zu vereiteln versucht, gilt nichts anderes. Denn in dem formalisierten Zwangsversteigerungsverfahren kön-

1271

---

[1735] BGH NJW 2004, 3041 = JuS 2004, 1114 *mAnm K. Schmidt;* BGH NJW 2008, 1959 Rn. 12; OLG Oldenburg RPfleger 1994, 366; KG NJW 1994, 713; OLG Köln MDR 1997, 782 (783); *Becker-Eberhard* FamRZ 1994, 1298 ff.; *Brox/Walker* ZVR Rn. 1047 a; *Jauernig/Berger* ZVR § 26 Rn. 14; Musielak/Voit/*Lackmann* § 885 Rn. 7 f.; Zöller/*Seibel* § 885 Rn. 7; Prütting/Gehrlein/*Hilbig-Lugani* § 885 Rn. 15.
[1736] OLG Oldenburg NJW-RR 1994, 715.
[1737] *Gaul/Schilken/Becker-Eberhard* ZVR § 70 II 2b bb (unter Hinweis auf die Einbeziehung von Ehegatten in die Zwangsvollstreckung durch § 885 II und auf den Rechtsgedanken des § 739).
[1738] BGH NJW 2008, 1959 Rn. 13; OLG Hamburg NJW 1992, 3308; OLG Köln MDR 1997, 782 (783); AG Schönau NJW 1992, 3308 (3309).
[1739] BGH NJW 2008, 3287 f. Rn. 11 f. mwN.

nen derartige Fragen nicht geklärt werden. Der Gerichtsvollzieher hat deshalb solchen Einwendungen gegen ein Besitzrecht Dritter nicht nachzugehen.[1740]

1272 Einen Ausweg in Missbrauchsfällen bietet die erst seit dem 1.5.2013 geltende Regelung des § 940a II, die dem Vermieter die Möglichkeit gibt, die Räumung durch einstweilige Verfügung gegen einen Dritten durchzusetzen, wenn gegen den Mieter ein vollstreckbarer Räumungstitel erwirkt worden ist und der Vermieter vom Besitzerwerb des Dritten erst nach Schluss der mündlichen Verhandlung Kenntnis erlangt hat.

## 2. Vollstreckung zur Erwirkung von Handlungen oder Unterlassungen

1273 Nach der in §§ 887, 888 getroffenen Regelung kommt es für die Zwangsvollstreckung zur Erwirkung von Handlungen darauf an, ob der Schuldner zur Vornahme einer Handlung verpflichtet ist, die auch ein Dritter vollziehen kann (vertretbare Handlung), oder ob die Handlung ausschließlich vom Willen des Schuldners abhängt (nicht vertretbare Handlung).[1741]

1274 Vertretbare Handlungen iSv § 887 sind beispielsweise Dienst- und Arbeitsleistungen, bei denen nicht individuelle, unersetzbare Fähigkeiten des Schuldners entscheiden. Die Befreiung des Gläubigers von einer Verbindlichkeit fällt ebenfalls unter § 887, wobei es sich auch um eine Geldschuld handeln kann, da nicht die Geldforderung als solche, sondern die Befreiung davon geschuldet wird.[1742] Als nicht vertretbare Handlungen iSv § 888 sind beispielsweise die Erteilung von Auskünften oder eine Rechnungslegung anzusehen, wenn es dabei auf spezielle Kenntnisse des Schuldners ankommt, oder die Ausstellung eines Zeugnisses zB nach § 73 HGB. So handelt es sich um eine unvertretbare Handlung, wenn der Verwalter einer Wohnungseigentümergemeinschaft eine Jahresrechnung zu erstellen hat.[1743] Die Erstellung eines Buchauszugs iSv § 87c II HGB wird hingegen als vertretbare Handlung eingestuft, wenn dieser aufgrund vorhandener Unterlagen nicht nur vom Schuldner, sondern auch von einem Dritten erstellt werden kann.[1744] Ein Urteil, das dem Schuldner den Widerruf von Tatsachenbehauptungen aufgibt, ist ebenfalls nach § 888 zu vollstrecken.[1745] Eine Zwangsvollstreckung nach § 888 setzt jedoch voraus, dass die (nicht vertretbare) Handlung ausschließlich vom Willen des Schuldners abhängt. Dies ist nicht der Fall, wenn die Handlung besondere Fähigkeiten wissenschaftlicher oder künstlerischer Art voraussetzt (zB Anfertigung eines Gutachtens, Malen eines Bildes), weil niemals feststeht, dass solche Fähigkeiten beim Schuldner abrufbereit vorhanden sind und von ihm jederzeit eingesetzt werden können. Das Gleiche gilt, wenn ein bestimmter Dritter zur Erbringung der Handlung mitwirken muss.

1275 **Die Zwangsvollstreckung zur Erwirkung einer vertretbaren Handlung** geschieht dadurch, dass der Gläubiger sie auf Kosten des Schuldners von einem Dritten vornehmen lässt (**Ersatzvornahme**). Hierzu bedarf es einer gerichtlichen Ermächti-

---

[1740] BGH NJW 2008, 3287 f. Rn. 13.
[1741] BGH NJW 2016, 3536 Rn. 11 f. = JuS 2017, 272 mAnm *K. Schmidt*.
[1742] OLG Köln BeckRS 1992, 05385 = FamRZ 1994, 1048; MüKoZPO/*Gruber* § 887 Rn. 3.
[1743] BGH NJW 2016, 3536 Rn. 10 = JuS 2017, 272 mAnm *K. Schmidt*.
[1744] BGH-NJW RR 2011, 470 f.
[1745] OLG Frankfurt a. M. MDR 1998, 986.

IV. Die Zwangsvollstreckung wegen anderer Ansprüche

gung, für deren Erteilung das Prozessgericht erster Instanz als Vollstreckungsorgan ausschließlich (§ 802) zuständig ist. Der Gläubiger kann gleichzeitig mit der Ermächtigung auch beantragen, den Schuldner zur Vorauszahlung der Kosten zu verurteilen, die durch die Vornahme der Handlung entstehen werden (§ 887 II).

Das Gericht hat zu prüfen, ob die Voraussetzungen der Zwangsvollstreckung erfüllt sind. Wendet der Schuldner bei seiner Anhörung (vgl. § 891) ein, dass er die geschuldete Handlung bereits vorgenommen habe, dann hat das Gericht dies nach hM[1746] vor Erteilung der Ermächtigung zur Ersatzvornahme zu prüfen und notfalls darüber auch Beweis zu erheben. Eine Gegenauffassung[1747] will dagegen den Schuldner auf die Vollstreckungsabwehrklage verweisen, mit der er den Erfüllungseinwand geltend zu machen habe. Der Weg über eine Vollstreckungsabwehrklage muss stets eingeschlagen werden, wenn der Schuldner nach Unanfechtbarkeit des Zwangsgeldbeschlusses geltend machen will, er habe nachträglich die geschuldete Handlung vorgenommen.[1748] Ebenso kann nur mit der Vollstreckungsabwehrklage vom Schuldner eingewendet werden, die titulierte Handlung belaste ihn unzumutbar oder könne nicht zum Erfolg führen.[1749] 1276

Hält jedoch der Gläubiger das nach § 887 vorgeschriebene Verfahren nicht ein, sondern nimmt er die dem Schuldner obliegende Handlung selbst vor, dann kann er die dadurch entstehenden Kosten nicht nachträglich im Vollstreckungsverfahren erstattet verlangen, sondern ist auf materiell-rechtliche Ansprüche zB unter dem Gesichtspunkt der GoA (§§ 677 ff. BGB) angewiesen.[1750] 1277

Auch für die Zwangsvollstreckung zur **Erwirkung nicht vertretbarer Handlungen** ist das Prozessgericht erster Instanz ausschließlich zuständig. Vollstreckt wird die geschuldete Verpflichtung dadurch, dass der Schuldner zur Vornahme der geschuldeten Handlung durch **Zwangsgeld** (für den Fall, dass dieses nicht beigetrieben werden kann, ist zugleich vom Gericht Zwangshaft anzuordnen) oder durch **Zwangshaft** angehalten wird (§ 888 I 1). Zwar hat das Gericht grundsätzlich die Wahl zwischen beiden Zwangsmitteln, jedoch ist mit Rücksicht auf den Grundsatz der Verhältnismäßigkeit die Anordnung von Haft als primäres Zwangsmittel nur dann als zulässig anzusehen, wenn es einen triftigen Grund dafür gibt, die Verhängung eines Zwangsgeldes nicht für ausreichend zu halten, um den Willen des Schuldners zu beugen.[1751] Eine dem Zwangsmittel vorhergehende Androhung durch das Gericht findet nicht statt (§ 888 II). Wendet der Schuldner ein, er habe bereits die ihm obliegende Hand- 1278

---

[1746] BGH NJW 2005, 367; vgl. dazu *Kannowski/Distler* NJW 2005, 865; ebenso OLG Bamberg BeckRS 1992, 31147482 = FamRZ 1993, 581; OLG Zweibrücken NJW-RR 2002, 429; OLG Karlsruhe NJW-RR 2002, 429; *Gerhardt* FG BGH, 2000, 463 (468 ff.); Zöller/*Seibel* § 887 Rn. 7; HK-ZPO/*Kießling* § 887 Rn. 13 f.; Stein/Jonas/*Bartels* § 887 Rn. 25, jew. mwN.
[1747] OLG Düsseldorf MDR 1996, 309; OLG Köln MDR 1993, 579; OLG Koblenz MDR 1991, 547; MüKoZPO/*Gruber* § 887 Rn. 8; krit. auch Musielak/Voit/*Lackmann* § 887 Rn. 19 mwN. Nach einer vermittelnden Meinung ist der Erfüllungseinwand im Verfahren nach § 887 zu berücksichtigen, wenn die Tatsachen unstreitig oder offenkundig oder mit liquiden Beweismitteln feststellbar sind, so OLG München NJW-RR 2002, 1034 = JuS 2002, 1127; OLG Köln MDR 2003, 894; *Brox/Walker* ZVR Rn. 1073.
[1748] OLG Karlsruhe MDR 2006, 472; OLG Düsseldorf NJOZ 2010, 897 = FamRZ 2010, 59.
[1749] BGH NJW-RR 2006, 202 (203).
[1750] BGH NJW-RR 2007, 213 (214).
[1751] *Jauernig/Berger* ZVR § 27 Rn. 19; *Brox/Walker* ZVR Rn. 1087.

lung vorgenommen, dann ist dieser Einwand in gleicher Weise wie im Verfahren nach § 887 (→ Rn. 1276) vor Anordnung eines Zwangsmittels zu prüfen.[1752]

1279 Der Höchstbetrag des Zwangsgeldes beträgt 25.000 EUR (§ 888 I 2); die Höchstdauer der Haft sechs Monate (§ 888 I 3 iVm § 802j I 1).[1753] Beide Maßnahmen dürfen nicht nebeneinander, wohl aber nacheinander und auch wiederholt festgesetzt werden. Der Schuldner kann die Vollstreckung jederzeit durch Erfüllung (Vornahme der geschuldeten Handlung) abwenden. Die Zwangshaft wird nach § 888 I 3 iVm §§ 802g ff. durchgeführt und erfordert stets einen Haftbefehl (§ 888 I 3 iVm 802g).

1280 Hat der Schuldner, der zur Erteilung einer Auskunft (als unvertretbare Handlung) verurteilt worden ist, eine Auskunft gegeben, die „nicht ernst gemeint, unvollständig und von vornherein unglaubhaft" ist, dann genügt sie nicht zur Erfüllung des Auskunftsanspruchs,[1754] sodass die Erzwingung einer weiteren vollständigen Auskunft durch Vollstreckungsmaßnahmen in Betracht kommt. Das Gericht hat jedoch zuvor zu prüfen, ob die Festsetzung eines Zwangsgeldes auch unter Berücksichtigung des Anspruchs des Gläubigers auf effektiven Rechtsschutz angemessen ist oder ob nicht als milderes Mittel eine eidesstattlichen Versicherung nach §§ 259, 260 BGB ausreicht, um Zweifel an der Richtigkeit der Auskunft auszuräumen.[1755]

1281 Ist der Schuldner zur **Unterlassung** bestimmter Handlungen (beispielsweise von Besitzstörungen oder Eigentumsstörungen, von wettbewerbswidrigem Verhalten oder von der Annahme einer Stellung bei einer Konkurrenzfirma) verurteilt worden und handelt er dieser Verpflichtung zuwider, dann ist er auf Antrag des Gläubigers von dem Prozessgericht des ersten Rechtszuges zu einem Ordnungsgeld (für den Fall, dass dieses nicht beigetrieben werden kann, zur Ordnungshaft) oder zur Ordnungshaft zu verurteilen (§ 890 I 1). Dieser Verurteilung muss eine entsprechende Androhung vorausgehen, die entweder in dem die Verpflichtung aussprechenden Urteil enthalten sein kann oder die auf Antrag vom Prozessgericht des ersten Rechtszuges erlassen wird (§ 890 II). Das Gleiche gilt, wenn der Schuldner der Verpflichtung zuwiderhandelt, die Vornahme einer Handlung zu dulden (beispielsweise das Betreten seines Grundstücks durch den Gläubiger).[1756]

1281a Streitig ist die Frage, ob ein Unterlassungstitel auch zu einem aktiven Tun verpflichten kann. Der BGH bejaht dies und nimmt etwa an, dass ein Beklagter, der zum Unterlassen des weiteren Vertriebs eines Produkts verurteilt wurde, dieses Produkt auch aus den Vertriebsstufen zurückrufen muss.[1757] Diese Rechtsprechung führt dazu, dass der Unterlassungsschuldner selbst beurteilen muss, welche Maßnahmen von ihm zu ergreifen sind. Da dies mit dem vollstreckungsrechtlichen Bestimmt-

---

[1752] KG MDR 2008, 349.
[1753] Bei der Anordnung und Bemessung der Dauer der Haft ist der Grundsatz der Verhältnismäßigkeit zu beachten, vgl. BVerfG NJW 2018, 531 Rn. 8.
[1754] BGH NJW 1994, 1958 (1959); GRUR 2001, 841 (844).
[1755] BVerfG NJOZ 2011, 1423.
[1756] BGH NJW-RR 2007, 863 (864), weist darauf hin, dass die Verurteilung zu einer Duldung auch dann die nach § 890 vollstreckbare Verpflichtung zu einem positiven Tun enthalten kann, wenn dies nicht ausdrücklich im Urteil ausgesprochen wird. Dies ist der Fall, wenn die Pflicht der Schuldners, etwas zu dulden, nur erfüllt werden kann, wenn zugleich eine positive Handlung vorgenommen wird (Beispiel: Pflicht, Arbeiten auf dem Anwesen des Schuldners zu dulden, enthält zugleich die Pflicht, dem Gläubiger den Zutritt zu ermöglichen).
[1757] BGH GRUR 2016, 208 ff.; BGH NJW 2018, 1317 ff.

IV. Die Zwangsvollstreckung wegen anderer Ansprüche    455

heitsgrundsatz (→ Rn. 1120) schwer vereinbar ist, ist die Lösung vorzuziehen, dass der Gläubiger zwar auch den Rückruf aus den Vertriebsstufen verlangen kann, dies aber eigens beantragt und im Urteil ausgesprochen werden muss.[1758] Diese Frage liegt dem Bundesverfassungsgericht zur Entscheidung vor.[1759]

Durch die **Ordnungsmittel** des § 890 wird bezweckt, den Ungehorsam des Schuldners gegen den gerichtlichen Befehl zu ahnden; sie haben also einen repressiven Charakter.[1760] Deshalb setzen diese Sanktionen ein eigenes schuldhaftes Verhalten des Schuldners voraus;[1761] die Zurechnung des Verschuldens eines Erfüllungsgehilfen entsprechend dem Gedanken des § 278 BGB kommt nicht in Betracht.[1762] Darin unterscheidet sich das Ordnungsmittel von einer Vertragsstrafe. Haben die Parteien in einem Prozessvergleich für den Verstoß gegen eine Unterlassungsverpflichtung eine Vertragsstrafe vereinbart, so liegt darin nicht ohne Weiteres eine Vereinbarung über den Ausschluss des Ordnungsmittels.[1763] Die Anordnung der Ordnungsmaßnahme geschieht durch Beschluss, wobei sich aus dem Titel eindeutig die Unterlassungspflicht ergeben muss.[1764] Gegen den Beschluss ist die sofortige Beschwerde nach § 793 zulässig. Ordnungsgeld kann bis zur Höhe von 250.000 EUR (§ 890 I 2), Ordnungshaft bis zu sechs Monaten je Zuwiderhandlung verhängt werden (§ 890 I 1). Verletzt der Schuldner seine Verpflichtung wiederholt, dann kann auch das Ordnungsgeld mehrfach bis zum Höchstbetrag festgesetzt werden, während die Ordnungshaft insgesamt nicht den Zeitraum von zwei Jahren übersteigen darf (§ 890 I 2).    1282

### 3. Die Verurteilung zur Abgabe einer Willenserklärung

Bei der Abgabe einer Willenserklärung handelt es sich um eine unvertretbare Handlung, sodass die Vollstreckung eines darauf gerichteten Titels nach § 888 vorzunehmen wäre, wenn nicht der Gesetzgeber durch die Regelung des § 894 eine wesentlich einfachere Lösung gewählt hätte: **Mit der Rechtskraft des Urteils, das die Verpflichtung des Schuldners zur Abgabe einer Willenserklärung ausspricht, gilt die Erklärung als abgegeben.** Die Anwendbarkeit des § 894 setzt voraus, dass die abzugebende Willenserklärung einen fest bestimmten Inhalt hat, der gegebenenfalls durch Auslegung unter Berücksichtigung des Tatbestandes und der Entscheidungsgründe zu ermitteln ist.[1765]    1283

---

[1758] Näher *Voit* PharmR 2018, 1 ff.
[1759] BVerfG Az. 1 BvR 396/18.
[1760] BVerfGE 58, 159 = NJW 1981, 2457, sieht in der Regelung des § 890 strafrechtliche Elemente; ebenso BVerfG NJW-RR 2007, 860 (861); OLG Schleswig MDR 2011, 1204.
[1761] BVerfG NJW-RR 2007, 860 (861): Bei juristischen Personen ist dabei das Verschulden der für sie verantwortlich handelnden Personen iSd § 31 BGB maßgebend. OLG Brandenburg NJW-RR 2007, 70 (zum Fall angeblicher Unkenntnis der Androhung des Ordnungsmittels wegen unzureichender Sprachkenntnisse); verfassungsrechtliche Bedenken gegen die Ordnungshaft gegenüber den Organen einer juristischen Person bestehen nicht, BVerfG NJW-RR 2017, 957.
[1762] Vgl. BGH NJW 1986, 127.
[1763] BGH MDR 2014, 800 Rn. 14.
[1764] OLG Schleswig MDR 2011, 1204.
[1765] BGH NJW 2011, 3161 Rn. 7. Das Gericht lehnt die Auffassung ab, dass ein Mangel des Bestimmtheitserfordernis nachträglich im Verfahren nach § 888 geheilt werden könne (BGH NJW 2011, 3161 Rn. 9 mwN).

1284 Ist durch ein vorläufig vollstreckbares Urteil der Schuldner zur Abgabe einer Willenserklärung verurteilt worden, aufgrund derer eine **Eintragung in das Grundbuch** erfolgen soll, so gilt die Eintragung einer Vormerkung oder eines Widerspruchs als bewilligt; wird das Urteil aufgehoben, dann erlischt die Vormerkung oder der Widerspruch (§ 895).

1285 Ist die Willenserklärung von einer Zug um Zug zu erbringenden **Gegenleistung** des Gläubigers abhängig, dann muss dieser durch öffentliche oder durch öffentlich beglaubigte Urkunden beweisen, dass er den Anspruch des Schuldners erfüllt hat oder dass dieser sich im Annahmeverzug befindet. Denn nach § 894 I 2 tritt in diesem Fall die Wirkung der Abgabefiktion erst mit Erteilung einer vollstreckbaren Ausfertigung des rechtskräftigen Urteils ein, für die es nach § 726 auf einen entsprechenden Nachweis ankommt. Vermag der Gläubiger diesen Nachweis nicht zu führen, dann muss er nach § 731 auf Erteilung der Vollstreckungsklausel klagen, und die Willenserklärung gilt dann erst mit Rechtskraft des zweiten Urteils als abgegeben.

1286 Die in § 894 getroffene Regelung setzt die Rechtskraftfähigkeit des Titels voraus; deshalb ist die Vorschrift nicht auf einen Prozessvergleich anwendbar, der die Verpflichtung zur Abgabe einer Willenserklärung enthält. Deshalb empfiehlt es sich, solche Erklärungen (gegebenenfalls auflösend bedingt) bereits in den Vergleich mit aufzunehmen. In diesem Fall muss der Gläubiger den Weg des § 888 beschreiten. Da jedoch dieser Weg zeitraubend und kostenaufwändig ist, darf dem Gläubiger nicht das Rechtsschutzinteresse abgesprochen werden, wenn er auf die Vollstreckung nach § 888 verzichtet und trotz des Vergleichs Leistungsklage erhebt, um die Möglichkeit des § 894 zu nutzen.[1766]

## V. Die Rechtsbehelfe in der Zwangsvollstreckung

### 1. Überblick

1287 Die Rechtsbehelfe in der Zwangsvollstreckung müssen von denen abgegrenzt werden, die es im Verfahren zur Erteilung der Vollstreckungsklausel gibt (→ Rn. 1141 ff.). Denn das Klauselerteilungsverfahren ist zum Erkenntnisverfahren zu rechnen und dem Zwangsvollstreckungsverfahren vorgeschaltet. Deshalb können nicht mit der Vollstreckungserinnerung Fehler bei der Klauselerteilung geltend gemacht werden.[1767] Die Erinnerung des § 732 oder die Klauselgegenklage des § 768 dürfen also nicht mit der Vollstreckungserinnerung des § 766 oder der Vollstreckungsgegenklage des § 767 verwechselt werden.

1288 Der Gesetzgeber hat im Rahmen der Zwangsvollstreckung ein umfangreiches System von Rechtsbehelfen geschaffen, um die unterschiedlichen Interessen der Beteiligten angemessen zu berücksichtigen und ihnen ausreichend Möglichkeit zu geben, ihre Rechte im Zwangsvollstreckungsverfahren zu wahren.[1768] Während im Klauselertei-

---

[1766] BGH JZ 1986, 1072.
[1767] BGH MDR 2012, 367.
[1768] Zur weiteren Möglichkeit einer Klage des Schuldners gegen den Gläubiger auf Herausgabe des Vollstreckungstitels vgl. *Wendt* JuS 2013, 33.

## V. Die Rechtsbehelfe in der Zwangsvollstreckung

lungsverfahren bei den Rechtsbehelfen danach unterschieden werden kann, ob Gläubiger oder Schuldner Einwendungen geltend machen wollen, lässt sich diese Orientierung bei den Rechtsbehelfen im Zwangsvollstreckungsverfahren nicht durchhalten, weil einzelne von ihnen sowohl Schuldner als auch Gläubiger oder Dritten zustehen. Deshalb lässt sich besser danach differenzieren, welchen Zielen sie dienen:

- Die **Vollstreckungserinnerung** (§ 766) richtet sich gegen Verfahrensfehler, die bei der Zwangsvollstreckung von Vollstreckungsorganen begangen werden.
- Die **sofortige Beschwerde** nach § 793 ist der Rechtsbehelf gegen Entscheidungen, die im Zwangsvollstreckungsverfahren ohne mündliche Verhandlung ergehen können.
- Mit der **Vollstreckungsabwehrklage** (§ 767) sind Einwendungen des Schuldners geltend zu machen, die den durch das Urteil festgestellten Anspruch selbst betreffen.
- Mit der **Drittwiderspruchsklage** (§ 771) wendet sich ein Dritter gegen eine Vollstreckungsmaßnahme und trägt vor, er habe ein Recht am gepfändeten Gegenstand, das der Zwangsvollstreckung entgegensteht.
- Das Ziel der **Klage auf vorzugsweise Befriedigung** nach § 805 besteht darin, die Befriedigung des Klägers aus dem Vollstreckungserlös vor dem Gläubiger zu erreichen.
- Der **nach § 765a zu stellende Antrag auf Vollstreckungsschutz** bezweckt, solche Maßnahmen der Zwangsvollstreckung abzuwehren, die für den Schuldner eine besondere, nicht zu rechtfertigende Härte bedeuten.[1769]

Die genannten Rechtsbehelfe sind nur während des Vollstreckungsverfahrens statthaft.[1770] Ist das Vollstreckungsverfahren beendet, fehlt regelmäßig das Rechtsschutzinteresse an der Einlegung des Rechtsbehelfs.[1771] Richtet sich der Rechtsbehelf gegen eine bestimmte Vollstreckungsmaßnahme, dann ist ein rechtliches Interesse bereits mit Beendigung dieser Maßnahme zu verneinen.[1772]

Die einzelnen Rechtsbehelfe werden im Folgenden näher erläutert.

### 2. Vollstreckungserinnerung[1773]

Als „Erinnerung" oder als „Vollstreckungserinnerung" (dieser Begriff wird hier zur besseren Unterscheidung gegenüber anderen ebenfalls „Erinnerung" genannten Rechtsbehelfen verwendet) wird die formlose Anrufung des Vollstreckungsgerichts bezeichnet, um Einwendungen gegen „die Art und Weise der Zwangsvollstreckung oder das vom Gerichtsvollzieher bei ihr zu beobachtende Verfahren" geltend zu machen (§ 766). Es geht also um die **Rüge von Verfahrensfehlern, die von den Vollstreckungsorganen begangen werden.**

---

[1769] Zur Formulierung des Tenors von Entscheidungen über die verschiedenen Rechtsbehelfe *Hein* JuS 2015, 900
[1770] *Schreiber* JURA 2011, 110 (111).
[1771] BGH NJW-RR 2010, 785 Rn. 10.
[1772] BGH NZM 2005, 193 (194).
[1773] Vgl. *Wittschier* JuS 1999, 585.

**1291** Der Wortlaut der Vorschrift könnte zu der Annahme führen, dass nur Vollstreckungshandlungen des Gerichtsvollziehers für § 766 in Betracht kommen. Jedoch ist die **Vollstreckungserinnerung** auch **gegen Vollstreckungsakte des Vollstreckungsgerichts** statthaft, **die ohne vorherige Anhörung des Schuldners ergehen** (vgl. zur Abgrenzung von der Beschwerde und der Rechtspflegererinnerung → Rn. 1295 ff.), wie zB Pfändungsbeschlüsse nach § 829 (vgl. § 834). Handelt das Prozessgericht als Vollstreckungsorgan in den Fällen der §§ 887–890, dann ist stets eine Vollstreckungserinnerung nach § 766 ausgeschlossen, weil hierbei das Gehör des Schuldners obligatorisch ist (§ 891). Dadurch wird auch vermieden, dass das Vollstreckungsgericht, bei dem es sich um ein AG handelt (vgl. § 764 I), über Maßnahmen eines LGs als Prozessgericht entscheidet. Wird das Grundbuchamt bei der Eintragung einer Zwangshypothek als Vollstreckungsorgan tätig (→ Rn. 1112), dann kommt ausschließlich die einfache Beschwerde nach §§ 71 ff. GBO (§ 11 RPflG) infrage.

**1292** Mit der Vollstreckungserinnerung sind insbesondere geltend zu machen: die Nichterfüllung der Vollstreckungsvoraussetzungen (→ Rn. 1115 ff.), beispielsweise das Fehlen eines wirksamen Titels, ein Verstoß gegen das Überpfändungsverbot des § 803 I 2 (→ Rn. 1167), der Ausschluss oder die Beschränkung der Pfändung aufgrund von Schuldnerschutzvorschriften (§§ 811, 850 ff.), die Pfändung von Grundstückszubehör durch den Gerichtsvollzieher entgegen § 865 II, Vollstreckungshandlungen in Wohnungen ohne die erforderliche richterliche Anordnung (§ 758a I) oder zur Nachtzeit oder an Sonn- und Feiertagen entgegen § 758a IV. Der Gläubiger kann nach § 766 II mit der Erinnerung rügen, dass der Gerichtsvollzieher sich zu Unrecht geweigert habe, einen Vollstreckungsauftrag zu übernehmen. Dritte können beispielsweise Vollstreckungserinnerung einlegen, wenn der Gerichtvollzieher trotz fehlender Herausgabebereitschaft entgegen § 809 eine bewegliche Sache pfändet. Der Drittschuldner kann auf diesem Wege sich dagegen wenden, dass bei Pfändung einer Forderung diese nicht ausreichend bestimmt ist oder dass dem Schuldner der Titel nicht zugestellt wurde.[1774] Dagegen kann der Schuldner keine Verletzung von Rechten Dritter mit der Erinnerung geltend machen. So ist es ausgeschlossen, dass sich der Schuldner gegen eine Herausgabevollstreckung mit Erfolg darauf beruft, die gepfändete Sache sei mit dem Pfandrecht seines Vermieters belastet (§ 562 I BGB) und dürfe deshalb nicht vom Gerichtsvollzieher entfernt werden.[1775]

**1293** Über die Vollstreckungserinnerung, für die weder eine bestimmte Form noch Fristen vorgeschrieben sind, entscheidet das Vollstreckungsgericht, und zwar der Richter (§ 20 Nr. 17 S. 2 RPflG). Die Entscheidung, die ohne mündliche Verhandlung getroffen werden kann (§ 128 IV), ergeht durch Beschluss (§ 764 III). Dieser Beschluss ist mit der sofortigen Beschwerde anfechtbar (§ 793).

### 3. Sofortige Beschwerde

**1294** **Die sofortige Beschwerde ist nach § 793 gegen Entscheidungen statthaft, „die im Zwangsvollstreckungsverfahren ohne mündliche Verhandlung ergehen können".** Entscheidungen vor Beginn der Zwangsvollstreckung, dh, vor Vornahme der ersten Vollstreckungshandlung gegen den Schuldner, fallen ebenso wenig unter diese Regelung wie bloße Vollstreckungsakte, die nicht als „Entscheidungen" anzusehen sind.

---

[1774] Vgl. dazu BGHZ 66, 79 (81 f.) = NJW 1976, 851.
[1775] BGH NJW-RR 2010, 281 Rn. 13.

## V. Die Rechtsbehelfe in der Zwangsvollstreckung 459

Eine **Abgrenzung** zwischen Vollstreckungsakten, gegen die die (unbefristete) **Vollstreckungserinnerung** gegeben ist, und Entscheidungen, gegen die die (befristete) sofortige Beschwerde eingelegt werden muss, ist deshalb erforderlich. Diese Unterscheidung kann nicht nach dem bloßen Wortlaut der §§ 766, 793 vorgenommen werden, weil beispielsweise auch der Erlass eines Pfändungs- und Überweisungsbeschlusses als „Entscheidung" im Zwangsvollstreckungsverfahren begriffen werden könnte. Vielmehr ist auf den Zweck der Regelungen abzustellen. Der Gesetzgeber wollte durch den Rechtsbehelf der Vollstreckungserinnerung die Möglichkeit schaffen, Vollstreckungsakte auf ihre Rechtmäßigkeit durch den Richter überprüfen zu lassen. Es ließe sich mit dieser Konzeption durchaus vereinbaren, die Vollstreckungserinnerung auf Akte des Gerichtsvollziehers zu beschränken und für richterliche Entscheidungen stets die sofortige Beschwerde des § 793 vorzusehen. Diese Auffassung, die zu einer einfachen und klaren Abgrenzung käme, wird zwar vereinzelt befürwortet, jedoch von der ganz hM abgelehnt, die darauf verweist, dass § 766 I nicht auf Vollstreckungsmaßnahmen des Gerichtsvollziehers beschränkt sei. 1295

Nach der überwiegenden Auffassung entspricht es dem Sinn der in §§ 766 und 793 getroffenen Regelungen am besten, als „Entscheidung" (mit der Möglichkeit einer Anfechtung nach § 793) solche Akte anzusehen, die nach Abwägung der Gründe erlassen worden sind, die für und gegen den Antrag **sprechen**.[1776] Nur wenn eine solche Würdigung beiderseitigen Vorbringens unterblieben ist, erscheint es sinnvoll, das Vollstreckungsgericht im Rahmen einer Vollstreckungserinnerung mit der Sache zu befassen, damit es die von den Beteiligten vorgetragenen Gesichtspunkte bewerten kann. Hat dagegen das Vollstreckungsgericht bereits eine entsprechende Prüfung durchgeführt, dann würde die Vollstreckungserinnerung dazu führen, dass das Vollstreckungsgericht über seine eigene Entscheidung befinden müsste. In diesem Fall erscheint es vorzugswürdig, die endgültige Überprüfung (allerdings mit einer vorangehenden Abhilfemöglichkeit des Vollstreckungsgerichts, vgl. § 572 I) der nächsthöheren Instanz zu überlassen. Dies verlangt dann aber auch, nicht die Vollstreckungserinnerung, sondern die sofortige Beschwerde nach § 793 als statthaft anzusehen. Hat also das **Vollstreckungsgericht vor Erlass eines Beschlusses rechtliches Gehör gewährt,** dann kann der dadurch Betroffene nicht die erneute Überprüfung des Beschlusses durch das Vollstreckungsgericht im Wege der Vollstreckungserinnerung verlangen, sondern nur die Entscheidung der nächsthöheren Instanz durch Einlegung der **sofortigen Beschwerde** erreichen. 1296

Die Gewähr rechtlichen Gehörs führt also dazu, dass ein Pfändungs- und Überweisungsbeschluss als „Entscheidung" aufzufassen ist, die mit der sofortigen Beschwerde angefochten werden muss, wenn entgegen § 834 der Schuldner vor Erlass des Beschlusses gehört wurde,[1777] während das Unterlassen des Gehörs den Pfändungs- und Überweisungsbeschluss zu einem Vollstreckungsakt werden lässt, gegen den mit einer Vollstreckungserinnerung nach § 766 vorgegangen werden muss. Die hM stellt dabei auf das tatsächlich gewährte Gehör ab, hält also auch dann die sofortige Beschwerde für statthaft, wenn die Anhörung wie im Falle des § 834 gesetzlich verboten war. Umgekehrt wird jedoch auch dann das Rechtsmittel der sofortigen Beschwerde gegeben, wenn eine gesetzlich vorgesehene Anhörung unter- 1297

---

[1776] *Schreiber* JURA 2011, 110 (112) mwN.
[1777] OLG Köln NJW-RR 1992, 894; 2001, 69, jew. mwN.

blieben ist.[1778] Wird also beispielsweise die Vorschrift des § 891 S. 2 verletzt, dann wird dadurch nicht etwa die Vollstreckungserinnerung statthaft.

1298 Nach der Regelung des § 11 I RPflG ist es für die Wahl des Rechtsbehelfs unerheblich, ob der Richter oder der **Rechtspfleger** entscheidet, weil auch gegen Entscheidungen des Rechtspflegers das Rechtsmittel gegeben ist, das nach den allgemeinen verfahrensrechtlichen Vorschriften zulässig ist.

1299 Folglich kommt es darauf an, ob der Rechtspfleger (ohne Anhörung) eine Vollstreckungsmaßnahme getroffen hat, dann ist die Vollstreckungserinnerung nach § 766 der richtige Rechtsbehelf, während bei einer „Entscheidung", die der Rechtspfleger nach Anhörung erlassen hat, nur die sofortige Beschwerde in Betracht kommt. Ist gegen die Entscheidung des Rechtspflegers nach den Vorschriften der ZPO ein Rechtsmittel nicht gegeben (Beispiel: einstweilige Anordnung nach § 732 II iVm § 766 I 2; → Rn. 1358), dann ist sie sofortige Erinnerung nach § 11 II RPflG statthaft.[1779]

1300 Zusammenfassend ist folglich zur Konkurrenz zwischen der Vollstreckungserinnerung nach § 766 und der sofortigen Beschwerde nach § 793 Folgendes festzustellen:

- Maßnahmen des Gerichtsvollziehers sind stets mit der Vollstreckungserinnerung anzufechten.
- Gegen Maßnahmen des Prozessgerichts als Vollstreckungsorgan (§§ 887 ff.) kann stets nur die sofortige Beschwerde gegeben sein.
- Vollstreckungsmaßnahmen des Grundbuchamtes unterliegen der (einfachen) Beschwerde nach §§ 71 ff. GBO.
- Bei Beschlüssen des Vollstreckungsgerichts ist danach zu unterscheiden, ob rechtliches Gehör gewährt wurde, dann sofortige Beschwerde, sonst Vollstreckungserinnerung. Eine Ausnahme gilt nur in Fällen, in denen eine gesetzlich vorgeschriebene Anhörung unterblieben ist; dann ist sofortige Beschwerde gegeben.[1780]

### 4. Vollstreckungsabwehrklage[1781]

1301 Mit der Vollstreckungsabwehrklage (auch Vollstreckungsgegenklage genannt) werden vom Schuldner „Einwendungen, die den durch das Urteil festgestellten Anspruch selbst betreffen" (§ 767 I), geltend gemacht. Der Schuldner beruft sich also darauf, dass der vollstreckbare Anspruch gegen ihn nach materiellem Recht beispielsweise infolge Erfüllung oder Erlass erloschen oder seine Durchsetzung zB infolge einer Stundungsabrede gehemmt sei. Das **Ziel einer Vollstreckungsabwehrklage** besteht

---

[1778] So *Gaul/Schilken/Becker-Eberhard* ZVR § 37 Rn. 26; Stein/Jonas/*Münzberg* § 766 Rn. 8; Musielak/Voit/*Lackmann* § 766 Rn. 11; *Braun* JA 1990, 37 (43).
[1779] OLG Köln NJW-RR 2001, 69 (70).
[1780] Die hier zur Anfechtung von Beschlüssen des Vollstreckungsgerichts vertretene Auffassung entspricht der hM. Innerhalb der hM bestehen allerdings in Einzelfragen unterschiedliche Ansichten, auf die hier nicht eingegangen werden kann. Eine eingehende Darstellung des Meinungsspektrums findet sich bei MüKoZPO/*K. Schmidt/Brinkmann* § 766 Rn. 15 ff.; vgl. auch *K. Schmidt* JuS 1992, 90.
[1781] Vgl. *Wittschier* JuS 1997, 450; *Schmidt* FG BGH, 2000, 491.

## V. Die Rechtsbehelfe in der Zwangsvollstreckung

darin, **durch richterlichen Gestaltungsakt**[1782] **dem Vollstreckungstitel die Vollstreckbarkeit zu nehmen.**[1783] Die Klage wirkt also rein prozessrechtlich, und das sie entscheidende Urteil trifft keine Feststellung über das Bestehen oder Nichtbestehen des materiell-rechtlichen Anspruchs.[1784]

Dass die ZPO für die genannten Einwendungen des Schuldners eine besondere Klage vorsieht, erklärt sich dadurch, dass aus praktischen Gründen, insbesondere im Interesse einer raschen Durchführung der Zwangsvollstreckung, die Vollstreckungsorgane an den Titel gebunden werden und demzufolge nicht zu prüfen haben, ob der titulierte Anspruch in Wirklichkeit besteht. Eine Ausnahme wird nur zugelassen, wenn durch eine öffentliche Urkunde oder eine von dem Gläubiger ausgestellte Privaturkunde, durch Einzahlungs- oder Überweisungsnachweise von Banken oder Sparkassen die Befriedigung des Gläubigers nach Erlass des zu vollstreckenden Urteils oder die vom Gläubiger bewilligte Stundung nachgewiesen wird (§ 775 Nr. 4, 5); in diesen Fällen kann sich das Vollstreckungsorgan ohne Weiteres von der Berechtigung des vom Schuldner geltend gemachten Einwandes überzeugen, sodass eine Einstellung der Zwangsvollstreckung (vgl. § 776) gerechtfertigt erscheint. Bestreitet der Gläubiger die Erfüllung, kann er auf die Fortsetzung der Vollstreckung bestehen; der Schuldner muss dann die Vollstreckungsabwehrklage erheben.[1785] 1302

Die hM lässt in analoger Anwendung des § 767 auch eine Klage zu, die darauf gerichtet ist, über die Unzulässigkeit der Zwangsvollstreckung wegen formeller Mängel des Titels und damit über seine Vollstreckungsunfähigkeit zu entscheiden.[1786] Diese prozessuale Gestaltungsklage sui generis ist beispielsweise statthaft, wenn die Wirkungslosigkeit eines Titels infolge eines von den Parteien geschlossenen Vergleichs geltend gemacht wird[1787] oder wenn sich der Schuldner gegen die Wirksamkeit einer notariellen Unterwerfungserklärung wendet (→ Rn. 1318).[1788] 1303

Für die **Zulässigkeit** der Vollstreckungsabwehrklage kommt es neben ihrer Statthaftigkeit, die grundsätzlich davon abhängt, dass materiell-rechtliche Einwendungen gegen den titulierten Anspruch vom Schuldner geltend gemacht werden, auf die Erfüllung der allgemeinen Prozessvoraussetzungen an (→ Rn. 234 ff., 278). 1304

Üblicherweise orientiert man sich bei der Formulierung des Klageantrages an dem Wortlaut des § 775 Nr. 1 und beantragt, die Zwangsvollstreckung (aus dem genau zu bezeichnenden Titel) für unzulässig zu erklären. Örtlich und sachlich ausschließlich **zuständig** (§ 802) ist nach § 767 I ohne Rücksicht auf den Streitwert das Prozessgericht erster Instanz. Unter Prozessgericht ist dabei das Gericht des Verfahrens zu verstehen, in dem der Vollstreckungstitel geschaffen worden ist.[1789] Werden mit der Vollstreckungsabwehrklage Einwendungen gegen einen Anspruch aus einer **notariellen Urkunde** (§ 794 I Nr. 5) geltend gemacht, ist das Gericht zuständig, bei dem der Schuldner seinen allgemeinen Gerichtsstand (→ Rn. 83) hat 1305

---

[1782] Die hM begreift die Vollstreckungsabwehrklage als eine prozessuale Gestaltungsklage; vgl. *Gaul/Schilken/Becker-Eberhard* ZVR § 40 Rn. 13 ff. auch zu anderen Auffassungen.
[1783] *Wittschier* JuS 1997, 450 (451); Musielak/Voit/*Lackmann* § 767 Rn. 2.
[1784] BGH NJW-RR 2008, 1512 Rn. 12.
[1785] BGH NJW-RR 2016, 317 Rn. 9 und 18.
[1786] BGH NJW 1994, 460 (461); 2002, 138 (139); NJW-RR 2004, 472 (473); *Schmidt* JuS 2004, 446; *S. Lorenz* JuS 2004, 468; *Özen/Hein* JuS 2010, 124; einschr. *Brox/Walker* ZVR Rn. 1333.
[1787] BGH NJW-RR 2007, 1724 Rn. 11.
[1788] Zu weiteren Fällen *Kaiser* NJW 2010, 2933 (2934 f.).
[1789] BGH NJW 1980, 188 (189).

(§ 797 V).[1790] Bei **Prozessvergleichen** (§ 794 I Nr. 1, § 795) ist das Gericht zuständig, bei dem der durch den Vergleich beigelegte Rechtsstreit in erster Instanz anhängig war.

**1306** Das **Rechtsschutzinteresse** besteht in dem Zeitpunkt, in dem die Zwangsvollstreckung droht, dh sobald ein Vollstreckungstitel vom Gläubiger erwirkt wurde, auch wenn dieser noch keine Vollstreckungsklausel beantragt hat, und solange die Zwangsvollstreckung noch nicht beendet wurde. Die dem Schuldner zustehende Möglichkeit, gegen ein Urteil Berufung einzulegen, beseitigt grundsätzlich nicht sein Rechtsschutzinteresse; vielmehr kann er zwischen der Berufung und der Vollstreckungsabwehrklage wählen.[1791] Entscheidet er sich jedoch für die Einlegung der Berufung, dann fällt sein Rechtsschutzinteresse an einer Klage nach § 767 weg.

**1307** Nach § 767 III muss der **Schuldner** „in der von ihm zu erhebenden Klage **alle Einwendungen geltend machen, die er zur Zeit der Erhebung der Klage geltend zu machen imstande war**". Diese Vorschrift bezweckt, einer Verschleppung der Zwangsvollstreckung entgegenzuwirken, die der Schuldner dadurch erreichen könnte, dass er verschiedene Einwendungen auf mehrere hintereinander erhobene Klagen verteilt. Um diesen Zweck zu erreichen, ist es jedoch nicht notwendig, dass bereits in der Klageschrift sämtliche Einwendungen aufgeführt werden; vielmehr genügt es und ist erforderlich, dass alle bis zur letzten Tatsachenverhandlung entstandenen Einwendungen auch noch bis dahin vom Kläger vorgebracht werden.[1792] Streitig ist die Frage, ob die Präklusion des § 767 III voraussetzt, dass der Kläger schuldhaft handelt, wenn er Einwendungen nicht geltend macht (so die wohl überwiegende Auffassung im Schrifttum insbesondere unter Hinweis auf den Wortlaut des Gesetzes „geltend zu machen imstande war"[1793]) oder ob lediglich die Existenz der Einwendung ohne Rücksicht auf mögliche Kenntnis des Klägers entscheidet.[1794]

**1308** Die **Vollstreckungsabwehrklage** ist **begründet,** wenn vom Gericht festgestellt wird, dass dem Kläger eine rechtsvernichtende oder rechtshemmende Einwendung (→ Rn. 728) zusteht, die nicht nach § 767 II präkludiert ist. Beruhen die Einwendungen auf Gründen, die bereits vor der letzten Tatsachenverhandlung entstanden sind und deshalb auch noch dort hätten vorgebracht werden können, um ihre Berücksichtigung bei der gerichtlichen Entscheidung zu erreichen, dann kann sie der Kläger nicht noch nachträglich mit der Vollstreckungsabwehrklage einbringen. Bei Entscheidung über die Vollstreckungsabwehrklage ist dagegen nicht zu prüfen, ob für den Kläger die Möglichkeit bestanden hat, die Einwendungen noch in der Revisionsinstanz geltend zu machen. Der BGH[1795] weist darauf hin, dass neue Tatsachen der Revisionsinstanz nur in einem eingeschränkten Umfang vorgetragen werden können (→ Rn. 991 f.) und dass deshalb die Frage Schwierigkeiten bereitet, ob die eine Einwendung begründenden Tatsachen in der Revisionsinstanz zugelassen sind. Mit einer durch solche Schwierigkeiten möglicherweise verursachten Verfahrensverzögerung und Rechtsunsicherheit sollte das Verfahren der Vollstreckungsgegenklage nicht belastet werden. Auch nachträglich vollzogene Gesetzesänderungen können

---

[1790] Klagen mehrere Schuldner mit verschiedenen Gerichtsständen als Streitgenossen gemeinsam, dann haben sie die Wahl unter den verschiedenen nach § 797 V zuständigen Gerichten; BGH MDR 1992, 301.
[1791] Musielak/Voit/*Lackmann* § 767 Rn. 12.
[1792] Stein/Jonas/*Münzberg* § 767 Rn. 52; aA MüKoZPO/*K. Schmidt/Brinkmann* § 767 Rn. 86.
[1793] *Brox/Walker* ZVR Rn. 1357; RGS ZVR § 40 IX 2, jew. mwN.
[1794] BGHZ 61, 25 (26 f.) = NJW 1973, 1328; BGH NJW-RR 1987, 59; *Geißler* NJW 1985, 1865 (1868).
[1795] NJW 1998, 2972 (2975).

mit der Vollstreckungsabwehrklage zumindest dann geltend gemacht werden, wenn der Vollstreckungstitel nicht lediglich auf eine einmalige Leistung zB Zahlung eines bestimmten Betrages gerichtet ist, sondern auch in die Zukunft wirkt, wie dies insbesondere bei Unterlassungstiteln der Fall ist.[1796]

**Durch § 767 II** wird nicht lediglich ein **Einwendungsausschluss** bei der Vollstreckungsabwehrklage festgelegt, sondern es werden **zugleich** auch die **zeitlichen Grenzen der materiellen Rechtskraft bestimmt** (→ Rn. 1060 f.). Das rechtskräftige Urteil bewirkt folglich, dass die in ihm festgestellte Rechtslage nicht mehr aufgrund von Tatsachen in Zweifel gezogen und korrigiert werden kann, die bis zum Schluss der letzten Tatsachenverhandlung eingetreten sind. Diese Präklusionsvoraussetzung hat einen rein objektiven Charakter; es kommt also nur auf den Entstehungszeitpunkt und nicht auf die Kenntnis des Schuldners an.[1797] Streitig ist, ob dies auch gilt, wenn im Tatbestand der Einwendung auf die Kenntniserlangung abgestellt wird, wie dies in §§ 407, 408 BGB der Fall ist. Der BGH lehnt es ab, aufgrund des § 407 BGB die nachträgliche Kenntniserlangung von der Zession als eine iSd § 767 II beachtliche Tatsache aufzufassen, weil § 407 BGB den Schuldner nur im Verhältnis zum neuen Gläubiger schützt und auf die Rechtsbeziehung zum Abtretenden, der aus dem Titel vollstreckt, keinen Einfluss haben könne.[1798] Handelt es sich bei dem Titel um ein Versäumnisurteil, dann sind alle Einwendungen ausgeschlossen, die vor Ablauf der Einspruchsfrist (→ Rn. 363) entstanden sind (vgl. § 767 II aE).[1799]

1309

Dies gilt auch, wenn der Schuldner einen durch das Versäumnisurteil titulierten Anspruch vor Ablauf der Einspruchsfrist erfüllt. Nicht zu folgen ist einer Gegenauffassung, die in diesem Fall eine Präklusion verneint und sich auf den Zweck der Präklusion beruft, nach dem die Rechtskraft des Urteils gegen Einwendungen des Schuldners geschützt werden solle. Der Schuldner, der die durch das Versäumnisurteil festgestellte Forderung erfülle, wolle nicht den durch das Urteil festgestellten Anspruch infrage stellen, sondern beuge sich vielmehr diesem Anspruch. Der mit Kosten verbundene Einspruch gegen das Versäumnisurteil könne nur einer vorsorglichen Verteidigung gegen ein rechtswidriges Verhalten des Gläubigers dienen, das in der Vollstreckung der erfüllten Forderung bestände und mit dem der Schuldner nicht rechnen müsse.[1800] Der BGH hat zu Recht diese Auffassung verworfen, die im Widerspruch zum klaren Wortlaut der Vorschrift des § 767 II steht.[1801]

1310

Sehr streitig ist die Frage, wie Einwendungen nach § 767 II zu behandeln sind, die sich erst nach **Ausübung eines Gestaltungsrechts** (zum Begriff → GK BGB Rn. 273) ergeben.[1802] Während die Rechtsprechung und Teile des Schrifttums auf den Zeitpunkt abstellen wollen, in dem das Gestaltungsrecht entstanden ist, also die Aufrechnung, die Anfechtung oder der Rücktritt vom Schuldner hätte frühestens erklärt wer-

1311

---

[1796] BGH NJW 2009, 3303 (3304 f. Rn. 18) = JuS 2010, 170 *mAnm K. Schmidt.*
[1797] Heute allgM, vgl. nur BGH NJW 2001, 231 (232) mwN; *Jauernig/Berger* ZVR § 12 Rn. 8.
[1798] BGH NJW 2001, 231 (232) mwN; ebenso OLG Dresden NJW-RR 1996, 444 (445 f.); zust. *Brand/Fett* JuS 2002, 637 (638 f.); Musielak/Voit/*Lackmann* § 767 Rn. 39; aA *Wittschier* JuS 1997, 450 (452); Gaul/Schilken/Becker-Eberhard ZVR § 40 V 2 a; Zöller/*Herget* § 767 Rn. 14.
[1799] Str., wie hier BGH NJW 1982, 1812, mwN auch zur Gegenauffassung.
[1800] OLG Hamm NJW-RR 2000, 659 (660).
[1801] BGH NJW-RR 2012, 304 Rn. 9 ff.; vgl. auch BGH MDR 2012, 367.
[1802] Vgl. *Makowsky* JuS 2014, 901 (904).

den können,[1803] hält die im Schrifttum überwiegende Auffassung den Zeitpunkt der Gestaltungserklärung für maßgebend.[1804]

**1312** Innerhalb beider Meinungen werden jedoch auch Einschränkungen des eingenommenen Standpunkts empfohlen. So will der BGH darauf abstellen, ob die Freiheit des Berechtigten, den Zeitpunkt der Abgabe der Gestaltungserklärung zu wählen, lediglich eine Nebenfolge – wie bei der Aufrechnung oder der Anfechtung –, nicht aber Zweck des Gestaltungsrechts sei.[1805] So könne demjenigen, dem die Befugnis eingeräumt wird, durch einseitige Erklärung die Dauer eines Vertrages zu verlängern, im Gegensatz zum Aufrechnungs- oder Anfechtungsberechtigten nicht angesonnen werden, von seiner Gestaltungsbefugnis, ungeachtet seiner zeitlichen Wahlfreiheit, immer schon dann Gebrauch zu machen, wenn er dadurch in einem von ihm geführten Prozess die Rechtslage zu seinen Gunsten beeinflussen könne.[1806] Auch komme es darauf an, dass bereits im Zeitpunkt der letzten mündlichen Verhandlung die Aufrechnungslage bestanden habe; die Präklusion des § 767 II dürfe nicht auf den Fall ausgedehnt werden, dass der Schuldner in der Lage gewesen sei, die Voraussetzungen der (im Zeitpunkt der letzten mündlichen Verhandlung noch nicht bestehenden) Aufrechnungslage zu schaffen.

**1313** Der BGH[1807] hatte folgenden Sachverhalt zu entscheiden: Die Klägerin wurde zur Zahlung eines Werklohns verurteilt. Nach Schluss der mündlichen Verhandlung beseitigte sie Mängel des Werks. Mit den ihr dadurch entstandenen Kosten rechnete sie gegen den Werklohn auf und machte die Aufrechnung mit der Vollstreckungsabwehrklage geltend, als wegen der titulierten Werklohnforderung vollstreckt wurde. LG und OLG wiesen die Vollstreckungsabwehrklage mit der Begründung ab, die Klägerin sei mit ihrer auf die Aufrechnung gestützten Einwendung präkludiert, da sie schon vor Schluss der mündlichen Verhandlung durch Vornahme der Mängelbeseitigung die Aufrechnungslage hätte herbeiführen können. Der BGH lehnt diese Auffassung ab, weil im Zeitpunkt der letzten mündlichen Verhandlung noch keine Aufrechnungslage bestanden habe. Es wäre nicht vertretbar, den Schuldner mittelbar zu zwingen, ein ihm zustehendes Leistungsverweigerungsrecht aufzugeben und die Voraussetzungen für einen auf Geldzahlung gerichteten Anspruch dadurch zu schaffen, dass er den Gläubiger in Verzug mit der Mängelbeseitigung setze. Das Leistungsverweigerungsrecht habe für ihn den Vorteil, dass er nach Abnahme des Werkes nach § 641 III BGB berechtigt sei, das mindestens Doppelte der Mängelbeseitigungskosten (sog. Druckzuschlag) zurückzubehalten. Gegenüber dieser Auffassung wird kritisch angemerkt, dass auch das Nachbesserungsrecht eine Einrede gegen den titulierten Anspruch ergebe und dieses (präkludierte) Recht nicht durch Umwandlung in einen Zahlungsanspruch zu einer Einwendung iSd § 767 I erstarken könne.[1808]

---

[1803] BGHZ 24, 97 (98) = NJW 1957, 986; BGH NJW 1980, 2527 (2528); BGHZ 100, 222 (224 f.) = NJW 1987, 1691; BGHZ 125, 351 (353 f.) = NJW 1994, 2269 (2270); NJW 2009, 1671 Rn. 11; OLG Frankfurt a. M. NJOZ 2007, 941 (942); *K. Schmidt* FG BGH, 2000, 500 ff.; *Ernst* NJW 1986, 401; MüKoZPO/*K. Schmidt/Brinkmann* § 767 Rn. 80 ff.; Zöller/*Herget* § 767 Rn. 14; *Feser* JA 2008, 525 (528).
[1804] *Brox/Walker* ZVR Rn. 1346; *Gaul/Schilken/Becker-Eberhard* ZVR § 40 V 2b; *Jauernig/Berger* ZVR § 12 Rn. 14; *Gerhardt*, Vollstreckungsrecht, 2. Aufl. 1982, § 15 II 1; *Schwab* JZ 2006, 170 (173 ff.); Stein/Jonas/*Münzberg* § 767 Rn. 32 ff.; Musielak/Voit/*Lackmann* § 767 Rn. 37.
[1805] BGHZ 94, 29 = NJW 1985, 2481; BGH NJW 1994, 1225 (1226).
[1806] BGHZ 94, 35 = NJW 1985, 2481.
[1807] NJW 2005, 2926 = JuS 2005, 1129 *(Schmidt)*.
[1808] *Deubner* JuS 2005, 1085 (1089); *Bornemann* ZGS 2006, 341; krit., letztlich aber dem Ergebnis zust. *Beck* NJW 2006, 336.

## V. Die Rechtsbehelfe in der Zwangsvollstreckung

Von Vertretern der Auffassung, die die Ausübung des Gestaltungsrechts für maßgebend hält, wird empfohlen, einer Verschleppung der Vollstreckung durch den Schuldner dadurch entgegenzuwirken, dass bei einer Aufrechnung die Vorschrift des § 533 Nr. 1 analog angewendet und der Aufrechnungseinwand nur bei Sachdienlichkeit zugelassen wird;[1809] bei anderen Gestaltungsrechten wird eine Präklusion im Prozess nach § 767 in analoger Anwendung des § 296 II befürwortet, wenn der Schuldner durch Unterlassen der Ausübung des Gestaltungsrechts seine Prozessförderungspflicht im früheren Prozess verletzt hat.[1810]

1314

Zu diesem Meinungsstreit ist Folgendes anzumerken: Die hM im Schrifttum berücksichtigt bei ihrer Sichtweise zutreffend, dass nach dem materiellen Recht eine Rechtsänderung, auf die sich der Schuldner berufen kann, erst mit der Ausübung des Gestaltungsrechts eintritt und dass deshalb der „Grund" iSv § 767 II, auf dem die geltend gemachte Einwendung beruht, auch erst im Zeitpunkt der Abgabe dieser Erklärung entsteht. Die Gefahr, dass der Schuldner durch das bewusste Hinauszögern der Ausübung von Gestaltungsrechten die Zwangsvollstreckung verschleppt, dürfte nicht sehr groß sein. In aller Regel wird ein Beklagter die ihm bekannten Gestaltungsrechte im Erkenntnisverfahren ausüben, etwa eine Eventualaufrechnung erklären (→ Rn. 561 f.), schon um seine Verurteilung und die sich daraus ergebende vorläufige Vollstreckbarkeit der Entscheidung sowie die ihn dann treffenden Prozesskosten zu vermeiden. Missbrauch und grober Nachlässigkeit des Schuldners kann man wesentlich angemessener und wirkungsvoller dadurch begegnen, dass man sein Verhalten an der ihn treffenden Prozessförderungspflicht (→ Rn. 679 ff.), bei der Aufrechnung an ihrer Sachdienlichkeit misst. Es ist allerdings zu berücksichtigen, dass der BGH in ständiger Rechtsprechung anders entscheidet (→ Rn. 1311).[1811]

1315

Wird die Vollstreckungsabwehrklage trotz Zulassung der Aufrechnung abgewiesen, weil das Gericht die Gegenforderung für nicht erwiesen hält, so erstreckt sich die Rechtskraft des abweisenden Urteils in entsprechender Anwendung des § 323 II auch auf die Gegenforderung (→ Rn. 575).[1812]

Die Verbrauchern gesetzlich eingeräumten Widerrufsrechte (§ 312g BGB) wie zB bei außerhalb von Geschäftsräumen geschlossene Verträgen (sog. Haustürgeschäften) nach § 312b BGB, bei Fernabsatzverträgen nach § 312e BGB und bei Verbraucherdarlehensverträgen nach § 495 BGB (zu diesen und anderen Widerrufsrechten → GK BGB Rn. 292 ff., 708) sind durch das SchuldRModG als Gestaltungsrechte ausgebildet worden.[1813] Damit ist ein Meinungsstreit gesetzlich entschieden, der zuvor

1316

---

[1809] *Jauernig/Berger* § 12 Rn. 14; RGS ZVR § 40 V 2 b; Stein/Jonas/*Münzberg* § 767 Rn. 38.
[1810] *Jauernig/Berger* § 12 Rn. 14; *Lüke* ZivilProzR Rn. 591; vgl. auch *Otto* JA 1981, 651; *Braun* JA 1990, 92 (93).
[1811] Einen anderen Standpunkt hat der BGH (BGHZ 155, 392 = NJW 2003, 3134) im Falle der Prozessaufrechnung eingenommen, wenn es. auf den Zeitpunkt der durch sie bewirkten Erledigung der Hauptsache ankommt. Weil ein vor Rechtshängigkeit liegendes Ereignis die Hauptsache nicht erledigen kann (→ Rn. 510 f.), stellt das Gericht auf den Zeitpunkt der Erledigungserklärung ab, auch wenn sich die Forderungen bereits vor Klageerhebung aufrechenbar gegenüber stehen; vgl. dazu *Schröcker* NJW 2004, 2203 (2204 f.).
[1812] BGH NJW 2015, 955.
[1813] MüKoBGB/*Ulmer* § 355 Rn. 29 f.

über die Rechtsnatur dieser Rechte geführt wurde und der auch ihre Behandlung im Rahmen des § 767 II beeinflusste. Die Frage, ob der Schuldner mit einer Vollstreckungsabwehrklage geltend machen kann, das von dem Widerrufsrecht erst Gebrauch gemacht worden sei, nachdem er zu einer Leistung aufgrund des Verbrauchervertrages verurteilt wurde, ist folglich gleich zu beantworten wie bei anderen Gestaltungsrechten.[1814]

1317 Die Vorschrift des § 767 findet auch auf **Vollstreckungstitel nach § 794** entsprechende Anwendung (§ 795). Insoweit muss jedoch bei der Präklusionsregelung des § 767 II berücksichtigt werden, ob die Möglichkeit besteht, zuvor in einem gerichtlichen Verfahren Einwendungen geltend zu machen. Dies ist für vollstreckbare Urkunden (§ 794 I Nr. 5) nicht der Fall, sodass folgerichtig in § 797 IV die Anwendung des § 767 II ausgeschlossen wird. Das Gleiche muss auch für Prozessvergleiche gelten, da der in ihnen enthaltene Anspruch nicht auf einer urteilsmäßigen Feststellung mit Rechtskraftwirkung beruht.[1815] In beiden Fällen können also Einwendungen ohne zeitliche Einschränkungen vom Schuldner geltend gemacht werden. Für Vollstreckungsbescheide wird die Regelung des § 767 II durch § 796 II modifiziert.

1318 Wehrt sich der Schuldner gegen die Vollstreckung aus einer notariellen Urkunde (§ 794 I Nr. 5) mit der Begründung, die Unterwerfungserklärung sei unwirksam, weil sie von einem Vertreter ohne Vertretungsmacht abgegeben worden sei,[1816] dann zielt dieser Einwand zum einen auf die Wirksamkeit des Titels, sodass die Klauselerinnerung gem. § 732 als Rechtsbehelf in Betracht kommt (→ Rn. 1142). Zum anderen werden materielle Gründe gegen die Vollstreckbarkeit vorgetragen; für einen solchen Einwand ist die prozessuale Gestaltungsklage in Analogie zu § 767 statthaft (→ Rn. 1303). In einem solchen Fall kann der Schuldner zwischen beiden Rechtsbehelfen wählen, denn der BGH bejaht ein Rechtsschutzinteresse für eine prozessuale Gestaltungsklage, obwohl auch die Möglichkeit einer Klauselerinnerung für den Schuldner besteht.[1817]

1319 Streitig ist die Frage, ob Einwendungen, die gegen das Fortbestehen eines Anspruchs aus einem wirksam geschlossenen Anwaltsvergleich geltend gemacht werden, wie zB Erfüllung, Stundung, Erlass oder Aufrechnung, in Verfahren der Vollstreckbarkeitserklärung (§§ 796a ff.)

---

[1814] Musielak/Voit/*Lackmann* § 767 Rn. 27, 35 ff.; Thomas/Putzo/*Seiler* § 767 Rn. 22 a, b; *Schwab* JZ 2006, 170 (175 ff.), der jedoch eine Obliegenheit des Verbrauchers bejaht, angesichts seiner gerichtlichen Inanspruchnahme den Widerruf zeitnah auszuüben. *Schmidt* JuS 2000, 1996 (1998 f.), will aufgrund der besonderen Eigenart des Widerrufsrechts dem Verbraucher gestatten, den Zeitpunkt des Widerrufs frei zu wählen und lehnt deshalb eine Präklusion aufgrund des § 767 II ab. (Diese zu § 361a BGB aF vertretene Auffassung ist entsprechend auch auf die geltende Rechtslage zu übertragen, die insoweit inhaltlich unverändert geblieben ist); zur Präklusion von Widerrufsrechten vgl. auch *Staudinger* FS Kollhosser, 2004, 347.
[1815] BGH JZ 1987, 888; *Brox/Walker* ZVR Rn. 1351 mwN.
[1816] Beachtet muss werden, dass der BGH in stRspr einem Darlehensnehmer, der sich in einem Darlehensvertrag wirksam verpflichtet hat, sich der sofortigen Zwangsvollstreckung in sein gesamtes Vermögen zu unterwerfen, nach dem Grundsatz von Treu und Glauben die Berufung auf die Unwirksamkeit der Unterwerfungserklärung versagt; vgl. BGH NJW 2010, 1144 Rn. 12 ff. = JuS 2010, 263 *mAnm K. Schmidt*.
[1817] BGH NJW 2006, 695 Rn. 21; NJW-RR 2007, 1724 Rn. 10; vgl. auch OLG Celle BeckRS 2009, 88797 (prozessuale Gestaltungsklagen auch statthaft, wenn zuvor gleiche Einwendungen mit der Vollstreckungserinnerung geltend gemacht worden sind); *Staudinger* LMK 2007, 248, 532; *Walker* JZ 2011, 401 (403).

## V. Die Rechtsbehelfe in der Zwangsvollstreckung

vorzutragen sind[1818] oder ob dafür nur der Weg der Vollstreckungsabwehrklage zur Verfügung steht.[1819] Bestehen solche Einwendungen bereits im Zeitpunkt der Entscheidung über die Vollstreckbarkeitserklärung des Vergleichs, erscheint es nicht gerechtfertigt, die Gründe, die gegen das Fortbestehen des Anspruchs sprechen, allein im Interesse des Gläubigers an einer raschen Erlangung eines Titels unberücksichtigt zu lassen und den Schuldner auf die Vollstreckungsabwehrklage zu verweisen. Weder Wortlaut des Gesetzes noch seine Entstehungsgeschichte zwingen zu einem solchen Vorgehen.

Noch in einer Reihe von anderen Fällen wird durch **Verweisung auf § 767** die Vollstreckungsabwehrklage benutzt, um eine Zwangsvollstreckung für unzulässig zu erklären. Nach **§ 79 II 3 BVerfGG** ist mit der Vollstreckungsabwehrklage die Unzulässigkeit einer nach den Vorschriften der ZPO vorgenommenen Zwangsvollstreckung geltend zu machen, wenn sich die Unzulässigkeit daraus ergibt, dass sie aufgrund einer nicht mehr anfechtbaren Entscheidung vorgenommen wird, die auf einer nachträglich vom BVerfG für nichtig erklärten Norm beruht.[1820] Der Verwender von **AGB**, dem die Verwendung einer Bestimmung untersagt worden ist, kann im Wege der Klage nach § 767 einwenden, dass nachträglich eine Entscheidung des BGH oder des Gemeinsamen Senats der Obersten Gerichtshöfe des Bundes ergangen ist, die die Verwendung dieser Bestimmung für dieselbe Art von Rechtsgeschäft nicht untersagt, und dass die Zwangsvollstreckung aus dem Urteil gegen ihn in unzumutbarer Weise seinen Geschäftsbetrieb beeinträchtigen würde (§ 10 UKlaG). Nach § 785 sind **Einwendungen, die dem Erben nach den §§ 781–784** zustehen, mit Klage nach § 767 geltend zu machen. § 786 erweitert schließlich den Anwendungsbereich dieser Klage noch auf andere Fälle beschränkter Haftung.

1320

Bei der **Zwangsvollstreckung gegen** einen Erben[1821] muss danach unterschieden werden, ob die **Zwangsvollstreckung schon vor dem Tod des Erblassers begonnen** wurde. Ist dies der Fall, dann kann sie nach § 779 I in den Nachlass fortgesetzt werden, ohne dass eine vollstreckbare Ausfertigung gegen den Erben dafür erforderlich ist. Wird die Vollstreckung erst nach dem Tod des Erblassers begonnen, dann kann sie **vor Annahme der Erbschaft durch den Erben** in den Nachlass nur wegen einer Nachlassverbindlichkeit vorgenommen werden; Voraussetzung dafür ist jedoch, dass ein Nachlasspfleger bestellt wird (vgl. § 1961 BGB), gegen den als Rechtsnachfolger des Erblassers vom Gläubiger eine vollstreckbare Ausfertigung gem. § 727 zu erwirken ist. Eine Zwangsvollstreckung wegen einer Nachlassverbindlichkeit in das Vermögen des Erben ist ebenso wenig vor Annahme der Erbschaft zulässig (§ 778 I) wie eine Zwangsvollstreckung in den Nachlass wegen einer Verbindlichkeit des Erben (§ 778 II). Denn es bestehen noch zwei getrennte Vermögensmassen, das Eigenvermögen des Erben und der Nachlass, und es ist noch nicht sicher, ob der Erbe die Erbschaft auch endgültig behält (→ EK BGB Rn. 1078 ff.).

1321

**Nach Annahme der Erbschaft** kann die Klausel eines gegen den Erblasser lautenden Vollstreckungstitels gegen den Erben umgeschrieben werden (§ 727 I); Nachlassverbindlichkeiten werden dann genauso behandelt wie die eigenen Schulden des Erben. Jedoch kann der Erbe auch nach Annahme der Erbschaft die Haftung gegenüber Nachlassgläubigern auf den Nachlass beschränken, und zwar durch Nachlassverwaltung oder Nachlassinsolvenzverfah-

1322

---

[1818] So Musielak/Voit/*Voit* § 796a Rn. 10; BLAH/*Hartmann* § 796b Rn. 6; Zöller/*Geimer* § 796a Rn. 22.
[1819] LG Halle NJW 1999, 3567; *Münzberg* NJW 1999, 1357 (1358 f.).
[1820] Zum Inhalt dieser Regelung vgl. BGH NJW 2002, 2940.
[1821] Vgl. dazu auch *Schmidt* JR 1989, 45.

ren (§ 1975 BGB); außerdem kann der Erbe eine Haftungsbeschränkung auch bei Dürftigkeit des Nachlasses aufgrund der §§ 1990, 1991 BGB herbeiführen (vgl. auch §§ 1973, 1974 BGB). Dem Erben stehen zudem aufschiebende Einreden nach §§ 2014, 2015 BGB zu, die ihm eine Frist zur Inventarerrichtung und zur Überlegung gewähren, ob er eine Haftungsbeschränkung herbeiführen soll. Diese Einreden schließen eine Klage gegen den Erben nicht aus, sondern verhindern nur eine unbeschränkte Verurteilung (vgl. § 305 I) und geben dem Erben aufgrund eines entsprechenden Vorbehalts im Urteil das Recht zu verlangen, dass in der Zwangsvollstreckung die in §§ 782, 783 genannten Beschränkungen beachtet werden.

**1323** Haftet der Erbe nur beschränkt, dann muss er in einem Prozess, der gegen ihn als Erben wegen einer Nachlassverbindlichkeit geführt wird (auch bei Aufnahme eines unterbrochenen oder ausgesetzten Rechtsstreits gem. §§ 239, 246), die **Haftungsbeschränkung** geltend machen, damit sie im Urteil vorbehalten wird. Ein solcher Vorbehalt ist nach § 780 I erforderlich, damit sich der Erbe bei einer Zwangsvollstreckung gegen ihn auf die Haftungsbeschränkung berufen kann. Nur wenn aus einem gegen den Erblasser erwirkten Vollstreckungstitel gegen den Erben vorgegangen wird, kann ein solcher Vorbehalt naturgemäß nicht verlangt werden.[1822] Darüber hinaus nennt § 780 II Fälle, in denen ein Vorbehalt nicht erforderlich ist.

**1324** Wird **trotz der beschränkten Haftung des Erben in sein eigenes Vermögen vollstreckt**, dann kann er sich mit der Klage nach § 767 dagegen wehren, wenn in dem Titel gegen ihn ein entsprechender Vorbehalt aufgenommen wurde oder ein solcher Vorbehalt – wie ausgeführt – entbehrlich ist (§ 785 iVm § 781). Ebenso sind mit der Klage nach § 767 die dem Erben nach §§ 2014, 2015 BGB zustehenden Einreden geltend zu machen (§ 785 iVm §§ 782, 783), wenn ihm die Beschränkung der Haftung gem. § 305 I im Urteil vorbehalten worden ist. Wird eine Nachlassverwaltung angeordnet oder das Nachlassinsolvenzverfahren eröffnet, dann kann der Erbe verlangen, dass bereits vorgenommene Zwangsvollstreckungsmaßnahmen, die zugunsten eines Nachlassgläubigers in sein nicht zum Nachlass gehörendes Vermögen erfolgt sind, aufgehoben werden, wenn er nicht unbeschränkt haftet (§ 784 I). Auch dieses Recht ist mit der Vollstreckungsabwehrklage zu verfolgen (vgl. § 785).

**1325** Wird **vor Annahme der Erbschaft** aus einem gegen den Erblasser erwirkten Titel **in das persönliche Vermögen des Erben** vollstreckt, dann kann er sich dagegen entweder mit der Vollstreckungserinnerung nach § 766 oder der Drittwiderspruchsklage nach § 771 wehren (dazu sogleich). Das Gleiche gilt, wenn vor Annahme der Erbschaft ein persönlicher Gläubiger des Erben in den Nachlass vollstreckt. Nachlassgläubiger können sich gegen eine solche Vollstreckung mit der Vollstreckungserinnerung wenden, ebenso persönliche Gläubiger, wenn Nachlassgläubiger in das persönliche Vermögen des Erben vollstrecken.

### 5. Drittwiderspruchsklage[1823]

**1326** Für die Zulässigkeit einer Zwangsvollstreckung bildet es keine Voraussetzung, dass der Gegenstand, in den vollstreckt wird, zum Vermögen des Schuldners gehört. Vielmehr kommt es bei Pfändung beweglicher Sachen darauf an, dass sie sich im Gewahrsam des Schuldners befinden (§ 808; → Rn. 1161). Auch die Pfändung von Forderungen und sonstigen Rechten wird vollzogen, ohne dass vorher geprüft wird, ob sie dem Schuldner zustehen. Deshalb muss einem Dritten die Möglichkeit eingeräumt werden, seine Berechtigung an dem gepfändeten Gegenstand geltend zu machen und der Beschlagnahme sowie insbesondere der Verwertung zu widerspre-

---

[1822] LG Coburg BeckRS 2009, 21106 = FamRZ 2009, 1236.
[1823] Vgl. *Gaul* FG BGH, 2000, 521.

## V. Die Rechtsbehelfe in der Zwangsvollstreckung

chen. Die sog. Drittwiderspruchsklage des § 771 gewährt insoweit den erforderlichen Rechtsschutz.

Die Klage nach § 771 schließt als speziellerer Rechtsbehelf eine Klage auf Herausgabe nach § 985 BGB und auf Beseitigung oder Unterlassung nach § 1004 BGB aus, zumal durch derartige Klagen die Einstellung der Zwangsvollstreckung nicht erreicht werden könnte (vgl. § 775 Nr. 1). Allerdings kann der Dritte mit der Drittwiderspruchsklage gegen den Gläubiger eine Herausgabeklage gegen den Schuldner verbinden; Gläubiger und Schuldner sind in diesem Fall nach § 771 II (einfache) Streitgenossen.

1327

Die **Zulässigkeit** der Drittwiderspruchsklage hängt davon ab, dass die allgemeinen Prozessvoraussetzungen (→ Rn. 234 ff., 278) erfüllt werden. Ausschließlich örtlich zuständig ist das Gericht, in dessen Bezirk die Zwangsvollstreckung vorgenommen wird (§ 771 I, § 802). Die sachliche Zuständigkeit richtet sich nach dem Streitwert (→ Rn. 81). Die Drittwiderspruchsklage, die darauf zu richten ist, dass die Zwangsvollstreckung in einen bestimmten Gegenstand für unzulässig erklärt wird, kann erst in dem Zeitpunkt erhoben werden, in dem die erste Vollstreckungsmaßnahme vorgenommen wird, weil erst dann feststeht, dass in den Gegenstand die Vollstreckung betrieben wird, an dem der Dritte „ein die Veräußerung hinderndes Recht" geltend macht. Etwas anderes gilt nur bei der Herausgabevollstreckung (→ Rn. 1263 ff.), weil das Recht des Dritten bereits durch den Vollstreckungstitel gefährdet wird und er deshalb auch schon die Klage nach § 771 erheben kann, wenn dieser Titel erlassen wird. Die Drittwiderspruchsklage ist bis zur Beendigung der Zwangsvollstreckung zulässig. Beendet ist die Zwangsvollstreckung, wenn ihr Ziel erreicht ist, beispielsweise der Erlös aus einer Versteigerung vom Gerichtsvollzieher dem Gläubiger ausgehändigt wurde.

1328

Wird eine bewegliche Sache vom Gerichtsvollzieher versteigert, dann tritt der Erlös an die Stelle der Sache, sodass sich das Recht des Dritten am Erlös fortsetzt und er demzufolge auch mit der Drittwiderspruchsklage die Aushändigung an den Gläubiger verhindern kann. Ist jedoch der Erlös an den Gläubiger abgeführt oder die konkrete Zwangsvollstreckungsmaßnahme auf andere Weise abgeschlossen, dann kann der Dritte nur noch Bereicherungs- oder Schadensersatzansprüche geltend machen (→ Rn. 1184 f.).[1824]

1329

Mit der Klage nach § 771 kann sich ein Dritter gegen jede Art der Zwangsvollstreckung wenden, gleichgültig ob eine bewegliche oder unbewegliche Sache, eine Forderung oder ein sonstiges Recht davon betroffen ist. Das Rechtsschutzinteresse des Dritten ist auch dann zu bejahen, wenn der Gläubiger eine Forderung pfändet, deren Inhaber der Dritte ist. Zwar geht dann die Pfändung ins Leere (→ Rn. 1196), aber der durch die Pfändung geschaffene Rechtsschein gefährdet das Recht des Dritten in einer Weise, dass ihm die Möglichkeit eingeräumt werden muss, dagegen mit der Drittwiderspruchsklage vorzugehen.[1825] Etwas anderes gilt nur dann, wenn die Nichtigkeit der Vollstreckungsmaßnahme offenkundig ist, sodass eine Gefährdung des Dritten ausgeschlossen werden kann. Während bei der Vollstreckung in körper-

1330

---

[1824] Vgl. dazu *Brox/Walker* ZVR Rn. 456 ff.; *Musielak* JuS 1999, 881 (883 ff.).
[1825] BGH NJW 1988, 1095 mwN. Dagegen kann nicht der Drittschuldner einwenden, ein Dritter habe an der Forderung ein die Veräußerung hinderndes Recht iSd § 771 I; vgl. BGH MDR 2007, 420.

liche Gegenstände der Dritte also nur über den Weg § 771 die Verstrickung beseitigen kann, dient die Drittwiderspruchsklage bei der Pfändung von Forderungen nur dazu, den Rechtsschein einer Pfändung zu beseitigen.

1331 Die **Drittwiderspruchsklage ist begründet, wenn** dem **Kläger** an dem Gegenstand der Zwangsvollstreckung **„ein die Veräußerung hinderndes Recht" zusteht** und sich der Beklagte (Vollstreckungsgläubiger) nicht auf ein besseres Recht berufen kann. Der im Gesetz verwendete Begriff des veräußerungshindernden Rechts darf nicht wörtlich verstanden werden, denn ein solches Recht gibt es nicht, wie sich am Beispiel des Eigentums als stärksten dinglichen Rechts nachweisen lässt, das wirksam ein Nichtberechtigter einem Gutgläubigen übertragen kann (vgl. § 892, §§ 932 ff. BGB). Gemeint ist vielmehr ein Recht, das eine Veräußerung des Vollstreckungsgegenstandes durch den Schuldner zu einem widerrechtlichen Eingriff in den Rechtskreis des Dritten macht.[1826] Es handelt sich also um ein Recht, das der Zwangsvollstreckung aufgrund eines Titels gegen den Schuldner entgegensteht, weil es eine Zuordnung des Vollstreckungsgegenstandes zum Vermögen des Schuldners und damit auch seine Verwertung im Rahmen der Zwangsvollstreckung aufgrund eines gegen den Schuldner gerichteten Titels verhindert. Diese Wirkung kommt insbesondere dinglichen Rechten zu wie dem Eigentum (wobei auch ein Miteigentümer oder Gesamthandseigentümer, gegen den kein Titel erwirkt worden ist, die Klage nach § 771 erheben kann), dem Erbbaurecht, dem Nießbrauch und einem Grundpfandrecht.[1827]

1332 Ein für § 771 ausreichendes Widerspruchsrecht ergibt sich jedoch nur dann, wenn durch die Zwangsvollstreckung und ihre Durchführung das „die Veräußerung hindernde Recht" beeinträchtigt wird. Dies ist nicht der Fall bei einem Nießbrauch, wenn lediglich eine Zwangshypothek auf das nießbrauchbelastete Grundstück eingetragen wird. Ebenso wird das Recht eines Hypothekengläubigers nicht dadurch beeinträchtigt, dass ein persönlicher Gläubiger des Eigentümers die Zwangsversteigerung des Grundstücks betreiben lässt, da dadurch nicht das Recht des Hypothekars gefährdet wird (→ Rn. 1250).[1828]

1333 Der **Pfandgläubiger** kann sich mit der Drittwiderspruchsklage gegen eine Pfändung wehren, wenn er (unmittelbaren oder mittelbaren) Besitz an der Sache hat; sonst steht ihm nur die Klage auf vorzugsweise Befriedigung nach § 805 zu (→ Rn. 1346 ff.). Da der unmittelbar besitzende Pfandgläubiger bereits aufgrund seines Gewahrsams einer Pfändung widersprechen kann (→ Rn. 1162), spielt ein Pfandrecht im Rahmen des § 771 insbesondere dann eine Rolle, wenn der Pfandgläubiger die Pfandsache einem Besitzmittler übergeben hat, der zur Herausgabe bereit ist. Die Auffassung, dass durch Pfändung einer Sache das Pfandrecht des Dritten nicht beeinträchtigt werde und er sich folglich auch nicht mit der Klage aus § 771 dagegen wehren könne,[1829] ist abzulehnen, weil auf diese Weise dem Pfandgläubiger die ihm nach § 1232 S. 1 BGB eingeräumte Initiative zur Verwertung der Pfandsache genommen würde.[1830]

---

[1826] BGHZ 55, 20 (26) = NJW 1971, 799; *Zimmermann* ZPO § 771 Rn. 6; krit. *Gaul* FG BGH, 2000, 537 ff.
[1827] Vgl. Musielak/Voit/*Lackmann* § 771 Rn. 22.
[1828] Vgl. *Brox/Walker* ZVR Rn. 1418.
[1829] So Thomas/Putzo/*Seiler* § 771 Rn. 17.
[1830] Ganz hM, vgl. nur *Brox/Walker* ZVR Rn. 1418; *Gaul/Schilken/Becker-Eberhard* ZVR § 41 Rn. 88; MüKoZPO/*K. Schmidt/Brinkmann* § 771 Rn. 34.

V. Die Rechtsbehelfe in der Zwangsvollstreckung

Da der **Vorbehaltsverkäufer** vor Eintritt der Bedingung für den Eigentumsübergang (→ GK BGB Rn. 890, 897) Eigentümer der Kaufsache ist, kann er sich mit der Klage aus § 771 gegen ihre Pfändung durch einen Gläubiger des Vorbehaltskäufers wehren.[1831] Im umgekehrten Fall – bei Pfändung der Kaufsache durch Gläubiger des Vorbehaltsverkäufers – wird der **Vorbehaltskäufer** regelmäßig Gewahrsam an der Sache haben und kann deshalb schon einer Pfändung widersprechen (→ Rn. 1162). Hat er keinen Gewahrsam, etwa weil sich die Sache zur Reparatur beim Vorbehaltsverkäufer oder bei einem Dritten befindet, dann steht ihm aufgrund seines Anwartschaftsrechts ebenfalls die Klage nach § 771 zu.[1832] Nach hM soll jedoch der Anwartschaftsberechtigte nicht die Pfändung, sondern nur die Verwertung der Sache verhindern dürfen, weil bei Aufhebung der Pfändung das Pfändungspfandrecht des vollstreckenden Gläubigers verloren geht, auf das es insbesondere wegen des Ranges bei Ausfall der Bedingung für den Eigentumsübergang auf den Anwartschaftsberechtigten ankommt.[1833]

1334

Der **Sicherungseigentümer** kann nach hM mit der Klage aus § 771 vorgehen, wenn ein Gläubiger des Sicherungsgebers in das Sicherungsgut vollstreckt.[1834] Die Gegenauffassung,[1835] die das Sicherungseigentum wie ein besitzloses Pfandrecht behandelt und deshalb in diesem Fall dem Sicherungseigentümer nur die Klage auf vorzugsweise Befriedigung nach § 805 zugestehen will, ist abzulehnen; gegen sie spricht nicht nur, dass es sich bei dem Sicherungseigentum nicht um Eigentum minderen Ranges handelt, sondern dass sie auch zu unbefriedigenden Ergebnissen führt; dazu folgendes

1335

> **Beispiel:** Die B-Bank gewährt dem Fabrikanten Fleißig ein Darlehen und lässt sich zur Sicherung das Eigentum an mehreren von Fleißig zur Produktion eingesetzten Maschinen übertragen. Glaub erwirkt gegen Fleißig aufgrund einer Geldforderung ein Urteil und vollstreckt in die Maschinen. Die B-Bank ist Eigentümerin der Maschinen (§§ 929 S. 1, 930 BGB) und kann folglich mit der Drittwiderspruchsklage die Pfändung abwehren. Fleißig kann dann die Maschinen weiterhin in der Produktion einsetzen. Würde man dagegen mit der Gegenauffassung die Bank auf einen Anspruch auf vorzugsweise Befriedigung aus dem Verwertungserlös beschränken, dann könnte der Pfandgläubiger die Verwertung betreiben, ohne dass dies von der Bank zu verhindern wäre. Handelt es sich bei den Maschinen um unverzichtbare Produktionsmittel, dann hätte ihre Verwertung zur Folge, dass die Produktion erheblich behindert, wenn nicht gänzlich unmöglich gemacht werden würde.[1836] Dass dieses Ergebnis den wirtschaftlichen Interessen der Bank im erheblichen Maße zuwiderliefe, weil möglicherweise der Verwertungserlös

---

[1831] Ganz hM, vgl. BGHZ 54, 214 (218) = NJW 1970, 1733; *Prütting/Weth* JuS 1988, 505 (509 f.); BLAH/*Hartmann* § 771 Rn. 17; aA *Hübner* NJW 1980, 729 (733).
[1832] BGH NJW 1988, 10 951; BGH JZ 1978, 199 (200); *Brox* JuS 1984, 666; *Baur/Stürner/Bruns* ZVR Rn. 46.6.
[1833] Vgl. *Gaul/Schilken/Becker-Eberhard* ZVR § 41 Rn. 52; *Brox/Walker* ZVR Rn. 1412.
[1834] BGHZ 80, 296 (299) = NJW 1981, 1835; *Gaul* FG BGH, 2000, 547 ff.; *Huber* JuS 2011, 588 (589); *Baur/Stürner/Bruns* ZVR Rn. 46.8; *Gerhardt*, Vollstreckungsrecht, 2. Aufl. 1982, § 16 III 1 c; Musielak/Voit/*Lackmann* § 771 Rn. 19.
[1835] BLAH/*Hartmann* § 771 Rn. 26; MüKoZPO/*K. Schmidt/Brinkmann* § 771 Rn. 29.
[1836] § 811 I Nr. 5 steht der Pfändung nicht entgegen, wenn der Betrieb in kapitalistischer Arbeitsweise geführt wird und die Nutzung fremder Arbeitskraft sowie der Einsatz von Sach- und Kapitalmitteln die persönliche Leistung des Schuldners überwiegen; vgl. MüKoZPO/*Gruber* § 811 Rn. 8, 26 mwN.

nicht zur Abdeckung ihrer Forderung gegen Fleißig ausreicht und sie bei Fortsetzung des Betriebes die volle Rückzahlung des gewährten Darlehens nebst Zinsen erwarten könnte, bliebe dann völlig unbeachtet. Die hier abgelehnte Auffassung würde zudem die Bereitschaft der Banken zur Kreditgewährung wesentlich mindern und erzeugte deshalb nachteilige volkswirtschaftliche Effekte.

1336 Ein wichtiges Argument der Gegenauffassung wird aus der Behandlung des Sicherungsguts im Insolvenzverfahren des Sicherungsgebers gewonnen, weil dort dem Sicherungsnehmer nur ein Absonderungsrecht gewährt wird, er also so behandelt wird wie ein Pfandgläubiger (vgl. § 51 Nr. 1 InsO).[1837] Aber der entscheidende Unterschied zwischen beiden Fällen, der auch eine unterschiedliche Behandlung rechtfertigt, besteht darin, dass im Rahmen des Insolvenzverfahrens ein „Kassensturz" gemacht wird, der es erforderlich sein lässt, das Sicherungseigentum sofort abzuwickeln, um einen verbleibenden Überschuss der Insolvenzmasse zuführen zu können. Ein Interesse des Sicherungseigentümers am Fortbestand des Sicherungseigentums kann im Insolvenzfall, anders als in der Einzelzwangsvollstreckung, nicht berücksichtigt werden.

1337 Vollstreckt ein Gläubiger des Sicherungseigentümers in das Sicherungsgut, dann kann nach hM der **Sicherungsgeber** ebenfalls mit der Drittwiderspruchsklage intervenieren.[1838] Diese zunächst wohl überraschende Feststellung erklärt sich dadurch, dass der Sicherungsnehmer erst nach Eintritt des Sicherungsfalls das Sicherungsgut verwerten darf und dass aufgrund der Sicherungsabrede dem Sicherungsgeber das Recht zusteht, einer vorherigen Verwertung zu widersprechen. Die Beschränkung der Eigentümerstellung des Sicherungsnehmers wirkt sich auch im Verhältnis zu dessen Gläubigern aus; vor Eintritt des Sicherungsfalls dürfen sie nicht auf das Sicherungsgut zugreifen. Diese Rechtslage ändert sich in dem Zeitpunkt, in dem der Sicherungseigentümer die Sache verwerten darf; von diesem Zeitpunkt an entfällt das Widerspruchsrecht des Sicherungsgebers.[1839] Das Interventionsrecht des Sicherungsgebers wird jedoch regelmäßig nur dann praktisch, wenn sich das Sicherungsgut nicht in seinem unmittelbaren Besitz befindet, weil er sonst gegen die Pfändung die Vollstreckungserinnerung einlegen kann (→ Rn. 1162).

1338 Bei der Sicherungsübereignung handelt es sich um einen Fall der sog. **eigennützigen Treuhand** (Sicherungstreuhand). Auch in anderen Fällen der eigennützigen Treuhand – wie beispielsweise bei der Sicherungszession oder dem verlängerten Eigentumsvorbehalt – stehen Sicherungsgeber und Sicherungsnehmer die gleichen Rechte zu wie bei der Sicherungsübereignung.[1840]

1339 Die sog. **uneigennützige Treuhand** (Verwaltungstreuhand) ist dadurch gekennzeichnet, dass bei ihr das wirtschaftliche Interesse des Treugebers an der Durchführung des Treuhandgeschäfts das des Treuhänders überwiegt (Beispiel: Inkassozession; dazu → GK BGB Rn. 1307). Da also die Übertragung von Vermögenswerten (beispielsweise einer Forderung) nur zur Erreichung eines wirtschaftlichen Zweckes

---

[1837] Vgl. *Huber* JuS 2011, 588 (589 f.).
[1838] BGHZ 72, 141 (144) = NJW 1978, 1859; *Prütting/Weth* JuS 1988, 505 (510); *Brox/Walker* ZVR Rn. 1416; *Gerhardt* FG BGH, 2000, 521. Nach aA soll das Widerspruchsrecht davon abhängig sein, dass die gesicherte Forderung beglichen wird; vgl. *Weber* NJW 1976, 1601 (1605) mwN.
[1839] BGHZ 72, 141 (144) = NJW 1978, 1859; Musielak/Voit/*Lackmann* § 771 Rn. 18.
[1840] Vgl. *Gaul/Schilken/Becker-Eberhard* ZVR § 41 Rn. 71; *Lange* NJW 2007, 2513 (2515).

## V. Die Rechtsbehelfe in der Zwangsvollstreckung

geschieht, nach dessen Erledigung der Vermögenswert oder das Surrogat an den Treugeber zurückübertragen werden soll, gehört das Treugut wirtschaftlich, wenn auch nicht juristisch, zum Vermögen des Treugebers. Entsprechend der Zweckrichtung des § 771, in der Zwangsvollstreckung den Zugriff auf Vermögensgegenstände abzuwehren, die haftungsrechtlich nicht zum Vermögen des Schuldners gehören, ist dem Treugeber bei einer Zwangsvollstreckung in das Treugut durch Gläubiger des Treuhänders die Klage nach § 771 zuzubilligen, während im umgekehrten Fall (Zwangsvollstreckung durch Gläubiger des Treugebers) der Treuhänder nicht nach § 771 vorgehen kann. Er kann allerdings die Pfändung durch Vollstreckungserinnerung (§ 766) abwehren, wenn sich das Treugut in seinem Gewahrsam befindet.

Streitig ist, ob bei der uneigennützigen Treuhand das sog. **Unmittelbarkeitsprinzip** anzuwenden ist, nach dem das Treugut „unmittelbar" aus dem Vermögen des Treugebers in das des Treunehmers gelangt sein muss, wenn die Klage des Treugebers nach § 771 bei Vollstreckung in das Treugut durch Gläubiger des Treunehmers erfolgreich sein soll. Dies wird von manchen verlangt.[1841] Nach anderer Auffassung soll es erforderlich sein, aber auch genügen, dass der Charakter des Treuguts, also die (wirtschaftliche) Zugehörigkeit zum Vermögen des Treugebers, offenkundig ist (sog. **Offenkundigkeitsprinzip**).[1842] In der neuen Rechtsprechung,[1843] aber auch zunehmend im Schrifttum[1844] wird auf das Unmittelbarkeits- und Offenkundigkeitserfordernis verzichtet und zugelassen, dass der Treugeber den Nachweis der Treuhandeigenschaft beweisen kann, wobei allerdings an diesen Beweis strenge Anforderungen gestellt werden sollen.[1845] Die Diskussion wird in erster Linie um sog. **Anderkonten** geführt. Diese Anderkonten dienen dem Zweck, fremde Gelder zu verwalten (beispielsweise Mandantengelder, für die Rechtsanwälte und Notare Anderkonten führen müssen). Einen überzeugenden Grund, bei Anderkonten mit anderen Maßstäben zu messen als in sonstigen Fällen einer uneigennützigen Treuhand, ist jedoch nicht erkennbar. Deshalb ist der Drittwiderspruchsklage des Treugebers stattzugeben, wenn es ihm gelingt, überzeugend darzulegen, dass es sich bei dem Gegenstand, in das die Gläubiger des Treunehmers vollstreckt haben, um sein Treugut handelt. Zur Erläuterung der Unterschiede, die sich aufgrund der verschiedenen Auffassungen ergeben, dient das folgende

1340

**Beispiel:** Der Treuhänder erwirbt im Auftrag und mit Mitteln des Treugebers bei einer Versteigerung ein Bild. Bevor er das Eigentum an dem Bild auf den Treugeber übertragen hat (dies könnte allerdings auch durch antizipierte Einigung und antizipiertes Besitzkonstitut geschehen), pfändet sein Gläubiger das Bild. Nach Auffassung der Befürworter des Unmittelbarkeitsprinzips steht dann dem Treugeber nicht die Drittwider-

---

[1841] BGH NJW 1959, 1223 (1224 f.); OLG Köln MDR 1965, 1001; BLAH/*Hartmann* § 771 Rn. 22; *Brox/Walker* ZVR Rn. 1415; *Prütting/Stickelbrock,* Zwangsvollstreckungsrecht, 2002, 241.
[1842] MüKoZPO/*K. Schmidt/Brinkmann* § 771 Rn. 25 mwN; *Schlosser* ZivilProzR II Rn. 103; vgl. auch Stein/Jonas/*Münzberg* § 771 Rn. 25 ff.
[1843] BGH NJW 1993, 2622; 1996, 1543; dagegen offen gelassen von BGH NJW 2003, 3414 (3415).
[1844] *Gaul/Schilken/Becker-Eberhard* ZVR § 41 Rn. 65; Zöller/*Herget* § 771 Rn. 14; Thomas/Putzo/*Seiler* § 771 Rn. 19.
[1845] BGH NJW 1993, 2622.

spruchsklage zu. Stellt man auf das Offenkundigkeitsprinzip ab, dann hängt es von den Besonderheiten des Einzelfalles ab, ob die erforderliche Publizität des Treuhandverhältnisses bejaht werden kann. Im Beispielsfall würde dies wohl nicht gelingen. Folgt man der neuen Rechtsprechung, dann kommt es darauf an, ob der Treugeber den Beweis führen kann, dass es sich um einen Fall der mittelbaren Stellvertretung (→ EK BGB Rn. 47 f.) im Rahmen eines Treuhandverhältnisses handelt.

1341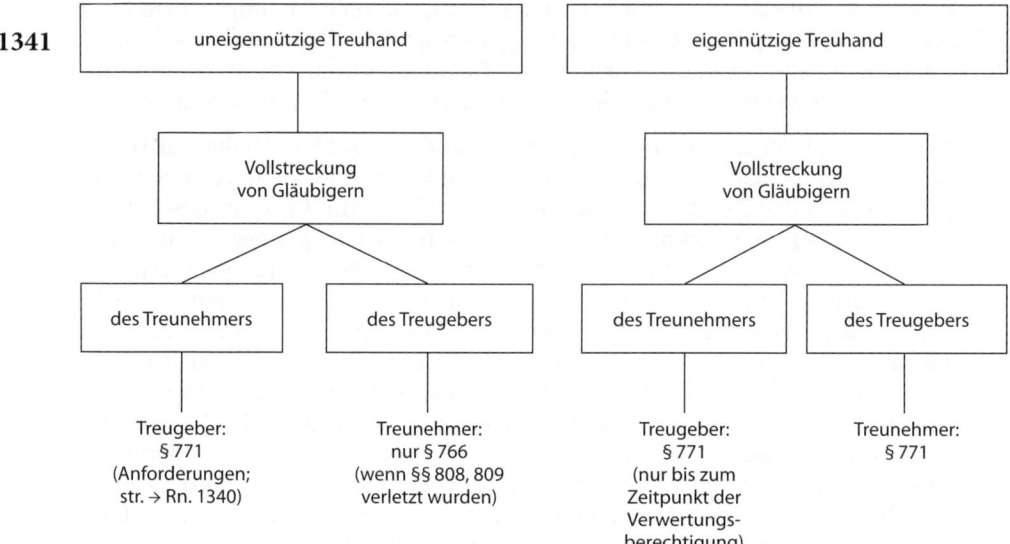

1342 Auch **obligatorische Ansprüche** können ein Widerspruchsrecht nach § 771 begründen, allerdings nur, wenn es sich dabei um Herausgabeansprüche und nicht lediglich um Verschaffungsansprüche handelt. Bei Herausgabeansprüchen, wie sie Vermietern, Hinterlegern und Verleihern zustehen, gehört der herauszugebende Gegenstand nicht zum Vermögen des Vollstreckungsschuldners und darf deshalb auch nicht zum Gegenstand einer Zwangsvollstreckung seiner Gläubiger gemacht werden; entsprechend dem Sinn des § 771 (→ Rn. 1226) muss deshalb dem Herausgabeberechtigten auch ein Widerspruchsrecht gewährt werden.[1846] Anders stellt sich jedoch die Rechtslage bei Verschaffungsansprüchen dar, die darauf gerichtet sind, dass der Schuldner aus seinem Vermögen einen Gegenstand überträgt, wie dies nach § 433 I 1 BGB der Verkäufer zu tun verpflichtet ist.

1343 Weil dem Inhaber eines Herausgabeanspruchs ein Widerspruchsrecht zugebilligt wird, verliert die streitige Frage an praktischer Bedeutung, ob auch der mittelbare Besitz bei beweglichen Sachen (den der Herausgabeberechtigte regelmäßig innehat) zur Drittwiderspruchsklage berechtigt. Die hM sieht in dem **berechtigten unmittelbaren und mittelbaren Besitz bei beweglichen Sachen** (dagegen nicht bei Grundstücken) **ein die Veräußerung hinderndes Recht**.[1847] Diese Auffassung erlangt praktische Be-

---

[1846] Brox/*Walker* ZVR Rn. 1420 f.; *Gaul/Schilken/Becker-Eberhard* ZVR § 41 Rn. 99; Musielak/Voit/*Lackmann* § 771 Rn. 25; aA *Stamm* ZZP 124 (2011), 317 (332 ff.).
[1847] Stein/Jonas/*Münzberg* § 771 Rn. 34 f.; Zöller/*Herget* § 771 Rn. 14 (Besitz); BLAH/*Hartmann* § 771 Rn. 15.

### V. Die Rechtsbehelfe in der Zwangsvollstreckung 475

deutung insoweit, als ein nicht zur Herausgabe bereiter Dritter als unmittelbarer Besitzer nicht nur Vollstreckungserinnerung nach § 766 wegen Verletzung des § 809 einlegen kann, sondern darüber hinaus auch noch der Pfändung mit der Drittwiderspruchsklage begegnen darf. Gegen diese Ansicht spricht nicht nur das Fehlen eines praktischen Bedürfnisses, sondern insbesondere, dass es für § 771 auf die Vermögenszugehörigkeit ankommt, über die der Besitz als solcher nichts aussagt.[1848]

Der vollstreckende **Gläubiger** kann gegenüber dem vom Kläger geltend gemachten „veräußerungshindernden Recht" an dem Vollstreckungsgegenstand **einwenden,** dass nach materiellem Recht dieser Gegenstand für die Verbindlichkeit des Schuldners zu haften habe.[1849] Auch kann dem Kläger entgegengehalten werden, dass er als persönlich haftender Gesellschafter oder als Bürge für die titulierte Forderung einstehen müsse.[1850] Schließlich kann sich der Beklagte darauf berufen, dass der Erwerb des „veräußerungshindernden Rechts" in einer nach dem Anfechtungsgesetz anfechtbaren Weise vollzogen worden ist.[1851] 1344

Das **Anfechtungsgesetz** (AnfG) – genauer Titel: Gesetz über die Anfechtung von Rechtshandlungen eines Schuldners außerhalb des Insolvenzverfahrens (Schönfelder Nr. 111) – gewährt die Möglichkeit, gültige Rechtshandlungen eines Schuldners außerhalb des Insolvenzverfahrens (zur Anfechtung innerhalb des Insolvenzverfahrens vgl. §§ 129 ff. InsO) zum Zwecke der Befriedigung eines Gläubigers als diesem gegenüber unwirksam anzufechten. Der Begriff der Anfechtung in dem hier verwendeten Sinn unterscheidet sich von dem der Anfechtung von Willenserklärungen nach dem BGB. Es geht bei der Anfechtung im Rahmen des Anfechtungsgesetzes nicht um die Ausübung eines Gestaltungsrechts mit dem Ziel, die Nichtigkeit einer Willenserklärung herbeizuführen (vgl. § 142 I BGB), sondern dem Anfechtungsberechtigten steht ein Anspruch auf Rückgewähr des anfechtbar Erlangten gegenüber dem Anfechtungsgegner zu (vgl. § 11 AnfG).[1852] Die Gläubigeranfechtung kann nicht nur im Wege der Klage (vgl. § 13 AnfG), sondern auch einredeweise (vgl. § 9 AnfG) geltend gemacht werden, beispielsweise durch Einrede gegenüber einer Drittwiderspruchsklage des Anfechtungsgegners. Die Berechtigung zur Anfechtung ist nach § 2 AnfG davon abhängig, dass ein Gläubiger, der einen vollstreckbaren Schuldtitel erlangt hat und dessen Forderung fällig ist, durch Zwangsvollstreckung in das Vermögen des Schuldners zu einer vollständigen Befriedigung nicht gelangt ist oder dass anzunehmen ist, dass eine solche Befriedigung nicht erreichbar ist. Anfechtungsgegner ist der Empfänger des anfechtbar Erlangten oder sein Rechtsnachfolger (vgl. §§ 3 ff., 15 AnfG). Der Erfolg einer Anfechtung hängt davon ab, dass ein im Gesetz genannter Anfechtungsgrund verwirklicht worden ist. Im Gesetz wird zwischen der sog. Vorsatzanfechtung (§ 3 I und II AnfG) und der Schenkungsanfechtung (§ 4 AnfG) unterschieden.[1853] Für die Ausübung des Anfechtungsrechts sind zeitliche Grenzen zu beachten, die sich entweder aus den Anfechtungstatbeständen selbst ergeben oder in § 7 AnfG genannt werden. 1345

---

[1848] *Stamm* ZZP 124 (2011), 317 (336); *Brox/Walker* ZVR Rn. 1420; Thomas/Putzo/*Seiler* § 771 Rn. 21; MüKoZPO/*K. Schmidt/Brinkmann* § 771 Rn. 38; Musielak/Voit/*Lackmann* § 771 Rn. 24.
[1849] Vgl. Musielak/Voit/*Lackmann* § 771 Rn. 33.
[1850] Vgl. *Brox/Walker* ZVR Rn. 1437 ff.
[1851] BGHZ 98, 6 (10) = NJW 1986, 2252; *Lackmann* ZVR Rn. 602.
[1852] Zur Rechtsnatur der Gläubigeranfechtung vgl. *Gaul/Schilken/Becker-Eberhard* ZVR § 35 Rn. 18 ff.; *Huber,* Anfechtungsgesetz, 10. Aufl. 2006, § 11 Rn. 7.
[1853] Zu den einzelnen Anfechtungstatbeständen vgl. *Brox/Walker* ZVR Rn. 269 ff.; *Huber,* Anfechtungsgesetz, 10. Aufl. 2006, § 3 Rn. 5 ff., 39 ff.; § 4 Rn. 5 f.

## 6. Klage auf vorzugsweise Befriedigung

**1346** Der Inhaber eines besitzlosen Pfandrechts – beispielsweise der Vermieter (§ 562 BGB), der Verpächter (§ 562 iVm § 581 II, § 592 BGB), der Gastwirt (§ 704 BGB) oder der Frachtführer (§ 441 HGB) – kann die Zwangsvollstreckung in den vom Pfandrecht erfassten Gegenstand nicht mit der Klage nach § 771 verhindern (→ Rn. 1333), sondern vermag lediglich **mit der Klage nach § 805** seine **vorrangige Berücksichtigung bei Verteilung des Vollstreckungserlöses zu erreichen.**

**1347** Die Klage nach § 805 ist nur bei einer Vollstreckung wegen einer Geldforderung in eine bewegliche Sache statthaft. Bei einer Herausgabevollstreckung nach §§ 883 ff. (→ Rn. 1263 ff.) kommt nur die Drittwiderspruchsklage aufgrund eines die Veräußerung hindernden Rechts in Betracht.[1854]

**1348** Der Antrag der Klage ist darauf zu richten, dass der Kläger aus dem Reinerlös einer genau zu bezeichnenden Sache in Höhe einer zu beziffernden Forderung mit Vorrang vor dem Beklagten zu befriedigen ist. Die örtliche und sachliche Zuständigkeit des Gerichts ist in § 805 bestimmt. Für die Begründetheit der Klage kommt es darauf an, dass dem Kläger ein Pfand- oder Vorzugsrecht zusteht, das im Rang dem Pfändungspfandrecht des Vollstreckungsgläubigers vorgeht. Der Inhaber eines „die Veräußerung hindernden Rechtes" iSv § 771 I kann sich bei der Zwangsvollstreckung wegen Geldforderungen in bewegliche Sachen auf die Klage nach § 805 als ein Weniger zur Drittwiderspruchsklage beschränken.[1855]

## 7. Antrag auf Vollstreckungsschutz nach § 765a

**1349** Der Schuldner kann nach § 765a I beim Vollstreckungsgericht beantragen, eine Maßnahme der Zwangsvollstreckung ganz oder teilweise aufzuheben, zu untersagen oder einstweilen einzustellen.[1856] Die Vorschrift gilt für jede Art der Zwangsvollstreckung und ist neben den übrigen vollstreckungsrechtlichen Schutzvorschriften anwendbar. Allerdings kommt die Gewährung von Vollstreckungsschutz nach dieser Vorschrift nur in Betracht, wenn andere Schutzvorschriften erschöpft sind oder nicht angewendet werden können.[1857] **Der Antrag auf Vollstreckungsschutz ist begründet, wenn die Vollstreckung für den Schuldner wegen ganz besonderer Umstände unter voller Würdigung des Schutzbedürfnisses des Gläubigers eine sittenwidrige Härte bedeutet.**

**1350** Die Fassung des Gesetzes betont den **Ausnahmecharakter der Regelung.** Härten, die fast jede Zwangsvollstreckung mit sich bringt, müssen hingenommen werden und können nicht Schuldnerschutzmaßnahmen nach § 765a rechtfertigen. Die Tatsache, dass überhaupt eine

---

[1854] *Baur/Stürner/Bruns* ZVR Rn. 46.10, 46.30; MüKoZPO/*Guber* § 805 Rn. 5.
[1855] Vgl. Musielak/Voit/*Becker* § 805 Rn. 6.
[1856] Der Antrag kann im Rechtsmittelverfahren nicht mehr nachgeholt werden, da in diesem Verfahren die erforderlichen tatsächlichen Feststellungen nicht getroffen werden können; BGH MDR 2008, 287 (288).
[1857] BGH NJW 2007, 2703 Rn. 10 f.

### V. Die Rechtsbehelfe in der Zwangsvollstreckung

Zwangsvollstreckung durchgeführt wird, begründet für sich noch keine sittenwidrige Härte; sittenwidrig kann immer nur eine konkrete Zwangsvollstreckungsmaßnahme sein.[1858] Zu berücksichtigen ist insbesondere auch, dass sich die Beurteilung solcher Maßnahmen nicht auf Gesichtspunkte stützen lässt, die bereits im Erkenntnisverfahren vorzutragen und bei Anwendung des materiellen Rechts zu beachten gewesen wären; sonst könnte das Vollstreckungsgericht in den Zuständigkeitsbereich des Prozessgerichts eingreifen.[1859] Nur bei einem krassen Missverhältnis der für und gegen die Vollstreckung sprechenden Interessen, wenn also das Vorgehen des Gläubigers unter Berücksichtigung dieser Interessen zu einem untragbaren Ergebnis führen würde, kann eine sittenwidrige Härte bejaht werden.[1860] Bei Prüfung der Voraussetzungen des § 765a sind die Wertentscheidungen des Grundgesetzes und die dem Schuldner in der Zwangsvollstreckung gewährleisteten Grundrechte zu berücksichtigen.[1861] Als Beispiele aus der Rechtsprechung für begründete Anträge auf Schuldnerschutz nach § 765a sind zu nennen: Der Gläubiger lässt einen Nießbrauch des Schuldners pfänden, obwohl das Nießbrauchsrecht in der Weise bestellt ist, dass es bei der Pfändung erlischt und deshalb der Gläubiger daraus keine Befriedigung erlangen kann;[1862] bei Durchführung einer Zwangsräumung muss mit schweren psychischen Reaktionen des stark selbstmordgefährdeten Schuldners[1863] oder eines nahen Angehörigen[1864] gerechnet werden; die durch die Zwangsvollsteckungsmaßnahmen verursachte Stresssituation kann zum Tod des schwer herzkranken Schuldners führen;[1865] obwohl der Schuldner demnächst eine Ersatzwohnung beziehen kann, soll die Zwangsräumung mit der Folge durchgeführt werden, dass der Schuldner ohne Wohnung ist;[1866] es wird ein Bankkonto gepfändet, auf das ausschließlich Zahlungen fließen, für die der Schuldner Pfändungsschutz beanspruchen kann.[1867] Werden Maßnahmen auf der Grundlage des § 765a angeordnet, dann sind sie regelmäßig zeitlich zu befristen.[1868]

Häufig haben sich die Gerichte bei Prüfung der Begründetheit eines Antrags auf Vollstreckungsschutz nach § 765a mit der Frage zu befassen, ob durch eine Vollstreckungsmaßnahme in das Grundrecht des Schuldners auf Leben und körperliche Unversehrtheit gem. Art. 2 II 1 GG eingegriffen wird und deshalb die Vollstreckung zumindest für einen gewissen Zeitraum eingestellt werden muss.[1869] Wie bereits ausgeführt, muss bei einer solchen Entscheidung eine Abwägung der gegenläufigen Interessen vorgenommen werden, wobei auch der dem Gläubiger durch

1351

---

[1858] OLG Köln NJW 1994, 1743.
[1859] *Baur/Stürner/Bruns* ZVR Rn. 47.4.
[1860] BGH MDR 2005, 55 (56); 2007, 551 (552).
[1861] BVerfG NJW 2004, 49; BGH NJW 2009, 3440 Rn. 8.
[1862] OLG Frankfurt a. M. OLGZ 1980, 482.
[1863] BVerfGE 52, 220 = NJW 1979, 2607; NZM 2005, 657; NJW-RR 2007, 228; 2011, 421 Rn. 26.
[1864] BGH NJW-RR 2011, 423 Rn. 8.
[1865] BVerfG NJW 2004, 49.
[1866] AG Seligenstadt Rpfleger 1988, 417; weitere Beispiele bei Musielak/Voit/*Lackmann* § 765a Rn. 13 ff.; Zöller/*Seibel* § 765a Rn. 7.
[1867] OLG Nürnberg MDR 2001, 835; vgl. auch BGH NJW 2007, 2703; MDR 2008, 823, zur Pfändung von Auszahlungsansprüchen, die sich auf unpfändbare Leistungen beziehen.
[1868] *Walker* JZ 2011, 453 (457) mwN. Vgl. aber BVerfG NJW-RR 2014, 1290 Rn. 11: in absoluten Ausnahmefällen Aussetzung der Zwangsvollstreckung auf unbestimmte Zeit.
[1869] Vgl. BVerfG NJW 2007, 2910. Die Entscheidung der Frage, ob eine Aussetzung der Zwangsvollstreckung für eine gewisse Zeit geboten ist, muss das Vollstreckungsgericht selbst vornehmen und darf dies nicht dem die Zwangsvollstreckung durchführenden Gerichtsvollzieher überlassen, so BVerfG NJW 2013, 290 (291)

Art. 14 GG gewährte Schutz und der ihm zustehende Justizgewährungsanspruch (→ Rn. 1103) angemessen zu berücksichtigen sind.[1870] Deshalb muss vom Gericht stets erwogen werden, ob der Gefahr für Leben und Gesundheit des Vollstreckungsschuldners nicht auf andere Weise als durch Einstellung der Zwangsvollstreckung wirksam begegnet werden kann,[1871] um der dem Gericht obliegenden Fürsorgepflicht gegenüber einem suizidgefährdeten Schuldner zu genügen.[1872] Um die Gefahr eines Selbstmords richtig einzuschätzen, darf sich das Gericht nicht allein auf ein ihm vorgelegtes Gutachten verlassen, sondern muss eine eigene mit Tatsachen begründete Prognoseentscheidung fällen.[1873]

1352 Das Verfahren bei Entscheidung über einen Antrag nach § 765a stimmt mit dem bei § 766 zu praktizierenden **Verfahren** (→ Rn. 1293) überein. Insbesondere ist eine mündliche Verhandlung nicht obligatorisch (vgl. § 128 IV iVm § 764 III). Vor einer für ihn nachteiligen Entscheidung muss dem Antragsgegner rechtliches Gehör gewährt werden. Die Entscheidung nach § 765a wird durch den Rechtspfleger getroffen (§ 20 Nr. 17 RPflG).

1353 Bei der **Vollstreckung von Räumungsansprüchen** (§ 885 I; → Rn. 1267 ff.) nach Ablauf der gerichtlich festgelegten Räumungsfrist ist das Vertrauen des Gläubigers schutzwürdig, dass die nunmehr rechtskräftig festgestellten Fristen eingehalten werden. Nicht selten wird der Gläubiger im Vertrauen auf die rechtzeitige Räumung eine Wohnung weitervermieten oder Renovierungsarbeiten in Auftrag geben. Um dieses Vertrauen zu schützen, hat der Gesetzgeber durch einen neu in § 765a eingefügten Abs. 3 bestimmt, dass der Antrag auf Vollstreckungsschutz in Räumungssachen spätestens zwei Wochen vor dem festgesetzten Räumungstermin zu stellen ist, es sei denn, dass der Antrag auf Gründe gestützt wird, die erst nach diesem Zeitpunkt entstanden sind, oder dass der Schuldner auch bei einem sorgfaltsgemäßen Vorgehen nicht hätte früher den Antrag stellen können.

## 8. Einstweilige Anordnungen

1354 Die Einlegung von Rechtsbehelfen im Zwangsvollstreckungsverfahren hat keine aufschiebende Wirkung. Bevor über den Rechtsbehelf entschieden worden ist, kann deshalb bereits eine nicht mehr korrigierbare Situation zum Nachteil des Betroffenen eintreten. Deshalb sieht das Gesetz vor, dass einstweilige Anordnungen beantragt werden können.

1355 Entsprechende Regelungen finden sich für die Vollstreckungserinnerung in § 766 I 2 iVm § 732 II, für die sofortige Beschwerde in § 570 III, für die Beschwerde nach § 71 GBO in § 76

---

[1870] BVerfG NJW-RR 2012, 393 Rn. 52; BGH NJW 2005, 1859 (1860); 2006, 505 (507); 2008, 1742 (1743); 2008, 586 = JuS 2008, 563 *mAnm K. Schmidt*; BGH NJW 2008, 1000; 2009, 3440; NJW-RR 2010, 1649 Rn. 10; 2015, 393 Rn. 7; vgl. auch *Schuschke* NJW 2006, 874; *Storz/Kiderlen* NJW 2007, 1846 (1849 f.).
[1871] Vgl. BGH NJW 2008, 586 Rn. 9; 2008, 1000 Rn. 9; NJW-RR 2010, 1649 Rn. 11; 2011, 2807 Rn. 9; 2016, 583 Rn. 17; 2017, 695 Rn. 6, jew. mwN.
[1872] Zum Inhalt und zu den Grenzen dieser Fürsorgepflicht *Schuschke* NZM 2011, 304; *Kaiser* NJW 2011, 2412. Vgl. auch BVerfG NJW-RR 2012, 393 Rn. 53 ff. zum Inhalt und zur Intensität der hinsichtlich der Suizidgefahr durchzuführenden Feststellungen.
[1873] BVerfG NJW-RR 2014, 584 Rn. 13; vgl. auch BGH NJW 2014, 2288.

## V. Die Rechtsbehelfe in der Zwangsvollstreckung

I GBO, für die Vollstreckungsabwehrklage und für die Drittwiderspruchsklage (§ 771 III) in §§ 769, 770 sowie für den Vollstreckungsschutzantrag nach § 765a in Abs. 1 S. 2 dieser Vorschrift iVm § 732 II. Bei der Klage auf vorzugsweise Befriedigung kann das Gericht nach § 805 IV die Hinterlegung des Erlöses anordnen.

Um die **Umsetzung** der einstweiligen **Anordnung** und die Einstellung oder Beschränkung der Zwangsvollstreckung zu erreichen, muss die Entscheidung dem Vollstreckungsorgan vorgelegt werden (§ 775 Nr. 2, § 776 letzter Hs.). Eine solche Vorlage ist nur dann überflüssig, wenn das Vollstreckungsorgan selbst die Entscheidung über die einstweilige Anordnung trifft, wie dies im Rahmen einer Vollstreckungserinnerung gegen eine Forderungspfändung der Fall ist. **1356**

Auch bei **Anfechtung eines Urteils,** aus dem vollstreckt wird, muss der Gefahr vorgebeugt werden können, dass die Aufhebung des Urteils erst in einem Zeitpunkt vollzogen wird, in dem bereits durch seine Vollstreckung ein nicht wiedergutzumachender Schaden eingetreten ist. Deshalb ist in § 707 für die Fälle einer Wiedereinsetzung in den vorigen Stand (→ Rn. 555), der Wiederaufnahme des Verfahrens (→ Rn. 1069 ff.) und der Fortsetzung des Verfahrens nach Erlass eines Vorbehaltsurteils (§ 302, → Rn. 580 ff.) sowie in § 719 für die Fälle des Einspruchs, der Berufung oder Revision[1874] gegen ein für vorläufig vollstreckbar erklärtes Urteil eine einstweilige Einstellung der Zwangsvollstreckung vorgesehen.[1875] **1357**

Eine **Anfechtung** des Beschlusses, durch den vom Richter über einen Antrag auf einstweilige Anordnung entschieden wird, ist ausgeschlossen. Das ist zwar nur ausdrücklich für die Fälle der §§ 321a, 707 und 719 in § 707 II 2 bestimmt, gilt aber nach herrschender, wenn auch bestrittener Auffassung ebenfalls in allen übrigen Fällen.[1876] Auch eine (außerordentliche) sofortige Beschwerde zur Korrektur von Entscheidungen, die greifbar gesetzwidrig sind oder bei denen das Gericht die Grenzen des richterlichen Ermessens nicht eingehalten hat, wird nicht zugelassen.[1877] Der BGH[1878] weist auf die Befugnis des beschließenden Gerichts hin, seine Entscheidung jederzeit zu ändern und die Zwangsvollstreckung gegen oder ohne Sicherheitsleistung einzustellen oder aufzuheben und die Einstellung rückgängig zu machen. Die betroffene Partei kann durch eine Gegenvorstellung (→ Rn. 1005) auf eine solche Entscheidung hinwirken. Bei Gehörsverletzungen (→ Rn. 1029) kann die Rüge nach § 321a erhoben werden. **1358**

---

[1874] Ein Vollstreckungsschutz nach § 719 II wird jedoch verweigert, wenn der Schuldner einen Antrag nach § 712 hätte stellen können; vgl. BGH NJW 1996, 2103; NJW-RR 2002, 1650; 2005, 147 (148); 2006, 1088. Folgerichtig lehnt der BGH (MDR 2008, 885 [886]) die Auffassung ab, dass die Möglichkeit einer einstweiligen Anordnung nach §§ 707, 719 den Vollstreckungsschutz nach § 712 verdränge.
[1875] Das OLG Brandenburg MDR 2005, 1192, spricht sich für eine analoge Anwendung der §§ 707, 719 aus, wenn Prozesskostenhilfe für ein beabsichtigtes Rechtsmittel beantragt wird.
[1876] BGH NJW 2004, 2224 (2225); OLG München NJW-RR 1991, 63; OLG Köln BeckRS 1995, 00240 = FamRZ 1995, 1003; OLG Bamberg NJW-RR 1998, 363 = FamRZ 1997, 1341 (alle Entscheidungen zu § 769); *Brox/Walker* ZVR Rn. 1232, 1363, 1485; *Gaul/Schilken/Becker-Eberhard* ZVR § 36 Rn. 30 Stein/Jonas/*Münzberg* § 732 Rn. 15; § 769 Rn. 17 f., jew. mwN; aA OLG Zweibrücken MDR 2004, 836 (zu § 769).
[1877] BGH NJW 2004, 2225 f.; OLG Saarbrücken NJW-RR 2006, 1579 f.; KG MDR 2008, 1356; Musielak/Voit/*Lackmann* § 707 Rn. 13.
[1878] BGH NJW 2004, 2226.

## VI. Arrest und einstweilige Verfügung

1359 Benötigt der Gläubiger zur Durchsetzung seines Anspruchs gegen den Schuldner ein Urteil als Vollstreckungstitel, dann besteht die Gefahr, dass sich während der häufig längeren Dauer des Prozesses Entwicklungen vollziehen, die eine Realisierung des Anspruchs beeinträchtigen oder sogar vereiteln. Beispielsweise kann ein Schuldner das Vollstreckungsobjekt oder Vermögenswerte inzwischen beiseiteschaffen, sodass der Kläger trotz eines zu seinen Gunsten ergangenen Urteils letztlich leer ausgeht. Um solchen Nachteilen vorzubeugen und die Rechtsverwirklichung zu sichern, bietet das Gesetz mit dem Arrest und der einstweiligen Verfügung zwei Mittel an, durch die ein einstweiliger Rechtsschutz erreicht werden soll. Während der Arrest Geldforderungen oder Forderungen, die in eine Geldforderung übergehen können, sichert (§ 916 I), schützt die einstweilige Verfügung die Verwirklichung anderer Ansprüche.

### 1. Arrest

1360 Zur Erwirkung eines Arrestes ist ein Verfahren durchzuführen, der sog. **Arrestprozess** (vgl. §§ 916–934), in dem im Interesse der Schnelligkeit die Anforderungen an den Beweis der Tatsachen, die der gerichtlichen Entscheidung zugrunde liegen, gesenkt werden und eine Glaubhaftmachung genügt (§ 920 II; → Rn. 831). Bei dem Arrestprozess handelt es sich um ein summarisches Erkenntnisverfahren, das mit einer Entscheidung endet, die – wenn sie dem Antrag stattgibt – vollstreckt werden muss. Zwischen dem Arrestprozess als Erkenntnisverfahren und der anschließenden Vollstreckung besteht der gleiche Unterschied wie auch sonst. Es ist also nicht richtig, den Arrestprozess als eine Art Zwangsvollstreckung zu begreifen; vielmehr handelt es sich um eine besondere Verfahrensart, deren Einordnung in das 8. Buch der ZPO irreführend sein kann.[1879]

1361 Der Arrestprozess beginnt mit der Einreichung des Arrestgesuchs (vgl. dazu § 920). Nach § 919 ist für die Anordnung des Arrestes sowohl das Gericht der Hauptsache (vgl. § 943) als auch das AG zuständig, in dessen Bezirk sich der mit dem Arrest zu belegende Gegenstand oder die sich in ihrer persönlichen Freiheit zu beschränkende Person befindet. Zwischen diesen beiden Gerichtsständen hat der Gläubiger die Wahl (§ 35). Zu beachten ist, dass das Arrestgesuch auch zu Protokoll der Geschäftsstelle des Gerichts (§ 920 III) – auch zu Protokoll der Geschäftsstelle eines jeden AG (§ 129a I) – erklärt werden kann und dass deshalb bei Abgabe der Erklärung vor der Geschäftsstelle eines LGs für diese Erklärung (wohl aber gegebenenfalls für das weitere Verfahren) kein Anwaltszwang besteht (§ 78 III).[1880] Wie in einem sonstigen Erkenntnisverfahren hat das Gericht zunächst die Erfüllung der Prozessvoraussetzungen zu prüfen. Sind sie zu bejahen, dann kommt es darauf an, ob der

---

[1879] *Schuschke/Walker* vor § 916 Rn. 10.
[1880] *Keller* JURA 1997, 241 (242) zu § 78 aF.

VI. Arrest und einstweilige Verfügung 481

Antragsteller (Arrestkläger) die Tatsachen behauptet und glaubhaft gemacht hat, von denen der Erlass des Arrestbefehls abhängt.[1881]

Das Gesetz nennt **zwei Voraussetzungen für die Anordnung des Arrestes: den Arrestanspruch (§ 916) und den Arrestgrund (§§ 917, 918).** Der Arrestanspruch ist der materiell-rechtliche Anspruch des Gläubigers, um dessen Durchsetzung es in der Hauptsache geht und der durch den Arrest gesichert werden soll. Bei diesem Anspruch muss es sich um eine Geldforderung handeln, also um einen Anspruch, der auf Zahlung eines bestimmten Geldbetrages gerichtet ist, oder um einen Anspruch, der in eine Geldforderung übergehen kann, wie dies bei jedem vermögensrechtlichen Anspruch im Falle der Nicht- oder Schlechterfüllung der Fall ist. Nach § 916 II kann die Forderung auch bedingt oder betagt (dh bereits entstanden, aber noch nicht fällig) sein. Bei dem Arrestgrund, dh dem Grund, der eine Sicherung des Anspruchs durch Arrest veranlasst, muss zwischen dem dinglichen und dem persönlichen Arrest unterschieden werden. 1362

- Arrestgrund beim **dinglichen Arrest** ist die Besorgnis, dass ohne dessen Verhängung die Vollstreckung des Urteils vereitelt oder wesentlich erschwert werden würde (§ 917). Eine solche Besorgnis kann insbesondere durch ein unlauteres Verhalten des Schuldners, beispielsweise durch Beiseiteschaffen von Vermögenswerten oder den Abschluss von Scheingeschäften, oder durch seine verschwenderische Lebensführung begründet werden. Allerdings ist nach hM nicht zu verlangen, dass die Gefährdung der Zwangsvollstreckung durch ein schuldhaftes Verhalten des Schuldners verursacht werden muss.[1882] Eine schlechte Vermögenslage des Schuldners oder ein möglicher Zusammenbruch seines Unternehmens schaffen allein noch nicht einen Arrestgrund. Denn der Arrest soll nicht die Lage des einzelnen Gläubigers verbessern, sondern lediglich einer Verschlechterung vorbeugen.[1883] Deshalb soll nach hM auch nicht die Gefahr ausreichen, dass andere Gläubiger mit Vollstreckungsmaßnahmen auf das Vermögen des Schuldners zugreifen und dass deshalb die Realisierung des dem Arrestkläger zustehenden Anspruchs gefährdet wird.[1884] Der Nachweis der Gefahr einer Vereitelung oder Erschwerung der Vollstreckung ist nach § 917 II nicht erforderlich, wenn der Gläubiger das von ihm erwirkte Urteil im Ausland vollstrecken müsste, etwa weil im Inland keine ausreichenden Vermögenswerte vorhanden sind.

- Der **persönliche Sicherheitsarrest** bezweckt, den Schuldner daran zu hindern, Vermögensgegenstände beiseite zu schaffen, in die der Gläubiger vollstrecken könnte. Um diesen Zweck zu erreichen, kann der Schuldner verhaftet werden, sofern nicht die persönliche Freiheit weniger beschränkende Maßnahmen ausreichen, wie die Beschlagnahme von Ausweispapieren, um eine Flucht ins Ausland zu verhindern. Auch zur Offenbarung von vorhandenem Vermögen kann der persönliche Sicherheitsarrest angeordnet werden, wenn der Schuldner zur Abgabe einer Vermögensauskunft oder einer eidesstattlichen Versicherung verpflichtet ist (→ Rn. 1149 f.) und befürchtet werden muss, er werde sich durch Flucht dieser Verpflichtung entziehen.[1885] Wegen der den Schuldner besonders hart treffenden Maßnahmen bei Vollziehung des persönlichen Arrestes ist er nur zulässig, wenn ein dinglicher Arrest nicht ausreicht; er ist also gegenüber dem dinglichen Arrest subsi-

---

1881 Vgl. *Schreiber* JURA 2000, 492 (493 f.); Musielak/Voit/*Huber* § 920 Rn. 4 ff.
1882 MüKoZPO/*Drescher* § 917 Rn. 5; *Schuschke/Walker* § 917 Rn. 7.
1883 Vgl. *Schwerdtner* NJW 1970, 222; *Mertins* JuS 2008, 692.
1884 Krit. dazu *Brox/Walker* ZVR Rn. 1499.
1885 OLG München NJW-RR 1988, 382; Musielak/Voit/*Huber* § 918 Rn. 3.

diär. Dies ergibt sich bereits aus dem Wortlaut des § 918 und folgt aus dem Grundsatz der Verhältnismäßigkeit.

1363 Verneint das Gericht einen Arrestgrund, dann ist der Antrag des Arrestklägers nach hM als unbegründet abzuweisen.[1886] Eine Gegenauffassung sieht dagegen in dem Arrestgrund eine besondere Erscheinungsform des Rechtsschutzinteresses und will deshalb das Gesuch als unzulässig abweisen, wenn ein Arrestgrund fehlt.

1364 Die **Entscheidung** über das Arrestgesuch kann ohne mündliche Verhandlung ergehen (vgl. § 922 I); in diesem Fall kann auch der Vorsitzende anstelle des Kollegiums (→ Rn. 161) alleine entscheiden, wenn ein sofortiger Erlass des Arrestes zum Erreichen seines Zweckes erforderlich ist (§ 944). Wird ohne mündliche Verhandlung entschieden, dann ergeht die Entscheidung in Form eines Beschlusses, im Falle einer mündlichen Verhandlung dagegen durch Endurteil (§ 922 I 1). Die Entscheidung, die dem Arrestgesuch stattgibt, wird, unabhängig davon, in welcher Form sie ergeht, **Arrestbefehl** genannt.[1887] Der Arrestbefehl muss eine sog. Lösungssumme nennen, dh einen Geldbetrag, durch dessen Hinterlegung die Vollziehung des Arrestes gehemmt und der Schuldner zu dem Antrag auf Aufhebung des vollzogenen Arrestes berechtigt wird (§ 923).

1365 Wird über das Arrestgesuch durch Urteil entschieden, dann ist dagegen die Berufung, niemals jedoch die Revision (vgl. § 542 II) statthaft. Ergeht die Entscheidung in Form eines Beschlusses, dann kommt es darauf an, ob das Gesuch abgewiesen wird; in diesem Fall steht dem Gläubiger bei einer Entscheidung in erster Instanz[1888] die sofortige Beschwerde zu (§ 567 I Nr. 2), wenn die Beschwer 600 EUR übersteigt. Diese Einschränkung ergibt sich aus der Überlegung, dass bei einer Entscheidung durch Urteil ein Rechtsmittel gem. § 511 II Nr. 1 auch nur bei Überschreiten dieser Wertgrenze zulässig wäre (str.).[1889] Der Schuldner hat gegen den Beschluss, durch den ein Arrest angeordnet wird, den **Rechtsbehelf** des Widerspruchs (§ 924 I). Durch Erhebung des Widerspruchs wird die Vollziehung des Arrestes nicht gehemmt; jedoch kann das Gericht einstweilige Anordnungen nach § 707 treffen (§ 924 III; → Rn. 1357). Im Falle des Widerspruchs muss über die Rechtmäßigkeit des Arrestes nach mündlicher Verhandlung durch Endurteil entschieden werden (§ 924 II 2, § 925 I).

1366 Nach Erlass des Arrestbefehls kann der Schuldner beantragen, dass dem Gläubiger aufgegeben wird, innerhalb einer bestimmten Frist Klage zu erheben, wenn die Hauptsache bisher nicht anhängig ist. Leistet der Gläubiger dieser Anordnung nicht Folge, dann ist auf Antrag des Schuldners die Aufhebung des Arrestes durch Endurteil auszusprechen (§ 926). Wegen veränderter Umstände kann der Schuldner die Aufhebung des Arrestes beantragen (§ 927); diese Regelung lässt Vollstreckungsabwehrklagen gegen Arrestbefehle unzulässig sein.[1890]

---

[1886] *Mathäser* JuS 1995, 442 f. mwN auch zur Gegenauffassung.
[1887] Zur Fassung eines Arrestbefehls vgl. *Mertins* JuS 2008, 692 (696); *Huber* JuS 2018, 226 (228).
[1888] Wird der Beschluss vom LG als Berufungsgericht der Hauptsache oder vom OLG erlassen, dann ist eine sofortige Beschwerde nicht statthaft (vgl. § 567 I).
[1889] Musielak/Voit/*Huber* § 922 Rn. 10 mwN auch zur Gegenauffassung.
[1890] Vgl. *Gaul/Schilken/Becker-Eberhard* ZVR § 77 Rn. 28.

## VI. Arrest und einstweilige Verfügung

Arrestbefehle bedürfen grundsätzlich keiner Vollstreckungsklausel (§ 929 I) und können bereits vor Zustellung vollzogen werden (§ 929 III). Im Falle eines elektronischen Auftrags zur Zwangsvollstreckung ist bei Pfändung und Überweisung einer Geldforderung (§§ 829, 835) die Übermittlung der Ausfertigung des Vollstreckungsbescheides unter den in § 829a genannten Voraussetzungen entbehrlich. Die **Vollziehung eines Arrestbefehls** ist nach § 929 II unstatthaft, wenn seit dem Tage seiner Verkündung oder Zustellung ein Monat verstrichen ist.[1891]

1367

Die im Arrestbefehl getroffene Entscheidung wird in einem der (sonstigen) Zwangsvollstreckung ähnlichen **Verfahren** vollzogen, auf das nach § 928 die Vorschriften über die Zwangsvollstreckung entsprechend anzuwenden sind, soweit nicht die §§ 929–934 abweichende Regelungen enthalten. Die wichtigste Unterscheidung besteht darin, dass entsprechend dem Zweck des Arrestes der **Vollzug des Arrestbefehls** nicht zur Befriedigung, sondern **nur zur Sicherung des Gläubigers führt**.

1368

Der dingliche Arrest ist folglich auf die Pfändung beweglicher Vermögensgegenstände (§ 930) oder die Eintragung einer Sicherungshypothek (§ 932) zu beschränken; eine Verwertung gepfändeter Gegenstände scheidet aus. Wird ein Überweisungsbeschluss (→ Rn. 1209) auf einen Arrest gestützt, so ist dieser Beschluss nichtig.[1892] Erhält der Gläubiger im Prozess über die Hauptsache einen Vollstreckungstitel, dann verwandelt sich das bisherige Arrestpfandrecht automatisch in ein Vollstreckungspfandrecht, das zur Verwertung berechtigt, wenn die übrigen Vollstreckungsvoraussetzungen erfüllt werden. Das Vollstreckungspfandrecht erhält regelmäßig den Rang des Arrestpfandrechts.[1893] Zur Vollziehung des persönlichen Arrestes vgl. § 933.

1369

Erweist sich die Anordnung eines Arrestes als von Anfang an ungerechtfertigt, weil seine Voraussetzungen nicht erfüllt waren, oder wird der Arrestbefehl aufgrund des § 926 II aufgehoben, dann ist die Partei, die die Anordnung erwirkt hat, aufgrund des § 945 verpflichtet, dem Gegner den **Schaden zu ersetzen,** der ihm aus der Vollziehung der angeordneten Maßregel oder dadurch entsteht, dass er Sicherheit leistet, um die Vollziehung abzuwenden oder die Aufhebung der Maßregel zu erwirken. Dies gilt aber nur für den Schaden, der durch die Vollziehung des Arrestes **entsteht. Gefordert wird damit ein über den bloßen Erlass des Arrests** hinausgehender Vollstreckungsdruck, etwa durch die Zustellung des Arrests.[1894] Der Schadensersatzanspruch kann durch ein Mitverschulden des Verfügungsbeklagten gemindert sein oder ganz entfallen, wenn dieser schuldhaft dazu Anlass gegeben hat, um einstweiligen Rechtsschutz nachzusuchen.[1895] Der Schaden wird nur ersetzt, soweit ein Zurechnungszusammenhang besteht. Daran kann es fehlen, wenn der Geschädigte selbst in ungewöhnlicher oder unsachgemäßer Weise in den Geschehensverlauf eingreift und eine Ursache setzt, die den Schaden erst herbeiführt.[1896]

1370

---

[1891] Vgl. dazu *Keller* JURA 2007, 241 (247 f.).
[1892] BGHZ 121, 98 = NJW 1993, 735.
[1893] Vgl. dazu und zu Ausnahmen *Brox/Walker* ZVR Rn. 1542 ff.
[1894] Musielak/Voit/*Huber* § 945 Rn. 11.
[1895] BGH NJW 2017, 1600; NJW 2006, 2557 (2559 f.).
[1896] BGH NJW 2017, 1600; dazu auch *K. Schmidt* JuS 2017, 694 f.

## 2. Einstweilige Verfügung

1371 Das Verfahren zum Erlass einer einstweiligen Verfügung entspricht weitgehend den Regelungen des Arrestprozesses (§ 936).[1897] Abweichend ist jedoch die gerichtliche **Zuständigkeit** geregelt. Regelmäßig ist für die Anordnung der einstweiligen Verfügung das Gericht der Hauptsache zuständig (§ 937 I, § 943). Nur in dringenden Fällen kann das AG, in dessen Bezirk sich der Streitgegenstand befindet, eine einstweilige Verfügung erlassen (§ 942 I). Diese Dringlichkeit ist zu bejahen, wenn bei Entscheidung durch das Gericht der Hauptsache eine für den Antragsteller nachteilige Verzögerung eintreten würde. Auf eine Dringlichkeit kommt es nur dann nicht an, wenn die einstweilige Verfügung auf die Eintragung einer Vormerkung oder eines Widerspruchs im Grundbuch gerichtet ist (vgl. § 942 II 1).

1372 Entscheidet das Gericht der Hauptsache, dann ist regelmäßig mündlich zu verhandeln; abweichend von § 921 I kann nur in dringenden Fällen von einer mündlichen Verhandlung abgesehen werden (§ 937 II). Soweit dies die Dringlichkeit erforderlich macht, kann auch der Vorsitzende allein anstelle des Kollegiums entscheiden (§ 944; → Rn. 1364). Entscheidet das AG, dann kann auf eine mündliche Verhandlung verzichtet werden (§ 942 IV). Bei den vom AG erlassenen einstweiligen Verfügungen ist von Amts wegen (§ 942 I) – in den Fällen des § 942 II auf Antrag – eine Frist zu setzen, innerhalb derer die Ladung des Gegners zur mündlichen Verhandlung über die Rechtmäßigkeit der einstweiligen Verfügung bei dem Gericht der Hauptsache zu beantragen ist. Nach einem fruchtlosen Ablauf dieser Frist ist die einstweilige Verfügung vom AG auf Antrag wieder aufzuheben (§ 942 III).

1373 Entsprechend ihrem Inhalt ist zwischen **verschiedenen Arten der einstweiligen Verfügung** zu unterscheiden:

- **Sicherungsverfügung** (§ 935). Ihr Gegenstand ist die Sicherung eines nicht auf Geld gerichteten Anspruchs (= Verfügungsanspruch), beispielsweise eines Anspruchs auf Herausgabe oder Leistung einer Sache.

  Soll die Realisierung eines solchen Anspruchs gesichert werden, will der Käufer zB seinen Anspruch nach § 433 I 1 BGB auf Übergabe und Übereignung der Kaufsache sichern, dann muss er eine Sicherungsverfügung beantragen. Will er dagegen die Erfüllung eines Schadensersatzanspruchs sichern, der ihm im Falle der Nichterfüllung nach §§ 280, 281 BGB zusteht, dann kommt nur ein Antrag auf Erlass eines Arrestes in Betracht. Kommt es dem Gläubiger zwar in erster Linie auf die Durchsetzung seines Erfüllungsanspruchs an, will er jedoch vorsorglich die Vollstreckung wegen der eventuell entstehenden Schadensersatzforderung sichern, dann kann er beide Sicherungsmittel gemeinsam beantragen.[1898] Neben dem **Verfügungsanspruch** muss auch ein **Verfügungsgrund** gegeben sein; er besteht nach § 935 in der Besorgnis, dass durch eine Veränderung des bestehenden Zustandes die Verwirklichung des Rechts vereitelt oder wesentlich erschwert werden könnte. Betrifft der Verfügungsanspruch die Eintragung einer Vormerkung oder eines Widerspruchs im Grundbuch, dann braucht eine Gefährdung des zu sichernden Anspruchs nicht glaubhaft gemacht zu werden (§ 885 I, § 899 II BGB), weil sich dann die Gefährdung bereits aus der Möglichkeit eines gutgläubigen Erwerbs nach §§ 892, 893 BGB ergibt.[1899] Auch im Bauvertragsrecht gibt es mit § 650d BGB eine Regelung, nach der auf die Glaubhaftma-

---

[1897] Zur praktischen Bedeutung: *Keller* JURA 2007, 327.
[1898] *Keller* JURA 2007, 241; *Schuschke/Walker* § 916 Rn. 14.
[1899] Zum möglichen Inhalt einer Sicherungsverfügung vgl. *Brox/Walker* ZVR Rn. 1582 ff.

## VI. Arrest und einstweilige Verfügung

chung des Verfügungsgrundes verzichtet wird, wenn eine einstweilige Verfügung wegen einer Leistungsänderung oder der damit verbundenen Vergütung beantragt wird und das Bauvorhaben bereits begonnen wurde.

- **Regelungsverfügung** (§ 940). Zweck dieser Verfügung ist es, einen einstweiligen Zustand in Bezug auf ein streitiges Rechtsverhältnis zu regeln. Das Gesetz verweist selbst auf „dauernde Rechtsverhältnisse", dh auf Dauerschuldverhältnisse wie Arbeits-, Gesellschafts- und Mietverhältnisse; die Grundlage für solche Rechtsverhältnisse können aber auch andere Rechte wie das Eigentum, das Persönlichkeitsrecht oder Urheber- und Patentrechte bilden. Als Verfügungsgrund nennt § 940, dass die einstweilige Regelung „zur Abwendung wesentlicher Nachteile oder zur Verhinderung drohender Gewalt oder aus anderen Gründen nötig erscheint".

Als möglicher Inhalt einer Regelungsverfügung kommt in Betracht: Zum Schutz des Persönlichkeitsrechts bestimmte Behauptungen zu unterlassen, bis darüber im Prozess über die Hauptsache rechtskräftig entschieden worden ist; die (einstweilige) Entziehung der Geschäftsführungs- oder der Vertretungsbefugnis eines Gesellschafters; das Gebot, bestimmte wettbewerbswidrige Handlungen einstweilig zu unterlassen (vgl. § 25 UWG).[1900] Die **Abgrenzung zwischen Regelungsverfügung und Sicherungsverfügung** bereitet Schwierigkeiten. Die Praxis schenkt dieser Unterscheidung wenig Beachtung und nennt häufig als Rechtsgrundlage die §§ 935 und 940 nebeneinander.[1901] Einigkeit besteht darin, dass auch die Regelungsverfügung nicht zu einer endgültigen Befriedigung des Gläubigers führen darf. Die zu verlangende Einstweiligkeit des durch die Verfügung geschaffenen Rechtszustandes lässt sich daran messen, ob bei ihrer Aufhebung automatisch wieder die frühere Rechtslage eintritt.[1902]

- **Leistungsverfügung.** Über die in §§ 935, 940 getroffene Regelung hinaus hat die Rechtsprechung eine einstweilige Verfügung geschaffen, die dazu führt, den Gläubiger hinsichtlich seines Anspruchs zu befriedigen, also bereits endgültige Verhältnisse herzustellen, weil dies zwingend erforderlich ist, um den Verfügungskläger vor besonders schweren Nachteilen, insbesondere vor einer Existenzgefährdung oder einer gravierenden Notlage zu schützen. Weil derartige Verfügungen für den Schuldner besonders gefährlich sind – denn der Gläubiger erhält bereits Erfüllung, bevor feststeht, ob ihm überhaupt ein entsprechender Anspruch zusteht, und die Durchsetzung eines Schadensersatzanspruchs nach § 945 ist nicht gewiss –, sind an den Verfügungsgrund strenge Anforderungen zu stellen. Wegen des Ausnahmecharakters einer Leistungsverfügung wird ein dringendes Bedürfnis zur Behebung einer Notlage verneint, wenn der Verletzte es schuldhaft versäumt hat, seinen behaupteten Anspruch rechtzeitig im Klageverfahren geltend zu machen, und wenn davon ausgegangen werden kann, dass bei rechtzeitiger Durchführung des ordentlichen Verfahrens im Zeitpunkt der Antragstellung auf vorläufigen Rechtsschutz ein vorläufig vollstreckbarer Titel erwirkt worden wäre.[1903]

---

[1900] Vgl. die Aufzählung verschiedener Fallgruppen bei *Brox/Walker* ZVR Rn. 1598; Musielak/Voit/*Huber* § 940 Rn. 6 ff.
[1901] Vgl. *Schlosser* ZivilProzR II Rn. 253, 255; *Schuschke/Walker*, Vollstreckung und Vorläufiger Rechtsschutz, 4. Aufl. 2008, § 940 Rn. 1.
[1902] *Jauernig/Berger* § 37 Rn. 9 f. mwN.
[1903] OLG Frankfurt a. M. NJW 2007, 851.

Mit der Leistungsverfügung (auch Befriedigungsverfügung genannt) können Abschlagszahlungen zB auf laufende Lohnansprüche für eine bestimmte Dauer oder Vorschüsse auf Heilungs- und Kurkosten zur Abwendung ernster Dauerschäden angeordnet werden.[1904] Für die wichtigen Fälle einer einstweiligen Anordnung zur Zahlung von Unterhalt an Ehegatten und Kindern gelten seit dem 1.9.2009 die einschlägigen Vorschriften des FamFG (§§ 49 ff., 119, 246 ff. FamFG).Besonderheiten gelten gem. § 940a für einstweilige Verfügungen, die eine Räumung von Wohnräumen anordnen.[1905] Ob § 650d BGB eine Leistungsverfügung zulässt, wenn der Bauunternehmer nach einer Leistungsänderung eine einstweilige Verfügung wegen der Vergütung beantragt, ist sehr streitig. Die hM bejaht dies und kommt so zu der Möglichkeit, eine einstweilige Verfügung über die Verpflichtung zur Abschlagsforderung zu bekommen. Mehr spricht aber dafür, an den strengen Voraussetzungen einer Leistungsverfügung festzuhalten und nur hinsichtlich der Vergütungshöhe eine Regelungsverfügung zuzulassen. Auf der Grundlage dieser Verfügung ist der Unternehmer berechtigt, in der Berechnung seiner Vergütung und der Abschlagsforderungen den vom Gericht festgesetzten Betrag anzusetzen.[1906]

1374 Die **Vollziehung** einer Sicherungs- und Regelungsverfügung richtet sich nach denselben Grundsätzen wie der Vollzug eines Arrestes (→ Rn. 1367 f.). Für die Vollziehung einer Leistungsverfügung sind dagegen die Vorschriften über den Arrestvollzug nur in einem eingeschränkten Umfang anwendbar. Insbesondere gelten die §§ 930–932 nicht, weil diese Vorschriften sich auf eine Sicherung des Anspruchs beschränken; sie werden durch die allgemeinen Vorschriften über die Zwangsvollstreckung, insbesondere über die Vollstreckung wegen Geldforderungen ersetzt.[1907] Demzufolge werden Forderungen nicht durch das Arrestgericht, sondern durch das nach § 828 zuständige Vollstreckungsgericht gepfändet und zur Einziehung überwiesen.[1908]

### 3. Übungsklausur

Schuld (S) wird zur Zahlung von 4.000 EUR an Glaub (G) verurteilt. Das Urteil wird gegen Sicherheitsleistung für vorläufig vollstreckbar erklärt. Nach Erteilung der Vollstreckungsklausel und Zustellung des Urteils an Schuld, ohne jedoch Sicherheit zu leisten, beauftragt Glaub den Gerichtsvollzieher Zieher (Z) mit der Vollstreckung. Dieser pfändet am 1.3. eine hochwertige Spiegelreflexkamera, die Schuld auf Abzahlung von Volz (V) gekauft hat. Volz hat sich bis zur vollständigen Zahlung des Kaufpreises das Eigentum an der Kamera vorbehalten. Von dem Kaufpreis iHv 1.400 EUR sind bereits 1.200 EUR gezahlt worden. Am 4.3. wird die Kamera zugunsten des Albert (A) gepfändet, der einen Vollstreckungstitel iHv 2.000 EUR gegen Schuld besitzt. Am 8.3. leistet Glaub die im Urteil angeordnete Sicherheit.

1. Volz möchte wissen, was er gegen die Zwangsvollstreckung unternehmen kann.

---

[1904] Vgl. *Mertins* JuS 2009, 911 (913 f.); Thomas/Putzo/*Seiler* § 940 Rn. 6 ff. mwN.
[1905] Vgl. *Börstinghaus* NJW 2014, 2225; Musielak/Voit/*Huber* § 940a Rn. 1 ff.
[1906] Näher Bamberger/Roth/*Voit* § 650d BGB Rn. 9.
[1907] *Baur/Stürner/Bruns* ZVR Rn. 54.19.
[1908] *Brox/Walker* ZVR Rn. 1664.

VI. Arrest und einstweilige Verfügung                                      487

2. Albert fragt, ob es für ihn empfehlenswert sei, den restlichen Kaufpreis an Volz zu zahlen.

Geben Sie bitte Auskunft!

Bearbeitungszeit: nicht mehr als 120 Minuten.

### Fälle und Fragen

1. Zwischen welchen Vollstreckungsarten muss unterschieden werden und weshalb kommt es auf diese Unterscheidung an?
2. Aus welchen Gründen und unter welchen Voraussetzungen werden Urteile für vorläufig vollstreckbar erklärt?
3. Weiß will Schwarz ein Darlehen gewähren, legt aber Wert darauf, dass er ohne einen langwierigen Prozess die Rückzahlung zwangsweise durchsetzen kann, wenn Schwarz bei Fälligkeit die Darlehenssumme nicht zahlt. Lässt sich der Wunsch des Weiß realisieren?
4. Kunz hat gegen Volz ein Urteil erstritten, das Volz verpflichtet, Zug um Zug gegen Zahlung eines Kaufpreises von 15.000 EUR dem Kunz eine bestimmte Münzsammlung zu übergeben und zu übereignen. Nach Rechtskraft des Urteils will Kunz aus dem Urteil vollstrecken. Wie hat er vorzugehen?
5. Als der Schuldner trotz langen Klingelns und Klopfens die Wohnungstür nicht öffnet, lässt der Gerichtsvollzieher sie durch einen herbeigerufenen Schlosser aufschließen und durchsucht trotz erheblichen Protestes des Schuldners dessen Wohnung nach pfändbaren Sachen. War der Gerichtsvollzieher zu diesem Vorgehen berechtigt?
6. Was verstehen Sie unter einer Austauschpfändung?
7. Von welchen Voraussetzungen ist die Entstehung eines Pfändungspfandrechts abhängig?
8. G lässt aufgrund eines Vollstreckungstitels gegen S einen in dessen Besitz befindlichen Pkw pfänden, der Eich gehört. Der Gerichtsvollzieher versteigert das Auto und übergibt es dem Meistbietenden gegen Zahlung von 5.000 EUR. Noch bevor der Erlös an G ausgehändigt wird, erfährt Eich von der Versteigerung. Was kann er unternehmen?
9. G und S vereinbaren in einem Darlehensvertrag, dass G berechtigt sein soll, nach Fälligkeit der Rückzahlungsforderung sofort, ohne deshalb klagen zu müssen, zu vollstrecken. Die Vollstreckung soll jedoch nur in das bewegliche Vermögen vorgenommen werden. Sind diese Vereinbarungen wirksam?
10. Das Grundstück des Eich ist zugunsten des Schuld mit einer a) Briefhypothek, b) Buchhypothek, c) Briefgrundschuld, d) Buchgrundschuld belastet, in die Glaub vollstrecken will. Wie geschieht dies?
11. Eich hat an seinem Grundstück dem Reich eine Briefhypothek zur Sicherung eines Darlehens iHv 20.000 EUR bestellt, das er von Reich erhalten hat. Eich hat von der Darlehenssumme 15.000 EUR zurückgezahlt. Glaub, ein Gläubiger des Eich, will in den zur Eigentümergrundschuld gewordenen Teil vollstrecken. Wie ist dabei zu verfahren?
12. Der Gläubiger G lässt aufgrund eines Urteils, das er wegen einer Geldforderung gegen M erwirkt hat, eine wertvolle Truhe pfänden, die sich in der Wohnung der Eheleute M und F befindet. F wendet sich gegen die Pfändung. Sie trägt vor, dass sich die Truhe in ihrem Mitgewahrsam befände und dass sie nicht bereit sei, die Truhe herauszugeben; im Übrigen sei sie auch Alleineigentümerin der Truhe. Wie ist die Rechtslage?
13. Erläutern Sie bitte die Begriffe „geringstes Gebot", „Bargebot" und „Mindestgebot"!
14. B wird verurteilt, K einen bestimmten Brillantring zu übereignen. Wie wird K Eigentümer des Ringes?
15. Kurt und Benno schließen einen Prozessvergleich, der Benno verpflichtet, eine bestimmte Willenserklärung abzugeben. Als Benno dieser Verpflichtung nicht nachkommt, erhebt Kurt gegen ihn Klage auf Abgabe der Willenserklärung. Ist diese Klage zulässig?

16. Glaub legt dem Vollstreckungsgericht die vollstreckbare Ausfertigung eines Urteils vor, nach dem Schuld 5.000 EUR an ihn zu zahlen hat, und weist die Zustellung des Urteils nach. Er beantragt schriftlich, eine von ihm genau bezeichnete Forderung des Schuld gegen Dritt zu pfänden und an ihn zur Einziehung zu überweisen. Rechtspfleger Forsch, der den Antrag bearbeitet, wendet sich an Schuld und fragt, ob er etwas zum Antrag des Glaub vorzubringen habe. Schuld erklärt, Glaub habe ihm die titulierte Forderung für zwei Jahre gestundet. Zum Beweis beruft er sich auf das Zeugnis seiner Ehefrau, die die Angaben ihres Mannes gegenüber Forsch bestätigt. Daraufhin lehnt dieser den Antrag des Glaub ab. Glaub fragt, mit welchem Rechtsbehelf er gegen die Ablehnung seines Antrages vorgehen könne und welche Erfolgsaussichten er habe. Geben Sie bitte Auskunft!
17. S wird verurteilt, an G 2.000 EUR zu bezahlen. Daraufhin vereinbaren beide, dass G nicht vor Ablauf von sechs Monaten nach Rechtskraft aus dem Urteil vollstrecken werde. S sieht deshalb davon ab, Berufung einzulegen und lässt das Urteil rechtskräftig werden. Kurze Zeit danach beauftragt G den Gerichtsvollzieher mit der Zwangsvollstreckung des Urteils. S fragt, was er dagegen tun kann. Geben Sie bitte Auskunft!
18. Groß vollstreckt gegen Klein aus einer notariellen Urkunde, in der sich Klein wegen der in der Urkunde eingegangenen Verpflichtung zur Zahlung einer bestimmten Geldsumme der sofortigen Zwangsvollstreckung unterworfen hat. Klein erhebt Vollstreckungsabwehrklage mit der Begründung, die in der Urkunde getroffenen Vereinbarungen seien wegen Formmangels nichtig. Wird Klein mit seiner Klage Erfolg haben, wenn sein Vorbringen zutrifft?
19. Glaub klagt gegen Erb als Erben des Schuld auf Rückzahlung eines Schuld gewährten Darlehens. In einem Prozessvergleich verpflichtet sich Erb zur Zahlung. Noch bevor Glaub mit der Vollstreckung beginnt, erhebt Erb gegen ihn Vollstreckungsabwehrklage und trägt vor, er habe nachträglich festgestellt, dass der Erblasser Schuld das Darlehen bereits getilgt habe. Welche Erfolgsaussichten bestehen für diese Klage?
20. Was verstehen Sie unter einem „die Veräußerung hindernden Recht" iSv § 771 I?
21. Um zu verhindern, dass seine Gläubiger einen wertvollen Ring pfänden lassen, übereignet S diesen Ring zu einem „Freundschaftspreis" F, der Kenntnis von der Absicht des S hat. G, ein Gläubiger des S, fragt, ob er dennoch in den Ring vollstrecken kann. Was meinen Sie?
22. Unter welchen Voraussetzungen kann ein Pfandgläubiger nach § 771 vorgehen und wann ist er auf eine Klage nach § 805 zu verweisen?
23. Als der Gerichtsvollzieher feststellt, dass sich pfändbare Gegenstände nicht in der Wohnung des Schuld befinden, verlangt er von Schuld gemäß einem entsprechenden Antrag des Vollstreckungsgläubigers die Abgabe einer Vermögensauskunft. Sie wird von Schuld verweigert. Was hat der Gerichtsvollzieher zu tun?
24. Was ist das Schuldnerverzeichnis und welchen Zwecken dient es?
25. Welchem Zweck dient der Arrest und von welchen Voraussetzungen ist seine Anordnung abhängig?
26. Welche Arten von einstweiligen Verfügungen gibt es und wodurch unterscheiden sie sich?

# Lösungshinweise für die Fälle und Fragen

## Zu § 2

(1) Vermag Arm nicht die erforderlichen Mittel aufzubringen, um einen Rechtsanwalt zu konsultieren, stehen ihm keine anderen Möglichkeiten zur Verfügung, Hilfe für die Wahrnehmung von Rechten außerhalb eines gerichtlichen Verfahrens zu erhalten und erscheint auch die Wahrnehmung der Rechte nicht mutwillig, dann kann Arm Beratungshilfe in Anspruch nehmen (§ 1 I BerHG). Arm hat dann einen Antrag auf Beratungshilfe beim AG zu stellen, das entweder selbst Hilfe gewährt oder einen Berechtigungsschein für Beratungshilfe ausstellt (§§ 3, 6 I BerHG). Mit diesem Berechtigungsschein kann sich Arm zu einem Rechtsanwalt seiner Wahl begeben und sich rechtlich beraten lassen (→ Rn. 27 f.).

(2) Kann Arm die Kosten der Prozessführung nach seinen persönlichen und wirtschaftlichen Verhältnissen nicht oder nur zT oder nur in Raten aufbringen, bietet seine Rechtsverteidigung gegen eine Klage des Reich hinreichende Aussicht auf Erfolg und erscheint sie auch nicht mutwillig, dann kann Arm Antrag auf Prozesskostenhilfe stellen (§ 114). Wird dem Antrag entsprochen, dann hängt es von den Einkommens- und Vermögensverhältnissen des Arm ab, ob er Teile der Kosten (möglicherweise in Form von Raten) zahlen muss (§§ 114, 115, 120). Allerdings schließt die Bewilligung der Prozesskostenhilfe nicht die Verpflichtung aus, die dem Gegner entstandenen Kosten zu erstatten, wenn der Prozess verloren geht, soweit es sich dabei nicht um die von Reich verauslagten Gerichtskosten handelt (§ 123 ZPO, § 31 I 1 GKG) (→ Rn. 29 ff.).

(3) Anwaltszwang bedeutet die Verpflichtung für die Partei, sich bei der Prozessführung durch einen Rechtsanwalt als Bevollmächtigten vertreten zu lassen. Anwaltszwang besteht in Verfahren vor den LGen, vor den Oberlandesgerichten und dem BGH (§ 78 I). Nach Maßgabe des § 114 FamFG müssen sich auch die Parteien in Familiensachen durch einen Rechtsanwalt vertreten lassen (→ Rn. 45).

(4) Neben der Verfassungsgerichtsbarkeit, die eine besondere, hervorgehobene Position wahrnimmt, gibt es die ordentliche Gerichtsbarkeit, die Verwaltungsgerichtsbarkeit, die Finanzgerichtsbarkeit, die Arbeitsgerichtsbarkeit und die Sozialgerichtsbarkeit. Die Verfassungsgerichtsbarkeit wird durch das BVerfG und die Verfassungsgerichte der Länder wahrgenommen. Mit Ausnahme der Finanzgerichtsbarkeit, die nur zweistufig aufgebaut ist, sind alle sonstigen Gerichtszweige dreistufig strukturiert (→ Rn. 60).

(5) Eingangsgericht ist entweder das AG oder das LG (vgl. §§ 23 ff., 71 GVG). Beginnt der Rechtsstreit in erster Instanz beim AG, dann bildet regelmäßig das LG die 2. Instanz (§ 72 GVG). Nur in den Fällen des § 119 I Nr. 1a GVG führt der Rechtsweg vom AG zum OLG. In dritter Instanz wird stets der BGH tätig (§ 133 GVG) (→ Rn. 78 f.).

(6) Das Gericht wird die Klage als unzulässig abweisen, weil die Klage beim Gericht der ersten Instanz erhoben werden muss. Dass die Parteien etwas anderes vereinbart haben, ändert daran nichts, weil die Instanzenordnung eine ausschließliche Zuständigkeit begründet und die Parteien bindet (→ Rn. 78).

(7) Es ist zwischen folgenden Zuständigkeit zu unterscheiden: die Rechtswegzuständigkeit, also die Zuständigkeit zwischen den verschiedenen Gerichtszweigen (→ Rn. 60 f.); die sachliche Zuständigkeit, bei der es darum geht, welches Gericht innerhalb derselben Gerichtsbarkeit in erster Instanz einen Rechtsstreit zu entscheiden hat (→ Rn. 80); die örtliche Zuständigkeit, nach der darüber zu befinden ist, welches von verschiedenen sachlich zustän-

digen Gerichten wegen seiner räumlichen Beziehung zum Rechtsstreit damit zu befassen ist (→ Rn. 82 ff.), und schließlich die funktionelle Zuständigkeit, bei der es sich darum handelt, welches Rechtspflegeorgan berufen ist, eine bestimmte Aufgabe zu verrichten (→ Rn. 112 f.).
(8) Ob es sich um eine bürgerliche Rechtsstreitigkeit handelt, die vor ein ordentliches Gericht gehört (§ 13 GVG), oder um eine öffentlich-rechtliche Streitigkeit, für die nach § 40 I VwGO der Verwaltungsrechtsweg gegeben ist, richtet sich insbesondere nach der Rechtsstellung einer Kirchengemeinde und der rechtlichen Bewertung der Beziehungen zwischen ihr und Dritten (→ Rn. 70). Diese Fragen sind sehr umstritten. Das BVerwG (NJW 1984, 989) vertritt die Auffassung, dass durch die Zuerkennung des Status von Körperschaften des öffentlichen Rechts gem. Art. 137 V Weimarer Reichsverfassung iVm Art. 140 GG die Kirchen dem öffentlichen Recht zugeordnet worden sind. Deshalb würden Streitigkeiten der zu entscheidenden Art auch dem öffentlichen Recht angehören und seien durch die Verwaltungsgerichte zu entscheiden (aA *S. Lorenz* NJW 1996, 1855).
(9) Das Gericht wird den Rechtsstreit nach Anhörung der Parteien durch Beschluss an das Verwaltungsgericht Regensburg verweisen (§ 17a II 1 GVG) (→ Rn. 75).
(10) Der allgemeine Gerichtsstand (vgl. §§ 12–19) ist für alle Klagen gegen eine (natürliche oder juristische) Person gegeben, sofern nicht im Einzelfall ein ausschließlicher Gerichtsstand vorgeht (→ Rn. 83). Besondere Gerichtsstände sind die anderen (nicht allgemeinen und ausschließlichen), die für bestimmte Klagen gegeben sind (→ Rn. 84, 88 ff.). Bei einer Konkurrenz zwischen ausschließlichen und besonderen Gerichtsständen haben die ausschließlichen den Vorrang. Zwischen verschiedenen nicht ausschließlichen (also allgemeinen und besonderen) Gerichtsständen hat der Kläger die Wahl (§ 35) (→ Rn. 90).
(11) Die Zuständigkeit des AG München kann sich aus § 29 I ergeben, wenn der Gerichtsstand des Erfüllungsortes auch für Klagen gilt, mit denen Schadensersatzansprüche wegen c.i.c. geltend gemacht werden. Dies wird von der hM mit der Begründung bejaht, dass die Inanspruchnahme wegen c.i.c. auf einer vorvertraglichen Sonderverbindung beruhe (vgl. § 311 II. BGB), die einen vertragsähnlichen Haftungstatbestand schaffe, während eine Gegenauffassung dies ablehnt, weil es sich bei Ansprüchen aus c.i.c. nicht um „Streitigkeiten aus einem Vertragsverhältnis" handele (→ Rn. 93). Folgt man der hM, dann kommt es darauf an, an welchem Ort Häusler „die streitige Verpflichtung" zu erfüllen hatte. Es geht hier um die Verletzung einer Verhaltenspflicht (→ GK BGB Rn. 581 f.), die naturgemäß an Ort und Stelle, also in München, erfüllt werden muss. Auf diese Weise lässt sich die Zuständigkeit des Münchner Gerichts begründen. Dagegen ist § 32 auf einen Anspruch aus c.i.c. nicht anwendbar (→ Rn. 91).
(12) Die Vereinbarung über die Zuständigkeit des LG Nürnberg für Streitigkeiten aus dem Kooperationsvertrag kann von den beiden Gesellschaften nach § 38 I wirksam geschlossen werden, da es sich bei ihnen um Kaufleute handelt (§ 6 HGB iVm § 3 AktG, § 13 III GmbHG) und sich ihre Vereinbarung auf ein bestimmtes Rechtsverhältnis bezieht (§ 40 I). Diese Voraussetzung trifft dagegen nicht für die weitere Absprache zu, ihre Zuständigkeitsvereinbarung auch auf künftige Geschäftsbeziehungen zu erstrecken. Diese Absprache ist unzulässig. Eine Einschränkung hinsichtlich der (wirksam zustande gekommenen) Zuständigkeitsvereinbarung ergibt sich aus § 40 II, wonach der Rechtsstreit einen vermögensrechtlichen Anspruch betreffen muss und keine ausschließliche Zuständigkeit begründet sein darf (→ Rn. 98 ff.).
(13) In der Klageschrift müssen Parteien und Gericht bezeichnet werden (→ Rn. 118 ff.), außerdem muss der Grund des erhobenen Anspruchs, dh der tatsächliche Vorgang, aus dem der Kläger sein Recht ableitet, genau genug angegeben werden (→ Rn. 123); ferner muss ein Antrag enthalten sein, der bestimmt genug gefasst ist (→ Rn. 126). Schließlich muss die Klageschrift die Unterschrift des Anwalts in Anwaltsprozessen, sonst des Klägers oder seines Bevollmächtigten aufweisen (→ Rn. 143). Eine Klageschrift, die diesen Anforderungen nicht entspricht, schafft keine ausreichende Grundlage für ein Tätigwerden des Gerichts (→ Rn. 148).
(14) Ein Rechtsstreit, der in die Zuständigkeit des LG fällt (§§ 71, 72 GVG) und der eine Handelssache (§ 95 GVG) zum Gegenstand hat, wird vor der Kammer für Handelssachen verhandelt, wenn der Kläger dies in der Klageschrift beantragt hat (§ 96 I GVG) oder wenn der Be-

Lösungshinweise für die Fälle und Fragen                                                                     491

klagte die Verweisung einer vor der Zivilkammer zur Verhandlung gebrachten Handelssache nach § 98 I GVG vor seiner Verhandlung zur Hauptsache beantragt (→ Rn. 122).
(15) Vor Fälligkeit kann ein Anspruch bereits durch Klage auf Leistung geltend gemacht werden, wenn die in §§ 257–259 genannten Voraussetzungen erfüllt werden (→ Rn. 128).
(16) Die in § 256 I geregelte Feststellungsklage ist auf die Feststellung des Bestehens oder Nichtbestehens eines Rechtsverhältnisses oder auf die Echtheit oder Unechtheit einer Urkunde gerichtet. Eine solche Klage ist nur zulässig, wenn der Kläger ein rechtliches Interesse an dieser Feststellung hat (Feststellungsinteresse), wenn also die gerichtliche Entscheidung notwendig und geeignet ist, eine Rechtsunsicherheit zu beseitigen. Dies ist nicht der Fall, wenn der Kläger dieses Ziel auch durch eine Leistungsklage erreichen kann (→ Rn. 129 ff.).
(17) Die Verjährung wird nach § 204 I Nr. 1 BGB durch Erhebung der Klage gehemmt. Die Klage wird dadurch erhoben, dass die Klageschrift dem Beklagten zugestellt wird (§ 253 I). Dies ist erst am 6. 10., also nach Verjährung der Kaufpreisforderung des K, geschehen. Zugunsten des K greift hier jedoch die Vorschrift des § 167 ein, nach der die Hemmung der Verjährung bereits mit Einreichung der Klageschrift beim Gericht eintritt, wenn die Zustellung in angemessener Frist vorgenommen wird (→ Rn. 152). B steht also nicht die Einrede der Verjährung zu.
(18) Der Richter am AG ist stets ein Einzelrichter (§ 22 I GVG). An einem AG können mehrere Einzelrichter (Spruchabteilungen) tätig sein. Bei LGen werden Zivilkammern gebildet, die im Regelfall mit drei Mitgliedern besetzt sind. Jedoch entscheidet beim LG in erster Instanz regelmäßig der Einzelrichter (vgl. § 348 ZPO, § 75 GVG; vgl auch § 348a ZPO). Wird das LG als Berufungsgericht tätig, ist die Zuständigkeit der Kammer gegeben, wenn sie nicht den Rechtsstreit einem ihrer Mitglieder zur Entscheidung überträgt (§ 526). Die beim LG gebildete Kammer für Handelssachen entscheidet durch drei Richter, von denen allerdings nur der Vorsitzende ein Berufsrichter ist, die übrigen sind Laienrichter (§ 105 I GVG). Die für Zivilsachen zuständigen Spruchkörper beim OLG führen die Bezeichnung Zivilsenate; sie entscheiden in der Besetzung von drei Mitgliedern, wenn nicht wie beim LG in Berufungssachen der Rechtsstreit nach § 526 einem Mitglied zur Entscheidung übertragen wird (§ 122 I GVG). Auch beim BGH gibt es Zivilsenate, denen fünf Mitglieder angehören (§ 139 I GVG). Bei Spruchkörpern, denen mehrere Richter angehören (sog. Kollegialgerichte), hat einer der Richter die Stelle des Vorsitzenden inne (→ Rn. 161 ff.).
(19) Der Vorsitzende Richter hat für die Aufrechterhaltung der Ordnung in der Sitzung zu sorgen, die mündliche Verhandlung zu eröffnen, zu leiten und zu schließen, Urteile und Beschlüsse zu verkünden, Termine anzuberaumen und die Beratung innerhalb des Spruchkörpers zu leiten. Ferner hat er vorbereitende Maßnahmen für die mündliche Verhandlung zu treffen oder durch ein von ihm bestimmtes Mitglied des Prozessgerichts treffen zu lassen, wobei er die Art des Vorverfahrens bestimmt (→ Rn. 161).
(20) Der beauftragte Richter ist ein Mitglied des Kollegialgerichts, der mit der Durchführung einer Beweisaufnahme oder mit einer Güteverhandlung beauftragt wird. Werden diese Aufgaben im Rahmen der Rechtshilfe von einem anderen Gericht wahrgenommen, bei dem es sich stets um ein AG handelt (§ 157 I GVG), dann wird der dort tätige Richter als ersuchter Richter bezeichnet (→ Rn. 166).
(21) Es stehen zwei Wege zur Verfügung: Die Bestimmung des frühen ersten Termins zur mündlichen Verhandlung (§ 275) oder das schriftliche Vorverfahren (§ 276). Welche Maßnahmen im Einzelnen vorzunehmen sind, zeigt die Übersicht in → Rn. 171.

## Zu § 3

(1) Die Güteverhandlung dient dem Zweck, nach einer einvernehmlichen Lösung des Streits der Parteien zu suchen und eine streitige Verhandlung überflüssig zu machen. Sie ist grundsätzlich der mündlichen Verhandlung des Rechtsstreits vorgelagert. Ausnahmen gelten nur

in dem Fall, dass bereits ein Einigungsversuch vor einer Gütestelle ergebnislos stattgefunden hat, oder wenn die Güteverhandlung erkennbar aussichtslos erscheint (§ 278 II 1). Es soll zur Güteverhandlung das persönliche Erscheinen der Parteien angeordnet werden, wobei eine Vertretung der Partei möglich ist (vgl. § 278 III 2 iVm 141 III).
(2) Nach § 278 V kann das Gericht die Parteien für die Güteverhandlung sowie für weitere Güteversuche an den Güterichter, verweisen. Der Güterichter gehört nicht dem für die Entscheidung des Rechtsstreits zuständigen Spruchkörper an, sondern wird durch den Geschäftsverteilungsplan für diese Aufgabe bestimmt. Seine Aufgabe besteht darin, ohne Entscheidungsbefugnis im Zusammenwirken mit den Parteien nach einer gütlichen Lösung ihrer Rechtsstreitigkeiten zu suchen. Dabei kann er alle Methoden der Konfliktbeilegung einschließlich der Mediation einsetzen (→ Rn. 179).
(3) Der Dispositionsgrundsatz hat zum Inhalt, dass den Parteien die Herrschaft über das Verfahren zusteht, das sie beginnen, vorantreiben und beenden können, ohne von einer Zustimmung des Gerichts abhängig zu sein (→ Rn. 205). Der Verhandlungsgrundsatz bedeutet, dass die Parteien die Tatsachen, die das Gericht seiner Entscheidung zugrunde legt, beizubringen und, soweit erforderlich, zu beweisen haben (→ Rn. 208) Sowohl Dispositionsgrundsatz als auch Verhandlungsgrundsatz lassen sich auf die Prinzipien der Parteifreiheit und der Parteiverantwortung zurückführen, die für den Zivilprozess gelten.
(4) Der Richter ist nach § 139 verpflichtet, durch Fragen und Hinweise die Parteien zu einer sachgerechten Führung des Prozesses anzuregen und auch dahin zu wirken, dass sachdienliche Anträge gestellt werden. Allerdings muss der Richter dabei streng seine Unparteilichkeit wahren und darauf achten, beide Parteien gleich zu behandeln (→ Rn. 212). Deshalb darf der Richter nicht eine Partei rechtlich beraten und ihr nahe legen, völlig neue Klagegründe und Einwendungen vorzubringen. Streitig ist es, ob das Gericht auf die Verjährung aufmerksam machen darf, wenn es feststellt, dass der Beklagte rechtsunkundig ist und nicht weiß, dass die Verjährung des klägerischen Anspruchs eingetreten ist und er deshalb die Leistung verweigern kann. Die hM lässt es nur zu, dass der Richter durch Fragen klärt, ob ein unsubstantiierter Hinweis des Beklagten auf verjährungsgeeignete Umstände als Verjährungseinrede anzusehen ist, lehnt es jedoch ab, den Richter für berechtigt zu halten, auf die Möglichkeit der Verjährungseinrede dann hinzuweisen, wenn sie von einer Partei offensichtlich übersehen worden ist (→ Rn. 213). Der hM ist auch nach Änderung und Ergänzung des § 139 durch das ZPO-RG weiterhin zu folgen, weil durch die Neuregelung und durch die dadurch vorgenommene Stärkung der „materiellen Prozessleitung" des Richters seine Neutralität keinesfalls eingeschränkt wird; diese Neutralität wäre jedoch infrage gestellt, wenn er der rechtsunkundigen Partei durch Hinweise auf nicht erkannte Rechte massiv hilft, den Prozess zu gewinnen (vgl. BGH NJW 2004, 164; aA KG NJW 2002, 1732; Reischl ZZP 116 [2003], 81, 111).
(5) Der Grundsatz der Mündlichkeit bedeutet, dass das Gericht nur den Tatsachenstoff seiner Entscheidung zugrunde legen darf, der in der mündlichen Verhandlung vorgetragen worden ist, und dass die Entscheidung des Gerichts aufgrund mündlicher Verhandlung ergeht. Von diesem Grundsatz gelten im Zivilprozess eine Reihe von Ausnahmen. Die ZPO enthält viele Regelungen, in denen in das Ermessen des Gerichts gestellt wird, ob mündlich verhandelt wird (vgl. zB § 225 I, § 248 II, § 522 I 3 iVm § 128 IV und andere mehr). Mit Einverständnis der Parteien kann unter den Voraussetzungen des § 128 II auf eine mündliche Verhandlung verzichtet werden (→ Rn. 218). Eine mündliche Verhandlung kann in den Fällen des § 495a ebenfalls unterbleiben (vgl. Satz 2 dieser Vorschrift und → Rn. 172).
(6) Der Botschafter eines fremden Staates, der Mitglied einer auf dem Gebiet der Bundesrepublik errichteten diplomatischen Mission ist, untersteht nicht der deutschen Gerichtsbarkeit (§ 18 GVG). Ist mit großer Wahrscheinlichkeit zu erwarten, dass sich Botsch auch nicht freiwillig der deutschen Gerichtsbarkeit unterwirft (was gegebenenfalls durch eine Rückfrage des Richters bei dem ausländischen Diplomaten geklärt werden kann), dann hat das Gericht von der Zustellung der Klageschrift und einer Terminsbestimmung abzusehen (→ Rn. 235). Dies ist dann dem Kläger mitzuteilen.

(7) Die Frage betrifft die internationale Zuständigkeit, nach der sich beurteilt, welches Gericht eines bestimmten Staates einen Rechtsstreit zu entscheiden hat, dessen Gegenstand über die Grenzen des einen Staates auf den anderen übergreift. Soweit nicht völkerrechtliche Verträge oder supranationale Bestimmungen insbesondere der EU eingreifen oder Sonderregeln der ZPO anzuwenden sind, richtet sich die internationale Zuständigkeit nach den Regeln über die örtliche Zuständigkeit (→ Rn. 236). Für eine Kaufpreisklage ist das Gericht zuständig, in dessen Bezirk der Beklagte seinen Wohnsitz hat (§§ 12, 13). Dies ist hier Zürich. Auch aus § 29 I, der den besonderen Gerichtsstand des Erfüllungsortes regelt, ergibt sich nichts anderes, weil die Kaufpreisforderung nach § 433 II BGB ebenfalls am Ort erfüllt werden muss, an dem der Schuldner seinen Wohnsitz hat (→ Rn. 93).

(8) Die Zulässigkeit der Klage wäre zu verneinen, wenn die IG Metall nicht parteifähig wäre. An der Parteifähigkeit einer Gewerkschaft könnte gezweifelt werden, weil sie keine juristische Person ist. Jedoch wird Gewerkschaften in gleicher Weise wie Arbeitgeberverbänden im Zivilprozess die Parteifähigkeit zuerkannt; dies ergibt sich jetzt aus dem 2009 geänderten § 50 II (→ Rn. 238).

(9) Inhaber der Forderung ist aufgrund der Zession die X-Bank. Wenn K im eigenen Namen die Forderung gegen B gerichtlich geltend macht, kommt es für die Zulässigkeit dieser Klage darauf an, ob ihm die Prozessführungsbefugnis zusteht. Dies ist zu bejahen, wenn die Voraussetzungen einer gewillkürten Prozessstandschaft erfüllt sind. Neben einer entsprechenden Ermächtigung durch den Rechtsinhaber muss hierfür ein schutzwürdiges Interesse des Prozessstandschafters an der Rechtsverfolgung bestehen (→ Rn. 249). Bei Entscheidung über diese Voraussetzung muss berücksichtigt werden, dass K die Forderung der Bank nur erfüllungshalber abgetreten hat und dass deshalb die Bank auf ihre Forderung gegen K zurückgreifen kann, wenn der Versuch misslingt, die Forderung gegen B einzuziehen (→ GK BGB Rn. 252). Die gerichtliche Entscheidung über den Bestand der Forderung beeinflusst somit die eigene Rechtslage des K, und deshalb ist ihm ein schutzwürdiges Interesse an der Rechtsverfolgung zuzubilligen (vgl. auch BGH NJW 1979, 924 [925]; 1999, 1717 [1718]). Die Klage des K gegen B ist folglich als zulässig anzusehen.

(10) Die zweite Klage wird vom Gericht als unzulässig durch Prozessurteil abgewiesen, wenn sie dieselbe „Streitsache" zum Gegenstand hat wie die erste Klage, weil in diesem Fall die durch die erste Klage bewirkte Rechtshängigkeit verhindert, dass dieselbe „Streitsache" noch einmal anhängig gemacht werden kann (§ 261 III Nr. 1). Es kommt folglich darauf an, ob beide Prozesse dieselbe „Streitsache" betreffen. Diese Frage ist zu bejahen, wenn beide Klagen sich auf denselben Streitgegenstand beziehen (→ Rn. 259). Die Theorie vom eingliedrigen Streitgegenstandsbegriff, die auf den Antrag des Klägers und auf das von ihm erstrebte Ziel seiner Klage sieht (→ Rn. 288), muss zu dem Ergebnis gelangen, dass es sich bei beiden Prozessen um denselben Streitgegenstand handelt, nämlich um den Antrag des Klägers, den Beklagten zur Zahlung von Schadensersatz an ihn zu verurteilen. Aber auch die Theorie vom zweigliedrigen Streitgegenstandsbegriff, die nicht nur auf den Klageantrag, sondern auch auf den zugrundeliegenden Lebenssachverhalt abstellt (→ Rn. 289), wird diesen Fall nicht anders entscheiden. Denn beide Klagen werden vom Kläger mit demselben Lebenssachverhalt begründet, nämlich mit seiner Schädigung durch das falsche Gutachten des Beklagten. Die Sachverhaltsvariante in der zweiten Klage, die vorsätzliche und damit sittenwidrige Schädigung anstelle einer nur fahrlässigen Verletzung vertraglicher Pflichten durch den Beklagten annimmt, fällt dagegen nicht so entscheidend ins Gewicht, dass dadurch ein neuer Lebenssachverhalt beschrieben wird. Auch auf der Grundlage einer materiell-rechtlichen Theorie des Streitgegenstandes bliebe das Ergebnis gleich, weil danach der Kläger in beiden Prozessen denselben, nur mehrfach begründeten Anspruch geltend machte, der auch ein Verfügungsobjekt im zessionsrechtlichen Sinne darstellte (→ Rn. 285). Folglich kann hier der Theorienstreit über den Streitgegenstandsbegriff dahinstehen, weil alle Auffassungen darin übereinstimmen, dass beide Klagen des K denselben Streitgegenstand betreffen und deshalb die zweite Klage wegen der durch die erste Klage geschaffenen Rechtshängigkeit als unzulässig abgewiesen werden muss.

(11) a) Durch die Erhöhung der Klageforderung (§ 264 Nr. 2) auf einen Betrag über 5.000 EUR wird die Zuständigkeit des LGs begründet (§ 71 I iVm § 23 Nr. 1 GVG). Das AG hat sich deshalb nach § 506 I durch Beschluss für unzuständig zu erklären und den Rechtsstreit an das zuständige LG zu verweisen, wenn dies von einer Partei beantragt wird (→ Rn. 262).
b) In diesem Fall bleibt das LG weiterhin zuständig, weil die Rechtshängigkeit bewirkt, dass die einmal gegebene Zuständigkeit des Prozessgerichts durch eine Veränderung der sie begründenden Umstände nicht berührt wird (§ 261 III Nr. 2) und eine Ausnahmeregelung, wie sie für das amtsgerichtliche Verfahren durch § 506 geschaffen worden ist, hier nicht eingreift (→ Rn. 261).
(12) Prozesshindernisse sind solche Zulässigkeitsvoraussetzungen einer Klage, deren Erfüllung lediglich im Interesse einer Partei liegt und der es deshalb überlassen bleibt, ihr Fehlen zu rügen (→ Rn. 273).
(13) Da das Gericht eine abgesonderte Verhandlung über die streitige Sachurteilsvoraussetzung (→ Rn. 244) und damit über die Zulässigkeit der Klage (→ Rn. 231) nicht angeordnet hat, muss das gefundene Ergebnis auch nicht in einem Zwischenurteil nach § 280 II festgestellt werden. Es steht deshalb im Ermessen des Gerichts, ob es ein solches Zwischenurteil erlässt oder ob im Endurteil die Zulässigkeit der Klage vom Gericht begründet wird (→ Rn. 275).
(14) Die ganz hM geht von dem Grundsatz aus, dass ein klageabweisendes Sachurteil nur ergehen darf, wenn die Zulässigkeitsvoraussetzungen erfüllt sind. Allerdings ist eine Ausnahme von diesem Grundsatz dann zuzulassen, wenn es sich um Sachurteilsvoraussetzungen handelt, die eine Entlastung des Gerichts bezwecken, wie beispielsweise das Bestehen eines Rechtsschutzbedürfnisses. In diesen Fällen kann auf eine aufwändige Prüfung solcher Sachurteilsvoraussetzungen verzichtet werden, wenn feststeht, dass die Klage unbegründet ist (→ Rn. 281).
(15) Nach hM die insbesondere auch vom BGH vertreten wird, bestimmen der Antrag des Klägers und der von ihm zur Begründung seiner Klage vorgetragene Tatsachenkomplex, der sog. Lebenssachverhalt, den Streitgegenstand (→ Rn. 289). Durch den Streitgegenstand werden die Grenzen der Rechtshängigkeit (§ 261 I → Rn. 256 ff.) und der Umfang der Rechtskraft (§ 322 I → Rn. 1043 ff.) bestimmt sowie die Frage beantwortet, ob im Einzelfall von einer objektiven Klagehäufung (§ 260 → Rn. 380) oder einer Klageänderung (§ 263 → Rn. 375 ff.) auszugehen ist.

## Zu § 4

(1) Die nicht selten geäußerte Meinung, die Postulationsfähigkeit (zum Begriff → Rn. 310) sei eine Prozessvoraussetzung, ist nicht richtig. Vielmehr stellt sie eine Prozesshandlungsvoraussetzung dar (→ Rn. 309). Den Unterschied zwischen beiden ergibt die Betrachtung der Rechtsfolgen, die bei ihrem Fehlen eintreten. Fehlt eine Prozessvoraussetzung, dann darf keine Entscheidung in der Sache ergehen; eine Klage ist dann durch Prozessurteil als unzulässig abzuweisen (→ Rn. 231). Ist dagegen eine Prozesshandlungsvoraussetzung nicht gegeben, dann wird die betreffende Prozesshandlung nicht wirksam vorgenommen. Reicht die durch einen Anwalt nicht vertretene Partei Klage beim LG ein, dann ist wegen fehlender Postulationsfähigkeit die Klage nicht dem Beklagten zuzustellen und es kommt überhaupt nicht zu einer Verhandlung.
(2) Die Erteilung einer Prozessvollmacht ist nach hM eine Prozesshandlung (→ Rn. 311). Prozesshandlungen können nur nach den Regeln des Prozessrechts, nicht nach denen des materiellen Rechts beseitigt werden (→ Rn. 317 f.). Folglich kann A die Prozessvollmacht – ohne Rücksicht auf die im materiellen Recht streitige Frage, ob die Vollmacht auch dann noch angefochten werden kann, wenn der Bevollmächtigte bereits ein Rechtsgeschäft geschlossen hat (dazu → EK BGB Rn. 61 ff.) – nicht wegen Irrtums nach § 119 BGB anfechten. Es bleibt ihm zwar unbenommen, die Prozessvollmacht mit Wirkung für die Zukunft zu widerrufen

# Lösungshinweise für die Fälle und Fragen 495

(→ Rn. 311), dies ändert aber nichts daran, dass R für ihn mit bindender Wirkung einen Prozessvergleich geschlossen hat.
(3) K stellt zwei Anträge, will jedoch eine Entscheidung des Gerichts über den zweiten nur für den Fall, dass der erste keinen Erfolg hat. Der zweite Antrag ist also mit einer Bedingung verbunden. Anträge als Erwirkungshandlungen sind grundsätzlich bedingungsfeindlich, weil die mit einer Bedingung verbundene Ungewissheit den Interessen des Gerichts und der Gegenpartei widerspricht. Dies gilt jedoch nicht für eine innerprozessuale Bedingung, deren Eintritt vom weiteren Verlauf des Rechtsstreits abhängt. Deshalb wird es zugelassen, dass der Kläger von ihm gestellte Anträge in ein Eventualverhältnis bringt und dadurch die Reihenfolge ihrer Prüfung durch das Gericht vorgibt. Diese sog. eventuelle Klagehäufung ist jedoch nur zulässig, wenn Haupt- und Eventualanspruch in einem rechtlichen und wirtschaftlichen Zusammenhang zueinander stehen. Diese Voraussetzung stellt sicher, dass der Kläger den Beklagten nicht mit völlig zusammenhanglosen Sachverhalten konfrontieren kann und ihm dadurch die Verteidigung erschwert. Da offensichtlich der erforderliche Zusammenhang zwischen beiden Anträgen besteht und auch die übrigen Voraussetzungen einer Klagehäufung erfüllt sind, ist das Vorgehen des K als zulässig anzusehen (→ Rn. 313f., 380f.).
(4) a) Wird das persönliche Erscheinen der Partei für die Güteverhandlung nach § 278 III angeordnet, dann kann gegen sie ein Ordnungsgeld iHv 5–1.000 EUR verhängt werden, wenn sie ohne genügende Entschuldigung nicht erscheint und auch keinen über den aufzuklärenden Sachverhalt unterrichteten und zum Vergleichsabschluss ermächtigten Vertreter entsendet (§ 278 III 2 iVm § 141 III, § 380 I 2 ZPO, Art. 6 I EGStGB) (→ Rn. 322).
b) Dagegen kann das Erscheinen einer Partei in der mündlichen Verhandlung vom Gericht nicht erzwungen werden. Es kann jedoch nach Maßgabe der §§ 330ff. ein Versäumnisurteil ergehen, wenn eine Partei nicht zur mündlichen Verhandlung kommt und auch nicht ordnungsgemäß vertreten wird.
(5) Nach § 176 GVG obliegt dem Vorsitzenden die Aufrechterhaltung der Ordnung in der Sitzung. Zu diesem Zweck kann er die Maßnahmen ergreifen, die für eine ordnungsgemäße und störungsfreie Durchführung des gerichtlichen Verfahrens innerhalb der mündlichen Verhandlung erforderlich sind. Wird den zur Aufrechterhaltung der Ordnung vom Vorsitzenden getroffenen Anordnungen nicht Folge geleistet, dann können Parteien, Zeugen, Sachverständige oder bei der Verhandlung nicht beteiligte Personen aus dem Sitzungszimmer entfernt sowie zur Ordnungshaft abgeführt und auch während einer bestimmten Zeit festgehalten werden. Allerdings darf der Vorsitzende allein über solche Maßnahmen nur gegenüber Personen entscheiden, die bei der Verhandlung nicht beteiligt sind; in allen anderen Fällen entscheidet das Richterkollegium, dem der Vorsitzende angehört (§ 177 GVG). Die gleiche Zuständigkeitsverteilung besteht nach § 178 II GVG für die Verhängung von Ordnungsmitteln wegen Ungebühr, dh wegen eines Verhaltens, das die Ordnung der Gerichtsverhandlung stört und die Aufgaben des Gerichts in einer nach allgemeiner Empfindung grob unangemessenen Weise missachtet. Ordnungsmittel sind Ordnungsgeld bis zu 1.000 EUR oder Ordnungshaft bis zu einer Woche (§ 178 I GVG) (→ Rn. 331).
(6) Ein Versäumnisurteil gegen den Beklagten nach § 331 III darf nicht ergehen, da es voraussetzt, dass die Klage schlüssig ist. Zu erwägen ist, ob der Richter die Klage als unschlüssig abzuweisen hat. Nach § 331 III 3 ist jedoch eine Entscheidung ohne mündliche Verhandlung nur zulässig, wenn es sich um eine Nebenforderung im Klageantrag des Klägers handelt. Daraus folgt, dass über eine Klage, die in ihrer Hauptforderung nicht zulässig oder unschlüssig ist, mündlich verhandelt werden muss (→ Rn. 340).
(7) Das Gericht hat zunächst zu prüfen, ob der Einspruch zulässig ist (§ 341 I). Da der Einspruch gegen ein Versäumnisurteil eingelegt wird (§ 338) und es sich auch nicht um einen Fall des § 345 handelt, ist er statthaft. Die Einspruchsfrist beginnt mit der Zustellung des Versäumnisurteils und beträgt zwei Wochen (§ 339 I). Im amtsgerichtlichen Verfahren kann der Einspruch auch zu Protokoll der Geschäftsstelle erhoben werden (§ 496). Der von Benno eingelegte Einspruch genügt diesen Anforderungen. Es fragt sich jedoch, ob die fehlende Begrün-

dung des Einspruchs ihn unzulässig macht. Bei Beantwortung dieser Frage ist zu berücksichtigen, dass es für den Erfolg eines Einspruchs nicht auf die Mitteilung bestimmter sachlicher Gründe ankommt, zB auf eine Erklärung, weshalb die Partei säumig war. Deshalb ist entgegen dem insoweit missverständlichen Wortlaut des § 340 III keine Begründung des Einspruchs erforderlich, sondern nur entsprechend dem Verhandlungsgrundsatz (→ Rn. 208) die rechtzeitige Mitteilung aller Tatsachen, die für die Entscheidung des Rechtsstreits wesentlich sind, damit das Gericht möglichst rasch in der Sache entscheiden kann. Wird dieser Prozessförderungspflicht zuwidergehandelt, dann macht dies nicht den Einspruch gegen das Versäumnisurteil unzulässig, sondern kann (nur) dazu führen, dass die Partei mit den verspätet vorgetragenen Tatsachen ausgeschlossen ist. § 340 III verweist insoweit auf einzelne Regelungen des § 296. Hat die säumige Partei bereits vorher die erforderlichen Tatsachen dem Gericht schriftlich mitgeteilt, dann bedarf es keiner Wiederholung beim Einspruch. Somit kann also festgestellt werden, dass der Einspruch des Benno allen zu stellenden Anforderungen genügt und deshalb als zulässig anzusehen ist. Durch den zulässigen Einspruch wird der Prozess in die Lage zurückversetzt, in der er sich vor Eintritt der Versäumnis befand (§ 342). Nimmt man diese Anordnung des Gesetzes wörtlich, dann müsste erneut geprüft werden, ob überhaupt das erste Versäumnisurteil ergehen durfte. Wäre eine solche Prüfung durchzuführen, dann würde sich ergeben, dass die Einlassungsfrist des § 274 III bei Anberaumung des ersten Termins zur mündlichen Verhandlung nicht eingehalten worden war und deshalb das Gericht nach § 335 I Nr. 2 verpflichtet gewesen wäre, den Antrag auf Erlass eines Versäumnisurteils zurückzuweisen. Nach hM hat jedoch eine derartige Prüfung zu unterbleiben, wenn die Partei, gegen die das Versäumnisurteil ergangen ist, in dem Termin zur mündlichen Verhandlung über den Einspruch wiederum nicht erscheint. Vielmehr ist dann als Sanktion einer erneuten Säumnis der Einspruch ohne jede weitere Prüfung zu verwerfen und durch ein zweites Versäumnisurteil das erste aufrechtzuerhalten (§ 343; → Rn. 367). Folgt man dieser Ansicht, dann hat also das Gericht ein Versäumnisurteil zu erlassen, welches das erste Versäumnisurteil bestätigt. Nach der Gegenauffassung ist dagegen das unzulässige erste Versäumnisurteil aufzuheben und aufgrund der Säumnis des Benno auch im zweiten Termin ein (technisch erstes) Versäumnisurteil zu erlassen (→ Rn. 358 ff.). Der Meinungsstreit wirkt sich also nicht auf die Art der zu erlassenden Entscheidung (in jedem Fall Versäumnisurteil), sondern auf ihren Inhalt aus. Dieser Inhalt ist dann insbesondere für die Frage entscheidend, ob gegen das zu erlassende Versäumnisurteil ein Einspruch statthaft ist oder ob es sich um ein technisch zweites Versäumnisurteil handelt.

(8) Als „technisch zweites Versäumnisurteil" wird das Urteil bezeichnet, durch das der Einspruch gegen ein Versäumnisurteil verworfen wird, weil die Partei, die den Einspruch eingelegt hat, in der mündlichen Verhandlung über den Einspruch oder in derjenigen Sitzung, auf die diese Verhandlung vertagt ist, nicht erscheint oder nicht zur Hauptsache verhandelt (§ 345). Die Unterscheidung von anderen Versäumnisurteilen ist deshalb bedeutsam, weil gegen ein „technisch zweites Versäumnisurteil" ein Einspruch nicht statthaft ist (§ 345). Jedoch kann dagegen Berufung mit der Begründung eingelegt werden, dass ein Fall der schuldhaften Versäumung nicht gegeben war (§ 514 II) (→ Rn. 356 f.).

(9) Eine Entscheidung nach Lage der Akten kann gem. § 331a ergehen, wenn eine Partei im Termin zur mündlichen Verhandlung ausbleibt und ihr Gegner statt eines Versäumnisurteils eine Entscheidung nach Lage der Akten beantragt. Dem Antrag ist zu entsprechen, wenn der Sachverhalt für diese Entscheidung hinreichend geklärt ist, der Rechtsstreit somit zur Entscheidung durch Urteil reif ist (§ 300 I) (→ Rn. 355). Ohne einen Antrag darf das Gericht nach Lage der Akten entscheiden, wenn beide Parteien im Termin nicht erscheinen oder nicht verhandeln (§ 251a I). In beiden Fällen muss jedoch bereits eine mündliche Verhandlung stattgefunden haben, wenn ein Urteil nach Lage der Akten ergehen soll (§ 251a II iVm § 331a S. 2) (→ Rn. 374).

(10) K macht mit seiner Klage verschiedene (prozessuale) Ansprüche geltend, denn es handelt sich sowohl nach dem Antrag als auch nach dem zugrundeliegendem Tatsachenkomplex um

# Lösungshinweise für die Fälle und Fragen 497

zwei Streitgegenstände (→ Rn. 283 ff., 288 ff.). Eine solche objektive Klagehäufung ist zulässig, weil ihre Voraussetzungen, die Identität der Parteien, die Zuständigkeit des Gerichts und die Zulässigkeit derselben Prozessart für sämtliche Ansprüche, schließlich das Fehlen eines Verbindungsverbots (→ Rn. 380) erfüllt werden (vgl. § 260). Allerdings muss das Gericht nicht über die beiden Ansprüche auch gemeinsam verhandeln, sondern kann nach § 145 I die Trennung anordnen (→ Rn. 382).

(11) Das Gericht ist an den Antrag des Klägers gebunden und darf ihm nichts zusprechen, was er nicht beantragt hat (§ 308 I 1). Allerdings kommt es hier darauf an, ob K befugt war, anstelle des bisherigen Herausgabeanspruchs den Feststellungsantrag zu setzen. Beim Übergang von einem Antrag auf Leistung auf einen Antrag auf Feststellung handelt es sich um eine Beschränkung des bisherigen Klageantrages, weil als minus in der Leistungsklage ein entsprechendes Feststellungsbegehren enthalten ist (→ Rn. 131, 384). Nach § 264 Nr. 2 stellt es keine Änderung der Klage dar, wenn der Kläger seinen Klageantrag in der Hauptsache beschränkt; eine Einwilligung des Beklagten ist hierzu nach der in §§ 263, 264 getroffenen Regelung nicht erforderlich. Es fragt sich aber, ob nicht zugleich in der Beschränkung des Klageantrages eine teilweise Rücknahme der Klage liegt, die ohne Einwilligung des Beklagten nur bis zum Beginn der mündlichen Verhandlung zulässig ist (§ 269 I). Mit der Erwägung, dass der Beklagte durch § 269 das Recht auf Entscheidung über die vom Kläger ursprünglich erhobene Klage erhalten hat und ihm dieses Recht nicht ohne seine Einwilligung entzogen werden dürfte, ließe sich der Standpunkt einnehmen, dass eine in der Beschränkung des Klageantrages liegende teilweise Rücknahme der Klage den Regeln des § 269 unterstellt werden müsste. Dagegen lässt sich jedoch einwenden, dass auch die Regelung über die Klageänderung das Recht des Beklagten auf Entscheidung über den ursprünglich vom Kläger gegen ihn erhobenen prozessualen Anspruch berücksichtigt und dieses Recht durch § 264 eingeschränkt wird. Deshalb ist § 269 I bei einer Beschränkung des Klageantrages nicht anwendbar, sondern wird durch die speziellere Regelung des § 264 Nr. 2 verdrängt (str.). Dies hat hier zur Folge, dass es auf die Einwilligung des B nicht ankommt, und dass K nachträglich auf einen Feststellungsantrag übergehen kann. Das Gericht hat also nur über das Feststellungsbegehren des K zu entscheiden (→ Rn. 385).

(12) Der Streit der Parteien über die Zulässigkeit einer Klageänderung betrifft eine Frage, bei der es um den Fortgang des Verfahrens geht und die geklärt werden muss, bevor über den Streitgegenstand selbst entschieden werden kann. Es handelt sich folglich um einen Zwischenstreit iSv § 303, der durch ein Zwischenurteil entschieden werden kann. Ob von der Möglichkeit eines Zwischenurteils Gebrauch gemacht oder ob in den Gründen des Endurteils dazu Stellung genommen wird, steht jedoch im Ermessen des Gerichts (→ Rn. 394). Allerdings kann ein Zwischenurteil nur dann in Betracht kommen, wenn der Rechtsstreit weitergeführt und durch Endurteil entschieden werden muss. Hält das Gericht die Klageänderung für unzulässig, dann kann dies nur im Zwischenurteil festgestellt werden, wenn der Kläger seinen ursprünglichen Antrag aufrechterhält und darüber vom Gericht zu entscheiden ist. Andernfalls ist durch Prozessurteil das neue und unzulässige Begehren des Klägers abzuweisen (→ Rn. 395).

(13) Miez würde zu Recht Klageabweisung verlangen, wenn Eich infolge der Veräußerung des Pkw die Aktivlegitimation (Sachlegitimation) verloren hätte. Dies ist jedoch nach § 265 II 1 nicht der Fall, wenn der Kläger – wie dies hier Eich tut – der veränderten Sachlage dadurch Rechnung trägt, dass er nicht mehr an sich, sondern an den Rechtsnachfolger Leistung verlangt. Die darin liegende Klageänderung ist auf jeden Fall sachdienlich (vgl. § 263). Nur wenn das im Rechtsstreit zwischen Eich und Miez ergehende Urteil nicht gegenüber dem Rechtsnachfolger Dieter wirkte, könnte Miez geltend machen, dass Eich nicht mehr zur Erhebung des Herausgabeanspruchs befugt sei (§ 265 III). Nach § 325 I gilt jedoch das rechtskräftige Urteil auch gegenüber dem Rechtsnachfolger. Die in § 325 II getroffene Regelung greift nicht ein, weil Dieter vom Berechtigten erworben hat. Es ist also nicht entscheidend, ob Dieter über den Rechtsstreit vor Übereignung des Pkw informiert worden ist (→ Rn. 400 ff.).

(14) Wenn Kunz nicht mehr Verurteilung der KG, also der bisherigen Beklagten, sondern des Gelb beantragt, will er einen Beklagtenwechsel in der Berufungsinstanz vornehmen. Es muss deshalb dazu Stellung genommen werden, ob ein solcher Parteiwechsel zulässig ist. Die Beantwortung dieser Frage hängt davon ab, als was man den Parteiwechsel begreift. Wertet man ihn als Rücknahme der bisherigen Klage unter Erhebung einer neuen gegen den neu eintretenden Beklagten (sog. Klagerücknahmetheorie), dann muss der Beklagtenwechsel in zweiter Instanz ausgeschlossen werden, weil die Erhebung einer neuen Klage in dieser Instanz ausgeschlossen ist. Wendet man dagegen auf den Parteiwechsel die Regeln über die Klageänderung an (Klageänderungstheorie) oder sieht man in dem gewillkürten Parteiwechsel ein Rechtsinstitut eigener Art (→ Rn. 405 ff.), dann stehen dogmatische Gründe einem Beklagtenwechsel in zweiter Instanz nicht entgegen. Er ist also danach zuzulassen, wenn der ausscheidende und der neu eintretende Beklagte dem Wechsel zustimmen. Die Klageänderungstheorie kann überdies eine fehlende Einwilligung durch Zulassung des Beklagtenwechsels als sachdienlich ersetzen. Hierbei darf allerdings nicht unberücksichtigt bleiben, dass der neue Beklagte eine Tatsacheninstanz verliert. Dieser Gesichtspunkt erscheint nur dann als nicht bedeutsam, wenn dem Beklagten aufgrund der Besonderheiten des konkreten Falles zugemutet werden kann, den schwebenden Rechtsstreit erst in der Berufungsinstanz zu übernehmen. In der Bewertung dieser Interessen dürfte sich im praktischen Ergebnis kein Unterschied zu der Ansicht ergeben, die nur dann eine Weigerung des neuen Beklagten für nicht bedeutsam hält, wenn sie als rechtsmissbräuchlich anzusehen ist (→ Rn. 407). Aufgrund der Meinungen, die einen Beklagtenwechsel auch in der Berufungsinstanz zulassen, wäre die Einwilligung des Gelb entbehrlich, weil ihm zugemutet werden kann, den Rechtsstreit, den er bereits als geschäftsführender Gesellschafter der KG wesentlich beeinflusste, auch persönlich weiterzuführen, ohne dass dadurch seine Interessen unangemessen benachteiligt werden (vgl. auch BGH NJW 1974, 750).
(15) Ehe auf die Frage nach der Zulässigkeit eines Parteiwechsels einzugehen ist, muss zunächst die logisch vorrangige Frage geklärt werden, ob überhaupt die Ansicht des Berufungsgerichts, es handle sich um einen Parteiwechsel, zutreffend ist. Denn keinen Parteiwechsel stellt es dar, wenn lediglich eine unrichtige Parteibezeichnung korrigiert wird, dadurch aber die Person der Partei unverändert bleibt (→ Rn. 416). Die Bezeichnung der Partei allein ist für ihre Parteistellung nicht ausschlaggebend. Vielmehr kommt es darauf an, welcher Sinn der von der klagenden Partei in der Klageschrift gewählten Parteibezeichnung bei objektiver Würdigung des Erklärungsinhalts beizulegen ist. Bei unrichtiger äußerer Bezeichnung ist grundsätzlich die Person als Partei anzusprechen, die erkennbar durch die Parteibezeichnung betroffen werden soll (so BGH NJW 1981, 1453 [1454], dessen Entscheidung Vorbild für diesen Fall war). Kläger war ersichtlich die KG, die dem Beklagten die Diskothek verpachtet hatte. Dies war die „Kneipen-Wirtschafts-KG", die auch in zweiter Instanz so bezeichnet wurde. Dass eine völlig andere Gesellschaft die Räumungsklage erheben wollte, konnte insbesondere nicht der Beklagte annehmen. Er wusste, dass Paul Lustig Komplementär der Verpächterin war, und musste deshalb bei einer Klage der Firma „Walter-Paul-Lustig KG" erkennen, dass die Verpächterin die Klage erhob. Bei dieser Sachlage handelt es sich lediglich um eine Korrektur der Parteibezeichnung in der Berufungsinstanz, nicht um einen Parteiwechsel.
(16) Partei im Zivilprozess ist derjenige, der für sich vom Gericht Rechtsschutz begehrt oder gegen den dieser Rechtsschutz begehrt wird (formeller Parteibegriff) (→ Rn. 418).
(17) Von einer Streitgenossenschaft spricht man, wenn auf der Kläger- oder (und) auf der Beklagtenseite mehrere Personen stehen (→ Rn. 424). Man unterscheidet zwischen der einfachen und der notwendigen Streitgenossenschaft. Während die einfache Streitgenossenschaft lediglich aus Zweckmäßigkeitserwägungen zugelassen wird (vgl. §§ 59, 60), gibt es für die notwendige Streitgenossenschaft rechtliche Gründe für die einheitliche Verhandlung und Entscheidung. Diese rechtlichen Gründe können sich aus dem Prozessrecht oder aus dem materiellen Recht ergeben. Dementsprechend wird die prozessrechtlich notwendige Streitgenossenschaft der materiell-rechtlich notwendigen Streitgenossenschaft gegenübergestellt (→ Rn. 432 ff.). Die Fälle der prozessrechtlich notwendigen Streitgenossenschaft sind dadurch gekennzeich-

net, dass sich in ihnen die Rechtskraft des Urteils bei der selbstständigen Klage eines Streitgenossen auch auf die anderen Streitgenossen erstreckt. Die materiell-rechtlich notwendige Streitgenossenschaft umfasst Sachverhalte, in denen die Streitgenossen nur gemeinsam prozessführungsbefugt sind oder nur gemeinsam die durch die Klage von ihnen begehrte Leistung erbringen können.
(18) K ist zu raten, Berufung gegen das Anerkenntnisurteil einzulegen und sein Rechtsmittel) damit zu begründen, dass er sein Anerkenntnis widerrufe (→ Rn. 456). Zwar ist ein Anerkenntnis als Bewirkungshandlung (→ Rn. 306) grundsätzlich unwiderruflich, sobald der prozessuale Erfolg eingetreten ist, auf den die Prozesshandlung zielt, jedoch gilt eine Ausnahme, wenn die Prozesshandlung von einem Restitutionsgrund iSd § 580 betroffen ist, aufgrund dessen das Urteil, das auf der Prozesshandlung beruht, mit der Wiederaufnahmeklage beseitigt werden könnte (→ Rn. 317). Hier handelt es sich um einen Restitutionsgrund nach § 580 Nr. 2. Allerdings ist nach § 581 Voraussetzung für die Restitutionsklage, dass eine rechtskräftige Verurteilung wegen der Urkundenfälschung ergangen ist. Das Berufungsgericht wird deshalb die Verhandlung bis zur Erledigung des Strafverfahrens aussetzen (§ 149 I) und nach einer Verurteilung wegen Urkundenfälschung das Anerkenntnisurteil aufheben und die Klage des K abweisen.

## Zu § 5

(1) Durch die Klagerücknahme zieht der Kläger sein Gesuch um Gewährung von Rechtsschutz zurück. Zum Bestand des Rechts, das er mit seiner Klage geltend gemacht hat, äußert sich der Kläger im Gegensatz zum Klageverzicht nicht (→ Rn. 463). Dagegen erklärt der Kläger durch den Verzicht, dass der von ihm gegen den Beklagten geltend gemachte Anspruch nicht bestehe und sein Antrag folglich unberechtigt sei (→ Rn. 460). Bei der Klagerücknahme wird der Prozess ohne Urteil beendet; auf Antrag hat das Gericht lediglich in einem deklaratorisch wirkenden Beschluss die Wirkungslosigkeit eines bisher im Verfahren ergangenen Urteils auszusprechen und festzustellen, dass die Kosten des Rechtsstreits dem Kläger zur Last fallen (§ 269 III 2, vgl. aber auch S. 3). Dagegen erlässt das Gericht beim Klageverzicht ein Verzichtsurteil (§ 306; → Rn. 461).
(2) Der Kläger hat (einseitig) die Erledigung der Hauptsache erklärt. Gründe, die gegen die Wirksamkeit dieser Erklärung (als Parteiprozesshandlung) sprechen, sind nicht ersichtlich. Insbesondere ist die Erklärung in der mündlichen Verhandlung abgegeben worden. Dies ist bei einer einseitigen Erledigungserklärung im Gegensatz zur beiderseitigen (vgl. § 91a I 1) erforderlich. Bei dieser Rechtslage hat das Gericht zunächst festzustellen, ob die Klage bis zum Eintritt des Erledigungsereignisses zulässig und begründet gewesen ist (→ Rn. 505). Die Begründetheit der Klage hängt davon ab, ob die Besorgnis besteht, dass Albert von Bertold in seinem Besitz oder in seinem Eigentum rechtswidrig gestört wird (vgl. § 862 I, § 1004 I BGB). Diese Besorgnis wäre zu bejahen, wenn Bertold bereits in der Vergangenheit seinen Fernsehapparat zu laut eingestellt hätte. Hierüber streiten die Parteien und diese Frage muss das Gericht durch Erhebung entsprechender Beweise klären. Gelangt das Gericht zu einem negativen Ergebnis, dann ist die Klage kostenpflichtig abzuweisen; die Erledigungserklärung des Albert ändert daran nichts. Stellt dagegen das Gericht die (ursprüngliche) Zulässigkeit und Begründetheit der Klage fest, dann kommt es auf den Eintritt des Erledigungsereignisses nach Rechtshängigkeit an (→ Rn. 509 f.). Dies ist hier unstreitig, da durch den Auszug des Bertold (während des Rechtsstreits) die Besorgnis künftiger Beeinträchtigungen weggefallen ist. Das Gericht hat deshalb durch Endurteil festzustellen, dass sich die Hauptsache erledigt hat. Die Kosten sind dann nach § 91 Bertold aufzuerlegen (→ Rn. 514).
(3) Die einseitige Erledigungserklärung durch den Beklagten ist unzulässig, denn er vermag nicht einseitig das Gericht zu veranlassen, anstelle des vom Kläger gestellten Antrags über die Feststellung der Erledigung zu entscheiden (→ Rn. 504). Die Erklärung des Beklagten ist viel-

mehr als Teil einer beiderseitigen Erledigungserklärung der Hauptsache aufzufassen, die der Kläger durch eine entsprechende Erklärung vervollständigen muss. Tut er dies nicht, dann muss die Klage als unbegründet abgewiesen werden, weil eine Wiederholungsgefahr nicht mehr besteht. Die Erklärung des Beklagten wirkt also zugleich als Verteidigungsvorbringen.
(4) Da eine mündliche Verhandlung insbesondere für die Abgabe einer (beiderseitigen) Erledigungserklärung entbehrlich ist, braucht kein Rechtsmittel eingelegt zu werden, sondern die Parteien können dem erstinstanzlichen Gericht durch Schriftsatz oder Erklärung zu Protokoll der Geschäftsstelle mitteilen, dass sich durch den Vergleich der Rechtsstreit in der Hauptsache erledigt hat. Diese Erklärung muss bis zum Ablauf der Rechtsmittelfrist abgegeben werden. Das Urteil wird damit wirkungslos (§ 269 III 1 Hs. 2 analog; → Rn. 490).
(5) a) Durch die wirksame Anfechtung wird rückwirkend (§ 142 I BGB) der Prozessvergleich nicht nur in seinem materiell-rechtlichen Inhalt, sondern auch in seinen prozessrechtlichen Wirkungen beseitigt (→ Rn. 533). Dies bedeutet, dass der Rechtsstreit zwischen K und B nicht beendet worden ist und deshalb fortgesetzt werden muss. Die Partei, die die Unwirksamkeit des Prozessvergleichs geltend macht, muss einen Antrag auf Anberaumung eines Termins stellen und die Gründe darlegen, aus denen sie die Unwirksamkeit des Vergleichs ableitet. Das Gericht hat zunächst festzustellen, ob der Vergleich unwirksam ist. Die Feststellung der Unwirksamkeit kann durch ein Zwischenurteil nach § 303 getroffen werden, aber auch in den Gründen des Endurteils, in denen über die ursprüngliche Klage des K entschieden wird (→ Rn. 537).
b) Der wirksame Rücktritt vom Vergleich lässt dessen prozessbeendende Wirkung unberührt. Deshalb ist der Auffassung zuzustimmen, die in einem solchen Fall ein neues Verfahren für erforderlich hält, wenn über den Rücktritt und seine Rechtsfolgen zwischen den Parteien gestritten wird (→ Rn. 538). Dieses neue Verfahren muss – wie sonst auch – durch Klageerhebung eingeleitet werden.
(6) Von einem Stillstand des Verfahrens spricht man, wenn es unterbrochen, ausgesetzt oder zum Ruhen gebracht wird. Die Unterbrechung tritt kraft Gesetzes ein, wenn einer der in den §§ 239–245 genannten Gründe zutrifft (→ Rn. 544 f.). Die Aussetzung des Verfahrens muss vom Gericht angeordnet werden; die Gründe hierfür sind ebenfalls gesetzlich festgelegt (→ Rn. 549). Das Ruhen des Verfahrens ist vom Gericht auf Antrag beider Parteien gem. § 251 I anzuordnen. Unter den in § 251a III genannten Voraussetzungen kann das Gericht das Ruhen des Verfahrens auch von Amts wegen anordnen (→ Rn. 550 f.). Die Wirkungen sind in allen Fällen eines Stillstands des Verfahrens im Wesentlichen die gleichen (→ Rn. 553).
(7) Versäumt eine Partei ohne eigenes oder das ihr nach § 85 II zuzurechnende Verschulden ihres Prozessbevollmächtigten eine Notfrist oder eine andere in § 233 genannte Frist, so ist ihr auf Antrag Wiedereinsetzung in den vorigen Stand zu gewähren, dh sie ist so zu stellen, als habe sie die versäumte Prozesshandlung rechtzeitig vorgenommen. Diese Prozesshandlung muss innerhalb von vierzehn Tagen nach Behebung des Hindernisses, das der Fristwahrung entgegengestanden hat, nachgeholt werden (§ 236 II 2 iVm § 234) (→ Rn. 555).
(8) Die Aufrechnung stellt ein Verteidigungsmittel dar, durch das sich der Beklagte darauf beruft, die Klageforderung sei erloschen, soweit sie sich mit der zur Aufrechnung gestellten Gegenforderung deckt (→ Rn. 559).
(9) Der Beklagte erklärt die Aufrechnung mit der Darlehensforderung hilfsweise (nur für den Fall, dass das Gericht die Klageforderung für begründet ansieht). Eine derartige hilfsweise vorgetragene Verteidigung ist prozessual zulässig. Über die dogmatische Rechtfertigung wird jedoch gestritten (→ Rn. 561). In dem Vorbringen des Beklagten liegt hier eine materiell-rechtliche Aufrechnungserklärung, die mit der Bedingung verbunden wird, dass vom Gericht die Klageforderung als bestehend angesehen wird. Hierbei handelt es sich um eine echte Bedingung, der jedoch die Vorschrift des § 388 S. 2 BGB nicht entgegensteht, weil diese Vorschrift im Wege der teleologischen Reduktion einzuschränken und auf die Prozessaufrechnung nicht anzuwenden ist (→ Rn. 562). Das Gericht hat in jedem Fall zunächst zu klären, ob die Voraussetzungen eines Anspruchs auf Schadensersatz erfüllt sind; dazu gehört auch die Entscheidung der Frage, ob Schwarz schuldhaft handelte. Gelangt das Gericht zu

einem negativen Ergebnis, dann ist die Klage abzuweisen, ohne dass es auf die Aufrechnung ankommt. Im umgekehrten Fall muss dagegen geklärt werden, ob die Voraussetzungen der Aufrechnung hier gegeben sind, unter anderem ob die Gegenforderung fällig ist (→ GK BGB Rn. 261). Ist dies der Fall, dann ist die Klage wegen der Aufrechnung abzuweisen, sonst ist sie zuzusprechen. Allerdings ist das Gericht nicht verpflichtet, über Klageforderung und Gegenforderung in einer einheitlichen Verhandlung zu entscheiden, sondern es kann auch eine getrennte Verhandlung nach § 145 III anordnen, weil beide Forderungen nicht in einem rechtlichen Zusammenhang stehen (→ Rn. 578). Auch kann das Gericht (mit oder ohne Trennung des Verfahrens nach § 145 III) ein Vorbehaltsurteil nach § 302 erlassen, wenn es die Begründetheit der Klageforderung bejaht und über den Bestand der Gegenforderung noch nicht entschieden werden kann (→ Rn. 580 ff.).
(10) Die Zulässigkeit eines „Austausches" von Forderungen, die der Beklagte zum Gegenstand einer hilfsweise erklärten Aufrechnung macht, hängt in erster Linie davon ab, ob mit Erhebung des Aufrechnungseinwandes die Gegenforderung rechtshängig wird. Ist dies zu bejahen, dann sind die Vorschriften der §§ 263, 269 I auf diese Forderung entsprechend anzuwenden, sodass der Beklagte nicht ohne Zustimmung des Gegners eine andere an die Stelle der bisher zur Aufrechnung gestellten Forderung setzen darf (→ Rn. 566). Mit der hM ist jedoch die Ansicht abzulehnen, dass der Aufrechnungseinwand des Beklagten die Rechtshängigkeit der Gegenforderung bewirkt (→ Rn. 568). Geprüft muss dann allerdings noch werden, ob das Verteidigungsmittel, das neu durch den Einwand der Aufrechnung mit der Kaufpreisforderung erhoben wird, nicht wegen Verspätung nach § 296 I oder II zurückzuweisen ist.
(11) a) Nach hM muss das Zivilgericht in analoger Anwendung des § 148 den Rechtsstreit aussetzen, wenn eine bestrittene öffentlich-rechtliche Gegenforderung zur Aufrechnung gestellt wird, um dem Beklagten Gelegenheit zu geben, die Entscheidung über die Gegenforderung vor dem Verwaltungsgericht herbeizuführen. Ist dies geschehen oder ist die öffentlich-rechtliche Gegenforderung unstreitig, dann muss das Zivilgericht die Wirkungen der Aufrechnung bei seinem Urteil berücksichtigen (→ Rn. 586 f.).
b) Das Gleiche gilt für die Aufrechnung mit einer Gegenforderung, die in die sachliche Zuständigkeit der Arbeitsgerichte fällt. Die früher vertretene Auffassung, dass zwischen ordentlichen Gerichten und Arbeitsgerichten nur Unterschiede in der sachlichen Zuständigkeit bestünden, die das mit der Aufrechnung befasste Gericht nicht daran hinderten, über die Aufrechnung zu entscheiden, ist nach der Neufassung der §§ 17 ff. GVG nicht mehr haltbar (→ Rn. 588).
(12) Fraglich ist es, ob das LG München für die Widerklage zuständig ist. Nach der Höhe des Streitwertes wäre das AG sachlich zuständig. Aus dem Zweck der Widerklage, zusammenhängende Fragen in einem einheitlichen Verfahren entscheiden zu können, ist jedoch zu folgern, dass der Beklagte widerklagend Ansprüche im landgerichtlichen Verfahren geltend machen kann, die eigentlich in die Zuständigkeit des AG fallen (→ Rn. 600). Allerdings muss auch die örtliche Zuständigkeit berücksichtigt werden. Für eine Klage aus § 441 IV 1 BGB ist nicht nur nach §§ 12, 13 sondern auch nach § 29 I regelmäßig das Gericht am Wohnsitz des Schuldners zuständig (→ Rn. 93 f.), weil grundsätzlich die entsprechende Verpflichtung dort zu erfüllen ist (§ 269 I BGB). Etwas anderes kann sich aber aus § 33 I ergeben. Der durch diese Vorschrift begründete Gerichtsstand ist davon abhängig, dass ein rechtlicher Zusammenhang zwischen den mit Klage und Widerklage geltend gemachten Ansprüchen besteht. Der Begriff des rechtlichen Zusammenhangs ist nicht eng auszulegen und dann zu bejahen, wenn es sachdienlich erscheint, über Klage und Widerklage in einem Prozess zu verhandeln. Da beide Ansprüche aus demselben Vertrag abgeleitet werden, kann nicht zweifelhaft sein, dass die Voraussetzung des rechtlichen Zusammenhanges iSv § 33 I hier erfüllt ist (→ Rn. 603). Die Ausnahme des § 40 II (iVm § 33 II) greift hier nicht ein (→ Rn. 609); deshalb ist das LG München auch für die Entscheidung der Widerklage zuständig. Die Zulässigkeit dieser Klage ist folglich zu bejahen.
(13) Nach hM hat die durch § 33 I aufgestellte Voraussetzung des rechtlichen Zusammenhangs nur Bedeutung für den durch diese Vorschrift begründeten Gerichtsstand der Wider-

klage. Ergibt sich die örtliche Zuständigkeit aus anderen Vorschriften, dann kann der rechtliche Zusammenhang zwischen Ansprüchen der Klage und Widerklage fehlen. Das Gericht ist jedoch nach § 145 II befugt, in einem solchen Fall die Verhandlung von Klage und Widerklage in getrennten Prozessen anzuordnen. Außerdem kann auch nach § 301 I durch Teilurteil über die Klage oder die Widerklage entschieden werden, wenn nur eine von beiden zur Endentscheidung reif ist (→ Rn. 607).
(14) Eine parteierweiternde Widerklage ist grundsätzlich zulässig, jedoch wird über die dabei zu erfüllenden Voraussetzungen gestritten. Auf eine Widerklage, die der Beklagte gleichzeitig gegen den Kläger und gegen einen bisher am Rechtsstreit nicht beteiligten Dritten richtet, wendet der BGH die Regeln des § 263 an und verlangt dementsprechend, dass der Dritte zustimmt oder dass die Widerklage gegen ihn eine prozesswirtschaftlich sinnvolle Verfahrenserledigung gewährleistet, also als sachdienlich anzusehen ist. Außerdem müssen der widerbeklagte Kläger und der Dritte Streitgenossen iSd § 59 oder § 60 sein (→ Rn. 611). Eine Ausnahme wird jedoch bei der sog. isolierten Widerklage zugelassen (→ Rn. 612). Die örtliche Zuständigkeit des Gerichts für die Widerklage ist jedoch bei einer parteierweiternden Widerklage nicht aus § 33 abzuleiten, denn diese Zuständigkeitsregelung wird dadurch gerechtfertigt, dass der Kläger das Gericht mit seiner Klage befasst hat und er es deshalb auch hinnehmen muss, dass das selbe Gericht über eine konnexe Widerklage gegen ihn entscheidet. Dieser Gesichtspunkt entfällt aber bei einem bisher am Prozess nicht beteiligten Dritten. Folglich muss sich die Zuständigkeit des Gerichts für die Widerklage gegen ihn aus den allgemeinen Zuständigkeitsregeln ableiten lassen (→ Rn. 616).
(15) Von einer Wider-Widerklage wird gesprochen, wenn der Kläger, der nach Erhebung einer Widerklage des Beklagten seine Klage zurückgenommen hat oder über dessen Klage bereits durch Teilurteil nach § 301 entschieden worden ist, seinerseits Klage gegen den Beklagten und Widerkläger erhebt. Außerdem wird die Auffassung vertreten, dass der Kläger auch berechtigt sei, während der Rechtshängigkeit der Hauptklage eine Wider-Widerklage zu erheben, für die nicht die Vorschriften über die Klageänderung, sondern über die Widerklage gelten. Voraussetzung dafür ist es, dass der Kläger nach Erhebung der Widerklage weitere Anträge stellt, die durch die Widerklage veranlasst sind oder mit ihr im Zusammenhang stehen (→ Rn. 621 f.).
(16) Die sachlichen Voraussetzungen für die Zulässigkeit einer Nebenintervention sind einmal ein zwischen anderen Personen anhängiger Rechtsstreit, zum anderen ein rechtliches Interesse des Nebenintervenienten am Sieg der Hauptpartei (→ Rn. 630). An dieser zweiten Voraussetzung fehlt es hier offenbar, weil die Entscheidung des Rechtsstreits zwischen K und B auch nicht mittelbar auf die Rechtslage des C einwirken kann. Das Interesse des C ist deshalb nur rein tatsächlicher Natur. Dies reicht für eine Nebenintervention nicht aus. Jedoch prüft das Gericht nicht von Amts wegen, ob ein rechtliches Interesse des Nebenintervenienten am Sieg der Hauptpartei, ein sog. Interventionsgrund, besteht. Vielmehr kann ein entsprechender Mangel nach § 295 I geheilt werden. Da keine Partei das Fehlen des Interventionsgrundes rügt und auch keine Zweifel bestehen, dass die Prozesshandlungsvoraussetzungen von C erfüllt werden, ist sein Beitritt wirksam (→ Rn. 631).
(17) Den Wirkungen der Nebenintervention, wie sie in § 68 beschrieben werden, steht nicht entgegen, dass die sachlichen Voraussetzungen der Nebenintervention nicht erfüllt gewesen sind (→ Rn. 638). Jedoch beschränkt sich die Interventionswirkung auf das Verhältnis zwischen dem Nebenintervenienten und der von ihr unterstützten Hauptpartei, kann also nur gegenüber B Bedeutung erlangen (→ Rn. 642). Klagt K gegen C ebenfalls auf Unterlassen nächtlichen Badens, dann ist der Richter bei der Entscheidung über diese Klage weder an den Urteilsspruch noch an die ihn tragenden tatsächlichen und rechtlichen Feststellungen im Prozess K gegen B gebunden. Die Nebenintervention des C war also sinnlos.
(18) Erstreckt sich die Rechtskraft des Urteils im Hauptprozess auf ein Rechtsverhältnis, das zwischen dem Nebenintervenienten und dem Gegner der von ihm unterstützten Partei besteht, dann gilt nach § 69 dieser Nebenintervenient als Streitgenosse der (von ihm unterstütz-

ten) Partei. Diese besondere Stellung des Nebenintervenienten wird durch die Bezeichnung „streitgenössischer Nebenintervenient" wiedergegeben. Dies bedeutet jedoch nicht, dass er zu einem echten Streitgenossen und damit selbst zu einer Partei im Hauptprozess wird. Vielmehr stehen ihm nur entsprechende Befugnisse eines Streitgenossen zu. Dies bedeutet, dass er sich – anders als ein einfacher Nebenintervenient (§ 67) – mit seinen Erklärungen und Handlungen auch in Widerspruch zu der Hauptpartei setzen darf, insbesondere selbstständig Rechtsmittel und Rechtsbehelfe auch gegen den Widerspruch der Hauptpartei einlegen kann (→ Rn. 650 f.).

(19) Fleißig wird mit seiner Verteidigung, die Konstruktion der Tür entspreche den Regeln der Technik, nicht gehört, wenn die Interventionswirkung des Urteils im Rechtsstreit zwischen Alt und Reichlich diesen Einwand abschneidet. Da die Interventionswirkung auch die den Urteilsspruch tragenden tatsächlichen und rechtlichen Feststellungen umfasst (→ Rn. 640) und in dem Prozess gegen Reichlich eine verfehlte Konstruktion der Tür als Unfallursache festgestellt wurde, ist der Richter bei Entscheidung des Rechtsstreits zwischen Reichlich und Fleißig an diese Feststellung gebunden, wenn sich die Interventionswirkung des Urteils gegen Reichlich auf Fleißig erstreckt. Die Interventionswirkung tritt aufgrund einer Streitverkündung ein, wenn sie formgerecht (§ 73) und wirksam, dh unter Erfüllung der Prozesshandlungsvoraussetzungen, vorgenommen wird und wenn sie zulässig ist (§ 72) (→ Rn. 656 f, 659.). Hinweise, dass die Streitverkündung nicht formgerecht und wirksam vorgenommen wurde, ergeben sich aus dem Sachverhalt nicht. Neben einem anhängigen Rechtsstreit ist weitere Zulässigkeitsvoraussetzung ein Grund für die Streitverkündung. Nach § 72 besteht dieser Grund darin, dass eine Partei für den Fall des ihr ungünstigen Ausgangs des Rechtsstreits einen Anspruch auf Gewährleistung oder Schadloshaltung gegen einen Dritten erheben zu können glaubt oder den Anspruch eines Dritten besorgt. Da Reichlich wegen eines Konstruktionsmangels an der Tür bei Fleißig Regress nehmen kann, besteht also ein Grund für die Streitverkündung; sie ist folglich zulässig. Somit hat das Urteil im Prozess zwischen Alt und Reichlich Interventionswirkung gegenüber Fleißig ohne Rücksicht darauf, dass dieser auf die Streitverkündung nicht reagierte (§ 74). Fleißig wird also nicht mehr mit dem Einwand gehört, dass die Türkonstruktion den Regeln der Technik entspricht (§ 68 iVm § 74 III).

(20) Die Interventionswirkung des § 68 tritt nach hM nur zugunsten des Streitverkünders, nicht zulasten des Streitverkünders ein. Diese Auffassung ist nach der Interessenlage der Beteiligten zutreffend (→ Rn. 662). Dementsprechend ist der Richter in dem Rechtsstreit zwischen Reichlich und Fleißig nicht an die Feststellung gebunden, dass die Tür einwandfrei konstruiert sei.

(21) Der Prätendentenstreit (Gläubigerstreit) wird dadurch gekennzeichnet, dass ein Schuldner von mehreren angeblichen Gläubigern wegen einer auf Geld oder hinterlegungsfähige Sachen gerichteten Forderung in Anspruch genommen wird. Einer von ihnen hat bereits Klage auf Leistung erhoben. In diesem Fall kann der (verklagte) Schuldner nach § 75 demjenigen, der ebenfalls behauptet, Gläubiger der Forderung zu sein, den Streit verkünden. Tritt der Dritte dem Streit bei, dann kann der Beklagte den Betrag der Forderung zugunsten der streitenden Gläubiger unter Verzicht auf das Recht zur Rücknahme und auf seinen Antrag hin aus dem Rechtsstreit entlassen werden. Der Prozess wird dann zwischen den Prätendenten weitergeführt (→ Rn. 671 ff.). Tritt der Dritte nicht bei, dann kann der Beklagte den Anspruch des Klägers anerkennen, ohne dass deshalb der Dritte Schadensersatzansprüche gegen den Beklagten geltend machen kann (§ 68 iVm § 74 III).

## Zu § 6

(1) Der Begriff der Angriffs- und Verteidigungsmittel wird in verschiedenen Vorschriften der ZPO verwendet (vgl. §§ 67, 146, 282, 296, 296 a, 530, 531) und ist mit dem gesamten Vorbringen gleichzusetzen, das die Parteien zur Begründung ihrer prozessualen Begehren dem Gericht unterbreiten. Hierzu zählen also die Behauptungen der Parteien, die dafür genannten

Beweismittel sowie Einwendungen und Einreden. Dagegen sind die Sachanträge, die durch eine Klage oder Widerklage geltend gemacht werden, keine Angriffs- und Verteidigungsmittel (→ Rn. 681).
(2) Beide Vorschriften sind nebeneinander anzuwenden. Dies bedeutet, dass die in § 132 genannten Fristen nicht durch die Regelung des § 282 II eingeschränkt werden und dass andererseits auch ein Verstoß gegen § 282 II zu bejahen sein kann, wenn die Fristen des § 132 beachtet worden sind (→ Rn. 685).
(3) Für die Zurückweisung verspätet vorgebrachter Angriffs- und Verteidigungsmittel kommt es nach § 296 I und II darauf an, ob die Zulassung des verspäteten Vorbringens die Erledigung des Rechtsstreits verzögern würde. Die Theorie vom absoluten Verzögerungsbegriff bejaht eine Verzögerung des Rechtsstreits bereits dann, wenn der Prozess bei Zulassung des verspäteten Vorbringens länger dauern würde als bei einer Zurückweisung. Diese Theorie lehnt es ab, eine Verzögerung dann zu verneinen, wenn davon ausgegangen werden kann, dass der Rechtsstreit auch bei rechtzeitigem Vorbringen nicht hätte früher beendet werden können als bei Zulassung des verspäteten Vortrags (sog. hypothetischer oder relativer Verzögerungsbegriff) (→ Rn. 690). Für die Theorie vom absoluten Verzögerungsbegriff spricht, dass sie klare Entscheidungen ohne möglicherweise aufwändige Ermittlungen eines mutmaßlichen Geschehensablaufs ermöglicht und die Unsicherheiten vermeidet, die nicht selten bei einer hypothetischen Betrachtung entstehen. Es ist zwar nicht zu verkennen, dass der absolute Verzögerungsbegriff dazu führen kann, dass ein Prozess früher beendet wird als bei rechtzeitigem Vorbringen, jedoch kann das hingenommen werden, weil sich die „Überbeschleunigung" als Folge eines schuldhaften Parteiverhaltens darstellt (→ Rn. 691). Allerdings kann die Theorie vom absoluten Verzögerungsbegriff nicht in jedem Fall schematisch angewendet werden, sondern es sind dort Ausnahmen zuzulassen, wo dies durch den Zweck der Präklusionsvorschriften der ZPO geboten ist. Lässt sich ohne Weiteres erkennen, dass dieselbe Verzögerung auch bei rechtzeitigem Vorbringen eingetreten wäre, dann darf der Richter nicht alleine wegen der (dann nicht kausalen) Pflichtwidrigkeit der Partei ihr Vorbringen als verspätet zurückweisen (→ Rn. 692 f.). Dies ist ebenfalls dann nicht zulässig, wenn für die Verzögerung zumindest auch ein richterliches Fehlverhalten ursächlich war (→ Rn. 694). Überdies ist das Gericht verpflichtet, zumutbare vorbereitende Maßnahmen zu ergreifen, um eine Verspätung auszugleichen (→ Rn. 695).
(4) Muss eine Partei damit rechnen, dass ihr Vorbringen nach § 296 I oder II als verspätet zurückgewiesen wird, dann kann sie gegen sich ein Versäumnisurteil ergehen lassen und rechtzeitig zum Termin zur mündlichen Verhandlung, der nach § 341a bei einem zulässigen Einspruch gegen das Versäumnisurteil vom Gericht anzusetzen ist, das (vorher verspätete) Angriffs- oder Verteidigungsmittel vorbringen. Kann in diesem Termin über das Vorbringen verhandelt und entschieden werden, ohne dass dadurch eine Verzögerung des Rechtsstreits eintritt, dann ist eine Zurückweisung als verspätet nicht zulässig (→ Rn. 711 f.).
(5) Grundsätzlich muss das Bestreiten substantiiert ausfallen, dh es müssen auch die Gründe angegeben werden, aus denen die Darstellung eines rechtserheblichen Sachverhalts durch die Gegenpartei als falsch qualifiziert wird (§ 138 II). Ein unsubstantiiertes Bestreiten ist unbeachtlich und führt dazu, dass der entsprechende Tatsachenvortrag des Gegners als zugestanden gilt (§ 138 III). Nur wenn es sich um Vorgänge handelt, die weder eigene Handlungen der Partei noch Gegenstand ihrer eigenen Wahrnehmung gewesen sind und die Partei deshalb darüber keine Angaben zu machen vermag, ist es zulässig, sich auf ein Bestreiten mit Nichtwissen zu beschränken (§ 138 IV) (→ Rn. 726).
(6) Trägt eine Partei Tatsachen vor, die für den Tatbestand einer Rechtsnorm bedeutsam sind, aus der die Gegenpartei Rechte für sich ableiten kann, dann spricht man von einem „ungünstigen Parteivorbringen". Ein solches Vorbringen wirkt in gleicher Weise gegen die vortragende Partei, als habe der Gegner diese Tatsachen dargelegt (→ Rn. 730).
(7) Nach dem Vorbringen des K steht ihm ein Anspruch nach § 823 I BGB zu. Trifft die Sachdarstellung des B zu, dann ist dieser zum Ersatz des Schadens nach § 904 S. 2 BGB verpflich-

Lösungshinweise für die Fälle und Fragen 505

tet. Es handelt sich folglich um einen Fall des gleichwertigen (= äquipollenten) Parteivorbringens, dessen Behandlung im Prozess sehr streitig ist (→ Rn. 737). Nach der hM im Schrifttum kann der Richter in einem solchen Fall der Klage ohne Beweisaufnahme mit einer alternativen Sachverhaltsfeststellung stattgeben. Dagegen verlangt die Rechtsprechung, dass sich der Kläger den Vortrag des Beklagten mindestens hilfsweise zu Eigen machen muss. Allerdings geht die Rechtsprechung davon aus, dass sich eine vernünftige Partei regelmäßig nicht dagegen sperren werde, ihren Anspruch auch hilfsweise auf eine Sachverhaltsdarstellung zu stützen, die zwar von ihrem Tatsachenvortrag abweicht, die aber ihrem Begehren letztlich zum Erfolg verhilft. Bestehen insoweit Zweifel, dann hat der Richter nach § 139 I den Kläger zu fragen, ob er sich hilfsweise den Sachvortrag des Beklagten zu Eigen machen will. Da nicht angenommen werden kann, dass K eine solche Frage verneint, führen letztlich beide Auffassungen zu dem Ergebnis, dass über die Klage ohne Beweisaufnahme zugunsten des K entschieden werden kann.

(8) Als Geständnis wird die Erklärung einer Partei bezeichnet, dass eine Tatsachenbehauptung der Gegenpartei zutrifft. Zugestanden werden also Tatsachenbehauptungen (→ Rn. 738). Dagegen handelt es sich bei dem prozessualen Anerkenntnis um die vom Beklagten gegenüber dem Prozessgericht abgegebene einseitige Erklärung, dass der vom Kläger geltend gemachte Anspruch bestehe (→ Rn. 447); im Gegensatz zum Geständnis bezieht sich also das Anerkenntnis auf den prozessualen Anspruch. Ein wirksames Anerkenntnis führt dazu, dass ein ihm entsprechendes Urteil ohne Prüfung in tatsächlicher und rechtlicher Hinsicht erlassen wird (→ Rn. 450).

(9) Wird eine dem Gegner günstige Tatsache zugestanden, bevor er sie behauptet hat, dann spricht man von einem antizipierten Geständnis, das erst bindend wird, wenn sich der Gegner auf diese Tatsache beruft. Wird ein Geständnis mit Zusätzen versehen, die ein selbstständiges Angriffs- oder Verteidigungsmittel enthalten (vgl. § 289 I), dann bezeichnet man es als ein qualifiziertes Geständnis (→ Rn. 740).

(10) Bei Geltung des Freibeweises bleibt dem Ermessen des Richters mehr Raum. Er ist nicht an die gesetzlichen Beweismittel und an die Förmlichkeiten des Beweisverfahrens gebunden. Vielmehr kann er von Amts wegen Erkenntnisquellen benutzen, die eine zuverlässige Beantwortung der klärungsbedürftigen Frage ermöglichen. Im Freibeweisverfahren konnten nach bisher hM insbesondere die allgemeinen Prozessvoraussetzungen, die Zulässigkeitsvoraussetzungen von Rechtsmitteln sowie das Recht anderer Staaten, Gewohnheitsrecht und Satzungsrecht ermittelt werden. An dieser Auffassung wird nach Änderung des § 284 durch das 1. JuMoG, wonach die Anwendung des Freibeweises von einem Einverständnis der Parteien abhängig gemacht wird, nicht mehr festgehalten werden können (→ Rn. 748 ff.).

(11) In einem (förmlichen) Beweisbeschluss ist nach § 359 Nr. 3 auch die Partei zu bezeichnen, die sich auf das Beweismittel berufen hat. Der Beweisbeschluss ist also mangelhaft. Jedoch können Mängel des Beweisbeschlusses nur mit dem Rechtsmittel gegen das Urteil geltend gemacht werden, das dem Beweisbeschluss nachfolgt. Eine selbstständige Anfechtung des Beweisbeschlusses ist dagegen ausgeschlossen (→ Rn. 764).

(12) Die Anordnung eines Sachverständigengutachtens geschieht regelmäßig durch einen (förmlichen) Beweisbeschluss, da für die Beweisaufnahme ein „besonderes Verfahren" erforderlich ist (→ Rn. 762). Dass ein Beweisbeschluss nicht anfechtbar ist, wurde bereits oben (zur vorstehenden Frage) ausgeführt. Außerdem ist die Entscheidung, ob ein Sachverständigengutachten zu erstatten ist, in das Ermessen des Gerichts gestellt (→ Rn. 793). Die Ausführung des Klägers über das Tätigwerden des Kundig in einem früheren Verfahren zwischen den Parteien bilden den Gegenstand eines Ablehnungsantrages iSv § 406 II. Die falsche Bezeichnung als „sofortige Beschwerde" ist unschädlich. Nach § 406 I kann ein Sachverständiger aus denselben Gründen (mit Ausnahme des § 41 Nr. 5) abgelehnt werden wie ein Richter (→ Rn. 794). Hier könnte als Ablehnungsgrund die Besorgnis der Befangenheit iSv § 42 II in Betracht kommen. Jedoch genügt die Tatsache, dass der Sachverständige bereits in einem früheren zwischen den Parteien anhängigen Rechtsstreit als Sachverständiger aufgetreten ist,

allein nicht, um ein berechtigtes Misstrauen der Partei an seiner Unparteilichkeit zu rechtfertigen. Dass das Gutachten für den Kläger nachteilig war, kann insoweit nicht erheblich sein. In einem kontradiktorischen Verfahren wird regelmäßig das Gutachten eines Sachverständigen der einen Partei günstig und der anderen ungünstig sein. Nur wenn eine Partei überzeugend darzulegen vermag, dass der Sachverständige sie in dem früheren Verfahren aus nicht sachgemäßen Gründen benachteiligt habe, lässt sich der Vorwurf einer Besorgnis der Befangenheit zu Recht erheben. Das Gericht wird also hier den Ablehnungsantrag des Klägers durch Beschluss zurückweisen.

(13) Ein sachverständiger Zeuge ist eine Person, die über persönliche Erlebnisse berichtet, zu deren Wahrnehmung eine besondere Sachkunde erforderlich ist (→ Rn. 795). Auf sie sind die Vorschriften über den Zeugenbeweis anzuwenden (§ 414).

(14) Das Gesetz hat für den Urkundenbeweis Beweisregeln aufgestellt, die den Richter bei der Beweiswürdigung binden (→ Rn. 822 f.). Nach diesen Regeln, die in den §§ 415–418 enthalten sind, muss zwischen öffentlichen und privaten Urkunden unterschieden und darauf gesehen werden, welche Erklärungen die öffentlichen Urkunden verkörpern.

(15) Die Anordnung einer Parteivernehmung durch das Gericht (vgl. § 450 I) kommt in Betracht, wenn
- die beweisführungsbelastete Partei, die den ihr obliegenden Beweis mit anderen Beweismitteln nicht vollständig geführt oder andere Beweismittel nicht vorgebracht hat, den Antrag auf Vernehmung der Gegenpartei stellt (§ 445 I),
- eine Partei dies beantragt und die andere damit einverstanden ist (§ 447),
- das Ergebnis der Verhandlungen und einer etwaigen Beweisaufnahme zwar bereits eine gewisse Wahrscheinlichkeit für die zu beweisende Tatsache erbracht hat, jedoch noch nicht der zur richterlichen Feststellung der Tatsache erforderliche Wahrscheinlichkeitsgrad erreicht worden ist (§ 448) oder
- die Parteivernehmung zur Herstellung der Waffengleichheit und zur Gewährleistung eines effektiven Rechtsschutzes geboten ist (→ Rn. 812).

(16) Die Vernehmung einer Partei ist durch das Gericht nicht erzwingbar. Erscheint die Partei trotz ordnungsgemäßer Ladung (§ 450 I 2) nicht zu dem zu ihrer Vernehmung bestimmten Termin, dann entscheidet das Gericht unter Berücksichtigung aller Umstände nach freiem Ermessen, ob die Aussage als verweigert anzusehen ist (§ 454 I). Davon ist auszugehen, wenn dem Gericht keine Gründe bekannt sind, die für eine unverschuldete Verhinderung der Partei sprechen. Es ist dann zur Hauptsache zu verhandeln (§ 454 II) und das Gericht hat das Verhalten der nicht erschienenen Partei frei zu würdigen (§ 446 iVm § 453 II) (→ Rn. 818).

(17) Der Hauptbeweis hat Tatsachen zum Inhalt, auf die es für die Verwirklichung eines Tatbestandsmerkmals ankommt, und bezweckt, die Überzeugung des Richters von der Existenz dieser Tatsache herzustellen. Der Gegenbeweis soll dagegen die Überzeugung des Gerichts vom Vorhandensein solcher Tatsachen erschüttern; sein Ziel ist bereits erreicht, wenn dem Richter Zweifel kommen, die eine entsprechende Überzeugungsbildung verhindern (→ Rn. 814). Der Gegenteilsbeweis muss dagegen – wie seine Bezeichnung bereits angibt – die Überzeugung des Gerichts vom Nichtvorhandensein rechtserheblicher Tatsachen schaffen. Er wird gegen vermutete Tatsachen geführt (§ 292 S. 1) (→ Rn. 866). Bilden die rechtserheblichen Tatsachen den Gegenstand des Beweises selbst, dann handelt es sich um einen unmittelbaren Haupt- oder Gegenbeweis. Werden dagegen Tatsachen bewiesen, aus denen mithilfe von Erfahrungssätzen erst das Bestehen oder Nichtbestehen rechtserheblicher Tatsachen erschlossen wird, dann wird ein mittelbarer (Haupt- oder Gegen-)Beweis geführt (→ Rn. 814).

(18) Als Beweismaß bezeichnet man die Anforderungen, die an die Feststellung streitiger Tatsachen im Zivilprozess gestellt werden (→ Rn. 828). Das Beweismaß wird durch Rechtsnormen bestimmt. Im Regelfall ist ein hoher Grad von Wahrscheinlichkeit vorgeschrieben, jedoch gibt es auch eine Reihe von Fällen, in denen eine Beweismaßreduzierung zugelassen wird (→ Rn. 831).

(19) Bei einem Anscheinsbeweis wird von einem feststehenden Ereignis auf eine bestimmte (rechtserhebliche) Tatsache geschlossen, die typischerweise mit diesem Ereignis verbunden zu sein pflegt. Der „typische Geschehensablauf", der dabei vorausgesetzt wird, erschließt sich aus der Lebenserfahrung (→ Rn. 832). Bei einem Anscheinsbeweis der Fahrlässigkeit handelt es sich durchweg um Sachverhalte, die in ihren wesentlichen Merkmalen von einem einzigen Erfahrungssatz umfasst werden, der für ein fahrlässiges Verhalten spricht (→ Rn. 835). Dagegen wendet die Rechtsprechung beim Anscheinsbeweis der Kausalität mehrere, auch gegenläufige Erfahrungssätze an, um die wahrscheinlichste aller in Betracht kommenden Schadensursachen zu ermitteln. Auf diese Weise wird der Anscheinsbeweis auch auf individuelle Fälle anwendbar. Die angenommene Schadensursache wird deshalb als typisch angesehen, weil sie gegenüber den anderen ebenfalls möglichen die wahrscheinlichste ist. Allerdings wird in diesen Fällen nur ein geringerer Wahrscheinlichkeitsgrad erreicht, als er beim Regelbeweismaß verlangt wird. Auf diese Weise werden die Beweisanforderungen bei der haftungsbegründenden Kausalität – verdeckt durch einen Anscheinsbeweis – gesenkt (→ Rn. 838). Der Anscheinsbeweis ist jedoch nicht auf den Beweis von Fahrlässigkeit und Kausalität beschränkt, sondern kann überall dort geführt werden, wo Erfahrungssätze mit ausreichender Wahrscheinlichkeit die Schlussfolgerung des Richters auf die Verwirklichung rechtserheblicher Tatsachen zu stützen vermögen (→ Rn. 840).

(20) Der Beweis, dass die in das Fahrzeug des K eingebauten Ersatzteile bereits im Zeitpunkt des Einbaus defekt gewesen waren, kann nach Beseitigung dieser Teile nicht mehr geführt werden. Das Verschwinden der Teile ist auf das Verhalten des B, der sich nach dem Ausbau darum nicht mehr gekümmert hatte, zurückzuführen. Aufgrund der Vorgeschichte musste sich B jedoch sagen, dass diese Teile in einem möglichen Prozess eine Rolle spielen könnten; es hätte deshalb von ihm erwartet werden können, dass er sorgfältig damit umgeht. Die Pflicht zur Aufbewahrung der Ersatzteile ergibt sich aus dem zwischen den Parteien geschlossenen Werkvertrag. Es handelt sich folglich um einen Fall schuldhafter Beweisvereitelung. Die Unaufklärbarkeit würde zulasten des B gehen, wenn man sich der Auffassung anschließt, dass eine Beweisvereitelung zur Beweislastumkehr führt. Wenn man es dagegen mit der Gegenauffassung dem Gericht überlässt, aus dem Verhalten des B im Rahmen der Beweiswürdigung Schlüsse zu ziehen, dann wird man von B die Angaben überzeugender Gründe zu verlangen haben, weshalb er die Ersatzteile nicht aufbewahrt hatte. Gelingt es B nicht – wovon auszugehen ist – solche Gründe zu nennen, dann wird der Richter seiner Entscheidung die Annahme zugrunde legen, dass eine Begutachtung der Ersatzteile die Behauptungen des K bewiesen hätten, weil andernfalls B sich die Teile gesichert hätte, um seinen Vortrag zu belegen (→ Rn. 843 ff.).

(21) Dieser Satz beschreibt die Auswirkungen des Grundprinzips der Beweislast auf die Parteien, allerdings nur ungenau. Ungenau ist dieser Satz nicht nur, weil er lediglich die Wirkung, und nicht die Ursache erwähnt, sondern auch deshalb, weil zwischen verschiedenen Erscheinungsformen der Beweislast unterschieden werden muss. Unter dem Begriff der objektiven Beweislast (auch Feststellungslast genannt) werden die Nachteile zusammengefasst, die sich aus der Nichtanwendung eines der betroffenen Partei günstigen Rechtssatzes und der Anwendung eines ihrem Gegner günstigen Rechtssatzes im Falle des non liquet ergeben. Als subjektive Beweislast (oder Beweisführungslast) bezeichnet man die Notwendigkeit, zur Vermeidung dieser Nachteile den Beweis einer streitigen Tatsache zu führen (→ Rn. 859). Diese Wirkungen für die Parteien ergeben sich aus den Beweislastnormen, die im Falle des non liquet ein bestimmtes Beweisergebnis fingieren, und zwar im Regelfall die Feststellung der Nichtverwirklichung eines Tatbestandsmerkmals, dessen tatsächliche Voraussetzungen sich nicht klären lassen (→ Rn. 856). In Ausnahme von dieser Regel wird beim Eingreifen einer Sonderregel der Beweislast ein positives Ergebnis der Tatsachenfeststellung fingiert (→ Rn. 861).

(22) Vermutungen sind Beweislastregeln, die sich von anderen Beweislastnormen dadurch unterscheiden, dass Voraussetzung für ihre Anwendung nicht nur ein non liquet hinsichtlich der Beweisfrage ist, sondern noch die Verwirklichung des Tatbestandes der Vermutung, der

sog. Vermutungsbasis, hinzukommt (→ Rn. 862). Entsprechend dem Vermutungsgegenstand wird zwischen Tatsachenvermutungen und Rechtsvermutungen unterschieden (→ Rn. 864).

## Zu § 7

(1) Ein Zivilprozess kann mit oder ohne Urteil beendet werden. Ein Urteil entfällt bei der Klagerücknahme (§ 269), beim Prozessvergleich und bei der beiderseitigen Erledigungserklärung (§ 91a). In jedem dieser Fälle wird die Rechtshängigkeit beseitigt, jedoch ist nur im Falle der Klagerücknahme eine erneute Klage mit demselben Streitgegenstand zulässig (→ Rn. 463). Bei der beiderseitigen Erledigungserklärung handelt der Kläger regelmäßig treuwidrig, wenn er die gleiche Klage erneut erhebt. Auf Einrede des Beklagten muss deshalb dann die Klage als unzulässig abgewiesen werden (→ Rn. 497). Bei einem Prozessvergleich kann sich ein Streit über die Wirksamkeit ergeben, der grundsätzlich im Rahmen des wiederaufzunehmenden (alten) Rechtsstreits auszutragen ist. Kommt dabei das Gericht zu dem Ergebnis, dass der Prozessvergleich wirksam den Prozess beendete, dann ist das durch Urteil festzustellen (→ Rn. 537). Wird ein Rechtsstreit durch Urteil abgeschlossen, dann steht die Rechtskraft dieser Entscheidung einer Klageerneuerung entgegen (→ Rn. 1037).

(2) Durch ein Endurteil wird der Rechtsstreit abschließend für die Instanz entschieden. Im Gegensatz dazu muss einem Zwischenurteil notwendigerweise ein Endurteil folgen. Regelmäßig wird durch ein Zwischenurteil ein Streit der Parteien über verfahrensrechtliche Fragen entschieden, von deren Erledigung der Fortgang des Verfahrens abhängt; ein solches Zwischenurteil bezeichnet man auch als Zwischenstreiturteil. Von diesen Zwischenstreiturteilen sind andere Zwischenurteile zu unterscheiden, die einen Streit mit einem Dritten, nicht also mit einer Partei, betreffen, oder die über die Zulässigkeit der Klage ergehen. Ein besonderes Zwischenurteil stellt das Grundurteil nach § 304 dar (→ Rn. 877).

(3) Versäumnis-, Anerkenntnis- und Verzichtsurteile können ohne Tatbestand und Entscheidungsgründe ergehen, wenn nicht zu erwarten ist, dass das Versäumnisurteil oder das Anerkenntnisurteil im Ausland geltend gemacht werden soll (§ 313b I, III). Darüber hinaus bedürfen auch Urteile, gegen die unzweifelhaft ein Rechtsmittel nicht eingelegt werden kann, keines Tatbestandes und – wenn die Parteien darauf verzichten oder wenn ihr wesentlicher Inhalt in das Protokoll aufgenommen wird – auch keiner Entscheidungsgründe (§ 313a I). Wird das Urteil als sog. Stuhlurteil erlassen (→ Rn. 890), dann kann das Urteil ohne Tatbestand und Entscheidungsgründe ergehen, wenn die anfechtungsberechtigte Partei auf ein Rechtsmittel verzichtet (§ 313a II) (→ Rn. 880).

(4) Ein Beschluss muss von dem Richter, der ihn erlässt, unterschrieben werden (→ Rn. 876). Es handelt sich dabei um eine Wirksamkeitsvoraussetzung. An die Unterschrift des Richters sind die gleichen Anforderungen zu stellen wie an die Unterschrift unter bestimmenden Schriftsätzen (BGH NZI 2015, 563 Rn. 6). Die Rechtsprechung verlangt in beiden Fällen einen die Identität des Unterschreibenden ausreichend kennzeichnenden individuellen Schriftzug, der sich nicht nur als Namenskürzel (Paraphe) darstellt, sondern charakteristische Merkmale einer Unterschrift mit vollem Namen aufweist und die Nachahmung durch einen Dritten zumindest erschwert. Es reicht allerdings aus, dass jemand, der den Namen des Unterzeichnenden und dessen sonstige Unterschrift kennt, den Namen aus dem Schriftbild herauslesen kann (BGH NJW 1988, 713). Diesen Anforderungen entspricht die Unterzeichnung des Beschlusses durch Richter Hastig nicht. Der Beschluss ist folglich nicht wirksam zustande gekommen.

(5) Wird das Urteil entgegen § 317 I iVm § 166 II nicht von Amts wegen zugestellt, dann beginnt die Berufungsfrist von einem Monat zunächst nicht zu laufen, sondern nach § 517 erst nach Ablauf von fünf Monaten. Dies bedeutet, dass in diesem Fall Berufung noch bis Ablauf von insgesamt sechs Monaten nach der Verkündung eingelegt werden kann. Der Beklagte kann also noch bis zum 10. 10. (vgl. § 188 II BGB iVm § 222 I ZPO) Berufung einlegen (→ Rn. 892).

(6) Nach Verkündung des Urteils darf Richter Fahrig seine Entscheidung nicht mehr ändern (§ 318); er darf also nicht mehr nachträglich in dem von ihm verkündeten Urteil eine Entscheidung über den offengelassenen Anspruch des Klägers aufnehmen (→ Rn. 893). Man könnte allerdings erwägen, das erlassene Urteil als ein Teilurteil iSv § 301 anzusehen und dementsprechend – die Abgrenzbarkeit seines Gegenstandes vorausgesetzt – durch ein zweites Urteil (Schlussurteil) über den offengelassenen Anspruch zu entscheiden (→ Rn. 877). Jedoch verlangt die hM für ein Teilurteil, dass sich das Gericht darüber im Klaren ist, ein Teilurteil zu erlassen, und einen entsprechenden Willen auch zum Ausdruck bringt (BGH NJW 1984, 1543 [1544]). Ist dies nicht der Fall, dann handelt es sich auch nicht um eine Teilentscheidung. Richter Fahrig hat also keine Möglichkeit mehr, seinen Fehler selbstständig zu korrigieren. In Betracht zu ziehen ist deshalb nur eine Urteilsergänzung nach § 321, die jedoch nicht von Amts wegen, sondern nur aufgrund eines in der Frist des § 321 II zu stellenden Antrags zulässig ist. Voraussetzung dafür ist allerdings, dass sich die Entscheidungslücke aus dem Tatbestand ergibt. Ist dies nicht der Fall, dann muss zuvor der Tatbestand gem. § 320 berichtigt werden.

(7) Als Rechtsmittel werden nur solche Rechtsbehelfe angesehen, denen ein Devolutiveffekt und ein Suspensiveffekt zukommt (→ Rn. 897). Der Devolutiveffekt fehlt aber dem Einspruch gegen das Versäumnisurteil, weil über ihn dasselbe Gericht zu befinden hat, das das angefochtene Urteil erließ (→ Rn. 352). Er ist folglich kein Rechtsmittel.

(8) a) Mit der hM ist diese Frage zu bejahen. Denn der Kläger erlangt durch die Abweisung seiner Klage als unzulässig keine Rechtsposition, auf deren Bestand er vertrauen darf. Das Verschlechterungsverbot steht deshalb einer Abweisung der Klage als unbegründet nicht entgegen (→ Rn. 909).

b) Ob das Berufungsgericht die Klage als unzulässig abweisen darf, wenn nur der Kläger gegen das erstinstanzliche Urteil, das seine Klage für teilweise begründet erklärte, ein Rechtsmittel eingelegt hat, ist streitig. Die hM bejaht dies, weil nach ihrer Auffassung die Frage nach der Zulässigkeit vom Gericht unabhängig von entsprechenden Anträgen der Parteien zu entscheiden sei und deshalb das in § 528 zum Ausdruck gebrachte Verschlechterungsverbot insoweit keine Anwendung finden könnte (→ Rn. 910).

(9) Zu erwägen ist, ob sofortige Beschwerde einzulegen ist, weil dies das richtige Rechtsmittel gegen einen Beschluss wäre (subjektive Theorie), oder ob das Rechtsmittel der Berufung zu wählen ist, weil sie bei der richtigen Form der Entscheidung statthaft wäre (objektive Theorie). Die hM überlässt die Wahl der betroffenen Partei, hält also in diesem Fall beide Rechtsmittel für statthaft (Prinzip der Meistbegünstigung). Dies entspricht dem Interesse der Partei, die nicht mit der Frage belastet wird, ob die gewählte Form falsch ist und welches Rechtsmittel in Betracht kommt (→ Rn. 911 f.).

(10) a) K fehlt eine Beschwer, weil er durch das von ihm angefochtene Urteil das erhalten hat, was er beantragte (→ Rn. 901). Jedoch handelt es sich hier um eine Anschlussberufung (§ 524). Es ist nicht erforderlich, dass K ausdrücklich erklärt, er wolle eine Anschlussberufung einlegen. Vielmehr genügt, dass K klar zum Ausdruck bringt, eine Änderung des angefochtenen Urteils zu seinen Gunsten erreichen zu wollen (BGH NJW 1990, 447 [449]). Für eine Anschlussberufung ist eine Beschwer nicht Voraussetzung. Deshalb ist die Berufung des K zulässig und er kann auch seinen Antrag erweitern (§ 264 Nr. 2 iVm § 525) (→ Rn. 936). Zu beachten ist, dass die durch § 533 angeordneten Einschränkungen nicht für die Fälle des § 264 Nr. 2 gelten (BGH NJW 2004, 2152 [2154]; 2007, 3127 [3129 Rn. 30]).

b) Wird jedoch die Hauptberufung zurückgenommen, dann verliert die Anschlussberufung ihre Wirkung mit Rücknahme der Hauptberufung (§ 524 IV; → Rn. 938).

(11) Die Antwort ergibt sich aus § 511. Gegen Urteile des erstinstanzlichen Gerichts ist die Berufung zulässig, wenn der Beschwerdegegenstand 600 EUR übersteigt oder wenn die Berufung vom erstinstanzlichen Gericht zugelassen wird. Die Gründe für eine Zulassung nennt § 511 IV 1 (→ Rn. 922).

(12) Die vom Berufungsgericht auszusprechende Zulassung der Revision ist davon abhängig, dass der Rechtssache entweder grundsätzliche Bedeutung zukommt oder die Entschei-

dung des Revisionsgerichts zur Fortbildung des Rechts oder zur Sicherung einer einheitlichen Rechtsprechung erforderlich ist (§ 543 II; → Rn. 968).

(13) Nach § 559 I unterliegt der Beurteilung des Revisionsgerichts nur dasjenige Parteivorbringen, das aus dem Tatbestand des Berufungsurteils oder dem Sitzungsprotokoll ersichtlich ist; außerdem können noch die zur Begründung von Verfahrensrügen nach § 551 III Nr. 2b vorgebrachten Tatsachen berücksichtigt werden. Über diese Regelung hinaus muss es aber dem Revisionsgericht gestattet sein, die Prozessvoraussetzungen in rechtlicher und tatsächlicher Hinsicht zu prüfen und insoweit auch selbst Beweise zu erheben und zu würdigen. Diese Prüfung des Revisionsgerichts, die sich durch das allgemeine Interesse an der Erfüllung der Prozessvoraussetzungen rechtfertigen lässt, bezieht sich nicht nur auf die Zulässigkeit des Revisionsverfahrens, sondern umschließt auch solche Tatsachen, die die Zulässigkeit des vorangegangenen Verfahrens betreffen, da davon auch die Zulässigkeit des Revisionsverfahrens abhängt. Folglich kann der BGH hinsichtlich der Prozessfähigkeit einer Partei Beweis erheben (→ Rn. 992).

(14) Eine Verwerfung der Revision durch Versäumnisurteil bei Säumnis des Revisionsklägers setzt voraus, dass die Klage zulässig ist. Fehlt eine Sachurteilsvoraussetzung, dann muss dies vom Revisionsgericht von Amts wegen berücksichtigt werden. Folglich hat das Revisionsgericht dann ohne Rücksicht auf die Säumnis des Revisionsklägers das die Klage zusprechende Urteil des Berufungsgerichts aufzuheben und die Klage als unzulässig abzuweisen (→ Rn. 999).

(15) Eine Rechtsbeschwerde ist statthaft, wenn dies im Gesetz ausdrücklich bestimmt ist (Beispiel: § 522 I 4) und zudem die Voraussetzungen erfüllt werden, die in § 574 II aufgeführt sind (§ 574 I Nr. 1 iVm II 1). Außerdem ist die Rechtsbeschwerde statthaft, wenn sie vom LG in Beschwerde- oder Berufungsverfahren oder vom OLG als erstinstanzliches Gericht (vgl. § 1062) zugelassen wird (§ 574 I Nr. 2). Die Gründe für die Zulassung sind die gleichen wie für die Zulassung der Revision und werden in § 574 II genannt (→ Rn. 1019).

(16) Die formelle (äußere) Rechtskraft bedeutet die Unanfechtbarkeit einer gerichtlichen Entscheidung (→ Rn. 1035). Sie bewirkt, dass jeder Rechtsstreit einmal sein Ende findet (→ Rn. 1037). Die materielle (innere) Rechtskraft enthält das Verbot, einen von der (formell rechtskräftigen) Entscheidung abweichenden Spruch zu fällen, bindet also jedes andere Gericht an die in Rechtskraft erwachsende Entscheidung des ersten Richters (→ Rn. 1037 f.).

(17) Mit der Verkündung des Urteils oder der sie ersetzenden Zustellung (vgl. § 310 III) tritt für das erkennende Gericht ein Aufhebungs- und Änderungsverbot ein sowie das sich hieraus ableitende Gebot, das Urteil im weiteren Verfahren zu beachten und nicht innerhalb derselben Instanz davon abzuweichen, wenn weitere Entscheidungen zu treffen sind. Diese Bindungswirkung besteht unabhängig davon, ob das Urteil materielle Rechtskraft erlangt und hat auch nichts mit der Anfechtbarkeit des Urteils zu tun, die durch die formelle Rechtskraft ausgeschlossen wird (→ Rn. 893 f., 1035).

(18) Durch das erste Urteil ist rechtskräftig festgestellt worden, dass Weiß gegen Schwarz keinen Anspruch auf Zahlung des Kaufpreises hat. Die Begründung für diese Entscheidung, dass der Kaufvertrag infolge der von Schwarz erklärten Anfechtung nichtig sei und deshalb keine Grundlage für einen Zahlungsanspruch biete, wird von der Rechtskraft nicht erfasst. Deshalb ist das Gericht bei Entscheidung des zweiten Prozesses durch das erste Urteil nicht daran gehindert, über die Anfechtung wegen Irrtums anders zu entscheiden als der erste Richter. Wenn jedoch Schwarz im ersten Prozess die Klageabweisung dadurch erreichte, dass er sich auf eine Anfechtung berief, dann muss er einen triftigen Grund dafür angeben, weshalb er im zweiten Prozess das Gegenteil behauptet. Da er dies nicht tat, wird der Richter bei Entscheidung über die Schadensersatzklage des Weiß das widersprüchliche Vorbringen des Schwarz nicht berücksichtigen, weil es rechtsmissbräuchlich erscheint. Schwarz wird deshalb ohne Beweiserhebung entsprechend dem Klageantrag verurteilt werden, wenn die Höhe des dem Weiß entstandenen Schadens unstreitig feststeht (→ Rn. 1051).

(19) Die Zwischenfeststellungsklage ist Folge der Grenzen der Rechtskraft des Urteils. Nur der Ausspruch des Gerichts über den mit der Klage geltend gemachten Anspruch erwächst

# Lösungshinweise für die Fälle und Fragen 511

in Rechtskraft (§ 322 I), nicht dagegen die tatsächlichen und rechtlichen Feststellungen, auf die die Entscheidung des Gerichts gestützt wird. Will eine Partei auch die rechtskräftige Feststellung der zugrundeliegenden Rechtsverhältnisse und der tragenden Entscheidungsgründe erreichen, dann muss sie eine darauf gerichtete Zwischenfeststellungsklage erheben (→ Rn. 1053 f.).

(20) K kann eine Abänderungsklage gem. § 323 gegen B erheben, um die Erhöhung seiner Rente zu erreichen. Die Klage ist zulässig, da K für sein Klagebegehren Tatsachen vorträgt, aus denen sich eine wesentliche Veränderung der tatsächlichen Verhältnisse, nämlich seines Gesundheitszustandes, ergeben, die der abzuändernden Entscheidung zugrunde gelegen haben (→ Rn. 1066). Kann sich das Gericht davon überzeugen, dass die zwischenzeitlich eingetretene Verschlechterung des Gesundheitszustandes des Klägers eine höhere Rente rechtfertigt, dann wird es das frühere Urteil aufheben und die Zahlungspflicht des B aufgrund der veränderten Verhältnisse neu bestimmen (→ Rn. 1067).

(21) Das Wiederaufnahmeverfahren beginnt mit der Prüfung, ob die Wiederaufnahme zulässig ist. Ist dies zu verneinen, dann wird die Klage durch Prozessurteil als unzulässig abgewiesen. Bei einem positiven Ergebnis der Zulässigkeitsprüfung schließt sich in einem zweiten Abschnitt die auf die Begründetheit der Klage gerichtete Untersuchung an. Kommt das Gericht zu dem Ergebnis, dass die Wiederaufnahmeklage nicht begründet ist, dann wird sie abgewiesen; andernfalls muss das angegriffene Urteil aufgehoben werden. In diesem Fall muss durch ein neues Urteil über den Rechtsstreit, in dem das aufgehobene Urteil erging, neu befunden werden (→ Rn. 1070 ff.).

(22) Der Erfolg einer solchen Klage hängt von der Erfüllung folgender Voraussetzungen ab:
- materielle Unrichtigkeit des Titels; der für vollstreckbar erklärte Anspruch darf nicht oder nicht im titulierten Umfang bestehen;
- Kenntnis des Titelgläubigers von der Unrichtigkeit des Titels, wobei es beim Streit über die Zulässigkeit einer künftigen Vollstreckung genügt, wenn ihm diese Kenntnis durch das zur Entscheidung über den Anspruch aus § 826 BGB berufene Gericht vermittelt wird;
- besondere Umstände, die noch hinzutreten müssen und aufgrund derer dem Gläubiger zuzumuten ist, die ihm unverdient zugefallene Rechtsposition aufzugeben. Von diesem Erfordernis kann in Extremfällen abgesehen werden, wenn die Unrichtigkeit des Titels eindeutig feststeht und so schwerwiegend erscheint, dass jede Vollstreckung allein schon deswegen das Rechtsgefühl in schlechthin unerträglicher Weise verletzen würde.
- Die Unrichtigkeit des Urteils darf nicht lediglich durch Wiederholung desselben Tatsachenvortrages, derselben Beweismittel und derselben Rechtsauffassung dargetan werden, die schon im abgeschlossenen Vorprozess vorgetragen worden sind (→ Rn. 1077 f.).

(23) Wird gegen den Mahnbescheid Widerspruch eingelegt und beantragt eine Partei, also entweder der Antragsteller des Mahnverfahrens oder sein Gegner, die Durchführung des streitigen Verfahrens, dann hat das Gericht, dh der Rechtspfleger (§ 20 Nr. 1 RPflG; → Rn. 1094, 1097), den Rechtsstreit an das Gericht abzugeben, das in dem Mahnbescheid nach § 692 I Nr. 1 iVm § 690 I Nr. 5 als zuständig für das streitige Verfahren bezeichnet worden ist oder das von den Parteien übereinstimmend gewählt wird. Mit der Abgabe endet das Mahnverfahren. Der Rechtsstreit wird mit dem Eingang der Akten beim Empfangsgericht dort anhängig (§ 696 I 4) (→ Rn. 1097). Die Geschäftsstelle des Empfangsgerichts hat sodann dem Antragsteller unverzüglich aufzugeben, seinen Anspruch binnen zwei Wochen zu begründen (§ 697 I). Bei Eingang der Anspruchsbegründung ist wie beim Eingang einer Klage weiter zu verfahren (§ 697 II).

## Zu § 8

(1) Aufgrund des Aufbaus und der Systematik des 8. Buches der ZPO muss zwischen der Zwangsvollstreckung wegen einer Geldforderung und der Zwangsvollstreckung zur Erwirkung der Herausgabe von Sachen und zur Erwirkung von Handlungen oder Unterlassungen unterschieden werden (→ Rn. 1109). Bei einer Zwangsvollstreckung wegen Geldforderungen muss darauf gesehen werden, ob sie in das bewegliche oder in das unbewegliche Vermögen vollzogen werden soll, weil sich die insoweit anzuwendenden Vorschriften unterscheiden. Bei einer Zwangsvollstreckung in das bewegliche Vermögen muss dann weiter danach differenziert werden, ob körperliche Sachen, Forderungen oder andere Vermögensrechte den Gegenstand der Pfändung bilden (→ Rn. 1153).
(2) Noch nicht rechtskräftig gewordene Urteile werden für vorläufig vollstreckbar erklärt, um dem Gläubiger bereits vor Abschluss des Verfahrens die Durchsetzung des vom Gericht als bestehend anerkannten Anspruchs zu ermöglichen und dem Schuldner den Anreiz zu nehmen, ein Rechtsmittel nur deshalb einzulegen, um die Zwangsvollstreckung hinauszuschieben. Grundsätzlich ist jedes Urteil, dessen Rechtskraft noch nicht feststeht, für vorläufig vollstreckbar zu erklären. Nach den in §§ 708–713 getroffenen Regelungen richtet sich, ob die vorläufige Vollstreckbarkeit nur gegen Sicherheitsleistung anzuordnen ist oder ob der Schuldner die Vollstreckung aus einem für vorläufig vollstreckbar erklärten Urteil seinerseits durch Sicherheitsleistung abwenden kann (→ Rn. 1121, 1126).
(3) Weiß und Schwarz müssen den Anspruch auf Rückzahlung des Darlehens und seine Modalitäten in einer Urkunde regeln, die von einem deutschen Notar aufgenommen wird. Unterwirft sich Schwarz in dieser Urkunde der sofortigen Zwangsvollstreckung in sein Vermögen, dann stellt diese Urkunde nach § 794 I Nr. 5 einen Vollstreckungstitel dar, aus dem Weiß vollstrecken kann, wenn Schwarz seiner Rückzahlungspflicht nicht nachkommt (→ Rn. 1131).
(4) Um aus dem Urteil vollstrecken zu können, benötigt Kunz eine vollstreckbare Ausfertigung, dh eine mit der Vollstreckungsklausel versehene Ausfertigung des Urteils (§ 724 I). Die Vollstreckungsklausel wird auf Antrag vom Urkundsbeamten der Geschäftsstelle des Gerichts erster Instanz erteilt (§ 724 II). Grundsätzlich hindert eine vom Gläubiger Zug um Zug zu bewirkende Gegenleistung nicht die Erteilung der Vollstreckungsklausel; etwas anderes gilt nur, wenn der Schuldner zur Abgabe einer Willenserklärung verurteilt worden ist (§ 726 II). In diesem Fall gilt mit Erteilung der Vollstreckungsklausel die Willenserklärung als abgegeben (§ 894 I 2) und deshalb muss dann auch die Gegenleistung erbracht sein oder der Schuldner sich in Annahmeverzug befinden (→ Rn. 1285). Hier schuldet Volz die Einigungserklärung iSv § 929 S. 1 BGB nur Zug um Zug gegen Zahlung des Kaufpreises. Kunz muss folglich die Zahlung oder das Angebot in einer den Annahmeverzug begründenden Weise durch öffentliche oder öffentlich beglaubigte Urkunden beweisen (§ 726 II iVm Abs. 1). Kann Kunz diesen Beweis nicht führen, dann muss er Klage nach § 731 erheben; in diesem Rechtsstreit kann er dann den ihm obliegenden Beweis auch mit anderen Beweismitteln erbringen (→ Rn. 1141 aE). Bei der Herausgabevollstreckung, die nach § 883 I zu vollziehen ist (vgl. § 897 I), muss § 756 beachtet werden (→ Rn. 1160; zur Vollstreckung eines auf Übereignung einer beweglichen Sache lautenden Urteils s. auch u. Fall 14). Wird der von Kunz zu führende Beweis seiner Leistung oder des Annahmeverzugs des Volz durch Urkunden geführt, dann müssen die Urkunden mindestens gleichzeitig mit dem Vollstreckungsbeginn dem Volz zugestellt werden. Ein solcher Beweis und damit auch die Zustellung von Urkunden erübrigt sich jedoch, wenn sich aus den Gründen eines Urteils, das Kunz nach § 731 erstritten hat, die Befriedigung des Schuldners oder sein Annahmeverzug ergibt.
(5) Die Wohnung des Schuldners darf ohne dessen Einwilligung nur aufgrund einer richterlichen Anordnung durchsucht werden. Nur wenn die Einholung der Anordnung den Erfolg der Durchsuchung gefährden würde, kann darauf verzichtet werden (§ 758a I) (→ Rn. 1159). Für die Entbehrlichkeit der richterlichen Anordnung gibt es in dem zu entscheidenden Fall keine Hinweise.

# Lösungshinweise für die Fälle und Fragen

(6) Die Pfändung einer nach § 811 I Nr. 1, 5 und 6 unpfändbaren Sache kann zugelassen werden, wenn der Gläubiger dem Schuldner vor der Wegnahme dieser Sache ein Ersatzstück zur Verfügung stellt, das dem geschützten Verwendungszweck genügt, oder einen zur Beschaffung eines solchen Ersatzstückes erforderlichen Geldbetrag überlässt (vgl. §§ 811a, 811b) (→ Rn. 1166).

(7) Die Antwort auf diese Frage hängt davon ab, ob man in dem Pfändungspfandrecht die dritte Art eines privatrechtlichen Pfandrechts erblickt, wie dies die sog. gemischte Theorie tut, oder ob man mit der öffentlich-rechtlichen Theorie die Entstehung eines Pfändungspfandrechts ausschließlich nach Regeln des Verfahrensrechts beurteilt. Während die öffentlich-rechtliche Theorie die Anwendung der Vorschriften des BGB auf das Pfändungspfandrecht ablehnt und für seine Entstehung und seinen Bestand lediglich eine wirksame Beschlagnahme (Verstrickung) verlangt, kommt es nach der gemischten Theorie darauf an, ob die für die Entstehung eines rechtsgeschäftlichen oder gesetzlichen Pfandrechts maßgebenden Vorschriften beachtet werden, insbesondere ob die Sache dem Schuldner gehört; außerdem müssen nach dieser Theorie auch alle verfahrensrechtlichen Vorschriften mit Ausnahme bloßer Ordnungsbestimmungen beachtet werden (→ Rn. 1170f.).

(8) Am Versteigerungserlös setzen sich die Rechte an der Pfandsache kraft Surrogation fort (→ Rn. 1183). Dementsprechend ist Eich Eigentümer des Geldes und kann sein Recht mit der Drittwiderspruchsklage (§ 771) geltend machen. Damit die Intervention des Eich nicht zu spät kommt und der Gerichtsvollzieher zwischenzeitlich den Erlös an G abführt, muss Eich eine einstweilige Anordnung gem. § 771 III iVm § 769 beantragen (→ Rn. 1354ff.).

(9) Die im Darlehensvertrag getroffene Vereinbarung über die sofortige Vollstreckbarkeit ist nicht wirksam, weil die in der ZPO enthaltene Regelung über Vollstreckungstitel dem öffentlichen Interesse dient und nicht zur Disposition der Parteien steht. Dagegen können die Parteien vollstreckungsbeschränkende Absprachen treffen, die bestimmte Vermögensteile des Schuldners von der Zwangsvollstreckung ausnehmen (→ Rn. 1188). Ob jedoch die Unwirksamkeit der Abrede über die Vollstreckbarkeit auch die weitere Vereinbarung über die gegenständliche Beschränkung der Zwangsvollstreckung erfasst, muss durch Auslegung des Parteiwillens aufgrund des entsprechend anzuwendenden § 139 BGB entschieden werden.

(10) Um eine durch Briefhypothek gesicherte Forderung zu pfänden, ist neben dem Pfändungsbeschluss die Übergabe des Hypothekenbriefes an den Gläubiger erforderlich (§ 829 I, § 830 I 1). Bei der Buchhypothek muss außer dem Pfändungsbeschluss die Eintragung der Pfändung im Grundbuch vorgenommen werden (§ 830 I 3). In beiden Fällen kann die bei der Pfändung anderer Geldforderungen vorgeschriebene Zustellung des Pfändungsbeschlusses unterbleiben; dieser Zustellung kommt nur nach § 830 II insoweit Bedeutung zu, als dadurch die Pfändung schon vor Übergabe des Hypothekenbriefes oder Eintragung der Pfändung im Grundbuch als bewirkt gilt (→ Rn. 1217). Die Pfändung einer Grundschuld wird gem. § 857 VI nach den Vorschriften vollzogen wie sie für die Zwangsvollstreckung in eine hypothekarisch gesicherte Forderung gelten. Es ist also neben dem Pfändungsbeschluss noch die Übergabe des Grundschuldbriefes bei einer Briefgrundschuld oder die Eintragung der Pfändung im Grundbuch bei einer Buchgrundschuld erforderlich (→ Rn. 1226, 1233). Die Verwertung wird sowohl bei der Hypothek als auch bei der Grundschuld durch Überweisung entweder an Zahlungs Statt oder zur Einziehung vorgenommen. Bei einem Grundpfandrecht mit sicherer Rangstelle ist die Überweisung an Zahlungs Statt dem Gläubiger durchaus zu empfehlen. Bei einem Briefgrundpfandrecht bedarf es nicht der Zustellung des Überweisungsbeschlusses, sondern es genügt nach § 837 I 1 die Aushändigung des Überweisungsbeschlusses an den Gläubiger. Bei Überweisung eines Buchgrundpfandrechts an Zahlungs Statt ist die Eintragung im Grundbuch erforderlich, weil dadurch der Gläubiger neuer Inhaber des Grundpfandrechts wird (§ 837 I 2, § 857 VI). Dagegen ist bei Überweisung zur Einziehung bei einem Buchgrundpfandrecht lediglich die Aushändigung des Überweisungsbeschlusses an den Gläubiger notwendig (→ Rn. 1217 aE).

(11) Nach hM wird eine Eigentümergrundschuld nach den Vorschriften über die Zwangsvollstreckung in eine hypothekarisch gesicherte Forderung gepfändet (§ 857 VI). Dement-

sprechend ist für die Pfändung einer Briefgrundschuld neben dem Pfändungsbeschluss noch die Übergabe des Briefes erforderlich (§ 830 I 1). Der Brief ist jedoch im Besitz des Reich, der sich schon deshalb weigern wird, ihn herauszugeben, weil die zu seinen Gunsten bestellte Briefhypothek die Restforderung aus dem Darlehen sichert. Aufgrund der teilweise bewirkten Rückzahlung der gesicherten Forderung ist jedoch nach § 1163 I 2 BGB in Höhe des zurückgezahlten Darlehensbetrages eine Eigentümergrundschuld entstanden. Folglich steht Eich und Reich das Miteigentum am Brief zu (§§ 952, 1008 BGB). Um in die Eigentümergrundschuld vollstrecken zu können, muss deshalb Glaub den Anspruch des Eich gegen Reich auf Aufhebung der Gemeinschaft (§ 749 I, § 752 BGB) sowie dessen Anspruch auf Vorlage des Briefes zum Zwecke der Bildung eines Teilbriefs (vgl. § 1145 I BGB) im Wege der sog. Hilfspfändung (zu Einzelheiten vgl. *Brox/Walker* ZVR Rn. 761) pfänden lassen. Danach muss Glaub, wenn Reich diese Ansprüche nicht freiwillig erfüllt, Klage gegen ihn erheben, um die Vorlage des Briefes zwecks Herstellung des Teilbriefes durchzusetzen. Erst mit Herstellung des Teilbriefes und seiner Empfangnahme durch Glaub ist die Pfändung der Eigentümergrundschuld bewirkt.

Wegen dieser Umständlichkeit des Verfahrens wird von einer Gegenauffassung empfohlen, die Pfändung der Eigentümergrundschuld nach § 857 II vorzunehmen, sodass bereits mit der Zustellung des Pfändungsbeschlusses an den Schuldner die Pfändung vollzogen ist. Dass diese Verfahrensweise für den Gläubiger wesentlich einfacher ist, lässt sich nicht bestreiten. Dennoch spricht für die hM die gesetzliche Regelung, nach der die Pfändung von Grundschulden, zu denen auch eine Eigentümergrundschuld zählt, nach den Vorschriften über die Zwangsvollstreckung in eine hypothekarisch gesicherte Forderung durchzuführen ist. Diese gesetzgeberische Entscheidung muss auch dann beachtet werden, wenn sie ein umständliches Verfahren erforderlich macht (→ Rn. 1233).

(12) F kann sich mit der Vollstreckungserinnerung (§ 766 I) mit Erfolg gegen die Pfändung der Truhe wehren, wenn der Gerichtsvollzieher bei der Pfändung Verfahrensvorschriften verletzt hat. Die Eigentumsverhältnisse an der Truhe sind für den Gerichtsvollzieher grundsätzlich gleichgültig. Nur wenn es für den Gerichtsvollzieher offensichtlich ist, dass die Truhe nicht dem Schuldner gehört, hat er eine Pfändung zu unterlassen (→ Rn. 1161). Von einer derartigen Evidenz kann hier jedoch nicht die Rede sein. In Betracht kommt aber eine Verletzung der Vorschriften der §§ 808, 809, weil sich die Truhe nicht im Alleingewahrsam des Schuldners M befunden haben könnte. Über Möbel, die in der Wohnung der Eheleute M und F stehen, üben beide gemeinsam die tatsächliche Gewalt aus, sodass sie an ihnen Mitbesitz haben. Ist ein Mitbesitzer nicht zur Herausgabe bereit, dann darf die Sache aufgrund eines gegen den anderen Mitbesitzer gerichteten Titels nicht gepfändet werden (arg. § 809). Bei der Zwangsvollstreckung gegen einen Ehegatten ist jedoch § 739 zu beachten. Soweit die Vermutung des § 1362 BGB reicht, wird zugunsten eines die Zwangsvollstreckung betreibenden Gläubigers vermutet, dass Gewahrsamsinhaber und Besitzer allein der Schuldner ist. Nach § 1362 I 1 BGB wird zugunsten der Gläubiger eines der Ehegatten vermutet, dass die im Besitz eines Ehegatten oder beider Ehegatten befindlichen beweglichen Sachen allein dem Schuldner gehören. Diese Vermutung gilt nur dann nicht, wenn die Ehegatten getrennt leben oder wenn es sich um Sachen handelt, die ausschließlich zum persönlichen Gebrauch eines Ehegatten bestimmt sind. Beide Ausnahmen treffen hier nicht zu. Nach hM handelt es sich bei § 739 um eine unwiderlegbare Vermutung, die selbst dann eingreift, wenn die widerlegbare Vermutung des § 1362 I 1 BGB entkräftet wird. Der Grund für diese zutreffende Auffassung liegt darin, dass die Eigentumsverhältnisse, an die § 1362 BGB anknüpft, vom Gerichtsvollzieher bei der Pfändung nicht überprüft werden können. Es bleibt deshalb F nur, im Wege der Drittwiderspruchsklage (§ 771 I) ihr Eigentum an der Truhe geltend zu machen. Sie muss dann die gegen sie sprechende Vermutung des § 1362 BGB durch den Beweis des Gegenteils (§ 292) ausräumen, also nachweisen, dass sie Eigentümerin der Truhe ist. Gelingt ihr dieser Beweis, dann hat ihre Klage Erfolg (→ Rn. 1242).

(13) Diese Begriffe haben im Rahmen der Zwangsversteigerung eines Grundstücks Bedeutung. Der Begriff „geringstes Gebot" ist in § 44 I ZVG definiert. Weil im Zwangsversteige-

rungsverfahren das sog. Deckungsprinzip gilt, dürfen nur solche Gebote zugelassen werden, durch die Rechte, die dem Anspruch des betreibenden Gläubigers vorgehen, sowie die aus dem Versteigerungserlös zu entnehmenden Kosten des Verfahrens gedeckt werden. Als „Bargebot" ist der in bar zu entrichtende Teil des geringsten Gebots zu verstehen, der erforderlich ist, um die Kosten sowie die in § 10 Nr. 1–3 und in § 12 Nr. 1, 2 ZVG bestimmten Ansprüche abzudecken; hinzu kommt noch der das geringste Gebot übersteigende Betrag des Meistgebots (§ 49 I ZVG). Dass der auf die vorgehenden Rechte entfallende Betrag des Gebots nicht in bar entrichtet werden muss, ergibt sich aus dem sog. Übernahmeprinzip, nach dem der Ersteher des Grundstücks die dem betreibenden Gläubiger vorgehenden Rechte, sofern sie nicht erlöschen, übernimmt (vgl. § 52 I 1 ZVG). Mit dem sog. Mindestgebot wird der Betrag bezeichnet, der nach § 85a I ZVG erreicht werden muss; dieser Betrag wird auch absolutes Mindestgebot genannt, um ihn von dem nach § 74a ZVG vorgeschriebenen Betrag zu unterscheiden, dem sog. relativen Mindestgebot (→ Rn. 1249 ff.).

(14) Zur Übereignung einer beweglichen Sache ist die Einigung mit dem Eigentümer und die Übergabe der Sache erforderlich (§ 929 S. 1 BGB). Die vom Schuldner zur Einigung abzugebende Willenserklärung gilt mit Rechtskraft des Urteils als abgegeben, das den Schuldner zur Abgabe der Willenserklärung verurteilt (§ 894 I 1 → Rn. 1283). Die auf diese Weise fingierte Offerte des B muss von K angenommen werden; dies kann allerdings auch durch schlüssiges Verhalten geschehen. Die Übergabe der Sache wird dadurch vollzogen, dass der Gerichtsvollzieher B den Ring wegnimmt und dem K aushändigt (§ 883 I), sofern er sich im Alleingewahrsam des B befindet (→ Rn. 1263). Allerdings ist die nach § 929 S. 1 BGB erforderliche Übergabe bereits in dem Zeitpunkt bewirkt, in dem der Gerichtsvollzieher den Ring B wegnimmt. Denn der Gerichtsvollzieher vermittelt K den Besitz; außerdem wird diese Rechtsfolge ausdrücklich in § 897 I festgestellt.

(15) Gegen die Zulässigkeit der Klage könnte sprechen, dass Kurt bereits einen Titel in den Händen hat, aus dem er gegen Benno vollstrecken kann (§ 794 I Nr. 1) und ihm deshalb das Rechtsschutzinteresse für eine Klage mit dem gleichen Ziel fehlte (→ Rn. 268). Die Abgabe einer Willenserklärung ist eine unvertretbare Handlung, die gem. § 888 zu erzwingen ist. Das dabei durchzuführende Verfahren ist zeit- und kostenaufwändig, während die Vollstreckung eines Urteils, das auf Abgabe einer Willenserklärung lautet, nach § 894 einfach durch die Fiktion einer Abgabe der Willenserklärung bewirkt wird (→ Rn. 1278, 1283, 1286). Um diesen einfachen Weg beschreiten zu können, muss deshalb Kurt das Rechtsschutzinteresse an einer Leistungsklage trotz des Prozessvergleichs zugebilligt werden (so auch BGH JZ 1986, 1072).

(16) Eine Vollstreckungserinnerung (§ 766) könnte deshalb in Betracht gezogen werden, weil nur Schuld (entgegen § 834) zum Antrag des Glaub gehört worden ist, jedoch nicht Glaub zum Vorbringen des Schuld. Dies aber kann nicht ausschlaggebend sein. Denn Glaub konnte in seinem Antrag alle dafür wesentlichen Punkte vorbringen; ihm ist also das erforderliche rechtliche Gehör gewährt worden. Deshalb ist der richtige Rechtsbehelf die sofortige Beschwerde nach § 11 I RPflG iVm § 793 (→ Rn. 1299). Glaub wird mit seinem Rechtsbehelf auch Erfolg haben, da – abgesehen von der Verletzung des § 834 – der Einwand des Schuld vom Vollstreckungsgericht beim Erlass des Pfändungs- und Überweisungsgesuchs nicht zu beachten ist, sondern Schuld seine Einwendung mit der Vollstreckungsabwehrklage (§ 767) geltend machen muss (→ Rn. 1301).

(17) Es ist zunächst zu klären, ob es sich bei der Vereinbarung, die G und S getroffen haben, um eine materiell-rechtliche Stundungsabrede handelt oder um einen vollstreckungsbeschränkenden Vertrag. Wollte man die Absprache der Parteien als Stundungsvereinbarung auffassen, dann hätte für S die Möglichkeit bestanden, Berufung mit der Begründung einzulegen, der Anspruch des G sei noch nicht fällig und die Klage sei deshalb abzuweisen. Dass G dem S eine solche Möglichkeit einräumen wollte, ist nicht anzunehmen. Vielmehr spricht alles dafür, dass der durch Urteil festgestellte Anspruch des G auf Zahlung von 2.000 EUR unverändert bestehen bleibt und lediglich die Vollstreckbarkeit des Urteils zeitlich beschränkt werden sollte. Die Zulässigkeit eines solchen vollstreckungsbeschränkenden Vertrages ist zu

bejahen (→ Rn. 1188). Sehr streitig ist jedoch, mit welchem Rechtsbehelf eine abredewidrige Vollstreckung geltend zu machen ist. In Betracht kommt die Anwendung des § 766 oder des § 767 in direkter oder analoger Anwendung. In Rechtsprechung und Schrifttum finden sich für alle Alternativen Befürworter. Auch wird die Meinung vertreten, dass der Schuldner die Wahl zwischen der Vollstreckungserinnerung und der Vollstreckungsabwehrklage habe. Gegen eine direkte Anwendung des § 766 spricht, dass bei der abredewidrigen Vollstreckung keine das Vollstreckungsverfahren regelnde Norm verletzt wird. Da aber der Schuldner auch keine Einwendungen gegen den durch Urteil festgestellten Anspruch selbst geltend macht, passt die Vollstreckungsabwehrklage ebenfalls nicht. Es kommt also nur eine analoge Anwendung des § 766 oder des § 767 in Betracht. Eine die Analogie rechtfertigende Lücke im Gesetz ist zu bejahen, weil die Nichtregelung der hier zu entscheidenden Frage als planwidrige Unvollständigkeit des Gesetzes aufgefasst werden muss. Die Ähnlichkeit des Tatbestandes einer abredewidrigen Vollstreckung ist im Vergleich zwischen § 766 und § 767 eher zur Vollstreckungsabwehrklage herzustellen. Die zeitliche Beschränkung der Zwangsvollstreckung ähnelt der Stundung eines titulierten Anspruchs, der mit der Vollstreckungsabwehrklage geltend zu machen wäre. Zusammenfassend ist also festzustellen, dass S sich gegen die abredewidrige Vollstreckung mit der Klage nach § 767 wehren kann.

(18) Ist der Titel unwirksam, dann darf die Vollstreckungsklausel nicht erteilt werden. Wendet sich der Schuldner gegen die Zulässigkeit der Erteilung einer Vollstreckungsklausel durch den Notar, dann muss er dies mit dem Rechtsbehelf des § 732 iVm §§ 795, 797 III tun. Ist die zwischen den Parteien getroffene Vereinbarung wegen Formmangels nichtig, dann ist auch die darin eingegangene Verpflichtung unwirksam. Insoweit handelt es sich um eine materiellrechtliche Einwendung, die mit der Vollstreckungsabwehrklage geltend zu machen ist. Nach der neueren Rechtsprechung hat in einem Fall, in dem die Unwirksamkeit des Titels zugleich Auswirkungen für den zu vollstreckenden Anspruch hat, der Schuldner die Wahl, ob er eine Vollstreckungsabwehrklage oder eine Erinnerung nach § 732 erhebt. Die Klage des Klein ist folglich zulässig und begründet (→ Rn. 1318).

(19) Erb wendet sich gegen den durch Vergleich geschaffenen Anspruch. Dafür ist die Vollstreckungsabwehrklage der richtige Rechtsbehelf (§ 767 I iVm § 795). Zu erwägen ist jedoch, dass der von Erb vorgebrachte Einwand durch § 767 II ausgeschlossen sein könnte, weil der Kläger sich auf Tatsachen beruft, die vor dem Vergleichsabschluss eingetreten sind. Jedoch ist § 767 II auf einen Prozessvergleich nicht anwendbar. Denn diese Vorschrift soll die Rechtskraft unanfechtbarer Entscheidungen sichern. Dieser Zweck kann jedoch bei einem Prozessvergleich wegen fehlender Rechtskraft keine Rolle spielen (→ Rn. 1317). Kann Erb die Befriedigung des Glaub beweisen, wird seine Klage Erfolg haben.

(20) Der in § 771 I verwendete Begriff „die Veräußerung hinderndes Recht" darf nicht wörtlich verstanden werden, denn ein solches Recht gibt es nicht. Gemeint ist vielmehr, dass es sich um ein Recht handelt, das eine Veräußerung des Vollstreckungsgegenstandes durch den Schuldner zu einem widerrechtlichen Eingriff in den Rechtskreis eines Dritten macht. Es handelt sich also um ein Recht, das der aufgrund eines Titels gegen den Schuldner durchgeführten Zwangsvollstreckung entgegensteht, weil es eine Zuordnung des Vollstreckungsgegenstandes zum Vermögen des Schuldners und damit auch seine Verwertung im Rahmen der Zwangsvollstreckung aufgrund eines solchen Titels verhindert (→ Rn. 1331).

(21) Wenn F bei Pfändung des Ringes durch G eine Drittwiderspruchsklage unter Berufung auf sein Eigentum erhebt, kann G einwenden, dass das Eigentum von S in anfechtbarer Weise erworben worden ist (§ 3 I, § 9 AnfG). Da die Voraussetzungen des § 3 I AnfG erfüllt sind, wird eine Drittwiderspruchsklage des F keinen Erfolg haben (→ Rn. 1345). Die von G gestellte Frage ist folglich zu bejahen.

(22) Den mit Besitz verbundenen Pfandrechten kommt eine „veräußerungshindernde" Wirkung iSv § 771 zu. Nur Inhaber besitzloser Pfandrechte sind auf die Klage nach § 805 beschränkt (→ Rn. 1333).

# Lösungshinweise für die Fälle und Fragen

(23) Da der Gerichtsvollzieher festgestellt hat, dass ein Pfändungsversuch nicht zur Befriedigung des Gläubigers führen kann, hat er zu Recht vom Schuldner die Abgabe einer Vermögensauskunft verlangt, da ein entsprechender Antrag des Gläubigers gestellt worden war (§ 807 I 1 Nr. 2). Verweigert der Schuldner die sofortige Abnahme der Vermögensauskunft, dann hat der Gerichtsvollzieher dem Schuldner für die Begleichung der Forderung, wegen der die Vollstreckung durchgeführt werden soll, eine Frist von zwei Wochen zu setzen. Zugleich hat er für den Fall, dass die Forderung nach Fristablauf nicht vollständig beglichen ist, einen Termin zur Abgabe der Vermögensauskunft zu bestimmen und den Schuldner zu diesem Termin in seine Geschäftsräume zu laden (§ 807 II iVm § 802f I) (→ Rn. 1149).

(24) Das Schuldnerverzeichnis ist ein Register, das über die Kreditunwürdigkeit der in ihm Eingetragenen Auskunft geben soll. In dieses Verzeichnis werden auf Anordnung des Gerichtsvollziehers insbesondere Schuldner eingetragen, die ihrer Pflicht zur Abgabe der Vermögensauskunft nicht nachgekommen sind, nach deren Vermögensverzeichnis offensichtlich eine Vollstreckung nicht zur vollständigen Befriedigung des Gläubigers führen wird oder die dem Gerichtsvollzieher nicht innerhalb eines Monats nach Abgabe der Vermögensauskunft die vollständige Befriedigung des Gläubigers nachgewiesen haben (§ 882c I). Zum genauen Inhalt des Schuldnerverzeichnis vgl. § 882b (→ Rn. 1150).

(25) Der Arrest dient der Sicherung eines Anspruchs, der auf Geld gerichtet ist oder der in eine Geldforderung übergehen kann (§ 916). Seine Anordnung geschieht in einem summarischen Verfahren, dem Arrestprozess, der auf Schnelligkeit ausgerichtet ist und in dem die entscheidungserheblichen Tatsachen lediglich glaubhaft gemacht werden müssen (§ 920 II). Die Anordnung des Arrestes hängt davon ab, dass neben dem zu sichernden Anspruch ein Arrestgrund besteht (→ Rn. 1362). Arrestgrund beim dinglichen Arrest die Besorgnis, dass die Vollstreckung eines (später ergehenden) Urteils – der zu sichernde Anspruch muss noch nicht rechtshängig sein (vgl. § 926) – vereitelt oder erschwert werden könnte (§ 917). Der persönliche Arrest (§ 918) soll verhindern, dass der Schuldner Vermögensgegenstände beiseiteschafft oder auf andere Weise der Zwangsvollstreckung entgegenwirkt (→ Rn. 1362); bei ihm ist also Arrestgrund das Erfordernis, zur Sicherung der Zwangsvollstreckung die persönliche Freiheit des Schuldners zu beschränken.

(26) Es ist zwischen der Sicherungsverfügung, der Regelungsverfügung und der Leistungsverfügung zu unterscheiden. Die Sicherungsverfügung dient dazu, einen nicht auf Geld gerichteten Anspruch zu sichern (§ 935). Der Zweck der Regelungsverfügung besteht darin, einen einstweiligen Zustand in Bezug auf ein streitiges Rechtsverhältnis zu regeln (§ 940). Die im Gesetz nicht ausdrücklich geregelte Leistungsverfügung wird dazu verwendet, die Erfüllung solcher Ansprüche zu erreichen, deren Befriedigung zwingend erforderlich ist, um den Verfügungskläger vor besonders schweren Nachteilen zu schützen (→ Rn. 1373).

## Lösungsskizze zur 1. Übungsklausur

### zu Frage 1:

I. Bei dieser Richterklausur (→ Rn. 10) geht es darum, die richtige Reaktion des Gerichts auf die Erklärungen der Parteien zu finden. In Betracht kommt die Aufhebung des Termins (§ 227). Dies setzt einen erheblichen Grund für diese Maßnahme voraus.

Die Aufhebung des Termins wäre vom Richter R zu verfügen, wenn die Hauptsache übereinstimmend für erledigt erklärt worden ist und das Gericht eine Entscheidung nicht mehr zu treffen hat.

a) Wirksamkeit der Erledigungserklärungen (→ Rn. 498)

   1. Zweifel an der Erfüllung der Prozesshandlungsvoraussetzungen (→ Rn. 309) bestehen nicht.
   2. Die Form der Erklärungen durch Schriftsatz ist nicht zu beanstanden (vgl. § 91a I 1).
   3. Angabe des Erledigungsgrundes: Es ist auch unerheblich, dass die Erledigung bereits vor Anhängigkeit der Klage eingetreten ist. Das Gericht hat bei übereinstimmenden Erledigungserklärungen nicht den Grund der Erledigung zu prüfen. Dies gilt selbst dann, wenn sich aus dem Vortrag der Parteien – wie hier – ergibt, dass die Klage bereits vor ihrer Erhebung wegen des Erledigungsereignisses unbegründet war (→ Rn. 482 f.).

b) Wirksamkeit des Verzichts auf Kostenentscheidung

   Der Streit über die Kosten ist nicht mehr anhängig und eine entsprechende Entscheidung des Gerichts entfällt, wenn die Parteien übereinstimmend erklären, dass sie keine Kostenentscheidung des Gerichts wollten (→ Rn. 491).

II. Ergebnis: Eine Entscheidung des Gerichts ist weder in der Hauptsache noch im Kostenpunkt zu treffen. Eine mündliche Verhandlung ist deshalb überflüssig. Der Termin ist folglich aufzuheben (§ 227).

### zu Frage 2:

I. Die Frage nach der Zulässigkeit einer Beweiserhebung, um über die Kosten entscheiden zu können, wird nicht einheitlich beantwortet. Es wird die Auffassung vertreten, dass der Richter befugt sei, weitere Beweise zu erheben, wenn der bisherige Sach- und Streitstand eine der Billigkeit entsprechende Entscheidung nicht gestattet. Diese Auffassung ist mit der hM abzulehnen. Eine vollständige Sachverhaltsklärung verbietet sich nach dem Sinn der in § 91a getroffenen Regelung. Folgerichtig muss dann aber auch darauf verzichtet werden, einzelne Teilaspekte noch zusätzlich aufzuklären, weil dann nicht ausgeschlossen ist, dass in dem ungeklärt gebliebenen Teil bedeutsame Gesichtspunkte enthalten sind, die zu einer anderen Entscheidung des Gerichts führten. Außerdem spricht gegen eine weitere Beweisaufnahme, dass die Parteien die zu erwartende Kostenentscheidung besser abschätzen können, wenn sie auf den bisher bekannten Tatsachenstoff gestützt wird (→ Rn. 492 ff.).

II. Die gestellte Frage ist also zu verneinen.

# Lösungsskizze zur 1. Übungsklausur

## zu Frage 3:

I. Fortsetzung des Rechtsstreits

a) Durch die übereinstimmende Erledigungserklärung wird die Rechtshängigkeit der Hauptsache aufgehoben (→ Rn. 489). Nur wenn die Parteien diese Wirkung beseitigen könnten, darf der (bereits beendete) Prozess fortgesetzt werden.

1. Wirksamkeit eines Widerrufs

   Die Erledigungserklärung ist eine Bewirkungshandlung, die unwiderruflich wird, soweit der prozessuale Erfolg eingetreten ist, auf den sie zielt (→ Rn. 317). Die zuzulassende Ausnahme bei Restitutionsgründen ist hier offensichtlich nicht gegeben.

2. Prozesshandlungen sind auch nicht wegen Irrtums anfechtbar (→ Rn. 318). Deshalb kann offen bleiben, ob überhaupt die Voraussetzungen einer Irrtumsanfechtung nach materiellem Recht erfüllt sind.

b) Ergebnis: Da der Rechtsstreit beendet war, durfte weder mündlich verhandelt werden noch ein Urteil ergehen. Die Entscheidung ist folglich falsch, jedoch nicht etwa nichtig, sondern (nur) anfechtbar. Wie sich aus dem Wiederaufnahmerecht (§§ 578 ff.) ergibt, stehen selbst schwere Verfahrensfehler nicht der Gültigkeit des Urteils entgegen.

II. Zurückweisung des Einwands verspäteter Rüge

a) Die Zurückweisung als verspätet ist nach § 296 II iVm § 495 nur gerechtfertigt, wenn

   – K sein Verteidigungsmittel entgegen § 282 I oder II nicht rechtzeitig mitgeteilt hat,
   – die Zulassung des Vorbringens durch das Gericht die Erledigung des Rechtsstreits verzögerte und
   – die Verspätung auf grober Nachlässigkeit beruht.

   Die Zurückweisung verspäteten Vorbringens kann auch im frühen ersten Termin ausgesprochen werden (→ Rn. 696). Es kommt folglich darauf an, ob K verpflichtet gewesen ist, bereits vor der mündlichen Verhandlung durch einen Schriftsatz oder zu Protokoll der Geschäftsstelle auf die Verspätung der Rüge hinzuweisen. Im amtsgerichtlichen Verfahren müssen die Parteien nach § 129 II solche Erklärungen nur aufgrund einer entsprechenden richterlichen Anordnung abgeben. Dass der Richter den Kläger unter Fristsetzung zu einer Stellungnahme auf die Klagerwiderung aufgefordert hat (§ 275 IV), ergibt sich nicht aus dem Sachverhalt. Schon deshalb kann K nicht der Vorwurf gemacht werden, er habe verspätet sein Verteidigungsmitteln vorgetragen. Der Vortrag in der mündlichen Verhandlung war folglich rechtzeitig (→ Rn. 682 f.). Dass die Zurückverweisung des klägerischen Vorbringens als verspätet auch noch aus einem zweiten Grund fehlerhaft ist, zeigt folgende Überlegung: Die Terminvorbereitung durch Richter R (gleichzeitige Ansetzung des Termins zur mündlichen Verhandlung für zehn Prozesse; Absehen von einer Ladung des Zeugen Z) macht offensichtlich, dass er eine Entscheidung des Rechtsstreits in diesem Termin nicht beabsichtigte. Wenn aber im frühen ersten Termin eine Streitentscheidung nicht gewollt ist, dann kann nicht auf den Haupttermin nur deshalb verzichtet werden, weil sich diese Möglichkeit aufgrund einer neuen Prozesssituation ergibt, die infolge eines verspäteten Vorbringens einer Partei eintritt (→ Rn. 698).

b) Die Zurückweisung der Rüge des K als verspätet ist folglich nicht gerechtfertigt.

III. Die von R getroffene Entscheidung ist deshalb aus einem doppelten Grund unrichtig:

- Sie hätte überhaupt nicht ergehen dürfen, weil der Rechtsstreit bereits durch die übereinstimmende Erledigungserklärung der Parteien beendet war.
- Sie ist auch inhaltlich falsch, weil eine Zurückweisung des Vorbringens des K als verspätet nicht zulässig gewesen ist.

## Lösungsskizze zur 2. Übungsklausur

I. Zulassung der Sprungrevision

a) Statthaftigkeit

Eine Zulassung der Sprungrevision kann nur Betracht kommen, wenn sie statthaft ist. Die Sprungrevision ist gegen erstinstanzliche Endurteile statthaft, die ohne Zulassung der Berufung unterliegen (§ 566 I). Da der Wert des Beschwerdegegenstandes 600 EUR übersteigt, ist die Berufung nicht von einer Zulassung abhängig (§ 511 II Nr. 1).

Für die Zulässigkeit der Sprungrevision kommt es jedoch noch darauf an, dass der Gegner in die Übergehung der Berufungsinstanz einwilligt und das der BGH die Sprungrevision zulässt.

b) Einwilligung der Gegenpartei

Die nach § 566 I 1 Nr. 1 erforderliche schriftliche Einwilligung ist form- und fristgerecht von H durch seinen Prozessbevollmächtigten erteilt worden. Die Erklärung muss entgegen dem Wortlaut des Gesetzes (§ 566 II 4) nicht dem Zulassungsantrag beigefügt werden; vielmehr kann sie noch bis zum Ablauf der Revisionsfrist nachgereicht werden (BGHZ 92, 76 = NJW 1984, 2890 mN).

c) Zulassung durch den BGH

Nach dem Bearbeitungsvermerk ist davon auszugehen, dass die im Zulassungsantrag genannten Gründe die Zulassung der Sprungrevision rechtfertigen, dass also die getroffene Feststellung, der Rechtssache, komme grundsätzliche Bedeutung zu und eine Entscheidung des Revisionsgericht sei zudem zur Sicherung einer einheitlichen Rechtsprechung erforderlich, zutrifft. Somit sind die in § 566 IV genannten Voraussetzungen für eine Zulassung erfüllt.

d) Frist und Form

Die Zulassungsschrift muss den Anforderungen genügen, die hinsichtlich von Frist und Form an die Revisionsschrift zu stellen sind (§ 566 II 2).

1. Mangels gegenteiliger Anhaltspunkte im Sachverhalt ist von der Einhaltung der Frist des § 548 auszugehen.

2. Die Anforderungen an die Form der Revisionseinlegung und damit für die Zulassungsschrift ergeben sich aus § 549. Nach Abs. 2 dieser Vorschrift gelten für die Revisionsschrift die Vorschriften über vorbereitende Schriftsätze, also auch § 130 Nr. 6, wonach die Unterschrift des Prozessbevollmächtigten erforderlich ist. Bei einem Fax muss das kopierte Schriftstück ordnungsgemäß unterschrieben werden (→ Rn. 146). Dass der Prozessbevollmächtigte des H dies beachtet hat, kann mangels gegenteiliger Angaben im Sachverhalt angenommen werden.

3. Die Revision wird nicht auf Mängel des Verfahrens gestützt (vgl. § 566 IV 2).

e) Beschwer

F ist durch das angefochtene Urteil, das ihn zur Zahlung von 800 EUR verurteilt hat, beschwert (→ Rn. 902).

f) Da alle Voraussetzungen erfüllt werden, die nach § 566 an einen Antrag auf Zulassung der Sprungrevision zu stellen sind, wird der BGH durch Beschluss die Zulassung aussprechen (§ 566 V). Das Verfahren wird nach § 566 VII 1 als Revisionsverfahren fortgesetzt. Eine zusätzliche Begründung der Revision, deren Frist mit der Zustellung des Zulassungsbeschlusses beginnt (§ 566 VII 3), ist nur erforderlich, wenn diese Begründung nicht schon in der Zulassungsschrift, die an die Stelle der Revisionsschrift tritt (§ 566 VII 2 enthalten ist (§ 551 II 1). Aus welchen Gründen die Anfechtung des Urteils vom Revisionskläger verlangt wird, ergibt sich mit ausreichender Deutlichkeit aus der Zulassungsschrift.

g) Ergebnis: Der BGH hat folglich die Revision durch Beschluss zuzulassen (§ 566 V) und über die (zulässige) Sprungrevision in der Sache zu entscheiden.

II. Begründetheit

a) Verfahrensmängel

Wenn auch die Sprungrevision nicht auf Verfahrensmängel gestützt werden kann (§ 566 IV 2), hat doch das Revisionsgericht zu prüfen, ob das angefochtene Urteil auf Verfahrensmängeln beruht, die von Amts wegen zu berücksichtigen sind (§ 557 III). Diese Prüfung bezieht sich insbesondere auch auf die Erfüllung der Prozessvoraussetzungen. In diesem Rahmen muss geklärt werden, ob die Rechtskraft eines über denselben Streitgegenstand bereits ergangenen Urteils der Verhandlung und Entscheidung entgegensteht (→ Rn. 993). Auch wenn die Rechtsauffassung des LG zutrifft, dass die Rechtskraftwirkung des Urteils, das die Feststellungsklage abgewiesen hat, den von H geltend gemachten Rückzahlungsanspruch umfasst, kann diese Entscheidung nicht die Leistungsklage unzulässig machen. Denn der mit der Leistungsklage erhobene Antrag des Klägers geht über den bei einer Feststellungsklage gestellten hinaus und ist folglich nicht mit ihm identisch. Es handelt sich deshalb auch nicht um denselben Streitgegenstand (→ Rn. 289).

b) Inhaltliche Richtigkeit des angefochtenen Urteils

Das Revisionsgericht hat die inhaltliche Richtigkeit des angefochtenen Urteils zu prüfen. Da das Urteil im Ganzen angefochten worden ist, ergeben sich insoweit keine Beschränkungen (vgl. § 557 I). Bei dieser Prüfung ist das Revisionsgericht nicht an die geltend gemachten Revisionsgründe gebunden (§ 557 III 1). Allerdings hat der Revisionskläger auf die entscheidende Rechtsfrage nach dem Umfang der Rechtskraft des Feststellungsurteils hingewiesen und insoweit eine falsche Rechtsanwendung des LG gerügt. Dazu ist im folgenden Stellung zu nehmen.

Ausgangspunkt der auf diese Frage gerichteten Untersuchung muss die Feststellung sein, dass grundsätzlich durch die Entscheidung über eine geltend gemachte Rechtsfolge zugleich über das damit unvereinbare Gegenteil mitentschieden wird (→ Rn. 1047). Durch die Abweisung einer negativen Feststellungsklage, die einen bestimmten Anspruch zum Gegenstand hat, steht somit rechtskräftig fest, dass dieser Anspruch besteht. Fraglich ist jedoch, ob dies ausnahmslos gilt oder ob insbesondere bei einer verfehlten Beweislastentscheidung im Interesse der Gerechtigkeit die Rechtskraftwirkung des negativen Feststellungsurteils eingeschränkt werden muss. Dies wird im Schrifttum mit folgender Begründung angenommen:

Klageziel des Klägers einer negativen Feststellungsklage sei die Feststellung, dass die Forderung bis zur behaupteten Höhe nicht existiere. Deshalb müsse der Richter in gleicher Weise wie bei der Zahlungsklage des Gegners Bestand und Höhe der Forderung abschließend klären. Die inhaltliche Identität beider Urteile rechtfertige deshalb auch die These, dass durch das Urteil, das die negative Feststellungsklage abweist, zugleich deren kontradiktorisches Gegenteil festgestellt werde. Fehle jedoch diese Identität, weil das Gericht, das über die negative Feststellungsklage entscheidet, über das Rechtsverhältnis nach Grund und Höhe – wenn auch zu Unrecht – nicht befinden wolle, dann könne es auch keine Rechtskraftwirkung hinsichtlich des kontradiktorischen Gegenteils geben. Aus dieser Erkenntnis folge notwendigerweise, dass es auf die Gründe des Feststellungsurteils ankomme, wenn seine Rechtskraftwirkung zu ermitteln sei. Eine schematische Anwendung der Regel, dass bei einer negativen Feststellungsklage stets auch das kontradiktorische Gegenteil festgestellt werde, verbiete sich folglich. Nur wenn das Gericht diese Klage mit der Begründung abweise, die Forderung bestehe, dann sei festgestellt, dass sie existiert. Anders sei es jedoch, wenn bei einem non liquet eine Beweislastentscheidung getroffen werde; die Abweisung der Klage geschehe dann lediglich aus Gründen der Beweislast. Insbesondere bei einer falschen Beweislastentscheidung könne das Urteil, das die negative Feststellungsklage abweise, nicht das kontradiktorische Gegenteil mit einbeziehen.

Zu diesen Erwägungen ist wie folgt Stellung zu nehmen: Es ist zutreffend, dass zur Vermittlung des Inhalts der in Rechtskraft erwachsenen Erkenntnis des Gerichts immer dann auf die Gründe des Urteils zurückgegriffen werden muss, wenn der Tenor dafür allein nicht ausreicht. In Rechtskraft erwächst nämlich die vom Gericht festgestellte Rechtsfolge, die sich bei Anwendung eines Rechtssatzes auf den der Entscheidung zugrundeliegenden Sachverhalt ergibt. Rechtssatz und Sachverhalt, die in den Gründen des Urteils beschrieben werden, sind deshalb für den Inhalt der gerichtlich festgestellten Rechtsfolge von Bedeutung (→ Rn. 1046). Den Gründen des gegen F ergangenen Feststellungsurteils ist zu entnehmen, dass die Klageabweisung deshalb ausgesprochen worden ist, weil F nach Auffassung des Gerichts den ihm obliegenden Beweis des Bestehens der Forderung nicht erbracht hatte. Das Gericht wendete deshalb Beweislastnormen an und gelangte zu einer Klageabweisung.

Die Beweislastnormen dienen dazu, die Beweislosigkeit zu überwinden und den Weg zur Anwendung des materiellen Rechts freizumachen, das nur auf einen feststehenden Sachverhalt angewendet werden kann. Die Beweislastnormen fingieren deshalb ein bestimmtes Beweisergebnis (→ Rn. 852). In der rechtlichen Qualität dieser durch Fiktion geschaffenen Tatsachenfeststellung gibt es jedoch keinen Unterschied zu dem Fall, in dem die zur Rechtsanwendung erforderlichen Tatsachen vom Richter festgestellt werden können. Eine Beweislastentscheidung ist vielmehr in ihren Wirkungen jedem anderen Urteil gleichwertig.

Ebenso wenig wie es zulässig ist, eine rechtskräftige Entscheidung deshalb unberücksichtigt zu lassen, weil die sie tragenden Gründe für falsch gehalten werden (eine entsprechende Prüfung durch den Richter verbietet gerade die materielle Rechtskraft), darf die Rechtskraft eines negativen Feststellungsurteils deshalb infrage gestellt werden, weil das Gericht die Beweislastnormen falsch angewendet hat. Es kann deshalb überhaupt nicht darauf ankommen, ob das gegen F ergangene Feststellungsurteil auf einer Verkennung der Beweislastregelung beruht. Die Frage zu prüfen, ob dies der Fall ist, verbietet die (materielle) Rechtskraft dieses Urteils.[1909]

---

[1909] Es wäre deshalb verfehlt, in der Klausur auf die Frage der Beweislastregelung näher einzugehen, da nur entscheidungserhebliche Fragen erörtert werden dürfen. Hier soll jedoch auf Folgendes hingewiesen werden: Die Entscheidung über die negative Feststellungsklage ist falsch, weil das Gericht die Beweislastregelung verkannte. Der Fehler wurde dadurch her-

Lösungsskizze zur 3. Übungsklausur 523

Aufgrund der rechtskräftigen Entscheidung über die negative Feststellungsklage des F steht somit verbindlich für jeden anderen Richter fest, dass H von F einen Rückzahlungsanspruch iHv 800 EUR hat. Das LG hat deshalb zutreffend der Leistungsklage des H, die auf diesen Betrag gerichtet ist, stattgegeben. Da sich auch unter anderen rechtlichen Gesichtspunkten keine Bedenken gegen die Entscheidung des LGs ergeben, ist festzustellen, dass dieses Urteil inhaltlich richtig ist.

III. Entscheidung des Revisionsgerichts

Da die Revision unbegründet ist, ist sie zurückzuweisen.

## Lösungsskizze zur 3. Übungsklausur

### I. Frage 1

a) Vollstreckungserinnerung (§ 766) wegen Verletzung des § 751 II

Zwar kann auch ein Dritter Vollstreckungserinnerung wegen Verletzung von Verfahrensvorschriften einlegen, Voraussetzung ist dafür aber eine Rechtsbeeinträchtigung des Erinnerungsführers, weil sonst sein Rechtsschutzbedürfnis fehlt. Da jedoch die Vorschrift des § 751 II lediglich den Schutz des Schuldners bezweckt, wird durch ihre Verletzung nicht in die Rechte des V eingegriffen.

b) Drittwiderspruchsklage (§ 771)

Vorbehaltseigentum als ein „die Veräußerung hinderndes Recht".[1910]
Als „veräußerungshinderndes Recht" ist eine Rechtsstellung anzusehen, die dazu führt, dass der Schuldner widerrechtlich in den Rechtskreis eines Dritten eingreift, wenn er den Vollstreckungsgegenstand selbst veräußerte. Dem Eigentümer kommt diese Rechtsstellung zu. Mit der ganz hM kann davon ausgegangen werden, dass der Vorbehaltsverkäufer bis zum Eintritt der Bedingung, der Zahlung des Kaufpreises, volles Eigentum hat und er deshalb auch Klage nach § 771 erheben kann (→ Rn. 1334). Die im älteren Schrifttum vertretene Auffassung, nach der dem Vorbehaltseigentümer lediglich das Recht auf eine vorzugsweise Befriedigung nach § 805 einzuräumen sei, kann heute als überwunden angesehen werden.

---

vorgerufen, dass vom Gericht entsprechend der herrschenden Anschauung die Beweislast in Beziehung zu den Parteien gesetzt wurde. Hätte das Gericht dagegen die Frage der Beweislastverteilung zwischen den Parteien – wie richtig – von dem anzuwendenden Rechtssatz aus betrachtet, dann hätte es erkannt, dass die Beweisfrage darauf gerichtet ist, ob die tatsächlichen Voraussetzungen für einen Rückforderungsanspruch aufgrund des § 812 I 1 Alt. 1 BGB (condictio indebiti) erfüllt sind. Die negative Antwort, die sich nach der Grundregel der Beweislast auf diese Frage ergibt, hätte dann zum Erfolg der Feststellungsklage führen müssen (vgl. BGH NJW 1993, 1716).

[1910] Es handelt sich um eine sog. Anwaltsklausur, bei der der Bearbeiter zu rechtlichen Möglichkeiten Stellung zu nehmen hat, die den Beteiligten zustehen. Ein um Beratung gebetener Rechtsanwalt wird die Frage nach der Zulässigkeit der **Drittwiderspruchsklage** zunächst zurückstellen, weil für ihn die Frage nach der Begründetheit der Klage im Vordergrund stehen dürfte. Klageantrag und Zuständigkeit des anzurufenden Gerichts können folglich zunächst offen bleiben (→ Rn. 10).

V kann also mit Erfolg gegen die Pfändung des Gerätes klagen. Der Klageantrag ist darauf zu richten, die Zwangsvollstreckung in die Spiegelreflexkamera für unzulässig zu erklären.

Die örtliche Zuständigkeit ergibt sich aus § 771 II, § 802; die sachliche Zuständigkeit aus § 23 Nr. 1 GVG.

## II. Frage 2

Es muss geklärt werden, welche Rechtsfolgen es hat, wenn A den restlichen Kaufpreis an V zahlt.

In diesem Fall tritt die Bedingung ein und S wird Eigentümer der Kamera (§ 158 I iVm § 449 BGB). Dass A diese Leistung bewirken kann, ergibt sich aus § 267 I BGB.

Bei mehrfacher Pfändung entstehen an dem gepfändeten Gegenstand auch mehrere Pfandrechte, und zwar in der Reihenfolge ihrer Entstehung (§ 804 III). Durch einen Eigentümerwechsel werden weder Gültigkeit noch Rang dieser Pfandrechte verändert.[1911] Es kommt also nur darauf an, ob das Pfandrecht des G und das des A wirksam entstanden sind.

1. G hat eine schuldnerfremde Sache unter Verstoß gegen § 751 II pfänden lassen. Nach der gemischten Theorie (→ Rn. 1170 f.) setzt die wirksame Entstehung eines Pfändungspfandrechts voraus, dass eine gepfändete Sache dem Schuldner gehört und dass auch die verfahrensrechtlichen Regelungen eingehalten werden, sofern es sich dabei nicht lediglich um Ordnungsvorschriften handelt. Da § 751 II nicht nur eine Ordnungsvorschrift darstellt, sind beide Voraussetzungen nicht erfüllt, sodass die Pfändung der Kamera nach dieser Theorie nicht zu einem Pfändungspfandrecht des V geführt hat.

   Nach der öffentlich-rechtlichen Theorie (→ Rn. 1170 f.) entsteht ein Pfändungspfandrecht bei einer wirksamen Beschlagnahme (Verstrickung) der Sache. Nach dieser Theorie kommt es folglich nur darauf an, ob die Verletzung des § 751 II eine wirksame Verstrickung verhinderte. Die Pfandverstrickung entsteht nur dann nicht, wenn der Pfändungsakt nichtig ist. Dies ist der Fall, wenn eine verletzte Verfahrensvorschrift als so wesentlich bewertet werden muss, dass ihre Verletzung einer wirksamen Beschlagnahme entgegensteht. Auch die Offenkundigkeit des begangenen Fehlers ist hierbei zu berücksichtigen. Ein Verstoß gegen § 751 II kann in diesem Sinn nicht als so gravierend aufgefasst werden, dass eine wirksame Beschlagnahme ausgeschlossen werden muss. Nach der öffentlich-rechtlichen Theorie hat folglich G ein Pfändungspfandrecht mit der Pfändung der Kamera erworben.

2. Zu berücksichtigen ist jedoch, dass G nachträglich die angeordnete Sicherheit geleistet hat. Es fragt sich deshalb, ob dies eine rückwirkende Heilung des begangenen Rechtsverstoßes bewirkte. Nach der gemischten Theorie muss dies verneint werden, da erst mit Heilung des Mangels das Pfändungspfandrecht entsteht. Zwischenzeitlich begründete Pfändungspfandrechte gehen also nach dem Prioritätsprinzip diesem durch Heilung entstandenen Pfändungspfandrecht vor.

   Nach der öffentlich-rechtlichen Theorie kann die Heilung nur bewirken, dass die vorher gegebene Anfechtbarkeit wegfällt. An dem Pfändungspfandrecht, das nach dieser Theo-

---

[1911] Dies entspricht allgM. Da es hier nicht darum geht, wie ein Anwartschaftsrecht am besten zu pfänden wäre, sondern welche Rechtsfolgen die bewirkte Pfändung hat, wäre es verfehlt, sich mit den verschiedenen Theorien über die Pfändung eines Anwartschaftsrechts auseinander zu setzen (→ Rn. 1229 ff.).

rie bereits entstanden ist, kann sich nichts ändern. Innerhalb der öffentlich-rechtlichen Theorie wird jedoch die Auffassung vertreten, dass eine solche nachträgliche Heilung von Verfahrensverstößen durchaus Auswirkungen auf die materiellen Rechtsfolgen haben könnte, die im Rahmen des Verteilungsverfahrens berücksichtigt werden müssten. Hierbei könnte darauf gesehen werden, ob nicht verhindert werden müsste, dass ein vollstreckender Gläubiger sich dadurch einen zeitlichen Vorsprung vor anderen verschaffte, dass er die Vollstreckung bereits in einem Zeitpunkt begonnen habe, als er dies noch nicht tun durfte. Innerhalb dieser Auffassung gehen allerdings die Meinungen in der Frage auseinander, ob stets bei Verteilung des Erlöses (wenn er nicht für alle Gläubiger ausreicht) darauf abgestellt werden muss, zu welchem Zeitpunkt ein Mangel beseitigt wurde, oder ob dabei nach Art des Mangels zu differenzieren sei. Bei lediglich formellen Mängeln, zu denen auch ein Verstoß gegen § 751 II zähle, sei ein besseres Recht des Gläubigers abzulehnen, der nach einer mangelhaften Pfändung, aber vor deren Heilung ein Pfändungspfandrecht begründet habe.[1912]

Es kommt also darauf an, wie dieser Meinungsstreit entschieden wird. Schließt man sich der gemischten Theorie an (zur Begründung → Rn. 1184), dann erwirbt G erst ein Pfandrecht an der Kamera im Zeitpunkt der Sicherheitsleistung. Dieses Ergebnis wird auch nicht durch die Regelung des § 720a I infrage gestellt. Danach kann der Gläubiger aus einem nur gegen Sicherheitsleistung vorläufig vollstreckbaren Urteil auch ohne Sicherheitsleistung die sog. Sicherungsvollstreckung durchführen lassen, die dem Gläubiger den Rang sichert. Jedoch ist hieraus nicht zu schließen, dass in jedem Fall von dem Erwerb eines Pfändungspfandrechts zugunsten des vollstreckenden Gläubigers auszugehen ist, wenn dieser vor Sicherheitsleistung die Zwangsvollstreckung begonnen hat. Denn in diesem Zusammenhang muss berücksichtigt werden, dass nach § 750 III eine Wartefrist von zwei Wochen eingehalten werden muss. Aus dem Sachverhalt ergibt sich nicht, dass diese Frist beachtet wurde. Die Verletzung des § 750 III verhindert in gleicher Weise wie bei einer Vollstreckung ohne Sicherheitsleistung die Entstehung eines wirksamen Pfändungspfandrechts.

3. Es kommt deshalb entscheidend darauf an, welche Auswirkungen es auf das Verhältnis der Pfandrechte des G und des A zueinander hat, wenn A den Kaufpreis zahlt und dadurch S zum Eigentümer macht. Nach der hier vertretenen gemischten Theorie ist für beide Gläubiger durch die Pfändung zunächst kein Pfändungspfandrecht entstanden, sondern erst in dem Zeitpunkt, in dem S Eigentümer wurde. Mit dem Eigentumserwerb entstanden dann für beide Gläubiger Pfändungspfandrechte in analoger Anwendung des § 185 II 1 Alt. 2 BGB. Es fragt sich aber, ob beide Pfändungspfandrechte gleichen Rang erhalten oder ob auch die Vorschrift des § 185 II 2 BGB entsprechend heranzuziehen ist, nach der eine frühere Pfändung den Vorrang beanspruchen könnte.

Wird die Entstehung von Pfändungspfandrechten an schuldnerfremden Sachen auf den Rechtsgedanken des § 185 II 1 BGB gestützt, dann ist es nur folgerichtig, auch Satz 2 dieser Vorschrift heranzuziehen. Deshalb könnte A bei Zahlung des Restkaufpreises den Vorrang für sein Pfandrecht gegenüber dem Pfandrecht des V beanspruchen, da der Verfahrensmangel, der (abgesehen vom fehlenden Eigentum des Schuldners) die Entstehung eines Pfändungspfandrechts des G verhinderte, erst nach Pfändung durch A beseitigt worden ist. Zum gleichen Ergebnis gelangte man, wenn man mit einer im Schrifttum vertretenen Auffassung dem eine schuldnerfremde Sache pfändenden Gläubiger das Recht absprechen würde, sich zur Begründung eines besseren Rechts auf das fehlende Eigentum

---

[1912] Zu dieser Frage vgl. *Lüke*, Prüfe Dein Wissen, Zwangsvollstreckungsrecht, 2. Aufl. 1993, 39; Musielak/Voit/*Becker* § 878 Rn. 7; Stein/Jonas/*Münzberg* § 750 Rn. 13 f.; Thomas/Putzo/*Seiler* vor § 704 Rn. 59.

des Schuldners zu berufen, weil sich diesen Umstand jeder der pfändenden Gläubiger entgegenhalten lassen müsste.

4. Als Ergebnis ist also festzuhalten, dass A zu empfehlen ist, den restlichen Kaufpreis an V zu zahlen.

# Paragrafenregister

Die angegebenen Fundstellen beziehen sich auf die Randnummern; Hauptfundstellen sind **fett** gesetzt.

**AEUV**
Art. 81: 237

**AGG**
§ 1: 831
§ 2: 831

**AktG**
§ 78: 242

**AnfG**
§§ 1 ff.: **1345**

**BerHG**
§§ 1 ff.: 27

**BeurkG**
§ 54: 1141

**BGB**
§ 1: 238
§§ 7–11: **85**
§ 54: 238
§ 95: 1243
§ 104: 728
§ 106: 240, 728
§ 112: 240
§ 113: 240
§ 116: **318**, 728
§ 117: **318**, 728
§ 118: **318**
§ 119: 25, **318**, 458, 533
§ 122: 92
§ 123: **318 f.**, 458, 533
§ 125: 737
§ 127a: 529
§ 135: 1168
§ 138: 533
§ 140: 540
§ 142: 25, 728
§ 156: 1180
§ 164: 1121
§ 166: 1185
§ 179: 92, 861
§ 194: 123
§ 195: 48
§ 199: 48
§ 204: 77, 136, 152, 264, 567, 663, 872, 1091

§ 212: 728
§ 214: 635
§ 229: 21
§ 253: 137
§ 259: 136, 1280
§ 260: 1280
§ 262: 381
§ 267: 1231
§ 269: **92 f.**, 115
§ 270: **92 f.**, 115
§ 273: 1267
§ 276: 553
§ 278: 553, 1185
§ 280: 388, 507, 592
§ 281: 388, 949
§ 282: 861
§ 285: 388
§ 286: 507
§ 291: 264, 476
§ 292: 264, 476
§ 312: 91, 1316
§ 312b: 1316
§ 312c: 1316
§ 312d: 1316
§ 312g: 1316
§ 315: 134
§ 319: 134
§ 320: 728
§ 322: 728
§ 323: 559, 592, 949
§ 325: 592
§ 345: 861
§ 346: 592
§ 358: 861
§ 362: 21, 480, **483**, 495, 728, 1175
§ 366: 577
§ 388: 561
§ 389: **558–591**, 728
§ 396: 577
§ 399: 1227
§ 400: 1227
§ 404: 1216
§ 407: 1215, 1309
§ 408: 1215
§ 412: 1216
§ 421: 429
§ 425: 436
§ 428: 429

§ 433: 20
§ 437: 559, 592
§ 479: 663
§ 485: 663
§ 488: 123, 737, 849
§§ 491 ff.: 1092
§ 495: 1316 f.
§ 542: 850
§ 543: 861
§ 562: 1170, 1292, 1346
§§ 574–574c: 1131
§ 581: 1346
§ 592: 1346
§ 636: 850
§ 641: 1313
§ 666: 135
§ 667: 135
§ 675: 135
§ 678: 1185
§ 681: 1185
§ 687: 1185
§ 697: 94
§ 705: 429
§ 717: 1242
§ 719: 1242
§ 725: 1242
§ 747: 1242
§ 751: 1242
§ 766: 391
§ 779: 520 f., 533, 540
§ 801: 264, 476
§ 812: 1184
§ 818: 264, 476
§ 826: 1075–1081
§ 839a: 658, 797
§ 843: 1063
§ 864: 264, 476
§ 885: 1346
§ 894: 258, 297
§ 899: 1346
§ 929: 1182, 1121
§ 932: 1182
§ 939: 264, 476
§ 977: 254, 476
§ 989: 264, 476, 1185
§ 990: 1185
§ 1001: 254
§ 1002: 264, 476
§ 1008: 429, 1242
§ 1011: 434
§ 1059: 1228
§ 1092: 1228
§ 1093: 1228
§ 1117: 863 f.
§ 1120: 1243
§ 1147: 128, 258, 297
§ 1153: 1217
§ 1163: 1233

§ 1184: 1260
§ 1204: 128
§ 1228: 656
§ 1232: 1333
§ 1239: 1179
§ 1282: 656
§ 1285: 656
§ 1287: 1231
§ 1297: 253
§ 1313: 130
§ 1318: 130
§ 1360: 1195
§ 1362: 1242
§ 1363: 1242
§ 1365: 247
§ 1368: 247
§ 1415: 1242
§ 1419: 1242
§ 1422: 247
§ 1459: 436
§ 1483: 1242
§ 1487: 1242
§ 1564: 25, 130
§ 1612a: 1086
§ 1626: 242
§ 1629: 242
§ 1660a: 1195
§§ 1773 f.: 242
§ 1896: 242
§ 1902: 242
§ 1922: 398
§ 1961: 1321
§ 1973: 1322
§ 1975: 1322
§§ 1984 f.: **248**
§ 1990: 1322
§ 2014: 1322
§ 2015: 1322
§ 2028: 1359
§ 2032: 429
§ 2033: 1242
§ 2039: 433
§ 2040: 436
§ 2058: 436
§ 2059: 435
§ 2063: 264, 476
§ 2100: 1073
§§ 2212 f.: **248**
§ 2213: 545 f.
§ 2139: 1059
§ 2224: 433

**BORA**
§ 1 ff.: 46

**BRAO**
§ 1: 43, 49
§ 2: 43

§ 3: 43
§ 4: 44
§ 6: 44
§ 7: 44
§ 12: 44
§ 27: 44
§ 43: 47
§ 43a: 47
§ 43b: 47
§ 45: 47
§ 48: 47
§ 49b: 49
§ 50: 47
§ 53: 47, 545
§§ 59c ff.: 45
§ 113: 46

**Brüssel Ia-VO**
Art. 1: 237
Art. 2: 237 Art. 3: 237
Art. 5 ff.: 237
Art. 8 ff.: 237
Art. 15 ff.: 237
Art. 22: 237
Art. 23: 237
Art. 24: 237

**Brüssel IIa-VO**
Art. 1: 237
Art. 21: 237
Art. 22: 237
Art. 28: 237
Art. 29 ff.: 237
Art. 41 ff.: 237

**BVerfGG**
§ 13 Nr. 8 a: 199
§ 79: 1320
§ 90: 199
§ 95: 200

**DRiG**
§§ 5 ff.: 161
§ 5 a: 55 Fn. 43
§§ 8 ff.: 161
§§ 25 ff.: 161

**EGGVG**
§ 8: 78a

**EGZPO**
§ 7: 78a
§ 13: 807
§ 15 a: 38, 1083
§ 26: 955, 978, 1006, 1025

**EuBVO**
Art. 10 ff.: 237

**EuGFVO**
Art. 1: 237
Art. 2: 237
Art. 15: 237

**EuMVVO**
Art. 1: 237
Art. 16 f.: 237

**EuVTVO**
Art. 2: 237
Art. 3: 237
Art. 12 ff.: 237
Art. 18: 237
Art. 19: 237

**FamFG**
§§ 49 ff.: 1373
§ 111: 45, 380
§ 113: 207, 450
§ 114: 45
§§ 119 ff.: 1373
§ 121: 207
§ 125: 240 Fn. 309
§ 126: 380
§ 127: 208
§ 136: 549
§ 137: 431
§ 167: 240 Fn. 309
§ 169: 316
§ 179: 316
§§ 246 ff.: 1373

**GBO**
§ 71: 1300, 1355
§ 76: 1320

**GG**
Art. 2: 1351
Art. 6: 1242
Art. 13: 1159
Art. 14: **63**, 1351
Art. 15: **63**
Art. 20: 887
Art. 34: 63
Art. 93: 60, 191
Art. 95: **60**
Art. 97: 161
Art. 100: 549
Art. 101: 22, 203, 957, 1005
Art. 103: 22, **199**, 411, 694, 772
Art. 124: 993
Art. 125: 993
Art. 126: 549

**GKG**
§ 3: 156
§ 12: 155

§ 34: 156
§ 38: 322, 711
§§ 39 ff.: **156**
§ 45: 561

**GmbHG**
§ 35: 242

**GVG**
§ 13: **62**
§ 15a: 39, 40
§ 17: 72, 74, 91, 586
§ 17a: **72 f.**, 75, 586, 993, 1022
§ 17b: 76
§ 18: **234**
§ 19: **234**
§ 20: **234**
§ 21e: 161
§ 21f: 161
§ 22: 161
§ 23: **79, 81,** 83, 596
§ 23a: 45, **79,** 80 f.
§ 23b: 45, **79,** 1062
§ 60: 161
§ 71: **79, 81**
§ 72: **79**
§ **72a: 165a**
§ 75: 161
§ 93: 161
§ 94: 122
§ 95: 122
§ 96: 122
§ 98: 122
§ 99: 122
§ 101: 122
§ 105: 122
§ 108: 122
§ 116: 161
§ 119: **79**
§ **119a: 165a**
§ 122: 161
§ 130: 161
§ 132: 1000
§ 133: **79,** 986, 1019
§ 139: 161
§ 153: 153
§ 154: 1112
§ 156: 166
§ 169: 224
§ 170: 225
§ 171a: 225
§ 172: 225
§ 173: 225
§ 176: 161, **331**
§ 177: **331,** 772
§ 178: **331**
§ 180: **331**
§ 184: 158

§ 192: 184, 870
§ 193: 161
§ 194: 161
§ 198: 1004

**GVGA**
§ 105: 1158

**HGB**
§ 117: 437
§ 124: 238, 1242
§ 127: 437
§ 133: 437
§ 135: 1242
§ 140: 437
§ 375: 253
§ 441: 1346

**InsO**
§ 1: 1105
§ 21: 248
§ 22: 248
§ 51: 1336
§ 80: 248
§ 85: 548
§ 86: 548
§ 89: 1105
§ 183: 1059
§ 201: 1134

**LPartG**
§ 1: 1242

**PartGG**
§ 7: 45

**RDG**
§ 2: 56

**RPflG**
§ 3: 1110, 1244
§ 4: 1359
§ 11: 883, **1141,** 1146, 1207, 1247, 1255, 723, **1298,** 1359
§ 20: 1094, 1110, 1139, 1207, 1240, 1293, 1352, 1359
§ 21: 882

**RVG**
§ 1: 49
§ 2: 50
§ 3a: 53
§ 4: 53
§ 4a: 53
§§ 22 ff.: 53

**SGB VII**
§ 82: 30
§ 90: 31

# Paragrafenregister

**SGB VIII**
§ 60: 1134

**StGB**
§ 25: 71
§ 53: 71
§ 73: 71
§ 73a: 71
§ 136: 1168
§ 260: 71

**StPO**
§ 33a: 1005
§§ 111b ff.: 71
§ 311a: 1005

**StVG**
§ 7: 429, 718
§ 18: 429
§ 20: 88

**UKlaG**
§ 10: 1320

**UWG**
§ 25: 1373

**VwGO**
§ 40: 63 ff.

**WEG**
§ 10: **238**
§ 43: 83

**ZPO**
§ 5: 380, 431, 596
§ 12: 82 ff., 237
§ 13: **85,** 88
§ 16: 85
§ 17: 87
§§ 20 ff.: 84
§ 20: 84
§ 24: 83
§ 29: **93 f.,** 115, 332
§ 29a: 83
§ 29c: 83, 92
§ 30: 168
§ 32: **88 f.,** 115
§ 33: **601–609,** 1054
§ 35: **90,** 1361
§ 36: 57, 427, 616
§ 38: **98–102,** 303, 332
§ 39: **104 f.,** 188, 270
§ 40: **97 f., 104 f.**
§ 41: 746, 794
§§ 42 ff.: 203
§ 49: 154
§ 50: **238,** 433

§ 51: **242,** 702
§ 52: **240**
§ 56: 215, 269
§ 57: 243
§ 59: 284, 397, 424–444, **429 f.,** 613
§ 60: **429,** 613
§ 61: 409, **424 f.,** 500
§ 62: **432–443**
§ 64: **664–670**
§ 65: **664–670**
§ 66: **634**
§ 67: **637**
§ 68: **638–645,** 872
§ 69: 647
§ 70: 631
§ 71: 631, 661
§ 72: 629, **655–658,** 872
§ 73: 655, 660
§ 74: **655–662**
§ 75: **672 f.,** 677
§ 76: 549, 647, **675 f.**
§ 77: 675 f.
§ 78: **45,** 109, 321 f., 329, 471, 553
§ 79: 329
§ 80: 303, 311
§ 81: 284, 311
§ 83: 284
§ 85: 552, 702
§ 87: 311
§ 88: 311
§ 89: 311
§ 91: 26, 36, 367, 461, 464, 512 f., 881, 1113
§ 91a: **481–485,** 491 f., 585, 871, 918
§ 92: 138, 881
§ 93: 447, 451, 495
§ 99: 199
§ 103: 870
§ 104: 831, 883
§ 110: **273,** 710
§ 114: **29 f.,** 831
§ 115: **29**
§ 117: **35**
§ 118: **33,** 199
§ 120: **35**
§ 121: **36**
§ 122: **36,** 155
§ 123: **36**
§ 127: **36,** 260, 1008
§ 128: **216 f.,** 492, 952, 986, 1293, 1352
§ 128a: 223, 768, 987
§ 129: 118, 216, 684
§ 129a: 37, 363
§ 130: 120, 143 f.
§ 130a: 117, 146
§ 131: 141
§ 132: 332, 685
§ 135: 877
§ 136: 161, 183, 191, 193 f., 197, 199, 208

§ 137: **189 f.**, 197, 217
§ 138: **209,** 300, **726,** 733, 737, 741
§ 139: 16, 138, 148, 158, 185, 191 f., 199, **208–215,** 328, 694, 823
§ 141: 177, 322, 812, 815
§ 142: 759, 810
§ 143: 759
§ 144: 759, 779, 793
§ 145: 382, 430, 578–585, 607
§ 147: 429, 425, 669
§ 148: **549,** 587, 614, 615, 669
§ 149: **549**
§§ 152–154: **549**
§ 156: 196
§ 158: 330
§ 159: 184
§ 160: **183 f.,** 197, 312, 520 f., 832, 873
§ 160a: 184
§ 161: 184
§ 162: 184 f., 529, 787
§ 163: 184
§ 164: 187
§ 165: 187, 823
§ 166: 152, 892, 1148
§ 167: 152
§ 168: 154
§ 169: 154
§ 174: 823
§ 183: 823
§ 195: 823
§ 215: 332
§ 216: 159, 167, 171
§ 217: 332, 335
§ 218: 332, 357
§ 220: 182, 197
§ 222: 553
§ 223: **553**
§ 224: 553
§ 225: 199
§ 227: 195, 553, 873
§ 232: 350, 913
§ 233: 319, 553, 928
§ 234: 553
§ 236: 553, 831
§§ 239–245: 424, **545–549**
§ 246: **549**
§ 247: **549**
§ 248: 305
§ 249: 546. **553**
§ 250: 548
§ 251: 462, 543, **551,** 553
§ 251a: 216, 327, 374, 462, 550
§§ 253 ff.: 924
§ 253: 116 **ff.,** 216, 255, **257,** 284
§ 256: **129,** 260, 497, 267, 438, 454, 651, 1054, **1053 f.**
§ 257: 128
§ 258: 1063

§ 259: 128, 267
§ 260: 284, 294, **380,** 396, 430, 877
§ 261: 74, 136, **257, 260–262,** 409, 431, 537, 594 f., 620, 622
§ 263: 363, 294, **376–396,** 511, 1018, 613, 636
§ 264: 262, **375 f., 383–388,** 399, 500
§ 265: **399–404,** 648
§ 266: 403
§ 267: **390**
§ 268: 377, 394
§ 269: 205, 273, 306 f., 312, 317, 345, **385,** 396, 406 f., **464–478,** 480, 484, 489, 500, 510, 567, 636, 871
§ 270: 116
§ 271: 116, 152, 171
§ 272: **157,** 171, 216, 873
§ 273: **167, 171,** 177, 183, 759, 873
§ 274: 157, **167,** 171, 332
§ 275: **159, 167–174,** 690
§ 276: 157, **159, 167–174,** 340, 689
§ 277: **167 f.,** 174, 689
§ 278: 55, 177, **178,** 181, 188, 278, 518, 530, 550
§ 278a: 177
§ 279: 181, 188, 192, 212, 328
§ 280: 188, 197, **275,** 877, 920, 962
§ 281: 16, **108,** 305, 607
§ 282: 274, **678–685,** 704 f., 724, 948
§ 284: 271, 750
§ 285: 197
§ 286: 440, 730, **822–867,** 879, 995
§ 287: 137, 177, 831, 839
§ 288: 298, 338, 737, **739 f.,** 817
§ 289: 740
§ 290: 457, **738–742**
§ 291: **744**
§ 292: 747, 805, 866
§ 293: **748**
§ 294: 831
§ 295: 141 f., 148, 158, 444, 553, 631, 637, 799
§ 296: 273, 593, 678–686, **687–717,** 831, 948
§ 296a: 196
§ 297: 190, 197, 216, 593
§ 299: 226
§ 300: 194, 197, 877, 885, 957
§ 301: 445, 621, 877
§ 302: 451, 581 f., 619, 877, 920, 962, 1357
§ 303: 394 f., 461, 477, 513, 877, 894
§ 304: 877, 894, 921, 962
§ 306: 205, 284, 309, **459–462,** 463, 636
§ 307: **171,** 205 f., 217, 284, 306, 317, 440, **447–457,** 637, 891
§ 308: 126, 205f, 881, **886**
§ 308a: 207, 886
§ 309: 221, 230, **888**
§ 310: 193, 197, 345, 890, 893
§ 311: 890, 916
§ 313: 873, **878**
§ 313a: **880**

# Paragrafenregister

§ 313b: 345, **880**
§ 314: 823, 879
§ 315: 892
§ 317: 892, 1113
§ 318: **893f.**, 1005,
§ 319: 457, **884**
§ 320: 161, 879, 948
§ 321: 884
§ 321a: 200, 898, 924, 954, 1005f., **1029ff.**, 1074; 1127, 1158
§ 322: 284, **569–577,** 1012, **1033–1051**
§ 323: 724, **1063–1068**
**§ 323a: 1068**
§ 325: 258, **400f.**, 648, **1059**
§ 326: 646–351, **1059**
§ 327: 648, **1059**
§ 329: 177, **873–875,** 1014, 1148
§ 330: 3234f., 440
§ 331: **169f.**, 324f., 332, **339f.**, 345, 440, 462, 891
§ 331a: 216, 327, 355, 475
§ 332: 328
§ 333: **329,** 475
§ 335: 326, **332,** 343, 358
§ 337: 327, **336**
§ 338: 326, 349, 1066
§ 339: 363f.
§ 340: 352, 363f., 688
§ 341: 365, 372
§ 341a: 358–361, 367
§ 342: **352, 372**
§ 343: **367–372**
§ 344: **369**
§ 345: **354, 360**
§ 346: 306, 1036
§ 348: **162**
§ 348a: 162
§ 355: 222, 766
§ 356: 770
§ 357: 226, 772
§ 358: 762
§ 358a: 167, 171, 762f.
§ 359: 761, 764
§ 360: 764, 799
§ 361: 166, 766
§ 362: 166, 766
§ 370: 328, 773
§ 371: 758, **774–779,** 848
§ 371a: 803, 841
§ 372: 88, 166, 767, **774–779**
§ 372a: 733, 779, 877
§ 373: 758f., 782
§ 375: 166, 767, 783
§ 376: 784
§ 377: 787
§ 378: 787
§ 380: 322, 783
§ 381: 322

§ 383: 752, **784f.**
§ 384: **784f.**
§ 385: **784f.**
§ 386: 783
§ 387: 877
§ 390: 783
§ 393: 783
§§ 394ff.: 787
§ 402: 767, 795
§ 403: 758
§ 404: 793
§ 404a: 790
§ 406: 794
§ 407: 796
§ 407a: 796
§ 408: 796
§ 409: 796
§ 410: 796f.
§ 411: 789, 796
§ 411a: 800
§ 414: 795
§ 415: 801f., **807,** 823, 879
§ 416: 807, **808,** 823
§ 416a: 803
§ 417: **789, 807,** 823
§ 418: **807,** 823, 878
§ 420: 810
§ 421: 810
§ 423: 733
§ 424: 758
§ 425: 762
§ 427: 848
§ 428: 810
§ 434: 166, 767
§ 435: 810
§ 437: 805
§ 438: **805,** 823
§ 439: **805**
§ 440: 805
§ 441: 848
§ 444: 810, 848
§§ 445ff.: 733
§ 445: 758, **811f.**
§ 446: 816
§ 447: **810**
§ 448: 759, 815
§ 450: 323, 762, 816
§ 451: 767, 816
§ 452: 820
§ 453: 818
§ 454: 818
§ 455: 819
§ 478: 783, **821**
§ 480: 821
§ 481: 821
§ 484: 821
§§ 485ff.: **867–872**
§ 495: 38, 176

§ 495a: 172, 217, 873, **1082**
§ 496: 37, 363 f.
§ 497: 875
§ 504: **104 f., 188,** 597, 1071
§ 506: 262, 597
§ 510: 805
§ 510b: 877
§§ 511 ff.: 924
§ 511: 921, 922, 924
§ 512: 394
§ 513: 951
§ 514: 359–362, 921, 922, 962, 982, 1100
§ 515: 917, 1036
§ 516: 306, 915
§ 517: 319, 553, 892, 927, 936 f., 960
§ 519: 216, 553, 925
§ 520: 216, 929, 942
§ 522: 933, 938, 952, 954, 955, 956, 961, 987, 1020
§ 523: 956, 957
§ 524: **934 f.,** 967
§ 525: 924, 957
§ 526: 165, 956, 966
§ 528: 908, 957
§ 529: 405, 927, 940, 944
§ 530: 593, 940 ff.
§ 531: 593, 717, 945, 946 f.
§ 533: 409, 563, 599, 920
§ 535: 940
§ 537: 1121
§ 538: 230, 958
§ 539: 961
§ 540: 959
§ 542: 962, 963, 1365
§ 543: 963 ff.
§ 544: **955, 974,** 1006
§ 545: 968, 994, 998
§ 547: 230, 994
§ 548: 553, 892, 980
§ 549: 216, 980, 985
§ 551: 216, 961, 986, 986, 991
§ 552: 986, 999
§ 552a: 987
§ 554: 990
§ 555: 991 f.
§ 557: 394, 993
§ 559: 593, 990 f.
§ 561: 994, 1002
§ 562: 978
§ 563: 977, 980
§ 565: 306, 915, 916, 962, 982, 998, 999, 1036
§ 566: 79, 962, 983
§ 567: 993, 901, **1000 ff.**
§ 568: 1026
§ 569: 216, 1008, 1017, 1207, 1247
§ 570: 1011, 1355
§ 571: 1009
§ 572: 1012–1017

§ 573: 1018, 1141
§ 574: 1002, **1019 ff.**
§ 575: 1027
§ 576: 1027
§ 577: 1028
§ 578: 238, 380, 1070
§ 579: 1005, **1068–1073**
§ 580: 317, 456, 992, 1069–1075
§ 581: 317, 1070, 1075
§ 584: 1070
§ 586: 1070, 1075, **1080**
§ 587: 1070
§ 590: 1071
§§ 592 ff.: 380, 1083
§ 595: 595, 1084
§ 598: 724
§ 599: 451, 877, 1084
§ 600: 619, 1084, 1357
§ 606: 300a
§ 640: 316
§ 640c: 316
§§ 688 ff.: 1091
§ 688: **1092,** 1074
§ 689: 82, 1092
§ 690: 1093
§ 691: 1094
§ 692: 1095
§ 694: 1097
§ 696: 1097
§ 697: 688
§ 699: 1095, 1097
§ 700: 361, 688, 1069–1101
§ 701: 1095
§ 703c: 1093
§ 704: 582, **1119,** 1121
§ 705: 1035
§ 706: 154
§ 707: 1127, 1357 f., 1365
§ 708: 207, **1121**
§ 709: 207, 367, 1121
§ 710: 1121
§ 711: 1126, 1183
§ 712: 1126
§ 713: 1126
§ 714: 1126
§ 717: 619, **1122 f.**
§ 719: 925, 1127, 1357 f.
§ 720a: 1148, 1173
§ 721: 207
§ 722: 1129
§ 723: 1129
§ 724: **1135,** 1174
§ 725: 1135
§ 726: 1138, 1146
§ 727: 399, 1142, 1321
§ 730: 1170
§ 731: 399, **1141**
§ 732: 1143 f., 1355

# Paragrafenregister

§ 733: 1170
§ 736: 1242
§ 737: 128
§ 739: 1242, 1270
§ 740: 1242
§ 741: 1242
§ 743: 128
§ 745: 128, 1242
§ 747: 436, 1242
§ 748: 128
§ 750: 1138, **1147**
§ 751: 1138
§ 753: 1112
§ 756: 1138, 1160
§ 757: 1158, 1174
§ 758: 1160
§ 758a: 1159, 1292
§ 759: 1170
§ 764: 1293, 1352
§ 765: 1138
§ 765a: 1112, 1144, 1188, 1288, **1349 f.**, 1355, 1358
§ 766: 1162–1167, 1187 f., 1216, 1287, **1290–1293,** 1295–1300, 1355
§ 767: 268, 346, 1061, 1112, 1086 f., 1287, **1301–1325**
§ 768: 1144 f.
§ 769: **1355–1358**
§ 770: **1355**
§ 771: 1161, 1288, 1325, **1326–1344**
§ 775: 1302, 1356
§ 776: 1301, 1356
§ 777: 1170
§ 779: 1321
§ 780: 1320
§ 785: 1320
§ 786: 1320
§ 788: 1113
§ 793: 1207, 1288, 1293, **1285–1294,** 1359
§ 794: 237, 268, 436, 520–532, **1130–1133,** 1138, 1148, 1305, 1317
§ 795: 1138, 1147, 1305, 1317
§ 795a: 1137
§ 796: 1283
§§ 796a ff.: 541, 1132, 1319
§ 797: 1137
§ 798: 1148
§ 800: 1130 f.
§ 802: 83, 1112
§ 802a: 1112, 1205, 1359
§ 802b: 1158, 1359
§ 802c: 1112,
§ 802e: 1359
§ 802f: 1359
§ 802g: 1279
§ 802i: 1359
§ 802j: 1359, 1279
§ 803: 1109 f., 1154, 1167, 1204, 1292

§ 804: 1170 f., 1234
§ 805: 1288, 1333, **1346 f.,** 1355
§ 806: 1179
§ 807: **1359**
§ 808: 1108, 1154–1157, **1161 f.,** 1174, 1236
§ 809: **1161 f.,** 1292
§ 810: 1157
§ 811: 1108, **1164 f.,** 1188, 1193, 1292
§ 811a: 1112, 1166
§ 811b: 1166
§ 812: 1167, 1170
§ 813: 1170
§ 814: 1176
§ 815: 1154, 1137
§ 816: 1176 f.
§ 817: 1180
§ 817a: 1176 f.
§ 818: 1179
§ 819: 1183
§ 821: 1176
§ 825: 1181 f.
§ 826: **1236**
§ 827: 1235
§ 828: 1107, 1189, 1374
§ 829: 1189, **1201 f.**
§ 829a: 1206, 1367
§ 830: 1112, 1217
§ 834: 1199, 1297
§ 835: 1208, 1359
§ 836: 1208–1214, 1359
§ 837: 1217
§ 839: 1208
§ 840: 1216
§ 841: 656, 1210
§ 842: 1210
§ 843: 1210
§ 844: 1196, 1208
§ 845: 1205
§ 846: 1218
§ 847: 1223, 1196
§ 848: 1220, 1223 f.
§ 849: 1222
§ 850: 1188–1191, 1192
§§ 850a ff.: 1191
§ 851a: 1226
§ 853: 1239
§ 854: 1155, 1239
§ 855: 1239
§ 856: 647, 1239
§ 857: 1108, 1189, **1208–1233**
§ 859: 1242
§ 860: 1242
§§ 864 ff.: **1108–1110,** 1242, **1243–1262**
§ 865: 1292
§ 866: 1112, 1243, 1259
§ 867: 1112, 1259 f.
§ 872: 1240

§ 876: 1240
§ 878: 1240
§ 881: 344
§ 882b: 1359
§ 882d: 1359
§ 882f: 1359
§ 882h: 1359
§ 883: 1108, 1217, **1263 f.**, 1359, 1362
§ 884: 1110, 1328
§ 885: 1110, 1267 f., 1353
§ 886: 1179, 1270
§ 887: 1108, 1273 f.
§ 888: 1110 f., 1273, 1278 f., 1283, 1286
§ 889: 1359
§ 890: 1110 ff., 1282
§ 891: 1276
§ 894: **1283–1286**
§ 916: **1359–1370**
§ 917: 1362
§ 918: 1362
§ 919: 1361
§ 920: 1360 f.
§ 921: 1360, 1320
§ 922: 1364
§ 923: 1364
§ 924: 1365
§ 925: 1365
§ 926: 1366, 1370
§ 927: 1366
§ 928: 1368
§ 929: 1367 f.
§ 930: 1179, 1368, 1374
§ 932: 1368, 1374
§ 933: 1368
§ 935: 1373
§ 936: 1371
§ 937: 1371
§ 940: 1373
§ 940a: 1272
§ 942: 1371
§ 943: 1371
§ 944: 1372
§ 945: 1370
§§ 1025 ff.: 273, **1086**
§ 1030: 1086
§ 1032: **273**, 1086
§ 1034: 1087
§ 1035: 1087
§ 1051: 1088

§ 1054: 1089
§ 1065: 1020
§§ 1079 ff.: 1129

**ZVG**
§ 1: 1110, 1244
§ 3: 1246
§ 8: 1246
§ 10: **1249,** 1258
§ 15: 1244
§ 19: 1246
§ 20: 1246, 1166, 1168, 1246
§ 21: 1222, 1225
§ 22: 1246
§ 23: 1246
§ 28: 1248
§ 30b: 553
§ 35: 1248
§ 37: 1248
§ 44: 1249
§ 49: 1248 f.
§ 52: 1249
§ 55: 707
§ 66: 1248
§ 71: 1248
§ 72: 1248
§ 73: 1248
§ 74a: 1251
§ 79: 1248
§ 81: 1253
§ 85a: 1251
§ 87: 1248
§ 88: 1253
§ 89: 1253
§ 91: 1253
§ 93: 1134
§ 102: 1020
§ 105: 1254
§ 113: 1254
§ 115: 1254
§ 146: 1256
§ 148: 1256
§ 150: 1256
§ 152: **248, 1256**
§ 154: 1256
§ 155: 1256 f.
§ 161: 1256 f.
§ 171a: 1243

# Stichwortverzeichnis

**Zahlen = Randnummern**
Die angegebenen Fundstellen beziehen sich auf die Randnummern;
Hauptfundstellen sind **fett** gesetzt.

Abänderungsklage 1063–1068
- Entscheidung 1067
- Verhältnis zu Rechtsmitteln 1065
- Zulässigkeitsvoraussetzungen 1066
Abgesonderte Verhandlung über Zulässigkeit 188, **275**
Abhilfe
- bei Beschwerde 1012
- bei Erinnerung 1141
Ablehnung
- von Richtern 203, 213
- von Sachverständigen 794
- von Urkundsbeamten 154
Ablieferung gepfändeten Geldes 1154, 1174
- Verwertungserlös 1183
Absichtsanfechtung 1311
Absonderungsrecht 1334
Abstimmung im Kollegium 193, 889
- Leitung der Beratung 161
Abtretung
- Prätendentenstreit 671
- Rechtskraft 1059
- der streitbefangenen Forderung 399 f.
Abweichung
- von Entscheidung des Revisionsgerichts bei Rückverweisung 997
- Großer Senat 1000
- Verbot bei rechtskräftiger Entscheidung 1037 f.
- von Vorschriften des Vollstreckungsverfahrens 1178
Abwendung der Vollstreckung 1126, 1158, 1179, 1279
Aktionärsklage, notwendige Streitgenossenschaft 432
Aktivlegitimation 245
Aktivprozesse der gesamten Hand **432 f.**
s. auch Streitgenossenschaft
Allgemeiner Gerichtsstand 85
s. auch Zuständigkeit des Gerichts
Amtsermittlungsgrundsatz **208–215**, 269
s. auch Verfahrensgrundsätze
Amtsgericht
- Arrest 1361
- Besonderheiten bei Widerklage 597
- einstweilige Verfügung 1371
- Verfahren vor 38, 176, 178, 1082

- Vollstreckungsgericht 1112, 1189
- Zuständigkeit für Beratungshilfe 27
s. auch Zuständigkeit des Gerichts
Amtsprüfung s. Prüfung von Amts wegen
Anastasia-Urteil 825
Anderkonten, Drittwiderspruchsklage 1340
Änderung
- durch Berichtigung 884
- gerichtlicher Entscheidungen 874
- der Klage s. Klageänderung
- der Parteien s. Parteiwechsel
- von Urteilsentwürfen 889
Anerkenntnis 193 f., **447–458**
- Anfechtung 458
- Antrag 437
- Anwendungsbereich 447
- Berichtigung 456
- beschränktes 451
- durch Nebenintervenienten 636
- bei notwendiger Streitgenossenschaft 439
- Rechtsnatur 447
- Rücknahme 317
- Unterschied zum Geständnis 738 f.
- Voraussetzungen 451
- Widerruf 456
Anerkenntnisurteil
- Ausnahme vom Mündlichkeitsgrundsatz 217
- ohne Tatbestand und Entscheidungsgründe 880
- Voraussetzungen 453 f.
- Zustellung statt Verkündung 872
Anfechtbarkeit
- Anerkenntnis 458
- Erledigungserklärung 498
- Klagerücknahme 470 f.
- Prozesshandlungen 318
s. auch Prozesshandlungen
- Prozessvergleich 533 f.
- Rechtsmitteleinlegung 885
Anfechtung
- AnfG 1082, **1311**
- Geltendmachen mit Vollstreckungsabwehrklage 1061, 1311–1315
- gerichtlicher Entscheidungen 896, 912
- rechtsvernichtende Tatsache 742

Angriffsmittel
- Begriff 709
- in der Berufungsinstanz 946 f.
  s. auch Zurückweisung verspäteten Vorbringens
- nicht Widerklage 592
- Vorbringen durch Nebenintervenienten 634–637, 640, 646–651
Anhängigkeit 630
Anhörung der Parteien s. rechtliches Gehör
Anhörungsrüge s. rechtliches Gehör (Gehörsrüge)
Anordnungen zur Beschränkung oder Einschränkung der Zwangsvollstreckung 1142 f., 1353, **1354–1358**, 1365
Anpassung von Titeln auf wiederkehrende Leistungen 1063, 1067 f.
Anscheinsbeweis 832–842
Anschlussberufung 934 f.
- beschwerde 1008
  s. auch Beschwerde
- revision 990
Anschlusspfändung 1204
Anspruch
- Angabe in Klageschrift 123
- prozessualer s. Streitgegenstand
- vermögensrechtlicher 96 f.
Anspruchsgrund s. Klagegrund und Klageschrift
Anspruchskonkurrenz 284 f.
Anteilsrecht, Zwangsvollstreckung 1208
Antrag
- Änderung 378, 383–388
  s. auch Klageänderung
- alternativer 381
- Angabe in Klageschrift 126, 139
- auf Abgabe einer eidesstattlichen Versicherung 1331
- auf Erlass eines Versäumnisurteils
  s. Versäumnisurteil
- auf Erlass eines Anerkenntnisurteils
  s. Anerkenntnisurteil
- auf streitige Verhandlung 1083
- des Beklagten 887
- Berufung 929
- eventueller 381
- Häufung 379 f.
- Mangelfolge 157
- in mündlicher Verhandlung 189
- Prozessantrag 190
- Rücknahme 474
- Sachantrag 189
  s. auch Klagerücknahme
- Verfahrensvoraussetzung 205
- Voraussetzung des Vollstreckungsverfahrens 1116 f., 1198
Anwalt
- Beratungshilfe 28
- Berufsordnung 327
- Erfolgshonorar 54

- Formen der Zusammenarbeit 45
- Gebühren **50**, 882
- Haftung 58
- Prozesskostenhilfe 32
- Stellung und Aufgaben 43–49
- Unterbrechung bei Wegfall der Vertretung 545
- Vollmacht 311
- Zulassung 44
- Zurechnung von Verschulden 553
- Zwangsmittel gegen 330
Anwaltsklausur 4, **10**, 26
Anwaltsvergleich 541
- Vollstreckungstitel 1132
- Wartefrist 1148
Anwaltszwang 26, **45**, 310, 329, 925
- Ausnahme bei Verweisungsantrag 107
- Folge fehlender anwaltlicher Vertretung 171, 321 f.
- Geständnis durch Partei 738
- Prozessvergleich 522
- Unterbrechung bei Tod des Anwalts 545
Anwartschaftsrecht
- veräußerungshinderndes Recht 1334
- Zwangsvollstreckung 1226, **1229–1232**
Anzeige der Verteidigungsbereitschaft 171
- Versäumnisurteil 340 f.
  s. auch Vorverfahren
äquipollentes Parteivorbringen 737
Arbeitgeberverband, Parteifähigkeit 238
Arbeitseinkommen
- Leistungsverfügung 1373
- Zwangsvollstreckung 1190
Arbeitsleistung, Zwangsvollstreckung 1273
Arglisteinrede
- außergerichtlicher Vergleich 540
- bei erneuter Klage nach Erledigungserklärung 497
- Klagerücknahmeversprechen 478
Arrest **1359–1374**, 1373
- Arrestanspruch und -grund 1362
- Arrestbefehl 1364
- Verfahren 1361
- Vollzug 1367 f.
- Vollstreckungstitel 1131
- Vorpfändung 1205
- Widerspruch 1365
Arrestatorium 1202
Arrestgericht 1374
Arzt
- Beweislastumkehr 867
- Zeugnisverweigerungsrecht 785
Aufbaufragen s. Falllösung
Aufenthaltsort, Gerichtsstand 86
Aufhebung der Zwangsvollstreckung 1350
- des Arrestbefehls 1320–1325
Aufklärungspflicht
- richterliche **212**
- der Partei 733

# Stichwortverzeichnis 539

Aufrechnung **558–591**
- Angriffs-/Verteidigungsmittel 680, 728
- durch Drittschuldner 1216
- Falllösung 589 f.
- Geltendmachen mit Vollstreckungsabwehrklage 1293–1315
- hilfsweise (Eventualaufrechnung) **561 f.**, 590, 904
- in der Berufungsinstanz 920
- durch Kläger 572 f.
- Kombination mit Eventualwiderklage 617
- Muster einer Klageschrift 150
- Rechtshängigkeit und Rechtskraft **566–571**, 1051
- Rücknahme 567
- Trennung des Verfahrens 308–310,
- Verfahren 578–588
- Vorbehaltsurteil 580 f.
- Zurückweisung des Aufrechnungseinwandes 563

Aufruf zur Sache 182, 187, 197
Augenschein **774–779**
- von Amts wegen 759
Augenscheinsgehilfe 778
Auktion 1176
Auseinandersetzungsguthaben, Zwangsvollstreckung 1242
Ausfertigung eines Urteils 892
- vollstreckbare 1136
- Zuständigkeit 82
Ausforschungsbeweis 753
Auskunft
- Verpflichtung des Drittschuldners 1216
- Zwangsvollstreckung 1273
Ausländersicherheit, mangelnde (als Prozesshindernis) 273
- verspätete Rüge 707
Ausländische Urteile, Vollstreckung 1129
Ausländisches Recht 237, 748
Auslandsberührung (internationale Zuständigkeit) 237
Aussagepflicht
- des Zeugen **783–785**
- nicht der Partei 816
Ausscheiden aus dem Prozess
- Prätendentenstreit 672
- Urheberbenennung 675
Ausschließliche Zuständigkeit **61**
Ausschließung von Gesellschaftern 437
Ausschluss der Öffentlichkeit 178, 225
Ausschluss von Vorbringen s. Zurückweisung verspäteten Vorbringens
Aussetzung der Vollziehung 1011
Aussetzung des Verfahrens 305, 544, **549**, 553
    s. auch Stillstand des Verfahrens
- bei Aufrechnung 588
- bei Hauptintervention 669
Austauschpfändung 1166

Außergerichtliche Kosten 882
Außergerichtlicher Vergleich **540 f.**
    s. auch Anwaltsvergleich
- Erledigung der Hauptsache 480
Außerordentliche Beschwerde 1003 f., 763

Bagatellforderung
- Rechtsschutzbedürfnis bei Zwangsvollstreckung 1245
- Schlichtungsverfahren 41
- keine Zwangshypothek 1259
- Verfahren nach EuGFVO 237
Bankguthaben, Pfändung 1192
Bargebot 1201
Barzahlung, Versteigerung 1181
Bauwerkvertrag, Gerichtsstand 115
Bayerisches Oberstes Landesgericht 78a
Beamte, Vernehmung als Zeuge 784
Bearbeitungsvermerk s. Falllösung
beauftragter Richter 111, **162,** 222
- Beweisaufnahme 766
- Erinnerung 982
- Prozessvergleich 526
Bedingung
- Aufrechnung 561, 589
- Prozesshandlung 312
- Prozessvergleich 532
- Urteil 877
- Vollstreckungsklausel 1138
Beeidigung
- Partei 819 f.
- Sachverständiger 796 f.
- Zeuge **783**
Befangenheit s. Ablehnung
Befriedigung, Erledigung der Hauptsache 463, **465,** 477, 488, 496
Befriedigungsverfügung 1373
Befristung, Vollstreckungsklausel 1094
Behauptungen
- Angriffsmittel 680
- „ins Blaue hinein", Verstoß gegen prozessuale Wahrheitspflicht 210
Behauptungslast 731
Beibringungsgrundsatz s. Verfahrensgrundsätze
Beiordnung eines Anwalts, Prozesskostenhilfe 32
Beiseiteschaffen von Vermögen, Arrestgrund 1362
Beitritt als Nebenintervenient 630 f.
    s. auch Nebenintervention, Parteibeitritt, Streitgenossenschaft, Streitverkündung
- als Partei 419 f.
- Rücknahme 639
Beklagter
- Änderung 407–411
    s. auch Parteiwechsel
- Angabe in Klage 119
    s. auch Klageschrift

- Antrag 886
- Ausscheiden bei Prätendentenstreit 673
- Ausscheiden bei Urheberbenennung 675
- Beitritt 419 f.
- Berichtigung 416
- Beschwer 901
- einseitige Erledigungserklärung 500
- mehrere s. Streitgenossenschaft
- Parteifähigkeit 238
- Prozessfähigkeit 240 f.
- Prozessführungsbefugnis 244–252
- Verteidigungsmöglichkeiten 721
- Zustellung an falsche Person 418
Belehrung (über Frist für Verteidigungsanzeige und Klageerwiderung) 171
beleidigende Klageschrift 158
Beratung, Leitung der 159, 193, 888
Beratungshilfe 27
Bereicherungsausgleich
Berichterstatter 161, 187
- bei Vollstreckung in schuldnerfremde Gegenstände 1184, 1328
- nach Verteilungsverfahren 1240, 1254
Berichtigung
- Anerkenntnis 456
- Klageschrift 119, 148
- Parteibezeichnung **416 f.**
- Protokoll 187
- Urteil 884
  s. auch Heilung
Berliner Räumung 1269
Berufung 205, 896–917, **920–961**
- Anschlussberufung 934 f.
- Antrag 932
- Arrestbefehl 1340
- Bindung an erstinstanzliche Tatsachenfeststellungen 940
- Begründetheit 951
- Begründungsfrist 553, 927
  s. auch Wiedereinsetzung
- Berücksichtigung unstreitiger Tatsachen 948
- Beschwer 901, 922
- Einlegung durch Nebenintervenienten 634–637, 640, 646–651
- Einlegungsfrist 927
- einstweilige Einstellung der Zwangsvollstreckung 1126, 1357
- Entscheidung über Zulässigkeit 933
- Flucht in die 717
- Form 925
- Klausuraufbau 960
- Meistbegünstigungstheorie 911
- Parteiwechsel 406 f.
- Rücknahme 317, 915
- Statthaftigkeit 921 f.
- technisch zweites Versäumnisurteil **356–362**, 922
  s. auch Säumnis beider Parteien

- Verfahren 924
- Verhältnis zur Vollstreckungsabwehrklage 1263
- Verhältnis zum Verfahren erster Instanz 942
- Verhältnis zur Abänderungsklage 1064
- Verletzung rechtlichen Gehörs 199, 924
- „unechtes" Versäumnisurteil 337
- Versäumnisverfahren 326, 961
- Verwerfung als unzulässig 933
- Verzicht 917
- Zulassung 922, 923
- Zurückverweisung 945 f.
- Zurückverweisungsbechluss 952–955
- Zuständigkeit **79**
Beschlagnahme 1168
- von Grundstücken 1246, 1256
Beschleunigung des Verfahrens 159, 172
Beschluss 873–876
- Abänderbarkeit bindender Beschlüsse 1005
- Anwaltsvergleich, Vollstreckbarkeitserklärung 1132
- Wiederaufnahme 1242
- Wirksamkeit bei Verfahrensmängeln 229
- Zustellung 1147
Beschränkt Geschäftsfähige
- Parteifähigkeit 238
- Prozessfähigkeit 240 f.
Beschränkung des Klageantrages 384 f.
  s. auch Klageänderung
Beschwer 901
- Berufung 922
- Besonderheiten der Anschlussberufung 934 f.
- bei Verletzung rechtlichen Gehörs 191
Beschwerde 205, 897–917, **1001–1028**
- Abhilfe 563
- Anschlussbeschwerde 1012
- Arten 1001
- aufschiebende Wirkung 1011
- Einlegung durch Nebenintervenienten 634–637, 630, 646–651
- Form und Frist 553, 1006
  s. auch Wiedereinsetzung
- gegen Arrestbefehl 1365
- gegen einstweilige Anordnung zur Einstellung der Zwangsvollstreckung 1356 f.
- gegen Versagung der Vollstreckungsklausel 1179
- bei greifbarer Gesetzeswidrigkeit 1003 f., 1358
- Meistbegünstigungstheorie 911
- Prüfungsumfang und Entscheidung 1017
- als Rechtsbehelf der Zwangsvollstreckung 1293–1300
- Rücknahme 317, 915
- Unterschiede zur Erinnerung 1018
- Verfahren 1015
- bei Verletzung rechtlichen Gehörs 199, 1006
- Verzicht 917

## Stichwortverzeichnis

– Zulässigkeit 1002 f.
– Zuständigkeit **79**, 1010
  s. auch Rechtsbeschwerde
Beschwerdegegenstand 922
Beseitigung der Rechtskraft s. Rechtskraft
Besetzung der Gerichte **159–165**
Besitz, veräußerungshinderndes Recht 1342 f.
Besitzeinweisung 1267
Besondere Verfahrensarten 1082–1101
Besondere Gerichtsstände 88–92
  s. auch Gerichtsstand
Bestimmtheit
– alternativer Klageantrag 381
– des Klageantrags 123
– der zu pfändenden Forderung 1196 f.
– des Vollstreckungstitels 1119 f.
Bestimmung einer Leistung, Klage auf 128
Bestreiten 721, **726**
– Folge des Nichtbestreitens 737
– Unterschied zur Parteivernehmung 815
– Verteidigungsmittel 680
Betreuer, gesetzlicher Vertreter 241
Beurkundung, notarielle, Ersetzung durch Prozessvergleich 529
Beweisantritt **757 f.**
– Angriffs-/Verteidigungsmittel 664
– Beispiel 150
– Beweisermittlungsantrag 753
  s. auch Beweisverfahren
Beweisarten 814
Beweisaufnahme 192
– keine Anwesenheitspflicht 323
– Fortwirkung auf Berufungsinstanz 940
  s. auch Beweisverfahren
– ohne Antrag der Parteien 209
– Protokollierung 184
– Rücknahme des Antrags 317
– kein Versäumnisurteil 328
– Zulässigkeit nach beiderseitiger Erledigungserklärung 492
Beweisbedürftigkeit **737, 744 f.**
Beweisbeschluss **761–765**
– Anfechtung 765
– Änderung 765
– bei Säumnis beider Parteien 374
– zur Vorbereitung des frühen ersten Termins 168, 763
Beweiserhebungstheorie
– bei Aufrechnung 561
– bei beiderseitiger Erledigungserklärung 491
Beweisführungslast 859
Beweisgegenstand **208, 748–756**
Beweiskraft
– des Protokolls 187
– des Urteils 878
– echter Urkunden 805 f.
Beweislast 1, 215, 347, **849–867**
  s. auch Behauptungslast 730

– Bedeutung für Vollstreckungsklausel 1138
– Grundregeln 861
– objektive 859
– Sonderregeln 861–867
– subjektive 859
– Umkehr bei Beweisvereitelung 779, 844 f.
Beweismaß 824, **828**, 838
Beweismittel **774–821**
– Besonderheiten des Urkundenprozesses 1083
– nicht präsente 701, **779**
– Verwertung bei Verstoß gegen Unmittelbarkeitsgrundsatz 769
– Verwertung bei Übertragung des Gutachtenauftrags an anderen Sachverständigen 799
– Verwertung unzulässiger 754
– Verwertung von Privatgutachten 800
Beweisvereitelung **843–848**
Beweisverfahren **757–773**
– Antritt 757 f.
– Anordnung der Beweisaufnahme 761–765
– Beschluss 762–765
– Besonderheiten bei Bestimmung des Verfahrens nach billigem Ermessen 172
– Durchführung 766–773
– Parteiöffentlichkeit 772
– Rücknahme des Antrags 317
– selbstständiges 868–872
– Unmittelbarkeit 221, 766 f.
Beweiswürdigung **822–848**
– Beweisvereitelung 846
– Parteivernehmung 811, 816, 821
– Sachverständigengutachten 788 f.
– Überprüfung in der Revisionsinstanz 995
– Urkundenbeweis 804 ff.
– Zeugen 780
– Zeugnisverweigerungsrecht 769–772
  s. auch Anscheinsbeweis
Bewirkungshandlungen **306**
  s. auch Prozesshandlungen
Bezugnahme auf Schriftsätze 217
BGB-Gesellschaft 238, 433 f., 1242
Bindung
– im Abhilfeverfahren 1012
– Beweisbeschluss 764
– des Berufungsgerichts an Revisionsurteil 960
– des Gerichts an eigene Entscheidungen 893 f.
– des Gerichts an Revisionsantrag 993
– des Gerichts an Klageantrag 886
– Geständnis 738 f.
– Nebenintervention 638–645
– der neuen Partei bei Parteiwechsel **414**, 422
– an rechtskräftige Entscheidungen 1037 f., 1043–1052, 1077
– des Revisionsgerichts bei erneuter Revision 996
– Streitverkündung 652
  s. auch Nebenintervention, Rechtskraft, Streitverkündung
Briefannahmestelle 151

Briefhypothek 1217
Bruchteilsgemeinschaft, einfache Streit-
  genossen 429 f.
– Zwangsvollstreckung 1242
Bundesgerichtshof
– Zuständigkeit s. Zuständigkeit des Gerichts
Bundesrechtsanwaltsordnung 43
Bürgschaft
– einfache Streitgenossenschaft mit Haupt-
  schuldner 429 f.
– Nebenintervention 630
– Rechtsweg 68
– Vollstreckungsabwehrklage des Bürgen
  1344
Büroverschulden, Fristversäumung 177

Computerfax
– Klageerhebung durch 116, 146
Culpa in contrahendo, Gerichtsstand 91 f.

Darlehensrückzahlung, Vortrag in der
  Klageschrift 123
Dauerschuldverhältnisse, Regelungsver-
  fügung 1346
Denkgesetze
– Berücksichtigung bei Überzeugungs-
  bildung 826
– Revisibilität 995
Deutsche Gerichtsbarkeit **234**
Devolutiveffekt **897**
Dienstbarkeit, Verwertung 1188
Dienstleistung, Zwangsvollstreckung 1233
Diktiergerät, zur Protokollierung 184
Dingliche Rechte
– Besonderheiten bei Rechtsnachfolge 403
– Bestehen bleiben bei Zwangsversteigerung
  1219
– Rechtskraft bei Rechtsnachfolge 1059
– Unterwerfungserklärung 1131
Dinglicher Arrest 1362
Direkter Beweis 810
Dispositionsgrundsatz **201 f.**, 299
– Folge der Verletzung **229**
– in der Zwangsvollstreckung 1106
Dritte
– Beteiligungsmöglichkeiten 626
– Eigentümer der zu pfändenden Sache 1082,
  1168–1172
– Gewahrsamsinhaber 1161 f., 1292
– nachrangige Rechte in der Zwangsversteige-
  rung 1253
– Pfändung des Herausgabeanspruchs
  1218 f.
– bei Vollstreckung von Herausgabean-
  sprüchen 1270
– vorrangige Rechte in der Zwangsver-
  steigerung 1249
– Widerklage gegen 610–616

– Zwischenurteil 877
  s. auch Drittwiderspruchsklage, Hauptintervention, Nebenintervention, Prätendentenstreit, Streitverkündung, Urheberbenennung
Drittschadensliquidation, Prozessführungsbefugnis 249
Drittschuldner
– bei Anteilspfändung 1242
– Begriff 1201
– bei hypothekarisch gesicherter Forderung
  1217
– bei mehrfacher Pfändung 1236
– bei Pfändung sonstiger Vermögensrechte 1228
– bei Pfändung von Herausgabeansprüchen
  1219
– Pflicht zur Streitverkündung bei Klage gegen
  464, 1212
– Stellung des Gläubigers 1208–1215
– Stellung in der Zwangsvollstreckung 1216
– Vertrauen auf Überweisungsbeschluss 1213 f.
– Vorpfändung 1205
Drittwiderspruchsklage 1161, 1288, **1326–1345**
– einstweilige Anordnung zur Einstellung der
  Zwangsvollstreckung 1354 f.
– veräußerungshindernde Rechte 1331–1345
– Verhältnis zur Herausgabeklage 742
– Zulässigkeit 1326 f.
Drohung, bei Prozessvergleich 532 f.
Duldung der Inaugenscheinnahme, Beweis-
  verteilung 843
Duplik 729
Durchlaufermin 698
  s. auch Zurückweisung verspäteten Vorbringens
Durchsuchung, Anordnung der 1159
Ehe
– **Aufhebung 65**
– Besonderheiten bei Vollstreckung von
  Räumungstiteln 1270
– Besonderheiten in der Zwangsvollstreckung
  1186
– Gütergemeinschaft, notwendige Streit-
  genossenschaft 435
– Klage auf Eingehung 253
– **Scheidung 65**
– Zeugnisverweigerungsrecht 785
**Ehelichkeit, Anfechtung der 65**
Ehesachen
– kein Anerkenntnis 450
– eingeschränkte Dispositionsfreiheit 206
– internationale Zuständigkeit **237**
– Klagenhäufung 380
– Prozessvergleich 522
– Untersuchungsgrundsatz 208
– Verzicht 460
Ehrenamtliche Richter (Kammer für Handels-
  sachen) **121**, 161
Eidesleistung 819, **820**
Eidespflicht des Zeugen 783

# Stichwortverzeichnis

Eidesstattliche Versicherung **135**, 1264, 1359, 1362
Eigentum
– Erwerb bei Pfändung des Übereignungsanspruchs 1221, 1223
– Erwerb durch Ablieferung 1179, 1183
– Erwerb in der Zwangsvollstreckung 1182, 1253
– keine Prüfung bei Pfändung 1161
– Pfändungspfandrecht bei Dritteigentum 1170 f.
– Surrogation am Erlös 1183, 1253
– veräußerungshinderndes Recht 1331
– Verstrickung 1168
Eigentümergrundschuld
– Zwangsvollstreckung 1082
Eigentumsvermutung 1242
Eigentumsvorbehalt
– Drittwiderspruchsklage des Vorbehaltsverkäufers 1334
– Pfändung des Anwartschaftsrechts **1229–1232**
Eilverfahren s. Arrest, einstweilige Verfügung
Einfache Streitgenossenschaft **429 f.**
– Aufbaufragen 428
Einführung in den Sach- und Streitstand durch das Gericht 188
Einigung der Parteien s. Prozessvergleich, außergerichtlicher Vergleich
Einkommensgrenzen, bei Prozesskostenhilfe 29
Einlassung des Beklagten 721–728
Einlassungsfrist 168
Einreden iSd ZPO **723**, 728 f.
– Geltendmachung durch Nebenintervenienten 634–637, 640, 646–651
– Rechtskraft 1051
Einspruch
– gegen Versäumnisurteil 326, **349–371**
– gegen Vollstreckungsbescheid 1096, 1099
Einspruchsschrift 363
s. auch Versäumnisurteil
Einstellung der Zwangsvollstreckung 1302, 1349
Einstweilige Anordnungen zur Beschränkung oder Einschränkung der Zwangsvollstreckung 1127, 1349, **1354–1358**, 1365
Einstweilige Einstellung der Zwangsvollstreckung 1127, 1349
Einstweilige Verfügung 1359, **1371–1374**
– Arten 1373
– Vollstreckungstitel 1188
– Vollziehung 1374
– Zuständigkeit 1371
Einstweiliger Rechtsschutz 1359
Einwendungen iSd ZPO **722**, 728
– Rechtskraft 1051
Einwilligung
– zur Klagerücknahme 467, 474
Einzahlungsbeleg, Einstellung der Zwangsvollstreckung 1302

Einzelrichter
– obligatorischer 162
– originärer 162
– in der Berufungsinstanz 956, 963
– Prozessvergleich 522
– Übertragung des Rechtsstreits 162
Einziehung
– gepfändete Forderung 1208
– gepfändeter Herausgabeanspruch 1222
Elektronisches Dokument 117, 146, 774, 801, 840
Endurteil 877
Entbindung von der Schweigepflicht, Beweisverteilung 820
Entscheidung des Gerichts
– Arten 175, **873–876**
– Rechtsmittel bei fehlerhafter (Meistbegünstigungsgrundsatz) 911
s. auch Beschluss, Urteil, Verfügung
Entscheidung nach Lage der Akten **217**, 356, 374, 462, 474
Entscheidungsgründe **878 f.**
– Umfang der Rechtskraft 1043–871
Entschuldigungsgründe
– bei Säumnis 327
– bei verspätetem Vorbringen 702
s. auch Versäumnisverfahren, Zurückweisung verspäteten Vorbringens
Erbbaurecht
– veräußerungshinderndes Recht 1331
– Zwangsvollstreckung 1188
Erbe
– Aufnahme eines unterbrochenen oder ausgesetzten Prozesses 545 f.
– einfache Streitgenossen 429 f.
– Haftung, beschränkte 1320
– notwendige Streitgenossen 432–436
– Parteiwechsel 397 f.
– Rechtskraft 1059
– titelübertragende Vollstreckungsklausel 1138
– in der Zwangsvollstreckung 1242, 1320
Erfahrungswissen 826, 834 f., 842
– Revisibilität 995
Erfolgsaussichten
– einer Klage, als Bearbeitervermerk s. Falllösung
– bei Prozesskostenhilfe 32, 831
Erfolgshonorar 54
Erfolgsort 89
Erfüllung
– durch Aufrechnung s. Aufrechnung
– Aufschub der Versteigerung 1179
– Erledigung der Hauptsache 480, **482**, 495, 505, 518
– bei gepfändetem Geld 1173
– durch Überweisung an Zahlungs Statt 1208
– Verteidigungsvorbringen 724, 728
– bei Versteigerung 1183
– Vollstreckungsabwehrklage 1301

Erfüllungsort 92 f.
- Besonderheiten des Bauwerkvertrages 114
- Vereinbarung über 94
  s. auch Gerichtsstand
Erinnerung 898, 1000
- im Klauselerteilungsverfahren 952–957
- im Kostenfestsetzungsverfahren 883
  s. auch Vollstreckungserinnerung
- gegen Maßnahmen der Zwangsvollstreckung 1162, 1186, 1207, 1247, 1287, **1290–1300**
Erkennendes Gericht 221 f.
Erlass der Forderung, Vollstreckungsabwehrklage 1301
Erledigung der Hauptsache **480–517**
- durch Entstehen einer Aufrechnungslage 585
  s. auch Erledigungserklärung
Erledigung des Rechtsmittels 918
Erledigungsereignis
- bei einseitiger Erledigungserklärung 505 f.
- keine Prüfung bei beiderseitiger Erledigungserklärung 482
Erledigungserklärung 205, **480–517**
- Abgabe 485
- beiderseitige **482–498**
- einseitige **499–517**
- erneute Klage bei beiderseitiger 497
- Falllösung bei beiderseitiger 489
- Falllösung bei einseitiger 517
- hilfsweise 509
- Klagerücknahme 510
- Kostenentscheidung bei beiderseitiger 491 f.
- Prüfung durch das Gericht bei einseitiger 505–516
- Rechtsnatur der beiderseitigen 487 f.
- Rechtsnatur der einseitigen 500 f.
- Widerruf 485
- Wirkungen der beiderseitigen 489
Erlös
- Surrogation in der Zwangsvollstreckung 1109
- Verteilung 1234, 1240
Ermächtigung zur Prozessführung 249
Ersatzvornahme **1275**
Erscheinen
- der Parteien 324 f.
- des Zeugen 783
Ersitzung
- bei beiderseitiger Erledigungserklärung 489
- bei Klagerücknahme 476
- Unterbrechung durch Rechtshängigkeit 264
Erstattungsanspruch 881
- Zwangsvollstreckung wegen Kosten 1133
Ersuchter Richter 111, **166,** 222
- Beweisaufnahme 766
- Erinnerung 1018
- Prozessvergleich 522
Erweiterung des Klageantrages 387
  s. auch Klageänderung

Erwirkungshandlungen 306
  s. auch Prozesshandlungen
Europäisches Zivilprozessrecht 237, 1129
EuGVVO 99, 111, **237**
- Verbrauchersachen 237
- Gerichtsstandsvereinbarung 237
Eventualaufrechnung 559, **561 f.,** 589
- Beschwer 905
  s. auch Aufrechnung
Eventualklagenhäufung **313,** 381
  s. auch Klagenhäufung
Eventualwiderklage 617
  s. auch Widerklage

Faires Verfahren **201 f.**
- Folge der Verletzung **229,** 725
Falllösung 1, **4, 6, 8, 10, 13–19,** 41 f., 55, 150, 173, **233,** 267, 298, 309, 325, 379 f., 396, 416–418, 443, 498, 517, 589 f., 659, 712 f., 960, 1107 f., 1117, 1198, 1287, 1300, 1341
  s. auch Anwaltsklausur, gemischte Klausur, Rechtsmittelklausur, Richterklausur
Falschaussage
- Klage aus § 826 BGB 1075, 1080
- Wiederaufnahme 1242
Familiengericht 45, 79
- Zuständigkeit s. Zuständigkeit des Gerichts
Fax
- Klageerhebung durch 146
Feststellungsklage 129
- Besonderheiten bei Anerkenntnis 452
- Besonderheiten bei Verzicht 459
- Besonderheiten der Zwischenfeststellungsklage 1053 f.
- nach einseitiger Erledigungserklärung 503
- Erledigung der Hauptsache bei gegenteiliger Leistungsklage 480
- Feststellungsinteresse **132**
- Gerichtsstand 92
- Minus zur Leistungsklage 384
- negative 65, **132,** 572
- Streitgegenstandsbegriff 296
- Streitgenossenschaft 438
- Subsidiarität 131
  s. auch Klagearten
- als Widerklage 595
Feststellungslast **859**
Feststellungsurteil 877
- Vollstreckung 1060
Flucht in die
- Berufung 717
- Säumnis 711 f.
- Widerklage 715
Forderung
- keine Anschlusspfändung 1236
- Pfändung **1189–1207**

## Stichwortverzeichnis

- Pfändung hypothekarisch gesicherter 1112, 1217
- Überweisung 1154–1157
Förmlichkeiten der Klageschrift 116
s. auch Klageschrift
Formvorschriften, Ersetzung durch Prozessvergleich 500
Fortbildung des Rechts 967
s. auch Revision (Zulassung)
Fotografie, Beweisgegenstand 801
Fotokopie, Klageerhebung 140
Frachtführer, Klage auf vorzugsweise Befriedigung 1346
Fragerecht, richterliches **211**
Freibeweis 271, 748
Freihändiger Verkauf 1121
Freiwillige Leistung zur Abwendung der Zwangsvollstreckung 1158
Fremde Rechte, Geltendmachung im eigenen Namen **244–252**
Frist, materielle
- bei beiderseitiger Erledigungserklärung 489
- bei Klagerücknahme 476
- Unterbrechung durch Eintritt der Rechtshängigkeit 264
- Wahrung durch Klageerhebung 151
Frist, prozessuale 553
- Berufung 892, 927
- kein Lauf während des Stillstands des Verfahrens 553
- fehlende Zustellung 892
- Revision 980
- Setzung im Vorverfahren 168–172
- sofortige Beschwerde 1008
- Wiederaufnahme 1242, 1246
- zum Vorbringen von Angriffs- und Verteidigungsmitteln 687–703
- zur Beibringung eines Beweismittels 770
- zur Klageerhebung durch Arrestbefehl 1365
s. auch Wiedereinsetzung
Früchte, Pfändung 1157
Früher erster Termin s. Vorverfahren, mündliches
- Versäumnisurteil 328
- Zurückweisung verspäteten Vorbringens 696
Funktionelle Zuständigkeit 111
- in der Zwangsvollstreckung 1112
s. auch Zuständigkeit des Gerichts

Gebot, bei Versteigerung beweglichen Vermögens 1180
Gebühren, Gerichtskostenvorschuss 155
s. auch Anwaltsgebühren
Gefährdung der Vollstreckung
- Arrestgrund 1362
- Verfügungsgrund 1373
Gegen-Klage s. Widerklage

Gegenbeweis 810
- gegen Anscheinsbeweis 842
Gegenstand des Rechtsstreits s. Streitgegenstand
Gegenvorstellung 199, 896, **1005 f.**, 1029
Geheimhaltungsinteresse 225
Gehörsrüge s. rechtliches Gehör
Geistlicher, Zeugnisverweigerungsrecht 785
Geld, Pfändung von 896, 1174
Geldforderung
- Arrest 1359–1370
- Beitreibung in der Zwangsvollstreckung **1107 f.**, **1152–1242**,
- Vollstreckung in **1189–1216**
Gemeinsamer Senat 1000
Gemischte Klausur **10**
Gemischte Pfändungspfandrechtstheorie **1170**
Genehmigung des Protokolls 186 f.
Geprägetheorie 68
Gericht, Angabe in Klageschrift 121
s. auch Zuständigkeit des Gerichts
Gerichtliche Entscheidung
- als Bearbeitervermerk s. Richterklausur
- Wirksamkeit 229
s. auch Urteil, Beschluss, Verfügung
Gerichtsbarkeit 234
- als Voraussetzung des Vollstreckungsverfahrens 1116 f., 1292
s. auch Zulässigkeit der Klage
Gerichtskosten 155, 881
- Vorschuss 155
Gerichtskundige Tatsachen 745
Gerichtsstand
- allgemeiner 82–87
- des Aufenthaltsortes 86
- ausschließlicher 83
- bei Verletzung von Vertragspflichten **91 f.**, 332
- Besonderheiten bei Bauwerkvertrag 114
- des Erfüllungsortes **93**, 332
- des Sachzusammenhanges 91
- des Sitzes einer juristischen Person 87
- der unerlaubten Handlung **88**
- vereinbarter s. Prorogation
- Wahlrecht 90
- Widerklage 601–609
s. auch Zuständigkeit des Gerichts
- des Wohnsitzes 85
Gerichtsstandsvereinbarung s. Prorogation
Gerichtsvollzieher **1112**
- Abnahme eidesstattlicher Versicherungen 1359
- Amtspflichtverletzung 1175
- Aufgaben bei Pfändung beweglichen Vermögens 1155 f.
- Aufgaben bei Pfändung von Geld 1174
- Auftrag 1112
- Durchsuchung 1159
- Erinnerung 1162
- Gewaltanwendung 1112

- gütliche Erledigung 1158
- Hinterlegungspflicht 1239
- keine Prüfung der Eigentumsverhältnisse 1161
- Räumung von Wohnung oder Grundstück 1267 f.
- Rechtsbehelf 1290, 1300
- unpfändbare Gegenstände 1164 f.
- Vertreter bei Übereignung an den Schuldner 1221
- Verwertung gepfändeter Gegenstände 1176–1185
- Vollstreckungsaufschub 1158
- Vollstreckungsschutz bei sittenwidriger Härte 1349
- Wegnahme des Hypothekenbriefs 1217
- Zurückbehaltungsrecht 1267

Gerichtszweige 60
Geringstes Gebot 1249
Geruchsbelästigung, Augenschein 775
Gesamtgläubiger, einfache Streitgenossen 429 f.
Gesamthandsklage 435
Gesamtschuldner
- einfache Streitgenossen 429 f.
- notwendige Streitgenossen 435

Geschäftsfähigkeit, bei Vertrag über prozessrechtliche Beziehungen 101
Geschäftsführungsbefugnis, Klage auf Entziehung 437
Geschäftsstelle **153**
Geschäftsunfähige
- Parteifähigkeit 238
- Prozessfähigkeit 242

Geschäftsverteilung 161 f.
Gesellschaft
- Parteifähigkeit 238
- Prozessfähigkeit 241
- Regelungsverfügung 1371
- Vollstreckungsabwehrklage des Gesellschafters 1344
- Zwangsvollstreckung in Anteil 1242
- Zwangsvollstreckung in Vermögen 1242

Gesetzliche Vertreter, als Prozessvertreter 241
Gestaltungsklage 24, 127
- Rechtsschutzbedürfnis 267
- Streitgenossenschaft 437
- s. auch Klagearten

Gestaltungsrechte, Geltendmachen mit Vollstreckungsabwehrklage 1060, 1311–1316
Gestaltungsurteil 877
- subjektiver Umfang der Rechtskraft 1059
- Vollstreckung 1103

Geständnis 738–743
- Abgrenzung zur Parteivernehmung 815
- antizipiertes **740**
- Fortbestehen in Berufungsinstanz 940
- konkludentes 741
- bei Nebenintervention 636 f.

- qualifiziertes **740**
- bei notwendiger Streitgenossenschaft 439

Getrennte Verhandlung, Aufrechnung 578–584
Gewährleistung bei Erwerb in der Zwangsvollstreckung 1179
Gewahrsam
- bei Ehegatten 1242, 1270
- als Pfändungsvoraussetzung 1161 f.

Gewerkschaften, Parteifähigkeit 238
Gewohnheitsrecht 748
Glaubhaftmachung 831
- im Arrestprozess 1360

Gläubigerstreit, Prätendentenstreit 671 f.
Gleichwertiges Parteivorbringen 737
Gold, Verwertung 1176
Greifbare Gesetzeswidrigkeit, Beschwerde 1003 f., 1358
Großer Senat 1000
Grundbuch, einstweilige Verfügung auf Vormerkung oder Widerspruch 1371 f.
Grundbuchamt
- Eintragung des Versteigerungsvermerks 1246
- Organ der Zwangsvollstreckung 1112, 1217, 1259
- Rechtsbehelfe 1290, 1300

Grundbuchberichtigungsanspruch, Prozessführungsbefugnis 250
Grundrechte, Wahrung durch Zivilprozess **21**, 199 f., 229, 549, 754
Grundsätzliche Bedeutung einer Rechtssache 967
s. auch Revision (Zulassung)
Grundschuld
- Besonderheiten bei Eigentümergrundschuld 1233
- Zwangsvollstreckung 1226
- s. auch dingliche Rechte

Grundstücke
- Vollstreckung in Übereignungsanspruch 1223 f.
- Zwangsvollstreckung 1110, **1243–1262**

Grundurteil 877
Gutachten
- Bearbeitungsvermerk s. Anwaltsklausur
- Sachverständigenbeweis 789
- verfahrensfremdes 799

Gutachtenstil 8
Gütergemeinschaft, eheliche
- notwendige Streitgenossenschaft 435
- Zwangsvollstreckung 1242

Güterichter 179
Güteverhandlung 178 f., 188, 328, 888
- Anerkenntnis 448
- vor Gütestelle 1060
- kein Versäumnisurteil 328

Gutglaubensschutz
- Eigentumserwerb in der Zwangsvollstreckung 1182

Stichwortverzeichnis

- bei Veräußerung der streitbefangenen Sache 402
- bei Veräußerung nach rechtskräftiger Entscheidung 109
- Zahlung durch Drittschuldner 1155 f.

Haft, zur Erzwingung der Abgabe einer eidesstattlichen Versicherung 1359,
s. auch Ordnungshaft, Zwangshaft

Handelsgesellschaft
- Klage auf Auflösung 437
- Besonderheiten der Zwangsvollstreckung 1242
- Parteifähigkeit 238

Handelssachen 121

Handlungen, Zwangsvollstreckung 1109, 1273–1280

Handlungsort 89

Hauptbeweis 810

Hauptintervention 664–670
- Voraussetzungen 668

Hauptsache
- Erledigung der H. s. dort
- Verhandlung zur H. 104 f., 465

Haupttermin
- Ablauf **182, 188–197**
- Protokollierung 184
- Vorbereitung 167–172
s. auch Verhandlung, Vorverfahren,

Hausrat, Pfändung 1167

Haustürgeschäft, Gerichtsstand 83, 92

Heilung
- Mängel der Klageschrift **148, 157**
- Mängel im Verfahren 229, 769

Herausgabeanspruch
- aus § 826 BGB gegen Titelinhaber 1080
- Besonderheiten bei Anspruch auf Übereignung von Grundstücken 1223 f.
- als Einwendung gegen Vollstreckungsabwehrklage 1344
- kein Ersatz für Herausgabebereitschaft des Dritten 1162
- Einfluss auf Pfändungsverbote 116, 444
- mehrfache Pfändung 1205
- Pfändung wegen Geldforderung **1107 f.**, 1189, 1218–1225
- Sicherungsverfügung 1373
- gegen unmittelbaren Besitzer (Urheberbenennung) 675
- als veräußerungshinderndes Recht 1342 f.
- Vollstreckung von H. **1107 f.**, 1263–1272

Hilfsantrag **314**
- Beschwer 904

Hilfspfändung 1217

Hinterlegung
- bei mehrfacher Pfändung 1239
- Prätendentenstreit 671 f.

Hinweispflichten, richterliche **198**

Hypothek
- einfache Streitgenossenschaft 429 f.

- Klageantrag 126
- Nebenintervention 630
- Unterwerfungserklärung 113, 331
- veräußerungshinderndes Recht (Drittwiderspruchsklage) 1331
- Vollstreckung in Haftungsverbund 1243
- Zwangshypothek 1259 f.
s. auch dingliche Rechte

Identitätsstreit 418

Indirekter Beweis 810

Indizienbeweis 80

Inhibitorium 1202

Inkassozession, Drittwiderspruchsklage 1339–1341

Inkorrekte Entscheidung, Rechtsmittel 911

Inquisitionsmaxime **208–215**
s. auch Verfahrensgrundsätze

Insolvenzverfahren
- Tabelle als Vollstreckungstitel 1133
- Unterbrechung des Verfahrens 545 f.
- Unterschied zur Zwangsvollstreckung 1105, 1335
- Verwalter, Partei kraft Amtes 247

Instanzenzug 78 f.

Interesse, statt ursprünglich verlangtem Gegenstand 388

Internationale Zuständigkeit **237**

Internetversteigerung 1178

Interventionsgrund 630
s. auch Nebenintervention

Interventionsstreit 636
s. auch Nebenintervention

Interventionswirkung **638–651**, 652
- Voraussetzungen 659
s. auch Nebenintervention, Streitverkündung

Inzidentantrag 619

Irrtum s. Willensmängel

Iura novit curia **125,** 208, 751

Journalist, Zeugnisverweigerungsrecht 785

Justizgewährungsanspruch **21 f.**, 1103

Kammer für Handelssachen **121**
- Besetzung 161

kassatorische Klausel (Prozessvergleich) 535, 1138

Kaufleute
- Erfüllungsortvereinbarungen 97
- Gerichtsstandsvereinbarung 98

Kausalität
- Beweis 838

Klagbarkeit des geltend gemachten Rechts **253**
- Besonderheiten bei Anerkenntnis 454
- Besonderheiten bei Verzicht 459
- keine zwingende Prüfung bei unbegründeter Klage 281

Klage auf künftige Leistung 128
- Abänderungsklage 1063

Klageabweisungstheorie 561
s. auch Aufrechnung
Klageänderung 375–396
– Ausnahme zur perpetuatio fori 262
– Begriff 375 f., 383
– Klausuraufbau 396
– in der Berufungsinstanz 920
– bei Beschränkung des Antrages 384
– Besonderheiten der Wider-Widerklage 621
– Einwilligung 389
– Entscheidung über ursprünglichen Antrag 395
– durch Erweiterung des Klageantrages 387
– bei parteierweiternder Widerklage 613
– nicht durch streitgenössischen Nebenintervenienten 651
– durch Nebenintervenienten 636
– bei nachträglicher Klagehäufung 379
– Sachdienlichkeit 391 f.
– Streitgegenstandsbegriff 294
– bei Streitgenossenschaft 439
– Verhältnis zur Klagerücknahme 385
– Zwischenstreit 394
Klageänderungstheorie
– bei einseitiger Erledigungserklärung 500–508
– bei Parteiwechsel 405
Klageantrag **126**, 139
– Änderung s. Klageänderung
– alternativer 381
– Angabe in der Klage s. Klageschrift
– Bindung des Gerichts 886
– Folge mangelnder Bestimmtheit 157
– in der mündlichen Verhandlung 189
– bei Stufenklage **135**
– unbezifferter Antrag **137**
Klagearten **127 f.**
– Streitgenossenschaft bei Gestaltungs- und Feststellungsklagen 437 f.
– Übergang von Feststellungsklage auf Leistungsklage 384
s. auch Hauptintervention, Widerklage
Klagebefugnis 244
Klageerhebung 37
– bedingte 316
– Besonderheiten der Widerklage 592
– Eingangszeitpunkt 151
– Fristsetzung im Arrestbefehl 1365
– im Wege moderner Nachrichtentechnik **146**
s. auch Klageschrift
Klageerwiderung
– Frist 168–172
– verspätete Rüge 707 f.
– Zulässigkeitsrügen 273
Klagegegenstand 123
s. auch Streitgegenstand
Klagegrund 123
Klagenhäufung
– eventuelle **313**, 381
– nachträgliche objektive **379**

– nicht in Revisionsinstanz 990
– objektive 379 f.
– Rechtswegzuständigkeit 73 ff.
– Streitgegenstandsbegriff 287, 294
– subjektive s. Parteibeitritt, Streitgenossenschaft
– Teilurteil 877
– durch Wider-Widerklage 621
– Zwischenfeststellungsklage 1053 f.
Kläger
– Änderung 409
s. auch Parteiwechsel
– Angabe in Klage 119
s. auch Klageschrift
– Beitritt 419 f.
– Berichtigung 416
– mehrere s. Streitgenossenschaft
– Parteifähigkeit 238
– Prozessfähigkeit 240 f.
– Prozessführungsbefugnis 244–252
– Reaktion auf Beklagtenvorbringen (Replik) 729
Klagerücknahme 205, 307, 317, 385, **463–479**
– Begriff 463
– Einwilligung des Beklagten 465
– entsprechende Anwendung auf beiderseitige Erledigungserklärung 488
– durch Nebenintervenienten 636
– bei notwendiger Streitgenossenschaft 442 f.
– Streit über Wirksamkeit 477
– nicht durch streitgenössischen Nebenintervenienten 651
– Verhältnis zur Klageänderung 385, 472
– Klagerücknahmeversprechen 478
– vor Anhängigkeit 510
– Vorteile der Erledigungserklärung 480 f.
– Widerruf 474
Klagerücknahmetheorie
– bei Erledigungserklärung 487 f., 500–508
– bei Parteiwechsel 405
Klageschrift **116–150**
– Angabe der Parteien 119
– Angabe des Gerichts 121
– Angabe des Lebenssachverhalts (Anspruchsgrundes) **124**, 285, 290
– Antrag **126**, 287–292
– fremdsprachige 157
– Förmlichkeiten 119
– Kostenvorschuss 1155
– Mängelbehebung **148, 157**, 188
– Mängelfolge 255
– Muster 150
– Unterschrift 143
– Wertangabe 141
s. auch Schlüssigkeit
Klagetrennung 430
Klageverbindung 428
s. auch Klagenhäufung

# Stichwortverzeichnis

Klageverzicht s. Verzicht
Klausel s. Vollstreckungsklausel
Klauselerteilungsverfahren 1138–1146
Klausuraufbau s. Falllösung
Kompetenzautonomie 72
Kontopfändungsschutz (P-Konto) 1192
Konzentrationsmaxime s. Prozessökonomie, Verfahrensbeschleunigung
Kosten
- Anerkenntnis 447
- der Anwaltstätigkeit 49
- der Beweisaufnahme bei Nichterscheinen des Zeugen 783
- des Gerichts 75, 881
- Entscheidung 883
- Erledigungserklärung 480 f., **492 f.**
- Klage vor unzuständigem Gericht **59**
- Klagerücknahme 463 f., 476
- Risiko 26
- Verzicht 461
- der Vollstreckung 1113
- Vollstreckung 1075, 1133
- Vorschuss 155
- Vorteile des Mahnverfahrens 1091
Kostenentscheidung 883
- bei Aufrechnung 585
- bei Einspruch gegen Versäumnisurteil 369 f.
- Einschränkung des Dispositionsgrundsatzes 206
- bei Erledigung der Hauptsache 476 f.
- bei Identitätsstreit 418
Kostenerstattung, fehlende (als Prozesshindernis) **273**
- verspätete Rüge 707
Kostenerstattungspflicht, bei Prozesskostenhilfe 36
Kostenfestsetzung
- Verfahren 883
- Vollstreckung aus Beschluss 1133
- Wartefrist 1147
Kostenverzeichnis 155
Kündigung durch Pfändungsgläubiger 1176
Künftige Leistung, Klageantrag 128
Kunstgegenstände, Verwertung 1177
Ladung 332
- Frist 333, 358 f.
Landgericht, Zuständigkeit s. Zuständigkeit des Gerichts
Last, prozessuale 731
Laudatio auctoris 675
Lauschzeuge 754
Lebenserfahrung 832 f.
Lebenssachverhalt
- Änderung des Vortrags 378, 383
- Schlüssigkeit/Erheblichkeit 718 f.
- Streitgegenstandstheorie 285, 288 f.
- Streitgenossenschaft bei ähnlichem Lebenssachverhalt 429 f.

Leistung
- Erledigung der Hauptsache 480, **482,** 495, 510, 517
- Recht zur Verweigerung 728
Leistungsklage 128
- Erledigung der Hauptsache einer negativen Feststellungsklage 480
- Rechtsschutzbedürfnis 267
- als Widerklage zur Feststellungsklage 595
s. auch Klagearten
Leistungsurteil 892
Leistungsverfügung 1373
Litis denuntiatio 655
Lohnansprüche, Leistungsverfügung 1373
**Lokalisierungsprinzip 21**
Lösungssumme 1364
Luftfahrzeuge, Vollstreckung 1188
Lüge, Verstoß gegen prozessuale Wahrheitspflicht 210

Mahnverfahren **1091–1101**
- Abgabe 1097 f.
- Einspruch gegen Vollstreckungsbescheid 1099
- Europäisches Mahnverfahren nach EuMahnVO 237
- Gerichtsstand 83
- Übersicht 1101
- Vollstreckungsbescheid 1096–1101
- Voraussetzungen und Erlass des Mahnbescheids 1094 f.
- Widerspruch gegen Mahnbescheid 1097
- Zulässigkeit 1047
Mangelnde Ausländersicherheit (als Prozesshindernis) 273
- verspätete Rüge 679 f.
Mediation 55, 177, 179
Medienöffentlichkeit der mündlichen Verhandlung 227
Mehrfache Pfändung 1205, **1234–1240**
- Schutz des Drittschuldners 1213 f.
- Prinzip der Meistbegünstigung 362, 365, 911
Meistbegünstigungsgrundsatz 362, **911 f.**
Mietverhältnis
- Einschränkung des Dispositionsgrundsatzes 206
- Regelungsverfügung 1373
Mietzinsforderung, Zwangsverwaltung 1225
Minderjährige
- Parteifähigkeit 238
- Prozessfähigkeit 240 f.
- keine Vernehmung als Partei 818
Minderung
- Geltendmachen mit Vollstreckungsabwehrklage 1066, 1311–1315
- Gerichtsstand 92
Mindestbargebot 1249

Mindestgebot
- bei beweglichem Vermögen 1180
- bei unbeweglichem Vermögen 1251
Mitbesitz 1270
Miteigentum
- einfache Streitgenossenschaft 429 f.
- notwendige Streitgenossenschaft 433 f.
- Zwangsvollstreckung 1242
Mitgliedschaftsrechte, Verwertung 1242
Mittelbarer Besitz als veräußerungshinderndes Recht 1343
Mitwirkungspflicht, prozessuale, Beweisverteilung 843
Möbel, Räumung der Wohnung durch Gerichtsvollzieher 1267
Mündliche Verhandlung
- Fortsetzung nach Beweisaufnahme 773
- Gang der 182-197
- persönliches Erscheinen der Parteien 321 f.
- Nichterscheinen 328
 s. auch Versäumnisurteil
- Protokollierung 184
- Verzicht **218**
- Voraussetzungen für Anberaumung 231
Mündlichkeitsgrundsatz **216,** 221
- nicht im Vollstreckungsverfahren 1077
Musterfeststellungsklage 300a
Mutwilligkeit der Rechtsverfolgung bei Prozesskostenhilfe 29

Nacherbe, streitgenössische Nebenintervention 646-651
Nachlass
- Klage gegen Miterben 435
- Verwalter Partei kraft Amtes 247
- Zwangsvollstreckung 1242, 1320
Nachtzeit, Vollstreckung 1159
- Rechtsbehelf 1292
Nachverfahren
- bei Urkunden- und Wechselprozessen 1062
- bei Vorbehaltsurteil 580 f.
- einstweilige Einstellung der Zwangsvollstreckung 1127, 1357
Naturalobligation, Klagbarkeit 254
Nebenintervention 630-654
- Befugnisse des Nebenintervenienten 634-637, 630, 646-661
- Begriff und Voraussetzungen 630
- Beitrittserklärung 636
- Rücknahme der Beitrittserklärung 638
- Streit über Beitritt (Interventionsstreit) 636
- streitgenössische 651
- Wirkungen 637-645
Negative Tatsachen
- Beweis 736
Nichtbestreiten 737-741
Nichteheliche Lebensgemeinschaft, Zwangsvollstreckung 1242, 1271

Nichterscheinen der Partei 312
 s. auch Versäumnisurteil
Nichterweislichkeit von Tatsachen 852
Nichtigkeit
- des Prozessvergleichs 532 f.
- gerichtlicher Entscheidungen 199
- von Prozesshandlungen 318
 s. auch Prozesshandlungen
Nichtigkeitsklage 1069 f.
- aktienrechtliche, notwendige Streitgenossenschaft 432
Nichtschwimmerfall 836
Nichtverhandeln
- Fall der Säumnis s. Versäumnisurteil
- keine Einwilligung in Klagerücknahme 468
Nichtvertretbare Handlung, Zwangsvollstreckung 1273-1280
Nichtwissen, Bestreiten mit 710
Nichtzulassungsbeschwerde s. Revision
Nießbrauch
- veräußerungshinderndes Recht 1331
- Verwertung 1228
Non liquet 853-860
Notar, Erteilung der Vollstreckungsklausel 1139 f.
Notarielle Beurkundung, Ersetzung durch Prozessvergleich 529
Notfrist 553
Notfristzeugnis, Zuständigkeit 153
Notwendige Streitgenossenschaft 432-446

Oberlandesgericht **79**
 s. auch Zuständigkeit des Gerichts
Oberstes Landesgericht 78a
Objektive Beweislast 852-860
Objektive Klagehäufung
 s. Klagehäufung
Obliegenheit 731
Obligatorischer Anspruch, veräußerungshinderndes Recht 1308 f.
Offenbarungsversicherung **1359,** 1362
Offenkundige Tatsachen 744
Offenkundigkeitsprinzip bei Vollstreckung in Treugut 1340 f.
Öffentliche Urkunde 802
- Beweiskraft 805
Öffentliches Recht (Rechtsweg)
 s. Zuständigkeit des Gerichts
Öffentlichkeit 182, 90, **187 f.,** 111
- nicht im Vollstreckungsverfahren 623
Offizialgrundsatz **229**
Ordentliche Gerichtsbarkeit, Zuständigkeit
 s. Zuständigkeit des Gerichts
Ordnung während der Sitzung 161, 330
Ordnungsgeld 330
- gegen Dritten 779
- gegen Partei 323

# Stichwortverzeichnis

- gegen Zeugen 783
- gegen Sachverständigen 796

Ordnungshaft 330
- gegen Dritten
- gegen Partei 322
- gegen Sachverständigen 796
- gegen Zeugen 783

Ordnungsmittel bei Zwangsvollstreckung wegen Unterlassungsverpflichtung 1281
Organisationsmängel, Fristversäumung 533
Örtliche Zuständigkeit s. Zuständigkeit des Gerichts

Pachtzinsforderung, Zwangsverwaltung 1207
Partei
- Abgrenzung zum Zeugen 781
- Angabe in Klageschrift 119
- Begriff **418**
- kraft Amtes **244**
- persönliches Erscheinen **321 f.**
    s. auch Berichtigung der Parteibezeichnung, Parteibeitritt, Parteiwechsel, Versäumnisverfahren

Partei, politische, Parteifähigkeit 238
Parteiänderung s. Parteiwechsel
Parteibeitritt 210, 397, **419 f.**
    s. auch parteierweiternde Widerklage, Streitgenossenschaft
Parteierweiternde Widerklage 610–616
    s. auch Widerklage
Parteifähigkeit **238**
- als Prozesshandlungsvoraussetzung 309
- Prüfung von Amts wegen 215

Parteihandlungen s. Prozesshandlungen
Parteiöffentlichkeit **226**
- der Beweisaufnahme 772

Parteivereinbarung
- in der Zwangsvollstreckung **1186 f.**
    s. auch vollstreckungsbeschränkende Vereinbarungen
- über Gerichtstand s. Prorogation

Parteivernehmung **811–821**
- Abgrenzung zur Zeugenvernehmung 818 f.
- Beeidigung 820
- Beweisbeschluss 741
- Durchführung 816
- Erhebung von Amts wegen 759
- Voraussetzungen der Anordnung 811

Parteiwechsel 397–418
- Abgrenzung zur Berichtigung der Parteibezeichnung 416 f.
- bedingter 415
- Bindung der neuen Partei 414
- gesetzlicher 398–403
- gewillkürter 240, 515–415
- Überblick 397
    s. auch Parteibeitritt

Partnerschaftsgesellschaft 45

Passivlegitimation 245
Passivprozesse von Mitberechtigten 435
    s. auch Streitgenossenschaft
Patentrecht, Zwangsvollstreckung 1186
Perpetuatio fori 261
Persönlicher Arrest 1338
Persönliches Erscheinen der Parteien 177, 188, **321 f.**
- Unterschied zur Parteivernehmung 816

Pfandanzeige 1157
Pfandgläubiger, Streitverkündung 656
Pfandrecht
- Klageantrag bei Befriedigungsverlangen 128
- Klage auf vorzugsweise Befriedigung 1346 f.
- veräußerungshinderndes Recht (Drittwiderspruchsklage) 1331 f.
    s. auch Pfändung

Pfandsiegel 1157
Pfändung 1106 f., 155–172
- bei dinglichem Arrest 1368
- Durchsuchungsanordnung 1159
- eidesstattliche Versicherung 1359
- Gewahrsam des Schuldners 1161
- gläubigereigener Gegenstände 1164
- mehrfache Pfändung 1234–1240
- Pfändungspfandrecht 1168–1172
- Pfändungsschutz 1190
- Pfändungsverbote 1164 f.
- schuldnerfremder Gegenstände 1170 f.
- Surrogation am Erlös 1183
- Verstrickung 1168, 1184, 1219, 1341
- Vollstreckungsvereinbarungen 1186 f.
- von Forderungen und anderen Vermögensgegenständen 1189–1217
- wegen Geldforderung in andere Vermögensrechte 1226–1233
- wegen Geldforderung in Herausgabeansprüche 1218–1225
- Besonderheiten bei Hypothek 1217

Pfändungsschutz 1190
P-Konto 1192
Positive Forderungsverletzung, Gerichtsstand 91 f.
Postquittung, Einstellung der Zwangsvollstreckung 1302
Postulationsfähigkeit 309–311
Präjudizielle Rechtsverhältnisse
- Rechtskraft 1042, 1049
- Zwischenfeststellungsklage 1053 f.

Präklusion **679–717**
- bei Abänderungsklage 1066
- bei Vollstreckungsabwehrklage 1307–1310, 1317
    s. auch Zurückweisung verspäteten Vorbringens

Prätendentenstreit (Gläubigerstreit) **671 f.**, 677
Prima-facie-Beweis 832–842
Prioritätsprinzip 75, 1171, 1205, 1234,
Privatgutachten 800

Privatrechtliche Pfändungspfandrechtstheorie 1170, 1184
Privaturkunde 802 f.
– Beweiskraft 805 f.
Privatwissen des Richters, Beweisbedürftigkeit 746
Produzentenhaftung 867
Prorogation
– Definition **101**
– durch Vereinbarung des Erfüllungsortes 103
– keine Geständnisfiktion bei Säumnis 332
– nicht hinsichtlich funktioneller Zuständigkeit 111
– Prozesshandlung 303
– Unzulässigkeit bei ausschließlicher Zuständigkeit 4483
– Zulässigkeit 102–103
Protokoll 183, **184 f.**, 520 f.
– Beweiskraft 822
– Führung 153
– Zeugenbeweis 787
Prozessantrag 189
Prozessbevollmächtigter s. Rechtsanwalt
Prozessfähigkeit 240 f.
– als Prozesshandlungsvoraussetzung 309
– Prüfung von Amts wegen 215
– Unterbrechung bei Wegfall 454 f.
Prozessförderungspflicht **679–685**
– Beweisverteilung 843
– des Gerichts 695
– Folgen eines Verstoßes 704 f.
Prozessführungsbefugnis 244–252
– als Voraussetzung des Vollstreckungsverfahrens 1117, 1292
Prozessgericht
– Organ der Zwangsvollstreckung 1112, 1275–1282
– Rechtsbehelfe 1290, 1300
Prozesshandlungen der Parteien 301–320
– Arten 306 f.
– bedingte 315
– Begriff 303 f.
– Form 312
– keine Anfechtbarkeit 318, 458
– keine Wirkungen für und gegen einfache Streitgenossen 426
– keine Wirkung während des Stillstands des Verfahrens 553
– Rücknahme 317
– Voraussetzungen 255, **309–316**
– Widerruf **317**, 456
Prozesshandlungen des Gerichts 301
Prozesshandlungen des Nebenintervenienten 634–637, 640, 646–651
Prozesshindernisse 273 f.
– verspätete Rüge 722–727
Prozesskosten s. Kosten

Prozesskostenhilfe 29 f.
– kein Gerichtskostenvorschuss 155
– Mahnverfahren 1091
Prozessleitung (materielle) 209
Prozessmaximen s. Verfahrensgrundsätze
Prozessökonomie 280, **391**, 679–683
Prozessrechtsverhältnis **303**, 415
– bei Streitgenossenschaft 426
Prozessstandschaft 246, **247 f.**
– bei Veräußerung der streitbefangenen Sache 399
– Nebenintervention des Rechtsträgers 630
– Rechtskraft 1059
Prozesstrennung 316, 382, 430, 578–585, 607
Prozessurteil **106 f.**, **275**, 877, 885
– bei fehlender deutscher Gerichtsbarkeit 234
– bei fehlender Parteifähigkeit 238
– bei fehlender Prozessführungsbefugnis 244–252
– bei Säumnis des Beklagten 326, 332
– bei Unzuständigkeit des Gerichts **106 f., 231**
– Beschwer 903
– Rechtskraft 1041
Prozessverbindung 419
s. auch Streitgenossenschaft
Prozessvergleich 205 f., **518–543**
– als Vollstreckungstitel 1131
– anschließende Leistungsklage 267, 1286
– Besonderheiten der Vollstreckungsabwehrklage 1319
– Dritte im Prozessvergleich 526
– gerichtlicher Vorschlag 530
– im schriftlichen Verfahren 530
– im selbstständigen Beweisverfahren 870
– keine Fiktion der Abgabe einer Willenserklärung 1286
– nicht durch streitgenössischen Nebenintervenienten 651
– Rechtsnatur 520
– Umdeutung 540
– Unwirksamkeit 533
– Verfahren zur Klärung der Wirksamkeit 537 f.
– Vollstreckungsklausel 1137
– Voraussetzungen 523
– Vorzüge 518
– Wirkungen 527, 532
s. auch außergerichtlicher Vergleich
Prozessvertrag 102, 305
– als Parteivereinbarung in der Zwangsvollstreckung 1186 f.
– Prozessvergleich 520
– über Klagerücknahme 478
Prozessvollmacht 303, 311
Prozessvoraussetzungen **231**, 255
– abgesonderte Verhandlung 275
– bei Arrest 1361

# Stichwortverzeichnis 553

– bei Inzidentantrag 619
– bei Vollstreckungsabwehrklage 1308
– bei Widerklage 592 f.
– Berücksichtigung im Vollstreckungsverfahren 1116 f., 1292
– Berücksichtigung in Revisionsinstanz 991
– Besonderheiten der Zwischenfeststellungsklage 1054
– keine Prüfung bei beiderseitiger Erledigungserklärung 483
– Prüfung bei einseitiger Erledigungserklärung 505
– Prüfung von Amts wegen **215, 269**
– Reihenfolge der Prüfung 276 f.
– Vorrang vor Sachprüfung 280 f.
– s. auch Zulässigkeit der Klage
Prüfung von Amts wegen 215, 269

Querulantenwahn 280

Rang
– bei Arrest 1368
– bei mehrfacher Pfändung **1234–1240**
– Pfandrecht 1171
Ratenzahlung
– Restzahlung bei Zwangsvollstreckung in Anwartschaftsrecht 1229–1231
– Verfallklausel bei Prozessvergleich 535
– Vollstreckungsklausel hinsichtlich der Restzahlung 1138
Räumung 1269 f.
– Antragsfrist für Vollstreckungsschutz 1352
– Frist ohne Antrag 206
– Vollstreckungsschutz bei sittenwidriger Härte 1349
Reallast, Zwangsvollstreckung 1226
Rechnungslegung, Verbindung mit unbezifferter Leistungsklage (Stufenklage) 135
– Zwangsvollstreckung 1273
Rechtliches Gehör 188, **199**
– Abgrenzung zwischen Erinnerung und Beschwerde 1254 f.
– Auswirkungen auf Zurückweisung verspäteten Vorbringens 696
– bei Forderungspfändung 1200
– bei Verweisungsbeschluss 57, 110
– bei Vollstreckungsschutz 1358
– Beschwerdeverfahren 1015
– Beweisaufnahme 772
– Folge der Verletzung **229**
– Gehörsrüge 199, 898, 954, **1029 ff.**, 1047
– im Säumnisverfahren 332
– im Versteigerungstermin 1248
– im Vollstreckungsverfahren 1106
– Revisionsgrund 994
Rechtsanwalt s. Anwalt
Rechtsanwaltsgesellschaften 45
Rechtsausübung, unzulässige 319, 1076

Rechtsbehelf 205, **896**
– Einlegung durch Nebenintervenienten 634, 637, 740, 646–651
– gegen Arrestbefehl 1365
– im Klauselerteilungsverfahren 1141–1145
– in der Zwangsvollstreckung **1287–1358**
s. auch Berufung, Beschwerde, Einspruch, Gegenvorstellung, Revision
Rechtsbehelfsbelehrung 350, 913
Rechtsbeschwerde 933, 1002, **1019–1028**
Rechtsgespräch 188, 192
Rechtsgestaltung (durch Richterspruch) 24
s. auch Klagearten
Rechtshängigkeit 256 f., **260–265**, 476, 489
– bei Aufrechnung 560, **566 f.**
– bei Inzidentantrag 619
– bei Parteiwechsel 409
– bei Prozessvergleich 532
– Streitgegenstandsbegriff 294
Rechtshilfe 166
Rechtskraft 1035–1081
– als einer weiteren Klage entgegenstehend 266, 281
– Arten 1035 f.
– bei Abweisung als zur Zeit nicht begründet 1062
– bei Aufrechnung 566, 569 f.
– Durchbrechung nach § 363 1063–1068
– Erstreckung als Voraussetzung notwendiger Streitgenossenschaft 432
– Erstreckung als Interventionsgrund 630
– Erstreckung auf Rechtsnachfolger 401
– Klage nach § 826 BGB 1075–1081
– objektiver Umfang 1043–1052
– Rechtskrafttheorien 1038
– Streitgegenstandsbegriff 294
– streitgenössische Nebenintervention 646–651
– subjektive Grenzen 1059
– Unterschied zur Bindungswirkung 894
– Unterschied zur Interventionswirkung 640
– Versäumnisurteil 346
– Vollstreckungsbescheid 1096
– vorläufige Vollstreckbarkeit 1121
– Wiederaufnahme des Verfahrens 1069–1073
– zeitliche Grenzen 347, 1060 f., 1309
– Zwischenfeststellungsklage 1053
s. auch Nebenintervention, Streitverkündung
Rechtskraftzeugnis, Zuständigkeit 153
Rechtsmittel 205, **896–1029**
– Begriff 896
– Erledigung 918
– Klausuraufbau **15,** 960, 1015
– Rücknahme 911 f.
– Schriftform 217
– Sinn 899
– Unterschied zur Wiederaufnahme 1069
– Verzicht 917
– wiederholte Einlegung 915

- Zulässigkeit 901
- Zulässigkeit bei fehlerhafter Entscheidungsform (Meistbegünstigungstheorie) 911
s. auch Berufung, Beschwerde, Rechtsbeschwerde, Revision
Rechtsnachfolger
- bei Tod 397, **398**
- bei Veräußerung der streitbefangenen Sache **399–404**
- Rechtskraft 400 ff., 1059
- streitgenössische Nebenintervention 646–651
- titelübertragende Vollstreckungsklausel 1138
Rechtspfändungstheorie (Anwartschaftsrecht) 1231
Rechtspfleger 111
- Rechtspflegererinnerung 1141, 1298
s. auch Erinnerung
- Zuständigkeit im Klauselerteilungsverfahren 1141
Rechtsprechung, Einheitlichkeit der 899, 922, 963, **1000**
Rechtsschutzbedürfnis **267**, 901
- als Voraussetzung des Vollstreckungsverfahrens 1116 f.
- bei Bagatellforderung 1244
- bei Klage gegen unwirksame Vollstreckungsmaßnahme 744, 1330
- Beschwer 901
- keine Prüfung bei Anerkenntnis 453
- keine Prüfung bei Verzicht 459
- keine zwingende Prüfung bei unbegründeter Klage 281
s. auch Zulässigkeit der Klage
Rechtsvermutung 864
Rechtsweg **60–77**, 234
- als Voraussetzung des Vollstreckungsverfahrens 1116 f., 1292
s. auch Zuständigkeit des Gerichts
Reformatio in peius **906 f.**, 993
- Anschlussberufung 934
Regelungsverfügung 1273
Regressansprüche
- Beteiligung am Rechtsstreit 626–630
- Interventionswirkung 638
s. auch Nebenintervention, Streitverkündung
Reihenfolge der Prüfung s. Falllösung
Relativer Streitgegenstandsbegriff 293–296
Relevanztheorie (Umstellung der Klage auf Leistung an Rechtsnachfolger) 399
Rente
- Abänderung des Titels 1063
- Zwangsvollstreckung in Rentenschuld 1226
Replik 729
Res iudicata 266, 281, 284
Restitutionsklage 1069 f.
- Verhältnis zum Anerkenntnis 456
- Verhältnis zur Erledigungserklärung 498

- Verhältnis zur Rücknahme einer Prozesshandlung 317
Revision 896–919, **962–999**
- absolute Revisionsgründe 971, 994
- Anschlussrevision 990
- Begründetheit 994 f., 996
- Beschwer 978
- Besonderheiten des Versäumnisverfahrens 999
- Einlegung durch Nebenintervenienten 634, 637, 640, 646–651
- Entscheidung 996
- Form und Fristen 553, 980
s. auch Wiedereinsetzung
- gegen „technisch zweites" Versäumnisurteil 982
- keine Widerklage 613
- Klausuraufbau 998
- nicht gegen Arrestbefehl 11, 365
- Nichtzulassungsbeschwerde 963, **974**, 978
- Rücknahme 317, 915
- Sicherung der einheitlichen Rechtsprechung 967 f., 1000
- Sprungrevision 984
- Statthaftigkeit 962 f.
- Umfang der Prüfung 991 f.
- Verfahren 991
- Versäumnisurteil 982
- Verzicht 917
- Zulassung 956–959
- Zuständigkeit 79, 536
- Zuständigkeit für Revisionseinlegung 963
Richter
- an der Entscheidung beteiligte 888
- Befangenheit s. Ablehnung
- Vernehmung als Zeuge 769
Richterklausur 10, **13**, 278
s. auch Falllösung
Rubrum **787**
Rücknahme
- der Klage s. Klagerücknahme
- der Nebenintervention 638
- des Aufrechnungseinwandes 566
- Rechtskraft bei Rechtsmittelrücknahme 1035
- von Prozesshandlungen s. Prozesshandlungen
Rücktritt
- Geltendmachen mit Vollstreckungsabwehrklage 1060, 1311–1315
- vom Prozessvergleich 537
Rügeloses Einlassen **104 f.**, 188 f.
- bei unzulässiger Streitgenossenschaft 444
- hinsichtlich Zulässigkeit der Klage 707–710
s. auch Zuständigkeit des Gerichts, Klageänderung
Ruhen des Verfahrens 178, 374, 462, 543 f., **550**, 553
s. auch Stillstand des Verfahrens

# Stichwortverzeichnis 555

Sach- und Streitstand **188**
Sachantrag 189
  s. auch Antrag
Sachaufklärung in der Zwangsvollstreckung 1359
Sachentscheidungsvoraussetzungen 231
Sachlegitimation 245
Sachliche Zuständigkeit s. Zuständigkeit des Gerichts
Sachpfändungstheorie (Anwartschaftsrecht) 1231
Sachurteil 106, 231, 877, 885
- Beschwer 901
- im Versäumnisverfahren 338, 341, 345
Sachurteilsvoraussetzungen **231**
  s. auch Prozessvoraussetzungen, Zulässigkeit der Klage
Sachverständigenbeweis 788–800
- Abgrenzung vom Augenschein 776 f.
- Abgrenzung zum Zeugen 795
- Erhebung von Amts wegen 459
- Haftung des Sachverständigen 797
- im selbstständigen Beweisverfahren 868
- Streitverkündung gegenüber Sachverständigen 658
Sachverständiger Zeuge 795
Sachzusammenhang, Gerichtsstand 91
Satzungsrecht 748
Säumnis beider Parteien 374
- bei Nebenintervention 634
- bei notwendigen Streitgenossen 439
- Flucht in die Säumnis 711 f.
  s. auch Versäumnisverfahren
Schadensersatzanspruch
- bei Vollstreckung aus Vorbehaltsurteil 582
- bei Vollstreckung vorläufig vollstreckbarer Urteile 1121 f.
- des Schuldners bei Verzögerung der Eintreibung der gepfändeten Forderung 1210
- gegen Sachverständigen 797
- Inzidentantrag (Widerklage) 619
- statt des ursprünglich geforderten Gegenstandes 388
- wegen Vollstreckung aus Arrestbefehl 1370
Schadensort 89
Schadensschätzung 831
Schätzung bei unbeziffertem Klageantrag **137**
Scheckprozess 1084
Schenkungsanfechtung 1344
Schiedgerichtliches Verfahren, verfahrensrechtliche Besonderheiten 1087 f.
Schiedsgerichtsklausel **273**
- verspätete Rüge 707
Schiffe, eingetragene, Vollstreckung 1243
Schlichtungsverfahren nach Landesrecht 40, **157**
Schlüssigkeit des klägerischen Vorbringens 718 f.
- bei Versäumnisurteil gegen den Beklagten 335
- bei Versäumnisurteil gegen Kläger 343

- Besonderheiten bei schriftlichem Vorverfahren 340
- Mahnverfahren 1094, 1099
- Prüfung bei technisch zweitem Versäumnisurteil 360 f., 1099
Schmerzensgeld (unbezifferter Klageantrag) **1137**
Schriftform
- bei Vertrag über prozessrechtliche Beziehungen 101
- nicht bei Widerklage 594
- Protokollierung des Prozessvergleichs 520 f.
Schriftliches Verfahren 218
Schriftliches Vorverfahren s. Vorverfahren
Schriftlichkeitsgrundsatz 216
Schriftsatz 216
- Ankündigung eines Geständnisses 738
- Ankündigung weiteren Vorbringens 704
- bestimmender 144
- Beweisantritt 757
- vorbereitender **144**
Schuldnerfremde Sachen
- Drittwiderspruchsklage 1326–1344
- keine Prüfung durch Gerichtsvollzieher 1161
- Pfändungspfandrecht 1170 f., 1183
- Verstrickung 1168
Schuldnerschutz
- Arbeitseinkommen 1190
- bei Arrestanordnung 1362
- Beschränkung durch Parteivereinbarung 1188
- in der Zwangsversteigerung 1201
- nicht bei Herausgabevollstreckung 1263
- Pfändungsverbote 1164 f.
- Rechtsbehelf bei Verstoß gegen Schuldnerschutzbestimmungen 1292
- Überpfändung 1167
- Vollstreckungsschutzantrag 1349
Schuldnerverzeichnis 11359
Selbstständiges Beweisverfahren 868–872
Sekundäre Behauptungs(Darlegungs)last 733
Sequester 1223 f., 1239
Sicherheitsleistung **1121, 1126**
- bei Entscheidung nach Einspruch gegen Versäumnisurteil 367
- Vollstreckungsklausel 1138
Sicherung von Forderungen, Zwangshypothek 1259
Sicherungseigentum, veräußerungshinderndes Recht 1335–1338, 1341
Sicherungshypothek 1243, 1259
Sicherungsübereignung, Vollstreckung in Anwartschaft des Sicherungsgebers 1229–1232
Sicherungsverfügung 1373
Sicherungsvollstreckung 1147
Sicherungszession
- Drittwiderspruchsklage 1339–1341
- Prozessführungsbefugnis 249
Silber, Verwertung 1176

Simultanzulassung s. Rechtsanwalt
Sittenwidrige Härte durch Vollstreckungsmaßnahmen 1349
Sittenwidrige Urteilsausnutzung, Durchbrechung der Rechtskraft 1076
Sitzungspolizei **331**
sofortige Beschwerde s. Beschwerde
Sonderrechtstheorie 70
Sonn- und Feiertage
- Besonderheiten der Vollstreckung 1159
- Rechtsbehelf 1248
Spruchkörper (Besetzung) 161
Sprungrevision 79, 962, **983**
 s. auch Revision
Statthaftigkeit 901
- der Berufung 921 f.
- der Revision 962 f.
Stellvertretendes commodum, statt ursprünglich verlangtem Gegenstand 388
Stillstand des Verfahrens 544–553
- Arten 544
- Wirkungen 553
 s. auch Aussetzung, Ruhen des Verfahrens, Unterbrechung
Streitgegenstand 283–298
- Auswirkung auf Klageänderung 375 f.
- Auswirkung auf Rechtskraft 1043–1050
- bei Widerklage 595
- eingliedriger Streitgegenstandsbegriff 288
- Identität 1018 f.
- relativer Streitgegenstandsbegriff **293–296**
- zweigliedriger Streitgegenstandsbegriff **289**
Streitgenossenschaft 397, **424–446**
- Aufbaufragen 443
- einfache **429 f.**
- Entscheidung bei unzulässiger 444
- Entstehen 424
- Mitwirkung an Prozessvergleich 533
- Nebenintervention 630
- notwendige 432–446
- streitgenössische Nebenintervention 638
- Teilurteil 877
- Wirkungen 439 f.
Streitsache 258
 s. auch Streitgegenstand
Streitverkündung 652–663
- des Vollstreckungsgläubigers 1210
- gegenüber Sachverständigen 568
- im selbstständigen Beweisverfahren 872
- Interventionswirkung 652
- Mängelfolge 659
- materiell-rechtliche Wirkungen 663
- verfahrensrechtliche Wirkungen 661
- Voraussetzungen 658 f.
Streitwert
- Angabe in Klageschrift 141
- Bedeutung für Kosten 155
- Bedeutung für Zuständigkeit des Gerichts 81

- bei Widerklage 596
- Berechnung 155
- im Prozessvergleich 522
Strengbeweis 749, 752
Stufenklage 135
Stuhlurteil 890
Stundung, Vollstreckungsabwehrklage 1301
Subjektive Beweislast (Beweisführungslast) 859
Subjektive Klagehäufung 424
Substantiiertes Bestreiten 711
Sühnetermin s. Güteverhandlung
Surrogat, statt ursprünglich verlangtem Gegenstand 388
Surrogation 1146
- bei Pfändung von Anwartschaftsrechten (Rechtspfändungstheorie) 1231
- bei Pfändung von Herausgabeansprüchen 1220
- bei Versteigerung 1253
Suspensiveffekt 897
- der Beschwerde 1035

Tatbestand 878 f.
- Rechtskraft 1046
Tatsacheninstanz, Begriff 409
Tatsachenvortrag
- Änderung 378, 383
- äquipollentes Vorbringen 737
- bei Hilfsantrag 314
- Behauptungslast 731
- Ermittlung durch Sachverständige 788 f.
- Frage- und Hinweispflicht 212
- Geständnis 738–743
- im Versäumnisverfahren 338
- in der Klage 124
- in mündlicher Verhandlung 191 f.
- Interventionswirkung 640
- keine Rechtskraft 1015
- Mündlichkeits-/Schriftlichkeitsgrundsatz 216
- Prozesshandlung 305
- rechtzeitiges Vorbringen 678–709
- Schlüssigkeit/Erheblichkeit 718 f.
- streitgenössische Nebenintervention 646–651
- substantiiertes Bestreiten 726
- Verhältnis zur Berücksichtigung von Amts wegen 215, 270
- Vermutung 862–866
- Vortrag durch Nebenintervenienten 634–637, 640
- Vortrag in Revisionsinstanz 991
- Vortrag ungünstiger Tatsachen 730
- Wahrheitspflicht 209
 s. auch Beweiswürdigung, Beweislast, rechtliches Gehör, Verfahrensgrundsätze
Täuschung
- bei Prozessvergleich 532 f.
- bei Vertrag über prozessrechtliche Beziehungen 101
- Klage aus § 826 BGB 1076

# Stichwortverzeichnis

Technisch zweites Versäumnisurteil
s. Versäumnisurteil
Teilklage
- materiell-rechtliche Auswirkungen (Verjährungsunterbrechung) 247
- offene/verdeckte 1056
- Rechtskraft 1059
Teilpfändung 1204
Teilungsplan 1241, 1254, 1258
Teilurteil 877
- Bindungswirkung 894
- bei Streitgenossenschaft 444
- Kostenentscheidung 881
- Revision 993
- Rechtskraft 1055
Telefax, Klageerhebung 117, 145
Telegramm, Klageerhebung 117, 145
Telekopie 145
Tenor 878
Terminsbestimmung 157
- Voraussetzungen 231
s. auch Vorverfahren
Testamentsvollstrecker
- notwendige Streitgenossenschaft 432
- Partei kraft Amtes **247**
- Rechtskraft gegenüber Erben 1059
- Unterbrechung bei Beendigung 520 f.
Tiere, Pfändung 1157
Titel 1119–1134
- Prozessvergleich 704
- vollstreckbare Urkunde 1131
Tod einer Partei 398
- Unterbrechung 545 f.
s. auch Erbe, Parteiwechsel
Tonband, Augenschein 755, 802
Trennung der Verhandlung
- Aufrechnung 578–584
- bei Widerklage 607
- Streitgenossenschaft 444
Treu und Glauben s. Verfahrensgrundsätze
Treuhand, Drittwiderspruchsklage 1337–1341
Tupferfall 843
Typischer Geschehensablauf 832–839
s. auch Anscheinsbeweis

Überbeschleunigung des Verfahrens 691 f.
s. auch Zurückweisung verspäteten Vorbringens
Übereignungsanspruch, Verwertung in der Zwangsvollstreckung 1221, 1223
Übernahmeprinzip 1249
Überpfändung 1167, 1170
- bei Pfändung von Geldforderungen 1204
- Rechtsbehelf 1292
Übertragung auf Einzelrichter 141, **163**
Überweisungsbeschluss 1208–1215
- bei hypothekarisch gesicherter Forderung 1217

- bei Pfändung von Herausgabeansprüchen 1222
Überzeugungsbildung, richterliche 824–831
Umdeutung, Prozessvergleich 540
Umstellung der Klage s. Klageänderung, Parteiwechsel
Unabhängigkeit des Richters 161
Unbewegliches Vermögen, Zwangsvollstreckung 1243–1262
Unbezifferter Klageantrag 137
Unechtes Versäumnisurteil 338, 345
Unerlaubte Handlung, Gerichtsstand 88
Ungünstiges Parteivorbringen 730
Unklagbarkeit des Rechts 253
Unmittelbarer Besitzer, Streitverkündung gegen mittelbaren 675
Unmittelbarkeitsgrundsatz 221
- bei Beweisaufnahme 766 f.
- Folge der Verletzung 229
- nicht im Vollstreckungsverfahren 1106
Unmittelbarkeitsprinzip, bei Vollstreckung in Treugut 1340 f.
Unparteilichkeit des Richters s. Ablehnung 154
Unpfändbarkeit 1107, 1164 f.
- Vollstreckungsvereinbarungen 1186 f.
s. auch Pfändung
Unrichtigkeiten s. Berichtigung
Untätigkeitsbeschwerde s. Verzögerungsrüge
Unterbrechung des Verfahrens 544, **545 f.**, 553
- keine bei Verweisung 108
s. auch Stillstand des Verfahrens
Unterlassung
- der Zwangsvollstreckung 1080, 1326
- einstweilige Verfügung 1373
- Klage gegen unmittelbaren Besitzer (Urheberbenennung) 675
- Zwangsvollstreckung des Anspruchs 1107 f., 1281
Untersagung der Zwangsvollstreckung 1349
Unterschrift
- Anforderungen 145 f., 804
- bei Fax 146
- Berufungsschrift 925
- Beschluss 875
- Beweiskraft einer Urkunde 802 f.
- Heilung bei Fehlen 157
s. auch Klageerhebung
- Klage 140 f.
- Urteil 878
Untersuchungsgrundsatz (Inquisitionsmaxime) **208–215, 270,** 748
Unterwerfung unter die Zwangsvollstreckung 1131
s. auch vollstreckbare Urkunde
Unveräußerliche Rechte, Verwertung 1228
Unvertretbare Handlungen s, nichtvertretbarer Handlungen

Unwirksamkeit
- einer Prozesshandlung s. Prozesshandlungen
- eines Prozessvergleiches 537 f.

Urheberbenennung 549, **675**

Urkunde
- Feststellungsklage auf Echtheit 129
- vollstreckbare 1131
- Vollstreckungsklausel 1138

Urkundenbeweis **801–809**
- Beweisbeschluss 761
- Beweiskraft 805 f.
- Erhebung von Amts wegen 759, 810
- Verfahren 810

Urkundenprozess 1083
- Anerkenntnis 451
- Besonderheiten der Klagenhäufung 380
- keine Widerklage 595

Urkundenvernichtung, Beweisvereitelung 843

Urkundsbeamte der Geschäftsstelle 108 f., **153**, 184
- Erinnerung 1000
- Erteilung vollstreckbarer Ausfertigungen 153, 1135–1141

Urteil 852 f., **877–895**
- Arten 877
- Berichtigung 884
- Berufungsurteil 957
- Beweiskraft des Tatbestandes 822
- einstweilige Einstellung der Zwangsvollstreckung 1127, 1357
- Erlass und Zustellung **885–895**
- Form und Inhalt 877 f.
- Frist zur Verkündung 193
- ohne Tatbestand und Entscheidungsgründe 880
- Vollstreckung ausländischer 1129
- Wirksamkeit bei Verfahrensmängeln 229
  s. auch Anerkenntnisurteil, Prozessurteil, Sachurteil, Teilurteil, Versäumnisurteil, Vollstreckungstitel, Vorbehaltsurteil, Zwischenurteil

Urteilseingang 878

Urteilserschleichung 1976

Urteilsformel 878

Veräußerung der streitbefangenen Sache 397, **399–404**

Veräußerungshinderndes Recht 1328–1345

Verbindung
- mehrerer Klagen 428, 430
- mehrerer Prozesse s. Prozessverbindung

Verbraucherrechtliche Widerrufsrechte 1316

Vereinbarungen
- über Gerichtstand s. Prorogation 111, 237
- über Vollstreckung s. vollstreckungsbeschränkende Vereinbarungen 1188

Vereine, nicht rechtsfähige, Parteifähigkeit 238
- notwendige Streitgenossen 433

Vereinigte Große Senate 1000

Verfahrensbeschleunigung **159**, 172, 159, 280, 679–721

Verfahrensgrundsätze **198–226**
- Abweichungen in besonderen Verfahrensarten 1062
- Dispostionsgrundsatz **205 f.**, 299
- faires Verfahren (Treu und Glauben) **201**, 319, 497
- Folge der Verletzung von Verfahrensgrundsätzen **229**
- im Zwangsvollstreckungsverfahren 1106
- Mündlichkeit 216
- Öffentlichkeit 225
- Offizialgrundsatz 206
- rechtliches Gehör 199
- Schriftlichkeit 216
- Unmittelbarkeit 221, 766
- Untersuchungsgrundsatz (Inquisitionsmaxime) 208–215
- Verhandlungsgrundsatz (Beibringungsgrundsatz) **208–215**, 299, 678, 737, 743
  s. auch Prozessökonomie, Verfahrensbeschleunigung

Verfahrensmängel
- Auswirkung auf Pfändungspfandrecht 1170 f.
- Auswirkung auf Verstrickung 1168
- Bedeutung für Revisionsinstanz 993
- Fehlerfolge 229
- Geltendmachen mit Erinnerung 1290

Verfahrensverzögerung 1003

Verfallklausel im Prozessvergleich 535

Verfassungsbeschwerde
- Aufgabe 199
- bei Verstoß gegen Grundsatz des fairen Verfahrens 201
- wegen Verletzung des rechtlichen Gehörs 199

Verfassungswidrigkeit von Normen, Aussetzung des Verfahrens 549

Verfügung, richterliche 175

Verfügungsrecht der Parteien
- über den Prozess s. Dispositionsgrundsatz
- über die streitbefangene Sache
  s. Veräußerung streitbefangener Sachen

Verfügungsverbot bei gepfändeter beweglicher Sache 1168
- bei Grundstück 1246

Vergleich s. Anwaltsvergleich, außergerichtlicher Vergleich, Prozessvergleich

Vergütung des Anwalts s. Anwaltsgebühren

Verhandeln
- nicht allein durch Antrag auf Klageabweisung 329
- rügeloses 104 f.
  s. auch rügeloses Einlassen
- zur Hauptsache 465

Verhandlung
- Begriff 888

Stichwortverzeichnis 559

- Übersicht 197
- Übertragung in Bild und Ton 223
- Vertagung 195
- Wiedereröffnung 195
s. auch Haupttermin
Verhandlungsgrundsatz **208–215**, 299, 678, 737, 743
- Einrede in 2. Instanz 949
- richterlicher Hinweis 211
Verjährungshemmung **151**, 264, 1091
- bei beiderseitiger Erledigungserklärung 489
- bei Klagerücknahme 254, 767
- durch Klage vor unzuständigem Gericht 76
- durch Mahnbescheid 1091
- durch Prozessaufrechnung 566
- durch Streitverkündung 663
- Geltendmachen 722, 730
Verkündung
- Ausschließung der Öffentlichkeit bei der Begründung 225
- des Urteils 890
- gerichtlicher Entscheidungen 193, 197, 875
Verlobte, Zeugnisverweigerungsrecht 785
Vermieter, Klage auf vorzugsweise Befriedigung 1346
vermögensrechtliche Streitigkeiten 96 f.
Vermögensverzeichnis, Stufenklage 66, 135
Vermutung 747, 862–866
Verpächter, Klage auf vorzugsweise Befriedigung 1346
Versäumnisurteil
- Abänderungsklage 1066
- als Flucht vor der Zurückweisung als verspätet 711 f.
- Antrag 171 f., 327
- Aufrechterhaltung 367
- Ausnahme vom Mündlichkeitsgrundsatz 217
- bei fehlendem Antrag infolge unwirksamer Klagerücknahme 474
- Berufung bei „technisch zweitem" 356–362
- Form 345
- gegen den Beklagten 325–340
- gegen den Kläger 343 f.
- Inhalt 346
- inkorrektes 362
- Ladung 332
- ohne Tatbestand und Entscheidungsgründe 880
- Präklusion bei Vollstreckungsabwehrklage 1308 f.
- Rechtsbehelf s. Einspruch
- Rechtskraftwirkung 346
- Säumnis 329
- Säumnis bei Nebenintervention 634
- Säumnis bei notwendigen Streitgenossen 440
- Schlüssigkeit 335
- technisch zweites 353–362
- Termin zur mündlichen Verhandlung **312**

- Statthaftigkeit der Berufung 922
- „unechtes" 338
- Unzulässigkeitsgründe **332–337**
- Zulässigkeit der Klage 326
- Zustellung statt Verkündung 890
Versäumnisverfahren **321–374**
- Besonderheiten im schriftlichen Vorverfahren 340 f.
- Besonderheiten des Versäumnisverfahrens in der Berufungsinstanz 961
- Besonderheiten in der Revisionsinstanz 999
s. auch Versäumnisurteil
Verschaffungsanspruch, kein veräußerungshinderndes Recht 1308
Verschlechterungsverbot **906 f.**, 993
- Anschlussberufung 934
Verschleiertes Arbeitsentgelt 1193
Verspätetes Vorbringen 679–721
s. auch Zurückweisung verspäteten Vorbringens
Versprechen der Klagerücknahme 478, 540
Versteigerung
- Aufschub 1179
- Beschluss 1246
- bewegliche Sachen 1176, **1182**
- Termin 1248
- unbewegliche Sachen 1244
- Vermerk 1246
Verstrickung 1168–1171, 1182
- bei Forderungspfändung 1204
- bei Herausgabeansprüchen 1121
s. auch Pfändung
Vertagung 195, 374
Verteidigungsbereitschaft **171**
- Versäumnisurteil 340 f.
s. auch Vorverfahren
Verteidigungsmittel
- Begriff 680
- in der Berufungsinstanz 945
- nicht Widerklage 593
- Vorbringen durch Nebenintervenienten 634–637, 640, 646–651
s. auch Zurückweisung verspäteten Vorbringens
Verteilungsverfahren
- bei mehrfacher Pfändung 1234, **1240**
- bei Zwangsverwaltung 1256 f.
- nach Versteigerung unbeweglichen Vermögens 1223
- Rücknahmefiktion bei Säumnis des Klägers 345
s. auch vorzugsweise Befriedigung
Vertrag
- Gerichtsstand **91 f.**
s. auch Gerichtsstand
- über Gerichtsstand s. Prorogation
- über Klagerücknahme 478
- über prozessrechtliche Beziehungen 101 f.

- über Vollstreckung s. vollstreckungsbeschränkende Vereinbarungen
- über Zwangsvollstreckung 1186 f.
- Prozessvergleich 520

Vertretbare Handlungen, Zwangsvollstreckung 1273–1280

Vertreter
- bei Prozessunfähigen 241, 311
- Gerichtsvollzieher 1112
- Klage auf Entziehung der Vertretungsbefugnis 437
- Unterbrechung bei Wegfall 545 f.

Vertretung, bei Vertrag über prozessrechtliche Beziehungen 101 f.

Verwaltungsgerichtsbarkeit, Abgrenzung zur ordentlichen 62, 64, 65–72

Verweisung an zuständiges Gericht (nach GVG) **75**
- an Kammer für Handelssachen 121

Verweisung an zuständiges Gericht (nach ZPO) **108**
- Antrag Prozesshandlung 305
- bei Widerklage 598
- s. auch Zuständigkeit des Gerichts

Verwendungen, Klagbarkeit vor Genehmigung oder Rückerlangung 253

Verwertung 1173–1185
- gepfändete Forderung 1208
- gepfändete Hypothek 1217
- gepfändetes Geld 1179
- nicht im Arrestverfahren 1368

Verwertungsverbote im Beweisrecht s. Beweismittel

Verzicht 205, **459–462**
- Abgrenzung zur Erledigungserklärung 487 f., 500–508
- Abgrenzung zur Klagerücknahme 478
- Antrag 462
- auf mündliche Verhandlung 218
- auf Rechte aus Forderungspfändung 1210
- auf Rechtsmittel 888
- auf Tatbestand und Entscheidungsgründe **880**
- bei notwendiger Streitgenossenschaft 440
- durch Nebenintervenienten 636
- Rechtskraft bei Rechtsmittelverzicht 1035
- Urteil (ohne Tatbestand und Entscheidungsgründe) 880

Verzögerung des Rechtsstreits 688, **690–694**
- nicht bei Einspruchstermin 713
- s. auch Zurückweisung verspäteten Vorbringens

Verzögerungsrüge 1003

Videokonferenz 768

Vier-Augen-Gespräch
- Beweis 815

Voll(end)urteil 877

Vollstreckbare Urkunde
- als Vollstreckungstitel 1131
- anschließende Leistungsklage 267

- Besonderheiten der Vollstreckungsabwehrklage 1320
- Wartefrist 1147

Vollstreckbarkeit
- Einschränkung des Dispositionsgrundsatzes 206
- Entscheidung über 878
- vorläufige 1121–1128

Vollstreckung s. Zwangsvollstreckung

Vollstreckungsabwehrklage 1287, **1301–1327**
- bei vollstreckungsbeschränkenden Abreden 1352 f.
- einstweilige Anordnung zur Einstellung der Zwangsvollstreckung 1354 f.
- Möglichkeit einer Leistungsklage trotz Titel bei drohender V. 267
- Verbraucherrechtliches Widerrufsrecht 1316
- Verhältnis zur Erinnerung und zur Klauselgegenklage 1142 f.
- Verhältnis zur Rechtskraft 1031
- Ziel 1301
- Zuständigkeit 1112

Vollstreckungsanspruch 1103

Vollstreckungsbescheid 1095, **1096–1101**
- Besonderheiten der Vollstreckungsabwehrklage 1320
- Wiederaufnahme 1070

Vollstreckungsbeschränkende Vereinbarungen 1186 f.

Vollstreckungserinnerung 1162 f., 1288
- s. auch Erinnerung

Vollstreckungsgegenklage s. Vollstreckungsabwehrklage

Vollstreckungsgericht 1112, 1189, 1244
- Rechtsbehelf 1290, 1296 f., 1300
- Zuständigkeit bei der Vollziehung von Leistungsverfügungen 1374

Vollstreckungsklausel
- als Voraussetzung des Vollstreckungsverfahrens 1166, 1168, **1105–1112**
- Besonderheiten im Arrestverfahren 1371
- Rechtsbehelfe 1196
- titelergänzende 1138
- titelübertragende 1138
- Zuständigkeit 1112, 1287

Vollstreckungsschutz 1288, 1349 f.
- Zuständigkeit 1112

Vollstreckungstitel
- als Voraussetzung des Vollstreckungsverfahrens 1115, 1117, **1119–1134,** 1292
- Besonderheiten bei Gesellschaften 1242
- durch Mahnverfahren 1091

Vorbehalt der beschränkten Erbenhaftung 949

Vorbehaltseigentum, veräußerungshinderndes Recht 1334

Vorbehaltsurteil
- Begriff 877
- bei Aufrechnung 580 f., 591

# Stichwortverzeichnis 561

- Bindungswirkung 984
- einstweilige Einstellung der Zwangsvollstreckung 1127, 1357
- Inzidentantrag wegen Schadensersatzansprüchen 619
- Rechtskraft 1040
- Statthaftigkeit der Berufung 890
- Urkundenprozess 1084

Vorbereitung des Haupttermins s. Haupttermin
Vorbringen, verspätetes **679-721**
  s. auch Zurückweisung verspäteten Vorbringens
Vorfragen
- keine Rechtskraft 1044, 1049
- Zwischenfeststellungsklage 1053 f.

Vor-GmbH 238
Vorläufige Vollstreckbarkeit 1121-1128
Vormerkung, einstweilige Verfügung 1371 f.
Vorpfändung 1205
Vorsitzender Richter 161, 188
Vorverfahren 157, **167-172**
- mündliches (früher erster Termin) **167**, 193
- schriftliches **168**
- Übersicht **171**
- Versäumnisurteil 340 f.
- Wahl und Wechsel der Vorverfahrensart 161

Vorzugsweise Befriedigung 1288, 1346 f.
- Hinterlegung des Erlöses 1355

Wahlschuld, Klageantrag 381
Wahrheitspflicht **209 f.**, 335, 742
- des Sachverständigen 797
Wahrscheinlichkeit, Anforderungen beim Beweis **826-831**
Wandelung, Geltendmachen mit Vollstreckungsabwehrklage 1060, 1311-1315
Wartefrist vor Zwangsvollstreckung 1113
Wechsel
- Besonderheiten der Klagehäufung 381
- keine Widerklage 595
- Prozess 1062, 1083
- Streitgegenstand bei Klage 290, 294
Wegnahme gepfändeter Gegenstände 1155
Weitere Beschwerde 1001
  s. auch Beschwerde
Werkvertrag, Gerichtsstand bei Bauwerken 114
Wertpapiere
- Verwertung 1176
- Vollstreckung wegen Herausgabeverpflichtung 1265
Widerklage 592-622
- Ausnahme zur perpetuatio fori 262
- Begriff 592
- Besonderheiten bei Vorbehaltsurteil (Inzidentantrag) 619
- Besonderheiten hinsichtlich passiv Parteifähiger 238
- eventual erhobene 617
- Flucht in die 715
- gegen Dritte (parteierweiternde) 611, **610-615**
- Gerichtsstand 601-609
- im Urkunden- und Wechselprozess 1062
- in Berufungsinstanz 920
- isolierte 612
- keine Zurückweisung als verspätet 593, 715
- nicht durch streitgenössischen Nebenintervenienten 651
- nicht in Revisionsinstanz 990
- ohne Einhaltung der Schriftform 594
- Prozessvoraussetzungen 616
- rechtlicher Zusammenhang 602 f.
- schriftliche Bearbeitung 623
- Teilurteil 877
- Wider-Widerklage 621
- Zulässigkeit 595-609
- Zwischenfeststellungsklage 1054
Widerruf
- des Geständnisses 741 f.
- von Prozesshandlungen s. Prozesshandlungen
- Vorbehalt bei Prozessvergleich 532 f.
Widerspruch
- gegen Arrestbefehl 1365
- gegen Richtigkeit des Grundbuchs, 1371 f.
- gegen Teilungsplan 1240, 1254
- gegen Vollstreckungsbescheid 1071
Wiederaufnahmeklage 1069-1073
- Abschnitte des Verfahrens 1073
- Besonderheiten hinsichtlich passiv Parteifähiger 238
- Begründetheit 1060
- einstweilige Einstellung der Zwangsvollstreckung 1127, 1357
- Entscheidung 1071
- Verhältnis zur Klage aus § 826 BGB 1075, 1080
- Verhältnis zur Revision 991
- Verhältnis zur Rücknahme einer Prozesshandlung 317
- Zulässigkeit 1070
Wiedereinsetzung in den vorigen Stand 319, **553**
- Berufungsbegründungsfrist 927
- einstweilige Einstellung der Zwangsvollstreckung 1127, 1340
- Wiederaufnahme 1031, 1069
Wiedereröffnen der mündlichen Verhandlung 195
Wiederholungsverbot bei rechtskräftiger Entscheidung 1038
Wiederkehrende Leistung, Abänderungsklage 1063
Willenserklärungen, Zwangsvollstreckung bei Verurteilung 1283-1286
Willensmängel
- bei Anerkenntnis 458
- bei Erledigungserklärung 498
- bei Prozesshandlungen s. Prozesshandlung

– bei Vertrag über prozessrechtliche Beziehungen 101
– beim Prozessvergleich 533 f.
Wohnrecht, Verwertung 1228
Wohnsitz 85
Wohnung
– Antragsfrist für Vollstreckungsschutz 1352
– Begriff 1159
– Räumung durch Gerichtsvollzieher 1267 f.
– Vollstreckungsschutz bei sittenwidriger Härte 1349
Wohnungseigentum 1243

Zahlung
– bei Versteigerung 1183
– Erledigung der Hauptsache 480, **482**, 495, 505, 517
Zeugenbeweis 780–787
– Abgrenzung zum Augenscheinsgehilfen 778
– Abgrenzung zum Sachverständigen 795
– Abgrenzung zur Parteivernehmung 781, 816 f.
– Antrag einer Partei 782
– Aussetzung des Verfahrens bei Verdacht der Falschaussage 549
– keine Erhebung von Amts wegen 759
– Pflichten des Zeugen 783
– Verweigerung der Aussage 783–786
– Verfahren 878
s. auch Beweisverfahren
Zeugnis, Zwangsvollstreckung 1273
Zinsanspruch, eigener Klageantrag 387
Zivilkammer 161 f.
Zivilprozess, Aufgabe des **21–23**
Zivilrechtsweg s. Zuständigkeit des Gerichts
Zivilsenate (Besetzung) 161 f.
Zubehör, Zwangsvollstreckung 1243
Zug-um-Zug-Leistung
– Beginn der Zwangsvollstreckung 1160
– bei Verpflichtung zur Abgabe einer Willenserklärung 1285
– Minus zur uneingeschränkten Leistungsklage 384
– Vollstreckungsklausel 1138
Zugewinngemeinschaft
– Zwangsvollstreckung 1242
Zulässig, Terminologie 307
Zulässigkeit
– Anschlussberufung 934 f.
– Berufung 922 f.
– der sofortigen Beschwerde 1002 f.
– der Rechtsbeschwerde 1002, 1019
– Mahnverfahren 1067
– Revision 962–979
Zulässigkeit der Klage 231–298
– abgesonderte Verhandlung über 188, **275**
– als Voraussetzung für ein Versäumnisurteil 326
– Besonderheiten bei gemischter Klausur 10

– bei beiderseitiger Erledigungserklärung im früheren Verfahren 497
– bei einseitiger Erledigungserklärung im früheren Verfahren 516
– bei Prozessvergleich 536
– Besonderheiten bei Rechtsmittelklausuren 15
– deutsche Gerichtsbarkeit 234
– Fehlen anderweitiger Rechtshängigkeit **256 f.**, 566 (Aufrechnung)
– Fehlen anderweitiger rechtskräftiger Entscheidung 266, 281, 569 f. (Aufrechnung)
– keine Prüfung bei beiderseitiger Erledigungserklärung 482
– Klagbarkeit des geltend gemachten Rechts 253
– Parteifähigkeit 238
– Postulationsfähigkeit 309 f.
– Prozessfähigkeit 240 f.
– Prozessführungsbefugnis 247 f.
– Prüfung bei einseitiger Erledigungserklärung 510
– Rechtsschutzbedürfnis **432**, 298
– Reihenfolge der Prüfung 276–282
– Übersicht 233
– Vollmacht 311
– Vorrang vor Sachentscheidung 231, **280 f.**
– Zurückweisung verspäteter (verzichtbarer) Zulässigkeitsrügen 273, 707–710
s. auch Klageerhebung, Prozesshandlungsvoraussetzungen
Zulassung eines Anwalts s. Anwalt
Zurückverweisung s. Berufung, Rechtsbeschwerde, Revision, Beschwerde
Zurückweisung verspäteten Vorbringens 679–721
– Ausgleichspflicht für das Gericht 694
– bei Aufrechnung 563
– bei richterlichem Fehlverhalten 694
– „Flucht in die Berufung" 717
– „Flucht in die Säumnis" 711 f.
– „Flucht in die Widerklage" 715
– Fortbestehen in der Berufungsinstanz 945
– Fristüberschreitung nach § 296 Abs. 1 687–703
– im frühen ersten Termin 696–701
– ungenügende Entschuldigung 702
– Verhältnis zur Widerklage 593, 715
– verspäteter Rügen 707–710
– Verzögerungsbegriff 690–694
– Vorbereitung der Verhandlung durch Schriftsätze 684
– wegen Verstoßes gegen allgemeine Prozessförderungspflicht 704–706
Zuschlag bei Versteigerung
– beweglichen Vermögens 1180 f.
– unbeweglichen Vermögens 1248, 1253
– Vollstreckungstitel 1134
Zuständigkeit des Gerichts
– Angabe in Klageschrift 119
– Arrest 1361

- Beschluss bei Unzulässigkeit des Rechtswegs 72 ff.
- Besonderheiten bei Hauptintervention 688
- Besonderheiten bei Widerklage 596–608
- Definition 59
- durch rügeloses Einlassen **104 f.**, 188, 332
- einstweilige Verfügung 1371
- Entscheidung bei Unzuständigkeit 106 f.
- EuGVVO 237
- Fortdauer der (perpetuatio fori) 261
- funktionelle 111
- Hinweispflicht bei Unzuständigkeit 15
- im Vollstreckungsverfahren s. Zwangsvollstreckung
- Instanzenzug 78 f.
- internationale 236
- Kammer für Handelsachen 121
- örtliche 82–105
- Prüfung von Amts wegen 16
- Rechtswegzuständigkeit 15, **60–77**, 234
- Revision 986
- sachliche 80 f.
  s. auch Gerichtsstand

Zustellung
- als Voraussetzung des Vollstreckungsverfahrens 142, 1117, **1147**, 1292
- Besonderheiten bei hypothekarisch gesicherter Forderung 1217
- Besonderheiten im Arrestverfahren 1367
- der Klage an falsche Person 418
- des Urteils 892
- durch Geschäftsstelle 153
- gerichtlicher Entscheidungen 875

Zwangsgeld 1278

Zwangshaft 1279

Zwangshypothek, Zuständigkeit 1112, **1261 f.**

Zwangsversteigerung von Grundstücken 1243, **1244–1255**
  s. auch Versteigerung

Zwangsverwalter, Partei kraft Amtes 248

Zwangsverwaltung 1243, **2156 f.**

Zwangsvollstreckung
- bei Verurteilung zur Abgabe von Willenserklärungen 1283–1286
- Drittwiderspruchsklage 1326–1345
- eidesstattliche Versicherung 1330–1333
- einstweilige Anordnungen 1354–1358
- Folge des Fehlens der Voraussetzungen 1168–1172
- in das unbewegliche Vermögen 1243–1262
- Klage auf vorzugsweise Befriedigung 1346 f.
- Klausuraufbau 1117
- Kosten 1113
- Organe 1112
- Rechtsbehelfe 1287–1358
- sofortige Beschwerde 1294–1300
- Systematik der gesetzlichen Regelung 1107 f.
- Überblick 1102–1112
- Verfahrensgrundsätze 1106
- Verwertung 1173–1185
- Vollstreckung in Forderungen und andere Vermögensgegenstände 1189–1217
- Vollstreckungsabwehrklage 1301–1325
- Vollstreckungserinnerung 1290–1293
- Vollstreckungsschutz 1349 f.
- Voraussetzungen 1115–1148
- wegen Geldforderungen in das bewegliche Vermögen 1152–1242
- zur Erwirkung der Herausgabe von Sachen 1263–1272
- zur Erwirkung von Handlungen oder Unterlassungen 1219–2140
- Zwangshypothek 1259 f.
- Zwangsverwaltung 1256 f.

Zwangsweise Durchführung der Beweisaufnahme 779

Zwangsweise Entfernung der Partei 330

Zwangsweise Vorführung der Partei 322

Zwischenfeststellungsklage 1053 f.
- streitgenössischer Nebenintervenient 651

Zwischenfristen 553

Zwischenurteil 877
- Abgrenzung zum Zwischenstreiturteil 877
- Bindungswirkung 894
- Rechtskraft 1041
- über Wirksamkeit des Verzichts 461
- über Zulässigkeit der Klage 275
- über Zulässigkeit der Klageänderung 394 f.